Dicionário
LAROUSSE
Francês/Português • Português/Francês

Bolso

Dicionário
LAROUSSE
Francês/Português • Português/Francês

Bolso

LAROUSSE

Copyright © 2006 Larousse
Copyright © 2006 Larousse do Brasil
Todos os direitos reservados.

Direção geral: Janice McNeillie
Direção editorial: Soraia Luana Reis
Coordenação editorial: José A. Gálvez
Editora: Camila Werner
Revisão: Maria Alice Farah C. Antonio,
Revisão tipográfica: Célia Regina Rodrigues de Lima
e Isabel Jorge Cury
Capa: Light Criação e Comunicação
Diagramação: LCT Tecnologia
Gerente de Produção: Fernando Borsetti

Dados Internacionais de Catalogação na Publicação (CIP)
(Câmara Brasileira do Livro, SP, Brasil)

```
Dicionário Larousse francês-português,
português-francês : bolso / [coordenação
editorial José A. Gálvez]. -- 2. ed. --
São Paulo : Larousse do Brasil, 2009.

ISBN 978-85-7635-628-8

1. Francês - Dicionários - Português
2. Português - Dicionários - Francês I. Gálvez,
José A.

                                    CDD-443.69
09-10554                               -469.43
```

Índices para catálogo sistemático:
1. Francês : Dicionários : Português 443.69
2. Português : Dicionários : Francês 469.43

1ª edição brasileira: 2006
2ª reimpressão: 2011
Direitos de edição para o Brasil:
Larousse do Brasil Participações Ltda.
Av. Professora Ida Kolb, 551, 3º andar – São Paulo/SP – Cep: 02518-000
Tel (11) 3855-2175 – Fax (11) 3855-2280
atendimento@larousse.com.br — www.larousse.com.br

Apresentação

O *Dicionário Larousse Francês-Português/Português-Francês Bolso* é a obra ideal tanto para os estudantes brasileiros nos primeiros anos de aprendizagem da língua francesa quanto para os turistas e profissionais em viagem.

É uma obra prática que apresenta soluções rápidas e precisas para as dúvidas do dia a dia. Com mais de 30 000 palavras e expressões, e mais de 40.000 traduções – incluindo a linguagem utilizada em placas de sinalização, cardápios etc. –, o *Dicionário Larousse Bolso* ajuda o viajante a orientar-se com agilidade e apresenta de forma ampla o vocabulário do francês e do português.

Além disso, boxes ao longo do dicionário trazem informações turísticas tanto para o brasileiro em viagem ao exterior quanto para o falante do francês em visita ao Brasil.

O *Dicionário Larousse Bolso* traz ainda um suplemento prático e fácil de ser consultado, um Guia de Conversação que ajuda o leitor a se comunicar verbalmente em diversas situações.

Este dicionário, enfim, é uma ferramenta prática para solucionar dúvidas e enriquecer o vocabulário de estudantes e viajantes. Boa viagem!

A editora

Abreviaturas

abreviatura	abrev/abr	abréviation
adjetivo	adj	adjectif
adjetivo feminino	adj f	adjectif féminin
adjetivo masculino	adj m	adjectif masculin
advérbio	adv	adverbe
anatomia	ANAT	anatomie
artigo	art	article
automóvel	AUT	automobile
auxiliar	aux	auxiliaire
termo belga	Belg	belgicisme
termo canadense	Can	canadianisme
comércio	COM(M)	commerce
comparativo	comp(ar)	comparatif
conjunção	conj	conjunction
culinária	CULIN	cuisine, art culinaire
educação, escola	EDUC	domaine scolaire
esporte	ESP	sport
interjeição	excl	exclamation
substantivo feminino	f	nom féminin
familiar	fam	familier
figurado	fig	figuré
finanças	FIN	finances
formal	fml	soutenu
geralmente	ger/gén	généralement
gramática	GRAM(M)	grammaire
termo suíço	Helv	helvétisme
informática	INFORM	informatique
interjeição	interj	exclamation
interrogativo	interr	interrogatif
invariável	inv	invariable
jurídico	JUR	juridique
substantivo masculino	m	nom masculin
matemática	MAT(H)	mathématiques
medicina	MED/MÉD	médecine
substantivo que tem a mesma forma para o masculino e para o feminino	mf	nom masculin et féminin
substantivo masculino que tem também uma forma para o feminino	m, f	nom masculin et féminin avec une désinence féminine

VII

termos militares	*MIL*	domaine militaire
música	*MÚS/MUS*	musique
substantivo	*n*	nom
termos náuticos	*NÁUT/NAVIG*	navigation
substantivo feminino	*nf*	nom féminin
substantivo masculino	*nm*	nom masculin
substantivo que tem a mesma forma para o masculino e para o feminino	*nmf*	nom masculin et féminin
substantivo masculino que tem também uma forma para o feminino	*nm, f*	nom masculin et féminin avec une désinence féminine
numeral	*num*	numéral
pejorativo	*pej*	péjoratif
plural	*pl*	pluriel
política	*POL*	politique
particípio passado	*pp*	participe passé
gerúndio	*ppr*	participe présent
preposição	*prep/prép*	préposition
pronome	*pron*	pronom
algo	*qqch*	quelque chose
alguém	*qqn*	quelqu'un
marca registrada	®	nom déposé
religião	*RELIG*	religion
substantivo	*s*	nom
educação, escola	*SCOL*	domaine scolaire
formal	*sout*	soutenu
sujeito	*suj*	sujet
superlativo	*sup(erl)*	superlatif
termos técnicos	*TEC(H)*	technologie
televisão	*TV*	télévision
verbo	*v*	verbe
verbo intransitivo	*vi*	verbe intransitif
verbo impessoal	*v impess/ v impers*	verbe impersonnel
verbo pronominal	*vp*	verbe pronominal
verbo transitivo	*vt*	verbe transitif
vulgar	*vulg*	vulgaire
equivalente cultural	≃	équivalent culturel

Transcrição fonética

Vogais portuguesas

- [a] pá, amar
- [ɛ] sé, seta, hera
- [e] ler, mês
- [i] ir, sino, nave
- [ɔ] nota, pó
- [o] corvo, avô
- [u] azul, tribo

Semivogais

- [j] eleito, maio
- [w] luar, quadro, tranquilo

Ditongos

- [aj] faixa, mais
- [ej] leite, rei
- [ɛj] hotéis, pastéis
- [ɔj] herói, boia
- [oj] coisa, noite
- [uj] azuis, fui
- [aw] nau, jaula
- [ɛw] céu, véu
- [ew] deus, seu
- [iw] riu, viu

Vogais nasais

- [ã] maçã, santo
- [ẽ] lençol, sempre
- [ĩ] fim, patim
- [õ] onde, com, honra
- [ũ] jejum, nunca

Ditongos nasais

- [ãj] cãibra, mãe
- [ãw] camarão, cão
- [ẽj] bem, quem
- [õj] cordões, leões

Vogais francesas

- [a] lac, papillon, âme
- [ɛ] bec, aime
- [e] pays, année
- [ə] le, je
- [i] fille, île, système
- [o] drôle, aube, eau
- [ø] aveu, jeu
- [œ] peuple, boeuf
- [u] outil, goût
- [y] usage, lune

- [j] yeux, lieu
- [w] ouest, oui
- [ɥ] lui, nuit

- [ã] champ, ennui
- [ɛ̃] timbre, main
- [ɔ̃] ongle, mon
- [œ̃] parfum, brun

Consoantes

beijo, abrir	[b]	bateau, abeille
casa, dique	[k]	coq, quatre, képi
dama, prenda	[d]	dalle, ronde
faca, afinal	[f]	fort, physique
grande, agora	[g]	garder, digue
gelo, cisne, anjo	[ʒ]	rouge, jeune
lata, feliz, cola	[l]	lit, halle
folha, ilha	[ʎ]	
mel, amigo	[m]	mât, drame
novo, mina	[n]	nager, trône
linha, sonho	[ɲ]	agneau, peigner
anca, inglês	[ŋ]	parking
pão, gripe	[p]	prendre, grippe
cura, era	[r]	arracher, sabre
cima, desse, caça	[s]	cela, savant
noz, bis, caixa, chá	[ʃ]	charrue, schéma
tema, lata, porta	[t]	théâtre, temps
vela, ave	[v]	voir, rive, wagon
rádio, terra	[x]	
zelo, brisa	[z]	fraise, zéro

O símbolo [´] representa o "h" aspirado francês, por exemplo, **hacher** [´aʃe]. O símbolo [ˈ] indica a sílaba acentuada em português. Quando há duas sílabas tônicas, nomeadamente nos substantivos compostos como **curto-circuito** [ˌkurtusirˈkwitu] ou nos advérbios como **raramente** [ˌraraˈmẽnte], o símbolo [ˌ] indica a mais fraca das duas.

Todas as entradas, tanto francesas como portuguesas, são seguidas por uma transcrição fonética API.

As indicações de pronúncia aplicadas ao português refletem a língua falada no Rio de Janeiro.

Marcas registradas
O símbolo ® indica que a palavra em questão é uma marca registrada. Esse símbolo, ou sua eventual ausência, não afeta, no entanto, a situação legal da marca.

CONJUGAISON DES VERBES FRANÇAIS
CONJUGAÇÃO DE VERBOS FRANCESES

avoir

ind prés
j'ai, tu as, il a, nous avons, vous avez, ils ont
imparfait
j'avais, tu avais, il avait, nous avions, vous aviez, ils avaient
ind futur
j'aurai, tu auras, il aura, nous aurons, vous aurez, ils auront
subj prés
que j'aie, que tu aies, qu'il aie, que nous ayons, que vous ayez, qu'ils aient
imp aie, ayons
pprés ayant
pp eu

être

ind prés
je suis, tu es, il est, nous sommes, vous êtes, ils sont
imparfait
j'étais, tu étais, il était, nous étions, vous étiez, ils étaient
ind fut
je serai, tu seras, il sera, nous serons, vous serez, ils seront
subj prés
que je sois, que tu sois, qu'il soit, que nous soyons, que vous soyez, qu'ils soient
imp sois, soyons
pprés étant
pp été

chanter

ind prés
je chante, tu chantes, il chante, nous chantons, vous chantez, ils chantent
imparfait
je chantais, tu chantais, il chantait, nous chantions, vous chantiez, ils chantaient
ind fut je chanterai, tu chanteras, il chantera, nous chanterons, vous chanterez, ils chanteront
subj prés
que je chante, que tu chantes, qu'il chante, que nous chantions, que vous chantiez, qu'ils chantent
imp chante, chantons
pprés chantant
pp chanté

baisser

ind prés
je baisse, nous baissons
imparfait
je baissais
ind fut
je baisserai
subj prés
que je baisse
imp baisse, baissons
pprés baissant
pp baissé

pleurer

ind prés
je pleure, nous pleurons
imparfait
je pleurais
ind fut
je pleurerai
subj prés
que je pleure
imp pleure, pleurons
pprés pleurant
pp pleuré

jouer

ind prés
je joue, nous jouons
imparfait
je jouais
ind fut
je jouerai
subj prés
que je joue
imp joue, jouons
pprés jouant
pp joué

saluer

ind prés
je salue, nous saluons
imparfait je saluais
ind fut je saluerai
subj prés
que je salue
imp salue, saluons
pprés saluant
pp salué

arguer

ind prés
j'argue, nous arguons
imparfait j'arguais
ind fut j'arguerai
subj prés que j'argue
imp argue, arguons
pprés arguant
pp argué

copier

ind prés
je copie, nous copions
imparfait je copiais
ind fut je copierai
subj prés
que je copie
imp copie, copions
pprés copiant
pp copié

prier

ind prés
je prie, nous prions
imparfait je priais
ind fut je prierai
subj prés que je prie
imp prie, prions
pprés priant
pp prié

payer

ind prés
je paie, nous payons, ils paient
imparfait je payais
ind fut je paierai
subj prés
que je paie
imp paie, payons
pprés payant
pp payé

grasseyer

ind prés
je grasseye,
nous grasseyons
imparfait
je grasseyais
ind fut
je grasseyerai
subj prés
que je grasseye
imp grasseye, grasseyons
pprés grasseyant
pp grasseyé

ployer

ind prés
je ploie, nous ployons, ils ploient
imparfait je ployais
ind fut je ploierai
subj prés
que je ploie
imp ploie, ployons
pprés ployant
pp ployé

essuyer

ind prés
j'essuie, nous essuyons
imparfait
j'essuyais
ind fut
j'essuierai
subj prés
que j'essuie
imp essuie, essuyons
pprés essuyant
pp essuyé

créer

ind prés
je crée, nous créons
imparfait
je créais
ind fut je créerai
subj prés
que je crée
imp crée, créons
pprés créant
pp créé

avancer

ind prés
j'avance, nous avançons, ils avancent

imparfait
j'avançais
ind fut
j'avancerai
subj prés
que j'avance
imp avance, avançons
pprés avançant
pp avancé

manger

ind prés
je mange,
nous mangeons
imparfait
je mangeais
ind fut
je mangerai
subj prés
que je mange
imp mange,
mangeons
pprés mangeant
pp mangé

céder

ind prés
je cède,
nous cédons,
ils cèdent
imparfait je cédais
ind fut je céderai
subj prés
que je cède
imp cède, cédons
pprés cédant
pp cédé

semer

ind prés je sème,
nous semons
imparfait
je semais
ind fut
je sèmerai
subj prés
que je sème
imp sème,
semons
pprés semant
pp semé

rapiécer

ind prés je rapièce,
nous rapiéçons,
ils rapiècent
imparfait
je rapiéçais
ind fut
je rapiécerai
subj prés
que je rapièce
imp rapièce,
rapiéçons
pprés rapiéçant
pp rapiécé

acquiescer

ind prés
j'acquiesce,
nous acquiesçons,
ils acquiescent
imparfait
j'acquiesçais
ind fut
j'acquiescerai

subj prés
que j'acquiesce
imp acquiesce,
acquiesçons
pprés acquiesçant
pp acquiescé

siéger

ind prés
je siège, nous
siégeons, ils siègent
imparfait
je siégeais
ind fut
je siégerai
subj prés
que je siège
imp siège, siégeons
pprés siégeant
pp siégé

déneiger

ind prés
je déneige,
nous déneigeons
imparfait
je déneigeais
ind fut
je déneigerai
subj prés
que je déneige
imp déneige,
déneigeons
pprés
déneigeant
pp déneigé

appeler

ind prés
j'appelle,
nous appelons,
ils appellent
imparfait j'appelais
ind fut
j'appellerai
subj prés
que j'appelle
imp appelle, appelons
pprés appelant
pp appelé

peler

ind prés
je pèle, nous pelons,
ils pèlent
imparfait je pelais
ind fut je pèlerai
subj prés que je pèle
imp pèle, pelons
pprés pelant
pp pelé

interpeller

ind prés j'interpelle,
nous interpellons
imparfait
j'interpellais
ind fut
j'interpellerai
subj prés
que j'interpelle
imp interpelle,
interpellons
pprés interpellant
pp interpellé

jeter

ind prés
je jette, nous jetons,
ils jettent
imparfait je jetais
ind fut je jetterai
subj prés
que je jette
imp jette, jetons
pprés jetant
pp jeté

acheter

ind prés
j'achète, nous
achetons, ils achètent
imparfait
j'achetais
ind fut
j'achèterai
subj prés
que j'achète
imp achète, achetons
pprés achetant
pp acheté

dépecer

ind prés je dépèce,
nous dépeçons, ils
dépècent
imparfait je dépeçais
ind fut je dépècerai
subj prés
que je dépèce
imp dépèce,
dépeçons
pprés dépeçant
pp dépecé

envoyer

ind prés j'envoie,
nous envoyons,
ils envoient
imparfait
j'envoyais
ind fut
j'enverrai
subj prés
que j'envoie
imp envoie, envoyons
pprés envoyant
pp envoyé

aller

ind prés je vais,
nous allons, ils vont
imparfait
j'allais
ind fut j'irai
subj prés
que j'aille
imp va, allons
pprés allant
pp allé

finir

ind prés
je finis, tu finis, il finit,
nous finissons, vous
finissez, ils
finissent
imparfait
je finissais, tu
finissais, il finissait,
nous finissions, vous
finissiez, ils finissaient
ind fut je finirai,

tu finiras, il finira, nous finirons, vous finirez, ils finiront
subj prés que je finisse, que tu finisses, qu'il finisse, que nous finissions, que vous finissiez, qu'ils finissent
imp finis, finissons
pprés finissant
pp fini

haïr

ind prés je hais, nous haïssons
imparfait je haïssais
ind fut je haïrai
subj prés que je haïsse
imp hais, haïssons
pprés haïssant
pp haï

ouvrir

ind prés j'ouvre, nous ouvrons
imparfait j'ouvrais
ind fut j'ouvrirai
subj prés que j'ouvre
imp ouvre, ouvrons
pprés ouvrant
pp ouvert

fuir

ind prés je fuis, nous fuyons, ils fuient
imparfait je fuyais
ind fut je fuirai
subj prés que je fuie
imp fuis, fuyons
pprés fuyant
pp fui

dormir

ind prés je dors, nous dormons
imparfait je dormais
ind fut je dormirai
subj prés que je dorme
imp dors, dormons
pprés dormant
pp dormi

mentir

ind prés je mens, nous mentons
imparfait je mentais
ind fut je mentirai
subj prés que je mente
imp mens, mentons
pprés mentant
pp menti

servir

ind prés je sers, nous servons
imparfait je servais
ind fut je servirai
subj prés que je serve
imp sers, servons
pprés servant
pp servi

acquérir

ind prés j'acquiers, nous acquérons, ils acquièrent
imparfait j'acquérais
ind fut j'acquerrai
subj prés que j'acquière
imp acquiers, acquérons
pprés acquérant
pp acquis

venir

ind prés je viens, nous venons, ils viennent
imparfait je venais
ind fut je viendrai
subj prés que je vienne
imp viens, venons
pprés venant
pp venu

cueillir

ind prés je cueille, nous cueillons
imparfait je cueillais
ind fut je cueillerai
subj prés que je cueille
imp cueille, cueillons
pprés cueillant
pp cueilli

mourir

ind prés je meurs, nous mourons, ils meurent
imparfait je mourais
ind fut je mourrai
subj prés que je meure
imp meurs, mourons
pprés mourant
pp mort

partir

ind prés je pars, nous partons
imparfait je partais
ind fut je partirai
subj prés que je parte
imp pars, partons
pprés partant
pp parti

revêtir

ind prés je revêts, nous revêtons
imparfait je revêtais
ind fut je revêtirai
subj prés que je revête
imp revêts, revêtons
pprés revêtant
pp revêtu

courir

ind prés je cours, nous courons
imparfait je courais
ind fut je courrai
subj prés que je coure
imp cours, courons
pprés courant
pp couru

faillir

ind prés je faillis, nous faillissons
imparfait je faillissais
ind fut je faillirai
subj prés que je faillisse
pprés faillissant
pp failli

défaillir

ind prés je défaille, nous défaillons
imparfait je défaillais
ind fut je défaillirai
subj prés que je défaille
imp défaille, défaillons
pprés défaillant
pp défailli

bouillir

ind prés je bous, nous bouillons
imparfait je bouillais
ind fut je bouillirai
subj prés que je bouille
imp bous, bouillons
pprés bouillant
pp bouilli

gésir

ind prés je gis, nous gisons
imparfait je gisais
pprés gisant
pp gît

saillir

ind prés il saille, ils saillent
imparfait il saillait
ind fut je saillerai

subj prés
qu'il saille,
qu'ils saillent
pprés saillant
pp sailli

ouïr

ind prés
j'ouïs, nous ouïssons
imparfait j'ouïssais
ind fut j'ouïrai
subj prés
que j'ouïsse
imp ouïs, ouïssons
pprés oyant
pp ouï

recevoir

ind prés
je reçois, nous
recevons, ils reçoivent
imparfait je recevais
ind fut je recevrai
subj prés
que je reçoive
imp reçois, recevons
pprés recevant
pp reçu

devoir

ind prés
je dois, nous devons,
ils doivent
imparfait je devais
ind fut je devrai
subj prés
que je doive

pprés devant
pp dû

mouvoir

ind prés
je meus, nous
mouvons, ils meuvent
imparfait je mouvais
ind fut je mouvrai
subj prés
que je meuve
que nous mouvions,
qu'ils meuvent
imp meus, mouvons
pprés mouvant
pp mû

émouvoir

ind prés
j'émeus, nous
émouvons,
ils émeuvent
imparfait j'émouvais
ind fut j'émouvrai
subj prés
que j'émeuve
imp émeus,
émouvons
pprés émouvant
pp ému

promouvoir

ind prés je promeus,
nous promouvons,
ils promeuvent
imparfait
je promouvais

ind fut je promouvrai
subj prés
que je promeuve
imp promeus,
promouvons
pprés promouvant
pp promu

vouloir

ind prés je veux,
nous voulons,
ils veulent
imparfait je voulais
ind fut je voudrai
subj prés
que je veuille,
que nous voulions,
qu'ils veuillent
imp veuille, veuillons
pprés voulant
pp voulu

pouvoir

ind prés je peux,
nous pouvons,
ils peuvent
imparfait je pouvais
ind fut je pourrai
subj prés
que je puisse
pprés pouvant
pp pu

savoir

ind prés
je sais, nous savons,
ils savent

imparfait je savais
ind fut je saurai
subj prés
que je sache
imp sache, sachons
pprés sachant
pp su

valoir

ind prés
je vaux, nous valons
imparfait je valais
ind fut je vaudrai
subj prés
que je vaille
imp vaux, valons
pprés valant
pp valu

prévaloir

ind prés je prévaux,
nous prévalons
imparfait
je prévalais
ind fut
je prévaudrai
subj prés
que je prévale
imp prévaux,
prévalons
pprés prévalant
pp prévalu

voir

ind prés
je vois, nous voyons,
ils voient
imparfait
je voyais
ind fut
je verrai
subj prés
que je voie
imp vois, voyons
pprés voyant
pp vu

prévoir

ind prés
je prévois,
nous prévoyons,
ils prévoient
imparfait
je prévoyais
ind fut
je prévoirai
subj prés
que je prévoie
imp prévois,
prévoyons
pprés prévoyant
pp prévu

pourvoir

ind prés
je pourvois,
nous pourvoyons,
ils pourvoient
imparfait
je pourvoyais
ind fut
je pourvoirai
subj prés
que je pourvoie
imp pourvois,
pourvoyons
pprés pourvoyant
pp pourvu

asseoir

ind prés
j'assieds, nous
asseyons, ils assoient
imparfait j'asseyais
ind fut j'assiérai
subj prés
que j'asseye
imp assieds, asseyons
pprés asseyant
pp assis

surseoir

ind prés
je sursois, nous
sursoyons, ils
sursoient
imparfait
je sursoyais
ind fut
je surseoirai
subj prés
que je surseoie
imp sursois,
sursoyons
pprés sursoyant
pp sursis

seoir

ind prés
il sied, ils siéent
imparfait
il seyait

XI

ind fut
il siéra
subj prés
qu'il siée, qu'ils siéent
pprés seyant

---

pleuvoir

ind prés il pleut
imparfait
il pleuvait
ind fut
il pleuvra
subj prés
qu'il pleuve
pprés pleuvant
pp plu

---

falloir

ind prés il faut
imparfait il fallait
ind fut
il faudra
subj prés
qu'il faille
pp fallu

échoir

ind prés
il échoit, ils échoient
imparfait
il échoyait
ind fut
il échoira
subj prés
qu'il échoie
pprés échéant
pp échu

---

déchoir

ind prés je déchois,
nous déchoyons, ils
déchoient
ind fut je déchoirai
subj prés
que je déchoie,
qu'ils déchoient
pp déchu

---

choir

ind prés
je chois, ils choient
ind fut je choirai
pp chu

---

vendre

ind prés
je vends, tu vends,
il vend, nous vendons,
vous vendez,
ils vendent
imparfait je vendais,
tu vendais, il vendait,
nous vendions, vous
vendiez, ils vendaient
ind fut
je vendrai, tu vendras,
il vendra, nous
vendrons, vous
vendrez, ils vendront
subj prés que je
vende, que tu vendes,
qu'il vende, que
nous vendions, que
vous vendiez, qu'ils
vendent
imp vends, vendons

pprés vendant
pp vendu

---

répandre

ind prés je répands,
nous répandons
imparfait
je répandais
ind fut je répandrai
subj prés
que je répande
imp répands,
répandons
pprés répandant
pp répandu

---

répondre

ind prés
je réponds,
nous répondons
imparfait
je répondais
ind fut je répondrai
subj prés
que je réponde
imp réponds,
répondons
pprés répondant
pp répondu

---

mordre

ind prés
je mords,
nous mordons
imparfait
je mordais
ind fut je mordrai

subj prés
que je morde
imp mords, mordons
pprés mordant
pp mordu

perdre

ind prés
je perds, nous perdons
imparfait
je perdais
ind fut
je perdrai
subj prés
que je perde
imp perds, perdons
pprés perdant
pp perdu

rompre

ind prés je romps,
nous rompons
imparfait
je rompais
ind fut
je romprai
subj prés
que je rompe
imp romps, rompons
pprés rompant
pp rompu

prendre

ind prés
je prends, nous
prenons, ils prennent
imparfait je prenais
ind fut
je prendrai
subj prés
que je prenne
imp prends, prenons
pprés prenant
pp pris

craindre

ind prés je crains,
nous craignons
imparfait
je craignais
ind fut
je craindrai
subj prés
que je craigne
imp crains, craignons
pprés craignant
pp craint

peindre

ind prés je peins,
nous peignons
imparfait
je peignais
ind fut je peindrai
subj prés
que je peigne
imp peins,
peignons
pprés peignant
pp peint

joindre

ind prés je joins,
nous joignons
imparfait
je joignais
ind fut
je joindrai
subj prés
que je joigne
imp joins, joignons
pprés joignant
pp joint

battre

ind prés je bats,
nous battons
imparfait
je battais
ind fut
je battrai
subj prés
que je batte
imp bats, battons
pprés battant
pp battu

mettre

ind prés je mets,
nous mettons
imparfait
je mettais
ind fut
je mettrai
subj prés
que je mette
imp mets,
mettons
pprés
mettant
pp mis

XIII

moudre

ind prés je mouds, nous moulons
imparfait je moulais
ind fut je moudrai
subj prés que je moule
imp mouds, moulons
pprés moulant
pp moulu

coudre

ind prés je couds, nous cousons
imparfait il cousait
ind fut je coudrai
subj prés que je couse
imp couds, cousons
pprés cousant
pp cousu

absoudre

ind prés j'absous, nous absolvons
imparfait j'absolvais
ind fut j'absoudrai
subj prés que j'absolve
imp absous, absolvons
pprés absolvant
pp absous

résoudre

ind prés je résous, nous résolvons
imparfait je résolvais
ind fut je résoudrai
subj prés que je résolve
imp résous, résolvons
pprés résolvant
pp résolu

suivre

ind prés je suis, nous suivons
imparfait je suivais
ind fut je suivrai
subj prés que je suive
imp suis, suivons
pprés suivant
pp suivi

vivre

ind prés je vis, nous vivons
imparfait je vivais
ind fut je vivrai
subj prés que je vive, que nous vivions
imp vis, vivons
pprés vivant
pp vécu

paraître

ind prés je parais, nous paraissons
imparfait je paraissais
ind fut je paraîtrai
subj prés que je paraisse
imp parais, paraissons
pprés paraissant
pp paru

naître

ind prés je nais, nous naissons
imparfait je naissais
ind fut je naîtrai
subj prés que je naisse
imp nais, naissons
pprés naissant
pp né

croître

ind prés je croîs, nous croissons
imparfait il croissait
ind fut je croîtrai
subj prés que je croisse
imp croîs, croissons
pprés croissant
pp crû

accroître

ind prés j'accrois, nous accroissons
imparfait il accroissait
ind fut j'accroîtrai
subj prés que j'accroisse
imp accrois, accroissons
pprés accroissant
pp accru

rire

ind prés je ris, nous rions
imparfait je riais
ind fut je rirai
subj prés que je rie
imp ris, rions
pprés riant
pp ri

conclure

ind prés je conclus, nous concluons
imparfait je concluais
ind fut je conclurai
subj prés que je conclue
imp conclus, concluons
pprés concluant
pp conclu

nuire

ind prés je nuis, nous nuisons
imparfait je nuisais
ind fut je nuirai
subj prés que je nuise
imp nuis, nuisons
pprés nuisant
pp nui

conduire

ind prés je conduis, nous conduisons
imparfait je conduisais
ind fut je conduirai
subj prés que je conduise
imp conduis, conduisons
pprés conduisant
pp conduit

écrire

ind prés j'écris, nous écrivons
imparfait j'écrivais
ind fut j'écrirai
subj prés que j'écrive
imp écris, écrivons
pprés écrivant
pp écrit

suffire

ind prés je suffis, nous suffisons
imparfait je suffisais
ind fut je suffirai
subj prés que je suffise
pprés suffisant
pp suffi

confire

ind prés je confis, nous confisons
imparfait je confisais
ind fut je confirai
subj prés que je confise
imp confis, confisons
pprés confisant
pp confit

dire

ind prés je dis, nous disons
imparfait je disais
ind fut je dirai
subj prés que je dise
imp dis, disons
pprés disant
pp dit

contredire

ind prés
je contredis, nous contredisons
imparfait
je contredisais
ind fut
je contredirai
subj prés
que je contredise
imp contredis, contredisons
pprés contredisant
pp contredit

maudire

ind prés
je maudis, nous maudissons
imparfait
je maudissais
ind fut
je maudirai
subj prés
que je maudisse
imp maudis, maudissons
pprés maudissant
pp maudit

bruire

ind prés je bruis
imparfait je bruyais
ind fut je bruirai
pp bruit

lire

ind prés
je lis, nous lisons
imparfait je lisais
ind fut je lirai
subj prés que je lise, que nous lisions
imp lis, lisons
pprés lisant
pp lu

croire

ind prés
je crois, nous croyons, ils croient
imparfait
je croyais
ind fut je croirai
subj prés
que je croie
imp crois, croyons
pprés croyant
pp cru

boire

ind prés je bois, nous buvons, ils boivent
imparfait
je buvais
ind fut je boirai
subj prés
que je boive
imp bois, buvons
pprés buvant
pp bu

faire

ind prés
je fais, nous faisons, ils font
imparfait
je faisais
ind fut je ferai
subj prés
que je fasse
imp fais, faisons, faites
pprés faisant
pp fait

plaire

ind prés
je plais, nous plaisons
imparfait
je plaisais
ind fut
je plairai
subj prés
que je plaise
imp plais, plaisons
pprés plaisant
pp plu

taire

ind prés
je tais, nous taisons
imparfait je taisais
ind fut je tairai
subj prés
que je taise
imp tais, taisons
pprés taisant
pp tu

extraire

ind prés j'extrais,
nous extrayons,
ils extraient
imparfait
j'extrayais
ind fut j'extrairai
subj prés
que j'extraie
imp extrais, extrayons
pprés extrayant
pp extrait

clore

ind prés
je clos, nous closons
ind fut je clorai
subj prés
que je close
pprés closant
pp clos

vaincre

ind prés
je vaincs,
nous vainquons
imparfait
je vainquais
ind fut
je vaincrai
subj prés
que je vainque
imp vaincs,
vainquons
pprés vainquant
pp vaincu

frire

ind prés je fris
ind fut je frirai
imp fris
pp frit

foutre

ind prés je fous,
nous foutons
imparfait
je foutais
ind fut
je foutrai
subj prés
que je foute
imp fous, foutons
pprés foutant
pp foutu

FRANÇAIS – PORTUGAIS

FRANCÊS – PORTUGUÊS

A

a [a] → **avoir**.

A (*abr de* autoroute) A.

à [a] *prép* **1.** *(gén)* a • **penser à qqch** pensar em algo • **donner qqch à qqn** dar algo a alguém • **allons au théâtre** vamos ao teatro • **il est parti à la pêche** ele foi à pesca • **embarquement à 21h30** embarque às 21h30 • **au mois d'août** no mês de agosto • **le musée est à cinq minutes d'ici** o museu fica a cinco minutos daqui • **à jeudi!** até quinta-feira! • **à deux** a dois • **à pied** a pé • **écrire au crayon** escrever a lápis • **à la française** à francesa • **un billet d'entrée à 8€**, um ingresso a 8 euros • **j'ai acheté une robe à 40€**, comprei um vestido por 40 euros • **être payé à l'heure** ser pago por hora • **100 km à l'heure** 100 km por hora • **le courrier à poster** a carta para pôr no correio • **maison à vendre** casa à venda • **travail à faire** trabalho para fazer **2.** *(indique le lieu où l'on est)* em • **j'habite à Paris** moro em Paris • **rester à la maison** ficar em casa • **il y a une piscine à deux kilomètres du village** há uma piscina a dois quilômetros da aldeia **3.** *(indique un moyen de transport)* de • **une promenade à vélo** um passeio de bicicleta • **un voyage à dos d'âne** uma viagem de burro **4.** *(indique l'appartenance)* de • **cet argent est à moi/à lui/à Isabelle** o dinheiro é meu/dele/da Isabelle • **une amie à moi** uma amiga minha • **à qui sont ces lunettes?** de quem são estes óculos? **5.** *(indique une caractéristique)* de • **le garçon aux yeux bleus** o rapaz de olhos azuis • **un bateau à vapeur** um barco a vapor • **un tissu à fleurs** um tecido florido.

AB¹ (*abr de* assez bien) suficiente.

AB² (*abr de* agriculture biologique*) [ab] *abrev* agricultura *f* biológica.

abaisser

abaisser [abese] *vt (manette)* abaixar.
abandon [abɑ̃dɔ̃] *nm* • **à l'abandon** ao abandono • **laisser qqch à l'abandon** deixar algo ao abandono.
abandonné, e [abɑ̃dɔne] *adj* abandonado(da).
abandonner [abɑ̃dɔne] • *vt* abandonar • *vi* desistir.
abasourdi, e [abazurdi] *adj* **1.** *(stupéfait)* embasbacado (da) **2.** *(étourdi)* aturdido(da).
abat-jour [abaʒur] *nm inv* abajur *m*.
abats [aba] *nm* miúdos *mpl*.
abattoir [abatwar] *nm* matadouro *m*.
abattre [abatr] *vt* abater.
abattu, e [abaty] *adj (découragé)* abatido (da).
abbaye [abei] *nf* abadia *f*.
abcès [apsɛ] *nm* abcesso *m*.
abdos [abdo] *(fam) abr de* **abdominaux**.
abeille [abɛj] *nf* abelha *f*.
aberrant, e [abɛrɑ̃, ɑ̃t] *adj* aberrante.
abîmer [abime] *vt* estragar • **s'abîmer** *vp* estragar-se • **s'abîmer les yeux** estragar a vista.
aboiements [abwamɑ̃] *nm* latidos *mpl*.
abolir [abɔlir] *vt* abolir.
abominable [abɔminabl] *adj* abominável.
abondant, e [abɔ̃dɑ̃, ɑ̃t] *adj* abundante.
abonné, e [abɔne] *adj & nm* assinante.

abonnement [abɔnmɑ̃] *nm* assinatura *f (subscrição)*.
abonner [abɔne] • **s'abonner à** *vp + prép (journal)* assinar.
abord [abɔr] • **d'abord** *adv* primeiro • **abords** *nm* arredores *mpl*.
abordable [abɔrdabl] *adj* acessível.
aborder [abɔrde] *vt & vi* abordar.
aboutir [abutir] *vi* dar resultado • **aboutir à** levar a.
aboyer [abwaje] *vi* latir.
abrégé [abreʒe] *nm* • **en abrégé** em resumo.
abréger [abreʒe] *vt* abreviar.
abreuvoir [abrœvwar] *nm* bebedouro *m*.
abréviation [abrevjasjɔ̃] *nf* abreviatura *f*.
abri [abri] *nm* abrigo *m* • **à l'abri de** ao abrigo de.
Abribus® [abribys] *nm* ponto *m* de ônibus, parada *f* de ônibus.
abricot [abriko] *nm* damasco *m*.
abriter [abrite] • **s'abriter (de)** *vp + prép* abrigar-se (de).
abrupt, e [abrypt] *adj* abrupto(ta).
abruti, e [abryti] • *adj (fam) (bête)* parvo(va); *(assommé)* embrutecido(da) • *nm (fam)* parvo *m*, -va *f*.
abrutissant, e [abrytisɑ̃, ɑ̃t] *adj* embrutecedor(ra).
absence [apsɑ̃s] *nf (d'une personne)* ausência *f*; *(manque)* falta *f*.
absent, e [apsɑ̃, ɑ̃t] *adj & nm* ausente.
absenter [apsɑ̃te] • **s'absenter** *vp* ausentar-se.

absolu, e [apsɔly] *adj* absoluto(ta).

absolument [apsɔlymã] *adv (à tout prix)* absolutamente; *(tout à fait)* completamente.

absorbant, e [apsɔʀbɑ̃, ɑ̃t] *adj* absorvente.

absorber [apsɔʀbe] *vt* absorver.

abstenir [apstəniʀ] ♦ **s'abstenir** *vp (de voter)* abster-se.

abstention [apstɑ̃sjɔ̃] *nf* abstenção *f.*

abstenu, e [apstəny] *pp* → **abstenir.**

abstrait, e [apstʀɛ, ɛt] *adj* abstrato(ta).

absurde [apsyʀd] *adj* absurdo(da).

abus [aby] *nm* abuso *m.*

abuser [abyze] *vi* abusar • **abuser de** abusar de.

académie [akademi] *nf (zone administrative)* ≃ direção *f* regional de educação • **l'Académie française** *a Academia Francesa de Letras.*

acajou [akaʒu] *nm (bois)* mogno *m.*

accabler [akable] *vt* deitar abaixo • **accabler qqn de** *(travail)* sobrecarregar alguém de ou com; *(reproches, injures)* cobrir alguém de.

accaparer [akapaʀe] *vt (personne, conversation)* monopolizar.

accéder [aksede] ♦ **accéder à** *vp + prép (lieu)* aceder a.

accélérateur [akseleʀatœʀ] *nm* acelerador *m.*

accélération [akseleʀasjɔ̃] *nf* aceleração *f.*

accélérer [akseleʀe] *vi* acelerar.

accent [aksɑ̃] *nm (intonation)* sotaque *m; (signe graphique)* acento *m* • **mettre l'accent sur** pôr a tônica em • **accent aigu** acento agudo • **accent circonflexe** acento circunflexo • **accent grave** acento grave.

accentuer [aksɑ̃tɥe] *vt (mot)* acentuar ♦ **s'accentuer** *vp* acentuar-se.

acceptable [aksɛptabl] *adj* aceitável.

accepter [aksɛpte] *vt* aceitar • **accepter de faire qqch** aceitar fazer algo.

accès [aksɛ] *nm* acesso *m* • **donner accès à** dar acesso a • **accès interdit** acesso proibido • **accès aux trains** acesso às plataformas de ferrovias.

accessible [aksesibl] *adj* acessível.

accessoire [akseswaʀ] *nm* acessório *m.*

accident [aksidɑ̃] *nm* acidente *m* • **accident de la route** acidente de estrada • **accident du travail** acidente de trabalho • **accident de voiture** acidente de carro.

accidenté, e [aksidɑ̃te] *adj* acidentado (da).

accidentel, elle [aksidɑ̃tɛl] *adj* acidental.

accolade [akɔlad] *nf (signe graphique)* chave *f.*

accompagnateur, trice [akɔ̃paɲatœʀ, tʀis] *nm* acompanhante *mf.*

accompagnement

accompagnement [akɔ̃paɲmɑ̃] nm MUS acompanhamento m.

accompagner [akɔ̃paɲe] vt acompanhar.

accomplir [akɔ̃pliʀ] vt cumprir.

accord [akɔʀ] nm (consentement, pacte) acordo m; MUS acorde m; GRAM concordância f • **d'accord!** está bem! • **se mettre d'accord** pôr-se de acordo • **être d'accord avec** estar de acordo com • **être d'accord pour faire qqch** estar de acordo para fazer algo.

accordéon [akɔʀdeɔ̃] nm acordeão m.

accorder [akɔʀde] vt MUS afinar • **accorder qqch à qqn** conceder algo a alguém • **s'accorder** vp concordar • **s'accorder bien** (couleurs, vêtements) combinar bem.

accoster [akɔste] • vt (personne) abordar • vi acostar.

accotement [akɔtmɑ̃] nm acostamento m.

accouchement [akuʃmɑ̃] nm parto m • **accouchement sous X** parto anônimo, parto de mãe incógnita.

accoucher [akuʃe] vi dar à luz • **accoucher de jumeaux** dar à luz gêmeos.

accouder [akude]
• **s'accouder** vp apoiar os cotovelos.

accoudoir [akudwaʀ] nm braço m (de cadeira).

accourir [akuʀiʀ] vi acorrer.

accouru, e [akuʀy] pp → **accourir**.

accoutumer [akutyme]
• **s'accoutumer à** vp + prép acostumar-se com.

accroc [akʀo] nm (déchirure) rasgão m.

accrochage [akʀɔʃaʒ] nm (accident) colisão f; (fam) (dispute) pega f.

accrocher [akʀɔʃe] vt (remorque) prender; (au mur, au porte-manteau) pendurar; (à un clou) enganchar; (heurter) colidir • **s'accrocher** vp (fam) (persévérer) agarrar-se • **s'accrocher à** (se tenir à) agarrar-se.

accroupir [akʀupiʀ]
• **s'accroupir** vp acocorar-se.

accu [aky] nm (fam) bateria f.

accueil [akœj] nm recepção f.

accueillant, e [akœjɑ̃, ɑ̃t] adj acolhedor (ra).

accueillir [akœjiʀ] vt (personne) acolher; (nouvelle) receber.

accumuler [akymyle] vt acumular • **s'accumuler** vp acumular-se.

accusation [akyzasjɔ̃] nf acusação f.

accusé, e [akyze] • nm réu m, ré f • nm • **accusé de réception** aviso m de recebimento.

accuser [akyze] vt acusar • **accuser qqn de qqch** acusar alguém de algo • **accuser qqn de faire qqch** acusar alguém de fazer algo.

acéré, e [aseʀe] adj afiado (da).

acharnement [aʃaʀnəmɑ̃] *nm* obstinação *f* • **avec acharnement** com afinco.

acharner [aʃaʀne]
• **s'acharner** *vp* • **s'acharner à faire qqch** obstinar-se em fazer algo • **s'acharner sur qqn** lançar-se sobre alguém.

achat [aʃa] *nm* compra *f* • **faire des achats** fazer compras.

acheter [aʃte] *vt* comprar • **acheter qqch à qqn** comprar algo para alguém.

acheteur, euse [aʃtœʀ, øz] *nm* comprador *m*, -ra *f*.

achever [aʃve] *vt* (*terminer*) acabar; (*tuer*) acabar com
• **s'achever** *vp* chegar ao fim.

acide [asid] • *adj* ácido(da)
• *nm* ácido *m*.

acier [asje] *nm* aço *m* • **acier inoxydable** aço inoxidável.

acné [akne] *nf* acne *f*.

acompte [akɔ̃t] *nm* sinal *m* (*entrada em dinheiro*).

à-coup [aku] (*pl* **à-coups**) *nm* solavanco *m* • **par à-coups** (*travailler*) irregularmente; (*avancer*) aos trancos.

acoustique [akustik] *nf* acústica *f*.

acquérir [akeʀiʀ] *vt* adquirir.

acquis, e [aki, iz] *pp* → **acquérir**.

acquisition [akizisjɔ̃] *nf* aquisição *f* • **faire l'acquisition de** adquirir.

acquitter [akite] *vt* absolver
• **s'acquitter** *vp* + *prép* (*dette*) saldar; (*travail*) cumprir.

âcre [akʀ] *adj* (*odeur*) acre.

acrobate [akʀɔbat] *nm* acrobata *mf*.

acrobatie [akʀɔbasi] *nf* acrobacia *f*.

acrylique [akʀilik] *nm* acrílico *m*.

acte [akt] *nm* ato *m*; (*de naissance*) certidão *f*; (*de réunion*) ata *f*.

acteur, trice [aktœʀ, tʀis] *nm* ator *m*, -triz *f*.

actif, ive [aktif, iv] *adj* ativo(va).

action [aksjɔ̃] *nf* ação *f*.

actionnaire [aksjɔnɛʀ] *nmf* acionista *mf*.

actionner [aksjɔne] *vt* acionar.

active → **actif**.

activer [aktive] *vt* (*feu*) atiçar
• **s'activer** *vp* (*se dépêcher*) apressar-se.

activité [aktivite] *nf* atividade *f*.

actrice → **acteur**.

actualité [aktyalite] *nf* • **l'actualité** a atualidade *f* • **d'actualité** atual, de atualidade
• **actualités** *nfpl* notícias *fpl*.

actuel, elle [aktyɛl] *adj* atual.

actuellement [aktyɛlmɑ̃] *adv* atualmente.

acupuncture [akypɔ̃ktyʀ] *nf* acupuntura *f*.

adaptateur [adaptatœʀ] *nm* (*pour prise de courant*) adaptador *m*.

adaptation [adaptasjɔ̃] *nf* adaptação *f*.

adapter [adapte] *vt* (*pour le cinéma, la télévision*) adaptar
• **adapter qqch à** adaptar algo a • **s'adapter** *vp* adaptar-se
• **s'adapter à** adaptar-se a.

additif

additif [aditif] nm aditivo m
• **sans additif** sem aditivo.
addition [adisjɔ̃] nf *(calcul)* adição f, soma f, *(note)* conta f •
faire une addition fazer uma adição • **payer l'addition** pagar a conta • **l'addition, s'il vous plaît!** a conta, por favor.
additionner [adisjɔne] vt adicionar ◆ **s'additionner** vp adicionar-se.
adepte [adɛpt] nm adepto m, -ta f.
adéquat, e [adekwa, at] adj adequado(da).
adhérent, e [aderɑ̃, ɑ̃t] nm aderente mf.
adhésif, ive [adezif, iv] adj adesivo(va).
adieu, x [adjø] nm adeus m • **adieu!** adeus!
adjectif [adʒɛktif] nm adjetivo m.
adjoint, e [adʒwɛ̃, ɛ̃t] nm adjunto m, -ta f.
admettre [admɛtʀ] vt admitir.
administration [administʀasjɔ̃] nf administração f • **l'Administration** a Administração.
admirable [admiʀabl] adj admirável.
admirateur, trice [admiʀatœʀ, tʀis] nm admirador m, -ra f.
admiration [admiʀasjɔ̃] nf admiração f.
admirer [admiʀe] vt admirar.
admis, e [admi, iz] pp → admettre.
admissible [admisibl] adj ÉDUC admitido(da) para realizar a prova oral.

adolescence [adɔlesɑ̃s] nf adolescência f.
adolescent, e [adɔlesɑ̃, ɑ̃t] nm adolescente mf.
adopter [adɔpte] vt adotar.
adoptif, ive [adɔptif, iv] adj adotivo(va).
adoption [adɔpsjɔ̃] nf *(d'un enfant)* adoção f.
adorable [adɔʀabl] adj adorável.
adorer [adɔʀe] vt adorar.
adosser [adose] ◆ **s'adosser** vp : **s'adosser à** OU **contre** encostar-se em OU contra.
adoucir [adusiʀ] vt *(linge)* amaciar; *(traits, caractère)* suavizar.
adresse [adʀɛs] nf **1.** *(domicile)* endereço m; *(habileté)* destreza f **2.** *INFORM* • **adresse (électronique)** endereço eletrônico • **adresse mail** OU **de courriel** endereço eletrônico • **adresse Web** website m.
adresser [adʀese] vt dirigir
◆ **s'adresser à** vp + prép *(parler à)* dirigir-se a; *(concerner)* dizer respeito a.
adroit, e [adʀwa, at] adj hábil.
ADSL *(abr de* asymmetric digital subscriber line*)* nm ADSL, Internet de banda larga.
adulte [adylt] nm adulto m, -ta f.
adverbe [advɛʀb] nm advérbio m.
adversaire [advɛʀsɛʀ] nm adversário m, -ria f.
adverse [advɛʀs] adj oposto(ta).
aération [aeʀasjɔ̃] nf arejamento m.
aérer [aeʀe] vt arejar.

aérien, enne [aerjɛ̃, ɛn] *adj* aéreo(rea).
aérodrome [aerɔdrom] *nm* aeródromo *m*.
aérodynamique [aerɔdinamik] *adj* aerodinâmico(ca).
aérogare [aerɔgar] *nf* terminal *m* aéreo.
aéroglisseur [aerɔglisœr] *nm* aerodeslizador *m*.
aérogramme [aerɔgram] *nm* aerograma *m*.
aérophagie [aerɔfaʒi] *nf* aerofagia *f*.
aéroport [aerɔpɔr] *nm* aeroporto *m*.
aérosol [aerɔsɔl] *nm* aerossol *m*.
affaiblir [afeblir] *vt (rendre faible)* enfraquecer; *(diminuer)* diminuir ◆ **s'affaiblir** *vp (personne)* debilitar-se; *(vue, lumière)* diminuir; *(son)* abaixar.
affaire [afɛr] *nf (entreprise, marché)* negócio *m*; *(question)* assunto *m*; *(scandale)* caso *m* • **avoir affaire à qqn** ter que tratar com alguém • **faire l'affaire** servir perfeitamente ◆ **affaires** *nf (objets)* coisas *fpl* • **les affaires** FIN os negócios • **occupe-toi de tes affaires** meta-se com a sua vida.
affaisser [afese] ◆ **s'affaisser** *vp (personne)* abater-se; *(sol)* ceder.
affamé, e [afame] *adj* esfomeado(da).
affecter [afɛkte] *vt* afetar.
affection [afɛksjɔ̃] *nf (sentiment)* afeto *m*, afeição *f*.
affectueusement [afɛktɥøzmɑ̃] *adv (tendrement)* carinhosamente, afetuosamente; *(dans une lettre)* com carinho.
affectueux, euse [afɛktɥø, øz] *adj* carinhoso(osa), afetuoso(osa).
affichage [afiʃaʒ] *nm* visualização *f*.
affiche [afiʃ] *nf* cartaz *m*.
afficher [afiʃe] *vt (placarder)* afixar.
affilée [afile] ◆ **d'affilée** *adv* de enfiada.
affirmation [afirmasjɔ̃] *nf* afirmação *f*.
affirmer [afirme] *vt* afirmar ◆ **s'affirmer** *vp* afirmar-se.
affligeant, e [afliʒɑ̃, ɑ̃t] *adj* aflitivo(va).
affluence [aflyɑ̃s] *nf* afluência *f*.
affluent [aflyɑ̃] *nm* afluente *m*.
affolement [afɔlmɑ̃] *nm* afobação *f*.
affoler [afɔle] *vt* afobar ◆ **s'affoler** *vp* afobar-se.
affranchir [afrɑ̃ʃir] *vt (timbrer)* franquear.
affranchissement [afrɑ̃ʃismɑ̃] *nm (timbre)* franquia *f*.
affreusement [afrøzmɑ̃] *adv (extrêmement)* horrivelmente.
affreux, euse [afrø, øz] *adj* horroroso(osa).
affronter [afrɔ̃te] *vt* enfrentar ◆ **s'affronter** *vp* enfrentar-se.
affût [afy] *nm* • **être à l'affût (de)** estar à espreita (de).
affûter [afyte] *vt* afiar.
afin [afɛ̃] ◆ **afin de** *prép* a fim de ◆ **afin que** *conj* para que.

africain, e [afrikɛ̃, ɛn] adj africano(na) ◆ **Africain, e** nm,f africano m, -na f.
Afrique [afrik] nf ● **l'Afrique** a África ● **l'Afrique du Sud** a África do Sul.
agaçant, e [agasɑ̃, ɑ̃t] adj irritante.
agacer [agase] vt irritar.
âge [aʒ] nm idade f ● **quel âge as-tu?** qual é a sua idade? ● **une personne d'un certain âge** uma pessoa de uma certa idade.
âgé, e [aʒe] adj idoso(osa) ● **les enfants âgés de huit ans** as crianças de oito anos (de idade).
agence [aʒɑ̃s] nf agência f ● **agence de voyages** agência de viagens.
agenda [aʒɛ̃da] nm agenda f ● **agenda électronique** agenda eletrônica.
agenouiller [aʒnuje] ◆ **s'agenouiller** vp ajoelhar-se.
agent [aʒɑ̃] nm ● **agent (de police)** agente mf (de polícia) ● **agent de change** corretor m, -ra f da Bolsa.
agglomération [aglɔmerasjɔ̃] nf aglomeração f ● **l'agglomération parisienne** a aglomeração parisiense.
aggraver [agrave] vt agravar ◆ **s'aggraver** vp agravar-se.
agile [aʒil] adj ágil.
agilité [aʒilite] nf agilidade f.
agir [aʒiʀ] vi agir ◆ **s'agir** v impers ● **il s'agit de** trata-se de.
agitation [aʒitasjɔ̃] nf agitação f.

agité, e [aʒite] adj (personne) irrequieto(ta); (sommeil, mer) agitado(da).
agiter [aʒite] vt agitar ◆ **s'agiter** vp (mer) agitar-se; (personne) estar irrequieto(ta).
agneau [aɲo] (pl **-x**) nm cordeiro m.
agonie [agɔni] nf agonia f.
agrafe [agʀaf] nf (de bureau) grampo m; (de vêtement) colchete m.
agrafer [agʀafe] vt grampear.
agrafeuse [agʀaføz] nf grampeador m.
agrandir [agʀɑ̃diʀ] vt aumentar; (photo) ampliar ◆ **s'agrandir** vp aumentar.
agrandissement [agʀɑ̃dismɑ̃] nm (photo) ampliação f.
agréable [agʀeabl] adj agradável.
agrès [agʀɛ] nm aparelhos mpl de ginástica.
agresser [agʀese] vt agredir.
agresseur [agʀɛsœʀ] nm agressor m, -ra f.
agressif, ive [agʀesif, iv] adj agressivo(va).
agression [agʀesjɔ̃] nf agressão f.
agricole [agʀikɔl] adj agrícola.
agriculteur, trice [agʀikyltœʀ, tʀis] nm,f agricultor m, -ra f.
agriculture [agʀikyltyʀ] nf agricultura f.
agripper [agʀipe] vt agarrar ◆ **s'agripper à** vp + prép agarrar-se a.
agrumes [agʀym] nm cítricos mpl.

ahuri, e [ayRi] *adj* pasmado (da).
ahurissant, e [ayRisɑ̃, ɑ̃t] *adj* surpreendente.
ai [ɛ] → **avoir**.
aide [ɛd] *nf* ajuda *f* • **appeler à l'aide** pedir ajuda • **à l'aide!** acudam! • **à l'aide de** com a ajuda de.
aide-éducateur, trice (*mpl* **aides-éducateurs**, *fpl* **aides-éducatrices**) [ɛdedykatœʀ, tʀis] *nm EDUC* auxiliar educacional.
aider [ede] *vt* ajudar • **aider qqn à faire qqch** ajudar alguém a fazer algo • **s'aider de** *vp* + *prép* servir-se de, utilizar-se de.
aie [ɛ] → **avoir**.
aïe [aj] *interj* ai!
aigle [ɛgl] *nm* águia *f*.
aigre [ɛgʀ] *adj* (*goût*) azedo(da); (*remarque, ton*) amargo(ga).
aigre-doux, aigre-douce [ɛgʀədu, ɛgʀadus] (*mpl* **aigres-doux**, *fpl* **aigres-douces**) *adj* agridoce.
aigri, e [egʀi] *adj* amargurado(da).
aigu, uë [egy] *adj* agudo(da); (*pointu*) pontudo(da).
aiguillage [eguijaʒ] *nm* (*manœuvre*) agulhagem *f*; (*appareil*) agulha *f*.
aiguille [eguij] *nf* agulha *f*; (*de montre*) ponteiro *m* • **aiguille de pin** agulha de pinheiro • **aiguille à tricoter** agulha de tricô.
aiguillette [eguijɛt] *nf* • **aiguillettes de canard** filés de carne de pato preparados na frigideira.
aiguiser [egize] *vt* aguçar.
ail [aj] *nm* alho *m*.
aile [ɛl] *nf* (*d'oiseau, d'avion*) asa *f*; (*de bâtiment*) ala *f*.
ailier [elje] *nm* (*foot*) ponta *m*.
aille [aj] → **aller**.
ailleurs [ajœʀ] *adv* noutro local • **d'ailleurs** aliás.
aimable [ɛmabl] *adj* amável.
aimant [ɛmɑ̃] *nm* ímã *m*.
aimer [eme] *vt* (*d'amour*) amar; (*apprécier*) gostar de • **aimer (bien) qqch/faire qqch** gostar (muito) de algo/de fazer algo • **j'aimerais prendre du café** gostaria de tomar café • **j'aimerais qu'on m'offre des fleurs** gostaria que me oferecessem flores • **aimer mieux** gostar mais de, preferir.
aine [ɛn] *nf* virilha *f*.
aîné, e [ene] *adj & nm* mais velho(lha).
ainsi [ɛ̃si] *adv* assim • **ainsi que** assim como • **et ainsi de suite** e assim por diante.
aïoli [ajɔli] *nm* maionese com alho e azeite.
air [ɛʀ] *nm* ar, (*musique*) melodia *f* • **avoir l'air (d'être) malade** ter ar (de estar) doente • **avoir l'air d'un clown** parecer um palhaço • **il a l'air de faire beau** parece que está fazendo bom tempo • **en l'air** (*en haut*) para cima • **il a fichu sa carrière en l'air** (*fam*) a carreira dele foi pelos ares • **prendre l'air** tomar ar • **air conditionné** ar condicionado.

aire [ɛʀ] *nf* área *f* • **aire de jeu** área de jogo • **aire de repos** área de serviço • **aire de stationnement** zona *f* de estacionamento.

airelle [ɛʀɛl] *nf (Can)* mirtilo *m*.

aisance [ɛzɑ̃s] *nf (facilité)* desembaraço *m*; *(richesse)* abastança *f*.

aise [ɛz] *nf* • **à l'aise** à vontade • **être mal à l'aise** não estar à vontade.

aisé, e [eze] *adj (riche)* abastado(da).

aisselle [ɛsɛl] *nf* axila *f*.

ajouter [aʒute] *vt* • **ajouter qqch (à)** acrescentar algo (a) • **ajouter que** acrescentar que.

ajuster [aʒyste] *vt* ajustar.

alarmant, e [alaʀmɑ̃, ɑ̃t] *adj* alarmante.

alarme [alaʀm] *nf* alarme *m* • **donner l'alarme** dar o alarme.

albinos [albinos] *adj & nm* albino(na).

album [albɔm] *nm* álbum *m* • **album (de) photos** álbum de fotografias.

alcool [alkɔl] *nm* álcool *m* • **sans alcool** sem álcool • **alcool à 90°** álcool etílico • **alcool à brûler** álcool metílico.

alcoolique [alkɔlik] *nmf* alcoólatra *mf*.

alcoolisé, e [alkɔlize] *adj* alcoólico(ca) • **non alcoolisé** não alcoólico.

Alcotest® [alkɔtɛst] *nm* bafômetro *m*.

aléatoire [aleatwaʀ] *adj* aleatório(ria).

alentours [alɑ̃tuʀ] *nmpl* arredores *mpl* • **aux alentours** *(près)* nos arredores • **aux alentours de** *(environ)* por volta de.

alerte [alɛʀt] • *adj* alerta • *nf* alerta *m* • **donner l'alerte** dar o alerta.

alerter [alɛʀte] *vt* alertar.

algèbre [alʒɛbʀ] *nf* álgebra *f*.

Alger [alʒe] *nom* Argel.

Algérie [alʒeʀi] *nf* • **l'Algérie** a Argélia.

algérien, enne [alʒeʀjɛ̃, ɛn] *adj* argelino(na) • **Algérien, enne** *nm* argelino *m*, -na *f*.

algues [alg] *nfpl* algas *fpl*.

alibi [alibi] *nm* álibi *m*.

alignement [aliɲmɑ̃] *nm* alinhamento *m*.

aligner [aliɲe] *vt* alinhar • **s'aligner** *vp* alinhar-se.

aliment [alimɑ̃] *nm* alimento *m*.

alimentation [alimɑ̃tasjɔ̃] *nf (nourriture)* alimentação *f*; *(épicerie)* produtos *mpl* alimentícios.

alimenter [alimɑ̃te] *vt (nourrir)* alimentar; *(approvisionner)* abastecer.

Allah [ala] *nm* Alá *m*.

allaiter [alete] *vt* amamentar.

alléchant, e [aleʃɑ̃, ɑ̃t] *adj* aliciante.

allée [ale] *nf* alameda *f* • **allées et venues** idas *fpl* e vindas.

allégé, e [aleʒe] *adj (aliment)* magro(gra).

Allemagne [almaɲ] *nf* • **l'Allemagne** a Alemanha.

allemand, e [almɑ̃, ɑ̃d] ♦ *adj* alemão(ã) *m* (*langue*) alemão *m* ♦ **Allemand, e** *nm* alemão *m*, -ã *f.*

aller [ale] ♦ *nm* ida *f* ♦ **à l'aller** na ida ♦ **aller (simple)** passagem *f* de ida ♦ **aller et retour** passagem *f* de ida e volta ♦ *vi* **1.** (*gén*) ir ♦ **aller au Portugal** ir a Portugal ♦ **pour aller à la cathédrale, s'il vous plaît?** para ir até a catedral, por favor? ♦ **aller en vacances** sair de férias ♦ **où va ce chemin?** onde vai dar este caminho? ♦ **l'autoroute va jusqu'à Mâcon** a autoestrada vai até Mâcon ♦ **comment allez-vous?** como vai? ♦ **(comment) ça va? – ça va** tudo bem? – tudo bem ♦ **aller bien/mal** ir bem/mal ♦ **j'irai le chercher à la gare** irei buscá-lo na estação ♦ **aller voir** ir ver ♦ **aller faire qqch** ir fazer algo **2.** (*convenir*) servir ♦ **ces chaussures ne me vont pas** estes sapatos não me servem ♦ **aller bien/mal à qqn** ficar bem/mal a alguém ♦ **le rouge ne lui va pas** o vermelho não lhe fica bem ♦ **aller avec qqch** combinar com algo **3.** (*dans des expressions*) **allez!** vamos! ♦ **allons, calmez-vous!** vamos, acalmem-se! ♦ **allons, allons, tu ne penses quand même pas ce que tu dis!** ora, ora, você não acredita realmente naquilo que está dizendo! ♦ **y aller** (*partir*) ir-se embora; (*se décider*) irlá ♦ **s'en aller** *vp* (*partir*) ir-se embora; (*suj: tache*) sair; (*suj: couleur*) desbotar ♦ **allez-vous en!** vão-se embora!

allergie [alɛʀʒi] *nf* alergia *f.*
allergique [alɛʀʒik] *adj* ♦ **être allergique à** ser alérgico(ca) a.
aller-retour [alɛʀ(ə)tuʀ] (*pl* **allers-retours**) *nm* (*billet*) passagem *f* de ida e volta.
alliage [aljaʒ] *nm* liga *f.*
alliance [aljɑ̃s] *nf* aliança *f.*
allié, e [alje] *nm, f* aliado *m*, -da *f.*
allô [alo] *interj* alô?
allocation [alɔkasjɔ̃] *nf* subsídio *m* ♦ **allocations familiales** salário-família *m.*
allocs (*abr de* **allocations familiales**) *nfpl* salário-família *m.*
allonger [alɔ̃ʒe] *vt* (*vêtement*) encompridar; (*bras, jambes*) esticar ♦ **s'allonger** *vp* (*devenir plus long*) alongar-se; (*s'étendre*) estender-se.
allumage [alymaʒ] *nm AUTO* ignição *f.*
allume-cigares [alymsigaʀ] *nm inv* isqueiro *m* (*de automóvel*).
allumer [alyme] *vt* (*feu, lumière*) acender; (*gaz, radio*) ligar ♦ **s'allumer** *vp* acender-se.
allumette [alymɛt] *nf* fósforo *m.*
allure [alyʀ] *nf* (*apparence*) aspecto *m*; (*vitesse*) velocidade *f* ♦ **à toute allure** a toda velocidade.
allusion [alyzjɔ̃] *nf* alusão *f* ♦ **faire allusion à** fazer alusão a.
alors [alɔʀ] *adv* então ♦ **alors, tu viens?** então, você vem ou não? ♦ **ça alors!** essa agora! ♦ **et alors?** (*et ensuite*) e então?;

alourdir

(pour défier) e depois? • **alors que** *(pendant que)* enquanto; *(bien que)* apesar de.
alourdir [aluʀdiʀ] *vt* tornar pesado(da).
aloyau [alwajo] *(pl* **-x***) nm* lombo *m* de vaca.
Alpes [alp] *nfpl* • **les Alpes** os Alpes.
alphabet [alfabɛ] *nm* alfabeto *m*.
alphabétique [alfabetik] *adj* alfabético(ca) • **par ordre alphabétique** por ordem alfabética.
alpin [alpɛ̃] *adj m* → **ski**.
alpinisme [alpinism] *nm* alpinismo *m*.
alpiniste [alpinist] *nm* alpinista *mf*.
Alsace [alzas] *nf* • **l'Alsace** a Alsácia.
alternatif, ive [altɛʀnatif] *adj m* → **courant**.
alternativement [altɛʀnativmã] *adv* alternadamente.
alterner [altɛʀne] *vi* alternar.
altitude [altityd] *nf* altitude *f* • **à 2 000 m d'altitude** a 2000 m de altitude.
aluminium [alyminjɔm] *nm* alumínio *m*.
amabilité [amabilite] *nf* amabilidade *f*.
amadouer [amadwe] *vt* lisonjear.
amaigrissant, e [amegʀisɑ̃, ɑ̃t] *adj* emagrecedor(ra).
amande [amɑ̃d] *nf* amêndoa *f*.
amant [amɑ̃] *nm* amante *m*.
amarrer [amaʀe] *vt* amarrar.
amas [ama] *nm* montão *m*.

amasser [amase] *vt* amontoar; *(argent)* ajuntar.
amateur [amatœʀ] *adj & nm* amador(ra) • **être amateur de** ser apreciador(ra) de.
Amazone [amazɔn] *nm* • **l'Amazone** o Amazonas.
Amazonie [amazɔni] *nf* • **l'Amazonie** a Amazônia.
ambassade [ɑ̃basad] *nf* embaixada *f*.
ambassadeur, drice [ɑ̃basadœʀ, dʀis] *nm* embaixador *m*, -ra *f*.
ambiance [ɑ̃bjɑ̃s] *nf (atmosphère)* ambiente *m*; *(entrain)* animação *f*.
ambigu, uë [ɑ̃bigy] *adj* ambíguo(gua).
ambitieux, euse [ɑ̃bisjø, øz] *adj* ambicioso(osa).
ambition [ɑ̃bisjɔ̃] *nf* ambição *f*.
ambulance [ɑ̃bylɑ̃s] *nf* ambulância *f*.
ambulant [ɑ̃bylɑ̃] *adj m* → **marchand**.
âme [am] *nf* alma *f*.
amélioration [ameljɔʀasjɔ̃] *nf* melhoramento *m*.
améliorer [ameljɔʀe] *vt* melhorar ♦ **s'améliorer** *vp* melhorar.
aménagé, e [amenaʒe] *adj* equipado(da).
aménager [amenaʒe] *vt* instalar.
amende [amɑ̃d] *nf* multa *f*.
amener [amne] *vt* trazer • **amener qqn à faire qqch** levar alguém a fazer algo.
amer, ère [amɛʀ] *adj* amargo(ga).

américain, e [amerikɛ̃, ɛn] *adj* americano(na) ◆ **Américain, e** *nm* americano *m*, -na *f*.

Amérique [amerik] *nf* • l'**Amérique** a América • l'**Amérique centrale** a América Central • l'**Amérique latine** a América Latina • l'**Amérique du Sud** a América do Sul.

amertume [amɛRtym] *nf (d'un aliment)* azedume *m*; *(tristesse)* amargura *f*.

ameublement [amœbləmɑ̃] *nm* mobília *f*.

ami, e [ami] *nm (camarade)* amigo *m*, -ga *f*; *(amant)* namorado *m*, -da *f* • **être (très) amis** ser (muito) amigos.

amiable [amjabl] *adj* amigável • **à l'amiable** amigavelmente.

amiante [amjɑ̃t] *nm* amianto *m*.

amical, e, aux [amikal, o] *adj* amistoso(osa).

amicalement [amikalmɑ̃] *adv* amigavelmente; *(dans une lettre)* com amizade.

amincir [amɛ̃siR] *vt* adelgaçar.

amitié [amitje] *nf* amizade *f* • **amitiés** *(dans une lettre)* cumprimentos.

amnésique [amnezik] *adj* amnésico(ca).

amonceler [amɔ̃sle]
◆ **s'amonceler** *vp* amontoar-se.

amont [amɔ̃] *nm* montante *m* • **en amont (de)** a montante (de).

amorcer [amɔRse] *vt* dar início a.

amortir [amɔRtiR] *vt (choc, son)* amortecer; *(rentabiliser)* amortizar.

amortisseur [amɔRtisœR] *nm* amortecedor *m*.

amour [amuR] *nm* amor *m* • **faire l'amour** fazer amor.

amoureux, euse [amuRø, øz] ◆ *adj* apaixonado(da) ◆ *nm* namorados *mpl* • **être amoureux de qqn** estar apaixonado por alguém.

amour-propre [amuRpRɔpR] *nm* amor-próprio *m*.

amovible [amɔvibl] *adj* removível.

amphithéâtre [ɑ̃fiteatR] *nm* anfiteatro *m*.

ample [ɑ̃pl] *adj (jupe)* largo(ga); *(geste)* amplo(pla).

amplement [ɑ̃pləmɑ̃] *adv* largamente.

ampli [ɑ̃pli] *nm (fam)* amplificador *m*.

amplificateur [ɑ̃plifikatœR] *nm (de chaîne hi-fi)* amplificador *m*.

amplifier [ɑ̃plifje] *vt (son)* amplificar; *(phénomène)* ampliar.

amplitude [ɑ̃plityd] *nf* amplitude *f*.

ampoule [ɑ̃pul] *nf (de lampe)* lâmpada *f*; *(de médicament)* ampola *f*; *(cloque)* bolha *f*.

amputer [ɑ̃pyte] *vt* amputar; *(texte)* cortar.

amusant, e [amyzɑ̃, ɑ̃t] *adj* divertido(da).

amuse-gueule [amyzgœl] *nm inv* aperitivo *m*.

amuser [amyze] *vt* divertir
◆ **s'amuser** *vp* divertir-se

amygdales · s'amuser à faire qqch divertir-se em fazer algo.
amygdales [amidal] *nf* amígdalas *fpl.*
an [ɑ̃] *nm* ano *m* · **il a neuf ans** ele tem nove anos (de idade) · **en l'an 2000** no ano 2000.
anachronique [anakʀɔnik] *adj* anacrônico(ca).
analogue [analɔg] *adj* análogo(ga).
analphabète [analfabɛt] *adj* analfabeto(ta).
analyse [analiz] *nf* análise *f* · **analyse (de sang)** análise (de sangue).
analyser [analize] *vt* analisar.
ananas [anana(s)] *nm* abacaxi *m*.
anarchie [anaʀʃi] *nf* anarquia *f*.
anatomie [anatɔmi] *nf* anatomia *f*.
ancêtre [ɑ̃sɛtʀ] *nm (parent)* antepassado *m*, -da *f*; *(version précédente)* predecessor *m*, -ra *f*.
anchois [ɑ̃ʃwa] *nm* anchova *f*.
ancien, enne [ɑ̃sjɛ̃, ɛn] *adj* antigo(ga).
ancienneté [ɑ̃sjɛnte] *nf (dans une entreprise)* antiguidade *f*.
ancre [ɑ̃kʀ] *nf* âncora *f* · **jeter l'ancre** lançar âncora · **lever l'ancre** levantar âncora.
Andorre [ɑ̃dɔʀ] *nf* · **l'Andorre** a Andorra.
andouille [ɑ̃duj] *nf* CULIN linguiça de tripas de porco que se come fria, cortada em rodelas; *(fam) (imbécile)* palerma *mf*.
andouillette [ɑ̃dujɛt] *nf* linguiça de tripas de porco que se come quente.

âne [an] *nm (animal)* burro *m*; *(imbécile)* burro *m*, -a *f*.
anéantir [aneɑ̃tiʀ] *vt* arrasar.
anecdote [anɛkdɔt] *nf* anedota *f*.
anémie [anemi] *nf* anemia *f*.
ânerie [anʀi] *nf* asneira *f*.
anesthésie [anɛstezi] *nf* anestesia *f* · **être sous anesthésie** estar sob anestesia · **anesthésie générale** anestesia geral · **anesthésie locale** anestesia local.
ange [ɑ̃ʒ] *nm* anjo *m*.
angine [ɑ̃ʒin] *nf* angina *f* · **angine de poitrine** angina do peito.
anglais, e [ɑ̃glɛ, ɛz] · *adj* inglês(esa) · *nm (langue)* inglês *m*
◆ **Anglais, e** *nm* inglês *m*, -esa *f*.
angle [ɑ̃gl] *nm (coin)* canto *m*; *(de rue)* esquina *f*; *(géométrique)* ângulo *m* · **angle droit** ângulo reto.
Angleterre [ɑ̃glətɛʀ] *nf* · **l'Angleterre** a Inglaterra.
angoisse [ɑ̃gwas] *nf* angústia *f*.
angoissé, e [ɑ̃gwase] *adj* angustiado(da).
angora [ɑ̃gɔʀa] *nm (laine)* angorá *m*.
anguille [ɑ̃gij] *nf* enguia *f* · **anguilles au vert** *(Belg)* enguias com vinho branco, espinafre e creme de leite.
animal [animal, o] *(pl* **-aux**) *nm* animal *m* · **animal domestique** animal doméstico.
animateur, trice [animatœʀ, tʀis] *nm (de club, de groupe)* coordenador *m*, -ra *f*; *(à la radio, à la télévision)* apresentador *m*, -ra *f*.

animation [animasjɔ̃] *nf* animação *f* ◆ **animations** *nf* atividades *fpl*.

animé, e [anime] *adj* animado(da).

animer [anime] *vt* animar
◆ **s'animer** *vp* animar-se.

anis [ani(s)] *nm* anis *m*.

anneau [ano] (*pl* **-x**) *nm* (*bague*) anel *m*; (*maillon*) argola *f*
◆ **anneaux** *nm ESP* argolas *fpl*.

année [ane] *nf* ano *m* • **année bissextile** ano bissexto • **année scolaire** ano letivo.

annexe [anɛks] *nf* anexo *m*.

anniversaire [anivɛʀsɛʀ] *nm* aniversário *m* • **anniversaire de mariage** aniversário de casamento.

annonce [anɔ̃s] *nf* anúncio *m*
• **(petites) annonces** anúncios classificados.

annoncer [anɔ̃se] *vt* anunciar
◆ **s'annoncer** *vp* • **s'annoncer bien** apresentar-se bem.

annuaire [anɥɛʀ] *nm* anuário *m* • **annuaire (téléphonique)** lista *f* telefônica.

annuel, elle [anɥɛl] *adj* anual.

annulaire [anylɛʀ] *nm* anular *m*.

annulation [anylasjɔ̃] *nf* anulação *f*.

annuler [anyle] *vt* **1.** anular **2.** *INFORM* cancelar.

anomalie [anɔmali] *nf* anomalia *f*.

anonyme [anɔnim] *adj* anônimo(ma).

anorak [anɔʀak] *nm* anoraque *m*.

anormal, e, aux [anɔʀmal, o] *adj* anormal.

ANPE *nf* (*abr de* Agence nationale pour l'emploi) *agência nacional francesa do emprego*.

anse [ɑ̃s] *nf* (*poignée*) asa *f*; (*crique*) enseada *f*.

Antarctique [ɑ̃taʀktik] *nm*
• **l'(océan) Antarctique** o (oceano) Antártico.

antenne [ɑ̃tɛn] *nf* antena *f*
• **antenne parabolique** antena parabólica.

antenne-relais (*pl* **-s**) [ɑ̃tɛn-ʀəle] *nf* (*télécommunications*) antenas das estações de base dos telefones móveis.

antérieur, e [ɑ̃teʀjœʀ] *adj* anterior.

antiacarien [ɑ̃tiakaʀjɛ̃, ɛ] *nm* antiácaro *m*.

antibactérien, enne [ɑ̃tibakteʀjɛ̃, ɛn] *adj* antibacteriano(na), bactericida.

antibiotique [ɑ̃tibjɔtik] *nm* antibiótico *m*.

antibrouillard [ɑ̃tibʀujaʀ] *nm* farol *m* de neblina.

anticiper [ɑ̃tisipe] *vt* antecipar.

antidote [ɑ̃tidɔt] *nm* antídoto *m*.

antigel [ɑ̃tiʒɛl] *nm* anticongelante *m*.

antillais, e [ɑ̃tijɛ, ɛz] *adj* antilhano(na) ◆ **Antillais, e** *nm* antilhano *m*, -na *f*.

antimite [ɑ̃timit] *nm* antitraça *m*.

anti-mondialisation [ɑ̃timɔ̃djalizasjɔ̃] *adj inv* antiglobalização.

anti-mondialiste

anti-mondialiste [ɑ̃timɔ̃dja-list] *adj* antiglobalista.
Antiope [ɑ̃tjɔp] *n* sistema francês de videotexto televisivo.
antipathique [ɑ̃tipatik] *adj* antipático(ca).
antiquaire [ɑ̃tikɛʀ] *nm* antiquário *m*, -ria *f*.
antique [ɑ̃tik] *adj* antigo(ga).
antiquité [ɑ̃tikite] *nf* antiguidade *f* • **l'Antiquité** a Antiguidade.
antiseptique [ɑ̃tisɛptik] *adj* antisséptico(ca).
antislash [ɑ̃tislaʃ] *nm INFORM* barra invertida.
antitranspirant, e [ɑ̃titʀɑ̃spiʀɑ̃, ɑ̃t] *adj* antitranspirante.
antivirus [ɑ̃tiviʀys] *nm inv INFORM* antivírus *m inv.*
antivol [ɑ̃tivɔl] *nm* dispositivo *m* antirroubo.
anxiété [ɑ̃ksjete] *nf* ansiedade *f.*
anxieux, euse [ɑ̃ksjø, øz] *adj* ansioso(osa).
AOC (*abr de* appellation d'origine contrôlée) denominação de origem controlada.
août [u(t)] *nm* agosto *m*, → **septembre**.
apaiser [apeze] *vt (personne, colère)* apaziguar; *(douleur)* aliviar.
apathique [apatik] *adj* apático(ca).
APEC (*abr de* association pour l'emploi des cadres) [apɛk] *nf* agência de colocação de executivos.
apercevoir [apɛʀsəvwaʀ] *vt* avistar ◆ **s'apercevoir** *vp* ◆ **s'apercevoir de** aperceber-se de ◆ **s'apercevoir que** aperceber-se de que.
aperçu, e [apɛʀsy] ◆ *pp* → **apercevoir** ◆ *nm* ideia *f* geral.
apéritif [apeʀitif] *nm* aperitivo *m.*
aphone [afɔn] *adj* afônico(ca).
aphte [aft] *nm* afta *f.*
apitoyer [apitwaje]
◆ **s'apitoyer sur** *vp + prép* compadecer-se de.
ap. J.-C. (*abr de* après Jésus-Christ) d.C.
aplanir [aplaniʀ] *vt* aplanar.
aplatir [aplatiʀ] *vt* achatar.
aplomb [aplɔ̃] *nm (culot)* descaramento *m* ◆ **d'aplomb** *(vertical)* a prumo.
apostrophe [apɔstʀɔf] *nf* apóstrofo *m* ◆ **s'apostrophe** s apóstrofo.
apôtre [apotʀ] *nm* apóstolo *m.*
apparaître [apaʀɛtʀ] *vi (se montrer)* aparecer; *(sembler)* parecer.
appareil [apaʀɛj] *nm (dispositif)* aparelho *m*; *(poste téléphonique)* telefone *m* ◆ **qui est à l'appareil?** quem está falando? ◆ **appareil digestif** aparelho digestivo ◆ **appareil ménager** eletrodoméstico *m* ◆ **appareil photo** máquina *f* fotográfica.
apparemment [apaʀamɑ̃] *adv* aparentemente.
apparence [apaʀɑ̃s] *nf* aparência *f.*
apparent, e [apaʀɑ̃, ɑ̃t] *adj* aparente.

apparition [aparisjɔ̃] nf (arrivée) aparecimento m; (fantôme) aparição f.

appartement [apartəmɑ̃] nm apartamento m.

appartenir [apartənir] vi
• appartenir à pertencer a.

appartenu [apartəny] pp → **appartenir**.

apparu, e [apary] pp → **apparaître**.

appât [apa] nm isca f.

appel [apɛl] nm chamada f; (cri) apelo m • faire l'appel EDUC fazer a chamada • faire appel à apelar a • appel de phares sinal m de luzes.

appeler [aple] vt chamar; (au téléphone) telefonar • appeler à l'aide pedir ajuda • s'appeler vp chamar-se • comment t'appelles-tu? como você se chama? • je m'appelle... eu me chamo... • on s'appelle ce soir? telefono para você esta noite?

appendicite [apɛ̃disit] nf apendicite f.

appesantir [apəzɑ̃tir]
• s'appesantir sur vp + prép teimar em.

appétissant, e [apetisɑ̃, ɑ̃t] adj apetitoso(osa).

appétit [apeti] nm apetite m
• avoir de l'appétit ter apetite
• bon appétit! bom apetite!

applaudir [aplodir] vt & vi aplaudir.

applaudissements [aplodismɑ̃] nm aplausos mpl.

application [aplikasjɔ̃] nf 1. aplicação f 2. INFORM aplicativo m.

applique [aplik] nf (lampe) aplique m.

appliqué, e [aplike] adj aplicado(da).

appliquer [aplike] vt aplicar
• s'appliquer vp aplicar-se.

appoint [apwɛ̃] nm • faire l'appoint pagar a quantia exata • d'appoint (chauffage, lit) adicional.

apporter [aporte] vt trazer.

appréciation [apresjasjɔ̃] nf apreciação f.

apprécier [apresje] vt apreciar.

appréhension [apreɑ̃sjɔ̃] nf apreensão f.

apprendre [aprɑ̃dr] vt (étudier) aprender; (nouvelle) saber de • apprendre qqch à qqn (discipline) ensinar algo a alguém; (nouvelle) informar alguém de algo • apprendre à faire qqch aprender a fazer algo.

apprenti, e [aprɑ̃ti] nm aprendiz m.

apprentissage [aprɑ̃tisaʒ] nm aprendizagem f.

apprêter [aprete]
• s'apprêter à vp + prép aprontar-se para.

appris, e [apri, iz] pp → **apprendre**.

apprivoiser [aprivwaze] vt domesticar.

approcher [aprɔʃe] • vt aproximar • vi aproximar-se • approcher qqch de aproximar algo de • approcher de aproximar-se de • s'approcher vp aproximar-se • s'approcher de aproximar-se de.

approfondir

approfondir [apʀɔfɔ̃diʀ] vt aprofundar.
approprié, e [apʀɔpʀije] adj apropriado(da).
approuver [apʀuve] vt aprovar.
approvisionner [apʀɔvizjɔne] ♦ **s'approvisionner** vp • **s'approvisionner (en)** abastecer-se (de).
approximatif, ive [apʀɔksimatif, iv] adj aproximativo(va).
appt (abr de **appartement**) apto.
appui-tête [apɥitɛt] (pl **appuis-tête**) nm apoio m para a cabeça.
appuyer [apɥije] ♦ vt apoiar ♦ vi • **appuyer sur** pressionar ♦ **s'appuyer** vp • **s'appuyer à** apoiar-se em.
après [apʀɛ] ♦ prép depois de ♦ adv (dans le temps) depois; (dans l'espace, dans un classement) a seguir • **après avoir fait** depois de ter feito • **après tout** afinal • **l'année d'après** no ano seguinte • **d'après moi** a meu ver.
après-demain [apʀɛdmɛ̃] adv depois de amanhã.
après-midi [apʀɛmidi] nm inv & nf inv tarde f • **l'après-midi** (tous les jours) à tarde.
après-rasage [apʀɛʀazaʒ] (pl **après-rasages**) nm loção f pós-barba.
après-shampooing [apʀɛʃɑ̃pwɛ̃] nm inv condicionador m.
après-ski [apʀɛski] (pl **après-skis**) nm après-ski m.
a priori [apʀijɔʀi] ♦ adv a priori ♦ nm a priori m.
APS (abr de **Advanced Photo System**) nm APS.
apte [apt] adj • **apte à** apto(ta) a.
aptitudes [aptityd] nfpl aptidões fpl.
aquarelle [akwaʀɛl] nf aquarela f.
aquarium [akwaʀjɔm] nm aquário m.
aquatique [akwatik] adj aquático(ca).
aqueduc [akdyk] nm aqueduto m.
Aquitaine [akitɛn] nf • **l'Aquitaine** a Aquitânia.
AR abrev = **aller-retour**; (abr de **accusé de réception**) AR.
arabe [aʀab] ♦ adj árabe ♦ nm (langue) árabe m ♦ **Arabe** nmf árabe mf.
arachide [aʀaʃid] nf amendoim m.
araignée [aʀɛɲe] nf aranha f.
arbitraire [aʀbitʀɛʀ] adj arbitrário(ria).
arbitre [aʀbitʀ] nm árbitro m.
arbitrer [aʀbitʀe] vt arbitrar.
arbre [aʀbʀ] nm árvore f • **arbre fruitier** árvore frutífera • **arbre généalogique** árvore genealógica.
arbuste [aʀbyst] nm arbusto m.
arc [aʀk] nm arco m.
arcade [aʀkad] nf arcada f.
arc-bouter [aʀkbute] ♦ **s'arc-bouter** vp apoiar-se.

arc-en-ciel [aʀkɑ̃sjɛl] (pl **arcs-en-ciel**) nm arco-íris m.
archaïque [aʀkaik] adj arcaico(ca).
arche [aʀʃ] nf (voûte) arco m.
archéologie [aʀkeɔlɔʒi] nf arqueologia f.
archéologue [aʀkeɔlɔg] nm arqueólogo m, -ga f.
archet [aʀʃɛ] nm arco m.
archipel [aʀʃipɛl] nm arquipélago m.
architecte [aʀʃitɛkt] nm arquiteto m, -ta f.
architecture [aʀʃitɛktyʀ] nf arquitetura f.
archives [aʀʃiv] nfpl arquivo m.
Arctique [aʀktik] nm • **l'(océan) Arctique** o (oceano) Ártico.
ardent, e [aʀdɑ̃, ɑ̃t] adj ardente.
ardeur [aʀdœʀ] nf ardor m.
ardoise [aʀdwaz] nf ardósia f.
ardu, e [aʀdy] adj árduo(dua).
arènes [aʀɛn] nfpl praça f de touros.
arête [aʀɛt] nf (de poisson) espinha f; (angle) aresta f.
argent [aʀʒɑ̃] nm (métal) prata f; (monnaie) dinheiro m • **argent liquide** dinheiro vivo • **argent de poche** dinheiro de bolso.
argenté, e [aʀʒɑ̃te] adj prateado(da).
argenterie [aʀʒɑ̃tʀi] nf prataria f.
Argentine [aʀʒɑ̃tin] nf • **l'Argentine** a Argentina.
argile [aʀʒil] nf argila f.
argot [aʀgo] nm gíria f.

argument [aʀgymɑ̃] nm argumento m.
aride [aʀid] adj árido(da).
aristocratie [aʀistɔkʀasi] nf aristocracia f.
arithmétique [aʀitmetik] nf aritmética f.
armature [aʀmatyʀ] nf armação f.
arme [aʀm] nf arma f • **arme à feu** arma de fogo.
armé, e [aʀme] adj armado(da) • **être armé de** estar armado com.
armée [aʀme] nf exército m.
armement [aʀməmɑ̃] nm (armes) armamento m.
armer [aʀme] vt armar; (appareil photo) carregar.
armistice [aʀmistis] nm armistício m.
armoire [aʀmwaʀ] nf armário m • **armoire à pharmacie** armário de remédios.
armoiries [aʀmwaʀi] nfpl armas fpl de brasão.
armure [aʀmyʀ] nf armadura f.
aromate [aʀɔmat] nm erva f aromática.
aromatique [aʀɔmatik] adj aromático(ca).
aromatisé, e [aʀɔmatize] adj aromatizado(da) • **aromatisé à** (yaourt) aromatizado com.
arôme [aʀom] nm aroma m.
arqué, e [aʀke] adj arqueado(da).
arracher [aʀaʃe] vt arrancar • **arracher qqch à qqn** arrancar algo de alguém.

arrangement

arrangement [aʀɑ̃ʒmɑ̃] *nm (disposition)* arrumação *f*; *(accord)* entendimento *m*; *MÚS* arranjo *m*.

arranger [aʀɑ̃ʒe] *vt (organiser)* organizar; *(résoudre, réparer)* arranjar • ça m'arrange seria conveniente para mim ◆ **s'arranger** *vp (se mettre d'accord)* entender-se; *(s'améliorer)* organizar-se • s'arranger pour faire qqch dar um jeito para fazer algo.

arrestation [aʀɛstasjɔ̃] *nf* detenção *f*.

arrêt [aʀɛ] *nm (interruption)* fim *m*; *(immobilisation, station)* parada *f* • arrêt interdit estacionamento proibido • arrêt d'autobus ponto *m* de ônibus • arrêt de travail *(grève)* paralisação *f* de trabalho; *(pour maladie)* licença *f* de saúde • sans arrêt *(parler, travailler)* sem parar.

arrêter [aʀete] *vt (interrompre, immobiliser)* deter; *(suspect)* prender ◆ *vi* 1. parar • arrêter de faire qqch parar de fazer algo • arrête de parler! pare de falar! 2. *INFORM* encerrar ◆ **s'arrêter** *vp* parar ◆ **s'arrêter de faire qqch** parar de fazer algo.

arrhes [aʀ] *nfpl* entrada *f (em dinheiro)*.

arrière [aʀjɛʀ] *adj inv* atrás ◆ *nm* parte *f* de trás • à l'arrière de na parte de trás de • en arrière *(regarder, tomber)* para trás.

arriéré, e [aʀjeʀe] *adj (péj) (démodé)* atrasado(da).

20

arrière-boutique [aʀjɛʀbutik] *(pl* **arrière-boutiques***) nf* armazém *m (de uma loja)*.

arrière-grand-mère [aʀjɛʀgʀɑ̃mɛʀ] *(pl* **arrière-grands-mères***) nf* bisavó *f*.

arrière-grand-père [aʀjɛʀgʀɑ̃pɛʀ] *(pl* **arrière-grands-pères***) nm* bisavô *m*.

arrière-grands-parents [aʀjɛʀgʀɑ̃paʀɑ̃] *nm* bisavós *mpl*.

arrière-pensée [aʀjɛʀpɑ̃se] *(pl* **arrière-pensées***) nf* segunda intenção *f*.

arrière-plan [aʀjɛʀplɑ̃] *(pl* **arrière-plans***) nm* segundo plano *m* • à l'arrière-plan em segundo plano.

arrière-saison [aʀjɛʀsɛzɔ̃] *(pl* **arrrière-saisons***) nf* outono *m*.

arrivée [aʀive] *nf* chegada *f* • arrivées chegadas.

arriver [aʀive] *vi (train, personne)* chegar; *(se produire)* acontecer ◆ *vimpers* • il arrive qu'il pleuve en été pode acontecer que chova no verão • il m'arrive d'aller au cinéma pode ser que vá ao cinema • que t'est-il arrivé? o que é que lhe aconteceu? • arriver à (faire) qqch chegar a (fazer) algo.

arriviste [aʀivist] *nm* arrivista *mf*.

arrogant, e [aʀɔgɑ̃, ɑ̃t] *adj* arrogante.

arrondir [aʀɔ̃diʀ] *vt* arredondar.

arrondissement [aʀɔ̃dismɑ̃] nm bairro m.

ⓘ ARRONDISSEMENT

Em Paris, Lyon e Marselha, o "arrondissement" (distrito) é uma subdivisão do município que tem seu próprio presidente da câmara. Há vinte distritos parisienses, dispostos em forma de caracol a partir do primeiro distrito, situado no centro da cidade. São geralmente designados pelo seu número e a alguns deles estão associadas características específicas. Por exemplo, o 16° (também se escrevem frequentemente os números dos distritos com algarismos romanos, principalmente na indicação de casas) evoca a alta burguesia e o comércio de luxo, enquanto o 6° é sinônimo de ambiente estudantil, bares e cinemas.

arrosage [aʀozaʒ] nm rega f.
arroser [aʀoze] vt regar.
arrosoir [aʀozwaʀ] nm regador m.
Arrt abrev = arrondissement.
art [aʀ] nm • l'art a arte • arts plastiques artes fpl plásticas • arts martiaux artes marciais.
artère [aʀtɛʀ] nf artéria f.
artichaut [aʀtiʃo] nm alcachofra f.
article [aʀtikl] nm artigo m.
articulation [aʀtikylasjɔ̃] nf articulação f.
articulé, e [aʀtikyle] adj articulado(da).
articuler [aʀtikyle] vt & vi articular.
artifice [aʀtifis] nm → **feu**.
artificiel, elle [aʀtifisjɛl] adj artificial.
artisan [aʀtizɑ̃] nm artesão m.
artisanal, e, aux [aʀtizanal, o] adj artesanal.
artisanat [aʀtizana] nm artesanato m.
artiste [aʀtist] nmf artista mf.
artistique [aʀtistik] adj artístico(ca).
as¹ [a] → **avoir**.
as² [as] nm ás m.
asc. abrev = ascenseur.
ascendant [asɑ̃dɑ̃] nm ascendente m.
ascenseur [asɑ̃sœʀ] nm 1. elevador m 2. *INFORM* scroll box.
ascension [asɑ̃sjɔ̃] nf ascensão f • **l'Ascension** a Ascensão.
asiatique [azjatik] adj asiático(ca) ◆ **Asiatique** nmf asiático m, -ca f.
Asie [azi] nf • l'Asie a Ásia.
asile [azil] nm asilo m.
aspect [aspɛ] nm aspecto m.
asperge [aspɛʀʒ] nf aspargo m • **asperges à la flamande** (*Belg*) aspargos com ovos cozidos picados.
asperger [aspɛʀʒe] vt borrifar.

aspérités [asperite] *nf* asperezas *fpl*.
asphyxier [asfiksje] *vt* asfixiar ◆ **s'asphyxier** *vp* asfixiar-se.
aspirante [aspirɑ̃t] *adj f* → **hotte**.
aspirateur [aspiratœr] *nm* aspirador *m*.
aspirer [aspire] *vt* aspirar.
aspirine [aspirin] *nf* aspirina® *f*.
assaillant, e [asajɑ̃, ɑ̃t] *nm* assaltante *mf*.
assaillir [asajir] *vt* assaltar ◆ **assaillir qqn de questions** bombardear alguém com perguntas.
assaisonnement [asɛzɔnmɑ̃] *nm* tempero *m*.
assassin [asasɛ̃] *nm* assassino *m*, -na *f*.
assassiner [asasine] *vt* assassinar.
assaut [aso] *nm* assalto *m*.
assemblage [asɑ̃blaʒ] *nm* (*ensemble*) ajuntamento *m*.
assemblée [asɑ̃ble] *nf* assembleia *f*.
assembler [asɑ̃ble] *vt* juntar.
asseoir [aswar] ◆ **s'asseoir** *vp* sentar-se.
asservir [aservir] *vt* subjugar.
assez [ase] *adv* (*suffisamment*) muito; (*plutôt*) bastante ◆ **il y a assez de pommes pour faire une tarte** (*suffisamment de*) há maçãs suficientes para fazer uma torta ◆ **en avoir assez (de)** estar farto de.
assidu, e [asidy] *adj* assíduo(dua).
assiéger [asjeʒe] *vt* sitiar.

assiette [asjɛt] *nf* prato *m* ◆ **assiette de crudités** prato de legumes crus servido com molho vinagrete ◆ **assiette creuse** prato de sopa ◆ **assiette à dessert** prato de sobremesa ◆ **assiette plate** prato raso.
assimiler [asimile] *vt* (*comprendre*) assimilar; (*comparer*) ◆ **assimiler qqn/qqch à** associar alguém/algo a.
assis, e [asi, iz] ◆ *pp* → **asseoir** ◆ *adj* **être assis** estar sentado.
assises [asiz] *nf* ◆ **(cour d') assises** Tribunal *m* criminal.
assistance [asistɑ̃s] *nf* assistência *f*.
assistant, e [asistɑ̃, ɑ̃t] *nm* assistente *mf* ◆ **assistante sociale** assistente social.
assister [asiste] *vt* assistir ◆ **assister à** (*concert*) assistir a; (*meurtre*) presenciar.
association [asɔsjasjɔ̃] *nf* associação *f* ◆ **association humanitaire** associação humanitária.
associer [asɔsje] *vt* associar ◆ **s'associer** *vp* ◆ **s'associer (à** ou **avec)** associar-se (a).
assombrir [asɔ̃brir] *vt* escurecer ◆ **s'assombrir** *vp* escurecer.
assommer [asɔme] *vt* (*tuer*) matar com uma pancada na cabeça.
assorti, e [asɔrti] *adj* (*en harmonie*) que combina bem; (*varié*) sortido(da).
assortiment [asɔrtimɑ̃] *nm* sortido *m*.
assoupir [asupir] ◆ **s'assoupir** *vp* adormecer.

assouplir [asupliʀ] *vt* amaciar.

assouplissant [asuplisã] *nm* amaciante *m* (de roupa).

assouplissement [asuplismã] *nm* amaciamento *m*, flexibilização *f*.

assouplisseur [asuplisœʀ] = **assouplissant**.

assourdissant, e [asuʀdisã, ãt] *adj* ensurdecedor(ra).

assumer [asyme] *vt* assumir.

assurance [asyʀãs] *nf (contrat)* seguro *m*; *(aisance)* segurança *f* • assurance automobile seguro de automóvel • assurance tous risques seguro total.

assuré, e [asyʀe] *adj (garanti)* assegurado(da); *(résolu)* seguro(ra).

assurer [asyʀe] *vt (maison, voiture)* pôr no seguro; *(fonction, tâche)* estar encarregado(da)de • je t'assure que eu lhe asseguro que ♦ **s'assurer** *vp* fazer um seguro • s'assurer contre le vol fazer um seguro contra roubo • s'assurer de assegurar-se de • s'assurer que assegurar-se de que.

astérisque [asteʀisk] *nm* asterisco *m*.

asthmatique [asmatik] *adj* asmático(ca).

asthme [asm] *nm* asma *f*.

asticot [astiko] *nm* larva da mosca-varejeira, utilizada como isca na pesca.

astiquer [astike] *vt* dar brilho a.

astre [astʀ] *nm* astro *m*.

astreignant, e [astʀɛɲã, ãt] *adj* exigente.

astrologie [astʀɔlɔʒi] *nf* astrologia *f*.

astronaute [astʀɔnot] *nm* astronauta *m*.

astronomie [astʀɔnɔmi] *nf* astronomia *f*.

astuce [astys] *nf* astúcia *f*.

astucieux, euse [astysjø, øz] *adj* astuto(ta).

atelier [atəlje] *nm (d'usine)* oficina *f*; *(de peintre)* ateliê *m*; *(groupe de travail)* grupo *m* de trabalho.

athée [ate] *adj* ateu(ateia).

athénée [atene] *nm (Belg)* = escola *f* secundária de ensino público.

athlète [atlɛt] *nm* atleta *m*.

athlétisme [atletism] *nm* atletismo *m*.

Atlantique [atlãtik] *nm* • l'(océan) Atlantique o (oceano) Atlântico.

atlas [atlas] *nm* atlas *m inv*.

atmosphère [atmɔsfɛʀ] *nf* atmosfera *f*.

atome [atom] *nm* átomo *m*.

atomique [atomik] *adj* atômico(ca).

atomiseur [atɔmizœʀ] *nm* atomizador *m*.

atout [atu] *nm* trunfo *m*.

atroce [atʀɔs] *adj* atroz.

atrocité [atʀɔsite] *nf* atrocidade *f*.

atrophier [atʀɔfje] *vt* atrofiar ♦ **s'atrophier** *vp* atrofiar-se.

attabler [atable] ♦ **s'attabler** *vp* sentar-se à mesa • s'attabler devant qqch instalar-se diante de algo.

attachant

attachant, e [ataʃɑ̃, ɑ̃t] *adj* cativante, apaixonante.
attaché-case [ataʃekɛz] (*pl* **attachés-cases**) *nm* pasta *f* (de executivo).
attachement [ataʃmɑ̃] *nm* apego m.
attacher [ataʃe] ♦ *vt* prender ♦ *vi* agarrar-se ♦ **attachez vos ceintures** apertem os cintos ♦ **s'attacher** *vp* prender-se ♦ **s'attacher à qqn** apegar-se a alguém.
attaquant [atakɑ̃] *nm* atacante m.
attaque [atak] *nf* ataque m.
attaquer [atake] *vt* atacar ♦ **s'attaquer à** *vp* + *prép* atirar-se a.
attarder [atarde] ♦ **s'attarder** *vp* demorar-se.
atteindre [atɛ̃dʀ] *vt* atingir.
atteint, e [atɛ̃, ɛ̃t] *pp* → **atteindre**.
atteinte [atɛ̃t] *nf* → **hors**.
atteler [atle] *vt* atrelar.
attelle [atɛl] *nf* tala *f*.
attendre [atɑ̃dʀ] ♦ *vt* (*personne, événement*) esperar; (*espérer*) estar à espera de ♦ *vi* esperar ♦ **attendre un enfant** estar esperando bebê ♦ **attendre que** estar à espera de que ♦ **attendre qqch de** esperar algo de ♦ **s'attendre à** *vp* + *prép* estar à espera de.
attendrir [atɑ̃dʀiʀ] *vt* enternecer.
attentat [atɑ̃ta] *nm* atentado m ♦ **attentat à la bombe** atentado à bomba.

24

attentat-suicide (*pl* **-s-s**) [atɑ̃tasyisid] *nm* atentado m suicida ♦ **impliqué dans l'organisation d'attentats-suicides au cours desquels plusieurs personnes ont été tuées** implicado na organização de atentados suicidas durante os quais morreram várias pessoas.
attente [atɑ̃t] *nf* espera *f* ♦ **en attente** em suspenso.
attentif, ive [atɑ̃tif, iv] *adj* atento(ta).
attention [atɑ̃sjɔ̃] *nf* atenção *f* ♦ **attention!** cuidado! ♦ **faire attention (à)** (*se concentrer*) prestar atenção (a ou em); (*être prudent*) ter cuidado (com).
atténuer [atenɥe] *vt* atenuar.
atterrir [ateʀiʀ] *vi* aterrissar.
atterrissage [ateʀisaʒ] *nm* aterrissagem *f* ♦ **à l'atterrissage** no momento da aterrissagem.
attestation [atɛstasjɔ̃] *nf* atestado m.
attirant, e [atiʀɑ̃, ɑ̃t] *adj* atraente.
attirer [atiʀe] *vt* atrair ♦ **attirer l'attention de qqn** atrair a atenção de alguém ♦ **s'attirer** *vp* ♦ **s'attirer des ennuis** arranjar problemas.
attiser [atize] *vt* (*feu*) atiçar.
attitude [atityd] *nf* atitude *f*.
attraction [atʀaksjɔ̃] *nf* atração *f*.
attrait [atʀɛ] *nm* atrativo m.
attrape-nigaud [atʀapnigo] (*pl* **attrape-nigauds**) *nm* armação *f*.

attraper [atʀape] vt apanhar.

attrayant, e [atʀɛjɑ̃, ɑ̃t] adj atraente.

attribuer [atʀibɥe] vt • **attribuer qqch à qqn** atribuir algo a alguém.

attroupement [atʀupmɑ̃] nm aglomeração f.

au [o] = à + le; → à.

aube [ob] nf madrugada f • **à l'aube** de madrugada.

auberge [obɛʀʒ] nf pousada f, albergue m • **auberge de jeunesse** albergue da juventude.

aubergine [obɛʀʒin] nf beringela f.

aucun, e [okœ̃, yn] ♦ adj nenhum(ma) ♦ pron nenhum(ma) • **sans aucun doute** sem dúvida alguma • **aucune idée!** não faço ideia! • **aucun des deux** nenhum dos dois • **aucun d'entre nous** nenhum de nós.

audace [odas] nf audácia f.

audacieux, euse [odasjø, øz] adj audacioso(osa).

au-delà [odəla] adv mais além • **au-delà de** para além de.

au-dessous [odsu] adv (dans l'espace) por baixo; (dans une hiérarchie) abaixo • **au-dessous de** (dans l'espace) por baixo de; (dans une hiérarchie) abaixo de.

au-dessus [odəsy] adv (dans l'espace) por cima; (dans une hiérarchie) acima • **au-dessus de** (dans l'espace) por cima de; (dans une hiérarchie) acima de • **au-dessus de 1 000 €** acima de 1000 euros.

audience [odjɑ̃s] nf audiência f.

audiovisuel, elle [odjɔvizɥɛl] adj audiovisual.

auditeur, trice [oditœʀ, tʀis] nm ouvinte mf.

audition [odisjɔ̃] nf audição f.

auditoire [oditwaʀ] nm auditório m.

auditorium [oditɔʀjɔm] nm auditório m (sala).

augmentation [ogmɑ̃tasjɔ̃] nf aumento m • **augmentation (de salaire)** aumento (de salário) • **en augmentation** em elevação.

augmenter [ogmɑ̃te] vt & vi aumentar.

aujourd'hui [oʒuʀdɥi] adv hoje; (à notre époque) hoje em dia • **d'aujourd'hui** de hoje.

auparavant [opaʀavɑ̃] adv (d'abord) primeiramente; (avant) antes.

auprès [opʀɛ] ♦ **auprès de** prép junto de.

auquel [okɛl] = à + lequel; → lequel.

aura → avoir.

auréole [ɔʀeɔl] nf **1.** (couronne lumineuse) auréola f **2.** (tache) mancha f.

aurore [ɔʀɔʀ] nf aurora f.

ausculter [ɔskylte] vt auscultar.

aussi [osi] ♦ adv **1.** (également) também • **j'ai faim! – moi aussi!** estou com fome! – eu também! **2.** (introduit une comparaison) • **aussi... que** tanto ou tão... quanto • **il fait aussi chaud qu'à Lisbonne** está tanto calor como em Lisboa • **il est aussi intelligent que son frère** ele é tão inteligente quanto o irmão **3.** *(à ce point)* tão • **je n'ai jamais rien vu d'aussi beau** nunca vi nada tão bonito • *conj (par conséquent)* por isso.

aussitôt [osito] *adv* logo • **aussitôt que** assim que.

austère [ostɛʀ] *adj* austero(ra).

Australie [ostʀali] *nf* • **l'Australie** a Austrália.

australien, enne [ostʀaljɛ̃, ɛn] *adj* australiano(na).

autant [otɑ̃] *adv* **1.** *(exprime la comparaison)* • **autant que** quanto • **l'aller simple coûte presque autant que l'aller et retour** a passagem de ida custa quase tanto quanto a de ida e volta • **autant de... que** tanto... quanto • **autant de femmes que d'hommes** tantas mulheres quanto homens **2.** *(exprime l'intensité)* • **je ne savais pas qu'il pleuvait autant ici** não sabia que aqui chovia tanto • **autant de... tanto...** • **autant de choses** tantas coisas **3.** *(il vaut mieux)* • **autant partir demain** é melhor partir amanhã **4.** *(dans des expressions)* • **j'aime autant...** prefiro... • **d'autant que** até porque • **d'autant mieux que** tanto mais que • **pour autant que je sache** que eu saiba.

autel [otɛl] *nm* altar *m*.

auteur [otœʀ] *nm* autor *m*, -ra *f*.

authentique [otɑ̃tik] *adj* autêntico(ca).

auto [oto] *nf* automóvel *m* • **autos tamponneuses** carrinho *m* bate-bate.

autobiographie [otobjɔgʀafi] *nf* autobiografia *f*.

autobus [otobys] *nm* ônibus *m*.

autocar [otokaʀ] *nm* ônibus *m*.

autocollant [otokɔlɑ̃] *nm* autocolante *m*.

autocouchette(s) [otokuʃɛt] *adj inv* • **train autocouchette(s)** trem noturno, com carro-leito, que transporta passageiros e seus carros.

autocuiseur [otokɥizœʀ] *nm* panela *f* de pressão.

auto-école [otoekɔl] *(pl* **auto-écoles)** *nf* autoescola *f*.

autographe [otɔgʀaf] *nm* autógrafo *m*.

automate [otomat] *nm* autômato *m*.

automatique [otomatik] *adj* automático(ca).

automne [otɔn] *nm* outono *m* • **en automne** no outono.

automobile [otomɔbil] *adj* automóvel.

automobiliste [otomɔbilist] *nmf* automobilista *m*.

autonome [otonɔm] *adj* autônomo(ma).

autonomie [otonɔmi] *nf (indépendance)* autonomia *f*.

autopsie [otopsi] *nf* autópsia *f*.

autoradio [otoʀadjo] *nm* autorrádio *m*.

autorisation [otoʀizasjɔ̃] *nf* autorização *f*.

autoriser [otɔRize] *vt* autorizar • **autoriser qqn à faire qqch** autorizar alguém a fazer algo.

autoritaire [otɔRitɛR] *adj* autoritário(ria).

autorité [otɔRite] *nf* autoridade *f* • **les autorités** as autoridades.

autoroute [otɔRut] *nf* autoestrada *f* • **autoroute à péage** autoestrada com pedágio.

auto-stop [otostɔp] *nm* carona *f* • **faire de l'auto-stop** pedir carona.

autour [otuR] *adv* em volta • **tout autour** em toda a volta • **autour de** *(dans l'espace)* à volta de, ao redor de; *(environ)* por volta de, em torno de.

autre [otR] *adj* outro(outra) • **j'aimerais essayer une autre couleur** gostaria de experimentar outra cor • **une autre bouteille d'eau minérale, s'il vous plaît** outra garrafa de água mineral, por favor • **il n'y a rien d'autre à voir ici** não há mais nada para ver aqui • **veux-tu quelque chose d'autre?** você quer mais alguma coisa? • **les deux autres** os outros dois • **les autres passagers sont priés de descendre de l'appareil** pede-se aos demais passageiros que desçam do avião • **autre part** em outro lugar • **d'autre part** por outro lado • *pron* outro(outra) • **l'autre** o outro(a outra) • **un autre** um outro • **ne se soucie pas des autres** ele não se preocupa com os outros • **d'une minute à l'autre** de um minuto para o outro • **entre autres** entre outras coisas • **j'aime les bons vins, entre autres ceux de Bordeaux** gosto dos bons vinhos, entre outros os de Bordeaux • **un**...

autrefois [otRəfwa] *adv* outrora.

autrement [otRəmã] *adv (différemment)* de outra maneira; *(sinon)* senão • **autrement dit** ou seja.

Autriche [otRiʃ] *nf* • **l'Autriche** a Áustria.

autrichien, enne [otRiʃjɛ̃, ɛn] *adj* austríaco(ca) ♦ **Autrichien, enne** *nm* austríaco *m*, -ca *f*.

autruche [otRyʃ] *nf* avestruz *f*.

autrui [otRyi] *pron* outrem.

auvent [ovã] *nm* alpendre *m*.

Auvergne [ovɛRɲ] *n* • **bleu**.

aux [o] = **à** + **les**; → **à**.

auxiliaire [oksiljɛR] ♦ *nm* auxiliar *mf* ♦ *nm* GRAM auxiliar *m*.

auxquelles [okɛl] = **à** + **lesquelles**; → **lequel**.

auxquels [okɛl] = **à** + **lesquels**; → **lequel**.

av. *(abr de* **avenue**) Av.

avachi, e [avaʃi] *adj (canapé, chaussures)* deformado(da); *(personne)* abatido(da).

aval [aval] *nm (d'un cours d'eau)* jusante *f* • **en aval (de)** a jusante (de).

avalanche [avalɑ̃ʃ] *nf* avalanche *f*.

avaler [avale] *vt* engolir.

avance [avɑ̃s] *nf (progression)* avanço *m*; *(prêt)* adiantamento *m* • **à l'avance, d'avance** desde já • **en avance** adiantado(a).

avancer [avɑ̃se] • *vt (rapprocher)* avançar; *(anticiper, prêter)* adiantar • *vi* avançar; *(montre, pendule)* adiantar • **avancer de cinq minutes** adiantar cinco minutos ◆ **s'avancer** *vp (se rapprocher)* avançar; *(partir devant)* ir à frente.

avant [avɑ̃] • *prép* antes de • *adv* antes • *nm* frente *f*; *ESP* centroavante *m* • *adj inv* da frente • **avant de faire qqch** antes de fazer algo • **avant que** antes que • **avant tout** *(surtout) (d'abord)* acima de tudo; primeiramente • **l'année d'avant** no ano anterior OU passado.

avantage [avɑ̃taʒ] *nm* vantagem *f*.

avantager [avɑ̃taʒe] *vt* beneficiar.

avantageux, euse [avɑ̃ta-ʒø, øz] *adj* vantajoso(osa).

avant-bras [avɑ̃bʀa] *nm inv* antebraço *m*.

avant-dernier, ière, s [avɑ̃-dɛʀnje, ɛʀ] *adj & nm* penúltimo(ma).

avant-hier [avɑ̃tjɛʀ] *adv* anteontem.

avant-première [avɑ̃pʀəmjɛʀ] *(pl* avant-premières*) nf* pré-estreia *f*.

avant-propos [avɑ̃pʀɔpo] *nm inv* prefácio *m*.

avare [avaʀ] *adj & nm* avarento(ta).

avarice [avaʀis] *nf* avareza *f*.

avarié, e [avaʀje] *adj* estragado(da).

avatar [avataʀ] *(pl* -es*) nm* INFORM avatar *m*.

avec [avɛk] *prép* com • **avec élégance** com elegância • **et avec ça?** algo mais?

avenir [avniʀ] *nm* futuro *m* • **à l'avenir** de hoje em diante • **d'avenir** de futuro.

aventure [avɑ̃tyʀ] *nf* aventura *f*; *(amoureuse)* caso *m*.

aventurer [avɑ̃tyʀe] ◆ **s'aventurer** *vp* aventurar-se.

aventurier, ère [avɑ̃tyʀje, ɛʀ] *nm* aventureiro *m*, -ra *f*.

avenue [avny] *nf* avenida *f*.

avérer [aveʀe] ◆ **s'avérer** *vp* revelar-se.

averse [avɛʀs] *nf* aguaceiro *m*.

avertir [avɛʀtiʀ] *vt* avisar • **avertir qqn de qqch** avisar alguém de algo.

avertissement [avɛʀtismɑ̃] *nm* aviso *m*; *EDUC* advertência escolar *que precede a sanção*.

aveu [avø] *(pl* aveux*) nm* confissão *f*.

aveugle [avœgl] *adj & nm* cego(ga).

aveugler [avœgle] *vt* cegar.

aveuglette [avœglɛt] ◆ **à l'aveuglette** *adv* às cegas.

aviateur [avjatœʀ] *nm* aviador *m*.

aviation [avjasjɔ̃] *nf* aviação *f*.

avide [avid] *adj* ávido(da) • **avide de** ávido de.

avion [avjɔ̃] *nm* avião *m* • **avion à réaction** avião a jato • **par avion** via aérea.

aviron [avirɔ̃] *nm* remo *m*.

avis [avi] *nm* (*opinion*) opinião *f*; (*information*) aviso *m* • **changer d'avis** mudar de opinião • **à mon avis** na minha opinião • **avis de réception** aviso de recebimento ◆ **avis de recherche** *nm* mandado de busca.

avisé, e [avize] *adj* sensato(ta).

av. J-C (*abr de* **avant Jésus-Christ**) a.C.

avocat [avɔka] *nm* (*homme de loi*) advogado *m*; (*fruit*) abacate *m*.

avoine [avwan] *nf* aveia *f*.

avoir [avwar] ◆ *vt* 1. (*gén*) ter • **j'ai deux frères et une sœur** tenho dois irmãos e uma irmã • **avoir les cheveux bruns** ter cabelo castanho • **avoir de l'ambition** ser ambicioso • **quel âge as-tu?** quantos anos você tem? • **j'ai 13 ans** tenho 13 anos • **avoir des remords** ter remorsos • **avoir à faire qqch** ter de fazer algo • **vous n'avez qu'à remplir ce formulaire** é só preencher este formulário • **j'ai à faire** tenho que fazer 2. (*examen*) **ça y est, j'ai mon bac!** pronto, passei no exame! • **il a eu son permis du premier coup** ele tirou a carta de motorista logo da primeira vez 3. (*fam*) (*duper*) enganar • **je t'ai bien eu!** enganei-te! • **se faire avoir** ser enganado • **30 € pour un repas, je me suis vraiment fait avoir!** 30 euros por uma refeição, enganaram-me bem! 4. (*dans des expressions*) • **vous en avez encore pour longtemps?** ainda vai demorar muito? • **nous en avons eu pour 30 €** ficou-nos por 30 euros ◆ *v aux* ◆ **j'ai terminé** acabei • **hier nous avons visité le château** ontem visitamos o castelo • **j'aurai fini ce travail la semaine prochaine** na semana que vem terei terminado este trabalho ◆ **il y a** *vimpers* 1. (*présentatif*) há • **il y a un problema** há um problema • **y a-t-il des toilettes ici?** há toaletes por aqui? • **qu'est-ce qu'il y a?** o que é que se passa? • **il n'y a qu'à revenir demain** só nos resta voltar amanhã 2. (*temporel*) • **il y a trois ans** há três anos • **il y a plusieurs années que nous venons ici** vimos aqui há vários anos.

avortement [avɔʀtəmɑ̃] *nm* aborto *m*.

avorter [avɔʀte] *vi* abortar.

avouer [avwe] *vt* confessar.

avril [avʀil] *nm* abril *m* • **le premier avril** o dia primeiro de abril → **septembre**.

ⓘ PREMIER AVRIL

O dia Primeiro de Abril é aquele em que as pessoas pregam peças umas nas outras. As brincadeiras,

axe

difundidas pela imprensa e pela televisão, são sempre ansiosamente esperadas. Por tradição, as crianças colam peixes de papel nas costas de outras crianças e até de transeuntes sem que estes o saibam.

---

axe [aks] *nm (pivot)* eixo *m*, *(routier, ferroviaire)* importante via de tráfego • **axe rouge** via onde é especialmente proibido parar.
ayant [ejã] *ppr* → **avoir**.
ayons [ejɔ̃] → **avoir**.
azote [azɔt] *nm* nitrogênio *m*.
Azur [azyʀ] *nom* → **côte**.

B

B *(abr de bien)*. bem.
baba [baba] *nm* • **baba au rhum** babá *m* ao rum.
babines [babin] *nfpl* beiços *mpl*.
babiole [babjɔl] *nf* bugiganga *f*.
bâbord [babɔʀ] *nm* bombordo *m* • **à bâbord** a bombordo.
baby-foot [babifut] *nm inv* pebolim *m*.
baby-sitter [bebisitœʀ] *(pl* **baby-sitters**) *nm* babá *f*.
bac [bak] *nm* **1**. *(récipient)* tina *f* **2**. *(bateau)* barca *f* **3**. *(fam) (abr de* **baccalauréat***)* • **bac + 2/3/4/5** ≈ prova de conclusão de curso do ensino médio **4**. *INFORM* • **bac à papier** bandeja para papel.
baccalauréat [bakalɔʀea] *nm* exame final do ensino médio francês.
bâche [bɑʃ] *nf* toldo *m*.
bâcler [bakle] *vt (fam)* atabalhoar.
bacon [bekɔn] *nm* bacon *m*.
bactérie [baktʀi] *nf* bactéria *f*.
badge [badʒ] *nm* **1**. crachá *m*; *(d'identité)* cartão *m* de identificação **2**. *INFORM* crachá *m* magnético.
badgeuse [badʒøz] *nf* leitor óptico.
badigeonner [badiʒɔne] *vt (mur)* pincelar.
badminton [badmintɔn] *nm* badminton *m*.
baffe [baf] *nf (fam)* tabefe *m*.
baffle [bafl] *nm* caixa *f* de som.
bafouiller [bafuje] *vi* balbuciar.
bagage [bagaʒ] *nm* bagagem *f* • **bagages** bagagens • **bagage à main** bagagem de mão.
bagarre [bagaʀ] *nf* arruaça *f*.
bagarrer [bagaʀe] ♦ **se bagarrer** *vp* brigar.
bagarreur, euse [bagaʀœʀ, øz] *adj* arruaceiro(ra).
bagnes [baɲ] *nm (Helv)* queijo de leite de vaca utilizado sobretudo na fondue.
bagnole [baɲɔl] *nf (fam)* carro *m*, máquina *f*.
bague [bag] *nm* anel *m*.
baguette [bagɛt] *nf (tige)* vara *f*; *(de chef d'orchestre)* batuta *f*; *(chinoise)* pauzinho *m*; *(pain)*

baguete f • **baguette magique** varinha f de condão.
baie [bɛ] nf (fruit) baga f; (golfe) baía f; (fenêtre) vão m • **baie vitrée** vidraça f.
baignade [bɛɲad] nf banho m • **baignade interdite** é proibido tomar banho.
baigner [beɲe] ♦ vt (bébé) dar banho em; (suj: sueur, larmes) banhar ♦ vi • **baigner dans** estar embebido(da) ♦ **se baigner** vp banhar-se.
baignoire [bɛɲwaʀ] nf banheira f.
bail [baj] (pl **baux**) nm contrato m de arrendamento.
bâiller [baje] vi (personne) bocejar; (chaussure) estar com a sola despregada; (vêtement) estar desconjuntado(da).
bâillonner [bajɔne] vt amordaçar.
bain [bɛ̃] nm banho m • **prendre un bain** tomar (um) banho • **prendre un bain de soleil** tomar banho de sol • **grand bain** piscina f para adultos • **petit bain** piscina f para crianças.
bain-marie [bɛ̃maʀi] nm banho-maria m.
baïonnette [bajɔnɛt] nf (arme) baioneta f; (d'ampoule) rosca f de encaixar.
baiser [beze] nm beijo m.
baisse [bɛs] nf baixa f • **en baisse** em baixa.
baisser [bese] vt & vi baixar ♦ **se baisser** vp abaixar-se.
bal [bal] nm baile m.
balade [balad] nf passeio m.

balader [balade] ♦ **se balader** vp passear.
baladeur [baladœʀ] nm walkman® m.
balafre [balafʀ] nf cicatriz f (no rosto).
balai [balɛ] nm (pour nettoyer) vassoura f; (d'essuie-glace) palheta f.
balance [balɑ̃s] nf balança f ♦ **Balance** nf Balança f, Libra f.
balancer [balɑ̃se] vt balançar; (fam) (jeter) jogar fora ♦ **se balancer** vp balançar-se.
balancier [balɑ̃sje] nm (de pendule) pêndulo m.
balançoire [balɑ̃swaʀ] nf gangorra f.
balayer [baleje] vt varrer.
balayeur [balejœʀ] nm gari m.
balbutier [balbysje] vi balbuciar.
balcon [balkɔ̃] nm (terrasse) varanda f; (au théâtre) balcão m.
baleine [balɛn] nf (animal) baleia f; (de parapluie) vareta f.
balise [baliz] nf baliza f.
ballant, e [balɑ̃, ɑ̃t] adj • **les bras ballants** de braços pendentes.
balle [bal] nf ESP bola f; (d'arme à feu) bala f; (fam) (franc) = pau m • **balle à blanc** tiro m de pólvora seca.
ballerine [balʀin] nf (chaussure) sapatilha f; (danseuse) bailarina f.
ballet [balɛ] nm balé m.
ballon [balɔ̃] nm balão m; ESP bola f.
ballonné, e [balɔne] adj inchado(da).

ballotter

ballotter [balɔte] *vi* chocalhar.
balnéaire [balneɛʀ] *adj* → **station**.
balustrade [balystʀad] *nf* balaustrada *f*.
bambin [bɑ̃bɛ̃] *nm* bambino *m*.
bambou [bɑ̃bu] *nm* bambu *m*.
banal, e [banal] *adj* banal.
banane [banan] *nf (fruit)* banana *f*, *(porte-monnaie)* pochete *f*.
banc [bɑ̃] *nm (siège)* banco *m*; *(de poissons)* cardume *m* • **banc public** banco público • **banc de sable** banco de areia.
bancaire [bɑ̃kɛʀ] *adj* bancário(ria).
bancal, e [bɑ̃kal] *adj (personne)* coxo(xa); *(chaise, table)* bambo(ba).
bandage [bɑ̃daʒ] *nm* atadura *f*.
bande [bɑ̃d] *nf (de tissu, de papier)* tira *f*; *(pansement)* ligadura *f*; *(groupe)* banda *f* • **bande d'arrêt d'urgence** acostamento *m* • **bande dessinée** história *f* em quadrinhos • **bande magnétique** fita *f* magnética • **bande originale** trilha *f* sonora original.
bandeau [bɑ̃do] *(pl* **-x***) nm (dans les cheveux)* faixa *f*; *(sur les yeux)* venda *f*.
bander [bɑ̃de] *vt (yeux)* vendar; *(blessure)* enfaixar.
banderole [bɑ̃dʀɔl] *nf* bandeirola *f*.
bandit [bɑ̃di] *nm* bandido *m*, -da *f*.
bandoulière [bɑ̃duljɛʀ] *nf* bandoleira *f* • **en bandoulière** a tiracolo.

banjo [bɑ̃dʒo] *nm* banjo *m*.
banlieue [bɑ̃ljø] *nf* subúrbio *m*.
banlieusard, e [bɑ̃ljøzaʀ, aʀd] *nm* suburbano *m*, -na *f*.
bannir [baniʀ] *vt* banir • **bannir qqch de** banir algo de.
banque [bɑ̃k] *nf (agence)* banco *m*.
banquet [bɑ̃kɛ] *nm* banquete *m*.
banquette [bɑ̃kɛt] *nf (de voiture)* banco *m*; *(de restaurant)* banqueta *f*.
banquier [bɑ̃kje] *nm (directeur)* banqueiro *m*.
banquise [bɑ̃kiz] *nf* banquisa *f*.
baptême [batɛm] *nm (sacrement)* batismo *m*; *(réception)* batizado *m* • **baptême de l'air** batismo do ar.
bar [baʀ] *nm (café)* bar *m*; *(comptoir)* balcão *m* • **bar à café** (Helv) bar onde não são servidas bebidas alcoólicas.
baraque [baʀak] *nf (de jardin)* casinha *f*, *(de fête foraine)* barraca *f*, *(fam) (maison)* barraco *m*.
baratin [baʀatɛ̃] *nm (fam)* conversa *f* fiada.
barbare [baʀbaʀ] *adj* bárbaro(ra).
barbe [baʀb] *nf* barba *f* • **barbe à papa** algodão-doce *m*.
barbecue [baʀbəkju] *nm (gril)* churrasqueira *f*; *(repas)* churrasco *m*.
barbelé [baʀbəle] *nm* • **(fil de fer) barbelé** arame *m* farpado.
barboter [baʀbɔte] *vi* chafurdar.

barbouillé, e [baʁbuje] *adj (malade)* • **être barbouillé** estar enjoado.
barbouiller [baʁbuje] *vt* borrar.
barbu [baʁby] *adj m* barbudo.
barème [baʁɛm] *nm* tabela *f.*
baril [baʁil] *nm* barril *m.*
bariolé, e [baʁjɔle] *adj* sarapintado(da).
barman [baʁman] *nm* barman *m.*
baromètre [baʁɔmɛtʁ] *nm* barômetro *m.*
baron, onne [baʁɔ̃, ɔn] *nm, f* barão *m*, -ronesa *f.*
barque [baʁk] *nf* barca *f.*
barrage [baʁaʒ] *nm* barragem *f* • **barrage de police** barreira policial.
barre [baʁ] *nf* **1.** barra *f*; NAVIG roda *f* do leme **2.** INFORM • **barre de défilement** barra de rolagem • **barre d'état** barra de status.
barreau [baʁo] *(pl* **-x)** *nm (de prison)* grade *f*; *(de chaise)* travessa *f.*
barrer [baʁe] *vt (rue, route)* barrar; *(mot, phrase)* riscar; NAVIG manobrar a roda do leme de.
barrette [baʁɛt] *nf (à cheveux)* travessa *f.*
barricade [baʁikad] *nf* barricada *f.*
barricader [baʁikade] *vt (porte)* trancar; *(rue)* barricar ♦ **se barricader** *vp* trancar-se.
barrière [baʁjɛʁ] *nf* barreira *f.*
bar-tabac [baʁtaba] *(pl* **bars-tabacs)** *nm* bar onde também se vendem selos e tabaco.

bas, basse [ba, bas] • *adj* baixo(xa); MUS grave • *nm (partie inférieure)* parte *f* de baixo; *(vêtement)* meia *f* • **bas résille** meias de rede • *adv* baixo • **en bas** embaixo • **en bas de** embaixo de.
bas-côté [bakote] *(pl* **bas-côtés)** *nm (de la route)* acostamento *m.*
bascule [baskyl] *nf (pour peser)* balança *f*; *(jeu)* balanço *m.*
basculer [baskyle] *vi* tombar.
base [baz] *nf* base *f* • **à base de** à base de • **de base** de base • **produits de base** produtos básicos • **base de données** base de dados ♦ **se baser sur** *vp + prép* basear-se em.
baser [baze] *vt* • **baser qqch sur** basear algo em *m* ♦ **se baser sur** *vp + prép* basear-se em.
basilic [bazilik] *nm* manjericão *m.*
basilique [bazilik] *nf* basílica *f.*
basket [baskɛt] *nm & nf (chaussure)* tênis *mpl.*
basket(-ball) [basket(bol)] *nm* basquetebol *m.*
basquaise [baskɛz] *adj* → **poulet.**
basque [bask] • *adj* basco(ca) • *nm (langue)* basco *m* ♦ **Basque** *nm* basco *m*, -ca *f.*
basse > **bas.**
basse-cour [baskuʁ] *(pl* **basses-cours)** *nf* capoeira *f.*
bassin [basɛ̃] *nm (plan d'eau)* tanque *m*; ANAT bacia *f* • **le Bassin parisien** a Bacia parisiense • **grand bassin** piscina *f* para

bassine

adultos • **petit bassin** piscina f para crianças.
bassine [basin] nf bacia f.
Bastille [bastij] nf • **l'opéra Bastille** a ópera da Bastilha.
bataille [bataj] nf batalha f.
batailleur, euse [batajœʀ, øz] adj batalhador(ra).
bâtard, e [bataʀ, aʀd] nm (chien) vira-lata m.
bateau [bato] (pl -**x**) nm barco m; (sur le trottoir) guia f rebaixada • **bateau de pêche** barco de pesca • **bateau à voiles** barco à vela.
bateau-bus (pl -**x**) [batobys] nm ferry m, ferryboat m • **prendre le bateau-bus** tomar o ferry.
bateau-mouche [batomuʃ] (pl **bateaux-mouches**) nm barco que realiza passeios pelo rio Sena.
bâtiment [batimã] nm edifício m • **le bâtiment** (activité) a construção civil.
bâtir [batiʀ] vt edificar.
bâton [batɔ̃] nm pau m • **bâton de craie** giz m.
bâtonnet [batɔnɛ] nm pauzinho m • **bâtonnet de glace** picolé m.
battant [batã] nm (d'une porte) batente m.
battement [batmã] nm (coup) bater m; (intervalle) intervalo m; (de cœur) batida f.
batterie [batʀi] nf bateria f • **batterie de cuisine** utensílios mpl de cozinha.

34

batteur, euse [batœʀ, øz] • nm MÚS baterista mf • nm (mélangeur) batedeira f.
battre [batʀ] • vt (frapper) bater; (vaincre) vencer • vi bater • **battre des œufs en neige** bater as claras em neve • **battre la mesure** marcar o compasso • **battre des mains** bater palmas ♦ **se battre** vp • **se battre (avec qqn)** lutar (com alguém).
baume [bom] nm bálsamo m.
baux [bo] → **bail**.
bavard, e [bavaʀ, aʀd] adj & nm tagarela.
bavardage [bavaʀdaʒ] nm tagarelice f.
bavarder [bavaʀde] vi tagarelar.
bavarois [bavaʀwa] nm CULIN sobremesa fria à base de gelatina, creme inglês e musse de frutas.
bave [bav] nf baba f.
baver [bave] vi babar • **en baver** (fam) passar por maus momentos.
bavette [bavɛt] nf CULIN filé de lombo de vaca.
baveux, euse [bavø, øz] adj (omelette) malpassado(da).
bavoir [bavwaʀ] nm babador m.
bavure [bavyʀ] nf (tache) borrão m; (erreur) erro m.
bazar [bazaʀ] nm (magasin) bazar m; (fam) (lieu en désordre) zona f.
BCBG adj (abr de **bon chic bon genre**) mauricinho m, patricinha f.
Bd (abr de **boulevard**) Al.

BD [bede] *nf (fam)* gibi *m*, = **bande dessinée**.

beach-volley *(pl -s)* [bitʃvɔlɛ] *nm* vôlei *m* de praia • **jouer au beach-volley** jogar vôlei de praia.

beau, belle [bo, bɛl] *(mpl* **beaux** *[bo]) (Belg* [bɛl] *devant voyelle ou h muet)* • *adj* lindo(da); *(ironique) (mauvais)* belo(la) • *adv* • **il fait beau** está fazendo bom tempo • **j'ai beau essayer...** por mais que eu tente... • **c'est du beau travail!** *(ironique)* bonito serviço! • **un beau jour** um belo dia.

beaucoup [buku] *adv (aimer, manger)* muito • **il a lu beaucoup de livres** ele leu muitos livros • **beaucoup plus cher** muito mais caro • **elle fait beaucoup plus de fautes qu'avant** ela faz muito mais erros do que antes.

beau-fils [bofis] *nm (pl* **beaux-fils**) *(fils du conjoint)* enteado *m*; *(gendre)* genro *m*.

beau-frère [bofʀɛʀ] *(pl* **beaux-frères**) *nm* cunhado *m*.

beau-père [bopɛʀ] *(pl* **beaux-pères**) *nm (père du conjoint)* sogro *m*; *(conjoint de la mère)* padrasto *m*.

beauté [bote] *nf (qualité)* beleza *f*, *(femme)* beldade *f*.

beaux-parents [boparɑ̃] *nm* sogros *mpl*.

bébé [bebe] *nm* bebê *m*.

bec [bɛk] *nm* bico *m* • **bec verseur** bico vertedor.

béchamel [beʃamɛl] *nf* • **(sauce) béchamel** (molho) bechamel *m*.

bêche [bɛʃ] *nf* enxada *f*.

bêcher [beʃe] *vt* cavar.

bée [be] *adj f* • **bouche bée** boquiaberto(ta).

bégayer [begeje] *vi* gaguejar.

bégonia [begɔnja] *nm* begônia *f*.

beige [bɛʒ] *adj & nm* bege.

beigne [bɛɲ] *nm (Can)* = sonho *m (bolo)*.

beignet [bɛɲɛ] *nm (salé)* bolinho *m*; *(sucré)* = filhó *f*.

bel → **beau**.

bêler [bele] *vi* balir.

belge [bɛlʒ] *adj* belga • **Belge** *nm* belga *mf*.

Belgique [bɛlʒik] *nf* • **la Belgique** a Bélgica.

bélier [belje] *nm* carneiro *m* • **Bélier** *nm* Carneiro *m*, Áries *m*.

belle-fille [bɛlfij] *(pl* **belles-filles**) *nf (fille du conjoint)* enteada *f*; *(conjointe du fils)* nora *f*.

Belle-Hélène [bɛlɛlɛn] *adj* → **poire**.

belle-mère [bɛlmɛʀ] *(pl* **belles-mères**) *nf (mère du conjoint)* sogra *f*; *(conjointe du père)* madrasta *f*.

belle-sœur [bɛlsœʀ] *(pl* **belles-sœurs**) *nf* cunhada *f*.

belote [bɔlɔt] *nf* bisca *f*.

bénéfice [benefis] *nm FIN* lucro *m*; *(avantage)* benefício *m*.

bénéficier [benefisje]
• **bénéficier de** *vp + prép* beneficiar-se com.

bénéfique [benefik] *adj* benéfico(ca).

bénévole

bénévole [benevɔl] *adj* benévolo(la).
bénin, igne [benɛ̃, iɲ] *adj* benigno(gna).
bénir [benir] *vt (foule)* abençoar; *(pain)* benzer.
bénite [benit] *adj f* → **eau**.
bénitier [benitje] *nm* pia *f* de água benta.
benne [bɛn] *nf* contentor *m*.
BEP *nm (abr de* brevet d'études professionnelles*) certificado de estudos profissionais.*
béquille [bekij] *nf MÉD* muleta *f*; *(de vélo, de moto)* descanso *m*.
berceau [bɛrso] *(pl* **-x***) nm (d'enfant)* berço *m*.
bercer [bɛrse] *vt (un enfant)* embalar.
berceuse [bɛrsøz] *nf (chanson)* cantiga *f* de ninar.
Bercy [bɛrsi] *n* • **(le palais omnisports de Paris-)Bercy** *ginásio poliesportivo e sala para concertos parisiense.*
béret [berɛ] *nm* boina *f*.
berge [bɛrʒ] *nf* margem *f*.
berger, ère [bɛrʒe, ɛr] *nm, f* pastor *m*, -ra *f* • **berger allemand** pastor alemão.
bergerie [bɛrʒəri] *nf* curral *m*.
berlingot [bɛrlɛ̃go] *nm (bonbon)* caramelo em forma de tetraedro; *(de lait, de Javel)* embalagem de plástico flexível, para pequenas doses de líquido.
bermuda [bɛrmyda] *nm* bermuda *f*.
berner [bɛrne] *vt* enganar.
besogne [bəzɔɲ] *nf* tarefa *f*.
besoin [bəzwɛ̃] *nm* necessidade *f* • **avoir besoin de qqch**

36

precisar de algo • **avoir besoin de faire qqch** precisar fazer algo • **faire ses besoins** fazer as necessidades.
bestiole [bɛstjɔl] *nf* inseto *m*, bicho *m* pequeno.
best-seller [bɛstselœr] *(pl* **best-sellers***) nm* best-seller *m*.
bétail [betaj] *nm* gado *m*.
bête [bɛt] ◇ *adj* parvo(va) ◇ *nf* besta *f*, animal *m*.
bêtement [bɛtmã] *adv* estupidamente.
bêtise [betiz] *nf (acte, parole)* besteira *f*.
béton [betõ] *nm* concreto *m*.
bette [bɛt] *nf* acelga *f*.
betterave [bɛtrav] *nf* beterraba *f*.
beurre [bœr] *nm* manteiga *f*.
beurrer [bœre] *vt (tartine)* cobrir com manteiga; *(plat)* untar.
biais [bjɛ] *nm* • **en biais** em viés • **par le biais de** por meio de.
bibande [bibɑ̃d] *adj* dual band.
bibelot [biblo] *nm* bibelô *m*.
biberon [bibrɔ̃] *nm* mamadeira *f* • **donner le biberon à** dar a mamadeira a.
Bible [bibl] *nf* • **la Bible** a Bíblia.
bibliothécaire [biblijɔtekɛr] *nm* bibliotecário *m*, -ria *f*.
bibliothèque [biblijɔtɛk] *nf* biblioteca *f*.
biceps [bisɛps] *nm* bíceps *m inv*.
biche [biʃ] *nf* corça *f*.
bicyclette [bisiklɛt] *nf* bicicleta *f*.
bidet [bidɛ] *nm* bidê *m*.

bidon [bidɔ̃] • *nm* botijão *m* • *adj inv* (*fam*) • **c'est du bidon** isso é uma treta.

bidonville [bidɔ̃vil] *nm* favela *f.*

bien [bjɛ̃] (**mieux** est le comparatif et le superlatif de **bien** [mjø]) • *adv* 1. (*de façon satisfaisante*) bem • **as-tu bien dormi?** você dormiu bem? 2. (*beaucoup, très*) muito • **une personne bien sympathique** uma pessoa bem simpática • **je me suis bien amusé pendant ces vacances** eu me diverti muito durante estas férias • **j'espère bien que...** espero muito que... • **c'est une bien triste histoire** é uma história bem triste • **bien mieux/plus** melhor/mais 3. (*au moins*) • **cela fait bien deux mois qu'il n'a pas plu** já não chove há bem uns dois meses 4. (*effectivement*) • **c'est bien ce qu'il me semblait** é bem o que me parecia • **c'est bien ce que je disais** é bem o que eu dizia • **mais oui, c'est bien lui!** sim sim, é ele mesmo! 5. (*dans des expressions*) • **bien des gens** muita gente • **il a bien de la chance** ele tem muita sorte • **(c'est) bien fait (pour toi) !** (foi) bem feito! • **nous ferions bien de réserver à l'avance** faríamos bem em reservar com antecedência • *adj inv* 1. (*devoir, travail*) bom(boa) 2. (*beau*) bonito(ta) 3. (*moralement*) • **c'est une fille bien** é uma moça honesta • **c'est bien, ce que tu as fait pour lui** é admirável o que você fez por ele • **j'ai trouvé son attitude très bien dans cette affaire** achei muito correta sua atitude neste caso 4. (*convenable*) • **ça fait bien** fica bem • **des gens bien** gente bem 5. (*en bonne santé, à l'aise*) bem • **être/se sentir bien** andar/sentir-se bem • *interj* muito bem! • *nm* bem *m* • **c'est pour ton bien** é para o seu bem • **dire du bien de** falar bem de • **faire du bien à qqn** fazer bem a alguém • **biens** *nm* (*richesse*) bens *mpl.*

bien-être [bjɛ̃nɛtʀ] *nm* bem-estar *m.*

bienfaisant, e [bjɛ̃fəzɑ̃, ɑ̃t] *adj* benéfico(ca).

bientôt [bjɛ̃to] *adv* daqui a pouco tempo, logo • **à bientôt!** até logo!

bienveillant, e [bjɛ̃vejɑ̃, ɑ̃t] *adj* benevolente.

bienvenu, e [bjɛ̃v(ə)ny] *adj* bem-vindo(da).

bienvenue [bjɛ̃v(ə)ny] *nf* • **bienvenue!** bem-vindo(da)! • **souhaiter la bienvenue à qqn** dar as boas-vindas a alguém.

bière [bjɛʀ] *nf* cerveja *f.*

bifteck [biftɛk] *nm* bife *m.*

bifurquer [bifyʀke] *vi* (*route*) bifurcar; (*voiture*) virar.

Bige® [biʒ] *adj inv* • **billet Bige** passagem de trem para estudantes que lhes permite circular pela Europa a um preço reduzido.

bigorneau

bigorneau [bigɔrno] (*pl* **-x**) *nm* caramujo *m*.

bigoudi [bigudi] *nm* rolo *m* para o cabelo.

bijou [biʒu] (*pl* **-x**) *nm* joia *f*; (*fig*) joia *f*.

bijouterie [biʒutri] *nf* joalheria *f*.

Bikini® [bikini] *nm* biquíni *m*.

bilan [bilã] *nm* balanço *m* • **faire le bilan (de)** fazer o balanço (de).

bilingue [bilɛ̃g] *adj* bilíngue.

billard [bijaʀ] *nm* bilhar *m*.

bille [bij] *nf (petite boule)* esfera *f*; *(pour jouer)* (bola de) gude *m*.

billet [bijɛ] *nm (de transport)* passagem *f*; *(de spectacle)* ingresso *m* • **billet (de banque)** nota *f* • **billet aller et retour** passagem de ida e volta.

billetterie [bijɛtri] *nf* bilheteria *f* • **billetterie automatique** *(de billets de train)* bilheteria automática; *(de billets de banque)* caixa *m* automático.

bimensuel, elle [bimãsɥɛl] *adj* bimensal.

biographie [bjɔgrafi] *nf* biografia *f*.

biologie [bjɔlɔʒi] *nf* biologia *f*.

biologique [bjɔlɔʒik] *adj* biológico(ca).

bioterrorisme [bjɔtɛrɔrism] *nm* bioterrorismo *m*.

bis [bis] *interj* bis! • *adv* bis • **6 bis** 6 b.

biscornu, e [biskɔrny] *adj (objet)* de forma irregular; *(idée)* estrambólico(ca).

biscotte [biskɔt] *nf* torrada *f*.

38

biscuit [biskɥi] *nm* biscoito *m*. • **biscuit salé** biscoito *m* aperitivo.

bise [biz] *nf (baiser)* beijo *m*; *(vent)* vento *m* norte • **faire une bise à qqn** dar um beijo em alguém • **grosses bises** *(dans une lettre)* muitos beijos.

bison [bizɔ̃] *nm* bisão *m* • **Bison Futé** *órgão de informação rodoviária*.

ⓘ BISON FUTÉ

Sistema criado em 1975 que visa facilitar as condições de tráfego nos dias de grande movimento, principalmente no início e no fim das épocas de férias. Indica os horários e os itinerários a evitar. Propõe estradas menos movimentadas, chamadas "itinerários bis", indicadas por setas verdes.

---

bisou [bizu] *nm (fam)* beijinho *m*.

bisque [bisk] *nf sopa espessa de crustáceos com creme de leite*.

bissextile [bisɛkstil] *adj* → **année**.

bistro(t) [bistro] *nm* bistrô *m*.

bitume [bitym] *nm* betume *m*.

bizarre [bizaʀ] *adj* bizarro(a).

blafard, e [blafaʀ, aʀd] *adj (visage)* lívido(da); *(lumière)* baço(ça).

blague [blag] *nf (histoire drôle)* anedota *f*; *(mensonge)* conver-

bloquer

sa f; *(farce)* peça f • **sans blague!** sério?
blaguer [blage] *vi* caçoar.
blâmer [blame] *vt* censurar.
blanc, blanche [blɑ̃, blɑ̃ʃ] • *adj* branco(ca); *(vierge)* em branco • *nm (couleur)* branco *m*; *(espace)* espaço *m* em branco; *(vin)* vinho *m* branco • **à blanc** *(chauffer)* até ficar branco; *(tirer)* com um tiro de pólvora seca • **blanc cassé** branco sujo • **blanc d'œuf** clara f de ovo • **blanc de poulet** peito *m* de frango • **Blanc, Blanche** *nm,f* branco *m*, -ca *f*.
blancheur [blɑ̃ʃœR] *nf* brancura f.
blanchir [blɑ̃ʃiR] • *vt (mur)* caiar; *(linge, argent)* lavar • *vi (cheveux)* embranquecer.
blanchisserie [blɑ̃ʃisRi] *nf* lavanderia *f*.
blanquette [blɑ̃kɛt] *nf (plat)* ensopado de vitela, cordeiro ou frango com molho de vinho branco; *(vin)* vinho branco espumante • **blanquette de veau** ensopado de vitela com molho de vinho branco.
blasé, e [blaze] *adj* entediado(da).
blazer [blazɛR] *nm* blazer *m*.
blé [ble] *nm* trigo *m* • **blé d'Inde** *(Can)* milho *m*.
blême [blɛm] *adj* macilento(ta).
blessant, e [blɛsɑ̃, ɑ̃t] *adj* que magoa.
blessé, e [blese] *nm,f* ferido *m*, -da *f*.
blesser [blese] *vt (physiquement)* ferir, machucar; *(vexer)* magoar ♦ **se blesser** *vp* magoar-se • **se blesser à la main** machucar a mão.
blessure [blesyR] *nf* ferida *f*, machucado *m*.
blette [blɛt] = **bette**.
bleu, e [blø] • *adj* azul; *(steak)* malpassado(da) • *nm (couleur)* azul *m*; *(hématome)* mancha *f* roxa • **bleu (d'Auvergne)** queijo da região de Auvergne que apresenta raias azuladas de mofo em sua massa • **bleu ciel** azul-celeste • **bleu marine** azul-marinho • **bleu de travail** macacão *m*.
bleuet [bløɛ] *nm* centáurea-azul *f*; *(Can)* murtinho *m*.
blindé, e [blɛ̃de] *adj* blindado(da).
blizzard [blizaR] *nm* blizar *m* vento glacial acompanhado de tempestades de neve.
bloc [blɔk] *nm* bloco *m* • **à bloc** ao máximo • **en bloc** *(acheter)* por atacado; *(nier)* totalmente.
blocage [blɔkaʒ] *nm (des prix, des salaires)* congelamento *m*; *(psychologique)* bloqueio *m*.
bloc-notes [blɔknɔt] *(pl* **blocs-notes)** *nm* bloco *m* de notas.
blocus [blɔkys] *nm* bloqueio *m*.
blond, e [blɔ̃, blɔ̃d] *adj* louro(ra).
blonde [blɔ̃d] *nf* cigarro de tabaco claro; *(bière)* **blonde** cerveja *f* clara.
bloquer [blɔke] *vt* bloquear; *(prix, salaires)* congelar.

blottir

blottir [blɔtiʀ] ♦ **se blottir** vp encolher-se.
blouse [bluz] nf (d'élève, de médecin) bata f.
blouson [bluzɔ̃] nm blusão m.
blues [bluz] nm blues m inv.
bob [bɔb] nm chapéu m de pano.
bobine [bɔbin] nf (de fil) carretel m; (de film) bobina f.
bobo [bobo] nm (langage enfantin) dodói m.
bobsleigh [bɔbslɛg] nm bobsleigh m.
bocal, aux [bɔkal, o] (pl **-aux**) nm (de conserves) frasco m; (à poissons) aquário m.
body [bɔdi] nm body m.
body-building [bɔdibildiŋ] nm fisiculturismo m.
bœuf [bœf] (pl **-s**) nm (animal) boi m; CULIN carne f de vaca
• **bœuf bourguignon** cozido de carne de vaca preparado com vinho tinto e cebolas.
bof [bɔf] interj puf!
bohémien, enne [bɔemjɛ̃, ɛn] nm cigano m, -na f.
boire [bwaʀ] vt (avaler) beber; (absorber) absorver ♦ vi beber
• **boire un coup** beber algo.
bois [bwa] ♦ nm (matière) madeira f; (de chauffage) lenha f; (forêt) bosque m ♦ nm (d'un cerf) galhada f.
boisé, e [bwaze] adj arborizado(da).
boiseries [bwazʀi] nf revestimento m de madeira.
boisson [bwasɔ̃] nf bebida f
• **la boisson** (alcool) o álcool.

40

boîte [bwat] nf caixa f • **boîte d'allumettes** caixa de fósforos • **boîte de conserve** lata f de conserva • **boîte aux lettres** caixa do correio • **boîte (de nuit)** boate f • **boîte à outils** caixa de ferramentas • **boîte postale** caixa postal • **boîte de vitesses** caixa de câmbio.
boiter [bwate] vi coxear.
boiteux, euse [bwatø, øz] adj coxo(xa).
boîtier [bwatje] nm (de montre, de cassette) caixa f; (d'appareil photo) corpo m.
bol [bɔl] nm tigela f.
bolide [bɔlid] nm bólide m.
bombardement [bɔ̃baʀdəmɑ̃] nm bombardeio m.
bombarder [bɔ̃baʀde] vt bombardear • **bombarder qqn de questions** bombardear alguém com perguntas.
bombe [bɔ̃b] nf (arme) bomba f; (vaporisateur) spray m • **bombe atomique** bomba atômica.
bomber [bɔ̃bœʀ] nm casaco m de aviador.
bon, bonne [bɔ̃, bɔn] (meilleur est le comparatif et le superlatif de **bon** [mɛjœʀ]) ♦ adj **1.** (gén) bom(boa) • **nous avons passé de très bonnes vacances** passamos umas férias muito boas • **connais-tu un bon garagiste dans les environs?** você conhece um bom mecânico nos arredores? • **être bon en qqch** ser bom em algo • **c'est bon pour la santé** é bom para

botanique

a saúde • **il n'est bon à rien** ele não presta para nada • **c'est bon à savoir** é bom saber • **ta carte d'autobus n'est plus bonne** o seu passe de ônibus já não é válido • **bonne année!** bom ano! • **bonnes vacances!** boas férias! 2. *(correct)* certo(certa) • **est-ce le bon numéro?** é o número certo? 3. *(en intensif)* e tanto • **ça fait une bonne heure** faz uma hora e tanto • **ça fait deux bons kilos** pesa dois quilos e tanto 4. *(dans des expressions)* bem! *(d'accord)* está bem!; *(pour conclure)* bem! • **ah bon?** é? • **c'est bon!** *(soit)* está bem! • **pour de bon** de vez • *adv* • **il fait bon** faz bom tempo • **sentir bon** cheirar bem • **tenir bon** resistir • *nm (formulaire)* cupom *m*; *(en cadeau)* vale *m* • **bon de commande** ordem *f* de encomenda • **bon de livraison** nota *f* de entrega.

bonbon [bɔ̃bɔ̃] *nm* bala *f.*

bond [bɔ̃] *nm* salto *m.*

bondé, e [bɔ̃de] *adj* lotado(da).

bondir [bɔ̃diʀ] *vi (sauter)* saltar; *(fig) (réagir)* pular.

bonheur [bɔnœʀ] *nm (état)* felicidade *f*; *(chance, plaisir)* alegria *f.*

bonhomme [bɔnɔm] (*pl* **bonshommes**) *nm (fam) (homme)* homenzinho *m*; *(silhouette)* boneco *m* • **bonhomme de neige** boneco *m* de neve.

bonjour [bɔ̃ʒuʀ] *interj* bom dia! • **dire bonjour à qqn** cumprimentar alguém.

bonne ♦ *adj→* **bon** ♦ *nf* criada *f.*

bonnet [bɔnɛ] *nm* gorro *m* • **bonnet de bain** touca *f* de banho.

bonsoir [bɔ̃swaʀ] *interj* boa noite! • **dire bonsoir à qqn** dizer boa-noite a alguém.

bonté [bɔ̃te] *nf* bondade *f.*

booléen, ne [buleɛ̃, ɛn] *adj* booleano (operador).

bord [bɔʀ] *nm* borda *f* • **à bord (de)** a bordo (de) • **au bord (de)** à beira de • **au bord de la mer** à beira-mar.

bordelaise [bɔʀdəlɛz] *adj f→* **entrecôte**.

border [bɔʀde] *vt (longer)* ladear; *(enfant)* ajeitar a roupa de • **bordé de** ladeado de.

bordure [bɔʀdyʀ] *nf (bord)* rebordo *m*; *(liséré)* orla *f* • **en bordure de** na orla de.

borgne [bɔʀɲ] *adj* zarolho(lha).

borne [bɔʀn] *nf* marco *m* • **dépasser les bornes** *(fig)* passar dos limites.

borné, e [bɔʀne] *adj* tacanho(nha).

bosquet [bɔskɛ] *nm* pequeno bosque *m.*

bosse [bɔs] *nf (saillie)* bossa *f*; *(au front)* galo *m*; *(sur le dos)* corcunda *f.*

bossu, e [bɔsy] *adj* corcunda.

botanique [bɔtanik] ♦ *adj* botânico(ca) • *nf* botânica *f.*

botte [bɔt] *nf (chaussure)* bota *f*; *(de légumes)* maço *m*; *(de foin)* feixe *m*.

Bottin® [bɔtɛ̃] *nm* lista *f* telefônica.

bottine [bɔtin] *nf* botina *f*.

bouc [buk] *nm (animal)* bode *m*; *(barbe)* barbicha *f*.

bouche [buʃ] *nf* boca *f* • **bouche d'égout** boca de esgoto • **bouche de métro** entrada *f* de metrô.

bouchée [buʃe] *nf (morceau)* bocado *m*; *(au chocolat)* bombom de chocolate recheado • **bouchée à la reine** vol-au-vent recheado com carne branca.

boucher¹ [buʃe] *vt* tapar; *(évier)* entupir; *(passage)* bloquear.

boucher², ère [buʃe, ɛʀ] *nm* açougueiro *m*, -ra *f*.

boucherie [buʃʀi] *nf* açougue *m*.

bouchon [buʃɔ̃] *nm (de bouteille)* rolha *f*; *(embouteillage)* engarrafamento *m*; *(de pêche)* boia *f*.

boucle [bukl] *nf (de cheveux)* caracol *m*; *(de fil)* volta *f*; *(de ceinture)* fivela *f*; *(circuit)* curva *f* fechada • **boucle d'oreille** brinco *m*.

bouclé, e [bukle] *adj* encaracolado(da).

boucler [bukle] • *vt (valise)* fechar; *(ceinture)* apertar; *(fam) (enfermer)* trancar • *vi (cheveux)* encaracolar.

bouclier [buklije] *nm* escudo *m*.

bouddhiste [budist] *adj & nm* budista.

bouder [bude] *vi* amuar.

boudin [budɛ̃] *nm (objet)* rolo *m* • **boudin blanc** morcela com carne branca, servida sobretudo no Natal • **boudin noir** morcela *f*.

boue [bu] *nf* lama *f*.

bouée [bwe] *nf* boia *f* • **bouée de sauvetage** boia salva-vidas.

boueux, euse [buø, øz] *adj* enlameado(da), barrento(ta).

bouffant, e [bufɑ̃, ɑ̃t] *adj (manches)* bufante.

bouffe [buf] *nf (fam)* rango *m*.

bouffée [bufe] *nf (d'air)* lufada *f*; *(de tabac)* baforada *f* • **avoir des bouffées de chaleur** ter ondas de calor • **avoir une bouffée d'angoisse** ter uma crise de angústia.

bouffi, e [bufi] *adj* inchado(da).

bougeotte [buʒɔt] *nf* • **avoir la bougeotte** *(fam)* ter bichocarpinteiro.

bouger [buʒe] • *vt* mexer • *vi (remuer, agir)* mexer-se; *(changer)* mudar.

bougie [buʒi] *nf* vela *f*.

bouillabaisse [bujabɛs] *nf* ≃ caldeirada *f* de peixe.

bouillant, e [bujɑ̃, ɑ̃t] *adj* fervente.

bouillie [buji] *nf (pour bébé)* papa *f*; *(pâte)* papa *f*.

bouillir [bujiʀ] *vi (liquide)* ferver; *(aliment)* cozinhar; *(fig) (personne)* estar fervendo.

bouilloire [bujwaʀ] *nf* chaleira *f.*
bouillon [bujɔ̃] *nm* caldo *m.*
bouillonner [bujɔne] *vi* borbulhar.
bouillotte [bujɔt] *nf* bolsa *f* de água quente.
boulanger, ère [bulɑ̃ʒe, ɛʀ] *nm* padeiro *m,* -ra *f.*
boulangerie [bulɑ̃ʒʀi] *nf* padaria *f.*
boule [bul] *nf* bola *f;* • **boule de Bâle** (Helv) salsichão servido com molho vinagrete • **jouer aux boules** = jogar bocha • **boules** *nfp* • **avoir les boules** *(fam)* estar irritado, enervado, estar farto.
bouledogue [buldɔg] *nm* buldogue *m.*
boulet [bulɛ] *nm* bala *f.*
boulette [bulɛt] *nf* bolinha *f* • **boulette de viande** almôndega *f.*
boulevard [bulvaʀ] *nm* alameda *f* • **les grands boulevards** *alamedas parisienses que vão da praça da Madeleine à République.*
bouleversement [bulvɛʀsəmɑ̃] *nm* reviravolta *f;* (*émotion*) transtorno *m.*
bouleverser [bulvɛʀse] *vt* transtornar.
boulon [bulɔ̃] *nm* parafuso *m.*
boulot [bulo] *nm* (*fam*) trampo *m.*
boum [bum] *nf* (*fam*) festa *f* surpresa.
bouquet [bukɛ] *nm* **1.** (*de fleurs*) buquê *m;* (*crevette*) camarão *m;* (*d'un vin*) aroma *f* **2.**

• **bouquet numérique** *TV* pacote digital.
bouquin [bukɛ̃] *nm* (*fam*) livro *m.*
bourbeux, euse [buʀbø, øz] *adj* pantanoso(osa).
bourdon [buʀdɔ̃] *nm* zangão *m.*
bourdonner [buʀdɔne] *vi* zumbir.
bourgeois, e [buʀʒwa, az] *adj & nm* burguês(esa).
bourgeoisie [buʀʒwazi] *nf* burguesia *f.*
bourgeon [buʀʒɔ̃] *nm* rebento *m.*
bourgeonner [buʀʒɔne] *vi* brotar.
Bourgogne [buʀgɔɲ] *nf* • **la Bourgogne** a Borgonha.
bourguignon, onne [buʀɡiɲɔ̃, ɔn] *adj* • **bœuf, fondue.**
bourrasque [buʀask] *nf* borrasca *f.*
bourratif, ive [buʀatif, iv] *adj* pesado(da).
bourré, e [buʀe] *adj* (*plein*) cheio(cheia); (*vulg*) (*ivre*) alto(ta) • **bourré de** cheio de.
bourreau [buʀo] (*pl* **-x**) *nm* carrasco *m.*
bourrelet [buʀlɛ] *nm* (*isolant*) fita *f* adesiva isolante; (*de graisse*) pneu *m.*
bourru, e [buʀy] *adj* carrancudo(da).
bourse [buʀs] *nf* bolsa *f* • **la Bourse** a Bolsa.
boursier, ère [buʀsje, ɛʀ] *adj* (*étudiant, transaction*) bolsista.
boursouflé, e [buʀsufle] *adj* inchado(da).

bousculade

bousculade [buskylad] *nf* empurrão *m*.
bousculer [buskyle] *vt (heurter)* empurrar; *(fig) (presser)* apressar.
boussole [busɔl] *nf* bússola *f*.
bout [bu] *nm (des doigts, d'un objet)* ponta *f*; *(de la rue, du couloir)* fim *m*; *(morceau)* pedaço *m* • **au bout de** *(dans l'espace)* no fundo de; *(à la fin de)* ao fim de; *(après)* depois de • **être à bout** não aguentar mais.
boute-en-train [butãtʀɛ̃] *nm inv* animador *m*, -ra *f*.
bouteille [butej] *nf* garrafa *f* • **bouteille de gaz** botijão de gás • **bouteille d'oxygène** cilindro de oxigênio.
boutique [butik] *nf* loja *f* • **boutique franche** OU **hors taxes** free shop *m*.
bouton [butɔ̃] *nm* botão *m*; *(sur la peau)* espinha *f*.
bouton-d'or [butɔ̃dɔʀ] *(pl* **boutons-d'or)** *nm* botão-de-ouro *m*.
boutonner [butɔne] *vt* abotoar.
boutonnière [butɔnjɛʀ] *nf* casa *f* do botão.
bowling [bulin] *nm* bowling *m*.
box [bɔks] *nm inv (garage)* boxe *m* privado; *(d'écurie)* coxia *f*.
boxe [bɔks] *nf* boxe *m*, pugilismo *m*.
boxer [bɔksɛʀ] *nm* boxer *m*.
boxeur [bɔksœʀ] *nm* pugilista *m*, boxeador *m*.
boyau [bwajo] *(pl* **-x)** *nm (de roue)* câmara de ar *f* • **boyaux** *nm* ANAT tripas *fpl*.

44

boycotter [bɔjkɔte] *vt* boicotar.
BP *(abr de* **boîte postale)** caixa *f* postal.
bracelet [bʀaslɛ] *nm (bijou)* pulseira *f*, *(de montre)* pulseira *f*.
bracelet-montre [bʀaslɛmɔ̃tʀ] *(pl* **bracelets-montres)** *nm* relógio *m* de pulso.
braconnier [bʀakɔnje] *nm* **1.** caçador *m* furtivo **2.** pescador *m* furtivo.
brader [bʀade] *vt* liquidar • **on brade** liquidação total.
braderie [bʀadʀi] *nf* liquidação *f*.
braguette [bʀagɛt] *nf* braguilha *f*.
braille [bʀaj] *nm* braille *m*.
brailler [bʀaje] *vi (fam)* berrar.
braise [bʀɛz] *nf* brasa *f*.
brancard [bʀɑ̃kaʀ] *nm* maca *f*.
branchages [bʀɑ̃ʃaʒ] *nm* ramagem *f*.
branche [bʀɑ̃ʃ] *nf* ramo *m*, *(de lunettes)* haste *f*.
branchement [bʀɑ̃ʃmɑ̃] *nm* conexão *f*.
brancher [bʀɑ̃ʃe] *vt* ligar *(à corrente)*.
brandade [bʀɑ̃dad] *nf* • **brandade (de morue)** bacalhau desfiado, com alho, creme de leite ou leite.
brandir [bʀɑ̃diʀ] *vt* agitar.
branlant, e [bʀɑ̃lɑ̃, ɑ̃t] *adj* oscilante.
braquer [bʀake] • *vi (automobiliste)* virar tudo • *vt (diriger)* apontar • **braquer qqch sur** apontar algo a • **se braquer** *vp* obstinar-se.

bras [bra] *nm* braço *m* • **bras de mer** braço de mar.
brassard [brasar] *nm* braçadeira *f*.
brasse [bras] *nf* bruços *mpl*.
brasser [brase] *vt* (*remuer*) misturar; (*bière*) fabricar; (*affaires, argent*) lidar com.
brasserie [brasri] *nf* cervejaria *f*.
brassière [brasjɛr] *nf* (*pour bébé*) camisinha de mangas longas para bebê; (*Can*) (*soutien-gorge*) sutiã *m*.
brave [brav] *adj* valente • **il est brave** é boa pessoa.
bravo [bravo] *interj* bravo!
bravoure [bravur] *nf* valentia *f*.
break [brɛk] *nm* **1.** break *m* (*automóvel*) **2.** (*fam*) pausa *f* **3.** *ESP* break *m*.
brebis [brəbi] *nf* ovelha *f*.
brèche [brɛʃ] *nf* brecha *f*.
bredouiller [brəduje] *vi* gaguejar.
bref, brève [brɛf, brɛv] • *adj* breve • *adv* enfim.
Brésil [brezil] *nm* • **le Brésil** o Brasil.
brésilien, enne [breziljɛ̃, ɛn] *adj* brasileiro(ra) ◆ **Brésilien, enne** *nm* brasileiro *m*, -ra *f*.
Bretagne [brətaɲ] *nf* • **la Bretagne** a Bretanha.
bretelle [brətɛl] *nf* (*de vêtement*) alça *f*; (*d'autoroute*) ramal *m* de acesso ◆ **bretelles** *nfpl* suspensórios *mpl*.
breton, onne [brətɔ̃, ɔn] • *adj* bretão(ã) • *nm* (*langue*) bretão *m* ◆ **Breton, onne** *nm* bretão *m*, -ã *f*.

brève → **bref**.
brevet [brəvɛ] *nm* (*diplôme*) diploma *m*; (*de pilote*) brevê *m*; (*d'invention*) patente *f*.
bribes [brib] *nfpl* (*de conversation*) fragmentos *mpl*.
bricolage [brikɔlaʒ] *nm* bricolagem *f* • **faire du bricolage** fazer bricolagem.
bricole [brikɔl] *nf* coisinha *f*.
bricoler [brikɔle] • *vt* reparar • *vi* fazer pequenos consertos.
bricoleur, euse [brikɔlœr, øz] *nm* amador *m*, -ra *f* de bricolagem.
bride [brid] *nf* rédea *f*.
bridé, e [bride] *adj* • **avoir les yeux bridés** ter os olhos puxados.
bridge [bridʒ] *nm* (*jeu*) bridge *m*; (*appareil dentaire*) ponte *f* fixa.
brie [bri] *nm* queijo *m* Brie.
brièvement [brijɛvmɑ̃] *adv* sucintamente, em poucas palavras.
brigade [brigad] *nf* brigada *f*.
brigand [brigɑ̃] *nm* bandido *m*, -da *f*.
brillamment [brijamɑ̃] *adv* brilhantemente.
brillant, e [brijɑ̃, ɑ̃t] • *adj* brilhante • *nm* (*diamant*) brilhante *m*.
briller [brije] *vi* brilhar.
brimer [brime] *vt* (*personne*) reprimir.
brin [brɛ̃] *nm* (*de laine*) fio *m* • **brin d'herbe** folha *f* de grama • **brin de muguet** raminho *m* de lírios-do-vale.
brindille [brɛ̃dij] *nf* graveto *m*.
brioche [brijɔʃ] *nf* brioche *m*.

brique

brique [bʀik] *nf (d'argile)* tijolo *m*; *(de lait, de jus de fruit)* pacote *m*.
briquer [bʀike] *vt (fam)* esfregar.
briquet [bʀikɛ] *nm* isqueiro *m*.
brise [bʀiz] *nf* brisa *f*.
briser [bʀize] *vt* quebrar.
britannique [bʀitanik] *adj* britânico(ca) ◆ **Britannique** *nmf* britânico *m*, -ca *f*.
brocante [bʀɔkɑ̃t] *nf* loja *f* de antiguidades.
brocanteur [bʀɔkɑ̃tœʀ] *nm* antiquário *m*.
broche [bʀɔʃ] *nf (bijou)* broche *m*; CULIN espeto *m*.
brochet [bʀɔʃɛ] *nm* lúcio *m*.
brochette [bʀɔʃɛt] *nf (plat)* espetinho *m*.
brochure [bʀɔʃyʀ] *nf* brochura *f*.
brocoli [bʀɔkɔli] *nm* brócolis *mpl*.
broder [bʀɔde] *vt* bordar.
broderie [bʀɔdʀi] *nf* bordado *m*.
bronches [bʀɔ̃ʃ] *nfpl* brônquios *mpl*.
bronchite [bʀɔ̃ʃit] *nf* bronquite *f*.
bronzage [bʀɔ̃zaʒ] *nm* bronzeamento *m*, bronzeado *m*.
bronze [bʀɔ̃z] *nm* bronze *m*.
bronzer [bʀɔ̃ze] *vi* bronzear ◆ **se faire bronzer** bronzear-se.
brosse [bʀɔs] *nf (pour nettoyer)* escova *f* ◆ **en brosse** à escovinha ◆ **brosse à cheveux** escova de cabelo ◆ **brosse à dents** escova de dentes.

brosser [bʀɔse] *vt* escovar ◆ **se brosser les dents** escovar os dentes.
brouette [bʀuɛt] *nf* carro *m* de mão.
brouhaha [bʀuaa] *nm* zumzum *m*.
brouillard [bʀujaʀ] *nm* nevoeiro *m*.
brouillé [bʀuje] *adj m* → **œuf**.
brouiller [bʀuje] *vt (idées)* embaralhar; *(liquide, vue)* turvar ◆ **se brouiller** *vp (se fâcher)* zangar-se; *(idées)* ficar embaralhado(da); *(vue)* turvar-se.
brouillon [bʀujɔ̃] *nm* rascunho *m*.
broussailles [bʀusaj] *nfpl* mato *m*.
brousse [bʀus] *nf* mato *m*.
brouter [bʀute] *vt* pastar.
broyer [bʀwaje] *vt* moer.
brucelles [bʀysɛl] *nf (Helv)* pinça *f*.
brugnon [bʀyɲɔ̃] *nm* nectarina *f*.
bruine [bʀɥin] *nf* garoa *f*.
bruit [bʀɥi] *nm (son)* ruído *m*; *(vacarme)* barulho *m* ◆ **faire du bruit** fazer barulho.
brûlant, e [bʀylɑ̃, ɑ̃t] *adj (liquide)* escaldante; *(aliment)* fervente; *(soleil)* escaldante.
brûlé [bʀyle] *nm* ◆ **ça sent le brûlé** cheira a queimado.
brûle-pourpoint [bʀylpuʀpwɛ̃] *adv* de chofre, à queimaroupa.
brûler [bʀyle] ◆ *vt (carboniser)* queimar; *(irriter)* queimar ◆ *vi (flamber)* arder; *(chauffer)* queimar ◆ **brûler un feu rouge** pas-

burlesque

sar com o sinal vermelho • **se brûler** vp queimar-se • **se brûler la main** queimar a mão.

brûlure [bʀylyʀ] nf (blessure) queimadura f; (sensation) ardor m • **brûlures d'estomac** azia f.

brume [bʀym] nf bruma f.

brumeux, euse [bʀymø, øz] adj nebuloso(osa).

brun, e [bʀɶ̃, bʀyn] adj (personne) moreno(na); (cheveux) castanho(nha); (tabac) escuro(ra).

brune [bʀyn] nf cigarro m de tabaco escuro • **(bière) brune** cerveja f preta.

Brushing® [bʀœʃiŋ] nm fazer escova.

brusque [bʀysk] adj brusco(ca).

brut, e [bʀyt] adj bruto(ta); (cidre, champagne) seco(ca).

brutal, e, aux [bʀytal, o] adj brutal; (personne) bruto(ta).

brutaliser [bʀytalize] vt brutalizar.

brute [bʀyt] nf bruto m, -ta f.

Bruxelles [bʀy(k)sɛl] nom Bruxelas.

bruyant, e [bʀɥijã, ãt] adj barulhento(ta); (moteur) ruidoso(osa).

bruyère [bʀɥjɛʀ] nf urze f.

BTS nm (abr de brevet de technicien supérieur) diploma de técnico superior.

bu, e [by] pp → **boire**.

buanderie [bɥɑ̃dʀi] nf (Can) lavanderia f.

bûche [byʃ] nf cavaca f • **bûche de Noël** tronco m de Natal.

bûcheron [byʃʀɔ̃] nm lenhador m.

budget [bydʒɛ] nm orçamento m.

buée [bɥe] nf vapor m de água.

buffet [byfɛ] nm (meuble) aparador m; (repas) bufê m; (de gare) cafeteria f • **buffet froid** bufê de pratos frios.

building [bildiŋ] nm arranha-céu m.

buisson [bɥisɔ̃] nm arvoredo m.

buissonnière [bɥisɔnjɛʀ] adj f → **école**.

Bulgarie [bylgaʀi] nf • **la Bulgarie** a Bulgária.

bulldozer [byldozɛʀ] nm bulldozer m.

bulle [byl] nf **1.** (de gaz) bolha f; (de savon) bola f • **faire des bulles** (avec un chewing-gum) fazer bolas; (de savon) fazer bolas de sabão **2.** INFORM • **bulle d'aide** caixa f de ajuda.

bulletin [byltɛ̃] nm (papier) impresso m; (d'informations) boletim m; EDUC caderneta f escolar • **bulletin météorologique** boletim meteorológico • **bulletin de salaire** contracheque m, holerite m • **bulletin de vote** cédula f.

bungalow [bɶ̃galo] nm bangalô m.

bureau [byʀo] nm escritório m; (meuble) escrivaninha f • **bureau de change** casa f de câmbio • **bureau de poste** agência f de correios • **bureau de tabac** tabacaria f.

burlesque [byʀlɛsk] adj burlesco(ca).

bus

bus [bys] *nm* ônibus *m (em cidade)*.
buste [byst] *nm (partie du corps)* tronco *m; (statue)* busto *m*.
but [byt] *nm (intention)* objetivo *m; (destination)* fim *m*, ESP *(point)* gol *m* • **les buts** ESP *(zone)* as balizas • **dans le but de** com o objetivo de.
butane [bytan] *nm* gás *m* butano.
buté, e [byte] *adj* obstinado(da).
buter [byte] *vi* • **buter sur** ou **contre** *(objet)* tropeçar em; *(difficulté)* deparar com ◆ **se buter** *vp* obstinar-se.
butin [bytɛ̃] *nm* espólio *m*.
butte [byt] *nf* outeiro *m*.
buvard [byvaʀ] *nm* mata-borrão *m*.
buvette [byvɛt] *nf* bar *m*.

C

c' → **ce**.
ça [sa] *pron (pour désigner)* isto; *(objet lointain)* isso • **ça n'est pas facile** isso não é fácil • **ça va?** – **ça va!** tudo bem? – tudo bem! • **comment ça?** como assim? • **c'est ça** é isso mesmo.
cabane [kaban] *nf* cabana *f*.
cabaret [kabaʀɛ] *nm* cabaré *m*.
cabillaud [kabijo] *nm* bacalhau *m* fresco.

cabine [kabin] *nf (de bateau)* camarote *m; (de téléphérique)* cabine *f; (sur la plage)* barraca *f* • **cabine de douche** cabine de ducha • **cabine d'essayage** cabine de provas • **cabine (de pilotage)** cabine (de pilotagem) • **cabine (téléphonique)** cabine (telefônica).
cabinet [kabinɛ] *nm (d'avocat)* escritório *m, (de médecin)* consultório *m* • **cabinet de toilette** banheiro *m* • **cabinets** *nmpl* privada *f*.
câble [kabl] *nm* cabo *m* • **(télévision par) câble** televisão a cabo.
cabosser [kabɔse] *vt* deformar.
cabriole [kabʀijɔl] *nf* cambalhota *f*.
caca [kaka] *nm* • **faire caca** *(fam)* fazer cocô.
cacah(o)uète [kakawɛt] *nf* amendoim *m*.
cacao [kakao] *nm* cacau *m*.
cache-cache [kaʃkaʃ] *nm inv* • **jouer à cache-cache** brincar de esconde-esconde.
cachemire [kaʃmiʀ] *nm* caxemira *f*.
cache-nez [kaʃne] *nm inv* echarpe *f*.
cacher [kaʃe] *vt* esconder; *(vue, soleil)* tapar ◆ **se cacher** *vp* esconder-se.
cachet [kaʃɛ] *nm (comprimé)* comprimido *m*, *(tampon)* carimbo *m*, *(allure)* estilo *m*.
cachette [kaʃɛt] *nf* esconderijo *m* • **en cachette** às escondidas.
cachot [kaʃo] *nm* masmorra *f*.

cacophonie [kakɔfɔni] *nf* cacofonia *f.*

cactus [kaktys] *nm* cacto *m.*

cadavre [kadavʀ] *nm* cadáver *m* • **un cadavre d'animal** um animal morto.

Caddie® [kadi] *nm* carrinho *m* (de supermercado).

cadeau [kado] (*pl* **-x**) *nm* presente *m* • **faire un cadeau à qqn** dar um presente a alguém • **faire cadeau de qqch à qqn** presentear alguém com algo.

cadenas [kadna] *nm* cadeado *m.*

cadence [kadɑ̃s] *nf* cadência *f* • **en cadence** cadenciadamente.

cadet, ette [kadɛ, ɛt] • *adj* mais novo(mais nova) • *nm* caçula *mf.*

cadran [kadʀɑ̃] *nm* (*de montre, de tableau de bord*) mostrador *m* • **cadran solaire** relógio *m* de sol.

cadre [kadʀ] *nm* (*bordure*) moldura *f,* caixilho *m*; (*tableau*) quadro *m*; (*décor*) ambiente *m*; (*d'une entreprise*) executivo *m,* -va *f*; (*de bicicleta*) quadro *m* (de bicicleta) • **dans le cadre de** (*fig*) no âmbito de.

cafard [kafaʀ] *nm* barata *f* • **avoir le cafard** (*fam*) estar na fossa.

café [kafe] *nm* café *m* • **café crème** ou **au lait** café com leite • **café épicé** (*Helv*) café com cravo e canela • **café liégeois** sorvete de café com chantilly (ou chantili).

> ### ⓘ CAFÉ
>
> Estabelecimento público que dá geralmente para a rua, com terraços ou amplas vidraças, em que são servidas bebidas, sanduíches e refeições rápidas. Alguns cafés – sobretudo em Paris – estiveram estreitamente ligados à vida política, cultural ou literária de uma determinada época. Nesses bares o café é consumido de diversas maneiras. Existe, por exemplo, o "café-crème", ao qual se adiciona leite quente; o "café noisette", ligeiramente misturado com leite, e o "express", ou "expresso", mais forte, que só se bebe em xícaras pequenas. No café da manhã serve-se tradicionalmente um "grand crème", normalmente chamado "café au lait", acompanhado de pão com manteiga ou de croissants.

cafétéria [kafeteʀja] *nf* cafeteria *f.*

café-théâtre [kafeteatʀ] (*pl* **cafés-théâtres**) *nm* café-teatro *m.*

cafetière [kaftjɛʀ] *nf* cafeteira *f.*

cage

cage [kaʒ] nf (à oiseau) gaiola f; (aux fauves) jaula f; ESP baliza f • **cage d'escalier** vão m da escada.
cagoule [kagul] nf (d'enfant) gorro m; (de gangster) passa-montanhas m inv • **porter une cagoule** estar embuçado(da).
cahier [kaje] nm caderno m • **cahier de brouillon** caderno de rascunho • **cahier de textes** caderno onde os alunos da escola primária anotam os trabalhos de casa.
caille [kaj] nf codorniz f.
cailler [kaje] vi (lait) coalhar; (sang) coagular.
caillot [kajo] nm coágulo m.
caillou, x [kaju] (pl -**x**) nm pedra f.
caisse [kɛs] nf caixa f • **caisse (enregistreuse)** caixa (registradora) • **caisse d'épargne** caderneta f de poupança • **caisse rapide** caixa-rápido m.
caissier, ère [kesje, ɛʀ] nm, f caixa mf.
cajou [kaʒu] nm → **noix**.
cake [kɛk] nm bolo m inglês.
calamar nm lula f.
calcaire [kalkɛʀ] • nm calcário m • adj calcário(ria).
calciné, e [kalsine] adj calcinado(da).
calcium [kalsjɔm] nm cálcio m.
calcul [kalkyl] nm cálculo m; MÉD cálculo m • **calcul mental** cálculo mental.
calculer [kalkyle] vt calcular.
cale [kal] nm calço m.
calé, e [kale] adj (fam) (doué) bom(boa) • **il est très calé** é um sabichão.

caleçon [kalsɔ̃] nm (sous-vêtement) cueca f samba-canção; (pantalon) legging m.
calembour [kalɑ̃buʀ] nm trocadilho m.
calendrier [kalɑ̃dʀije] nm calendário m.
cale-pied [kalpje] (pl **cale-pieds**) nm (vélo) encaixe m do pé.
caler [kale] • vt (stabiliser) calçar • vi (voiture, moteur) parar; (fam) (à table) estar cheio (cheia).
califourchon [kalifuʀʃɔ̃] prép a cavalo em.
câlin [kalɛ̃] nm carinho m • **faire un câlin à qqn** fazer carinho em alguém.
calmant [kalmɑ̃] nm calmante m.
calmars [kalmaʀ] = **calamars**.
calme [kalm] • adj calmo(ma) • nm calma f • **du calme!** calma!
calmer [kalme] vt (douleur) aliviar; (personne) acalmar ◆ **se calmer** vp (personne) acalmar-se; (tempête) amainar; (douleur) aliviar.
calorie [kalɔʀi] nf caloria f.
calque [kalk] nm • **(papier-calque)** papel m vegetal.
calvados [kalvados] nm aguardente f de maçã.
camarade [kamaʀad] nmf colega mf • **camarade de classe** colega de turma.
cambouis [kɑ̃bwi] nm óleo escurecido pelo uso prolongado em máquinas e motores.
cambré, e [kɑ̃bʀe] adj arqueado(da).

cambriolage [kɑ̃bʀijɔlaʒ] *nm* assalto *m*.
cambrioler [kɑ̃bʀijɔle] *vt* assaltar.
cambrioleur [kɑ̃bʀijɔlœʀ] *nm* assaltante *m*.
camembert [kamɑ̃bɛʀ] *nm* camembert *m*.
caméra [kameʀa] *nf* câmera *f*.
Caméscope® [kameskɔp] *nm* câmera *f* de vídeo, filmadora *f*.
camion [kamjɔ̃] *nm* caminhão *m*.
camion-citerne [kamjɔ̃sitɛʀn] (*pl* **camions-citernes**) *nm* caminhão-tanque *m*.
camion-poubelle (*pl* **camions-poubelles**) [kamjɔ̃pubɛl] *nm* caminhão *m* de lixo • **le camion-poubelle vient ramasser les déchets dans les villages** o caminhão de lixo vem recolher o lixo nas cidades.
camionnette [kamjɔnɛt] *nf* caminhonete *f*.
camionneur [kamjɔnœʀ] *nm* (*chauffeur*) caminhoneiro *m*.
camp [kɑ̃] *nm* (*tentes*) acampamento *m*; (*de joueurs, de sportifs*) campo *m* • **camp de vacances** acampamento de férias • **faire un camp (de vacances)** ir para um acampamento de férias.
campagne [kɑ̃paɲ] *nf* (*champs*) campo *m*; (*électorale, publicitaire*) campanha *f*.
camper [kɑ̃pe] *vi* acampar.
campeur, euse [kɑ̃pœʀ, øz] *nm* campista *m*.
camping [kɑ̃piŋ] *nm* (*terrain*) camping *m*; (*activité*) camping

m • **faire du camping** fazer camping • **camping sauvage** camping selvagem.
camping-car [kɑ̃piŋkaʀ] (*pl* **camping-cars**) *nm* trailer *m*.
Camping-Gaz® [kɑ̃piŋgaz] *inv* fogareiro *m* a gás.
Canada [kanada] *nm* • **le Canada** o Canadá.
canadien, enne [kanadjɛ̃, ɛn] *adj* canadense ♦ **Canadien, enne** *nm* canadense *mf*.
canadienne [kanadjɛn] *nf* (*veste*) casaco forrado com pele de carneiro; (*tente*) barraca *f* canadense.
canal [kanal, o] (*pl* **-aux**) *nm* canal *m* • **Canal +** canal de televisão privado, por assinatura.
canalisation [kanalizasjɔ̃] *nf* canalização *f*.
canapé [kanape] *nm* canapé *m* • **canapé convertible** sofá-cama *m*.
canapé-lit [kanapeli] (*pl* **canapés-lits**) *nm* sofá-cama *m*.
canard [kanaʀ] *nm* (*animal*) pato *m*; (*sucre*) torrão de açúcar que se molha no café • **canard laqué** prato chinês à base de pato macerado em mel e assado • **canard à l'orange** pato com laranja.
canari [kanaʀi] *nm* canário *m*.
cancer [kɑ̃sɛʀ] *nm* câncer *m* • **Cancer** Câncer *m*.
cancéreux, euse [kɑ̃seʀø, øz] *adj* canceroso(osa).
candidat, e [kɑ̃dida, at] *nm* candidato *m*, -ta *f*.

candidature [kɑ̃didatyʀ] *nf* candidatura *f* • **poser sa candidature (à)** lançar a sua candidatura (a).
caneton [kantɔ̃] *nm* patinho *m*.
canette [kanɛt] *nf (bouteille)* pequena garrafa de cerveja; *(boîte)* lata *f*.
caniche [kaniʃ] *nm* caniche *m*.
canicule [kanikyl] *nf* canícula *f*.
canif [kanif] *nm* canivete *m*.
canine [kanin] *nf* dente *m* canino.
caniveau [kanivo] *(pl -x) nm* valeta *f*.
canne [kan] *nf* bengala *f* • **canne à pêche** vara *f* de pescar.
canneberge [kanəbɛʀʒ] *nf (Can)* mirtilo *m*.
cannelle [kanɛl] *nf* canela *f*.
cannelloni(s) [kanɛlɔni] *nm* canelone *m*.
cannette [kanɛt] = **canette**.
canoë [kanɔe] *nm* canoa *f* • **faire du canoë** fazer canoagem.
canoë-kayak [kanɔekajak] *(pl canoës-kayaks) nm* modalidade esportiva com provas com canoa e caiaque.
canon [kanɔ̃] *nm (arme)* canhão *m*, *(d'une arme à feu)* cano *m* • **chanter en canon** cantar em cânone.
canot [kano] *nm* bote *m* • **canot pneumatique** bote pneumático ou inflável • **canot de sauvetage** bote salva-vidas.
cantal [kɑ̃tal] *nm* queijo *m* de Cantal.
cantatrice [kɑ̃tatʀis] *nf* cantora *f* de ópera.
cantine [kɑ̃tin] *nf (restaurant)* cantina *f*.
cantique [kɑ̃tik] *nm* cântico *m*.
canton [kɑ̃tɔ̃] *nm* cantão *m*.

ⓘ CANTON

A Suíça é uma confederação de 23 estados chamados cantões, dos quais três são subdivididos em semicantões. Cada cantão dispõe de poder executivo e legislativo próprios, mas certas esferas, tais como política externa, alfândega, moeda e correio, dependem exclusivamente do governo federal.

---

cantonais [kɑ̃tɔnɛ] *adj m* → **riz**.
caoutchouc [kautʃu] *nm* borracha *f*.
cap [kap] *nm (pointe de terre)* cabo *m*; NAVIG rumo *m* • **mettre le cap sur** tomar o rumo de, rumar.
CAP *nm (abr de Certificat d'aptitude professionnelle) diploma concedido aos alunos que optam pela via profissional.*
capable [kapabl] *adj* capaz • **être capable de faire qqch** ser capaz de fazer algo.
capacité [kapasite] *nf* capacidade *f*.
cape [kap] *nf* capa *f*.
capitaine [kapitɛn] *nm* capitão *m*, -ã *f*.
capital, e, aux [kapital, o] *adj & nm* capital.

capitale [kapital] *nf (ville)* capital *f; (lettre)* maiúscula *f.*
capitaliser ♦ **capitaliser sur** *v+ prép* investir.
capot [kapo] *nm* capô *m.*
capote [kapɔt] *nf AUTO* capota *f.*
capoter [kapɔte] *vi (Can) (fam)* perder a cabeça.
câpre [kapʀ] *nf* alcaparra *f.*
caprice [kapʀis] *nm (colère)* birra *f; (envie)* capricho *m* • **faire un caprice** ter um capricho.
capricieux, euse [kapʀisjø, øz] *adj* caprichoso(sa).
Capricorne [kapʀikɔʀn] *nm* Capricórnio *m.*
capsule [kapsyl] *nf (de bouteille)* tampa *f* • **capsule spatiale** cápsula espacial.
capter [kapte] *vt (station de radio)* captar.
captivité [kaptivite] *nf* cativeiro *m* • **en captivité** *(animal)* em cativeiro.
capture [kaptyʀ] *nf* • **capture d'écran** *INFORM* captura *f* de tela.
capturer [kaptyʀe] *vt* capturar.
capuche [kapyʃ] *nf* capuz *m.*
capuchon [kapyʃɔ̃] *nm (d'une veste)* capuz *m; (d'un stylo)* tampa *f.*
Cap-vert *nm* • **les îles du Cap-vert** as ilhas de Cabo Verde.
caquelon [kaklɔ̃] *nm (Helv)* recipiente de barro ou metal no qual se prepara a fondue.
car[1] [kaʀ] *conj* pois.
car[2] [kaʀ] *nm* ônibus *m (entre cidades).*
carabine [kaʀabin] *nf* carabina *f.*

caractère [kaʀaktɛʀ] *nm* caráter *m; (tempérament)* temperamento *m* • **avoir du caractère** *(personne)* ter personalidade; *(maison)* ter estilo • **avoir bon caractère** ter bom gênio • **avoir mauvais caractère** ter mau gênio • **caractères d'imprimerie** letras *fpl* de fôrma.
caractéristique [kaʀakteʀistik] ♦ *nf* característica *f* ♦ *adj* • **caractéristique de** característico(ca) de.
carafe [kaʀaf] *nf* garrafa *f.*
Caraïbes [kaʀaib] *nf* • **les Caraïbes** as Caraíbas.
carambolage [kaʀɑ̃bɔlaʒ] *nm (fam)* engavetamento *m.*
caramel [kaʀamɛl] *nm* caramelo *m.*
carapace [kaʀapas] *nf* carapaça *f.*
caravane [kaʀavan] *nf* caravana *f.*
carbonade [kaʀbɔnad] *nf* • **carbonades flamandes** *(Helv)* ensopado de carne de vaca cozida com cerveja.
carbone [kaʀbɔn] *nm* carbono *m* • **(papier) carbone** papel-carbono *m.*
carburant [kaʀbyʀɑ̃] *nm* carburante *m.*
carburateur [kaʀbyʀatœʀ] *nm* carburador *m.*
carcasse [kaʀkas] *nf (d'animal)* carcaça *f; (de voiture)* carroceria *f.*
cardiaque [kaʀdjak] *adj* cardíaco(ca).
cardigan [kaʀdigɑ̃] *nm* cardigã *m.*

cardinaux

cardinaux [kaʀdino] adj m pl → point.
cardiologue [kaʀdjɔlɔg] nmf cardiologista mf.
caresse [kaʀɛs] nf carícia f.
caresser [kaʀese] vt acariciar.
cargaison [kaʀgɛzɔ̃] nf carregamento m.
cargo [kaʀgo] nm cargueiro m.
caricature [kaʀikatyʀ] nf (dessin) caricatura f.
carie [kaʀi] nf cárie f.
carillon [kaʀijɔ̃] nm carrilhão m.
carnage [kaʀnaʒ] nm carnificina f.
carnaval [kaʀnaval] nm Carnaval m.

ⓘ CARNAVAL

Este período festivo, que vai desde o Dia de Reis até a Quarta-Feira de Cinzas, é comemorado em certas cidades com desfile de carros enfeitados com flores. A cidade belga de Binche é famosa pela fantasia de Gille, usada por milhares de pessoas nas ruas.

---

carnet [kaʀnɛ] nm (cahier) caderno m; (de tickets) talão m; (de timbres) cartela f • **carnet de timbres** cartela f (de quantidade) selos • **carnet d'adresses** caderno m de endereços • **carnet de chèques** talão m de cheques • **carnet de notes** ≃ cadeneta f escolar.

carnotzet [kaʀnɔtze] nm (Helv) local onde se servem pratos à base de queijo, como a raclette.
carotte [kaʀɔt] nf cenoura f.
carpe [kaʀp] nf carpa f.
carpette [kaʀpɛt] nf tapete m pequeno.
carré, e [kaʀe] • adj quadrado(da) • nm (forme géométrique) quadrado m; (de chocolat) quadradinho m; (d'agneau, de pain) carré m • **deux mètres carrés** dois metros quadrados • **deux au carré** dois ao quadrado.
carreau [kaʀo] (pl **-x**) nm (vitre) vidraça f; (sur le sol) ladrilho m; (sur les murs) azulejo m; (carré) quadrado m; (aux cartes) ouros mpl • **à carreaux** xadrez; (tissu) xadrez.
carrefour [kaʀfuʀ] nm cruzamento m.
carrelage [kaʀlaʒ] nm (au mur) azulejos mpl; (au sol) ladrilhos mpl.
carrément [kaʀemɑ̃] adv (franchement) francamente; (très) mesmo.
carrière [kaʀjɛʀ] nf (de pierre) pedreira f; (profession) carreira f • **faire carrière dans qqch** fazer carreira em algo.
carrossable [kaʀɔsabl] adj transitável.
carrosse [kaʀɔs] nm coche m.
carrosserie [kaʀɔsʀi] nf carroceria f.
carrure [kaʀyʀ] nf largura f dos ombros.
cartable [kaʀtabl] nm mala f escolar, mochila f.

carte [kaʀt] nf (à jouer) carta f; (document officiel) cartão m; (plan) mapa m; (de restaurant) cardápio m • **à la carte** à la carte • **carte d'anniversaire** cartão de aniversário • **carte bancaire** cartão bancário • **Carte Bleue**® ≃ cartão multibanco • **carte de crédit** cartão de crédito • **carte d'électeur** título de eleitor • **carte d'embarquement** cartão de embarque • **carte grise** certificado de registro de veículo • **carte (nationale) d'identité** carteira f de identidade • **Carte Orange** cartão de assinatura que permite utilizar livremente os transportes urbanos e suburbanos em Paris • **carte postale** cartão-postal • **carte téléphonique** ou **de téléphone** cartão telefônico • **carte de visite** cartão de visita • **carte de vœux** cartão/postal de Boas Festas.

cartilage [kaʀtilaʒ] nm cartilagem f.

carton [kaʀtɔ̃] nm 1. cartão m; (boîte) caixa f de papelão 2. (fig) ESP • **carton jaune/rouge** cartão amarelo/vermelho.

cartouche [kaʀtuʃ] nf (munition) cartucho m; (d'encre) recarga f; (de cigarettes) pacote m.

cas [ka] nm caso m • **au cas où** no caso de • **dans ce cas** nesse caso • **en cas de** em caso de • **en tout cas** em todo caso.

cascade [kaskad] nf (chute d'eau) cascata f, (au cinéma) cena f perigosa.

cascadeur, euse [kaskadœʀ, øz] nm dublê mf.

case [kaz] nf (de damier, de mots croisés) casa f; (de meuble) divisória f; (hutte) cabana f.

caserne [kazɛʀn] nf caserna f • **caserne des pompiers** quartel m dos bombeiros.

casier [kazje] nm escaninho m • **casier à bouteilles** móvel m para garrafas.

casino [kazino] nm cassino m.

casque [kask] nm (de moto, d'ouvrier, de soldat) capacete m; (écouteurs) fones mpl de ouvido ◆ **casques bleus** nm • **les casques bleus** os capacetes azuis.

casquette [kaskɛt] nf boné m.

casse-cou [kasku] nm inv temerário m, -ria f.

casse-croûte [kaskʀut] nm inv lanche m.

casse-noix [kasnwa] nm inv quebra-nozes m inv.

casser [kase] vt partir • **casser les oreilles à qqn** (fam) furar os tímpanos de alguém • **casser les pieds à qqn** (fam) encher alguém ◆ **se casser** vp quebrar-se • **se casser le bras** quebrar o braço • **se casser la figure** (fam) cair.

casserole [kasʀɔl] nf panela f.

casse-tête [kastɛt] nm inv quebra-cabeça m.

cassette [kasɛt] nf fita f • **cassette vidéo** fita f (de vídeo).

cassis

cassis [kasis] *nm* cassis *m*.
cassoulet [kasulɛ] *nm* cassoulet *m guisado de feijão-branco, com carne de pato, ganso, carneiro ou porco, servido em panela de barro.*
catalogue [katalɔg] *nm* catálogo *m*.
catastrophe [katastʀɔf] *nf* catástrofe *f* • **catastrophe naturelle** catástrofe natural.
catastrophique [katastʀɔfik] *adj* catastrófico(ca).
catch [katʃ] *nm* luta *f* livre.
catéchisme [kateʃism] *nm* catecismo *m*.
catégorie [kategɔʀi] *nf* categoria *f*.
catégorique [kategɔʀik] *adj* categórico(ca).
cathédrale [katedʀal] *nf* catedral *f*.
catholique [katɔlik] *adj & nm* católico(ca).
cauchemar [koʃmaʀ] *nm* pesadelo *m*.
cause [koz] *nf* causa *f* • **fermé pour cause de...** fechado para... • **à cause de** por causa de.
causer [koze] *vt (provoquer)* causar • *vi (parler)* conversar.
caution [kosjɔ̃] *nf (paiement)* caução *f*; *(personne)* fiador *m*, -ra *f*.
cavalier, ère [kavalje, ɛʀ] • *nm (à cheval)* cavaleiro *m*, -ra *f*; *(partenaire)* par *m* • *nm (aux échecs)* cavalo *m*.
cave [kav] *nf* porão *m*, adega *f*.
caverne [kavɛʀn] *nf* caverna *f*.
caviar [kavjaʀ] *nm* caviar *m*.
CB *abrev* = **Carte Bleue**®.

CD *nm (abr de Compact Disc®)* CD *m*.
CDI *nm (abr de centre de documentation et d'information)* biblioteca de uma escola secundária.
CD-I *nm (abr de Compact Disc interactif®)* CD-I *m*.
CD-ROM [sedeʀɔm] *nm* CD-ROM *m*.
ce, cette [sə, sɛt] *(pl* **ces***)* • *adj* **1.** *(proche dans l'espace ou dans le temps)* este(esta) • **cette nuit** esta noite • **c'est ce lundi ou celui où je reviens?** é nesta segunda-feira ou na outra? **2.** *(éloigné dans l'espace ou dans le temps)* esse(essa) • **donne-moi ce livre** dê-me esse livro **3.** *(très éloigné dans l'espace ou dans le temps)* aquele(aquela) • **cette année-là** naquele ano • *pron* **1.** *(pour mettre en valeur)* • **c'est mon frère** é o meu irmão • **c'est moi!** sou eu! • **ce sont mes chaussettes** são as minhas meias • **c'est ton collègue qui m'a renseigné** foi o seu colega que me informou **2.** *(dans des interrogations)* • **est-ce bien là?** é mesmo aqui? • **qui est-ce?** quem é? **3.** *(avec un relatif)* • **ce que tu voudras** o que você quiser • **ce qui nous intéresse, ce sont les paysages** o que nos interessa são as paisagens • **ce dont vous aurez besoin en camping** aquilo de que tiver necessidade no camping **4.** *(en intensif)* • **ce qu'il fait chaud!** mas que calor!

CE nm (abr de **cours élémentaire**) • **CE1** ≃ primeira série f (do ensino fundamental) • **CE2** ≃ segunda série f (do ensino fundamental).

ceci [səsi] pron isso • **ceci veut dire que** isto quer dizer que.

céder [sede] • vt (laisser) ceder • vi ceder • **cédez le passage** ceda a passagem • **céder à** ceder a.

cédérom (pl -s) [sederɔm] nm INFORM CD-ROM.

CEDEX [sedɛks] nm sistema de distribuição do correio que permite às grandes empresas receber de manhã cedo sua correspondência, ficando por sua conta a retirada da mesma.

cédille [sedij] nf cedilha f • **c cédille** cê-cedilha.

CEE nf (abr de **Communauté économique européenne**) CEE f.

CEI nf (abr de **Communauté d'États indépendants**) CEI f.

ceinture [sɛ̃tyʀ] nf cintura f; (accessoire) cinto m • **ceinture de sécurité** cinto de segurança.

cela [səla] pron isso • **cela ne fait rien** não faz mal • **comment cela?** como assim? • **c'est cela** (c'est exact) é isso.

célèbre [selɛbʀ] adj célebre.

célébrer [selebʀe] vt celebrar.

célébrité [selebʀite] nf celebridade f.

céleri [sɛlʀi] nm aipo m.

célibataire [selibatɛʀ] adj & nm solteiro(ra).

celle → **celui**.

celle-ci → **celui-ci**.

celle-là → **celui-là**.

Cellophane® [selɔfan] nf celofane m • **sous Cellophane** envolvido em celofane.

cellule [selyl] nf célula f; (cachot) cela f.

cellulite [selylit] nf celulite f.

celui, celle [səlɥi, sɛl] (mpl **ceux**) pron aquele(ela) • **celui de devant** o da frente • **celui de Pierre** o do Pedro • **celui qui part à 13h30** aquele que parte às 13h30 • **ceux dont je t'ai parlé** aqueles de que lhe falei.

celui-ci, celle-ci [səlɥisi, sɛlsi] (mpl **ceux-ci**) pron (dans l'espace) este(esta); (dont on vient de parler) esse(essa).

celui-là, celle-là [səlɥila, sɛlla] (mpl **ceux-là**) pron aquele(ela).

cendre [sɑ̃dʀ] nf cinza f.

cendrier [sɑ̃dʀije] nm cinzeiro m.

censurer [sɑ̃syʀe] vt censurar.

cent [sɑ̃] num cem • **pour cent** por cento → **six**.

centaine [sɑ̃tɛn] nf • **une centaine (de)** uma centena (de).

centième [sɑ̃tjɛm] num centésimo, → **sixième**.

centime [sɑ̃tim] nm cêntimo m, ≃ centavo m.

centimètre [sɑ̃timɛtʀ] nm centímetro m.

central, e, aux [sɑ̃tʀal, o] adj central.

centrale [sɑ̃tʀal] nf central f • **centrale nucléaire** usina f nuclear.

centre

.**centre** [sɑ̃tʀ] nm centro m; (point essentiel) cerne m • **centre aéré** centro de atividades ao ar livre para crianças durante as férias • **centre commercial** centro comercial.

centre-ville [sɑ̃tʀəvil] (pl **centres-villes**) nm centro m da cidade.

cèpe [sɛp] nm boleto m (cogumelo).

cependant [səpɑ̃dɑ̃] conj no entanto.

céramique [seramik] nf cerâmica f.

cercle [sɛʀkl] nm círculo m.

cercueil [sɛʀkœj] nm caixão m.

céréale [seʀeal] nf cereal m • **des céréales** cereais mpl.

cérémonie [seʀemɔni] nf cerimônia f.

cerf [sɛʀ] nm cervo m.

cerf-volant [sɛʀvɔlɑ̃] (pl **cerfs-volants**) nm papagaio m, pipa f.

cerise [səʀiz] nf cereja f.

cerisier [səʀizje] nm cerejeira f.

cerner [sɛʀne] vt (ville, ennemi) cercar; (fig) (problème) delimitar.

cernes [sɛʀn] nm olheiras fpl.

certain, e [sɛʀtɛ̃, ɛn] adj & pron certo(ta) • **être certain de (faire) qqch** estar certo de (fazer) algo • **être certain que** estar certo de que • **un certain temps** um certo tempo • **un certain Jean** um tal de João ◆ **certains, certaines** adj & pron alguns(gumas) • **certains pensent que...** certas pessoas pensam que...

certainement [sɛʀtɛnmɑ̃] adv (probablement) certamente; (bien sûr) com certeza.

certes [sɛʀt] adv (bien sûr) decerto; (il est vrai que) é verdade que.

certificat [sɛʀtifika] nm certificado m • **certificat médical** atestado m médico • **certificat de scolarité** certificado m de escolaridade.

certifier [sɛʀtifje] vt certificar.

certitude [sɛʀtityd] nf certeza f.

cerveau [sɛʀvo] (pl **-x**) nm cérebro m.

cervelas [sɛʀvəla] nm espécie de salsichão de carne picada, bem condimentado.

cervelle [sɛʀvɛl] nf miolos mpl.

ces → **ce**.

CES nm (abr de collège d'enseignement secondaire) antigo nome dado às escolas preparatórias.

César [sezar] nm prêmio cinematográfico francês.

(i) **CÉSARS**

A entrega dos Césares é a versão francesa do Prêmio Oscar norte-americano. Desde 1976, todos os anos, no mês de março, os profissionais da indústria cinematográfica francesa escolhem o melhor filme francês, o melhor filme estrangeiro, o melhor realizador, ator etc. O nome "César" provém do próprio nome do escultor dos troféus que são entregues aos vencedores.

cesse [sɛs] *adv* • **sans cesse** sem cessar.

cesser [sese] *vi* cessar • **cesser de faire qqch** cessar de fazer algo.

c'est-à-dire [sɛtadiʀ] *adv* quer dizer.

cet → **ce**.

cette → **ce**.

ceux → **celui**.

ceux-ci → **celui-ci**.

ceux-là → **celui-là**.

Cf. *(abr de confer)* Cf.

chacun, e [ʃakœ̃, yn] *pron (chaque personne)* cada um(cada uma); *(tout le monde)* cada qual • **chacun pour soi** cada um por si.

chagrin [ʃagʀɛ̃] *nm* desgosto *m* • **avoir du chagrin** estar triste.

chahut [ʃay] *nm* algazarra *f* • **faire du chahut** fazer algazarra.

chahuter [ʃayte] *vt* gozar de.

chaîne [ʃɛn] *nf (suite de maillons)* corrente *f*; *(bijou)* corrente *f*; *(suite)* série *f*; *(de télévision)* canal *m* • **chaîne cablée/cryptée** canal a cabo, canal codificado; *(d'hôtels, de restaurants)* cadeia *f* • **à la chaîne** em cadeia • **chaîne (hi-fi)** aparelho *f* (de som) • **chaîne de montagnes** cordilheira *f*
♦ **chaînes** *nf (de voiture)* correntes *fpl*.

chair [ʃɛʀ] • *nf (d'animal)* carne *f* • *adj (couleur)* da pele • **chair à saucisse** carne picada • **en chair et en os** em carne e osso • **avoir la chair de poule** ficar com a pele arrepiada.

chaise [ʃɛz] *nf* cadeira *f* • **chaise longue** espreguiçadeira *f*.

châle [ʃal] *nm* xale *m*.

chalet [ʃalɛ] *nm (de bois)* chalé *m*; *(Can) (maison de campagne)* casa *f* de campo.

chaleur [ʃalœʀ] *nf* calor *m*.

chaleureux, euse [ʃalœʀø, øz] *adj* caloroso(osa).

chaloupe [ʃalup] *nf (Can)* barca *f*.

chalumeau [ʃalymo] *(pl* **-x***) nm* maçarico *m*.

chalutier [ʃalytje] *nm* barco equipado para a pesca de arrasto.

chambre [ʃɑ̃bʀ] *nf* • **chambre (à coucher)** quarto *m* (de dormir) • **chambre à air** câmara *f* de ar • **chambre d'amis** quarto de hóspedes • **Chambre des députés** Câmara *f* dos deputados • **chambre double** quarto duplo • **chambre simple** quarto individual.

chameau [ʃamo] *(pl* **-x***) nm* camelo *m*.

chamois [ʃamwa] *nm* → **peau**.

champ [ʃɑ̃] *nm* campo *m* • **champ de bataille** campo de batalha • **champ de courses** hipódromo *m*.

champagne

champagne [ʃɑ̃paɲ] nm champanhe m.

Chandeleur [ʃɑ̃dlœʀ] nf • **la Chandeleur** a Candelária.

ⓘ CHAMPAGNE

Vinho branco espumante (também existe champagne rosé), produzido na região do mesmo nome, no nordeste da França. Bebida muito famosa, é imprescindível em todos os acontecimentos familiares importantes ou em comemorações oficiais. Também pode ser tomado como aperitivo, puro ou com licor de cassis, denominado, nesse caso, "kyr royal".

ⓘ CHANDELEUR

A "Chandeleur" é celebrada no dia dois de fevereiro. Nessa ocasião, preparam-se crepes numa frigideira cujo cabo é segurado com uma só mão, já que a outra contém uma moeda. Segundo a tradição popular, o ano será próspero se a pessoa conseguir lançar o crepe para cima de modo a virá-lo e apanhá-lo de novo com a frigideira, sem deixá-lo cair no chão.

champignon [ʃɑ̃piɲɔ̃] nm cogumelo m • **champignons à la grecque** cogumelos à grega • **champignon de Paris** cogumelo m de Paris.

champion, onne [ʃɑ̃pjɔ̃, ɔn] nm campeão m, -peã f.

championnat [ʃɑ̃pjɔna] nm campeonato m.

chance [ʃɑ̃s] nf (sort favorable) sorte f; (probabilité) hipótese f • **avoir de la chance** ter sorte • **avoir des chances de faire qqch** ter chance de fazer algo • **bonne chance!** boa sorte!

chanceler [ʃɑ̃sle] vi cambalear.

chandail [ʃɑ̃daj] nm pulôver m de lã.

chandelier [ʃɑ̃dəlje] nm castiçal m.

chandelle [ʃɑ̃dɛl] nf vela f.

change [ʃɑ̃ʒ] nm (taux) câmbio m.

changement [ʃɑ̃ʒmɑ̃] nm mudança f • **changement de vitesse** alavanca f de câmbio.

changer [ʃɑ̃ʒe] • vt mudar; (argent) trocar; (bébé) mudar a fralda de • vi mudar • **changer des euros en dollars** trocar euros em dólares • **changer de** mudar de • **se changer** vp (s'habiller) trocar de roupa • **se changer en** transformar-se em.

chanson [ʃɑ̃sɔ̃] nf canção f.

chant [ʃɑ̃] nm canto m.

chantage [ʃɑ̃taʒ] nm chantagem f.

chanter [ʃɑ̃te] vt & vi cantar.

chanteur, euse [ʃɑ̃tœʀ, øz] nm cantor m, -ra f.

chantier [ʃɑ̃tje] nm obra f.

chantilly [ʃɑ̃tiji] nf • **(crème) chantilly** chantili f.

chantonner [ʃɑ̃tɔne] vi cantarolar.

chapeau [ʃapo] (pl **-x**) nm chapéu m • **chapeau de paille** chapéu de palha.

chapelet [ʃaplɛ] nm RELIG rosário m; (succession) enfiada f.

chapelle [ʃapɛl] nf capela f.

chapelure [ʃaplyʀ] nf farinha f de rosca.

chapiteau [ʃapito] (pl **-x**) nm (de cirque) tenda f.

chapitre [ʃapitʀ] nm capítulo m.

chapon [ʃapɔ̃] nm capão m.

chaque [ʃak] adj cada • **chaque mercredi** todas as quartas-feiras.

char [ʃaʀ] nm (de carnaval) carro m alegórico; (Can) (voiture) carro m • **char (d'assaut)** tanque m • **char à voile** prancha com rodas propulsada por uma vela.

charabia [ʃaʀabja] nm (fam) algazarra f.

charade [ʃaʀad] nf charada f.

charbon [ʃaʀbɔ̃] nm carvão m.

charcuterie [ʃaʀkytʀi] nf (aliments) frios mpl; (magasin) casa f de frios.

chardon [ʃaʀdɔ̃] nm cardo m.

charge [ʃaʀʒ] nf (cargaison) carga f; (fig) (gêne) fardo m; (responsabilité) cargo m • **charges** nfpl (d'un appartement) condomínio m.

chargement [ʃaʀʒəmɑ̃] nm carregamento m.

charger [ʃaʀʒe] vt (gén) carregar; (appareil photo) carregar • **charger qqn de faire qqch** encarregar alguém de fazer algo ◆ **se charger de** vp + prép encarregar-se de.

chariot [ʃaʀjo] nm (charrette) carrinho m; (au supermarché) carrinho m (de supermercado); (de machine à écrire) carro m.

charité [ʃaʀite] nf caridade f • **demander la charité** pedir esmola.

charlotte [ʃaʀlɔt] nf charlote f.

charmant, e [ʃaʀmɑ̃, ɑ̃t] adj encantador(ra).

charme [ʃaʀm] nm charme m.

charmer [ʃaʀme] vt encantar.

charnière [ʃaʀnjɛʀ] nf dobradiça f.

charpente [ʃaʀpɑ̃t] nf viga-mento m.

charpentier [ʃaʀpɑ̃tje] nm carpinteiro m.

charrette [ʃaʀɛt] nf carroça f.

charrue [ʃaʀy] nf arado m.

charter [ʃaʀtɛʀ] nm • **(vol) charter** (voo) charter m.

chas [ʃa] nm buraco m da agulha.

chasse [ʃas] nf caça f • **aller à la chasse** ir à caça • **tirer la chasse (d'eau)** puxar a descarga ◆ **chasse au trésor** nf caça ao tesouro.

chasselas [ʃasla] nm (Helv) casta de vinhos brancos.

chasse-neige [ʃasnɛʒ] nm inv (véhicule) limpa-neves m inv; (au ski) posição de esquiador na qual os esquis convergem.

chasser [ʃase] *vt (animal)* caçar; *(personne)* mandar embora • *vi* caçar • **chasser qqn de** mandar alguém embora

chasseur [ʃasœʀ] *nm* caçador *m*.

châssis [ʃasi] *nm (de voiture)* chassi *m inv*, *(de fenêtre)* caixilho *m*.

chat, chatte [ʃa, ʃat] *nm* **1.** gato *m*, -ta *f* • **avoir un chat dans la gorge** estar rouco **2.** *INFORM* conversa on-line, chat.

châtaigne [ʃatɛɲ] *nf* castanha *f*.

châtaignier [ʃateɲe] *nm* castanheiro *m*.

châtain [ʃatɛ̃] *adj* castanho(nha).

château [ʃato] *(pl* **châteaux)** *nm* castelo *m* • **château d'eau** castelo de água • **château fort** castelo • **château gonflable** castelo inflável.

ⓘ CHÂTEAUX DE LA LOIRE

É um conjunto de moradias reais ou senhoriais construídos no vale do rio Loire, no centro-oeste da França, entre os séculos XVI e XVII, em que predomina, naturalmente, o estilo renascentista. Os principais castelos são Chambord, mandado construir por Francisco I; Chenonceaux, construído sobre arcos que mergulham no rio Cher, e Azay-le-Rideau, situado em uma ilhota do rio Indre.

---

chaton [ʃatɔ̃] *nm* gatinho *m*, -nha *f*.

chatouiller [ʃatuje] *vt* fazer cócegas.

chatouilleux, euse [ʃatujø, øz] *adj* cocegento(ta).

chatte → **chat**.

chaud, e [ʃo, ʃod] • *adj* quente • *nm* • **rester au chaud** ficar no quentinho • **il fait chaud** está calor • **avoir chaud** ter calor • **tenir chaud** aquecer(se).

chaudière [ʃodjɛʀ] *nf* caldeira *f*.

chaudronnée [ʃodʀɔne] *nf (Can)* caldo com diversos frutos do mar, = caldeirada f de peixe.

chauffage [ʃofaʒ] *nm* aquecimento *m* • **chauffage central** aquecimento central.

chauffante [ʃofɑ̃t] *adj f* → **plaque**.

chauffard [ʃofaʀ] *nm* • **c'est un chauffard** é um barbeiro.

chauffe-eau [ʃofo] *nm inv* aquecedor *m*.

chauffer [ʃofe] *vt & vi* aquecer.

chauffeur [ʃofœʀ] *nm* motorista *mf* • **chauffeur de taxi** motorista de táxi.

chaumière [ʃomjɛʀ] *nf* casa com telhado de colmo.

chaussée [ʃose] *nf* via *f* pública • **chaussée déformée** pista com defeito.

chausse-pied [ʃospje] *(pl* **chausse-pieds)** *nm* calçadeira *f*.

chausser [ʃose] *vi* • **chausser du 38** calçar 38 ♦ **se chausser** *vp* calçar-se.

chaussette [ʃosɛt] *nf* meia *f*.

chausson [ʃosɔ̃] *nm (pantoufle)* pantufa *f*; CULIN empada *f* • **chausson aux pommes** *espécie de pastel de massa folhada de maçã* • **chaussons de danse** sapatilhas *fpl* de balé.

chaussure [ʃosyʀ] *nf* sapato *m* • **chaussures à talons** sapatos de salto alto • **chaussures de marche** botas *fpl* (de caminhada).

chauve [ʃov] *adj* careca.

chauve-souris [ʃovsuʀi] (*pl* **chauves-souris**) *nf* morcego *m*.

chauvin, e [ʃovɛ̃, in] *adj* chauvinista.

chavirer [ʃaviʀe] *vi* virar-se.

chef [ʃɛf] *nm (directeur)* chefe *m*; *(cuisinier)* chefe *m* de cozinha • **chef d'entreprise** empresário *m*, -ria *f* • **chef d'État** chefe de Estado • **chef de gare** chefe de estação *m* • **chef d'orchestre** maestro *m*.

chef-d'œuvre [ʃɛdœvʀ] (*pl* **chefs-d'œuvre**) *nm* obra-prima *f*.

chef-lieu [ʃɛfljø] (*pl* **chefs-lieux**) *nm* sede de uma divisão administrativa.

chemin [ʃəmɛ̃] *nm* caminho *m* • **en chemin** a caminho • **chemin (d'accès)** INFORM caminho de acesso.

chemin de fer [ʃ(ə)mɛ̃dfɛʀ] (*pl* **chemins de fer**) *nm* estrada *f* de ferro, ferrovia *f*.

cheminée [ʃəmine] *nf* chaminé *f*, lareira *f*.

chemise [ʃəmiz] *nf (vêtement)* camisa *f*; *(en carton)* pasta *f* • **chemise de nuit** camisola *f*.

chemisier [ʃəmizje] *nm* chemisier *m*.

chêne [ʃɛn] *nm* carvalho *m*.

chenil [ʃənil] *nm (pour chiens)* canil *m*; (Helv) *(objets sans valeur)* bugiganga *f*.

chenille [ʃənij] *nf* lagarta *f*.

chèque [ʃɛk] *nm* cheque *m* • **chèque barré** cheque cruzado • **chèque en blanc** cheque em branco • **chèque sans provision** cheque sem fundo • **chèque de voyage** cheque de viagem.

Chèque-Restaurant® [ʃɛkʀɛstɔʀɑ̃] (*pl* **Chèques-Restaurant**) *nm* tíquete-restaurante *m*.

chèque-vacances [ʃɛkvakɑ̃s] (*pl* **chèques-vacances**) *nm* tíquete concedido aos funcionários que permite o financiamento das férias, bem como o desconto em vários locais, sendo que a empresa paga uma parte dos custos.

chéquier [ʃekje] *nm* talão *m* de cheques.

cher, chère [ʃɛʀ] *adj* caro(a) • **cher Monsieur/Laurent** caro senhor/Laurent • **coûter cher** custar caro.

chercher [ʃɛʀʃe] • *vt (objet, personne)* procurar; *(provoquer)* provocar • **aller chercher qqch/qqn** ir buscar algo/al-

chercheur

guém • *vi* • **chercher à faire qqch** tentar fazer algo.
chercheur, euse [ʃɛRʃœR, øz] *nm* pesquisador m, -a f.
chéri, e [ʃeRi] • *adj* querido(da) • *nm* • **mon chéri, ma chérie** meu querido, minha querida.
cheval [ʃəval, o] (*pl* -**aux**) *nm* cavalo m • **monter à cheval** montar a cavalo • **faire du cheval** andar a cavalo • **à cheval** (*chaise, branche*) a cavalo sobre, escarranchado(da) em; (*lieux, périodes*) entre.
chevalier [ʃəvalje] *nm* cavaleiro m.
chevelure [ʃəvlyR] *nf* cabeleira f.
chevet [ʃəvɛ] *nm* → **lampe, table.**
cheveu [ʃəvø] (*pl* -**x**) *nm* cabelo m • **cheveux** *nmpl* cabelo m.
cheville [ʃəvij] *nf ANAT* tornozelo m; (*en plastique*) cavilha f.
chèvre [ʃɛvR] *nf* cabra f.
chevreuil [ʃəvRœj] *nm* veado m.
chewing-gum [ʃwiŋɡɔm] (*pl* -**s**) *nm* chiclete m.
chez [ʃe] *prép* em casa de; (*dans le caractère de*) em • **chez moi** em minha casa • **aller chez le dentiste** ir ao dentista.
chic [ʃik] *adj* chique.
chiche [ʃiʃ] *adj m* → **pois.**
chicon [ʃikɔ̃] *nm* (*Belg*) endívia f.
chicorée [ʃikɔRe] *nf* chicória f.
chien, chienne [ʃjɛ̃, ʃjɛn] *nm* cão m, cadela f.

chiffon [ʃifɔ̃] *nm* trapo m • **chiffon (à poussière)** pano (de pó).
chiffonner [ʃifɔne] *vt* amarrotar.
chiffre [ʃifR] *nm MATH* número m; (*montant*) valor m.
chignon [ʃiɲɔ̃] *nm* coque m.
chimie [ʃimi] *nf* química f.
chimique [ʃimik] *adj* químico(ca).
Chine [ʃin] *nf* • **la Chine** a China.
chinois, e [ʃinwa, az] • *adj* chinês(esa) • *nm* (*langue*) chinês m • **Chinois, e** *nm, f* chinês m, -esa f.
chiot [ʃjo] *nm* cachorrinho m, -nha f.
chipolata [ʃipɔlata] *nf* salsicha f fresca.
chips [ʃips] *nf* batatas *fpl* chips.
chirurgie [ʃiRyRʒi] *nf* cirurgia f • **chirurgie esthétique** cirurgia estética, cirurgia plástica.
chirurgien, enne [ʃiRyRʒjɛ̃, ɛn] *nm* cirurgião m, -ã f.
chlore [klɔR] *nm* cloro m.
choc [ʃɔk] *nm* choque m.
chocolat [ʃɔkɔla] *nm* (*friandise*) chocolate m; (*boisson*) leite m com chocolate • **chocolat blanc** chocolate branco • **chocolat au lait** chocolate ao leite • **chocolat liégeois** sorvete de chocolate com creme de chantilly (ou chantili) • **chocolat noir** chocolate preto.
chocolatier [ʃɔkɔlatje] *nm* chocolateiro m.

chœsels [dʒuzœl] *nm* (Belg) ensopado de carnes e miúdos cozidos com cerveja.

chœur [kœR] *nm* coro *m* • **en chœur** em coro.

choisir [ʃwaziR] *vt* escolher.

choix [ʃwa] *nm* escolha *f* • **avoir le choix** ter liberdade de escolha • **au choix** à escolha • **de premier/second choix** de primeira/segunda categoria.

cholestérol [kɔlesteRɔl] *nm* colesterol *m*.

chômage [ʃomaʒ] *nm* desemprego *m* • **être au chômage** estar desempregado(da).

chômeur, euse [ʃomœR, øz] *nm* desempregado *m*, -da *f*.

choquant, e [ʃɔkɑ̃, ɑ̃t] *adj* chocante.

choquer [ʃɔke] *vt* chocar.

chorale [kɔRal] *nf* coral *m*.

chose [ʃoz] *nf* coisa *f*.

chou [ʃu] (*pl* **-x**) *nm* couve *f* • **chou de Bruxelles** couve-de-bruxelas • **chou à la crème** carolina recheada com creme • **chou rouge** repolho roxo.

chouchou, oute [ʃuʃu, ut] • *nm* (fam) queridinho *m*, -nha *f* • *nm* frufru *m*.

choucroute [ʃukRut] *nf* • **choucroute (garnie)** chucrute acompanhado de carne de porco e batatas cozidas.

chouette [ʃwɛt] • *nf* coruja *f* • *adj* (fam) legal.

chou-fleur [ʃuflœR] (*pl* **choux-fleurs**) *nm* couve-flor *f*.

chrétien, enne [kRetjɛ̃, ɛn] *adj & nm* cristão(ã).

chromé, e [kRome] *adj* cromado(da).

chromes [kRom] *nmpl* acessórios *mpl* cromados (de um veículo).

chronique [kRɔnik] • *adj* crônico(ca) • *nf* crônica *f*.

chronologique [kRɔnɔlɔʒik] *adj* cronológico(ca).

chronomètre [kRɔnɔmɛtR] *nm* cronômetro *m*.

chronométrer [kRɔnɔmetRe] *vt* cronometrar.

CHU *nm* (abr de centre hospitalier-universitaire) hospital *m* universitário.

chuchotement [ʃyʃɔtmɑ̃] *nm* cochicho *m*.

chuchoter [ʃyʃɔte] *vt & vi* cochichar.

chut [ʃyt] *interj* psiu!

chute [ʃyt] *nf* queda *f* • **chute d'eau** queda-d'água *f* • **chute de neige** queda de neve.

ci [si] *adv* • **ce livre-ci** este livro aqui • **ces jours-ci** estes últimos dias.

cible [sibl] *nf* alvo *m*.

ciboulette [sibulɛt] *nf* cebolinha *f*.

cicatrice [sikatRis] *nf* cicatriz *f*.

cicatriser [sikatRize] *vi* cicatrizar.

cidre [sidR] *nm* sidra *f*.

Cie (abr de **compagnie**) Cia.

ciel [sjɛl] *nm* céu *m*; (*pl* **cieux**) (paradis) céu *m*.

cierge [sjɛRʒ] *nm* círio *m*.

cieux [sjø] → **ciel**.

cigale [sigal] *nf* cigarra *f*.

cigare [sigaR] *nm* charuto *m*.

cigarette [sigaRɛt] *nf* cigarro *m* • **cigarette filtre** cigarro

cigogne

com filtro • **cigarette russe** palito *m* de champanhe.
cigogne [sigɔɲ] *nf* cegonha *f*.
ci-joint, e [siʒwɛ̃, ɛ̃t] *adj* anexo(xa).
cil [sil] *nm* cílio *m*.
cime [sim] *nf* cimo *m*.
ciment [simɑ̃] *nm* cimento *m*.
cimetière [simtjɛʀ] *nm* cemitério *m*.
cinéaste [sineast] *nmf* cineasta *mf*.
ciné-club [sineklœb] (*pl* **ciné-clubs**) *nm* cineclube *m*.
cinéma [sinema] *nm* cinema *m*.
cinémathèque [sinematɛk] *nf* cinemateca *f*.
cinéphile [sinefil] *nm* cinéfilo *m*, -la *f*.
cinq [sɛ̃k] *num* cinco, → **six**.
cinquantaine [sɛ̃kɑ̃tɛn] *nf* • **une cinquantaine (de)** cerca de cinquenta.
cinquante [sɛ̃kɑ̃t] *num* cinquenta, → **six**.
cinquantième [sɛ̃kɑ̃tjɛm] *num* quinquagésimo(ma), → **sixième**.
cinquième [sɛ̃kjɛm] • *num* quinto(ta) • *nf EDUC =* sexta série *f* do ensino fundamental; *(vitesse)* quinta *f*, → **sixième**.
cintre [sɛ̃tʀ] *nm* cabide *m*.
cintré, e [sɛ̃tʀe] *adj* acinturado(da).
cipâte [sipat] *nm* (*Can*) torta com camadas de batata e de carne.
cirage [siʀaʒ] *nm* graxa *f*.
circonflexe [siʀkɔ̃flɛks] *adj* → **accent**.
circuit [siʀkɥi] *nm (piste automobile)* autódromo *m*; *(trajet)* percurso *m*, *(électrique)* circuito *m* • **circuit touristique** circuito turístico.
circulaire [siʀkylɛʀ] *adj* & *nf* circular.
circulation [siʀkylasjɔ̃] *nf* circulação *f*.
circuler [siʀkyle] *vi* circular; *(électricité)* passar.
cire [siʀ] *nf* cera *f*.
ciré [siʀe] *nm* impermeável *m*.
cirer [siʀe] *vt (parquet)* encerar; *(chaussure)* engraxar.
cirque [siʀk] *nm* circo *m*.
ciseaux [sizo] *nmp* • **(une paire de) ciseaux** uma tesoura.
citadin, e [sitadɛ̃, in] *nm* citadino *m*, -na *f*.
citation [sitasjɔ̃] *nf* citação *f*.
cité [site] *nf (ville)* cidade *f*; *(groupe d'immeubles)* bairro *m* • **cité universitaire** cidade universitária.
citer [site] *vt* citar.
citerne [sitɛʀn] *nf* cisterna *f*.
citoyen, enne [sitwajɛ̃, ɛn] *nm* cidadão *m*, -ã *f*.
citron [sitʀɔ̃] *nm* limão *m* siciliano • **citron vert** limão-galego *m*.
citronnade [sitʀɔnad] *nf* limonada *f*.
citrouille [sitʀuj] *nf* abóbora *f*.
civet [sive] *nm* guisado de coelho, lebre ou outra caça, cozido com vinho tinto e cebolas.
civière [sivjɛʀ] *nf* maca *f*.
civil, e [sivil] • *adj* civil • **civil** *m* • **en civil** à paisana.

civilisation [sivilizasjɔ̃] *nf* civilização *f.*

cl (*abr de* **centilitre**) cl.

clafoutis [klafuti] *nm* espécie de bolo assado, à base de farinha, leite, ovos e frutas.

clair, e [klɛʀ] • *adj* claro(ra); (*pur*) límpido(da) • *adv* claro • *nm* • **clair de lune** luar *m.*

clairement [klɛʀmã] *adv* claramente.

clairière [klɛʀjɛʀ] *nf* clareira *f.*

clairon [klɛʀɔ̃] *nm* clarim *m.*

clairsemé, e [klɛʀsəme] *adj* ralo(la).

clandestin, e [klɑ̃dɛstɛ̃, in] *adj* clandestino(na).

claque [klak] *nf* bofetada *f.*

claquement [klakmã] *nm* estalo *m.*

claquer [klake] • *vt (porte)* bater (com) • *vi (volet, porte)* bater • **claquer des dents** bater os dentes • **claquer des doigts** estalar os dedos ◆ **se claquer** *vp* • **se claquer un muscle** ter uma distensão muscular.

claquettes [klakɛt] *nf (chaussures)* sapatos *mpl* de sapateado; *(danse)* sapateado *m.*

clarifier [klaʀifje] *vt* esclarecer.

clarinette [klaʀinɛt] *nf* clarinete *m.*

clarté [klaʀte] *nf (lumière)* claridade *f*; *(d'un raisonnement)* clareza *f.*

classe [klas] *nf (groupe d'élèves)* turma *f*; *(salle)* sala *f* (de aula); *(en train, élégance)* classe *f* ◆ **aller en classe** ir para as aulas • **première classe** primeira classe • **classe affaires** classe executiva • **classe de mer** *colônia escolar na praia* • **classe de neige** *colônia escolar na montanha* • **classe touriste** classe econômica • **classe verte** *colônia escolar no campo.*

ⓘ CLASSE VERTE DE NEIGE / DE MER

Estes termos designam viagens com estadias de uma ou duas semanas nas montanhas, à beira-mar ou no campo, feitas por grupos de alunos acompanhados pelos respectivos professores. Organizam-se, além de atividades esportivas, passeios que permitem às crianças conhecerem o meio ambiente e se relacionarem com os habitantes da região.

---

classement [klasmã] *nm (rangement)* arrumação *f*; *(sportif)* classificação *f.*

classer [klase] *vt (dossiers)* arrumar; *(grouper)* classificar ◆ **se classer** *vp* • **se classer premier** classificar-se em primeiro lugar.

classeur [klasœʀ] *nm* arquivo *m.*

classique [klasik] *adj* clássico(ca).

clavicule [klavikyl] *nf* clavícula *f.*

clavier [klavje] *nm* teclado *m.*

clé [kle] nf (de porte, de voiture) chave f; (outil) chave f de fenda • **fermer qqch à clé** fechar algo à chave • **clé anglaise** ou **à molette** chave f inglesa • **clé de contact** chave f de contato.

clef [kle] = **clé**.

clémentine [klemɑ̃tin] nf mexerica f.

cliché [kliʃe] nm (négatif, photo, idée banale) clichê m.

client, e [klijɑ̃, ɑ̃t] nm cliente mf.

clientèle [klijɑ̃tɛl] nf clientela f.

cligner [kliɲe] vi • **cligner des yeux** piscar os olhos.

clignotant [kliɲɔtɑ̃] nm pisca-pisca m.

clignoter [kliɲɔte] vi piscar.

climat [klima] nm clima m.

climatisation [klimatizasjɔ̃] nf climatização f.

climatisé, e [klimatize] adj climatizado(da).

clin d'œil [klɛ̃dœj] nm • **faire un clin d'œil à qqn** piscar o olho para alguém • **en un clin d'œil** num piscar de olhos.

clinique [klinik] nf clínica f.

clip [klip] nm (boucle d'oreille) brinco m de pressão; (film) clipe m.

cliquable [klikabl] adj clicável.

clochard, e [klɔʃaʀ, aʀd] nm vagabundo m, -da f.

cloche [klɔʃ] nf sino m • **cloche à fromage** queijeira f.

cloche-pied [klɔʃpje] ♦ **à cloche-pied** adv com uma perna só.

clocher [klɔʃe] nm campanário m.

clochette [klɔʃɛt] nf campainha f.

cloison [klwazɔ̃] nf divisória f.

cloître [klwatʀ] nm claustro m.

clonage [klɔnaʒ] nm clonagem • **clonage thérapeutique** clonagem terapêutica.

cloque [klɔk] nf bolha f.

clôture [klotyʀ] nf (barrière) cerca f.

clôturer [klotyʀe] vt (champ, jardin) cercar.

clou [klu] nm prego m • **clou de girofle** cravo-da-índia m ♦ **clous** nmpl (passage piétons) faixa f de pedestres.

clouer [klue] vt pregar.

clouté [klute] adj m → **passage**.

clown [klun] nm palhaço m.

club [klœb] nm clube m.

cm (abr de centimètre) cm.

CM nm (abr de cours moyen) • **CM1** = terceira série f (do ensino fundamental) • **CM2** = quarta série f (do ensino fundamental).

coaguler [kɔagyle] vi coagular.

cobaye [kɔbaj] nm cobaia f.

Coca(-Cola)® [kɔka(kɔla)] nm inv Coca-Cola® f.

coccinelle [kɔksinɛl] nf joaninha f.

cocher [kɔʃe] vt marcar com uma cruz.

cochon, onne [kɔʃɔ̃, ɔn] nm • (fam & péj) (personne sale) porco m, -ca f ♦ nm porco m • **cochon d'Inde** porquinho-da-índia m, cobaia f.

cocktail [kɔktɛl] nm coquetel m.
coco [koko] nm → **noix**.
cocotier [kɔkɔtje] nm coqueiro m.
cocotte [kɔkɔt] nf panela f • **cocotte en papier** galinha f de papel.
Cocotte-Minute® [kɔkɔtminyt] (pl **Cocottes-Minute**) nf panela f de pressão.
code [kɔd] nm código m • **code confidentiel** código de acesso • **code postal** código postal • **code de la route** código de trânsito ◆ **codes** nm AUTO farol m baixo.

(i) CODE POSTAL

Na indicação de um endereço, os cinco algarismos do código postal precedem o nome da cidade. Os dois primeiros algarismos indicam o departamento em que a cidade se encontra. Nas cidades divididas em "arrondissements", estes correspondem aos dois últimos algarismos. Certas empresas ou organismos importantes possuem um código especial denominado "Cedex" (Codex).

---

codé, e [kɔde] adj codificado(da).
code-barres [kɔdbaʀ] (pl **codes-barres**) nm código m de barras.

cœur [kœʀ] nm ANAT (gentillesse) coração m; (centre) centro m; (aux cartes) copas fpl • **avoir bon cœur** ter bom coração • **de bon cœur** de boa vontade • **par cœur** de cor • **cœur d'artichaut** coração de alcachofra • **cœur de palmier** palmito m.
coffre [kɔfʀ] nm (de voiture) porta-malas m inv; (malle) mala f.
coffre-fort [kɔfʀəfɔʀ] (pl **coffres-forts**) nm cofre-forte m.
coffret [kɔfʀɛ] nm estojo m.
cognac [kɔnak] nm conhaque m.
cogner [kɔɲe] vi bater ◆ **se cogner** vp bater • **se cogner la tête** bater com a cabeça.
cohabiter [kɔabite] vi coabitar.
cohérent, e [kɔeʀɑ̃, ɑ̃t] adj coerente.
cohue [kɔy] nf barafunda f.
coiffer [kwafe] vt pentear • **être coiffé de** usar (na cabeça) ◆ **se coiffer** vp pentear-se.
coiffeur, euse [kwafœʀ, øz] nm cabeleireiro m, -ra f.
coiffure [kwafyʀ] nf penteado m.
coin [kwɛ̃] nm canto m • **au coin de** no canto de • **dans le coin** (dans les environs) por aqui.
coincer [kwɛ̃se] vt entalar ◆ **se coincer** vp ficar entalado(da) • **se coincer le doigt** entalar o dedo.
coïncidence [kɔɛ̃sidɑ̃s] nf coincidência f.

coïncider

coïncider [kɔɛ̃side] *vi* coincidir.

col [kɔl] *nm (de vêtement)* gola *f*, *(en montagne)* colo *m* • **col roulé** gola alta • **col en pointe** ou **en V** decote *m* em V.

colère [kɔlɛʀ] *nf* raiva *f* • **être en colère (contre qqn)** estar com raiva (de alguém) • **se mettre en colère** irritar-se.

colin [kɔlɛ̃] *nm* pescada *f*.

colique [kɔlik] *nf* cólica *f*.

colis [kɔli] *nm* • **colis (postal)** encomenda *f*(postal).

collaborer [kɔlabɔʀe] *vi* colaborar • **collaborer à qqch** colaborar em algo.

collant, e [kɔlɑ̃, ɑ̃t] ◆ *adj (adhésif)* colante; *(étroit)* justo(ta) ◆ *nm* meia-calça *f*.

colle [kɔl] *nf (pâte)* cola *f*; *(devinette)* adivinha *f*, EDUC *(retenue)* castigo *m*.

collecte [kɔlɛkt] *nf* coleta *f*.

collectif, ive [kɔlɛktif, iv] *adj* coletivo(va).

collection [kɔlɛksjɔ̃] *nf* coleção *f*.

collectionner [kɔlɛksjɔne] *vt* colecionar.

collège [kɔlɛʒ] *nm* escola *f* preparatória.

collégien, enne [kɔleʒjɛ̃, ɛn] *nm* aluno *m*, -na *f*.

collègue [kɔlɛg] *nmf* colega *mf*.

coller [kɔle] *vt (faire adhérer)* colar; *(fam) (donner)* pregar; EDUC *(punir)* castigar.

collier [kɔlje] *nm (bijou)* colar *m*; *(de chien)* coleira *f*.

colline [kɔlin] *nf* colina *f*.

collision [kɔlizjɔ̃] *nf* colisão *f*.

colocataire [kɔlɔkatɛʀ] *nm* coinquilino.

Cologne [kɔlɔɲ] *nom* → **eau**.

colombe [kɔlɔ̃b] *nf* pomba *f*.

colonie [kɔlɔni] *nf* colônia *f* • **colonie de vacances** colônia de férias.

colonne [kɔlɔn] *nf* coluna *f* • **colonne vertébrale** coluna vertebral.

colorant [kɔlɔʀɑ̃] *nm* corante *m* • **sans colorants** sem corantes.

colorier [kɔlɔʀje] *vt* colorir.

coloris [kɔlɔʀi] *nm* colorido *m*.

coma [kɔma] *nm* coma *m* • **être dans le coma** estar em coma.

combat [kɔ̃ba] *nm* combate *m*.

combattant [kɔ̃batɑ̃] *nm* combatente *m* • **ancien combattant** antigo combatente.

combattre [kɔ̃batʀ] ◆ *vt (ennemi, maladie, idées)* combater ◆ *vi (contre un ennemi, une maladie, des idées)* combater.

combien [kɔ̃bjɛ̃] *adv* • **combien de** quanto(ta) • **combien ça coûte?** quanto custa?

combinaison [kɔ̃binezɔ̃] *nf* combinação *f*, *(de motard, skieur)* roupa *f* • **combinaison de plongée** roupa de mergulho.

combiné [kɔ̃bine] *nm* • **combiné (téléphonique)** auscultador *m*.

combiner [kɔ̃bine] *vt* combinar.

comble [kɔ̃bl] *nm* • **c'est un comble!** é o cúmulo! • **le comble de** o cúmulo de.

combler [kɔ̃ble] *vt (boucher)* tapar; *(satisfaire)* satisfazer.

combustible [kɔ̃bystibl] *nm* combustível *m*.

comédie [kɔmedi] *nf (film, pièce de théâtre)* comédia *f*; *(fam) (caprice)* fita *f* • **jouer la comédie** fazer fita.

comédien, enne [kɔmedjɛ̃, ɛn] *nm* comediante *mf*.

comestible [kɔmɛstibl] *adj* comestível.

comique [kɔmik] *adj* cômico(ca).

comité [kɔmite] *nm* comitê *m* • **comité d'entreprise** *conselho formado por representantes eleitos pelos funcionários e presidido pelo presidente da empresa, tendo um papel de consultoria e controle sobre o andamento da empresa.*

commandant [kɔmɑ̃dɑ̃] *nm* comandante *m*.

commande [kɔmɑ̃d] *nf* comando *m*; COMM *(achat)* encomenda *f* • **les commandes** *(d'un avion)* os comandos.

commander [kɔmɑ̃de] *vt (diriger)* comandar; *(dans un bar)* pedir; *(acheter)* encomendar; TECH acionar • **commander à qqn de faire qqch** mandar alguém fazer algo.

comme [kɔm] • *conj* **1.** *(gén)* como • **elle est blonde, comme sa mère** ela é loura como a mãe • **comme si rien ne s'était passé** como se nada tivesse acontecido • **comme vous voudrez** como queira

• **comme il faut** *(correctement)* como deve ser; *(convenable)* respeitável • **les villes fortifiées comme Carcassonne** as cidades fortificadas como Carcassonne • **qu'est-ce que vous avez comme desserts?** o que há como sobremesa? • **comme vous n'arriviez pas, nous sommes passés à table** como vocês não chegavam, começamos a comer **2.** *(dans des expressions)* • **comme ça** assim • **comme ci comme ça** *(fam)* assim assim • **comme tout** *(fam) (très)* extremamente • *adv (marque l'intensité)* como • **vous savez comme il est difficile de se loger ici** sabem como é difícil se hospedar aqui • **comme c'est grand !** que grande!

commencement [kɔmɑ̃s-mɑ̃] *nm* começo *m*.

commencer [kɔmɑ̃se] *vt & vi* começar • **commencer à faire qqch** começar a fazer algo • **commencer par qqch** começar por algo • **commencer par faire qqch** começar por fazer algo.

comment? [kɔmɑ̃] *adv* como • **comment?** *(pour faire répéter)* como? • **comment tu t'appelles?** como você se chama? • **comment allez-vous?** como vão vocês?

commentaire [kɔmɑ̃tɛr] *nm* comentário *m*; *(d'un match)* relato *m*.

commerçant

commerçant, e [kɔmɛrsɑ̃, ɑ̃t] • *adj* comercial • *nm* comerciante *mf*.

commerce [kɔmɛrs] *nm (activité)* comércio *m*, *(boutique)* loja *f* • **commerce équitable** comércio equitativo • **commerce en ligne** INFORM comércio eletrônico • **dans le commerce** no comércio.

commercial, e, aux [kɔmɛrsjal, o] *adj* comercial.

commettre [kɔmɛtr] *vt* cometer.

commis, e [kɔmi, iz] *pp* → **commettre**.

commissaire [kɔmisɛr] *nm* • **commissaire (de police)** delegado *m* (de polícia).

commissariat [kɔmisarja] *nm* • **commissariat (de police)** delegacia *f* (de polícia).

commission [kɔmisjɔ̃] *nf* comissão *f*, *(message)* recado *m* • **commissions** *(courses)* compras *fpl* • **faire les commissions** fazer as compras.

commode [kɔmɔd] • *adj* cômodo(da) • *nf (meuble)* cômoda *f*.

commun, e [kɔmœ̃, yn] *adj* comum • **mettre qqch en commun** reunir algo.

communauté [kɔmynote] *nf* comunidade *f* • **la Communauté économique européenne** a Comunidade Econômica Europeia.

commune [kɔmyn] *nf* comuna *f*.

communication [kɔmynikasjɔ̃] *nf* comunicação *f* • **communication (téléphonique)** ligação *f* (telefónica).

communion [kɔmynjɔ̃] *nf* comunhão *f*.

communiqué [kɔmynike] *nm* comunicado *m*.

communiquer [kɔmynike] *vt & vi* comunicar.

communisme [kɔmynism] *nm* comunismo *m*.

communiste [kɔmynist] *adj & nm* comunista.

compact, e [kɔ̃pakt] • *adj* compacto(ta) • *nm* • **(disque) compact** compacto *m*.

Compact Disc® [kɔ̃paktdisk] *(pl* **Compact Discs**) *nm* CD *m*.

compagne [kɔ̃paɲ] *nf (camarade)* colega *f*; *(dans un couple)* companheira *f*.

compagnie [kɔ̃paɲi] *nf* companhia *f* • **en compagnie de** em companhia de • **tenir compagnie à** fazer companhia a • **compagnie aérienne** companhia aérea.

compagnon [kɔ̃paɲɔ̃] *nm* companheiro *m*.

comparable [kɔ̃parabl] *adj* comparável • **comparable à** comparável a.

comparaison [kɔ̃parɛzɔ̃] *nf* comparação *f*.

comparer [kɔ̃pare] *vt* comparar • **comparer qqch à** ou **avec** comparar algo a ou com.

compartiment [kɔ̃partimɑ̃] *nm* compartimento *m* • **compartiment fumeurs** compartimento para fumantes • **compartiment non-fumeurs** compartimento para não fumantes.

compas [kɔ̃pa] *nm MATH* compasso *m*; *(boussole)* bússola *f*.

compatible [kɔ̃patibl] *adj* compatível.

compatriote [kɔ̃patʀijɔt] *nmf* compatriota *mf*.

compensation [kɔ̃pɑ̃sasjɔ̃] *nf* compensação *f*.

compenser [kɔ̃pɑ̃se] *vt* compensar.

compétence [kɔ̃petɑ̃s] *nf* competência *f*.

compétent, e [kɔ̃petɑ̃, ɑ̃t] *adj* competente.

compétitif, ive [kɔ̃petitif, iv] *adj* competitivo(va).

compétition [kɔ̃petisjɔ̃] *nf* competição *f*.

complément [kɔ̃plemɑ̃] *nm* complemento *m*.

complémentaire [kɔ̃plemɑ̃tɛʀ] *adj* complementar.

complet, ète [kɔ̃plɛ, ɛt] *adj (entier)* completo(ta); *(plein)* cheio(cheia); *(aliment)* integral • **complet** *(parking)* lotado; *(théâtre)* esgotado.

complètement [kɔ̃plɛtmɑ̃] *adv* completamente.

compléter [kɔ̃plete] *vt* completar ◆ **se compléter** *vp* completar-se.

complexe [kɔ̃plɛks] ◆ *adj* complexo(xa) ◆ *nm* complexo *m*.

complice [kɔ̃plis] *adj & nm* cúmplice.

compliment [kɔ̃plimɑ̃] *nm* cumprimento *m* • **faire un compliment à qqn** cumprimentar alguém.

compliqué, e [kɔ̃plike] *adj* complicado(da).

compliquer [kɔ̃plike] *vt* complicar ◆ **se compliquer** *vp* complicar-se.

complot [kɔ̃plo] *nm* conspiração *f*.

comportement [kɔ̃pɔʀtəmɑ̃] *nm* comportamento *m*.

comporter [kɔ̃pɔʀte] *vt* comportar ◆ **se comporter** *vp* comportar-se.

composer [kɔ̃poze] *vt* compor; *(bouquet)* fazer; *(code, numéro)* discar • **composé de** composto *ou* por ◆ **se composer de** *vp + prép* compor-se de.

compositeur, trice [kɔ̃pozitœʀ, tʀis] *nm* compositor *m*, -a *f*.

composition [kɔ̃pozisjɔ̃] *nf* composição *f*.

composter [kɔ̃pɔste] *vt* validar • **compostez votre billet** valide o seu bilhete.

compote [kɔ̃pɔt] *nf* compota *f* • **compote de pommes** compota de maçã.

compréhensible [kɔ̃pʀeɑ̃sibl] *adj* compreensível.

compréhensif, ive [kɔ̃pʀeɑ̃sif, iv] *adj* compreensivo(va).

comprendre [kɔ̃pʀɑ̃dʀ] *vt* compreender ◆ **se comprendre** *vp (personnes)* compreender-se • **ça se comprend** é compreensível.

compresse [kɔ̃pʀɛs] *nf* compressa *f*.

compresser vt 1. comprimir 2. *INFORM* compactar.
comprimé [kɔ̃prime] nm comprimido m.
comprimer [kɔ̃prime] vt comprimir.
compris, e [kɔ̃pri, iz] • pp → **comprendre** • adj (inclus) incluído(da) • **non compris** não incluído • **tout compris** ao todo • **y compris** inclusive.
compromettre [kɔ̃prɔmɛtr] vt comprometer.
compromis, e [kɔ̃prɔmi, iz] • pp → **compromettre** • nm compromisso m.
comptabilité [kɔ̃tabilite] nf contabilidade f.
comptable [kɔ̃tabl] nm contador m, -ra f.
comptant [kɔ̃tɑ̃] adv • **payer comptant** pagar à vista.
compte [kɔ̃t] nm conta f • **se rendre compte de** dar-se conta de • **se rendre compte que** dar-se conta de que • **compte joint** conta conjunta • **compte postal** conta bancária aberta nos Correios na França • **en fin de compte** afinal de contas • **tout compte fait** feitas as contas ◆ **comptes** nm contas fpl • **faire ses comptes** fazer as contas.
compte-gouttes [kɔ̃tgut] nm inv conta-gotas m inv.
compter [kɔ̃te] • vt (calculer) contar; (inclure) contar com • vi contar • **compter faire qqch** contar fazer algo ◆ **compter sur** vp + prép contar com.

compte-rendu [kɔ̃trɑ̃dy] (pl **comptes-rendus**) nm ata f.
compteur [kɔ̃tœr] nm contador m • **compteur (kilométrique)** hodômetro m • **compteur (de vitesse)** velocímetro m.
comptoir [kɔ̃twar] nm balcão m.
comte, comtesse [kɔ̃t, kɔ̃tɛs] nm conde m, -dessa f.
con, conne [kɔ̃, kɔn] adj (vulg) besta.
concentration [kɔ̃sɑ̃trasjɔ̃] nf concentração f.
concentré, e [kɔ̃sɑ̃tre] • adj concentrado(da) • nm • **concentré de tomate** polpa f de tomate.
concentrer [kɔ̃sɑ̃tre] vt concentrar ◆ **se concentrer (sur)** vp + prép concentrar-se em.
conception [kɔ̃sɛpsjɔ̃] nf concepção f.
concerner [kɔ̃sɛrne] vt dizer respeito a.
concert [kɔ̃sɛr] nm concerto m.
concessionnaire [kɔ̃sesjɔnɛr] nm concessionária f.
concevoir [kɔ̃səvwar] vt conceber.
concierge [kɔ̃sjɛrʒ] nm zelador m, -ra f.
concis, e [kɔ̃si, iz] adj conciso(sa).
conclure [kɔ̃klyr] vt concluir.
conclusion [kɔ̃klyzjɔ̃] nf conclusão f.
concombre [kɔ̃kɔ̃br] nm pepino m.
concorder [kɔ̃kɔrde] vi coincidir, concordar.

concours [kɔ̃kuʀ] nm concurso m • **concours de circonstances** concurso de circunstâncias.

concret, ète [kɔ̃kʀɛ, ɛt] adj concreto(ta).

concurrence [kɔ̃kyʀɑ̃s] nf concorrência f.

concurrent, e [kɔ̃kyʀɑ̃, ɑ̃t] nm concorrente mf.

condamnation [kɔ̃danasjɔ̃] nf condenação f.

condamner [kɔ̃dane] vt (accusé) condenar; (porte, fenêtre) interditar • **condamner qqn à** condenar alguém a.

condensation [kɔ̃dɑ̃sasjɔ̃] nf condensação f.

condensé, e [kɔ̃dɑ̃se] adj condensado(da).

condiment [kɔ̃dimɑ̃] nm condimento m.

condition [kɔ̃disjɔ̃] nf condição f • **à condition de** com a condição de • **à condition que** desde que.

conditionné [kɔ̃disjɔne] adj m → air.

conditionnel [kɔ̃disjɔnɛl] nm condicional m.

condoléances [kɔ̃dɔleɑ̃s] nfpl pêsames mpl • **présenter ses condoléances à qqn** dar os pêsames a alguém.

conducteur, trice [kɔ̃dyktœʀ, tʀis] nm condutor m, -ra f.

conduire [kɔ̃dɥiʀ] • vt (véhicule) conduzir; (accompagner) acompanhar; (guider) levar • vi (automobiliste) conduzir; (chemin, couloir) ir dar a • **se conduire** vp conduzir-se.

conduit, e [kɔ̃dɥi, it] pp → conduire.

conduite [kɔ̃dɥit] nf (attitude) conduta f; (tuyau) conduto m • **conduite à gauche** direção f do lado esquerdo.

cône [kon] nm (figure géométrique) cone m; (glace) sorvete m de casquinha.

confection [kɔ̃fɛksjɔ̃] nf confecção f.

confectionner [kɔ̃fɛksjɔne] vt confeccionar.

conférence [kɔ̃feʀɑ̃s] nf conferência f.

confession [kɔ̃fesjɔ̃] nf confissão f.

confetti [kɔ̃feti] nm confete m (de Carnaval).

confiance [kɔ̃fjɑ̃s] nf confiança f • **avoir confiance en** ter confiança em • **faire confiance à** confiar em.

confiant, e [kɔ̃fjɑ̃, ɑ̃t] adj confiante.

confidence [kɔ̃fidɑ̃s] nf confidência f • **faire des confidences à qqn** fazer confidências a alguém.

confidentiel, elle [kɔ̃fidɑ̃sjɛl] adj confidencial.

confier [kɔ̃fje] vt confiar • **confier qqch à qqn** confiar algo a alguém ♦ **se confier (à)** vp + prép abrir-se (com).

confirmation [kɔ̃fiʀmasjɔ̃] nf confirmação f.

confirmer [kɔ̃fiʀme] vt confirmar ♦ **se confirmer** vp confirmar-se.

confiserie

confiserie [kɔ̃fizʀi] *nf (sucreries)* doce *m*; *(magasin)* confeitaria *f*.

confisquer [kɔ̃fiske] *vt* tirar.

confit [kɔ̃fi] • *adj m* → **fruit** • *nm* • confit de canard/d'oie conserva de pato ou de ganso cozidos na própria gordura.

confiture [kɔ̃fityʀ] *nf* geleia *f*.

conflit [kɔ̃fli] *nm* conflito *m*.

confondre [kɔ̃fɔ̃dʀ] *vt* confundir.

conforme [kɔ̃fɔʀm] *adj* conforme • **conforme à** em conformidade com.

conformément [kɔ̃fɔʀmemɑ̃] ♦ **conformément à** *prép* de acordo com.

confort [kɔ̃fɔʀ] *nm* conforto *m* • **tout confort** com todas as comodidades.

confortable [kɔ̃fɔʀtabl] *adj* confortável.

confrère [kɔ̃fʀɛʀ] *nm* colega *m*.

confronter [kɔ̃fʀɔ̃te] *vt* confrontar.

confus, e [kɔ̃fy, yz] *adj (compliqué)* confuso(sa); *(embarrassé)* embaraçado(da).

confusion [kɔ̃fyzjɔ̃] *nf* confusão *f*, *(honte)* embaraço *m*.

congé [kɔ̃ʒe] *nm* férias *fpl* • **être en congé** estar de férias • **congé (de) maladie** licença *f* médica.

congélateur [kɔ̃ʒelatœʀ] *nm* congelador *m*.

congeler [kɔ̃ʒle] *vt* congelar.

congestion [kɔ̃ʒɛstjɔ̃] *nf* MÉD congestão *f*.

congolais [kɔ̃gɔlɛ] *nm* bolo *m* de coco.

congrès [kɔ̃gʀɛ] *nm* congresso *m*.

conjoint [kɔ̃ʒwɛ̃] *nm* cônjuge *mf*.

conjonction [kɔ̃ʒɔ̃ksjɔ̃] *nf* conjunção *f*.

conjonctivite [kɔ̃ʒɔ̃ktivit] *nf* conjuntivite *f*.

conjoncture [kɔ̃ʒɔ̃ktyʀ] *nf* conjuntura *f*.

conjugaison [kɔ̃ʒygɛzɔ̃] *nf* conjugação *f*.

conjuguer [kɔ̃ʒyge] *vt (verbe)* conjugar.

connaissance [kɔnɛsɑ̃s] *nf (savoir)* conhecimento *m*; *(relation)* conhecido *m*, -da *f* • **avoir des connaissances en qqch** ter conhecimentos de algo • **faire la connaissance de qqn** travar conhecimento com alguém • **perdre connaissance** perder os sentidos.

connaisseur, euse [kɔnɛsœʀ, øz] *nm* conhecedor *m*, -ra *f*.

connaître [kɔnɛtʀ] *vt* conhecer; *(leçon, adresse)* saber ♦ **s'y connaître** *vp + prép* ser entendido(da) em.

conne → **con**.

connecter [kɔnɛkte] *vt* conectar.

connu, e [kɔny] • *pp* → **connaître** • *adj* conhecido(da).

conquérir [kɔ̃keʀiʀ] *vt* conquistar.

conquête [kɔ̃kɛt] *nf* conquista *f*.

conquis, e [kɔ̃ki, iz] *pp* → **conquérir**.

consacrer [kɔ̃sakʀe] vt consagrar • **consacrer qqch à** consagrar algo a ♦ **se consacrer à** vp + prép consagrar-se a.

consciemment [kɔ̃sjamɑ̃] adv conscientemente.

conscience [kɔ̃sjɑ̃s] nf consciência f • **avoir conscience de qqch** ter consciência de algo • **prendre conscience de qqch** tomar consciência de algo • **avoir mauvaise conscience** ter a consciência pesada.

consciencieux, euse [kɔ̃sjɑ̃sjø, øz] adj conscienciozo(osa).

conscient, e [kɔ̃sjɑ̃, ɑ̃t] adj consciente • **être conscient de qqch** estar consciente de algo.

consécutif, ive [kɔ̃sekytif, iv] adj consecutivo(va) • **consécutif à** consecutivo a.

conseil [kɔ̃sɛj] nm conselho m • **demander conseil à qqn** pedir conselho a alguém.

conseiller[1] [kɔ̃seje] vt aconselhar • **conseiller qqch à qqn** aconselhar algo a alguém • **conseiller à qqn de faire qqch** aconselhar alguém a fazer algo.

conseiller[2], **ère** [kɔ̃seje, ɛʀ] nm conselheiro m, -ra f.

conséquence [kɔ̃sekɑ̃s] nf consequência f.

conséquent [kɔ̃sekɔ̃] ♦ **par conséquent** adv por conseguinte.

conservateur [kɔ̃sɛʀvatœʀ] nm conservante m.

conservatoire [kɔ̃sɛʀvatwaʀ] nm conservatório m.

conserve [kɔ̃sɛʀv] nf (boîte) lata f de conserva.

conserver [kɔ̃sɛʀve] vt conservar.

considérable [kɔ̃sideʀabl] adj considerável.

considération [kɔ̃sideʀasjɔ̃] nf consideração f • **prendre qqn/qqch en considération** levar alguém/algo em consideração.

considérer [kɔ̃sideʀe] vt considerar • **considérer que** considerar que • **il le considère comme un ami** ele o considera um amigo • **je considère ce roman comme un chef-d'œuvre** considero este romance uma obra-prima.

consigne [kɔ̃siɲ] nf (de gare) depósito m de bagagem; (instructions) instruções fpl • **consigne automatique** armário metálico que se abre com a inserção de uma moeda e que fornece uma chave ou um código.

consistance [kɔ̃sistɑ̃s] nf consistência f.

consistant, e [kɔ̃sistɑ̃, ɑ̃t] adj consistente.

consister [kɔ̃siste] vi consistir • **consister à faire qqch** consistir em fazer algo • **consister en** consistir em.

consœur [kɔ̃sœʀ] nf colega f.

consolation [kɔ̃sɔlasjɔ̃] nf consolação f.

console [kɔ̃sɔl] nf console f • **console de jeux** console de jogos.

consoler [kɔ̃sɔle] vt consolar.

consommateur, trice [kɔ̃sɔmatœʀ, tʀis] *nm (acheteur)* consumidor *m*, -ra *f*; *(dans un bar)* cliente *mf*.

consommation [kɔ̃sɔmasjɔ̃] *nf* consumo *m*.

consommé [kɔ̃sɔme] *nm* consomê *m*.

consommer [kɔ̃sɔme] *vt* consumir.

consonne [kɔ̃sɔn] *nf* consoante *f*.

constamment [kɔ̃stamɑ̃] *adv* constantemente.

constant, e [kɔ̃stɑ̃, ɑ̃t] *adj* constante.

constat [kɔ̃sta] *nm (d'accident)* boletim *m* • **constat (à l'amiable)** boletim de ocorrência de acidente automobilístico.

constater [kɔ̃state] *vt* constatar.

consterné, e [kɔ̃stɛʀne] *adj* consternado(da).

constipé, e [kɔ̃stipe] *adj* • **être constipé** estar com prisão de ventre.

constituer [kɔ̃stitɥe] *vt* constituir • **constitué de** constituído por.

construction [kɔ̃stʀyksjɔ̃] *nf (d'une maison, d'un bateau)* construção *f*; *(bâtiment)* construção *f* civil.

construire [kɔ̃stʀɥiʀ] *vt* construir.

construit, e [kɔ̃stʀɥi, it] *pp* → **construire**.

consulat [kɔ̃syla] *nm* consulado *m*.

consultation [kɔ̃syltasjɔ̃] *nf* consulta *f*.

consulter [kɔ̃sylte] *vt* consultar.

contact [kɔ̃takt] *nm* contato *m*; *(d'un moteur)* ignição *f* • **couper le contact** desligar a ignição • **entrer en contact avec** *(heurter)* ir contra; *(entrer en relation)* entrar em contato com • **mettre le contact** ligar a ignição.

contacter [kɔ̃takte] *vt* contatar.

contagieux, euse [kɔ̃taʒjø, øz] *adj (maladie)* contagioso(osa); *(rire)* contagiante.

contaminer [kɔ̃tamine] *vt* contaminar.

conte [kɔ̃t] *nm* conto *m*.

contempler [kɔ̃tɑ̃ple] *vt* contemplar.

contemporain, e [kɔ̃tɑ̃pɔʀɛ̃, ɛn] *adj* contemporâneo(nea).

contenir [kɔ̃tniʀ] *vt* conter.

content, e [kɔ̃tɑ̃, ɑ̃t] *adj* contente • **être content de qqch** estar contente com algo • **être content de faire qqch** estar contente por fazer algo.

contenter [kɔ̃tɑ̃te] *vt* contentar ♦ **se contenter de** *vp + prép* contentar-se com • **se contenter de qqch** contentar-se com algo • **se contenter de faire qqch** contentar-se em fazer algo.

contenu, e [kɔ̃tny] *pp* → **contenir** • *nm* conteúdo *m*.

contester [kɔ̃tɛste] *vt* contestar.

contexte [kɔ̃tɛkst] *nm* contexto *m*.

continent [kɔ̃tinɑ̃] *nm* continente *m*.

continu, e [kɔ̃tiny] *adj* contínuo(nua).

continuel, elle [kɔ̃tinɥɛl] *adj* contínuo(nua).

continuellement [kɔ̃tinɥɛlmɑ̃] *adv* continuamente.

continuer [kɔ̃tinɥe] *vt & vi* continuar • **continuer à** *ou* **à faire qqch** continuar a fazer algo.

contour [kɔ̃tuʀ] *nm* contorno *m*.

contourner [kɔ̃tuʀne] *vt* contornar.

contraceptif, ive [kɔ̃tʀasɛptif, iv] • *adj* contraceptivo(va) • *nm* contraceptivo *m*.

contraception [kɔ̃tʀasɛpsjɔ̃] *nf* contracepção *f*.

contracter [kɔ̃tʀakte] *vt* contrair; *(assurance)* contratar.

contradictoire [kɔ̃tʀadiktwaʀ] *adj* contraditório(ria).

contraindre [kɔ̃tʀɛ̃dʀ] *vt* obrigar • **contraindre qqn à faire qqch** obrigar alguém a fazer algo.

contraire [kɔ̃tʀɛʀ] • *nm* contrário *m* • *adj* contrário(ria) • **contraire à** contrário a • **au contraire** pelo contrário.

contrairement [kɔ̃tʀɛʀmɑ̃] • **contrairement à** *prép* contrariamente a.

contrarier [kɔ̃tʀaʀje] *vt* contrariar.

contraste [kɔ̃tʀast] *nm* contraste *m*.

contrat [kɔ̃tʀa] *nm* contrato *m*.

contravention [kɔ̃tʀavɑ̃sjɔ̃] *nf* multa *f*.

contre [kɔ̃tʀ] *prép* contra • **un sirop contre la toux** um xarope para tosse • **par contre** pelo contrário.

contre-attaque (*pl* **contre-attaques**) *nf* contra-ataque *m*.

contrebande [kɔ̃tʀabɑ̃d] *nf* contrabando *m* • **passer qqch en contrebande** contrabandear algo.

contrebasse [kɔ̃tʀabas] *nf* contrabaixo *m*.

contrecœur [kɔ̃tʀ əkœʀ] • **à contrecœur** *adv* a contragosto.

contrecoup [kɔ̃tʀəku] *nm* (*fig*) consequência *f*.

contredire [kɔ̃tʀədiʀ] *vt* contradizer.

contre-indication (*pl* **-s**) *nf* contraindicação *f*.

contre-jour [kɔ̃tʀəʒuʀ] • **à contre-jour** *adv* em contraluz.

contrepartie [kɔ̃tʀəpaʀti] *nf* contrapartida *f* • **en contrepartie** em contrapartida.

contreplaqué [kɔ̃tʀəplake] *nm* compensado *m*.

contrepoison [kɔ̃tʀəpwazɔ̃] *nm* contraveneno *m*.

contresens [kɔ̃tʀəsɑ̃s] *nm* contra-senso *m* • **à contresens** na contramão.

contretemps [kɔ̃tʀətɑ̃] *nm* contratempo *m*.

contribuer [kɔ̃tʀibɥe] • **contribuer à** *vp + prép* contribuir para.

contrôle [kɔ̃tʀol] *nm* controle *m*; *EDUC* teste *m* • **contrôle aérien** controle aéreo • **contrôle d'identité** controle de identi-

contrôler

dade • **contrôle parental** *INFORM* controle de acesso.

contrôler [kɔ̃trole] *vt* controlar.

contrôleur [kɔ̃trolœr] *nm* fiscal *m* • **contrôleur aérien** controlador *m* aéreo.

contrordre [kɔ̃trɔrdr] *nm* contraordem *f*.

convaincre [kɔ̃vɛ̃kr] *vt* convencer • **convaincre qqn de qqch** convencer alguém de algo • **convaincre qqn de faire qqch** convencer alguém a fazer algo.

convalescence [kɔ̃valesɑ̃s] *nf* convalescência *f*.

convenable [kɔ̃vnabl] *adj* conveniente.

convenir [kɔ̃vnir]♦ **convenir à** *vp + prép* convir a.

convenu, e [kɔ̃vny] *pp* → **convenir**.

conversation [kɔ̃vɛrsasjɔ̃] *nf* conversa *f*.

convertible [kɔ̃vɛrtibl] *adj* → canapé.

convocation [kɔ̃vɔkasjɔ̃] *nf* convocação *f*.

convoi [kɔ̃vwa] *nm* comboio *m*.

convoiter [kɔ̃vwate] *vt* cobiçar.

convoquer [kɔ̃vɔke] *vt* convocar.

cookie [kuki] *nm* **1.** *(petit gâteau)* cookie *m* **2.** *INFORM* cookie *m*.

coopération [kɔɔperasjɔ̃] *nf* cooperação *f*.

coopérer [kɔɔpere] *vi* cooperar • **coopérer à qqch** cooperar com algo.

coordonné, e [kɔɔrdɔne] *adj* coordenado(da).

coordonnées [kɔɔrdɔne] *nf* • **laissez-moi vos coordonnées** deixe-me o seu endereço e o seu número de telefone.

coordonner [kɔɔrdɔne] *vt* coordenar.

copain, copine [kɔpɛ̃, kɔpin] *nm (fam) (ami)* amigo *m*, -ga *f*; *(petit ami)* namorado *m*, -da *f*.

copie [kɔpi] *nf* **1.** *(reproduction)* cópia *f*; *(devoir)* lição *f* de casa; *(feuille)* folha *f* **2.** *INFORM* • **copie d'écran** captura *f* de tela.

copier [kɔpje] *vt* copiar • **copier (qqch) sur qqn** copiar (algo) de alguém.

copier-coller [kɔpjekɔle] *vt INFORM* copiar-colar.

copieux, euse [kɔpjø, øz] *adj* copioso(osa).

copilote [kɔpilɔt] *nm* copiloto *m*.

copine → **copain**.

coq [kɔk] *nm* galo *m* • **coq au vin** *frango com vinho tinto*.

coque [kɔk] *nf (de bateau)* casco *m*, *(coquillage)* berbigão *m*.

coquelet [kɔklɛ] *nm* galeto *m*.

coquelicot [kɔkliko] *nm* papoula *f*.

coqueluche [kɔklyʃ] *nf MÉD* coqueluche *f*.

coquet, ette [kɔkɛ, ɛt] *adj* charmoso(sa).

coquetier [kɔktje] *nm* porta-ovo *m*.

coquillage [kɔkijaʒ] *nm (crustacé)* marisco *m*, *(coquille)* concha *f*.

coquille [kɔkij] *nf (d'œuf, de noix)* casca *f*; *(de mollusque)* concha *f* • **coquille Saint-Jacques** vieira *f*.

coquillettes [kɔkijɛt] *nf* massa alimentícia em forma de cilindro curvo.

coquin, e [kɔkɛ̃, in] *adj (enfant)* maroto(ta).

cor [kɔʀ] *nm (instrument)* trompa *f*; *MÉD* calo *m*.

corail [kɔʀaj, o] (*pl* **-aux**) *nm* coral *m* • **(train) Corail** vagão de trem sem compartimentos, com corredor central.

Coran [kɔʀã] *nm* Alcorão *m*.

corbeau [kɔʀbo] (*pl* **-x**) *nm* corvo *m*.

corbeille [kɔʀbɛj] *nf* 1. cesto *m* • **corbeille à papiers** cesto de papéis 2. *INFORM* lixeira *f*.

corbillard [kɔʀbijaʀ] *nm* carro *m* fúnebre.

corde [kɔʀd] *nf* corda *f* • **corde à linge** varal *m* • **corde à sauter** corda de pular • **cordes vocales** cordas vocais.

cordon [kɔʀdɔ̃] *nm (petite corde)* cordão *m*; *(électrique)* fio *m*.

cordonnerie [kɔʀdɔnʀi] *nf* • **aller à la cordonnerie** ir à sapataria.

cordonnier [kɔʀdɔnje] *nm* sapateiro *m*.

coriandre [kɔʀjɑ̃dʀ] *nf* coentro *m*.

corne [kɔʀn] *nf (d'animal)* corno *m*; *(matière)* osso *m*.

cornet [kɔʀnɛ] *nm (de glace)* casquinha *f*; *(de frites)* cartucho *m*.

cornettes [kɔʀnɛt] *nf (Helv)* massa *f* com pontinhas.

cornichon [kɔʀniʃɔ̃] *nm* pepino *m* em conserva.

corps [kɔʀ] *nm* corpo *m*.

correct, e [kɔʀɛkt] *adj* correto(ta).

correction [kɔʀɛksjɔ̃] *nf* correção *f*; *(punition)* castigo *m*.

correspondance [kɔʀɛspɔ̃dɑ̃s] *nf* correspondência *f*; *(train, métro)* baldeação *f* • **par correspondance** por correspondência.

correspondant, e [kɔʀɛspɔ̃dɑ̃, ɑ̃t] • *adj* correspondente • *nm (à qui on écrit)* correspondente *mf*; *(au téléphone)* interlocutor *m*, -ra *f*.

correspondre [kɔʀɛspɔ̃dʀ] *vi (coïncider)* corresponder; *(écrire)* corresponder-se.

corrida [kɔʀida] *nf* tourada *f*.

corridor [kɔʀidɔʀ] *nm* corredor *m*.

corriger [kɔʀiʒe] *vt (erreur, examen)* corrigir; *(défaut)* emendar • **se corriger** *vp* corrigir-se.

corrosif, ive [kɔʀozif, iv] *adj* corrosivo(va).

corsage [kɔʀsaʒ] *nm* corpete *m*.

corse [kɔʀs] *adj* corso(sa) • **Corse** • *nm* corso *m*, -sa *f* • *nf* • **la Corse** a Córsega.

cortège [kɔʀtɛʒ] *nm* cortejo *m*.

corvée [kɔʀve] *nf* chatice *f*.

costaud, e [kɔsto, od] *adj (fam) (musclé)* robusto(ta); *(solide)* sólido(da).

costume

costume [kɔstym] *nm (d'homme)* terno *m*; *(de théâtre, de déguisement)* figurino *m*.

côte [kot] *nf (pente)* encosta *f*, ANAT costela *f*; *(d'agneau, de porc etc.)* costeleta *f*; *(bord de mer)* costa *f* • **côte à côte** lado a lado • **la Côte d'Azur** a Costa Azul *(francesa)*.

côté [kote] *nm* lado *m* • **de quel côté dois-je aller?** para que lado devo ir? • **à côté** ao lado • **à côté de** ao lado de • **de l'autre côté (de)** do outro lado (de) • **de côté** de lado • **mettre qqch de côté** pôr algo de lado.

côtelé [kotle] *adj m* → **velours**.

côtelette [kotlɛt] *nf* costeleta *f*.

cotisation [kɔtizasjɔ̃] *nf* cota *f*
♦ **cotisations** descontos *mpl*.

coton [kɔtɔ̃] *nm* algodão *m*
• **coton (hydrophile)** algodão (hidrófilo).

Coton-Tige® [kɔtɔ̃tiʒ] *(pl* **Cotons-Tiges)** *nm* cotonete *m*.

cou [ku] *nm* pescoço *m*.

couchage [kuʃaʒ] *nm* → **sac**.

couchant [kuʃɑ̃] *adj m* → **soleil**.

couche [kuʃ] *nf (épaisseur)* camada *f*; *(de bébé)* fralda *f*.

couche-culotte [kuʃkylɔt] *(pl* **couches-culottes)** *nf* fralda *f* descartável.

coucher [kuʃe] ♦ *vt* deitar ♦ *vi (dormir)* dormir • **être couché** estar deitado • **coucher avec qqn** *(fam)* dormir com alguém
♦ **se coucher** *vp (personne)* deitar-se; *(soleil)* pôr-se.

couchette [kuʃɛt] *nf* cama *f*, couchette *f*.

coucou [kuku] ♦ *nm (oiseau)* cuco *m*; *(horloge)* relógio *m* de cuco ♦ *interj* olá!

coude [kud] *nm* ANAT cotovelo *m*; *(courbe)* curva *f*.

coudre [kudʀ] *vt & vi* costurar.

couette [kwɛt] *nf (édredon)* edredom *m* ♦ **couettes** *nfpl (coiffure)* rabo *m* de cavalo.

cougnou [kuɲu] *nm (Belg)* brioche com a forma do Menino Jesus que se degusta no Natal.

couler [kule] ♦ *vi (liquide, rivière)* correr; *(bateau)* afundar-se ♦ *vt (bateau)* afundar.

couleur [kulœʀ] *nf (teinte)* cor *f*; *(de cartes)* naipe *m* • **de quelle couleur est...?** de que cor é...?

couleuvre [kulœvʀ] *nf* cobra *f*.

coulis [kuli] *nm* caldo de legumes, de fruta ou de mariscos.

coulisser [kulise] *vi* deslizar.

coulisses [kulis] *nfpl* bastidores *mpl*.

couloir [kulwaʀ] *nm (d'appartement)* corredor *m*; *(de bus)* corredor *m* de circulação.

coup [ku] *nm* **1.** *(choc physique)* pancada *f* • **donner un coup à qqn** dar uma pancada em alguém • **donner un coup de coude à qqn** dar uma cotovelada em alguém • **coup de couteau** facada *f* • **coup de feu** tiro *m* • **coup de pied** pontapé *m* • **coup de poing** murro *m* **2.** *(avec un instrument)* • **passer un coup de balai** varrer • **coup de**

marteau martelada f • **coup de crayon** traço m **3.** *(choc moral, action malhonnête)* golpe m • **coup dur** *(fam)* golpe duro • **ça m'a fait un coup au cœur** aquilo foi um choque para mim • **faire un coup à qqn** dar um golpe baixo em alguém **4.** *(bruit)* **il y a eu un coup** houve um estampido • **coup de sonnette** toque m (de campainha) • **les douze coups de minuit** as doze badaladas da meia-noite **5.** *(à la porte)* pancada f **6.** *(aux échecs)* jogada f **7.** *(en sport)* lance m • **coup franc** *(au football)* tiro m livre; *(au rugby)* lance m livre **8.** *(fois)* vez f • **du premier coup** de primeira • **d'un (seul) coup** *(en une fois)* de uma só vez; *(soudainement)* de repente • **j'ai tout bu d'un (seul) coup** bebi tudo de um (só) gole • **ça marche à tous les coups** funciona sempre **9.** *(dans des expressions)* • **avoir un coup de barre/de pompe** *(fam)* fadiga, cansaço, canseira • **coup de chance** golpe de sorte • **coup de fil** ou **de téléphone** telefonema m • **donner un coup de main à qqn** dar uma mão a alguém • **jeter un coup d'œil (à)** dar uma olhadela (em) • **coup de soleil** queimadura f (solar) • **coup de foudre** amor m à primeira vista • **coup de vent** rajada f de vento • **passer en coup de vent** fazer uma visita rápida • **boire un coup** *(fam)* beber um copo • **du coup,...** resultado,... • **tenir le coup** aguentar • **valoir le coup** *(fam)* valer a pena • *(locution prepositionnelle)* **sur le coup** no instante, no momento.

coupable [kupabl] *adj* & *nm* culpado(da) • **coupable de qqch** culpado de algo.

coupe [kup] *nf* taça f; *(de cheveux, de vêtements)* corte m • **à la coupe** *(fromage etc.)* em fatia.

coupe-papier [kuppapje] *nm inv* corta-papel m.

couper [kupe] *vt* & *vi* cortar • **couper la route à qqn** cortar a frente de alguém ◆ **se couper** *vp* cortar-se • **se couper le doigt** cortar o dedo.

couple [kupl] *nm* casal m.

couplet [kuplɛ] *nm* estrofe f.

coupure [kupyʀ] *nf* corte m • **coupure de courant** corte de eletricidade • **coupure de journal** recorte m de jornal.

couque [kuk] *nf* (Belg) *(biscuit)* bolacha f; *(pain d'épices)* pão de mel m; *(brioche)* brioche m.

cour [kuʀ] *nf* (d'immeuble, de ferme) pátio m; *(tribunal)* tribunal m; *(d'un roi)* corte f • **cour (de récréation)** recreio m.

courage [kuʀaʒ] *nm* coragem f • **bon courage!** coragem!

courageux, euse [kuʀaʒø, øz] *adj* corajoso(osa).

couramment [kuʀamɑ̃] *adv (fréquemment)* frequentemente; *(parler)* fluentemente.

courant, e [kuʀɑ̃, ɑ̃t] *adj (fréquent)* corrente ◆ *nm* corrente f

courbatures

• **être au courant (de)** estar ao corrente (de) • **courant d'air** corrente de ar • **courant alternatif** corrente alternada • **courant continu** corrente contínua.

courbatures [kuʀbatyʀ] *nf* dores *fpl* musculares.

courbe [kuʀb] *adj* curvo(va) • *nf (ligne arrondie)* curva *f*.

courber [kuʀbe] *vt (plier)* dobrar; *(pencher)* curvar.

coureur, euse [kuʀœʀ, øz] *nm* corredor *m*, -ra *f* • **coureur automobile** piloto *m (de provas automobilísticas)* • **coureur cycliste** ciclista *mf*.

courgette [kuʀʒɛt] *nf* abobrinha *f*.

courir [kuʀiʀ] *vt & vi* correr.

couronne [kuʀɔn] *nf* coroa *f*; *(de fleurs)* coroa *f* de flores.

courriel [kuʀjɛl] *nm INFORM* correio *m* eletrônico.

courrier [kuʀje] *nm* correio *m*.

courroie [kuʀwa] *nf* correia *f*.

cours [kuʀ] *nm (leçon)* aula *f* • **cours particuliers** aulas particulares, explicações; *(d'une monnaie, d'une marchandise)* cotação *f* • **au cours de** ao longo de • **en cours** em curso • **cours d'eau** curso *m* de água.

course [kuʀs] *nf* corrida *f*; *(démarche)* volta *f* • **courses** *(achats)* compras *fpl* • **faire les courses** fazer compras.

court, e [kuʀ, kuʀt] *adj* curto(ta) • *nm (de tennis)* quadra *f* de tênis • *adv* • **des cheveux coupés court** cabelo cortado curto • **s'habiller court** vestir saias curtas • **être à court de** estar com falta de.

court-bouillon [kuʀbujɔ̃] *(pl* **courts-bouillons***) nm* caldo composto de água, vinho branco e condimentos, no qual se cozinha o peixe.

court-circuit [kuʀsiʀkɥi] *(pl* **courts-circuits***) nm* curto-circuito *m*.

court-métrage [kuʀmetʀaʒ] *(pl* **courts-métrages***) nm* curta-metragem *f*.

courtois, e [kuʀtwa, az] *adj* cortês.

couru, e [kuʀy] *pp* → **courir**.

couscous [kuskus] *nm* cuscuz *m*.

cousin, e [kuzɛ̃, in] *nm* primo *m*, -ma *f* • **cousin germain** primo-irmão *m*.

coussin [kusɛ̃] *nm* almofada *f*.

cousu, e [kuzy] *pp* → **coudre**.

coût [ku] *nm* custo *m*.

couteau [kuto] *(pl* **-x***) nm* faca *f*.

coûter [kute] *vt & vi* custar • **combien ça coûte?** quanto custa?

coutume [kutym] *nf* costume *m*.

couture [kutyʀ] *nf* costura *f*.

couturier, ère [kutyʀje, ɛʀ] *nm* costureiro *m*, -ra *f* • **grand couturier** grande costureiro.

couvent [kuvɑ̃] *nm* convento *m*.

couver [kuve] *vt & vi* chocar.

couvercle [kuvɛʀkl] *nm (de casserole, bocal)* tampa *f*.

couvert, e [kuvɛʀ, ɛʀt] *pp* → **couvrir** • *nm* talher *m* • *adj (ciel)* encoberto(ta); *(marché, parking)*

coberto(ta); *(vêtu)* agasalhado(da) • **bien couvert** bem agasalhado • **couvert de** cobertor m; *(de livre)* capa f.
couverture [kuvɛRtyR] nf *(de lit)* cobertor m; *(de livre)* capa f.
couvrir [kuvRiR] vt *(mettre un couvercle sur)* tapar; *(livre, cahier)* encapar • **couvrir qqch de** encher algo de ♦ **se couvrir** vp *(ciel)* encobrir-se; *(s'habiller)* agasalhar-se • **se couvrir de** cobrir-se de.
covoiturage [kovwatyRaʒ] nm modo de transporte que consiste em compartilhar o carro particular para um deslocamento, especialmente do tipo casa-trabalho.
cow-boy [kobɔj] *(pl* **cow-boys**) nm caubói m.
CP nm *(abr de* **cours préparatoire**) ≃ educação f infantil pré-escolar.
crabe [kRab] nm caranguejo m.
cracher [kRaʃe] • vi cuspir • vt jogar fora.
craie [kRɛ] nf *(matière)* greda branca f; *(pour écrire au tableau)* giz m.
craindre [kRɛ̃dR] vt *(redouter)* temer; *(être sensible à)* ser sensível a • **je crains de ne pouvoir venir** receio não poder vir.
craint, e [kRɛ̃, ɛ̃t] pp → craindre.
crainte [kRɛ̃t] nf receio m • **de crainte que** com receio de que.

craintif, ive [kRɛ̃tif, iv] adj receoso(osa).
cramique [kRamik] nm *(Belg)* brioche com passas.
crampe [kRɑ̃p] nf cãibra f.
cramponner [kRɑ̃pɔne] ♦ **se cramponner (à)** vp + prép agarrar-se (a).
crampons [kRɑ̃pɔ̃] nm *(de foot, de rugby)* pinos mpl.
cran [kRɑ̃] nm *(de ceinture)* furo m; *(entaille)* corte m; *(fam) (courage)* peito m • **(couteau à) cran d'arrêt** navalha f de ponta em mola.
crâne [kRan] nm crânio m.
crapaud [kRapo] nm sapo m.
craquement [kRakmɑ̃] nm estalido m.
craquer [kRake] • vi *(faire un bruit)* estalar; *(casser)* rachar; *(nerveusement)* estourar • vt *(allumette)* acender.
crasse [kRas] nf sujeira f.
cravate [kRavat] nf gravata f.
crawl [kRol] nm crawl m.
crayon [kRɛjɔ̃] nm lápis m • **crayon de couleur** lápis de cor.
création [kReasjɔ̃] nf criação f.
crèche [kRɛʃ] nf *(garderie)* creche f; RELIG presépio m.
crédit [kRedi] nm crédito m • **acheter qqch à crédit** comprar algo a prazo.
créditer [kRedite] vt creditar.
créer [kRee] vt criar.
crémaillère [kRemajɛR] nf • **pendre la crémaillère** festejar a instalação em casa nova.
crème [kRɛm] nf creme m • **crème anglaise** creme à base

crémerie

de leite e ovos • **crème caramel** pudim *m* de leite • **crème fraîche** creme de leite fresco • **crème glacée** sorvete *m* • **crème pâtissière** creme de confeiteiro.
crémerie [kʀemʀi] *nf* leiteria *f*.
crémeux, euse [kʀemø, øz] *adj* cremoso(osa).
créneau [kʀeno] (*pl* **-x**) *nm* • **faire un créneau** estacionar entre dois veículos ◆ **créneaux** *nmpl (de château)* ameias *fpl*.
crêpe [kʀɛp] *nf* crepe *m*.
crêperie [kʀɛpʀi] *nf* creperia *f*.
crépi [kʀepi] *nm* reboco *m*.
crépu, e [kʀepy] *adj* crespo(pa).
cresson [kʀesɔ̃] *nm* agrião *m*.
crête [kʀɛt] *nf (de montagne)* cume *m*; *(de coq)* crista *f*.
cretons [kʀətɔ̃] *nmpl (Can)* patê de porco.
creuser [kʀøze] *vt* escavar • **ça creuse!** isto dá fome! ◆ **se creuser** *vp* • **se creuser la tête** OU **la cervelle** fundir os miolos.
creux, creuse [kʀø, kʀøz] ◆ *adj* oco(oca) ◆ *nm* cavidade *f*.
crevaison [kʀəvɛzɔ̃] *nf* furo *m*.
crevant, e [kʀəvɑ̃, ɑ̃t] *adj (fam)* estafante.
crevasse [kʀəvas] *nf* fenda *f*.
crevé, e [kʀəve] *adj (fam)* morto(ta).
crever [kʀəve] ◆ *vt (percer)* furar; *(fam) (fatiguer)* esfalfar ◆ *vi (exploser)* estourar; *(avoir une crevaison)* ter um furo; *(fam) (mourir)* bater as botas.

crevette [kʀəvɛt] *nf* camarão *m* • **crevette grise** camarão-cinza *m* • **crevette rose** camarão-rosa *m*.
cri [kʀi] *nm* grito *m* • **pousser un cri** dar um grito.
cric [kʀik] *nm* macaco *m (ferramenta)*.
cricket [kʀikɛt] *nm* críquete *m*.
crier [kʀije] *vt* & *vi* gritar.
crime [kʀim] *nm* crime *m*.
criminel, elle [kʀiminɛl] *adj* criminoso *m*, -osa *f*.
crinière [kʀinjɛʀ] *nf (de lion)* juba *f*.
crise [kʀiz] *nf* crise *f*; *(de rire)* ataque *m* • **crise cardiaque** ataque cardíaco • **crise de foie** crise de fígado • **crise de nerfs** crise de nervos.
crispé, e [kʀispe] *adj (personne, sourire)* crispado(da); *(poing)* fechado(da).
cristal [kʀistal, o] (*pl* **-aux**) *nm* cristal *m*.
critère [kʀitɛʀ] *nm* critério *m*.
critique [kʀitik] ◆ *adj* & *nm* crítico(ca) ◆ *nf* crítica *f*.
critiquer [kʀitike] *vt* criticar.
croc [kʀo] *nm* presa *f (dente)*.
croche-pied [kʀɔʃpje] (*pl* **croche-pieds**) *nm* • **faire un croche-pied à qqn** passar uma rasteira em alguém.
crochet [kʀɔʃɛ] *nm (pour accrocher)* gancho *m*; *(tricot)* crochê *m*; *(fig) (détour)* desvio *m*.
crocodile [kʀɔkɔdil] *nm* crocodilo *m*.
croire [kʀwaʀ] ◆ *vt (personne, histoire)* acreditar em; *(penser)* achar ◆ *vi* • **croire à** acreditar

em • **croire en** acreditar em ♦ **se croire** *vp* • **il se croit intelligent** ele se julga inteligente • **on se croirait au Moyen Âge** até parece que estamos na Idade Média.
croisement [kʀwazmɑ̃] *nm* cruzamento *m*.
croiser [kʀwaze] *vt* cruzar; *(personne)* cruzar-se com ♦ **se croiser** *vp* cruzar-se • **j'ai croisé son regard** os nossos olhares cruzaram-se.
croisière [kʀwazjɛʀ] *nf* cruzeiro *m*.
croissance [kʀwasɑ̃s] *nf* crescimento *m*.
croissant [kʀwasɑ̃] *nm (pâtisserie)* croissant *m*; *(de lune)* crescente, quarto crescente *m*.
croix [kʀwa] *nf* cruz *f* • **en croix** em forma de cruz.
Croix-Rouge [kʀwaʀuʒ] *nf* • **la Croix-Rouge** a Cruz Vermelha.
croque-madame [kʀɔkmadam] *nm inv* espécie de misto-quente com ovo estrelado.
croque-monsieur [kʀɔkməsjø] *nm inv* misto-quente.
croquer [kʀɔke] ♦ *vt (manger)* trincar ♦ *vi (craquer)* estalar.
croquette [kʀɔkɛt] *nf* croquete *m*.
cross [kʀɔs] *nm inv (à pied)* corrida *f*; *(à moto)* motocross *m*; *(discipline)* cross-country *m*.
crotte [kʀɔt] *nf* excremento *m*.
crottin [kʀɔtɛ̃] *nm (d'animal)* esterco *m*; *(fromage)* pequeno queijo de cabra que pode ser servido quente.

croustade [kʀustad] *nf* espécie de torta de massa folhada.
croustillant, e [kʀustijɑ̃, ɑ̃t] *adj* crocante.
croûte [kʀut] *nf* crosta *f*; *(de pain)* casca *f* • **croûte au fromage** *(Helv)* fatia de pão com queijo gratinado e vinho branco.
croûton [kʀutɔ̃] *nm (pain frit)* pedacinho *m* de pão frito; *(extrémité du pain)* bico *m* do pão.
croyant, e [kʀwajɑ̃, ɑ̃t] *adj* crente.
CRS *nm (abr de* **Compagnies républicaines de sécurité***)* ≃ tropa *f* de choque.
cru, e [kʀy] ♦ *pp* → **croire** ♦ *adj* cru(crua); *(vin)* colheita *f*.
crudités [kʀydite] *nfpl* legumes *mpl* crus.
crue [kʀy] *nf* cheia *f* • **être en crue** estar inundando.
cruel, elle [kʀyɛl] *adj* cruel.
crustacés [kʀystase] *nmpl* crustáceos *mpl*.
cube [kyb] *nm* cubo *m* • **mètre cube** metro *m* cúbico.
cueillir [kœjiʀ] *vt* colher.
cuiller [kɥijɛʀ] = **cuillère**.
cuillère [kɥijɛʀ] *nf* colher *f* • **cuillère à café, petite cuillère** colher de café, colherzinha *f* • **cuillère à soupe** colher de sopa.
cuillerée [kɥijeʀe] *nf* colherada *f*.
cuir [kɥiʀ] *nm* couro *m*.
cuire [kɥiʀ] *vt* & *vi* cozer • **faire cuire** cozer.
cuisine [kɥizin] *nf* cozinha *f* • **faire la cuisine** cozinhar.

cuisiner

cuisiner [kɥizine] *vt & vi* cozinhar.
cuisinier, ère [kɥizinje, ɛʀ] *nm* cozinheiro *m*, -ra *f*.
cuisinière [kɥizinjɛʀ] *nf (fourneau)* fogão *m*, → **cuisinier**.
cuisse [kɥis] *nf* ANAT coxa *f*; *(de volaille)* coxa *f* • **cuisses de grenouille** coxas de rã.
cuisson [kɥisɔ̃] *nf* cozimento *m*.
cuit, e [kɥi, kɥit] *adj* cozido(da) • **bien cuit** bem cozido.
cuivre [kɥivʀ] *nm (métal)* cobre *m*.
cul [ky] *nm (vulg)* cu *m*.
culasse [kylas] *nf* → **joint**.
culotte [kylɔt] *nf* calcinha *f (de senhora)*.
culte [kylt] *nm* culto *m*.
cultivateur, trice [kyltivatœʀ, tʀis] *nm* cultivador *m*, -ra *f*.
cultiver [kyltive] *vt* cultivar
• **se cultiver** *vp* cultivar-se.
culture [kyltyʀ] *nf* cultura *f*
• **cultures** *nfpl* terras *fpl* de cultivo.
culturel, elle [kyltyʀɛl] *adj* cultural.
cumin [kymɛ̃] *nm* cominho *m*.
curé [kyʀe] *nm* pároco *m*.
cure-dents [kyʀdɑ̃] *nm inv* palito *m*.
curieux, euse [kyʀjø, øz] *adj* curioso(osa) • *nm (spectateurs)* curiosos *mpl*.
curiosité [kyʀjozite] *nf* curiosidade *f*.
curry [kyʀi] *nm* curry *m*.
cutanée [kytane] *adj f* → **éruption**.

cuvette [kyvɛt] *nf* bacia *f*.
CV *nm (abr de* curriculum vitae*)* c.v. *m*, AUTO *(abr de* cheval*)* cv.
cybercrime [sibɛʀkʀim] *nm INFORM* cybercrime.
cyclable [siklabl] *adj* → **piste**.
cycle [sikl] *nm* ciclo *m*.
cyclisme [siklism] *nm* ciclismo *m*.
cycliste [siklist] • *adj* ciclístico(ca) • *nm* ciclista *mf* • *(short)* bermuda *f* de ciclista.
cyclone [siklon] *nm* ciclone *m*.
cygne [siɲ] *nm* cisne *m*.
cylindre [silɛ̃dʀ] *nm* cilindro *m*.
cynique [sinik] *adj* cínico(ca).
cyprès [sipʀɛ] *nm* cipreste *m*.

D

DAB [dab] *nm (abr de* distributeur automatique de billets*)* caixa *m* eletrônico.
dactylo [daktilo] *nf (secrétaire)* datilógrafa *f*.
daim [dɛ̃] *nm (animal)* gamo *m*; *(peau)* camurça *f*.
dalle [dal] *nf* laje *f*.
dame [dam] *nf (femme)* senhora *f*; *(aux cartes)* dama *f* • **dames** *nfpl (jeu)* damas *fpl*.
damier [damje] *nm (de dames)* tabuleiro *m* de damas.
Danemark [danmaʀk] *nm* • **le Danemark** a Dinamarca.

danger [dɑ̃ʒe] *nm* perigo *m* • **être en danger** estar em perigo.

dangereux, euse [dɑ̃ʒʁø, øz] *adj* perigoso(osa).

danois, e [danwa, az] • *adj* dinamarquês(esa) • *nm (langue)* dinamarquês *m* ♦ **Danois, e** *nm* dinamarquês *m*, -esa *f*.

dans [dɑ̃] *prép* **1.** *(gén)* em • **je vis dans le sud de la France** vivo no sul da França • **nous allons en vacances dans les Alpes** vamos de férias para os Alpes • **vous allez dans la mauvaise direction** vocês estão indo na direção errada • **lancer le ballon dans les buts** lançar a bola no gol • **dans ma jeunesse** na minha juventude **2.** *(indique la provenance)* de • **choisissez un dessert dans notre sélection du jour** escolha uma sobremesa da nossa seleção do dia **3.** *(indique le moment à venir)* dentro de • **dans combien de temps arrivons-nous?** chegamos dentro de quanto tempo? • **le spectacle commence dans cinq minutes** o espetáculo começa dentro de cinco minutos **4.** *(indique une approximation)* • **ça doit coûter dans les 50 €** isto deve custar cerca de 50 euros.

danse [dɑ̃s] *nf* • **la danse a dança** • **une danse** uma dança • **danse classique/moderne** dança clássica/moderna.

danser [dɑ̃se] *vt & vi* dançar.

danseur, euse [dɑ̃sœʁ, øz] *nm (de salon)* dançarino *m*, -na *f*; *(classique)* bailarino *m*, -na *f*.

darne [daʁn] *nf* posta *f* (de peixe).

date [dat] *nf* data *f* • **date limite** data limite • **date limite de consommation** data limite de consumo, prazo de validade de consumo • **date limite de vente** data limite de venda • **date de naissance** data de nascimento.

dater [date] *vt & vi* datar • **dater de** datar de.

datte [dat] *nf* tâmara *f*.

daube [dob] *nf* • **(bœuf en) daube** carne *m* de vaca estufada.

dauphin [dofɛ̃] *nm (animal)* golfinho *m*.

dauphine [dofin] *nf* → **pomme**.

dauphinois, e [dofinwa] *adj m* → **gratin**.

daurade [dɔʁad] *nf* dourada *f*.

davantage [davɑ̃taʒ] *adv* mais • **davantage de** mais.

de [də] • *prép* **1.** *(gén)* de • **la porte du salon** a porta da sala • **le frère de Pierre** o irmão do Pierre • **d'où êtes-vous?** – Bordeaux – de onde vocês são? – de Bordeaux • **de Paris à Tokyo** de Paris a Tóquio • **de la mi-août à début septembre** de meados de agosto ao início de setembro • **une statue de pierre** uma estátua de pedra • **des billets de 100 F** notas de 100 francos • **l'avion de 7 h 20**

o avião das 7h20 • **un jeune homme de 25 ans** um rapaz de 25 anos • **parler de qqch** falar de algo • **arrêter de faire qqch** parar de fazer algo • **une bouteille d'eau minérale** uma garrafa de água mineral • **plusieurs de ces œuvres sont des copies** muitas destas obras são cópias • **la moitié du temps/de nos clients** a metade do tempo/dos nossos clientes • **le meilleur de nous tous** o melhor de nós todos • **je meurs de faim!** estou morrendo de fome! **2.** *(indique le moyen, la manière)* com • **saluer qqn d'un mouvement de tête** cumprimentar alguém com um aceno de cabeça • **regarder qqn du coin de l'œil** olhar para alguém pelo canto do olho • **d'un air distrait** com um ar distraído • *art* • **je voudrais du vin/du lait** queria vinho/leite • **ils n'ont pas d'enfants** eles não têm filhos.

dé [de] *nm* dado *m* • **dé (à coudre)** dedal *m*.

déballer [debale] *vt (affaires)* desempacotar; *(cadeau)* desembrulhar.

débarbouiller [debaʀbuje]
• **se débarbouiller** *vp* lavar (o rosto).

débardeur [debaʀdœʀ] *nm* camiseta *f* sem manga.

débarquer [debaʀke] *vt & vi* desembarcar.

débarras [debaʀa] *nm* quarto *m* de despejo • **bon débarras!** bons ventos o levem!

débarrasser [debaʀase] *vt (desencombrer)* desimpedir; *(table)* tirar • **débarrasser qqn de qqch** *(vêtement, paquets)* desembaraçar alguém de algo ◆ **se débarrasser de** *vp + prép (vêtement, paquets)* desembaraçar; *(travail)* ver-se livre de; *(personne)* desembaraçar-se de.

débat [deba] *nm* debate *m*.

débattre [debatʀ] *vt & vi* debater ◆ **se débattre** *vp* debater-se.

débit [debi] *nm* débito *m*.

débiter [debite] *vt (compte)* debitar; *(arbre)* cortar; *(pej) (banalité)* despejar.

déblayer [debleje] *vt* desobstruir.

débloquer [debloke] *vt* desbloquear.

déboîter [debwate] • desencaixar ◆ *vi* sair da fila ◆ **se déboîter** *vp* • **se déboîter l'épaule** deslocar o ombro.

débordé, e [debɔʀde] *adj* • **être débordé (de travail)** estar sobrecarregado (de trabalho).

déborder [debɔʀde] *vi* transbordar.

débouché [debuʃe] *nm* saída *f*.

déboucher [debuʃe] *vt (bouteille)* desenrolhar; *(nez, tuyau)* desentupir ◆ **déboucher sur** *vp + prép (rue)* ir dar em; *(négociations)* levar a.

débourser [debuʀse] *vt* desembolsar.

debout [dəbu] *adv (sur ses pieds)* em pé; *(verticalement, réveillé)* de pé • **se mettre debout** pôr-se de pé • **tenir debout** manter-se em pé.

déboutonner [debutɔne] *vt* desabotoar.

débraillé, e [debraje] *adj* desleixado(da).

débrancher [debrɑ̃ʃe] *vt* desligar.

débrayer [debreje] *vi* desengatar.

débris [debri] *nmpl* cacos *mpl.*

débrouiller [debruje] ♦ **se débrouiller** *vp* virar-se • **se débrouiller pour faire qqch** virar-se para fazer algo.

début [deby] *nm* início *m* • **au début (de)** no início de.

débutant, e [debytɑ̃, ɑ̃t] *nm* principiante *mf.*

débuter [debyte] *vi* iniciar; *(acteur)* estrear(-se).

décaféiné, e [dekafeine] *adj* descafeinado(da).

décalage [dekalaʒ] *nm* diferença *f* • **décalage horaire** diferença horária.

décalcomanie [dekalkɔmani] *nf* decalcomania *f.*

décaler [dekale] *vt (dans l'espace)* deslocar; *(avancer)* antecipar; *(retarder)* adiar.

décalquer [dekalke] *vt* decalcar.

décapant [dekapɑ̃] *nm* decapante *m.*

décaper [dekape] *vt* decapar.

décapiter [dekapite] *vt* decapitar.

décapotable [dekapɔtabl] *nf* ♦ **(voiture) décapotable** (carro) conversível *m.*

décapsuler [dekapsyle] *vt* abrir.

décapsuleur [dekapsylœr] *nm* abridor *m* de garrafas.

décéder [desede] *vi (sout)* falecer.

décembre [desɑ̃br] *nm* dezembro *m,* → **septembre**.

décent, e [desɑ̃, ɑ̃t] *adj* decente.

déception [desɛpsjɔ̃] *nf* decepção *f.*

décerner [desɛrne] *vt (prix)* outorgar.

décès [desɛ] *nm* falecimento *m.*

décevant, e [desvɑ̃, ɑ̃t] *adj* decepcionante.

décevoir [desvwar] *vt* decepcionar.

déchaîner [deʃene] *vt* desencadear ♦ **se déchaîner** *vp (personne)* enfurecer-se; *(colère, tempête)* desencadear-se.

décharge [deʃarʒ] *nf (d'ordures)* depósito *m* de lixo; *(électrique)* descarga *f.*

décharger [deʃarʒe] *vt* descarregar.

déchausser [deʃose] ♦ **se déchausser** *vp (enlever ses chaussures)* descalçar-se.

déchets [deʃe] *nm* resíduos *mpl.*

déchiffrer [deʃifre] *vt* decifrar.

déchiqueter [deʃikte] *vt* estraçalhar.

déchirer [deʃire] *vt* rasgar ♦ **se déchirer** *vp* rasgar-se.

déchirure [deʃiʀyʀ] nf rasgão m • **déchirure musculaire** distensão f muscular.

déci [desi] nm (Helv) copo de vinho de 10 cl.

décidé, e [deside] adj decidido(da) • **c'est décidé** está decidido.

décidément [desidemã] adv decididamente.

décider [deside] vt decidir • **décider qqn (à faire qqch)** convencer alguém (a fazer algo) • **décider de faire qqch** decidir fazer algo ◆ **se décider** vp decidir-se • **se décider à faire qqch** decidir-se a fazer algo.

décimal, e, aux [desimal, o] adj decimal.

décisif, ive [desizif, iv] adj decisivo(va).

décision [desiʒjɔ̃] nf decisão f.

déclaration [deklaʀasjɔ̃] nf declaração f • **déclaration d'impôts** declaração de impostos • **déclaration sur l'honneur** pacto m de honra.

déclarer [deklaʀe] vt declarar ◆ **se déclarer** vp (se déclencher) declarar-se.

déclencher [deklɑ̃ʃe] vt acionar.

déclic [deklik] nm (bruit) clique m; (fig) (illumination) tomada f de consciência súbita.

déco [deko] (abr de décoration) (fam) nf decoração m.

décoiffer [dekwafe] vt despentear.

décollage [dekolaʒ] nm decolagem f.

décoller [dekole] vt & vi descolar ◆ **se décoller** vp descolar-se.

décolleté, e [dekɔlte] • adj decotado(da) • nm decote m.

décolorer [dekɔlɔʀe] vt descolorir.

décombres [dekɔ̃bʀ] nm escombros mpl.

décommander [dekɔmɑ̃de] vt desmarcar ◆ **se décommander** vp desistir.

décomposer [dekɔ̃poze] ◆ **se décomposer** vp (pourrir) decompor-se.

déconcentrer [dekɔ̃sɑ̃tʀe] ◆ **se déconcentrer** vp desconcentrar-se.

déconcerter [dekɔ̃sɛʀte] vt desconcertar.

déconseiller [dekɔ̃seje] vt • **déconseiller qqch à qqn** desaconselhar algo a alguém • **déconseiller à qqn de faire qqch** desaconselhar alguém a fazer algo.

décontracté, e [dekɔ̃tʀakte] adj descontraído(da).

décor [dekɔʀ] nm (paysage) paisagem f; (de théâtre) cenário m; (d'une pièce) decoração f.

décorateur, trice [dekɔʀatœʀ, tʀis] nm decorador m, -ra f.

décoration [dekɔʀasjɔ̃] nf (d'une pièce) decoração f; (médaille) condecoração f.

décorer [dekɔʀe] vt (pièce, objet) decorar; (soldat) condecorar.

décortiquer [dekɔʀtike] vt (noix, crabe) descascar; (fig) (texte) esmiuçar.

défense

découdre [dekudʀ] *vt* descosturar ◆ **se découdre** *vp* descosturar-se.

découler [dekule]◆ **découler de** *vp + prép* resultar de.

découper [dekupe] *vt (gâteau)* cortar; *(viande)* trinchar; *(images, photos)* recortar.

découragé, e [dekuʀaʒe] *adj* desanimado(da).

décourager [dekuʀaʒe] *vt* desencorajar, desanimar ◆ **se décourager** *vp* desencorajarse, desanimar-se.

décousu, e [dekuzy] *adj (vêtement, ourlet)* descosturado(da); *(raisonnement, conversation)* desconexo(xa).

découvert, e [dekuvɛʀ, ɛʀt] ◆ *pp* → **découvrir** ◆ *nm* saldo *m* negativo.

découverte [dekuvɛʀt] *nf* descoberta *f*.

découvrir [dekuvʀiʀ] *vt* descobrir ◆ **se découvrir** *vp* descobrir-se.

décrire [dekʀiʀ] *vt* descrever.

décrocher [dekʀɔʃe] *vt* desprender ◆ **décrocher (le téléphone)** tirar o telefone do gancho.

déçu, e [desy] ◆ *pp* → **décevoir** ◆ *adj* decepcionado(da).

dédaigner [dedeɲe] *vt (mépriser)* desdenhar.

dédaigneux, euse [de-dɛɲø, øz] *adj* desdenhoso(osa).

dédain [dedɛ̃] *nm* desdém *m*.

dedans [dədɑ̃] ◆ *adv* dentro ◆ *nm* interior *m* ◆ **en dedans** no interior.

dédicacer [dedikase] *vt* ◆ **dédicacer qqch à qqn** dedicar algo a alguém.

dédier [dedje] *vt* ◆ **dédier qqch à qqn** dedicar algo a alguém.

dédommager [dedɔmaʒe] *vt* indenizar.

déduction [dedyksjɔ̃] *nf* dedução *f*.

déduit, e [dedɥi, it] *pp* → **déduire**.

déesse [deɛs] *nf* deusa *f*.

défaillant, e [defajɑ̃, ɑ̃t] *adj* enfraquecido(da).

défaire [defɛʀ] *vt* desfazer ◆ **se défaire** *vp* desfazer-se.

défait, e [defɛ, ɛt] *pp* → **défaire**.

défaite [defɛt] *nf* derrota *f*.

défaut [defo] *nm* defeito *m* ◆ **à défaut de** na falta de.

défavorable [defavɔʀabl] *adj* desfavorável.

défavoriser [defavɔʀize] *vt* desfavorecer.

défectueux, euse [defɛk-tɥø, øz] *adj* defeituoso(osa).

dé [defɑ̃dʀ] *vt* defender ◆ **défendre qqch à qqn** proibir algo a alguém ◆ **défendre à qqn de faire qqch** proibir alguém de fazer algo ◆ **se défendre** *vp* defender-se.

défense [defɑ̃s] *nf* defesa *f* ◆ **prendre la défense de qqn** tomar a defesa de alguém ◆ **défense de déposer des ordures** proibido jogar lixo

- **défense d'entrer** proibida a entrada.

ⓘ LA DÉFENSE

Bairro de intensa atividade económica, foi construído no oeste de Paris durante os anos 1960-1970. Com predominância de edifícios de escritórios, a sua arquitetura futurista caracteriza-se por enormes torres de vidro. Encontra-se também aí "La Grande Arche" (O Grande Arco), versão ultramoderna e de cor branca do Arco do Triunfo, situado no prolongamento dos Campos Elísios.

défi [defi] nm desafio m • **lancer un défi à qqn** lançar um desafio a alguém.

déficit [defisit] nm deficit m.

déficitaire [defisitɛʀ] adj deficitário(ria).

défier [defje] vt desafiar • **défier qqn de faire qqch** desafiar alguém a fazer algo.

défigurer [defigyʀe] vt desfigurar.

défilé [defile] nm (de mode, du 14 Juillet) desfile m; (gorges) desfiladeiro m.

défiler [defile] vi desfilar.

définir [definiʀ] vt definir.

définitif, ive [definitif, iv] adj definitivo(va) • **en définitive** em definitivo.

définition [definisjɔ̃] nf definição f.

définitivement [definitivmɑ̃] adv definitivamente.

défoncer [defɔ̃se] vt (porte, voiture) arrombar; (route) deteriorar; (terrain) cavar fundo.

déformé, e [defɔʀme] adj (vêtement) deformado(da); (route) em mau estado.

déformer [defɔʀme] vt deformar.

défouler [defule] ◆ **se défouler** vp descarregar.

défricher [defʀiʃe] vt desbravar.

dégager [degaʒe] vt (déblayer) desobstruir; (odeur) exalar; (fumée) expelir • **dégager qqn/qqch de** tirar alguém/algo de ◆ **se dégager** vp (se libérer) libertar-se; (ciel) desanuviar-se • **se dégager de** (se libérer de) desembaraçar-se de; (odeur) exalar; (fumée) desprender-se.

dégainer [degene] ◆ vt desembainhar • vi sacar a pistola.

dégât [dega] nm estrago m • **dégâts matériels** danos materiais • **faire des dégâts** fazer estragos.

dégel [deʒɛl] nm degelo m.

dégeler [deʒle] vt (atmosphère) descontrair • vi (lac) degelar; (surgelé) descongelar.

dégénérer [deʒeneʀe] vi degenerar.

dégivrage [deʒivʀaʒ] nm descongelamento m.

dégivrer [deʒivʀe] vt (parebrise) limpar o gelo de; (réfrigérateur) descongelar.

dégonfler [degõfle] *vt* esvaziar ♦ **se dégonfler** *vp* esvaziar-se; *(fam)* amarelar.

dégouliner [deguline] *vi* pingar.

dégourdi, e [deguʀdi] *adj* desembaraçado(da).

dégourdir [deguʀdiʀ] ♦ **se dégourdir** *vp* • **se dégourdir les jambes** desentorpecer as pernas.

dégoût [degu] *nm* nojo *m*.

dégoûtant, e [degutã, ãt] *adj* nojento(ta).

dégoûter [degute] *vt* dar nojo a • **dégoûter qqn de** fazer com que alguém perca a vontade de • **être dégoûté de** ficar com aversão a.

dégrafer [degrafe] *vt (papiers)* tirar os grampos de; *(vêtement)* desacolchetar.

degré [dəgre] *nm* grau *m*.

dégressif, ive [degresif, iv] *adj* degressivo(va).

dégringoler [degʀẽgɔle] *vi* desabar.

dégueulasse [degœlas] *adj (fam)* nojento(ta).

déguisement [degizmã] *nm* disfarce *m*.

déguiser [degize] *vt* disfarçar ♦ **se déguiser** *vp* disfarçar-se • **se déguiser en** disfarçar-se de.

dégustation [degystasjõ] *nf* degustação *f*.

déguster [degyste] *vt (goûter)* degustar.

dehors [dəɔʀ] ♦ *adv* fora ♦ *nm* exterior *m* • **jeter** OU **mettre qqn dehors** pôr alguém na rua

• **en dehors** para fora • **en dehors de** *(à l'extérieur de)* fora de; *(sauf)* fora.

déjà [deʒa] *adv* já.

déjeuner [deʒœne] ♦ *nm (à midi)* almoço *m*; *(petit déjeuner)* café da manhã ♦ *vi (à midi)* almoçar; *(le matin)* tomar o café da manhã.

délabré, e [delabre] *adj* degradado(da).

délacer [delase] *vt* desatar.

délai [dele] *nm* prazo *m*.

délasser [delase] *vt* descansar.

délavé, e [delave] *adj* desbotado(da).

délayer [deleje] *vt* diluir.

Delco® [dɛlko] *nm* distribuidor *m*.

délégué, e [delege] *nm* delegado *m*, -da *f*.

délibérément [deliberemã] *adv* deliberadamente.

délicat, e [delika, at] *adj* delicado(da); *(exigeant)* difícil.

délicatement [delikatmã] *adv* delicadamente.

délicieux, euse [delisjø, øz] *adj* delicioso(osa).

délimiter [delimite] *vt* delimitar.

délinquant, e [delɛ̃kã, ãt] *nm* delinquente *m*.

délirer [deliʀe] *vi* delirar.

délit [deli] *nm* delito *m*.

délivrer [delivʀe] *vt (prisonnier)* soltar; *(autorisation, reçu)* entregar.

déloyal, e, aux [delwajal, o] *adj* desleal.

delta [delta] *nm (de rivière)* delta *m*.

deltaplane [dɛltaplan] *nm* asa-delta *f*.

déluge [delyʒ] *nm* dilúvio *m*.

demain [dəmɛ̃] *adv* amanhã • **à demain!** até amanhã! • **demain matin/soir** amanhã de manhã/à noite.

demande [dəmɑ̃d] *nf (réclamation)* reivindicação *f*; *(formulaire)* requerimento *m* • **demandes d'emploi** pedidos de emprego.

demander [dəmɑ̃de] *vt (interroger sur)* perguntar; *(exiger)* pedir; *(nécessiter)* precisar • **demander qqch à qqn** *(interroger)* perguntar algo a alguém; *(exiger)* exigir algo de alguém • **demander à qqn de faire qqch** pedir a alguém para fazer algo ◆ **se demander** *vp* perguntar-se.

demandeur, euse [dəmɑ̃dœʀ, øz] *nm* • **demandeur d'emploi** desempregado *m*.

démangeaison [demɑ̃ʒɛzɔ̃] *nf* comichão *f* • **avoir des démangeaisons** ter comichão.

démanger [demɑ̃ʒe] *vt* sentir comichão.

démaquillant [demakijɑ̃] *nm (pour les yeux)* desmaquilante *m*; *(pour le visage)* leite *m* de limpeza.

démarche [demaʀʃ] *nf (allure)* andar *m*; *(administrative)* trâmites *mpl* • **faire des démarches pour...** empregar esforços para...

démarrage [demaʀaʒ] *nm* arranque *m*.

démarrer [demaʀe] *vi (partir)* arrancar; *(commencer)* começar.

démarreur [demaʀœʀ] *nm* motor *m* de arranque.

démasquer [demaske] *vt* desmascarar.

démêler [demele] *vt* desembaraçar.

déménagement [demenaʒmɑ̃] *nm* mudança *f* de casa.

déménager [demenaʒe] • *vi* mudar de casa • *vt* mudar de local.

démener [demne]◆ **se démener** *vp (bouger)* agitar-se; *(faire des efforts)* esforçar-se.

dément, e [demɑ̃, ɑ̃t] *adj* demente; *(fam)* incrível.

démentir [demɑ̃tiʀ] *vt* desmentir.

démesuré, e [deməzyʀe] *adj* desmedido(da).

démettre [demɛtʀ] *vt MÉD* deslocar; *(destituer)* demitir • **démettre qqn de ses fonctions** demitir alguém das suas funções ◆ **se démettre** *vp* • **se démettre qqch** deslocar algo.

demeure [dəmœʀ] *nf* mansão *f*.

demeurer [dəmœʀe] *vi (sout) (habiter)* residir; *(rester)* ficar.

demi, e [dəmi] • *adj* meio (meia) • *nm* tulipa *f* • **cinq heures et demie** cinco e meia • **un demi-kilo de** meio quilo de • **à demi fermé** entreaberto.

demi-finale [dəmifinal] *(pl* demi-finales) *nf* semifinal *f*.

demi-frère [dəmifʀɛʀ] *(pl* demi-frères) *nm* meio-irmão *m*.

demi-heure [dəmijœʀ] (*pl* **demi-heures**) *nf* meia hora *f.*

demi-pension [dəmipɑ̃sjɔ̃] (*pl* **demi-pensions**) *nf* (à l'hôtel) meia pensão *f*; (à l'école) semi-internato *m.*

demi-pensionnaire [dəmipɑ̃sjɔnɛʀ] (*pl* **demi-pensionnaires**) *nm* semi-interno *m*, -na *f.*

démis, e [demi, iz] *pp* → **démettre**.

demi-saison [dəmisɛzɔ̃] (*pl* **demi-saisons**) *nf* • **de demi-saison** de meia-estação.

demi-sœur [dəmisœʀ] (*pl* **demi-sœurs**) *nf* meia-irmã *f.*

démission [demisjɔ̃] *nf* demissão *f* • **donner sa démission** apresentar sua demissão.

démissionner [demisjɔne] *vi* demitir-se.

demi-tarif [dəmitaʀif] (*pl* **demi-tarifs**) *nm* meia-entrada *f*, meia passagem *f.*

demi-tour [dəmituʀ] (*pl* **demi-tours**) *nm* meia volta *f* • **faire demi-tour** dar meia volta.

démocratie [demɔkʀasi] *nf* democracia *f.*

démocratique [demɔkʀatik] *adj* democrático(ca).

démodé, e [demɔde] *adj* fora de moda.

demoiselle [dəmwazɛl] *nf* senhorita *f.*

démolir [demɔliʀ] *vt* demolir.

démon [demɔ̃] *nm* RELIG demônio *m*; (*enfant*) diabinho *m.*

démonstratif, ive [demɔ̃stʀatif, iv] *adj* demonstrativo(va).

démonstration [demɔ̃stʀasjɔ̃] *nf* demonstração *f.*

démonter [demɔ̃te] *vt* desmontar.

démontrer [demɔ̃tʀe] *vt* demonstrar.

démoraliser [demɔʀalize] *vt* desmoralizar.

démouler [demule] *vt* (*gâteau*) desenformar.

démuni, e [demyni] *adj* (*pauvre*) desprovido(da).

dénicher [deniʃe] *vt* (*trouver*) descobrir.

dénivellation [denivelasjɔ̃] *nf* desnível *m.*

dénoncer [denɔ̃se] *vt* (*coupable*) denunciar.

dénouement [denumɑ̃] *nm* desenlace *m.*

dénouer [denwe] *vt* desfazer.

dénoyauter [denwajɔte] *vt* descaroçar.

denrée [dɑ̃ʀe] *nf* gênero *m* (alimentício).

dense [dɑ̃s] *adj* denso(sa).

dent [dɑ̃] *nf* dente *m* • **dent de lait** dente de leite • **dent de sagesse** dente do siso.

dentelle [dɑ̃tɛl] *nf* renda *f.*

dentier [dɑ̃tje] *nm* dentadura *f* postiça.

dentifrice [dɑ̃tifʀis] *nm* dentifrício *m.*

dentiste [dɑ̃tist] *nm* dentista *mf.*

Denver [dɑ̃vɛʀ] *nm* → **sabot**.

déodorant [deodɔʀɑ̃] *nm* desodorante *m.*

dépannage

dépannage [depanaʒ] nm conserto m ◆ **service de dépannage** socorro mecânico.

dépanner [depane] vt (voiture, appareil ménager) consertar; (fig) (aider) tirar alguém de apuros.

dépanneur [depanœR] nm mecânico m, (Can) (épicerie) mercearia aberta além do horário comercial.

dépanneuse [depanøz] nf reboque m.

dépareillé, e [depareje] adj (service) incompleto(ta); (gant, chaussette) desemparelhado(da).

départ [depaR] nm partida f ◆ **au départ** no início ◆ **départs** embarque.

départager [departaʒe] vt desempatar.

département [departəmɑ̃] nm (division administrative) divisão administrativa do território francês; (service) repartição f, departamento m.

départementale [departəmɑ̃tal] nf ◆ **(route) départementale** ≃ rodovia f estadual.

dépassement [depasmɑ̃] nm (sur la route) ultrapassagem f.

dépasser [depase] vt ◆ vt ultrapassar; (passer devant) passar diante de ◆ vi ultrapassar.

dépaysement [depeizmɑ̃] nm mudança f (de ares).

dépêcher [depeʃe]◆ **se dépêcher** vp apressar-se ◆ **se dépêcher de faire qqch** apressar-se em fazer algo.

dépénaliser [depenalize] vt DROIT isentar de pena.

dépendre [depɑ̃dR] vi ◆ **dépendre de** depender de ◆ **ça dépend** depende.

dépens [depɑ̃] ◆ **aux dépens de** prép às custas de.

dépense [depɑ̃s] nf despesa f.

dépenser [depɑ̃se] vt gastar ◆ **se dépenser** vp (physiquement) desgastar-se.

dépensier, ère [depɑ̃sje, ɛR] adj gastador(ra).

dépêtrer [depetRe] ◆ **se dépêtrer de** vp + prép livrar-se de.

dépit [depi] nm despeito m ◆ **en dépit de** apesar de.

déplacement [deplasmɑ̃] nm deslocamento m ◆ **en déplacement** em viagem.

déplacer [deplase] vt (objet) deslocar; (rendez-vous) adiar ◆ **se déplacer** vp deslocar-se.

déplaisant, e [deplɛzɑ̃, ɑ̃t] adj desagradável.

dépliant [deplijɑ̃] nm folheto m.

déplier [deplije] vt (papier) desdobrar; (chaise) abrir ◆ **se déplier** vp abrir-se.

déplorable [deploRabl] adj deplorável.

déployer [deplwaje] vt (ailes, carte) abrir.

déporter [depoRte] vt (prisonnier) deportar; (dévier) desviar.

déposer [depoze] vt (poser) pôr; (un paquet, en voiture) deixar; (argent) depositar ◆ **se déposer** vp depositar-se.

dépôt [depo] nm depósito m; (de bus) garagem f.

dépotoir [depotwaʀ] nm depósito m de lixo.

dépouiller [depuje] vt despojar.

dépourvu, e [depuʀvy] adj • dépourvu de desprovido de • prendre qqn au dépourvu pegar alguém desprevenido.

dépression [depʀesjɔ̃] nf depressão f • dépression (nerveuse) depressão nervosa.

déprimer [depʀime] vt deprimir • vi andar deprimido(da).

depuis [dəpɥi] • prép desde • adv desde então • je travaille ici depuis trois ans trabalho aqui há três anos • depuis quand est-il marié? desde quando ele está casado? • depuis que desde que.

député [depyte] nm deputado m.

déraciner [deʀasine] vt arrancar pela raiz.

dérailler [deʀaje] vi (train) descarrilar.

dérailleur [deʀajœʀ] nm carrete m.

dérangement [deʀɑ̃ʒmɑ̃] nm (gêne) incômodo m • en dérangement avariado(da).

déranger [deʀɑ̃ʒe] vt (gêner) incomodar; (objets, affaires) desordenar • ça vous dérange si...? incomoda-o se...? • se déranger vp incomodar-se.

dérapage [deʀapaʒ] nm derrapagem f.

déraper [deʀape] vi (voiture) derrapar; (personne, lame) escorregar.

dérégler [deʀegle] vt desregular • se dérégler vp desregular-se.

dérive [deʀiv] nf deriva f • aller à la dérive andar à deriva.

dériver [deʀive] vi andar à deriva.

dermatologue [dɛʀmatɔlɔg] nm dermatologista mf.

dernier, ère [dɛʀnje, ɛʀ] adj & nm último(ma) • la semaine dernière a semana passada • en dernier por último.

dernièrement [dɛʀnjɛʀmɑ̃] adv ultimamente.

dérouler [deʀule] vt desenrolar • se dérouler vp desenrolar-se.

dérouter [deʀute] vt (surprendre) desconcertar; (dévier) desviar.

derrière [dɛʀjɛʀ] • prép & adv atrás • nm (partie arrière) traseira f; (fesses) traseiro m • de derrière de trás.

des [de] = **de + les**; → **de**, **un**.

dès [dɛ] prép desde • dès que logo que.

désaccord [dezakɔʀ] nm desacordo m • être en désaccord avec estar em desacordo com.

désaffecté, e [dezafɛkte] adj abandonado(da).

désagréable [dezagʀeabl] adj desagradável.

désaltérer [dezalteʀe] • se désaltérer vp beber.

désappointé, e [dezapwɛ̃te] adj desapontado(da).

désapprouver [dezapʀuve] vt desaprovar.

désarçonner

désarçonner [dezaʀsɔne] vt atirar ao chão; (fig) desconcertar.
désarmant, e [dezaʀmɑ̃, ɑ̃t] adj que desarma.
désarmer [dezaʀme] vt (malfaiteur) desarmar.
désastre [dezastʀ] nm desastre m.
désastreux, euse [dezastʀø, øz] adj desastroso(osa).
désavantage [dezavɑ̃taʒ] nm desvantagem f.
désavantager [dezavɑ̃taʒe] vt prejudicar, desfavorecer.
descendant, e [desɑ̃dɑ̃, ɑ̃t] nm descendente mf.
descendre [desɑ̃dʀ] ♦ vt (aux avoir) descer ♦ vi (aux être) descer ♦ **descendre de** (voiture, vélo) descer de; (ancêtres) descender de.
descente [desɑ̃t] nf descida f ♦ **descente de lit** tapete m de quarto.
description [dɛskʀipsjɔ̃] nf descrição f.
désemparé, e [dezɑ̃paʀe] adj desamparado(da).
déséquilibre [dezekilibʀ] nm desequilíbrio m ♦ **en déséquilibre** em desequilíbrio.
déséquilibré, e [dezekilibʀe] nm desequilibrado m, -da f.
déséquilibrer [dezekilibʀe] vt desequilibrar.
désert, e [dezɛʀ, ɛʀt] ♦ adj deserto(ta) ♦ nm deserto m.
déserter [dezɛʀte] vi desertar.
désertique [dezɛʀtik] adj desértico(ca).

désespéré, e [dezɛspeʀe] adj desesperado(da).
désespoir [dezɛspwaʀ] nm desespero m.
déshabiller [dezabije] vt despir ♦ **se déshabiller** vp despir-se.
désherbant [dezɛʀbɑ̃] nm herbicida m.
désherber [dezɛʀbe] vt arrancar as ervas daninhas de.
déshonorer [dezɔnɔʀe] vt desonrar.
déshydraté, e [dezidʀate] adj (aliment) desidratado(da); (fig) (assoiffé) desidratado(da).
déshydrater [dezidʀate] vt desidratar ♦ **se déshydrater** vp desidratar-se.
désigner [dezine] vt designar.
désillusion [dezilyzjɔ̃] nf desilusão f.
désinfectant [dezɛ̃fɛktɑ̃] nm desinfetante m.
désinfecter [dezɛ̃fɛkte] vt desinfetar.
désinstaller [dezɛ̃stale] vt INFORM desinstalar.
désintéressé, e [dezɛ̃teʀese] adj desinteressado(da).
désintéresser [dezɛ̃teʀese] ♦ **se désintéresser de** vp + prép desinteressar-se de.
désinvolte [dezɛ̃vɔlt] adj desenvolto(olta).
désir [deziʀ] nm desejo m.
désirer [deziʀe] vt desejar ♦ **vous désirez?** o que deseja? ♦ **laisser à désirer** deixar a desejar.
désobéir [dezɔbeiʀ] vi desobedecer ♦ **désobéir à** desobedecer a.

désobéissant, e [dezobeisɑ̃, ɑ̃t] adj desobediente.

désodorisant [dezɔdɔʀizɑ̃] nm purificador m de ar.

désolant, e [dezolɑ̃, ɑ̃t] adj desolador(ra).

désolé, e [dezole] adj (personne, sourire) desolado(da); (paysage) desolador(ra) • **je suis désolé de ne pas pouvoir venir** lamento não poder vir.

désordonné, e [dezɔʀdɔne] adj desordenado(da).

désordre [dezɔʀdʀ] nm desordem f • **être en désordre** estar em desordem.

désorienté, e [dezɔʀjɑ̃te] adj (déconcerté) desorientado(da).

désormais [dezɔʀmɛ] adv daqui em diante.

desquelles [dekɛl] = de + lesquelles; → lequel.

desquels [dekɛl] = de + lesquels; → lequel.

dessécher [deseʃe] vt secar ◆ **se dessécher** vp tornar-se seco(ca).

desserrer [desere] vt (vis, ceinture) desapertar; (dents) descerrar; (poing) abrir; (frein) destravar.

dessert [desɛʀ] nm sobremesa f.

desservir [desɛʀviʀ] vt (ville, gare) servir; (table) tirar; (nuire à) prejudicar.

dessin [desɛ̃] nm desenho m • **dessin animé** desenho animado.

dessinateur, trice [desinatœʀ, tʀis] nm desenhista mf.

dessiner [desine] vt desenhar.

dessous [dəsu] • adv por baixo • nm parte f de cima • **les voisins du dessous** os vizinhos de baixo • **en dessous** embaixo • **en dessous de** abaixo de.

dessous-de-plat [dəsudpla] nm inv descanso m.

dessus [dəsy] • adv em cima • nm parte f de cima • **les voisins du dessus** os vizinhos de cima • **avoir le dessus** ficar por cima.

dessus-de-lit [dəsydli] nm inv colcha f.

destin [dɛstɛ̃] nm destino m • **le destin** o destino.

destinataire [dɛstinatɛʀ] nmf destinatário m, -ria f.

destination [dɛstinasjɔ̃] nf destino m • **arriver à destination** chegar ao destino • **à destination de** com destino a.

destiné, e [dɛstine] adj • **être destiné à qqn** estar dirigido a alguém • **être destiné à qqn/qqch** ser destinado a alguém/algo • **être destiné à faire qqch** estar destinado para fazer algo.

destruction [dɛstʀyksjɔ̃] nf destruição f.

détachant [detaʃɑ̃] nm tira-manchas m inv.

détacher [detaʃe] vt soltar; (ceinture) desapertar; (découper) recortar; (nettoyer) tirar as manchas de ◆ **se détacher** vp desprender-se • **se détacher de qqn** separar-se de alguém.

détail [detaj] *nm* pormenor *m* • **au détail** no varejo.
détaillant [detajɑ̃] *nm* varejista *mf*.
détaillé, e [detaje] *adj* pormenorizado(da).
détartrant [detartrɑ̃] *nm* antitártaro *m*.
détaxé, e [detakse] *adj* isento(ta)de imposto.
détecter [detɛkte] *vt* detectar.
détective [detɛktiv] *nm* detetive *mf*.
déteindre [detɛ̃dʀ] *vi* desbotar • **déteindre sur** tingir.
déteint, e [detɛ̃, ɛ̃t] *pp* → **déteindre**.
détendre [detɑ̃dʀ] *vt (corde, élastique)* esticar; *(personne, atmosphère)* descontrair ◆ **se détendre** *vp (corde, élastique)* esticar-se; *(se décontracter)* descontrair-se.
détendu, e [detɑ̃dy] *adj (décontracté)* descontraído(da).
détenir [detnir] *vt (fortune, secret, record)* possuir; *(poder)* deter.
détenu, e [detny] • *pp* → **détenir** • *nm* detido *m*, -da *f*.
détergent [detɛʀʒɑ̃] *nm* detergente *m*.
détériorer [deterjɔre] *vt* deteriorar ◆ **se détériorer** *vp* deteriorar-se.
déterminé, e [detɛʀmine] *adj* determinado(da).
déterminer [detɛʀmine] *vt* determinar • **déterminer qqn à faire qqch** incitar alguém a fazer algo.
déterrer [detɛre] *vt* desenterrar.

détester [detɛste] *vt* detestar.
détonation [detɔnasjɔ̃] *nf* detonação *f*.
détour [detur] *nm* • **faire un détour** fazer um desvio.
détourner [deturne] *vt* desviar • **détourner qqn de** desviar alguém de ◆ **se détourner** *vp* desviar-se.
détraqué, e [detrake] *adj* escangalhado(da); *(fam)* doido(da).
détritus [detrity(s)] *nm* detritos *mpl*.
détroit [detrwa] *nm* estreito *m*.
détruire [detrɥir] *vt* destruir.
détruit, e [detrɥi, it] *pp* → **détruire**.
dette [dɛt] *nf* dívida *f*.
DEUG [dœg] *nm diploma que se obtém depois de dois anos de estudos universitários*.
deuil [dœj] *nm* luto *m* • **être en deuil** estar de luto.
deux [dø] *num* dois(duas) • **à deux** a dois • **deux points** dois pontos → **six**.
deuxième [døzjɛm] *num* segundo(da), -a • **sixième**.
deux-pièces [døpjɛs] *nm (maillot de bain)* biquíni *m*; *(appartement)* quarto e sala *m*.
deux-roues [døru] *nm* veículo *m* de duas rodas.
dévaliser [devalize] *vt* roubar.
devancer [dəvɑ̃se] *vt* preceder.
devant [dəvɑ̃] • *prép* diante de • *adv* à frente • *nm* frente *f* • **de devant** da frente • **(sens) devant derrière** ao contrário.

devanture [dəvɑ̃tyʀ] *nf* vitrine *f*.

dévaster [devaste] *vt* devastar.

développement [devlɔpmɑ̃] *nm (physique, économique)* desenvolvimento *m* • **développement durable** desenvolvimento sustentável; *(de photos)* revelação *f*.

développer [devlɔpe] *vt* desenvolver; *(photo)* revelar • **faire développer des photos** mandar revelar fotografias
♦ **se développer** *vp* desenvolver-se.

développeur [devlɔpœʀ] *nm INFORM* desenvolvedor.

devenir [dəvniʀ] *vi* tornar-se.

devenu, e [dəvny] *pp* → **devenir**.

déviation [devjasjɔ̃] *nf* desvio *m*.

dévier [devje] *vt* desviar.

deviner [dəvine] *vt (imaginer)* adivinhar; *(apercevoir)* entrever.

devinette [dəvinɛt] *nf* adivinha *f* • **jouer aux devinettes** fazer adivinhas.

devis [dəvi] *nm* orçamento *m*.

dévisager [devizaʒe] *vt* encarar *(olhar)*.

devise [dəviz] *nf* divisa *f*.

deviser [dəvize] *vt (Helv)* orçar.

dévisser [devise] *vt (vis)* desaparafusar; *(couvercle)* desenroscar.

dévoiler [devwale] *vt (secret, intentions)* desvendar.

devoir [dəvwaʀ] ♦ *vt* **1.** *(gén)* dever • **devoir qqch à qqn** dever algo a alguém • **tu devrais essayer le ski nautique** você deveria experimentar o esqui aquático • **j'aurais dû/je n'aurais pas dû l'écouter** eu deveria tê-lo/eu não deveria tê-lo escutado • **ça doit coûter cher** isso deve custar caro • **le temps devrait s'améliorer cette semaine** o tempo deveria melhorar esta semana • **nous devions partir hier, mais...** deveríamos ter partido ontem, mas... **2.** *(exprime l'obligation)* • **devoir faire qqch** ter de fazer algo ♦ *nm* dever *m* • **devoir sur table** exame *m*
♦ **devoirs** *nm EDUC* deveres *mpl* • **faire ses devoirs** fazer os deveres • **devoirs de vacances** trabalhos *mpl* de casa para as férias.

dévorer [devɔʀe] *vt* devorar.

dévoué, e [devwe] *adj* dedicado(da).

dévouer [devwe] ♦ **se dévouer** *vp* dedicar-se.

devra → **devoir**.

dézipper [dezipe] *vt INFORM* descompactar.

diabète [djabɛt] *nm* diabetes *m*.

diabétique [djabetik] *adj* diabético(ca).

diable [djabl] *nm* diabo *m*.

diabolo [djabɔlo] *nm (boisson)* refrigerante à base de limonada e xarope • **diabolo menthe** refrigerante à base de limonada e xarope de menta.

diagnostic [djagnɔstik] *nm* diagnóstico *m*.

dialecte [djalɛkt] *nm* dialeto *m*.

dialogue [djalɔg] *nm* diálogo *m*.

diamant [djamã] *nm (pierre)* diamante *m*; *(d'un électrophone)* agulha *f*.

diamètre [djamɛtʀ] *nm* diâmetro *m*.

diapositive [djapozitiv] *nf* diapositivo *m*.

diarrhée [djaʀe] *nf* diarreia *f*.

dictateur [diktatœʀ] *nm* ditador *m*, -ra *f*.

dictature [diktatyʀ] *nf* ditadura *f*.

dictée [dikte] *nf* ditado *m*.

dicter [dikte] *vt* ditar.

dictionnaire [diksjɔnɛʀ] *nm* dicionário *m*.

dicton [diktɔ̃] *nm* ditado *m*.

diesel [djezɛl] ◆ *nm (moteur)* motor *m* a diesel; *(voiture)* carro *m* a diesel ◆ *adj* a diesel.

diététique [djetetik] *adj* dietético(ca).

dieu [djø] *(pl* **-x***) nm* deus *m*
◆ **Dieu** *nm* Deus *m* ◆ **mon Dieu!** meu Deus!

différence [difeʀɑ̃s] *nf* diferença *f*.

différent, e [difeʀɑ̃, ɑ̃t] *adj* diferente ◆ **différent de** diferente de ◆ **différents, es** *adj* vários(rias).

différer [difeʀe] *vt & vi* diferir ◆ **différer de** diferir de.

difficile [difisil] *adj* difícil.

difficulté [difikylte] *nf* dificuldade *f* ◆ **avoir des difficultés à faire qqch** ter dificuldades em fazer algo ◆ **en difficulté** em dificuldade.

diffuser [difyze] *vt* difundir.

digérer [diʒeʀe] *vt* digerir.

digeste [diʒɛst] *adj* fácil de digerir.

digestif, ive [diʒɛstif, iv] ◆ *adj* digestivo(va) ◆ *nm* digestivo *m*.

digestion [diʒɛstjɔ̃] *nf* digestão *f*.

Digicode® [diʒikɔd] *nm* código numérico que permite ter acesso a um prédio.

digital, e, aux [diʒital, o] *adj* digital.

digne [diɲ] *adj* digno(gna).

digue [dig] *nf* dique *m*.

dilater [dilate] *vt* dilatar ◆ **dilater** *vp* dilatar-se.

diluer [dilɥe] *vt* diluir.

dimanche [dimɑ̃ʃ] *nm* domingo *m*, → **samedi**.

dimension [dimɑ̃sjɔ̃] *nf* dimensão *f* ◆ **à** ou **en trois dimensions** em três dimensões.

diminuer [diminɥe] *vt & vi* diminuir.

diminutif [diminytif] *nm* diminutivo *m*.

dinde [dɛ̃d] *nf* perua *f*.

dîner [dine] ◆ *nm (repas du soir)* jantar *m*; *(repas du midi)* almoço *m* ◆ *vi (le soir)* jantar; *(le midi)* almoçar.

diplomate [diplɔmat] ◆ *adj & nm* diplomata ◆ *nm pudim de biscoito com licor, frutas cristalizadas e creme inglês*.

diplomatie [diplɔmasi] *nf* diplomacia *f*.

diplôme [diplom] *nm* diploma *m*.

dire [diʀ] *vt* **1.** *(gén)* dizer ◆ **dire la vérité** dizer a verdade ◆ **dire à qqn que/pourquoi** dizer a alguém que/porque é que ◆ **comment dit-on "de rien" en anglais?** como se diz "de nada" em inglês? ◆ **on ne dit pas..., on dit...** não se diz..., diz-se... ◆ **on dit que...** diz-se que... ◆ **dire à qqn de faire qqch** dizer a alguém que faça algo ◆ **qu'est-ce que vous en dites?** o que é que me diz? ◆ **que dirais-tu de...?** o que me diria de...? ◆ **on dirait un champ de bataille** parece um campo de batalha ◆ **dire que j'étais à 2 mètres du président** quando penso que estava a 2 metros do presidente **2.** *(dans des expressions)* ◆ **à vrai dire,......** para dizer a verdade,... ◆ **ça ne me dit rien** não me diz nada ◆ **cela dit,...** mesmo assim,... ◆ **dis donc!** caramba!; *(au fait)* olha lá... ◆ **disons...** digamos... ◆ **se dire** *vp* dizer para si mesmo ◆ **je me suis dit...** disse para mim mesmo....

direct, e [diʀɛkt] ◆ *adj* direto(ta) ◆ *nm* ◆ **en direct (de)** ao vivo(de).

directement [diʀɛktəmɑ̃] *adv* diretamente.

directeur, trice [diʀɛktœʀ, tʀis] *nm* diretor *m*, -ra *f*.

direction [diʀɛksjɔ̃] *nf* direção *f* ◆ **en direction de** na direção de ◆ **toutes directions** outras direções.

dirigeant, e [diʀiʒɑ̃, ɑ̃t] *nm* dirigente *mf*.

diriger [diʀiʒe] *vt* dirigir ◆ **diriger qqch sur** dirigir algo a ◆ **se diriger vers** *vp + prép* dirigir-se para.

dis [di] → **dire**.

discipline [disiplin] *nf* disciplina *f*.

discipliné, e [disipline] *adj* disciplinado(da).

disc-jockey [diskʒɔkɛ] *(pl* **disc-jockeys)** *nm* disc-jóquei *mf*.

discothèque [diskɔtɛk] *nf* discoteca *f*.

discours [diskuʀ] *nm* discurso *m*.

discret, ète [diskʀɛ, ɛt] *adj* discreto(ta).

discrétion [diskʀesjɔ̃] *nf* discrição *f*.

discrimination [diskʀiminasjɔ̃] *nf* discriminação *f*.

discussion [diskysjɔ̃] *nf* conversa *f*.

discuter [diskyte] *vi (parler)* conversar; *(protester)* discutir ◆ **discuter de qqch (avec qqn)** conversar sobre algo (com alguém).

dise [diz] → **dire**.

disjoncteur [disʒɔ̃ktœʀ] *nm* disjuntor *m*.

disons [dizɔ̃] → **dire**.

disparaître [dispaʀɛtʀ] *vi* desaparecer.

disparition [dispaʀisjɔ̃] *nf* desaparecimento *m*; *(d'une espèce)* extinção *f*.

disparu, e [dispaʀy] ◆ *pp* → **disparaître** ◆ *nm* desaparecido *m*, -da *f*.

dispensaire

dispensaire [dispɑ̃sɛʀ] *nm* dispensário *m*.

dispenser [dispɑ̃se] *vt* • **dispenser qqn de qqch** dispensar alguém de algo.

disperser [dispɛʀse] *vt* dispersar.

disponible [disponibl] *adj* disponível.

disposé, e [dispoze] *adj* • **être disposé à faire qqch** estar disposto a fazer algo.

disposer [dispoze] *vt* dispor ◆ **disposer de** *vp + prép* dispor de ◆ **se disposer à** *vp + prép* dispor-se a.

dispositif [dispozitif] *nm* dispositivo *m*.

disposition [dispozisjɔ̃] *nf* disposição *f* • **prendre ses dispositions** tomar providências • **à la disposition de qqn** à disposição de alguém.

disproportionné, e [dispʀɔpɔʀsjɔne] *adj* desproporcionado(da).

dispute [dispyt] *nf* disputa *f*.

disputer [dispyte] *vt* disputar ◆ **se disputer** *vp* discutir; *(enfants)* brigar.

disquaire [diskɛʀ] *nm* vendedor *m*, -ra *f* de discos.

disqualifier [diskalifje] *vt* desclassificar.

disque [disk] *nm* disco *m* • **disque laser** disco a laser • **disque dur** disco rígido.

disquette [diskɛt] *nf* disquete *m*.

dissertation [disɛʀtasjɔ̃] *nf* dissertação *f*.

dissimuler [disimyle] *vt* dissimular.

dissipé, e [disipe] *adj* distraído(da).

dissiper [disipe] ◆ **se dissiper** *vp (brouillard)* dissipar-se; *(élève)* distrair-se.

dissolvant [disɔlvɑ̃] *nm (à peinture)* solvente *m*; *(à ongles)* removedor *m* de esmalte.

dissoudre [disudʀ] *vt* dissolver.

dissous, oute [disu, ut] *pp* → **dissoudre**.

dissuader [disɥade] *vt* • **dissuader qqn de faire qqch** dissuadir alguém de fazer algo.

distance [distɑ̃s] *nf* distância *f* • **à une distance de 20 km, à 20 km de distance** a uma distância de 20 km, a 20 km de distância • **à distance** à distância.

distancer [distɑ̃se] *vt* distanciar.

distinct, e [distɛ̃, ɛ̃kt] *adj* distinto(ta).

distinction [distɛ̃ksjɔ̃] *nf* • **faire une distinction entre** fazer uma distinção entre.

distingué, e [distɛ̃ge] *adj* distinto(ta).

distinguer [distɛ̃ge] *vt* distinguir ◆ **se distinguer de** *vp + prép* distinguir-se de.

distraction [distʀaksjɔ̃] *nf* distração *f*.

distraire [distʀɛʀ] *vt* distrair ◆ **se distraire** *vp* distrair-se.

distrait, e [distʀɛ, ɛt] ◆ *pp* → **distraire** ◆ *adj* distraído(da).

distribuer [distʀibɥe] *vt* distribuir.

distributeur [distʀibytœʀ] nm (de boissons) máquina f de bebidas; (de billets de train) máquina f de passagens de trem; (de cigarettes) máquina f de cigarros • **distributeur (automatique) de billets** caixa m automático.

distribution [distʀibysjɔ̃] nf (de prix) entrega f; (de rôles, du courrier) distribuição f.

dit, e [di, dit] pp→ **dire**.

dites [dit] → **dire**.

DIU [deiy] (abr de dispositif intra-utérin) nm MÉD dispositivo m intrauterino.

divan [divɑ̃] nm divã m.

divers, es [divɛʀ, ɛʀs] adj (variés) diversos(sas); (plusieurs) vários(rias) • **les divers droite/gauche** POL conjunto de candidatos representando vários pequenos partidos com a mesma orientação política (de direita ou de esquerda).

divertir [divɛʀtiʀ] vt divertir
• **se divertir** vp divertir-se.

divertissement [divɛʀtismɑ̃] nm divertimento m.

divin, e [divɛ̃, in] adj divino(na).

diviser [divize] vt dividir.

division [divizjɔ̃] nf divisão f.

divorce [divɔʀs] nm divórcio m.

divorcé, e [divɔʀse] adj & nm divorciado(da).

divorcer [divɔʀse] vi divorciar-se.

dix [dis] num dez, → **six**.

dix-huit [dizɥit] num dezoito, → **six**.

dix-huitième [dizɥitjɛm] num décimo oitavo(décima oitava), → **sixième**.

dixième [dizjɛm] num décimo(décima), → **sixième**.

dix-neuf [diznœf] num dezenove, → **six**.

dix-neuvième [diznœvjɛm] num décimo nono(décima nona), → **sixième**.

dix-sept [disɛt] num dezessete, → **six**.

dix-septième [disɛtjɛm] num décimo sétimo(décima sétima), → **sixième**.

dizaine [dizɛn] nf • **une dizaine (de)** uma dezena (de).

DJ [didʒi] nm (abr de disc-jockey) DJ mf.

docile [dɔsil] adj dócil.

docks [dɔk] nm docas fpl.

docteur [dɔktœʀ] nm doutor m, -ra f.

document [dɔkymɑ̃] nm documento m.

documentaire [dɔkymɑ̃tɛʀ] nm documentário m.

documentaliste [dɔkymɑ̃talist] nm documentalista mf.

documentation [dɔkymɑ̃tasjɔ̃] nf documentação f.

doigt [dwa] nm dedo m • **doigt de pied** dedo do pé • **à deux doigts de** a um passo de.

dois [dwa] → **devoir**.

doive [dwav] → **devoir**.

dollar [dɔlaʀ] nm dólar m.

domaine [dɔmɛn] nm (propriété) domínio m; (secteur) área f.

dôme [dom] nm (toit) cúpula f.

domestique

domestique [dɔmɛstik] • *adj* doméstico(ca) • *nm* empregado *m*, -da *f.*
domicile [dɔmisil] *nm* domicílio *m* • **à domicile** em domicílio.
dominer [dɔmine] *vt* & *vi* dominar.
dominos [dɔmino] *nm* dominó *m.*
dommage [dɔmaʒ] *nm* • **(quel) dommage!** (que) pena! • **c'est dommage de...** é pena... • **c'est dommage que** é pena que ◆ **dommages** *nm* danos *mpl.*
dompter [dɑ̃te] *vt* domar.
dompteur, euse [dɔ̃tœr, øz] *nm* domador *m*, -ra *f.*
DOM-TOM [dɔmtɔm] *nm* *departamentos e territórios ultramarinos franceses.*

(i) DOM-TOM

Os DOM (departamentos ultramarinos) são formados pelas ilhas da Martinica, Guadalupe, Reunião e São Pedro e Miquelon. Esses territórios e a sua população são administrados do mesmo modo que os departamentos da metrópole. Os TOM (territórios ultramarinos) são constituídos pela Nova Caledônia, Wallis e Futuna, Polinésia, territórios austrais e antárticos, assim como pela ilha de Mayotte. A sua administração é mais autônoma do que a dos DOM.

don [dɔ̃] *nm* dom *m.*
donc [dɔ̃k] *conj* (*par conséquent*) por isso; (*pour reprendre*) pois.
donjon [dɔ̃ʒɔ̃] *nm* torreão *m.*
données [dɔne] *nfpl* dados *mpl.*
donner [dɔne] *vt* dar • **donner qqch à qqn** dar algo a alguém • **donner à manger à qqn** dar de comer a alguém • **donner chaud** dar calor • **donner soif** dar sede ◆ **donner sur** *vp + prép* dar para.
dont [dɔ̃] *pron* RELIG 1. (*complément du verbe*) • **la région dont je parle est très montagneuse** a região da qual falo é bastante montanhosa • **c'est le camping dont on nous a parlé** é o camping de que nos falaram • **je n'aime pas la façon dont il nous regarde** não gosto da maneira com ele nos olha • **ce n'est pas l'endroit dont j'avais rêvé** não é o lugar com que eu tinha sonhado 2. (*complément de l'adjectif*) com que • **le travail dont je suis le plus satisfait...** o trabalho com que estou mais satisfeito... • **l'établissement dont ils sont responsables** o estabelecimento pelo qual eles são responsáveis 3. (*complément d'un nom de personne*) do qual(da qual) • **un homme dont on m'a parlé** um homem do qual me falaram 4. (*complément du nom, exprime l'appar-*

tenance) cujo(cuja) • **c'est un pays dont la principale industrie est le tourisme** é um país cuja principal indústria é o turismo 5. *(parmi lesquels)* dos quais(das quais) • **nous avons passé plusieurs jours au Portugal, dont trois à la plage** passamos vários dias em Portugal, três dos quais na praia • **certaines personnes, dont moi, pensent que...** algumas pessoas, dentre as quais eu, pensam que....

dopage [dɔpaʒ] *nm* doping *m*.

doré, e [dɔʀe] • *adj* dourado(da); *(Can)* lúcio *m*.

dorénavant [dɔʀenavɑ̃] *adv* doravante.

dorin [dɔʀ-ɛ] *nm (Helv)* nome genérico dos vinhos brancos do cantão de Vaud.

dormir [dɔʀmiʀ] *vi* dormir.

dortoir [dɔʀtwaʀ] *nm* dormitório *m*.

dos [do] *nm* costas *fpl*; *(d'une feuille)* verso *m* • **au dos (de)** no verso (de) • **de dos (à)** de costas (para) • **dos crawlé** *(natation)* nado de costas.

dose [doz] *nf* dose *f*.

dossier [dosje] *nm* **1.** *(d'un siège)* encosto *m* **2.** *(documents)* dossiê *m* • **dossier d'inscription** ficha *f* de inscrição **3.** *INFORM* pasta *f*.

douane [dwan] *nf* alfândega *f*.

douanier [dwanje] *nm* fiscal *m* alfandegário.

doublage [dublaʒ] *nm* dublagem *f*.

double [dubl] • *adj* dobro • *(copie)* cópia *f*, *(partie de tennis)* dupla *f* • *adv* em dobro • **le double (de)** o dobro (de) • **avoir qqch en double** ter dois exemplares de algo • **mettre qqch en double** dobrar algo.

double-clic [dublklik] *nm INFORM* clique *m* duplo.

double-cliquer [dublklike] *vt INFORM* dar um clique duplo em.

doubler [duble] • *vt (multiplier)* duplicar; *(vêtement)* forrar; *AUTO* ultrapassar; *(film)* dublar • *vi (augmenter)* duplicar; *AUTO* ultrapassar.

doublure [dublyʀ] *nf (d'un vêtement)* forro *m*.

douce → **doux**.

doucement [dusmɑ̃] *adv (bas)* baixinho; *(lentement)* devagar.

douceur [dusœʀ] *nf* suavidade *f*; *(gentillesse)* doçura *f* • **en douceur** devagar.

douche [duʃ] *nf* • **prendre une douche** tomar uma ducha ou um banho; *(fig)* tomar um banho de água fria.

doucher [duʃe] • **se doucher** *vp* tomar um banho ou uma ducha.

douchette [duʃɛt] *nf* leitor de código de barras manual.

doué, e [dwe] *adj* dotado(da) • **être doué pour** ou **en qqch** ter jeito para algo.

douillet, ette [dujɛ, ɛt] *adj (personne)* covarde; *(lit)* fofo(fa).

douleur [dulœʀ] *nf* dor *f*.

douloureux

douloureux, euse [duluʁø, øz] *adj (opération, souvenir)* doloroso(osa); *(partie du corps)* dolorido(da).
doute [dut] *nm* dúvida *f*
◆ avoir un doute (sur) ter uma dúvida (sobre) • sans doute provavelmente.
douter [dute] *vt* • duvidar • douter que duvidar que ◆ **douter de** *vp + prép* duvidar de ◆ **se douter** *vp* • se desconfiar de • se douter de suspeitar de • se douter que supor que.
doux, douce [du, dus] *adj* doce; *(au toucher)* macio(cia); *(temps)* ameno(na).
douzaine [duzɛn] *nf* • une douzaine (de) *(douze)* uma dúzia (de); *(environ douze)* umas doze.
douze [duz] *num* doze, → **six**.
douzième [duzjɛm] *num* décimo segundo(décima segunda), → **sixième**.
dragée [dʁaʒe] *nf* amêndoa *f* com cobertura de açúcar.
dragon [dʁagɔ̃] *nm (animal)* dragão *m*.
draguer [dʁage] *vt (fam) (personne)* paquerar.
dramatique [dʁamatik] *adj* dramático(ca) ◆ *nf* teledrama *m*.
drame [dʁam] *nm* drama *m*.
drap [dʁa] *nm* lençol *m* • **drap-housse** lençol *m* com elástico.
drapeau [dʁapo] *(pl -x) nm* bandeira *f*.
dresser [dʁese] *vt (mettre debout)* erguer; *(animal)* adestrar; *(plan, procès-verbal)* elaborar ◆ **se dresser** *vp* erguer-se.

drogue [dʁɔg] *nf* droga *f*.
drogué, e [dʁɔge] *nm* drogado *m*, -da *f*.
droguer [dʁɔge] ◆ **se droguer** *vp* drogar-se.
droguerie [dʁɔgʁi] *nf* drogaria *f*.
droit, e [dʁwa, dʁwat] ◆ *adj* direito(ta); *(sans détour)* reto(ta) ◆ *adv* direto ◆ *nm* direito *m* • droit sur lui direito sobre ele • tout droit em frente • droits d'inscription taxas de inscrição • le droit o direito • avoir le droit de faire qqch ter o direito de fazer algo • avoir droit à qqch ter direito a algo.
droite [dʁwat] *nf* • **la droite** a direita • à droite (de) à direita (de) • de droite de direita.
droitier, ère [dʁwatje, ɛʁ] *adj* destro(tra).
drôle [dʁol] *adj (amusant)* engraçado(da); *(bizarre)* esquisito(ta).
drôlement [dʁolmɑ̃] *adv (fam)* extremamente.
drugstore [dʁœgstɔʁ] *nm* centro comercial formado por bar, café-restaurante, lojas diversas, uma pequena farmácia e às vezes, uma sala de espetáculos.
du [dy] = **de** + **le**; → **de**.
dû, due [dy] *pp* → **devoir**.
duc, duchesse [dyk, dyʃɛs] *nm* duque *m*, -quesa *f*.
duel [dyɛl] *nm* duelo *m*.
duffle-coat [dœfəlkot] *(pl* **duffle-coats)** *nm* parca *f*.
dune [dyn] *nf* duna *f*.
duo [dyo] *nm* duo *m*.

duplex [dyplɛks] *nm* dúplex *m inv.*

duplicata [dyplikata] *nm* cópia *f.*

duquel [dykɛl] = **de** + **lequel**; → **lequel**.

dur, e [dyʀ] ◆ *adj* duro(ra); *(difficile)* difícil ◆ *adv (travailler)* arduamente; *(frapper)* com força.

durant [dyʀɑ̃] *prép* durante.

durcir [dyʀsiʀ] *vi* endurecer
◆ **se durcir** *vp* endurecer-se.

durée [dyʀe] *nf* duração *f.*

durer [dyʀe] *vi* durar.

dureté [dyʀte] *nf* dureza *f.*

duvet [dyvɛ] *nm (plumes)* penugem *f; (sac de couchage)* saco *m* de dormir.

dynamique [dinamik] *adj* dinâmico(ca).

dynamite [dinamit] *nf* dinamite *f.*

dynamo [dinamo] *nf* dínamo *m.*

dyslexique [dislɛksik] *adj* disléxico(ca).

E

E *(abr de* **est**) E.

eau [o] *(pl* **eaux**) *nf* água *f*
• **eau bénite** água benta *f*
• **eau de Cologne** água-de-colônia *f*
• **eau gazeuse** água com gás
• **eau minérale** água mineral
• **eau oxygénée** água oxigenada
• **eau potable/non potable**
água potável/não potável
• **eau plate** água sem gás.

eau-de-vie [odvi] *(pl* **eaux-de-vie**) *nf* aguardente *f.*

ébéniste [ebenist] *nm* marceneiro *m.*

éblouir [ebluiʀ] *vt (aveugler)* ofuscar; *(charmer)* deslumbrar.

éblouissant, e [ebluisɑ̃, ɑ̃t] *adj (aveuglant)* ofuscante; *(admirable)* deslumbrante.

éborgner [ebɔʀɲe] *vt* ◆ **éborgner qqn** deixar alguém zarolho(lha).

éboueur [ebwœʀ] *nm* lixeiro *m.*

ébouillanter [ebujɑ̃te] *vt (brûler)* escaldar.

éboulement [ebulmɑ̃] *nm* desmoronamento *m.*

ébouriffé, e [eburife] *adj* desgrenhado(da).

ébrécher [ebʀeʃe] *vt* rachar.

ébrouer [ebʀue] ◆ **s'ébrouer** *vp (se secouer)* sacudir-se.

ébruiter [ebʀɥite] *vt* divulgar.

ébullition [ebylisjɔ̃] *nf* ebulição *f* ◆ **porter qqch à ébullition** levar algo à ebulição.

écaille [ekaj] *nf (de poisson)* escama *f; (d'huître)* concha *f; (matière)* tartaruga *f* • **peigne d'écaille** pente de tartaruga.

écailler [ekaje] *vt* escamar
◆ **s'écailler** *vp* descascar.

écarlate [ekaʀlat] *adj (tissu)* escarlate; *(visage)* vermelho(lha).

écarquiller [ekaʀkije] *vt*
• **écarquiller les yeux** arregalar os olhos.

écart [ekaʀ] *nm (distance)* distância *f; (différence)* diferença *f*

écarter

- faire un écart desviar-se • à l'écart (de) afastado (de)
- grand écart *posição em que as pernas formam um ângulo de 180°*.

écarter [ekaʀte] *vt* afastar; *(ouvrir)* abrir.

échafaudage [eʃafodaʒ] *nm* andaime *m*.

échalote [eʃalɔt] *nf* chalota *f*.

échancré, e [eʃɑ̃kʀe] *adj* decotado(da).

échange [eʃɑ̃ʒ] *nm (troc)* troca *f*, EDUC intercâmbio *m*; *(au tennis)* troca *f* de bolas • en échange (de) em troca (de).

échanger [eʃɑ̃ʒe] *vt* trocar • échanger qqch contre trocar algo por.

échangeur [eʃɑ̃ʒœʀ] *nm* trevo *m (em auto-estrada)*.

échantillon [eʃɑ̃tijɔ̃] *nm* amostra *f*.

échappement [eʃapmɑ̃] *nm* → pot.

échapper [eʃape] • **échapper à** *vp + prép* escapar a • ça m'a échappé escapou-me • ça m'a échappé des mains escapou-me das mãos ◆ **s'échapper** *vp* escapar-se • **s'échapper de** escapar-se.

écharde [eʃaʀd] *nf* farpa *f*.

écharpe [eʃaʀp] *nf (cache-nez)* echarpe *f* • en écharpe a tiracolo.

échauffement [eʃofmɑ̃] *nm (sportif)* aquecimento *m*.

échauffer [eʃofe]
◆ **s'échauffer** *vp (sportif)* fazer o aquecimento.

échec [eʃɛk] *nm* fracasso *m*
• échec! xeque! • échec et mat! xeque-mate! ◆ **échecs** *nmpl* xadrez *m*.

échelle [eʃɛl] *nf (pour grimper)* escada *f*; *(sur une carte)* escala *f*
• faire la courte échelle à qqn ajudar alguém a subir com as mãos ◆ **échelle de Richter** *nf (géographie)* escala Richter.

échelon [eʃlɔ̃] *nm (d'échelle)* degrau *m*, *(grade)* escalão *m*.

échevelé, e [eʃəvle] *adj* desgrenhado(da).

échine [eʃin] *nf* **1.** *(colonne vertébrale)* coluna *f* vertebral **2.** *(de porc)* lombo *m* de porco.

échiquier [eʃikje] *nm* tabuleiro *m* de xadrez.

écho [eko] *nm* eco *m*.

échographie [ekografi] *nf* ecografia *f*.

échouer [eʃwe] *vi* falhar ◆ **s'échouer** *vp* encalhar.

éclabousser [eklabuse] *vt* salpicar.

éclaboussure [eklabusyʀ] *nf* salpico *m*.

éclair [eklɛʀ] *nm (d'orage)* relâmpago *m*; *(gâteau)* bomba *f*.

éclairage [eklɛʀaʒ] *nm* iluminação *f*.

éclaircie [eklɛʀsi] *nf* nesga do céu entre nuvens.

éclaircir [eklɛʀsiʀ] *vt* clarear ◆ **s'éclaircir** *vp (ciel)* clarear; *(fig) (mystère)* esclarecer-se.

éclaircissement [eklɛʀsismɑ̃] *nm (explication)* esclarecimento *m*.

éclairer [eklɛʀe] *vt (pièce)* iluminar; *(à la bougie)* iluminar; *(fig) (personne)* esclarecer

◆ **s'éclairer** vp (visage) iluminar-se; (fig) (mystère) esclarecer-se.
éclaireur, euse [eklɛrœr, øz] nm (scout) batedor m, -ra f ◆ **partir en éclaireur** (fig) abrir o caminho.
éclat [ekla] nm (de verre) estilhaço m; (d'une lumière) clarão m ◆ **éclats de rire** gargalhadas fpl ◆ **éclats de voix** gritaria f.
éclatant, e [eklatɑ̃, ɑ̃t] adj deslumbrante.
éclater [eklate] vi rebentar ◆ **éclater de rire** desatar a rir ◆ **éclater en sanglots** desatar a chorar.
éclipse [eklips] nf eclipse m.
éclosion [eklozjɔ̃] nf eclosão f.
écluse [eklyz] nf comporta f.
écœurant, e [ekœrɑ̃, ɑ̃t] adj (aliment) enjoativo(va); (spectacle, comportement) chocante.
écœurer [ekœre] vt enjoar.
école [ekɔl] nf escola f ◆ **aller à l'école** ir à escola ◆ **faire l'école buissonnière** matar aula ◆ **l'école publique** escola pública.
écolier, ère [ekɔlje, ɛr] nm aluno m, -na f.
écologie [ekɔlɔʒi] nf ecologia f.
écologique [ekɔlɔʒik] adj ecológico(ca).
économie [ekɔnɔmi] nf economia f ◆ **économies** nfpl economias fpl ◆ **faire des économies** fazer economias.
économique [ekɔnɔmik] adj económico(ca).
économiser [ekɔnɔmize] vt economizar.

écorce [ekɔrs] nf casca f.
écorcher [ekɔrʃe] vt esfolar-se ◆ **s'écorcher le genou** esfolar o joelho.
écorchure [ekɔrʃyr] nf esfoladela f.
écossais, e [ekɔsɛ, ɛz] adj escocês(esa) ◆ **Écossais, e** nm escocês m, -esa f.
Écosse [ekɔs] nf ◆ **l'Écosse** a Escócia.
écouler [ekule] ◆ **s'écouler** vp (temps) passar; (liquide) escorrer.
écouter [ekute] vt ouvir.
écouteur [ekutœr] nm auscultador m ◆ **écouteurs** auscultadores mpl.
écran [ekrɑ̃] nm (de cinéma, de télévision) tela f; (de fumée, d'arbres) cortina f ◆ **(crème) écran total** proteção f total ◆ **le grand écran** a telona ◆ **le petit écran** a telinha.
écrasant, e [ekrazɑ̃, ɑ̃t] adj esmagador(ra).
écraser [ekraze] vt (aplatir) esmagar; (une personne) atropelar; (un insecte) esborrachar; (vaincre) derrotar ◆ **se faire écraser** ser atropelado(da) ◆ **s'écraser** vp submeter-se.
écrémé, e [ekreme] adj desnatado(da) ◆ **demi-écrémé** semidesnatado(da).
écrevisse [ekrəvis] nf lagostim m.
écrier [ekrije] ◆ **s'écrier** vp exclamar.
écrin [ekrɛ̃] nm porta-joias m inv.
écrire [ekrir] vt & vi escrever ◆ **écrire à qqn** escrever a al-

guém ♦ **s'écrire** vp (correspondre) corresponder-se; (s'épeler) escrever-se.

écrit, e [ekri, it] • pp → **écrire** • nm • **par écrit** por escrito.

écriteau [ekrito] (pl **-x**) nm letreiro m.

écriture [ekrityʀ] nf escrita f.

écrivain [ekrivɛ̃] nm escritor m, -ra f.

écrou [ekru] nm porca f (peça).

écrouler [ekrule]
♦ **s'écrouler** vp (mur) desabar; (coureur) sucumbir.

écru, e [ekry] adj (couleur) cru.

ecsta [ɛksta] (fam) nm (abr de ecstasy) ecstasy.

écume [ekym] nf espuma f.

écumoire [ekymwaʀ] nf escumadeira f.

écureuil [ekyʀœj] nm esquilo m.

écurie [ekyʀi] nf cavalariça f.

écusson [ekysɔ̃] nm emblema m.

eczéma [ɛgzema] nm eczema m.

édenté, e [edɑ̃te] adj desdentado(da).

édifice [edifis] nm edifício m.

Édimbourg [edɛ̃buʀ] nom Edimburgo.

éditer [edite] vt editar.

édition [edisjɔ̃] nf edição f.

édredon [edʀədɔ̃] nm edredom m.

éducatif, ive [edykatif, iv] adj educativo(va).

éducation [edykasjɔ̃] nf educação f • **éducation physique** educação física.

éduquer [edyke] vt educar.

effacer [efase] vt (tableau, mot) apagar; (bande magnétique, chanson) desgravar ♦ **s'effacer** vp apagar-se.

effectif [efektif] nm efetivo m.

effectivement [efektivmɑ̃] adv (réellement) realmente; (en effet) efetivamente.

effectuer [efektɥe] vt efetuar.

efféminé, e [efemine] adj efeminado(da).

effervescent, e [efɛʀvesɑ̃, ɑ̃t] adj efervescente.

effet [efe] nm efeito m • **faire de l'effet** causar uma forte impressão • **en effet** com efeito • **effet secondaire** efeito colateral • **effets spéciaux** efeitos especiais.

efficace [efikas] adj (médicament, mesure) eficaz; (personne, travail) eficiente.

efficacité [efikasite] nf (d'une mesure) eficácia f; (d'une personne) eficiência f.

effilé, e [efile] adj (frange) desfiado(da); (doigts) afilado(da).

effiloche [efilɔʃe]
♦ **s'effilocher** vp desfiar-se.

effleurer [eflœʀe] vt roçar.

effondrer [efɔ̃dʀe]
♦ **s'effondrer** vp (mur) desmoronar; (personne) definhar; (fig) (moralement) abater-se.

efforcer [efɔʀse] ♦ **s'efforcer de** vp + prép esforçar-se por.

effort [efɔʀ] nm esforço m.

effrayant, e [efʀejɑ̃, ɑ̃t] adj assustador(ra).

effrayer [efʀeje] vt assustar.
effriter [efʀite] ♦ **s'effriter** vp desmoronar-se.
effroyable [efʀwajabl] adj pavoroso(osa).
égal, e, aux [egal, o] adj (identique) igual; (régulier) uniforme • ça m'est égal tanto faz • égal à igual a.
également [egalmɑ̃] adv (aussi) igualmente.
égaliser [egalize] ♦ vt (cheveux) aparar; (sol) nivelar ♦ vi ESP empatar.
égalité [egalite] nf (des citoyens) igualdade f; (au tennis) empate m • **être à égalité** estar empatado(da).
égard [egaʀ] nm • **à l'égard de** com respeito a.
égarer [egaʀe] vt extraviar ♦ **s'égarer** vp (se perdre) extraviar-se; (sortir du sujet) desviar-se do assunto.
égayer [egeje] vt alegrar.
église [egliz] nf igreja f • **l'Église** a Igreja.
égoïste [egɔist] adj & nm egoísta.
égorger [egɔʀʒe] vt degolar.
égout [egu] nm esgoto m.
égoutter [egute] vt escorrer.
égouttoir [egutwaʀ] nm (à légumes) escorredor m (de legumes); (à vaisselle) escorredor m (de pratos).
égratigner [egʀatiɲe] vt arranhar ♦ **s'égratigner** vp arranhar-se ♦ **s'égratigner le genou** arranhar o joelho.
égratignure [egʀatiɲyʀ] nf arranhão m.

égrener [egʀəne] vt (maïs, raisin) debulhar.
Égypte [eʒipt] nf • **l'Égypte** o Egito.
égyptien, enne [eʒipsjɛ̃, ɛn] adj egípcio(cia).
eh [e] interj ei! • **eh bien** pois bem.
élan [elɑ̃] nm impulso m • **prendre de l'élan** ganhar impulso.
élancer [elɑ̃se] ♦ **s'élancer** vp lançar-se.
élargir [elaʀʒiʀ] vt alargar; (connaissances) ampliar ♦ **s'élargir** vp (route, vêtement) alargar-se; (connaissances) ampliar-se.
élastique [elastik] ♦ adj elástico(ca) ♦ nm elástico m.
électeur, trice [elɛktœʀ, tʀis] nm eleitor m, -ra f.
élections [elɛksjɔ̃] nfpl eleições fpl.
électricien [elɛktʀisjɛ̃] nm eletricista m.
électricité [elɛktʀisite] nf eletricidade f • **électricité statique** eletricidade estática.
électrique [elɛktʀik] adj elétrico(ca).
électrocuter [elɛktʀɔkyte] ♦ **s'électrocuter** vp eletrocutar-se.
électroménager [elɛktʀɔmenaʒe] nm eletrodoméstico m.
électronique [elɛktʀɔnik] ♦ adj eletrônico(ca) ♦ nf eletrônica f.
électrophone [elɛktʀɔfɔn] nm toca-discos m inv.

électuaire [elektɥɛʀ] nm (Helv) eletuário m.
élégance [elegɑ̃s] nf elegância f.
élégant, e [elegɑ̃, ɑ̃t] adj elegante.
élément [elemɑ̃] nm elemento m; (de cuisine) móvel m.
élémentaire [elemɑ̃tɛʀ] adj elementar.
éléphant [elefɑ̃] nm elefante m.
élevage [elvaʒ] nm criação f.
élevé, e [elve] adj elevado(da)
• **bien élevé** bem-educado
• **mal élevé** mal-educado.
élève [elɛv] nmf aluno m, -na f.
élever [elve] vt criar; (niveau, voix) levantar ◆ **s'élever** vp elevar-se • **s'élever à** elevar-se a.
éleveur, euse [elvœʀ, øz] nm criador m, -ra f.
éliminatoire [eliminatwaʀ]
◆ adj eliminatório(ria) ◆ nf eliminatória f.
éliminer [elimine] vt & vi eliminar.
élire [eliʀ] vt eleger.
elle [ɛl] pron ela • **elle-même** ela própria • **elles** pron elas • **elles-mêmes** elas próprias.
éloigné, e [elwaɲe] adj afastado(da) • **éloigné de** (loin de) afastado de; (différent de) distante de.
éloigner [elwaɲe] vt afastar
◆ **s'éloigner (de)** vp + prép afastar-se (de).
élongation [elɔ̃gasjɔ̃] nf distensão f.
élu, e [ely] pp → **élire** ◆ nm eleito m, -ta f.

116

Élysée [elize] nm • **(le palais de) l'Élysée** (o palácio do) Eliseu, *residência do presidente da República francesa*.
émail [emaj, o] nm esmalte m
◆ **émaux** nmpl objetos mpl de arte esmaltados.
emballage [ɑ̃balaʒ] nm embalagem f.
emballer [ɑ̃bale] vt (paquet) embalar; (cadeau) embrulhar; (fam) (enthousiasmer) entusiasmar.
embarcadère [ɑ̃baʀkadɛʀ] nm embarcadouro m.
embarcation [ɑ̃baʀkasjɔ̃] nf embarcação f.
embarquement [ɑ̃baʀkəmɑ̃] nm embarque m • **embarquement immédiat** embarque imediato.
embarquer [ɑ̃baʀke] ◆ vt embarcar; (fam) ficar com ◆ vi embarcar ◆ **s'embarquer** vp embarcar • **s'embarquer dans** meter-se em.
embarras [ɑ̃baʀa] nm embaraço m.
embarrassant, e [ɑ̃baʀasɑ̃, ɑ̃t] adj embaraçoso(osa).
embarrasser [ɑ̃baʀase] vt (encombrer) atravancar; (gêner) embaraçar ◆ **s'embarrasser de** vp + prép atravancar-se de.
embaucher [ɑ̃boʃe] vt contratar.
embellir [ɑ̃beliʀ] ◆ vt embelezar ◆ vi ficar mais bonito(ta).
embêtant, e [ɑ̃bɛtɑ̃, ɑ̃t] adj aborrecido(da).
embêter [ɑ̃bɛte] vt aborrecer
◆ **s'embêter** vp aborrecer-se.

emblème [ãblɛm] nm emblema m.

emboîter [ãbwate] vt encaixar
• **s'emboîter** vp encaixar-se.

embouchure [ãbuʃyʀ] nf foz f.

embourber [ãbuʀbe]
• **s'embourber** vp atolar-se.

embout [ãbu] nm ponteira f.

embouteillage [ãbutejaʒ] nm engarrafamento m.

embranchement [ãbʀãʃmã] nm (carrefour) entroncamento m, (d'autoroute) ramal m.

embrasser [ãbʀase] vt beijar
• **s'embrasser** vp beijar-se.

embrayage [ãbʀejaʒ] nm embreagem f.

embrayer [ãbʀeje] vi embrear.

embrouiller [ãbʀuje] vt (fil, cheveux) emaranhar; (histoire, idées, personne) embaralhar
• **s'embrouiller** vp embaralhar-se.

embruns [ãbʀɛ̃] nm salpicos mpl (das ondas).

embuscade [ãbyskad] nf emboscada f.

éméché, e [emeʃe] adj tocado(da).

émeraude [emʀod] • nf esmeralda f • adj inv verde-esmeralda.

émerger [emɛʀʒe] vi emergir.

émerveillé, e [emɛʀveje] adj maravilhado(da).

émetteur [emetœʀ] nm emissor m.

émettre [emetʀ] vt emitir.

émeute [emøt] nf motim m.

émietter [emjete] vt esmigalhar.

émigrer [emigʀe] vi emigrar.

émincé [emɛ̃se] nm fatias finas
• **émincé de veau à la zurichoise** (Helv) cozido de vitela com creme de leite e vinho branco.

émis, e [emi, iz] pp → **émettre**.

émission [emisjõ] nf (de télévision) programa m.

emmagasiner [ãmagazine] vt armazenar.

emmanchure [ãmãʃyʀ] nf cava f (de manga).

emmêler [ãmele] vt emaranhar • **s'emmêler** vp (fil, cheveux) emaranhar-se; (souvenirs, dates) misturar-se.

emménager [ãmenaʒe] vi instalar-se (numa nova habitação).

emmener [ãmne] vt levar.

emmental [em-ɛtal] nm queijo m emmental.

emmitoufler [ãmitufle]
• **s'emmitoufler** vp agasalhar-se.

emoticon [emɔtikɔ] nm INFORM emoticon m.

émotif, ive [emotif, iv] adj emotivo(va).

émotion [emosjõ] nf emoção f.

émouvant, e [emuvã, ãt] adj comovente.

émouvoir [emuvwaʀ] vt comover.

empaillé, e [ãpaje] adj empalhado(da).

empaqueter [ãpakte] vt empacotar.

emparer [ɑ̃paʀe]
◆ **s'emparer de** vp + prép apoderar-se de.

empêchement [ɑ̃pɛʃmɑ̃] nm impedimento m ◆ **avoir un empêchement** ter um impedimento.

empêcher [ɑ̃peʃe] vt impedir ◆ **empêcher qqn/qqch de faire qqch** impedir alguém/algo de fazer algo ◆ **(il) n'empêche que** no entanto ◆ **s'empêcher de** vp + prép deixar de.

empereur [ɑ̃pʀœʀ] nm imperador m.

empester [ɑ̃pɛste] ◆ vt empestar ◆ vi feder.

empêtrer [ɑ̃petʀe]
◆ **s'empêtrer dans** vp + prép envolver-se em.

empiffrer [ɑ̃pifʀe] ◆ **s'empiffrer (de)** vp + prép (fam) empanturrar-se (de).

empiler [ɑ̃pile] vt empilhar
◆ **s'empiler** vp amontoar-se.

empire [ɑ̃piʀ] nm império m.

empirer [ɑ̃piʀe] vi piorar.

emplacement [ɑ̃plasmɑ̃] nm (endroit) local m; (de parking) vaga f.

emploi [ɑ̃plwa] nm emprego m ◆ **l'emploi** o emprego ◆ **emploi du temps** horário m.

employé, e [ɑ̃plwaje] nm empregado m, -da f ◆ **employé de bureau** empregado de escritório.

employer [ɑ̃plwaje] vt empregar.

employeur, euse [ɑ̃plwajœʀ, øz] nm patrão m, -troa f.

empoigner [ɑ̃pwaɲe] vt empunhar.

empoisonnement [ɑ̃pwazɔnmɑ̃] nm envenenamento m.

empoisonner [ɑ̃pwazɔne] vt envenenar.

emporter [ɑ̃pɔʀte] vt levar ◆ **à emporter** para levar ◆ **l'emporter sur** levar vantagem sobre ◆ **s'emporter** vp descontrolar-se.

empreinte [ɑ̃pʀɛ̃t] nf (de pas) pegada f; (de pneu) marca f ◆ **empreintes digitales** impressões fpl digitais.

empresser [ɑ̃pʀese] ◆ **s'empresser de faire qqch** apressar-se em fazer algo.

emprisonner [ɑ̃pʀizɔne] vt aprisionar.

emprunt [ɑ̃pʀœ̃] nm empréstimo m.

emprunter [ɑ̃pʀœ̃te] vt (argent, objet) pedir emprestado(da); (itinéraire) ir por ◆ **emprunter qqch à qqn** pedir algo emprestado a alguém.

ému, e [emy] ◆ pp → **émouvoir** ◆ adj comovido(da).

en [ɑ̃] ◆ prép 1. (gén) em ◆ **en été/2005** no verão/em 2005 ◆ **être en classe** estar na sala de aula ◆ **habiter en Angleterre** morar na Inglaterra ◆ **en dix minutes** em dez minutos 2. (indique le lieu où l'on va) ◆ **aller en ville/en Dordogne** ir à cidade/a Dordonha ◆ **aller en Irlande/en France** ir à Irlanda/à França 3. (désigne la matière) de • **un pull en laine** um pulôver de lã 4. *(indique l'état)* • **être en vacances** estar de férias • **s'habiller en noir** vestir-se de preto • **combien ça fait en euros?** quanto custa em euros? • **ça se dit 'custard' en anglais** diz-se 'custard' em inglês • **'en réparation'** 'em conserto 5. *(indique le moyen)* de • **voyager en avion/voiture** viajar de avião/de carro 6. *(pour désigner la taille)* • **auriez-vous celles-ci en 38/en plus petit?** teria o número 38 destas?/um número menor? • **nous avons ce modèle en taille S** temos este modelo no tamanho S 7. *(devant un participe présent)* • **en arrivant à Paris** ao chegar em Paris • **partir en courant** saír correndo • **on ne parle pas en mangeant!** não se fala quando se come! ◆ *pron* 1. *(object indirect)* • **n'en parlons plus** não falemos mais nisso • **je vous en remercie** agradeço-lhe por isso • **j'en rêve la nuit** sonho com isso à noite 2. *(avec un indéfini)* • **en reprendrez-vous?** quer mais? 3. *(indique la provenance)* • **j'en viens** venho de lá 4. *(complément du nom)* • **je suis parti en vacances et j'en garde un excellent souvenir** estive de férias e tenho uma excelente lembrança delas 5. *(complément de l'adjectif)* • **les escargots? j'en suis fou** os escargots? ele é doido por eles • **elle est bien à la maison!** – ma foi, j'en suis assez fier a sua casa é bonita! – realmente, estou muito contente com ela.

encadrer [ɑ̃kadʀe] *vt* emoldurar.

encastrer [ɑ̃kastʀe] *vt* embutir.

enceinte [ɑ̃sɛ̃t] ◆ *adj f* grávida ◆ *nf* (haut-parleur) caixa f de som; *(d'une ville)* muralha f.

encens [ɑ̃sɑ̃] *nm* incenso m.

encercler [ɑ̃sɛʀkle] *vt (personne, ville)* cercar; *(mot)* rodear.

enchaîner [ɑ̃ʃene] *vt (attacher)* acorrentar; *(idées, phrases)* encadear ◆ **s'enchaîner** *vp* encadear-se.

enchanté, e [ɑ̃ʃɑ̃te] *adj* encantado(da) • **enchanté (de faire votre connaissance)!** prazer em conhecê-lo!

enchères [ɑ̃ʃɛʀ] *nfpl* leilão f. • **vendre qqch aux enchères** leiloar algo.

enclencher [ɑ̃klɑ̃ʃe] *vt* desencadear.

enclos [ɑ̃klo] *nm* recinto m.

encoche [ɑ̃kɔʃ] *nf* corte m.

encolure [ɑ̃kɔlyʀ] *nf (de vêtement)* colarinho m.

encombrant, e [ɑ̃kɔ̃bʀɑ̃, ɑ̃t] *adj* que ocupa muito espaço.

encombrement [ɑ̃kɔ̃bʀəmɑ̃] *nm* engarrafamento m.

encombrer [ɑ̃kɔ̃bʀe] *vt (gêner)* estorvar.

encore [ɑ̃kɔʀ] *adv* 1. *(gén)* ainda • **il reste encore une centaine de kilomètres** ainda faltam uns cem quilômetros • **pas encore** ainda não • **c'est encore plus cher ici** aqui é ain-

encourager

da mais caro 2. *(de nouveau)* outra vez • **j'ai encore oublié mes clefs!** esqueci-me outra vez das chaves! • **encore une fois** outra vez 3. *(en plus)* mais • **encore un peu de légumes?** um pouco mais de legumes? • **reste encore un peu** fique mais um pouco.

encourager [ɑ̃kuraʒe] *vt* encorajar • **encourager qqn à faire qqch** encorajar alguém a fazer algo.

encrasser [ɑ̃krase] *vt* sujar.

encre [ɑ̃kr] *nf* tinta *f* • **encre de Chine** tinta da China.

encyclopédie [ɑ̃siklɔpedi] *nf* enciclopédia *f*.

endetter [ɑ̃dete]
• **s'endetter** *vp* endividar-se.

endive [ɑ̃div] *nf* endívia *f*.

endommager [ɑ̃dɔmaʒe] *vt* danificar.

endormi, e [ɑ̃dɔrmi] *adj* adormecido(da).

endormir [ɑ̃dɔrmir] *vt* adormecer • **s'endormir** *vp* adormecer.

endroit [ɑ̃drwa] *nm (lieu)* local *m*, lugar *m*; *(côté)* direito *m* • **à l'endroit de** para com.

endurant, e [ɑ̃dyrɑ̃, ɑ̃t] *adj* resistente.

endurcir [ɑ̃dyrsir]• **s'endurcir** *vp* endurecer-se.

énergie [enɛrʒi] *nf* energia *f*.

énergique [enɛrʒik] *adj* enérgico(ca).

énerver [enɛrve] *vt* enervar
• **s'énerver** *vp* enervar-se.

enfance [ɑ̃fɑ̃s] *nf* infância *f*.

enfant [ɑ̃fɑ̃] *nm (jeune)* criança *f*; *(descendant)* filho *m*, -lha *f* • **enfant de chœur** menino *m* de coro.

enfantin, e [ɑ̃fɑ̃tɛ̃, in] *adj* infantil.

enfer [ɑ̃fɛr] *nm* inferno *m*.

enfermer [ɑ̃fɛrme] *vt* encerrar.

enfiler [ɑ̃file] *vt* enfiar.

enfin [ɑ̃fɛ̃] *adv (finalement)* enfim; *(en dernier)* por fim.

enflammer [ɑ̃flame] • **s'enflammer** *vp* inflamar-se.

enfler [ɑ̃fle] *vi* inchar.

enfoncer [ɑ̃fɔ̃se] *vt (clou)* pregar; *(porte)* arrombar; *(aile de voiture)* amassar • **s'enfoncer** *vp* • **s'enfoncer dans** *(bateau)* afundar-se em; *(forêt, ville)* adentrar-se por.

enfouir [ɑ̃fwir] *vt* enterrar.

enfreindre [ɑ̃frɛ̃dr] *vt* infringir.

enfreint, e [ɑ̃frɛ̃, ɛ̃t] *pp* → **enfreindre**.

enfuir [ɑ̃fɥir] • **s'enfuir** *vp* fugir.

enfumé, e [ɑ̃fyme] *adj* enfumaçado(da).

engagement [ɑ̃gaʒmɑ̃] *nm (promesse)* compromisso *m*; *ESP* arremesso *m*.

engager [ɑ̃gaʒe] *vt (salarié, domestique)* contratar; *(conversation, négociations)* entabular
• **s'engager** *vp* alistar-se
• **s'engager à faire qqch** comprometer-se a fazer algo
• **s'engager dans** entrar em.

engelure [ɑ̃ʒlyr] *nf* frieira *f*.

engin [ɑ̃ʒɛ̃] *nm* engenho *m*.

engloutir [ɑ̃glutir] *vt (nourriture)* tragar; *(submerger)* submergir.

engouffrer [ɑ̃gufʀe]
♦ **s'engouffrer dans** *vp + prép (personne)* enfiar-se em; *(vent, eau)* meter-se por.

engourdi, e [ɑ̃guʀdi] *adj* entorpecido(da).

engrais [ɑ̃gʀɛ] *nm* adubo *m*.

engraisser [ɑ̃gʀese] *vt & vi* engordar.

engrenage [ɑ̃gʀənaʒ] *nm* engrenagem *f*.

énigmatique [enigmatik] *adj* enigmático(ca).

énigme [enigm] *nf* enigma *m*.

enjamber [ɑ̃ʒɑ̃be] *vt (flaque, fossé)* passar por cima de; *(suj: pont)* atravessar.

enjoliveur [ɑ̃ʒɔlivœʀ] *nm* calota *f*.

enlaidir [ɑ̃ledir] *vt* enfear.

enlèvement [ɑ̃lɛvmɑ̃] *nm* rapto *m*.

enlever [ɑ̃lve] *vt* tirar; *(kidnapper)* raptar ♦ **s'enlever** *vp* sair.

enliser [ɑ̃lize] ♦ **s'enliser** *vp* atolar-se.

enneigé, e [ɑ̃neʒe] *adj* coberto(ta) de neve.

ennemi, e [ɛnmi] *nm* inimigo *m*, -ga *f*.

ennui [ɑ̃nɥi] *nm (lassitude)* tédio *m*; *(problème)* aborrecimento *m* ♦ **avoir des ennuis** ter aborrecimentos.

ennuyé, e [ɑ̃nɥije] *adj* aborrecido(da).

ennuyer [ɑ̃nɥije] *vt* aborrecer
♦ **s'ennuyer** *vp* aborrecer-se.

ennuyeux, euse [ɑ̃nɥijø, øz] *adj (lassant)* maçante; *(contrariant)* aborrecido(da).

énorme [enɔʀm] *adj* enorme.

énormément [enɔʀmemɑ̃] *adv* muito ♦ **énormément d'argent** muito dinheiro ♦ **énormément de monde** muita gente.

enquête [ɑ̃kɛt] *nf (policière)* investigação *f*; *(sondage)* pesquisa *f*.

enquêter [ɑ̃kete] *vi* ♦ **enquêter (sur)** investigar.

enragé, e [ɑ̃ʀaʒe] *adj* raivoso(osa) ♦ **il est enragé de football** ele é doido por futebol.

enrayer [ɑ̃ʀeje] *vt* deter
♦ **s'enrayer** *vp (arme)* bloquear-se.

enregistrement [ɑ̃ʀəʒistʀəmɑ̃] *nm* gravação *f* ♦ **enregistrement des bagages** check-in *m*.

enregistrer [ɑ̃ʀəʒistʀe] *vt (disque, cassette, données)* gravar; *(par écrit)* registrar; *(bagages)* fazer o check-in.

enrhumé, e [ɑ̃ʀyme] *adj* resfriado(da).

enrhumer [ɑ̃ʀyme]
♦ **s'enrhumer** *vp* resfriar-se.

enrichir [ɑ̃ʀiʃiʀ] *vt* enriquecer ♦ **s'enrichir** *vp* enriquecer.

enrobé, e [ɑ̃ʀɔbe] *adj* ♦ **enrobé de** coberto de.

enroué, e [ɑ̃ʀwe] *adj* rouco(ca).

enrouler [ɑ̃ʀule] *vt* enrolar
♦ **s'enrouler** *vp* enrolar-se
♦ **s'enrouler autour de** enrolar-se em volta de.

enseignant, e [ɑ̃sɛɲɑ̃, ɑ̃t] *nm* professor *m*, -ra *f*.

enseigne [ɑ̃sɛɲ] nf letreiro m • **enseigne lumineuse** letreiro luminoso.

enseignement [ɑ̃sɛɲmɑ̃] nm ensino m • **enseignement privé** ensino privado.

enseigner [ɑ̃seɲe] vt & vi ensinar • **enseigner qqch à qqn** ensinar algo a alguém.

ensemble [ɑ̃sɑ̃bl] adv • **ils travaillent ensemble** eles trabalham juntos • **elles jouent ensemble** elas brincam juntas • nm conjunto m • **l'ensemble de** o conjunto de • **dans l'ensemble** no conjunto.

ensevelir [ɑ̃səvliʀ] vt sepultar.

ensoleillé, e [ɑ̃sɔleje] adj ensolarado(da).

ensuite [ɑ̃sɥit] adv (plus tard) em seguida; (plus loin) depois.

entaille [ɑ̃taj] nf (fente) entalhe m; (blessure) golpe m.

entamer [ɑ̃tame] vt (pain, bouteille) começar a consumir; (discussion) entabular.

entasser [ɑ̃tase] vt (mettre en tas) amontoar; (serrer) apertar ◆ **s'entasser** vp apertar.

entendre [ɑ̃tɑ̃dʀ] vt ouvir • **entendre dire que** ouvir dizer que • **entendre parler de** ouvir falar de ◆ **s'entendre** vp entender-se • **s'entendre bien avec qqn** entender-se bem com alguém.

entendu, e [ɑ̃tɑ̃dy] adj combinado(da) • **(c'est) entendu!** (está) combinado! • **bien entendu** com certeza.

enterrement [ɑ̃tɛʀmɑ̃] nm enterro m.

enterrer [ɑ̃teʀe] vt enterrar.

en-tête [ɑ̃tɛt] (pl **en-têtes**) nm cabeçalho m • **papier à en-tête** papel timbrado.

entêter [ɑ̃tete] ◆ **s'entêter** vp obstinar-se • **s'entêter à faire qqch** obstinar-se em fazer algo.

enthousiasme [ɑ̃tuzjasm] nm entusiasmo m.

enthousiasmer [ɑ̃tuzjasme] vt entusiasmar ◆ **s'enthousiasmer pour** vp + prép entusiasmar-se por.

enthousiaste [ɑ̃tuzjast] adj entusiasta.

entier, ère [ɑ̃tje, ɛʀ] adj inteiro(ra); (lait) integral • **dans le monde entier** no mundo inteiro • **pendant des journées entières** durante dias a fio • **en entier** por inteiro.

entièrement [ɑ̃tjɛʀmɑ̃] adv inteiramente.

entonnoir [ɑ̃tɔnwaʀ] nm funil m.

entorse [ɑ̃tɔʀs] nf entorse f • **se faire une entorse** sofrer um entorse.

entortiller [ɑ̃tɔʀtije] vt torcer.

entourage [ɑ̃tuʀaʒ] nm meio m.

entourer [ɑ̃tuʀe] vt cercar • **entouré de** cercado por.

entracte [ɑ̃tʀakt] nm entreato m.

entraider [ɑ̃tʀede] ◆ **s'entraider** vp ajudar-se mutuamente.

entrain [ɑ̃trɛ̃] nm • **avec entrain** com vigor • **plein d'entrain** cheio de vigor.
entraînant, e [ɑ̃trɛnɑ̃, ɑ̃t] adj empolgante.
entraînement [ɑ̃trɛnmɑ̃] nm treino m.
entraîner [ɑ̃trene] vt (emporter, emmener) arrastar; (provoquer) provocar; ESP treinar ◆ **s'entraîner** vp treinar-se • **s'entraîner à faire qqch** treinar-se para fazer algo.
entraîneur, euse [ɑ̃trɛnœr, øz] nm treinador m, -ra f.
entraver [ɑ̃trave] vt entravar.
entre [ɑ̃tr] prép entre • **entre amis** entre amigos • **l'un d'entre nous** um de nós.
entrebâiller [ɑ̃trəbaje] vt entreabrir.
entrechoquer [ɑ̃trəʃɔke]
◆ **s'entrechoquer** vp entrechocar-se.
entrecôte [ɑ̃trəkot] nf entrecosto m • **entrecôte à la bordelaise** entrecosto com molho de vinho tinto.
entrée [ɑ̃tre] nf entrada f • **entrée gratuite** entrada gratuita • **entrée interdite** entrada proibida • **entrée libre** entrada livre.
entremets [ɑ̃trəmɛ] nm sobremesa f.
entreposer [ɑ̃trəpoze] vt armazenar.
entrepôt [ɑ̃trəpo] nm entreposto m.
entreprendre [ɑ̃trəprɑ̃dr] vt empreender.

entrepreneur [ɑ̃trəprənœr] nm empreiteiro m, empresário m.
entrepris, e [ɑ̃trəpri, iz] pp → **entreprendre**.
entreprise [ɑ̃trəpriz] nf empresa f.
entrer [ɑ̃tre] ◆ vi (aux être) entrar ◆ vt (aux avoir) entrar • **entrez!** entre! • **entrer dans** (pièce) entrar em; (foncer dans) chocar em.
entre-temps [ɑ̃trətɑ̃] adv entretanto.
entretenir [ɑ̃trətnir] vt (maison) manter; (plante) cuidar de ◆ **s'entretenir** vp • **s'entretenir (de qqch) avec qqn** tratar (de algo) com alguém.
entretenu, e [ɑ̃trətny] pp → **entretenir**.
entretien [ɑ̃trətjɛ̃] nm (d'un vêtement) conservação f; (d'une machine) manutenção f; (conversation) conversa f.
entrevue [ɑ̃trəvy] nf entrevista f.
entrouvert, e [ɑ̃truvɛr, ɛrt] adj entreaberto(ta).
énumération [enymerasjɔ̃] nf (liste) enumeração f.
énumérer [enymere] vt enumerar.
envahir [ɑ̃vair] vt invadir.
envahissant, e [ɑ̃vaisɑ̃, ɑ̃t] adj invasor(ra).
enveloppe [ɑ̃vlɔp] nf envelope m.
envelopper [ɑ̃vlɔpe] vt envolver.

envers [ɑ̃vɛʀ] ♦ *prép* para com ♦ *nm* verso *m* ♦ **à l'envers** ao contrário.
envie [ɑ̃vi] *nf (désir)* vontade *f*; *(jalousie)* inveja *f* ♦ **avoir envie de qqch** ter vontade de algo ♦ **avoir envie de faire qqch** ter vontade de fazer algo.
envier [ɑ̃vje] *vt* invejar.
environ [ɑ̃viʀɔ̃] *adv* cerca de ♦ **environs** *nm* arredores *mpl* ♦ **aux environs de** *(heure, nombre)* por volta de ♦ *(lieu)* nos arredores de ♦ **dans les environs** nos arredores.
environnant, e [ɑ̃viʀɔnɑ̃, ɑ̃t] *adj* circunvizinho(nha).
environnement [ɑ̃viʀɔnmɑ̃] *nm (gén)/INFORM* ambiente *m*.
envisager [ɑ̃vizaʒe] *vt (considérer)* considerar; *(prévoir)* prever ♦ **envisager de faire qqch** contar fazer algo.
envoi [ɑ̃vwa] *nm (colis)* envio *m*.
envoler [ɑ̃vɔle] ♦ **s'envoler** *vp (oiseau, avion)* levantar voo; *(feuilles)* voar.
envoyé, e [ɑ̃vwaje] *nm* enviado *m*, -da *f* ♦ **envoyé spécial** enviado especial.
envoyer [ɑ̃vwaje] *vt* enviar; *(balle, objet)* atirar.
épagneul [epaɲœl] *nm* spaniel *m*.
épais, aisse [epɛ, ɛs] *adj (large)* grosso(ossa); *(dense)* espesso(a).
épaisseur [epɛsœʀ] *nf* espessura *f*.
épaissir [epesiʀ] *vi* engrossar ♦ **s'épaissir** *vp (brouillard)* adensar-se.

épanouir [epanwiʀ] ♦ **s'épanouir** *vp (fleur)* desabrochar; *(visage)* alegrar-se.
épargner [epaʀɲe] *vt* poupar ♦ **épargner qqch à qqn** poupar algo a alguém.
éparpiller [epaʀpije] *vt* espalhar ♦ **s'éparpiller** *vp* espalhar-se.
épatant, e [epatɑ̃, ɑ̃t] *adj* surpreendente.
épater [epate] *vt* surpreender.
épaule [epol] *nf* ombro *m* ♦ **épaule d'agneau** espádua *f* de cordeiro.
épaulette [epolɛt] *nf (décoration)* dragona *f*; *(rembourrage)* ombreira *f (de vestido)*.
épave [epav] *nf* destroços *mpl*.
épée [epe] *nf* espada *f*.
épeler [eple] *vt* soletrar.
éperon [epʀɔ̃] *nm* espora *f*.
épi [epi] *nm (de blé, de maïs)* espiga *f*; *(de cheveux)* redemoinho *m*.
épice [epis] *nf* especiaria *f*.
épicé, e [epise] *adj* picante.
épicerie [episʀi] *nf (denrées)* produtos *mpl* alimentícios; *(magasin)* mercearia *f* ♦ **épicerie fine** loja de produtos alimentícios de qualidade superior.
épicier, ère [episje, ɛʀ] *nm* merceeiro *m*, -ra *f*.
épidémie [epidemi] *nf* epidemia *f*.
épier [epje] *vt* espiar.
épilepsie [epilɛpsi] *nf* epilepsia *f*.
épiler [epile] *vt* depilar.
épinard [epinaʀ] *nm* espinafre *m*.

épine [epin] *nf* espinho *m*.

épingle [epɛ̃gl] *nf* alfinete *m* • **épingle à cheveux** grampo *m* de cabelo • **épingle à nourrice** alfinete *m* de segurança.

épingler [epɛ̃gle] *vt* alfinetar.

épisode [epizɔd] *nm* episódio *m*.

éplucher [eplyʃe] *vt* descascar.

épluchures [eplyʃyʀ] *nf* cascas *fpl*.

éponge [epɔ̃ʒ] *nf* esponja *f*.

éponger [epɔ̃ʒe] *vt* enxugar.

époque [epɔk] *nf* época *f*.

épouse → **époux**.

épouser [epuze] *vt* esposar.

épousseter [epuste] *vt* limpar o pó de.

épouvantable [epuvɑ̃tabl] *adj* pavoroso(osa).

épouvantail [epuvɑ̃taj] *nm* espantalho *m*.

épouvante [epuvɑ̃t] *nf* → **film**.

épouvanter [epuvɑ̃te] *vt* apavorar.

époux, épouse [epu, epuz] *nm* esposo *m*, -sa *f*.

épreuve [eprœv] *nf* prova *f*.

éprouvant, e [epruvɑ̃, ɑ̃t] *adj* penoso(osa).

éprouver [epruve] *vt (ressentir)* sentir; *(faire souffrir)* afetar.

éprouvette [epruvɛt] *nf* proveta *f*.

EPS *nf (abr de* **éducation physique et sportive**) educação *f* física.

épuisant, e [epɥizɑ̃, ɑ̃t] *adj* esgotante.

épuisé, e [epɥize] *adj (fatigué)* exausto(ta); *(livre)* esgotado(da).

épuiser [epɥize] *vt (fatiguer)* extenuar; *(ressources)* esgotar.

épuisette [epɥizɛt] *nf (filet)* rede tipo puçá, com cabo *f*; *(à crevettes)* camaroeiro *m*.

équateur [ekwatœʀ] *nm* equador *m*.

équation [ekwasjɔ̃] *nf* equação *f*.

équerre [ekɛʀ] *nf* esquadro *m*.

équestre [ekɛstʀ] *adj* equestre.

équilibre [ekilibʀ] *nm* equilíbrio *m* • **en équilibre** em equilíbrio • **perdre l'équilibre** perder o equilíbrio.

équilibré, e [ekilibʀe] *adj* equilibrado(da).

équilibriste [ekilibʀist] *nmf* equilibrista *mf*.

équipage [ekipaʒ] *nm* tripulação *f*.

équipe [ekip] *nf (sportive)* time *m*; *(de travail)* equipe *f*.

équipement [ekipmɑ̃] *nm* equipamento *m*.

équiper [ekipe] *vt* equipar ♦ **s'équiper (de)** *vp + prép* equipar-se (com).

équipier, ère [ekipje, ɛʀ] *nm ESP* membro *m* de uma equipe; *NAVIG* tripulante *mf*.

équitable [ekitabl] *adj* equitativo(va).

équitation [ekitasjɔ̃] *nf* equitação *f* • **faire de l'équitation** praticar equitação.

équivalent, e [ekivalɑ̃, ɑ̃t] ◆ *adj* equivalente ◆ *nm* equivalente *m*.

équivaloir [ekivalwaʀ] *vi* ◆ **ça équivaut à (faire)...** isso equivale a (fazer)...

équivalu [ekivaly] *pp* → **équivaloir**.

érable [eʀabl] *nm* bordo *m*.

érafler [eʀafle] *vt* arranhar.

éraflure [eʀaflyʀ] *nf* arranhadela *f*.

érotique [eʀɔtik] *adj* erótico(ca).

erreur [eʀœʀ] *nf* erro *m* ◆ **faire une erreur** cometer um erro.

éruption [eʀypsjɔ̃] *nf* erupção *f* ◆ **éruption cutanée** erupção cutânea.

es [ɛ] → **être**.

ESB (*abr de* **Encéphalopathie Spongiforme Bovine**) *nf* EEB *f* (*Encefalopatia Espongiforme Bovina*).

escabeau [ɛskabo] (*pl* **-x**) *nm* escada doméstica, com poucos degraus.

escalade [ɛskalad] *nf* escalada *f*.

escalader [ɛskalade] *vt* (*mur*) trepar; (*montagne*) escalar.

Escalator® [ɛskalatɔʀ] *nm* escada rolante.

escale [ɛskal] *nf* escala *f* ◆ **faire escale (à)** fazer escala (em) ◆ **vol sans escale** voo sem escala.

escalier [ɛskalje] *nm* escada *f* ◆ **les escaliers** as escadas ◆ **escalier roulant** escada rolante.

escalope [ɛskalɔp] *nf* escalope *m*.

escargot [ɛskaʀgo] *nm* caracol *m*.

escarpé, e [ɛskaʀpe] *adj* escarpado(da).

escarpin [ɛskaʀpɛ̃] *nm* escarpim *m*.

escavèche [ɛskavɛʃ] *nm* (*Belg*) peixe frito com molho escabeche.

esclaffer [ɛsklafe] ◆ **s'esclaffer** *vp* rir às gargalhadas.

esclavage [ɛsklavaʒ] *nm* (*système*) escravatura *f*; (*obligation*) escravidão *f*.

esclave [ɛsklav] *nm* escravo *m*, -va *f*.

escorte [ɛskɔʀt] *nf* escolta *f*.

escrime [ɛskʀim] *nf* esgrima *f*.

escroc [ɛskʀo] *nm* vigarista *m*.

escroquerie [ɛskʀɔkʀi] *nf* (*vol*) burla *f*, (*fig*) (*abus*) vigarice *f*.

espace [ɛspas] *nm* espaço *m* ◆ **en l'espace de** no espaço de ◆ **espaces verts** espaços verdes ◆ **espace fumeurs/non-fumeurs** área para fumantes/para não fumantes.

espacer [ɛspase] *vt* espaçar.

espadrille [ɛspadʀij] *nf* alpargata *f*.

Espagne [ɛspaɲ] *nf* ◆ **l'Espagne** a Espanha.

espagnol, e [ɛspaɲɔl] ◆ *adj* espanhol(la) ◆ *nm* (*langue*) espanhol *m* ◆ **Espagnol, e** *nm* espanhol *m*, -la *f*.

espèce [ɛspɛs] *nf* espécie *f* ◆ **une espèce de** uma espécie de ◆ **espèce d'imbécile!** seu imbecil! ◆ **espèce en voie de disparition** espécie em vias de extinção ♦ **espèces** nfespécies mpl • **en espèces** em espécie.

espérer [espeʀe] vt esperar • **espérer faire (qqch)** esperar fazer (algo) • **j'espère (bien)!** espero (muito) que sim!

espion, ionne [ɛspjɔ̃, ɔn] nm espião m, -ã f.

espionnage [ɛspjɔnaʒ] nm espionagem f • **film/roman d'espionnage** filme/romance de espionagem.

espionner [ɛspjɔne] vt espionar.

esplanade [ɛsplanad] nf esplanada f.

espoir [ɛspwaʀ] nm esperança f.

esprit [ɛspʀi] nm (pensée, fantôme) espírito m; (humour) graça f; (caractère) gênio m.

Esquimau, aude, x [ɛskimo, od] nm esquimó m ♦ **Esquimau**® esquimó m.

esquisser [ɛskise] vt esboçar.

esquiver [ɛskive] vt esquivar ♦ **s'esquiver** vp esquivar-se.

essai [ese] nm ensaio m; (tentative) tentativa f.

essaim [esẽ] nm enxame m.

essayage [eseja3] nm → **cabine**.

essayer [eseje] vt experimentar; (tenter) tentar • **essayer de faire qqch** tentar fazer algo.

essence [esãs] nf gasolina f • **essence sans plomb** gasolina sem chumbo.

essentiel, elle [esãsjel] adj essencial.

essieu [esjø] (pl **-x**) nm eixo m.

essorage [esɔʀaʒ] nm secagem f.

essorer [esɔʀe] vt enxugar.

essoufflé, e [esufle] adj ofegante.

essuie-glace [esɥiglas] (pl **essuie-glaces**) nm limpador m de para-brisa.

essuie-mains [esɥimẽ] nm inv toalha f de mão.

essuyer [esɥije] vt limpar ♦ **s'essuyer** vp limpar-se • **s'essuyer les mains** limpar as mãos.

est¹ [ɛ] → **être**.

est² [ɛst] adj inv & nm inv leste • **à l'est (de)** a leste (de) • **l'Est** (les pays de l'Est) o Leste; (l'Est de la France) o leste da França.

est-ce que [ɛskə] adv • **est-ce qu'il est là?** ele está? • **est-ce qu'il sera là?** será que ele estará lá? • **est-ce que tu as mangé?** você já comeu?

esthéticienne [ɛstetisjɛn] nf esteticista f.

esthétique [ɛstetik] adj estético(ca).

estimation [ɛstimasjɔ̃] nf estimativa f.

estimer [ɛstime] vt estimar • **estimer que** estimar que.

estivant, e [ɛstivã, ãt] nm veranista f.

estomac [ɛstɔma] nm estômago m.

estrade [ɛstʀad] nf estrado m.

estragon [ɛstʀagɔ̃] nm estragão m.

estuaire [ɛstɥɛʀ] nm estuário m.

et [e] conj e • **et après?** e depois? • **je l'aime bien, et toi?**

étable

eu gosto dele, e você? • **vingt et un** vinte e um.
étable [etabl] *nf* estábulo *m*.
établi, e [etabli] *nm* bancada *f* de trabalho.
établir [etablir] *vt* estabelecer ◆ **s'établir** *vp* estabelecer-se; *(emménager)* instalar-se.
établissement [etablismã] *nm (organisme)* estabelecimento *m* • **établissement scolaire** estabelecimento escolar.
étage [etaʒ] *nm (d'un bâtiment)* andar *m*; *(couche)* camada *f* • **au premier étage** no primeiro andar • **à l'étage** no andar de cima.
étagère [etaʒɛʀ] *nf (planche)* prateleira *f*; *(meuble)* estante *f*.
étain [etɛ̃] *nm* estanho *m*.
étais [etɛ] → **être**.
étal [etal] *nm (sur les marchés)* banca *f*.
étalage [etalaʒ] *nm (vitrine)* vitrine *f*.
étaler [etale] *vt (nappe, carte)* estender; *(beurre, confiture)* passar; *(paiements)* repartir; *(connaissances, richesse)* ostentar ◆ **s'étaler** *vp (se répartir)* estender-se.
étanche [etɑ̃ʃ] *adj* estanque.
étang [etɑ̃] *nm* lago *m*.
étant [etɑ̃] *ppr* → **être**.
étape [etap] *nf (période)* etapa *f*; *(lieu)* parada *f* • **faire étape à** parar em.
état [eta] *nm* estado *m* • **en état (de marche)** em estado (de funcionamento) • **en bon état** em bom estado • **en mauvais état** em mau estado • **état civil** *(d'une personne)* estado civil • **état d'esprit** estado de espírito ◆ **État** *nm* Estado *m*.
États-Unis [etazyni] *nmpl* • **les États-Unis** os Estados Unidos.
etc. *(abr de* et cetera*)* etc.
et cetera [ɛtsetera] *adv* et caetera.
été[1] [ete] *pp* → **être**.
été[2] [ete] *nm* verão *m* • **en été** no verão.
éteindre [etɛ̃dʀ] *vt* apagar; *(ordinateur)* desligar ◆ **s'éteindre** *vp* apagar-se.
éteint, e [etɛ̃, ɛ̃t] *pp* → **éteindre**.
étendre [etɑ̃dʀ] *vt* estender ◆ **s'étendre** *vp* estender-se.
étendu, e [etɑ̃dy] *adj (grand)* extenso(sa).
étendue [etɑ̃dy] *nf (surface)* extensão *f*; *(fig) (importance)* alcance *m*.
éternel, elle [etɛʀnɛl] *adj* eterno(na).
éternité [etɛʀnite] *nf* eternidade *f* • **cela fait une éternité que...** faz uma eternidade que...
éternuement [etɛʀnymɑ̃] *nm* espirro *m*.
éternuer [etɛʀnɥe] *vi* espirrar.
êtes [ɛt] → **être**.
étinceler [etɛ̃sle] *vi* cintilar.
étincelle [etɛ̃sɛl] *nf* faísca *f*.
étiquette [etiket] *nf* etiqueta *f*.
étirer [etire] *vt* estirar ◆ **s'étirer** *vp (personne)* espreguiçar-se.
étoffe [etɔf] *nf* tecido *m*.
étoile [etwal] *nf* estrela *f* • **hôtel deux/trois étoiles** hotel de duas/três estrelas • **dormir**

à la belle étoile dormir ao relento.

étonnant, e [etɔnɑ̃, ɑ̃t] *adj* espantoso(osa).

étonné, e [etɔne] *adj* admirado(da).

étonner [etɔne] *vt* admirar • **ça m'étonnerait (que)** seria de admirar (que) • **tu m'étonnes!** (fam) eu não acredito! ◆ **s'étonner** *vp* • **s'étonner que** admirar-se de que.

étouffant, e [etufɑ̃, ɑ̃t] *adj* sufocante.

étouffer [etufe] *vt (personne, animal)* sufocar ◆ *vi* sufocar ◆ **s'étouffer** *vp* sufocar.

étourderie [eturdəri] *nf* descuido *m* • **faire une étourderie** descuidar-se.

étourdi, e [eturdi] *adj (distrait)* descuidado(da).

étourdir [eturdir] *vt (assommer)* aturdir; *(donner le vertige à)* estontear.

étourdissement [eturdismɑ̃] *nm* tontura *f*.

étrange [etrɑ̃ʒ] *adj* estranho(nha).

étranger, ère [etrɑ̃ʒe, εr] • *adj (ville, coutume)* estrangeiro(ra); *(inconnu)* estranho(nha) • *nm (d'un autre pays)* estrangeiro *m*, -ra *f* ; *(inconnu)* estranho *m*, -nha *f* • **à l'étranger** no exterior.

étrangler [etrɑ̃gle] *vt* estrangular ◆ **s'étrangler** *vp* engasgar-se.

être [εtr] • *vi* 1. *(pour décrire, indiquer l'origine)* ser • **il est très sympa** ele é muito simpático • **je suis architecte** eu sou arquiteto • **d'où êtes-vous?** de onde são vocês? 2. *(pour désigner une situation, un état)* estar • **nous serons à Naples/à la maison à partir de demain** estaremos em Nápoles/em casa a partir de amanhã • **être content/en forme** estar contente/em forma 3. *(pour donner la date)* • **quel jour sommes-nous?** que dia é hoje? • **c'est jeudi** é quinta-feira • **nous sommes le 26 août 1995** estamos no dia 26 de agosto de 1995 4. *(aller)* • **j'ai été trois fois en Écosse** estive três vezes na Escócia 5. *(pour exprimer l'appartenance)* • **être à** qqn ser de alguém • **cette voiture est à toi?** este carro é seu? • **c'est à Daniel** é do Daniel ◆ *v impers* 1. *(pour désigner le moment)* • **il est 8 h** são oito horas • **il est tard** é tarde 2. *(avec un adjectif ou un participe passé)* • **il est difficile de savoir si...** é difícil saber se... • **il est recommandé de réserver à l'avance** é recomendável reservar com antecedência ◆ *aux* 1. *(pour former le passé composé)* • **nous sommes partis hier** partimos ontem • **je suis née en 1976** nasci em 1976 • **tu t'es coiffé?** você se penteou? 2. *(pour former le passif)* ser • **le train a été retardé** o trem foi atrasado

• nm (créature) ser m • **être humain** ser humano.

étrenner [etʀene] vt estrear.

étrennes [etʀɛn] nfpl (pour les enfants) prenda f; (pour la concierge) presente (comida, dinheiro etc.) oferecido por ocasião do primeiro dia do ano.

étrier [etʀije] nm estribo m.

étroit, e [etʀwa, at] adj (rue, siège) estreito(ta); (vêtement) apertado(da) • **être étroit d'esprit** ter visão limitada • **être à l'étroit** estar apertado.

étude [etyd] nf estudo m; (salle d'école) sala f de estudo; (de notaire) cartório m ◆ **études** nfpl estudos mpl.

étudiant, e [etydjɑ̃, ɑ̃t] adj & nm estudante.

étudier [etydje] vt & vi estudar.

étui [etɥi] nm estojo m.

eu, e [y] pp → **avoir**.

euh [ø] interj hum!

eurochèque [øʀɔʃɛk] nm Eurocheque®.

Europe [øʀɔp] nf • **l'Europe** a Europa • **l'Europe de l'Est** a Europa do Leste.

européen, enne [øʀɔpeɛ̃, ɛn] adj europeu(peia) ◆ **Européennes** [øʀɔpeɛn] nfpl POL eleições fpl europeias ◆ **Européen, enne** [øʀɔpeɛ̃, ɛn] nm, f europeu m, -peia f.

euthanasier [øtanazje] vt provocar a morte por eutanásia.

eux [ø] pron eles • **eux-mêmes** eles próprios.

évacuer [evakɥe] vt evacuar.

évaluer [evalɥe] vt avaliar.

évanouir [evanwiʀ]
◆ **s'évanouir** vp (avoir un malaise) desmaiar; (disparaître) esvanecer.

évaporer [evapɔʀe]
◆ **s'évaporer** vp evaporar-se.

évasé, e [evaze] adj evasê.

évasion [evazjɔ̃] nf evasão f.

éveillé, e [eveje] adj (vif) esperto(ta).

éveiller [eveje] vt despertar
◆ **s'éveiller** vp (sensibilité, curiosité) despertar.

événement [evɛnmɑ̃] nm acontecimento m.

éventail [evɑ̃taj] nm leque m.

éventrer [evɑ̃tʀe] vt (personne, animal) desventrar; (mur) abrir um buraco em; (sac) rasgar.

éventuel, elle [evɑ̃tɥɛl] adj eventual.

éventuellement [evɑ̃tɥɛlmɑ̃] adv eventualmente.

évêque [evɛk] nm bispo m.

évidemment [evidamɑ̃] adv evidentemente.

évident, e [evidɑ̃, ɑ̃t] adj evidente • **c'est pas évident!** (pas facile) não é nada fácil!

évier [evje] nm pia f.

évitement [evitmɑ̃] nm (Belg) evitamento m.

éviter [evite] vt evitar • **éviter qqch à qqn** evitar algo a alguém • **éviter de faire qqch** evitar fazer algo.

évolué, e [evɔlɥe] adj evoluído(da).

évoluer [evɔlɥe] vi evoluir.

évolution [evɔlysjɔ̃] nf evolução f.

évoquer [evɔke] vt evocar.

exécution

ex- [ɛks] *pref* ex-.
exact, e [ɛgzakt] *adj* exato(ta); *(heure)* certo(ta); *(ponctuel)* pontual • **c'est exact** está certo.
exactement [ɛgzaktəmã] *adv* exatamente.
exactitude [ɛgzaktityd] *nf (précision)* exatidão *f*; *(ponctualité)* pontualidade *f*.
ex aequo [ɛgzeko] *adj inv* ex aequo.
exagérer [ɛgzaʒeʀe] *vt & vi* exagerar.
examen [ɛgzamɛ̃] *nm* exame *m* • **examen blanc** *exame simulado*.
examinateur, trice [ɛgzaminatœʀ, tʀis] *nm* examinador *m*, -ra *f*.
examiner [ɛgzamine] *vt* examinar.
exaspérer [ɛgzaspeʀe] *vt* exasperar.
excédent [ɛksedã] *nm* excedente *m* • **excédent de bagages** excesso *m* de bagagens.
excéder [ɛksede] *vt (dépasser)* exceder; *(énerver)* exasperar.
excellent, e [ɛksɛlã, ãt] *adj* excelente.
excentrique [ɛksãtʀik] *adj* excêntrico(ca).
excepté [ɛksɛpte] *prép* exceto.
exception [ɛksɛpsjɔ̃] *nf* exceção *f* • **faire une exception** fazer uma exceção • **à l'exception de** com exceção de • **sans exception** sem exceção.
exceptionnel, elle [ɛksɛpsjɔnɛl] *adj* excepcional.
excès [ɛksɛ] ◆ *nm* excesso *m* ◆ *nm* **faire des excès** cometer excessos • **excès de vitesse** excesso de velocidade.
excessif, ive [ɛksesif, iv] *adj* excessivo(va).
excitant, e [ɛksitã, ãt] ◆ *adj (projet, idée)* excitante ◆ *nm* excitante *m*.
excitation [ɛksitasjɔ̃] *nf* excitação *f*.
exciter [ɛksite] *vt* excitar.
exclamation [ɛksklamasjɔ̃] *nf* exclamação *f*.
exclamer [ɛksklame]
◆ **s'exclamer** *vp* exclamar.
exclure [ɛksklyʀ] *vt* excluir.
exclusif, ive [ɛksklyzif, iv] *adj (droit, interview)* exclusivo(va); *(personne)* exclusivista.
exclusivité [ɛksklyzivite] *nf (d'un film)* exclusividade *f*; *(d'une interview)* exclusivo *m* • **en exclusivité** com exclusividade.
excursion [ɛkskyʀsjɔ̃] *nf* excursão *f*.
excuse [ɛkskyz] *nf (prétexte)* desculpa *f* • **excuses** *nf* • **faire des excuses à qqn** pedir desculpas a alguém.
excuser [ɛkskyze] *vt* desculpar • **excusez-moi** desculpe-me • **s'excuser** *vp* desculpar-se • **s'excuser de faire qqch** pedir desculpas por fazer algo • **il s'est excusé de son retard** ele pediu desculpas por chegar atrasado.
exécuter [ɛgzekyte] *vt* executar.
exécution [ɛgzekysjɔ̃] *nf (meurtre)* execução *f*.

exemplaire [ɛgzɑ̃plɛʀ] nm exemplar m.

exemple [ɛgzɑ̃pl] nm exemplo m. • **par exemple** por exemplo.

exercer [ɛgzɛʀse] vt exercer; (voix, mémoire) exercitar ◆ **s'exercer** vp exercitar-se • **s'exercer à faire qqch** exercitar-se para fazer algo.

exercice [ɛgzɛʀsis] nm exercício m • **faire de l'exercice** fazer exercício.

exhiber [ɛgzibe] vt (pej) exibir ◆ **s'exhiber** vp (pej) exibir-se.

exigeant, e [ɛgziʒɑ̃, ɑ̃t] adj exigente.

exigence [ɛgziʒɑ̃s] nf exigência f.

exiger [ɛgziʒe] vt exigir.

exiler [ɛgzile] ◆ **s'exiler** vp exilar-se.

existence [ɛgzistɑ̃s] nf existência f.

exister [ɛgziste] vi existir.

exorbitant, e [ɛgzɔʀbitɑ̃, ɑ̃t] adj exorbitante.

exotique [ɛgzɔtik] adj exótico(ca).

expatrier [ɛkspatʀije] ◆ **s'expatrier** vp expatriar-se.

expédier [ɛkspedje] vt (envoyer) expedir; (pej) (bâcler) despachar.

expéditeur, trice [ɛkspeditœʀ, tʀis] nm remetente mf.

expédition [ɛkspedisjɔ̃] nf expedição f.

expérience [ɛkspeʀjɑ̃s] nf experiência f • **expérience (professionnelle)** experiência (profissional).

expérimenté, e [ɛkspeʀimɑ̃te] adj experiente.

expert [ɛkspɛʀ] nm perito m, -ta f • **expert en** perito(ta) em.

expertiser [ɛkspɛʀtize] vt avaliar.

expirer [ɛkspiʀe] vi expirar.

explication [ɛksplikasjɔ̃] nf explicação f • **explication de texte** explicação de texto.

expliquer [ɛksplike] vt explicar • **expliquer qqch à qqn** explicar algo a alguém ◆ **s'expliquer** vp explicar-se; (se disputer) ter uma altercação.

exploit [ɛksplwa] nm façanha f.

exploitation [ɛksplwatasjɔ̃] nf exploração f • **exploitation (agricole)** fazenda f.

exploiter [ɛksplwate] vt explorar.

exploration [ɛksplɔʀasjɔ̃] nf (découverte) exploração f.

explorer [ɛksplɔʀe] vt explorar.

exploser [ɛksploze] vi explodir.

explosif, ive [ɛksplozif, iv] ◆ adj (situation) explosivo(va) ◆ nm explosivo m.

explosion [ɛksplozjɔ̃] nf explosão f.

exportation [ɛkspɔʀtasjɔ̃] nf exportação f.

exporter [ɛkspɔʀte] vt exportar.

exposé, e [ɛkspoze] ◆ adj exposto(ta) ◆ nm exposição f oral • **exposé au sud** orientado para o sul • **bien exposé** bem orientado.

exposer [ɛkspoze] *vt* expor • **exposer qqn/qqch à qqch** expor alguém/algo a algo ♦ **s'exposer à** *vp + prép* expor-se a.

exposition [ɛkspozisjɔ̃] *nf* exposição *f*.

exprès[1] [ɛksprɛs] ● *adj inv* urgente • *nm* • **par exprès** ≃ por correio expresso.

exprès[2] [ɛksprɛ] *adv* de propósito • **faire exprès de faire qqch** fazer algo de propósito.

express [ɛksprɛs] *nm* **1.** *(café)* = expresso 2. • **(train) express** trem *m* expresso.

expression [ɛkspresjɔ̃] *nf* expressão *f* • **expression écrite/orale** expressão escrita/oral.

expresso [ɛkspreso] *nm* cafezinho *m*.

exprimer [ɛksprime] *vt (idée, sentiment)* exprimir ♦ **s'exprimer** *vp (parler)* exprimir-se.

expulser [ɛkspylse] *vt* expulsar.

exquis, e [ɛkski, iz] *adj* requintado(da).

extensible [ɛkstɑ̃sibl] *adj* extensível.

exténué, e [ɛkstenye] *adj* extenuado(da).

extérieur, e [ɛksterjœr] ● *adj (escalier, boulevard)* externo(na); *(commerce, politique)* exterior; *(gentillesse, calme)* exterior • *nm* exterior *m* • **à l'extérieur** *(dehors)* lá fora; *ESP* fora • **à l'extérieur de** fora de.

externaliser [ɛksternalize] *vt* externalizar.

exterminer [ɛkstɛrmine] *vt* exterminar.

externe [ɛkstɛrn] *adj & nm* externo(na).

extincteur [ɛkstɛ̃ktœr] *nm* extintor *m*.

extinction [ɛkstɛ̃ksjɔ̃] *nf* • **avoir une extinction de voix** perder a voz.

extra [ɛkstra] ● *adj inv (qualité)* extra; *(fam) (formidable)* extraordinário(ria) ● *pref (très)* extra.

extraire [ɛkstrɛr] *vt* extrair • **extraire qqch de** extrair algo de • **extraire qqn de** tirar alguém de.

extrait [ɛkstrɛ] *nm MÚS* excerto *m*; *(de compte)* extrato *m*; *(de livre, de film)* trecho *m*.

extraordinaire [ɛkstraɔrdinɛr] *adj* extraordinário(ria).

extravagant, e [ɛkstravagɑ̃, ɑ̃t] *adj* extravagante.

extrême [ɛkstrɛm] ● *adj* extremo(ma) ● *nm* extremo *m* • **l'Extrême-Orient** o Extremo Oriente.

extrêmement [ɛkstrɛmmɑ̃] *adv* extremamente.

extrémité [ɛkstremite] *nf* extremidade *f*.

F

F *(abr de* franc, de Fahrenheit*)* F.
fable [fabl] *nf* fábula *f*.

fabricant [fabʀikɑ̃] nm fabricante m.

fabrication [fabʀikasjɔ̃] nf fabricação f.

fabriquer [fabʀike] vt fabricar • **mais qu'est-ce que tu fabriques?** (fam) mas o que é que você está fazendo?

fabuleux, euse [fabylø, øz] adj fabuloso(osa).

fac [fak] nf (fam) faculdade f.

façade [fasad] nf fachada f.

face [fas] nf face f, (visage) rosto m • **faire face à** (être devant) ficar em frente de; (affronter) fazer frente a • **de face** de frente • **en face (de)** em frente de • **face à face** cara a cara.

fâché, e [faʃe] adj zangado(da).

facile [fasil] adj fácil; (personne) dócil.

facilement [fasilmɑ̃] adv (aisément) facilmente; (au moins) pelo menos.

facilité [fasilite] nf facilidade f ♦ **facilités** nfpl • **facilités de paiement** facilidades fpl de pagamento.

faciliter [fasilite] vt facilitar.

façon [fasɔ̃] nf modo m • **de façon (à ce) que** de modo a ou que • **de toute façon** de qualquer modo • **non merci, sans façon** muito obrigado, mas não ♦ **façons** nfpl • **faire des façons** fazer cerimônia.

facteur, trice [faktœʀ, tʀis] • nm carteiro m • nm fator m.

facture [faktyʀ] nf fatura f.

facturer [faktyʀe] vt faturar.

facturette [faktyʀɛt] nf recibo m recibo que se guarda quando se efetua um pagamento com cartão de crédito.

facultatif, ive [fakyltatif, iv] adj facultativo(va).

faculté [fakylte] nf faculdade f.

fade [fad] adj (aliment) insosso(ossa); (couleur) apagado(da).

fagot [fago] nm feixe m de lenha.

faible [fɛbl] • adj fraco(ca) • nm • **avoir un faible pour** ter um fraco por.

faiblement [fɛbləmɑ̃] adv (crier, appeler) baixinho; (augmenter) ligeiramente.

faiblesse [fɛbles] nf fraqueza f.

faiblir [feblir] vi enfraquecer.

faïence [fajɑ̃s] nf faiança f.

faille [faj] nf falha f.

faillir [fajiʀ] vi • **il a failli tomber** ele quase caiu.

faillite [fajit] nf falência f • **faire faillite** falir, ir à falência.

faim [fɛ̃] nf fome f • **avoir faim** ter fome.

fainéant, e [feneɑ̃, ɑ̃t] adj & nm preguiçoso(sa).

faire [fɛʀ] vt 1. (gén) fazer • **c'est lui qui a fait cette chanson?** foi ele quem compôs esta canção? • **faire les comptes** fazer as contas • **faire une promenade** dar um passeio • **faire un rêve** ter um sonho • **faire son lit** arrumar a cama • **faire la vaisselle** lavar a louça • **faire les carreaux** limpar os vidros • **que faites-vous**

faire

comme métier? qual é a sua profissão? 2. *(sport, musique, discipline)* • faire des études estudar • je fais de l'aérobic tous les soirs pratico aeróbica todas as noites • faire du piano tocar piano 3. *(provoquer)* • faire mal à qqn magoar alguém • faire de la peine à qqn causar tristeza a alguém • ma jambe me fait horriblement mal a minha perna dói terrivelmente • faire sensation causar sensação • ça ne lui fait rien du tout isso não produz efeito nenhum nele 4. *(imiter)* • faire l'imbécile fazer-se de idiota • faire celui qui ne comprend pas fingir que não compreende 5. *(parcourir)* percorrer • nous avons fait 150 km en deux heures percorremos 150 km em duas horas • faire du 150 (à l'heure) andar a 150 km por hora 6. *(avec des mesures)* • les pièces font 3 m de haut as divisões medem 3 m de altura • ça fait plus de 2 kg pesa mais de dois kg • je fais 1,68 m meço 1,68 m • je fais du 40 calço 40 7. MATH • 10 et 13 font 23 10 mais 3 são 13 8. *(dire)* dizer 9. *(dans des expressions)* • ça ne fait rien não tem importância • ne faire que *(faire sans cesse)* não parar de; *(faire seulement)* não fazer mais do que • qu'est-ce que ça peut te faire? o que você tem a ver com isso? • qu'est-ce que ça fait? mas de

clefs? o que eu fiz das minhas chaves? • vi 1. *(agir)* fazer • vas-y, mais fais vite vá lá, mas apresse-se • vous feriez mieux de... seria melhor que você... • faites comme chez vous faça como se estivesse em sua casa 2. *(avoir l'air)* • faire jeune/vieux parecer jovem/velho • vimpers 1. *(climat, température)* • il fait chaud/-2°C está calor/estão 2 graus negativos 2. *(exprime la durée)* • ça fait trois jours que nous avons quitté Rouen já saímos de Rouen há três dias • ça fait longtemps que je n'ai pas eu de ses nouvelles já não tenho notícias dele há muito tempo • ça fait dix ans que j'habite ici já moro aqui há 10 anos • aux 1. *(indique que l'on provoque une action)* • faire reculer les passants fazer com que os transeuntes recuem • une histoire à faire dresser les cheveux sur la tête uma história de pôr os cabelos em pé • faire tomber qqch deixar cair algo 2. *(indique que l'on commande une action)* mandar • faire nettoyer un vêtement mandar lavar uma roupa • faire repeindre la maison mandar pintar outra vez a casa • *verbe substitut* fazer • on lui a conseillé de réserver mais il ne l'a pas fait ele foi aconselhado a reservar, mas não o fez

• **se faire** vp 1. *(être convenable, à la mode)* • ça se fait (c'est

faire-part

convenable) isso se faz; *(c'est à la mode)* está na moda • **ça ne se fait pas** *(ce n'est pas convenable)* isso não se faz; *(ce n'est pas à la mode)* não se usa **2.** *(avoir, provoquer)* • **se faire des amis** fazer amigos • **se faire mal** magoar-se • **se faire du souci** preocupar-se • **se faire des illusions** iludir-se **3.** *(avec un infinitif)* ser • **se faire opérer** ser operado • **je me suis fait arrêter par la police** fui preso pela polícia • **se faire faire un costume sur mesure** mandar fazer um terno sob medida **4.** *(devenir)* • **se faire beau** pôr-se bonito • **se faire vieux** tornar-se velho • **il se fait tard** faz-se tarde **5.** *(dans des expressions)* • **comment se fait-il que...?** como é possível que...? • **ne pas s'en faire** não se preocupar ♦ **se faire à** + *prép* (s'habituer à) • **il s'est très bien fait à sa nouvelle vie** ele acostumou-se muito bem à sua nova vida.

faire-part [fɛʀpaʀ] *nm inv (annonce)* participação *f*, *(invitation)* convite *m*.

fais [fɛ] → **faire**.

faisable [fəzabl] *adj* viável.

faisan [fəzɑ̃] *nm* faisão *m*.

faisant [fəzɑ̃] *ppr* → **faire**.

faisons [fəzɔ̃] → **faire**.

fait, e [fɛ, fɛt] *pp* → **faire** ◊ *adj (réalisé)* feito(ta); *(fromage)* amanteigado(da) ◊ *nm* feito *m* • **(c'est) bien fait!** (é) bem feito! • **faits divers** rubrica de um jornal composta por notícias de acidentes, crimes etc. • **au fait** a propósito • **du fait de** por causa de • **en fait de** quanto a • **prendre qqn sur le fait** apanhar alguém em flagrante.

faites [fɛt] → **faire**.

fait-tout [fɛtu] *nm inv* caçarola *f*.

falaise [falɛz] *nf* falésia *f*.

falloir [falwaʀ] *v impers* • **il faut du courage pour faire ça** é preciso coragem para fazer isto • **il faut y aller** ou **que nous y allions** temos que ir embora • **il me faut deux kilos d'oranges** preciso de dois quilos de laranjas • **il me faut y retourner** tenho que voltar lá.

fallu [faly] *pp* → **falloir**.

falsifier [falsifje] *vt* falsificar.

fameux, euse [famø, øz] *adj (célèbre)* famoso(osa); *(très bon)* delicioso(osa).

familial, e, aux [familjal, o] *adj* familiar.

familiarité [familjaʀite] *nf* familiaridade *f*.

familier, ère [familje, ɛʀ] *adj* familiar; *(impertinent)* insolente.

famille [famij] *nf* família *f* • **famille monoparentale** família monoparental • **famille recomposée** família recomposta.

fan [fan] *nm (fam)* fã *mf*.

fanatique [fanatik] *adj & nm* fanático(ca).

fané, e [fane] *adj (fleur)* murcho(cha); *(couleur, tissu)* desbotado(da).

faner [fane] ◊ **se faner** *vp* murchar.

fanfare [fɑ̃faʀ] *nf* fanfarra *f.*
fanfaron, onne [fɑ̃faʀɔ̃, ɔn] *adj* fanfarrão(rrona).
fantaisie [fɑ̃tezi] *nf* fantasia *f* • **bijou fantaisie** joia de fantasia.
fantastique [fɑ̃tastik] *adj* fantástico(ca).
fantôme [fɑ̃tom] *nm* fantasma *m.*
far [faʀ] *nm* • **far breton** bolo de manteiga com ameixas-pretas.
farce [faʀs] *nf (plaisanterie)* peça *f*; CULIN recheio *m* • **faire une farce à qqn** pregar uma peça em alguém.
farceur, euse [faʀsœʀ, øz] *nm* brincalhão *m*, -lhona *f.*
farci, e [faʀsi] *adj* recheado(da).
fard [faʀ] *nm* • **fard à joues** blush *m* • **fard à paupières** sombra *f.*
farfelu, e [faʀfəly] *adj* extravagante.
farine [faʀin] *nf* farinha *f* • **farine animale** *(agriculture)* farinha animal.
farouche [faʀuʃ] *adj (animal, enfant)* arisco(ca); *(haine, lutte)* selvagem.
fascinant, e [fasinɑ̃, ɑ̃t] *adj* fascinante.
fasciner [fasine] *vt* fascinar.
fasse → **faire**.
fatal, e [fatal] *adj* fatal.
fatalement [fatalmɑ̃] *adv* fatalmente.
fataliste [fatalist] *adj* fatalista.
fatigant, e [fatigɑ̃, ɑ̃t] *adj (activité)* cansativo(va); *(personne)* aborrecido(da).

fatigue [fatig] *nf* cansaço *m.*
fatigué, e [fatige] *adj* cansado(da) • **être fatigué de (faire) qqch** estar cansado de (fazer) algo.
fatiguer [fatige] *vt* cansar ♦ **se fatiguer** *vp* cansar-se • **se fatiguer à faire qqch** cansar-se fazendo algo.
faubourg [fobuʀ] *nm* arrabaldes *mpl.*
faucher [foʃe] *vt (blé)* ceifar; *(piéton, cycliste)* atropelar; *(fam) (voler)* afanar.
faudra [fodʀa] → **falloir**.
faufiler [fofile] ♦ **se faufiler** *vp* esgueirar-se.
faune [fon] *nf* fauna *f.*
fausse → **faux**.
fausser [fose] *vt (résultat)* falsear; *(clef, mécanisme)* entortar.
faut [fo] → **falloir**.
faute [fot] *nf (erreur)* falta *f*; *(responsabilité)* culpa *f* • **c'est (de) ma faute** a culpa é minha • **faute de** por falta de.
fauteuil [fotœj] *nm* poltrona *f* • **fauteuil à bascule** cadeira *f* de balanço • **fauteuil roulant** cadeira de rodas.
fauve [fov] *nm* fera *f.*
faux, fausse [fo, fos] ♦ *adj* falso(sa) ♦ *adv* • **chanter faux** desafinar • **fausse note** nota desafinada • **faux numéro** número errado.
faux-filet [fofile] *(pl* **faux-filets***) nm* contrafilé *m.*
faveur [favœʀ] *nf* favor *m* • **en faveur de** a favor de.

favorable

favorable [favɔRabl] *adj* favorável ◆ **être favorable à** ser favorável a.
favori, ite [favɔRi, it] *adj* favorito(ta).
favoriser [favɔRize] *vt* favorecer.
fax [faks] *nm* fax *m*.
faxer [fakse] *vt* enviar por fax.
féculent [fekylã] *nm* vegetal *m* feculento.
fédéral, e, aux [fedeRal, o] *adj* (*Helv*) federal.
fédération [fedeRasjõ] *nf* federação *f*.
fée [fe] *nf* fada *f*.
feignant, e [feɲã, ãt] *adj* (*fam*) boa-vida.
feinte [fẽt] *nf* fingimento *m*; (*au football*) finta *f*.
fêler [fele] ◆ **se fêler** *vp* rachar-se.
félicitations [felisitasjõ] *nfpl* parabéns *mpl*.
féliciter [felisite] *vt* felicitar.
félin [felẽ] *nm* felino *m*.
femelle [fəmɛl] *nf* fêmea *f*.
féminin, e [feminẽ, in] *adj* feminino(na).
femme [fam] *nf* mulher *f* ◆ **femme de chambre** (*d'un hôtel*) camareira *f* ◆ **femme de ménage** diarista *f* ◆ **bonne femme** (*fam*) mulherzinha *f*.
fendant [fãdã] *nm* (*Helv*) vinho branco da região de Valais.
fendre [fãdʀ] *vt* rachar.
fenêtre [fənɛtʀ] *nf* janela *f*.
fenouil [fənuj] *nm* (*plante*) erva-doce *f*, finóquio *m*; (*condiment*) erva-doce, anis-doce *f*.
fente [fãt] *nf* fenda *f*.

fer [fɛʀ] *nm* ferro *m* ◆ **fer à cheval** ferradura *f* ◆ **fer forgé** ferro forjado ◆ **fer à repasser** ferro de passar.
fera → **faire**.
féra [feʀa] *nm* (*Helv*) peixe fino do Lago Leman.
fer-blanc [fɛʀblã] *nm* folha de flandres *f*.
férié [feʀje] *adj m* → **jour**.
ferme [fɛʀm] ◆ *adj* firme ◆ *nf* fazenda *f* ◆ **ferme auberge** hotel *m* fazenda.
fermé, e [fɛʀme] *adj* fechado(da).
fermement [fɛʀməmã] *adv* com firmeza.
fermenter [fɛʀmãte] *vi* fermentar.
fermer [fɛʀme] ◆ *vt* fechar; (*électricité, radio*) desligar ◆ *vi* fechar ◆ **fermer qqch à clef** fechar algo à chave ◆ **ça ne ferme pas** isso não fecha ◆ **se fermer** *vp* fechar-se.
fermeté [fɛʀməte] *nf* firmeza *f*.
fermeture [fɛʀmətyʀ] *nf* (*d'un magasin*) fechamento *m*; (*mécanisme*) fecho *m* ◆ **fermeture annuelle** fechamento anual ◆ **fermeture Éclair®** zíper *m*.
fermier, ère [fɛʀmje, ɛʀ] *nf* fazendeiro *m*, -ra *f*.
fermoir [fɛʀmwaʀ] *nm* fecho *m*.
féroce [feʀɔs] *adj* feroz.
ferraille [fɛʀaj] *nf* ferro-velho *m*.
ferrée [fɛʀe] *adj f* → **voie**.
ferroviaire [feʀɔvjɛʀ] *adj* ferroviário(ria).
ferry [feʀi] (*pl* **ferries**) *nm* ferry *m*.

fertile [fɛrtil] *adj* fértil.
fesse [fɛs] *nf* nádega *f*
◆ **fesses** *nfpl* nádegas *fpl*.
fessée [fese] *nf* tapa *f*.
festin [fɛstɛ̃] *nm* festim *m*.
festival [fɛstival] *nm* festival *m*.

> ### FESTIVAL D'AVIGNON
>
> Criado em 1947 por Jean Vilar, esse festival é realizado todos os anos na cidade de Avignon (no sudeste da França) e seus arredores. Além dos grandes espetáculos de teatro e de dança, que mais tarde serão apresentados no resto do país, a cidade também acolhe numerosos espetáculos de rua mais informais.

> ### FESTIVAL DE CANNES
>
> Esse festival internacional de cinema realiza-se todos os anos no mês de maio. Um júri composto por ilustres representantes do mundo do espetáculo atribui vários prêmios, como o de interpretação, o da realização etc. O prêmio de maior prestígio é a Palma de Ouro, atribuída ao melhor filme do festival.

fête [fɛt] *nf* festa *f*; *(jour du saint)* dia de festa do santo cujo nome se possui ◆ **faire la fête** festejar ◆ **bonne fête!** parabéns! ◆ **fête foraine** feira *f* popular ◆ **fête des Mères** Dia *m* das mães ◆ **la fête de la Musique** festa consagrada à música, que se realiza no dia 21 de junho, na França ◆ **fête nationale** feriado *m* nacional ◆ **fête des Pères** Dia *m* dos pais ◆ **fêtes** *nfpl* ◆ **les fêtes (de fin d'année)** as festas (de fim de ano).

> ### FÊTE
>
> Segundo a tradição, deseja-se "bonne fête" às pessoas cujo nome coincide com o santo do dia.

> ### FÊTE DE LA MUSIQUE
>
> Essa manifestação cultural foi criada no início dos anos 1980 para estimular a difusão da música na França. Na noite de 21 de junho, qualquer orquestra ou músico, inclusive amadores, podem atuar nas ruas. Todos os espetáculos são gratuitos.

fêter [fete] *vt* festejar.

feu

feu [fø] (*pl* **-x**) *nm* (*flammes*) fogo *m*; (*de circulation*) semáforo *m*, farol *m*; (*de véhicule*) farol *m* • **avez-vous du feu?** tem fogo? • **faire du feu** acender uma fogueira • **mettre le feu à** pôr fogo em • **à feu doux** em fogo brando • **feu d'artifice** fogo *m* de artifício • **feu de camp** fogueira *f* • **feu rouge** sinal vermelho • **feux arrière** lanternas traseiras • **feux de croisement** farol baixo • **feux de recul** luz *f* de marcha a ré • **feux de signalisation tricolores** semáforos *mpl* • **au feu!** fogo! • **en feu** em fogo.

feuillage [fœjaʒ] *nm* folhagem *f*.

feuille [fœj] *nf* (*canha*) folha *f* • **feuille de calcul** planilha de cálculo • **feuille morte** folha .

feuilleté, e [fœjte] ♦ *adj* → **pâte**. ♦ *nm* folhado *m*.

feuilleter [fœjte] *vt* folhear.

feuilleton [fœjtɔ̃] *nm* telenovela *f*.

feutre [føtr] *nm* (*stylo*) caneta *f* de feltro; (*chapeau*) chapéu *m* de feltro.

fève [fɛv] *nf* fava *f*.

février [fevrije] *nm* fevereiro *m*, → **septembre**.

FF (*abr de* **franc français**) FF.

fiable [fjabl] *adj* (*machine*) fiável; (*personne*) confiável.

fiançailles [fjɑ̃saj] *nfpl* noivado *m*.

fiancé, e [fjɑ̃se] *nm* noivo *m*, -va *f*.

fiancer [fjɑ̃se] ♦ **se fiancer** *vp* ficar noivo(va).

fibre [fibr] *nf* fibra *f*.

ficeler [fisle] *vt* atar.

ficelle [fisɛl] *nf* (*corde*) barbante *m*; (*pain*) espécie de baguete muito fina.

fiche [fiʃ] *nf* (*de carton, de papier*) ficha *f* • **fiche** tomada *f* • **fiche de paie** contracheque *m*.

ficher [fiʃe] *vt* (*renseignement, suspect*) fichar; (*planter*) cravar; (*fam*) (*faire*) fazer; (*fam*) (*mettre*) pregar • **mais qu'est-ce qu'il fiche?** (*fam*) mas o que é que ele está fazendo? • **fiche-moi la paix!** (*fam*) deixe-me em paz! • **ficher le camp** (*fam*) mandar-se ♦ **se ficher de** *vp* + *prép* (*fam*) gozar • **je m'en fiche** (*fam*) estou me lixando.

fichier [fiʃje] *nm* arquivo *m*.

fichu, e [fiʃy] *adj* (*fam*) • **c'est fichu** (*raté*) danou-se; (*cassé, abîmé*) TECH está estragado • **être bien fichu** ser bem-feito • **être mal fichu** estar adoentado.

fidèle [fidɛl] *adj* fiel.

fidélité [fidelite] *nf* fidelidade *f*.

fier¹, fière [fjɛr] *adj* orgulhoso(osa) • **être fier de** estar orgulhoso de.

fier² [fje] ♦ **se fier à** *vp* + *prép* fiar-se em.

fierté [fjɛrte] *nf* orgulho *m*.

fièvre [fjɛvr] *nf* febre *f* • **avoir de la fièvre** ter febre • **fièvre aphteuse** febre aftosa.

fiévreux, euse [fjevrø, øz] *adj* febril.

fig. (*abr de* **figure**) fig.

figé, e [fiʒe] *adj* (*sauce*) coalhado(da); (*personne*) petrificado(da).

figer [fiʒe] ♦ **se figer** *vp (sauce)* espessar; *(huile)* coalhar; *(personne)* petrificar-se.

figue [fig] *nf* figo *m.*

figure [figyʀ] *nf (visage)* rosto *m; (schéma)* figura *f.*

figurer [figyʀe] *vi* constar ♦ **se figurer** *vp* • se figurer que imaginar que.

fil [fil] *nm (du téléphone)* fio *m; (à coudre)* linha *f.*

file [fil] *nf* fila *f* • **file (d'attente)** fila (de espera) • **à la file** em fila • **en file (indienne)** em fila (indiana).

filer [file] ♦ *vt* tecer ♦ *vi (aller vite)* chispar; *(fam) (partir)* picar-se • filer qqch à qqn *(fam)* passar algo a alguém.

filet [filɛ] *nm (de pêche, au tennis)* rede *f; (de poisson, de bœuf)* filé *m; (d'eau)* fio *m* • **filet américain** *(Belg)* bife *m* tártaro • **filet à bagages** porta-bagagens *m inv* • **filet mignon** filé-mignon *m.*

filière [filjɛʀ] *nf* área *f.*

fille [fij] *nf (enfant)* menina *f; (femme)* moça *f; (descendante)* filha *f.*

fillette [fijɛt] *nf* menina *f.*

filleul, e [fijœl] *nm* afilhado *m,* -da *f.*

film [film] *nm (de cinéma, de télévision)* filme *m; (plastique)* filme *m* aderente • **film d'horreur** ou **d'épouvante** filme de terror • **film vidéo** vídeo *m.*

filmer [filme] *vt* filmar.

fils [fis] *nm* filho *m.*

filtre [filtʀ] *nm* filtro *m* • **filtre parental** *INFORM* filtro de conteúdo.

filtrer [filtʀe] *vt* filtrar.

fin, e [fɛ̃, fin] ♦ *adj* fino(na) ♦ *nf* fim *f* • **fin juillet** no fim de julho • **à la fin (de)** no fim (de).

final, e, als, aux [final, o] *adj* final.

finale [final] *nf* final *f.*

finalement [finalmɑ̃] *adv* finalmente; *(en définitive)* afinal.

finaliste [finalist] *nm* finalista *mf.*

finance [finɑ̃s] *nf* • **la finance** a finança • **les finances** as finanças.

financement [finɑ̃smɑ̃] *nm* financiamento *m.*

financer [finɑ̃se] *vt* financiar.

financier, ère [finɑ̃sje, ɛʀ] ♦ *adj* financeiro(ra) ♦ *nm (gâteau) pequeno bolo de amêndoas e frutas cristalizadas* • **sauce financière** *molho de vinho da Madeira e essência de trufas.*

finesse [finɛs] *nf* fineza *f.*

finir [finiʀ] *vt & vi* acabar • **finir bien** acabar bem • **finir de faire qqch** acabar de fazer algo • **finir par faire qqch** acabar por fazer algo.

finlandais, e [fɛ̃lɑ̃dɛ, ɛz] ♦ *adj* finlandês(esa) ♦ *nm* = **finnois** ♦ **Finlandais, e** *nm* finlandês *m,* -esa *f.*

Finlande [fɛ̃lɑ̃d] *nf* • **la Finlande** a Finlândia.

finnois [finwa] *nm* finlandês *m.*

fioul [fjul] *nm* óleo *m* combustível.

fisc [fisk] *nm* fisco *m*.

fiscal, e, aux [fiskal, o] *adj* fiscal.

fissure [fisyʀ] *nf (dans un mur)* fissura *f*.

fissurer [fisyʀe] ♦ **se fissurer** *vp* rachar-se.

fixation [fiksasjɔ̃] *nf (de ski)* fixador *m* • **faire une fixation sur qqch** ter uma fixação por algo.

fixe [fiks] *adj* fixo(xa).

fixer [fikse] *vt* fixar.

flacon [flakɔ̃] *nm* frasco *m*.

flageolet [flaʒɔlɛ] *nm* feijão-branco *m*.

flagrant, e [flagʀɑ̃, ɑ̃t] *adj* flagrante • **(en) flagrant délit** (em) flagrante delito.

flair [flɛʀ] *nm (d'un chien)* faro *m*.

flairer [flɛʀe] *vt (sentir)* farejar; *(fig) (deviner)* farejar.

flamand, e [flamɑ̃, ɑ̃d] ♦ *adj* flamengo(ga) • *nm (langue)* flamengo *m*.

flambé, e [flɑ̃be] *adj* flambado(da).

flamber [flɑ̃be] *vi (brûler)* arder; CULIN flambar.

flamiche [flamiʃ] *nf (Belg)* torta de alho-poró ou queijo.

flamme [flam] *nf* chama *f* • **en flammes** em chamas.

flan [flɑ̃] *nm* pudim *m* flan.

flanc [flɑ̃] *nm* flanco *m*.

flâner [flane] *vi* perambular.

flanquer [flɑ̃ke] *vt (entourer)* flanquear; *(fam) (gifle)* tascar; *(dehors, par terre)* atirar.

flaque [flak] *nf* poça *f*.

flash [flaʃ] *(pl* **flashs** ou **flashes)** *nm* flash *m*.

flatter [flate] *vt* lisonjear.

fléau [fleo] *(pl* **fléaux)** *nm* catástrofe *f*.

flèche [flɛʃ] *nf (signe)* seta *f*; *(d'arc)* flecha *f*.

fléchette [fleʃɛt] *nf* dardo *m*.

fléchir [fleʃiʀ] *vt & vi* dobrar.

flemme [flɛm] *nf (fam)* preguiça *f* • **avoir la flemme (de faire qqch)** ter preguiça (de fazer algo).

flétri, e [fletʀi] *adj* murcho(cha).

fleur [flœʀ] *nf* flor *f* • **fleur d'oranger** CULIN flor de laranjeira • **à fleurs** florido(da) • **en fleur(s)** em flor.

fleuri, e [flœʀi] *adj* florido(da).

fleurir [flœʀiʀ] *vi* florir.

fleuriste [flœʀist] *nmf* florista *mf*.

fleuve [flœv] *nm* rio *m*.

flexible [flɛksibl] *adj* flexível.

flic [flik] *nm (fam)* tira *m*.

flipper [flipœʀ] *nm* fliperama *f*.

flirter [flœʀte] *vi* flertar.

flocon [flɔkɔ̃] *nm* • **flocon de neige** floco *m* de neve • **flocons d'avoine** flocos *mpl* de aveia.

flore [flɔʀ] *nf* flora *f*.

flot [flo] *nm (de sang)* fluxo *m*; *(de paroles)* enxurrada *f*.

flottante [flɔtɑ̃t] *adj f* → **île**.

flotte [flɔt] *nf (de navires)* frota *f*; *(fam) (pluie)* chuva *f*; *(fam) (eau)* água *f*.

flotter [flɔte] *vi* flutuar.

flotteur [flɔtœʀ] *nm (de pêche)* boia *f*; *(d'hydravion)* flutuador *m*.

flou, e [flu] *adj (photo)* desfocado(da); *(idée, souvenir)* impreciso(sa).

fluide [flyid] ♦ *adj* fluido(da) ♦ *nm* fluido *m*.

fluo [flyo] *adj inv* fluorescente.

fluor [flyɔʀ] *nm* flúor *m*.

fluorescent, e [flyɔʀesɑ̃, ɑ̃t] *adj* fluorescente.

flûte [flyt] ♦ *nf (pain)* espécie de baguete fina; *(verre)* taça *f* de champanhe ♦ *interj* ora bolas!

FM *nf* FM *f*.

foi [fwa] *nf* fé *f* ♦ **bonne/mauvaise foi** boa/má fé.

foie [fwa] *nm* fígado *m* ♦ **foie gras** foie gras *m* patê de fígado de pato ou de ganso ♦ **foie de veau** fígado de vitela.

foin [fwɛ̃] *nm* feno *m*.

foire [fwaʀ] *nf* feira *f*.

fois [fwa] *nf* vez *f* ♦ **une/deux/trois fois (par jour)** uma/duas/três vezes (por dia) ♦ **3 fois 2** 3 vezes 2 ♦ **à la fois** ao mesmo tempo ♦ **des fois** às vezes ♦ **une fois que** assim que ♦ **une fois pour toutes** de uma vez por todas.

folie [fɔli] *nf* loucura *f* ♦ **faire une folie** cometer uma loucura.

folklore [fɔlklɔʀ] *nm* folclore *m*.

folklorique [fɔlklɔʀik] *adj* folclórico(ca).

folle → **fou**.

foncé, e [fɔ̃se] *adj* escuro(ra).

foncer [fɔ̃se] *vi (s'assombrir)* escurecer; *(fam) (aller vite)* disparar ♦ **foncer dans** chocar com ♦ **foncer sur** atirar-se sobre.

fonction [fɔ̃ksjɔ̃] *nf* função *f* ♦ **la fonction publique** a função pública ♦ **en fonction de** em função de ♦ *(locution adjectivale)* **de fonction** de serviço.

fonctionnaire [fɔ̃ksjɔnɛʀ] *nm* funcionário *m*, -ria *f*.

fonctionnel, elle [fɔ̃ksjɔnɛl] *adj (pratique)* funcional.

fonctionnement [fɔ̃ksjɔnmɑ̃] *nm* funcionamento *m*.

fonctionner [fɔ̃ksjɔne] *vi* funcionar ♦ **faire fonctionner qqch** pôr algo a funcionar.

fond [fɔ̃] *nm* fundo *m*; *(d'une photo, d'un tableau)* plano *m* de fundo ♦ **au fond, dans le fond** no fundo ♦ **au fond de** no fundo de ♦ **à fond** *(respirer)* fundo; *(pousser)* com força; *(rouler)* a todo vapor ♦ **fond d'artichaut** fundo de alcachofra ♦ **fonds de pension** *FIN* fundos de pensão ♦ **fond de teint** base *f* ♦ **fond d'écran** *INFORM* plano *m* de fundo.

fondamental, e, aux [fɔ̃damɑ̃tal, o] *adj* fundamental.

fondant, e [fɔ̃dɑ̃, ɑ̃t] *adj* tenro(ra).

fondation [fɔ̃dasjɔ̃] *nf* fundação *f* ♦ **fondations** *nf* alicerces *mpl*.

fonder [fɔ̃de] *vt* fundar ♦ **se fonder sur** *vp + prép* basear-se em.

fondre [fɔ̃dʀ] *vi* derreter ♦ **fondre en larmes** desfazer-se em lágrimas.

fonds [fɔ̃] *nm* fundos *mpl*.

fondue [fɔ̃dy] *nf* ♦ **fondue bourguignonne** fondue *f* de carne ♦ **fondue parmesan** queijo fundido contendo parmesão que em seguida é empanado e

frito • **fondue savoyarde** fondue f de queijo.
font [fɔ̃] → **faire**.
fontaine [fɔ̃tɛn] nf fonte f.
fonte [fɔ̃t] nf (métal) ferro m fundido; (des neiges) degelo m.
foot(ball) [fut(bol)] nm futebol m.
footballeur [futbolœʀ] nm jogador m de futebol.
footing [futiŋ] nm footing m • **faire un footing** fazer footing.
forain, e [fɔʀɛ̃, ɛn] • adj → **fête** • nm feirante m.
force [fɔʀs] nf força f • **forces** forças fpl • **de force** à força • **à force de crier, il n'a plus de voix** de tanto gritar, ele perdeu a voz.
forcément [fɔʀsemɑ̃] adv forçosamente • **pas forcément** não necessariamente.
forcer [fɔʀse] • vt forçar • vi (faire un effort physique) esforçar-se; (sur une serrure, en appuyant) forçar • **forcer qqn à faire qqch** forçar alguém a fazer algo ◆ **se forcer** vp • **se forcer (à faire qqch)** forçar-se (a fazer algo).
forêt [fɔʀɛ] nf floresta f.
forêt-noire [fɔʀɛnwaʀ] (pl **forêts-noires**) nf bolo de chocolate com chantili e cerejas floresta f negra.
forfait [fɔʀfɛ] nm taxa f fixa • **déclarer forfait** desistir.
forfaitaire [fɔʀfetɛʀ] adj prefixado(da).
forgé [fɔʀʒe] adj m → **fer**.
forger [fɔʀʒe] vt forjar.

format [fɔʀma] nm formato m.
formater [fɔʀmate] vt formatar.
formation [fɔʀmasjɔ̃] nf formação f.
forme [fɔʀm] nf forma f • **en forme de** em forma de • **être en (pleine) forme** estar em (plena) forma.
former [fɔʀme] vt formar ◆ **se former** vp formar-se.
formidable [fɔʀmidabl] adj formidável.
formulaire [fɔʀmylɛʀ] nm formulário m.
formule [fɔʀmyl] nf (équation) fórmula f; (de restaurant) cardápio rápido que inclui um prato, uma entrada ou uma sobremesa.
fort, e [fɔʀ, fɔʀt] • adj forte; (doué) bom(boa) • adv (parler) alto; (pousser) com força • **fort en maths** ser bom em matemática • **sentir fort** ter um cheiro forte.
forteresse [fɔʀtəʀɛs] nf fortaleza f.
fortifications [fɔʀtifikasjɔ̃] nf fortificações fpl.
fortifier [fɔʀtifje] vt (ville, église) fortificar; (suj: médicament) fortalecer.
fortune [fɔʀtyn] nf fortuna f • **faire fortune** fazer fortuna.
fosse [fos] nf fossa f; (tombe) cova f.
fossé [fose] nm fosso m.
fossette [fosɛt] nf covinha f.
fossile [fosil] nm fóssil m.
fou, folle [fu, fɔl] • adj (dément) doido(da); (extraordi-

naire) louco(ca) • *nm* doido *m*, -da *f* • *nm* (aux échecs) bispo *m* • **(avoir le) fou rire** (ter um) ataque de riso.
foudre [fudʀ] *nf* faísca *f.*
foudroyant, e [fudʀwajɑ̃, ɑ̃t] *adj* fulminante.
foudroyer [fudʀwaje] *vt* fulminar.
fouet [fwɛ] *nm* (lanière) chicote *m*; CULIN batedeira *f* • **de plein fouet** com toda a força.
fouetter [fwete] *vt* (frapper) chicotear; CULIN bater.
fougère [fuʒɛʀ] *nf* (plante) feto *m.*
fouiller [fuje] *vt* revistar.
fouillis [fuji] *nm* barafunda *f.*
foulard [fulaʀ] *nm* lenço *m* de pescoço.
foule [ful] *nf* multidão *f.*
foulée [fule] *nf* passada *f*, rastro *m* • **dans la foulée** (*fig*) na sequência.
fouler [fule] ◆ **se fouler** *vp* • **se fouler la cheville** torcer o tornozelo.
foulure [fulyʀ] *nf* entorse *f.*
four [fuʀ] *nm* forno *m.*
fourche [fuʀʃ] *nf* (instrument) forquilha *f*; (carrefour) bifurcação *f*; (Belg) (temps libre) tempo *m* livre.
fourchette [fuʀʃɛt] *nf* (pour manger) garfo *m*; (de prix) faixa *f.*
fourchu, e [fuʀʃy] *adj* (cheveux) espigado(da).
fourgon [fuʀɡɔ̃] *nm* furgão *m.*
fourgonnette [fuʀɡɔnɛt] *nf* furgoneta *f.*
fourmi [fuʀmi] *nf* formiga *f* • **avoir des fourmis dans les jambes** estar com formigamento nas pernas.
fourmilière [fuʀmiljɛʀ] *nf* formigueiro *m.*
fourneau [fuʀno] (*pl* **-x**) *nm* forno *m.*
fournir [fuʀniʀ] *vt* (marchandises, preuve, argument) fornecer; (effort) fazer • **fournir qqch à qqn** fornecer algo a alguém • **fournir qqn en qqch** abastecer alguém de algo.
fournisseur, euse [fuʀnisœʀ, øz] *nm* fornecedor *m*, -ra *f.*
fournitures [fuʀnityʀ] *nfpl* material *m.*
fourré, e [fuʀe] *adj* (vêtement) forrado(da); CULIN recheado(da).
fourrer [fuʀe] *vt* rechear; (*fam*) enfiar ◆ **se fourrer** *vp* (*fam*) enfiar-se.
fourre-tout [fuʀtu] *nm inv* (sac) sacola *f.*
fourrière [fuʀjɛʀ] *nf* (pour voitures) pátio *m* de veículos guinchados; (pour animaux) canil *m* municipal.
fourrure [fuʀyʀ] *nf* (peau) pele *f*; (vêtement) casaco *m* de peles.
foyer [fwaje] *nm* (d'une cheminée) lareira *f*; (domicile) lar *m*; (pour délinquants) casa *f* de correção; (pour travailleurs) casa *f*; (pour étudiants) residência *f* (universitária) • **femme/mère au foyer** dona de casa *f.*
fracasser [fʀakase] ◆ **se fracasser** *vp* despedaçar-se.
fraction [fʀaksjɔ̃] *nf* fração *f.*
fracture [fʀaktyʀ] *nf* fratura *f.*

fracturer

fracturer [fraktyre] *vt* arrombar ◆ **se fracturer** *vp* • **se fracturer le crâne** fraturar o crânio.

fragile [fraʒil] *adj* frágil.

fragment [fragmã] *nm* fragmento *m*.

fraîche → **frais**.

fraîcheur [frɛʃœr] *nf* frescura *f*.

frais, fraîche [frɛ, frɛʃ] ◆ *adj* fresco(ca) ◆ *nmpl* despesas *fpl*, gastos *mpl* ◆ *nm* • **mettre qqch au frais** pôr algo em local fresco • **prendre le frais** tomar ar fresco • **il fait frais** está fresco • **servir frais** *(boissons)* servir gelado; *(plats)* servir frio.

fraise [frɛz] *nf* morango *m*.

fraisier [frɛzje] *nm (plante)* morangueiro *m*; *(gâteau)* pão de ló com kirsh, camadas de creme e morangos.

framboise [frãbwaz] *nf* framboesa *f*.

franc, franche ◆ *adj* franco(ca) ◆ *nm* franco *m* • **franc belge** franco-belga • **franc suisse** franco-suíço.

français, e [frãsɛ, ɛs] ◆ *adj* francês(esa) ◆ *nm (langue)* francês *m* • **Français, e** *nm* francês *m*, -esa *f*.

France [frãs] *nf* • **la France** a França • **France 2** canal de televisão estatal • **France 3** canal de televisão estatal com programas regionais • **France Télécom** companhia nacional francesa de telecomunicações.

franche → **franc**.

franchement [frãʃmã] *adv (honnêtement)* francamente; *(très)* realmente.

franchir [frãʃir] *vt* transpor.

franchise [frãʃiz] *nf (honnêteté)* franqueza *f*; *(d'assurance, de location automobile)* franquia *f*.

francophone [frãkɔfɔn] *adj* francófono(na).

frange [frãʒ] *nf* franja *f* • **à franges** com franjas.

frangipane [frãʒipan] *nf (crème)* creme de amêndoas; *(gâteau)* torta de massa folhada recheada com creme de amêndoas.

frappant, e [frapã, ãt] *adj (ressemblance)* impressionante.

frappé, e [frape] *adj (frais)* gelado(da).

frapper [frape] ◆ *vt* bater; *(impressionner)* marcar; *(suj: maladie, catastrophe)* abater-se sobre ◆ *vi* bater • **frapper (à la porte)** bater (à porta) • **frapper dans ses mains** bater com as palmas.

fraude [frod] *nf* fraude *f* • **passer qqch en fraude** contrabandear algo.

frayeur [frɛjœr] *nf* pavor *m*.

fredonner [frədɔne] *vt* cantarolar.

freezer [frizœr] *nm* freezer *m*.

frein [frɛ̃] *nm* freio *m*.

freiner [frene] *vt & vi* frear.

frémir [fremir] *vi* tremer.

fréquence [frekãs] *nf* frequência *f*.

fréquent, e [frekã, ãt] *adj* frequente.

fréquenter [frekãte] *vt* frequentar.

frère [frɛr] *nm* irmão *m*.

fresque [frɛsk] *nf* afresco *m*.
friand [frijã] *nm pastel de massa folhada recheado com carne moída*.
friandise [frijãdiz] *nf* gulosema *f*.
fric [frik] *nm (fam)* grana *f*.
fricassée [frikase] *nf* fricassê *m*.
frictionner [friksjone] *vt* friccionar.
Frigidaire® [friʒidɛr] *nm* geladeira *f*.
frigo [frigo] *nm (fam)* geladeira *f*.
frileux, euse [frilø, øz] *adj* friorento(ta).
frimer [frime] *vi (fam)* querer aparecer.
fripé, e [fripe] *adj* amassado(da).
frire [frir] ◆ *vt* fritar ◆ *vi* fritar ◆ **faire frire** fritar.
frisé, e [frize] *adj (cheveux)* frisado(da), crespo(pa); *(pessoa)* de cabelo frisado OU crespo.
frisée [frize] *nf* chicória *f* crespa.
friser [frize] *vi* frisar ◆ **friser naturellement** ter o cabelo frisado OU crespo.
frisson [frisõ] *nm* arrepio *m* ◆ **avoir des frissons** arrepiar-se.
frissonner [frisone] *vi* arrepiar-se.
frit, e [fri, frit] ◆ *pp* → **frire** ◆ *adj* frito(ta).
frites [frit] *nf* ◆ **(pommes) frites** batatas *fpl* fritas.
friteuse [fritøz] *nf* fritadeira *f*.
friture [frityr] *nf (huile)* óleo *m* para fritar; *(poissons) pequenos peixes fritos; (parasites)* zumbido *m*.
froid, e [frwa, frwad] ◆ *adj* frio(fria) ◆ *nm* frio *m* ◆ *adv* ◆ **avoir froid** ter frio ◆ **il fait froid** está frio ◆ **prendre froid** pegar um resfriado.
froidement [frwadmã] *adv* friamente.
froisser [frwase] *vt (papier, tissu)* amarrotar; *(fig) (vexer)* magoar ◆ **se froisser** *vp (vêtement)* amarrotar-se; *(fig) (se vexer)* ofender-se.
frôler [frole] *vt* roçar.
fromage [frɔmaʒ] *nm* queijo *m* ◆ **fromage blanc** queijo branco fresco comido à sobremesa ◆ **fromage de tête** patê de cabeça de porco com geleia.

(i) FROMAGE

Existem cerca de 350 variedades de queijo na França. Distinguem-se os queijos de massa mole, como o "camembert", o "brie" e os "pont-l'évêque"; os de massa prensada, que incluem o "tomme" e o "comté"; os queijos azuis, como o "roquefort" e o "bleu de Bresse"; os queijos de cabra ou de ovelha e, por último, o queijo fresco. O queijo é geralmente consumido após as refeições entre a salada de alface e a sobremesa, com pão e às vezes com vinho tinto.

---

fronce [fʀɔ̃s] nf franzido m.

froncer [fʀɔ̃se] vt franzir • **froncer les sourcils** franzir as sobrancelhas.

fronde [fʀɔ̃d] nf estilingue m.

front [fʀɔ̃] nm ANAT testa f; (des combats) frente f • **de front** (de face) de frente; (côte à côte) lado a lado; (en même temps) simultaneamente.

frontière [fʀɔ̃tjɛʀ] nf fronteira f.

frottement [fʀɔtmɑ̃] nm fricção f.

frotter [fʀɔte] • vt (tache, meuble) esfregar; (allumette) riscar • vi esfregar.

fruit [fʀɥi] nm fruto m • **fruit de la passion** maracujá m • **fruits confits** frutas cristalizadas • **fruits de mer** frutos mpl do mar • **fruits secs** frutas fpl secas.

fruitier, ère [fʀɥitje] adj m → **arbre**.

fugue [fyg] nf • **faire une fugue** fugir de casa.

fuir [fɥiʀ] vi (s'échapper) fugir; (robinet, eau) vazar.

fuite [fɥit] nf fuga f, vazamento m • **être en fuite** estar em fuga • **prendre la fuite** pôr-se em fuga.

fumé, e [fyme] adj CULIN defumado(da); (verre) fumê.

fumée [fyme] nf fumaça f.

fumer [fyme] • vt (cigarette) fumar • vi (personne) fumar; (liquide) fumegar.

fumeur, euse [fymœʀ, øz] nm fumante mf.

fumier [fymje] nm estrume m.

funambule [fynɑ̃byl] nf funâmbulo m.

funèbre [fynɛbʀ] adj → **pompe**.

funérailles [fyneʀaj] nf (sout) exéquias fpl.

funiculaire [fynikylɛʀ] nm funicular m.

fur [fyʀ] • **au fur et à mesure** adv à medida • **au fur et à mesure que** à medida que.

fureur [fyʀœʀ] nf furor m • **faire fureur** fazer furor.

furieux, euse [fyʀjø, øz] adj furioso(osa).

furoncle [fyʀɔ̃kl] nm furúnculo m.

fuseau [fyzo] (pl -**x**) nm (pantalon) fuseau m • **fuseau horaire** fuso m horário.

fusée [fyze] nf (spatiale, de feu d'artifice) foguete m.

fusible [fyzibl] nm fusível m.

fusil [fyzi] nm espingarda f.

fusillade [fyzijad] nf fuzilada f.

fusiller [fyzije] vt fuzilar.

futé, e [fyte] adj esperto(ta).

futile [fytil] adj fútil.

futur, e [fytyʀ] • adj futuro(ra) • nm futuro m.

G

gâcher [gaʃe] *vt (détruire)* estragar; *(gaspiller)* desperdiçar.
gâchette [gaʃɛt] *nf (détente)* gatilho *m*.
gâchis [gaʃi] *nm (gaspillage)* desperdício *m*.
gadget [gadʒɛt] *nm (objet)* utensílio *m*; *(invention)* engenhoca *f*.
gaffe [gaf] *nf* • **faire une gaffe** cometer uma gafe • **faire gaffe (à)** *(fam)* ter cuidado com.
gag [gag] *nm (effet)* gag *f*; *(plaisanterie)* piada *f*.
gage [gaʒ] *nm (dans un jeu)* castigo *m*; *(assurance, preuve)* prova *f*.
gagnant, e [gaɲɑ̃, ɑ̃t] • *adj* premiado(da) • *nm* vencedor *m*, -ra *f*.
gagner [gaɲe] • *vt* ganhar • *vi* ganhar • **(bien) gagner sa vie** ganhar (bem) a vida.
gai, e [gɛ] *adj* alegre.
gaiement [gemɑ̃] *adv* alegremente.
gaieté [gete] *nf* alegria *f*.
gain [gɛ̃] *nm* ganho *m* ♦ **gains** *nm* ganhos *mpl*.
gaine [gɛn] *nf (étui)* estojo *m*; *(sous-vêtement)* cinta *f*.
gala [gala] *nm* gala *f*.
galant [galɑ̃] *adj m* galante.
galerie [galri] *nf (passage couvert)* galeria *f*; *(à bagages)* rack *m* • **galerie (d'art)** galeria (de arte) • **galerie marchande** galeria *f* comercial.
galet [galɛ] *nm* seixo *m*.
galette [galɛt] *nf (gâteau)* torta *f*; *(crêpe)* crepe salgado feito com farinha de trigo sarraceno • **galette bretonne** biscoito amanteigado.

ⓘ GALETTE DES ROIS

Tarte de massa folhada, geralmente recheada com creme de amêndoas, que se come durante a Epifania, ou Dia de Reis (6 de janeiro), e que contém uma pequena figura de porcelana, a "fève". A pessoa que descobre a "fève" no pedaço de tarte que lhe coube torna-se o rei ou a rainha do dia e deve usar uma coroa de papelão dourado, que é vendida juntamente com a tarte.

Galles [gal] *nom* → **pays**.
gallois, e [galwa, az] *adj* galês(esa) ♦ **Gallois, e** *nm* galês *m*, -esa *f*.
galon [galɔ̃] *nm* galão *m*.
galop [galo] *nm* • **aller/partir au galop** ir/partir a galope.
galoper [galope] *vi (cheval)* galopar; *(personne)* correr.
gambader [gɑ̃bade] *vi* saltitar.
gambas [gɑ̃bas] *nfpl* gambas *fpl*.
gamelle [gamɛl] *nf* marmita *f*.

gamin, e [gamɛ̃, in] *nm (fam)* menino *m*, -na *f*.

gamme [gam] *nf MÚS* escala *f*; *(choix)* série *f*.

ganglion [gɑ̃glijɔ̃] *nm* gânglio *m*.

gangster [gɑ̃gstɛR] *nm* gângster *m*.

gant [gɑ̃] *nm* luva *f* ◆ **gant de toilette** luva de banho.

garage [gaRaʒ] *nm (d'une maison)* garagem *f*; *(de réparation)* oficina *f*.

garagiste [gaRaʒist] *nm (propriétaire)* dono *m* de oficina; *(mécanicien)* mecânico *m*.

garantie [gaRɑ̃ti] *nf* garantia *f* ◆ **(bon de) garantie** garantia ◆ **être sous garantie** estar na garantia ◆ **appareil sous garantie** aparelho com garantia.

garantir [gaRɑ̃tiR] *vt* garantir ◆ **garantir qqch à qqn** garantir algo a alguém ◆ **garantir à qqn que** garantir a alguém que.

garçon [gaRsɔ̃] *nm (enfant)* menino *m*; *(jeune homme)* rapaz *m* ◆ **garçon (de café)** garçom *m* (de café).

garde[1] [gaRd] *nm* guarda ◆ **garde du corps** guarda-costas *m inv*.

garde[2] [gaRd] *nf* 1. *(gén)* guarda *f* ◆ **de garde** de serviço ◆ **monter la garde** montar a guarda ◆ **garde alternée des enfants** guarda alternada dos filhos 2. *(d'un endroit)* vigilância *f* 3. *(faire attention)* ◆ **mettre qqn en garde (contre)** prevenir alguém (contra) ◆ **prendre garde (à)** ter cuidado com ◆ **prendre garde de ne pas faire qqch** ter cuidado para não fazer algo.

garde-barrière [gaRd(ə) baRjɛR] *(pl* **gardes-barrière(s))** *nm* guarda-barreira *mf*.

garde-boue [gaRdəbu] *nm inv* para-lama *m*.

garde-chasse [gaRdəʃas] *(pl* **gardes-chasse(s))** *nm* guarda-florestal *m*; *(de propriété privée)* guarda-caça *m*.

garde-fou [gaRdəfu] *(pl* -s) *nm* parapeito *m*.

garder [gaRde] *vt* guardar; *(aliment)* conservar; *(enfant, malade)* tomar conta de; *(lieu, prisonnier)* vigiar ◆ **se garder** *vp (produits)* conservar-se.

garderie [gaRdəRi] *nf* creche *f*.

garde-robe [gaRdəRɔb] *(pl* **garde-robes)** *nf* guarda-roupa *m*.

gardien, enne [gaRdjɛ̃, ɛn] *nm* guarda *m*; *(d'immeuble)* porteiro *m*, -ra *f* ◆ **gardien de but** goleiro *m* ◆ **gardien de nuit** guarda-noturno *m*.

gare [gaR] ◆ *nf* estação *f* ◆ *interj* ◆ **gare à toi!** ai de você! ◆ **entrer en gare** entrar na estação ◆ **gare maritime** estação *f* marítima ◆ **gare routière** estação rodoviária.

garer [gaRe] *vt* estacionar ◆ **se garer** *vp* estacionar.

gargouille [gaRguj] *nf* gárgula *f*.

gargouiller [gaRguje] *vi (tuyau)* gorgolejar; *(estomac)* roncar.

garnement [garnəmã] *nm* peste *f.*

garni, e [garni] *adj (plat)* guarnecido(da).

garnir [garnir] *vt* • **garnir qqch de** *(équiper)* equipar algo com; *(décorer)* guarnecer algo com.

garniture [garnityr] *nf (légumes)* acompanhamento *m*; *(décoration)* enfeite *m.*

gars [ga] *nm (fam)* tipo *m.*

gas-oil [gazɔjl] *nm* = **gazole**.

gaspillage [gaspijaʒ] *nm* desperdício *m.*

gaspiller [gaspije] *vt* desperdiçar.

gastronomique [gastrɔnɔmik] *adj* gastronômico(ca).

gâté, e [gate] *adj (enfant)* mimado(da); *(fruit, dent)* estragado(da).

gâteau [gato] *(pl* **-x***) nm* bolo *m* • **gâteau marbré** bolo mármore • **gâteau sec** bolacha *f.*

gâter [gate] *vt* mimar ◆ **se gâter** *vp (fruit, dent)* estragar-se; *(temps, situation)* deteriorar-se.

gâteux, euse [gatø, øz] *adj* caquético(ca).

gauche [goʃ] ◆ *adj (main, côté)* esquerdo(da); *(maladroit)* desajeitado(da) ◆ *nf* • **la gauche** a esquerda • **à gauche (de)** à esquerda (de) • **de gauche** *(du côté gauche)* da esquerda; *POL* de esquerda.

gaucher, ère [goʃe, ɛr] *adj* canhoto(ta).

gaufre [gofr] *nf* waffle *m.*

gaufrette [gofrɛt] *nf* wafer *m.*

gaver [gave] *vt* • **gaver qqn de qqch** empanturrar alguém com algo ◆ **se gaver de** *vp + prép* empanturrar-se de.

gaz [gaz] *nm inv* gás *m.*

gaze [gaz] *nf (pour pansements)* gaze *f.*

gazette [gazɛt] *nf (Belg)* torta de damasco ou maçã.

gazeux, euse [gazø, øz] *adj* gasoso(sa).

gazinière [gazinjɛr] *nf* fogão *m* a gás.

gazole [gazɔl] *nm* diesel *m.*

gazon [gazɔ̃] *nm (herbe)* relva *f*; *(terrain)* relvado *m.*

GB *(abr de* **Grande-Bretagne***)* GB.

géant, e [ʒeɑ̃, ɑ̃t] *adj & nm* gigante.

gel [ʒɛl] *nm (glace)* gelo *m*; *(baisse des températures)* geada *f*; *(pour cheveux, dentifrice)* gel *m.*

gélatine [ʒelatin] *nf* gelatina *f.*

gelée [ʒəle] *nf (glace)* geada *f*; *(de fruits)* geleia *f* • **en gelée** em geleia.

geler [ʒəle] *vt & vi* gelar • **il gèle** está geando.

gélule [ʒelyl] *nf* gélula *f.*

Gémeaux [ʒemo] *nm* Gêmeos *mpl.*

gémir [ʒemir] *vi* gemer.

gênant, e [ʒɛnɑ̃, ɑ̃t] *adj (qui met mal à l'aise)* embaraçoso(osa); *(incommode)* aborrecido(da) • **être gênant** *(encombrant)* ser embaraçoso.

gencive [ʒɑ̃siv] *nf* gengiva *f.*

gendarme [ʒɑ̃darm] *nm* gendarme *m.*

gendarmerie [ʒɑ̃darmɔri] *nf (gendarmes)* tipo especial de corporação cujo encargo é de zelar

gendre

pela ordem e pela segurança pública na França; (bureau) quartel m de gendarmes.

gendre [ʒɑ̃dʀ] nm genro m.

gêne [ʒɛn] nf (physique) dificuldade f; (embarras) embaraço m.

généalogique [ʒenealɔʒik] adj → **arbre**.

gêner [ʒene] vt (déranger) incomodar; (encombrer) estorvar; (embarrasser) embaraçar • ça vous gêne si...? incomoda-o se...? ♦ **se gêner** vp • il ne se gêne pas (pour) ele não se constrange (em).

général, e, aux [ʒeneʀal, o] ♦ adj geral • nm general m • **en général** em geral.

généralement [ʒeneʀalmɑ̃] adv geralmente.

généraliste [ʒeneʀalist] nm • (médecin) généraliste clínico m geral.

génération [ʒeneʀasjɔ̃] nf geração f.

généreux, euse [ʒeneʀø, øz] adj generoso(osa).

générique [ʒeneʀik] nm genérico m.

générosité [ʒeneʀozite] nf generosidade f.

genêt [ʒənɛ] nm giesta f.

génétique [ʒenetik] adj genético(ca).

Genève [ʒənɛv] nom Genebra.

génial, e, aux [ʒenjal, o] adj (brillant) genial; (fam) (excellent) fantástico(ca).

génie [ʒeni] nm (don, personne) gênio m.

génoise [ʒenwaz] nf ≃ pão de ló m.

génotype [ʒenɔtip] nm genótipo.

genou [ʒənu] (pl **-x**) nm joelho m • **être à genoux** estar de joelhos • **se mettre à genoux** ajoelhar-se.

genre [ʒɑ̃ʀ] nm gênero m.

gens [ʒɑ̃] nm pessoas fpl.

gentil, ille [ʒɑ̃ti, ij] adj (aimable) gentil; (sage) sossegado(da).

gentillesse [ʒɑ̃tijɛs] nf gentileza f.

gentiment [ʒɑ̃timɑ̃] adv (aimablement) gentilmente; (sagement) sossegadamente; (Helv) (tranquillement) tranquilamente.

géographie [ʒeɔgʀafi] nf geografia f.

géométrie [ʒeɔmetʀi] nf geometria f.

géranium [ʒeʀanjɔm] nm pelargônio m; (famille) gerânio m.

gérant, e [ʒeʀɑ̃, ɑ̃t] nm gerente mf.

gerbe [ʒɛʀb] nf (de blé) feixe m; (d'étincelles) girândola f; (de fleurs) ramo m.

gercé, e [ʒɛʀse] adj gretado(da).

gérer [ʒeʀe] vt gerir.

germain, e [ʒɛʀmɛ̃, ɛn] adj → **cousin**.

germe [ʒɛʀm] nm (de pomme de terre, d'oignon) broto m; (de maladie) germe m.

germer [ʒɛʀme] vi germinar.

gésier [ʒezje] nm moela f.

geste [ʒɛst] nm gesto m.

gesticuler [ʒɛstikyle] vi gesticular.

gestion [ʒɛstjɔ̃] nf gestão f.

gibelotte [ʒiblɔt] *nf* ensopado de coelho com vinho branco, toucinho, cebolinhas e cogumelos.
gibier [ʒibje] *nm* caça *f*.
giboulée [ʒibule] *nf* aguaceiro *m*.
gicler [ʒikle] *vi* esguichar.
gifle [ʒifl] *nf* bofetada *f*, tapa *m*.
gifler [ʒifle] *vt* esbofetear.
gigantesque [ʒigɑ̃tɛsk] *adj* gigantesco(ca).
gigot [ʒigo] *nm* perna *f* (de carneiro).
gigoter [ʒigɔte] *vi* espernear • **arrête de gigoter!** fique quieto!
gilet [ʒilɛ] *nm* (pull) casaco *m*; (sans manches) colete *m* • **gilet de sauvetage** colete salva-vidas.
gin [dʒin] *nm* gim *m*.
gingembre [ʒɛ̃ʒɑ̃bʀ] *nm* gengibre *m*.
girafe [ʒiʀaf] *nf* girafa *f*.
giratoire [ʒiʀatwaʀ] *adj* → **sens**.
girofle [ʒiʀɔfl] *nm* → **clou**.
girouette [ʒiʀwɛt] *nf* cata-vento *m*.
gisement [ʒizmɑ̃] *nm* jazida *f*.
gitan, e [ʒitɑ̃, an] *nm* cigano *m*, -na *f*.
gîte [ʒit] *nm* (de bœuf) parte inferior da coxa do boi • **gîte d'étape** pousada *f* • **gîte (rural)** casa de campo adaptada para receber hóspedes.

GÎTE RURAL

Em geral uma construção de dois andares, situado em zona rural, usado para hospedar turistas. Mobiliado e independente, esse tipo de imóvel pode abrigar famílias ou grupos inteiros. Há várias categorias de casas de campo e os preços variam.

givre [ʒivʀ] *nm* geada *f*.
givré, e [ʒivʀe] *adj* coberto(ta) de geada • **orange givrée** laranja inteira, com casca, congelada e recheada de sorvete feito com sua polpa.
glace [glas] *nf* (eau gelée) gelo *m*; (crème glacée) sorvete *m*; (miroir) espelho *m*; (vitre) vidraça *f*, (de voiture) vidro *m*.
glacé, e [glase] *adj* gelado(da).
glacer [glase] *vt* gelar.
glacial, e, s, aux [glasjal, o] *adj* glacial.
glacier [glasje] *nm* (de montagne) geleira *m*; (marchand) sorveteiro *m*.
glacière [glasjɛʀ] *nf* geladeira *f* portátil.
glaçon [glasɔ̃] *nm* cubo *m* de gelo.
gland [glɑ̃] *nm* bolota *f*.
glande [glɑ̃d] *nf* glândula *f*.
glissade [glisad] *nf* escorregadela *f*.
glissant, e [glisɑ̃, ɑ̃t] *adj* escorregadio(dia).
glisser [glise] • *vt* deslizar • *vi* **1.** (en patinant) deslizar; (déraper, être glissant) escorregar **2.** *INFORM* • **faire glisser** arrastar
◆ **se glisser** *vp* penetrar.

global

global, e, aux [glɔbal, o] *adj* global.
globalement [glɔbalmã] *adv* globalmente.
globe [glɔb] *nm* globo *m* • **le globe (terrestre)** o globo (terrestre).
gloire [glwaʀ] *nf* glória *f*.
glorieux, euse [glɔʀjø, øz] *adj* glorioso(osa).
glossaire [glɔsɛʀ] *nm* glossário *m*.
gloussement [glusmã] *nm (de poule)* cacarejo *m*; *(rire)* riso *m* (dissimulado).
glouton, onne [glutõ, ɔn] *adj* glutão(tona).
gluant, e [glyã, ãt] *adj* viscoso(osa).
gobelet [gɔblɛ] *nm* copo *m*.
gober [gɔbe] *vt* engolir.
goéland [gɔelã] *nm* gaivota *f*.
goinfre [gwɛ̃fʀ] *nm* comilão *m*, -lona *f*.
golf [gɔlf] *nm (sport)* golfe *m*; *(terrain)* campo *m* de golfe • **golf miniature** minigolfe *m*.
golfe [gɔlf] *nm* golfo *m*.
gomme [gɔm] *nf (à effacer)* borracha *f*.
gommer [gɔme] *vt (effacer)* apagar.
gond [gõ] *nm* dobradiça *f*.
gondoler [gõdɔle] ♦ **se gondoler** *vp (se déformer)* arquear-se.
gonflé, e [gõfle] *adj (enflé)* inchado(da); *(fam) (audacieux)* arrogante.
gonfler [gõfle] • *vt* encher • *vi (partie du corps)* inchar; *(pâte)* crescer.

154

gorge [gɔʀʒ] *nf* ANAT garganta *f*, *(gouffre)* desfiladeiro *m*.
gorgée [gɔʀʒe] *nf* gole *m*.
gorille [gɔʀij] *nm* gorila *m*.
gosse [gɔs] *nm (fam)* garoto *m*, -ta *f*.
gothique [gɔtik] *adj* gótico(ca).
gouache [gwaʃ] *nf* guache *m*.
goudron [gudʀõ] *nm* alcatrão *m*.
goudronner [gudʀɔne] *vt* asfaltar.
gouffre [gufʀ] *nm* abismo *m*.
goulot [gulo] *nm* gargalo *m* • **boire au goulot** beber pelo gargalo.
gourde [guʀd] *nf* cantil *m*.
gourmand, e [guʀmã, ãd] *adj* guloso(osa).
gourmandise [guʀmãdiz] *nf* gula *f* • **des gourmandises** guloseimas *fpl*.
gourmet [guʀmɛ] *nm* gastrônomo *m*.
gourmette [guʀmɛt] *nf* pulseira *f*.
gousse [gus] *nf* • **gousse d'ail** dente *m* de alho • **gousse de vanille** fava *f* de baunilha.
goût [gu] *nm* gosto *m* • **avoir bon goût** *(aliment)* ter bom sabor; *(personne)* ter bom gosto.
goûter [gute] • *nm* lanche *m* • *vt* provar • *vi* lanchar • **goûter à qqch** provar algo.
goutte [gut] *nf* gota *f* • **goutte à goutte** gota a gota ♦ **gouttes** *nfpl* gotas *fpl*.
gouttelette [gutlɛt] *nf* gotinha *f*.

gouttière [gutjɛʀ] *nf* canaleta *f.*
gouvernail [guvɛʀnaj] *nm* leme *m.*
gouvernement [guvɛʀnəmɑ̃] *nm* governo *m.*
gouverner [guvɛʀne] *vt* governar.
GPS (*abr de* Global Positioning System) *nm* GPS *m.*
grâce [gʀɑs] *nf* graça *f.* ♦ **grâce à** *prép* graças a.
gracieux, euse [gʀasjø] *adj* gracioso(osa).
grade [gʀad] *nm* grau *m.*
gradins [gʀad-ɛ̃] *nm* arquibancada *f.*
gradué, e [gʀadɥe] *adj* (*verre, règle*) graduado(da); (*Belg*) (*diplômé*) diplomado(da).
graduel, elle [gʀadɥɛl] *adj* gradual.
graffiti(s) [gʀafiti] *nm* grafite *m.*
grain [gʀɛ̃] *nm* grão *m.*; (*de poussière*) grão *f.* (*de raisin*) bago *m.* • **grain de beauté** pinta *f.*
graine [gʀɛn] *nf* semente *f.*
graisse [gʀɛs] *nf* (*matière grasse*) gordura *f.*; (*bourrelets*) banha *f.*; (*lubrifiant*) lubrificante *m.*
graisser [gʀese] *vt* lubrificar.
graisseux, euse [gʀesø, øz] *adj* engordurado(da).
grammaire [gʀamɛʀ] *nf* gramática *f.*
grammatical, e, aux [gʀamatikal, o] *adj* gramatical.
gramme [gʀam] *nm* grama *m.*
grand, e [gʀɑ̃, gʀɑ̃d] ♦ *adj* grande; (*en taille*) alto(ta) ♦ *adv* • **grand ouvert** aberto de par em par • **il est grand temps de**

já é tempo de • **grand frère** irmão mais velho • **grand magasin** loja *f* de departamentos • **grande surface** hipermercado *m* • **les grandes vacances** as férias de verão.
grand-chose [gʀɑ̃ʃoz] *pron* • **ce n'est pas grand-chose** não é grande coisa.
Grande-Bretagne [gʀɑ̃dbʀətaɲ] *nf* • **la Grande-Bretagne** a Grã-Bretanha.
grandeur [gʀɑ̃dœʀ] *nf* (*taille*) tamanho *m*; (*importance*) grandeza *f.*
grandir [gʀɑ̃diʀ] *vi* (*en taille*) crescer; (*en importance*) aumentar.
grand-mère [gʀɑ̃mɛʀ] (*pl* **grands-mères**) *f* avó *f.*
grand-père [gʀɑ̃pɛʀ] (*pl* **grands-pères**) *nm* avô *m.*
grand-rue [gʀɑ̃ʀy] (*pl* **grand-rues**) *nf* rua *f* principal.
grands-parents [gʀɑ̃paʀɑ̃] *nm* avós *mpl.*
grange [gʀɑ̃ʒ] *nf* celeiro *m.*
granit(e) [gʀanit] *nm* granito *m.*
granulé [gʀanyle] *nm* granulado *m* (*medicamento*).
graphique [gʀafik] *nm* gráfico *m.*
grappe [gʀap] *nf* cacho *m.*
gras, grasse [gʀa, gʀas] ♦ *adj* (*aliment*) gorduroso(osa); (*taché*) engordurado(da); (*cheveux*) oleoso(osa); (*personne, crème*) gordo(da) ♦ *nm* (*graisse*) gordura *f*; (*caractères d'imprimerie*) • **en gras** em negrito • **faire la grasse matinée** levantar-se tarde.

gras-double

gras-double [gʀadubl] (*pl* **gras-doubles**) *nm* dobradinha *f.*
gratin [gʀatɛ̃] *nm* • **gratin de pommes de terre** batatas *fpl* gratinadas • **gratin dauphinois** batatas gratinadas com creme de leite ou leite.
gratiner [gʀatine] *vi* • **faire gratiner qqch** gratinar algo.
gratis [gʀatis] *adv* grátis.
gratitude [gʀatityd] *nf* gratidão *f.*
gratte-ciel [gʀatsjɛl] *nm inv* arranha-céu *m.*
gratter [gʀate] *vt* (*peau*) coçar; (*peinture, tache*) raspar; (*sujet : vêtement*) picar ◆ **se gratter** *vp* coçar-se.
gratuit, e [gʀatɥi, it] *adj* gratuito(ta).
gravats [gʀava] *nm* entulho *m.*
grave [gʀav] *adj* grave; (*visage*) sério(ria).
gravement [gʀavmɑ̃] *adv* gravemente.
graver [gʀave] *vt* (*gén*) INFORM gravar.
graveur [gʀavœʀ] *nm* INFORM gravador (de CD-R).
gravier [gʀavje] *nm* cascalho *m.*
gravillon [gʀavijɔ̃] *nm* brita *f.*
gravir [gʀaviʀ] *vt* escalar.
gravité [gʀavite] *nf* gravidade *f.*
gravure [gʀavyʀ] *nf* gravura *f.*
gré [gʀe] *nm* • **de mon plein gré** de minha livre vontade • **de gré ou de force** queira, quer não • **bon gré mal gré** por bem ou por mal.

grec, grecque [gʀɛk] ◆ *adj* grego(ga) ◆ *nm* (*langue*) grego *m* ◆ **Grec, Grecque** *nm* grego *m*, -ga *f.*
Grèce [gʀɛs] *nf* • **la Grèce** a Grécia.
greffe [gʀɛf] *nf* transplante *m.*
greffer [gʀefe] *vt* transplantar.
grêle [gʀɛl] *nf* granizo *m.*
grêler [gʀele] *vimpers* • **il grêle** está chovendo granizo.
grêlon [gʀelɔ̃] *nm* pedra *f* (*de granizo*).
grelot [gʀəlo] *nm* guizo *m.*
grelotter [gʀələte] *vi* tiritar.
grenade [gʀənad] *nf* (*fruit*) romã *f*; (*arme*) granada *f.*
grenadine [gʀənadin] *nf* xarope *m* de romã.
grenat [gʀəna] *adj inv* grená.
grenier [gʀənje] *nm* sótão *m.*
grenouille [gʀənuj] *nf* rã *f.*
grésiller [gʀezije] *vi* (*huile*) crepitar; (*radio*) zumbir.
grève [gʀɛv] *nf* greve *f* • **être/se mettre en grève** estar/entrar em greve • **grève de la faim** greve de fome.
gréviste [gʀevist] *nm* grevista *mf.*
gribouillage [gʀibujaʒ] *nm* garatuja *f.*
gribouiller [gʀibuje] *vt* garatujar.
grièvement [gʀijɛvmɑ̃] *adv* gravemente.
griffe [gʀif] *nf* (*de chat, de chien*) unha *f*; (*d'aigle*) garra *f*; (*Belg*) (*éraflure*) arranhadela *f.*
griffer [gʀife] *vt* arranhar.

griffonner [gʀifɔne] vt rabiscar.

grignoter [gʀiɲɔte] vt lambiscar.

gril [gʀil] nm grelha f.

grillade [gʀijad] nf churrasco m.

grillage [gʀijaʒ] nm rede f.

grille [gʀij] nf grelha f; (d'un jardin) portão m; (tableau) tabela f.

grillé, e [gʀije] adj (ampoule) fundido(da).

grille-pain [gʀijpɛ̃] nm inv torradeira f.

griller [gʀije] vt grelhar; (pain) torrar • **griller un feu rouge** (fam) ultrapassar o sinal vermelho.

grillon [gʀijɔ̃] nm grilo m.

grimace [gʀimas] nf careta f • **faire des grimaces** fazer caretas.

grimpant, e [gʀɛ̃pɑ̃, ɑ̃t] adj trepadeira f.

grimper [gʀɛ̃pe] vt & vi subir • **grimper aux arbres** trepar nas árvores.

grincement [gʀɛ̃smɑ̃] nm rangido m.

grincer [gʀɛ̃se] vi ranger.

grincheux, euse [gʀɛ̃ʃø, øz] adj rabugento(ta).

griotte [gʀijɔt] nf ginja f.

grippe [gʀip] nf gripe f • **avoir la grippe** estar com gripe.

grippé, e [gʀipe] adj gripado(da).

gris, e [gʀi, gʀiz] • adj (couleur) cinzento(ta), cinza; (cheveux) grisalho(lha); (ciel, temps) cinzento(ta) • nm cinzento m, cinza f.

grivois, e [gʀivwa, az] adj picante.

grognement [gʀɔɲmɑ̃] nm (de personne) resmungo m; (du cochon) grunhido m.

grogner [gʀɔɲe] vi (cochon) grunhir; (chien) rosnar; (personne) resmungar.

grognon, onne [gʀɔɲɔ̃, ɔn] adj resmungão m, -gona f.

grondement [gʀɔ̃dmɑ̃] nm estrondo m.

gronder [gʀɔ̃de] • vt ralhar com • vi (tonnerre) ressoar • **je me suis fait gronder par ma mère** a minha mãe ralhou comigo.

groom [gʀum] nm empregado de hotel.

gros, grosse [gʀo, gʀos] • adj (en taille) gordo(da); (important) importante; (épais) espesso(a) • adv (écrire) em letras grandes; (gagner) muito • nm • **en gros** (environ) por alto; COMM por atacado • **le gros lot** a sorte grande • **gros mot** palavrão m • **gros titre** manchete f.

groseille [gʀozɛj] nf groselha f • **groseille à maquereau** groselha espinhosa.

grosse → **gros**.

grossesse [gʀosɛs] nf gravidez f.

grosseur [gʀosœʀ] nf (épaisseur) espessura f; MÉD caroço m.

grossier, ère [gʀosje, ɛʀ] adj (impoli) grosseiro(ra); (approximatif) aproximado(da); (erreur) crasso(a).

grossièreté [gʀosjɛʀte] nf (d'une personne, de paroles) grosseria f; (parole) asneira f.

grossir [gʀosiʀ] ♦ vt aumentar ♦ vi engordar ♦ **faire grossir** engordar.

grosso modo [gʀosomodo] adv grosso modo.

grotesque [gʀɔtɛsk] adj grotesco(ca).

grotte [gʀɔt] nf gruta f.

grouiller [gʀuje] ♦ **grouiller de** vp + prép fervilhar de.

groupe [gʀup] nm grupo m ♦ **en groupe** em grupo ♦ **groupe sanguin** grupo sanguíneo.

grouper [gʀupe] vt agrupar ♦ **se grouper** vp agrupar-se.

gruau [gʀyo] nm (Can) mingau de flocos de aveia.

grue [gʀy] nf (de chantier) grua f.

grumeau [gʀymo] (pl -x) nm grumo m.

gruyère [gʀyjɛʀ] nm queijo m gruyère.

guacamole [gwakamol(e)] nm guacamole m.

Guadeloupe [gwadlup] nf ♦ **la Guadeloupe** a Guadalupe.

guadeloupéen, enne [gwadlupeɛ̃, ɛn] adj guadalupense.

guédille [gedij] nm (Can) sanduíche de frango ou ovos.

guêpe [gɛp] nf vespa f, marimbondo m.

guère [gɛʀ] adv ♦ **elle ne mange guère** ela não come quase nada.

guérir [geʀiʀ] vt & vi curar, sarar.

guérison [geʀizɔ̃] nf cura f.

guerre [gɛʀ] nf guerra f ♦ **être en guerre** estar em guerra ♦ **guerre mondiale** guerra mundial ♦ **guerre bactériologique/biologique/chimique** guerra bacteriológica/biológica/química ♦ **guerre atomique/nucléaire** guerra atômica/nuclear ♦ **guerre de religion** guerra religiosa.

guerrier [gɛʀje] nm guerreiro m.

guetter [gete] vt espreitar.

gueule [gœl] nf (d'animal) boca f; (vulg) (visage) cara f ♦ **avoir la gueule de bois** (fam) estar com ressaca.

gueuler [gœle] vi (vulg) berrar.

gueuze [gøz] nf (Belg) cerveja forte, à base de malte e trigo, com fermentação dupla.

gui [gi] nm visco m.

guichet [giʃɛ] nm guichê m ♦ **guichet automatique (de banque)** caixa m eletrônico.

guichetier, ère [giʃtje, ɛʀ] nm atendente m de guichê.

guide [gid] ♦ nm guia mf ♦ nm guia m ♦ **guide touristique** guia turístico.

guider [gide] vt guiar.

guidon [gidɔ̃] nm guidom m.

guignol [giɲɔl] nm marionete m.

guillemets [gijmɛ] nm aspas fpl ♦ **entre guillemets** entre aspas.

guimauve [gimov] nf (pâte) marshmallow m.

guirlande [giʀlɑ̃d] nf (de Noël) guirlanda f, (de fleurs) grinalda f.

guise [giz] nf ♦ **en guise de** à guisa de.

guitare [gitaʀ] nf violão m ♦ **guitare électrique** guitarra f (elétrica).

guitariste [gitaʀist] nm violonista mf, guitarrista mf.

Guyane [gɥijan] nf • **la Guyane (française)** a Guiana (francesa).

gymnase [ʒimnaz] nm ginásio m.

gymnastique [ʒimnastik] nf ginástica f • **faire de la gymnastique** fazer ginástica.

gynécologue [ʒinekɔlɔg] nmf ginecologista mf.

H

habile [abil] adj hábil.

habileté [abilte] nf habilidade f.

habillé, e [abije] adj (personne) vestido(da); (tenue) elegante.

habillement [abijmã] nm (couture) vestuário m.

habiller [abije] vt (personne) vestir; (meuble) cobrir ◆ **s'habiller** vp (mettre des vêtements) vestir-se; (élégamment) vestir-se a rigor • **s'habiller bien/mal** vestir-se bem/mal.

habitant, e [abitã, ãt] nm habitante mf; (Can) camponês m, -esa f • **loger chez l'habitant** ficar em casa de uma família.

habitation [abitasjɔ̃] nf habitação f.

habiter [abite] • vt morar em ◆ vi morar.

habits [abi] nm roupa f.

habitude [abityd] nf hábito m • **avoir l'habitude de faire qqch** ter o hábito de fazer algo • **d'habitude** de costume • **comme d'habitude** como de costume.

habituel, elle [abityɛl] adj habitual.

habituellement [abityɛl-mã] adv habitualmente.

habituer [abitye] vt • **habituer qqn à (faire) qqch** habituar alguém a (fazer) algo • **être habitué à (faire) qqch** estar habituado a (fazer) algo ◆ **s'habituer à** vp + prép • **s'habituer à (faire) qqch** habituar-se a (fazer) algo.

hache [ʼaʃ] nf machado m.

hacher [ʼaʃe] vt picar.

hachis [ʼaʃi] nm picado m • **hachis Parmentier** picadinho de carne moída refogada, coberto com purê de batata e gratinado ao forno.

hachoir [ʼaʃwaʀ] nm (lame) faca f para legumes; (électrique) moedor m.

hachure [ʼaʃyʀ] nf hachura f.

haddock [ʼadɔk] nm hadoque m defumado.

haie [ʼɛ] nf (d'arbustes) sebe f; ESP barreiras fpl.

haine [ʼɛn] nf ódio m.

haïr [ʼaiʀ] vt odiar.

Haïti [aiti] nom Haiti.

hâle [ʼal] nm bronzeado m.

haleine [alɛn] nf hálito m.

haleter [ʼalte] vi arquejar.

hall [ʼol] nm (d'une maison) saguão m, hall m; (d'une gare) saguão m.

halle [ʼal] nf mercado m.

hallucination [alysinasjɔ̃] *nf* alucinação *f*.

halogène [alɔʒɛn] *nm* • **(lampe) halogène** lâmpada *f* halógena.

halte ['alt] *nf* parada *f* • **faire halte** fazer uma parada.

haltère [altɛʀ] *nm* haltere *m*.

hamac ['amak] *nm* rede *f (de dormir)*.

hamburger ['ɑ̃buʀgœʀ] *nm* hambúrguer *m*.

hameçon [amsɔ̃] *nm* anzol *m*.

hamster ['amstɛʀ] *nm* hamster *m*.

hanche ['ɑ̃ʃ] *nf* anca *f*.

handball ['ɑ̃dbal] *nm* handebol *m*.

handicap ['ɑ̃dikap] *nm (infirmité)* deficiência *f; (désavantage)* desvantagem *f*.

handicapé, e ['ɑ̃dikape] • *adj (infirme)* deficiente; *(désavantagé)* prejudicado(da) • *nm* deficiente *mf*.

hangar ['ɑ̃gaʀ] *nm* hangar *m*.

hanté, e ['ɑ̃te] *adj* assombrado(da).

happer ['ape] *vt* apanhar; *(suj:animal)* abocanhar.

harcèlement ['aʀsɛləmɑ̃] *nm* assédio *m* • **harcèlement moral** assédio moral.

harceler ['aʀsəle] *vt* assediar.

hardi, e ['aʀdi] *adj* ousado(da).

hareng ['aʀɑ̃] *nm* arenque *m* • **hareng saur** arenque defumado.

hargneux, euse ['aʀɲø, øz] *adj* enraivecido(da).

haricot ['aʀiko] *nm* feijão *m* • **haricot blanc** feijão branco • **haricot vert** feijão-verde *m*.

harmonica [aʀmɔnika] *nm* harmônica *f*.

harmonie [aʀmɔni] *nf* harmonia *f*.

harmonieux, euse [aʀmɔnjø, øz] *adj* harmonioso(osa).

harmoniser [aʀmɔnize] *vt* harmonizar.

harnais ['aʀnɛ] *nm (d'alpiniste)* equipamento *m; (de cheval)* arreios *mpl*.

harpe ['aʀp] *nf* harpa *f*.

hasard ['azaʀ] *nm* acaso *m* • **au hasard** ao acaso • **à tout hasard** no caso de, para o caso de • **par hasard** por acaso.

hasarder ['azaʀde] *vt* arriscar
• **se hasarder** *vp* arriscar-se
• **se hasarder à faire qqch** arriscar-se a fazer algo.

hasardeux, euse ['azaʀdø, øz] *adj* arriscado(da).

hâte ['at] *nf* pressa *f* • **à la hâte** às pressas • **en hâte** de pressa, rapidamente • **sans hâte** sem pressa • **avoir hâte de faire qqch** ter pressa de fazer algo.

hausse ['os] *nf* alta *f* • **être en hausse** estar em alta.

hausser ['ose] *vt (ton)* elevar; *(prix)* subir • **hausser les épaules** encolher os ombros.

haut, e ['o, 'ot] • *adj* alto(ta)
• *nm* parte *f* de cima • **tout haut** em voz alta • **haut les mains!** mãos ao alto! • **de haut en bas** de alto a baixo

• **en haut** em cima • **en haut de** em cima de • **la pièce fait 3 m de haut** o cômodo tem 3 metros de altura • **avoir des hauts et des bas** ter altos e baixos.

hautain, e ['otɛ̃, ɛn] *adj* altivo(va).

haute-fidélité ['otfidelite] *nf* alta-fidelidade f.

hauteur ['otœʀ] *nf (taille)* altura f; *(altitude)* altitude f; *(colline)* elevação f • **être à la hauteur** estar à altura.

haut-le-cœur ['olkœʀ] *nm inv* náusea f.

haut-parleur ['oparlœʀ] *(pl* **haut-parleurs)** *nm* alto-falante m.

hebdomadaire [ɛbdɔmadɛʀ] ◆ *adj* semanal ◆ *nm* semanário m.

hébergement [ebɛʀʒəmɑ̃] *nm* alojamento m.

héberger [ebɛʀʒe] *vt* alojar.

hectare [ɛktaʀ] *nm* hectare m.

hein ['ɛ̃] *interj (fam)* • **tu ne lui diras pas, hein?** você não vai lhe dizer, vai?

hélas ['elas] *interj* infelizmente!

hélice [elis] *nf* hélice f.

hélicoptère [elikɔptɛʀ] *nm* helicóptero m.

helvétique [ɛlvetik] *adj* helvético(ca).

hématome [ematom] *nm* hematoma m.

hémorragie [emɔʀaʒi] *nf* hemorragia f.

hennissement ['enismɑ̃] *nm* relincho m.

hépatite [epatit] *nf* hepatite f • **hépatite C** hepatite C.

herbe [ɛʀb] *nf* erva f • **fines herbes** ervas aromáticas • **mauvaises herbes** ervas daninhas.

héréditaire [eʀeditɛʀ] *adj* hereditário(ria).

hérisser ['eʀise]◆ **se hérisser** *vp* eriçar-se.

hérisson ['eʀisɔ̃] *nm* porco-espinho m.

héritage [eʀitaʒ] *nm* herança f.

hériter [eʀite] *vt* herdar ◆ *vi* de *vp + prép* • **hériter de qqch** herdar algo • **hériter de qqn** herdar de alguém.

héritier, ère [eʀitje, ɛʀ] *nm* herdeiro m, -ra f.

hermétique [ɛʀmetik] *adj* hermético(ca).

hernie ['ɛʀni] *nf* hérnia f.

héroïne [eʀɔin] *nf (drogue)* heroína f, → **héros**.

héroïsme [eʀɔism] *nm* heroísmo m.

héros, héroïne ['eʀo, eʀɔin] *nm* herói m, heroína f.

herve [ɛʀv] *nm (Belg)* queijo mole, fabricado com leite de vaca, da região de Liège.

hésitation [ezitasjɔ̃] *nf* hesitação f.

hésiter [ezite] *vi* hesitar • **hésiter à faire qqch** hesitar em fazer algo.

hêtre ['ɛtʀ] *nm* faia f.

heure [œʀ] *nf* hora f • **quelle heure est-il? – il est quatre heures** que horas são? – são quatro horas • **il est trois heures vingt** são três e vinte •

heureusement

à quelle heure part le train? - à deux heures a que horas parte o trem? - às duas horas • **c'est l'heure de...** é hora de... • **de bonne heure** cedo • **être à l'heure** *(personne, train)* chegar na hora, ser pontual; *(montre)* estar certo • **heures de bureau** horário *m* de trabalho • **l'heure d'été/d'hiver** horário de verão/de inverno • **passer l'heure d'été/d'hiver** passar para o horário de verão/de inverno • **heures d'ouverture** horário *m* de funcionamento.

heureusement [œRøzmɑ̃] *adv* felizmente.

heureux, euse [œRø, øz] *adj* feliz.

heurter ['œRte] *vt (frapper)* chocar com; *(vexer)* chocar ◆ **se heurter à** *vp + prép* deparar com.

hexagone [ɛgzagon] *nm* hexágono *m* • **l'Hexagone** a França.

hibou ['ibu] *(pl* -x) *nm* mocho *m*.

hier [ijɛR] *adv* ontem • **hier après-midi** ontem à tarde.

hiérarchie ['jeRaRʃi] *nf* hierarquia *f*.

hiéroglyphe ['jeRɔglif] *nm* hieróglifo *m*.

hi-fi ['ifi] *nf inv* equipamento *m* hi-fi.

hilarant, e [ilaRɑ̃, ɑ̃t] *adj* hilariante.

hindou, e [ɛ̃du] *adj & nm* hinduísta.

hippodrome [ipodRom] *nm* hipódromo *m*.

162

hippopotame [ipopotam] *nm* hipopótamo *m*.

hirondelle [iRɔ̃dɛl] *nf* andorinha *f*.

hisser ['ise] *vt* içar.

histoire [istwaR] *nf (passé, récit)* história *f*; *(mensonge)* mentira *f* • **faire des histoires** criar problemas • **histoire drôle** piada *f*.

historique [istoRik] *adj* histórico(ca).

hit-parade ['itpaRad] *(pl* **hit-parades**) *nm* parada *f* de sucesso.

hiver [ivɛR] *nm* inverno *m* • **en hiver** no inverno.

HLM *(abrv de* **habitation à loyer modéré**) *nm inv & nf inv* ≃ habitação *f* popular, imóveis alugados a preços módicos para população de baixa renda.

hobby ['ɔbi] *(pl* **hobbys** ou **hobbies**) *nm* hobby *m*.

hochepot ['ɔʃpo] *nm (Belg)* cozido preparado com carne de boi, alho-poró, batatas e toucinho.

hocher ['ɔʃe] *vt* • **hocher la tête** *(pour accepter)* anuir *(com a cabeça)*; *(pour refuser)* abanar a cabeça.

hochet ['ɔʃɛ] *nm* guizo *m*.

hockey ['ɔkɛ] *nm* hóquei *m* • **hockey sur glace** hóquei no gelo.

hold-up ['ɔldœp] *nm inv* assalto *m* à mão armada.

hollandais, e ['ɔlɑ̃dɛ, ɛz] • *adj* holandês(esa) • *nm (langue)* holandês *m* ◆ **Hollandais, e** *nm* holandês *m*, -esa *f*.

hollande [ɔlɑ̃d] *nm* queijo *m* holandês.
Hollande [ɔlɑ̃d] *nf* • **la Hollande** a Holanda.
holocauste [ɔlɔkost] *nm* holocausto *m*.
homard [ɔmaʀ] *nm* lagosta *m* (europeia) • **homard à l'américaine** lagosta com molho de vinho branco, conhaque e tomates.
homéopathie [ɔmeɔpati] *nf* homeopatia *f*.
hommage [ɔmaʒ] *nm* • **en hommage à** em homenagem a • **rendre hommage à** prestar homenagem a.
homme [ɔm] *nm* homem *m* • **homme d'affaires** homem de negócios • **homme politique** político *m* • **l'homme de la rue** cidadão comum.
homogène [ɔmɔʒɛn] *adj* homogêneo(nea).
homophobe [ɔmɔfɔb] *adj* homófobo.
homosexuel, elle [ɔmɔsɛksɥɛl] *adj & nm* homossexual.
Hongrie [ˈɔ̃gʀi] *nf* • **la Hongrie** a Hungria.
honnête [ɔnɛt] *adj* (*personne*) honesto(ta); (*salaire, résultats*) satisfatório(ria).
honnêteté [ɔnɛtte] *nf* honestidade *f*.
honneur [ɔnœʀ] *nm* honra *f* • **en l'honneur de** em honra de • **faire honneur à** (*repas*) comer bastante e com vontade.
honorable [ɔnɔʀabl] *adj* (*acte, résultat*) honroso(osa); (*personne*) honrado(da).
honoraires [ɔnɔʀɛʀ] *nm* honorários *mpl*.
honte [ˈɔ̃t] *nf* vergonha *f* • **avoir honte (de)** ter vergonha (de) • **faire honte à qqn** envergonhar alguém.
honteux, euse [ˈɔ̃tø, øz] *adj* (*personne, air*) envergonhado(da); (*affaire*) vergonhoso(osa).
hôpital [ɔpital, o] (*pl* -**aux**) *nm* hospital *m*.
hoquet [ˈɔkɛ] *nm* • **avoir le hoquet** estar com soluços.
horaire [ɔʀɛʀ] *nm* horário *m* • **horaires d'ouverture** horário de funcionamento.
horizon [ɔʀizɔ̃] *nm* horizonte *m* • **à l'horizon** no horizonte.
horizontal, e, aux [ɔʀizɔ̃tal, o] *adj* horizontal.
horloge [ɔʀlɔʒ] *nf* relógio *m* • **l'horloge parlante** o serviço de hora certa.
horloger, ère [ɔʀlɔʒe, ɛʀ] *nm* relojoeiro *m*.
horlogerie [ɔʀlɔʒʀi] *nf* relojoaria *f*.
hormonothérapie [ɔʀmɔnɔteʀapi] *nf* MÉD hormonoterapia.
horoscope [ɔʀɔskɔp] *nm* horóscopo *m*.
horreur [ɔʀœʀ] *nf* horror *m* • **quelle horreur!** que horror! • **avoir horreur de (faire) qqch** detestar (fazer) algo.
horrible [ɔʀibl] *adj* horrível.
horriblement [ɔʀiblǝmɑ̃] *adv* horrivelmente.
horrifié, e [ɔʀifje] *adj* horrorizado(da).

hors ['ɔʀ] *prép* • **hors de** fora de • **hors jeu** fora de jogo • **hors saison** fora de época • **hors service** fora de serviço; *(en panne)* avariado • **hors taxes** *(prix)* sem impostos • **hors d'atteinte, hors de portée** fora de alcance • **hors d'haleine** sem fôlego • **hors de prix** excessivamente caro • **hors de question** fora de questão • **être hors de soi** estar fora de si • **être hors sujet** fugir ao tema • **hors d'usage** fora de serviço.

hors-bord [ɔʀbɔʀ] *nm inv* lancha *f* com motor fora de borda.

hors-d'œuvre [ˈɔʀdɛvʀ] *nm inv* entrada *f*.

hors-série [ɔʀseʀi] • *adj inv* fora de série • *nm* edição *m* especial, fora *f* de série.

hortensia [ɔʀtɑ̃sja] *nm* hortênsia *f*.

horticulture [ɔʀtikyltyʀ] *nf* horticultura *f*.

hospice [ɔspis] *nm* asilo *m*.

hospitaliser [ɔspitalize] *vt* hospitalizar.

hospitalité [ɔspitalite] *nf* hospitalidade *f*.

hostie [ɔsti] *nf* hóstia *f*.

hostile [ɔstil] *adj* hostil.

hostilité [ɔstilite] *nf* hostilidade *f*.

hot dog [ˈɔtdɔg] *(pl* **hot dogs***) nm* cachorro-quente *m*.

hôte, hôtesse [ot, otɛs] • *nm* anfitrião *m*, -ã *f* • *nm (qui est reçu)* hóspede *mf*.

hôtel [otɛl] *nm (auberge)* hotel *m*; *(château)* palacete *m* • **hôtel de ville** sede *f* da prefeitura.

hôtellerie [otɛlʀi] *nf (hôtel)* hospedaria *f*; *(activité)* hotelaria *f*.

hôtesse [otɛs] *nf (d'accueil)* recepcionista *f* • **hôtesse de l'air** aeromoça *f*.

hotte [ˈɔt] *nf (panier)* cesto *m* • **hotte (aspirante)** exaustor *m*.

houle [ˈul] *nf* ondulação *f*.

hourra [uʀa] *interj* hurra!

housse [ˈus] *nf* capa *f* • **housse de couette** capa de edredom.

houx [ˈu] *nm* azevinho *m*.

hovercraft [ɔvœʀkʀaft] *nm* aerodeslizador *m*.

HT *adj (abr de* **hors taxes***)* sem impostos.

hublot [ˈyblo] *nm (de bateau)* vigia *f*, *(d'avion)* janela *f*.

huer [ˈɥe] *vt* vaiar.

huile [ɥil] *nf* óleo *m* • **huile d'arachide** óleo de amendoim • **huile d'olive** azeite *m* de oliva • **huile solaire** óleo de bronzear.

huiler [ɥile] *vt (mécanisme)* olear; *(moule)* untar.

huileux, euse [ɥilø, øz] *adj* oleoso(osa).

huissier [ɥisje] *nm* oficial *m* de Justiça.

huit [ˈɥit] *num* oito, → **six**.

huitaine [ˈɥitɛn] *nf* • **une huitaine (de jours)** cerca de oito (dias).

huitième [ˈɥitjɛm] *num* oitavo(va), → **sixième**.

huître [ɥitʀ] *nf* ostra *f*.

humain, e [ymɛ̃, ɛn] • *adj* humano(na) • *nm* humano *m*.

humanitaire [ymanitɛʀ] • *adj* humanitário(ria) • *nm* humanitário.
humanité [ymanite] *nf* humanidade *f*.
humble [œ̃bl] *adj* humilde.
humecter [ymɛkte] *vt* umedecer.
humeur [ymœʀ] *nf* humor *m* • **être de bonne/mauvaise humeur** estar de bom humor/mau humor.
humide [ymid] *adj* úmido(da).
humidité [ymidite] *nf* umidade *f*.
humiliant, e [ymiljɑ̃, ɑ̃t] *adj* humilhante.
humilier [ymilje] *vt* humilhar.
humoristique [ymɔʀistik] *adj* humorístico(ca).
humour [ymuʀ] *nm* humor *m* • **avoir de l'humour** ter senso de humor.
hurlement ['yʀləmɑ̃] *nm (de chien)* uivo *m*; *(de personne)* berro *m*.
hurler ['yʀle] *vi (chien)* uivar; *(personne)* berrar; *(vent)* assobiar.
hutte ['yt] *nf* cabana *f*.
hydratant, e [idʀatɑ̃, ɑ̃t] *adj* hidratante.
hydrophile [idʀɔfil] *adj*→ **coton**.
hygiène [iʒjɛn] *nf* higiene *f*.
hygiénique [iʒjenik] *adj* higiênico(ca).
hymne [imn] *nm (religieux)* hino *m* • **hymne national** hino *m* nacional.
hypermarché [ipɛʀmaʀʃe] *nm* hipermercado *m*.

hypertension [ipɛʀtɑ̃sjɔ̃] *nf* hipertensão *f*, pressão *f* alta.
hypnotiser [ipnɔtize] *vt* hipnotizar.
hypocrisie [ipɔkʀizi] *nf* hipocrisia *f*.
hypocrite [ipɔkʀit] *adj & nm* hipócrita.
hypothèse [ipɔtɛz] *nf* hipótese *f*.
hystérique [isteʀik] *adj* histérico(ca).

I

iceberg [ajsbɛʀg] *nm* iceberg *m*.
ici [isi] *adv* aqui • **d'ici là** daqui até lá • **d'ici peu** daqui a pouco • **par ici** por aqui.
icône [ikon] *nf* ícone *m*.
idéal, e, aux [ideal, o] • *adj* ideal • *nm* ideal • **l'idéal, ce serait...** o ideal seria....
idéaliste [idealist] *adj & nm* idealista.
idée [ide] *nf* ideia *f* • **avoir une idée de** ter uma ideia de.
identifier [idɑ̃tifje] *vt* identificar • **s'identifier à** *vp + prép* identificar-se com.
identique [idɑ̃tik] *adj* • **identique (à)** idêntico(ca)(a).
identité [idɑ̃tite] *nf* identidade *f*.
idiot, e [idjo, ɔt] *adj & nm* idiota.
idiotie [idjɔsi] *nf* idiotice *f*.

idole [idɔl] nf ídolo m.
igloo [iglu] nm iglu m.
ignoble [iɲɔbl] adj ignóbil.
ignorant, e [iɲɔʀɑ̃, ɑ̃t] adj & nm ignorante.
ignorer [iɲɔʀe] vt ignorar.
il [il] pron ele ◆ **il pleut** está chovendo ◆ **ils** pron eles.
île [il] nf ilha f ◆ **île flottante** ovos mpl nevados ◆ **l'île Maurice** as ilhas Maurício.
Île-de-France [ildəfʀɑ̃s] nf região metropolitana de Paris.
illégal, e, aux [ilegal, o] adj ilegal.
illettré, e [iletʀe] adj & n analfabeto(ta).
illimité, e [ilimite] adj ilimitado(da).
illisible [ilizibl] adj ilegível.
illuminer [ilymine] vt iluminar ◆ **s'illuminer** vp iluminar-se.
illusion [ilyzjɔ̃] nf ilusão f ◆ **se faire des illusions** iludir-se.
illusionniste [ilyzjɔnist] nmf ilusionista.
illustration [ilystʀasjɔ̃] nf ilustração f.
illustré, e [ilystʀe] ◆ adj ilustrado(da) ◆ nm jornal m ilustrado.
illustrer [ilystʀe] vt ilustrar.
îlot [ilo] nm ilhéu m.
ils → **il**.
image [imaʒ] nf imagem f.
imagerie [imaʒʀi] nf imagética f ◆ **imagerie médicale** imagens fpl médicas.
imaginaire [imaʒinɛʀ] adj imaginário(ria).

imagination [imaʒinasjɔ̃] nf imaginação f ◆ **avoir de l'imagination** ter imaginação.
imaginer [imaʒine] vt imaginar ◆ **s'imaginer** vp (soi-même) imaginar-se; (scène, personne) imaginar ◆ **s'imaginer que** imaginar que.
imbattable [ɛ̃batabl] adj imbatível.
imbécile [ɛ̃besil] nm imbecil mf.
imbiber [ɛ̃bibe] vt ◆ **imbiber qqch de** embeber algo em.
imbuvable [ɛ̃byvabl] adj intragável (bebida).
imitateur, trice [imitatœʀ, tʀis] nm imitador m, -ra f.
imitation [imitasjɔ̃] nf imitação f ◆ **imitation cuir** imitação de couro.
imiter [imite] vt imitar.
immangeable [ɛ̃mɑ̃ʒabl] adj incomível.
immatriculation [imatʀikylasjɔ̃] nf matrícula f.
immédiat, e [imedja, at] adj imediato(ta).
immédiatement [imedjatmɑ̃] adv imediatamente.
immense [imɑ̃s] adj imenso(sa).
immergé, e [imɛʀʒe] adj imerso(sa).
immeuble [imœbl] nm prédio m.
immigration [imigʀasjɔ̃] nf imigração f.
immigration [imigʀasjɔ̃] nf imigração f ◆ **immigration clandestine** imigração clandestina.

immigré, e [imigʀe] ♦ adj imigrado(da) ♦ nm imigrante mf.
immobile [imɔbil] adj imóvel.
immobilier, ère [imɔbilje, ɛʀ] adj imobiliário(ria).
immobiliser [imɔbilize] vt imobilizar.
immonde [imɔ̃d] adj imundo(da).
immoral, e, aux [imɔʀal, o] adj imoral.
immortel, elle [imɔʀtɛl] adj imortal.
immuniser [imynize] vt imunizar.
impact [ɛ̃pakt] nm impacto m.
impair, e [ɛ̃pɛʀ] adj ímpar.
impardonnable [ɛ̃paʀdɔnabl] adj imperdoável.
imparfait, e [ɛ̃paʀfɛ, ɛt] ♦ adj imperfeito(ta) ♦ nm imperfeito m.
impartial, e, aux [ɛ̃paʀsjal, o] adj imparcial.
impasse [ɛ̃pas] nf impasse m, beco m sem saída.
impassible [ɛ̃pasibl] adj impassível.
impatience [ɛ̃pasjɑ̃s] nf impaciência f.
impatient, e [ɛ̃pasjɑ̃, ɑ̃t] adj impaciente ♦ **être impatient de faire qqch** estar impaciente por fazer algo.
impatienter [ɛ̃pasjɑ̃te]
♦ **s'impatienter** vp impacientar-se.
impeccable [ɛ̃pekabl] adj impecável.
imper [ɛ̃pɛʀ] nm impermeável m.

impératif, ive [ɛ̃peʀatif, iv] ♦ adj imperativo(va) ♦ nm GRAM imperativo m.
impératrice [ɛ̃peʀatʀis] nf imperatriz f.
imperceptible [ɛ̃pɛʀsɛptibl] adj imperceptível.
imperfection [ɛ̃pɛʀfɛksjɔ̃] nf imperfeição f.
impérial, e, aux [ɛ̃peʀjal, o] adj imperial.
imperméable [ɛ̃pɛʀmeabl] adj & nm impermeável.
impersonnel, elle [ɛ̃pɛʀsɔnɛl] adj(neutre) impessoal.
impertinent, e [ɛ̃pɛʀtinɑ̃, ɑ̃t] adj impertinente.
impitoyable [ɛ̃pitwajabl] adj impiedoso(osa).
implanter [ɛ̃plɑ̃te] vt implantar ♦ **s'implanter** vp implantar-se.
impliquer [ɛ̃plike] vt (entraîner) implicar ♦ **impliquer qqn dans** implicar alguém em
♦ **s'impliquer dans** vp + prép implicar-se em.
impoli, e [ɛ̃pɔli] adj mal-educado(da).
import [ɛ̃pɔʀ] nm (Belg) montante m.
importance [ɛ̃pɔʀtɑ̃s] nf importância f.
important, e [ɛ̃pɔʀtɑ̃, ɑ̃t] adj importante.
importation [ɛ̃pɔʀtasjɔ̃] nf importação f.
importer [ɛ̃pɔʀte] vt & vi importar ♦ **peu importe** pouco importa ♦ **n'importe comment** (mal) de qualquer maneira

importuner

• **n'importe quel** qualquer • **n'importe qui** qualquer pessoa.
importuner [ɛ̃pɔʀtyne] vt importunar.
imposable [ɛ̃pozabl] adj tributável, tributário(ria).
imposant, e [ɛ̃pozɑ̃, ɑ̃t] adj imponente.
imposer [ɛ̃poze] vt tributar, impor • **imposer qqch à qqn** impor algo a alguém ◆ **s'imposer** vp impor-se.
impossible [ɛ̃pɔsibl] adj impossível • **il est impossible que** é impossível que • **il est impossible de faire qqch** é impossível fazer algo.
impôt [ɛ̃po] nm imposto m.
impraticable [ɛ̃pʀatikabl] adj intransitável, impraticável.
imprégner [ɛ̃pʀeɲe] vt impregnar • **imprégner qqch de** impregnar algo de ◆ **s'imprégner de** vp impregnar-se de.
impression [ɛ̃pʀesjɔ̃] nf impressão f • **avoir l'impression que** ter a impressão de que • **avoir l'impression de faire qqch** ter a impressão de fazer algo.
impressionnant, e [ɛ̃pʀesjɔnɑ̃, ɑ̃t] adj impressionante.
impressionner [ɛ̃pʀesjɔne] vt impressionar.
imprévisible [ɛ̃pʀevizibl] adj imprevisível.
imprévu, e [ɛ̃pʀevy] • adj imprevisto(ta) • nm • **sauf imprévu j'arriverai à 18h** salvo algum imprevisto, chegarei às 18h.

168

imprimante [ɛ̃pʀimɑ̃t] nf impressora f.
imprimé, e [ɛ̃pʀime] • adj (texte) impresso(ssa); (tissu) estampado(da) • nm impresso m; (publicitaire) folheto m.
imprimer [ɛ̃pʀime] vt imprimir.
imprimerie [ɛ̃pʀimʀi] nf (métier) imprensa f; (lieu) tipografia f.
imprononçable [ɛ̃pʀɔnɔ̃sabl] adj impronunciável.
improviser [ɛ̃pʀɔvize] vt & vi improvisar.
improviste [ɛ̃pʀɔvist] ◆ **àl'improviste** adv de improviso.
imprudence [ɛ̃pʀydɑ̃s] nf imprudência f.
imprudent, e [ɛ̃pʀydɑ̃, ɑ̃t] adj imprudente.
impuissant, e [ɛ̃pɥisɑ̃, ɑ̃t] adj (sans recours) impotente.
impulsif, ive [ɛ̃pylsif, iv] adj impulsivo(va).
impureté [ɛ̃pyʀte] nf impureza f.
inabordable [inabɔʀdabl] adj (prix) inacessível.
inacceptable [inaksɛptabl] adj inaceitável.
inaccessible [inaksesibl] adj inacessível.
inachevé, e [inaʃve] adj inacabado(da).
inactif, ive [inaktif, iv] adj inativo(va).
inadapté, e [inadapte] adj (personne) inadaptado(da); (objet) inadequado(da).
inadmissible [inadmisibl] adj inadmissível.

inanimé, e [inanime] *adj* inanimado(da).

inaperçu, e [inapɛrsy] *adj* • **passer inaperçu** passar despercebido.

inapte [inapt] *adj* inapto(ta) • **inapte à faire qqch** inapto para fazer algo • **inapte à qqch** inapto para algo.

inattendu, e [inatɑ̃dy] *adj* inesperado(da).

inattention [inatɑ̃sjɔ̃] *nf* distração *f* • **faute d'inattention** erro *m* de distração.

inaudible [inodibl] *adj* inaudível.

inauguration [inogyʀasjɔ̃] *nf* inauguração *f*.

inaugurer [inogyʀe] *vt* inaugurar.

incalculable [ɛ̃kalkylabl] *adj* incalculável.

incandescent, e [ɛ̃kɑ̃desɑ̃, ɑ̃t] *adj* incandescente.

incapable [ɛ̃kapabl] • *nm* incapaz *mf* • *adj* • **être incapable de faire qqch** ser incapaz de fazer algo.

incapacité [ɛ̃kapasite] *nf* incapacidade *f* • **être dans l'incapacité de faire qqch** não poder fazer algo.

incarner [ɛ̃kaʀne] *vt* encarnar.

incassable [ɛ̃kasabl] *adj* inquebrável.

incendie [ɛ̃sɑ̃di] *nm* incêndio *m*.

incendier [ɛ̃sɑ̃dje] *vt* incendiar.

incertain, e [ɛ̃sɛʀtɛ̃, ɛn] *adj* incerto(ta).

incertitude [ɛ̃sɛʀtityd] *nf* incerteza *f*.

incessamment [ɛ̃sesamɑ̃] *adv* em breve.

incessant, e [ɛ̃sesɑ̃, ɑ̃t] *adj* incessante.

incident [ɛ̃sidɑ̃] *nm* incidente *m*.

inciter [ɛ̃site] *vt* • **inciter qqn à faire qqch** incitar alguém a fazer algo.

incivilité [ɛ̃sivilite] *nf (manque de courtoisie)* incivilidade *f*.

incliné, e [~ɛkline] *adj* inclinado(da).

incliner [ɛ̃kline] *vt* inclinar • **s'incliner** *vp* inclinar-se • **s'incliner devant** inclinar-se perante.

inclure [ɛ̃klyʀ] *vt* incluir.

inclus, e [ɛ̃kly, yz] • *pp* → **inclure** • *adj* incluído(da).

incohérent, e [ɛ̃kɔeʀɑ̃, ɑ̃t] *adj* incoerente.

incollable [ɛ̃kɔlabl] *adj (riz)* que fica solto; *(fam) (qui sait tout)* imbatível.

incolore [ɛ̃kɔlɔʀ] *adj* incolor.

incommoder [ɛ̃kɔmɔde] *vt* incomodar.

incomparable [ɛ̃kɔ̃paʀabl] *adj* incomparável.

incompatible [ɛ̃kɔ̃patibl] *adj* incompatível.

incompétent, e [ɛ̃kɔ̃petɑ̃, ɑ̃t] *adj* incompetente.

incomplet, ète [ɛ̃kɔ̃plɛ, ɛt] *adj* incompleto(ta).

incompréhensible [ɛ̃kɔ̃pʀeɑ̃sibl] *adj* incompreensível.

inconditionnel, elle [ɛ̃kɔ̃disjɔnɛl] *nm* • **un inconditionnel**

incongru

de um seguidor incondicional de.

incongru, e [ɛ̃kɔ̃gʀy] *adj* incongruente.

inconnu, e [ɛ̃kɔny] • *adj & nm* desconhecido(da) • *nm* • l'inconnu o desconhecido.

inconsciemment [ɛ̃kɔ̃sjamɑ̃] *adv* inconscientemente.

inconscient, e [ɛ̃kɔ̃sjɑ̃, ɑ̃t] • *adj* inconsciente • *nm* • l'inconscient o inconsciente.

inconsolable [ɛ̃kɔ̃sɔlabl] *adj* inconsolável.

incontestable [ɛ̃kɔ̃tɛstabl] *adj* incontestável.

inconvénient [ɛ̃kɔ̃venjɔ̃] *nm* inconveniente m.

incorporer [ɛ̃kɔʀpɔʀe] *vt* incorporar • incorporer qqch à incorporar algo a.

incorrect, e [ɛ̃kɔʀɛkt] *adj* incorreto(ta).

incorrigible [ɛ̃kɔʀiʒibl] *adj* incorrigível.

incrédule [ɛ̃kʀedyl] *adj* incrédulo(la).

incroyable [ɛ̃kʀwajabl] *adj* incrível.

incrusté, e [ɛ̃kʀyste] *adj* • incrusté de *(décoré de)* incrustado(da) de.

incruster [ɛ̃kʀyste] ♦ s'incruster *vp (tache, saleté)* incrustar-se.

inculpé, e [ɛ̃kylpe] *nm* inculpado m, -da f.

inculper [ɛ̃kylpe] *vt* culpar • inculper qqn de qqch culpar alguém de algo.

inculte [ɛ̃kylt] *adj* inculto(ta).

incurable [ɛ̃kyʀabl] *adj* incurável.

Inde [ɛ̃d] *nf* • l'Inde a Índia.

indécent, e [ɛ̃desɑ̃, ɑ̃t] *adj* indecente.

indécis, e [ɛ̃desi, iz] *adj* indeciso(sa).

indéfini, e [ɛ̃defini] *adj* indefinido(da).

indéfiniment [ɛ̃definimɑ̃] *adv* indefinidamente.

indélébile [ɛ̃delebil] *adj* indelével.

indemne [ɛ̃dɛmn] *adj* ileso(sa) • sortir indemne de sair ileso de.

indemniser [ɛ̃dɛmnize] *vt* indenizar.

indemnité [ɛ̃dɛmnite] *nf* indenização f • indemnité de chômage auxílio-desemprego.

indépendamment [ɛ̃depɑ̃damɑ̃] ♦ **indépendamment de** *prép (à part)* independentemente de.

indépendance [ɛ̃depɑ̃dɑ̃s] *nf* independência f.

indépendant, e [ɛ̃depɑ̃dɑ̃, ɑ̃t] *adj* independente • être indépendant de *(sans relation avec)* ser independente de.

indescriptible [ɛ̃dɛskʀiptibl] *adj* indescritível.

index [ɛ̃dɛks] *nm (doigt)* indicador m; *(d'un livre)* índice m.

indicateur [ɛ̃dikatœʀ] *adj m* → poteau.

indicatif, ive [ɛ̃dikatif, iv] • *nm* indicativo m • *adj m* • à titre indicatif a título indicativo.

indication [ɛ̃dikasjɔ̃] nf indicação f • **indications** (sur un médicament) indicações.

indice [ɛ̃dis] nm (preuve) indício m; (taux) índice m.

indien, enne [ɛ̃djɛ̃, ɛn] adj (d'Inde) indiano(na); (d'Amérique) índio(dia) ♦ **Indien, enne** nm (d'Inde) indiano m, -na f; (d'Amérique) índio m, -dia f.

indifféremment [ɛ̃diferamɑ̃] adv (sans distinction) indistintamente; (sans préférence, selon le cas) indiferentemente.

indifférence [ɛ̃diferɑ̃s] nf indiferença f.

indifférent, e [ɛ̃diferɑ̃, ɑ̃t] adj indiferente • **ça m'est indifférent** é-me indiferente.

indigène [ɛ̃diʒɛn] nm indígena mf.

indigeste [ɛ̃diʒɛst] adj indigesto(ta).

indigestion [ɛ̃diʒɛstjɔ̃] nf indigestão f.

indignation [ɛ̃diɲasjɔ̃] nf indignação f.

indigner [ɛ̃diɲe] ♦ **s'indigner** vp • **s'indigner de qqch** indignar-se com algo.

indiquer [ɛ̃dike] vt indicar • **indiquer qqn/qqch à qqn** indicar alguém/algo a alguém.

indirect, e [ɛ̃dirɛkt] adj indireto(ta).

indirectement [ɛ̃dirɛktəmɑ̃] adv indiretamente.

indiscipliné, e [ɛ̃disipline] adj indisciplinado(da).

indiscret, ète [ɛ̃diskrɛ, ɛt] adj indiscreto(ta).

indiscrétion [ɛ̃diskresjɔ̃] nf indiscrição f.

indispensable [ɛ̃dispɑ̃sabl] adj indispensável.

indistinct, e [ɛ̃distɛ̃(kt)ɛkt] adj indistinto(ta).

individu [ɛ̃dividy] nm indivíduo m.

individualiste [ɛ̃dividyalist] adj individualista.

individuel, elle [ɛ̃dividyɛl] adj individual.

indolore [ɛ̃dɔlɔr] adj indolor.

indulgent, e [ɛ̃dylʒɑ̃, ɑ̃t] adj indulgente.

industrialisé, e [~ɛdystrijalize] adj industrializado(da).

industrie [ɛ̃dystri] nf indústria f.

industriel, elle [ɛ̃dystrijɛl] adj industrial.

inédit, e [inedi, it] adj inédito(ta).

inefficace [inefikas] adj ineficaz.

inégal, e, aux [inegal, o] adj (longueur, chances) desigual; (terrain) acidentado(da); (travail, résultats) irregular.

inégalité [inegalite] nf desigualdade f.

inépuisable [inepɥizabl] adj inesgotável.

inerte [inɛrt] adj inerte.

inestimable [inɛstimabl] adj inestimável.

inévitable [inevitabl] adj inevitável.

inexact, e [inɛgza(kt), akt] adj inexato(ta).

inexcusable [inɛkskyzabl] adj inescusável, indesculpável.

inexistant

inexistant, e [inɛgzistɑ̃, ɑ̃t] *adj* inexistente.
inexplicable [inɛksplikabl] *adj* inexplicável.
inexpliqué, e [inɛksplike] *adj* inexplicado(da).
in extremis [inɛkstremis] *adv* in extremis.
infaillible [ɛ̃fajibl] *adj* infalível.
infarctus [ɛ̃farktys] *nm* infarto *m*.
infatigable [ɛ̃fatigabl] *adj* incansável.
infect, e [ɛ̃fɛkt] *adj* infeto(ta).
infecter [ɛ̃fɛkte] *vt* infectar ◆ **s'infecter** *vp* infectar-se.
infection [ɛ̃fɛksjɔ̃] *nf MÉD* infecção *f*, *(odeur)* fedor *m*.
inférieur, e [ɛ̃ferjœr] *adj* inferior ◆ **inférieur à** inferior a.
infériorité [ɛ̃ferjɔrite] *nf* inferioridade *f*.
infernal, e, aux [ɛ̃fɛrnal, o] *adj* infernal.
infesté, e [ɛ̃fɛste] *adj* ◆ **infesté de** infestado(da) de.
infidèle [ɛ̃fidɛl] *adj* infiel.
infiltrer [ɛ̃filtre] ◆ **s'infiltrer** *vp* infiltrar-se.
infime [ɛ̃fim] *adj* ínfimo(ma).
infini, e [ɛ̃fini] ◆ *adj* infinito(ta) ◆ *nm* infinito *m* ◆ **à l'infini** até o infinito.
infiniment [ɛ̃finimɑ̃] *adv* extremamente, infinitamente ◆ **je te remercie infiniment** estou extremamente grato a você.
infinitif [ɛ̃finitif] *nm* infinitivo *m*.

172

infirme [ɛ̃firm] *adj & nm* inválido(da).
infirmerie [ɛ̃firməri] *nf* enfermaria *f*.
infirmier, ère [ɛ̃firmje, ɛr] *nm* enfermeiro *m*, -ra *f*.
inflammable [ɛ̃flamabl] *adj* inflamável.
inflammation [ɛ̃flamasjɔ̃] *nf* inflamação *f*.
inflation [ɛ̃flasjɔ̃] *nf* inflação *f*.
inflexible [ɛ̃flɛksibl] *adj* inflexível.
infliger [ɛ̃fliʒe] *vt* ◆ **infliger qqch à qqn** infligir algo a alguém.
influence [ɛ̃flyɑ̃s] *nf* influência *f* ◆ **avoir de l'influence sur qqn** ter influência sobre alguém.
influencer [ɛ̃flyɑ̃se] *vt* influenciar.
informaticien, enne [ɛ̃fɔrmatisjɛ̃, ɛn] *nm* especialista *mf* em informática.
information [ɛ̃fɔrmasjɔ̃] *nf* informação *f* ◆ **informations** *nfpl* notícias *fpl*.
informatique [ɛ̃fɔrmatik] ◆ *adj* informático(ca) ◆ *nf* informática *f*.
informatisé, e [ɛ̃fɔrmatize] *adj* informatizado(da).
informe [ɛ̃fɔrm] *adj* informe.
informer [ɛ̃fɔrme] *vt* ◆ **informer qqn de/que** informar alguém de/que ◆ **s'informer (de)** *vp + prép* informar-se (sobre).
infos [ɛ̃fo] *nfpl (fam)* notícias *fpl*.
infraction [ɛ̃fraksjɔ̃] *nf* infração *f*.

infranchissable [ɛ̃frɑ̃ʃisabl] *adj* intransponível.
infusion [ɛ̃fyzjɔ̃] *nf* infusão *f*.
ingénieur [ɛ̃ʒenjœr] *nm* engenheiro *m*, -ra *f*.
ingénieux, euse [ɛ̃ʒenjø, øz] *adj* engenhoso(osa).
ingrat, e [ɛ̃gra, at] *adj (personne)* ingrato(ta); *(visage, physique)* desgracioso(osa).
ingratitude [ɛ̃gratityd] *nf* ingratidão *f*.
ingrédient [ɛ̃gredjɑ̃] (*pl* -s) *nm* ingrediente *m*.
inhabituel, elle [inabityɛl] *adj* inabitual.
inhumain, e [inymɛ̃, ɛn] *adj* desumano(na).
inimaginable [inimaʒinabl] *adj* inimaginável.
ininflammable [inɛ̃flamabl] *adj* ininflamável.
ininterrompu, e [inɛ̃terɔ̃py] *adj* ininterrupto(ta).
initial, e, iaux [inisjal, o] *adj* inicial.
initiale [inisjal] *nf* inicial *f*.
initiation [inisjasjɔ̃] *nf* iniciação *f*.
initiative [inisjativ] *nf* iniciativa *f* ♦ **prendre l'initiative de faire qqch** tomar a iniciativa de fazer algo.
injecter [ɛ̃ʒekte] *vt* injetar.
injection [ɛ̃ʒɛksjɔ̃] *nf* injeção *f*.
injure [ɛ̃ʒyr] *nf* injúria *f*.
injurier [ɛ̃ʒyrje] *vt* injuriar.
injuste [ɛ̃ʒyst] *adj* injusto(ta).
injustice [ɛ̃ʒystis] *nf* injustiça *f*.
injustifié, e [ɛ̃ʒystifje] *adj* injustificado(da).
inné, e [ine] *adj* inato(ta).

innocence [inɔsɑ̃s] *nf* inocência *f*.
innocent, e [inɔsɑ̃, ɑ̃t] *adj & nm* inocente.
innombrable [inɔ̃brabl] *adj* inumerável.
innover [inɔve] *vi* inovar.
inoccupé, e [inɔkype] *adj* desocupado(da).
inodore [inɔdɔr] *adj* inodoro(ra).
inoffensif, ive [inɔfɑ̃sif, iv] *adj* inofensivo(va).
inondation [inɔ̃dasjɑ̃] *nf* inundação *f*.
inonder [inɔ̃de] *vt* inundar.
inoubliable [inublijabl] *adj* inesquecível.
Inox® [inɔks] *nm* inox *m*.
inoxydable [inɔksidabl] *adj* inoxidável.
inquiet, iète [ɛ̃kje, ɛt] *adj* inquieto(ta).
inquiétant, e [ɛ̃kjetɑ̃, ɑ̃t] *adj* inquietante.
inquiéter [ɛ̃kjete] *vt* inquietar ♦ **s'inquiéter** *vp* inquietar-se.
inquiétude [ɛ̃kjetyd] *nf* inquietação *f*.
insaturé, e [ɛ̃satyre] *adj* insaturado(da).
inscription [ɛ̃skripsjɔ̃] *nf* inscrição *f*.
inscrire [ɛ̃skrir] *vt* inscrever ♦ **s'inscrire** *vp* inscrever-se ● **s'inscrire à** inscrever-se em.
inscrit, e [ɛ̃skri, it] *pp* → **inscrire**.
insecte [ɛ̃sɛkt] *nm* inseto *m*.
insecticide [ɛ̃sɛktisid] *nm* inseticida *m*.

insensé, e [ɛ̃sɑ̃se] *adj* insensato(ta).

insensible [ɛ̃sɑ̃sibl] *adj* insensível; *(léger)* imperceptível • **être insensible à qqch** ser insensível a algo.

insensiblement [ɛ̃sɑ̃siblǝmɑ̃] *adv* imperceptivelmente.

inséparable [ɛ̃separabl] *adj* inseparável.

insérer [ɛ̃sere] *vt* inserir.

insigne [ɛ̃siɲ] *nm* insígnia *f*.

insignifiant, e [ɛ̃siɲifjɑ̃, ɑ̃t] *adj* insignificante.

insinuer [ɛ̃sinɥe] *vt* insinuar.

insistance [ɛ̃sistɑ̃s] *nf* insistência *f* • **avec insistance** com insistência.

insister [ɛ̃siste] *vi* insistir • **insister sur** insistir em.

insolation [ɛ̃sɔlasjɔ̃] *nf* insolação *f*.

insolence [ɛ̃sɔlɑ̃s] *nf* insolência *f*.

insolent, e [ɛ̃sɔlɑ̃, ɑ̃t] *adj* insolente.

insolite [ɛ̃sɔlit] *adj* insólito(ta).

insoluble [ɛ̃sɔlybl] *adj (problème)* insolúvel.

insomnie [ɛ̃sɔmni] *nf* insônia *f*.

insonorisé, e [ɛ̃sɔnɔrize] *adj* insonorizado(da).

insouciant, e [ɛ̃susjɑ̃, ɑ̃t] *adj* despreocupado(da).

inspecter [ɛ̃spɛkte] *vt* inspecionar.

inspecteur, trice [ɛ̃spɛktœr, tris] *nm* inspetor *m*, -ra *f*.

inspiration [ɛ̃spirasjɔ̃] *nf* inspiração *f*.

inspirer [ɛ̃spire] *vt & vi* inspirar • **inspirer qqch à qqn** inspirar algo a alguém • **s'inspirer de** *vp + prép* inspirar-se em.

instable [ɛ̃stabl] *adj* instável.

installation [ɛ̃stalasjɔ̃] *nf* instalação *f*.

installer [ɛ̃stale] *vt* instalar ◆ **s'installer** *vp* instalar-se; *(commerçant, docteur)* estabelecer-se.

instant [ɛ̃stɑ̃] *nm* instante *m* • **il sort à l'instant** ele acabou de sair • **pour l'instant** por enquanto.

instantané, e [ɛ̃stɑ̃tane] *adj* instantâneo(nea).

instinct [ɛ̃stɛ̃] *nm* instinto *m*.

instinctif, ive [ɛ̃stɛ̃ktif, iv] *adj* instintivo(va).

institut [ɛ̃stity] *nm* instituto *m* • **institut de beauté** instituto de beleza.

instituteur, trice [ɛ̃stitytœr, tris] *nm* professor *m*, -ra *f* de escola primária.

institution [ɛ̃stitysjɔ̃] *nf* instituição *f*.

instructif, ive [ɛ̃stryktif, iv] *adj* instrutivo(va).

instruction [ɛ̃stryksjɔ̃] *nf* instrução *f* ◆ **instructions** *nfpl* instruções *fpl*.

instruire [ɛ̃strɥir] *vt* ◆ **s'instruire** *vp* instruir-se.

instruit, e [ɛ̃strɥi, it] ◆ *pp* → **instruire** ◆ *adj* instruído(da).

instrument [ɛ̃strymɑ̃] *nm* instrumento *m* • **instrument (de musique)** instrumento (de música).

instrumentaliser [ɛ̃strymɑ̃talize] *vt* instrumentalizar.
insuffisant, e [ɛ̃syfizɑ̃, ɑ̃t] *adj* insuficiente.
insuline [ɛ̃sylin] *nf* insulina *f*.
insulte [ɛ̃sylt] *nf* insulto *m*.
insulter [ɛ̃sylte] *vt* insultar.
insupportable [ɛ̃sypɔʀtabl] *adj* insuportável.
insurmontable [ɛ̃syʀmɔ̃tabl] *adj (difficulté)* insuperável.
intact, e [ɛ̃takt] *adj* intato(ta).
intégral, e, aux [ɛ̃tegʀal, o] *adj* integral.
intégrer [ɛ̃tegʀe] *vt* integrar ♦ **s'intégrer** *vp* • **(bien) s'intégrer** integrar-se (bem).
intellectuel, elle [ɛ̃telɛktyɛl] *adj & nm* intelectual.
intelligence [ɛ̃teliʒɑ̃s] *nf* inteligência *f*.
intelligent, e [ɛ̃teliʒɑ̃, ɑ̃t] *adj* inteligente.
intempéries [~ɛtɑ̃peʀi] *nf* pl intempéries *fpl*.
intempestif, ive [ɛ̃tɑ̃pɛstif, iv] *adj* intempestivo(va).
intense [ɛ̃tɑ̃s] *adj* intenso(sa).
intensif, ive [ɛ̃tɑ̃sif, iv] *adj* intensivo(va).
intensité [ɛ̃tɑ̃site] *nf* intensidade *f*.
intention [ɛ̃tɑ̃sjɔ̃] *nf* intenção *f* • **avoir l'intention de faire qqch** ter intenção de fazer algo • **intention de vote** intenção de voto.
intentionné, e [ɛ̃tɑ̃sjɔne] *adj* • **bien/mal intentionné** bem/mal-intencionado.
intentionnel, elle [ɛ̃tɑ̃sjɔnɛl] *adj* intencional.

intercalaire [ɛ̃tɛʀkaleʀ] *nm* separador *m*.
intercaler [ɛ̃tɛʀkale] *vt* intercalar.
intercepter [ɛ̃tɛʀsɛpte] *vt* interceptar.
interchangeable [ɛ̃tɛʀʃɑ̃ʒabl] *adj* intercambiável.
interclasse [ɛ̃tɛʀklas] *nm* intervalo *m (entre duas aulas)*.
interdiction [ɛ̃tɛʀdiksjɔ̃] *nf* proibição *f* • **interdiction de fumer** proibido fumar.
interdire [ɛ̃tɛʀdiʀ] *vt* proibir • **interdire à qqn de faire qqch** proibir alguém de fazer algo.
interdit, e [ɛ̃tɛʀdi, it] ♦ *pp →* **interdire** ♦ *adj* proibido(da) ♦ *nm* • **interdit bancaire** *proibição de emitir cheques e utilizar cartões em todos os bancos*.
intéressant, e [ɛ̃teʀɛsɑ̃, ɑ̃t] *adj* interessante.
intéresser [ɛ̃teʀese] *vt* interessar • **intéresser qqn** interessar a alguém ♦ **s'intéresser à** *vp + prép* interessar-se por.
intérêt [ɛ̃teʀɛ] *nm* interesse *m* • **avoir intérêt à faire qqch** ter interesse em fazer algo • **tu as intérêt à rentrer tôt sinon...** é melhor você chegar cedo, senão... • **dans l'intérêt de** no interesse de ♦ **intérêts** *nm* juros *mpl*.
intérieur, e [ɛ̃teʀjœʀ] ♦ *adj (interne)* interior; *(national)* interno(na) ♦ *nm* interior *m*.
interligne [ɛ̃tɛʀliɲ] *nm* entrelinha *f*.

interlocuteur, trice [ɛ̃tɛʀlɔkytœʀ, tʀis] *nm* interlocutor *m*, -ra *f*.

intermédiaire [ɛ̃tɛʀmedjɛʀ] • *adj* intermediário(ria) • *nm* intermediário *m*, -ria *f* • **par l'intermédiaire de** por intermédio de.

interminable [ɛ̃tɛʀminabl] *adj* interminável.

intermittent, e [ɛ̃tɛʀmitɑ̃, ɑ̃t] *nm* • **les intermittents du spectacle** como são chamados na França os técnicos e atores temporários.

internat [ɛ̃tɛʀna] *nm (école)* colégio *m* interno.

international, e, aux [ɛ̃tɛʀnasjɔnal, o] *adj* internacional.

interne [ɛ̃tɛʀn] *adj & nm* interno(na).

interner [ɛ̃tɛʀne] *vt (malade)* internar.

interpeller [ɛ̃tɛʀpəle] *vt (appeler)* interpelar.

Interphone® [ɛ̃tɛʀfɔn] *nm* interfone *m*.

interprète [ɛ̃tɛʀpʀɛt] *nm* intérprete *mf*.

interpréter [ɛ̃tɛʀpʀete] *vt* interpretar.

interrogation [ɛ̃tɛʀɔgasjɔ̃] *nf* interrogação *f* • **interrogation (écrite)** prova *f* (escrita).

interrogatoire [ɛ̃tɛʀɔgatwaʀ] *nm* interrogatório *m*.

interroger [ɛ̃tɛʀɔʒe] *vt* interrogar • **interroger qqn sur** interrogar alguém sobre.

interrompre [ɛ̃tɛʀɔ̃pʀ] *vt* interromper.

interrupteur [ɛ̃tɛʀyptœʀ] *nm* interruptor *m*.

interruption [ɛ̃tɛʀypsjɔ̃] *nf* interrupção *f*.

intersection [ɛ̃tɛʀsɛksjɔ̃] *nf* intersecção *f*.

intervalle [ɛ̃tɛʀval] *nm* intervalo *m* • **à deux jours d'intervalle** com dois dias de intervalo.

intervenir [ɛ̃tɛʀvəniʀ] *vi* intervir.

intervention [ɛ̃tɛʀvɑ̃sjɔ̃] *nf* intervenção *f*.

intervenu, e [ɛ̃tɛʀvəny] *pp* → **intervenir**.

interview [ɛ̃tɛʀvju] *nf* entrevista *f*.

interviewer [ɛ̃tɛʀvjuve] *vt* entrevistar.

intestin [ɛ̃tɛstɛ̃] *nm* intestino *m*.

intestinal, e, aux [ɛ̃tɛstinal, o] *adj* intestinal.

intime [ɛ̃tim] *adj* íntimo(ma).

intimider [ɛ̃timide] *vt* intimidar.

intimité [ɛ̃timite] *nf* intimidade *f*.

intolérable [ɛ̃tɔleʀabl] *adj* intolerável.

intoxication [ɛ̃tɔksikasjɔ̃] *nf* • **intoxication alimentaire** intoxicação *f* alimentar.

intraduisible [ɛ̃tʀadɥizibl] *adj* intraduzível.

intransigeant, e [ɛ̃tʀɑ̃ziʒɑ̃, ɑ̃t] *adj* intransigente.

intrépide [ɛ̃tʀepid] *adj* intrépido(da).

intrigue [ɛ̃tʀig] *nf* enredo *m*.

intriguer [ɛ̃tʀige] *vt* intrigar.

introduction [ɛ̃tʀɔdyksjɔ̃] nf introdução f.

introduire [ɛ̃tʀɔdɥiʀ] vt introduzir ♦ **s'introduire** vp introduzir-se.

introduit, e [ɛ̃tʀɔdɥi, it] pp → **introduire**.

introuvable [ɛ̃tʀuvabl] adj impossível de encontrar.

intrus, e [ɛ̃tʀy, yz] nm intruso m, -sa f.

intuition [ɛ̃tɥisjɔ̃] nf intuição f.

inusable [inyzabl] adj ♦ **c'est inusable** não se gasta.

inutile [inytil] adj inútil.

inutilisable [inytilizabl] adj inutilizável.

invalide [ɛ̃valid] nm inválido m, -da f.

invariable [ɛ̃vaʀjabl] adj invariável.

invasion [ɛ̃vazjɔ̃] nf invasão f.

inventaire [ɛ̃vɑ̃tɛʀ] nm inventário m ♦ **faire l'inventaire de qqch** fazer o inventário de algo.

inventer [ɛ̃vɑ̃te] vt inventar.

inventeur, trice [ɛ̃vɑ̃tœʀ, tʀis] nm inventor m, -ra f.

invention [ɛ̃vɑ̃sjɔ̃] nf invenção f.

inverse [ɛ̃vɛʀs] nm inverso m ♦ **à l'inverse** pelo contrário ♦ **à l'inverse de** ao contrário de.

investir [ɛ̃vɛstiʀ] vt investir ♦ **s'investir dans** vp + prép dedicar-se a.

investissement [ɛ̃vɛstismɑ̃] nm investimento m.

invisible [ɛ̃vizibl] adj invisível.

invitation [ɛ̃vitasjɔ̃] nf convite m.

invité, e [ɛ̃vite] nm convidado m, -da f.

inviter [ɛ̃vite] vt convidar ♦ **inviter qqn à faire qqch** convidar alguém para fazer algo.

involontaire [ɛ̃vɔlɔ̃tɛʀ] adj involuntário(ria).

invraisemblable [ɛ̃vʀɛsɑ̃blabl] adj inverossímil.

iode [jɔd] nm → **teinture**.

ira → **aller**.

irlandais, e [iʀlɑ̃dɛ, ɛz] adj irlandês(esa) ♦ **Irlandais, e** nm irlandês m, -esa f.

Irlande [iʀlɑ̃d] nf ♦ **l'Irlande du Nord** a Irlanda do Norte.

IRM (abr de Imagerie par résonance magnétique) [iɛʀɛm] nm MÉD RM f (Ressonância Magnética), IRM f (Imagem por RM).

ironie [iʀɔni] nf ironia f.

ironique [iʀɔnik] adj irônico(ca).

irrationnel, elle [iʀasjɔnɛl] adj irracional.

irrécupérable [iʀekypeʀabl] adj irrecuperável.

irréel, elle [iʀeɛl] adj irreal.

irrégulier, ère [iʀegylje, ɛʀ] adj irregular.

irremplaçable [iʀɑ̃plasabl] adj insubstituível.

irréparable [iʀepaʀabl] adj (moteur, vêtement) que não tem conserto; (erreur) irreparável.

irrésistible [iʀezistibl] adj irresistível.

irrespirable [iʀɛspiʀabl] adj (air) irrespirável.

irrigation [iʀigasjɔ̃] *nf* irrigação *f*.

irritable [iʀitabl] *adj* irritável.

irritation [iʀitasjɔ̃] *nf* irritação *f*.

irriter [iʀite] *vt* irritar.

islam [islam] *nm* • **l'islam** o Islã.

isolant, e [izɔlɑ̃, ɑ̃t] ◆ *adj* isolante ◆ *nm* isolante *m*.

isolation [izɔlasjɔ̃] *nf* isolamento *m*.

isolé, e [izɔle] *adj* isolado(da).

isoler [izɔle] *vt* isolar ◆ **s'isoler** *vp* isolar-se.

Israël [israɛl] *nom* Israel.

issu, e [isy] *adj* • **être issu de** *(famille)* procedente de; *(processus, théorie)* resultante de.

issue [isy] *nf (sortie)* saída *f* • **voie sans issue** rua sem saída • **issue de secours** saída de emergência.

Italie [itali] *nf* • **l'Italie** a Itália.

italien, enne [italjɛ̃, ɛn] ◆ *adj* italiano(na) ◆ *nm (langue)* italiano *m* ◆ **Italien, enne** *nm* italiano *m*, -na *f*.

italique [italik] *nm* itálico *m*.

itinéraire [itineʀɛʀ] *nm* itinerário *m* • **itinéraire bis** itinerário secundário *itinerário alternativo para facilitar a circulação*.

ivoire [ivwaʀ] *nm* marfim *m*.

ivre [ivʀ] *adj* embriagado(da).

ivrogne [ivʀɔɲ] *nm* bêbado *m*, -da *f*.

J

j' → **je**.

jacinthe [ʒasɛ̃t] *nf* jacinto *m*.

jaillir [ʒajiʀ] *vi (eau)* jorrar; *(source)* brotar.

jalousie [ʒaluzi] *nf* inveja *f*; *(amoureuse)* ciúme *m*.

jaloux, ouse [ʒalu, uz] *adj (possessif)* ciumento(ta); *(envieux)* invejoso(osa) ◆ **être jaloux de** estar com inveja de; *(en amour)* ter ciúme de.

jamais [ʒamɛ] *adv* nunca • **je ne vais jamais au théâtre** nunca vou ao teatro • **je ne reviendrai jamais plus** nunca mais volto • **c'est le plus long voyage que j'aie jamais fait** foi a viagem mais longa que já fiz • **plus que jamais** mais do que nunca • **si jamais...** se por acaso....

jambe [ʒɑ̃b] *nf* perna *f*.

jambon [ʒɑ̃bɔ̃] *nm* presunto *m* • **jambon blanc** presunto cozido • **jambon cru** presunto cru.

jambonneau [ʒɑ̃bɔno] *(pl* **-x)** *nm* pernil *m*.

jante [ʒɑ̃t] *nf* jante *f*.

janvier [ʒɑ̃vje] *nm* janeiro *m*, → **septembre**.

Japon [ʒapɔ̃] *nm* • **le Japon** o Japão.

japonais, e [ʒapɔnɛ, ɛz] ◆ *adj* japonês(esa) ◆ *nm (langue)* japonês *m* ◆ **Japonais, e** *nm* japonês *m*, -esa *f*.

jardin [ʒaʀdɛ̃] *nm* jardim *m* • **jardin d'enfants** jardim de infância *m* • **jardin public** jardim público.

jardinage [ʒaʀdinaʒ] *nm* jardinagem *f*.

jardinier, ère [ʒaʀdinje, ɛʀ] *nm* jardineiro *m*, -ra *f*.

jardinière [ʒaʀdinjɛʀ] *nf* jardineira *f* • **jardinière de légumes** jardineira de legumes → **jardinier**.

jarret [ʒaʀɛ] *nm* • **jarret de veau** jarrete *m* de vitela.

jauge [ʒoʒ] *nf* indicador *m* • **jauge d'essence** indicador do nível do combustível.

jaune [ʒon] ◆ *adj* amarelo(la) ◆ *nm* amarelo *m*.

jaunir [ʒoniʀ] *vi* amarelar.

jaunisse [ʒonis] *nf* icterícia *f*.

Javel [ʒavɛl] *nf* • **(eau de) Javel** água *f* sanitária.

jazz [dʒaz] *nm* jazz *m*.

je [ʒə] *pron* eu.

jean [dʒin] *nm* jeans *mpl*.

Jeep® [dʒip] *nf* jipe *m*.

jerrican [ʒeʀikan] *nm* tambor *m*.

Jésus-Christ [ʒezykʀi] *nm* Jesus Cristo • **après Jésus-Christ** depois de Cristo • **avant Jésus-Christ** antes de Cristo.

jet[1] [ʒɛ] *nm* jato *m* • **jet d'eau** repuxo *m*.

jet[2] [dʒɛt] *nm* avião *m* a jato.

jet-set [dʒɛtsɛt] *nf* jet-set *m*.

jetable [ʒətabl] *adj* • **un rasoir jetable** aparelho de barbear descartável.

jetée [ʒəte] *nf* quebra-mar *m*.

jeter [ʒəte] *vt* (*lancer*) atirar; (*mettre à la poubelle*) jogar fora

◆ **se jeter** *vp* • **se jeter dans** (*rivière*) desaguar em • **se jeter sur** jogar-se sobre.

jeton [ʒətɔ̃] *nm* ficha *f*.

jeu [ʒø] (*pl* -x) *nm* jogo *m*; (*au tennis*) partida *f* • **le jeu** (*au casino*) o jogo • **jeu de cartes** (*distraction*) jogo de cartas; (*paquet*) baralho *m* • **jeu d'échecs** jogo de xadrez • **jeu de mots** trocadilho *m* • **jeu de société** jogo de tabuleiro • **jeu vidéo** videogame • **les jeux Olympiques** os Jogos Olímpicos.

jeudi [ʒødi] *nm* quinta-feira *f*, → **samedi**.

jeun [ʒɛ̃] • **à jeun** *adj* em jejum.

jeune [ʒœn] *adj & nm* jovem • **jeune fille** moça *f* • **jeune homme** rapaz *m* • **les jeunes** os jovens.

jeûner [ʒøne] *vi* jejuar.

jeunesse [ʒœnɛs] *nf* juventude *f*.

job [dʒɔb] *nm* (*fam*) emprego *m*.

jockey [ʒɔkɛ] *nm* jóquei *m*.

jogging [dʒɔgiŋ] *nm* (*vêtement, course*) jogging *m* • **faire du jogging** fazer jogging.

joie [ʒwa] *nf* alegria *f*.

joindre [jwɛ̃dʀ] *vt* (*relier*) juntar; (*contacter*) contatar • **joindre qqch à** juntar algo a • **joindre un fichier à un message électronique** *INFORM* anexar um arquivo a uma mensagem eletrônica ◆ **se joindre à** *vp + prép* juntar-se a.

joint, e [ʒwɛ̃, ɛ̃t] ◆ *pp* → **joindre** ◆ *nm TECH* junta *f*; (*fam*) (*dro-*

joker [ʒɔkɛʀ] nm curinga m.
joli, e [ʒɔli] adj bonito(ta) • **jolie mentalité!** bela mentalidade!
jongleur [ʒɔ̃glœʀ] nm malabarista m.
jonquille [ʒɔ̃kij] nf junquilho m.
joual [ʒwal] nm (Can) dialeto franco-canadense falado na região do Quebec.
joue [ʒu] nf bochecha f.
jouer [ʒwe] • vi (enfant) brincar; (musicien) tocar; (acteur) representar • vt (carte) jogar; (somme) apostar; (rôle, pièce) representar; (mélodie, sonate) tocar • **jouer à** (tennis, foot, cartes) jogar • **jouer de** (instrument) tocar • **jouer un rôle dans qqch** (fig) desempenhar um papel em algo • **la porte a joué** a porta empenou.
jouet [ʒwɛ] nm brinquedo m.
joueur, euse [ʒwœʀ, øz] nm jogador m, -ra f • **être mauvais joueur** ser mau perdedor • **joueur de cartes** jogador de cartas • **joueur de flûte** flautista mf • **joueur de foot** jogador de futebol.
jour [ʒuʀ] nm dia m • **il fait jour** amanhece • **jour de l'an** dia de ano-novo • **jour férié** feriado m • **jour ouvrable** dia útil • **huit jours** oito dias • **quinze jours** quinze dias • **de jour en jour** • **du jour au lendemain** de um dia para o outro • **de nos jours** hoje em dia • **être à jour** estar em dia • **mettre qqch à jour** atualizar.
journal [ʒuʀnal] (pl -**aux**) nm jornal m • **journal (intime)** diário m • **journal télévisé** telejornal m.
journaliste [ʒuʀnalist] nmf jornalista mf.
journée [ʒuʀne] nf dia m • **dans la journée** durante o dia • **toute la journée** o dia todo.
joyeux, euse [ʒwajø, øz] adj feliz • **joyeux anniversaire!** feliz aniversário!
judo [ʒydo] nm judô m.
juge [ʒyʒ] nm (magistrat) juiz m, juíza f • **juge d'enfants** juiz de menores; ESP árbitro m.
juger [ʒyʒe] vt julgar.
juif, ive [ʒɥif, ʒɥiv] adj judeu(dia) ♦ **Juif, ive** nm judeu m, -dia f.
juillet [ʒɥijɛ] nm julho m • **le 14-Juillet** o 14 de Julho feriado nacional francês → **septembre**.

ⓘ QUATORZE JUILLET

O dia 14 de julho é a principal data comemorativa francesa, pois comemora-se o aniversário da tomada da Bastilha que ocorreu em 1789. Durante vários dias, em todo o país, bailes públicos, fogos de artifício e solenidades oficiais marcam a data. Em Paris, na manhã de 14 de julho, pode-se assistir a um desfile militar com a presença do presidente da República.

juin [ʒɥɛ̃] *nm* junho *m*, → **septembre**.

juke-box [dʒukbɔks] *nm inv* jukebox *m*.

julienne [ʒyljɛn] *nf* juliana *f.*

jumeau, elle, eaux [ʒymo, ɛl, o] ♦ *adj (maisons)* geminado(da) ♦ *nm* gêmeo *m*, -mea *f* ♦ **frère jumeau** irmão gêmeo.

jumelé, e [ʒymle] *adj* geminado(da) ♦ **ville jumelée avec...** cidade geminada com....

jumelle *nf* → **jumeau** ♦ **jumelles** *nfpl* binóculos *mpl.*

jument [ʒymɑ̃] *nf* égua *f.*

jungle [ʒœ̃gl] *nf* selva *f.*

jupe [ʒyp] *nf* saia *f* ♦ **jupe droite** saia reta.

jupon [ʒypɔ̃] *nm* saiote *m.*

jurer [ʒyʀe] ♦ *vi* jurar ♦ *vt* **jurer (à qqn) que** jurar (a alguém) que.

jury [ʒyʀi] *nm* júri *m.*

jus [ʒy] *nm (de fruit)* suco *m*, *(de viande)* molho *m* ♦ **jus d'orange** suco de laranja.

jusque [ʒysk(ə)] ♦ **jusqu'à** *prép* ♦ **allez jusqu'à l'église** vá até a igreja ♦ **jusqu'à ce que je parte** até eu ir embora ♦ **jusqu'à présent** até hoje ♦ **jusqu'ici** *adv* até aqui ♦ **jusque-là** *adv (dans l'espace)* até ali; *(dans le temps)* até então.

justaucorps [ʒystokɔʀ] *nm* roupa *f* de ginástica.

juste [ʒyst] *adj (équitable)* justo(ta); *(addition, raisonnement)* correto(ta); *(note, voix)* afinado(da); *(vêtement)* justo(ta); *(seulement)* apenas; *(exactement)* precisamente ♦ **au juste** ao certo ♦ **chanter juste** cantar afinadamente ♦ **être juste** mal dar.

justement [ʒystəmɑ̃] *adv* precisamente.

justesse [ʒystɛs] ♦ **de justesse** *adv* por pouco.

justice [ʒystis] *nf* justiça *f.*

justifier [ʒystifje] *vt* justificar ♦ **se justifier** *vp* justificar-se.

jute [ʒyt] *nm* ♦ **(toile de) jute** (tecido de) juta *f.*

juteux, euse [ʒytø, øz] *adj* sumarento(ta).

K

K7 [kasɛt] *nf (abr de* cassette*)* K7 *f.*

kaki [kaki] *adj inv* cáqui.

kangourou [kɑ̃guʀu] *nm* canguru *m.*

karaoké [kaʀaɔke] *nm* caraoquê *m.*

karaté [kaʀate] *nm* caratê *m.*

kart [kaʀt] *nm* kart *m.*

karting [kaʀtiŋ] *nm* karting *m.*

kayak [kajak] *nm (bateau)* caiaque *m*, *(sport)* canoagem *f.*

képi [kepi] *nm* quépi *m.*

kermesse [kɛʀmɛs] *nf* quermesse *f.*

KERMESSE

Na França, a "kermesse" é uma festa organizada ao ar livre em benefício de um colégio, paróquia ou obra de caridade. Encontram-se aí, geralmente, barracas com jogos, loterias, doces caseiros etc. Em Flandres, a "kermesse" é uma grande feira organizada pela paróquia no dia do santo padroeiro da cidade.

kérosène [keʀozɛn] *nm* querosene *m.*
ketchup [kɛtʃœp] *nm* ketchup *m.*
kg (*abr de* **kilogramme**) kg.
kidnapper [kidnape] *vt* raptar.
kilo(gramme) [kilo(gʀam)] *nm* quilo(grama) *m.*
kilométrage [kilometʀaʒ] *nm* quilometragem *f* • **kilométrage illimité** quilometragem ilimitada.
kilomètre [kilomɛtʀ] *nm* quilômetro *m* • **100 kilomètres à l'heure** 100 quilômetros por hora.
kilt [kilt] *nm* kilt *m.*
kiné (*fam*) [kine] (*abr de* **kinésithérapeute**) *nm* cinesioterapeuta *mf.*
kinésithérapeute [kineziteʀapøt] *nm* cinesioterapeuta *mf.*

kiosque [kjɔsk] *nm* quiosque *m* • **kiosque à journaux** banca *f* de jornais.
kir [kiʀ] *nm aperitivo composto de vinho branco e licor de cassis* • **kir royal** *aperitivo composto de champanhe e licor de cassis.*
kirsch [kiʀʃ] *nm* aguardente *f* de cereja.
kit [kit] *nm* kit *m* • **en kit** em kit • **kit mains libres** (*telecommunications*) kit viva voz.
kiwi [kiwi] *nm* (*fruit*) kiwi *m.*
Klaxon® [klaksɔn] *nm* buzina *f.*
klaxonner [klaksɔne] *vi* buzinar.
Kleenex® [klinɛks] *nm* lenço *m* de papel.
km (*abr de* **kilomètre**) km.
km/h (*abr de* **kilomètre par heure**) km/h.
K-O *adj inv* nocaute *m.*
kosovar, e [kɔsɔvaʀ] *adj* Kosovar.
kouglof [kuglɔf] *nm brioche com passas e amêndoas originário da Alsácia.*
K-way® [kawɛ] *nm inv* jaqueta ou anoraque impermeável.
kyste [kist] *nm* quisto *m.*

L

l (*abr de* **litre**) l.
l' → **le**.

la [la] → **le**.
là [la] adv ali • **par là** por ali • **cette fille-là** aquela moça • **ce jour-là** nesse dia.
là-bas [laba] adv ali.
laboratoire [labɔʀatwaʀ] nm laboratório m.
labourer [labuʀe] vt lavrar.
labyrinthe [labiʀɛ̃t] nm labirinto m.
lac [lak] nm lago m.
lacer [lase] vt amarrar.
lacet [lase] nm (de chaussures) cordão m; (virage) estrada f em ziguezague.
lâche [laʃ] ♦ adj (peureux) covarde; (nœud, corde) frouxo(xa) ♦ nm covarde mf.
lâcher [laʃe] ♦ vt soltar; (desserrer) afrouxar ♦ vi soltar-se.
lâcheté [laʃte] nf covardia f.
là-dedans [laddɑ̃] adv (lieu) ali dentro; (dans cela) nisto tudo.
là-dessous [ladsu] adv (lieu) ali debaixo; (dans cette affaire) por detrás disto.
là-dessus [ladsy] adv (lieu) ali por cima; (à ce sujet) acerca disto.
là-haut [lao] adv ali em cima.
laid, e [lɛ, lɛd] adj feio(feia).
laideur [lɛdœʀ] nf feiura f.
lainage [lɛnaʒ] nm roupa f de lã • **les lainages** as lãs.
laine [lɛn] nf lã f • **en laine** de lã.
laïque [laik] adj laico(ca).
laisse [lɛs] nf trela f • **tenir un chien en laisse** segurar um cão pela trela.
laisser [lese] ♦ vt deixar ♦ aux • **laisser qqn faire qqch** deixar alguém fazer algo • **laisser tomber** (objet) deixar cair; (fig) (projet, personne) abandonar ♦ **se laisser** vp abandonar-se • **se laisser aller** deixar-se levar • **se laisser faire** (par lâcheté) deixar que aconteça; (se laisser tenter) ceder a uma vontade.

lait [lɛ] nm leite m • **lait démaquillant** leite demaquilante • **lait de toilette** leite de limpeza ♦ (locution adjectivale) **au lait** com leite.
laitage [lɛtaʒ] nm laticínio m.
laitier, ère [lɛtje] adj → **produit**.
laiton [lɛtɔ̃] nm latão m.
laitue [lety] nf alface f.
lambeau [lɑ̃bo] nm (pl **-x**) farrapo m.
lambic [lɑ̃bik] nm (Belg) cerveja forte à base de cevada e trigo, aromatizada com frutos, sofrendo fermentação natural.
lambris [lɑ̃bʀi] nm lambri m.
lame [lam] nf lâmina f, (vague) onda f • **lame de rasoir** lâmina de barbear.
lamelle [lamɛl] nf lâmina f.
lamentable [lamɑ̃tabl] adj lamentável.
lamenter [lamɑ̃te] ♦ **se lamenter** vp lamentar-se.
lampadaire [lɑ̃padɛʀ] nm (dans un appartement) luminária f de pé; (dans la rue) luminária f.
lampe [lɑ̃p] nf luminária f, abajur m • **lampe de chevet** abajur de cabeceira • **lampe de poche** lanterna f de bolso.

lance

lance [lɑ̃s] nf lança f • **lance d'incendie** mangueira f de incêndio.

lancée [lɑ̃se] nf • **continuer sur sa/ma lancée** continuar uma ação aproveitando o impulso original.

lancement [lɑ̃smɑ̃] nm lançamento m.

lance-pierres [lɑ̃spjɛʀ] nm inv estilingue m.

lancer [lɑ̃se] vt (jeter) atirar; (produit, mode) lançar ◆ **se lancer** vp (se jeter) atirar-se; (oser) lançar-se ◆ **se lancer dans qqch** meter-se em algo.

landau [lɑ̃do] nm carrinho m de bebê.

lande [lɑ̃d] nf charneca f.

langage [lɑ̃gaʒ] nm linguagem f.

langer [lɑ̃ʒe] vt trocar a fralda de.

langouste [lɑ̃gust] nf lagosta f.

langoustine [lɑ̃gustin] nf lagostim m.

langue [lɑ̃g] nf língua f • **langue étrangère** língua estrangeira • **langue maternelle** língua materna • **langue officielle** língua oficial • **langue vivante** língua viva.

> **ⓘ LANGUES RÉGIONALES**
>
> As principais línguas regionais faladas na França são o basco, o bretão, o catalão, o corso e o occitano. Podem ser estudadas tanto no ensino público como no privado. O occitano, nas suas diversas variantes, é a mais falada de todas, embora esteja, como todas as línguas regionais, em constante declínio.

langue-de-chat [lɑ̃gdəʃa] (pl **langues-de-chat**) nf língua de gato (biscoito, chocolate) f.

languette [lɑ̃gɛt] nf (de chaussures) lingueta f.

lanière [lanjɛʀ] nf (de cuir) correia f.

lanterne [lɑ̃tɛʀn] nf (lampe) lanterna f.

lapin [lapɛ̃] nm coelho m.

laque [lak] nf (pour coiffer) laquê m; (peinture) laca f.

laqué, e [lake] adj m → **canard**.

laquelle [lakɛl] → **lequel**.

larcin [laʀsɛ̃] nm (sout) furto m.

lard [laʀ] nm toucinho m.

lardon [laʀdɔ̃] nm tira f de toucinho.

large [laʀʒ] ◆ adj largo(ga); (généreux) generoso(osa); (tolérant) aberto(ta) ◆ nm alto-mar m, largo m ◆ adv por alto • **ça fait 2 mètres de large** mede dois metros de largura • **au large de** à altura de.

largement [laʀʒəmɑ̃] adv (amplement) largamente; (au minimum) pelo menos.

largeur [laʀʒœʀ] nf largura f.

larme [laʀm] nf lágrima f • **être en larmes** estar banhado em lágrimas.

lasagne(s) [lazaɲ] nf lasanha f.

laser [lazɛʀ] nm laser m.

lassant, e [lasɑ̃, ɑ̃t] adj cansativo(va).

lasser [lase] vt cansar ♦ **se lasser** de vp + prép cansar-se de.

latéral, e, aux [lateʀal, o] adj lateral.

latin [latɛ̃] nm latim m.

latitude [latityd] nf latitude f.

latte [lat] nf ripa f.

lauréat, e [lɔʀea, at] nm laureado m, -da f.

laurier [lɔʀje] nm (arbuste) loureiro m; (condiment) louro m.

lavable [lavabl] adj lavável.

lavabo [lavabo] nm lavabo m ♦ **lavabos** nmpl lavabo m.

lavage [lavaʒ] nm lavagem f.

lavande [lavɑ̃d] nf lavanda f.

lave-linge [lavlɛ̃ʒ] nm inv máquina f de lavar roupa, lavadora f.

laver [lave] vt lavar ♦ **se laver** vp lavar-se ♦ **se laver les dents** escovar os dentes ♦ **se laver les mains** lavar as mãos.

laverie [lavʀi] nf ♦ **laverie (automatique)** lavandaria f (automática).

lavette [lavɛt] nf esfregão m.

lave-vaisselle [lavvɛsɛl] nm inv máquina f de lavar louça, lavadora f de louça.

lavoir [lavwaʀ] nm 1. (lieu) lavanderia f 2. (bac) tanque m.

laxatif [laksatif] nm laxante m.

layette [lɛjɛt] nf enxoval m de recém-nascido.

le, la [lə] (pl **les**) ♦ art 1. (gén) o(a) ♦ **le lac** o lago ♦ **la fenêtre** a janela ♦ **l'homme** o homem ♦ **les livres** os livros ♦ **les roses** as rosas ♦ **j'adore le thé** adoro chá ♦ **se laver les mains** lavar as mãos ♦ **elle a les yeux bleus** ela tem olhos azuis ♦ **brosse-toi les cheveux** penteie o cabelo ♦ **j'ai levé les yeux** levantei os olhos 2. (désigne le moment) ♦ **le matin/samedi** (habituellement) de manhã/aos sábados; (moment précis) de manhã/no sábado ♦ **Bruxelles, le 9 juillet 1994** Bruxelas, 9 de julho de 1994 3. (chaque) ♦ **les pommes font 2 €** **le kilo** as maçãs custam 2 euros o quilo ♦ **c'est 40 € la nuit** são 40 euros por noite ♦ **6 €** **l'un, 10 € les deux** 6 euros cada um, dois por 10 euros ♦ pron 1. (représente une personne, une chose, un animal) ♦ **regarde-le/la** olhe para ele/ela ♦ **laissez-les nous** deixem-nos conosco 2. (reprend un mot, une phrase) ♦ **si tu ne le fais pas tout de suite, je me fâche!** se você não o fizer imediatamente, vou me zangar! ♦ **je l'avais entendu dire** eu tinha ouvido dizer isso.

lécher [leʃe] vt lamber.

lèche-vitrines [lɛʃvitʀin] nm inv ♦ **faire du lèche-vitrines** ir ver vitrines.

leçon [ləsɔ̃] nf (cours) aula f; (devoirs) lição f; (conclusion) lição f ♦ **faire la leçon à qqn** pregar um sermão em alguém.

lecteur, trice [lɛktœʀ, tʀis] ♦ nm, f leitor m, -ra f ♦ **lecteur de cassettes** leitor de

lecture

cassetes • **lecteur laser** ou **de CD** leitor de CDs.
lecture [lɛktyʀ] *nf* leitura *f*.
légal, e, aux [legal, o] *adj* legal.
légende [leʒɑ̃d] *nf (conte)* lenda *f*; *(d'une photo, d'un schéma)* legenda *f*.
léger, ère [leʒe, ɛʀ] *adj* leve; *(café, cigarette)* fraco(a); *(peu important)* ligeiro(ra) • **à la légère** irrefletidamente.
légèrement [leʒɛʀmɑ̃] *adv (un peu)* ligeiramente; *(s'habiller)* com roupas leves.
légèreté [leʒɛʀte] *nf (faible poids)* leveza *f*; *(insouciance)* despreocupação *f*.
légionnellose [leʒjɔnelɔz] *nf* MÉD legionelose *f*.
législation [leʒislasjɔ̃] *nf* legislação *f*.
légitime [leʒitim] *adj* legítimo(ma) • **légitime défense** legítima defesa.
léguer [lege] *vt* legar.
légume [legym] *nm* legume *m* • **légumes verts** hortaliças *fpl*.
lendemain [lɑ̃dmɛ̃] *nm* • **le lendemain (de)** no dia seguinte (a) • **le lendemain matin** na manhã seguinte.
lent, e [lɑ̃, lɑ̃t] *adj* lento(ta).
lentement [lɑ̃tmɑ̃] *adv* lentamente.
lenteur [lɑ̃tœʀ] *nf* lentidão *f*.
lentille [lɑ̃tij] *nf (légume)* lentilha *f*; *(verre de contact)* lente *f* (de contato).
léopard [leɔpaʀ] *nm* leopardo *m*.

lequel, laquelle [ləkɛl, lakɛl] *(mpl* **lesquels**, *fpl* **lesquelles**) *pron* o qual(a qual); *(interrogatif)* qual • **l'homme auquel j'ai parlé/duquel on m'a parlé** o homem a quem falei/de quem me falaram • **lequel veux-tu?** qual você quer?
les → **le**.
léser [leze] *vt* lesar.
lésion [lezjɔ̃] *nf* lesão *f*.
lesquelles [lekɛl] → **lequel**.
lesquels [lekɛl] → **lequel**.
lessive [lesiv] *nf (poudre, liquide)* sabão *m (para a roupa)*; *(linge)* roupa *f* por lavar • **faire la lessive** lavar a roupa.
lessiver [lesive] *vt (nettoyer)* lavar; *(fam) (fatiguer)* deixar exausto(ta).
leste [lɛst] *adj (agile)* ágil.
lettre [lɛtʀ] *nf (de l'alphabet)* letra *f*; *(courrier)* carta *f* • **en toutes lettres** por extenso • **lettre de motivation** carta de apresentação.
leucémie [løsemi] *nf* leucemia *f*.
leur [lœʀ] *adj* dele(dela), seu(sua) • **ils ont vendu leur maison** eles venderam a casa deles ◆ **le leur, la leur** *(pl)* *pron* o deles(a deles) • **je préfère la leur** prefiro a deles • **cet argent est le leur** este é o dinheiro deles • **je vais leur montrer le chemin** vou mostrar-lhes o caminho • **tu devrais le leur renvoyer** você deveria mandar-lhes isso de volta.

levant [ləvɑ̃] adj m → **soleil**.
levé, e [ləve] adj levantado(da).
levée [ləve] nf (du courrier) coleta f.
lever [ləve] ♦ vt levantar ♦ nm levantar m • **le lever du jour** o amanhecer • **le lever du soleil** o nascer do sol ♦ **se lever** vp (personne) levantar-se; (jour) amanhecer; (soleil) nascer; (temps) clarear.
levier [ləvje] nm alavanca f • **levier de vitesse** alavanca de câmbio.
lèvre [lɛvʀ] nf lábio m.
levure [ləvyʀ] nf fermento m biológico, levedo m.
lexique [lɛksik] nm léxico m.
lézard [lezaʀ] nm lagarto m.
lézarder [lezaʀde] ♦ **se lézarder** vp rachar-se.
liaison [ljɛzɔ̃] nf ligação f; (amoureuse) relação f • **être en liaison avec** estar em contato com.
liane [ljan] nf cipó m.
liasse [ljas] nf maço m.
Liban [libɑ̃] nm • **le Liban** o Líbano.
libéral, e, aux [liberal, o] adj liberal.
libération [liberasjɔ̃] nf libertação f.
libérer [libere] vt libertar ♦ **se libérer** vp libertar-se.
liberté [libɛʀte] nf liberdade f • **en liberté** (animaux) em liberdade.
libraire [libʀɛʀ] nm livreiro m, -ra f.
librairie [libʀɛʀi] nf livraria f.

libre [libʀ] adj livre • **être libre de faire qqch** ser livre para fazer algo.
librement [libʀəmɑ̃] adv livremente.
libre-service [libʀəsɛʀvis] (pl **libres-services**) nm self-service m.
licence [lisɑ̃s] nf autorização f; (diplôme) diploma universitário que se obtém após a conclusão do curso, ≃ licenciatura f.
licenciement [lisɑ̃simɑ̃] nm demissão f.
licencier [lisɑ̃sje] vt despedir • **se faire licencier** demitir-se, ser despedido.
liège [ljɛʒ] nm cortiça f.
liégeois [ljeʒwa] adj m → **café, chocolat**.
lien [ljɛ̃] nm (ruban, sangle) laço m; (relation) vínculo m.
lier [lje] vt ligar; (attacher) atar • **lier conversation avec qqn** puxar conversa com alguém ♦ **se lier** vp • **se lier (d'amitié) avec qqn** fazer amizade com alguém.
lierre [ljɛʀ] nm hera f.
lieu [ljø] (pl **-x**) nm lugar m • **avoir lieu** ter lugar, realizar-se • **au lieu de** em vez de.
lièvre [ljɛvʀ] nm lebre f.
ligne [liɲ] nf linha f • **garder la ligne** manter a linha • **aller à la ligne** abrir parágrafo • **(en) ligne droite** (em) linha reta • **grandes lignes** principais eixos ferroviários.
ligoter [ligɔte] vt atar.
lilas [lila] nm lilás m.
limace [limas] nf lesma f.

limande [limãd] *nf* linguado *m*.
lime [lim] *nf* lima *f* • **lime à ongles** lixa de unhas.
limer [lime] *vt* limar, lixar.
limitation [limitasjɔ̃] *nf* limitação *f* • **limitation de vitesse** limite de velocidade.
limite [limit] • *nf* limite *m* • *adj* limite • **à la limite** em último caso.
limiter [limite] *vt* limitar ♦ **se limiter à** *vp + prép* limitar-se a.
limonade [limɔnad] *nf* refrigerante à base de essência de limão.
limpide [lɛ̃pid] *adj* (eau) límpido(da); (raisonnement) claro(ra).
lin [lɛ̃] *nm* linho *m*.
linge [lɛ̃ʒ] *nm* roupa *f* • **linge de maison** roupa de cama, mesa e banho.
lingerie [lɛ̃ʒri] *nf* (sous-vêtements) lingerie *f*; (local) lavanderia *f*.
lingette [lɛ̃ʒɛt] *nf* lenço *m* umedecido.
lingot [lɛ̃go] *nm* • **lingot (d'or)** lingote *m* (de ouro).
lino(léum) [lino, linɔleɔm] *nm* linóleo *m*.
lion [ljɔ̃] *nm* leão *m* ♦ **Lion** Leão *m*.
liqueur [likœr] *nf* licor *m*.
liquidation [likidasjɔ̃] *nf* • **liquidation totale** liquidação total.
liquide [likid] • *adj* líquido(da) • *nm* líquido *m* • (argent) liquide dinheiro *m* • **payer en (argent) liquide** pagar em dinheiro • **liquide de frein** óleo *m* de freio • **liquide vaisselle** detergente para a louça.
liquider [likide] *vt* liquidar.
lire [lir] *vt & vi* ler.
lisible [lizibl] *adj* legível.
lisière [lizjɛr] *nf* orla *f*.
lisse [lis] *adj* liso(sa).
liste [list] *nf* lista *f* • **liste d'attente** lista de espera • **être sur liste d'attente** estar na lista de espera • **être sur liste rouge** não permitir que o número de telefone conste da lista.
listériose [listerjoz] *nf* MÉD listeriose.
lit [li] *nm* (pour dormir) cama *f*, (d'une rivière) leito *m* • **aller au lit** ir para a cama • **lit de camp** cama de armar • **lit double, grand lit** cama de casal • **lit simple, lit à une place, petit lit** cama de solteiro • **lits jumeaux** camas gêmeas • **lits superposés** beliche *m*.
litchi [litʃi] *nm* lichia *f*.
literie [litri] *nf* conjunto de objetos que compõem uma cama (colchões, travesseiros etc.).
litière [litjɛr] *nf* areia *f* para gatos.
litige [litiʒ] *nm* litígio *m*.
litre [litr] *nm* litro *m*.
littéraire [literɛr] *adj* literário(ria).
littérature [literatyr] *nf* literatura *f*.
littoral [litɔral, o] (*pl* -aux) *nm* litoral *m*.
livide [livid] *adj* lívido(da).
living(-room), s [livjŋ(rum)] *nm* sala *f* de estar.

livraison [livʀɛzɔ̃] *nf* entrega *f* • **livraison à domicile** entrega em domicílio • **livraison des bagages** retirada de bagagem.
livre¹ [livʀ] *nm* livro *m* • **livre de français** livro de francês.
livre² [livʀ] *nf* (demi-kilo) meio quilo *m*; (monnaie) libra *f* • **livre sterling** libra esterlina.
livrer [livʀe] *vt* entregar.
livret [livʀɛ] *nm* caderneta *f* • **livret (de caisse) d'épargne** caderneta de poupança • **livret de famille** *caderneta entregue aos cônjuges no momento do casamento, no qual constam os dados relativos ao casamento, ao nascimento dos filhos, bem como aqueles relativos ao falecimento dos mesmos e dos esposos* • **livret scolaire** caderneta do aluno.
livreur, euse [livʀœʀ, øz] *nm* entregador *m*, -ra *f*; (de meubles) carregador *m*.
local, e, aux [lɔkal, o] ◆ *adj* local ◆ *nm* local *m*.
locataire [lɔkatɛʀ] *nm* inquilino *m*, -na *f*.
location [lɔkasjɔ̃] *nf* aluguel *m*; (d'un billet) reserva *f* • **location de voitures** aluguel de veículos.
locomotive [lɔkɔmɔtiv] *nf* locomotiva *f*.
loge [lɔʒ] *nf* (de concierge) portaria *f*; (d'acteur) camarim *m*.
logement [lɔʒmã] *nm* (hébergement) alojamento *m*; (appartement) residência *f*.
loger [lɔʒe] ◆ *vt* alojar ◆ *vi* morar ◆ **se loger** *vp* alojar-se.

logiciel [lɔʒisjɛl] *nm* software *m*.
logique [lɔʒik] ◆ *adj* lógico(ca) ◆ *nf* lógica *f*.
logiquement [lɔʒikmã] *adv* logicamente.
logo [logo] *nm* logotipo *m*.
loi [lwa] *nf* lei *f* • **la loi** a lei.
loin [lwɛ̃] *adv* longe • **au loin** ao longe • **de loin** de longe • **loin de** longe de • **loin de là** longe disso.
lointain, e [lwɛ̃tɛ̃, ɛn] *adj* longínquo(qua); (hautain) distante.
Loire [lwaʀ] *nf* • **la Loire** (fleuve) o Loire.
loisirs [lwaziʀ] *nmpl* distrações *fpl*.
Londonien, enne [lɔ̃dɔnjɛ̃, ɛn] *nm* londrino *m*, -na *f*.
Londres [lɔ̃dʀ] *n* Londres.
long, longue [lɔ̃, lɔ̃g] *adj* (dans l'espace) comprido(da); (dans le temps) longo(ga) • **ça fait 10 mètres de long** mede 10 metros de comprimento • **le long de** ao longo de • **de long en large** de um lado a outro • **à la longue** com o tempo.
longeole [lɔ̃ʒɔl] *nf* (Helv) salsicha defumada típica de Genebra.
longer [lɔ̃ʒe] *vt* ladear.
longitude [lɔ̃ʒityd] *nf* longitude *f*.
longtemps [lɔ̃tã] *adv* muito tempo.
longue → **long**.
longuement [lɔ̃gmã] *adv* longamente.
longueur [lɔ̃gœʀ] *nf* (d'une route, d'une table) comprimento *m*; (d'un voyage, d'un discours)

longue-vue

duração *f* • **à la longueur de journée** todo o dia • *(radio)* **longueur d'onde** comprimento de onda • **saut en longueur** *ESP* salto em distância.

longue-vue [lɔ̃gvy] (*pl* **longues-vues**) *nf* luneta *f.*

loquet [lɔkɛ] *nm* ferrolho *m.*

lorraine [lɔʀɛn] *adj f* → **quiche**.

lors [lɔʀ] ◆ **lors de** *prép* durante.

lorsque [lɔʀskə] *conj* quando.

losange [lɔzɑ̃ʒ] *nm* losango *m.*

lot [lo] *nm (de loterie)* prêmio *m*; *COMM* lote *m.*

loterie [lɔtʀi] *nf* loteria *f.*

lotion [lɔsjɔ̃] *nf* loção *f.*

lotissement [lɔtismɑ̃] *nm* loteamento *m.*

loto [lɔto] *nm (national)* = mega-sena *f* • **le loto sportif** = a loteria esportiva.

ⓘ LOTO

Nesse jogo de azar administrado pelo Estado podem-se ganhar grandes somas em dinheiro. Os apostadores escolhem certos números em volantes impressos (que se podem comprar nas tabacarias) e o preço da aposta varia em função da quantidade de números escolhidos. A seguir, comparam-se os números em que se apostou com os do sorteio transmitido ao vivo pela televisão.

O "loto sportif" (totobola) é a aposta nos resultados de uma série de jogos de futebol.

lotte [lɔt] *nf* barboto *m.*

louche [luʃ] ◆ *adj (bizarre)* esquisito(ta); *(personne)* duvidoso(osa) ◆ *nf* concha *f* (de sopa).

loucher [luʃe] *vi* ser vesgo(ga).

louer [lwe] *vt* alugar • **à louer** aluga-se.

loup [lu] *nm* lobo *m.*

loupe [lup] *nf* lupa *f.*

louper [lupe] *vt (fam) (examen)* levar bomba; *(train)* perder.

lourd, e [luʀ, luʀd] ◆ *adj* pesado(da); *(sans finesse)* grosseiro(ra); *(dépenses, traitement)* importante; *(temps)* abafado(da) ◆ *adv* • **peser lourd** pesar muito.

lourdement [luʀdəmɑ̃] *adv (tomber)* pesadamente; *(se tromper)* redondamente.

lourdeur [luʀdœʀ] *nf* • **avoir des lourdeurs d'estomac** ter o estômago pesado.

Louvre [luvʀ] *nm* • **le Louvre** o museu do Louvre.

ⓘ LE LOUVRE

Esse é um dos museus mais importantes do mundo. Contém valiosas coleções de antiguidades, escultura e pinturas. Algumas das salas do antigo Ministério da Economia foram incorporadas ao museu e procedeu-se a uma restauração dos arredores daquilo a que hoje se chama o "Grand Louvre". Entre as duas alas do edifício ergue-se uma pirâmide de cristal, que constitui a nova via de acesso ao museu. No subsolo existem, entre outros, um centro comercial e um pátio de estacionamento.

---

loyal, e, aux [lwajal, o] *adj* leal.
loyauté [lwajote] *nf* lealdade *f.*
loyer [lwaje] *nm* aluguel *m.*
lu, e [ly] *pp* → **lire**.
lubrifiant [lybrifjɑ̃] *nm* lubrificante *m.*
lucarne [lykaʀn] *nf* clarabóia *f.*
lucide [lysid] *adj* lúcido(da).
lueur [lɥœʀ] *nf (lumière)* clarão *m; (de bougie)* luz *f; (dans le regard)* brilho *m.*
luge [lyʒ] *nf* trenó *m* • **faire de la luge** andar de trenó.
lugubre [lygybʀ] *adj* lúgubre.
lui[1] [lɥi] *pron* **1.** *(gén)* ele • **j'en ai au moins que lui** tive menos que ele • **et lui, qu'est-ce qu'il en pense?** e ele, o que é que ele acha? • **c'est lui qui nous a renseignés** foi ele mesmo quem nos informou • **c'est lui-même qui l'a dit** foi ele mesmo quem o disse • **il se contredit lui-même** ele contradiz a si mesmo **2.** *(complément d'objet indirect)* lhe • **dites-le lui tout de suite** diga isso a ele imediatamente • **je lui ai serré la main** dei-lhe um aperto de mão.
lui[2] [lɥi] *pp* → **luire**.
luire [lɥiʀ] *vi* luzir.
luisant, e [lɥizɑ̃, ɑ̃t] *adj* reluzente.
lumière [lymjɛʀ] *nf* luz *f.*
luminaire [lyminɛʀ] *nm* luminária *f.*
lumineux, euse [lyminø, øz] *adj (éclairé,)* luminoso(osa); *(teint, sourire)* luminoso(osa); *(explication)* claro(ra).
lunch [lœnʃ] *(pl* -s ou -es) *nm* bufê *m.*
lundi [lœ̃di] *nm* segunda-feira *f,* → **samedi**.
lune [lyn] *nf* lua *f* • **lune de miel** lua de mel • **pleine lune** lua cheia.
lunette [lynɛt] *nf* luneta *f.* • **lunette arrière** vidro *m* traseiro ◆ **lunettes** *nfpl* óculos *mpl* • **lunettes de soleil** óculos de sol.
lustre [lystʀ] *nm* lustre *m.*
lutte [lyt] *nf* luta *f.*
lutter [lyte] *vi* lutar • **lutter contre** lutar contra.
luxation [lyksasjɔ̃] *nf* luxação *f.*
luxe [lyks] *nm* luxo *m* • **de (grand) luxe** de luxo.
Luxembourg [lyksɑ̃buʀ] *nm* • **le Luxembourg** o Luxemburgo.
Luxembourgeois, e [lyksɑ̃buʀʒwa, az] *nm* luxemburguês *m,* -esa *f.*
luxueux, euse [lyksɥø, øz] *adj* luxuoso(osa).

lycée [lise] nm escola f secundária • **lycée professionnel** escola de formação profissional.
lycéen, enne [liseɛ̃, ɛn] nm aluno m, -na f da escola secundária.
Lycra® [likra] nm Lycra® f.
Lyon [ljɔ̃] nom Lyon.

M

m (abr de **mètre**) m.
m' → **me**.
M. (abr de **Monsieur**) Sr.
ma [ma] → **mon**.
macadam [makadam] nm macadame m.
macaron [makarɔ̃] nm (gâteau) petit-four feito com massa de amêndoas, açúcar e claras.
macaronis [makaroni] nm macarrão m.
macédoine [masedwan] nf • **macédoine de légumes**) macedônia f de legumes • **macédoine de fruits** macedônia f de frutas.
macérer [masere] vi macerar.
mâcher [maʃe] vt mastigar.
machin [maʃɛ̃] nm (fam) coisa f.
machinal, e, aux [maʃinal, o] adj maquinal.
machine [maʃin] nf máquina f • **machine à coudre** máquina de costura • **machine à écrire** máquina de escrever • **machine à laver** máquina de lavar • **machine à sous** caça-níqueis mpl.
machiniste [maʃinist] nm (d'autobus) motorista m • **faire signe au machiniste** fazer sinal ao motorista.
mâchoire [maʃwar] nf maxilar m.
maçon [masɔ̃] nm pedreiro m.
macro [makro] nf INFORM macro mf.
madame [madam] (pl **mesdames**) nf • **madame X** a senhora X • **bonjour, madame/mesdames!** bom dia, minha senhora/minhas senhoras! • **Madame,** (dans une lettre) Prezada Senhora, • **Madame!** (pour appeler le professeur) Professora!
madeleine [madlɛn] nf madalena f.
mademoiselle [madmwazɛl] (pl **mesdemoiselles**) nf • **mademoiselle X** senhorita X • **bonjour, mademoiselle/mesdemoiselles!** bom dia, senhorita/senhoritas! • **Mademoiselle,** (dans une lettre) Prezada Senhorita, • **Mademoiselle!** (pour appeler le professeur) Professora!
madère [madɛr] nm → **sauce**.
maf(f)ia [mafja] nf • **la Maf(f)ia** a Máfia.
magasin [magazɛ̃] nm loja f • **en magasin** em estoque.
magazine [magazin] nm revista f.
Maghreb [magrɛb] nm • **le Maghreb** o Magreb.

Maghrébin, e [magʁeb-ɛ, in] *nm* magrebino *m*, -na *f*.
magicien, enne [maʒisjɛ̃, ɛn] *nm* mágico *m*, -ca *f*.
magie [maʒi] *nf* magia *f*.
magique [maʒik] *adj* mágico(ca).
magistrat [maʒistʁa] *nm* magistrado *m*.
magnésium [maɲezjɔm] *nm* magnésio *m*.
magnétique [maɲetik] *adj* magnético(ca).
magnétophone [maɲetɔfɔn] *nm* gravador *m*.
magnétoscope [maɲetɔskɔp] *nm* vídeo *m*.
magnifique [maɲifik] *adj* magnífico(ca).
magret [magʁɛ] *nm* • **magret (de canard)** peito *m* de pato.
mai [mɛ] *nm* maio *m* • **le premier mai** o primeiro de maio → **septembre**.

(i) PREMIER MAI

Feriado mundial em que se comemora o Dia do Trabalhador e há os tradicionais desfiles, organizados por sindicatos franceses. Também é costume oferecer-se um ramo de lírio-do-vale ("muguet") para dar sorte. Nessa época, tais flores são vendidas em toda parte por ambulantes.

---

maigre [mɛgʁ] *adj* magro(gra).

maigrir [megʁiʁ] *vi* emagrecer.
mail [mɛl] *nm* INFORM e-mail *m*, mail *m*.
maille [maj] *nf* malha *f*.
maillon [majɔ̃] *nm* elo *m*.
maillot [majo] *nm* camiseta *f*; (de football) camisa *f* • **maillot (de bain)(une pièce)** maiô *m* • **maillot(de bain)deux pièces** biquíni *m* • **maillot jaune** (cyclisme) camiseta amarela • **maillot de corps** camiseta *f*.
main [mɛ̃] *nf* mão *f* • **à main gauche** à esquerda • **se donner la main** dar-se as mãos • **fait (à la) main** feito à mão • **mains libres** (téléphone, kit) viva voz • **prendre qqch en main** encarregar-se de algo.
main-d'œuvre [mTɛdœvʁ] (*pl* mains-d'œuvre) *nf* mão de obra *f*.
maintenant [mɛ̃tnɑ̃] *adv* agora.
maintenir [mɛ̃tniʁ] *vt* manter ◆ **se maintenir** *vp* manter-se.
maintenu, e [mɛ̃tny] *pp* → **maintenir**.
maire [mɛʁ] *nm* prefeito *m*.
mairie [meʁi] *nf* (bâtiment) prefeitura *f*.
mais [mɛ] *conj* mas • **mais non!** claro que não!
maïs [mais] *nm* milho *m*.
maison [mɛzɔ̃] *nf* casa *f* ◆ *adj inv* caseiro(ra) • **à la maison** em casa • **maison de campagne** casa de campo • **maison des jeunes et de la culture** centro cultural para jovens.

maître, esse [mɛtʀ, mɛtʀɛs] *nm* dono *m*, -na *f* • **maître (d'école)** professor *m* • **maître d'hôtel** maître *m* • **maître nageur** salva-vidas *m inv.*

maîtresse [mɛtʀɛs] *nf (amie)* amante *f*, → **maître**.

maîtrise [metʀiz] *nf (diplôme)* ≃ mestrado *m*.

maîtriser [metʀize] *vt* dominar.

majestueux, euse [maʒɛstɥø, øz] *adj* majestoso(osa).

majeur, e [maʒœʀ] *adj (adulte)* maior de idade; *(principal)* principal • *nm* dedo *m* médio • **la majeure partie (de)** a maior parte (de).

majoration [maʒɔʀasjɔ̃] *nf* majoração *f.*

majorette [maʒɔʀɛt] *nf* baliza *f.*

majorité [maʒɔʀite] *nf (âge)* maioridade *f*; *(plus grand nombre)* maioria *f* • **en majorité** em maioria • **la majorité de** a maioria de.

majuscule [maʒyskyl] *nf* maiúscula *f.*

mal [mal] *(pl* **maux***)* • *nm (contraire du bien)* mal *m* • *adv* mal • **avoir mal** doer • **avoir mal au cœur** estar enjoado • **j'ai mal aux dents** estou com dor de dente • **j'ai mal au dos** estou com dor nas costas • **j'ai mal à la gorge** estou com dor de garganta • **j'ai mal à la tête** estou com dor de cabeça • **j'ai mal au ventre** estou com dor de barriga • **ça fait mal** isso magoa • **faire mal à qqn** machucar alguém • **se faire mal** machucar-se • **se donner du mal (pour faire qqch)** esforçar-se (para fazer algo) • **mal de gorge** dor *f* de garganta • **mal de mer** enjoo *m* • **maux de tête** dores *mpl* de cabeça • **il n'est pas mal** *(fam)* não está nada mal • **pas mal de** *(fam)* bastante • **pas mal de voitures** muitos carros • *(locution adjectivale)* **mal à l'aise** pouco à vontade, intimidado • **être/se sentir mal à l'aise** sentir-se pouco à vontade.

malade [malad] *adj* doente; *(sur un bateau)* enjoado(da) • *nm* doente *mf* • **malade mental** doente mental.

maladie [maladi] *nf* doença *f* • **maladie contagieuse** doença contagiosa • **maladie héréditaire** doença hereditária • **maladie sexuellement transmissible** doença sexualmente transmissível.

maladresse [maladʀɛs] *nf* falta *f* de jeito.

maladroit, e [maladʀwa, at] *adj (personne, geste)* desajeitado(da); *(réponse, expression)* despropositado(da).

malaise [malɛz] *nm MÉD* indisposição *f*; *(angoisse)* mal-estar *m* • **avoir un malaise** desmaiar.

malaudition [malodisjɔ̃] *nf MÉD* surdez, perda da audição.

malaxer [malakse] *vt* amassar.

malbouffe [malbuf] *n comida hipercalórica e de baixo valor nutricional.*

malchance [malʃɑ̃s] *nf* má sorte *f.*

mâle [mal] *adj & nm* macho.

malentendu [malɑ̃tɑ̃dy] *nm* mal-entendido *m.*

malfaiteur [malfɛtœʀ] *nm* malfeitor *m*, -ra *f.*

malfamé, e [malfame] *adj* mal-afamado(da).

malformation [malfɔʀmasjɔ̃] *nf* malformação *f* congênita.

malgré [malgʀe] *prép* apesar de • **malgré tout** apesar de tudo.

malheur [malœʀ] *nm (malchance)* infelicidade *f; (événement)* desgraça *f.*

malheureusement [malœʀøzmɑ̃] *adv* infelizmente.

malheureux, euse [malœʀø, øz] *adj* infeliz.

malhonnête [malɔnɛt] *adj* desonesto(ta).

malicieux, euse [malisjø, øz] *adj* malicioso(osa).

malin, igne [malɛ̃, iɲ] *adj (habile, intelligent)* esperto(ta).

malle [mal] *nf* mala *f (baú).*

mallette [malɛt] *nf* pasta *f.*

malmener [malməne] *vt* maltratar.

malnutrition [malnytʀisjɔ̃] *nf* subnutrição *f.*

malpoli, e [malpɔli] *adj* mal-criado(da).

malsain, e [malsɛ̃, ɛn] *adj* doentio(tia).

maltraiter [maltʀete] *vt* maltratar.

malveillant, e [malvɛjɑ̃, ɑ̃t] *adj* malévolo(la).

maman [mamɑ̃] *nf* mamãe *f.*

mamie [mami] *nf (fam)* vovó *f.*

mammifère [mamifɛʀ] *nm* mamífero *m.*

manager [manadʒɛʀ] *nm* empresário *m.*

manche [mɑ̃ʃ] • *nf (de vêtement)* manga *f; (de jeu, de match)* partida *f* • *nm* cabo *m* • **à manches courtes/longues** de manga curta/comprida.

Manche [mɑ̃ʃ] *nf* • **la Manche** o Canal da Mancha.

manchette [mɑ̃ʃɛt] *nf (d'une manche)* punho *m* da camisa.

mandarine [mɑ̃daʀin] *nf* tangerina *f.*

mandat [mɑ̃da] *nm (postal)* vale *m* postal.

manège [manɛʒ] *nm (attraction)* carrossel *m; (d'équitation)* picadeiro *m.*

manette [manɛt] *nf* alavanca *f* • **manette de jeux** joystick *m.*

manga [mɑ̃ga] *nm* manga *m.*

mangeoire [mɑ̃ʒwaʀ] *nf* manjedoura *f.*

manger [mɑ̃ʒe] *vt & vi* comer • **donner à manger à qqn** dar de comer a alguém.

mangue [mɑ̃g] *nf* manga *f (fruto).*

maniable [manjabl] *adj* manejável.

maniaque [manjak] *adj* maníaco(ca).

manie [mani] *nf* mania *f.*

manier [manje] *vt* manejar.

manière [manjɛʀ] *nf* maneira *f* • **de manière à** de maneira a

maniéré

- **de toute manière** de qualquer maneira ◆ **manières** nf (attitude) modos mpl ◆ **faire des manières** fazer cerimônia.
maniéré, e [manjeʀe] adj de modos afetados.
manif [manif] nf (fam) manifestação f.
manifestant, e [manifɛstɑ̃, ɑ̃t] nm manifestante mf.
manifestation [manifɛstasjɔ̃] nf (défilé) passeata f; (culturelle) manifestação f.
manifester [manifɛste] vt & vi manifestar ◆ **se manifester** vp manifestar-se.
manigancer [manigɑ̃se] vt tramar.
manipulation [manipylasjɔ̃] nf manipulação f.
manipuler [manipyle] vt manipular.
manivelle [manivɛl] nf manivela f.
mannequin [manke] nm (de défilé) modelo mf; (de vitrine) manequim m.
manœuvre [manœvʀ] nf manobra f.
manœuvrer [manœvʀe] vt & vi manobrar.
manoir [manwaʀ] nm solar m.
manquant, e [mɑ̃kɑ̃, ɑ̃t] adj que falta.
manque [mɑ̃k] nm ◆ **le manque de** a falta de.
manquer [mɑ̃ke] ◆ vt (train, occasion) perder; (cible) falhar ◆ vi (échouer) falhar; (être absent) faltar ◆ **elle nous manque** temos saudade ou sentimos falta dela ◆ **il me manque dix euros** faltam-me dez euros ◆ **manquer de qqch** ter falta de algo.
mansardé, e [mɑ̃saʀde] adj em forma de mansarda.
manteau [mɑ̃to] (pl -x) nm mantô m.
manucure [manykyʀ] nf manicure f.
manuel, elle [manɥɛl] ◆ adj manual ◆ nm manual m.
manuscrit [manyskʀi] nm manuscrito m.
mappemonde [mapmɔ̃d] nf (carte) mapa-múndi m; (globe) globo m.
maquereau [makʀo] (pl -x) nm cavala f.
maquette [makɛt] nf maquete f.
maquillage [makijaʒ] nm maquiagem f.
maquiller [makije] ◆ **se maquiller** vp maquiar-se.
marais [maʀɛ] nm pântano m.

ⓘ **LE MARAIS**

Esse bairro do 4º "arrondissement" de Paris está situado entre a Bastilha e o "Hôtel de Ville" (Câmara Municipal). Constitui o centro histórico da capital e é célebre pelo grande número de palacetes, chamados "hôtels particuliers". Os mais prestigiosos encontram-se à volta da "Place des Vosges". Tradicionalmente, é a região onde vive grande parte da comunidade judaica.

---

marathon [maʀatɔ̃] *nm* maratona *f*.

marbre [maʀbʀ] *nm* mármore *m*.

marbré, e [maʀbʀe] *adj m →* **gâteau**.

marchand, e [maʀʃɑ̃, ɑ̃d] *nm* vendedor *m*, -ra *f* • **marchand ambulant** vendedor ambulante • **marchand de fruits et légumes** OU **de primeurs** vendedor de frutas e legumes • **marchand de journaux** jornaleiro *m*, -ra *f*.

marchander [maʀʃɑ̃de] *vi* regatear.

marchandise [maʀʃɑ̃diz] *nf* mercadoria *f*.

marche [maʀʃ] *nf (à pied)* passeio *m* • **marche silencieuse** marcha silenciosa; *(d'escalier)* degrau *m*; *(fonctionnement)* funcionamento *m* • **marche arrière** *AUTO* marcha a ré • **en marche** *(machine)* em funcionamento; *(train)* em movimento; *(troupes)* em marcha.

marché [maʀʃe] *nm (lieu de vente)* mercado *m*; *(contrat)* trato *m* • **faire son marché** ir ao mercado • **le Marché commun** o Mercado Comum • **marché couvert** mercado coberto • **marchés financiers** mercados financeiros • **marché aux puces** feira *f* de antiguidades e objetos usados • **bon marché** barato(ta) • **par-dessus le marché** ainda por cima.

ⓘ MARCHÉ

Na França, quase todas as cidades, por menores que sejam, têm um mercado, coberto ou ao ar livre, onde são vendidos produtos alimentícios frescos, flores, roupa e quinquilharias. Alguns deles são especializados, como os de flores, queijos ou os de patos, no sudoeste. Os comerciantes alugam um local fixo por um ano. Tais mercados realizam-se uma ou duas vezes por semana.

---

marchepied [maʀʃəpje] *nm* estribo *m*.

marcher [maʀʃe] *vi (à pied)* andar; *(fonctionner)* funcionar; *(bien fonctionner)* correr • **faire marcher qqch** pôr algo a funcionar • **faire marcher qqn** *(fam)* enganar alguém.

mardi [maʀdi] *nm* terça-feira *f* • **mardi gras** terça-feira de Carnaval → **samedi**.

mare [maʀ] *nf* poça *f*.

marécage [maʀekaʒ] *nm* pântano *m*.

marée [maʀe] *nf* maré *f* • **(à) marée basse** (durante a) maré-baixa • **(à) marée haute** (durante a) maré-alta.

margarine [maʀgaʀin] *nf* margarina *f*.

marge [maʀʒ] *nf* margem *f.*
marginal, e, aux [maʀʒinal, o] *nm* marginal *mf.*
marguerite [maʀɡəʀit] *nf* margarida *f.*
mari [maʀi] *nm* marido *m.*
mariage [maʀjaʒ] *nm* casamento *m.*
marié, e [maʀje] • *adj* casado(da) • *nm* noivo *m*, -va *f* • **jeunes mariés** recém-casados *mpl.*
marier [maʀje] ♦ **se marier** *vp* casar-se.
marin, e [maʀɛ̃, in] • *adj (courant, météo)* marítimo(ma); *(carte)* náutico(ca); *(animal)* marinho(nha) • *nm* marinheiro *m.*
marine [maʀin] • *adj inv & nm* azul-marinho • *nf* marinha *f.*
mariner [maʀine] *vi* marinar.
marinière [maʀinjɛʀ] *nf* → moule.
marionnette [maʀjɔnɛt] *nf* marionete *f.*
maritime [maʀitim] *adj* marítimo(ma).
marketing [maʀkɛtiŋ] *nm* marketing *m.*
marmelade [maʀməlad] *nf* geleia *f (com pedaços de fruta).*
marmite [maʀmit] *nf* panela *f.*
marmonner [maʀmɔne] *vt* resmungar.
Maroc [maʀɔk] *nm* • **le Maroc** Marrocos.
marocain, e [maʀɔkɛ̃, ɛn] *adj* marroquino(na) ♦ **Marocain, e** *nm* marroquino *m*, -na *f.*
maroquinerie [maʀɔkinʀi] *nf* marroquinaria *f.*

marque [maʀk] *nf* marca *f*; *(nombre de points)* resultado *m.*
marqué, e [maʀke] *adj (différence, tendance)* acentuado(da); *(traits, visage)* marcado(da).
marquer [maʀke] • *vt* marcar; *(écrire)* anotar • *vi (stylo)* escrever.
marqueur [maʀkœʀ] *nm* marcador *m.*
marquis, e [maʀki, iz] *nm* marquês *m*, -esa *f.*
marraine [maʀɛn] *nf* madrinha *f.*
marrant, e [maʀɑ̃, ɑ̃t] *adj (fam)* engraçado(da).
marre [maʀ] *adv* • **en avoir marre (de)** *(fam)* estar cheio(ia)(de).
marrer [maʀe] ♦ **se marrer** *vp (fam) (rire)* fartar-se de rir; *(s'amuser)* divertir-se.
marron [maʀɔ̃] • *adj inv* castanho(nha) • *nm (fruit)* castanha *f*; *(couleur)* castanho *m* • **marron glacé** marrom-glacé *m.*
marronnier [maʀɔnje] *nm* castanheiro *m.*
mars [maʀs] *nm* março *m*, → **septembre.**
Marseille [maʀsɛj] *nom* Marselha.
marteau [maʀto] *(pl* -**x**) *nm* martelo *m* • **marteau piqueur** OU **pneumatique** *(techn)* martelo pneumático.
martiniquais, e [maʀtinikɛ, ɛz] *adj* martinicano(na).
Martinique [maʀtinik] *nf* • **la Martinique** a Martinica.
martyr, e [maʀtiʀ] *adj & nm* mártir.

martyre [maRtiR] nm (douleur, peine) martírio m.

martyriser [maRtiRize] vt martirizar.

mascara [maskaRa] nm rímel® m.

mascotte [maskɔt] nf mascote f.

masculin, e [maskylɛ̃, in] adj masculino(na) • nm masculino m.

masque [mask] nm máscara f.

masquer [maske] vt tapar.

massacre [masakR] nm massacre m.

massacrer [masakRe] vt massacrar.

massage [masaʒ] nm massagem f.

masse [mas] nf (bloc) massa f; (outil) maça f • **une masse** ou **des masses de** um monte ou montes de • **une arrivée en masse** uma chegada em massa.

masser [mase] vt (dos, personne) massagear; (grouper) agrupar
♦ **se masser** vp agrupar-se.

masseur, euse [masœR, øz] nm massagista mf.

massif, ive [masif, iv] adj maciço(ça) • nm maciço m • **le Massif central** o Maciço Central.

massivement [masivmɑ̃] adv em peso.

massue [masy] nf maça f.

mastic [mastik] nm mástique m.

mastiquer [mastike] vt (mâcher) mastigar.

mat, e [mat] • adj mate • nm (aux échecs) mate m.

mât [ma] nm mastro m.

match [matʃ] (pl **-s** ou **-es**) nm jogo m • **faire match nul** empatar em zero.

matelas [matla] nm colchão m • **matelas pneumatique** colchão pneumático.

matelassé, e [matlase] adj acolchoado(da).

mater [mate] vt reprimir.

matérialiser [mateRjalize]
♦ **se matérialiser** vp materializar-se.

matériel, elle [mateRjɛl] • adj material • nm (outillage) material m; INFORM hardware m • **matériel de camping** material de camping.

maternel, elle [matɛRnɛl] adj (femme, amour) maternal; (grands-parents) materno(na).

maternelle [matɛRnɛl] nf (école) maternelle ensino m maternal e pré-escolar.

maternité [matɛRnite] nf maternidade f.

mathématiques [matematik] nfpl matemática f.

maths [mat] nfpl (fam) matemática f.

matière [matjɛR] nf matéria f; (matériau) material m; EDUC matéria f • **matière première** matéria-prima f • **matières grasses** gordura f.

Matignon [matiɲɔ̃] n • (l'hôtel) Matignon residência do primeiro-ministro francês.

matin [matɛ̃] nm manhã f • **le matin** de manhã.

matinal, e, aux [matinal, o] adj (réveil) matinal; (personne) madrugador(ra).

matinée

matinée [matine] *nf (matin)* manhã *f*; *(spectacle)* matinê *f*.
matraque [matRak] *nf* cassetete *m*.
maudire [modiR] *vt* amaldiçoar.
maudit, e [modi, it] • *pp* → **maudire** • *adj* maldito(ta).
Maurice *nom* → **île**.
maussade [mosad] *adj* aborrecido(da).
mauvais, e [move, εz] *adj* mau(má); *(faux)* errado(da) • **il fait mauvais** está fazendo mau tempo • **être mauvais en qqch** ser fraco em algo.
mauve [mov] *adj* malva.
maux [mo] → **mal**.
max. *(abr de maximum)* máximo.
maximum [maksimɔm] • *nm* máximo *m* • *adj* máximo(ma) • **au maximum** no máximo.
mayonnaise [majɔnεz] *nf* maionese *f*.
mazout [mazut] *nm* óleo *m* combustível.
me [mə] *pron me* • **je me lève** eu me levanto.
mec [mεk] *nm (fam)* rapaz *m*.
mécanicien, enne [mekanisjε̃, εn] *nm* mecânico *m*, -ca *f*.
mécanique [mekanik] • *adj* mecânico(ca) • *nf (mécanisme)* mecanismo *m*; *(automobile)* mecânica *f*.
mécanisme [mekanism] *nm* mecanismo *m*.
méchamment [meʃamɑ̃] *adv* maldosamente.
méchanceté [meʃɑ̃ste] *nf* maldade *f*.
méchant, e [meʃɑ̃, ɑ̃t] *adj* mau(má).
mèche [mεʃ] *nf (de cheveux, lampe)* mecha *f*; *(d'explosif)* rastilho *m*.
méchoui [meʃwi] *nm comida típica do Norte de África que consiste em carne de carneiro assada.*
méconnaissable [mekɔnεsabl] *adj* irreconhecível.
mécontent, e [mekɔ̃tɑ̃, ɑ̃t] *adj* descontente.
médaille [medaj] *nf* medalha *f*.
médaillon [medajɔ̃] *nm* medalhão *m*.
médecin [medsε̃] *nm* médico *m*, -ca *f* • **médecin traitant** médico de família.
médecine [medsin] *nf* medicina *f*.
médias [medja] *nmpl* mídia *f*, meios *mpl* de comunicação social.
médiatique [medjatik] *adj (personnalité)* midiático(ca).
médical, e, aux [medikal, o] *adj* médico(ca).
médicament [medikamɑ̃] *nm* medicamento *m*.
médiéval, e, aux [medjeval, o] *adj* medieval.
médiocre [medjɔkR] *adj* medíocre.
médisant, e [medizɑ̃, ɑ̃t] *adj* maledicente.
méditation [meditasjɔ̃] *nf* meditação *f*.
méditer [medite] *vt & vi* meditar.

Méditerranée [mediteʀane] *nf* • **la (mer) Méditerranée** o (mar) Mediterrâneo.

méditerranéen, enne [mediteʀaneɛ̃, ɛn] *adj* mediterrâneo(a).

méduse [medyz] *nf* medusa f.

meeting [mitiŋ] *nm POL* comício m; *ESP* encontro m.

méfiance [mefjɑ̃s] *nf* desconfiança f.

méfiant, e [mefjɑ̃, ɑ̃t] *adj (personne, regard)* desconfiado(da), ressabiado(da).

méfier [mefje] ♦ **se méfier** *vp* desconfiar • **se méfier de** desconfiar de.

mégot [mego] *nm* guimba f.

meilleur, e [mɛjœʀ] *adj & nm* melhor.

mél [mɛl] *nm INFORM* correio m eletrônico.

mélancolie [melɑ̃kɔli] *nf* melancolia f.

mélange [melɑ̃ʒ] *nm* mistura f.

mélanger [melɑ̃ʒe] *vt (mêler)* misturar; *(confondre)* confundir.

Melba [mɛlba] *adj inv* → **pêche**.

mêlée [mele] *nf* peleja f.

mêler [mele] *vt* misturar • **mêler qqn à qqch** envolver alguém em algo ♦ **se mêler** *vp* • **se mêler à qqch** misturar-se com algo • **se mêler de qqch** meter-se em algo.

mélodie [melɔdi] *nf* melodia f.

melon [məlɔ̃] *nm* melão f.

membre [mɑ̃bʀ] *nm* membro m.

mémé [meme] *nf (fam)* vovó f.

même [mɛm] ♦ *adj* **1.** *(identique)* mesmo(mesma) • **nous avons les mêmes places qu'à l'aller** temos os mesmos lugares que na ida • **j'ai le même pull que toi** tenho um pulôver igual ao seu **2.** *(sert à renforcer)* • **c'est cela même** é isso mesmo • **cette fille, c'est la gentillesse même** esta menina é a gentileza em pessoa ♦ *pron* • **le/la même (que)** o mesmo/a mesma (que) • **j'ai le même!** tenho um igual! ♦ *adv* **1.** *(sert à renforcer)* • **même les sandwichs sont chers ici** até os sanduíches são caros aqui • **il n'y a même pas de cinéma** nem sequer há cinema • **c'est étonnant, incroyable même** é surpreendente, é mesmo incrível • **j'irai même si tu restes** irei mesmo se você ficar **2.** *(exactement)* mesmo • **c'est aujourd'hui même** é hoje mesmo **3.** *(dans des expressions)* • **coucher à même le sol** dormir mesmo no chão • **être à même de faire qqch** ser capaz de fazer algo • **bon appétit! – vous de même** bom apetite! – igualmente • **faire de même** fazer o mesmo • **de même que** do mesmo modo que.

mémoire [memwaʀ] *nf* memória f • **de mémoire** de cor • **mémoire morte** memória ROM • **mémoire vive** memória RAM.

menace [mənas] *nf* ameaça f.

menacer [mənase] *vt & vi* ameaçar • **la pluie menace** está ame-

ménage

açando chuva • **menacer de faire qqch** ameaçar fazer algo.

ménage [menaʒ] *nm (rangement)* limpeza *f*; *(famille)* lar *m*; *(couple)* casal *m* • **faire le ménage** fazer a limpeza.

ménager¹ [menaʒe] *vt* poupar.

ménager², ère [menaʒe, ɛʀ] *adj* doméstico(ca).

ménagère [menaʒɛʀ] *nf* faqueiro *m*.

ménagerie [menaʒʀi] *nf* conjunto de animais para exposição.

mendiant, e [mɑ̃djɑ̃, ɑ̃t] • *nm* mendigo *m*, -ga *f* • *nm* bolacha com frutos secos.

mendier [mɑ̃dje] *vi* mendigar.

mener [məne] • *vt (conduire)* ir dar a; *(accompagner)* levar; *(diriger)* dirigir • *vi* ESP estar ganhando.

menottes [mənɔt] *nfpl* algemas *fpl*.

mensonge [mɑ̃sɔ̃ʒ] *nm* mentira *f*.

mensualité [mɑ̃syalite] *nf* mensalidade *f*.

mensuel, elle [mɑ̃sɥɛl] • *adj* mensal • *nm* publicação *f* mensal.

mensurations [mɑ̃syʀasjɔ̃] *nfpl* medidas *fpl*.

mental, e, aux [mɑ̃tal, o] *adj* mental.

mentalité [mɑ̃talite] *nf* mentalidade *f*.

menteur, euse [mɑ̃tœʀ, øz] *nm* mentiroso *m*, -osa *f*.

menthe [mɑ̃t] *nf (feuilles, plante)* hortelã *f*; *(parfum)* menta *f* • **menthe à l'eau** *refresco de menta.*

mention [mɑ̃sjɔ̃] *nf* distinção *f* • **rayer les mentions inutiles** riscar o que não interessa.

mentionner [mɑ̃sjɔne] *vt* mencionar.

mentir [mɑ̃tiʀ] *vi* mentir.

menton [mɑ̃tɔ̃] *nm* queixo m.

menu, e [məny] • *adj* pequeno(na) • *adv* fino • *nm* menu • **menu gastronomique** menu gastronómico • **menu touristique** menu turístico.

menuisier [mənɥizje] *nm* carpinteiro *m*.

mépris [mepʀi] *nm* desprezo *m*.

méprisant, e [mepʀizɑ̃, ɑ̃t] *adj* depreciativo(va).

mépriser [mepʀize] *vt* desprezar.

mer [mɛʀ] *nf* mar *m* • **en mer** no mar • **la mer du Nord** o mar do Norte.

mercerie [mɛʀsəʀi] *nf (boutique)* armarinho *m*.

merci [mɛʀsi] *interj* obrigado(da) • **merci beaucoup!** muito obrigado! • **merci de...** obrigado por....

mercredi [mɛʀkʀədi] *nm* quarta-feira *f*, → **samedi**.

merde [mɛʀd] • *interj (vulg)* merda! • *nf (vulg)* merda *f*.

mère [mɛʀ] *nf* mãe *f* • **mère biologique** MED mãe biológica.

merguez [mɛʀgɛz] *nf* salsicha picante típica do Norte da África.

méridional, e, aux [meʀidjɔnal, o] *adj* meridional.

meringue [məʀɛ̃g] *nf* suspiro *m.*
mérite [meʀit] *nm* mérito *m* • **avoir du mérite** ter mérito.
mériter [meʀite] *vt* merecer.
merlan [mɛʀlɑ̃] *nm* badejo *m.*
merle [mɛʀl] *nm* melro *m.*
merluy [mɛʀly] *nm* merluza *f.*
merveille [mɛʀvɛj] *nf* maravilha *f*; *(beignet)* bolinho frito, de massa leve, recortada.
merveilleux, euse [mɛʀvejø, øz] *adj* maravilhoso(osa).
mes → **mon**.
mésaventure [mezavɑ̃tyʀ] *nf* desventura *f.*
mesdames → **madame**.
mesdemoiselles → **mademoiselle**.
mesquin, e [mɛskɛ̃, in] *adj* mesquinho(nha).
message [mesaʒ] *nm* mensagem *f*; *(écrit, sur répondeur)* recado *m.*
messager, ère [mesaʒe, ɛʀ] *nm* mensageiro *m*, -ra *f.*
messagerie [mesaʒʀi] *nf* • **messagerie électronique** mensagens *fpl* eletrônicas.
messe [mes] *nf* missa *f.*
messieurs → **monsieur**.
mesure [məzyʀ] *nf* medida *f* • **mesure de sécurité** medida(s) de segurança; *(rythme)* cadência *f* • **sur mesure** sob medida • **dans la mesure du possible** na medida do possível • **(ne pas) être en mesure de faire qqch** (não) estar em condições de fazer algo.
mesuré, e [məzyʀe] *adj* moderado(da).

mesurer [məzyʀe] *vt* medir • **il mesure 1,80 mètre** ele mede 1,80 metro.
met → **mettre**.
métal [metal] *(pl* **-aux**) *nm* metal *m.*
métallique [metalik] *adj* metálico(ca).
météo [meteo] *nf* • **la météo** o tempo • **météo marine** meteorologia *f* marítima • **les prévisions météo** previsões metereológicas.
météorologique [meteɔʀɔlɔʒik] *adj* meteorológico(ca).
méthode [metɔd] *nf* método *m.*
méthodique [metɔdik] *adj* metódico(ca).
méticuleux, euse [metikylø, øz] *adj* meticuloso(osa).
métier [metje] *nm* profissão *f.*
métis, isse [metis] *nm* mestiço *m*, -ça *f.*
mètre [mɛtʀ] *nm (mesure)* metro *m*; *(ruban)* fita *f* métrica.
métro [metro] *nm* metrô *m* • **métro aérien** metrô de superfície.

(i) MÉTRO

Essa rede ferroviária subterrânea foi criada em 1900. Conta com 13 linhas e espalha-se por toda a cidade de Paris. O acesso às estações denomina-se "bouche de métro". Esse é o meio de transporte mais rápido para deslocamentos na capital. Funciona inin-

métropole [metrɔpɔl] *nf* metrópole *f*.

metteur [metœʀ] *nm* • **metteur en scène** *(de cinéma, de théâtre)* diretor *m*.

mettre [metʀ] *vt* **1.** *(placer, poser)* pôr • **mettre qqch debout** pôr algo em pé **2.** *(vêtement)* vestir • **mettre une écharpe** pôr uma écharpe • **mettre un pull** vestir um pulôver • **qu'est-ce que tu mets pour aller au théâtre?** que roupa você veste para ir ao teatro? **3.** *(temps)* levar • **nous avons mis deux heures par l'autoroute** levamos duas horas pela autoestrada **4.** *(argent)* gastar • **combien voulez-vous y mettre?** quanto pretendem gastar? • **je ne mettrai pas plus de 50 € pour une robe** não gastarei mais de 50 euros num vestido **5.** *(déclencher)* ligar • **mettre le chauffage** ligar o aquecimento • **mettre le contact** ligar o contato • **mettre le réveil** ligar o despertador **6.** *(dans un état différent)* • **mettre qqn en colère** enfurecer alguém • **mettre qqch en marche** pôr algo a funcionar **7.** *(écrire)* escrever ◆ **se mettre** *vp* **1.** *(se placer)* pôr-se • **se mettre debout** pôr-se de pé • **se mettre au lit** ir para a cama • **mets-toi sur cette chaise** sente-se nesta cadeira **2.** *(dans un état différent)* • **se mettre en colère** enfurecer-se • **se mettre d'accord** pôr-se de acordo **3.** *(vêtement)* vestir-se **4.** *(maquillage)* • **elle s'est mis du rouge à lèvres** ela passou batom **5.** *(commencer)* • **se mettre à faire qqch** pôr-se a fazer algo • **se mettre au travail** pôr-se a trabalhar • **s'y mettre** pôr mãos à obra.

meuble [mœbl] *nm* móvel *m*.

meublé [mœble] *nm* apartamento *m* mobiliado.

meubler [mœble] *vt* mobiliar.

meugler [møgle] *vi* mugir.

meule [møl] *nf (de foin)* meda *f*.

meunière [mønjɛʀ] *nf* → **sole**.

meurt [mœʀ] → **mourir**.

meurtre [mœʀtʀ] *nm* assassinato *m*.

meurtrier, ère [mœʀtʀije, ɛʀ] *nm* assassino *m*, -na *f*.

meurtrière [mœʀtʀijɛʀ] *nf* seteira *f*, → **meurtrier**.

meurtrir [mœʀtʀiʀ] *vt* magoar.

meurtrissure [mœʀtʀisyʀ] *nf (blessure)* contusão *f*; *(sur un fruit)* mancha *f*.

meute [møt] *nf* matilha *f*.

Mexique [mɛksik] *nm* • **le Mexique** o México.

mezzanine [mɛdzanin] *nf* mezanino *m*.

mi- [mi] *préf* meio (meia) • **à la mi-mars** em meados de mar-

ço • **à mi-chemin** no meio do caminho • **à mi-hauteur** a meia altura • **à mi-jambes** até ao meio das pernas.
miauler [mjole] *vi* miar.
miche [miʃ] *nf* pão grande, de formato arredondado.
micro [mikʀo] *nm* micro *m*.
microbe [mikʀɔb] *nm* micróbio *m*.
micro-ondes [mikʀoɔ̃d] *nm inv* • **(four à) micro-ondes** (forno) micro-ondas *m*.
micro-ordinateur [mikʀoɔʀdinatœʀ] (*pl* **micro-ordinateurs**) *nm* microcomputador *m*.
microprocesseur [mikʀopʀɔsesœʀ] *nm* microprocessador *m*.
microscope [mikʀɔskɔp] *nm* microscópio *m*.
microscopique [mikʀɔskɔpik] *adj* microscópico(ca).
midi [midi] *nm* meio-dia *m* • **à midi** ao meio-dia • **le Midi** o Sul da França.
mie [mi] *nf* miolo *m*.
miel [mjɛl] *nm* mel *m*.
mien [mjɛ̃] *nf* • **le mien, la mienne** [lemjɛ̃, lamjɛn] (*mpl* **fpl**) *pron* o meu (a minha).
miette [mjɛt] *nf* migalha *f* • **en miettes** em migalhas.
mieux [mjø] *adv* & *adj* melhor • **c'est ce qu'il fait le mieux** é o que ele faz melhor • **le mieux situé des deux hôtels** o mais bem situado dos dois hoteis • **aller mieux** estar melhor • **ça vaut mieux** é melhor • **de mieux en mieux** cada vez melhor • **c'est le mieux des deux/**

de tous (*le plus beau*) é o melhor dos dois/de todos • **c'est le mieux** (*la meilleure chose à faire*) é o melhor.
mignon, onne [miɲɔ̃, ɔn] *adj* querido(da).
migraine [migʀɛn] *nf* enxaqueca *f*.
mijoter [miʒɔte] *vi* cozinhar em fogo brando.
milieu [miljø] (*pl* **-x**) *nm* meio *m* • **au milieu (de)** no meio (de).
militaire [militɛʀ] *adj & nm* militar.
militant, e [militɑ̃, ɑ̃t] *nm* militante *m*.
milk-shake [milkʃɛk] (*pl* **milk-shakes**) *nm* milk-shake *m*.
mille [mil] *num* mil, → **six**.
mille-feuille [milfœj] (*pl* **mille-feuilles**) *nm* massa *f* folhada.
mille-pattes [milpat] *nm inv* centopeia *f*.
milliard [miljaʀ] *nm* • **un milliard de** um bilhão de.
milliardaire [miljaʀdɛʀ] *nm* multimilionário, -ria *f*.
millier [milje] *nm* milhar *m* • **des milliers de** milhares de.
millilitre [mililitʀ] *nm* mililitro *m*.
millimètre [milimɛtʀ] *nm* milímetro *m*.
million [miljɔ̃] *nm* milhão *m*.
millionnaire [miljɔnɛʀ] *nm* milionário *m*, -ria *f*.
mime [mim] *nm* (*acteur*) mímico *m*, (*art*) mímica *f*.

mimer

mimer [mime] *vt* expressar por meio de mímica.
mimosa [mimoza] *nm* mimosa *f*.
min (*abr de* **minute**) min.
min. (*abr de* **minimum**) mínimo *m*.
minable [minabl] *adj* (*fam*) medíocre • **c'est minable** é lamentável.
mince [mɛ̃s] • *adj* (*personne*) magro(gra); (*tissu, tranche*) fino(na) • *interj* droga!
mine [min] *nf* mina *f*; (*visage*) cara *f* • **avoir bonne/mauvaise mine** estar com bom/mau aspecto • **faire mine de faire qqch** fingir fazer algo.
miner [mine] *vt* minar; (*fig*) consumir.
minerai [minrɛ] *nm* minério *m*.
minéral, e, aux [mineral, o] • *adj* mineral • *nm* mineral *m*.
minéralogique [mineralɔʒik] *adj* → **plaque**.
mineur, e [minœr] • *nm* (*enfant*) menor *mf* • *nm* (*ouvrier*) mineiro *m*.
miniature [minjatyr] • *adj* em miniatura • *nf* miniatura *f* • **en miniature** em miniatura.
minibar [minibar] *nm* (*de train*) minibar *m*; (*d'hôtel*) frigobar *m*.
minidisque [minidisk] *nm* minidisco *m*.
minijupe [miniʒyp] *nf* minissaia *f*.
minimiser [minimize] *vt* minimizar.
minimum [minimɔm] • *adj* mínimo(ma) • *nm* mínimo *m* • **au minimum** no mínimo.

ministère [minister] *nm* ministério *m*.
ministre [ministr] *nm* ministro *m*.
Minitel® [minitɛl] *nm* rede francesa de consulta de banco de dados.

ⓘ MINITEL

Esse termo designa tanto a rede telemática de transmissão de dados como o terminal de conexão. Neles são oferecidos serviços de consulta, tais como informações meteorológicas, lista telefônica etc. E diversos serviços interativos. Estes últimos permitem estabelecer um correio eletrônico entre dois usuários, efetuar determinados trâmites administrativos, comprar bilhetes de trem ou ingressos para um espetáculo. O acesso a esses serviços é possível graças a um código de quatro números marcados diretamente no telefone (3614, 3615 etc). A seguir, utiliza-se o teclado para escrever o nome do serviço solicitado.

minorité [minɔrite] *nf* minoria *f*.
minuit [minɥi] *nm* meia-noite *f*.
minuscule [minyskyl] *adj* minúsculo(la).

minute [minyt] *nf* minuto *m*.
minuterie [minytʀi] *nf* temporizador *m*.
minuteur [minytœʀ] *nm* timer *m*.
minutieux, euse [minysjø, øz] *adj* minucioso(osa).
mirabelle [miʀabɛl] *nf* ameixa *f* mirabela.
miracle [miʀakl] *nm* milagre *m*.
mirage [miʀaʒ] *nm* miragem *f*.
miroir [miʀwaʀ] *nm* espelho *m*.
mis, e [mi, miz] *pp* → **mettre**.
mise [miz] *nf* aposta *f* • **mise en plis** permanente *f* • **mise en scène** encenação *f*.
miser [mize] ♦ **miser sur** *vp + prép (au jeu)* apostar em; *(compter sur)* contar com.
misérable [mizeʀabl] *adj* miserável.
misère [mizɛʀ] *nf (pauvreté)* miséria *f*.
missile [misil] *nm* míssil *m*.
mission [misjɔ̃] *nf* missão *f*.
mistral [mistʀal] *nm* mistral *m*.
mitaine [mitɛn] *nf* mitene *f*.
mite [mit] *nf* traça *f*.
mi-temps [mitɑ̃] *nf inv (moitié d'un match)* tempo *m*; *(pause)* intervalo *m* • **travailler à mi-temps** trabalhar em tempo parcial/meio período.
mitigé, e [mitiʒe] *adj* mitigado(da).
mitoyen, enne [mitwajɛ̃, ɛn] *adj (mur)* parede-meia(meia); *(maisons)* pegado(da) • **la maison mitoyenne de la nôtre** a casa de paredes-meias com a nossa.

mitrailler [mitʀaje] *vt* metralhar; *(fam)* tirar fotografias em série de uma pessoa famosa.
mitraillette [mitʀajɛt] *nf* arma *f* automática.
mitrailleuse [mitʀajøz] *nf* metralhadora *f*.
mixe(u)r [miksœʀ] *nm* liquidificador *m*.
mixer [mikse] *vt* triturar.
mixte [mikst] *adj (école, équipe)* misto(ta).
ml *(abr de millilitre)* ml.
Mlle *(abr de mademoiselle)* Sr-ta.
mm *(abr de millimètre)* mm.
Mme *(abr de madame)* Sra.
mobile [mɔbil] ♦ *adj (cloison, pièce)* móvel; *(regard)* vivaz; *(visage)* expressivo(va) • *nm* móbil *m*.
mobilier [mɔbilje] *nm* mobiliário *m*.
mobiliser [mɔbilize] *vt* mobilizar.
Mobylette® [mɔbilɛt] *nf* mobilete *f*.
mocassin [mɔkasɛ̃] *nm* mocassim *m*.
moche [mɔʃ] *adj (fam)* feio(feia).
mode [mɔd] ♦ *nf* moda *f* • *nm* modo *m* • **à la mode** na moda • **mode d'emploi** modo de usar.
modèle [mɔdɛl] *nm* modelo *m* • **modèle réduit** modelo reduzido.
modeler [mɔdle] *vt* modelar.
modélisme [mɔdelism] *nm* modelismo *m*.
modem [mɔdɛm] *nm* modem *m*.

modération

modération [mɔderasjɔ̃] nf moderação f • **à consommer avec modération** consumir com moderação.
modéré, e [mɔdere] adj moderado(da).
moderne [mɔdɛrn] adj moderno(na).
moderniser [mɔdɛrnize] vt modernizar.
modeste [mɔdɛst] adj modesto(ta).
modestie [mɔdɛsti] nf modéstia f.
modification [mɔdifikasjɔ̃] nf modificação f.
modifier [mɔdifje] vt modificar.
modulation [mɔdylasjɔ̃] nf • **modulation de fréquence** frequência f modulada.
moduler [mɔdyle] vt modular.
moelle [mwal] nf medula f • **moelle épinière** medula espinhal.
moelleux, euse [mwalø, øz] adj fofo(fa).
mœurs [mœr(s)] nfpl costumes mpl.
mohair [mɔɛr] nm mohair m.
moi [mwa] pron (objet direct, indirect) -me; (après prép ou comparaison) mim; (pour insister) eu • **il est à moi** é meu • **moi-même** eu próprio(pria) • **regarde-moi** olhe para mim • **donne-le-moi** dê-mo • **c'est pour moi** é para mim • **il est comme moi** é como eu • **moi je crois que...** eu acho que....

moindre [mwɛ̃dr] adj menor • **le moindre...** o menor....
moine [mwan] nm monge m.
moineau [mwano] (pl -x) nm pardal m.
moins [mwɛ̃] • adv menos • **moins ancien (que)** menos antigo (do que) • **moins vite (que)** menos rápido (do que) • **c'est la nourriture qui coûte le moins** é a comida mais barata • **la ville la moins intéressante que nous ayons visitée** a cidade menos interessante que visitamos • **fatiguez-vous le moins possible** cansem-se o menos possível • **ils ont accepté de gagner moins** eles aceitaram ganhar menos • **moins** (une quantité inférieure de) menos; (en deçà de) menos de • **moins de viande/touristes** menos carne/turistas • **en moins de dix minutes** em menos de dez minutos • **à moins d'un imprévu** a menos que haja um imprevisto • **à moins de rouler** OU **que nous roulions toute la nuit...** a menos que viajemos a noite inteira... • **au moins** pelo menos • **de** OU **en moins** a menos • **j'ai deux ans de moins qu'elle** tenho dois anos a menos que ela • **de moins en moins** cada vez menos • **moins tu y penseras, mieux ça ira** quanto menos você pensar nisso, melhor • prép 1. (pour indiquer l'heure, soustraire) menos • **il est trois heures moins le quart** são

quinze (minutos) para as três (horas) **2.** *(pour indiquer la température)* • **il fait moins 2°C** a temperatura está em 2 graus negativos.

mois [mwa] *nm* mês *m* • **au mois de...** no mês de....

moisi, e [mwazi] • *adj* bolorento(ta) • *nm* bolor *m* • **sentir le moisi** cheirar a mofo.

moisir [mwaziʀ] *vi* mofar.

moisissure [mwazisyʀ] *nf (moisi)* bolor *m*.

moisson [mwasɔ̃] *nf* ceifa *f*.

moissonner [mwasɔne] *vt* ceifar.

moissonneuse [mwasɔnøz] *nf* ceifadeira *f*.

moite [mwat] *adj* úmido(da).

moitié [mwatje] *nf* metade *f* • **dormir à moitié** estar quase dormindo • **la moitié de** a metade de • **à moitié** em parte; *(faire qqch)* pela metade • **à moitié cassé** meio estragado • **à moitié plein** meio cheio • **à moitié prix** pela metade do preço.

moka [mɔka] *nm (gâteau)* bolo de massa leve recheado com creme de café ou chocolate.

molaire [mɔlɛʀ] *nf* molar *m*.

molle → **mou**.

mollet [mɔlɛ] *nm* barriga *f* da perna.

molletonné, e [mɔltɔne] *adj* acolchoado(da).

mollusque [mɔlysk] *nm* molusco *m*.

môme [mom] *nm (fam)* criança *f*.

moment [mɔmɑ̃] *nm* momento *m* • **c'est le moment de...** é hora de... • **au moment où** no momento em que • **du moment que** desde que • **en ce moment** neste momento • **par moments** às vezes • **pour le moment** por ora.

momentané, e [mɔmɑ̃tane] *adj* momentâneo(nea).

momie [mɔmi] *nf* múmia *f*.

mon, ma [mɔ̃, ma] *(pl* **mes**) *adj* meu(minha).

Monaco [mɔnako] *nom* Mônaco.

monarchie [mɔnaʀʃi] *nf* monarquia *f*.

monastère [mɔnastɛʀ] *nm* mosteiro *m*.

monde [mɔ̃d] *nm* mundo *m* • **il y a du monde** OU **beaucoup de monde** tem muita gente • **tout le monde** todo (o) mundo.

mondial, e, aux [mɔ̃djal, o] *adj* mundial.

moniteur, trice [mɔnitœʀ, tʀis] • *nm (de colonie)* monitor *m*, -a *f*; *(d'auto-école)* instrutor *m*, -a *f* • *nm* monitor *m*.

monnaie [mɔnɛ] *nf (argent, devise)* moeda *f*; *(pièces)* troco *m* • **vous avez la monnaie de 20 €?** pode trocar 20 euros? • **faire de la monnaie** trocar dinheiro • **rendre la monnaie à qqn** dar o troco a alguém.

monologue [mɔnɔlɔg] *nm* monólogo *m*.

monopoliser [mɔnɔpɔlize] *vt* monopolizar.

monotone [mɔnɔtɔn] *adj* monótono(na).

monotonie [mɔnɔtɔni] *nf* monotonia *f*.

monsieur

monsieur [məsjø] (*pl* **messieurs**) *nm* senhor *m* • **monsieur X** o senhor X • **bonjour, monsieur/messieurs!** bom dia, meu senhor/meus senhores! • **Monsieur,** *(dans une lettre)* Prezado Senhor, • **Monsieur!** *(pour appeler le professeur)* Professor!

monstre [mɔ̃stR] • *nm* monstro *m* • *adj (fam)* colossal.

monstrueux, euse [mɔ̃stRyø, øz] *adj* monstruoso(osa).

mont [mɔ̃] *nm* monte *m* • **le mont Blanc** o Mont Blanc • **le Mont-Saint-Michel** o Monte Saint-Michel.

ⓘ MONT-SAINT-MICHEL

Pequena ilha rochosa situada no Canal da Mancha, o "Mont-Saint-Michel", cercado de água quando há maré-alta e ligado ao continente por um dique, constitui um lugar impressionante, classificado pela Unesco como Patrimônio Cultural da Humanidade. Nele se encontra a famosa abadia beneditina de estilo gótico que domina a ilha. O prato "omelette de la mère Poulard", nome da dona de um restaurante instalado no Monte Saint-Michel no século XIX, também contribui para a excelente reputação do local.

---

montage [mɔ̃taʒ] *nm* montagem *f.*

montagne [mɔ̃taɲ] *nf* montanha *f* • **à la montagne** na montanha • **montagnes russes** montanha-russa *f.*

montagneux, euse [mɔ̃taɲø, øz] *adj* montanhoso(osa).

montant, e [mɔ̃tɑ̃, ɑ̃t] • *adj (marée)* alto(ta); *(col)* alto(ta) • *nm (somme)* montante *m*; *(d'une fenêtre)* caixilho *m*; *(d'une échelle)* banzo *m.*

montée [mɔ̃te] *nf* subida *f.*

monter [mɔ̃te] • *vi (aux être)* subir • *vt (aux avoir)* montar; *(escalier, côte)* subir; *(porter en haut)* levar para cima; *(son, chauffage, prix)* aumentar; *(coup)* preparar; CULIN bater • **monter les blancs en neige** bater as claras em neve • **monter à bord (d'un avion)** subir a bordo (de um avião) • **monter à cheval** montar a cavalo • **monter en voiture** entrar no carro • **monter sur une échelle** subir em uma escada ♦ **se monter à** *vp + prép* elevar-se a.

montre [mɔ̃tR] *nf* relógio *m* de pulso.

montrer [mɔ̃tRe] *vt* mostrar • **montrer qqch à qqn** mostrar algo a alguém • **montrer qqch/qqn du doigt** apontar com o dedo para algo/alguém ♦ **se montrer** *vp* mostrar-se • **se**

montrer courageux mostrar-se corajoso.

monture [mɔ̃tyʀ] nf *(de lunettes)* armação f; *(cheval)* montaria f.

monument [mɔnymɑ̃] nm monumento m • **monument aux morts** monumento aos mortos em combate.

moquer [mɔke] ♦ **se moquer de** vp + prép *(plaisanter)* gozar de, fazer pouco de; *(ignorer)* querer lá saber de • **je m'en moque** quero lá saber disso.

moques [mɔk] nf *(Belg)* rodelas de massa perfumadas com cravo e cobertas com açúcar cristalizado.

moquette [mɔkɛt] nf carpete m.

moqueur, euse [mɔkœʀ, øz] adj trocista.

moral, e, aux [mɔʀal, o] ♦ adj moral • nm astral m • **avoir le moral** estar de bom astral • **avoir le moral à zéro** estar deprimido, estar de baixo astral.

morale [mɔʀal] nf moral f • **faire la morale à qqn** dar uma lição de moral a alguém.

moralement [mɔʀalmɑ̃] adv moralmente.

morceau, x [mɔʀso] (pl -x) nm *(partie)* pedaço m; *(de musique)* trecho m • **morceau de sucre** torrão m de açúcar • **en mille morceaux** em mil pedaços.

mordiller [mɔʀdije] vt mordiscar.

mordre [mɔʀdʀ] vt morder • **mordre (sur)** ultrapassar.

morille [mɔʀij] nf cogumelo esponjoso comestível.

mors [mɔʀ] nm freio m.

morse [mɔʀs] nm *(animal)* morsa f; *(code)* morse m.

morsure [mɔʀsyʀ] nf mordida f.

mort, e [mɔʀ, mɔʀt] ♦ pp → **mourir** • adj morto(ta); *(piles, radio)* gasto(ta) • nm morto m, -ta f • nf morte f • **être en danger de mort** correr perigo de morte.

mortel, elle [mɔʀtɛl] adj *(qui peut mourir)* mortal; *(qui tue)* mortífero(ra).

morue [mɔʀy] nf bacalhau m.

mosaïque [mɔzaik] nf mosaico m.

Moscou [mɔsku] nom Moscou.

mosquée [mɔske] nf mesquita f.

mot [mo] nm *(terme)* palavra f; *(message)* mensagem f • **mot à mot** ao pé da letra • **mot de passe** senha f • **mots croisés** palavras cruzadas • **avoir le dernier mot** ter a última palavra.

motard [mɔtaʀ] nm *(motocycliste)* motoqueiro m; *(gendarme, policier)* polícia m da brigada motorizada.

motel [mɔtɛl] nm motel m.

moteur [mɔtœʀ] nm motor m.

motif [mɔtif] nm motivo m.

motivation [mɔtivasjɔ̃] nf motivação f.

motivé, e [mɔtive] adj motivado(da).

moto

moto [moto] *nf* moto *f*.
motocross [mɔtɔkʀɔs] *nm* motocross *m*.
motocycliste [mɔtɔsiklist] *nm* motociclista *mf*.
motte [mɔt] *nf (de terre)* torrão *m*; *(de beurre)* porção *f*; *(de gazon)* tufo *m*.
mou, molle [mu, mɔl] *adj* mole.
mouche [muʃ] *nf* mosca *f*.
moucher [muʃe] ♦ **se moucher** *vp* assoar-se.
moucheron [muʃʀɔ̃] *nm* mosquito *m*.
mouchoir [muʃwaʀ] *nm* lenço *m* ♦ **mouchoir en papier** lenço de papel.
moudre [mudʀ] *vt* moer.
moue [mu] *nf* beicinho *m* ♦ **faire la moue** fazer beicinho.
mouette [mwɛt] *nf* gaivota *f*.
moufle [mufl] *nf* luva *f* (com um só dedo).
mouillé, e [muje] *adj* molhado(da).
mouiller [muje] *vt* molhar ♦ **se mouiller** *vp* molhar-se; *(fam)* queimar-se.
mouillette [mujɛt] *nf* pedaço de pão longo e fino que se mergulha em ovo quente ou em outros líquidos.
moulant, e [mulɑ̃, ɑ̃t] *adj* justo(ta).
moule[1] [mul] *nm (industriel)* molde *m*; *(à pâtisserie)* forma *f* ♦ **moule à gâteau** fôrma para bolos.

moule[2] [mul] *nf* mexilhão *m* ♦ **moules marinière** mexilhões cozidos em vinho branco.
mouler [mule] *vt (statue)* moldar; *(vêtement)* ajustar.
moulin [mulɛ̃] *nm* moinho *m* ♦ **moulin à café** moedor *m* de café ♦ **moulin à poivre** moedor de pimenta ♦ **moulin à vent** moinho de vento.
moulinet [mulinɛ] *nm* molinete *m*.
Moulinette® [mulinɛt] *nf* moedor *m* de legumes.
moulu, e [muly] *adj* moído(da).
moulure [mulyʀ] *nf* moldura *f*.
mourant, e [muʀɑ̃, ɑ̃t] *adj* moribundo(da).
mourir [muʀiʀ] *vi (décéder)* morrer; *(disparaître)* extinguir-se ♦ **mourir de faim** morrer de fome ♦ **mourir d'envie de faire qqch** estar morto de vontade de fazer algo.
moussaka [musaka] *nf* carne moída e rodelas de berinjela gratinadas, moussaka *f*.
mousse [mus] *nf (bulles)* espuma *f*; *(plante)* musgo *m*; CULIN musse *f* ♦ **mousse à raser** espuma de barbear ♦ **mousse au chocolat** musse de chocolate.
mousseline [muslin] ♦ *nf* musselina *f* ♦ *adj inv* **purée ou pommes mousseline** puré de batata muito leve ♦ **sauce mousseline** molho à base de gemas de ovo, de manteiga e creme de leite batido.
mousser [muse] *vi* espumar.

mousseux, euse [musø, øz] • adj cremoso(osa) • nm **du (vin) mousseux** espumante m.

moustache [mustaʃ] nf bigode m • **des moustaches** bigodes.

moustachu, e [mustaʃy] adj com bigode.

moustiquaire [mustikɛʀ] nf mosquiteiro m.

moustique [mustik] nm pernilongo m.

moutarde [mutaʀd] nf mostarda f.

mouton [mutɔ̃] nm carneiro m.

mouvants adj mpl → **sable**.

mouvement [muvmã] nm movimento m.

mouvementé, e [muv-mãte] adj movimentado(da).

moyen, enne [mwajɛ̃, ɛn] • adj médio(dia); *(passable)* mais ou menos • nm meio m • **il n'y a pas moyen de** não há meio de • **moyen de transport** meio de transporte • **au moyen de qqch** *(d'une action)* por meio de algo; *(d'un objet)* com a ajuda de algo ♦ **moyens** nm *(ressources)* meios mpl; *(capacités)* capacidades fpl • **avoir les moyens de faire qqch** ter meios para fazer algo • **perdre ses moyens** perder a calma.

moyenne [mwajɛn] nf média f • **en moyenne** em média.

muer [mɥe] vi *(animal)* estar na muda; *(voix, personne)* mudar.

muet, muette [mɥɛ, ɛt] adj mudo(da).

muguet [mygɛ] nm lírio-do-vale m.

(i) MUGUET

Por ocasião do Primeiro de Maio, é costume na França oferecer-se um ramo de "muguet" para dar sorte. Nessa época, ambulantes vendem o "muguet" pelas ruas.

---

mule [myl] nf *(animal)* mula f; *(chaussure)* chinelo m.

mulet [mylɛ] nm burro m.

multicolore [myltikɔlɔʀ] adj multicolor.

multicoque [myltikɔk] adj & nm multicasco.

multiple [myltipl] • adj múltiplo(pla) • nm múltiplo m.

multiplication [myltiplikasjɔ̃] nf multiplicação f.

multiplier [myltiplije] vt multiplicar • **2 multiplié par 9** 2 multiplicado por 9 ♦ **se multiplier** vp multiplicar-se.

multipropriété [myltipʀɔpʀijete] nf time-sharing m, direito m real de habitação periódica.

multitude [myltityd] nf • **une multitude de** uma multidão de.

municipal, e, aux [mynisipal, o] adj municipal.

municipalité [mynisipalite] nf municipalidade f.

munir [myniʀ] vt • **munir qqn/qqch de** munir alguém/algo

munitions

de ♦ **se munir de** vp + prép munir-se de.

munitions [mynisjɔ̃] nfpl munições fpl.

mur [myʀ] nm parede f; (extérieur) muro m • **faire le mur** escapar • **mur du son** barreira f do som.

mûr, e [myʀ] adj (fruit) maduro(ra).

muraille [myʀaj] nf muralha f.

mural, e, aux [myʀal, o] adj mural.

mûre [myʀ] nf amora f.

murer [myʀe] vt murar.

mûrir [myʀiʀ] vi amadurecer.

murmure [myʀmyʀ] nm murmúrio m.

murmurer [myʀmyʀe] vi murmurar.

muscade [myskad] nf • **(noix) muscade** noz-moscada f.

muscat [myska] nm (raisin) uva f moscatel; (vin) moscatel m.

muscle [myskl] nm músculo m.

musclé, e [myskle] adj musculoso(sa).

musculaire [myskylɛʀ] adj muscular.

musculation [myskylasjɔ̃] nf musculação f.

museau [myzo] (pl -**x**) nm (de chien, de renard) focinho m; CULIN preparado de cabeça de porco ou boi, servido frio.

musée [myze] nm museu m.

muselière [myzəljɛʀ] nf focinheira f.

musical, e, aux [myzikal, o] adj musical.

music-hall [myzikol] (pl **music-halls**) nm (théâtre) teatro m de variedades; (spectacle) musical m.

musicien, enne [myzisjɛ̃, ɛn] nm músico m, -ca f.

musique [myzik] nf música f • **musique de chambre** música de câmara • **musique classique** música clássica • **musique de film** trilha f sonora.

musulman, e [myzylmɑ̃, an] adj & nm muçulmano(a).

mutation [mytasjɔ̃] nf (d'un employé) transferência f.

mutiler [mytile] vt mutilar.

mutuel, elle [mytɥɛl] adj mútuo(tua).

mutuelle [mytɥɛl] nf seguro m complementar.

mutuellement [mytɥɛlmɑ̃] adv mutuamente.

myope [mjɔp] adj míope.

myosotis [mjozotis] nm miosótis m inv.

myrtille [miʀtij] nf mirtilo m.

mystère [mistɛʀ] nm mistério m • **Mystère**® sobremesa gelada, à base de merengue e de sorvete coberto com pedaços de amêndoas.

mystérieusement [mis-teʀjøzmɑ̃] adv misteriosamente.

mystérieux, euse [misteʀjø, øz] adj misterioso(osa).

mythe [mit] nm mito m.

mythologie [mitɔlɔʒi] nf mitologia f.

N

n' → **ne**.
N (abr de **nord**) N.
nacre [nakʀ] nf madrepérola f.
nage [naʒ] nf • **à la nage** a nado • **être en nage** estar banhado em suor.
nageoire [naʒwaʀ] nf nadadeira f.
nager [naʒe] vt & vi nadar.
nageur, euse [naʒœʀ, øz] nm nadador m, -ra f.
naïf, naïve [naif, iv] adj ingênuo(nua).
nain, e [nɛ̃, nɛn] adj & nm anão(anã) • **nain de jardin** anão de jardim.
naissance [nɛsɑ̃s] nf nascimento m.
naître [nɛtʀ] vi nascer.
naïve [naif, iv] → **naïf**.
naïveté [naivte] nf ingenuidade f.
nana [nana] nf (fam) mina f.
nappe [nap] nf (linge) toalha f (de mesa); (souterraine) lençol m; (en mer) mancha f; (de brouillard) cortina f.
nappé, e [nape] adj • **nappé de** coberto de.
napperon [napʀɔ̃] nm toalhas de pano ou de papel que servem como enfeite ou proteção de uma mesa.
narguer [naʀge] vt desafiar com escárnio.
narine [naʀin] nf narina f.

narrateur, trice [naʀatœʀ, tʀis] nm narrador m, -ra f.
naseaux [nazo] nm ventas fpl.
natal, e [natal] adj natal.
natalité [natalite] nf natalidade f.
natation [natasjɔ̃] nf natação f • **faire de la natation** praticar natação.
natif, ive [natif, iv] adj • **natif de** natural de.
nation [nasjɔ̃] nf nação f.
national, e, aux [nasjonal, o] adj nacional.
nationale [nasjonal] nf • **(route) nationale** (estrada) nacional f.
nationaliser [nasjonalize] vt nacionalizar.
nationalité [nasjonalite] nf nacionalidade f.
native → **natif**.
natte [nat] nf (tresse) trança f; (tapis) esteira f.
naturaliser [natyʀalize] vt naturalizar.
nature [natyʀ] • nf natureza f • adj inv (yaourt) natural; (omelette, thé) simples • **nature morte** natureza-morta.
naturel, elle [natyʀɛl] adj & nm natural.
naturellement [natyʀɛlmɑ̃] adv naturalmente.
naturiste [natyʀist] nm naturista mf.
naufrage [nofʀaʒ] nm naufrágio m • **faire naufrage** naufragar.
nausée [noze] nf náusea f • **avoir la nausée** estar enjoado.

nautique [notik] *adj* náutico(ca).

naval, e [naval] *adj* naval.

navarin [navaʀɛ̃] *nm ensopado de carneiro com legumes.*

navet [navɛ] *nm (légume)* nabo *m*; *(fam) (mauvais film)* fiasco *m*.

navette [navɛt] *nf (d'aéroport)* linha *f* regular; *(spatiale)* ônibus *m* espacial • **faire la navette (entre)** ir e vir (entre).

navigateur, trice [navigatœʀ, tʀis] *nm* navegador *m*, -ra *f*.

navigation [navigasjɔ̃] *nf* **1.** navegação *f* • **navigation de plaisance** navegação de recreio **2.** *INFORM* • **navigation (sur Internet)** navegação *f* (na Internet).

naviguer [navige] *vi* navegar.

navire [naviʀ] *nm* navio *m*.

navré, e [navʀe] *adj* • **je suis navré** sinto muito.

NB *(abr de nota bene)* NB.

ne [nə] *não,* → **jamais, pas, personne, plus, que, rien**.

né, e [ne] *pp* → **naître**.

néanmoins [neɑ̃mwɛ̃] *adv* todavia.

néant [neɑ̃] *nm* nada *m* • **réduire qqch à néant** reduzir algo a nada • **néant** *em um impresso, indica que não há nenhuma particularidade a assinalar.*

nécessaire [neseseʀ] • *adj* necessário(ria) • **il est nécessaire de faire qqch** é necessário fazer algo • *nm (ce qui est indispensable)* necessário *m*; *(ustensiles)* necessário *m*.

nécessité [nesesite] *nf* necessidade *f*.

nécessiter [nesesite] *vt* necessitar (de).

nécessiteux, euse [nesesitø, øz] *nm* necessitado *m*, -da *f*.

nectarine [nɛktaʀin] *nf* nectarina *f*.

néerlandais, e [neɛʀlɑ̃dɛ, ɛz] • *adj* neerlandês(esa) • *nm (langue)* neerlandês *m* ◆ **Néerlandais, e** *nm* neerlandês *m*, -esa *f*.

nef [nɛf] *nf* nave *f*.

néfaste [nefast] *adj* nefasto(ta).

négatif, ive [negatif, iv] • *adj* negativo(va) • *nm* negativo *m*.

négation [negasjɔ̃] *nf* negação *f*.

négligeable [negliʒabl] *adj (quantité)* desprezável.

négligent, e [negliʒɑ̃, ɑ̃t] *adj* negligente.

négliger [negliʒe] *vt* negligenciar.

négociations [negɔsjasjɔ̃] *nf* negociações *fpl*.

négocier [negɔsje] • *vt (discuter de)* negociar; *(virage)* saber entrar em • *vi* negociar.

neige [nɛʒ] *nf* neve *f*.

neiger [neʒe] *vimpers* • **il neige** está nevando.

neigeux, euse [nɛʒø, øz] *adj* coberto(ta) de neve.

nénuphar [nenyfaʀ] *nm* nenúfar *m*.

néon [neɔ̃] *nm (tube)* néon *m*.

nerf [nɛʀ] *nm* nervo *m* • **du nerf!** coragem! • **être à bout de nerfs** estar à beira de um ataque de nervos.

nerveusement [nɛʀvøzmɑ̃] *adv* nervosamente.

nerveux, euse [nɛʀvø, øz] *adj* nervoso(osa).

nervosité [nɛʀvozite] *nf* nervosismo *m*.

n'est-ce pas? [nɛspa] *adv* não é?

net, nette [nɛt] ◆ *adj* nítido(da); *(propre)* limpo(pa); *(prix, salaire)* líquido(da) ◆ *adv (se casser)* de um só golpe; *(s'arrêter)* de repente.

netéconomie [nɛtekɔnɔmi] *nf* economia *f* digital.

nettement [nɛtmɑ̃] *adv (clairement)* nitidamente; *(beaucoup, très)* muito.

netteté [nɛtte] *nf* nitidez *f*.

nettoyage [nɛtwajaʒ] *nm (ménage)* limpeza *f* • **nettoyage à sec** lavagem *f* a seco.

nettoyer [nɛtwaje] *vt* limpar • **faire nettoyer un vêtement** mandar lavar uma peça de roupa.

neuf, neuve [nœf, nœv] ◆ *adj* novo(nova) ◆ *num* nove • **remettre qqch à neuf** renovar algo • **quoi de neuf?** quais são as novidades?, → **six**.

neurodégénératif, ive [nøʀodeʒeneʀatif, iv] *adj MÉD* neurodegenerativo(va).

neutre [nøtʀ] *adj* neutro(tra).

neuvième [nœvjɛm] *num* nono(na), → **sixième**.

neveu [nəvø] (*pl* **-x**) *nm* sobrinho *m*.

nez [ne] *nm* nariz *m* • **se trouver nez à nez avec qqn** encontrar-se cara a cara com alguém.

NF (*abr de* **norme française**) norma francesa.

ni [ni] *conj* • **ni... ni** nem... nem • **je n'aime ni la guitare ni le piano** não gosto nem de violão nem de piano • **ni l'un ni l'autre ne sont français** nem um nem outro são franceses • **elle n'est ni mince ni grosse** ela não é nem magra nem gorda.

niais, e [njɛ, njɛz] *adj* tolo(la).

niche [niʃ] *nf (à chien)* casinha *f*; *(dans un mur)* nicho *m*.

niçoise [niswaz] *adj f* → **salade**.

nicotine [nikɔtin] *nf* nicotina *f*.

nid [ni] *nm* ninho *m*.

nid-de-poule [nidpul] (*pl* **nids-de-poule**) *nm* buraco *m* (na estrada).

nièce [njɛs] *nf* sobrinha *f*.

nier [nje] *vt* negar • **nier avoir fait qqch** negar ter feito algo • **nier que** negar que.

Nil [nil] *nm* • **le Nil** o Nilo.

n'importe [nɛ̃pɔʀt] → **importer**.

niveau [nivo] (*pl* **-x**) *nm* nível *m* • **au niveau de** ao nível de • **niveau d'huile** nível de óleo • **niveau de vie** nível de vida.

n° (*abr de* **numéro**) n°.

noble [nɔbl] *adj* & *nm* nobre.

noblesse [nɔblɛs] *nf (nobles)* nobreza *f*.

noce [nɔs] *nf* boda *f* • **noces d'or** bodas de ouro.

nocif, ive [nɔsif, iv] *adj* nocivo(va).

nocturne [nɔktyʀn] • *adj* noturno(na) • *nf (d'un magasin)* funcionamento *m* noturno.

Noël [nɔɛl] • *nm* Natal *m* • *nf* • **la Noël** *(jour)* o dia de Natal; *(période)* o Natal.

ℹ️ NOËL

A festa de Natal começa no dia 24 de dezembro à noite, com o "réveillon", a ceia em que tradicionalmente se come peru com castanhas e, a seguir, uma espécie de pão de ló com creme, chamado "bûche". Antigamente as crianças colocavam os sapatos diante da chaminé e, no dia 25, pela manhã, encontravam ali os presentes trazidos pelo Papai Noel. Hoje, a distribuição dos presentes faz-se cada vez mais na noite do "réveillon", em torno da árvore de Natal. Os católicos praticantes assistem à missa do galo. Em geral, o dia de Natal passa-se com a família.

nœud [nø] *nm* nó *m*; *(ruban)* laço *m* • **nœud papillon** gravata-borboleta *f*.

noir, e [nwaʀ] • *adj (couleur)* preto(ta); *(sombre)* escuro(ra) • *nm (couleur)* preto *m*; *(obscurité)* escuro *m* • **il fait noir** está escuro • **dans le noir** no escuro ◆ **Noir, e** *nm* negro *m*, -gra *f*.

noircir [nwaʀsiʀ] *vt* & *vi* escurecer.

noisetier [nwaztje] *nm* aveleira *f*.

noisette [nwazɛt] • *nf* avelã *f* • *adj inv* cor de avelã • **une noisette de beurre** uma bolinha de manteiga.

noix [nwa] *nf (fruit)* noz *f*; *(morceau)* um pouco • **noix de cajou** castanha *f* de caju • **noix de coco** coco *m*.

nom [nɔ̃] *nm (de personne, de chose)* nome *m*; *GRAM* substantivo *m* • **nom commun** substantivo comum • **nom de famille** sobrenome *m* • **nom de jeune fille** sobrenome de solteira • **nom propre** nome próprio.

nomade [nɔmad] *nmf* nômade *mf*.

nombre [nɔ̃bʀ] *nm* número *m* • **un grand nombre de** um grande número de.

nombreux, euse [nɔ̃bʀø, øz] *adj* numeroso(osa) • **peu nombreux** pouco numeroso.

nombril [nɔ̃bʀil] *nm* umbigo *m*.

nommer [nɔme] *vt (appeler)* chamar; *(à un poste)* nomear ◆ **se nommer** *vp* chamar-se.

non [nɔ̃] *adv* não • **non?** não? • **non plus** também não • **non seulement ..., mais ...** não só ... mas ...

nonante [nɔnɑ̃t] *num (Belg & Helv)* noventa, → **six**.

nonchalant, e [nɔ̃ʃalɑ̃, ɑ̃t] *adj* indolente.

non-fumeur, euse [nɔ̃fymœʀ, øz] *nm* não fumante *mf*.
nord [nɔʀ] *adj inv & nm inv* norte • **au nord (de)** a norte (de).
nord-est [nɔʀɛst] *adj inv & nm inv* nordeste • **au nord-est (de)** a nordeste (de).
nordique [nɔʀdik] *adj* nórdico(ca); *(Can)* do norte do Canadá.
nord-ouest [nɔʀwɛst] *adj inv & nm inv* noroeste • **au nord-ouest (de)** a noroeste (de).
normal, e, aux [nɔʀmal, o] *adj* normal • **ce n'est pas normal** *(pas juste)* não é justo.
normale [nɔʀmal] *nf* • **la normale** a média.
normalement [nɔʀmalmɑ̃] *adv* normalmente.
normand, e [nɔʀmɑ̃, ɑ̃d] *adj* normando(da).
Normandie [nɔʀmɑ̃di] *nf* • **la Normandie** a Normandia.
norme [nɔʀm] *nf* norma *f*.
Norvège [nɔʀvɛʒ] *nf* • **la Norvège** a Noruega.
norvégien, enne [nɔʀveʒjɛ̃, ɛn] • *adj* norueguês(esa) • *nm (langue)* norueguês *m* • **Norvégien, enne** *nm* norueguês *m*, -esa *f*.
nosocomial, e (*mpl* **-aux**) [nɔzɔkɔmjal, o] *adj* nosocomial.
nos [no] → **notre**.
nostalgie [nɔstalʒi] *nf* nostalgia *f* • **avoir la nostalgie de** ter saudade de.
notable [nɔtabl] *adj & nm* notável.
notaire [nɔtɛʀ] *nm* tabelião *m*.

notamment [nɔtamɑ̃] *adv* particularmente.
note [nɔt] *nf* nota *f* • **prendre des notes** tomar nota • **note de frais** despesas feitas por alguém em nome de uma empresa e que lhe serão reembolsadas.
noter [nɔte] *vt* notar; *(écrire)* anotar.
notice [nɔtis] *nf (mode d'emploi)* instruções *fpl* de uso.
notion [nɔsjɔ̃] *nf* noção *f* • **avoir des notions de** ter noções de.
notoriété [nɔtɔʀjete] *nf* notoriedade *f*.
notre [nɔtʀ] (*pl* **nos**) *adj* nosso(a).
nôtre [notʀ] ◆ **le nôtre, la nôtre** (*pl* **les nôtres**) *pron* o nosso(a nossa).
nouer [nwe] *vt (lacet, cravate)* fazer o nó de; *(cheveux)* prender.
nougat [nuga] *nm* nugá *m*.
nougatine [nugatin] *nf* pasta dura feita com caramelo e amêndoas.
nouilles [nuj] *nfpl (type de pâtes)* tipo de massa alimentícia em tiras finas e longas.
nourrice [nuʀis] *nf* ama *f*.
nourrir [nuʀiʀ] *vt (alimenter)* alimentar; *(entretenir)* manter ◆ **se nourrir (de)** *vp + prép* alimentar-se (de).
nourrissant, e [nuʀisɑ̃, ɑ̃t] *adj* nutritivo(va).
nourrisson [nuʀisɔ̃] *nm* criança *f* de peito.
nourriture [nuʀityʀ] *nf (régime alimentaire)* alimentação *f*.

nous

nous [nu] *pron* -nos; *(sujet)* nós • **nous-mêmes** nós próprios(prias) • **il nous en a parlé** ele nos falou sobre isso • **ils nous regardent** eles estão olhando para nós • **ils nous ont vus** eles nos viram • **nous nous sommes habillés** nós nos vestimos • **nous sommes parlés** nós conversamos • **nous sommes sœurs** nós somos irmãs.

nouveau, elle [nuvo, nuvɛl] *(mpl* **nouveaux** *[nuvo]* *(nouvel* [nuvɛl] *devant voyelle ou h muet)* *adj* novo(nova) • *m (dans une classe)* aluno *m* novo, aluna *f* nova; *(dans un club)* membro *m* novo • **rien de nouveau** nada de novo • **le nouvel an** o ano-novo • **à** OU **de nouveau** de novo.

nouveau-né, e [nuvone] *(mpl* **nouveau-nés**, *fpl* **nouveau-nées)** *nm* recém-nascido *m*, -da *f*.

nouveauté [nuvote] *nf* novidade *f*.

nouvel → **nouveau**.

nouvelle [nuvɛl] *nf (information)* notícia *f*; *(roman)* novela *f* • **les nouvelles** as notícias • **avoir des nouvelles de qqn** ter notícias de alguém.

Nouvelle-Calédonie [nuvɛlkaledɔni] *nf* • **la Nouvelle-Calédonie** a Nova Caledônia.

novembre [nɔvɑ̃bʀ] *nm* novembro *m*, → **septembre**.

noyade [nwajad] *nf* afogamento *m*.

noyau [nwajo] *(pl* -**x***) nm (de fruit)* caroço *m*; *(petit groupe)* núcleo *m*.

noyé, e [nwaje] *nm* afogado *m*, -da *f*.

noyer [nwaje] • *nm* nogueira *f* • *vt* afogar ♦ **se noyer** *vp* afogar-se.

NPI *(abr de* **nouveaux pays industriels***) nmpl* NPI *mpl (Novos Países Industrializados).*

nu, e [ny] *adj (personne, jambes)* nu(nua); *(pièce)* vazio(zia); *(arbre)* desfolhado(da) • **pieds nus** descalço(ça) • **tout nu** nu em pelo • **à l'œil nu** a olho nu • **nu-tête** sem chapéu.

nuage [nɥaʒ] *nm* nuvem *f*.

nuageux, euse [nɥaʒø, øz] *adj* nublado(da), enevoado(da).

nuance [nɥɑ̃s] *nf (teinte)* nuance *f*.

nucléaire [nykleɛʀ] *adj* nuclear.

nudiste [nydist] *nm* nudista *mf*.

nui [nɥi] *pp* → **nuire**.

nuire [nɥiʀ] ♦ **nuire à** *vp + prép* prejudicar.

nuisible [nɥizibl] *adj* nocivo(va) • **nuisible à** nocivo a.

nuit [nɥi] *nf* noite *f* • **la nuit** à noite • **bonne nuit!** boa noite! • **il fait nuit** é de noite • **passer une nuit blanche** *(ne pas se coucher)* ter insônia, *(ne pas trouver le sommeil)* passar uma noite em branco • **de nuit** *(travail, poste)* noturno(na); *(travailler, voyager)* de noite.

nul, nulle [nyl] *adj* nulo(la); *(fam)* zero à esquerda • **être nul en qqch** ser uma nulidade em algo • **nulle part** em lugar nenhum.

numérique [nymerik] *adj* digital.

numéro [nymero] *nm* número *m* • **numéro de compte** número de conta • **numéro d'immatriculation** número de matrícula • **numéro de téléphone** número de telefone • **numéro vert** chamada *f* grátis.

numéroter [nymerote] *vt* numerar • **place numérotée** lugar numerado.

nu-pieds [nypje] *nm inv* sandália que deixa descoberto o peito do pé.

nuque [nyk] *nf* nuca *f*.

Nylon® [nilɔ̃] *nm* nylon *m*.

O

O (*abr de* **ouest**) O.

oasis [ɔazis] *nf* oásis *m*.

obéir [ɔbeir] *vi* obedecer • **obéir à** obedecer a.

obéissant, e [ɔbeisɑ̃, ɑ̃t] *adj* obediente.

obèse [ɔbɛz] *adj* obeso(sa).

objectif, ive [ɔbʒɛktif, iv] • *adj* objetivo(va) • *nm* (*but*) objetivo *m*; (*d'appareil photo*) objetiva *f*.

objection [ɔbʒɛksjɔ̃] *nf* objeção *f*.

objet [ɔbʒɛ] *nm* objeto *m*; (*but*) finalidade *f*; (*d'une recherche, d'un débat*) assunto *m* • **(bureau des) objets trouvés** (seção de) achados e perdidos • **objets de valeur** objetos de valor.

obligation [ɔbligasjɔ̃] *nf* obrigação *f*.

obligatoire [ɔbligatwar] *adj* obrigatório(ria).

obligé, e [ɔbliʒe] *adj (fam)* inevitável • **être obligé de faire qqch** ser obrigado a fazer algo.

obliger [ɔbliʒe] *vt* • **obliger qqn à faire qqch** obrigar alguém a fazer algo.

oblique [ɔblik] *adj* oblíquo(qua).

oblitérer [ɔblitere] *vt (ticket)* perfurar.

obscène [ɔpsɛn] *adj* obsceno(na).

obscur, e [ɔpskyr] *adj* obscuro(ra).

obscurcir [ɔpskyrsir]
♦ **s'obscurcir** *vp* obscurecer-se.

obscurité [ɔpskyrite] *nf* obscuridade *f*.

obséder [ɔpsede] *vt* obcecar.

obsèques [ɔpsɛk] *nf (sout)* exéquias *fpl*.

observateur, trice [ɔp-sɛrvatœr, tris] *adj* observador(ra).

observation [ɔpsɛrvasjɔ̃] *nf* observação *f*.

observatoire [ɔpsɛrvatwar] *nm* observatório *m*.

observer [ɔpsɛrve] *vt* observar.

obsession [ɔpsesjɔ̃] nf obsessão f.
obstacle [ɔpstakl] nm obstáculo m.
obstiné, e [ɔpstine] adj obstinado(da).
obstiner [ɔpstine]
♦ **s'obstiner** vp obstinar-se • s'obstiner à faire qqch obstinar-se em fazer algo.
obstruer [ɔpstrye] vt obstruir.
obtenir [ɔptənir] vt obter.
obtenu, e [ɔptəny] pp → **obtenir**.
obturateur [ɔptyratœr] nm (d'appareil photo) obturador m.
obus [ɔby] nm obus m.
OC (abr de ondes courtes) OC.
occasion [ɔkazjɔ̃] nf (chance) ocasião f; (bonne affaire) pechincha f • avoir l'occasion de faire qqch ter oportunidade de fazer algo • à l'occasion de por ocasião de • d'occasion de segunda mão.
occasionnel, elle [ɔkazjɔnɛl] adj ocasional.
occasionner [ɔkazjɔne] vt (sout) ocasionar.
Occident [ɔksidɑ̃] nm • l'Occident o Ocidente.
occidental, e, aux [ɔksidɑ̃tal, o] adj ocidental.
occupation [ɔkypasjɔ̃] nf ocupação f.
occupé, e [ɔkype] adj ocupado(da) • ça sonne occupé está ocupado.
occuper [ɔkype] vt ocupar • ça l'occupe isso o distrai
♦ **s'occuper** vp entreter-se • s'occuper de tratar de.

occurrence [ɔkyrɑ̃s] ♦ **en l'occurrence** adv neste caso.
océan [ɔseɑ̃] nm oceano m.
Océanie [ɔseani] nf • l'Océanie a Oceania.
ocre [ɔkr] adj inv ocre.
octane [ɔktan] nm • **indice d'octane** índice m de octano.
octante [ɔktɑ̃t] num (Belg & Helv) oitenta, → **six**.
octet [ɔktɛ] nm byte m, octeto m.
octobre [ɔktɔbr] nm outubro m, → **septembre**.
oculiste [ɔkylist] nmf oculista mf.
odeur [ɔdœr] nf odor m, cheiro m.
odieux, euse [ɔdjø, øz] adj odioso(osa).
odorat [ɔdɔra] nm olfato m.
œil [œj] (pl **yeux**) nm olho m • à l'œil (fam) por seus lindos olhos • avoir qqn à l'œil (fam) estar de olho em alguém • mon œil! (fam) de jeito nenhum!
œillet [œjɛ] nm (fleur) cravo m; (de chaussure) buraco m.
œsophage [ezɔfaʒ] nm esôfago m.
œuf [œf, ø] (pl **œufs**) nm ovo m • œuf à la coque ovo quente • œuf dur ovo cozido • œuf de Pâques ovo de Páscoa • œuf poché ovo poché • œuf sur le plat ovo estrelado • œufs brouillés ovos mexidos • œufs à la neige ovos nevados.
œuvre [œvr] nf obra f • mettre qqch en œuvre pôr algo em prática • œuvre d'art obra de arte.

offense [ɔfɑ̃s] *nf* ofensa *f*.

offenser [ɔfɑ̃se] *vt* ofender.

offert, e [ɔfɛʀ, ɛʀt] *pp* → **offrir**.

office [ɔfis] *nm (organisme)* organismo *m*; *(messe)* ofício *m* • **faire office de** servir de • **office de tourisme** agência *f* de turismo • **d'office** de ofício.

officiel, elle [ɔfisjɛl] *adj* oficial.

officiellement [ɔfisjɛlmɑ̃] *adv* oficialmente.

officier [ɔfisje] *nm (militaire)* oficial *m*.

offre [ɔfʀ] *nf* oferta *f* • **offre spéciale** oferta especial • **offres d'emploi** ofertas de emprego.

offrir [ɔfʀiʀ] *vt* • **offrir qqch a qqn** oferecer algo a alguém • **offrir à qqn de faire qqch** propor a alguém que faça algo • **offrir de faire qqch** propor-se a fazer algo ◆ **s'offrir** *vp* oferecer-se.

oie [wa] *nf* ganso *m*.

oignon [ɔɲɔ̃] *nm (légume)* cebola *f*; *(de fleur)* bulbo *m* • **petits oignons** cebolinhas *fpl*.

oiseau [wazo] *(pl -x) nm* pássaro *m*.

OK [ɔke] *interj* o.k.!

ola [ɔla] *nf* ola • **faire la ola** fazer a ola.

olive [ɔliv] *nf* azeitona *f* • **olive noire/verte** azeitona preta/verde.

olivier [ɔlivje] *nm* oliveira *f*.

olympique [ɔlɛ̃pik] *adj* olímpico(ca).

omble (chevalier) [ɔ̃blə(ʃəvalje)] *nm (Helv)* peixe de água doce, de carne muito apreciada, que vive nas profundezas de lagos, especialmente do lago Léman.

ombragé, e [ɔ̃bʀaʒe] *adj* sombreado(da).

ombre [ɔ̃bʀ] *nf* sombra *f* • **à l'ombre (de)** à sombra (de) • **ombres chinoises** sombras chinesas • **ombre à paupières** sombra (para os olhos).

ombrelle [ɔ̃bʀɛl] *nf* sombrinha *f*.

omelette [ɔmlɛt] *nf* omelete *f* • **omelette norvégienne** sobremesa feita de pão de ló, sorvete e merengue, quente por fora e gelada por dentro.

omettre [ɔmɛtʀ] *vt (sout)* omitir • **omettre de faire qqch** esquecer-se de fazer algo.

omis, e [ɔmi, iz] *pp* → **omettre**.

omission [ɔmisjɔ̃] *nf* omissão *f*.

omnibus [ɔmnibys] *nm* • **(train) omnibus** ≃ trem *m* regional.

omoplate [ɔmɔplat] *nf* omoplata *f*.

on [ɔ̃] *pron* • **on a frappé** bateram à porta • **autrefois, on vivait mieux** antigamente, vivia-se melhor • **on s'en va** vamos embora • **on ne sait jamais** nunca se sabe.

oncle [ɔ̃kl] *nm* tio *m*.

onctueux, euse [ɔ̃ktyø, øz] *adj* untuoso(osa).

onde [ɔ̃d] *nf* onda *f* • **grandes ondes** ondas longas • **ondes courtes/moyennes** ondas curtas/médias.

ondulé, e [ɔ̃dyle] *adj (cheveux)* ondulado(da).

onéreux, euse [ɔnerø, øz] *adj (sout)* oneroso(osa).

ongle [ɔ̃gl] *nm* unha *f*.

ont [ɔ̃] → **avoir**.

ONU [ɔny] *nf (abr de* Organisation des Nations Unies*)* ONU *f*.

onze [ɔ̃z] *num* → **six**.

onzième [ɔ̃zjɛm] *num* décimo primeiro(décima primeira), → **sixième**.

opaque [ɔpak] *adj* opaco(ca).

opéra [ɔpera] *nm* ópera *f*.

opérateur, trice [ɔperatœr, tris] *nm (au téléphone)* telefonista *mf*.

opération [ɔperasjɔ̃] *nf* operação *f*.

opérer [ɔpere] *vt & vi* operar • **se faire opérer (de)** ser operado (a).

opérette [ɔperɛt] *nf* opereta *f*.

ophtalmologiste [ɔftalmɔlɔʒist] *nm* oftalmologista *mf*.

opinion [ɔpinjɔ̃] *nf* opinião *f* • **l'opinion (publique)** a opinião pública.

opportun, e [ɔpɔrtœ̃, yn] *adj* oportuno(na).

opportuniste [ɔpɔrtynist] *adj* oportunista.

opposé, e [ɔpoze] *adj* oposto(osta); *(opinion)* contrário(ria) • *nm* • **l'opposé** o oposto • **opposé à** *(inverse)* oposto a; *(hostile à)* contra • **à l'opposé de** *(du côté opposé à)* do lado oposto a; *(contrairement à)* contrariamente a.

opposer [ɔpoze] *vt* opor • **s'opposer** *vp* opor-se • **s'opposer à** opor-se a.

opposition [ɔpozisjɔ̃] *nf* oposição *f*.

oppresser [ɔprese] *vt* oprimir.

oppression [ɔpresjɔ̃] *nf* opressão *f*.

opprimer [ɔprime] *vt* oprimir.

opticien, enne [ɔptisjɛ̃, ɛn] *nm* opticista *mf*.

optimisme [ɔptimism] *nm* otimismo *m*.

optimiste [ɔptimist] *adj & n* otimista.

option [ɔpsjɔ̃] *nf* opção *f*.

optionnel, elle [ɔpsjɔnɛl] *adj* opcional.

optique [ɔptik] *adj* óptico(ca) • *nf (point de vue)* óptica *f*.

or [ɔr] • *conj* porém • *nm* ouro *m* • **en or** de ouro.

orage [ɔraʒ] *nm* tempestade *f*.

orageux, euse [ɔraʒø, øz] *adj* tempestuoso(sa).

oral, e, aux [ɔral, o] • *adj* oral • *nm* oral *f* • **voie orale** via oral.

orange [ɔrɑ̃ʒ] • *adj inv* cor de laranja • *nm* cor de laranja *f* • *nf* laranja *f*.

orangeade [ɔrɑ̃ʒad] *nf* laranjada *f*.

oranger [ɔrɑ̃ʒe] *nm* → **fleur**.

Orangina® [ɔrɑ̃ʒina] *nm* ≃ Fanta® *f*.

orbite [ɔrbit] *nf* órbita *f*.

orchestre [ɔRkɛstR] nm orquestra f.

orchidée [ɔRkide] nf orquídea f.

ordinaire [ɔRdinɛR] ♦ adj (normal, banal) ordinário(ria) ♦ nm gasolina f comum • **sortir de l'ordinaire** sair do comum • **d'ordinaire** de ordinário.

ordinateur [ɔRdinatœR] nm computador m.

ordonnance [ɔRdɔnɑ̃s] nf (médicale) receita f (médica).

ordonné, e [ɔRdɔne] adj arrumado(a).

ordonner [ɔRdɔne] vt (commander) ordenar ; (ranger) arrumar • **ordonner à qqn de faire qqch** ordenar a alguém que faça algo.

ordre [ɔRdR] nm ordem f • **donner l'ordre (à qqn) de faire qqch** dar ordem (a alguém) para fazer algo • **jusqu'à nouvel ordre** até nova ordem • **en ordre** em ordem • **mettre de l'ordre dans qqch** pôr ordem em algo • **dans l'ordre** por ordem • **à l'ordre de** à ordem de.

ordures [ɔRdyR] nfpl lixo m.

oreille [ɔRɛj] nf orelha f.

oreiller [ɔReje] nm travesseiro m.

oreillons [ɔRejɔ̃] nm caxumba f.

organe [ɔRgan] nm órgão m.

organisateur, trice [ɔRganizatœR, tRis] nm organizador m, -ra f.

organisation [ɔRganizasjɔ̃] nf organização f.

organisé, e [ɔRganize] adj organizado(a).

organiser [ɔRganize] vt organizar ♦ **s'organiser** vp organizar-se.

organisme [ɔRganism] nm organismo m.

orge [ɔRʒ] nf → **sucre**.

orgue [ɔRg] nm órgão m • **orgue de Barbarie** realejo m.

orgueil [ɔRgœj] nm orgulho m.

orgueilleux, euse [ɔRgœjø, øz] adj orgulhoso(osa).

Orient [ɔRjɑ̃] nm • **l'Orient** o Oriente.

oriental, e, aux [ɔRjɑ̃tal, o] adj oriental.

orientation [ɔRjɑ̃tasjɔ̃] nf orientação f.

orienter [ɔRjɑ̃te] vt orientar ♦ **s'orienter** vp orientar-se • **s'orienter vers** (se tourner vers) mover-se em direção a ; EDUC dirigir-se para.

orifice [ɔRifis] nm orifício m.

originaire [ɔRiʒinɛR] adj • **originaire de** oriundo(da) de.

original, e, aux [ɔRiʒinal, o] ♦ adj original ♦ nm excêntrico m, -ca f ♦ nm original m.

originalité [ɔRiʒinalite] nf originalidade f.

origine [ɔRiʒin] nf origem f • **être à l'origine de qqch** estar na origem de algo • **à l'origine** no início • **d'origine** (ancien) de origem • **pays d'origine** país de origem.

ORL nm (abr de oto-rhino-laryngologiste) otorrino m.

ornement [ɔRnəmɑ̃] nm adorno m.

orner

orner [ɔrne] vt ornar, adornar • **orner qqch de** adornar algo com.

ornière [ɔrnjɛr] nf cova f.

orphelin, e [ɔrfəlɛ̃, in] nm órfão m, -ã f.

orphelinat [ɔrfəlina] nm orfanato m.

Orsay [ɔrsɛ] nom • **le musée d'Orsay** museu parisiense dedicado à arte do século XIX, com destaque para o impressionismo.

orteil [ɔrtɛj] nm dedo m do pé • **gros orteil** dedão m.

orthographe [ɔrtɔgraf] nf ortografia f.

orthophoniste [ɔrtɔfɔnist] nmf terapeuta mf da fala.

ortie [ɔrti] nf urtiga f.

os [ɔs, o] (pl **os**) nm osso m.

oscariser [ɔskarize] vt conceder um Oscar a.

oscillation [ɔsilasjɔ̃] nf oscilação f.

osciller [ɔsile] vi oscilar.

osé, e [oze] adj atrevido(da).

oseille [ozɛj] nf azeda f.

oser [oze] vt atrever-se a • **oser faire qqch** atrever-se a fazer algo.

osier [ozje] nm vime m.

ostensible [ɔstɑ̃sibl] adj ostensivo(va).

otage [ɔtaʒ] nm refém f • **prendre qqn en otage** tomar alguém como refém.

otarie [ɔtari] nf otária f.

ôter [ote] vt tirar qqch à qqn tirar algo de alguém • **ôter qqch de qqch** tirar algo de algo • **3 ôté de 10 égale 7** 10 menos 3 é igual a 7.

otite [ɔtit] nf otite f.

oto-rhino(-laryngologiste) [ɔtɔrinɔlarɛ̃gɔlɔʒist] (pl **-s**) nm otorrinolaringologista mf.

ou [u] conj ou • **c'est l'un ou l'autre** é um ou outro • **ou bien** ou então • **ou... ou...** ou... ou.

où [u] ◆ adv onde • **où habitez-vous?** onde vocês moram? • **d'où êtes-vous?** de onde vocês são? • **par où faut-il passer?** é preciso ir por onde? • **nous ne savons pas où dormir/où aller** não sabemos onde dormir/aonde ir ◆ pron **1.** (spatial) onde • **le village où j'habite** a cidade onde moro • **le pays d'où je viens** o país de aonde venho • **les endroits où nous sommes allés** os lugares aonde fomos • **la ville par où nous venons de passer** a cidade por onde acabamos de passar **2.** (temporel) em que • **le jour où...** o dia em que... • **juste au moment où...** bem no momento em que....

ouate [wat] nf algodão m em rama.

oubli [ubli] nm esquecimento m.

oublier [ublije] vt esquecer-se de; (omettre) esquecer-se • **oublier de faire qqch** esquecer-se de fazer algo.

oubliettes [ublijɛt] nfpl masmorra f.

ouest [wɛst] *adj inv & nm inv* oeste ◆ **à l'ouest (de)** a oeste (de).
ouf [uf] *interj* ufa!
oui [wi] *adv* sim.
ouïe [wi] *nf* ouvido *m* ◆ **ouïes** *nfpl* guelras *fpl*.
ouragan [uʀagɑ̃] *nm* furacão *m*.
ourlet [uʀlɛ] *nm* bainha *f*.
ours [uʀs] *nm* urso *m*.
oursin [uʀsɛ̃] *nm* ouriço-do-mar *m*.
outil [uti] *nm* ferramenta *f*; *(fig)* instrumento *m* ◆ **boîte à outils** caixa de ferramentas.
outillage [utija3] *nm* ferramentas *fpl*.
outre [utʀ] *prép* além de ◆ **en outre** além disso ◆ **outre mesure** excessivamente.
outré, e [utʀe] *adj* indignado(da).
outre-mer [utʀəmɛʀ] *adv* além-mar.
ouvert, e [uvɛʀ, ɛʀt] ◆ *pp* → **ouvrir** ◆ *adj* aberto(ta) ◆ **ouvert le lundi** aberto às segundas-feiras.
ouvertement [uvɛʀtəmɑ̃] *adv* abertamente.
ouverture [uvɛʀtyʀ] *nf* abertura *f* ◆ **ouverture d'esprit** abertura de espírito.
ouvrable [uvʀabl] *adj* → **jour**.
ouvrage [uvʀa3] *nm* obra *f*.
ouvre-boîtes [uvʀəbwat] *nm inv* abridor *m* de lata.
ouvre-bouteilles [uvʀəbutɛj] *nm inv* abridor *m* de garrafa.
ouvreur, euse [uvʀœʀ, øz] *nm*

ouvrier, ère [uvʀije, ɛʀ] *adj & nm* operário(ria).
ouvrir [uvʀiʀ] *vt & vi* abrir ◆ **s'ouvrir** *vp (porte)* abrir-se; *(fleur)* desabrochar.
ovale [ɔval] *adj* oval.
overbooking [ɔvɛʀbukiŋ] *nm* overbooking *m*, excesso *m* de reservas.
oxyder [ɔkside] ◆ **s'oxyder** *vp* oxidar-se.
oxygène [ɔksiʒɛn] *nm* oxigênio *m*.
oxygénée [ɔksiʒene] *adj f* → **eau**.
ozone [ozɔn] *nm* ozônio *m*.

P

pacifique [pasifik] *adj* pacífico(ca) ◆ **l'océan Pacifique, le Pacifique** o oceano Pacífico, o Pacífico.
pack [pak] *nm (de bouteilles)* pack *m*.
pacser [pakse] ◆ **se pacser** *(fam)* [pakse] *vp* unir-se de fato.
pacte [pakt] *nm* pacto *m*.
paella [paɛla] *nf* paella *f*.
pagayer [pageje] *vi* remar *(com remo de pá larga e haste curta)*.
page [pa3] *nf* página *f* ◆ **page de garde** folha de guarda ◆ **les pages jaunes** as páginas amarelas; ◆ **page précédente** pági-

paie

na anterior, página precedente • **page suivante** página seguinte • **page Web** página Web.

paie [pɛ] = **paye**.
paiement [pɛmã] *nm* pagamento *m*.
paillasson [pajasɔ̃] *nm* capacho *m*.
paille [paj] *nf (de blé)* palha *f*; *(pour boire)* canudinho *m*.
paillette [pajɛt] *nf* lantejoula *f*.
pain [pɛ̃] *nm* pão *m* • **pain au chocolat** pão de chocolate • **pain complet** pão integral • **pain doré** *(Can)* = **pain perdu** • **pain d'épice** = pão *m* de mel • **pain de mie** pão de fôrma • **pain perdu** ≃ rabanadas *fpl* • **pain aux raisins** pão *m* com passas.

> **PAIN**

Na França é impossível imaginar-se uma refeição sem pão. O pão é comprado nas padarias e tem diversas formas: "ficelle", "baguette", "bâtard", "pain" de 400 gramas ou "miche". O pão mais comum é preparado com farinha e trigo. Existem também os pães especiais que contêm cereais ou germe de trigo. Cortado em fatias, o pão constitui o essencial do café da manhã.

pair, e [pɛʀ] • *adj* par • *nm* • **jeune fille au pair** moça (geralmente estrangeira) que ajuda nos trabalhos domésticos, etc., em troca de casa e comida.
paire [pɛʀ] *nf* par *m*.
paisible [pezibl] *adj* sossegado(da).
paître [pɛtʀ] *vi* pastar.
paix [pɛ] *nf* paz *f* • **avoir la paix** ter paz • **laisser qqn en paix** deixar alguém em paz.
Pakistan [pakistã] *nm* • **le Pakistan** o Paquistão.
pakistanais, e [pakistanɛ, ɛz] *adj* paquistanês(esa).
palace [palas] *nm* hotel *m* de luxo.
palais [palɛ] *nm (résidence)* palácio *m*; ANAT céu *m* da boca • **Palais de justice** Palácio da Justiça.
pâle [pal] *adj* pálido(da).
palette [palɛt] *nf (de peintre)* paleta *f*; *(viande)* pá *f*.
palier [palje] *nm* patamar *m*.
pâlir [paliʀ] *vi* empalidecer.
palissade [palisad] *nf* paliçada *f*.
palmarès [palmaʀɛs] *nm (de victoires)* lista *f* de ganhadores; *(de chansons)* parada *f* de sucesso.
palme [palm] *nf* pé de pato *m (de nadador)*.
palmé, e [palme] *adj* espalmado(da).
palmier [palmje] *nm (arbre)* palmeira *f*; *(gâteau)* orelha *f* de macaco, palmier *m*.
palourde [paluʀd] *nf* amêijoa *f*.
palper [palpe] *vt* apalpar.

palpitant, e [palpitɑ̃, ɑ̃t] *adj* palpitante, empolgante.
palpiter [palpite] *vi* palpitar.
pamplemousse [pɑ̃pləmus] *nm* toranja f.
pan [pɑ̃] *nm (de mur)* parte f; *(de chemise)* fralda f.
panaché [panaʃe] *nm* ◆ **(demi) panaché** cerveja f com limonada.
panaris [panaʀi] *nm* panarício m.
pan-bagnat [pɑ̃baɲa] *(pl* pans-bagnats*) nm* sanduíche feito com pão redondo, tomates, anchovas, ovo cozido e atum.
pancarte [pɑ̃kaʀt] *nf* letreiro m.
pané, e [pane] *adj* empanado(da).
panier [panje] *nm* cesto m; *(point)* cesta f ◆ **panier à provisions** cesto de compras.
panier-repas [panjeʀəpa] *(pl* paniers-repas*) nm* lanche m.
panique [panik] *nf* pânico m.
paniquer [panike] ◆ *vt* assustar ◆ *vi* entrar em pânico, assustar-se.
panne [pan] *nf* avaria f ◆ **être en panne** *(voiture)* estar avariado(da); *(voyageurs)* ficar sem provisões ◆ **tomber en panne** ter uma avaria ◆ **panne d'électricité** OU **de courant** corte m de eletricidade ◆ **avoir une panne d'essence** OU **sèche** ficar sem gasolina ◆ **en panne** avariado.
panneau [pano] *(pl* -x*) nm (d'indication)* placa f; *(de bois, de verre)* painel m ◆ **panneau pu-** blicitaire** outdoor m ◆ **panneau de signalisation** placa f de sinalização.
panoplie [panɔpli] *nf (déguisement)* fantasia f infantil.
panorama [panɔʀama] *nm* panorama m.
pansement [pɑ̃smɑ̃] *nm* curativo m ◆ **pansement adhésif** band-aid® m.
pantacourt [pɑ̃takuʀ] *nm* calça f corsário.
pantalon [pɑ̃talɔ̃] *nm* calça f comprida.
panthère [pɑ̃tɛʀ] *nf* pantera f.
pantin [pɑ̃tɛ̃] *nm* marionete f.
pantoufle [pɑ̃tufl] *nf* pantufa f.
PAO *nf (abr de* Publication assistée par ordinateur*)* publicação f assistida por computador.
paon [pɑ̃] *nm* pavão m.
papa [papa] *nm* papá m.
pape [pap] *nm* papa m.
papet [pape] *nm (Helv)* ◆ **papet vaudois** cozido com alho-poró, batatas e salsichas de couve e de fígado de porco, típico do cantão de Vaud.
papeterie [papetʀi] *nf (magasin)* papelaria f; *(usine)* fábrica f de papel.
papi [papi] *nm* vovô m.
papier [papje] *nm* papel m ◆ **papier aluminium** papel de alumínio ◆ **papier cadeau** papel de embrulho para presentes ◆ **papier d'emballage** papel de embrulho ◆ **papier à en-tête** papel timbrado ◆ **papier hygiénique** OU **toilette** papel higiênico ◆ **papier**

papillon 230

à lettres papel de carta • **papier peint** papel de parede • **papier de verre** lixa f • **papiers (d'identité)** documentos mpl (de identidade).
papillon [papijɔ̃] nm borboleta f • (brasse) **papillon** borboleta (estilo de natação).
papillote [papijɔt] nf • **en papillote** em papelote.
papoter [papɔte] vi tagarelar.
paquebot [pakbo] nm paquete m (navio).
pâquerette [pakrɛt] nf margarida f.
Pâques [pak] nm Páscoa f.
paquet [pakɛ] nm (colis) embrulho m; (de cigarettes) maço m; (de chewing-gum) pacote m; (de cartes) baralho m • **je vous fais un paquet-cadeau?** quer que embrulhe para presente?
par [paʁ] prép **1.** (gén) por • **passer par** passar por • **regarder par le trou de la serrure/la fenêtre** espiar pelo buraco da fechadura/pela janela • **par correspondance** por correspondência • **faire qqch par intérêt/amitié** fazer algo por interesse/amizade • **deux comprimés par jour** dois comprimidos por dia • **25 € par personne** 25 euros por pessoa • **deux par deux** dois a dois **2.** (indique le moyen de transport) • **voyager par (le) train** viajar de trem **3.** (dans des expressions) • **par endroits** aqui e ali • **par moments** às vezes • **par-ci par-là** aqui e ali.

parabolique [paʁabɔlik] adj • **antenne**.
paracétamol [paʁasetamɔl] nm paracetamol m.
parachute [paʁaʃyt] nm paraquedas m inv.
parade [paʁad] nf (défilé) desfile m.
paradis [paʁadi] nm paraíso m.
paradoxal, e, aux [paʁadɔksal, o] adj paradoxal.
paradoxe [paʁadɔks] nm paradoxo m.
parages [paʁaʒ] nm • **dans les parages** por aqui • **il est dans les parages** ele está por aí.
paragraphe [paʁagʁaf] nm parágrafo m.
paraître [paʁɛtʁ] vi (sembler) parecer; (apparaître) aparecer; (livre) ser publicado(da) • **il paraît que** parece que.
parallèle [paʁalɛl] adj paralelo(la) • nm paralelo m • **parallèle à** paralelo a.
paralyser [paʁalize] vt paralisar.
paralysie [paʁalizi] nf paralisia f.
parapente [paʁapɑ̃t] nm parapente m.
parapet [paʁapɛ] nm parapeito m.
parapluie [paʁaplɥi] nm guarda-chuva m.
parasite [paʁazit] nm parasita m • **parasites** nm interferência f.
parasol [paʁasɔl] nm guarda-sol m.
paratonnerre [paʁatɔnɛʁ] nm para-raios m inv.

paravent [paʀavɑ̃] *nm* guarda-vento *m*.

parc [paʀk] *nm* parque *m* • **parc d'attractions** parque de diversões • **parc de stationnement** estacionamento *m* • **parc zoologique** jardim *m* zoológico ♦ **parc des Princes** *nm* Parque dos Príncipes.

ⓘ PARCS NATIONAUX

Na França existem seis parques nacionais. Os mais conhecidos são os de Vanoise, nos Alpes, o de Cévennes, no sudoeste do país, e o de Mercantour, ao sul dos Alpes. Nessas zonas, a flora e a fauna são rigorosamente protegidas. Entretanto, existe, na periferia, um "pré-parc", no qual é permitida a instalação de infraestruturas turísticas.

ⓘ PARCS NATURELS RÉGIONAUX

Nesses parques naturais sob vigilância associa-se a proteção da natureza ao desenvolvimento do turismo e do lazer. Na França existem mais de 20 parques naturais regionais, entre os quais cabe mencionar a Brière, ao sul da Bretanha; a Camargue e o Lubéron, no sudoeste, assim como o Morvan, no centro-oeste.

parce que [paʀsk(ə)] *conj* porque.

parchemin [paʀʃəmɛ̃] *nm* pergaminho *m*.

parcmètre [paʀkmɛtʀ] *nm* parquímetro *m*.

parcourir [paʀkuʀiʀ] *vt* percorrer; *(livre, article)* ler por alto.

parcours [paʀkuʀ] *nm* percurso *m* • **parcours santé** *percurso esportivo sinalizado num parque.*

parcouru, e [paʀkuʀy] *pp* → parcourir.

par-derrière [paʀdɛʀjɛʀ] *adv & prép* por trás.

par-dessous [paʀdəsu] *adv & prép* por baixo.

pardessus [paʀdəsy] *nm* sobretudo *m*.

par-dessus [paʀdəsy] *adv & prép* por cima.

par-devant [paʀdəvɑ̃] *adv & prép* perante.

pardon [paʀdɔ̃] *nm* perdão *m* • **demander pardon à qqn** pedir desculpas a alguém • **pardon!** desculpe!

ⓘ PARDON

"Pardon" é o equivalente bretão de peregrinação. Existem cerca de cinquenta "pardons". Os mais importantes reúnem peregrinos vindos de toda a Bretanha.

pardonner

Durantes essas festas, além das missas e procissões nas quais fiéis usam roupas tradicionais, organizam-se feiras, bailes etc. Os "pardons" realizam-se de março a setembro".

pardonner [paʀdɔne] vt perdoar ◆ **pardonner (qqch) à qqn** perdoar (algo) a alguém ◆ **pardonner à qqn d'avoir fait qqch** perdoar alguém por ter feito algo.
pare-brise [paʀbʀiz] nm inv pára-brisa m.
pare-chocs [paʀʃɔk] nm inv pára-choque m.
pareil, eille [paʀɛj] adj igual ◆ adv (fam) igual ◆ **une somme pareille** uma quantia semelhante.
parent, e [paʀɑ̃, ɑ̃t] nm familiar m ◆ **les parents** os pais.
parenthèse [paʀɑ̃tɛz] nf parêntese m ◆ **entre parenthèses** (mot) entre parênteses; (d'ailleurs) aliás.
parer [paʀe] vt (éviter) desviar.
paresse [paʀɛs] nf preguiça f.
paresseux, euse [paʀɛsø, øz] adj & nm preguiçoso(osa).
parfait, e [paʀfɛ, ɛt] adj perfeito(ta) ◆ nm sorvete feito com creme de leite, geralmente com sabor de café ou chocolate.
parfaitement [paʀfɛtmɑ̃] adv perfeitamente.
parfois [paʀfwa] adv às vezes.
parfum [paʀfœ̃] nm perfume m; (goût) sabor m.

232

parfumé, e [paʀfyme] adj fumado(da).
parfumer [paʀfyme] vt (pièce, mouchoir) perfumar; (aliment) aromatizar ◆ **parfum au citron** com sabor de limão ◆ **se parfumer** vp perfumar-se.
parfumerie [paʀfymʀi] nf perfumaria f.
pari [paʀi] nm aposta f ◆ **faire un pari** fazer uma aposta.
parier [paʀje] vt & vi apostar ◆ **je (te) parie que...** aposto (contigo) que... ◆ **parier sur** apostar em.
Paris [paʀi] nom Paris.
paris-brest [paʀibʀɛst] nm anel de massa de carolina, recheado de creme praliné e coberto com amêndoas raladas.
parisien, enne [paʀizjɛ̃, ɛn] adj parisiense ◆ **Parisien, enne** nm parisiense mf.
parka [paʀka] nm & nf parca f.
parking [paʀkiŋ] nm estacionamento m.
parlante adj f → horloge.
parlement [paʀləmɑ̃] nm parlamento m.
parler [paʀle] vt & vi falar ◆ **parler à qqn de** falar com alguém de.
Parmentier [paʀmɑ̃tje] nom → hachis.
parmesan [paʀməzɑ̃] nm mesão m.
parmi [paʀmi] prép entre.
parodie [paʀɔdi] nf paródia f.
paroi [paʀwa] nf (mur) parede f; (montagne) parede f; (d'un objet) lado m (interno).

paroisse [paʀwas] *nf* paróquia *f*.

parole [paʀɔl] *nf* palavra *f* • **adresser la parole à qqn** dirigir a palavra a alguém • **couper la parole à qqn** cortar a palavra de alguém • **prendre la parole** tomar a palavra • **tenir (sa) parole** manter a palavra ♦ **paroles** *nfpl* letra *f*.

parquet [paʀkɛ] *nm (plancher)* parquê *m*.

parrain [paʀɛ̃] *nm* padrinho *m*.

parrainer [paʀene] *vt* patrocinar.

parsemer [paʀsəme] *vt* • **parsemer qqch de qqch** espalhar algo em algo.

part [paʀ] *nf (de gâteau)* fatia *f*; *(d'un héritage)* parte *f* • **prendre part à** participar em • **à part** *(sauf)* salvo • **de la part de** da parte de • **d'une part..., d'autre part...** por um lado..., por outro lado... • **autre part** em outro lugar • **nulle part** em lugar nenhum • **quelque part** em algum lugar.

partage [paʀtaʒ] *nm* partilha *f*.

partager [paʀtaʒe] *vt* partilhar ♦ **se partager** *vp* • **se partager qqch** partilhar algo.

partenaire [paʀtənɛʀ] *nm (au jeu)* parceiro *m*, -ra *f*; *(à la danse)* par *m*; *(en affaires)* sócio *m*, -cia *f*.

parterre [paʀtɛʀ] *nm (fam) (sol)* chão *m*; *(de fleurs)* canteiro *m*; *(au théâtre)* plateia *f*.

parti [paʀti] *nm* partido *m* • **prendre parti pour** tomar o partido de • **tirer parti de qqch** tirar partido de algo • **parti pris** ideia *f* preconcebida.

partial, e, aux [paʀsjal, o] *adj* parcial.

participant, e [paʀtisipɑ̃, ɑ̃t] *nm* participante *mf*, concorrente *mf*.

participation [paʀtisipasjɔ̃] *nf* participação *f*.

participer [paʀtisipe]
♦ **participer à** *vp + prép* participar de.

particularité [paʀtikylaʀite] *nf* particularidade *f*.

particulier, ère [paʀtikylje, ɛʀ] *adj* particular • **en particulier** *(surtout)* particularmente.

particulièrement [paʀtikyljɛʀmɑ̃] *adv* particularmente.

partie [paʀti] *nf (part, élément)* parte *f*; *(au jeu, en sport)* partida *f* • **en partie** em parte • **faire partie de** fazer parte de • **ce n'est que partie remise** é apenas uma questão de tempo.

partiel, elle [paʀsjɛl] *adj* parcial.

partiellement [paʀsjɛlmɑ̃] *adv* parcialmente.

partir [paʀtiʀ] *vi* partir; *(moteur)* arrancar; *(tache)* sair • **être bien/mal parti** começar bem/mal • **partir de** partir de • **à partir de** a partir de.

partisan [paʀtizɑ̃] • *nm* partidário *m*, -ria *f* ♦ *adj* • **être parti-**

partition

san de qqch ser partidário(ria) de algo.
partition [paʀtisjɔ̃] *nf* partitura *f.*
partout [paʀtu] *adv* em todo lugar.
paru, e [paʀy] *pp* → **paraître**.
parution [paʀysjɔ̃] *nf* publicação *f.*
parvenir [paʀvəniʀ] ◆ **parvenir à** *vp + prép* chegar a ◆ **parvenir à faire qqch** conseguir fazer algo.
parvenu, e [paʀvəny] *pp* → **parvenir**.
parvis [paʀvi] *nm* átrio *m.*
pas¹ [pɑ] *adv* não ◆ **je n'aime pas les épinards** não gosto de espinafres ◆ **elle ne dort pas encore** ela ainda não está dormindo ◆ **je n'ai pas terminé** não acabei ◆ **il n'y a pas de train pour Oxford aujourd'hui** não há trem para Oxford hoje ◆ **les passagers sont priés de ne pas fumer** pede-se aos passageiros que não fumem ◆ **tu viens ou pas?** você vem ou não? ◆ **elle a aimé l'exposition, moi ou pas moi** ela gostou da exposição, eu não ◆ **c'est un endroit pas très agréable** não é um lugar lá muito agradável ◆ **non, pas du tout** não, de modo algum ◆ **pas tellement!** não muito ◆ **pas possible!** não é possível!
pas² [pɑ] *nm* passo *m* ◆ **à deux pas de** a dois passos de ◆ **pas à pas** passo a passo ◆ **sur le pas de la porte** na porta.

234

pashmina [paʃmina] *nm* pashimina *f.*
passable [pɑsabl] *adj (performance)* razoável; *(résultat)* suficiente.
passage [pɑsaʒ] *nm* passagem *f* ◆ **être de passage** estar de passagem ◆ **passage clouté** OU **(pour) piétons** faixa de pedestres *f* ◆ **passage à niveau** passagem de nível ◆ **passage protégé** *via preferencial em um cruzamento* ◆ **passage souterrain** passagem subterrânea ◆ **premier passage** *horário do primeiro ônibus.*
passager, ère [pɑsaʒe, ɛʀ] *adj & nm* passageiro(ra) ◆ **passager clandestin** passageiro clandestino.
passant, e [pɑsɑ̃, ɑ̃t] ◆ *nm* transeunte *mf* ◆ *nm* passador *m.*
passe [pɑs] *nm* passe *m.*
passé, e [pɑse] ◆ *adj (terminé)* passado(da); *(décoloré)* descorado(da) ◆ *nm* passado *m.*
passe-partout [pɑspaʀtu] *nm inv (clé)* chave *f* mestra.
passe-passe [pɑspɑs] *nm inv* ◆ **tour de passe-passe** passe *m* de mágica.
passeport [pɑspɔʀ] *nm* passaporte *m.*
passer [pɑse] ◆ *vi* **1.** *(aux être) (gén)* passar ◆ **passer par** passar por ◆ **passer voir qqn** passar para ver alguém ◆ **je ne fais que passer** estou de passagem ◆ **laisser passer qqn** deixar passar alguém ◆ **la douleur est-elle passée?** a dor

passou? • **je passe en 3e vou para a 8ª série** 2. *(à la télé, à la radio, au cinéma)* passar • **qu'est-ce qui passe cette semaine au théâtre?** o que está passando no teatro esta semana? • **cet écrivain est passé à la télévision** este escritor apareceu na televisão 3. *(couleur)* desbotar 4. *(vitesse)* • **passer en seconde** colocar a segunda 5. *(dans des expressions)* • **passons!** passemos adiante! • **en passant** de passagem ◆ *vt* 1. *(aux avoir) (gén)* passar • **nous avons passé l'après-midi à chercher un hôtel** passamos a tarde à procura de um hotel • **passer son tour** passar a vez • **passer qqch à qqn** *(objet)* passar algo a alguém; *(maladie)* passar algo a alguém • **je vous le passe** *(au téléphone)* já te passo 2. *(obstacle)* ultrapassar 3. *(rivière)* atravessar 4. *(vitesse)* colocar 5. *(mettre, faire passer)* • **passer le bras par la portière** pôr o braço fora da porta • **passer l'aspirateur** passar o aspirador 6. *(filtrer)* coar • **passer pour** *vp + prép* passar por • **se faire passer pour** fazer-se passar por ◆ **se passer** *vp* 1. *(arriver)* passar-se • **qu'est-ce qui se passe?** o que está acontecendo? 2. *(se dérouler)* • **se passer bien/mal** correr bem/mal 3. *(crème, eau)* passar • **se passer de l'huile solaire sur les jambes** passar óleo de bronzear nas pernas • **se passer de l'eau sur le visage** passar uma água no rosto ◆ **se passer de** *vp + prép* privar-se de.

passerelle [pasʀɛl] *nf (pont)* ponte *f*; *(d'embarquement, sur un bateau)* plataforma *f* de embarque.

passe-temps [pastɑ̃] *nm inv* passatempo *m*.

passible [pasibl] *adj* • **passible de** passível de.

passif, ive [pasif, iv] *adj* passivo(va) ◆ *nm GRAM* passiva *f*.

passion [pasjɔ̃] *nf* paixão *f*.

passionnant, e [pasjɔnɑ̃, ɑ̃t] *adj* apaixonante.

passionné, e [pasjɔne] *adj* apaixonado(da) • **passionné de musique** apaixonado por música.

passionner [pasjɔne] *vt* apaixonar ◆ **se passionner pour** *vp + prép* apaixonar-se por.

passoire [paswaʀ] *nf* coador *m*, peneira *f*.

pastel [pastɛl] *adj inv* pastel.

pastèque [pastɛk] *nf* melancia *f*.

pasteurisé, e [pastœʀize] *adj* pasteurizado(da).

pastille [pastij] *nf* pastilha *f*.

pastis [pastis] *nm* bebida alcoólica aromatizada com anis.

patate [patat] *nf (fam)* batata *f* • **patates pilées** *(Can)* puré *m* de batata.

patauger [patoʒe] *vi* chafurdar.

pâte [pat] *nf* massa *f* • **pâte d'amandes** marzipã *m* • **pâte**

pâté

brisée massa podre • **pâte feuilletée** massa folhada • **pâte de fruits** jujuba f • **pâte sablée** massa amanteigada • **pâte à modeler** massa de modelar ✦ **pâtes** nfmassa f.

pâté [pate] nm (charcuterie) patê m; (de sable) bolo m de areia; (tache) borrão m • **pâté chinois** (Can) prato gratinado à base de carne moída, batatas e creme de milho • **pâté de maisons** quarteirão m.

pâtée [pate] nf comida f (para cães).

paternel, elle [patɛʀnɛl] adj paterno(na); (amour) paternal.

pâteux, euse [patø, øz] adj pastoso(osa).

patiemment [pasjamɑ̃] adv pacientemente.

patience [pasjɑ̃s] nf paciência f • **prendre son mal en patience** ter paciência.

patient, e [pasjɑ̃, ɑ̃t] adj & nm paciente.

patienter [pasjɑ̃te] vi pacientar.

patin [patɛ̃] nm • **patins à glace** patins mpl (para o gelo) • **patins à roulettes** patins mpl (de rodas).

patinage [patinaʒ] nm patinação f • **patinage artistique** patinação artística.

patiner [patine] vi patinar.

patineur, euse [patinœʀ, øz] nm patinador m, -ra f.

patinoire [patinwaʀ] nf pista f de patinação.

pâtisserie [patisʀi] nf (magasin) confeitaria f; (gâteau) doce m • **la pâtisserie** a confeitaria.

pâtissier, ère [patisje, ɛʀ] nm confeiteiro m, -ra f.

patois [patwa] nm patoá m.

patrie [patʀi] nf pátria f.

patrimoine [patʀimwan] nm patrimônio m.

patriote [patʀijɔt] nm patriota mf.

patriotique [patʀijɔtik] adj patriótico(ca).

patron, onne [patʀɔ̃, ɔn] • nm patrão m, -troa f • nm molde m.

patrouille [patʀuj] nf patrulha f.

patrouiller [patʀuje] vi patrulhar.

patte [pat] nf (d'animal) pata f; (languette) lingueta f; (favori) costeleta f.

pâturage [patyʀaʒ] nm pasto m.

paume [pom] nf palma f.

paupière [popjɛʀ] nf pálpebra f.

paupiette [popjɛt] nf pequeno rolo de carne recheado.

pause [poz] nf pausa f • **pause**

pause-café [pozkafe] (pl **pauses-café**) nf pausa f para o café.

pauvre [povʀ] adj (sans argent) pobre; (malheureux) coitado(da).

pauvreté [povʀəte] nf pobreza f.

pavé, e [pave] • adj pavimentado(da) • nm paralelepípedo

peine

m • **pavé numérique** bloco *m* numérico.
pavillon [pavijɔ̃] *nm* pavilhão *m*.
payant, e [pejɑ̃, ɑ̃t] *adj* pago(ga).
paye [pɛj] *nf* salário *m*.
payer [peje] *vt* pagar • **bien/mal payé** bem/mal pago • **payer qqch à qqn** (*fam*) oferecer algo a alguém • **payez ici** pague aqui.
pays [pei] *nm* país *m* • **les gens du pays** (*de la région*) as pessoas da região • **de pays** regional • **le pays de Galles** o País de Gales.
paysage [peizaʒ] *nm* paisagem *f*.
paysan, anne [peizɑ̃, an] *nm* camponês *m*, -esa *f*.
Pays-Bas [peiba] *nmpl* • **les Pays-Bas** os Países Baixos.
PC *nm* (*abr de* Parti communiste) PC *m*; (*abr de* ordinateur) PC *m*.
PCV *nm* (*abr de* PerCeVoir) • **appeler en PCV** fazer uma chamada a cobrar.
P-DG *nm* (*abr de* président-directeur général) presidente *m* geral.
péage [peaʒ] *nm* pedágio *m*.
peau [po] (*pl* -**x**) *nf* pele *f*; (*de fruit*) casca *f* • **peau de chamois** camurça *f*.
péché [peʃe] *nm* pecado *m*.
pêche [pɛʃ] *nf* (*fruit*) pêssego *m*; (*activité*) pesca *f* • **aller à la pêche (à la ligne)** ir pescar (com vara) • **pêche en mer** pesca em alto-mar.

pêcher [peʃe] *vt & vi* pescar • *nm* pessegueiro *m*.
pêcheur, euse [peʃœʀ, øz] *nm* pescador *m*, -ra *f*.
pédagogie [pedagɔʒi] *nf* (*qualité*) pedagogia *f*.
pédale [pedal] *nf* pedal *m*.
pédaler [pedale] *vi* pedalar.
pédalier [pedalje] *nm* pedaleiro *m*.
Pédalo® [pedalo] *nm* pedalinho *m*.
pédant, e [pedɑ̃, ɑ̃t] *adj* pedante.
pédestre [pedɛstʀ] *adj* → **randonnée**.
pédiatre [pedjatʀ] *nmf* pediatra *mf*.
pédicure [pedikyʀ] *nm* calista *mf*, pedicure *mf*.
pedigree [pedigʀe] *nm* pedigree *m*.
pédopsychiatre [pedɔpsi-kjatʀ] *nm* psiquiatra *mf* de crianças e adolescentes.
peigne [pɛɲ] *nm* (*pour démêler*) pente *m*; (*pour retenir*) travessa *f*.
peigner [peɲe] *vt* pentear
• **se peigner** *vp* pentear-se.
peignoir [peɲwaʀ] *nm* roupão *m* • **peignoir de bain** roupão de banho.
peindre [pɛ̃dʀ] *vt* pintar • **peindre qqch en blanc** pintar algo de branco.
peine [pɛn] *nf* (*tristesse*) tristeza *f*; (*effort*) dificuldade *f*; (*sanction*) pena *f* • **avoir de la peine** estar triste • **avoir de la peine à faire qqch** custar a alguém fazer algo • **faire de la peine à qqn** entristecer al-

guém • **ce n'est pas la peine (de)** não vale a pena • **valoir la peine** valer a pena • **sous peine de sob pena de** • **peine de mort** pena de morte • **il l'a à peine regardé** ele mal olhou para ela.
peiner [pene] • vt afligir • vi penar.
peint, e [pɛ̃, pɛ̃t] pp → **peindre**.
peintre [pɛ̃tʀ] nm pintor m, -ra f.
peinture [pɛ̃tyʀ] nf (matière) tinta f; (œuvre d'art) quadro m; (art) pintura f.
pelage [pəlaʒ] nm pelagem f.
pêle-mêle [pɛlmɛl] adv de qualquer jeito.
peler [pəle] vt & vi pelar.
pèlerinage [pɛlʀinaʒ] nm peregrinação f.
pelle [pɛl] nf pá f.
pellicule [pelikyl] nf (de film, de photos) filme m; (couche) película f • **pellicules** nfpl caspa f.
pelote [pəlɔt] nf novelo m.
peloton [pəlɔtɔ̃] nm (de cyclistes) pelotão m.
pelotonner [pəlɔtɔne] ◆ **se pelotonner** vp aconchegar-se.
pelouse [pəluz] nf grama f • **pelouse interdite** é proibido pisar na grama.
peluche [pəlyʃ] nf (jouet) peluche m • **animal en peluche** animal de pelúcia.
pelure [pəlyʀ] nf casca f.
pénaliser [penalize] vt penalizar.

penalty [penalti] (pl **penaltys** ou **penalties**) nm pênalti m.
penchant [pɑ̃ʃɑ̃] nm • **avoir un penchant pour** ter um fraco por.
pencher [pɑ̃ʃe] • vt inclinar • vi estar inclinado(da) • **pencher pour** inclinar-se para ◆ **se pencher** vp debruçar-se.
pendant [pɑ̃dɑ̃] prép durante • **pendant que** enquanto.
pendentif [pɑ̃dɑ̃tif] nm pingente m.
penderie [pɑ̃dʀi] nf guarda-roupa f.
pendre [pɑ̃dʀ] • vt (suspendre) pendurar; (condamné) enforcar • vi pender ◆ **se pendre** vp enforcar-se.
pendule [pɑ̃dyl] nf relógio m de parede.
pénétrer [penetʀe] vi • **pénétrer dans** penetrar em.
pénible [penibl] adj penoso(osa); (fam) (agaçant) maçador(ra).
péniche [peniʃ] nf barcaça f.
pénicilline [penisilin] nf penicilina f.
péninsule [penɛ̃syl] nf península f.
pénis [penis] nm pênis m inv.
pense-bête [pɑ̃sbɛt] (pl **pense-bêtes**) nm lembrete m.
pensée [pɑ̃se] nf pensamento m; (fleur) amor-perfeito m.
penser [pɑ̃se] vt & vi pensar • **qu'est-ce que tu en penses?** o que você pensa sobre isso? • **penser faire qqch** pensar em fazer algo • **penser à** pensar

em • **penser à faire qqch** lembrar-se de fazer algo.

pensif, ive [pɑ̃sif, iv] *adj* pensativo(va).

pension [pɑ̃sjɔ̃] *nf* (hôtel) pensão *f*; (allocation) abono *m* • **être en pension** estar num colégio interno • **pension complète** pensão completa • **pension de famille** pensão residencial.

pensionnaire [pɑ̃sjɔnɛʀ] *nmf* pensionista *mf*.

pensionnat [pɑ̃sjɔna] *nm* pensionato *m*.

pente [pɑ̃t] *nf* encosta *f* • **en pente** inclinado(da).

Pentecôte [pɑ̃tkot] *nf* Pentecostes *m*.

pénurie [penyʀi] *nf* penúria *f*.

pépé [pepe] *nm* (fam) vovô *m*.

pépin [pepɛ̃] *nm* (graine) semente *f*; (fam) (ennui) contratempo *m*.

perçant, e [pɛʀsɑ̃, ɑ̃t] *adj* (cri) agudo(da); (vue) penetrante.

percepteur [pɛʀsɛptœʀ] *nm* cobrador *m*, -ra *f* de impostos.

perceptible [pɛʀsɛptibl] *adj* perceptível.

percer [pɛʀse] • *vt* furar; (mystère) elucidar • *vi* (dent) nascer.

perceuse [pɛʀsøz] *nf* furadeira *f*.

percevoir [pɛʀsəvwaʀ] *vt* (son, nuance) distinguir; (argent) receber.

perche [pɛʀʃ] *nf* (tige) vara *f*.

percher [pɛʀʃe] ♦ **se percher** *vp* empoleirar-se.

perchoir [pɛʀʃwaʀ] *nm* poleiro *m*.

perçu, e [pɛʀsy] *pp* → **percevoir**.

percussions [pɛʀkysjɔ̃] *nfpl* instrumentos *mpl* de percussão.

percuter [pɛʀkyte] *vt* esbarrar com.

perdant, e [pɛʀdɑ̃, ɑ̃t] *nm* perdedor *m*, -ra *f*.

perdre [pɛʀdʀ] *vt & vi* perder • **perdre qqn de vue** perder alguém de vista ♦ **se perdre** *vp* perder-se.

perdreau [pɛʀdʀo] (*pl* **-x**) *nm* perdigoto *m*.

perdrix [pɛʀdʀi] *nf* perdiz *f*.

perdu, e [pɛʀdy] *adj* (village, coin) perdido(da).

père [pɛʀ] *nm* (parent) pai *m*; (religieux) padre *m* • **le père Noël** o Papai Noel.

perfection [pɛʀfɛksjɔ̃] *nf* perfeição *f*.

perfectionné, e [pɛʀfɛksjɔne] *adj* aperfeiçoado(da).

perfectionnement [pɛʀfɛksjɔnmɑ̃] *nm* aperfeiçoamento *m*.

perfectionner [pɛʀfɛksjɔne] *vt* aperfeiçoar ♦ **se perfectionner** *vp* aperfeiçoar-se.

perforer [pɛʀfɔʀe] *vt* perfurar.

performance [pɛʀfɔʀmɑ̃s] *nf* (d'un sportif) desempenho *m* • **performances** (d'un ordinateur, d'une voiture) capacidade *f*.

perfusion [pɛʀfyzjɔ̃] *nf* perfusão *f*.

périph (fam) [peʀif] *nm* (abr de **périphérique**) periférico *m*.

péril [peʀil] *nm* perigo *m* • **en péril** em perigo.

périlleux, euse [peʀijø, øz] *adj* perigoso(osa).
périmé, e [peʀime] *adj* ultrapassado(da).
périmètre [peʀimɛtʀ] *nm* perímetro *m*.
période [peʀjɔd] *nf* período *m* • **période blanche/bleue** *período durante o qual se pode comprar uma passagem de trem com 20%/50% de redução* • **période rouge** *período durante o qual não há reduções nas passagens de trem.*
périodique [peʀjɔdik] • *adj* periódico(ca) • *nm* periódico *m*.
péripéties [peʀipesi] *nfpl* peripécias *fpl*.
périphérique [peʀifeʀik] • *adj* periférico(ca) • *nm* periférico *m* • **le (boulevard) périphérique** a estrada periférica.
périr [peʀiʀ] *vi (sout)* perecer.
périssable [peʀisabl] *adj* perecível.
perle [pɛʀl] *nf* pérola *f*.
permanence [pɛʀmanɑ̃s] *nf* permanência *f*; *(bureau)* escritório *m*; *EDUC* sala *f* de estudo • **de permanence** de serviço • **en permanence** permanentemente.
permanent, e [pɛʀmanɑ̃, ɑ̃t] *adj* permanente.
permanente [pɛʀmanɑ̃t] *nf* permanente *f*.
perméable [pɛʀmeabl] *adj* permeável.
permettre [pɛʀmɛtʀ] *vt* permitir • **permettre à qqn de faire qqch** *(autoriser)* permitir a alguém que faça algo; *(rendre possible)* permitir a alguém fazer algo • **se permettre** *vp* • **se permettre de faire qqch** permitir-se fazer algo • **pouvoir se permettre de faire qqch** poder dar-se ao luxo de fazer algo.
permis, e [pɛʀmi, iz] • *pp* > **permettre** • *nm* licença *f* • **il est permis de...** é permitido... • **permis de conduire** carteira *f* de motorista • **permis de pêche** licença de pesca.
permission [pɛʀmisjɔ̃] *nf (autorisation)* permissão *f*; *MIL* licença *f* • **demander la permission de faire qqch** pedir autorização para fazer algo.
perpendiculaire [pɛʀpɑ̃dikylɛʀ] *adj* perpendicular.
perpétuel, elle [pɛʀpetɥɛl] *adj* perpétuo(tua).
perplexe [pɛʀplɛks] *adj* perplexo(xa).
perron [pɛʀɔ̃] *nm (escalier)* escadaria *f*; *(plate-forme)* patamar *m*.
perroquet [pɛʀɔkɛ] *nm* papagaio *m*.
perruche [pɛʀyʃ] *nf* periquito *m*.
perruque [pɛʀyk] *nf* peruca *f*.
persécuter [pɛʀsekyte] *vt* perseguir.
persécution [pɛʀsekysjɔ̃] *nf* perseguição *f*.
persévérant, e [pɛʀseveʀɑ̃, ɑ̃t] *adj* perseverante.
persévérer [pɛʀseveʀe] *vi* perseverar.
persienne [pɛʀsjɛn] *nf* persiana *f*.

persil [pɛrsi] *nm* salsa *f.*

persillé, e [pɛrsije] *adj (au persil)* com salsa; *(fromage)* com manchas esverdeadas.

persistant, e [pɛrsistɑ̃, ɑ̃t] *adj* persistente.

persister [pɛrsiste] *vi* persistir • **persister à faire qqch** persistir em fazer algo.

perso [pɛrso] *adj (fam) (abr de* **personnel)** pessoal.

personnage [pɛrsɔnaʒ] *nm* personagem *m* • **personnage principal** personagem principal.

personnaliser [pɛrsɔnalize] *vt* personalizar.

personnalité [pɛrsɔnalite] *nf* personalidade *f.*

personne [pɛrsɔn] • *nf* pessoa *f* • *pron* ninguém • **il n'y a personne** não há ninguém aqui • **en personne** em pessoa • **par personne** por pessoa ou cabeça • **personne âgée** pessoa idosa.

personnel, elle [pɛrsɔnɛl] • *adj* pessoal • *nm* pessoal *m.*

personnellement [pɛrsɔnɛlmɑ̃] *adv* pessoalmente.

personnifier [pɛrsɔnifje] *vt* personificar.

perspective [pɛrspɛktiv] *nf* perspectiva *f.*

persuader [pɛrsɥade] *vt* persuadir • **persuader qqn de faire qqch** persuadir alguém a fazer algo.

persuasif, ive [pɛrsɥazif, iv] *adj* persuasivo(va).

perte [pɛrt] *nf* perda *f* • **perte de temps** perda de tempo.

pertinent, e [pɛrtinɑ̃, ɑ̃t] *adj* pertinente.

perturbation [pɛrtyrbasjɔ̃] *nf* perturbação *f.*

perturber [pɛrtyrbe] *vt* perturbar.

pesant, e [pəzɑ̃, ɑ̃t] *adj* pesado(da).

pesanteur [pəzɑ̃tœr] *nf* gravidade *f.*

pèse-personne [pɛzpɛrsɔn] *nm inv* balança *f (de banheiro).*

peser [pəze] *vt & vi* pesar • **peser lourd** pesar muito.

pessimisme [pesimism] *nm* pessimismo *m.*

pessimiste [pesimist] *adj & nm* pessimista.

peste [pɛst] *nf* peste *f.*

pétale [petal] *nm* pétala *f.*

pétanque [petɑ̃k] *nf* espécie de jogo de bocha.

pétard [petar] *nm* petardo *m.*

péter [pete] *vi (fam) (se casser)* pifar; *(personne)* peidar; • **péter les plombs** ou **un boulon** *(fam)* descontrolar-se, perder a cabeça.

pétillant, e [petijɑ̃, ɑ̃t] *adj (vin, eau)* com borbulhas; *(yeux)* cintilante.

pétiller [petije] *vi (champagne)* borbulhar; *(yeux)* cintilar.

petit, e [p(ə)ti, it] • *adj* pequeno(na) • *nm* cria *f* • **petit à petit** pouco a pouco • **petit ami** namorado *m* • **petite amie** namorada *f* • **petit déjeuner** café da manhã *m* • **petit pain** pãozinho *m* • **petit pois** ervilha *f* • **petit pot** potinho *m* de comida (para bebê).

petit-beurre [p(ə)tibœʀ] (pl **petits-beurre**) nm biscoito amanteigado, de forma retangular.

petite-fille [p(ə)titfij] (pl **petites-filles**) nf neta f.

petit-fils [p(ə)tifis] (pl **petits-fils**) nm neto m.

petit-four [p(ə)tifuʀ] (pl **petits-fours**) nm petit-four m.

pétition [petisjɔ̃] nf petição f.

petits-enfants [p(ə)tizɑ̃fɑ̃] nmpl netos mpl.

petit-suisse [p(ə)tisɥis] (pl **petits-suisses**) nm petit-suisse m.

pétrole [petʀɔl] nm petróleo m.

pétrolier [petʀɔlje] nm petroleiro m.

peu [pø] ◆ adv **1.** (gén) pouco • j'ai peu voyagé viajei pouco • ils sont peu nombreux eles são pouco numerosos • peu après pouco depois • il y a peu há pouco • **sous** ou **d'ici peu** dentro de ou daqui a pouco **2.** (avec un nom) • peu de gens pouca gente • peu de temps pouco tempo • peu de livres poucos livros **3.** (dans des expressions) • à peu près quase, aproximadamente • peu à peu pouco a pouco • un peu um pouco • un (tout) petit peu um pouquinho • un peu de um pouco de.

peuple [pœpl] nm povo m.

peupler [pœple] vt povoar.

peuplier [pøplije] nm álamo m.

peur [pœʀ] nf medo m • avoir peur ter medo ou **avoir peur de qqch** ter medo de algo • **faire peur (à)** meter medo (a).

peureux, euse [pœʀø, øz] adj medroso(osa).

peut [pø] → **pouvoir**.

peut-être [pøtɛtʀ] adv talvez • peut-être qu'elle ne viendra pas talvez ela não venha.

peux [pø] → **pouvoir**.

phalange [falɑ̃ʒ] nf falange f.

pharaon [faʀaɔ̃] nm faraó m.

phare [faʀ] nm farol m.

pharmacie [faʀmasi] nf (magasin) farmácia f; (armoire) caixa f de medicamentos.

pharmacien, enne [faʀmasjɛ̃, ɛn] nm farmacêutico m, -ca f.

phase [faz] nf fase f • **phase terminale** MÉD fase terminal.

phénoménal, e, aux [fenomenal, o] adj fenomenal.

phénomène [fenomɛn] nm fenômeno m.

philatélie [filateli] nf filatelia f.

philosophe [filozɔf] adj & nmf filósofo(fa) • **être très philosophe** agir com a sabedoria de um filósofo.

philosophie [filozɔfi] nf filosofia f.

phonétique [fɔnetik] adj fonético(ca).

phoque [fɔk] nm foca f.

photo [foto] nf (image) foto f; (art) fotografia f • **prendre qqn/qqch en photo** tirar fotos de alguém/algo • **prendre une photo (de)** tirar uma foto (de).

photocopie [fɔtɔkɔpi] nf fotocópia f, xerox m.

photocopier [fɔtɔkɔpje] vt fotocopiar, xerocar.
photocopieuse [fɔtɔkɔpjøz] nf fotocopiadora f.
photographe [fɔtɔgʀaf] nm fotógrafo m, -fa f.
photographie [fɔtɔgʀafi] nf fotografia f.
photographier [fɔtɔgʀafje] vt fotografar.
Photomaton® [fɔtɔmatɔ̃] nm cabine para tirar fotos instantâneas.
phrase [fʀaz] nf frase f.
physionomie [fizjɔnɔmi] nf fisionomia f.
physique [fizik] ♦ adj físico(ca) ♦ nf física f ♦ nm físico m.
pianiste [pjanist] nmf pianista mf.
piano [pjano] nm piano m.
pic [pik] nm (montagne) pico m • **à pic** (descendre, couler) a pique; (fig) (tomber, arriver) no momento certo.
pichet [piʃe] nm jarro m.
pickpocket [pikpɔkɛt] nm batedor m de carteira.
picorer [pikɔʀe] vt beliscar.
picotement [pikɔtmɑ̃] nm coceira f.
picoter [pikɔte] vt coçar.
pie [pi] nf pega f (ave).
pièce [pjɛs] nf (argent) moeda f; (salle) cômodo m; (sur un vêtement) retalho m; (morceau) pedaço m • **20 €** pièces 20 euros cada • (maillot de bain) une pièce maiô m • **pièce d'identité** documento m de identidade • **pièce de monnaie** moeda • **pièce montée** bolo em forma de pirâmide, montado com carolinas recheadas com creme e caramelizadas, que se serve em grandes ocasiões • **pièce de rechange** peça f (de substituição) • **pièce (de théâtre)** peça f de teatro.
pied [pje] nm (ANAT) pé m; (d'une montagne) sopé m • **à pied** a pé • **au pied de** junto a; (d'une montagne) no sopé de • **avoir pied** dar pé • **mettre sur pied** montar.
piège [pjɛʒ] nm (pour animaux) armadilha f; (fig) (tromperie) cilada f.
piéger [pjeʒe] vt (animal) caçar com armadilha; (tromper) armar uma cilada; (voiture, valise) pôr um explosivo em.
pierre [pjɛʀ] nf pedra f • **pierre précieuse** pedra preciosa.
piétiner [pjetine] ♦ vt espezinhar ♦ vi (foule) não avançar; (fig) (enquête) estar parado(da).
piéton, onne [pjetɔ̃, ɔn] nm pedestre mf (pessoa) ♦ adj = **piétonnier**.
piétonnier, ère [pjetɔnje, ɛʀ] adj reservado(da) aos pedestres.
pieu [pjø] (pl -**x**) nm estaca f.
pieuvre [pjœvʀ] nf polvo m.
pigeon [piʒɔ̃] nm pombo m.
pilaf [pilaf] nm → **riz**.
pile [pil] ♦ nf pilha f ♦ adv em ponto • **jouer qqch à pile ou face** tirar cara ou coroa • **pile ou face?** cara ou coroa?

piler

- s'arrêter pile parar na hora certa • 3 h pile 3 h em ponto.
piler [pile] • *vt* esmagar • *vi* (*fam*) travar bruscamente.
pilier [pilje] *nm* pilar *m*.
piller [pije] *vt* pilhar.
pilote [pilɔt] *nm* piloto *m*.
piloter [pilɔte] *vt* pilotar.
pilotis [pilɔti] *nm* palafita *f*.
pilule [pilyl] *nf* pílula *f*
- prendre la pilule tomar a pílula.

piment [pimɑ̃] *nm* (*condiment*) pimenta *f* • **piment doux** pimentão *m* • **piment rouge** pimenta *f* muito ardida.
pimenté, e [pimɑ̃te] *adj* apimentado(da).
pin [pɛ̃] *nm* (*arbre*) pinheiro *m*; (*bois*) pinho.
pince [pɛ̃s] *nf* (*outil*) alicate *m*; (*de crabe*) pinça *f*, (*de vêtement*) prega *f* • **pince à cheveux** grampo *m* (para o cabelo) • **pince à épiler** pinça (para depilar) • **pince à linge** prendedor *m* de roupa.
pinceau [pɛ̃so] (*pl* -x) *nm* pincel *m*.
pincée [pɛ̃se] *nf* pitada *f*.
pincer [pɛ̃se] *vt* (*serrer*) beliscar; (*fam*) (*coincer*) entalar.
pingouin [pɛ̃gwɛ̃] *nm* pinguim *m*.
ping-pong [piŋpɔ̃g] *nm* pingue-pongue *m*.
pin's [pins] *nm inv* pin *m*.
pintade [pɛ̃tad] *nf* galinha-d'angola *f*.
pinte [pɛ̃t] *nf* (*Helv*) (*café*) café *m*.
pioche [pjɔʃ] *nf* picareta *f*.

piocher [pjɔʃe] *vi* (*au jeu*) roubar (*no jogo*).
pion [pjɔ̃] *nm* peão *m* (*de jogo*).
pionnier, ère [pjɔnje, ɛʀ] *nm* pioneiro *m*, -ra *f*.
pipe [pip] *nf* cachimbo *m*.
pipi [pipi] *nm* (*fam*) • **faire pipi** fazer xixi.
piquant, e [pikɑ̃, ɑ̃t] • *adj* picante • *nm* espinho *m*.
pique [pik] • *nf* (*remarque*) pique *m* • *nm* espadas *fpl*.
pique-nique [piknik] (*pl* **pique-niques**) *nm* piquenique *m*.
pique-niquer [piknike] *vi* fazer um piquenique.
piquer [pike] *vt* & *vi* picar.
piquet [pikɛ] *nm* estaca *f*.
piqueur [pikœʀ] *adj* *m* → **marteau**.
piqûre [pikyʀ] *nf* (*d'insecte*) picada *f*; *MÉD* injeção *f* • **piqûre de rappel** *MÉD* dose de reforço; (*fam*) & *fig*) advertência, chamada de atenção.
piratage [piʀataʒ] *nm* pirataria *f*.
pirate [piʀat] *adj* & *nm* pirata • **pirate de l'air** pirata do ar.
pirater [piʀate] *vt* piratear.
pire [piʀ] • *adj* pior • *nm* • **le pire** o pior.
pirouette [piʀwɛt] *nf* pirueta *f*.
pis [pi] *nm* úbere *m*.
piscine [pisin] *nf* piscina *f*.
pissenlit [pisɑ̃li] *nm* dente-de-leão *m*.
pistache [pistaʃ] *nf* pistache *m*.
piste [pist] *nf* pista *f* • **piste (d'atterrissage)** pista (de ater-

rissagem) • **piste cyclable** ciclovia f • **piste de danse** pista de dança • **jeu de piste** jogo de pistas • **piste verte** pista verde *(muito fácil)* • **piste bleue** pista azul *(fácil)* • **piste rouge** pista vermelha *(difícil)* • **piste noire** pista preta *(muito difícil)*.

pistolet [pistɔlɛ] *nm* pistola f.

piston [pistɔ̃] *nm* pistão m, êmbolo m.

pithiviers [pitivje] *nm* bolo de massa folhada, recheado com creme de amêndoas.

pitié [pitje] *nf* piedade f • **avoir pitié de qqn** ter piedade de alguém • **faire pitié à qqn** causar piedade a alguém.

pitoyable [pitwajabl] *adj (triste)* lastimoso(osa); *(méprisable)* lastimável.

pitre [pitʀ] *nm* palhaço m • **faire le pitre** fazer palhaçadas.

pittoresque [pitɔʀɛsk] *adj* pitoresco(ca).

pivoter [pivɔte] *vi* girar.

pizza [pidza] *nf* pizza f.

pizzeria [pidzerja] *nf* pizzaria f.

placard [plakaʀ] *nm* armário m.

placarder [plakaʀde] *vt* afixar.

place [plas] *nf* lugar m; *(d'une ville)* praça f; *(de théâtre)* ingresso m; *(emploi)* emprego m • **changer qqch de place** mudar algo de lugar • **à la place de** em vez de • **sur place** no mesmo lugar • **place assise/debout** lugar sentado/de pé • *(locution adverbiale)* **sur place** no próprio local.

placement [plasmɑ̃] *nm* investimento m.

placer [plase] *vt (mettre)* pôr; *(argent)* investir ♦ **se placer** *vp (se mettre)* pôr-se; *(se classer)* situar-se.

plafond [plafɔ̃] *nm (d'une salle)* teto m; *(limite)* teto m.

plafonnier [plafɔnje] *nm* lâmpada f de teto.

plage [plaʒ] *nf (de sable)* praia f; *(de disque)* faixa f • **plage arrière** bagageiro m, *(cobertura interna do porta-malas)*.

plaie [plɛ] *nf* ferida f.

plaindre [plɛ̃dʀ] *vt* lastimar ♦ **se plaindre** *vp* queixar-se • **se plaindre de** queixar-se de.

plaine [plɛn] *nf* planície f.

plaint, e [plɛ̃, plɛ̃t] *pp* → plaindre.

plainte [plɛ̃t] *nf (gémissement)* queixume m; *(en justice)* queixa f • **porter plainte** apresentar queixa.

plaintif, ive [plɛ̃tif, iv] *adj* queixoso(osa).

plaire [plɛʀ] *vi* agradar • **plaire à qqn** agradar a alguém • **s'il vous/te plaît** por favor ♦ **se plaire** *vp* sentir-se bem.

plaisance [plɛzɑ̃s] *nf* → **navigation, port**.

plaisanter [plɛzɑ̃te] *vi* brincar.

plaisanterie [plɛzɑ̃tʀi] *nf* brincadeira f.

plaisir [plɛziʀ] *nm* prazer m • **faire plaisir à qqn** agradar a

plan

alguém • **avec plaisir!** com muito prazer!
plan [plɑ̃] nm plano m; (d'une maison, d'un bâtiment) planta f • **au premier/second plan** em primeiro/segundo plano • **plan d'eau** lago m • **plan d'épargne** plano poupança • **plan vigipirate** dispositivo de segurança do governo francês contra ações terroristas
planche [plɑ̃ʃ] nf tábua f • **faire la planche** boiar • **planche à roulettes** skate m • **planche à voile** prancha f de windsurfe
plancher [plɑ̃ʃe] nm (d'une voiture) chão m; (d'une maison) assoalho m.
planer [plane] vi planar.
planète [planɛt] nf planeta m.
planeur [planœʀ] nm planador m.
planifier [planifje] vt planejar.
planning [planiŋ] nm planejamento m.
plantation [plɑ̃tasjɔ̃] nf plantação f.
plante [plɑ̃t] nf planta f • **plante des pieds** planta dos pés • **plante grasse** planta carnuda • **plante verte** planta de interior.
planter [plɑ̃te] vt (graines) plantar; (enfoncer) espetar.
plaque [plak] nf placa f; (de verglas) camada f; (de chocolat) tablete f; (de beurre) tablete m; (tache) mancha f • **plaque chauffante** placa elétrica • **plaque d'immatriculation** ou **minéralogique** placa f de identificação.
plaqué, e [plake] adj • **plaqué or/argent** folheado(da) a ouro/a prata.
plaquer [plake] vt (aplatir) achatar; (au rugby) tacklear.
plaquette [plakɛt] nf (de beurre) pacote m; (de chocolat) tablete f • **plaquette de frein** pastilha f de freio.
plastifié, e [plastifje] adj plastificado(da).
plastique [plastik] nm plástico m • **sac en plastique** saco de plástico.
plat, e [pla, plat] • adj (terrain) plano(na); (poitrine) achatado(da); (chaussure) de salto baixo; (eau) sem gás • nm prato m; (récipient) travessa f • **à plat** (pneu) vazio(zia); (batterie) gasto(ta); (fam) (fatigué) arrasado(da) • **à plat ventre** de barriga para baixo • **plat cuisiné** prato pré-cozido • **plat du jour** prato do dia • **plat de résistance** prato principal.
platane [platan] nm plátano m.
plateau [plato] (pl **-x**) nm (de cuisine) bandeja f; (plaine) planalto m; (de télévision, de cinéma) estúdio m • **plateau à fromages** prato m para queijo • **plateau de fromages** prato m de queijos.
plate-bande [platbɑ̃d] (pl **plates-bandes**) nf platibanda f.
plate-forme [platfɔʀm] (pl **plates-formes**) nf plataforma f.

platine [platin] *nf* • **platine cassette** toca-fitas *m inv* • **platine laser** leitor *m* de CDs.
plâtre [platʀ] *nm* gesso *m*.
plâtrer [platʀe] *vt* engessar.
plausible [plozibl] *adj* plausível.
plébiscite [plebisit] *nm* plebiscito *m*.
plein, e [plɛ̃, plɛn] • *adj (rempli)* cheio(cheia); *(complet)* completo(ta) • *nm* • **faire le plein (d'essence)** encher o tanque • **plein de** *(rempli de)* cheio de; *(fam) (beaucoup de)* muito • **en plein air** ao ar livre • **en plein devant moi** bem à minha frente • **en pleine forme** em plena forma • **en pleine nuit** no meio da noite • **en plein milieu** bem no meio • **pleins phares** faróis altos • **pleins pouvoirs** plenos poderes • **travailler à plein temps** trabalhar em tempo integral.
pleurer [plœʀe] *vi* chorar.
pleureur [plœʀœʀ] *adj m* → saule.
pleurnicher [plœʀniʃe] *vi* choramingar.
pleut [plø] *pp* → **pleuvoir**.
pleuvoir [pløvwaʀ] • *vi* chover • *vimpers* **il pleut** está chovendo • **il pleut à verse** chove a cântaros.
Plexiglas® [plɛksiglas] *nm* plexiglas *m*.
pli [pli] *nm (d'un papier, d'une carte)* dobra *f*; *(d'une jupe)* prega *f*; *(d'un pantalon)* vinco *m*; *(aux cartes)* vaza *f* • **(faux) pli** vinco.
pliant, e [plijɑ̃, ɑ̃t] • *adj* dobrável • *nm* cadeira *f* dobrável.
plier [plije] • *vt* dobrar; *(lit)* fechar • *vi* dobrar-se.
plinthe [plɛ̃t] *nf* rodapé *m*.
plissé, e [plise] *adj* pregueado(da).
plisser [plise] *vt (papier)* dobrar; *(tissu)* preguear; *(yeux)* semicerrar.
plomb [plɔ̃] *nm* chumbo *m*; *(fusible)* fusível *m*.
plombage [plɔ̃baʒ] *nm* chumbo *m*.
plomberie [plɔ̃bʀi] *nf* canalização *f*.
plombier [plɔ̃bje] *nm* encanador *m*.
plombières [plɔ̃bjɛʀ] *nf sorvete de baunilha guarnecido com pedaços de fruta cristalizada*.
plongeant, e [plɔ̃ʒɑ̃, ɑ̃t] *adj (décolleté)* muito profundo(da); *(vue)* de cima.
plongée [plɔ̃ʒe] *nf* • **plongée (sous-marine)** mergulho *m*.
plongeoir [plɔ̃ʒwaʀ] *nm* trampolim *m (de piscina)*.
plongeon [plɔ̃ʒɔ̃] *nm* mergulho *m*.
plonger [plɔ̃ʒe] *vt & vi* mergulhar ♦ **se plonger dans** *vp + prép* concentrar-se em.
plongeur, euse [plɔ̃ʒœʀ, øz] *nm* mergulhador *m*, -ra *f*.
plu [ply] *pp* → **plaire, pleuvoir**.
pluie [plɥi] *nf* chuva *f*.

plumage

plumage [plymaʒ] nm plumagem f.
plume [plym] nf pena f.
plupart [plypaʀ] nf • **la plupart (de)** a maior parte (de), a maioria (de) • **la plupart du temps** na maior parte do tempo.
pluriel [plyʀjɛl] nm plural m.
plus [ply(s)] adv & prép mais • **plus intéressant (que)** mais interessante (do que) • **plus simplement (que)** de forma mais simples (do que) • **c'est ce qui me plaît le plus ici** é o que mais me agrada aqui • **l'hôtel le plus confortable où nous ayons logé** o hotel mais confortável em que ficamos • **le plus souvent** normalmente, quase sempre • **fais le plus vite possible** faça o mais rápido possível • **parle-lui le plus patiemment possible** fale com ele da maneira mais paciente possível • **je ne veux pas dépenser plus** não quero gastar mais • **plus d'argent/de vacances** mais dinheiro/férias • **plus de la moitié** mais da metade • **un peu plus de glace** um pouco mais de sorvete • **je ne regarde plus la télé** já não vejo mais televisão • **je n'en veux plus, merci** não quero mais, obrigado • **de plus** (en supplément) a mais; (d'autre part) além do mais • **il a deux ans de plus que moi** ele tem dois anos a mais (do) que eu • **de plus en plus (de)** cada vez mais • **en plus** (en supplément) a mais; (d'autre part) além do mais • **en plus de** além de • **plus ou moins** mais ou menos • **plus tu y penseras, pire ce sera** quanto mais você pensar nisso, pior será.
plusieurs [plyzjœʀ] adj & pron vários(rias).
plus-que-parfait [plyskəpaʀfɛ] nm pretérito m mais-que-perfeito.
plutôt [plyto] adv (de préférence) antes; (assez) bastante • **plutôt que (de) faire qqch** em vez de fazer algo.
pluvieux, euse [plyvjø, øz] adj chuvoso(osa).
PMU nm (abr de Pari mutuel urbain) (système) forma de apostas no turfe; (bar) bar onde se fazem as apostas.
pneu [pnø] nm pneu m.
pneumatique [pnømatik] adj → canot, matelas.
pneumonie [pnømɔni] nf pneumonia f.
PO (abr de petites ondes) OC.
poche [pɔʃ] nf bolso m • **de poche** de bolso.
poché, e [pɔʃe] adj inchado(da).
pocher [pɔʃe] vt CULIN escalfar.
pochette [pɔʃɛt] nf bolsa f; (de disque) capa f; (mouchoir) lenço m de bolso.
podium [pɔdjɔm] nm pódio m.
poêle[1] [pwal] nm aquecedor m de sala • **poêle à mazout** aquecedor de sala a óleo.
poêle[2] [pwal] nf • **poêle (à frire)** frigideira f.

poème [pɔɛm] nm poema m.
poésie [pɔezi] nf poesia f.
poète [pɔɛt] nm poeta m.
poétique [pɔetik] adj poético(ca).
poids [pwa] nm peso m • perdre/prendre du poids perder/ganhar peso • poids lourd veículo m pesado.
poignard [pwaɲaʀ] nm punhal m.
poignarder [pwaɲaʀde] vt apunhalar.
poignée [pwaɲe] nf (de porte) maçaneta f; (de valise) alça f; (de sable, de bonbons) punhado m • une poignée de um punhado de • poignée de main aperto m de mão.
poignet [pwaɲɛ] nm ANAT pulso m; (de vêtement) punho m.
poil [pwal] nm pelo m; (fam) nu em pelo • au poil (fam) exatamente.
poilu, e [pwaly] adj peludo(da).
poinçonner [pwɛ̃sɔne] vt picar, picotar.
poing [pwɛ̃] nm punho m.
point [pwɛ̃] nm ponto m • point de côté pontada f • point de départ ponto de partida • point d'exclamation ponto de exclamação • point faible ponto fraco • point final ponto final • point (final)! e ponto final! • point d'interrogation ponto de interrogação • (au) point mort (em) ponto morto • point de repère ponto de referência • points cardinaux pontos cardeais • points de suspension reticências fpl • points (de suture) pontos (de sutura) • à point no ponto • au point perfeito(ta) • au point ou à tel point que a ponto de ou a tal ponto que • mal en point num estado lastimável • être sur le point de faire qqch estar prestes a fazer algo.
point de vue [pwɛ̃dvy] (pl **points de vue**) nm ponto m de vista.
pointe [pwɛ̃t] nf (extrémité) ponta f; (clou) prego m • sur la pointe des pieds na ponta dos pés • de pointe de ponta ◆ **pointes** nfpl sapatilhas fpl de balé.
pointer [pwɛ̃te] • vt apontar • vi marcar o ponto.
pointillé [pwɛ̃tije] nm picotado m.
pointu, e [pwɛ̃ty] adj (couteau) pontiagudo(da); (nez) bicudo(da).
pointure [pwɛ̃tyʀ] nf número m • quelle est votre pointure? qual é seu número de calçado?
point-virgule [pwɛ̃viʀgyl] (pl **points-virgules**) nm ponto e vírgula m.
poire [pwaʀ] nf pera f • poire Belle-Hélène pera em conserva coberta com chocolate quente e servida com sorvete de baunilha.
poireau [pwaʀo] (pl **-x**) nm alho-poró m.
poirier [pwaʀje] nm pereira f.

pois [pwa] *nm (rond)* bola *f* • **à pois** de bolas • **pois chiche** grão-de-bico *m.*

poison [pwazɔ̃] *nm* veneno *m* • **poisons du lac** *(Helv)* peixes do Lago Leman *(sobretudo percas).*

poisseux, euse [pwasø, øz] *adj* pegajoso(sa).

poisson [pwasɔ̃] *nm* peixe *m* • **poisson d'avril!** primeiro de abril! • **faire un poisson d'avril à qqn** pregar uma peça em alguém no dia da mentira • **poisson rouge** peixinho vermelho • **Poissons** *nm* Peixes *mpl.*

poissonnerie [pwasɔnʀi] *nf* peixaria *f.*

poissonnier, ère [pwasɔnje, ɛʀ] *nm* peixeiro *m,* -ra *f.*

poitrine [pwatʀin] *nf* peito *m; (de porc)* toucinho *m.*

poivre [pwavʀ] *nm* pimenta *f.*

poivré, e [pwavʀe] *adj* apimentado(da).

poivrier [pwavʀije] *nm* pimenteira *f.*

poivrière [pwavʀijɛʀ] *nf* = **poivrier.**

poivron [pwavʀɔ̃] *nm* pimentão *m.*

poker [pɔkɛʀ] *nm* pôquer *m.*

polaire [pɔlɛʀ] *adj* polar • *nm (textile)* polar.

Polaroid® [pɔlaʀɔid] *nm (appareil)* Polaroid® *f; (photo)* fotografia *f* Polaroid.

pôle [pol] *nm* polo *m* • **pôle Nord/Sud** polo Norte/Sul.

poli, e [pɔli] *adj (bien élevé)* educado(da); *(verre, bois)* polido(da).

police [pɔlis] *nf* polícia *f* • **police d'assurance** apólice *f* de seguros • **police secours** polícia que se encarrega de prestar os primeiros socorros.

policier, ère [pɔlisje, ɛʀ] • *adj* policial • *nm* policial *m.*

poliment [pɔlimɑ̃] *adv* educadamente.

politesse [pɔlitɛs] *nf* cortesia *f.*

politicien, enne [pɔlitisjɛ̃, ɛn] *nm* político *m.*

politique [pɔlitik] • *adj* político(ca) • **un homme/une femme politique** homem político/mulher política • *nf* política *f.*

pollen [pɔlɛn] *nm* pólen *m.*

pollué, e [pɔlɥe] *adj* poluído(da).

pollution [pɔlysjɔ̃] *nf* poluição *f.*

polo [pɔlo] *nm (vêtement)* polo *m.*

polochon [pɔlɔʃɔ̃] *nm* travesseiro *m.*

Pologne [pɔlɔɲ] *nf* • **la Pologne** a Polônia.

polycopié [pɔlikɔpje] *nm* apostila *f.*

polyester [pɔliɛstɛʀ] *nm* poliéster *m.*

Polynésie [pɔlinezi] *nf* • **la Polynésie** a Polinésia • **la Polynésie française** a Polinésia francesa.

polystyrène [pɔlistiʀɛn] *nm* isopor *m.*

polyvalent, e [pɔlivalɑ̃, ɑ̃t] *adj* polivalente.

pommade [pɔmad] *nf* pomada *f.*

pomme [pɔm] *nf (fruit)* maçã *f; (de douche)* chuveiro *m; (d'arrosoir)* ralo *m* • **tomber dans les pommes** *(fam)* ter um faniquito • **pomme de pin** pinha *f* • **pommes dauphine** *bolinhas fritas de purê de batata* • **pommes noisettes** *bolinhas de batata coradas.*

pomme de terre [pɔmdətɛʀ] *(pl* **pommes de terre)** *nf* batata *f.*

pommette [pɔmɛt] *nf* maçaneta *f.*

pommier [pɔmje] *nm* macieira *f.*

pompe [pɔ̃p] *nf* bomba *f* • **pompe à essence** bomba de gasolina • **pompe à vélo** bomba de bicicleta • **pompes funèbres** agência *f* funerária.

pomper [pɔ̃pe] *vt (air)* aspirar; *(eau)* aspirar com uma bomba.

pompier [pɔ̃pje] *nm* bombeiro *m.*

pompiste [pɔ̃pist] *nm* frentista *mf.*

pompon [pɔ̃pɔ̃] *nm* pompom *m.*

poncer [pɔ̃se] *vt* lixar.

ponctuation [pɔ̃ktɥasjɔ̃] *nf* pontuação *f.*

ponctuel, elle [pɔ̃ktɥɛl] *adj* pontual.

pondre [pɔ̃dʀ] *vt* botar.

poney [pɔnɛ] *nm* pônei *m.*

pont [pɔ̃] *nm* ponte *f* • **faire le pont** fazer ponte.

pont-levis [pɔ̃ləvi] *(pl* **ponts-levis)** *nm* ponte *f* levadiça.

ponton [pɔ̃tɔ̃] *nm* pontão *m.*

pop [pɔp] *adj inv & nf* pop.

pop-corn [pɔpkɔʀn] *nm inv* pipoca *f.*

populaire [pɔpylɛʀ] *adj* popular.

population [pɔpylasjɔ̃] *nf* população *f.*

porc [pɔʀ] *nm* porco *m.*

porcelaine [pɔʀsəlɛn] *nf (matériau)* porcelana *f.*

porche [pɔʀʃ] *nm (d'une église)* pórtico *m; (d'un immeuble)* alpendre *m.*

pore [pɔʀ] *nm* poro *m.*

poreux, euse [pɔʀø, øz] *adj* poroso(osa).

pornographique [pɔʀnɔgʀafik] *adj* pornográfico(ca).

port [pɔʀ] *nm* porto *m* • **port payé** porte pago • **port de pêche** porto de pesca • **port de plaisance** marina *f.*

portable [pɔʀtabl] *adj* portátil.

portail [pɔʀtaj] *nm* **1.** *(architecture)* portão *m* **2.** *INFORM* portal *m.*

portant, e [pɔʀtɑ̃, ɑ̃t] *adj* • **être bien/mal portant** estar bem/mal de saúde • **à bout portant** à queima-roupa.

portatif, ive [pɔʀtatif, iv] *adj* portátil.

porte [pɔʀt] *nf* porta *f* • **mettre qqn à la porte** pôr alguém na rua • **porte (d'embarquement)** portão *m* (de embarque) • **porte d'entrée** porta de entrada.

porte-avions [pɔʀtavjɔ̃] nm inv porta-aviões m inv.

porte-bagages [pɔʀtbagaʒ] nm inv bagageiro m.

porte-bébé [pɔʀtbebe] (pl **porte-bébés**) nm porta-bebê m.

porte-bonheur [pɔʀtbɔnœʀ] nm inv amuleto m.

porte-clefs [pɔʀtəkle] = **porte-clés**.

porte-clés [pɔʀtəkle] nm inv chaveiro m.

portée [pɔʀte] nf (d'un son, d'une arme) alcance m; (d'une femelle) ninhada f; MUS pauta f • **à la portée de qqn** (intellectuelle) ao alcance de alguém • **à portée de (la) main** ao alcance da mão • **à portée de voix** ao alcance da voz.

porte-fenêtre [pɔʀtfənɛtʀ] (pl **portes-fenêtres**) nf porta f envidraçada.

portefeuille [pɔʀtəfœj] nm carteira f.

porte-jarretelles [pɔʀtʒaʀtɛl] nm inv cinta-liga f.

portemanteau [pɔʀtmɑ̃to] (pl **-x**) nm cabide m.

porte-monnaie [pɔʀtmɔnɛ] nm inv porta-moedas m inv.

porte-parole [pɔʀtpaʀɔl] nm inv porta-voz m.

porter [pɔʀte] • vt levar; (vêtement, lunettes) usar; (nom, date, marque) ter; (fig) (responsabilité) arcar com • vi surtir efeito • **porter bonheur/malheur** dar sorte/azar • **porter sur** tratar de • **se porter** vp • **se porter bien** estar bem(boa) • **se porter mal** estar mal.

porte-savon [pɔʀtsavɔ̃] (pl **-s**) nm saboneteira f.

porte-serviette [pɔʀtsɛʀvjɛt] (pl **-s**) nm toalheiro m.

porteur, euse [pɔʀtœʀ, øz] nm (de bagages) carregador m, -ra f; (d'une maladie) portador m, -ra f.

portier [pɔʀtje] nm porteiro m.

portière [pɔʀtjɛʀ] nf porta f.

portillon [pɔʀtijɔ̃] nm portinhola f • **portillon automatique** porta f automática.

portion [pɔʀsjɔ̃] nf porção f.

portique [pɔʀtik] nm pórtico m.

porto [pɔʀto] nm vinho m do Porto.

portrait [pɔʀtʀɛ] nm retrato m.

portuaire [pɔʀtɥɛʀ] adj portuário(ria).

portugais, e [pɔʀtygɛ, ɛz] • adj português(esa) • nm (langue) português m • **Portugais, e** nm português m, -esa f.

Portugal [pɔʀtygal] nm • **le Portugal** Portugal m.

pose [poz] nf (d'une moquette, d'une vitre) colocação f; (attitude) pose f • **prendre la pose** fazer pose.

posé, e [poze] adj ponderado(da).

poser [poze] • vt (objet) pousar; (installer) instalar; (question) fazer; (problème) pôr • vi fazer pose • **se poser** vp pousar.

positif, ive [pozitif, iv] adj positivo(va).

position [pozisjɔ̃] nf posição f.

posologie [pozɔlɔʒi] nf posologia f.

posséder [posede] vt possuir.

possessif, ive [pɔsesif, iv] *adj* possessivo(va).

possibilité [pɔsibilite] *nf* possibilidade *f* • avoir la possibilité de faire qqch ter a possibilidade de fazer algo ◆ **possibilités** *nfpl* (financières) posses *fpl*; (intellectuelles) faculdades *fpl*.

possible [pɔsibl] ◆ *adj* possível *m* • faire son possible (pour faire qqch) fazer o possível (para fazer algo) • le plus de... possible o maior número possível de...; (d'argent, d'eau) a maior quantidade de... possível • dès que possible, le plus tôt possible logo que possível, o mais cedo possível • si possible se possível.

postal, e, aux [pɔstal, o] *adj* postal.

poste¹ [pɔst] *nm* (emploi) posto *m*; (de ligne téléphonique) extensão *f* • poste (de police) posto (de polícia) • poste de radio rádio *m* • poste de télévision televisão *f*.

poste² [pɔst] *nf* correios *mpl* • poste restante posta-restante *f*.

poster¹ [pɔste] *vt* (lettre) pôr no correio.

poster² [pɔstɛʀ] *nm* pôster *m*.

postérieur, e [pɔsteʀjœʀ] ◆ *adj* posterior *m* ◆ *nm* traseiro *m*.

postier, ère [pɔstje, ɛʀ] *nm* empregado m, -da f dos correios.

postillonner *vi* falar cuspindo.

post-scriptum [pɔstskʀiptɔm] *nm inv* postscriptum *m inv*.

posture [pɔstyʀ] *nf* postura *f*.

pot [po] *nm* frasco *m* • pot d'échappement tubo *m* de escapamento • pot de fleurs vaso *m* • pot à lait leiteira *f*.

potable [pɔtabl] *adj* → eau.

potage [pɔtaʒ] *nm* sopa *f*.

potager [pɔtaʒe, ɛʀ] *nm* • (jardin) potager horta *f*.

pot-au-feu [pɔtofø] *nm inv* cozido à base de carne de boi, cenoura, rabanete, alho-poró, cebola e aipo.

pot-de-vin [podvɛ̃] (*pl* pots-de-vin) *nm* propina *f*.

poteau [pɔto] (*pl* -x) *nm* poste *m* • poteau indicateur poste de sinalização.

potée [pɔte] *nf* cozido à base de carne de boi ou porco e legumes variados.

potentiel, elle [pɔtɑ̃sjɛl] ◆ *adj* potencial • potencial *m*.

poterie [pɔtʀi] *nf* (art) olaria *f*; (objet) peça *f* de barro.

potiron [pɔtiʀɔ̃] *nm* abóbora *f*.

pot-pourri [popuʀi] (*pl* pots-pourris) *nm* pot-pourri *m*.

pou [pu] (*pl* -x) *nm* piolho *m*.

poubelle [pubɛl] *nf* 1. (à ordure) lata *f* de lixo • mettre qqch à la poubelle pôr algo no lixo 2. *INFORM* lixeira *f*.

pouce [pus] *nm* polegar *m*.

pouding [pudiŋ] *nm* bolo à base de pão amanhecido e passas • pouding de cochon (*Can*) bolo de carne e de fígado de porco.

poudre [pudʀ] *nf* (substance) pó *m*; (maquillage) pó de arroz *m*;

(explosif) pólvora *f* • **en poudre** em pó.
poudreux, euse [pudʀø, øz] *adj* empoeirado(da).
pouf [puf] *nm* pufe *m*.
pouffer [pufe] *vi* • **pouffer (de rire)** morrer de rir.
poulailler [pulaje] *nm* galinheiro *m*, capoeira *f*.
poulain [pulɛ̃] *nm* potro *m*.
poule [pul] *nf* galinha *f* • **poule au pot** galinha recheada e cozida com legumes.
poulet [pulɛ] *nm* frango *m* • **poulet basquaise** frango salteado com tomate, pimentão e alho.
poulie [puli] *nf* roldana *f*.
pouls [pu] *nm* pulso *m*.
poumon [pumɔ̃] *nm* pulmão *m*.
poupée [pupe] *nf* boneca *f*.
pour [puʀ] *prép* **1.** *(gén)* para • **c'est pour vous** é para vocês • **pour rien** *(inutilement)* para nada; *(gratuitement)* de graça • **pour faire qqch** para fazer algo • **pour que** para que • **le vol pour Londres** o voo para Londres • **partir pour** partir para **2.** *(en raison de)* por • **pour avoir fait qqch** por ter feito algo • **elle a été hospitalisée pour un cancer** ela foi hospitalizada em virtude de um câncer • **faire qqch pour de l'argent** fazer algo por dinheiro **3.** *(exprime la durée)* por • **pour longtemps** por muito tempo • **pour toujours** para sempre **4.** *(somme)* • **je voudrais pour cinq euros de bonbons** queria cinco euros de bombons • **nous en avons eu pour 120 euros** ficou para nós por 120 euros **5.** *(en ce qui concerne)* • **pour moi** *(à mon avis)* por mim • **et pour le loyer, qu'est-ce que je fais?** e quanto ao aluguel, o que é que eu faço? **6.** *(à la place de)* por • **signe pour moi** assine por mim **7.** *(en faveur de)* • **être pour (qqch)** ser a favor (de algo) **8.** *(envers)* por • **avoir de la sympathie pour qqn** ter simpatia por alguém.
pourboire [puʀbwaʀ] *nm* gorjeta *f*.
pourcentage [puʀsɑ̃taʒ] *nm* porcentagem *f*.
pourquoi [puʀkwa] *adv* • **je ne sais pas pourquoi il n'est pas rentré** não sei por que ele não voltou • **il le sait et il te dira pourquoi** ele sabe e te dirá por quê • **c'est pourquoi...** é por isso que... • **pourquoi pas?** por que não?
pourra → **pouvoir**.
pourrir [puʀiʀ] *vi* apodrecer.
pourriture [puʀityʀ] *nf* podridão *f*.
poursuite [puʀsɥit] *nf* perseguição *f* • **se lancer à la poursuite de qqn** lançar-se na perseguição de alguém • **poursuites** *nfpl* ação *f*.
poursuivi, e [puʀsɥivi] *pp* → **poursuivre**.
poursuivre [puʀsɥivʀ] *vt (voleur)* perseguir; *DROIT* perpetrar uma ação contra; *(continuer)*

prosseguir ♦ **se poursuivre** *vp* prosseguir.

pourtant [puRtɑ̃] *adv* no entanto.

pourvu [puRvy] ♦ **pourvu que** *conj* (*condition*) desde que; (*souhait*) tomara.

pousse-pousse [puspus] *nm inv* (Helv) carrinho *m* de bebê.

pousser [puse] • *vt* empurrar; (*déplacer*) afastar; (*cri*) dar • *vi* empurrar; (*plante*) crescer • **pousser qqn à faire qqch** levar alguém a fazer algo • **faire pousser qqch** fazer crescer algo • **poussez** empurre ♦ **se pousser** *vp* empurrar-se.

poussette [puset] *nf* carrinho *m* de bebê.

poussière [pusjɛR] *nf* (*sur un meuble*) pó *m*; (*sur la route*) poeira *f*.

poussiéreux, euse [pus-jeRø, øz] *adj* empoeirado(da).

poussin [pusɛ̃] *nm* pintinho *m*.

poutine [putin] *nf* (Can) batatas fritas recobertas com bolinhas de queijo e molho picante.

poutre [putR] *nf* (*de toit*) viga *f*; (*de gymnastique*) barra *f*.

pouvoir [puvwaR] • *nm* poder *m* • **le pouvoir** o poder • **les pouvoirs publics** os poderes públicos • *vt* poder • **pouvoir faire qqch** poder fazer algo • **pourriez-vous...?** vocês poderiam...? • **je fais ce que je peux** faço o que posso • **tu aurais pu faire ça avant!** você podia ter feito isso antes! • **je n'en peux plus** (*je suis fatigué*) já não estou aguentando mais; (*j'ai trop mangé*) não consigo comer mais • **je n'y peux rien** não posso fazer nada • **attention, tu pourrais te blesser** tenha cuidado, você pode se machucar ♦ **se pouvoir** *vp* • **il se peut que...** é possível que...

prairie [pReRi] *nf* pradaria *f*.

praline [pRalin] *nf* (*confiserie*) pralina *f*; (Belg) (*chocolat*) bombom *m* de chocolate.

praliné, e [pRaline] *adj* torrado com açúcar.

pratiquant, e [pRatikɑ̃, ɑ̃t] *adj* praticante.

pratique [pRatik] • *adj* prático(ca) • *nf* prática *f*.

pratiquement [pRatikmɑ̃] *adv* (*presque*) praticamente.

pratiquer [pRatike] *vt* praticar.

pré [pRe] *nm* prado *m*.

préau [pReo] (*pl* **-x**) *nm* pátio *m* coberto.

précaire [pRekɛR] *adj* precário(ria).

précariser [pRekaRize] *vt* precarizar.

précaution [pRekosjɔ̃] *nf* precaução *f* • **prendre des précautions** tomar precauções • **avec précaution** com precaução.

précédent, e [pResedɑ̃, ɑ̃t] *adj* precedente.

précéder [pResede] *vt* preceder.

précieux, euse [pResjø, øz] *adj* precioso(osa).

précipice

précipice [pʀesipis] nm precipício m.
précipitation [pʀesipitasjɔ̃] nf precipitação f
♦ **précipitations** nfpl precipitação f.
précipiter [pʀesipite] vt precipitar ♦ **se précipiter** vp precipitar-se ♦ **se précipiter dans/vers/sur** precipitar-se para dentro de/em direção a/sobre.
précis, e [pʀesi, iz] adj preciso(sa) ♦ **à cinq heures précises** às cinco (horas) em ponto.
préciser [pʀesize] vt precisar
♦ **se préciser** vp concretizar-se.
précision [pʀesizjɔ̃] nf precisão f.
précoce [pʀekɔs] adj precoce.
prédécesseur [pʀedesesœʀ] nm predecessor m.
prédiction [pʀediksjɔ̃] nf previsão f.
prédire [pʀediʀ] vt predizer.
prédit, e [pʀedi, it] pp → **prédire**.
préfabriqué, e [pʀefabʀike] adj pré-fabricado(da).
préface [pʀefas] nf prefácio m.
préfecture [pʀefɛktyʀ] nf (bâtiment) local onde estão instalados os serviços de administração dos departamentos, na França; (ville) capital de departamento.
préféré, e [pʀefeʀe] adj & nm preferido(da).
préférence [pʀefeʀɑ̃s] nf preferência f ♦ **de préférence** de preferência.
préférer [pʀefeʀe] vt preferir
♦ **préférer faire qqch** preferir

fazer algo ♦ **je préférerais qu'elle s'en aille** eu preferia que ela fosse embora.
préfet [pʀefɛ] nm dirigente da circunscrição administrativa.
préhistoire [pʀeistwaʀ] nf pré-história f.
préhistorique [pʀeistɔʀik] adj pré-histórico(ca).
préjugé [pʀeʒyʒe] nm (pej) preconceito m.
prélèvement [pʀelɛvmɑ̃] nm (d'argent) levantamento m; (de sang) coleta f.
prélever [pʀelve] vt (somme, part) levantar; (sang) tirar.
prématuré, e [pʀematyʀe] adj prematuro(ra) ♦ nm bebê m prematuro.
prémédité, e [pʀemedite] adj premeditado(da).
premier, ère [pʀəmje, ɛʀ] adj & nm primeiro(ra) ♦ **en premier** em primeiro lugar ♦ **le premier de l'an** o dia primeiro de janeiro ♦ **Premier ministre** primeiro-ministro m.
première [pʀəmjɛʀ] nf EDUC ≃ segundo ano m do ensino médio; (vitesse, en train) primeira f ♦ **voyager en première (classe)** viajar de primeira (classe).
premièrement [pʀəmjɛʀmɑ̃] adv primeiramente, em primeiro lugar.
prenais → **prendre**.
prendre [pʀɑ̃dʀ] ♦ vt 1. (dans sa main) pegar; (un ficar) ficar com 2. (emporter) levar 3. (aller, chercher) **passer prendre qqn**

ir buscar alguém • **prendre un auto-stoppeur** dar carona a alguém **4.** *(enlever)* • **prendre qqch à qqn** tirar algo de alguém **5.** *(boisson, notes, mesures)* tomar; *(repas)* fazer • **qu'est-ce que vous prendrez?** *(à boire)* o que é que vocês vão tomar? • **prendre un verre** tomar uma bebida **6.** *(utiliser)* • **quelle route dois-je prendre?** por qual estrada devo ir? • **prendre l'avion/le train** pegar o avião /o trem **7.** *(attraper, surprendre)* apanhar • **se faire prendre** ser apanhado **8.** *(air, ton)* • **elle a pris un air innocent** ela se fez de inocente • **ne prends pas ton air de martyr!** não se faça de mártir! **9.** *(considérer)* • **prendre qqn pour** *(par erreur)* tomar alguém por **10.** *(photo)* tirar **11.** *(poids)* engordar **12.** *(dans des expressions)* • **prendre feu** incendiar-se • **qu'est-ce qui te prend?** o que é que você tem? ◆ *vi* **1.** *(sauce, ciment)* pegar **2.** *(feu)* pegar **3.** *(se diriger)* • **prenez à droite** vire à direita ◆ **se prendre** *vp* **1.** *(se considérer)* • **se prendre pour** tomar-se por **2.** *(dans des expressions)* • **s'en prendre à qqn** descarregar em alguém • **s'y prendre bien** dar-se bem • **s'y prendre mal** dar-se mal.

prenne → prendre.

prénom [pʁenɔ̃] *nm* nome *m* (de batismo).

préoccupé, e [pʁeɔkype] *adj* preocupado(da).

préoccuper [pʁeɔkype] *vt* preocupar ◆ **se préoccuper de** *vp + prép* preocupar-se com.

préparatifs [pʁepaʁatif] *nmpl* (d'un repas, d'un départ) preparativos *mpl*.

préparation [pʁepaʁasjɔ̃] *nf* (d'un repas, d'un départ) preparação *f*.

préparer [pʁepaʁe] *vt* preparar ◆ **se préparer** *vp* preparar-se • **se préparer à faire qqch** preparar-se para fazer algo.

préposition [pʁepozisjɔ̃] *nf* preposição *f*.

près [pʁɛ] *adv* • **de près** de perto • **tout près** aqui perto • **près de** perto de; *(presque)* cerca de.

prescrire [pʁɛskʁiʁ] *vt* receitar.

prescrit, e [pʁɛskʁi, it] *pp* → prescrire.

présence [pʁezɑ̃s] *nf* presença *f* • **en présence de** na presença de.

présent, e [pʁezɑ̃, ɑ̃t] ◆ *adj* presente ◆ *nm* presente *m* • **à présent (que)** agora (que).

présentateur, trice [pʁezɑ̃tatœʁ, tʁis] *nm* apresentador *m*, -ra *f*.

présentation [pʁezɑ̃tasjɔ̃] *nf* apresentação *f* • **présentations** *nfpl* • **faire les présentations** fazer as apresentações.

présenter [pʁezɑ̃te] *vt* apresentar • **présenter qqn à qqn** apresentar alguém a alguém ◆ **se présenter** *vp* apresentar-se; *(occasion, difficulté)* surgir

préservatif

- **se présenter bien/mal** apresentar-se bem/mal.

préservatif [pʀezɛʀvatif] nm preservativo m.

préserver [pʀezɛʀve] vt preservar • **préserver qqn/qqch de** preservar alguém/algo de.

président, e [pʀezidɑ̃, ɑ̃t] nm presidente m/f • **le président de la République** o presidente da República.

présider [pʀezide] vt presidir a.

présomption nf • **présomption d'innocence** DROIT presunção f de inocência.

presque [pʀɛsk] adv quase • **il n'y a presque pas de neige** não há quase neve.

presqu'île [pʀɛskil] nf península f.

pressant, e [pʀɛsɑ̃, ɑ̃t] adj urgente.

presse [pʀɛs] nf (journaux) imprensa f • **presse à sensation** imprensa sensacionalista.

pressé, e [pʀese] adj (voyageur) apressado(da); (urgent) urgente; (citron, orange) espremido(da) • **être pressé de faire qqch** estar com pressa de fazer algo.

presse-citron [pʀɛssitʀɔ̃] nm inv espremedor m.

pressentiment [pʀesɑ̃timɑ̃] nm pressentimento m.

presser [pʀese] vt (fruit) espremer; (bouton) apertar; (faire se dépêcher) apressar • vi • **le temps presse** o tempo urge • **rien ne presse** não há pressa
- **se presser** vp apressar-se.

pressing [pʀɛsiŋ] nm lavanderia f.

pression [pʀɛsjɔ̃] nf pressão f; (bouton) botão m de pressão • **(bière) pression** chope m.

prestidigitateur, trice [pʀɛstidiʒitatœʀ, tʀis] nm mágico m, -ca f.

prestige [pʀɛstiʒ] nm prestígio m.

prêt, e [pʀɛ, pʀɛt] • adj pronto(ta) • nm empréstimo m • **prêt bancaire** empréstimo bancário • **être prêt à faire qqch** estar pronto a fazer algo.

prêt-à-porter [pʀɛtapɔʀte] nm prêt-à-porter m.

prétendre [pʀetɑ̃dʀ] vt • **prétendre que** afirmar que • **il prétend qu'il est le meilleur** ele se julga o melhor.

prétentieux, euse [pʀetɑ̃sjø, øz] adj pretensioso(osa).

prétention [pʀetɑ̃sjɔ̃] nf pretensão f.

prêter [pʀete] vt emprestar • **prêter qqch à qqn** emprestar algo a alguém • **prêter attention à** prestar atenção em.

prétexte [pʀetɛkst] nm pretexto m • **sous prétexte que** com o pretexto de.

prétimbré, e [pʀetɛ̃bʀe] adj pré-selado(da).

prêtre [pʀɛtʀ] nm padre m, sacerdote m.

preuve [pʀœv] nf prova f • **faire preuve de** dar provas de • **faire ses preuves** (méthode) dar provas de eficácia; (employé) dar provas de eficiência.

prévaloir [pʀevalwaʀ] *vi (sout)* prevalecer.

prévenir [pʀevniʀ] *vt* prevenir.

préventif, ive [pʀevɑ̃tif, iv] *adj* preventivo(va).

prévention [pʀevɑ̃sjɔ̃] *nf* prevenção *f* • **prévention routière** prevenção rodoviária.

prévenu, e [pʀevny] *pp* → **prévenir**.

prévisible [pʀevizibl] *adj* previsível.

prévision [pʀevizjɔ̃] *nf* previsão *f* • **en prévision de** prevendo que • **prévisions météo(rologiques)** previsões meteorológicas.

prévoir [pʀevwaʀ] *vt* prever • **comme prévu** como previsto.

prévoyant, e [pʀevwajɑ̃, ɑ̃t] *adj* precavido(da).

prévu, e [pʀevy] *pp* → **prévoir**.

prier [pʀije] *vt & vi* rezar • **prier qqn de faire qqch** pedir a alguém para fazer algo • **les passagers sont priés d'attacher leurs ceintures** pede-se aos passageiros que apertem os cintos • **suivez-moi, je vous prie** siga-me, por favor • **je peux fumer? – je vous en prie!** posso fumar? – por favor! • **merci – je vous en prie** obrigado – de nada.

prière [pʀijɛʀ] *nf* oração *f* • **prière de ne pas fumer** favor não fumar.

primaire [pʀimɛʀ] *adj* primário(ria).

prime [pʀim] *nf (d'assurance)* prêmio *m*; *(de salaire)* gratificação *f* • **en prime** *(avec un achat)* de brinde.

primeurs [pʀimœʀ] *nf* frutos ou legumes temporões.

primevère [pʀimvɛʀ] *nf* primavera *f.*

primitif, ive [pʀimitif, iv] *adj* primitivo(va).

prince [pʀɛ̃s] *nm* príncipe *m.*

princesse [pʀɛ̃sɛs] *nf* princesa *f.*

principal, e, aux [pʀɛ̃sipal, o] *adj* principal • **le principal** *nm* diretor *m (de um colégio)* • **le principal** *(l'essentiel)* o principal.

principalement [pʀɛ̃sipalmɑ̃] *adv* principalmente.

principe [pʀɛ̃sip] *nm (règle de conduite)* princípio *m* • **en principe** em princípio.

prion [pʀijɔ̃] *nm MED (biologie)* príon *m.*

printemps [pʀɛ̃tɑ̃] *nm* primavera *f.*

priori → **a priori**.

prioritaire [pʀijɔʀitɛʀ] *adj* prioritário(ria).

priorité [pʀijɔʀite] *nf* prioridade *f* • **priorité à droite** prioridade à direita • **laisser la priorité** ceder a prioridade • **vous n'avez pas la priorité** deve ceder a prioridade.

pris, e [pʀi, iz] *pp* → **prendre**.

prise [pʀiz] *nf (à la pêche)* presa *f*; *(point d'appui)* apoio *m* • **prise (de courant)** *(dans le mur)* tomada *f*; *(fiche)* ficha *f* • **prise multiple** tomada múltipla • **prise de sang** análise *f*

prison [pʀizɔ̃] nf prisão f • **en prison** na prisão.
prisonnier, ère [pʀizɔnje, ɛʀ] nm prisioneiro m, -ra f.
privé, e [pʀive] adj privado(da) • **en privé** em particular.
priver [pʀive] vt • **priver qqn de qqch** privar alguém de algo ◆ **se priver** vp privar-se • **se priver de qqch** privar-se de algo.
privilège [pʀivilɛʒ] nm privilégio m.
privilégié, e [pʀivileʒje] adj privilegiado(da); (matériellement) abastado(da).
prix [pʀi] nm (d'un produit) preço m; (récompense) prêmio m • **à tout prix** custe o que custar.
probable [pʀɔbabl] adj provável.
probablement [pʀɔbabləmɑ̃] adv provavelmente.
problème [pʀɔblɛm] nm problema m.
procédé [pʀɔsede] nm (méthode) procedimento m; (de fabrication) processo m.
procès [pʀɔsɛ] nm processo m.
processus [pʀɔsesys] nm processo m.
procès-verbal [pʀɔsɛvɛʀbal] (pl **-aux**) nm (contravention) multa f; (acte officiel) ata f.
prochain, e [pʀɔʃɛ̃, ɛn] adj próximo(ma) • **la semaine prochaine** na semana que vem.

proche [pʀɔʃ] adj • **être proche** (dans le temps) estar próximo(ma); (dans l'espace) estar perto • **être proche de** (lieu, but) estar perto de; (personne, ami) ser chegado(da) de • **le Proche-Orient** o Oriente Próximo.
procuration [pʀɔkyʀasjɔ̃] nf procuração f.
procréation [pʀɔkʀeasjɔ̃] nf procriação f • **procréation médicalement assistée** reprodução assistida.
procurer [pʀɔkyʀe] ◆ **se procurer** vp obter.
prodigieux, euse [pʀɔdiʒjø, øz] adj prodigioso(osa).
producteur, trice [pʀɔdyktœʀ, tʀis] nm produtor m, -ra f.
production [pʀɔdyksjɔ̃] nf (de marchandises) produção f.
produire [pʀɔdɥiʀ] vt produzir ◆ **se produire** vp ocorrer.
produit, e [pʀɔdɥi, it] ◆ pp → **produire** ◆ nm produto m • **produits de beauté** produtos de beleza • **produits laitiers** laticínios mpl.
prof [pʀɔf] nm (fam) prof. mf.
professeur [pʀɔfesœʀ] nm professor m, -ra f • **professeur d'anglais/de piano** professor de inglês/de piano.
profession [pʀɔfesjɔ̃] nf profissão f • **profession libérale** profissão liberal.
professionnel, elle [pʀɔfesjɔnɛl] adj & nm profissional.
profil [pʀɔfil] nm perfil m • **de profil** de perfil • **profil utilisateur** INFORM perfil do usuário.

profit [pʀɔfi] *nm (avantage)* proveito *m*; *(d'une entreprise)* lucro *m* • **tirer profit de qqch** tirar proveito de algo.

profiter [pʀɔfite] *vi (jouir de)* • **profiter de qqch** aproveitar algo; *(abuser de)* • **profiter de qqn** aproveitar-se de alguém; *(tirer parti de)* • **profiter de qqch pour faire qqch** aproveitar algo para fazer algo.

profiterole [pʀɔfitʀɔl] *nf* profiterole *m*, carolina recheada com sorvete de baunilha e recoberta com calda de chocolate quente.

profond, e [pʀɔfɔ̃, ɔ̃d] *adj* profundo(da).

profondeur [pʀɔfɔ̃dœʀ] *nf* profundidade *f* • **à 10 mètres de profondeur** a 10 metros de profundidade.

programmateur [pʀɔgʀamatœʀ] *nm* programador *m*.

programme [pʀɔgʀam] *nm* programa *m*.

programmer [pʀɔgʀame] *vt* programar.

programmeur, euse [pʀɔgʀamœʀ, øz] *nm* programador *m*, -ra *f*.

progrès [pʀɔgʀɛ] *nm* progresso *m* • **en progrès** em andamento • **faire des progrès** fazer progressos.

progresser [pʀɔgʀese] *vi* progredir.

progressif, ive [pʀɔgʀesif, iv] *adj* progressivo(va).

progressivement [pʀɔgʀesivmã] *adv* progressivamente.

prohiber [pʀɔibe] *vt (sout)* proibir.

proie [pʀwa] *nf* presa *f*.

projecteur [pʀɔʒɛktœʀ] *nm* projetor *m*.

projection [pʀɔʒɛksjɔ̃] *nf (de films, de diapositives)* projeção *f*.

projectionniste [pʀɔʒɛksjɔnist] *nm* projecionista *mf*.

projet [pʀɔʒɛ] *nm* projeto *m*.

projeter [pʀɔʒte] *vt* projetar • **projeter de faire qqch** planejar fazer algo.

prolongation [pʀɔlɔ̃gasjɔ̃] *nf* prolongamento *m* • **prolongations** *nf* prolongamentos *mpl*.

prolongement [pʀɔlɔ̃ʒmã] *nm* prolongamento *m* • **dans le prolongement de** no prolongamento de.

prolonger [pʀɔlɔ̃ʒe] *vt* prolongar • **se prolonger** *vp* prolongar-se.

promenade [pʀɔmnad] *nf* passeio *m* • **faire une promenade** dar um passeio.

promener [pʀɔmne] *vt* passear • **se promener** *vp* passear.

promesse [pʀɔmɛs] *nf* promessa *f*.

promettre [pʀɔmɛtʀ] *vt* • **promettre qqch à qqn** prometer algo a alguém • **il lui a promis d'aller le voir** ele prometeu ir visitá-lo • **c'est promis!** está prometido! • **ça promet!** *(fam)* isto promete!

promis, e [pʀɔmi, iz] *pp* → **promettre**.

promotion [prɔmosjɔ̃] nf promoção f • **en promotion** em promoção.

pronom [prɔnɔ̃] nm pronome m.

prononcer [prɔnɔ̃se] vt pronunciar ◆ **se prononcer** vp (un médecin, un jury, une cour) pronunciar, pronunciar-se.

prononciation [prɔnɔ̃s-jasjɔ̃] nf pronunciação f.

pronostic [prɔnɔstik] nm prognóstico m.

propagande [prɔpagɑ̃d] nf propaganda f.

propager [prɔpaʒe] vt propagar ◆ **se propager** vp propagar-se.

prophétie [prɔfesi] nf profecia f.

propice [prɔpis] adj propício(cia).

proportion [prɔpɔrsjɔ̃] nf proporção f.

proportionnel, elle [prɔpɔrsjɔnɛl] adj • **proportionnel à** proporcional a.

propos [prɔpo] ◆ nm palavras fpl ◆ nm • **à propos,...** a propósito,... • **à propos de** com relação a.

proposer [prɔpoze] vt propor • **proposer à qqn de faire qqch** propor a alguém fazer algo.

proposition [prɔpozisjɔ̃] nf proposta f.

propre [prɔpr] adj próprio(pria); (linge, pièce) limpo(pa) • **avec ma propre voiture** com meu próprio carro.

proprement [prɔprəmɑ̃] adv decentemente • **à proprement parler** a bem dizer.

propreté [prɔprəte] nf limpeza f.

propriétaire [prɔprijetɛr] nm (d'un chien, d'une voiture) dono m, -na f; (d'une maison) proprietário m, -ria f.

propriété [prɔprijete] nf propriedade f • **propriété privée** propriedade privada.

prose [proz] nf prosa f.

prospectus [prɔspɛktys] nm prospecto m.

prospère [prɔspɛr] adj próspero(ra).

prostituée [prɔstitɥe] nf prostituta f.

protection [prɔtɛksjɔ̃] nf proteção f.

protège-cahier [prɔtɛʒkaje] (pl protège-cahiers) nm capa f (para cadernos).

protège-poignets [prɔtɛʒpwaɲɛ] nm inv protetor m de pulso, suporte m de pulso.

protéger [prɔteʒe] vt proteger • **protéger qqn de** OU **contre qqch** proteger alguém de OU contra algo ◆ **se protéger de** vp + prép proteger-se de.

protestant, e [prɔtɛstɑ̃, ɑ̃t] adj & nm protestante.

protester [prɔtɛste] vi protestar.

prothèse [prɔtɛz] nf prótese f.

prototype [prɔtɔtip] nm protótipo m.

prouesse [prues] nf proeza f.

prouver [pruve] vt provar.

provenance [pʀɔvnɑ̃s] nf proveniência f • **en provenance de** procedente de.
provençal, e, aux [pʀɔvɑ̃sal, o] adj provençal.
Provence [pʀɔvɑ̃s] nf • **la Provence** a Provença • **herbes de Provence** ervas da Provença.
provenir [pʀɔvniʀ] ◆ **provenir de** vp + prép provir de.
proverbe [pʀɔvɛʀb] nm provérbio m.
province [pʀɔvɛ̃s] nf província f • **la province (hors Paris)** a província.
provincial, e, aux [pʀɔ-vɛ̃sjal, o] • adj provinciano(na) • nm • **le provincial** (Can) o governo de uma província.
proviseur [pʀɔvizœʀ] nm presidente mf do conselho diretivo.
provisions [pʀɔvizjɔ̃] nfprovisões fpl; (achats) compras fpl.
provisoire [pʀɔvizwaʀ] adj provisório(ria).
provocant, e [pʀɔvɔkɑ̃, ɑ̃t] adj provocante.
provoquer [pʀɔvɔke] vt provocar.
proximité [pʀɔksimite] nf • **à proximité (de)** nas proximidades (de) • (locution adjective) **de proximité** das proximidades.
prudemment [pʀydamɑ̃] adv com prudência.
prudence [pʀydɑ̃s] nfprudência f.
prudent, e [pʀydɑ̃, ɑ̃t] adj prudente.
prune [pʀyn] nfameixa f.

pruneau [pʀyno] (pl **-x**) nm ameixa f seca.
PS nm (abr de post-scriptum, parti socialiste) PS m.
psychanalyste [psikanalist] nm psicanalista mf.
psychiatre [psikjatʀ] nm psiquiatra mf.
psychologie [psikɔlɔʒi] nf psicologia f.
psychologique [psikɔlɔʒik] adj psicológico(ca).
psychologue [psikɔlɔg] nm psicólogo m, -ga f.
PTT nf antiga designação dos Correios franceses.
pu [py] pp → **pouvoir**.
pub¹ [pœb] nm pub m.
pub² [pyb] nf (fam) publicidade f.
public, ique [pyblik] • adj público(ca) • nm público m, plateia f • **en public** em público.
publication [pyblikasjɔ̃] nf publicação f.
publicitaire [pyblisitɛʀ] adj publicitário(ria).
publicité [pyblisite] nfpublicidade f.
publier [pyblije] vt publicar.
puce [pys] nf (insecte) pulga f; INFORM chip m.
pudding [pudiŋ] = **pouding**.
pudique [pydik] adj pudico(ca).
puer [pɥe] • vi feder • vt exalar.
puéricultrice [pɥeʀikyltʀis] nf enfermeira f especializada em puericultura.
puéril, e [pɥeʀil] adj pueril.
puis [pɥi] adv depois.

puisque [pɥiskə] *conj* já que.

puissance [pɥisɑ̃s] *nf* potência *f*; *(pouvoir)* poder *m*.

puissant, e [pɥisɑ̃, ɑ̃t] *adj (influent)* poderoso(osa); *(fort)* potente.

puisse → pouvoir.

puits [pɥi] *nm (à eau)* poço *m*.

pull(-over) [pyl(ɔvɛR)] *(pl* **pull(-over)s)** *nm* pulôver *m*.

pulpe [pylp] *nf* polpa *f*.

pulsation [pylsasjɔ̃] *nf* pulsação *f*.

pulvérisateur [pylverizatœR] *nm* pulverizador *m*.

pulvériser [pylverize] *vt* pulverizar.

punaise [pynɛz] *nf (insecte)* percevejo *m*; *(clou)* percevejo *m*.

punch[1] [pɔ̃ʃ] *nm (boisson)* ponche *m*.

punch[2] [pœnʃ] *nm (fam) (énergie)* velocidade *f*.

punir [pyniR] *vt (coupable, crime)* punir; *(élève, enfant)* castigar.

punition [pynisjɔ̃] *nf* castigo *m*.

pupille [pypij] *nf* pupila *f*.

pupitre [pypitR] *nm (bureau)* carteira *f*; *(à musique)* estante *f (de música)*.

pur, e [pyR] *adj* puro(ra).

purée [pyRe] *nf* purê *m* ◆ **purée (de pommes de terre)** purê *m (de batata)*.

pureté [pyRte] *nf* pureza *f*.

purger [pyRʒe] *vt* purgar; *(radiateur, tuyau)* esvaziar.

purifier [pyRifje] *vt* purificar.

pur-sang [pyRsɑ̃] *nm inv* puro-sangue *m inv*.

pus [py] *nm* pus *m*.

puzzle [pœzl] *nm* quebra-cabeça *m*.

PV *nm (abr de* **procès-verbal**) multa *f*, ata *f*.

PVC *nm* PVC *m*.

pyjama [piʒama] *nm* pijama *m*.

pylône [pilon] *nm* poste *m*.

pyramide [piRamid] *nf* pirâmide *f* ◆ **Pyramide du Louvre** *nf* Pirâmide do Louvre.

Pyrénées [piRene] *nfpl* ◆ **les Pyrénées** os Pireneus.

Pyrex® [piRɛks] *nm* pirex® *m*.

Q

QI *nm (abr de* **quotient intellectuel**) Q.I. *m*.

quad [kwad] *nm (moto)* quadriciclo *m*.

quadra *(fam)* [kwadRa] *nm (abr de* **quadragénaire**) quadragenário *m*, -a *f*.

quadrillé, e [kadRije] *adj* quadriculado(da).

quadruple [k(w)adRypl] *nm* ◆ **le quadruple (de)** o quádruplo (de).

quai [kɛ] *nm* cais *m inv*.

qualification [kalifikasjɔ̃] *nf* qualificação *f*.

qualifié, e [kalifje] *adj* qualificado(da).

qualifier [kalifje] *vt* ◆ **qualifier qqn/qqch de** qualificar al-

quément/algo de ♦ se qualifier *vp* qualificar-se.

qualité [kalite] *nf* qualidade *f* • **de (bonne) qualité** de (boa) qualidade.

quand [kɑ̃] *conj & adv* quando • **quand même** mesmo assim • **quand même!** até que enfim!; *(exprime l'indignation)* realmente! • **je me demande quand il va arriver** gostaria de saber quando ele vai chegar.

quant [kɑ̃] ♦ **quant à** *prép* quanto a.

quantité [kɑ̃tite] *nf* quantidade *f* • **une quantité** ou **des quantités de** uma quantidade de.

quarantaine [karɑ̃tɛn] *nf* quarentena *f* • **une quarantaine (de)** cerca de quarenta • **avoir la quarantaine** ter cerca de quarenta anos.

quarante [karɑ̃t] *num* quarenta, → **six**.

quarantième [karɑ̃tjɛm] *num* quadragésimo(ma), → **sixième**.

quart [kar] *nm* quarto *m* • **cinq heures et quart** cinco (horas) e quinze (minutos) • **cinq heures moins le quart** quinze (minutos) para as cinco (horas) • **un quart d'heure** quinze minutos.

quartier [kartje] *nm (portion)* bocado *m*; *(d'une ville)* bairro *m*.

(i) **QUARTIER LATIN**

Esse bairro situado na margem esquerda do Sena é o lugar em que se concentram os estudantes de Paris. Está situado entre o 5º e o 6º "arrondissements" e, no seu centro, fica a Sorbonne. Além das faculdades e liceus importantes, o bairro é famoso pelas suas livrarias e bibliotecas, assim como pelos seus bares e cinemas.

---

quartz [kwarts] *nm* quartzo *m* • **montre à quartz** relógio de quartzo.

quasiment [kazimɑ̃] *adv* quase.

quatorze [katɔrz] *num* catorze, → **six**.

quatorzième [katɔrzjɛm] *num* décimo quarto(décima quarta), → **sixième**.

quatre [katr] *num* quatro • **monter les escaliers quatre à quatre** subir as escadas de quatro em quatro • **à quatre pattes** de quatro → **six**.

quatre-quarts [katkar] *nm inv* pão de ló *m*.

quatre-quatre [kat(rə)katr] *nm inv* veículo *m* com tração nas quatro rodas.

quatre-vingt [katrəvɛ̃] = **quatre-vingts**.

quatre-vingt-dix [katrəvɛdis] *num* noventa, → **six**.

quatre-vingt-dixième [katrəvɛ̃dizjɛm] *num* nonagésimo(ma), → **sixième**.

quatre-vingtième [katrə vɛtjɛm] *num* octogésimo(ma), → **sixième**.

quatre-vingts [katrəvɛ̃] *num* oitenta, → **six**.

quatrième [katrijɛm] • *num* quarto(ta). • *nf EDUC* = sétima série *f* do ensino fundamental; *(vitesse)* quarta *f*, → **sixième**.

que [kə] • *conj* **1.** *(gén)* que • **voulez-vous que je ferme la fenêtre?** quer que eu feche a janela • **je sais que tu es là** eu sei que você está aí • **que nous partions aujourd'hui ou demain...** que nós partamos hoje ou amanhã... **2.** *(dans une comparaison)* → **aussi, autant, même, moins, plus 3.** *(remplace une autre conjonction)* • **comme il pleut et que je n'ai pas de parapluie...** como está chovendo e eu não tenho guarda-chuva... **4.** *(exprime une restriction)* • **ne... que** só • **je n'ai qu'une sœur** só tenho uma irmã • *pron rel* que • **la personne qu'ils voient là-bas** a pessoa que eles veem lá • **le train que nous prenons part dans 10 minutes** o trem que nós vamos pegar sai dentro de 10 minutos • **les livres qu'il m'a prêtés** os livros que ele me emprestou • *pron interr* que • **qu'a-t-il dit?, qu'est-ce qu'il a dit?** o que disse ele?, o que ele disse? • **qu'est-ce qui ne va pas?** o que é que não está bem? • **je ne sais plus que faire** já não sei o que fazer

• *adv (dans une exclamation)* • **que c'est beau!, qu'est-ce que c'est beau!** que bonito!, como é bonito

Québec [kebɛk] *nm* • **le Québec** o Quebec.

québécois, e [kebekwa, az] *adj* quebequense • **Québécois, e** *nm* quebequense *mf*.

quel, quelle [kɛl] • *adj* **1.** *(interrogatif)* qual • **quel est ton vin préféré?** qual é o teu vinho preferido? • **quels amis comptez-vous aller voir?** quais são os amigos que vocês pretendem visitar? • **quelle est la vendeuse qui vous a conseillé?** qual foi a vendedora que o atendeu? • **quelle heure est-il?** que horas são? **2.** *(exclamatif)* que • **quel beau temps!** que tempo ótimo! **3.** *(avec "que")* • **tous les Français quels qu'ils soient** todos os franceses, quem quer que sejam • **quel que soit le temps...** qualquer que seja o tempo... • *pron interr* qual • **quel est le plus intéressant des deux musées?** qual dos dois museus é o mais interessante?

quelconque [kɛlkɔ̃k] *adj* • **si pour une raison quelconque, tu dois t'absenter...** se por uma razão qualquer você tiver de se ausentar... • **une personne quelconque** uma pessoa qualquer.

quelque [kɛlk(ə)] *adj* **1.** *(un peu de)* algum(alguma) • **dans quelque temps** dentro de algum tempo 2. *(avec "que")* qualquer • **quelque route que je prenne** qualquer estrada que eu pegue ♦ **quelques** *adj* 1. *(plusieurs)* alguns(algumas) • **j'ai quelques lettres à écrire** tenho de escrever algumas cartas • **j'ai quelques vieux livres à donner** tenho alguns livros velhos para dar 2. *(dans des expressions)* • **50 euros et quelques** 50 e tantos euros • **il est midi et quelques** é meio-dia e pouco.

quelque chose [kɛlkəʃoz] *pron* alguma coisa • **il y a quelque chose de bizarre** há alguma coisa de esquisito.

quelquefois [kɛlkəfwa] *adv* às vezes.

quelque part [kɛlkəpaʀ] *adv* em algum lugar.

quelques-uns, quelques-unes [kɛlkəzœ̃, kɛlkəzyn] *pron* alguns(algumas).

quelqu'un [kɛlkœ̃] *pron* alguém.

quenelle [kənɛl] *nf* rolo cozido, geralmente de peixe.

quereller [kəʀele] ♦ **se quereller** *vp (sout)* discutir.

qu'est-ce que [kɛskə] → **que**.

qu'est-ce qui [kɛski] → **que**.

question [kɛstjɔ̃] *nf (interrogation)* pergunta *f*; *(sujet)* tema *f* • **l'affaire en question** o assunto em questão • **il est question de qqch** trata-se de algo • **il est question de faire qqch** trata-se de fazer algo • **(il n'en est) pas question!**

---

qui

nem pensar! • **remettre qqch en question** pôr algo em questão.

questionnaire [kɛstjɔnɛʀ] *nm* questionário *m*.

questionner [kɛstjɔne] *vt* questionar.

quête *nf (d'argent)* coleta *f* • **faire la quête** fazer a coleta.

quêter [kete] *vi* arrecadar.

quetsche [kwɛʀ] *nf* ameixa-preta *f*.

queue [kø] *nf (d'un animal, avion)* cauda *f*; *(d'un train, d'un peloton)* parte *f* traseira; *(file d'attente)* fila *f* • **faire la queue** fazer fila • **à la queue leu leu** em fila indiana • **faire une queue de poisson à qqn** atravessar na frente do carro de alguém.

queue-de-cheval [kødʃəval] *(pl* queues-de-cheval*) nf* rabo de cavalo *m*.

qui [ki] ♦ *pron rel* 1. *(sujet)* que • **les passagers qui doivent changer d'avion** os passageiros que devem mudar de avião • **la route qui mène à Calais** a estrada que leva a Calais 2. *(complément d'objet direct, indirect)* quem • **tu vois qui je veux dire** você percebe a quem me refiro • **invite qui tu veux** convide quem você quiser • **la personne à qui j'ai parlé** a pessoa com quem falei 3. *(quiconque)* • **qui que ce soit** quem quer que seja 4. *(dans des expressions)* • **qui plus est,...** ainda por cima... ♦ *pron interr* quem • **qui êtes-vous?** quem

quiche

são vocês? • **je voudrais savoir qui viendra** gostaria de saber quem virá • **qui demandez-vous?, qui est-ce que vous demandez?** com quem deseja falar?, com quem é que deseja falar? • **dites-moi qui vous demandez** diga-me com quem deseja falar • **à qui dois-je m'adresser?** a quem devo me dirigir?

quiche [kiʃ] *nf* quiche *f*.

quiconque [kikõk] *pron* quem quer que seja que.

quille [kij] *nf (de jeu)* pino *m* de boliche; *(d'un bateau)* quilha *f*.

quincaillerie [kẽkajʀi] *nf (boutique)* loja *f* de ferragens.

quinquennat [kẽkena, o] *nm* mandato *m* presidencial para cinco anos, mandato *m* quinquenal.

quinte [kẽt] *nf* • **quinte de toux** ataque *m* de tosse.

quintuple [kẽtypl] *nm* • **le quintuple (de)** o quíntuplo (de).

quinzaine [kẽzɛn] *nf (deux semaines)* quinzena *f* • **une quinzaine (de)** uma quinzena (de).

quinze [kẽz] *num* quinze, → **six**.

quinzième [kẽzjɛm] *num* décimo quinto (décima quinta), → **sixième**.

quiproquo [kipʀɔko] *nm* quiproquó *m*.

quittance [kitãs] *nf* recibo *m*.

quitte [kit] *adj* • **nous sommes quitte** estamos quites • **quitte à y aller à pied** nem que tenhamos de ir lá a pé.

268

quitter [kite] *vt* 1. deixar • **ne quittez pas** *(au téléphone)* não desligue 2. *INFORM* sair ♦ **se quitter** *vp* despedir-se; *(pour toujours)* separar-se.

quoi [kwa] ♦ *pron interr* 1. *(employé seul)* • **c'est quoi?** *(fam)* o que é? • **quoi de neuf?** quais são as novidades? • **quoi?** *(fam)* o quê? 2. *(complément d'objet direct)* que • **je ne sais pas quoi dire** não sei (o) que dizer 3. *(après une préposition)* • **de quoi avez-vous besoin?** do que vocês precisam? • **à quoi pensez-tu?** você está pensando em quê? • **à quoi bon?** para quê? • **sur quoi est-ce que je peux écrire?** onde posso escrever? 4. *(fam)* *(exclamatif)* • **allez, quoi!** vamos lá! 5. *(dans des expressions)* • **tu viens ou quoi?** *(fam)* você vem ou não? • **si tu as besoin de quoi que ce soit, fais-moi signe** se precisar do que quer que seja, avise-me • **j'irai quoi qu'il en soit** seja o que for,... • **il n'y a pas de quoi** obrigado – não tem de quê.

quoique [kwakə] *conj* embora.

quotidien, enne [kɔtidjɛ̃, ɛn]
• *adj* cotidiano(na) • *nm (journal)* diário m.

quotient [kɔsjɑ̃] *nm* quociente m • **quotient intellectuel** quociente de inteligência.

R

rabâcher [Rabɑʃe] *vt (fam)* repisar.

rabais [Rabɛ] *nm* desconto m.

rabaisser [Rabese] *vt* rebaixar.

rabat [Raba] *nm (de poche)* pala f; *(d'enveloppe)* aba f.

rabat-joie [Rabaʒwa] *nm inv* desmancha-prazeres *mf inv*.

rabattre [RabatR] *vt (replier)* dobrar; *(gibier)* levantar ◆ **se rabattre** *vp (automobiliste)* encostar • **se rabattre sur** conformar-se com.

rabbin [Rabɛ̃] *nm* rabino m.

rabot [Rabo] *nm* plaina f.

raboter [Rabote] *vt* aplainar.

rabougri, e [Rabugri] *adj* mirrado(da).

raccommoder [Rakɔmɔde] *vt* remendar.

raccompagner [Rakɔ̃paɲe] *vt* acompanhar.

raccord [RakɔR] *nm* ligação f.

raccourci [Rakursi] *nm* atalho m • **raccourci clavier** *INFORM* atalhos de teclado.

raccourcir [RakursiR] • *vt* encurtar • *vi* diminuir.

raccrocher [RakRɔʃe] • *vt* pendurar outra vez • *vi (au téléphone)* desligar.

race [Ras] *nf* raça f • **de race** de raça.

racheter [Raʃte] *vt* recomprar • **racheter qqch à qqn** recomprar algo de alguém.

racial, e, aux [Rasjal, o] *adj* racial.

racine [Rasin] *nf* 1. raiz f • **racine carrée** raiz quadrada 2. *INFORM* nó m, raiz f.

racisme [Rasism] *nm* racismo m.

raciste [Rasist] *adj* racista.

racket [Rakɛt] *nm* extorsão f.

racler [Rakle] *vt* raspar ◆ **se racler** *vp* • **se racler la gorge** limpar a garganta.

raclette [Raklɛt] *nf* prato suíço à base de queijo fundido e batatas.

racontars [Rakɔ̃taR] *nm (fam)* mexericos *mpl*.

raconter [Rakɔ̃te] *vt* contar • **raconter qqch à qqn** contar algo a alguém • **raconter à qqn que** *(décrire)* contar a alguém que; *(pej) (prétendre)* andar dizendo por aí que.

radar [RadaR] *nm* radar m.

radeau [Rado] *(pl -x) nm* jangada f.

radiateur [RadjatœR] *nm (de chauffage)* aquecedor m; *(d'automobile)* radiador m.

radiations [Radjasjɔ̃] *nf* radiações *fpl*.

radical, e, aux [Radikal, o]
• *adj* radical • *nm* radical m.

radieux

radieux, euse [Radjø, øz] *adj (soleil)* radioso(osa); *(sourire)* radiante.
radin, e [Raˈdɛ̃, in] *adj (fam)* unha de fome.
radio [Radjo] *nf* rádio *m*; *MÉD* radiografia *f* ◆ **à la radio** na rádio ◆ **radio locale/privée/libre** rádio local/privada/pirata.
radioactif, ive [Radjɔaktif, iv] *adj* radioativo(va).
radiocassette [Radjɔkasɛt] *nf* radiocassete *m*.
radiographie [Radjɔgrafi] *nf* radiografia *f*.
radiologue [Radjɔlɔg] *nm* radiologista *mf*.
radio-réveil [Radjɔʀevɛj] *(pl* **radios-réveils**) *nm* rádio *m* despertador, rádio *m* relógio.
radis [Radi] *nm* rabanete *m*.
radoter [Radɔte] *vi* disparatar.
radoucir [Radusiʀ] ◆ **se radoucir** *vp* suavizar-se.
rafale [Rafal] *nf* rajada *f*.
raffermir [RafɛʀmiʀR] *vt* fortalecer.
raffiné, e [Rafine] *adj (personne, manières)* requintado(da); *(sucre, pétrole)* refinado(da).
raffinement [Rafinmɑ̃] *nm* refinamento *m*, requinte *m*.
raffinerie [Rafinʀi] *nf* refinaria *f*.
raffoler [Rafɔle] ◆ **raffoler de** *vp + prép* ser doido(da) por.
rafler [Rafle] *vt (fam) (emporter)* açambarcar.
rafraîchir [RafʀeʃiʀR] *vt (atmosphère, boisson)* refrescar; *(vêtement, coiffure)* retocar ◆ **se rafraîchir** *vp (boire)* refrescar-se; *(temps)* esfriar.
rafraîchissant, e [Rafʀeʃisɑ̃, ɑ̃t] *adj* refrescante.
rafraîchissement [Rafʀeʃismɑ̃] *nm* refresco *m*.
rage [Raʒ] *nf* raiva *f* ◆ **rage de dents** forte dor *m* de dentes.
ragots [Rago] *nmpl (fam)* fofocas *fpl*.
ragoût [Ragu] *nm* guisado *m*.
raide [Rɛd] ◆ *adj (corde, cheveux)* liso(sa); *(personne, démarche)* rígido(da); *(pente)* íngreme ◆ *adv* ◆ **tomber raide mort** cair morto.
raidir [RediʀR] *vt* endurecer ◆ **se raidir** *vp* ficar rígido(da).
raie [Rɛ] *nf* risca *f*; *(poisson)* raia *f*.
rails [Raj] *nm* trilhos *mpl*.
rainure [RɛnyʀR] *nf* ranhura *f*.
raisin [Rɛzɛ̃] *nm* uva *f* ◆ **raisins secs** passas *fpl*.
raison [Rɛzɔ̃] *nf* razão *f* ◆ **à raison de** na proporção de ◆ **avoir raison (de faire qqch)** ter razão (em fazer algo) ◆ **en raison de** por causa de.
raisonnable [Rɛzɔnabl] *adj* zoável.
raisonnement [Rɛzɔnmɑ̃] *nm* raciocínio *m*.
raisonner [Rɛzɔne] ◆ *vi* raciocinar ◆ *vt* chamar à razão.
rajeunir [RaʒœniʀR] ◆ *vi* rejuvenescer ◆ *vt* ◆ **rajeunir qqn** rejuvenescer alguém.
rajouter [Raʒute] *vt* acrescentar.
ralenti [Ralɑ̃ti] *nm (d'un moteur)* marcha *f* lenta; *(au cinéma)* câmara *f* lenta ◆ **au ralenti**

rapatrier

(fonctionner) a uma velocidade reduzida; *(passer une scène)* em câmara lenta.

ralentir [Ralãtir] • *vt (mouvement)* abrandar; *(véhicule)* reduzir a marcha • *vi* ir mais devagar.

râler [Rale] *vi (fam)* resmungar.

rallonge [Ralɔ̃ʒ] *nf (de table)* tábua *f; (électrique)* extensão *f.*

rallonger [Ralɔ̃ʒe] • *vt (vêtement)* encompridar; *(parcours, voyage)* prolongar • *vi (jours)* alongar-se.

rallumer [Ralyme] *vt* reacender.

rallye [Rali] *nm* rali *m.*

RAM [Ram] *nf inv* RAM *f.*

ramadan [Ramadã] *nm* ramadã *m.*

ramassage [Ramasaʒ] *nm* • **ramassage scolaire** transporte *m* escolar.

ramasser [Ramase] *vt* apanhar.

rambarde [Rãbard] *nf* parapeito *m.*

rame [Ram] *nf* remo *m* • **une rame (de métro)** uma composição (de metrô).

ramener [Ramne] *vt (raccompagner)* levar; *(souvenir, pain)* trazer; *(amener de nouveau)* trazer de volta • **ramener à** *(baisser)* reduzir a.

ramequin [Ramkɛ̃] *nm (récipient)* pequeno recipiente de barro utilizado para cozinhar no forno; CULIN espécie de suflê de queijo.

ramer [Rame] *vi* remar.

ramollir [Ramɔlir] *vt* amolecer • **se ramollir** *vp* amolecer.

ramoner [Ramɔne] *vt* limpar.

rampe [Rãp] *nf (d'escalier)* corrimão *m; (d'accès)* rampa *f.*

ramper [Rãpe] *vi* rastejar.

rampon [Rãpɔ̃] *nm (Helv)* erva-benta *f.*

rance [Rãs] *adj* rançoso(osa).

ranch [Rãdʒ] *(pl* ranchs ou ranches*) nm* rancho *m (casa de campo).*

rançon [Rãsɔ̃] *nf* resgate *m.*

rancune [Rãkyn] *nf* rancor *m* • **sans rancune!** sem ressentimentos!

rancunier, ère [Rãkynje, ɛR] *adj* rancoroso(osa).

rando [Rãdo] *(fam) nf (abr de* randonnée*)* passeio *m.*

randonnée [Rãdɔne] *nf* passeio *m* • **faire de la randonnée** (pédestre) passear (a pé).

rang [Rã] *nm (rangée)* fila *f; (place)* posição *f* • **se mettre en rangs** pôr-se em fila.

rangé, e [Rãʒe] *adj* arrumado(da).

rangée [Rãʒe] *nf* fila *f.*

rangement [Rãʒmã] *nm (placard)* arrumação *f* • **faire du rangement** fazer uma arrumação.

ranger [Rãʒe] *vt* arrumar • **se ranger** *vp (en voiture)* encostar.

ranimer [Ranime] *vt (blessé)* reanimar; *(feu)* atiçar.

rap [Rap] *nm* rap *m.*

rapace [Rapas] *nm* ave *f* de rapina.

rapatrier [Rapatrije] *vt* repatriar.

râpe [Rap] *nf* ralador *m*; *(plate)* raspador *m*; *(Helv) (fam)* unha de fome *mf*.

râper [Rape] *vt (fromage)* ralar; *(carottes)* raspar.

rapetisser [Raptise] *vi* minguar.

râpeux, euse [Rapø, øz] *adj (rugueux)* áspero(ra); *(vin)* carrascão(ã).

raphia [Rafja] *nm* ráfia *f*.

rapide [Rapid] *adj* rápido(da).

rapidement [Rapidmã] *adv* rapidamente.

rapidité [Rapidite] *nf* rapidez *f*.

rapiécer [Rapjese] *vt* remendar.

rappel [Rapɛl] *nm* aviso *m*
• **rappel** atenção.

rappeler [Raple] *vt (faire revenir)* chamar de volta; *(au téléphone)* telefonar mais tarde
• **rappeler qqch à qqn** *(redire)* relembrar algo a alguém; *(évoquer)* lembrar algo a alguém • **se rappeler** *vp* lembrar-se.

rapport [Rapɔʀ] *nm (compte-rendu)* relatório *m*; *(point commun)* ligação *f* • **par rapport à** em relação a • **rapports** *nm* relações *fpl*.

rapporter [RapɔRte] *vt* trazer; *(rendre)* devolver; *(argent)* render • *vi (être avantageux)* dar lucro; *(répéter)* contar • **se rapporter** *à vp + prép* referir-se a.

rapprocher [RapRoʃe] *vt* aproximar • **se rapprocher** *vp* aproximar-se • **se rapprocher de** aproximar-se de.

raquette [Rakɛt] *nf (de tennis, de ping-pong)* raquete *f*; *(pour la neige)* raquete *f* de neve.

rare [RaR] *adj* raro(ra).

rarement [RaRmã] *adv* raramente.

ras, e [Ra, Raz] • *adj (très court)* curtinho(nha); *(verre, cuillère)* raso(sa) • *adv* • **(à) ras** rente • **au ras de rente a** • **à ras bord** até a borda • **en avoir ras le bol** *(fam)* estar cheio.

raser [Raze] *vt (barbe, personne)* fazer a barba a; *(cheveux)* raspar; *(frôler)* roçar • **se raser** *vp* barbear-se.

rasoir [RazwaR] *nm* aparelho *m* de barbear • **rasoir électrique** barbeador *m* elétrico.

rassasié, e [Rasazje] *adj* saciado(da).

rassembler [Rasãble] *vt* juntar • **se rassembler** *vp* juntar-se.

rasseoir [RaswaR] • **se rasseoir** *vp* tornar a sentar-se.

rassis, e [Rasi, iz] • *pp* → **rasseoir** • *adj (pain)* amanhecido(da).

rassurant, e [Rasyrã, ãt] *adj* tranquilizante.

rassurer [Rasyre] *vt* tranquilizar.

rat [Ra] *nm* ratazana *f*.

ratatiné, e [Ratatine] *adj (pomme)* murcho(cha); *(personne)* encarquilhado(da).

ratatouille [Ratatuj] *nf* refogado de berinjelas, abobrinhas, tomates e cebolas em azeite de oliva, típico da Provença.

réanimation

râteau [Rato] (pl **-x**) nm ancinho m.

rater [Rate] ◆ vt (cible) falhar; (examen) reprovar em; (train) perder ◆ vi fracassar.

ration [Rasjɔ̃] nf ração f.

rationnel, elle [Rasjɔnɛl] adj racional.

ratisser [Ratise] vt limpar com o ancinho.

RATP nf companhia de transportes parisiense.

rattacher [Rataʃe] vt ◆ **rattacher qqch à** (attacher) voltar a prender algo a; (relier) ligar algo a ◆ **rattacher ses lacets** amarrar o cadarço.

ratte [Rat] nf CULIN (botanique) batata nova.

rattrapage [Ratrapaʒ] nm recuperação f.

rattraper [Ratrape] vt apanhar; (retard) recuperar ◆ **se rattraper** vp (se retenir) agarrar-se; (d'une erreur) corrigir-se; (le temps perdu) recuperar.

rature [Ratyr] nf rasura f.

rauque [Rok] adj rouco(ca).

ravages [Ravaʒ] nmpl ◆ **faire des ravages** fazer estragos.

ravaler [Ravale] vt (façade) restaurar.

ravi, e [Ravi] adj encantado(da).

ravin [Ravɛ̃] nm ravina f.

raviolis [Ravjɔli] nmpl ravioli m.

raviser [Ravize] vt ◆ **se raviser** vp mudar de ideia.

ravissant, e [Ravisɑ̃, ɑ̃t] adj encantador(ra).

ravisseur, euse [Ravisœr, øz] nm raptor m, -ra f.

ravitaillement [Ravitajmɑ̃] nm (action) abastecimento m; (provisions) provisões fpl.

ravitailler [Ravitaje] vt abastecer ◆ **se ravitailler** abastecer-se.

rayé, e [Reje] adj (tissu) listrado(da); (disque, verre) riscado(da).

rayer [Reje] vt riscar.

rayon [Rejɔ̃] nm (du soleil) raio; (de grand magasin) seção f ◆ **rayons X** raios X.

rayonnage [Rejɔnaʒ] nm prateleiras fpl.

rayonner [Rejɔne] vi irradiar ◆ **rayonner autour de** deslocar-se nos arredores de.

rayure [Rejyr] nf (sur un tissu) listra f; (sur un disque, du verre) risco m ◆ **à rayures** listrado(da).

raz(-)de(-)marée [Radmare] nm inv maremoto m.

réacheminer [reaʃmine] vt reencaminhar.

réacteur [Reaktœr] nm reator m.

réaction [Reaksjɔ̃] nf reação f.

réagir [Reaʒir] vi reagir.

réalisateur, trice [Realizatœr, tris] nm realizador m, -ra f.

réaliser [Realize] vt realizar; (comprendre) dar-se conta de ◆ **se réaliser** vp realizar-se.

réaliste [Realist] adj realista.

réalité [Realite] nf realidade f ◆ **en réalité** na realidade ◆ **réalité virtuelle** realidade virtual.

réanimation [Reanimasjɔ̃] nf reanimação f.

rebeller [Rəbele] ♦ **se rebeller** *vp* rebelar-se.
rebondir [Rəbɔ̃diR] *vi* ricochetear.
rebondissement [Rəbɔ̃dismɑ̃] *nm* novo acontecimento *m*.
rebord [RəbɔR] *nm* parapeito *m*.
reboucher [Rəbuʃe] *vt* tapar de novo.
rebrousse-poil [Rəbruspwal] ♦ **à rebrousse-poil** *adv (caresser)* em sentido contrário.
rebrousser [Rəbruse] *vt* ♦ **rebrousser chemin** voltar atrás.
rébus [Rebys] *nm* rébus *m*.
récapituler [Rekapityle] *vt* recapitular.
récemment [Resamɑ̃] *adv* recentemente.
recensement [Rəsɑ̃smɑ̃] *nm* censo *m*.
récent, e [Resɑ̃, ɑ̃t] *adj* recente.
récépissé [Resepise] *nm* recibo *m*.
récepteur [ResɛptœR] *nm* receptor *m*.
réception [Resɛpsjɔ̃] *nf* recepção *f*.
réceptionniste [Resɛpsjɔnist] *nm* recepcionista *mf*.
recette [Rəsɛt] *nf* receita *f*.
receveur [RəsəvœR] *nm* cobrador *m* ♦ **receveur des postes** chefe *m* de agência dos correios.
recevoir [RəsəvwaR] *vt* receber; *(balle, coup)* levar; *(candidat)* aprovar.
rechange [Rəʃɑ̃ʒ] ♦ **de rechange** *adj (vêtement, solution)* de reserva; *(pneu)* sobressalente.

recharge [RəʃaRʒ] *nf* recarga *f*.
rechargeable [RəʃaRʒabl] *adj* recarregável.
recharger [RəʃaRʒe] *vt* recarregar.
réchaud [Reʃo] *nm* fogão *m* ♦ **réchaud à gaz** fogão a gás.
réchauffer [Reʃofe] *vt* aquecer ♦ **se réchauffer** *vp* aquecer ♦ **se réchauffer les mains** aquecer as mãos.
recherche [RəʃɛRʃ] *nf* pesquisa *f* ♦ **faire des recherches** pesquisar ♦ **être à la recherche de** andar à procura de.
rechercher [RəʃɛRʃe] *vt* procurar, pesquisar.
rechute [Rəʃyt] *nf* recaída *f*.
rechuter [Rəʃyte] *vi* ter uma recaída.
récif [Resif] *nm* recife *m*, arrecife *m*.
récipient [Resipjɑ̃] *nm* recipiente *m*.
réciproque [Resiprɔk] *adj* recíproco(ca).
récit [Resi] *nm* narração *f*; *(genre)* narrativa *f*.
récital [Resital] *nm* recital *m*.
récitation [Resitasjɔ̃] *nf* declamação *f*.
réciter [Resite] *vt* recitar.
réclamation [Reklamasjɔ̃] *nf* reclamação *f*.
réclame [Reklam] *nf* anúncio *m* ♦ **en réclame** em promoção.
réclamer [Reklame] *vt* reclamar.
recoiffer [Rəkwafe] ♦ **se recoiffer** *vp* voltar a pentear-se.
recoin [Rəkwɛ̃] *nm* recanto *m*.
recoller [Rəkɔle] *vt* colar.

récolte [Rekɔlt] *nf* colheita *f.*
récolter [Rekɔlte] *vt (fruits)* colher; *(céréales)* apanhar.
recommandation [Rəkɔmɑ̃dɑsjɔ̃] *nf* recomendação *f.*
recommandé, e [Rəkɔmɑ̃de] ◆ *adj* registado(da) ◆ *nm* • **envoyer qqch en recommandé** mandar algo registado.
recommander [Rəkɔmɑ̃de] *vt* recomendar ◆ **se recommander de** *vp (Helv)* insistir.
recommencer [Rəkɔmɑ̃se] ◆ *vt* recomeçar. ◆ *vi* recomeçar.
récompense [Rekɔ̃pɑ̃s] *nf* recompensa *f.*
récompenser [Rekɔ̃pɑ̃se] *vt* recompensar.
réconcilier [Rekɑ̃silje] *vt* reconciliar ◆ **se réconcilier** *vp* reconciliar-se.
reconduire [Rəkɔ̃dɥiR] *vt* acompanhar.
reconduit, e [Rəkɔ̃dɥi, it] *pp* → **reconduire.**
réconforter [Rekɔ̃fɔRte] *vt* reconfortar.
reconnaissance [Rəkɔnɛsɑ̃s] *nf* reconhecimento *m.*
reconnaissant, e [Rəkɔnɛsɑ̃, ɑ̃t] *adj* grato(ta).
reconnaître [RəkɔnɛtR] *vt* reconhecer.
reconnu, e [Rəkɔny] *pp* → **reconnaître.**
reconstituer [Rəkɔ̃stitɥe] *vt* reconstituir.
reconstruire [Rəkɔ̃stRɥiR] *vt* reconstruir.
reconstruit, e [Rəkɔ̃stRɥi, it] *pp* → **reconstruire.**

reconvertir [Rəkɔ̃vɛRtiR] ◆ **se reconvertir** *vp* mudar de ramo.
recopier [Rəkɔpje] *vt* recopiar, transcrever.
record [Rəkɔr] *nm* recorde *m.*
recoucher [Rəkuʃe] ◆ **se recoucher** *vp* tornar a deitar-se.
recoudre [RəkudR] *vt* tornar a costurar; *(bouton)* pregar.
recourbé, e [Rəkurbe] *adj* encurvado(da).
recours [RəkuR] *nm* • **avoir recours à** recorrer a.
recouvert, e [RəkuvɛR, ɛRt] *pp* → **recouvrir.**
recouvrir [RəkuvRiR] *vt* cobrir • **recouvrir qqch de** cobrir algo com.
récréation [RekReasjɔ̃] *nf* recreio *m.*
recroqueviller [Rəkrɔkvije] ◆ **se recroqueviller** *vp (personne)* encolher-se; *(feuille)* encarquilhar-se.
recruter [Rəkryte] *vt* recrutar.
rectangle [Rɛktɑ̃gl] *nm* retângulo *m.*
rectangulaire [RɛktɑgylɛR] *adj* retangular.
rectifier [Rɛktifje] *vt* retificar.
rectiligne [Rɛktiliɲ] *adj* retilíneo(nea).
recto [Rɛkto] *nm* reto *m,* frente *f* • **recto verso** frente e verso.
reçu, e [Rəsy] ◆ *pp* → **recevoir** ◆ *nm* recibo *m.*
recueil [Rəkœj] *nm* coletânea *f.*
recueillir [RəkœjiR] *vt* recolher ◆ **se recueillir** *vp* meditar.

recul [Rəkyl] *nm* coice *m (de arma)* • **prendre du recul** tomar distância.

reculer [Rəkyle] • *vt (dans l'espace)* recuar; *(date)* adiar • *vi* recuar.

reculons [Rəkylɔ̃] • **à reculons** *adv* para trás.

récupérer [Rekypere] • *vt (reprendre)* reaver; *(pour réutiliser)* recuperar; *(heures, journées de travail)* compensar • *vi (sportif)* recuperar.

récurer [RekyRe] *vt* esfregar.

recyclage [Rəsikla3] *nm* reciclagem *f*.

recycler [Rəsikle] *vt (déchets)* reciclar.

rédaction [Redaksjɔ̃] *nf* redação *f*.

redémarrer [Rədemare] *vt INFORM* reiniciar.

redescendre [Rədesɑ̃dR] *vi* tornar a descer.

redevance [Rədəvɑ̃s] *nf* taxa *f*.

rediffusion [Rədifyzjɔ̃] *nf (émission)* retransmissão *f*.

rédiger [Redi3e] *vt* redigir.

redimensionner [Rədimɑ̃sjɔne] *vt INFORM* redimensionar.

redire [RədiR] *vt* tornar a dizer.

redonner [Rədɔne] • **redonner qqch à qqn** *(rendre)* devolver algo a alguém; *(donner à nouveau)* voltar a dar algo a alguém.

redoubler [Rəduble] • *vt* reprovar • *vi EDUC* reprovar; *(pluie)* intensificar-se.

redoutable [Rədutabl] *adj* temível.

redouter [Rədute] *vt* temer.

redresser [RədRese] • *vt (relever)* levantar; *(remettre droit)* endireitar • *vi* endireitar o carro • **se redresser** *vp* endireitar-se.

réduction [Redyksjɔ̃] *nf* redução *f*; *(sur un prix)* abatimento *m*.

réduire [RedɥiR] *vt* **1.** *(transformer)* reduzir • **réduire qqch en miettes** reduzir algo a migalhas • **réduire qqch en poudre** reduzir algo a pó **2.** *INFORM (fenêtre)* minimizar.

réduit, e [Redɥi, it] *pp* → **réduire** *adj* reduzido(da).

rééducation [Reedykasjɔ̃] *nf* reeducação *f*.

réel, elle [Reɛl] *adj* real.

réellement [Reɛlmɑ̃] *adv* realmente.

réexpédier [Reɛkspedje] *vt* reexpedir.

refaire [RəfɛR] *vt* refazer.

refait, e [Rəfɛ, ɛt] *pp* → **refaire**.

réfectoire [RefɛktwaR] *nm* refeitório *m*.

référence [RefeRɑ̃s] *nf* referência *f* • **faire référence à** fazer referência à

référendum [RefeRɛ̃dɔm] *nm* referendo *m*.

refermer [RəfɛRme] *vt* fechar • **se refermer** *vp* fechar-se.

réfléchi, e [Refleʃi] *adj* reflexivo(va).

réfléchir [RefleʃiR] *vt & vi* refletir • **se réfléchir** *vp* refletir-se.

reflet [Rəflɛ] *nm* reflexo *m*.

refléter [Rəflete] *vt* refletir • **se refléter** *vp* refletir-se.

réflexe [Refleks] nm reflexo m.
réflexion [Refleksjɔ̃] nf (pensée) reflexão f; (remarque) observação f; (critique) crítica f.
réforme [RefɔRm] nf reforma f (modificação).
réformer [RefɔRme] vt (transformer) reformar; MIL reformar.
refouler [Rəfule] vt (foule) fazer recuar; (sentiment) reprimir; (larmes) conter.
refrain [RəfRɛ̃] nm refrão m.
réfrigérateur [RefRiʒeRatœR] nm refrigerador m, geladeira f.
refroidir [RəfRwadiR] ♦ vt (aliment) esfriar; (décourager) desanimar ♦ vi esfriar ♦ **se refroidir** vp esfriar.
refroidissement [RəfRwadismɑ̃] nm (de la température) esfriamento m; (rhume) resfriado m.
refuge [Rəfyʒ] nm refúgio m.
réfugié, e [Refyʒje] nm refugiado m, -da f.
réfugier [Refyʒje] ♦ **se réfugier** vp refugiar-se.
refus [Rəfy] nm recusa f.
refuser [Rəfyze] vt recusar ♦ **refuser qqch à qqn** recusar algo a alguém ♦ **refuser de faire qqch** recusar-se a fazer algo.
regagner [Rəgaɲe] vt (reprendre) recuperar; (rejoindre) voltar para.
régaler [Regale] ♦ **se régaler** vp regalar-se.
regard [RəgaR] nm olhar m.
regarder [RəgaRde] vt olhar para; (concerner) dizer respeito a ♦ **ça ne te regarde pas** isso não lhe diz respeito.
reggae [Rege] nm reggae m.
régime [Reʒim] nm (alimentaire) dieta f, regime m; (d'un moteur) POL regime m; (de bananes) cacho m ♦ **être/se mettre au régime** estar de/começar a fazer dieta/regime.
régiment [Reʒimɑ̃] nm regimento m.
région [Reʒjɔ̃] nf região f.
régional, e, aux [Reʒjɔnal, o] adj regional.
registre [RəʒistR] nm (livre) registro m.
réglable [Reglabl] adj regulável.
réglage [Reglaʒ] nm regulagem f.
règle [Regl] nf (instrument) régua f; (loi) regra f ♦ **être en règle** estar em ordem ♦ **en règle générale** em regra geral ♦ **règles du jeu** regras do jogo ♦ **règles** nfpl menstruação f, período m.
règlement [Regləmɑ̃] nm (lois) regulamento m; (paiement) pagamento m.
réglementer [Regləmɑ̃te] vt regulamentar.
régler [Regle] vt (appareil, moteur) ajustar; (payer) pagar; (problème) resolver.
réglisse [Reglis] nf alcaçuz m.
règne [Rɛɲ] nm reinado m.
régner [Reɲe] vi reinar.
regret [RəgRɛ] nm pesar m ♦ **avoir des regrets de** arrepender-se de.

regrettable [RəgRɛtabl] *adj* lamentável.

regretter [RəgRete] *vt (erreur, décision)* lamentar; *(personne)* sentir falta de ◆ **regretter de faire qqch** lamentar fazer algo ◆ **regretter que** lamentar que.

regrouper [RəgRupe] *vt* reagrupar ◆ **se regrouper** *vp* reagrupar-se.

régulier, ère [Regylje, ɛR] *adj* regular.

régulièrement [RegyljɛRmɑ̃] *adv* regularmente.

rein [Rɛ̃] *nm* rim *m* ◆ **reins** *nmpl* rins *mpl*.

réincarner [Reɛ̃kaRne] ◆ **se réincarner** *vp* reencarnar-se.

reine [Rɛn] *nf* rainha *f*; *(aux cartes)* dama *f*.

rejeter [Rəʒte] *vt (renvoyer)* rejeitar; *(refuser)* recusar.

rejoindre [Rəʒwɛ̃dR] *vt (personne)* ir encontrar; *(lieu)* chegar a.

rejoint, e [Rəʒwɛ̃, ɛ̃t] *pp* → **rejoindre**.

réjouir [Reʒwir] ◆ **se réjouir** *vp* alegrar-se ◆ **se réjouir de qqch** alegrar-se com algo ◆ **se réjouir de faire qqch** alegrar-se por fazer algo.

réjouissant, e [Reʒwisɑ̃, ɑ̃t] *adj* alegre.

relâcher [Rəlɑʃe] *vt* soltar ◆ **se relâcher** *vp (corde)* soltar-se; *(discipline)* relaxar-se.

relais [Rəlɛ] *nm (auberge)* albergue *m*, ESP revezamento *m* ◆ **prendre le relais de qqn** substituir alguém ◆ **relais routier** restaurante *m* à beira da estrada.

relancer [Rəlɑ̃se] *vt* **1.** *(balle)* voltar a lançar; *(solliciter)* voltar a contatar com **2.** *INFORM* reinicializar.

relatif, ive [Rəlatif, iv] *adj* relativo(va) ◆ **relatif à** relativo a.

relation [Rəlasjɔ̃] *nf* relação *f* ◆ **être/entrer en relation(s) avec qqn** estar/entrar em contato com alguém.

relativement [Rəlativmɑ̃] *adv* relativamente.

relaxation [Rəlaksasjɔ̃] *nf* relaxamento *m*.

relaxer [Rəlakse] ◆ **se relaxer** *vp* relaxar-se.

relayer [Rəleje] *vt* revezar ◆ **se relayer** *vp* ◆ **se relayer (pour faire qqch)** revezar-se (para fazer algo).

relevé, e [Rəlve] ◆ *adj* picante ◆ *nm* ◆ **relevé de compte** extrato *m* bancário.

relever [Rəlve] *vt (tête, col)* levantar; *(remarquer)* notar; *(épicer)* temperar; *(remettre debout)* levantar ◆ **se relever** *vp* levantar-se.

relief [Rəljɛf] *nm* relevo *m*.

relier [Rəlje] *vt* ligar.

religieuse [Rəliʒjøz] *nf* pequeno bolo redondo recheado com creme de café ou de chocolate, → **religieux**.

religieux, euse [Rəliʒjø, øz] ◆ *adj (fête)* religioso(osa); *(musique)* litúrgico(ca) ◆ *nm* religioso *m*, -osa *f*.

religion [Rəliʒjɔ̃] *nf* religião *f*.

relire [ʀəliʀ] vt reler.

reliure [ʀəljyʀ] nf (couverture) encadernação f.

relu, e [ʀəly] pp → relire.

remanier [ʀəmanje] vt modificar.

remarquable [ʀəmaʀkabl] adj notável.

remarque [ʀəmaʀk] nf observação f.

remarquer [ʀəmaʀke] vt perceber • **remarque,** observe,...

rembobiner [ʀɑ̃bɔbine] vt rebobinar.

rembourré, e [ʀɑ̃buʀe] adj (fauteuil) estofado(da); (veste) acolchoado(da).

remboursement [ʀɑ̃buʀsəmɑ̃] nm reembolso m.

rembourser [ʀɑ̃buʀse] vt reembolsar • **se faire rembourser** ser reembolsado.

remède [ʀəmɛd] nm remédio m.

remédier [ʀəmedje] ♦ **remédier à** vp + prép remediar.

remerciements [ʀəmɛʀsimɑ̃] nmpl agradecimentos mpl • **avec tous mes remerciements** com os meus agradecimentos.

remercier [ʀəmɛʀsje] vt agradecer • **remercier qqn de** ou **pour qqch** agradecer algo a alguém • **remercier qqn d'avoir fait qqch** agradecer a alguém por ter feito algo.

remettre [ʀəmɛtʀ] vt (reposer) repor; (vêtement) tornar a vestir; (retarder) adiar • **remettre qqch à qqn** entregar algo a al-

guém • **remettre qqch en état** consertar algo ♦ **se remettre** vp restabelecer-se • **se remettre à qqch** pôr-se a fazer algo • **se remettre de qqch** restabelecer-se de algo.

remis, e [ʀəmi, iz] pp → remettre.

remise [ʀəmiz] nf (abri) garagem m; (rabais) desconto m • **faire une remise à qqn** dar um desconto a alguém.

remix [ʀəmiks] nm MÚS remix.

remontant [ʀəmɔ̃tɑ̃] nm tônico m.

remontée [ʀəmɔ̃te] nf • **remontées mécaniques** teleféricos mpl.

remonte-pente [ʀəmɔ̃tpɑ̃t] nm (pl remonte-pentes) nm elevador m de montanha.

remonter [ʀəmɔ̃te] ♦ vt (aux avoir) (mettre plus haut) pôr mais para cima; (côte, escalier) subir, tornar a subir; (moteur, pièces) tornar a montar; (montre) dar corda a ♦ vi (aux être) tornar a subir • **remonter à** (dater de) remontar a.

remords [ʀəmɔʀ] nm remorso m.

remorque [ʀəmɔʀk] nf reboque m.

remorquer [ʀəmɔʀke] vt rebocar.

rémoulade [ʀemulad] nf→ **céleri**.

remous [ʀəmu] nm redemoinho m.

remparts [ʀɑ̃paʀ] nm muralhas fpl.

remplaçant, e [ʀɑ̃plasɑ̃, ɑ̃t] *nm (de sportif)* suplente *mf*; *(d'enseignant)* substituto *m*, -ta *f*.

remplacer [ʀɑ̃plase] *vt* substituir ◆ **remplacer qqn/qqch par** substituir alguém/algo por.

remplir [ʀɑ̃pliʀ] *vt (verre, salle)* encher; *(questionnaire)* preencher ◆ **se remplir (de)** *vp + prép* encher-se (de).

remporter [ʀɑ̃pɔʀte] *vt (reprendre)* tornar a pegar; *(gagner)* ganhar.

remuant, e [ʀəmyɑ̃, ɑ̃t] *adj* irrequieto(ta).

remue-ménage [ʀəmymenaʒ] *nm inv* desarrumação *f*.

remuer [ʀəmye] *vt (bouger)* mexer; *(mélanger)* mexer; *(émouvoir)* transtornar.

rémunération [ʀemyneʀasjɔ̃] *nf* remuneração *f*.

rémunérer [ʀemyneʀe] *vt* remunerar.

renard [ʀənaʀ] *nm* raposa *f*.

rencontre [ʀɑ̃kɔ̃tʀ] *nf* encontro *m* ◆ **aller à la rencontre de qqn** ir ao encontro de alguém.

rencontrer [ʀɑ̃kɔ̃tʀe] *vt (par hasard)* encontrar; *(faire connaissance de)* conhecer; *(équipe adverse)* enfrentar ◆ **se rencontrer** *vp (par hasard)* encontrar-se; *(faire connaissance)* conhecer-se.

rendez-vous [ʀɑ̃devu] *nm* encontro *m* ◆ **rendez-vous chez moi à 14h** encontro marcado às 14h em minha casa ◆ **avoir rendez-vous avec qqn** ter encontro marcado com alguém ◆ **donner rendez-vous à qqn** marcar um encontro com alguém ◆ **prendre rendez-vous** ou **se donner rendez-vous** marcar um encontro; *(chez le médecin)* marcar uma consulta.

rendormir [ʀɑ̃dɔʀmiʀ] ◆ **se rendormir** *vp* tornar a adormecer.

rendre [ʀɑ̃dʀ] ◆ *vt* devolver; *(santé)* restituir; *(faire devenir)* deixar ◆ *vi (vomir)* botar para fora ◆ **rendre la pareille** pagar na mesma moeda ◆ **rendre visite à qqn** visitar alguém ◆ **se rendre** *vp* render-se ◆ **se rendre à** *(sout)* dirigir-se a ◆ **se rendre utile** ser útil ◆ **se rendre malade** ficar doente.

rênes [ʀɛn] *nfpl* rédeas *fpl*.

renfermé, e [ʀɑ̃fɛʀme] ◆ *adj (caractère)* reservado(da) ◆ *nm* ◆ **sentir le renfermé** cheirar a mofo.

renfermer [ʀɑ̃fɛʀme] *vt* conter.

renfoncement [ʀɑ̃fɔ̃smɑ̃] *nm* recôncavo *m*.

renforcer [ʀɑ̃fɔʀse] *vt* reforçar; *(fig)* aumentar.

renforts [ʀɑ̃fɔʀ] *nm* reforços *mpl*.

renfrogné, e [ʀɑ̃fʀɔɲe] *adj* carrancudo(da).

renier [ʀənje] *vt* renegar.

renifler [ʀənifle] *vi* fungar.

renommé, e [ʀənɔme] *adj* famoso(osa).

renommée [Rənɔme] nf fama f.

renoncer [Rənɔ̃se] ◆ **renoncer à** vp + prép (abandonner) desistir de; (refuser) renunciar a ◆ **renoncer à faire qqch** desistir de fazer algo; (refuser) renunciar a fazer algo.

renouer [Rənwe] ◆ vt reatar ◆ vi ◆ **renouer avec qqn** reatar com alguém.

renouvelable [Rənuvlabl] adj renovável.

renouveler [Rənuvle] vt renovar ◆ **se renouveler** vp renovar-se.

rénovation [Renɔvasjɔ̃] nf reforma f.

rénover [Renɔve] vt restaurar.

renseignement [Rɑ̃sɛɲmɑ̃] nm informação f ◆ **les renseignements** as informações.

renseigner [Rɑ̃seɲe] vt ◆ **renseigner qqn (sur)** informar alguém (sobre) ◆ **se renseigner (sur)** vp + prép informar-se (sobre).

rentable [Rɑ̃tabl] adj rentável.

rente [Rɑ̃t] nf rendimento m.

rentrée [Rɑ̃tRe] nf ◆ **rentrée (d'argent)** entrada f (de dinheiro) ◆ **rentrée (des classes)** início m das aulas.

rentrer [Rɑ̃tRe] ◆ vi (aux être) (entrer) entrar; (chez soi) regressar; (être contenu) caber ◆ **rentrer dedans** dar uma bronca ◆ vt (aux avoir) meter; (dans la maison) entrar ◆ **rentrer dans** chocar com ◆ **rentrer le ventre** meter a barriga para dentro.

renverse [Rɑ̃vɛRs] ◆ **à la renverse** adv de costas.

renverser [Rɑ̃vɛRse] vt (liquide) entornar; (piéton) atropelar ◆ **se faire renverser** ser atropelado (a); (gouvernement) derrubar ◆ **se renverser** vp entornar-se.

renvoi [Rɑ̃vwa] nm (d'un élève) expulsão f; (d'un salarié) demissão f; (rot) arroto m.

renvoyer [Rɑ̃vwaje] vt (balle, lettre) devolver; (image, rayon) refletir; (élève) expulsar; (salarié) despedir.

réorganiser [ReɔRganize] vt reorganizar.

répandre [RepɑdR] vt (renverser) derramar; (nouvelle) espalhar ◆ **se répandre** vp (liquide) derramar-se; (nouvelle, maladie) espalhar-se.

répandu, e [Repɑ̃dy] adj corrente.

réparateur, trice [RepaRatœR, tRis] nm reparador m, -ra f.

réparation [RepaRasjɔ̃] nf reparação f ◆ **en réparation** no conserto.

réparer [RepaRe] vt reparar, consertar ◆ **faire réparer qqch** mandar consertar algo.

repartir [RəpaRtiR] vi (partir) voltar a partir; (rentrer) voltar.

répartir [RepaRtiR] vt repartir.

répartition [RepaRtisjɔ̃] nf partilha f.

repas [Rəpa] nm refeição f.

repassage [ʀəpasaʒ] *nm*
• **faire le repassage** passar a ferro.
repasser [ʀəpase] • *vt (aux avoir)* passar a ferro • *vi (aux être)* voltar.
repêchage [ʀəpeʃaʒ] *nm* repescagem *f*.
repêcher [ʀəpeʃe] *vt* repescar.
repeindre [ʀəpɛ̃dʀ] *vt* repintar.
repeint, e [ʀəpɛ̃, ɛ̃t] *pp* → **repeindre**.
répercussions [ʀepɛʀkysjɔ̃] repercussões *fpl*.
repère [ʀəpɛʀ] *nm* referência *f*.
repérer [ʀəpeʀe] *vt* marcar, assinalar ◆ **se repérer** *vp* orientar-se.
répertoire [ʀepɛʀtwaʀ] *nm (carnet)* agenda *f*; *(d'un acteur, d'un musicien)* repertório *m*; *INFORM* diretório *m*.
répéter [ʀepete] *vt* repetir; *(rôle, œuvre)* ensaiar ◆ **se répéter** *vp (se reproduire)* repetir-se.
répétition [ʀepetisjɔ̃] *(dans un texte)* repetição *f*; *(au théâtre)* ensaio *m* • **répétition générale** ensaio geral.
replacer [ʀəplase] *vt* repor.
replier [ʀəplije] *vt* dobrar.
réplique [ʀeplik] *nf* réplica *f*.
répliquer [ʀeplike] *vt & vi* replicar.
répondeur [ʀepɔ̃dœʀ] *nm*
• **répondeur (téléphonique** OU **automatique)** secretária *f* eletrônica.
répondre [ʀepɔ̃dʀ] • *vi (à une question, à une lettre)* responder; *(freins)* obedecer • *vt* responder • **répondre à qqn** responder a alguém.
réponse [ʀepɔ̃s] *nf* resposta *f*.
reportage [ʀəpɔʀtaʒ] *nm* reportagem *f*.
reporter[1] [ʀəpɔʀtɛʀ] *nm* repórter *m* • **grand reporter** enviado especial.
reporter[2] [ʀəpɔʀte] *vt (rapporter)* devolver; *(date, réunion)* adiar.
repos [ʀəpo] *nm* repouso *m*
• **c'est mon jour de repos** é o meu dia de folga.
reposant, e [ʀəpozɑ̃, ɑ̃t] *adj* repousante.
reposer [ʀəpoze] *vt* recolocar
◆ **se reposer** *vp* descansar.
repositionnable [ʀapozisjɔnabl] *adj* reposicionável
• **étiquettes repositionnables** etiquetas autocolantes.
repousser [ʀəpuse] • *vt (faire reculer)* repelir; *(retarder)* adiar
• *vi* voltar a crescer.
reprendre [ʀəpʀɑ̃dʀ] *vt (revenir chercher)* vir buscar; *(objet donné)* levar; *(activité)* recomeçar; *(prisonnier)* recapturar; *(se ressentir)* repetir; *(corriger)* emendar • **reprendre sa place** retomar o seu lugar • **reprendre son souffle** retomar fôlego ◆ **se reprendre** *vp (se ressaisir)* recompor-se; *(se corriger)* retratar-se.
représailles [ʀəpʀezaj] *nf* presálias *fpl*.
représentant, e [ʀəpʀezɑ̃tɑ̃, ɑ̃t] *nm* representante *mf* • **représentant (de commerce)** representante *mf* comercial.

représentatif, ive [Rəprezɑ̃tatif, iv] *adj* representativo(va).

représentation [Rəprezɑ̃tasjɔ̃] *nf* representação *f*.

représenter [Rəprezɑ̃te] *vt* representar.

répression [Represjɔ̃] *nf* repressão *f*.

réprimer [Reprime] *vt* reprimir.

repris, e [Rəpri, iz] *pp* → **reprendre**.

reprise [Rəpriz] *nf (couture)* cerzido *m*; *(économique)* retomada *f*; *(d'un appareil, d'une voiture)* troca *f* ♦ **à plusieurs reprises** por várias vezes.

repriser [Rəprize] *vt* cerzir.

reproche [Rəprɔʃ] *nm* censura *f*.

reproduction [Rəprɔdyksjɔ̃] *nf* reprodução *f*.

reproduire [Rəprɔdɥir] *vt* reproduzir ♦ **se reproduire** *vp (avoir de nouveau lieu)* voltar a acontecer; *(animaux)* reproduzir-se.

reproduit, e [Rəprɔdɥi, it] *pp* → **reproduire**.

reptile [Reptil] *nm* réptil *m*.

repu, e [Rəpy] *adj* saciado(da).

république [Repyblik] *nf* república *f*.

répugnant, e [Repyɲɑ̃, ɑ̃t] *adj* repugnante.

réputation [Repytasjɔ̃] *nf* reputação *f*.

réputé, e [Repyte] *adj* reputado(da).

requérir [Rəkerir] *vt* requerer.

requin [Rəkɛ̃] *nm* tubarão *m*.

RER *nm rede parisiense de trens rápidos*.

ⓘ RER

O "Réseau Express Régional" é uma rede ferroviária que atravessa a região de Ile-de-France. Pelas suas três principais ilhas (A, B e C) circulam trens com paradas tanto nas estações fora da cidade como nos aeroportos e em algumas das mais importantes estações do metrô parisiense. Graças ao "RER", os habitantes dos arredores de Paris podem ter rápido acesso à capital.

rescapé, e [Rɛskape] *nm* sobrevivente *mf*.

rescousse [Rɛskus] *nf* ♦ **appeler qqn à la rescousse** pedir socorro a alguém ♦ **aller à la rescousse de qqn** ir em socorro de alguém.

réseau [Rezo] (*pl* **-x**) *nm* rede *f*.

réservation [Rezɛrvasjɔ̃] *nf* reserva *f*.

réserve [Rezɛrv] *nf* reserva *f* ♦ **en réserve** de reserva.

réservé, e [Rezɛrve] *adj* reservado(da).

réserver [Rezɛrve] *vt* reservar ♦ **réserver qqch à qqn** re-

servar algo para alguém ◆ **se réserver** vp guardar-se.
réservoir [REZERVWAR] nm reservatório m.
résidence [Rezidɑ̃s] nf residência f ◆ **résidence secondaire** residência secundária.
résider [Rezide] vi (sout) residir.
résigner [Rezine] ◆ **se résigner** vp resignar-se ◆ **se résigner à qqch** resignar-se com algo ◆ **se résigner à faire qqch** resignar-se em fazer algo.
résilier [Rezilje] vt rescindir.
résine [Rezin] nf resina f.
résistance [Rezistɑ̃s] nf resistência f.
résistant, e [Rezistɑ̃, ɑ̃t] adj & nm resistente.
résister [Reziste] ◆ **résister à** vp + prép resistir a.
résolu, e [Rezɔly] ◆ pp → **résoudre** ◆ adj determinado(da).
résolution [Rezɔlysjɔ̃] nf (décision) resolução f.
résonner [Rezɔne] vi ressoar.
résoudre [Rezudr] vt resolver.
respect [Respɛ] nm respeito m.
respecter [Respɛkte] vt respeitar.
respectif, ive [Respɛktif, iv] adj respectivo(va).
respiration [RespiRasjɔ̃] nf respiração f.
respirer [Respire] vt & vi respirar.
responsabilité [Respɔ̃sabilite] nf responsabilidade f.
responsable [Respɔ̃sabl] adj & nm responsável ◆ **être responsable de qqch** ser responsável por algo.
resquiller [Reskije] vi (fam) (dans le bus) viajar sem pagar; (au spectacle) entrar de penetra.
ressaisir [Rəsezir] ◆ **se ressaisir** vp dominar-se.
ressemblant, e [Rəsɑ̃blɑ̃, ɑ̃t] parecido(da).
ressembler [Rəsɑ̃ble] ◆ **ressembler à** vp + prép parecer-se com ◆ **se ressembler** vp ser parecido(da).
ressemeler [Rəsəmle] vt pôr meias-solas.
ressentir [Rəsɑ̃tir] vt sentir.
resserrer [Rəsere] vt apertar ◆ **se resserrer** vp estreitar-se.
resservir [RəseRviR] vt & vi voltar a servir.
ressort [RəsɔR] nm mola f.
ressortir [RəsɔRtiR] vi (sortir à nouveau) tornar a sair; (se détacher) sobressair.
ressortissant, e [RəsɔRtisɑ̃, ɑ̃t] nm residente nf estrangeiro.
ressource [Rəsurs] nf recurso m ◆ **ressources** nfpl recursos mpl ◆ **être sans ressources** não ter recursos ◆ **ressources naturelles** recursos naturais.
ressusciter [Resysite] vi ressuscitar.
restant, e [Restɑ̃] ◆ adj → **poste** ◆ nm restante m.
restaurant [RestɔRɑ̃] nm restaurante m ◆ **restaurant universitaire** restaurante universitário.
restauration [RestɔRasjɔ̃] nf restauração f.

restaurer [REstɔRe] vt restaurar.

reste [REst] nm resto m • **un reste de** um resto de • **les restes** os restos.

rester [REste] vi (dans un lieu) ficar; (subsister) restar; (continuer à être) permanecer • **il n'en reste que deux** só restam dois.

restituer [REstitɥe] vt restituir.

resto [REsto] nm (fam) restaurante • **les restos du cœur** restaurantes onde são servidas, durante o inverno, refeições gratuitas aos necessitados.

restreindre [REstRɛ̃dR] vt restringir.

restreint, e [REstRɛ̃, ɛ̃t] • pp → **restreindre** • adj restrito(ta).

résultat [Rezylta] nm resultado m.

résumé [Rezyme] nm resumo m • **en résumé** em resumo.

résumer [Rezyme] vt resumir.

rétablir [Retablir] vt restabelecer ◆ **se rétablir** vp restabelecer-se.

retard [RətaR] nm atraso m • **avoir du retard** estar atrasado • **avoir une heure de retard** estar com uma hora de atraso • **être en retard (sur)** estar atrasado (em relação a).

retarder [Rətarde] vi • **ma montre retarde de cinq minutes** o meu relógio atrasa (cinco minutos).

retenir [RətniR] vt (empêcher de partir) reter; (empêcher de tomber) segurar; (empêcher d'agir) deter; (réserver) reservar; (se souvenir de) fixar • **retenir son souffle** segurar a respiração • **je retiens 1** (dans une opération) e vai 1 ◆ **se retenir** vp • **se retenir (à qqch)** agarrar-se (a algo) • **se retenir (de faire qqch)** conter-se (para não fazer algo).

retenu, e [Rətny] pp → **retenir**.

retenue [Rətny] nf EDUC castigo m; (dans une opération) número que se junta aos algarismos da outra coluna.

réticent, e [Retisã, ãt] adj reticente.

retirer [RətiRe] vt (extraire) tirar; (vêtement) despir; (argent, billet, colis, bagages) retirar • **retirer qqch à qqn** tirar algo de alguém; (permis) apreender algo de alguém.

retomber [Rətɔ̃be] vi (tomber à nouveau) voltar a cair; (après un saut) cair; (pendre) vir até • **retomber malade** ficar doente outra vez.

retour [RətuR] nm volta f; (d'une personne) regresso m, torno m • **être de retour** estar de regresso/retorno • **au retour** na volta.

retourner [RətuRne] ◆ vt (aux avoir) (mettre à l'envers) virar do avesso; (renvoyer) devolver ◆ vi (aux être) voltar para ◆ **se retourner** vp (voiture, bateau) virar-se; (tourner la tête) virar a cabeça.

retrait [RətRɛ] nm retirada f • **faire un retrait** fazer uma retirada.

retraite [RətRɛt] nf aposentadoria f • **être à la retraite** estar

retraité

aposentado • **prendre sa retraite** aposentar-se.
retraité, e [ʁətʁete] nm aposentado m, -da f.
retransmission [ʁətʁɑ̃smisjɔ̃] nf (à la radio) retransmissão f.
rétrécir [ʁetʁesiʁ] vi encolher ◆ **se rétrécir** vp estreitar-se.
rétro [ʁetʁo] ◆ adj inv antiquado(da) ◆ nm (fam) retrovisor m.
rétrograder [ʁetʁɔɡʁade] vi reduzir a marcha.
rétrospective [ʁetʁɔspɛktiv] nf retrospectiva f.
retrousser [ʁətʁuse] vt arregaçar.
retrouvailles [ʁətʁuvaj] nfpl reencontro m.
retrouver [ʁətʁuve] vt (objet perdu) encontrar; (personne perdue de vue) reencontrar; (rejoindre) encontrar ◆ **se retrouver** vp reencontrar-se; (dans une situation, un lieu) encontrar-se.
rétroviseur [ʁetʁɔvizœʁ] nm retrovisor m.
réunion [ʁeynjɔ̃] nf reunião f • **la Réunion** a ilha da Reunião.
réunionnais, e [ʁeynjɔnɛ, ɛz] adj habitante mf da ilha da Reunião.
réunir [ʁeyniʁ] vt reunir ◆ **se réunir** vp reunir-se.
réussi, e [ʁeysi] adj • **être réussi** correr bem, ter êxito.
réussir [ʁeysiʁ] ◆ vi (tentative) correr bem; (socialement, professionnellement) sair-se bem ◆ vt • **j'ai réussi la photo/le repas** a fotografia/a comida ficou boa • **réussir (à) un examen** passar num exame • **réussir à faire qqch** conseguir fazer algo • **réussir à qqn** fazer bem a alguém.
réussite [ʁeysit] nf (succès) êxito m; (jeu) paciência f.
revanche [ʁəvɑ̃ʃ] nf desforra f • **en revanche** em compensação.
rêve [ʁɛv] nm sonho m.
réveil [ʁevɛj] nm despertador m • **à son réveil** ao despertar.
réveiller [ʁeveje] vt acordar ◆ **se réveiller** vp (sortir du sommeil) acordar; (douleur, souvenir) despertar.
réveillon [ʁevɛjɔ̃] nm (repas du 24 décembre) ceia f de Natal; (repas du 31 décembre) ceia f da passagem de ano; (fête du 24 décembre) festa f de Natal; (fête du 31 décembre) réveillon m.

ⓘ RÉVEILLON

Esse termo denomina a noite de 24 de dezembro e, principalmente, a de 31 de dezembro. Durante esta última, também denominada São Silvestre, realiza-se um ceia, geralmente entre amigos. Quando soa a meia-noite, os convivas beijam-se, abraçam-se, bebem champanhe e desejam-se mutuamente "bonne année" (bom ano). Pelas ruas, o ano-novo é festejado com o som das buzinas dos automóveis.

réveillonner [Revejɔne] *vi* (faire un repas le 24 décembre) cear na noite de Natal; (faire un repas le 31 décembre) cear na passagem de ano; (participer à la fête du 24 décembre) festejar o Natal; (participer à la fête du 31 décembre) festejar a passagem de ano.

révélation [Revelasjɔ̃] *nf* revelação *f*.

révéler [Revele] *vt* revelar • **se révéler** *vp* (s'avérer) revelar-se.

revenant [Rəvnɑ̃] *nm* alma *f* do outro mundo.

revendication [Rəvɑ̃dikasjɔ̃] *nf* reivindicação *f*.

revendre [Rəvɑ̃dR] *vt* revender.

revenir [RəvniR] *vi* (venir à nouveau) regressar; (d'où l'on arrive) voltar (para trás) • **faire revenir qqch** refogar algo • **revenir cher** ficar caro • **ça nous est revenu à 2000 euros** para nós, isto ficou por 2000 euros • **ça me revient maintenant** agora me lembro • **ça revient au même** vai dar no mesmo • **je n'en reviens pas** me custa crer • **revenir sur sa décision** voltar atrás • **revenir sur ses pas** voltar para trás.

revenu, e [Rəvny] *pp* → **revenir** • *nm* rendimento *m*, renda *f*.

rêver [Reve] • *vi* (en dormant) sonhar; (être distrait) sonhar acordado(da) • *vt* • **rêver que** sonhar que • **rêver de** sonhar com • **rêver de faire qqch** sonhar fazer algo.

réverbère [RevɛRbɛR] *nm* poste *m* (de iluminação pública).

revers [RəvɛR] *nm* (d'une pièce) coroa *f*; (de la main) costas *fpl*; (d'une veste, d'un pantalon) avesso *m*; *ESP* esquerda *f*.

réversible [RevɛRsibl] *adj* reversível.

revêtement [Rəvɛtmɑ̃] *nm* revestimento *m*.

rêveur, euse [RevœR, øz] *adj* sonhador(ra).

réviser [Revize] *vt* (leçons) rever, revisar • **faire réviser sa voiture** mandar o carro para a revisão.

révision [Revizjɔ̃] *nf* (d'une voiture) revisão *f* • **révisions** *nfpl* revisões *fpl*.

revoir [RəvwaR] *vt* (retrouver) voltar a ver; (leçons) rever • **au revoir!** até logo!

révoltant, e [Revɔltɑ̃, ɑ̃t] *adj* revoltante.

révolte [Revɔlt] *nf* (émeute) revolta *f*.

révolter [Revɔlte] *vt* revoltar • **se révolter** *vp* revoltar-se.

révolution [Revɔlysjɔ̃] *nf* revolução *f* • **la Révolution (française)** a Revolução Francesa.

révolutionnaire [RevɔlysjɔnɛR] *adj & nm* revolucionário(ria).

revolver [RevɔlvɛR] *nm* revólver *m*.

revue [Rəvy] *nf* revista *f*.

rez-de-chaussée [Redʃose] *nm inv* térreo *m*.

Rhin [Rɛ̃] *nm* • **le Rhin** o Reno.
rhinocéros [ʀinɔseʀɔs] *nm* rinoceronte *m*.
Rhône [ron] *nm* • **le Rhône** o Ródano.
rhubarbe [ʀybaʀb] *nf* ruibarbo *m*.
rhum [ʀɔm] *nm* rum *m*.
rhumatismes [ʀymatism] *nmpl* reumatismo *m* • **avoir des rhumatismes** ter reumatismo.
rhume [ʀym] *nm* resfriado *m* • **avoir un rhume** estar com resfriado • **rhume des foins** rinite *f* alérgica.
ri [ʀi] *pp* → **rire**.
ricaner [ʀikane] *vi* fazer chacota.
riche [ʀiʃ] ◆ *adj* rico(ca) ◆ *nm* • **les riches** os ricos • **riche en** rico em.
richesse [ʀiʃɛs] *nf* riqueza *f*
◆ **richesses** *nfpl* riquezas *fpl*.
ricocher [ʀikɔʃe] *vi* ricochetear.
ricochet [ʀikɔʃe] *nm* • **faire des ricochets** fazer ricochete.
ride [ʀid] *nf* ruga *f*.
ridé, e [ʀide] *adj (personne)* enrugado(da); *(pomme)* murcho(cha).
rideau [ʀido] *(pl* **-x**) *nm* cortina *f*; *(au théâtre)* pano *m*.
ridicule [ʀidikyl] *adj* ridículo(la).
rien [ʀjɛ̃] *pron* nada • **ne... rien** não... nada • **je ne fais rien le dimanche** não faço nada aos domingos • **ça ne fait rien** não faz mal • **de rien** de nada • **pour rien** *(gratuitement)* a troco de nada; *(inutilement)* para nada
• **rien d'intéressant** nada de interessante • **rien du tout** nada de nada • **rien que** só.
rigide [ʀiʒid] *adj* rígido(da).
rigole [ʀigɔl] *nf (caniveau)* rego *m*; *(eau)* riacho *m*.
rigoler [ʀigɔle] *vi (fam)* rir; *(s'amuser)* divertir-se; *(plaisanter)* estar brincando.
rigolo, ote [ʀigɔlo, ɔt] *adj (fam) (amusant)* engraçado(da); *(bizarre)* esquisito(ta).
rigoureux, euse [ʀiguʀø, øz] *adj* rigoroso(osa).
rillettes [ʀijɛt] *nfpl* patê de carne de porco frita em banha.
rime [ʀim] *nf* rima *f*.
rinçage [ʀɛ̃saʒ] *nm* enxágue *m*.
rincer [ʀɛ̃se] *vt* enxaguar.
ring [ʀiŋ] *nm (de boxe)* ringue *m*; *(Belg) (route)* anel *m* rodoviário.
riposter [ʀipɔste] *vi (en paroles)* replicar; *(militairement)* contra-atacar.
rire [ʀiʀ] ◆ *nm* riso *m* ◆ *vi (de joie)* rir; *(s'amuser)* rir-se • **rire aux éclats** rir às gargalhadas • **tu veux rire?** você está brincando? • **pour rire** para brincar.
ris [ʀi] *nm* • **ris de veau** moleja *f* de vitela.
risotto [ʀizɔto] *nm* risoto *m*.
risque [ʀisk] *nm* risco *m*.
risqué, e [ʀiske] *adj* arriscado(da).
risquer [ʀiske] *vt* arriscar
◆ **risquer de** *vp + prép* correr o risco de • **il risque de ne pas venir** pode ser que ele não venha.

rissolé, e [ʀisɔle] *adj* dourado(da).

rivage [ʀivaʒ] *nm* costa *f*.

rival, e, aux [ʀival, o] *adj & nm* rival.

rivalité [ʀivalite] *nf* rivalidade *f*.

rive [ʀiv] *nf* margem *f* • **la rive gauche/droite** (à Paris) bairros parisienses situados respectivamente na margem esquerda e na margem direita do rio Sena.

riverain, e [ʀivʀɛ̃, ɛn] *nm* (d'une rue) morador *m*, -ra *f* • **sauf riverains** exceto moradores.

rivière [ʀivjɛʀ] *nf* rio *m*.

riz [ʀi] *nm* arroz *m* • **riz cantonais** arroz chau-chau • **riz au lait** arroz-doce *m* • **riz pilaf** pilaf *m* • **riz sauvage** (Can) arroz selvagem.

RMI *nm* (abr de revenu minimum d'insertion sociale) subsídio de inserção social concedido às pessoas sem recursos.

RN *nf* (abr de route nationale) BR *f*.

robe [ʀɔb] *nf* (vêtement de femme) vestido *m*; (d'un cheval) pelo *m* • **robe de chambre** robe *m* • **robe du soir** vestido de noite.

robinet [ʀɔbinɛ] *nm* torneira *f*.

robot [ʀɔbo] *nm* (industriel) robô *m*; (ménager) processador *m* de alimentos.

robuste [ʀɔbyst] *adj* robusto(ta).

roc [ʀɔk] *nm* rochedo *m*.

rocade [ʀɔkad] *nf* anel *m* rodoviário.

roche [ʀɔʃ] *nf* rocha *f*.

rocher [ʀɔʃe] *nm* (bloc, matière) rochedo *m*; (au chocolat) bombom de chocolate redondo coberto com pedaços de avelã.

rock [ʀɔk] *nm* rock *m*.

rodage [ʀɔdaʒ] *nm* rodagem *f*.

rôder [ʀode] *vi* (par ennui) vaguear; (pour attaquer) rondar.

rœsti [ʀøʃti] *nmpl* (Helv) tortilhas de batatas raladas.

rognons [ʀɔɲɔ̃] *nmpl* rins *mpl* (de animal).

roi [ʀwa] *nm* rei *m* • **les Rois, la fête des Rois** o dia de Reis.

Roland-Garros [ʀɔlɑ̃gaʀɔs] *nom* • **(le tournoi de) Roland-Garros** (o torneio de) Roland Garros.

rôle [ʀol] *nm* papel *m* • **jeu de rôle** representação de papéis.

ROM [ʀɔm] *nf* (abr de read only memory) ROM *f*.

roman, e [ʀɔmɑ̃, an] • *adj* românico(ca) • *nm* romance *m* • **roman policier** romance policial.

romain, e [ʀɔmɛ̃, ɛn] *adj* romano(na).

romancier, ère [ʀɔmɑ̃sje, ɛʀ] *nm* romancista *mf*.

romantique [ʀɔmɑ̃tik] *adj* romântico(ca).

romarin [ʀɔmaʀɛ̃] *nm* rosmaninho *m*.

rompre [ʀɔ̃pʀ] • *vt* romper • *vi* • **ils ont rompu** (une relation amoureuse) eles romperam.

romsteck [ʀɔmstɛk] *nm* bife *m* de alcatra.

ronce [ʀɔ̃s] *nf* silveira *f*.

rond

rond, e [ʀɔ̃, ʀɔ̃d] • *adj* redondo(da); *(gros)* forte • *nm* círculo *m* • **en rond** em círculo.
ronde [ʀɔ̃d] *nf (de policiers)* ronda *f.*
rondelle [ʀɔ̃dɛl] *nf (tranche)* rodela *f*; TECH anilha *f.*
rond-point [ʀɔ̃pwɛ̃] *(pl* **ronds-points**) *nm* rotunda *f.*
ronfler [ʀɔ̃fle] *vi* roncar.
ronger [ʀɔ̃ʒe] *vt (os)* roer; *(suj: rouille)* corroer • **se ronger** *vp* • **se ronger les ongles** roer as unhas.
ronronner [ʀɔ̃ʀɔne] *vi* ronronar.
roquefort [ʀɔkfɔʀ] *nm* queijo *m* roquefort.
ROR [ɛʀɔɛʀ] *nm (abr de* **rougeole oreillons rubéole**) VASCR *m* (vacina contra o sarampo, caxumba e rubéola), SCR *m.*
rosace [ʀozas] *nf (vitrail)* rosácea *f.*
rosbif [ʀɔzbif] *nm* rosbife *m.*
rose [ʀoz] • *adj & nm* cor-de-rosa • *nf (fleur)* rosa *f.*
rosé, e [ʀoze] • *adj* rosado(da) • *nm* rosado *m.*
roseau [ʀozo] *(pl* **-x**) *nm* junco *m.*
rosée [ʀoze] • *adj* → **rosé** • *nf* orvalho *m.*
rosier [ʀozje] *nm* roseira *f.*
rossignol [ʀɔsiɲɔl] *nm* rouxinol *m.*
Rossini [ʀɔsini] *nom* → **tournedos.**
rot [ʀo] *nm* arroto *m.*
roter [ʀɔte] *vi* arrotar.
rôti [ʀoti] *nm* assado *m.*

rôtie [ʀoti] *nf (Can)* torrada *f.*
rotin [ʀɔtɛ̃] *nm* ratã *m.*
rôtir [ʀotiʀ] • *vt* assar • *vi* assar.
rôtissoire [ʀotiswaʀ] *nf (éléctrique)* assadeira *f* elétrica.
rotule [ʀɔtyl] *nf* patela *f.*
roucouler [ʀukule] *vi* arrulhar.
roue [ʀu] *nf* roda *f* • **roue de secours** pneu *m* sobressalente, estepe *m* • **(la) grande roue** roda-gigante *f.*
rouge [ʀuʒ] • *adj* vermelho(lha); *(fer)* em brasa • *nm (couleur)* vermelho *m*, *(vin)* tinto *m* • **le feu est passé au rouge** o semáforo ficou vermelho • **rouge à lèvres** batom *m.*
rouge-gorge [ʀuʒgɔʀʒ] *(pl* **rouges-gorges**) *nm* pintarroxo *m.*
rougeole [ʀuʒɔl] *nf* sarampo *m.*
rougir [ʀuʒiʀ] *vi* corar.
rouille [ʀuj] • *nf (du fer)* ferrugem *f*; *(sauce)* molho de alho e pimenta-vermelha para acompanhar pratos de peixe.
rouillé, e [ʀuje] *adj* enferrujado(da).
rouiller [ʀuje] *vi* enferrujar.
roulant [ʀulɑ̃] *adj m* → **fauteuil, tapis.**
rouleau [ʀulo] *(pl* **-x**) *nm* rolo *m*; *(vague)* vaga *f* • **rouleau à pâtisserie** rolo para massa • **rouleau de printemps** rolinho *m* primavera.
roulement [ʀulmɑ̃] *nm* turno *m* • **roulement à billes** rolamento *m* • **roulement de tambour** rufo *m.*

rouler [Rule] • vt enrolar • vi circular; (balle, caillou) rolar • rouler les r enrolar os erres • roulez au pas circule devagar • **se rouler** vp rebolar-se.

roulette [Rulɛt] nf rodinha f • **la roulette** a roleta.

roulotte [Rulɔt] nf trailer m.

Roumanie [Rumani] nf • **la Roumanie** a Romênia.

rousse → **roux**.

rousseur [Rusœʀ] nf→ **tache**.

roussi [Rusi] nm • **ça sent le roussi** isto não vai dar certo.

route [Rut] nf estrada f • **mettre qqch en route** pôr algo em andamento • **se mettre en route** pôr-se a caminho • **route barrée** estrada interditada • **route départementale** estrada estadual.

routier, ère [Rutje, ɛʀ] • adj (carte) rodoviário(ria); (transports) rodoviário(ria) • nm (camionneur) caminhoneiro m; (restaurant) restaurante m de beira da estrada.

routine [Rutin] nf rotina f.

roux, rousse [Ru, Rus] • adj ruivo(va); (arbre, chat) amarelado(da) • nm ruivo m, -va f.

royal, e, aux [Rwajal, o] adj (famille, pouvoir) real; (cadeau) suntuoso(osa); (pourboire) fabuloso(osa).

royaume [Rwajom] nm reino m.

Royaume-Uni [Rwajomyni] nm • **le Royaume-Uni** o Reino Unido.

RPR nm partido político francês de direita.

RTT [ɛʀtete] (abr de réduction du temps de travail) nf redução da jornada semanal de trabalho com manutenção do salário.

ruade [Rɥad] nf coice m.

ruban [Rybɑ̃] nm fita f • **ruban adhésif** fita adesiva.

rubéole [Rybeɔl] nf rubéola f.

rubis [Rybi] nm rubi m.

rubrique [Rybrik] nf (catégorie) categoria f; (de journal) rubrica f.

ruche [Ryʃ] nf colmeia f.

rude [Ryd] adj (climat) rigoroso(osa); (travail) penoso(osa); (voix) áspero(ra).

rudimentaire [Rydimɑ̃tɛʀ] adj rudimentar.

rue [Ry] nf rua f • **rue piétonne** OU **piétonnière** rua de pedestres.

ruelle [Rɥɛl] nf ruela f.

ruer [Rɥe] vi escoicear • **se ruer** vp • **se ruer dans/sur** atirar-se a.

rugby [Rygbi] nm rúgbi m.

rugir [Ryʒiʀ] vi rugir.

rugueux, euse [Rygø, øz] adj rugoso(osa).

ruine [Rɥin] nf ruína f • **en ruine** em ruínas • **tomber en ruine** ficar em ruínas • **ruines** nfpl ruínas fpl.

ruiné, e [Rɥine] adj arruinado(da).

ruisseau [Rɥiso] (pl **-x**) nm riacho m.

ruisseler [Rɥisle] vi (liquide) correr • **ruisseler de** estar banhado de.

rumeur [RymœR] nf rumor m.

ruminer [Rymine] vi ruminar.

rupture [ʀyptyʀ] *nf (de relations diplomatiques)* ruptura *f*; *(d'une relation amoureuse)* rompimento *m*.

rural, e, aux [ʀyʀal, o] *adj* rural.

ruse [ʀyz] *nf (habileté)* astúcia *f*; *(procédé)* artimanha *f*.

rusé, e [ʀyze] *adj* astuto(ta).

russe [ʀys] ◆ *adj* russo(a) ◆ *nm (langue)* russo *m* ◆ **Russe** *nmf* russo *m*, -a *f*.

Russie [ʀysi] *nf* ◆ **la Russie** a Rússia.

Rustine® [ʀystin] *nf* remendo *m (em câmara de ar)*.

rustique [ʀystik] *adj* rústico(ca).

rythme [ʀitm] *nm* ritmo *m*.

S

s' → **se**.
S *(abr de* sud*)* S.
sa [sa] → **son** (adj).
SA *nf (abr de* société anonyme*)* SA *f*.

sable [sabl] *nm* areia *f* ◆ **sables mouvants** areia movediça.

sablé, e [sable] ◆ *adj* ◆ **pâte sablée** massa à base de farinha, ovos e açúcar, muito quebradiça ◆ *nm* amanteigado *m*.

sablier [sablije] *nm* ampulheta *f*.

sablonneux, euse [sablɔnø, øz] *adj* arenoso(osa).

sabot [sabo] *nm (de cheval, de vache)* casco *m*; *(chaussure)* tamanco *m* ◆ **sabot de Denver** dispositivo utilizado pela polícia para bloquear as rodas de um veículo mal estacionado.

sabre [sabʀ] *nm* sabre *m*.

sac [sak] *nm* saco *m* ◆ **sac de couchage** saco de dormir *m* ◆ **sac à dos** mochila *f* ◆ **sac à main** bolsa *f* ◆ **sac (en) plastique** saco de plástico ◆ **sac poubelle** saco de lixo.

saccadé, e [sakade] *adj (gestes)* brusco(ca); *(respiration)* entrecortado(da).

saccager [sakaʒe] *vt* saquear.

sachant [saʃɑ̃] *ppr* → **savoir**.
sache → **savoir**.

sachet [saʃɛ] *nm* saco *m* ◆ **sachet de thé** saquinho *m* de chá ◆ **soupe en sachet** sopa instantânea.

sacoche [sakɔʃ] *nf* sacola *f*.

sac-poubelle [sakpubɛl] *(pl* **sacs-poubelle**) *nm* saco *m* de lixo.

sacré, e [sakʀe] *adj (temple, texte)* sagrado(da); *(musique, art)* sacro(cra).

sacrifice [sakʀifis] *nm (effort)* sacrifício *m*.

sacrifier [sakʀifje] *vt (renoncer à)* sacrificar ◆ **se sacrifier** *vp* sacrificar-se.

sadique [sadik] *adj* sádico(ca).

safari [safaʀi] *nm* safári *m*.

safran [safʀɑ̃] *nm* açafrão *m*.

sage [saʒ] *adj (avisé)* sensato(ta); *(obéissant)* bem-comportado(da).

sage-femme [saʒfam] *(pl* **sages-femmes)** *nf* parteira *f.*

sagesse [saʒɛs] *nf (raison)* sabedoria *f; (prudence)* sensatez *f.*

Sagittaire [saʒitɛʀ] *nm* Sagitário *m.*

saignant, e [sɛɲɑ̃, ɑ̃t] *adj (viande)* malpassado(da).

saigner [seɲe] *vi* sangrar • **saigner du nez** perder sangue pelo nariz.

saillant, e [sajɑ̃, ɑ̃t] *adj* saliente.

sain, e [sɛ̃, sɛn] *adj (physiquement)* sadio(dia); *(mentalement)* são(sã); *(nourriture, climat)* saudável • **sain et sauf** são e salvo.

saint, e [sɛ̃, sɛ̃t] *adj* & *nm* santo(ta).

saint-honoré [sɛ̃tɔnɔʀe] *nm inv* bolo guarnecido de carolinas com creme.

Saint-Jacques [sɛ̃ʒak] *nom* → **coquille.**

Saint-Michel [sɛ̃miʃɛl] *nom* → **mont.**

Saint-Sylvestre [sɛ̃silvɛstʀ] *nf* • **la Saint-Sylvestre** a noite de São Silvestre.

sais → **savoir.**

saisir [seziʀ] *vt (prendre)* apanhar; *(occasion)* agarrar; *(comprendre)* alcançar; *DROIT (biens)* penhorar; *INFORM* introduzir em.

saison [sɛzɔ̃] *nf* estação *f,* (période) época *f* • **basse saison** baixa estação • **haute saison** alta estação.

salade [salad] *nf (verte)* salada *f* verde; *(plat en vinaigrette)* salada *f* • **salade composée** salada mista • **champignons en salade** salada de cogumelos • **salade de fruits** salada de fruta • **salade mêlée** *(Helv)* salada mista • **salade mixte** salada mista • **salade niçoise** *salada com tomates, batatas, anchovas e ovo.*

saladier [saladje] *nm* saladeira *f.*

salaire [salɛʀ] *nm* salário *m.*

salami [salami] *nm* salame *m.*

salarié, e [salaʀje] *nm* assalariado *m,* -da *f.*

sale [sal] *adj (linge, mains etc.)* sujo(ja); *(fam) (temps, histoire)* horrível; *(fam) (mentalité)* deturpado(da).

salé, e [sale] • *adj* salgado(da) • *nm* • **petit salé aux lentilles** *carne de porco salgada servida com lentilhas.*

saler [sale] *vt (plat)* salgar; *(chaussée)* pôr sal em.

saleté [salte] *nf* sujeira *f; (chose sale)* porcaria *f.*

salière [saljɛʀ] *nf* saleiro *m.*

salir [saliʀ] *vt* sujar • **se salir** *vp* sujar-se.

salissant, e [salisɑ̃, ɑ̃t] *adj* que se suja facilmente.

salive [saliv] *nf* saliva *f.*

salle [sal] *nf* sala *f* • **salle d'attente** sala de espera • **salle de bains** banheiro *m* • **salle de classe** sala de aula • **salle d'embarquement** sala de embarque • **salle à manger** sala de jantar • **salle d'opération** sala de operações.

salon [salɔ̃] nm salão m • **salon de coiffure** salão de cabeleireiro • **salon de thé** confeitaria f.

salopette [salɔpɛt] nf (d'ouvrier) macacão m; (en jean etc.) jardineira f.

salsifis [salsifi] nm salsifi m.

saluer [salɥe] vt cumprimentar; (dire au revoir à) despedir-se de; MIL fazer continência a.

salut [saly] nm (pour dire bonjour) cumprimento m; (de la tête) aceno m de cabeça; (pour dire au revoir) despedida f, MIL continência f • interj (fam) (bonjour) olá!, oi!; (au revoir) até logo!

samaritain [samaritɛ̃] nm (Helv) socorrista m.

samedi [samdi] nm sábado m • **nous sommes ou c'est samedi** hoje é sábado • **samedi 13 septembre** sábado, 13 de setembro • **nous sommes partis samedi** nós fomos embora no sábado • **samedi dernier** no sábado passado • **samedi prochain** no sábado que vem • **samedi matin** no sábado de manhã • **le samedi** aos sábados • **à samedi!** até sábado!

SAMU [samy] nm serviço médico de urgências • **le SAMU social** ajuda para pessoas em dificuldades, sem abrigo, oferecendo alojamento nas noites de inverno e prestando os primeiros socorros.

sanction [sɑ̃ksjɔ̃] nf sanção f.

sanctionner [sɑ̃ksjɔne] vt sancionar.

sandale [sɑ̃dal] nf sandália f.

sandwich [sɑ̃dwitʃ] nm sanduíche m.

sandwicherie [sɑ̃dwitʃ(a)ri] nf lanchonete f.

sang [sɑ̃] nm sangue m • **en sang** ensanguentado(da) • **se faire du mauvais sang** apoquentar-se.

sang-froid [sɑ̃frwa] nm inv sangue-frio m.

sanglant, e [sɑ̃glɑ̃, ɑ̃t] adj (couvert de sang) ensanguentado(da); (meurtrier) sangrento(ta).

sangle [sɑ̃gl] nf correia f.

sanglier [sɑ̃glije] nm javali m.

sanglot [sɑ̃glo] nm soluço m.

sangloter [sɑ̃glɔte] vi soluçar.

sangria [sɑ̃grija] nf sangria f.

sanguin [sɑ̃gɛ̃] adj m → **groupe**.

sanguine [sɑ̃gin] nf (orange) laranja f sanguínea.

Sanisette® [sanizɛt] nf banheiro público automático.

sanitaire [sanitɛr] adj sanitário(ria)◆ **sanitaires** nmsanitários mpl.

sans [sɑ̃] prép sem • **sans faire qqch** sem fazer algo • **sans que personne ne s'en rende compte** sem que ninguém se dê conta.

sans-abri [sɑ̃zabri] nm inv teto m/ inv.

sans-gêne [sɑ̃ʒɛn] ◆ adj inv descarado(da) • nm inv à vontade m.

santé [sɑ̃te] nf saúde f • **en bonne/mauvaise santé** com boa/má saúde • **(à ta) santé!** saúde!

saoul, e [su, sul] = **soûl**.
saouler [sule] = **soûler**.
saphir [safir] *nm (pierre)* safira *f; (d'un électrophone)* agulha *f.*
sapin [sapɛ̃] *nm* abeto *m* • **sapin de Noël** árvore *f* de Natal.
sardine [sardin] *nf* sardinha *f.*
SARL *nf (abr de* **société à responsabilité limitée***)* S/C *f.*
sarrasin [sarazɛ̃] *nm* trigo-sarraceno *m.*
satellite [satelit] *nm* satélite *m* • **satellite artificiel** satélite artificial • **satellite météorologique** satélite meteorológico • **satellite de télécommunications** satélite de telecomunicações, satélite de radiodifusão direta.
satin [satɛ̃] *nm* cetim *m.*
satiné, e [satine] *adj* acetinado(da).
satirique [satirik] *adj* satírico(ca).
satisfaction [satisfaksjɔ̃] *nf* satisfação *f.*
satisfaire [satisfɛr] *vt* satisfazer ◆ **se satisfaire de** *vp + prép* contentar-se com.
satisfaisant, e [satisfəzɑ̃, ɑ̃t] *adj* satisfatório(ria).
satisfait, e [satisfɛ, ɛt] • *pp* → **satisfaire** ◆ *adj* satisfeito(ta) • **être satisfait de** estar satisfeito com.
saturé, e [satyre] *adj* saturado(da).
sauce [sos] *nf* molho *m* • **en sauce** com molho • **sauce blanche** molho branco • **sauce chasseur** molho de cogumelos, vinho branco e tomate • **sauce**

madère molho madeira • **sauce tartare** molho tártaro • **sauce tomate** molho de tomate.
saucer [sose] *vt* molhar o pão em.
saucisse [sosis] *nf* salsicha *f* • **saucisse sèche** chouriço *m.*
saucisson [sosisɔ̃] *nm* paio *m.*
sauf, sauve [sof, sov] • *adj* → **sain** ◆ *prép* salvo, exceto • **sauf erreur** salvo erro.
sauge [soʒ] *nf* salva *f.*
saule [sol] *nm* salgueiro *m* • **saule pleureur** salgueiro-chorão.
saumon [somɔ̃] ◆ *nm* salmão *m* ◆ *adj inv* **(rose)** salmão • **saumon fumé** salmão defumado.
sauna [sona] *nm* sauna *f.*
saupoudrer [sopudrə] *vt* • **saupoudrer qqch de** polvilhar algo com.
saur [sɔr] *adj m* → **hareng**.
saura → **savoir**.
saut [so] *nm* salto *m* • **faire un saut chez qqn** dar um pulo na casa de alguém • **saut en hauteur** salto em altura • **saut en longueur** salto em distância • **saut périlleux** salto mortal.
saute [sot] *nf* • **saute d'humeur** mudança *f* de humor.
sauté, e [sote] • *adj* salteado(da) ◆ *nm* • **sauté de veau** *carne de vitela salteada.*
saute-mouton [sotmutɔ̃] *nm inv* • **jouer à saute-mouton** brincar de pula-sela.
sauter [sote] • *vi* explodir; *(bondir)* saltar • *vt* saltar; *(classe)*

sauterelle

passar • **sauter son tour** passar a sua vez • **faire sauter qqch** (faire exploser) fazer explodir algo; CULIN saltear algo.

sauterelle [sotʀɛl] *nf* gafanhoto *m*.

sautiller [sotije] *vi* saltitar.

sauvage [sovaʒ] ◆ *adj* selvagem; (enfant, caractère) insociável • *nm* (barbare) selvagem *m*; (personne farouche) pessoa *f* insociável.

sauvegarde [sovgaʀd] *nf* salvaguarda *f* • **sauvegarde automatique** backup *m*.

sauvegarder [sovgaʀde] *vt* salvaguardar.

sauver [sove] *vt* salvar • **sauver qqn/qqch de qqch** salvar alguém/algo de algo ◆ **se sauver** *vp* escapar.

sauvetage [sovtaʒ] *nm* salvamento *m*.

sauveteur [sovtœʀ] *nm* salvador *m*, -ra *f*.

SAV *nm* (abr de service après-vente) serviço *m* pós-venda.

savant, e [savɑ̃, ɑ̃t] ◆ *adj* sábio(bia) ◆ *nm* cientista *mf*.

savarin [savaʀɛ̃] *nm* bolo *m* em forma de coroa, embebido em rum com creme de leite ao centro.

saveur [savœʀ] *nf* sabor *m*.

savoir [savwaʀ] *vt* saber - savoir faire qqch saber fazer algo • **je n'en sais rien** não faço ideia • **on ne sait jamais** nunca se sabe.

savoir-faire [savwaʀfɛʀ] *nm inv* know-how *m*.

savoir-vivre [savwaʀvivʀ] *nm inv* saber viver *m*.

296

savon [savɔ̃] *nm* sabão *m* • **savon de Marseille** sabão de Marselha.

savonner [savɔne] *vt* ensaboar.

savonnette [savɔnɛt] *nf* sabonete *m*.

savourer [savuʀe] *vt* saborear.

savoureux, euse [savuʀø, øz] *adj* (aliment) saboroso(osa).

savoyarde [savwajaʀd] *adj f* → **fondue**.

saxophone [saksɔfɔn] *nm* saxofone *m*.

sbrinz [ʃbʀints] *nm* (Helv) queijo duro de leite de vaca, geralmente ralado.

scandale [skãdal] *nm* escândalo *m* • **faire du** OU **un scandale** fazer (um) escândalo • **faire scandale** causar um escândalo.

scandaleux, euse [skãdalø, øz] *adj* escandaloso(osa).

scandinave [skãdinav] *adj* escandinavo(va).

scanner [skanɛʀ] *nm* scanner *m*.

scaphandre [skafɑ̃dʀ] *nm* escafandro *m*.

scarole [skaʀɔl] *nf* escarola *f*.

sceller [sele] *vt* (cimenter) selar.

scénario [senaʀjo] *nm* roteiro *m*.

scène [sɛn] *nf* cena *f*; (estrade) palco *m* • **faire une scène (à qqn)** fazer uma cena (a alguém) • **mettre qqch en scène** encenar algo.

sceptique [sɛptik] *adj* cético(ca).

schéma [ʃema] *nm* esquema *m*.

schématique [ʃematik] *adj* esquemático(ca).

schublig [ʃublig] *nm (Helv) tipo de salsicha.*
sciatique [sjatik] *nf* ciática *f.*
scie [si] *nf* serra *f.*
science [sjɑ̃s] *nf* ciência *f.*
science-fiction [sjɑ̃sfiksjɔ̃] *nf* ficção *f* científica.
scientifique [sjɑ̃tifik] ♦ *adj* científico(ca) ♦ *nm* cientista *mf.*
scier [sje] *vt* serrar.
scintiller [sɛ̃tije] *vi* cintilar.
sciure [sjyʀ] *nf* serragem *f.*
scolaire [skɔlɛʀ] *adj* escolar.
scoop [skup] *nm (journalistique)* furo *m* jornalístico; *(incroyable)* bomba *f.*
scooter [skutœʀ] *nm* lambreta *f* ♦ **scooter des mers** jet-ski *m.*
score [skɔʀ] *nm* pontuação *f.*
scorpion [skɔʀpjɔ̃] *nm* escorpião *m.* ♦ **Scorpion** *nm* Escorpião *m.*
scotch [skɔtʃ] *nm* uísque *m* escocês.
Scotch® [skɔtʃ] *nm* fita *f* adesiva.
scotché, e [skɔtʃe] *adj (fam & fig)* agarrado, colado ♦ **être scotché devant la télévision** estar grudado na televisão.
scout, e [skut] *nm* escoteiro *m,* -ra *f.*
scrupule [skʀypyl] *nm* escrúpulo *m.*
scrutin [skʀytɛ̃] *nm* escrutínio *m.*
sculpter [skylte] *vt* esculpir.
sculpteur [skyltœʀ] *nm* escultor *m,* -ra *f.*
sculpture [skyltyʀ] *nf* escultura *f.*

SDF *nm (abr de* sans domicile fixe*)* pessoa *f* sem domicílio fixo.
se [sə] *pron* **1.** *(gén)* -se ♦ **elle se regarde dans le miroir** ela se olha no espelho ♦ **se faire mal** magoar-se ♦ **se regarder** olhar-se ♦ **ils s'écrivent toutes les semaines** eles se escrevem todas as semanas ♦ **se décider** decidir-se ♦ **se mettre à faire qqch** pôr-se a fazer algo ♦ **ce produit se vend bien/partout** este produto vende bem / em todo lugar **2.** *(à valeur de possessif)* ♦ **se laver les mains** lavar as mãos ♦ **se couper le doigt** cortar o dedo.
séance [seɑ̃s] *nf* sessão *f* ♦ **séance tenante** imediatamente.
seau [so] *(pl* -**x***) nm* balde *m* ♦ **seau à champagne** balde de gelo.
sec, sèche [sɛk, sɛʃ] *adj* seco(ca); *(whisky)* puro(ra) ♦ **à sec** a seco ♦ **au sec** em lugar seco ♦ **d'un coup sec** com um golpe seco.
sécateur [sekatœʀ] *nm* tesoura *f* de podar.
séchage [seʃaʒ] *nm* secagem *f.*
sèche → **sec.**
sèche-cheveux [sɛʃʃəvø] *nm inv* secador *m* de cabelo.
sèche-linge [sɛʃlɛ̃ʒ] *nm inv* secadora *f* de roupas.
sèchement [sɛʃmɑ̃] *adv* secamente.
sécher [seʃe] ♦ *vt (linge, peau, cheveux)* secar; *(fam) (cours)* ca-

sécheresse

bular • vi (linge, peinture, cheveux) secar; (fam) (à un examen) não saber o que responder.
sécheresse [sɛʃʀɛs] nf seca f.
séchoir [seʃwaʀ] nm • **séchoir (à cheveux)** secador m (de cabelo) • **séchoir (à linge)** varal m; (électrique) máquina f de secar.
second, e [səgɔ̃, ɔ̃d] adj segundo(da).
secondaire [səgɔ̃dɛʀ] adj secundário(ria).
seconde [səgɔ̃d] nf (unité de temps) segundo m; EDUC ≃ primeiro ano m do ensino médio; (vitesse) segunda f • **voyager en seconde (classe)** viajar em segunda classe.
secouer [səkwe] vt (agiter) sacudir; (bouleverser) abalar; (inciter à agir) sacudir.
secourir [səkuʀiʀ] vt socorrer.
secouriste [səkuʀist] nmf socorrista f.
secours [səkuʀ] nm socorro m • **appeler au secours** pedir socorro • **au secours!** socorro! • **secours d'urgence** socorro de emergência • **premiers secours** primeiros socorros.
secouru, e [səkuʀy] pp → **secourir**.
secousse [səkus] nf (en voiture, train) sacudida f; (sismique) tremor m.
secret, ète [səkʀɛ, ɛt] • adj secreto(ta) • nm segredo m • **en secret** em segredo.
secrétaire [səkʀeteʀ] • nmf secretário m, -ria f • nm (meuble) escrivaninha f.

298

secrétariat [səkʀetaʀja] nm (bureau) secretaria f; (métier) secretariado m.
secte [sɛkt] nf seita f.
secteur [sɛktœʀ] nm setor m • **fonctionner sur secteur** funcionar a eletricidade.
section [sɛksjɔ̃] nf (portion) seção f; (de ligne d'autobus) zona f.
sectionner [sɛksjɔne] vt seccionar.
Sécu [seky] nf (fam) • **la Sécu** a Seguridade Social.
sécurité [sekyʀite] nf segurança f • **en sécurité** em segurança • **la sécurité routière** a segurança nas estradas • **la Sécurité sociale** a Seguridade Social.
séduire [sedɥiʀ] vt seduzir.
séduisant, e [sedɥizɑ̃, ɑ̃t] adj sedutor(ra).
séduit, e [sedɥi, it] pp → **séduire**.
segment [sɛgmɑ̃] nm segmento m.
ségrégation [segʀegasjɔ̃] nf segregação f.
seigle [sɛgl] nm centeio m.
seigneur [sɛɲœʀ] nm senhor m • **le Seigneur** o Senhor.
sein [sɛ̃] nm seio m • **au sein de** no seio de.
Seine [sɛn] nf • **la Seine** (fleuve) o Sena.
séisme [seism] nm sismo m.
seize [sɛz] num dezesseis, → **six**.
seizième [sɛzjɛm] num décimo sexto(décima sexta), → **sixième**.

sensiblement

séjour [seʒuʀ] *nm* estadia *f* • **(salle de) séjour** sala *f* de estar.

séjourner [seʒuʀne] *vi* permanecer.

sel [sɛl] *nm* sal *m* • **sels de bain** sais de banho.

sélection [selɛksjɔ̃] *nf* seleção *f*.

sélectionner [selɛksjɔne] *vt* selecionar.

self-service [sɛlfsɛʀvis] (*pl* **self-services**) *nm* (*restaurant*) self-service *m*; (*station-service*) posto *m* de gasolina self-service.

selle [sɛl] *nf* (*de cheval*) sela *f*; (*de vélo*) selim *m*.

seller [sele] *vt* selar.

selon [səlɔ̃] *prép* segundo • **nous sortirons ou nous resterons selon qu'il fera beau ou mauvais** vai depender do tempo ficar bom ou ruim para sairmos ou não.

semaine [səmɛn] *nf* semana *f* • **en semaine** durante a semana.

semblable [sɑ̃blabl] *adj* semelhante • **semblable à** semelhante a.

semblant [sɑ̃blɑ̃] *nm* • **faire semblant** fingir • **il fait semblant de travailler** ele finge estar trabalhando.

sembler [sɑ̃ble] *vi* parecer • **il semble que...** parece que... • **il me semble que...** parece-me que....

semelle [səmɛl] *nf* (*de chaussure*) sola *f*; (*intérieure*) palmilha *f*.

semer [səme] *vt* (*graines*) semear; (*se débarrasser de*) despistar.

semestre [səmɛstʀ] *nm* semestre *m*.

semi-remorque [səmiʀəmɔʀk] (*pl* **semi-remorques**) *nm* semi-reboque *m*.

semoule [səmul] *nf* sêmola *f*.

sénat [sena] *nm* senado *m*.

sénateur, trice [senatœʀ, tʀis] *nom* senador *m*, -a *f*.

Sénégal [senegal] *nm* • **le Sénégal** o Senegal.

senior [senjɔʀ] *adj* (*tourisme, clientèle*) da terceira idade; (*menu*) para a terceira idade.

sens [sɑ̃s] *nm* sentido *m* • **le sens des aiguilles d'une montre** no sentido horário • **dans le sens inverse des aiguilles d'une montre** no sentido do anti-horário • **en sens inverse** em sentido contrário • **avoir du bon sens** ter bom senso • **sens giratoire** sentido giratório • **sens interdit** sentido proibido • **(rue à) sens unique** mão única • **sens dessus dessous** de pernas para o ar.

sensation [sɑ̃sasjɔ̃] *nf* sensação *f* • **faire sensation** causar sensação.

sensationnel, elle [sɑ̃sasjɔnɛl] *adj* (*formidable*) sensacional.

sensible [sɑ̃sibl] *adj* sensível; (*perceptible*) perceptível • **sensible à** sensível a.

sensiblement [sɑ̃sibləmɑ̃] *adv* sensivelmente.

sensuel 300

sensuel, elle [sɑ̃sɥɛl] *adj* sensual.
sentence [sɑ̃tɑ̃s] *nf* sentença *f*.
sentier [sɑ̃tje] *nm* senda *f*.
sentiment [sɑ̃timɑ̃] *nm (impression)* impressão *f*; *(émotion)* sentimento *m* • **sentiments dévoués** OU **respectueux** com os melhores cumprimentos.
sentimental, e, aux [sɑ̃timɑ̃tal, o] *adj* sentimental.
sentir [sɑ̃tir] *vt* sentir; *(odeur)* cheirar; *(avoir une odeur de)* cheirar a • **sentir bon** cheirar bem • **sentir mauvais** cheirar mal • **ne pas pouvoir sentir qqn** *(fam)* não poder com alguém ◆ **se sentir** *vp* • **se sentir mal** sentir-se mal • **se sentir bizarre** sentir-se esquisito.
séparation [separasjɔ̃] *nf* separação *f*.
séparément [separemɑ̃] *adv* separadamente.
séparer [separe] *vt* separar • **séparer qqn/qqch de** separar alguém/algo de ◆ **se séparer** *vp* separar-se • **se séparer de qqn** *(conjoint)* separar-se de alguém; *(employé)* despedir alguém.
sept [sɛt] *num* sete, → **six**.
septante [sɛptɑ̃t] *num (Belg & Helv)* setenta, → **six**.
septembre [sɛptɑ̃br] *nm* setembro *m* • **en septembre, au mois de septembre** em setembro, no mês de setembro • **début septembre** começo de setembro • **fin septembre** fim

de setembro • **le 2 septembre** no dia dois de setembro.
septième [sɛtjɛm] *num* sétimo(ma).
séquelles [sekɛl] *nf* sequelas *fpl*.
séquence [sekɑ̃s] *nf (de film)* sequência *f*.
sera → **être**.
séré [sere] *nm (Helv)* tipo de queijo fresco.
serein, e [sɔrɛ̃, ɛn] *adj* sereno(na).
sérénité [serenite] *nf* serenidade *f*.
sergent [sɛrʒɑ̃] *nm* sargento *m*.
série [seri] *nf* série *f* • **série (télévisée)** série (televisiva).
sérieusement [serjøzmɑ̃] *adv* seriamente; *(sans plaisanter)* a sério.
sérieux, euse [serjø, øz] ◆ *adj* sério(ria) ◆ *nm* • **avec sérieux** *(travailler)* a sério • **garder son sérieux** ficar sério.
seringue [sərɛ̃g] *nf* seringa *f*.
sermon [sɛrmɔ̃] *nm* sermão *m*.
séropositif, ive [seRɔpozitif, iv] *adj* soropositivo(va).
serpent [sɛrpɑ̃] *nm* cobra *f*.
serpenter [sɛrpɑ̃te] *vi* serpentear.
serpentin [sɛrpɑ̃tɛ̃] *nm (de fête)* serpentina *f*.
serpillière [sɛrpijɛr] *nf* serapilheira *f*.
serre [sɛr] *nf* estufa *f (para plantas)*.
serré, e [sere] *adj* apertado(da).
serrer [sere] *vt* apertar; *(dans ses bras)* abraçar; *(poings, dents)*

cerrar • **serrer la main à qqn** dar um aperto de mão em alguém • **serrez à droite** desvie para a direita ♦ **se serrer** *vp* apertar-se • **se serrer contre qqn** aconchegar-se contra alguém.

serre-tête [sɛʀɛtɛt] *nm inv* tiara *f*.

serrure [seʀyʀ] *nf* fechadura *f*.

serrurier [seʀyʀje] *nm* serralheiro *m*.

sers → **servir**.

serveur, euse [sɛʀvœʀ, øz] *nm* garçom *m*, garçonete *f*.

serviable [sɛʀvjabl] *adj* prestativo(va).

service [sɛʀvis] *nm* serviço *m*; *(faveur)* favor *m* • **faire le service** servir (à mesa) • **rendre service à qqn** fazer um favor a alguém • **être de service** estar de serviço • **service compris/non compris** serviço incluído/não incluído • **premier/deuxième service** primeiro/segundo serviço • **service après-vente** serviço pós-venda • **service militaire** serviço militar.

serviette [sɛʀvjɛt] *nf (cartable)* pasta *f* • **serviette hygiénique** absorvente *m* higiênico • **serviette (de table)** guardanapo *m* • **serviette (de toilette)** toalha *f*.

servir [sɛʀviʀ] ♦ *vt* servir; *(client)* atender • **servir qqch à qqn** servir algo a alguém • **qu'est-ce que je vous sers?** o que é que lhe sirvo? • **servir frais** servir frio ♦ *vi* servir • **servir à (faire) qqch** servir para (fazer) algo • **ça ne sert à rien d'insister** não adianta insistir • **ce livre de grammaire a beaucoup servi** este livro de gramática foi muito usado • **servir (à qqn) de qqch** servir (alguém) de algo • **à toi de servir** *(aux cartes)* é a sua vez de dar ♦ **se servir** *vp* servir-se ♦ **se servir de** *vp + prép* servir-se de.

ses → **son** (adj).

sésame [sezam] *nm (graines)* sésamo *m*.

set [sɛt] *nm* set *m* • **set (de table)** jogo *m* (de mesa).

seuil [sœj] *nm* entrada *f*.

seul, e [sœl] ♦ *adj* só; *(unique)* único(ca) ♦ *nm* • **le seul** o único • **un seul** só um • **(tout) seul** sozinho.

seulement [sœlmɑ̃] *adv (uniquement)* somente; *(mais)* só que • **non seulement... mais encore** *ou* **en plus** não somente... mas também *ou* como também • **si seulement...** se ao menos ...

sève [sɛv] *nf* seiva *f*.

sévère [sevɛʀ] *adj (professeur, regard, sentence)* severo(ra); *(vêtements, aspect)* sério(ria); *(échec, pertes)* grave.

sévérité [severite] *nf* severidade *f*.

sévir [seviʀ] *vi (punir)* castigar; *(épidémie, crise)* fazer estragos.

sexe [sɛks] *nm* sexo *m*.

sexiste [sɛksist] *adj* sexista.

sexuel, elle [sɛksyɛl] *adj* sexual.

seyant, e [sɛjɑ̃, ɑ̃t] *adj* que fica bem.
Seychelles [sɛʃɛl] *nfpl* **les Seychelles** as Seichelles.
shampo(o)ing [ʃɑ̃pwɛ̃] *nm* xampu *m*.
short [ʃɔʀt] *nm* short *m*.
show [ʃo] *nm* espetáculo *m*, show *m*.
si [si] ◆ *conj* se ◆ **si tu veux, on y va** se você quiser, nós vamos ◆ **ce serait bien si vous pouviez** seria ótimo se vocês pudessem ◆ **si j'avais su...** se eu soubesse... ◆ **(et) si on allait à la piscine?** (e) se fôssemos à piscina? ◆ **si seulement tu m'en avais parlé avant!** se você ao menos tivesse me falado isso antes! ◆ **dites-moi si vous venez** diga-me se vocês vêm ◆ **si..., c'est que...** se..., é porque... ◆ *adv* **1.** *(tellement)* tão ◆ **si... que** tão... que ◆ **ce n'est pas si facile que ça** não é assim tão fácil ◆ **si bien que** de tal modo que **2.** *(oui)* sim.
SICAV [sikav] *nf inv (titre)* fundo *m* de investimento.
SIDA [sida] *nm* aids *f*.
siècle [sjɛkl] *nm* século *m* ◆ **au vingtième siècle** no século vinte.
siège [sjɛʒ] *nm (chaise, fauteuil)* assento *m*; *(aux élections)* lugar *m*; *(d'une banque, d'une association)* sede *f*.
sien [sjɛ̃] ◆ **le sien, la sienne** [lesjɛ̃, lasjɛn] *(mpl fpl) pron* o seu(a sua).

sieste [sjɛst] *nf* sesta *f* ◆ **faire la sieste** fazer a sesta.
sifflement [sifləmɑ̃] *nm* assobio *m*.
siffler [sifle] ◆ *vi* assobiar ◆ *vt* assobiar; *(chien)* assobiar a; *(femme)* assobiar para.
sifflet [siflɛ] *nm (instrument)* apito *m*; *(au spectacle)* vaia *f*.
sigle [sigl] *nm* sigla *f*.
signal [siɲal, o] *(pl* -aux*) nm* sinal *m* ◆ **signal d'alarme** sinal de alarme.
signalement [siɲalmɑ̃] *nm* descrição *f* física.
signaler [siɲale] *vt* assinalar.
signalisation [siɲalizasjɔ̃] *nf* sinalização *f*.
signature [siɲatyʀ] *nf* assinatura *f*.
signe [siɲ] *nm* sinal *m* ◆ **faire signe à qqn (de faire qqch)** fazer sinal para alguém (para fazer algo) ◆ **c'est bon/mauvais signe** é bom/mau sinal ◆ **faire le signe de croix** fazer o sinal da cruz ◆ **signe du zodiaque** signo do zodíaco.
signer [siɲe] *vt & vi* assinar ◆ **se signer** *vp* benzer-se.
significatif, ive [siɲifikatif, iv] *adj* significativo(va).
signification [siɲifikasjɔ̃] *nf* significado *m*.
signifier [siɲifje] *vt* significar.
silence [silɑ̃s] *nm* silêncio *m* ◆ **en silence** em silêncio.
silencieux, euse [silɑ̃sjø, øz] *adj* silencioso(osa).
silhouette [silwɛt] *nf* silhueta *f*.
sillonner [sijɔne] *vt* sulcar.

similaire [similɛʀ] *adj* similar.
simple [sɛ̃pl] *adj* simples.
simplement [sɛ̃pləmɑ̃] *adv* simplesmente.
simplicité [sɛ̃plisite] *nf* simplicidade *f.*
simplifier [sɛ̃plifje] *vt* simplificar.
simuler [simyle] *vt* simular.
simultané, e [simyltane] *adj* simultâneo(nea).
simultanément [simyltanemɑ̃] *adv* simultaneamente.
sincère [sɛ̃sɛʀ] *adj* sincero(ra).
sincérité [sɛ̃seʀite] *nf* sinceridade *f.*
singe [sɛ̃ʒ] *nm* macaco *m.*
singulier [sɛ̃gylje] *nm* singular *m.*
sinistre [sinistʀ] ◆ *adj* sinistro(tra). ◆ *nm (catastrophe)* sinistro *m.*
sinistré, e [sinistʀe] *adj & nm* sinistrado(da).
sinon [sinɔ̃] *conj* senão.
sinueux, euse [sinɥø, øz] *adj* sinuoso(osa).
sinusite [sinyzit] *nf* sinusite *f.*
sirène [siʀɛn] *nf (d'alarme, de police)* sirene *f.*
sirop [siʀo] *nm* xarope *m* • **sirop d'érable** xarope de bordo • **sirop de fruits** xarope de fruta.
siroter [siʀote] *vt* beberricar.
site [sit] *nm* local *m* • **site touristique** local turístico.
situation [sitɥasjɔ̃] *nf* situação *f.*
situé, e [sitɥe] *adj* situado(da) • **bien/mal situé** bem/mal situado.

situer [sitɥe] ◆ **se situer** *vp* situar-se.
six [sis] ◆ *adj num* seis • *nm* seis *m* • **il a six ans** ele tem seis anos • **il est six heures** são seis horas • **le six janvier** no dia seis de janeiro • **page six** página seis • **ils étaient six** eram seis • **le six de pique** o seis de espadas • **(au) six rue Lepic** (na) rua Lepic, número seis.
sixième [sizjɛm] ◆ *adj num & pron* sexto(ta). ◆ *nf EDUC* ≃ quinta série *f* do ensino fundamental • *nm (fraction)* sexto *m*; *(étage)* sexto andar *m.*
Skaï® [skaj] *nm* napa *f.*
skateboard [skɛtbɔʀd] *nm* skate *m.*
sketch [skɛtʃ] *nm* esquete *m.*
ski [ski] *nm* esqui *m* • **faire du ski** fazer esqui • **ski alpin** esqui alpino • **ski de fond** esqui de fundo • **ski nautique** esqui aquático.
skier [skje] *vi* esquiar.
skieur, euse [skjœʀ, øz] *nm* esquiador *m,* -ra *f.*
slalom [slalɔm] *nm* slalom *m.*
slip [slip] *nm* cueca *f* • **slip de bain** maiô *m* de banho, sunga *f.*
slogan [slɔgɑ̃] *nm* slogan *m.*
SMIC [smik] *nm* salário *m* mínimo.
smoking [smɔkiŋ] *nm* smoking *m.*
snack(-bar) [snak(baʀ)] *(pl* **snack(-bar)s)** *nm* snack-bar *m.*
SNCF *nf* companhia francesa de vias férreas.
snob [snɔb] *adj & nm* esnobe.

sobre

sobre [sɔbʀ] *adj* sóbrio(bria).
sociable [sɔsjabl] *adj* sociável.
social, e, aux [sɔsjal, o] *adj* social.
socialisme [sɔsjalism] *nm* socialismo *m*.
socialiste [sɔsjalist] *adj & nm* socialista.
société [sɔsjete] *nf* sociedade *f*.
socle [sɔkl] *nm* pedestal *m*.
socquette [sɔkɛt] *nf* soquete *m*.
soda [sɔda] *nm* gasosa *f*.
sœur [sœʀ] *nf* irmã *f*.
sofa [sɔfa] *nm* sofá *m*.
soi [swa] *pron si* ◆ **en soi** em si ◆ **cela va de soi** é evidente.
soi-disant [swadizã] ◆ *adj inv* suposto(ta) ◆ *adv* supostamente.
soie [swa] *nf* seda *f*.
soif [swaf] *nf* sede *f* ◆ **avoir soif** ter sede ◆ **ça (me) donne soif** isso (me) dá sede.
soigner [swaɲe] *vt* cuidar de; *(malade, maladie)* curar.
soigneusement [swaɲøzmã] *adv* cuidadosamente.
soigneux, euse [swaɲø, øz] *adj* cuidadoso(osa).
soin [swɛ̃] *nm* cuidado *m* ◆ **prendre soin de qqch** ter cuidado com algo ◆ **prendre soin de faire qqch** ter o cuidado de fazer algo ◆ **soins** *mpl* cuidados *mpl* ◆ **premiers soins** primeiros socorros.
soir [swaʀ] *nm* noite *f* ◆ **le soir** à noite.
soirée [swaʀe] *nf (soir)* noite *f*; *(réception)* recepção *f*.
sois, soit [swa] → **être**.

soit [swa(t)] *conj* ◆ **soit... soit** quer... quer.
soixante [swasɑ̃t] *num* sessenta, → **six**.
soixante-dix [swasɑ̃tdis] *num* setenta, → **six**.
soixante-dixième [swasɑ̃tdizjɛm] *num* septuagésimo(ma), → **sixième**.
soixantième [swasɑ̃tjɛm] *num* sexagésimo(ma), → **sixième**.
soja [sɔʒa] *nm* soja *f*.
sol [sɔl] *nm (d'une maison)* chão *m*; *(dehors, terrain)* solo *m*.
solaire [sɔlɛʀ] *adj* solar.
soldat [sɔlda] *nm* soldado *m*.
solde [sɔld] *nm* saldo *m* ◆ **en solde** em liquidação ◆ **soldes** *nm* saldos *mpl*.
soldé, e [sɔlde] *adj* saldado(da).
sole [sɔl] *nf* linguado *m* ◆ **sole meunière** linguado passado na farinha, frito numa frigideira com manteiga e limão e servido com esse molho.
soleil [sɔlɛj] *nm* sol *m* ◆ **il fait (du) soleil** está fazendo sol ◆ **au soleil** ao sol ◆ **au soleil levant/couchant** ao nascer/pôr do sol, ao sol nascente/poente.
solennel, elle [sɔlanɛl] *adj* solene.
solfège [sɔlfɛʒ] *nm* solfejo *m*.
solidaire [sɔlidɛʀ] *adj* solidário(ria) ◆ **être solidaire de qqn** ser solidário com alguém.
solidarité [sɔlidaʀite] *nf* solidariedade *f*.
solide [sɔlid] *adj (matériau, construction)* sólido(da); *(personne)* robusto(ta).

solidité [sɔlidite] nf solidez f.
soliste [sɔlist] nmf solista mf.
solitaire [sɔlitɛʀ] adj & nm solitário(ria).
solitude [sɔlityd] nf solidão f.
solliciter [sɔlisite] vt (suj: mendiant) mendigar; (entrevue, faveur) solicitar.
soluble [sɔlybl] adj solúvel.
solution [sɔlysjɔ̃] nf solução f.
sombre [sɔ̃bʀ] adj (ciel, pièce) sombrio(bria); (couleur) escuro(ra); (visage, humeur, avenir) triste.
sommaire [sɔmɛʀ] ◆ adj sumário(ria) ◆ nm sumário m.
somme [sɔm] ◆ nf MATH soma f; (d'argent) quantia f ◆ nm • faire un somme tirar um cochilo • faire la somme de fazer a soma de • en somme em suma • somme toute no final das contas.
sommeil [sɔmɛj] nm sono m • avoir sommeil ter sono.
sommelier, ère [sɔməlje, ɛʀ] nm sommelier m.
sommes [sɔm] → être.
sommet [sɔmɛ] nm cume m.
sommier [sɔmje] nm estrado m.
somnambule [sɔmnɑ̃byl] adj & nmf sonâmbulo(la).
somnifère [sɔmnifɛʀ] nm sonífero m.
somnoler [sɔmnɔle] vi cochilar.
somptueux, euse [sɔ̃ptɥø, øz] adj suntuoso(osa).
son¹, sa [sɔ̃, sa] (pl **ses**) adj seu(sua).
son² [sɔ̃] nm (bruit) som m; (de blé) farelo m.

sondage [sɔ̃daʒ] nm sondagem f.
sonde [sɔ̃d] nf MÉD sonda f.
songer [sɔ̃ʒe] ◆ **songer à** vp + prép (envisager de) pensar em.
songeur, euse [sɔ̃ʒœʀ, øz] adj pensativo(va).
sonner [sɔne] ◆ vi tocar ◆ vt (cloche) tocar; (suj: horloge) dar.
sonnerie [sɔnʀi] nf campainha f; (son de cloches) repique m.
sonnet [sɔnɛ] nm campainha f • **sonnette d'alarme** (dans un train) campainha de alarme.
sono [sɔno] nf (fam) sonorização f.
sonore [sɔnɔʀ] adj sonoro(ra).
sonorité [sɔnɔʀite] nf sonoridade f.
sont [sɔ̃] → être.
Sopalin® [sɔpalɛ̃] nm papel toalha.
sophistiqué, e [sɔfistike] adj sofisticado(da).
sorbet [sɔʀbɛ] nm sorbet m.
sorcier, ère [sɔʀsje, ɛʀ] nm bruxo m, -xa f.
sordide [sɔʀdid] adj (crime, affaire) sórdido(da).
sort [sɔʀ] nm sorte f; (malédiction) praga f • **tirer au sort** tirar a sorte.
sorte [sɔʀt] nf espécie f • **une sorte de** uma espécie de • **de (telle) sorte que** (afin que) de maneira que • **en quelque sorte** de certa forma.
sortie [sɔʀti] nf saída f; (excursion) passeio m • **sortie de secours** saída de emergência • **sortie de véhicules** saída de veículos.

sortir [sɔʀtiʀ] ♦ *vi (aux être)* sair; *(aller au cinéma, au restaurant)* sair (à noite) ♦ *vt (aux avoir)* passar; *(livre, film)* sair • **sortir de** sair de; *(école, université)* vir de ♦ **s'en sortir** *vp* safar-se.

SOS *nm* SOS *m* • **SOS Médecins** organismo de urgências médicas • **SOS-Racisme** SOS Racismo.

sosie [sɔzi] *nm* sósia *mf*.

sou [su] *nm* • **ne plus avoir un sou** já não ter um tostão ♦ **sous** *nm (fam)* dinheiro *m*.

souche [suʃ] *nf (d'arbre)* toco *m*; *(de carnet)* canhoto *m*.

souci [susi] *nm* preocupação *f* • **se faire du souci (pour)** preocupar-se (com).

soucier [susje] ♦ **se soucier de** *vp + prép* preocupar-se com.

soucieux, euse [susjø, øz] *adj* preocupado(da).

soucoupe [sukup] *nf* pires *m inv* • **soucoupe volante** disco *m* voador.

soudain, e [sudɛ̃, ɛn] ♦ *adj* repentino(na) ♦ *adv* de repente.

souder [sude] *vt* soldar.

soudure [sudyʀ] *nf* soldagem *f*.

souffert [sufɛʀ] *pp* → **souffrir**.

souffle [sufl] *nm* sopro *m* • **un souffle d'air** ou **de vent** um sopro de ar • **être à bout de souffle** estar ofegante.

soufflé [sufle] *nm* suflê *m*.

souffler [sufle] ♦ *vt* soprar ♦ *vi (expirer)* expirar; *(haleter)* ofegar; *(vent)* soprar • **souffler qqch à qqn** *(à un examen)* soprar algo a alguém.

soufflet [suflɛ] *nm* fole *m*.

souffrance [sufʀɑ̃s] *nf* sofrimento *m*.

souffrant, e [sufʀɑ̃, ɑ̃t] *adj (sout)* indisposto(osta).

souffrir [sufʀiʀ] *vi* sofrer • **souffrir de** *(maladie)* sofrer de; *(chaleur, froid)* sofrer com.

soufre [sufʀ] *nm* enxofre *m*.

souhait [swɛ] *nm* desejo *m* • **à tes souhaits!** saúde!

souhaitable [swɛtabl] *adj* desejável.

souhaiter [swete] *vt* • **souhaiter que** desejar que • **souhaiter faire qqch** desejar fazer algo • **souhaiter bonne chance à qqn** desejar boa sorte a alguém • **souhaiter bon anniversaire à qqn** dar os parabéns a alguém.

soûl, e [su, sul] *adj* embriagado(da).

soulagement [sulaʒmɑ̃] *nm* alívio *m*.

soulager [sulaʒe] *vt* aliviar.

soûler [sule] ♦ **se soûler** *vp* embriagar-se.

soulever [sulve] *vt* levantar; *(enthousiasme, protestations)* originar ♦ **se soulever** *vp (se redresser)* levantar-se; *(se rebeller)* revoltar-se.

soulier [sulje] *nm* sapato *m*.

souligner [suliɲe] *vt* sublinhar.

soumettre [sumɛtʀ] *vt* • **soumettre qqn à qqch** submeter alguém a algo • **soumettre qqch à qqn** submeter algo a alguém ♦ **se soumettre à** *vp + prép* submeter-se a.

soumis, e [sumi, iz] • *pp* → **soumettre** • *adj* submisso(a).

soupape [supap] *nf* válvula *f.*

soupçon [supsɔ̃] *nm* suspeita *f.*

soupçonner [supsɔne] *vt* suspeitar.

soupçonneux, euse [supsɔnø, øz] *adj* desconfiado(da).

soupe [sup] *nf* sopa • **soupe à l'oignon** sopa de cebola • **soupe de légumes** sopa de legumes.

souper [supe] • *nm* (*dernier repas*) ceia *f;* (*dîner*) jantar *m* • *vi* (*très tard*) cear; (*dîner*) jantar.

soupeser [supəze] *vt* pesar.

soupière [supjɛʀ] *nf* sopeira *f.*

soupir [supiʀ] *nm* suspiro *m* • **pousser un soupir** dar um suspiro.

soupirer [supiʀe] *vi* suspirar.

souple [supl] *adj* flexível.

souplesse [suplɛs] *nf* flexibilidade *f.*

source [suʀs] *nf* (*d'eau*) nascente *f;* (*de chaleur, de lumière*) fonte *f.*

sourcil [suʀsi] *nm* sobrancelha *f.*

sourd, e [suʀ, suʀd] *adj* surdo(da).

sourd-muet, sourde-muette [suʀmɥɛ, suʀdmɥɛt] (*mpl* **sourds-muets**, *fpl* **sourdes-muettes**) *nm* surdo-mudo *m,* surda-muda *f.*

souriant, e [suʀjɑ̃, ɑ̃t] *adj* sorridente.

sourire [suʀiʀ] • *nm* sorriso *m* • *vi* sorrir.

souris [suʀi] *nf* rato *m.*

sournois, e [suʀnwa, az] *adj* dissimulado(da).

sous [su] *prép* sob, debaixo de • **sous enveloppe** num envelope • **sous peu** dentro em breve.

sous-bois [subwa] *nm* vegetação *f* rasteira.

sous-développé, e, s [sudevlɔpe] *adj* subdesenvolvido(da).

sous-entendre [suzɑ̃tɑ̃dʀ] *vt* subentender.

sous-entendu [suzɑ̃tɑ̃dy] (*pl* **sous-entendus**) *nm* subentendido *m.*

sous-estimer [suzɛstime] *vt* subestimar.

sous-louer [sulwe] *vt* subarrendar, sublocar.

sous-marin, e, s [sumaʀɛ̃] • *adj* submarino(na) • *nm* submarino *m;* (*Can*) CULIN sanduíche longo de pastrami, servido com batatas fritas e salada.

sous-préfecture [supʀefektyʀ] (*pl* **sous-préfectures**) *nf* subdivisão administrativa francesa.

sous-pull [supyl] (*pl* **sous-pulls**) *nm* suéter de gola alta, de textura fina, usado por baixo de outro.

sous-répertoire (*pl* **sous-répertoires**) [suʀepɛʀtwaʀ] *nm* INFORM subdiretório *m.*

sous-sol [susɔl] (*pl* **sous-sols**) *nm* (*d'une maison*) subsolo *m.*

sous-titre [sutitʀ] (*pl* **sous-titres**) *nm* (*d'un film*) legenda *f;* (*d'un livre*) subtítulo *m.*

sous-titré, e, s [sutitʀe] *adj* legendado(da).
soustraction [sustʀaksjɔ̃] *nf* subtração *f*.
soustraire [sustʀɛʀ] *vt* subtrair.
sous-verre [suvɛʀ] *nm inv* caixilho *m*.
sous-vêtements [suvɛtmɑ̃] *nm* roupa f íntima.
soute [sut] *nf* paiol *m* • **soute à bagages** porta-bagagem *m*.
soutenir [sutniʀ] *vt (porter)* sustentar; *(défendre)* apoiar • **se soutenir** *vp* suster-se.
souterrain, e [sutɛʀɛ̃, ɛn]
• *adj* subterrâneo(nea) • *nm* subterrâneo *m*.
soutien [sutjɛ̃] *nm* apoio *m*.
soutien-gorge [sutjɛ̃gɔʀʒ] *(pl* **soutiens-gorge)** *nm* sutiã *m*.
souvenir [suvniʀ] *nm* lembrança *f* ◆ **se souvenir de** *vp + prép* lembrar-se de.
souvent [suvɑ̃] *adv (fréquemment)* amiúde; *(généralement)* geralmente.
souvenu, e [suvny] *pp* → **souvenir**.
souverain, e [suvʀɛ̃, ɛn] *nm* soberano *m*, -na *f*.
soviétique [sɔvjetik] *adj* soviético(ca).
soyeux, euse [swajø, øz] *adj* sedoso(osa).
soyons [swajɔ̃] → **être**.
SPA *nf* SPA *f*.
spacieux, euse [spasjø, øz] *adj* espaçoso(osa).
spaghetti(s) [spageti] *nm* espaguete *m*.
sparadrap [spaʀadʀa] *nm* esparadrapo *m*.
spatial, e, aux [spasjal, o] *adj* espacial.
spatule [spatyl] *nf* espátula *f*.
spätzli [ʃpɛtsli] *nm (Helv)* pedaços de massa fervida, geralmente servidos como acompanhamento de carne.
spécial, e, aux [spesjal, o] *adj (particulier)* especial; *(bizarre)* esquisito(ta).
spécialisé, e [spesjalize] *adj* especializado(da).
spécialiste [spesjalist] *nm* especialista *mf*.
spécialité [spesjalite] *nf* especialidade *f*.
spécifique [spesifik] *adj* específico(ca).
spécimen [spesimɛn] *nm* espécime *m*.
spectacle [spɛktakl] *nm* espetáculo *m*.
spectaculaire [spɛktakylɛʀ] *adj* espetacular.
spectateur, trice [spɛktatœʀ, tʀis] *nm* espectador *m*, -ra *f*.
speculo(o)s [spekylos] *nm (Belg)* bolacha seca em forma de boneco, feita com açúcar amarelo e canela.
speed [spid] *adj (fam)* agitado(da).
spéléologie [speleɔlɔʒi] *nf* espeleologia *f*.
sphère [sfɛʀ] *nf* esfera *f*.
spirale [spiʀal] *nf* espiral *f* • **en spirale** em espiral.
spirituel, elle [spiʀitɥɛl] *adj (de l'âme)* espiritual; *(personne, remarque)* espirituoso(sa).

spiritueux [spiritɥø] *nm* bebida *f* de alto teor alcoólico.
splendide [splɑ̃did] *adj* esplêndido(da).
sponsor [spɔ̃sɔʀ] *nm* patrocinador *m*.
sponsoriser [spɔ̃sɔʀize] *vt* patrocinar.
spontané, e [spɔ̃tane] *adj* espontâneo(nea).
spontanéité [spɔ̃taneite] *nf* espontaneidade *f*.
sport [spɔʀ] *nm* esporte *m*
• **sports d'hiver** esportes de inverno.
sportif, ive [spɔʀtif, iv] • *adj* esportivo(va) • *nm* esportista *m*.
spot [spɔt] *nm* holofote *m*
• **spot publicitaire** anúncio *m* publicitário.
sprint [spʀint] *nm* sprint *m*.
square [skwaʀ] *nm* parque *m*.
squelette [skəlɛt] *nm* esqueleto *m*.
St (*abr de* saint) S.
stable [stabl] *adj* estável.
stade [stad] *nm* (*de sport*) estádio *m*; (*période*) estádio *m*, fase *f*.
stage [staʒ] *nm* estágio *m*
• **faire un stage** fazer um estágio.
stagiaire [staʒjɛʀ] *nm* estagiário *m*, -ria *f*.
stagner [stagne] *vi* estagnar.
stalactite [stalaktit] *nf* estalactite *f*.
stalagmite [stalagmit] *nf* estalagmite *f*.
stand [stɑ̃d] *nm* estande *m*.
standard [stɑ̃daʀ] • *adj inv* standard • *nm* (*téléphonique*) PBX *m*.

standardiste [stɑ̃daʀdist] *nf* telefonista *mf*.
star [staʀ] *nf* estrela *f*.
starter [staʀtɛʀ] *nm* afogador *m*.
start-up [staʀtɛp] *nf* start(-)up *f*.
station [stasjɔ̃] *nf* estação *f*
• **station balnéaire** balneário *m* • **station de sports d'hiver** ou **de ski** estação de esportes de inverno ou de esqui • **station de taxis** ponto *m* de táxi
• **station thermale** estância *f* termal.
stationnement [stasjɔnmɑ̃] *nm* estacionamento *m* • **stationnement payant** estacionamento pago.
stationner [stasjɔne] *vi* estacionar.
station-service [stasjɔ̃sɛʀvis] (*pl* stations-service) *nf* posto *m* de gasolina.
statique [statik] *adj* → **électricité**.
statistique [statistik] *nf* estatística *f*.
statue [staty] *nf* estátua *f*.
statuette [statyɛt] *nf* estatueta *f*.
statut [staty] *nm* estatuto *m*.
Ste (*abr de* sainte) Sta.
Sté (*abr de* société) sociedade *f*.
steak [stɛk] *nm* bife *m* • **steak frites** bife com batatas fritas
• **steak haché** hambúrger *m*
• **steak tartare** bife tártaro.
sténo [steno] *nf* estenografia *f*.
sténodactylo [stenodaktilo] *nf* estenodatilógrafa *f*.
stéréo [steʀeo] • *adj inv* estéreo
• *nf* • **en stéréo** em estéreo.

stérile [steril] *adj (femme, homme)* estéril; *(milieu, compresse)* esterilizado(da).

stériliser [sterilize] *vt* esterilizar.

sterling [stɛrliŋ] *adj* → **livre**.

steward [stiwart] *nm* comissário *m* de bordo.

stimuler [stimyle] *vt* estimular.

stock [stɔk] *nm* estoque *m* • **en stock** em estoque.

stocker [stɔke] *vt* armazenar.

stop [stɔp] ◆ *nm (panneau)* sinal *m* de parada; *(phare)* luz *f* de freio ◆ *interj* pare! • **faire du stop** pedir carona.

stopper [stɔpe] *vt & vi* parar.

store [stɔr] *nm (extérieur)* toldo *m*; *(intérieur)* estore *m*.

STP *(abr écrite de* **s'il te plaît***) abrev* por favor.

strapontin [strapɔ̃tɛ̃] *nm* assento *m* dobrável.

stratégie [strateʒi] *nf* estratégia *f*.

stress [strɛs] *nm* estresse *m*.

stressé, e [strɛse] *adj* estressado(da).

strict, e [strikt] *adj* severo(ra), estrito(ta).

strictement [striktəmɑ̃] *adv (absolument)* estritamente.

strident, e [stridɑ̃, ɑ̃t] *adj* estridente.

strié, e [strije] *adj* estriado(da).

strophe [strɔf] *nf* estrofe *f*.

structure [stryktyr] *nf* estrutura *f*.

studieux, euse [stydjø, øz] *adj* estudioso(osa).

studio [stydjo] *nm (logement)* conjugado *m*; *(de cinéma, de photo)* estúdio *m*.

stupéfait, e [stypefɛ, ɛt] *adj* estupefato(ta).

stupéfiant, e [stypefjɑ̃, ɑ̃t] ◆ *adj* espantoso(osa) ◆ *nm* entorpecente *m*.

stupide [stypid] *adj* estúpido(da).

stupidité [stypidite] *nf (caractère)* estupidez *f*; *(parole)* besteira *f*.

style [stil] *nm* estilo *m* • **meuble de style** móvel de estilo.

stylo [stilo] *nm* caneta *f* • **stylo (à) bille** esferográfica *f* • **stylo (à) plume** caneta-tinteiro.

stylo-feutre [stiloføtr] *(pl* **stylos-feutres***) nm* marca-texto *m*.

su, e [sy] *pp* → **savoir**.

subir [sybir] *vt* sofrer; *(opération)* fazer.

subit, e [sybi, it] *adj* súbito(ta).

subjectif, ive [sybʒɛktif, iv] *adj* subjetivo(va).

subjonctif [sybʒɔ̃ktif] *nm* subjuntivo *m*.

sublime [syblim] *adj* sublime.

submerger [sybmɛrʒe] *vt (suj: eau)* submergir; *(suj: travail, responsabilités)* sobrecarregar • **être submergé de travail** estar cheio de trabalho.

subsister [sybziste] *vi* subsistir.

substance [sypstɑ̃s] *nf* substância *f*.

substantiel, elle [syps-tɑ̃sjɛl] *adj* substancial.

substituer [sypstitɥe] *vt* • **substituer qqch à qqch** subs-

tituir algo por algo ♦ **se substituer à** *vp + prép* substituir.
subtil, e [syptil] *adj* sutil.
subtilité [syptilite] *nf* sutileza *f*.
subvention [sybvãsjɔ̃] *nf* subvenção *f*.
succéder [syksede]
♦ **succéder à** *vp + prép* suceder a ♦ **se succéder** *vp* suceder-se.
succès [syksɛ] *nm* sucesso *m*
• **avoir du succès** ter sucesso.
successeur [syksesœʀ] *nm* sucessor *m*.
successif, ive [syksesif, iv] *adj* sucessivo(va).
succession [syksesjɔ̃] *nf* sucessão *f*.
succulent, e [sykylã, ãt] *adj* suculento(ta).
succursale [sykyʀsal] *nf* sucursal *f*, filial *f*.
sucer [syse] *vt (un bonbon)* chupar; *(son pouce)* chupar.
sucette [sysɛt] *nf (bonbon)* chupa-chupa *m*; *(de bébé)* chupeta *f*.
sucre [sykʀ] *nm (produit)* açúcar *m*; *(morceau)* torrão *m* de açúcar • **sucre en morceaux** açúcar em cubos • **sucre d'orge** açúcar mascavo • **sucre en poudre** açúcar • **sucre roux** OU **brun** açúcar amarelo.
sucré, e [sykʀe] *adj (fruit)* doce; *(yaourt, café)* açucarado(da).
sucrer [sykʀe] *vt* adoçar.
sucreries [sykʀəʀi] *nf* doces *mpl*.
sucrier [sykʀije] *nm* açucareiro *m*.
sud [syd] *adj inv & nm inv* sul • **au sud (de)** ao sul (de).

sud-africain, e, s [sydafʀikɛ̃, ɛn] *adj* sul-africano(na).
sud-est [sydɛst] *adj inv & nm inv* sudeste • **au sud-est (de)** a sudeste de.
sud-ouest [sydwɛst] *adj inv & nm inv* sudoeste • **au sud-ouest (de)** a sudoeste de.
Suède [sɥɛd] *nf* • **la Suède** a Suécia.
suédois, e [sɥedwa, az] • *adj* sueco(ca) • *nm (langue)* sueco *m* ♦ **Suédois, e** *nm* sueco *m*, -ca *f*.
suer [sɥe] *vi* suar.
sueur [sɥœʀ] *nf* suor *m* • **être en sueur** estar (todo) suado • **avoir des sueurs froides** ter suores frios.
suffire [syfiʀ] *vi (être assez)* bastar • **ça suffit!** basta! • **suffire à qqn** bastar a alguém • **il suffit de qqch pour** basta algo para • **il (te) suffit de faire qqch** basta fazer algo.
suffisamment [syfizamã] *adv* bastante • **suffisamment de** bastante • **suffisamment de livres** muitos livros • **il n'y a pas suffisamment de gens** não há pessoas suficientes.
suffisant, e [syfizã, ãt] *adj* suficiente.
suffocant, e [syfɔkã, ãt] *adj* sufocante.
suffoquer [syfɔke] *vi* sufocar.
suggérer [sygʒeʀe] *vt* sugerir • **suggérer à qqn de faire qqch** sugerir a alguém que faça algo.
suggestion [sygʒɛstjɔ̃] *nf* sugestão *f*.
suicide [sɥisid] *nm* suicídio *m*.

suicider [sɥiside] ◆ **se suicider** *vp* suicidar-se.
suie [sɥi] *nf* fuligem *f*.
suinter [sɥɛ̃te] *vi* gotejar.
suis [sɥi] → **être, suivre**.
suisse [sɥis] *adj* suíço(ça) ◆ **Suisse** ◆ *nmsuíço m*, -ça *f* ◆ **la Suisse** a Suíça.
suite [sɥit] *nf* (série, succession) série *f*; (d'une histoire, d'un film) continuação *f* ◆ **à la suite** sucessivamente ◆ **à la suite de** (à cause de) por causa de ◆ **de suite** imediatamente ◆ **par suite de** em consequência de ◆ **suites** *nfpl* repercussões *fpl*.
suivant, e [sɥivã, ãt] *adj* & *nm* seguinte ◆ *prép* segundo ◆ **au suivant!** o seguinte!
suivi, e [sɥivi] *pp* → **suivre**.
suivre [sɥivʀ] *vt* seguir; (succéder à) seguir-se a; (cours) assistir a ◆ **suivi de** seguido de ◆ **faire suivre** encaminhar para ◆ **à suivre** continua.
sujet [syʒɛ] *nm* (thème) assunto *m*, GRAM sujeito *m*; (d'un roi) súdito *m* ◆ **au sujet de** a propósito de.
Sup de Co (*abr de* École Supérieure de Commerce) *nf* Escola Superior de Comércio.
super [sypɛʀ] ◆ *adj inv* (fam) (formidable) bárbaro(ra) ◆ *nm* (carburant) gasolina *f* de alta octanagem.
super- [sypɛʀ] *pref* (fam) super-.
superbe [sypɛʀb] *adj* espetacular.
supérette [sypeʀɛt] *nf* minimercado *m*.

312

superficie [sypɛʀfisi] *nf* superfície *f*.
superficiel, elle [sypɛʀfi-sjɛl] *adj* superficial.
superflu, e [sypɛʀfly] *adj* supérfluo(flua).
supérieur, e [sypeʀjœʀ] ◆ *adj* superior ◆ *nm* superior *m*, -ra *f* ◆ **supérieur à** superior a.
supériorité [sypeʀjɔʀite] *nf* superioridade *f*.
supermarché [sypɛʀmaʀʃe] *nm* supermercado *m*.
superposer [sypɛʀpoze] *vt* sobrepor.
superstitieux, euse [sypɛʀstisjø, øz] *adj* supersticioso(osa).
superviser [sypɛʀvize] *vt* supervisionar.
supplément [syplemã] *nm* suplemento *m* ◆ **en supplément** extra.
supplémentaire [syplemãtɛʀ] *adj* suplementar.
supplice [syplis] *nm* suplício *m*.
supplier [syplije] *vt* ◆ **supplier qqn (de faire qqch)** suplicar a alguém (que faça algo).
support [sypɔʀ] *nm* suporte *m*.
supportable [sypɔʀtabl] *adj* suportável.
supporter[1] [sypɔʀte] *vt* suportar; (*soutenir*) sustentar.
supporter[2] [sypɔʀtɛʀ] *nm* torcedor *m*, -ra *f*.
supposer [sypoze] *vt* supor ◆ **à supposer que...** supondo que....
supposition [sypozisjõ] *nf* suposição *f*.

suppositoire [sypozitwaʀ] *nm* supositório *m*.

suppression [sypʀesjɔ̃] *nf* supressão *f*.

supprimer [sypʀime] *vt (faire disparaître)* suprimir; *(tuer)* eliminar; INFORM excluir.

suprême [sypʀɛm] *nm* • **suprême de volaille** *peito de frango com molho*.

sur [syʀ] *prép* **1.** *(dessus)* em, em cima de • **sur la table** em cima da mesa **2.** *(au-dessus de)* sobre **3.** *(indique la direction)* a • **tournez sur la droite** vire à direita • **on remonte sur Paris** voltamos para Paris **4.** *(indique la distance)* ao longo de • **travaux sur 10 kilomètres** obras nos próximos 10 quilômetros **5.** *(au sujet de)* sobre • **un dépliant sur l'Auvergne** um folheto sobre Auvergne **6.** *(dans une mesure)* por • **un mètre de large sur deux mètres de long** um metro de largura por dois metros de comprimento **7.** *(dans une proportion)* em • **9 personnes sur 10** 9 em cada 10 pessoas • **un jour sur deux** um em cada dois dias.

sûr, e [syʀ] *adj (sans danger)* seguro(ra); *(digne de confiance)* de confiança • **je suis sûre de réussir/qu'il viendra** tenho certeza de que vou conseguir/que ele vem • **je suis sûre de lui** tenho confiança nele.

surbooking [syʀbukiŋ] *nm* overbooking *m*.

surcharger [syʀʃaʀʒe] *vt* sobrecarregar.

surchauffé, e [syʀʃofe] *adj* superaquecido(da).

surchemise [syʀʃəmiz] *nf* camisão *m*.

surélever [syʀelve] *vt* aumentar a altura de • **surélever une maison** acrescentar um andar a uma casa.

sûrement [syʀmɑ̃] *adv* certamente.

surestimer [syʀɛstime] *vt* superestimar.

sûreté [syʀte] *nf* • **mettre qqch en sûreté** pôr algo a salvo.

surexcité, e [syʀɛksite] *adj* irrequieto(ta).

surf [sœʀf] *nm* surfe *m*.

surface [syʀfas] *nf* superfície *f*.

surgelé, e [syʀʒəle] • *adj* congelado(da) • *nm* congelado *m*.

surgir [syʀʒiʀ] *vi* surgir.

surimi [syʀimi] *nm* surimi *m*.

sur-le-champ [syʀləʃɑ̃] *adv* imediatamente.

surlendemain [syʀlɑ̃dəmɛ̃] *nm* • **le surlendemain** dois dias depois.

surligneur [syʀliɲœʀ] *nm* marca-texto *m*.

surmené, e [syʀməne] *adj* estafado(da).

surmonter [syʀmɔ̃te] *vt* superar.

surnaturel, elle [syʀnatyʀɛl] *adj* sobrenatural.

surnom [syʀnɔ̃] *nm* apelido *m*.

surnommer [syʀnɔme] *vt* apelidar.

surpasser [syʀpase] *vt* superar.
• **se surpasser** *vp* superar-se.

surplace [syRplas] *nm* • **faire du surplace** (*fig*) marcar passo.

surplomber [syRplɔ̃be] *vt* dominar.

surplus [syRply] *nm* excedente *m*.

surprenant, e [syRpRənɑ̃, ɑ̃t] *adj* surpreendente.

surprendre [syRpRɑ̃dR] *vt* surpreender.

surpris, e [syRpRi, iz] *pp* → **surprendre** • *adj* surpreendido(da), surpreso(sa) • **je suis surpris de le voir ici** estou surpreso de vê-lo aqui.

surprise [syRpRiz] *nf* surpresa *f* • **faire une surprise à qqn** fazer uma surpresa para alguém • **par surprise** de surpresa.

surréservation [syRRezeRvasjɔ̃] *nf* = **surbooking**.

sursaut [syRso] *nm* • **se réveiller en sursaut** acordar de sobressalto.

sursauter [syRsote] *vi* sobressaltar-se.

surtaxe [syRtaks] *nf* sobretaxa *f*.

surtout [syRtu] *adv* sobretudo • **surtout, fais bien attention!** sobretudo, tenha muito cuidado! • **surtout que** sobretudo porque.

survécu [syRveky] *pp* → **survivre**.

surveillance [syRvejɑ̃s] *nf* vigilância *f* • **être sous surveillance** estar sob vigilância.

surveillant, e [syRvejɑ̃, ɑ̃t] *nm* inspetor *m*, -ra *f*.

surveiller [syRveje] *vt* (*observer*) vigiar; (*prendre soin de*) cuidar de ♦ **se surveiller** *vp* (*faire du régime*) cuidar-se.

survêtement [syRvɛtmɑ̃] *nm* training *m*, moletom *m*.

survivant, e [syRvivɑ̃, ɑ̃t] *nm* sobrevivente *mf*.

survivre [syRvivR] *vi* sobreviver • **survivre à** sobreviver a.

survoler [syRvɔle] *vt* sobrevoar.

sus [sy(s)] • **en sus** *adv* além disso.

susceptible [sysɛptibl] *adj* suscetível • **être susceptible de faire qqch** ser capaz de fazer algo.

susciter [sysite] *vt* suscitar.

suspect, e [syspɛ, ɛkt] *adj* & *nm* suspeito(ta).

suspecter [syspɛkte] *vt* suspeitar de.

suspendre [syspɑ̃dR] *vt* suspender.

suspense [syspɑ̃s] *nm* suspense *m*.

suspension [syspɑ̃sjɔ̃] *nf* (*d'une voiture*) suspensão *f*; (*lampe*) luminária *f* de teto.

suture [sytyR] *nf* → **point**.

SVP (*abr de s'il vous plaît*) por favor.

sweat-shirt [switʃœRt] (*pl* -s) *nm* blusão de moletom.

syllabe [silab] *nf* sílaba *f*.

symbole [sɛ̃bɔl] *nm* símbolo *m*.

symbolique [sɛ̃bɔlik] *adj* simbólico.

symboliser [sɛ̃bɔlize] *vt* simbolizar.

symétrie [simetʀi] *nf* simetria *f*.

symétrique [simetʀik] *adj* simétrico(ca).

sympa [sɛ̃pa] *adj (fam)* legal.

sympathie [sɛ̃pati] *nf* • **éprouver** OU **avoir de la sympathie pour qqn** sentir OU ter simpatia por alguém.

sympathique [sɛ̃patik] *adj* simpático(ca).

sympathiser [sɛ̃patize] *vi* simpatizar • **ils ont sympathisé** eles simpatizaram um com o outro.

symphonie [sɛ̃fɔni] *nf* sinfonia *f*.

symptôme [sɛ̃ptom] *nm* sintoma *m*.

synagogue [sinagɔg] *nf* sinagoga *f*.

synchronisé, e [sɛ̃kʀɔnize] *adj* sincronizado(da).

syncope [sɛ̃kɔp] *nf MÉD* síncope *f*.

syndical, e, aux [sɛ̃dikal, o] *adj (mouvement, revendications)* sindical.

syndicaliste [sɛ̃dikalist] *nmf* sindicalista *mf*.

syndicat [sɛ̃dika] *nm* sindicato *m* • **syndicat d'initiative** escritório *m* de turismo.

syndiqué, e [sɛ̃dike] *adj* sindicalizado(da).

synonyme [sinɔnim] *nm* sinônimo *m*.

synthèse [sɛ̃tez] *nf* síntese *f*.

synthétique [sɛ̃tetik] • *adj* sintético(ca) • *nm* tecido *m* sintético.

synthétiseur [sɛ̃tetizœʀ] *nm* sintetizador *m*.

systématique [sistematik] *adj* sistemático(ca).

système [sistɛm] *nm* sistema *m* • **système d'exploitation** sistema operacional • **système monétaire européen** Sistema Monetário Europeu.

T

t' → **te**.

ta [ta] → **ton (adj)**.

tabac [taba] *nm (plante, produit)* tabaco *m*; *(magasin)* tabacaria *f*.

ⓘ TABAC

Nos "débits de tabac"(postos de vendas autorizados) ou "bureaux de tabac" (tabacarias) vendem-se cigarros, cigarrilhas, charutos e tabaco, mas também se encontram selos de correio, selos fiscais, volantes de "loto" etc. Na província, também é possível adquirir jornais e revistas nesses estabelecimentos.

tabagie [tabaʒi] *nf (Can)* tabacaria *f*.

table

table [tabl] *nf (meuble)* mesa *f; (tableau)* quadro *m* • **mettre la table** pôr a mesa • **être/se mettre à table** estar à/ir para a mesa • **à table!** para a mesa! • **table de chevet** OU **de nuit** mesa de cabeceira *f* • **table à langer** mesa de trocar • **table des matières** índice *m* • **table d'opération** mesa de operações • **table d'orientation** plano *m* de orientação • **table à repasser** tábua *f* de passar roupa.

tableau [tablo] *(pl -x) nm (peinture, grille)* quadro *m; (panneau)* painel *m* • **tableau de bord** painel de instrumentos • **tableau (noir)** quadro (negro).

tablette [tablɛt] *nf* prateleira *f* • **tablette de chocolat** tablete *f* de chocolate.

tablier [tablije] *nm* avental *m*.

taboulé [tabule] *nm* tabule *m*.

tabouret [tabuʀɛ] *nm* tamborete *m*, banco *m*.

tache [taʃ] *nf* mancha *f* • **taches de rousseur** sardas *fpl*.

tâche [taʃ] *nf* tarefa *f*.

tacher [taʃe] *vt* manchar.

tâcher [taʃe] *vi* • **je vais tâcher de finir ce soir** vou ver se acabo esta noite.

tacheté, e [taʃte] *adj* manchado(da).

tact [takt] *nm* tato *m*.

tactique [taktik] *nf* tática *f*.

tag [tag] *nm* pichação *f*.

tagine [taʒin] *nm* prato à base de carne, sobretudo de carneiro, típico do Norte da África.

taie [tɛ] *nf* • **taie d'oreiller** fronha *f* (de travesseiro).

taille [taj] *nf (dimension)* tamanho *m; (mensuration)* medida *f; (partie du corps)* cintura *f*.

taille-crayon [tajkʀɛjɔ̃] *(pl* **taille-crayons)** *nm* apontador *m*.

tailler [taje] *vt (arbre)* podar; *(tissu)* cortar; *(crayon)* apontar.

tailleur [tajœʀ] *nm (couturier)* alfaiate *m; (vêtement)* tailleur *m* • **s'asseoir en tailleur** sentar-se com as pernas dobradas, cruzadas, e com os joelhos afastados.

taire [tɛʀ] • **se taire** *vp* calar-se • **tais-toi!** cale-se!

talc [talk] *nm* talco *m*.

talent [talɑ̃] *nm* talento *m*.

talkie-walkie [tɔkiwɔki] *(pl* **talkies-walkies)** *nm* walkie-talkie *m*.

talon [talɔ̃] *nm (du pied)* calcanhar *m; (d'une chaussure)* salto *m; (d'un chèque)* talão *m* • **talons hauts** saltos altos • **talons plats** saltos baixos.

talus [taly] *nm* talude *m*.

tambour [tɑ̃buʀ] *nm (instrument)* tambor *m*.

tambourin [tɑ̃buʀɛ̃] *nm* pandeiro *m*.

tamis [tami] *nm* peneira *f*.

Tamise [tamiz] *nf* • **la Tamise** o Tâmisa.

tamisé, e [tamize] *adj* tênue.

tamiser [tamize] *vt* peneirar.

tampon [tɑ̃pɔ̃] *nm (cachet)* carimbo *m; (de tissu, de coton)* pano *m* • **tampon (hygiénique)** tampão *m*.

tamponneuse [tɑ̃pɔnøz] *adj f* → auto.

tandem [tɑ̃dɛm] *nm (vélo)* tandem *m*.

tandis [tɑ̃di] ◆ **tandis que** *conj (pendant que)* enquanto; *(alors que)* ao passo que.

tango [tɑ̃go] *nm* tango *m*.

tanguer [tɑ̃ge] *vi* balançar.

tank [tɑ̃k] *nm* tanque *m*.

tant [tɑ̃] *adv* **1.** *(tellement)* tanto • **il l'aime tant (que)** ele a ama tanto (que) • **tant de... (que)** tanto... (que) • **tant de gens (que)** tanta gente (que) **2.** *(autant)* • **tant que** tanto quanto • **tant qu'il peut** tanto quanto pode **3.** *(temporel)* • **tant que nous resterons ici** enquanto ficarmos aqui **4.** *(dans des expressions)* • **en tant que** como • **on est arrivés à finir tant bien que mal** conseguimos acabar como pudemos • **tant mieux** melhor assim • **tant pis** pouco importa • **tant pis pour lui** pior para ele.

tante [tɑ̃t] *nf* tia *f*.

tantôt [tɑ̃to] *adv* • **tantôt... tantôt...** ora... ora.

taon [tɑ̃] *nm* mutuca *f*.

tapage [tapaʒ] *nm* algazarra *f*.

tape [tap] *nf* palmada *f*.

tapenade [tapənad] *nf condimento à base de azeitonas, anchovas e alcaparras trituradas com azeite e ervas aromáticas.

taper [tape] *vt (frapper)* bater; *(code)* digitar • **taper (qqch) à la machine** bater (algo) à máquina • **taper des pieds** bater com os pés no chão • **taper sur** bater em.

tapioca [tapjɔka] *nm* tapioca *f*.

tapis [tapi] *nm* tapete *f*; *(d'escalier)* passadeira *f* • **tapis roulant** esteira *f* rolante • **tapis de sol** lona que cobre o chão de uma barraca de campismo.

tapisser [tapise] *vt* forrar.

tapisserie [tapisri] *nf (à l'aiguille, arts décoratifs)* tapeçaria *f*; *(papier peint)* papel *m* de parede.

tapoter [tapɔte] *vt* dar pancadinhas em.

taquiner [takine] *vt* arreliar.

tarama [taRama] *nm* ovas de peixe misturadas com miolo de pão, azeite e suco de limão.

tard [taR] *adv* tarde • **plus tard** *(après, dans l'avenir)* mais tarde • **à plus tard!** até logo! • **au plus tard** o mais tardar.

tarder [taRde] *vi* • **elle ne va pas tarder (à arriver)** ela não vai tardar (a chegar) • **tarder à faire qqch** demorar a fazer algo • **il me tarde de partir** estou ansioso por partir.

tarif [taRif] *nm (liste des prix)* tabela *f* de preços; *(prix)* tarifa *f* • **tarif plein** preço *m* normal • **tarif réduit** preço *m* reduzido • **à tarif réduit** a preço reduzido.

tarir [taRiR] *vi* secar.

tarot [taRo] *nm (jeu)* tarô *m*.

tartare [taRtaR] *adj* → **sauce, steak**.

tarte [taRt] *nf* torta *f* • **tarte aux fraises** torta *f* de morango • **tarte au maton** *(Belg)* torta de

leite coalhado com amêndoas • **tarte au sucre** (*Belg*) torta de açúcar • **tarte Tatin** *torta de maçã caramelizada*.
tartelette [taʀtəlɛt] *nf* tortinha *f*.
tartiflette [taʀtiflɛt] *nf* batatas gratinadas ao queijo de massa mole e toucinho.
tartine [taʀtin] *nf* fatia *f* de pão (com manteiga ou geleia).
tartiner [taʀtine] *vt* espalhar • **fromage/pâte à tartiner** queijo/creme de espalhar.
tartre [taʀtʀ] *nm* (*sur les dents*) tártaro *m*; (*calcaire*) calcário *m*.
tas [ta] *nm* monte *m* • **mettre qqch en tas** amontoar algo • **un** OU **des tas de** (*fam*) um monte OU montes de.
tasse [tas] *nf* xícara *f* • **boire la tasse** engolir água • **tasse à café** xícara para café • **tasse à thé** xícara para chá.
tasser [tase] *vt* apertar ◆ **se tasser** *vp* (*s'affaisser*) abater; (*dans une voiture*) apertar-se.
tâter [tate] *vt* apalpar ◆ **se tâter** *vp* hesitar.
tâtonner [tatɔne] *vi* tatear.
tâtons [tatɔ̃] ◆ **à tâtons** *advs* apalpadelas.
tatouage [tatwaʒ] *nm* tatuagem *f*.
taupe [top] *nf* toupeira *f*.
taureau [tɔʀo] (*pl* **-x**) *nm* touro *m* ◆ **Taureau** *nm* Touro *m*.
taux [to] *nm* taxa *f* • **taux de change** taxa de câmbio.
taverne [tavɛʀn] *nf* (*Can*) café *m*.

taxe [taks] *nf* imposto *m* • **taxe d'habitation** IPTU *m* • **toutes taxes comprises** com IVA.
taxer [takse] *vt* taxar.
taxi [taksi] *nm* táxi *m*.
Tchécoslovaquie [tʃekɔslɔvaki] *nf* • **la Tchécoslovaquie** a Checoslováquia.
te [tə] *pron* -te.
technicien, enne [tɛknisjɛ̃, ɛn] *nm* técnico *m*, -ca *f*.
technique [tɛknik] ◆ *adj* técnico(ca) ◆ *nf* técnica *f*.
technologie [tɛknɔlɔʒi] *nf* tecnologia *f*.
tee-shirt [tiʃœʀt] (*pl* **tee-shirts**) *nm* camiseta *f*.
teindre [tɛ̃dʀ] *vt* tingir • **se faire teindre (les cheveux)** pintar o cabelo.
teint, e [tɛ̃, tɛ̃t] ◆ *pp* → **teindre** ◆ *nm* tez *f*.
teinte [tɛ̃t] *nf* cor *f*.
teinter [tɛ̃te] *vt* pintar.
teinture [tɛ̃tyʀ] *nf* tinta *f* • **teinture d'iode** tintura *f* de iodo.
teinturerie [tɛ̃tyʀʀi] *nf* tinturaria *f*.
teinturier, ère [tɛ̃tyʀje, ɛʀ] *nm* tintureiro *m*, -ra *f*.
tel, telle *adj* (*semblable*) tal; (*si grand*) tanto(tanta) • **tel que** tal como • **tel quel** tal e qual • **tel ou tel** tal ou tal.
tél. (*abr de* **téléphone**) tel.
télé [tele] *nf* (*fam*) televisão *f* • **à la télé** na televisão.
télécharger [teleʃaʀʒe] *vt* INFORM baixar.

télécabine [telekabin] nf teleférico m.

Télécarte® [telekaʀt] nf cartão m telefônico.

télécommande [telekɔmɑ̃d] nf controle m remoto.

télécommunications [telekɔmynikasjɔ̃] nf telecomunicações fpl.

télécopie [telekɔpi] nf fax m (documento).

télécopieur [telekɔpjœʀ] nm fax m (aparelho).

téléfilm [telefilm] nm telefilme m.

télégramme [telegʀam] nm telegrama m • **télégramme téléphoné** telegrama fonado.

téléguidé, e [telegide] adj teleguiado(da).

téléobjectif [teleɔbʒɛktif] nm teleobjetiva f.

téléphérique [telefeʀik] nm teleférico m.

téléphone [telefɔn] nm telefone m, fone m • **au téléphone** ao telefone • **téléphone à carte** telefone público que funciona com o uso de cartões • **téléphone mobile** telefone m celular • **téléphone portable** telefone celular • **téléphone sans fil** telefone sem fio.

téléphoner [telefɔne] vi telefonar • **téléphoner à qqn** telefonar para alguém.

téléphonique [telefɔnik] adj → **cabine, carte**.

télescope [teleskɔp] nm telescópio m.

télescoper [teleskɔpe] ♦ **se télescoper** vp chocar-se violentamente.

télescopique [teleskɔpik] adj telescópico(ca).

télésiège [telesjɛʒ] nm teleférico m.

téléski [teleski] nm teleférico m para transportar esquiadores.

téléspectateur, trice [telespɛktatœʀ, tʀis] nm telespectador m, -ra f.

télévente [televɑ̃t] nf televenda f.

télévisé, e [televize] adj televisivo(va), televisionado(da).

téléviseur [televizœʀ] nm televisor m.

télévision [televizjɔ̃] nf televisão f • **à la télévision** na televisão • **télévision par satellite** televisão por satélite.

télévision-réalité [televizjɔ̃realite] nf TV • **une émission de télévision-réalité** um programa de reality show.

télex [telɛks] nm inv telex m.

telle → **tel**.

tellement [tɛlmɑ̃] adv (tant) tanto; (si) tão • **tellement de** tanto(tanta) • **pas tellement** nem tanto.

témoignage [temwaɲaʒ] nm testemunho m.

témoigner [temwaɲe] vi testemunhar.

témoin [temwɛ̃] nm (spectateur) testemunha f, ESP bastão m • **être témoin de** ser testemunha de.

tempe [tɑ̃p] nf têmpora f.

tempérament [tɑ̃peʀamɑ̃] nm temperamento m.

température [tɑ̃peʀatyʀ] nf (niveau de chaleur) temperatura f. (fièvre) temperatura f.

tempête [tɑ̃pɛt] nf tempestade f.

temple [tɑ̃pl] nm templo m.

temporaire [tɑ̃pɔʀɛʀ] adj temporário(ria).

temporairement [tɑ̃pɔʀɛʀmɑ̃] adv temporariamente.

temps [tɑ̃] nm tempo m ◆ **avoir le temps de faire qqch** ter tempo para fazer algo ◆ **il est temps de/que** está na hora de ◆ **à temps** a tempo ◆ **de temps en temps** de tempos em tempos ◆ **en même temps** ao mesmo tempo ◆ **à temps complet** período integral ◆ **à temps partiel** período parcial ◆ **un temps partiel** meio período.

tenaille [tənaj] nf tenaz f.

tendance [tɑ̃dɑ̃s] nf ◆ **avoir tendance à faire qqch** ter tendência a fazer algo.

tendeur [tɑ̃dœʀ] nm esticador m.

tendinite [tɑ̃dinit] nf tendinite f.

tendon [tɑ̃dɔ̃] nm tendão m.

tendre [tɑ̃dʀ] ◆ adj terno(na). ◆ vt esticar ◆ **tendre qqch à qqn** estender algo a alguém ◆ **tendre la main à qqn** estender a mão a alguém ◆ **tendre l'oreille** prestar atenção ◆ **tendre un piège à qqn** armar uma armadilha para alguém ◆ **se tendre** vp esticar-se.

tendresse [tɑ̃dʀɛs] nf ternura f.

tendu, e [tɑ̃dy] adj tenso(sa).

tenir [tənir] ◆ vt 1. (à la main, dans ses bras) segurar; (garder) manter ◆ **tenir un plat au chaud** manter um prato quente 2. (promesse, engagement) cumprir 3. (magasin, bar) ter 4. (dans des expressions) ◆ **tiens!, tenez!** tome!, tomem! **tiens!** (exprime la surprise) olha! ◆ vi 1. (résister) resistir ◆ **la neige n'a pas tenu** a neve derreteu 2. (rester) ficar ◆ **tenir debout** ficar de pé ◆ **tu ne tiens plus debout** (de fatigue) você já não se aguenta em pé 3. (être contenu) caber ◆ **tenir à** vp + prép (être attaché à) ◆ **tenir à qqch** dar valor a algo ◆ **tenir à qqn** ser apegado a alguém ◆ **tenir à faire qqch** fazer questão de fazer algo ◆ **tenir de** vp + prép (ressembler à) sair a ◆ **se tenir** vp 1. (avoir lieu) realizar-se 2. (s'accrocher) segurar-se ◆ **se tenir à** segurar-se a 3. (être, rester) ficar ◆ **se tenir droit** ficar direito ◆ **se tenir tranquille** ficar quieto 4. (se comporter) ◆ **bien/mal se tenir** comportar-se bem/mal.

tennis [tenis] ◆ nm tênis m inv ◆ nm tênis mpl ◆ **tennis de table** tênis de mesa.

tension [tɑ̃sjɔ̃] nf tensão f ◆ **avoir de la tension** ter a pressão alta.

tentacule [tɑ̃takyl] nm tentáculo m.

tentant, e [tɑ̃tɑ̃, ɑ̃t] adj tentador(ra).

321

tentation [tɑ̃tasjɔ̃] *nf* tentação *f*.

tentative [tɑ̃tativ] *nf* tentativa *f*.

tente [tɑ̃t] *nf* tenda *f*.

tenter [tɑ̃te] *vt* tentar • **tenter de faire qqch** tentar fazer algo.

tenu, e [təny] *pp* → **tenir**.

tenue [təny] *nf* roupa *f* • **tenue de soirée** traje *m* de noite.

ter [tɛʁ] *adv indica que há 3 números iguais numa rua* • **11 ter** 11 c.

TER (*abr de* Train Express Régional) [tɛʁ] *nm* Trem *m* Regional e Inter-Regional.

Tergal® [tɛʁgal] *nm* tergal *m*.

terme [tɛʁm] *nm* termo *m* • **à court terme** a curto prazo • **à long terme** a longo prazo.

terminaison [tɛʁminɛzɔ̃] *nf* terminação *f*.

terminal [tɛʁminal] (*pl* **-aux**) *nm* terminal *m*.

terminale [tɛʁminal] *nf* ≃ terceiro ano *m* do ensino médio.

terminer [tɛʁmine] *vt* terminar ◆ **se terminer** *vp* terminar.

terminus [tɛʁminys] *nm* término *m*.

terne [tɛʁn] *adj* desbotado(da).

terrain [tɛʁɛ̃] *nm* terreno *m* • **terrain de camping** camping *m* • **terrain de foot** campo *m* de futebol • **terrain de jeux** campo *m* de jogos • **terrain vague** terreno baldio.

terrasse [tɛʁas] *nf* (*d'une maison, d'un appartement, de café*) terraço *m*.

terre [tɛʁ] *nf* terra *f*; (*argile*) barro *m* • **la Terre** a Terra • **par terre** no chão.

terre-plein [tɛʁplɛ̃] (*pl* **terre-pleins**) *nm* terrapleno *m* • **terre-plein central** ilha *f*.

terrestre [tɛʁɛstʁ] *adj* terrestre.

terreur [tɛʁœʁ] *nf* terror *m*.

terrible [tɛʁibl] *adj* (*catastrophe, accident*) terrível; (*fam*) (*excellent*) extraordinário(ria) • **pas terrible** (*fam*) não é nada de especial.

terrier [tɛʁje] *nm* (*de lapin*) toca *f*.

terrifier [tɛʁifje] *vt* aterrorizar.

terrine [tɛʁin] *nf* (*récipient*) recipiente para patê; *CULIN* patê *m* caseiro.

territoire [tɛʁitwaʁ] *nm* território *m*.

terroriser [tɛʁɔʁize] *vt* aterrorizar.

terroriste [tɛʁɔʁist] *nmf* terrorista *mf*.

tes → **ton**.

test [tɛst] *nm* teste *m* • **test de dépistage** teste de rastreamento.

testament [tɛstamɑ̃] *nm* testamento *m*.

tester [tɛste] *vt* testar.

tétanos [tetanos] *nm* tétano *m*.

tête [tɛt] *nf ANAT* cabeça *f*; (*visage*) cara *f*, (*partie avant*) frente *f* • **de tête** (*wagon*) da frente • **être en tête** estar à frente • **faire la tête** emburrar • **en tête à tête** a sós • **tête de liste** cabeça de lista • **tête de série** cabeça de série.

tête

tête-à-queue [tɛtakø] *nm inv* reviravolta *f.*
téter [tete] *vi* mamar.
tétine [tetin] *nf (de biberon)* bico *m (de mamadeira); (sucette)* chupeta *f.*
têtu, e [tety] *adj* teimoso(osa).
texte [tɛkst] *nm* texto *m.*
textile [tɛkstil] *nm* têxtil *m.*
texto [tɛksto] *nm (télécommunications)* mensagem de texto.
TF1[1] *n* canal privado da televisão francesa.
TGV *nm* trem francês de alta velocidade.

ⓘ TGV

O "Train à Grande Vitesse" (Trem de Alta Velocidade), possuidor do recorde mundial de velocidade sobre trilhos, foi inaugurado na França na linha Paris- Lyon. Hoje há estações em várias cidades, tais como Nice, Marselha, Rennes, Nantes, Bordéus ou Lille. O número de paradas e de lugares é limitado, o que faz com que a reserva seja obrigatória.

---

théâtral, e, aux [teatral, o] *adj* teatral.
théâtre [teatʀ] *nm* teatro *m.*
théière [tejɛʀ] *nf* bule *m* de chá.
thème [tɛm] *nm (d'une exposition, d'un film)* tema *m; (traduction)* versão *f.*
théorie [teɔʀi] *nf* teoria *f* • **en théorie** em teoria.
théoriquement [teɔʀikmɑ̃] *adv (normalement)* teoricamente.
thermal, e, aux [tɛʀmal, o] *adj* termal.
Thermidor [tɛʀmidɔʀ] *nm* → **homard**.
thermomètre [tɛʀmɔmɛtʀ] *nm* termômetro *m.*
Thermos® [tɛʀmɔs] *nf* • **(bouteille) Thermos** garrafa *f* térmica.
thermostat [tɛʀmɔsta] *nm* termostato *m.*
thèse [tɛz] *nf* tese *f.*
thon [tɔ̃] *nm* atum *m.*
thym [tɛ̃] *nm* tomilho *m.*
tibia [tibja] *nm* tíbia *f.*
tic [tik] *nm (mouvement)* tique *m; (habitude)* mania *f.*
ticket [tikɛ] *nm* bilhete *m* • **ticket de caisse** cupom *m* fiscal • **ticket de métro** bilhete de metrô.
tiède [tjɛd] *adj* morno(morna).
tien [tjɛ̃] ✦ **le tien, la tienne** [lətjɛ̃, latjɛn] *(mpl* **tiens**, *fpl* **tiennes)** *pron* o teu(a tua) • **à la tienne!** à tua!
tiendra → **tenir**.
tienne → **tenir**.
tiens → **tenir**.
tiercé [tjɛʀse] *nm sistema de aposta que envolve os três primeiros cavalos de uma corrida.*
tiers [tjɛʀ] *nm* terço *m.*
tige [tiʒ] *nf (de plante)* caule *m; (de métal, de bois)* vara *f.*
tigre [tigʀ] *nm* tigre *m.*

tilleul [tijœl] nm (arbre) tília f; (tisane) chá m de tília.
tilsit [tilsit] nm (Helv) queijo mole de vaca.
timbale [tɛ̃bal] nf (gobelet) copo m de metal; CULIN timbale m.
timbre(-poste) [tɛ̃bʀ(pɔst)] (pl timbres(-poste)) nm selo m (do correio).
timbrer [tɛ̃bʀe] vt selar.
timide [timid] adj tímido(da).
timidité [timidite] nf timidez f.
tir [tiʀ] nm tiro m • **tir à l'arc** tiro com arco • **tir de roquette** tiro de míssil.
tirage [tiʀaʒ] nm sorteio m • **tirage au sort** sorteio m.
tire-bouchon [tiʀbuʃɔ̃] (pl tire-bouchons) nm saca-rolhas m inv.
tirelire [tiʀliʀ] nf cofre m.
tirer [tiʀe] • vt 1. (gén) puxar 2. (tiroir, rideau) abrir 3. (trait) traçar 4. (avec une arme) disparir; (sortir) • **tirer qqn/qqch de** tirar alguem /algo de • **tirer une conclusion de qqch** tirar uma conclusão de algo • **tirer la langue à qqn** mostrar a língua para alguém • **les numéros du loto sont tirés tous les samedis à 20h** os números da loteria são sorteados todos os sábados às 20h • vi 1. (gén) atirar • **tirer sur** atirar em 2. (vers soi, vers le bas etc.) puxar algo ♦ **se tirer** vp (fam) (s'en aller) mandar-se • **s'en tirer** vp (se débrouiller) virar-se; (survivre) escapar.
tiret [tiʀe] nm travessão m.
tirette [tiʀɛt] nf (Belg) fecho m.

tiroir [tiʀwaʀ] nm gaveta f.
tisane [tizan] nf tisana f.
tisonnier [tizɔnje] nm atiçador m.
tisser [tise] vt tecer.
tissu [tisy] nm tecido m.
titre [titʀ] nm título m • **titre de transport** passagem m.
toast [tost] nm torrada f • **porter un toast à qqn** brindar à saúde de alguém.
toboggan [tɔbɔɡɑ̃] nm tobogã m.
toc [tɔk] nm fantasia f • **en toc** de fantasia.
TOC [tɔk] nm pl MÉD (abr de troubles obsessionnels compulsifs) transtorno m obsessivo-compulsivo.
toi [twa] pron (objet direct) te; (après prép) ti; (après comparaison, pour insister) tu • **lève-toi** levanta-te • **toi-même** (sujet) tu; (objet) ti próprio.
toile [twal] nf (tissu) lona f; (tableau) tela f • **toile d'araignée** teia f de aranha.
toilette [twalɛt] nf traje m • **faire sa toilette** lavar-se ♦ **toilettes** nfpl banheiro m, toalete m.
toit [twa] nm teto m.
tôle [tol] nf chapa f.
tolérant, e [tɔleʀɑ̃, ɑ̃t] adj tolerante.
tolérer [tɔleʀe] vt tolerar.
tomate [tɔmat] nf tomate m.
tombe [tɔ̃b] nf tumba f.
tombée [tɔ̃be] nf • **à la tombée de la nuit** ao cair da noite.
tomber [tɔ̃be] vi cair; (date, fête) cair • **ça tombe bien!** isso

cai bem! • **laisser tomber** *(études, projet)* desistir de; *(ami)* abandonar • **tomber amoureux** apaixonar-se • **tomber malade** adoecer • **tomber en panne** avariar-se.
tombola [tɔ̃bɔla] *nf* tômbola *f.*
tome [tɔm] *nm* tomo *m.*
tomme [tɔm] *nf (de savoie)* queijo de leite de vaca; (Helv) • **tomme vaudoise** queijo de vaca com cominho.
ton¹, ta [tɔ̃, ta] *(pl* **tes***) adj* teu(tua).
ton² [tɔ̃] *nm* tom *m.*
tonalité [tɔnalite] *nf* tonalidade *f.*
tondeuse [tɔ̃døz] *nf* • **tondeuse (à gazon)** cortador *m* de grama.
tondre [tɔ̃dʀ] *vt (gazon)* cortar; *(cheveux)* rapar.
tongs [tɔ̃g] *nfpl* chinelo *m (de dedo).*
tonne [tɔn] *nf* tonelada *f.*
tonneau [tɔno] *(pl* **-x***) nm (de vin)* pipa *f*; *(grand)* tonel *m* • **faire des tonneaux** capotar.
tonnerre [tɔnɛʀ] *nm* trovão *m* • **coup de tonnerre** estampido *m* de trovão.
tonus [tɔnys] *nm* tônus *m.*
top model *nm* top model *mf.*
top modèle *nf* top model *f.*
torche [tɔʀʃ] *nf* tocha *f* • **torche électrique** lanterna *f.*
torchon [tɔʀʃɔ̃] *nm* pano *m (de prato).*
tordre [tɔʀdʀ] *vt* torcer ◆ **se tordre** *vp* • **se tordre la cheville** torcer o tornozelo • **se tordre de douleur** contorcer-se de dor • **se tordre de rire** morrer de rir.
tornade [tɔʀnad] *nf* tornado *m.*
torrent [tɔʀɑ̃] *nm* torrente *f* • **il pleut à torrents** está chovendo a cântaros.
torsade [tɔʀsad] *nf* • **pull à torsades** suéter *m* com tranças.
torse [tɔʀs] *nm* tronco *m* • **torse nu** tronco nu.
tort [tɔʀ] *nm* • **avoir tort** não ter razão • **avoir tort (de faire qqch)** fazer mal (em fazer algo) • **causer** OU **faire du tort à qqn** causar prejuízo a alguém, prejudicar alguém • **donner tort à qqn** não dar razão a alguém • **être dans son tort, être en tort** ter culpa • **à tort** sem razão • **parler à tort et à travers** falar a torto e a direito.
torticolis [tɔʀtikɔli] *nm* torcicolo *m.*
tortiller [tɔʀtije] *vt* contorcer ◆ **se tortiller** *vp* contorcer-se.
tortue [tɔʀty] *nf* tartaruga *f.*
torture [tɔʀtyʀ] *nf* tortura *f.*
torturer [tɔʀtyʀe] *vt* torturar.
tôt [to] *adv (de bonne heure)* cedo; *(vite)* rápido • **tôt ou tard** mais cedo ou mais tarde • **au plus tôt** o quanto antes.
total, e, aux [tɔtal, o] ◆ *adj* total ◆ *nm* total *m.*
totalement [tɔtalmɑ̃] *adv* totalmente.
totalité [tɔtalite] *nf* • **la totalité de** a totalidade de • **en totalité** *(rembourser)* na totalidade.
touchant, e [tuʃɑ̃, ɑ̃t] *adj* tocante.

touche [tuʃ] *nf (de piano, d'ordinateur, de téléphone)* tecla *f*, *ESP (ligne)* linha *f*.

toucher [tuʃe] *vt (entrer en contact avec)* tocar; *(argent, chèque)* receber; *(cible)* atingir; *(émouvoir)* comover ◆ **toucher à** *(objet)* tocar em; *(nourriture)* provar ◆ **se toucher** *vp* tocar-se.

touffe [tuf] *nf* tufo *m*.

toujours [tuʒuR] *adv (tout le temps)* sempre; *(encore)* ainda • **pour toujours** para sempre.

toupie [tupi] *nf* pião *m*.

tour [tuR] *nm* volta *f* • **faire un tour** dar uma volta • **faire le tour de qqch** dar volta a algo • **jouer un tour à qqn** pregar uma peça em alguém • **c'est ton tour (de faire qqch)** é a sua vez (de fazer algo) • **à tour de rôle** sucessivamente • **le Tour (de France)** prova ciclística anual realizada na França • **tour de magie** truque *m* de mágica.

ⓘ TOUR DE FRANCE

Essa prova de ciclismo mundialmente famosa foi instituída em 1903. Trata-se de uma competição, dividida em etapas, de vários milhares de quilômetros. Seu trajeto varia todos os anos e termina, por volta de 14 de julho, na avenida dos Campos Elíseos. Um público numeroso assiste a essa prova ao longo de todo o seu trajeto. Também existe, desde 1984, um "Tour de France" feminino.

tour [tuR] *nf* torre *f* • **tour de contrôle** torre de controle • **la tour Eiffel** a Torre Eiffel.

ⓘ TOUR EIFFEL

Construída por Gustave Eiffel para a exposição universal de 1889, a Torre Eiffel é, desde então, o símbolo de Paris. Trata-se de um dos monumentos mais visitados do mundo. Do topo dessa estrutura metálica de 320 m, à qual se sobe por elevadores, vê-se a cidade inteira e uma parte dos arredores.

tourbillon [tuRbijɔ̃] *nm* turbilhão *m*.

tourisme [tuRism] *nm* turismo *m* • **faire du tourisme** fazer turismo.

touriste [tuRist] *nmf* turista *mf*.

touristique [tuRistik] *adj* turístico(ca).

tourmenter [tuRmɑ̃te] *vt* atormentar ◆ **se tourmenter** *vp* atormentar-se.

tournage [tuRnaʒ] *nm* filmagem *f*.

tournant [tuRnɑ̃] *nm* curva *f*.

tourne-disque [tuRnədisk] *(pl* tourne-disques*) nm* toca-discos *m inv*.

tournedos

tournedos [tuʀnədo] *nm* turnedô *m* • **tournedos Rossini** filé de lombo de vaca com patê de fígado de pato ou ganso e trufas.

tournée [tuʀne] *nf (d'un chanteur)* turnê *f*; *(du facteur)* percurso *m*; *(au bar)* rodada *f*.

tourner [tuʀne] ◆ *vt (clé, manivelle)* virar; *(sauce, soupe, salade)* mexer; *(tête, regard, page)* virar; *(film)* filmar ◆ *vi (manège, roue)* girar; *(route)* virar; *(moteur, machine)* funcionar; *(lait)* azedar; *(acteur)* filmar • **tournez à gauche/droite** vire à esquerda/direita • **tourner autour de** andar em volta de • **avoir la tête qui tourne** estar com a cabeça rodando • **mal tourner** *(affaire)* acabar mal • **se tourner** *vp* virar-se • **se tourner vers** *(dans l'espace)* virar-se para; *(fig) (activité)* dedicar-se a.

tournesol [tuʀnəsɔl] *nm* girassol *m*.

tournevis [tuʀnəvis] *nm* chave *f* de fenda.

tourniquet [tuʀnike] *nm (du métro)* catraca *f*.

tournoi [tuʀnwa] *nm* torneio *m*.

tournure [tuʀnyʀ] *nf (expression)* expressão *f*.

tourte [tuʀt] *nf* torta *f* folhada.

tourtière [tuʀtjɛʀ] *nf (Can)* torta de carne moída e cebola.

tous → tout.

326

Toussaint [tusɛ̃] *nf* • **la Toussaint** o Dia de Todos os Santos.

ⓘ TOUSSAINT

Por ocasião dessa festa, que se realiza no dia primeiro de novembro, decoram-se com flores os túmulos dos entes queridos. O crisântemo é a flor típica do Dia de Todos os Santos. Por outro lado, como esse período coincide com as férias escolares, o trânsito é particularmente intenso, o que faz dele um dos mais mortais do ano.

tousser [tuse] *vi* tossir.

tout, e [tu, tut] *(mpl* **tous**, *fpl* **toutes)** ◆ *adj* **1.** *(avec un substantif singulier)* todo(toda) • **tout le vin** todo o vinho • **tout un gâteau** o bolo inteiro • **toute la journée** o dia todo • **toute la famille** toda a família • **tout le monde** todo o mundo • **tout le temps** o tempo todo **2.** *(avec un pronom démonstratif)* tudo • **tout ça** *ou* **cela** tudo isto, isto tudo **3.** *(avec un substantif pluriel)* todos(todas) • **tous les gâteaux** todos os bolos • **toutes les maisons** todas as casas • **tous les trois** os três • **toutes les deux** as duas • **tous les deux ans** de dois em dois anos **4.** *(n'importe quel)* • **tout homme a le droit de**... todos os homens têm direito a... • **déjeuner servi à toute heure** almoço servido a qualquer hora • **à toute heure du jour ou de la nuit** a qualquer hora do dia ou da noite • *pron* **1.** *(la totalité)* tudo • **je t'ai tout dit** disse tudo a você • **c'est tout** é tudo a você • **ce sera tout?** *(dans un magasin)* mais alguma coisa? • **en tout** ao todo **2.** *(au pluriel: tout le monde)* • **ils voulaient tous la voir** todos eles queriam vê-la ◆ *adv* **1.** *(très, complètement)* muito • **tout jeune** muito jovem • **tout près** muito perto • **ils étaient tout seuls** eles estavam sozinhos • **tout en haut** bem lá em cima **2.** *(avec un gérondif)* • **tout en marchant** ao mesmo tempo que andava **3.** *(dans des expressions)* • **tout à coup** de repente • **tout à fait** completamente • **tout à l'heure** *(avant)* agora mesmo; *(après)* daqui a pouco • **à tout à l'heure!** até logo! • **tout de même** *(malgré tout)* mesmo assim; *(exprime l'indignation)* realmente; *(l'impatience)* até que enfim • **tout de suite** imediatamente ◆ *nm* • **le tout** ao todo • **le tout est de...** o importante é... • **pas du tout** de modo nenhum • **il n'est pas du tout sympathique** ele não é nem um pouco simpático.

toutefois [tutfwa] *adv* todavia.

tout(-)terrain [tutɛʀɛ̃] *(pl* **-s)** *adj* todo-terreno.

toux [tu] *nf* tosse *f.*

toxique [tɔksik] *adj* tóxico(ca).

TP *nm abr de* **travaux pratiques.**

trac [tʀak] *nm* • **avoir le trac** estar nervoso(osa).

tracasser [tʀakase] *vt* inquietar ◆ **se tracasser** *vp* inquietar-se.

trace [tʀas] *nf (de pas)* pegada *f;* *(de sang)* vestígio *m.*

tracer [tʀase] *vt* traçar.

tract [tʀakt] *nm* panfleto *m.*

tracteur [tʀaktœʀ] *nm (agricole)* trator *m.*

tradition [tʀadisjɔ̃] *nf* tradição *f.*

traditionnel, elle [tʀadisjɔnɛl] *adj* tradicional.

traducteur, trice [tʀadyktœʀ, tʀis] *nm* tradutor *m,* -ra *f.*

traduction [tʀadyksjɔ̃] *nf* tradução *f.*

traduire [tʀadɥiʀ] *vt* traduzir.

trafic [tʀafik] *nm (circulation)* tráfego *m;* *(commerce)* tráfico *m.*

tragédie [tʀaʒedi] *nf (épisode dramatique)* tragédia *f.*

tragique [tʀaʒik] *adj* trágico(ca).

trahir [tʀaiʀ] *vt* trair ◆ **se trahir** *vp* trair-se.

train [tʀɛ̃] *nm* trem *m* • **être en train de faire qqch** estar fazendo algo • **train d'atterrissage** trem *m* de aterrissagem • **train de banlieue** trem de subúrbio • **train-couchettes** trem leito • **train rapide** trem rápido.

traîne [tʀɛn] *nf* cauda *f* • **être à la traîne** estar atrás.
traîneau [tʀɛno] (*pl* **-x**) *nm* trenó *m*.
traînée [tʀene] *nf (trace)* rastro *m*.
traîner [tʀene] • *vt* arrastar • *vi (par terre)* arrastar-se; *(prendre du temps, s'attarder)* demorar; *(pej) (affaires, dans la rue, dans les bars)* andar por aí • **se traîner** *vp* arrastar-se.
train-train [tʀɛ̃tʀɛ̃] *nm inv* rotina *f*.
traire [tʀɛʀ] *vt* ordenhar.
trait [tʀɛ] *nm* traço *m* • **d'un trait** *(boire)* de um trago • **trait d'union** hífen *m* • **traits** *nmpl* traços *mpl*.
traite [tʀɛt] *nf* • **d'une (seule) traite** de uma (só) vez.
traitement [tʀɛtmã] *nm* tratamento *m* • **traitement de texte** processamento *m* de texto.
traiter [tʀete] *vt* tratar; *(affaire)* tratar de • **traiter qqn de qqch** chamar alguém de algo • **traiter de** *vp + prép* tratar de.
traiteur [tʀetœʀ] *nm* profissional que fornece pratos já preparados.
traître [tʀɛtʀ] *nm* traidor *m*.
trajectoire [tʀaʒɛktwaʀ] *nf* trajetória *f*.
trajet [tʀaʒɛ] *nm* trajeto *m*.
trampoline [tʀɑ̃pɔlin] *nm* trampolim *m*.
tramway [tʀamwɛ] *nm* bonde *m*.
tranchant, e [tʀɑ̃ʃɑ̃, ɑ̃t] • *adj* cortante • *nm* gume *m*.
tranche [tʀɑ̃ʃ] *nf (morceau)* fatia *f*; *(d'un livre)* lombada *f*.
tranchée [tʀɑ̃ʃe] *nf* trincheira *f*.
trancher [tʀɑ̃ʃe] • *vt (couper)* cortar • *vi (décider)* decidir; *(ressortir)* sobressair.
tranquille [tʀɑ̃kil] *adj (endroit)* tranquilo(la); *(enfant)* sossegado(da) • **laisser qqn/qqch tranquille** deixar algo/alguém em paz • **rester tranquille** ficar sossegado • **soyez tranquille** *(ne vous inquiétez pas)* fique tranquilo.
tranquillisant [tʀɑ̃kilizɑ̃] *nm* tranquilizante *m*.
tranquillité [tʀɑ̃kilite] *nf* tranquilidade *f* • **en toute tranquillité** na maior tranquilidade.
transaction [tʀɑ̃zaksjɔ̃] *nf (bancaire)* transação *f*.
transférer [tʀɑ̃sfeʀe] *vt* transferir.
transformateur [tʀɑ̃sfɔʀmatœʀ] *nm* transformador *m*.
transformation [tʀɑ̃sfɔʀmasjɔ̃] *nf* transformação *f*.
transformer [tʀɑ̃sfɔʀme] *vt* transformar • **transformer qqch en qqch** transformar algo em algo • **se transformer** *vp* transformar-se • **se transformer en qqch** transformar-se em algo.
transfusion [tʀɑ̃sfyzjɔ̃] *nf* • **transfusion (sanguine)** transfusão *f* (de sangue).
transistor [tʀɑ̃zistɔʀ] *nm (radio)* transistor *m*.

transmettre [tʀɑ̃smɛtʀ] vt • transmettre qqch à qqn transmitir algo a alguém ♦ **se transmettre** vp transmitir-se.

transmis, e [tʀɑ̃smi, iz] pp → transmettre.

transmission [tʀɑ̃smisjɔ̃] nf transmissão f.

transparent, e [tʀɑ̃spaʀɑ̃, ɑ̃t] adj transparente.

transpercer [tʀɑ̃spɛʀse] vt transpassar.

transpiration [tʀɑ̃spiʀasjɔ̃] nf transpiração f.

transpirer [tʀɑ̃spiʀe] vi transpirar.

transplanter [tʀɑ̃splɑ̃te] vt (plante) transplantar.

transport [tʀɑ̃spɔʀ] nm transporte m ♦ **les transports (en commun)** os transportes (públicos).

transporter [tʀɑ̃spɔʀte] vt transportar.

transversal, e, aux [tʀɑ̃svɛʀsal, o] adj transversal.

trapèze [tʀapɛz] nm (de cirque) trapézio m.

trapéziste [tʀapezist] nmf trapezista mf.

trappe [tʀap] nf alçapão m.

travail [tʀavaj] (pl -aux [-o]) nm trabalho m♦ **travaux** nmpl (agricoles) trabalhos mpl; (ménagers) tarefas fpl; (de construction) obras fpl • **travaux** obras na estrada • **travaux pratiques** aulas fpl práticas.

travailler [tʀavaje] • vi trabalhar • vt (matière scolaire, passage musical) estudar; (bois, pierre) trabalhar.

traveller's check [tʀavlœʀ-ʃɛk] (pl **traveller's-checks**) nm cheque m de viagem.

traveller's cheque [tʀavlœʀʃɛk] (pl **traveller's-cheques**) = **traveller's check**.

travers [tʀavɛʀ] nm • **à travers** através de • **de travers** de lado • **aller de travers** (fig) ir do lado contrário • **avaler de travers** engasgar-se • **être en travers (de)** estar atravessado em • **travers de porc** costeletas fpl de porco.

traversée [tʀavɛʀse] nf (en bateau) travessia f.

traverser [tʀavɛʀse] vt & vi atravessar.

traversin [tʀavɛʀsɛ̃] nm almofada f cilíndrica.

travesti, e [tʀavɛsti] adj • **bal travesti** baile de máscaras ♦ **travesti** nm travesti.

trébucher [tʀebyʃe] vi tropeçar.

trèfle [tʀɛfl] nm (plante) trevo m; (aux cartes) paus mpl.

treize [tʀɛz] num treze, → **six**.

treizième [tʀɛzjɛm] num décimo terceiro(décima terceira), → **sixième**.

tremblement [tʀɑ̃bləmɑ̃] nm • **tremblement de terre** tremor m de terra • **tremblements** (frissons) arrepios mpl.

trembler [tʀɑ̃ble] vi tremer • **trembler de peur/froid** tremer de medo/frio.

trémousser [tʀemuse] ♦ **se trémousser** vp mexer-se.

trempé

trempé, e [tʀɑ̃pe] *adj (mouillé)* encharcado(da).
tremper [tʀɑ̃pe] *vt & vi* molhar • **faire tremper qqch** pôr algo de molho.
tremplin [tʀɑ̃plɛ̃] *nm* trampolim *m*.
trente [tʀɑ̃t] *num* trinta, → **six**.
trente-trois-tours [tʀɑ̃ttʀwatyʀ] *nm inv* trinta e três rotações *m*.
trentième [tʀɑ̃tjɛm] *num* trigésimo(ma), → **sixième**.
très [tʀɛ] *adv* muito • **avoir très peur/faim** ter muito medo/muita fome • **très malade** muito doente • **très bien** muito bem.
trésor [tʀezɔʀ] *nm* tesouro *m*.
tresse [tʀɛs] *nf* trança *f*; *(Helv) CULIN* pão *m* trançado.
tresser [tʀese] *vt* trançar.
tréteau [tʀeto] *(pl* **-x**) *nm* cavalete *m*.
treuil [tʀœj] *nm* guindaste *m*.
trêve [tʀɛv] *nf* trégua f • **trêve de....** basta de....
tri [tʀi] *nm* • **faire un tri parmi** fazer uma seleção entre • **tri sélectif (des ordures ménagères)** coleta seletiva.
triangle [tʀijɑ̃gl] *nm* triângulo *m*.
triangulaire [tʀijɑ̃gylɛʀ] *adj* triangular.
tribord [tʀibɔʀ] *nm* estibordo *m* • **à tribord** a estibordo.
tribu [tʀiby] *nf* tribo *f*.
tribunal [tʀibynal] *(pl* **-aux**) *nm* tribunal *m*.
tricher [tʀiʃe] *vi (au jeu)* trapacear; *(à un examen)* colar.

330

tricheur, euse [tʀiʃœʀ, øz] *nm* trapaceiro *m*, -ra *f*.
tricot [tʀiko] *nm (ouvrage)* tricô *m*; *(pull)* suéter *m* • **tricot de corps** camiseta *f*.
tricoter [tʀikɔte] *vt & vi* tricotar.
tricycle [tʀisikl] *nm* triciclo *m*.
trier [tʀije] *vt (sélectionner)* selecionar; *(classer)* classificar.
trimestre [tʀimɛstʀ] *nm* trimestre *m*.
trimestriel, elle [tʀimɛstʀijɛl] *adj* trimestral.
trinquer [tʀɛ̃ke] *vi* brindar.
triomphe [tʀijɔ̃f] *nm* triunfo *m*.
triompher [tʀijɔ̃fe] *vi* triunfar • **triompher de** *(adversaire)* vencer.
tripes [tʀip] *nfpl CULIN* tripas *fpl*.
triple [tʀipl] • *adj (exemplaire)* triplicado; *(dose)* triplo(pla) • *nm* • **le triple (de)** o triplo (de).
tripler [tʀiple] *vt & vi* triplicar.
tripoter [tʀipɔte] *vt (objet)* mexer em.
triste [tʀist] *adj* triste.
tristesse [tʀistɛs] *nf* tristeza *f*.
troc [tʀɔk] *nm (échange)* troca *f*.
trognon [tʀɔɲɔ̃] *nm (de pomme, de poire)* caroço *m*.
trois [tʀwa] *num* três, → **six**.
troisième [tʀwazjɛm] • *num* terceiro(ra) • *nf EDUC* ≃ oitava série *f* do ensino fundamental; *(vitesse)* terceira *f*, → **sixième**.
trois-quarts [tʀwakaʀ] *nm* saco *m* 3/4.
trombe [tʀɔ̃b] *nf* • **des trombes d'eau** trombas *fpl* de água • **en trombe** bruscamente.

trombone [trɑ̃bɔn] *nm (agrafe)* clipe *m*; *MÚS* trombone *m*.
trompe [trɑ̃p] *nf (d'éléphant)* tromba *f*.
tromper [trɑ̃pe] *vt* enganar ◆ **se tromper** *vp* enganar-se • **se tromper de** enganar-se de.
trompette [trɑ̃pɛt] *nf* trompete *m*.
trompeur, euse [trɑ̃pœr, øz] *adj* enganador(ra).
tronc [trɔ̃] *nm* **tronc (d'arbre)** tronco *m* (de árvore).
tronçonneuse [trɑ̃sɔnøz] *nf* serra *f* elétrica.
trône [tron] *nm* trono *m*.
trop [tro] *adv* demais • **trop de travail** trabalho demais.
tropical, e, aux [trɔpikal, o] *adj* tropical.
trot [tro] *nm* trote *m* • **au trot** a trote.
trotter [trɔte] *vi* trotar.
trotteuse [trɔtøz] *nf* ponteiro *m* dos segundos.
trottinette [trɔtinɛt] *nf* patinete *f*.
trottoir [trɔtwar] *nm* calçada *f (de uma rua)*.
trou [tru] *nm* buraco *m* • **avoir un trou de mémoire** ter uma falha de memória.
trouble [trubl] ◆ *adj* turvo(va) • *adv* • **voir trouble** ter a vista turva.
trouer [true] *vt* esburacar.
trouille [truj] *nf (fam)* • **avoir la trouille** borrar-se de medo.
troupe [trup] *nf (de théâtre)* companhia *f* de teatro.

troupeau [trupo] *(pl -x) nm* rebanho *m*.
trousse [trus] *nf* estojo *m* • **trousse de secours** estojo de primeiros socorros • **trousse de toilette** estojo de toalete.
trousseau [truso] *(pl -x) nm (de clefs)* molho *m* de chaves.
trouver [truve] *vt* achar • **je trouve que** acho que ◆ **se trouver** *vp* encontrar-se • **se trouver mal** sentir-se mal.
truc [tryk] *nm (fam) (objet)* coisa *f*; *(astuce)* truque *m*.
trucage [trykaʒ] *nm* trucagem *f*.
truffe [tryf] *nf (d'un animal)* focinho *m*; *(champignon)* trufa *f* • **truffe (en chocolat)** trufa (de chocolate).
truite [tryit] *nf* truta *f*.
truquage [trykaʒ] = **trucage**.
T-shirt [tiʃœrt] = **tee-shirt**.
TSVP *(abr de* **tournez s'il vous plaît***)* vide verso.
TTC *adj (abr de* **toutes taxes comprises***)* c/IVA.
tu[1] [ty] *pron* tu.
tu[2], **e** [ty] *pp* → **taire**.
tuba [tyba] *nm* tubo *m (de mergulho)*.
tube [tyb] *nm* tubo *m*; *(fam) (musique)* êxito *m*.
tuberculose [tybɛrkyloz] *nf* tuberculose *f*.
tuer [tɥe] *vt* matar ◆ **se tuer** *vp* matar-se.
tue-tête [tytɛt] ◆ **à tue-tête** *adv* aos berros.

tuile [tɥil] *nf* telha *f* • **tuile aux amandes** biscoito *m* de amêndoa.
tulipe [tylip] *nf* tulipa *f*.
tumeur [tymœʀ] *nf* tumor *m*.
tuner [tynɛʀ] *nm* sintonizador *m*.
tunique [tynik] *nf* túnica *f*.
Tunisie [tynizi] *nf* • **la Tunisie** a Tunísia.
tunisien, enne [tynizjɛ̃, ɛn] *adj* tunisiano(na) ♦ **Tunisien, enne** *nm* tunisiano *m*, -na *f*.
tunnel [tynɛl] *nm* túnel *m* • **le tunnel sous la Manche** o túnel do Canal da Mancha.

> ### TUNNEL SOUS LA MANCHE
>
> Esse túnel, cavado na rocha sob o fundo do mar, liga Coquelles, na França, a Cheriton, na Inglaterra. Os veículos e os passageiros são transportados a bordo de um trem chamado "Shuttle". Além disso, existe uma linha regular de passageiros do trem "Eurostar", que vai de Paris ou Lille até Londres.

turbo [tyʀbo] ♦ *adj inv* turbo ♦ *nf* turbo *m*.
turbot [tyʀbo] *nm* linguado *m*.
turbulences [tyʀbylɑ̃s] *nfpl* turbulência *f*.
turbulent, e [tyʀbylɑ̃, ɑ̃t] *adj* turbulento(ta).

turc, turque [tyʀk] *adj* turco(ca).
Turquie [tyʀki] *nf* • **la Turquie** a Turquia.
turquoise [tyʀkwaz] ♦ *adj inv* azul-turquesa ♦ *nf* turquesa *f*.
tutoyer [tytwaje] *vt* tratar por 'tu' ♦ **se tutoyer** *vp* tratar-se por 'tu'.
tutu [tyty] *nm* tutu *m*.
tuyau [tɥijo] (*pl* -**x**) *nm* tubo *m* • **tuyau d'arrosage** mangueira *f* • **tuyau d'échappement** tubo de escapamento.
TV (*abr de* **télévision**) TV *f*.
TVA *nf* (*abr de* **taxe sur la valeur ajoutée**) IVA *m*.
tweed [twid] *nm* tweed *m*.
tympan [tɛ̃pɑ̃] *nm* tímpano *m*.
type [tip] *nm* tipo *m*.
typique [tipik] *adj* típico(ca).

U

UDF *nf* POL (*abr de* **Union pour la démocratie française**) partido político francês de direita.
ulcère [ylsɛʀ] *nm* úlcera *f*.
ULM *nm* ultraleve *m*.
ultérieur, e [ylteʀjœʀ] *adj* ulterior.
ultra- [yltʀa] *pref* ultra-.
UMP [yɛmpe] *nf* POL (*abr de* **Union pour un mouvement populaire**) partido político francês de direita.

un, une [œ̃, yn] (*pl* **des**) • *art* um(uma) • **un homme** um homem • **une femme** uma mulher • **une pomme** uma maçã • **des voitures** (uns) carros • **des valises** (umas) malas • *pron* un(uma) • (**l'**)**un de mes amis/des plus intéressants** um dos meus amigos / dos mais interessantes • **l'un après l'autre** um ao outro • **l'un..., l'autre...** um..., o outro... • **l'un et l'autre** tanto um como o outro • **l'un ou l'autre** um ou outro • **ni l'un ni l'autre** nem um nem outro • *num* um, → **six**.

unanime [ynanim] *adj* unânime.

unanimité [ynanimite] *nf* unanimidade *f* • **à l'unanimité** por unanimidade.

Unetelle → **Untel**.

uni, e [yni] *adj (tissu, couleur)* liso(sa); *(famille, couple)* unido(da).

uniforme [yniform] • *adj* uniforme • *nm (civil)* uniforme *m*; *(militaire)* farda *f*.

union [ynjɔ̃] *nf* união *f* • **l'Union européenne** a União Europeia • **l'Union soviétique** a União Soviética.

unique [ynik] *adj* único(ca).

uniquement [ynikmɑ̃] *adv* unicamente.

unir [yniʀ] *vt* unir ♦ **s'unir** *vp* unir-se.

unisson [ynisɔ̃] *nm* **à l'unisson** em uníssono.

unitaire [yniteʀ] *adj* unitário(ria).

unité [ynite] *nf* unidade *f*; COMM artigo *m* • **à l'unité** por unidade • **unité centrale** unidade central.

univers [yniveʀ] *nm* universo *m*.

universel, elle [yniversɛl] *adj* universal.

universitaire [yniversiteʀ] *adj* universitário(ria).

université [yniversite] *nf* universidade *f*.

Untel, Unetelle [œ̃tɛl, yntɛl] *nm* fulano *m*, -na *f*.

urbain, e [yrbɛ̃, ɛn] *adj* urbano(na).

urbanisme [yrbanism] *nm* urbanismo *m*.

urgence [yrʒɑ̃s] *nf (d'une action)* urgência *f*; MÉD emergência *f* • **d'urgence** de urgência • **(service des) urgences** (serviço de) urgência.

urgent, e [yrʒɑ̃, ɑ̃t] *adj* urgente.

urgentiste [yrʒɑ̃tist] *nm* MÉD *médico especializado em intervenções de emergência*.

urine [yrin] *nf* urina *f*.

uriner [yrine] *vi* urinar.

urinoir [yrinwaʀ] *nm* urinol *m*.

URSS *nf* **l'URSS** a URSS.

urticaire [yrtikɛʀ] *nf* urticária *f*.

USA *nm* **les USA** os EUA.

usage [yzaʒ] *nm* uso *m* • **usage externe** uso externo • **usage interne** uso interno.

usagé, e [yzaʒe] *adj (ticket)* usado(da).

usager [yzaʒe] *nm* usuário *mf*.

usé, e [yze] *adj* gasto(ta).

user [yze] vt gastar ◆ **s'user** vp gastar-se.
usine [yzin] nf fábrica f.
USP [yɛspe] nf MED (abr de **unité de soins palliatifs**) Unidade de Cuidados Paliativos.
ustensile [ystɑ̃sil] nm utensílio m.
utero ◆ (locution adjectivale et locution adverbiale) **in utero** in utero.
utile [ytil] adj útil.
utilisateur, trice [ytilizatœʀ, tʀis] nm utilizador m, -ra f.
utilisation [ytilizasjɔ̃] nf utilização f.
utiliser [ytilize] vt utilizar.
utilité [ytilite] nf ◆ **être d'une grande utilité** ser de grande utilidade.
UV nm (abr de **ultraviolets**) UV mpl.

V

va [va] → **aller**.
vacances [vakɑ̃s] nfpl férias fpl ◆ **être/partir en vacances** estar/sair de férias ◆ **prendre des vacances** tirar férias ◆ **vacances scolaires** férias escolares.
vacancier, ère [vakɑ̃sje, ɛʀ] nm pessoa f que está de férias; (d'été) veranista mf.
vacarme [vakaʀm] nm barulheira f.
vaccin [vaksɛ̃] nm vacina f.
vacciner [vaksine] vt ◆ **vacciner qqn contre qqch** vacinar alguém contra algo.
vache [vaʃ] ◆ nf vaca f ◆ adj (fam) (méchant) ordinário(ria).
vachement [vaʃmɑ̃] adv (fam) à beça ◆ **c'est vachement bien** está legal demais.
vacherin [vaʃʀɛ̃] nm (gâteau) bolo gelado com camadas de merengue e chantilly; (Helv) (fromage) queijo cremoso de leite de vaca.
va-et-vient [vaevjɛ̃] nm inv ◆ **faire le va-et-vient entre** fazer o trajeto de ida e volta entre.
vague [vag] ◆ adj vago(ga) ◆ nf onda f ◆ **vague de chaleur** onda de calor.
vaguement [vagmɑ̃] adv vagamente.
vaille → **valoir**.
vaincre [vɛ̃kʀ] vt vencer.
vaincu, e [vɛ̃ky] nm (équipe, sportif) perdedor m, -ra f.
vainqueur [vɛ̃kœʀ] nm vencedor m, -ra f.
vais [vɛ] → **aller**.
vaisseau [vɛso] (pl **-x**) nm (veine) vaso m ◆ **vaisseau spatial** nave f espacial.
vaisselle [vɛsɛl] nf louça f ◆ **faire la vaisselle** lavar a louça.
valable [valabl] adj válido(da).
valait → **valoir**.
valent [val] → **valoir**.
valet [valɛ] nm (aux cartes) valete m.
valeur [valœʀ] nf valor m.

valider [valide] *vt (ticket)* validar.

validité [validite] *nf* validade *f* • date limite de validité prazo de validade.

valise [valiz] *nf* mala *f* • faire ses valises fazer as malas.

vallée [vale] *nf* vale *m*.

vallonné, e [valɔne] *adj* sulcado(da) por vales.

valoir [valwaʀ] ♦ *vi (coûter)* custar; *(avoir comme qualité)* valer ♦ *vimpers* • il vaut mieux faire qqch é melhor fazer algo • il vaut mieux que tu restes é melhor você ficar • ça vaut combien? quanto custa? • ça vaut la peine (de faire qqch) vale a pena (fazer algo).

valse [vals] *nf* valsa *f*.

valu [valy] *pp* → **valoir**.

vandale [vɑ̃dal] *nm* vândalo *m*.

vandalisme [vɑ̃dalism] *nm* vandalismo *m*.

vanille [vanij] *nf* baunilha *f*.

vaniteux, euse [vanitø, øz] *adj* vaidoso(osa).

vanter [vɑ̃te] ♦ **se vanter** *vp* gabar-se.

vapeur [vapœʀ] *nf* barco *m* a vapor • à vapeur a vapor • (à la) vapeur a vapor.

vaporisateur [vapɔʀizatœʀ] *nm* vaporizador *m*.

varappe [vaʀap] *nf* escalada *f*.

variable [vaʀjabl] *adj* variável.

varicelle [vaʀisɛl] *nf* varicela *f*.

varices [vaʀis] *nfpl* varizes *fpl*.

varié, e [vaʀje] *adj* variado(da) • hors-d'œuvre variés entradas variadas.

variété [vaʀjete] *nf* variedade *f* • variétés variedades *fpl*.

variole [vaʀjɔl] *nf* varíola *f*.

vas [va] → **aller**.

vase [vaz] ♦ *nf* lodo *m* ♦ *nm* vaso *m*.

vaste [vast] *adj* vasto(ta).

vaudra → **valoir**.

vaut [vo] → **valoir**.

vautour [votuʀ] *nm* abutre *m*.

veau [vo] *(pl* -**x***) nm (animal)* bezerro *m*; CULIN vitela *f*.

vécu, e [veky] ♦ *pp* → **vivre** ♦ *adj* vivido(da).

vedette [vədɛt] *nf (acteur, sportif)* vedete *f*; *(bateau)* lancha *f*.

végétal, e, aux [veʒetal, o] ♦ *adj* vegetal ♦ *nm* vegetal *m*.

végétarien, enne [veʒetaʀjɛ̃, ɛn] *adj & nm* vegetariano(na).

végétation [veʒetasjɔ̃] *nf* vegetação *f* ♦ **végétations** *nfpl MÉD* adenoides *fpl*.

véhicule [veikyl] *nm* veículo *m*.

veille [vɛj] *nf* véspera *f*.

veillée [veje] *nf* serão *m*.

veiller [veje] *vi* velar • **veiller à faire qqch** procurar fazer algo • **veiller à ce que** fazer com que • **veiller sur qqn** cuidar de alguém.

veilleur [vejœʀ] *nm* • **veilleur de nuit** guarda-noturno *m*.

veilleuse [vejøz] *nf (lampe)* lamparina *f*; AUTO lanterna *f*; *(flamme)* piloto *m*.

veine [vɛn] *nf* veia *f* • **avoir de la veine** *(fam)* ter sorte.

Velcro® [vɛlkʀo] *nm* velcro® *m*.

vélo [velo] *nm* bicicleta *f* • faire du vélo andar de bici-

vélomoteur [velɔmɔtœʀ] *nm* bicicleta *f* motorizada.

velours [vəluʀ] *nm* veludo *m* • **velours côtelé** veludo cotelê.

velouté [vəlute] *nm* • **velouté d'asperge** sopa cremosa de aspargos.

vendanges [vɑ̃dɑ̃ʒ] *nf* vindimas *fpl*.

vendeur, euse [vɑ̃dœʀ, øz] *nm* vendedor *m*, -ra *f*.

vendre [vɑ̃dʀ] *vt* vender • **vendre qqch à qqn** vender algo a alguém • **à vendre** vende-se.

vendredi [vɑ̃dʀədi] *nm* sexta-feira *f* • **vendredi saint** sexta-feira santa → **samedi**.

vénéneux, euse [venenø, øz] *adj* venenoso(osa).

vengeance [vɑ̃ʒɑ̃s] *nf* vingança *f*.

venger [vɑ̃ʒe] • **se venger** *vp* vingar-se.

venimeux, euse [vənimø, øz] *adj* venenoso(osa).

venin [vənɛ̃] *nm* veneno *m*.

venir [vəniʀ] *vi* vir • **venir de vir de** • **venir de faire qqch** acabar de fazer algo • **faire venir qqn** mandar vir alguém.

vent [vɑ̃] *nm* vento *m* • **vent d'ouest** vento do oeste.

vente [vɑ̃t] *nf* venda *f* • **être/ mettre qqch en vente** estar/ pôr algo à venda • **vente par correspondance** venda pelo correio • **vente aux enchères** leilão *m* • **vente par téléphone** venda por telefone • **vente en ligne** venda on-line.

ventilateur [vɑ̃tilatœʀ] *nm* ventilador *m*.

ventouse [vɑ̃tuz] *nf* ventosa *f*.

ventre [vɑ̃tʀ] *nm* barriga *f*.

venu, e [vəny] *pp* → **venir**.

ver [vɛʀ] *nm* verme *m*; *(de fruit)* bicho *m* • **ver luisant** vaga-lume *m* • **ver (de terre)** minhoca *f*.

véranda [veʀɑ̃da] *nf* marquise *f*.

verbe [vɛʀb] *nm* verbo *m*.

verdict [vɛʀdikt] *nm* veredicto *m*.

verdure [vɛʀdyʀ] *nf* verdura *f*.

véreux, euse [veʀø, øz] *adj* bichado(da).

verger [vɛʀʒe] *nm* pomar *m*.

verglacé, e [vɛʀglase] *adj* coberto(ta) de gelo.

verglas [vɛʀgla] *nm* gelo *m (na estrada)*.

vérification [veʀifikasjɔ̃] *nf* verificação *f*.

vérifier [veʀifje] *vt* verificar.

véritable [veʀitabl] *adj* verdadeiro(ra).

vérité [veʀite] *nf* verdade *f* • **dire la vérité** dizer a verdade.

vermicelle [vɛʀmisɛl] *nm* cabelo de anjo *m*.

verni, e [vɛʀni] *adj* envernizado(da).

vernis [vɛʀni] *nm* verniz *m* • **vernis à ongles** esmalte *m* de unhas.

verra → **voir**.

verre [vɛʀ] *nm* copo *m*; *(matière)* vidro *m* • **boire** ou

prendre un verre tomar uma bebida • **verre à pied** cálice *m*, taça *f* • **verre à vin** taça para vinho • **verres de contact** lentes *fpl* de contato.

verrière [vɛrjɛr] *nf* vidraça *f*.

verrou [vɛru] *nm* ferrolho *m*.

verrouiller [vɛruje] *vt* trancar, prender.

verrue [vɛry] *nf* verruga *f*.

vers [vɛr] ◆ *nm* verso *m* ◆ *prép* (*direction*) em direção a; (*époque*) por volta de.

Versailles [vɛrsaj] *nom* • **le château de Versailles** o palácio de Versalhes.

ⓘ VERSAILLES

No início, no reinado de Luís XIII, Versalhes era um simples pavilhão de caça. Luís XIV (a partir de 1661) transformou-o num imponente palácio de arquitetura clássica. A "Galerie des Glaces", composta por 75 m de espelhos, e os jardins à francesa, decorados com lagos e jatos de água, são duas das suas partes mais conhecidas.

---

versant [vɛrsã] *nm* encosta *f*.

verse [vɛrs] ◆ **à la verse** *adv* a cântaros.

Verseau [vɛrso] *nm* Aquário *m*.

versement [vɛrsəmã] *nm* (*d'argent*) pagamento *m*; (*crédit*) prestação *f*; (*à la banque*) depósito *m*.

verser [vɛrse] *vt* (*liquide*) despejar; (*argent*) dar; (*à la banque*) depositar.

verseur [vɛrsœr] *adj m* → **bec**.

version [vɛrsjɔ̃] *nf* versão *f* • **(en) version française** (em) versão francesa • **(en) version originale** (em) versão original.

verso [vɛrso] *nm* verso *m* (*página*).

vert, e [vɛr, vɛrt] ◆ *adj* verde ◆ *nm* verde *m*.

vertébrale [vɛrtebral] *adj f* → **colonne**.

vertèbre [vɛrtɛbr] *nf* vértebra *f*.

vertical, e, aux [vɛrtikal, o] *adj* vertical.

vessie [vesi] *nf* bexiga *f*.

veste [vɛst] *nf* casaco *m*.

vestiaire [vɛstjɛr] *nm* vestiário *m*.

vestibule [vɛstibyl] *nm* vestíbulo *m*.

vestiges [vɛstiʒ] *nmpl* vestígios *mpl*.

veston [vɛstɔ̃] *nm* paletó *m*.

vétéciste [vetesist] *nm ou nf* esportista que pratica ciclismo todo-terreno.

vêtement [vɛtmã] *nm* roupa *f*, vestuário *f*.

vétérinaire [veteriner] *nm* veterinário *m*, -ria *f*.

veuf, veuve [vœf, vœv] *adj & nm* viúvo(va).

veuille → **vouloir**.

veuve → **veuf**.

veux [vø] → **vouloir**.

vexant, e [vɛksã, ãt] *adj* vexante, humilhante.

vexer [vɛkse] *vt* vexar ♦ **se vexer** *vp* ofender-se.
VF *nf abr de* **version française**.
viaduc [vjadyk] *nm* viaduto *m*.
viande [vjɑ̃d] *nf* carne *f* • **viande séchée des Grisons** *(Helv)* carne de vaca seca e salgada.
vibration [vibʀasjɔ̃] *nf* vibração *f*.
vibrer [vibʀe] *vi* vibrar.
vibreur [vibʀœʀ] *nm* vibrador *m*.
vice [vis] *nm* vício *m*.
vice versa [vis(e)vɛʀsa] *adv* vice-versa.
vicieux, euse [visjø, øz] *adj (pervers)* depravado(da); *(cercle)* vicioso(osa).
victime [viktim] *nf* vítima *f* • **être victime de** ser vítima de.
victoire [viktwaʀ] *nf* vitória *f*.
vidange [vidɑ̃ʒ] *nf (d'une auto)* troca *f* de óleo.
vide [vid] ♦ *adj* vazio(zia) ♦ *nm (espace)* vazio *m*; *(absence d'air)* vácuo *m* • **sous vide** *(aliment)* a vácuo • **vide juridique** DROIT vazio jurídico.
vidéo [video] ♦ *adj inv de* vídeo • *nf (appareils)* vídeo *m*; *(film)* fita *f* de vídeo.
vide-ordures [vidɔʀdyʀ] *nm inv* conduto vertical usado para evacuar o lixo domiciliar de certos imóveis.
vidéoprojecteur [videopʀɔʒɛktœʀ] *nm* projetor *m* de vídeo.
vide-poches [vidpɔʃ] *nm inv* compartimento para objetos nas portas do carro.

vider [vide] *vt* esvaziar; *(poulet, poisson)* limpar ♦ **se vider** *vp* esvaziar-se.
videur [vidœʀ] *nm* segurança *m*.
vie [vi] *nf* vida *f* • **en vie** em vida.
vieil → **vieux**.
vieillard [vjɛjaʀ] *nm* velho *m*.
vieille → **vieux**.
vieillesse [vjɛjɛs] *nf* velhice *f*.
vieillir [vjejiʀ] ♦ *vi* envelhecer • *vt* • **ça le vieillit** isso o envelhece.
viendra → **venir**.
viens → **venir**.
vierge [vjɛʀʒ] *adj (cassette)* virgem ♦ **Vierge** *nf* Virgem *f*.
Vietnam [vjɛtnam] *nm* • **le Vietnam** o Vietnã.
vieux, vieille [vjø, vjɛj] *(vieil* [vjɛj] *devant voyelle ou h muet) adj* velho(lha) • **il est vieux jeu** ele é antiquado • **salut, mon vieux/ ma vieille!** *(fam)* oi, cara!
vif, vive [vif, viv] *adj* vivo(va); *(geste)* ágil.
vigile [viʒil] *nm* vigia *m*.
vigne [viɲ] *nf* vinha *f*.
vignette [viɲɛt] *nf (automobile)* adesivo colado no para-brisa atestando o pagamento do imposto sobre veículos; *(de médicament)* etiqueta *f*.
vignoble [viɲɔbl] *nm* vinhedo *m*.
vigoureux, euse [viguʀø, øz] *adj* vigoroso(osa).
vigueur [vigœʀ] *nf* • **les prix en vigueur** os preços em vigor • **entrer en vigueur** entrar em vigor.

VIH, V.I.H. (abr de Virus d'Immunodéficience Humaine) nm HIV m.
vilain, e [vilɛ̃, ɛn] adj (méchant) mau(má); (laid) feio(feia).
villa [vila] nf vivenda f.
village [vilaʒ] nm aldeia f.
ville [vil] nf cidade f • **aller en ville** ir à cidade.
Villette [vilɛt] nf • **(le parc de) la Villette** centro cultural ao norte de Paris que inclui um museu de ciências e tecnologia.
vin [vɛ̃] nm vinho m • **vin blanc** vinho branco • **vin doux** vinho doce • **vin rosé** vinho rosé • **vin rouge** vinho tinto • **vin sec** vinho seco • **vin de table** vinho de mesa.

> ### ⓘ VIN
>
> A França é um grande produtor de vinho, bebida que tradicionalmente acompanha as refeições. As principais regiões vinícolas são Borgonha, a zona de Bordéus, a região do rio Loire e a região de Beaujolais, onde se produzem vinhos tintos e brancos. Na Alsácia predomina o vinho branco, enquanto na Provença se produz principalmente vinho rosé. Os vinhos classificam-se em quatro categorias, especificadas nas etiquetas: os "AOC", vinhos com denominação de origem, são reconhecidos pela sua alta qualidade e proveniência garantida; os "VDQS", vinhos de boa qualidade produzidos por uma determinada região; os "vins de pays", vinhos de mesa nos quais a proveniência é indicada, e os "vins de table", vinhos de mesa que podem ser misturados e nos quais a proveniência não está indicada.

---

vinaigre [vinɛgʀ] nm vinagre m.
vinaigrette [vinɛgʀɛt] nf vinagrete m.
vingt [vɛ̃] num vinte, → **six**.
vingtième [vɛ̃tjɛm] num vigésimo(ma), → **sixième**.
viol [vjɔl] nm estupro m.
violemment [vjɔlamã] adv violentamente.
violence [vjɔlɑ̃s] nf violência f • **violence routière** violência nas estradas.
violent, e [vjɔlɑ̃, ɑ̃t] adj violento(ta).
violer [vjɔle] vt violar.
violet, ette [vjɔlɛ, ɛt] • adj violeta m.
violette [vjɔlɛt] nf violeta f.
violon [vjɔlɔ̃] nm violino m.
violoncelle [vjɔlɔ̃sɛl] nm violoncelo m.
violoniste [vjɔlɔnist] nm violinista mf.
vipère [vipɛʀ] nf víbora f.
virage [viʀaʒ] nm curva f.
virement [viʀmã] nm transferência f • **virement automa-**

tique transferência automática.
virer [viʀe] vt transferir.
virgule [viʀgyl] nf vírgula f.
viril, e [viʀil] adj viril.
virtuelle [viʀtɥɛl] adj f → **réalité**.
virtuose [viʀtɥoz] nmf virtuose mf.
virus [viʀys] nm vírus m.
vis [vis] nf parafuso m.
visa [viza] nm visto m.
visage [vizaʒ] nm rosto m.
vis-à-vis [vizavi] ♦ **vis-à-vis de** prép (envers) com respeito a.
viser [vize] vt (cible) mirar em; (concerner) dizer respeito a.
viseur [vizœʀ] nm (de carabine) mira f; (d'appareil photo) visor m.
visibilité [vizibilite] nf visibilidade f.
visible [vizibl] adj visível.
visière [vizjɛʀ] nf viseira f.
vision [vizjɔ̃] nf visão f.
visionneuse [vizjɔnøz] nf leitor m.
visite [vizit] nf visita f ♦ **rendre visite à qqn** fazer uma visita a alguém ♦ **visite guidée** visita guiada ♦ **visite médicale** visita médica.
visiter [vizite] vt visitar.
visiteur, euse [vizitœʀ, øz] nm (touriste) visitante mf; (invité) visita f.
visqueux, euse [viskø, øz] adj viscoso(osa).
visser [vise] vt aparafusar.
visuel, elle [vizɥɛl] adj visual.
vital, e, aux [vital, o] adj vital.
vitalité [vitalite] nf vitalidade f.

vitamine [vitamin] nf vitamina f.
vite [vit] adv depressa.
vitesse [vites] nf (rapidité) velocidade f; TECH (d'une voiture, d'un vélo) marcha f ♦ **à toute vitesse** a toda a velocidade.
vitrail [vitʀaj] (pl **-aux**) nm vitral m.
vitre [vitʀ] nf vidro m.
vitré, e [vitʀe] adj envidraçado(da).
vitrine [vitʀin] nf vitrine f ♦ **en vitrine** na vitrine ♦ **faire les vitrines** ver as vitrines.
vivacité [vivasite] nf vivacidade f.
vivant, e [vivã, ãt] adj (en vie) vivo(va); (animé) animado(da).
vive [viv] ♦ adj → **vif** ♦ interj viva!
vivement [vivmã] ♦ adv energicamente ♦ interj ♦ **vivement demain!** tomara que amanhã chegue depressa!
vivre [vivʀ] vt & vi viver.
VO nf (abr de version originale) ♦ **en VO** VO, versão original.
vocabulaire [vɔkabylɛʀ] nm vocabulário m.
vocales [vɔkal] adj f pl → **corde**.
vodka [vɔdka] nf vodca f.
vœu, x [vø] (pl **-x**) nm votos mpl ♦ **meilleurs vœux!** votos de boas festas!
voici [vwasi] prép ♦ **voici votre clef** aqui está a sua chave ♦ **voici ma fille** aqui está a minha filha ♦ **le voici** ei-lo.
voie [vwa] nf via f ♦ **en voie de** em vias de ♦ **par voie orale** por via oral ♦ **voie ferrée** via

férrea f • **voie sans issue** beco f sem saída.

voilà [vwala] *prép* • **voilà ce qui s'est passé** eis o que aconteceu • **voilà Pierre** aqui está o Pierre.

voile [vwal] • *nm* véu *m* • *nf* vela f • **faire de la voile** velejar.

voilé, e [vwale] *adj* (roue) torto(torta).

voilier [vwalje] *nm* veleiro m.

voir [vwaʀ] *vt* ver • **ça n'a rien à voir (avec)** não tem nada a ver (com) • **voyons!** olha lá! • **faire voir qqch à qqn** mostrar algo a alguém • **se voir** *vp* ver-se.

voisin, e [vwazɛ̃, in] *adj & nm* vizinho(nha).

voiture [vwatyʀ] *nf* (automobile) carro *m*, (wagon) vagão *m* • **voiture de sport** carro esporte.

voix [vwa] *nf* (organe) voz f; (vote) voto *m* • **à voix basse/haute** em voz baixa/alta.

vol [vɔl] *nm* (délit) roubo *m*; (trajet en avion) voo *f*; (groupe d'oiseaux) revoada f • **attraper qqch au vol** apanhar algo no ar • **à vol d'oiseau** em linha reta • **en vol** durante o voo • **vol charter** voo charter • **vol régulier** voo regular.

volaille [vɔlaj] *nf* ave *f*, (collectif) aves *fpl*.

volant [vɔlɑ̃] *nm* (de voiture) volante *m*; (de nappe) franja *f*; (de badminton) peteca *f* • **à volants** (jupe) com babados.

volante [vɔlɑ̃t] *adj f* → **soucoupe**.

vol-au-vent [vɔlovɑ̃] *nm inv* vol-au-vent *m*.

volcan [vɔlkɑ̃] *nm* vulcão m.

voler [vɔle] • *vt* roubar • *vi* (oiseau, avion) voar; (commettre un vol) roubar.

volet [vɔlɛ] *nm* (de fenêtre) persiana f, veneziana f; (d'imprimé) folha f.

voleur, euse [vɔlœʀ, øz] *nm* ladrão m, ladra f.

volière [vɔljɛʀ] *nf* aviário m.

volley(-ball) [vɔlɛ(bol)] *nm* voleibol m, vôlei m.

volontaire [vɔlɔ̃tɛʀ] *adj & nm* voluntário(ria).

volontairement [vɔlɔ̃tɛʀmɑ̃] *adv* voluntariamente.

volonté [vɔlɔ̃te] *nf* vontade f • **bonne/mauvaise volonté** boa/má vontade.

volontiers [vɔlɔ̃tje] *adv* com muito prazer.

volt [vɔlt] *nm* volt m.

volume [vɔlym] *nm* volume m.

volumineux, euse [vɔlyminø, øz] *adj* volumoso(sa).

vomir [vɔmiʀ] *vt & vi* vomitar.

vont [vɔ̃] → **aller**.

vos → **votre**.

vote [vɔt] *nm* voto m.

voter [vɔte] *vi* votar.

votre [vɔtʀ] (*pl* **vos**) *adj* seu (sua).

vôtre [votʀ] • **le vôtre, la vôtre** (*pl* **les vôtres**) *pron* (collectif) o vosso (a vossa); (de vouvoiement) o seu (a sua) • **à la vôtre!** à vossa!

voudra → **vouloir**.

vouloir [vulwaʀ] *vt* querer • **voulez-vous boire quelque**

voulu

chose? querem beber alguma coisa? • **vouloir que** querer que • **si tu veux** se você quiser • **sans le vouloir** sem querer • **je voudrais...** eu gostaria... • **que me voulez-vous?** que quer de mim? • **je veux bien** sim, quero • **veuillez vous asseoir** queira sentar-se • **ne pas vouloir de qqn/qqch** não querer alguém/algo • **en vouloir à qqn** estar ressentido(da) com alguém • **vouloir dire** querer dizer • **si on veut** é possível ♦ **s'en vouloir** *vp* • s'en vouloir (de faire qqch) arrepender-se (de ter feito algo).

voulu, e [vuly] *pp* → **vouloir**.

vous [vu] *pron (sujet)* vocês; *(sujet, pour tutoyer plusieurs personnes)* vocês; *(sujet, pour vouvoyer une personne)* o senhor(a senhora); *(sujet, pour vouvoyer plusieurs personnes)* os senhores(as senhoras); *(objet direct, pour tutoyer plusieurs personnes)* -los; *(objet direct, pour vouvoyer une personne)* -o(-a); *(objet direct, pour vouvoyer plusieurs personnes)* -lhes; *(objet indirect, pour tutoyer plusieurs personnes)* -lhes; *(objet indirect, pour vouvoyer une personne)* -lhe; *(objet indirect, pour vouvoyer plusieurs personnes)* -lhes; *(réfléchi)* -se; *(réciproque)* -se • **vous-même** você próprio • **vous-mêmes** vocês próprios.

voûte [vut] *nf* abóbada *f*.

voûté, e [vute] *adj* curvado(da).

vouvoyer [vuvwaje] *vt* tratar por você ♦ **se vouvoyer** *vp* tratar-se por 'você'.

voyage [vwajaʒ] *nm* viagem *f* • **bon voyage!** boa viagem! • **partir en voyage** fazer uma viagem • **voyage de noces** viagem de núpcias • **voyage organisé** viagem organizada.

voyager [vwajaʒe] *vi* viajar.

voyageur, euse [vwajaʒœr, øz] *nm* viajante *m*.

voyant, e [vwajã, ãt] ♦ *adj* vistoso(osa) ♦ *nm* • **voyant lumineux** indicador *m* luminoso.

voyelle [vwajɛl] *nf* vogal *f*.

voyons [vwajɔ̃] → **voir**.

voyou [vwaju] *nm* arruaceiro *m*, -ra *f*.

vrac [vrak] *nm* • **en vrac** *(en désordre)* em desordem; *(sans emballage)* a granel.

vrai, e [vrɛ] *adj (exact)* verdade; *(véritable)* verdadeiro(ra).

vraiment [vrɛmã] *adv* realmente.

vraisemblable [vrɛsɑ̃blabl] *adj* verossímil.

VTT *nm (abr de* **vélo tout terrain**) mountain-bike *f*.

vu, e [vy] ♦ *pp* → **voir** ♦ *prép* visto ♦ *adj* • **être bien/mal vu (de qqn)** ser bem/mal visto (aos olhos de alguém) • **vu que** visto que.

vue [vy] *nf* vista *f* • **avec vue sur...** com vista para... • **connaître qqn de vue** conhecer alguém de vista • **en vue de faire qqch** com a intenção de fazer algo • **à vue d'œil** a olhos vistos.

vulgaire [vylgɛr] *adj (grossier)* ordinário(ria); *(quelconque)* vulgar.

W

wagon [vagɔ̃] *nm* vagão *m*.
wagon-lit [vagɔ̃li] (*pl* **wagons-lits**) *nm* vagão-leito *m*.
wagon-restaurant [vagɔ̃restɔrɑ̃] (*pl* **wagons-restaurants**) *nm* vagão-restaurante *m*.
Walkman® [wɔkman] *nm* walkman® *m*.
wallon, onne [walɔ̃, ɔn] *adj* valão(lona) ◆ **Wallon, onne** *nm* valão *m*, -lona *f*.
Washington [waʃiŋtɔn] *nom* Washington.
waters [watɛr] *nmpl* sanitários *mpl*.
waterzoi [watɛrzɔj] *nm* (Belg) ensopado de peixe ou de frango com carne.
watt [wat] *nm* watt *m*.
W-C [vese] *nm* WC *mpl*.
web, Web [wɛb] *nm* • **le web** a web.
webcam [wɛbkam] *nf* webcam *f*.
webmestre [wɛbmɛstr] *nm INFORM* administrador *m* da Web, webmaster *m*.
week-end [wikɛnd] (*pl* **week-ends**) *nm* fim de semana *m* • **bon week-end!** bom fim de semana!
western [wɛstɛrn] *nm* bangue-bangue *m*.
whisky [wiski] *nm* uísque *m*.

X

xérès [gzerɛs] *nm* xerez *m*.
xylophone [ksilɔfɔn] *nm* xilofone *m*.

Y

y [i] ◆ *adv* **1.** *(gén)* lá • **j'y vais demain** vou lá amanhã • **mets-y du sel** ponha sal • **va voir sur la table si les clefs y sont** veja se as chaves estão em cima da mesa **2.** *(indique le lieu où l'on est)* aqui • **nous y resterons une semaine** ficaremos aqui uma semana ◆ *pron* isso • **pensez-y** *(réfléchissez-y)* pense nisso; *(souvenez-vous-en)* lembre-se disso • **que veux-tu que j'y fasse?** o que você quer que eu faça? • **n'y comptez pas** não conte com isso → **aller, avoir**.
yacht [jɔt] *nm* iate *m*.
yaourt [jaurt] *nm* iogurte *m*.
yeux → **œil**.
yoga [jɔga] *nm* ioga *m*.
yoghourt [jɔgurt] *nm* = **yaourt**.
Yougoslavie [jugɔslavi] *nf* • **la Yougoslavie** a Iugoslávia.
Yo-Yo® [jojo] *nm inv* iôiô *m*.

Z

zapper [zape] *vi* mudar constantemente de canal.
zèbre [zɛbʀ] *nm* zebra *f.*
zéro [zeʀo] *nm* zero *m.*
zeste [zɛst] *nm* casca *f.*
zigzag [zigzag] *nm* ziguezague *m* • **en zigzag** *(route)* em ziguezague; *(marcher)* em ziguezague.
zigzaguer [zigzage] *vi (route)* ziguezaguear; *(voiture)* andar em ziguezague.
zipper [zipe] *vt INFORM* zipar.
zodiaque [zɔdjak] *nm* → **signe**.

zone [zon] *nf* zona *f* • **zone industrielle** zona industrial • **zone piétonne** OU **piétonnière** zona pedestre • **zone verte** zona verde.
zoo [zo(o)] *nm* jardim *m* zoológico.
zoologique [zɔɔlɔʒik] *adj* → **parc**.
zut [zyt] *interj* caramba!

PORTUGUÊS – FRANCÊS

PORTUGAIS – FRANÇAIS

A

a [a] *prep* **1.** *(ger)* à • **dar algo a alguém** donner qqch à qqn • **diga ao João que venha** dis à João de venir • **mostrar algo a alguém** montrer qqch à qqn • **nós vamos ao cinema** nous allons au cinéma • **fomos à praia** nous sommes allés à la plage • **vou ao Egito/ao Japão/aos Estados Unidos** je vais en Égypte/au Japon/aux États-Unis • **é à esquerda/direita** c'est à gauche/droite • **fica a dez quilômetros** c'est à dix kilomètres • **aos centos/às dezenas** par centaines/dizaines • **a quanto...?** à combien...? • **a quanto está vendendo as peras?** à combien vendez-vous les poires? • **ganhamos por dois a um** nous avons gagné deux à un • **entraram a um a um** ils sont entrés un par un • **feito à mão** fait (à la) main • **escrever à máquina** taper à la machine • **sal a gosto** sel à volonté • **ele ia a cem por hora** il allait à cent à l'heure • **conduzir a 60 km/h** conduire à 60 km/h • **abertura às oito horas** ouverture à huit heures • **é a dez minutos daqui** c'est à dix minutes d'ici • **de... a...** de... à... • **a loja tem de tudo, de pregos a máquinas de lavar** cette boutique vend de tout, des clous aux machines à laver **2.** *(indica frequência)* • **três vezes ao dia** trois fois par jour • **estou lá às terças e quintas-feiras** j'y suis tous les mardis et jeudis **3.** *(seguido de infinitivo)* en • **engasgou-se ao comer** il s'est étouffé en mangeant **4.** *(em locuções)* • **a não ser que** à moins que.

a [a] = **a** + **a** → **a**.

aba ['aba] *f (de chapéu)* aile *f*; *(corte de carne)* côte *f*.

abacate [aba'katʃi] *m* avocat *m (fruit)*.

abacaxi [abaka'ʃi] *m* ananas *m*.

abadia [aba'dʒia] *f* abbaye *f*.

abafado, da [aba'fadu, da] *adj (ar, tempo)* lourd(e).

abafar [aba'fa(x)] vt & vi étouffer.

abaixar [abaj'ʃa(x)] vt (cabeça, braço) baisser ▫ **abaixar-se** vp se baisser.

abaixo [a'bajʃu] ♦ adv au-dessous ♦ interj **abaixo o governo!** à bas le gouvernement. • **mais abaixo** plus bas • **deitar abaixo** (árvore) abattre; (argumento) démolir • **abaixo de** (em espaço) après; (em hierarquia) au-dessous de.

abaixo-assinado [a,bajʃuasi'nadu] (pl **abaixo-assinados**) m pétition f.

abajur [aba'ʒu(x)] (pl **-es**) m abat-jour m.

abalar [aba'la(x)] ♦ vt secouer ♦ vi s'en aller.

abalo [a'balu] m **abalo (sísmico** OU **de terra)** secousse f (sismique).

abanar [aba'na(x)] vt (cabeça) secouer; (rabo) remuer.

abandonado, da [abãndo'nadu, da] adj abandonné(e).

abandonar [abãndo'na(x)] vt abandonner.

abandono [abãn'donu] m abandon m • **ao abandono** à l'abandon.

abarcar [abax'ka(x)] vt (abranger) comprendre; (temas) recouvrir.

abarrotado, da [abaxo'tadu, da] adj plein(e) à craquer.

abarrotar [abaxo'ta(x)] vt bourrer.

abastecer [abaʃte'se(x)] vt (fornecer) approvisionner ▫ **abastecer-se** vp s'approvisionner.

abastecimento [abaʃtesi'mẽntu] m approvisionnement m.

abater [aba'te(x)] vt (preço) baisser; (derrubar, matar) abattre.

abatimento [abatʃi'mẽntu] m (desconto) réduction f. **abdicar** [abdʒi'ka(x)] vi abdiquer • **abdicar de algo** (de direito, cargo) renoncer à qqch.

abdome [ab'dɔmi] m abdomen m.

abdominal [abdomi'naw] (pl **-ais**) adj abdominal(e) ▫ **abdominais** mpl • **fazer abdominais** faire des abdominaux.

abecedário [abese'darju] m alphabet m.

abeirar-se [abej'ra(x)] ▫ **abeirar-se de** vp + prep s'approcher de.

abelha [a'beʎa] f abeille f.

abelhudo, da [abe'ʎudu, da] adj fouineur(euse).

aberração [abexa'sãw] (pl **-ões**) f aberration f.

aberto, ta [a'bɛxtu, ta] ♦ pp → **abrir** ♦ adj ouvert(e) • **aberto** ouvert.

abertura [abex'tura] f ouverture f.

abeto [a'bɛtu] m sapin m.

ABI f (abrev de **Associação Brasileira de Imprensa**) association de presse brésilienne.

abismo [a'biʒmu] m abîme m.

abóbada [a'bɔbada] f voûte f.

abóbora [a'bɔbora] f citrouille f.

abóbora-menina [a'bɔbɔrame'nina] (*pl* **abóboras-meninas**) *f* potiron *m*.
abobrinha [abo'briɲa] *f* courgette *f*.
abolir [abo'li(x)] *vt* abolir.
abominar [abomi'na(x)] *vt* exécrer.
abordagem [abox'daʒẽ] (*pl* -ns) *f* approche *f*.
abordar [abox'da(x)] *vt* aborder.
aborígene [abori'ʒeni] *adj & nmf* aborigène.
aborrecer [aboxe'se(x)] *vt* ennuyer □ **aborrecer-se** *vp* s'ennuyer.
aborrecido, da [aboxe'sidu, da] *adj* (*chato*) ennuyeux (euse); (*zangado*) ennuyé(e).
aborrecimento [aboxesi'mẽtu] *m* ennui *m*.
abortar [abox'ta(x)] *vi* (*espontaneamente*) faire une fausse couche; (*intencionalmente*) avorter.
aborto [a'boxtu] *m* (*espontâneo*) fausse couche *f*; (*intencional*) avortement *m*.
abotoar [abo'twa(x)] *vt* boutonner.
abraçar [abra'sa(x)] *vt* serrer dans ses bras □ **abraçar-se** *vp* s'étreindre.
abraço [a'brasu] *m* embrassade *f* • **um abraço** (*em carta, postal*) affectueusement.
abrandar [abrãn'da(x)] ◆ *vt* (*passo*) ralentir ◆ *vi* (*vento, chuva*) se calmer.

abranger [abrã'ʒe(x)] *vt* (*abarcar*) comprendre; (*temas*) recouvrir.
abreviação [abrevja'sãw] (*pl* -ões) *f* abréviation *f* (*action*).
abreviatura [abrevja'tura] *f* abréviation *f* (*résultat*).
abridor [abri'do(x)] (*pl* **-es**) *m* • **abridor de garrafa** ouvre-bouteilles *m inv* • **abridor de lata** ouvre-boîtes *m inv*.
abrigar [abri'ga(x)] *vt* abriter □ **abrigar-se** *vp* s'abriter.
abrigo [a'brigu] *m* abri *m* • **ao abrigo de** à l'abri de.
abril [a'briw] *m* avril *m*, → **setembro**.
abrir [a'bri(x)] ◆ *vt* ouvrir ◆ *vi* (*começar*) ouvrir; (*desabrochar*) s'ouvrir • **abrir o apetite** ouvrir l'appétit • **abrir a boca** bâiller • **abrir mão de algo** (*fig*) renoncer à qqch • **abrir os olhos** (*fig*) ouvrir les yeux □ **abrir-se** *vp* • **abrir-se com alguém** se confier à qqn.
Abrolhos [a'brɔʎuʃ] *mpl* Abrolhos

ⓘ ABROLHOS

Le mot *Abrolhos* vient du portugais *Abram os olhos* ("Ouvrez vos yeux"), cri d'alerte donné aux navigateurs qui s'approchaient des cinq îlots d'origine volcanique à 80 kilomètres au sud de l'État de Bahia. Leurs récifs de coraux, pouvant atteindre jusqu'à 20

abscesso

mètres de haut, sont les plus grands de l'Atlantique-Sud, et ont provoqué de nombreux naufrages. Les Abrolhos ont été classé Parc national marin de par leur richesse biologique.

---

abscesso [ab'sɛsu] m abcès m.
absinto [ab'sĩntu] m absinthe f.
absolutamente [absolutamẽntʃi] adv complètement.
absoluto, ta [abso'lutu, ta] adj absolu(e).
absolver [absow've(x)] vt absoudre; jur acquitter.
absorção [absox'sãw] f absorption f.
absorvente [absox'vẽntʃi] adj absorbant(e) • **absorvente diário** protège-slip m • **absorvente higiênico** serviette f hygiénique.
absorver [absor've(x)] vt absorber.
abstêmio, mia [abʃ'temju, mja] adj • **ele é abstêmio** il ne boit pas d'alcool.
abstenção [abʃtẽ'sãw] f abstention f.
abstrato, ta [abʃ'tratu, ta] adj abstrait(e).
absurdo, da [ab'suxdu, da] ◆ adj absurde ◆ m absurdité f.
abundância [abũn'dãsja] f abondance f.
abundante [abũn'dãntʃi] adj abondant(e).
abusado, da [abu'zadu, da] adj effronté(e).

abusar [abu'za(x)] vi abuser • **abusar de algo** (álcool, droga) abuser de qqch • **abusar de alguém** abuser de qqn.
abuso [a'buzu] m abus m.
a.C. (abrev de antes de Cristo) av.J-C.
a/c (abrev de ao cuidado de) att.
acabamento [akabamẽntu] m finition f.
acabar [aka'ba(x)] vt & vi finir • **acabou a água** il n'y a plus d'eau • **acabar com algo** en finir avec qqch • **acabe com o barulho!** arrête de faire du bruit! • **acabar com alguém** achever qqn • **acabar de fazer algo** venir de faire qqch • **acabar bem** finir bien • **acabar por fazer algo** finir par faire qqch ☐ **acabar-se** vp • **acabou-se o pão** il n'y a plus de pain • **acabou-se!** ça suffit!
acácia [a'kasja] f acacia m.
academia [akade'mia] f (escola) école f; (sociedade) académie f • **academia de belas-artes** école des beaux-arts • **academia (de ginástica)** club m de gymnastique.
açafrão [asa'frãw] m safran m.
acalmar [akaw'ma(x)] ◆ vt calmer ◆ vi se calmer ☐ **acalmar-se** vp se calmer.
acampamento [akãmpa'mẽntu] m campement m.
acampar [akãm'pa(x)] vi camper.

acanhado, da [aka'ɲadu, da] *adj* timide.

acanhar-se [aka'ɲaxsi] *vp* être intimidé(e).

ação [a'sãw] (*pl* **-ões**) *f* action *f* • **entrar em ação** entrer en action.

acarajé [akara'ʒɛ] *m* beignet à la pâte de haricot, farci aux crevettes.

acariciar [akari'sja(x)] *vt* caresser.

acaso [a'kazu] *m* hasard *m* • **ao acaso** au hasard • **por acaso** par hasard.

acastanhado, da [akaʃta'ɲadu, da] *adj* qui tire sur le marron; *(cabelo)* châtain.

acatar [aka'ta(x)] *vt* respecter.

aceder [ase'de(x)] *vi* consentir.

aceitar [asej'ta(x)] *vt* accepter.

aceite [a'sejti] *pp* → **aceitar**.

acelerador [aselera'do(x)] (*pl* **-es**) *m* accélérateur *m*.

acelerar [asele'ra(x)] *vt & vi* accélérer.

acenar [ase'na(x)] *vi* faire signe.

acendedor [asẽnde'do(x)] *m (de fogão a gás)* allume-gaz *m inv*.

acender [asẽn'de(x)] *vt* allumer.

aceno [a'senu] *m* signe *m (de la main, tête)*.

acento [a'sẽntu] *m* accent *m* • **acento agudo/grave** accent aigu/grave • **acento circunflexo** accent circonflexe.

acepção [asep'sãw] (*pl* **-ões**) *f* acception *f*.

acepipes [ase'pipeʃ] *mpl (aperitivos)* amuse-gueules *mpl*; *(entrada)* hors-d'œuvre *m inv*.

acerca [a'sexka] ◊ **acerca de** *prep* au sujet de • **falar acerca de** parler de.

acerola [ase'rɔla] *f* acerola *f (cerise)*.

acertar [asex'ta(x)] ◆ *vt (relógio)* mettre à l'heure • *vi (em alvo)* viser juste; *(em resposta)* trouver.

acervo [a'sexvu] *m* fonds *m (de musée)*.

aceso, sa [a'sezu, za] ◆ *pp* → **acender** ◆ *adj (luz, tome)* allumé(e); *(discussão)* enflammé(e).

acessível [ase'sivew] (*pl* **-eis**) *adj* accessible; *(preço)* abordable.

acesso [a'sɛsu] *m (a local, de raiva)* accès *m;* *(de histeria)* crise *f* • **de fácil acesso** facile d'accès.

acessório [ase'sɔrju] *m* accessoire *m (de mode, de voiture)*.

acetona [ase'tona] *f* dissolvant *m*.

achado [a'ʃadu] *m (descoberta)* trouvaille *f*; *(pechincha)* (bonne) affaire *f*.

achar [a'ʃa(x)] *vt (coisa, pessoa perdida)* retrouver; *(descobrir)* trouver • **achar que** penser que • **acho que não** je ne crois pas • **acho que sim** oui, je crois.

acidentado, da [asidẽn'tadu, da] *adj (terreno)* accidenté(e); *(viagem, férias)* mouvementé(e).

acidental [asidẽn'taw] (*pl* **-ais**) *adj* accidentel(elle); *(encontro, descoberta)* fortuit(e).

acidentalmente [asi'dẽntaw'mẽntʃi] *adv* par accident.
acidente [asi'dẽntʃi] *m* accident *m*.
acidez [asi'deʒ] *f* acidité *f*.
ácido, da ['asidu, da] ♦ *adj* acide ♦ *m* acide *m* • **ácido cítrico** acide citrique • **ácido sulfúrico** acide sulfurique.
acima [a'sima] *adv* au-dessus • **mais acima** plus haut • **acima de** *(em espaço)* au-dessus de; *(em hierarquia)* au-dessus de • **acima de tudo** par-dessus tout.
acionar [asjo'na(x)] *vt* actionner.
acionista [asjo'niʃta] *nmf* actionnaire *mf*.
acne ['akni] *f* acné *f*.
aço ['asu] *m* acier *m* • **aço inoxidável** acier inoxydable.
ações [a'sõjʃ] → **ação**.
acocorar-se [akoko'raxsi] *vp* s'accroupir.
acolhimento [akoʎi'mẽntu] *m* accueil *m*; *(hospitalidade)* accueil *m* (hospitalité *f*).
acompanhamento [akõmpaɲa'mẽntu] *m (de evolução, situação)* suivi *m*; *(de prato)* garniture *f*; *MÚS* accompagnement *m*.
acompanhante [akõmpa'ɲãntʃi] *nmf (parceiro)* compagnon *m*, compagne *f*; *(de grupo)* accompagnateur *m*, -trice *f*.
acompanhar [akõmpa'ɲa(x)] *vt* accompagner; *(programa, situação)* suivre.
aconchegante [akõʃe'gãntʃi] *adj* réconfortant(e).

aconselhar [akõse'ʎa(x)] *vt* conseiller ❏ **aconselhar-se** *vp* demander conseil.
aconselhável [akõse'ʎavew] *(pl* -eis*) adj* conseillé(e) • **é pouco aconselhável** il est déconseillé de.
acontecer [akõnte'se(x)] *vi* arriver; *(acidente)* se produire • **o que é que te aconteceu?** que t'est-il arrivé? • **acontece que** il se trouve que • **aconteça o que acontecer** quoi qu'il arrive.
acontecimento [akõntesi'mẽntu] *m* événement *m*.
acordar [akox'da(x)] ♦ *vt* réveiller ♦ *vi* se réveiller.
acorde [a'kɔxdʒi] *m* MÚS accord *m*.
acordeão [akox'dʒjãw] *(pl* -ões*) m* accordéon *m*.
acordo [a'koxdu] *m* accord *m* • **de acordo!** d'accord! • **de acordo com** d'après • **estar de acordo com** être d'accord avec.
Açores [a'sɔriʃ] *mpl* • **os Açores** les Açores *fpl*.
açoriano, na [aso'rjanu, na] ♦ *adj* des Açores ♦ *mf* Açorien *m*, -enne *f*.
acorrentar [akoxẽn'ta(x)] *vt* enchaîner.
acostamento [akoʃta'mẽntu] *m* bas-côté *m*.
acostumado, da [akoʃtu'madu, da] *adj* • **estar acostumado a algo** être habitué à qqch.
acostumar-se [akoʃtu'maxsi] *vp* s'habituer • **acostumar-se com algo** s'habituer à qqch.

7   **adiantado**

• **acostumar-se a fazer algo** s'habituer à faire qqch.
açougue [a'sogi] *m* boucherie *f*.
açougueiro, ra [aso'gejru, ra] *mf* boucher *m*, -ère *f*.
acre ['akri] *adj* âcre.
acreditar [akredʒi'ta(x)] *vi* croire • **acreditar em Deus** croire en Dieu • **acreditar em Papai Noel** croire au Père Noël.
acrescentar [akresẽn'ta(x)] *vt* ajouter.
acréscimo [a'kresimu] *m* (*aumento*) ajout *m*; (*no preço*) augmentation *f*.
acrílica [a'krilika] *adj f* → **fibra**.
acrobata [akro'bata] *mf* acrobate *mf*.
açúcar [a'suka(x)] *m* sucre *m* • **açúcar branco** sucre blanc • **açúcar mascavo** sucre roux • **açúcar de confeiteiro** sucre glace • **açúcar demerara** cassonade *f* • **açúcar em cubos** sucre en morceaux.
açucareiro [asuka'rejru] *m* sucrier *m*.
acumulação [akumula'sãw] (*pl* -**ões**) *f* accumulation *f*.
acumular [akumu'la(x)] *vt* accumuler.
acupuntura [akupũn'tura] *f* acuponcture *f*.
acusação [akuza'sãw] (*pl* -**ões**) *f* accusation *f*.
acusar [aku'za(x)] *vt* accuser.
A.D. (*abrev de* Anno Domini) AD.

adaptação [adapta'sãw] (*pl* -**ões**) *f* adaptation *f*.
adaptado, da [adap'tadu, da] *adj* adapté(e).
adaptador [adapta'do(x)] (*pl* -**es**) *m* adaptateur *m* • **adaptador de rede** *INFORM* adaptateur *m* de réseau.
adaptar [adap'ta(x)] *vt* adapter ☐ **adaptar-se** *vp* • **adaptar-se a** s'adapter à.
adega [a'dɛga] *f* cave *f*.
adepto, ta [a'dɛptu, ta] *mf* supporter *m*.
adequado, da [ade'kwadu, da] *adj* adéquat(e).
adereço [ade'resu] *m* accessoire *m* (*de théâtre*).
aderente [ade'rẽntʃi] ◆ *adj* adhésif(ive) ◆ *mmf* adhérent *m*, -e *f*.
aderir [ade'ri(x)] *vi* adhérer • **aderir a algo** adhérer à qqch.
adesão [ade'zãw] (*pl* -**ões**) *f* (*fig*) adhésion *f*.
adesivo, va [ade'zivu, va] ◆ *adj* adhésif(ive) ◆ *m* adhésif *m*.
adesões → **adesão**.
adeus [a'dew*ʃ*] ◆ *m* adieu *m* ◆ *interj* au revoir!; (*para sempre*) adieu! • **dizer adeus** dire au revoir; (*para sempre*) dire adieu.
adiamento [adʒja'mẽntu] *m* report *m* (*de réunion*).
adiantado, da [adʒjãn'tadu, da] ◆ *adj* avancé(e) ◆ **chegar adiantado** être en avance • **estar adiantado** avancer • **pagar adiantado** payer d'avance.

adiantar

adiantar [adʒjãn'ta(x)] vt & v impess avancer • **de que adianta...?** à quoi bon...? • **não adianta nada!** ça n'avance à rien! ◻ **adiantar-se** vp s'avancer.

adiante [a'dʒjãntʃi] ◆ adv devant ◆ interj en avant! • **mais adiante** plus loin • **passar adiante** passer à autre chose • **e por aí adiante** et ainsi de suite.

adiar [adʒi'a(x)] vt reporter (une réunion).

adição [adʒi'sãw] (pl **-ões**) f addition f (somme).

adicionar [adʒisjo'na(x)] vt (acrescentar) ajouter; (somar) additionner.

adições → adição.

adivinha [adʒi'viɲa] f devinette f.

adivinhar [adʒivi'ɲa(x)] vt (decifrar) deviner; (futuro) prédire.

adjetivo [adʒɛ'tʃivu] m adjectif m.

adjunto, ta [ad'ʒũntu, ta] adj & mf adjoint(e).

administração [adʒiminiʃtra'sãw] f administration f.

administrador, ra [adʒiminiʃtra'do(x), ra] (mpl **-es**, fpl **-s**) mf administrateur m, -trice f.

administrar [adʒiminiʃ'tra(x)] vt (empresa, negócio) gérer; (injeção, curativo) administrer.

admiração [adʒimira'sãw] f (espanto) étonnement m; (respeito, estima) admiration f.

admirador, ra [adʒimira'do(x), ra] (mpl **-es**, fpl **-s**) mf admirateur m, -trice f.

admirar [adʒimi'ra(x)] vt (contemplar) admirer; (espantar) étonner ◻ **admirar-se** vp s'étonner.

admirável [adʒimi'ravew] (pl **-eis**) adj admirable.

admissão [adʒimi'sãw] (pl **-ões**) f admission f.

admitir [adʒimi'tʃi(x)] vt admettre.

adoçante [ado'sãntʃi] m édulcorant m.

adoção [ado'sãw] (pl **-ões**) f adoption f.

adoçar [ado'sa(x)] vt sucrer.

adoecer [adoe'se(x)] vi tomber malade.

adolescência [adole'sẽsja] f adolescence f.

adolescente [adole'sẽntʃi] nmf adolescent m, -e f.

adorar [ado'ra(x)] vt adorer.

adorável [ado'ravew] (pl **-eis**) adj adorable.

adormecer [adoxme'se(x)] ◆ vt endormir ◆ vi s'endormir.

adornar [adox'na(x)] vt orner.

adotado, da [ado'tadu, da] adj adopté(e).

adotar [ado'ta(x)] vt adopter.

adquirir [adʒiki'ri(x)] vt acquérir.

adrenalina [adrena'lina] f adrénaline f.

adulterar [aduw'tera(x)] vt altérer.

adultério [aduw'tɛrju] m adultère m.

adulto, ta [a'duwtu, ta] *adj & mf* adulte.

advérbio [ad'vɛxbju] *m* adverbe *m*.

adversário, ria [adʒivex'sarju, rja] ♦ *adj* adverse ♦ *mf* adversaire *m*.

advertência [adʒivex'tẽsja] *f* avertissement *m*.

advogado, da [adʒivo'gadu, da] *mf* avocat *m*, -e *f*.

a-e-i-o-u [aεiou] *m* • **aprender o a-e-i-o-u** (as vogais) apprendre les voyelles; (o essencial de algo) apprendre le B.A.-Ba.

aéreo, rea [a'ɛrju, ja] *adj* aérien(enne); *(fig) (distraído)* tête en l'air.

aerobarco [aero'baxku] *m* hovercraft *m*.

aerodinâmico, ca [aerodʒi'nãmiku, ka] *adj* aérodynamique.

aeródromo [aε'rɔdromu] *m* aérodrome *m*.

aerograma [aεro'grama] *m* aérogramme *m*.

aeromoça [aero'mosa] *f* hôtesse *f* de l'air.

aeromodelismo [aeromode'liʒmu] *m* aéromodélisme *m*.

aeronáutica [aero'nawtʃika] *f* aéronautique *f*; *(força aérea)* armée *f* de l'air.

aeroporto [aero'poxtu] *m* aéroport *m*.

aerossol [aero'sɔw] (*pl* **-óis**) *m* aérosol *m*.

afagar [afa'ga(x)] *vt* caresser.

afastado, da [afaʃ'tadu, da] *adj (parente, lugar)* éloigné(e); *(suspeita)* écarté(e); *(aldeia)* reculé(e).

afastar [afaʃ'ta(x)] *vt (desviar)* écarter; *(apartar)* éloigner ▫ **afastar-se** *vp (desviar-se)* s'écarter; *(distanciar-se)* s'éloigner • **afastar-se de** s'éloigner de.

afável [a'favɛw] (*pl* **-eis**) *adj (pessoa)* charmant(e); *(animal)* doux(douce).

afeição [afej'sãw] *f* affection *f*; *(inclinação)* goût *m* • **ter afeição por algo** aimer bien qqch.

afetar [afe'ta(x)] *vt* affecter.

afetivo, va [afe'tʃivu, va] *adj (pessoa)* affectueux(euse); *(problemas, vida)* affectif(ive).

afeto [a'fɛtu] *m* affection *f*.

afetuoso, osa [afe'tuozu, ɔza] *adj* affectueux(euse).

afiado, da [a'fjadu, da] *adj* aiguisé(e).

afiambrado [afjam'bradu, da] *m* sorte *f* de mortadelle.

afiar [afi'a(x)] *vt (faca)* aiguiser; *(lápis)* tailler.

afilhado, da [afi'ʎada, da] *mf* filleul *m*, -e *f*.

afim [a'fĩ] (*pl* **-ns**) ♦ *adj (gostos)* commun(e); *(ideias)* voisin(e); *(produtos)* similaire ♦ *mf* parent *m* par alliance.

afinado, da [afi'nadu, da] *adj (instrumento musical)* accordé(e).

afinal [afi'naw] *adv* finalement • **afinal de contas** en fin de compte.

afinar [afi'na(x)] *vt (instrumento musical)* accorder.

afinidade

afinidade [afini'dadʒi] *f* affinité *f*; *jur* parenté *f* par alliance.
afins [a'fīʃ] → **afim**.
afirmação [afixma'sãw] (*pl* -**ões**) *f* affirmation *f*.
afirmar [afix'ma(x)] *vt* affirmer.
afirmativo, va [afixma'tʃivu, va] *adj* affirmatif(ive).
afixar [afik'sa(x)] *vt* (*cartaz, aviso*) afficher.
aflição [afli'sãw] (*pl* -**ões**) *f* peine *f*.
afligir [afli'ʒi(x)] *vt* (*suj: doença, dor*) affliger; (*suj: perigo*) affoler ▫ **afligir-se** *vp* s'affoler • afligir-se com être affligé par.
aflito, ta [a'flitu, ta] *pp* → **afligir**.
aflorar [aflo'ra(x)] ◆ *vt* (*assunto, tema*) effleurer ◆ *vi* affleurer.
afluência [aflu'ẽsja] *f* affluence *f*.
afluente [aflu'ẽntʃi] *m* affluent *m*.
afobado, da [afo'badu, da] *adj* (*apressado*) pressé(e); (*atrapalhado*) affolé(e); (*cansado*) fatigué(e).
afogado, da [afo'gadu, da] *adj & mf* noyé(e).
afogador [afoga'do(x)] (*pl* -**es**) *m* starter *m*.
afogamento [afoga'mẽntu] *m* noyade *f*.
afogar [afo'ga(x)] *vt* noyer ▫ **afogar-se** *vp* se noyer.
afônico, ca [a'foniku, ka] *adj* aphone.
afortunado, da [afoxtu'nadu, da] *adj* • ele é uma pessoa afortunada il a de la chance.

Afoxé [afo'kse] *des groupes carnavalesques qui imposent les rythmes africains au carnaval de Bahia.*

ⓘ AFOXÉ

Groupes qui, depuis la fin du XIXe siècle, défilent à travers les rues de Salvador (État de Bahia) et d'autres villes brésiliennes. Les défilés les plus célèbres ont lieu durant le Carnaval de Bahia. Les participants chantent en *nagô* (la langue du candomblé), accompagnés d'instruments musicaux traditionnels, principalement des percussions. Le groupe de Bahia, Filhos de Gandhi, est l'un des plus connus.

afresco [a'freʃku] *m* fresque *f*.
África [a'frika] *f* • a África l'Afrique *f* • a África do Sul l'Afrique du Sud.
africano, na [afri'kanu, na] ◆ *adj* africain(e) ◆ *mf* Africain *m*, -e *f*.
afro-brasileiro, ra [,afrobrazi'lejru, ra] ◆ *adj* afro-brésilien(enne) ◆ *mf* Afro-Brésilien *m*, -enne *f*.
afronta [a'frõnta] *f* affront *m*.
afrouxar [afro'ʃa(x)] *vt* (*cinto, parafuso*) desserrer.
afta [afta] *f* aphte *m*.

afugentar [afugẽn'ta(x)] vt faire fuir.
afundar [afũn'da(x)] vt couler □ **afundar-se** vp couler.
agachar-se [aga'ʃaxsi] vp se baisser.
agarrar [aga'xa(x)] vt attraper; *(segurar)* tenir □ **agarrar-se** vp • **agarrar-se a** *(segurar-se a)* s'accrocher à, se tenir à; *(pegar-se a)* attacher à; *(dedicar-se a)* se consacrer à.
agasalhar-se [agaza'ʎaxsi] vp se couvrir.
agasalho [aga'zaʎu] m *(peça de roupa)* vêtement m chaud.
ágeis ['aʒejʃ] → **ágil**.
agência [a'ʒẽsja] f agence f • **agência bancária** agence bancaire • **agência de câmbio** bureau m de change • **agência de correios** bureau m de poste • **agência funerária** pompes fpl funèbres • **agência imobiliária** agence f immobiliaire • **agência de viagens** agence de voyages.
agenda [a'ʒẽnda] f *(livro)* agenda m; *(plano de reunião)* ordre m du jour.
agente [a'ʒẽntʃi] nmf *(de polícia)* agent m; *(de vendas)* commercial m, -e f • **agente funerário** croque-mort m • **agente secreto** *(espião)* agent secret.
ágil ['aʒiw] *(pl* **ágeis***)* adj agile.
agilidade [aʒili'dadʒi] f agilité f.
ágio ['aʒju] m agio m.
agir [a'ʒi(x)] vi agir.
agitação [aʒita'sãw] f agitation f.

agitado, da [aʒi'tadu, da] adj agité(e).
agitar [aʒi'ta(x)] vt *(líquido)* agiter • **agitar antes de abrir** agiter avant d'ouvrir □ **agitar-se** vp s'agiter.
aglomeração [aglomera'sãw] *(pl* **-ões***)* f *(de pessoas)* attroupement m; *(de detritos)* amas m.
aglomerar [aglome'ra(x)] vt rassembler.
agonia [ago'nia] f *(angústia)* angoisse f; *(náusea)* nausée f; *(antes da morte)* agonie f.
agora [a'gora] adv maintenant • **venha aqui agora mesmo!** viens tout de suite! • **ele saiu agora mesmo** il est sorti à l'instant • **agora que** maintenant que • **essa agora!** ça alors! • **por agora** pour le moment • **só agora reparei que...** je viens de m'apercevoir que... • **só agora!** ce n'est pas trop tôt! • **é agora ou nunca** c'est maintenant ou jamais.
agosto [a'goʃtu] m août m, → **setembro**.
agradar [agra'da(x)] vi • **agradar a alguém** plaire à qqn.
agradável [agra'davew] *(pl* **-eis***)* adj agréable.
agradecer [agrade'se(x)] vt & vi remercier • **agradecer algo a alguém, agradecer a alguém por algo** remercier qqn de qqch.
agradecido, da [agrade'sidu, da] adj reconnaissant(e) • **mal-agradecido** ingrat • **muito agradecido!** merci beaucoup!

agradecimento

agradecimento [agradesi'mẽntu] m remerciement m.
agravante [agra'vãntʃi] ◆ adj aggravant(e) ◆ m & f circunstance f aggravante.
agravar [agra'va(x)] vt aggraver.
agredir [agre'dʒi(x)] vt agresser.
agressão [agre'sãw] (pl -ões) f agression f.
agressivo, va [agre'sivu, va] adj agressif(ive).
agressões → agressão.
agreste [a'grɛʃtʃi] adj (paisagem) champêtre; (tempo) rigoureux(euse).
agrião [agri'ãw] (pl -ões) m cresson m.
agrícola [a'grikola] adj agricole.
agricultor, ra [agrikuw'to(x), ra] (mpl -es, fpl -s) mf agriculteur m, -trice f.
agricultura [agrikuw'tura] f agriculture f.
agridoce [agri'dosi] adj aigre-doux.
agriões → agrião.
agronomia [agrono'mia] f agronomie f.
agrupar [agrupa'(x)] vt grouper.
água ['agwa] f eau f • **água benta** eau f bénite • **água corrente** eau courante • **água destilada** eau distillée • **água mineral** eau minérale • **água mineral com gás** OU **gaseificada** eau gazeuse • **água mineral sem gás** eau plate • **água oxigenada** eau oxygénée • **água potável** eau potable • **água sanitária** eau de Javel • **água tônica** Schweppes® m • **de dar água na boca** qui met l'eau à la bouche.
aguaceiro [agwa'sejru] m averse f.
água-de-colônia [,agwadʒiko'lonja] f eau f de Cologne.
aguado, da [a'gwadu, da] adj coupé(e) (avec de l'eau).
aguardar [agwar'da(x)] vt attendre.
aguardente [agwax'dẽntʃi] f eau-de-vie f • **aguardente de cana** eau-de-vie de canne à sucre • **aguardente de pera** eau-de-vie de poire • **aguardente velha** vieille eau-de-vie.
aguarrás [agwa'xaʃ] f white-spirit m.
água-viva [,agwa'viva] (pl **águas-vivas**) f marée f de vive eau.
aguçado, da [agu'sadu, da] adj aiguisé(e).
aguçar [agu'sa(x)] vt aiguiser.
agudo, da [a'gudu, da] adj aigu(ë).
aguentar [agwẽn'ta(x)] vt (dor, sofrimento) supporter; (desgaste) résister à; (fig) (suportar) endurer • **já não aguento mais!** je n'en peux plus!
águia ['agja] f aigle m.
agulha [a'guʎa] f aiguille f; (de tricô) aiguille f à tricoter.
agulheta [agu'ʎeta] f lance f (de tuyau d'arrosage).
ai [aj] interj aïe!

aí [a'i] *adv* là; *(então)* à ce moment-là • **por aí** par là • **anda por aí alguém que...** il y a quelqu'un qui...

aids [ajd3s] *f* SIDA *m*.

ainda [a'ĩnda] *adv* encore • **ainda agora** to just now • **ainda assim não compreendo** je ne comprends toujours pas • **ainda bem** tant mieux • **ainda bem que** heureusement que • **ainda não** pas encore • **ainda por cima** en plus • **ainda que** bien que.

aipim [aj'pĩ] *(pl* **-ns***) m* manioc *m*.

aipo ['ajpu] *m* céleri *m*.

ajeitar [aʒej'ta(x)] *vt* arranger ▫ **ajeitar-se** *vp (acomodar-se)* s'installer • **ajeitar-se com algo** *(saber lidar com)* se faire à qqch.

ajoelhar-se [aʒwe'ʎaxsi] *vp* s'agenouiller.

ajuda [a'ʒuda] *f* aide *f* • **pedir ajuda** demander de l'aide • **ajuda recíproca** entraide *f*.

ajudante [aʒu'dãntʃi] *nmf* assistant *m*, -e *f*.

ajudar [aʒu'da(x)] *vt (auxiliar)* aider; *(socorrer)* porter secours à.

ajuste [a'ʒuʃtʃi] *m* • **ajuste de contas** règlement *m* de compte(s).

Al. *(abrev de* **alameda***)* av.

ala ['ala] *f (fileira)* rangée *f*; *(de edifício)* aile *f*.

alambique [alãn'biki] *m* alambic *m*.

alameda [ala'meda] *f* allée *f*.

alargar [alax'ga(x)] *vt (em espaço)* élargir; *(em tempo)* prolonger; *(fig) (expandir)* agrandir.

alarido [ala'ridu] *m* vacarme *m*.

alarmante [alax'mãntʃi] *adj* alarmant(e).

alarme [a'laxmi] *m* alarme *f*; *(susto)* frayeur *f* • **falso alarme, alarme falso** fausse alerte *f*.

alastrar [alaʃ'tra(x)] *vt* répandre ▫ **alastrar-se** *vp* s'étendre.

alavanca [ala'vãŋka] *f* levier *m*.

albergue [aw'bɛxgi] *m* auberge *f* • **albergue da juventude** auberge de jeunesse.

álbum ['awbũ] *(pl* **-ns***) m* album *m*.

alça ['awsa] *f (de vestido, combinação)* bretelle *f*; *(de bolsa, arma)* bandoulière *f*.

alcachofra [awka'ʃɔfra] *f* artichaut *m*.

alcançar [awkãn'sa(x)] *vt* atteindre; *(apanhar)* attraper; *(obter)* obtenir; *(compreender)* saisir.

alcance [aw'kãsi] *m* portée *f* • **ao alcance de** à la portée de • **fora do alcance de** hors de la portée de.

alçapão [awsa'pãw] *(pl* **-ões***) m* trappe *f*.

alcaparras [awka'paxaʃ] *fpl* câpres *mpl*.

alções → **alçapão**.

alcateia [awka'teja] *f* bande *f*.

alcatra [aw'katra] *f* culotte *f*.

alcatrão [awka'trãw] *m* goudron *m*.

álcool ['awk(w)ɔw] *m* alcool *m* • **álcool etílico** alcool à 90°.

alcoólatra

alcoólatra [aw'kɔlatra] *nmf* alcoolique *mf.*
alcoólico, ca [aw'kwɔliku, ka] *adj & mf* alcoolique.
Alcorão [awko'rãw] *m* Coran *m.*
alcunha [aw'kuɲa] *f* surnom *m.*
aldeia [aw'deja] *f* village *m.*
alecrim [ale'krĩ] *m* romarin *m.*
alegação [alega'sãw] (*pl* **-ões**) *f* allégation *f*; (*prova*) affirmation *f.*
alegar [ale'ga(x)] *vt* alléguer; *jur* citer.
alegoria [alego'ria] *f* allégorie *f.*
alegórico, ca [ale'gɔriku] *adj m* -> **carro**.
alegrar [ale'gra(x)] *vt* (*pessoa*) réjouir; (*ambiente, casa, festa*) égayer ▫ **alegrar-se** *vp se* réjouir.
alegre [a'lɛgri] *adj* joyeux (euse); (*roupa, cor*) gai(e); (*fig*) (*bêbado*) éméché(e).
alegria [ale'gria] *f* joie *f.*
aleijado, da [alej'ʒadu, da] *adj* blessé(e).
aleijar [alej'ʒa(x)] *vt* blesser ▫ **aleijar-se** *vp se* blesser.
além [a'lẽj] ♦ *adv* là-bas ♦ *m* • **o além** l'au-delà *m* • **além disso** en plus • **mais além** plus loin.
alemã → **alemão**.
alemães → **alemão**.
Alemanha [ale'maɲa] *f* • **a Alemanha** l'Allemagne *f.*
alemão, ã [ale'mãw, mã] (*mpl* **-ães**, *fpl* **-s**) ♦ *adj* allemand(e) ♦ *mf* Allemand *m*, -e *f* ♦ *m* (*língua*) allemand *m.*

14

além-mar [alẽj'ma(x)] *adv & m* outre-mer.
alergia [alex'ʒia] *f* allergie *f.*
alérgico, ca [a'lɛxʒiku, ka] *adj* allergique.
alerta [a'lɛxta] ♦ *adv* sur ses gardes ♦ *m* alerte *f.*
aletria [ale'tria] *f* vermicelle *m.*
alfabético, ca [awfa'bɛtʃiku, ka] *adj* alphabétique.
alfabeto [awfa'bɛtu] *m* alphabet *m.*
alface [aw'fasi] *f* laitue *f.*
alfaiate [awfa'jatʃi] *m* tailleur *m.*
alfândega [aw'fãndega] *f* douane *f.*
alfazema [awfa'zema] *f* lavande *f.*
alfinete [awfi'netʃi] *m* (*de costura*) épingle *f*; (*joia*) broche *f* • **alfinete de gravata** épingle à cravate.
alga ['awga] *f* algue *f.*
algarismo [awga'riʒmu] *m* chiffre *m.*
algazarra [awga'zaxa] *f* hurlements *mpl.*
álgebra ['awʒebra] *f* algèbre *f.*
algemas [aw'ʒemaʃ] *fpl* menottes *fpl.*
algibeira [awʒi'bejra] *f* poche *f.*
algo ['awgu] *pron* quelque chose.
algodão [awgo'dãw] *m* coton *m.*
algodão-doce [awgodãw'dɔsi] *m* barbe *f* à papa.
alguém [aw'gẽj] *pron* quelqu'un • **ser alguém** être quelqu'un.
algum, ma [aw'gũ, ma] (*mpl* **-ns**, *fpl* **-s**) ♦ *adj* (*ger*) un(une), quelque; (*em negativas*) au-

cun(aucune) ♦ *pron (indicando pessoa)* quelqu'un; *(indicando coisa)* quelque; *(em interrogativas) (indicando pessoa)* quelqu'un; *(indicando coisa)* quelqu'un; **você quer algum/alguns?** tu en veux un/quelques-uns? • **algum dia** un jour • **algumas vezes** quelquefois • **em alguns casos** dans certains cas • **você tem algum problema?** tu as un problème? • **alguns não vieram** certains ne sont pas venus • **alguma coisa** quelque chose • **alguma vez você há de se enganar** tu finiras par te tromper • **não há melhora alguma** il n'y a aucune amélioration ▫ **alguma** *f(evento, feito)* quelque chose.

algures [aw'guɾeʃ] *adv* quelque part.

alheio, a [a'ʎeju, a] *adj (de outrem)* d'autrui; *(desconhecido)* étranger(ère); *(distraído)* distrait(e).

alheira [aw'ʎejra] *f* saucisse à l'ail.

alho ['aʎu] *m* ail *m*.

alho-poró [aʎupo'rɔ] *(pl* **alhos-porós)** *m* poireau *m*.

ali [a'li] *adv* là, là-bas • **ele nasceu ali** c'est là qu'il est né • **ali ao fundo** là-bas au fond • **aqui e ali** çà et là • **até ali** jusque là • **logo ali** à cet endroit là • **por ali** par là.

aliado, da [a'ljadu, da] *adj & mf* allié(e).

aliança [a'ljãsa] *f* alliance *f*.

aliar [ali'a(x)] *vt* allier ▫ **aliar-se** *vp* s'allier.

aliás [a'ljajʃ] *adv* d'ailleurs.

álibi ['alibi] *m* alibi *m*.

alicate [ali'katʃi] *m* pince *f (outil)* • **alicate de unhas** coupe-ongles *m inv*.

alicerce [ali'sɛxsi] *m* fondation *fpl*.

aliche [a'liʃe] *m* anchois *m*.

aliciante [ali'sjãtʃe] *adj* alléchant(e).

aliciar [alisi'a(x)] *vt* allécher.

alienado, da [alje'nadu, da] *adj* aliéné(e).

alimentação [alimẽta'sãw] *f* alimentation *f*.

alimentar [alimẽ'ta(x)] *(pl* **-es)** ♦ *adj* alimentaire ♦ *vt (pessoa, animal)* nourrir; *(máquina)* alimenter ▫ **alimentar-se** *vp* se nourrir, s'alimenter.

alimentício, cia [alimẽ'tʃisju, sja] *adj* nourrissant(e); *(massas, gêneros)* alimentaire.

alimento [ali'mẽtu] *m (comida)* aliment *m*; *(nutrição)* nourriture *f*.

alinhado, da [ali'ɲadu, da] *adj (em linha)* aligné(e); *(sério)* rangé(e).

alinhamento [aliɲa'mẽtu] *m INFORM* alignement *m*.

alinhar [ali'ɲa(x)] *vt* aligner.

alinhavar [aliɲa'va(x)] *vt* faufiler.

alisar [ali'za(x)] *vt* lisser.

alistar [aliʃ'ta(x)] *vt* enrôler ▫ **alistar-se** *vp (em exército)* s'engager; *(em partido)* entrer.

aliviar [alivi'a(x)] *vt (peso)* alléger; *(dor)* soulager.

alívio

alívio [a'livju] m allègement m; *(de dor, preocupação)* soulagement m.

alma ['awma] f âme f.

almoçar [awmo'sa(x)] ♦ vi déjeuner ♦ vt prendre au déjeuner.

almoço [aw'mosu] m déjeuner m.

almofada [awmo'fada] f *(de cama)* oreiller m; *(de sofá)* coussin m; *(de carimbo)* tampon m encreur.

almôndega [aw'mõndega] f boulette f *(de viande)*.

alô [a'lo] interj *(ao telefone)* allô!; *(saudação)* salut!

alojamento [aloʒa'mẽntu] m logement m.

alojar [alo'ʒa(x)] vt loger ▫ **alojar-se** vp se loger.

alpargata [aw'paxgata] f espadrille f.

alpendre [aw'pẽndri] m *(telheiro)* auvent m; *(pórtico)* porche m.

alpercata / espadrille f.

Alpes ['awpiʃ] mpl • **os Alpes** les Alpes fpl.

alpinismo [awpi'niʒmu] m alpinisme m • **fazer alpinismo** faire de l'alpinisme.

alpinista [awpi'niʃta] nmf alpiniste mf.

alta ['awta] f *(de preço, valor)* hausse f; *(de doença)* fin de l'arrêt maladie; *(de cidade)* ville f haute • **ter alta** *(de hospital)* avoir l'autorisation de sortie.

alta-costura [awtakoʃ'tura] f haute couture f.

altar [aw'ta(x)] *(pl -es)* m autel m.

16

alteração [awtera'sãw] *(pl -ões)* f changement m • **sem alteração** inchangé.

alterar [awte'ra(x)] vt modifier, changer.

alternar [awtex'na(x)] vt alterner.

alternativa [awtexna'tʃiva] f alternative f.

altitude [awtʃi'tudʒi] f altitude f.

altivez [awtʃi'veʒ] f suffisance f.

altivo, va [aw'tʃivu, va] adj hautain(e).

alto, ta ['awtu, ta] ♦ adj *(pessoa)* grand(e); *(objeto, qualidade)* haut(e); *(preço)* élevé(e); *(som, voz)* fort(e) ♦ m haut m ♦ adv fort; *(relativo a posição)* haut ♦ interj halte! • **do alto de** du haut de • **por alto** en diagonale.

alto-falante [awtofa'lãtʃi] m haut-parleur m.

alto-mar [awto'ma(x)] m haute mer f.

altura [aw'tura] f hauteur f; *(de pessoa)* taille f; *(de som)* puissance f; *(ocasião, momento)* moment m; *(época)* époque f • **ter um metro de altura** mesurer un mètre de haut • **a certa** ou **dada altura** à un moment donné • **nessa altura** à l'époque • **estar à altura de** être à la hauteur.

alucinação [alusina'sãw] *(pl -ões)* f hallucination f.

alucinante [alusi'nãntʃi] adj hallucinant(e).

aludir [alu'di(x)] □ **aludir a** *vp* faire allusion à, évoquer.

alugar [alu'ga(x)] *vt* louer □ **alugar-se** *vp* ♦ **aluga-se** à louer ♦ **alugam-se quartos** chambres à louer.

aluguel [alu'gɛw] (*pl* -**éis**) *m* loyer *m*.

aluir [a'lwi(x)] *vi* s'écrouler.

alumiar [alu'mja(x)] *vt* éclairer.

alumínio [alu'minju] *m* aluminium *m*.

aluno, na [a'lunu, na] *mf* élève *mf*.

alusão [alu'zãw] (*pl* -**ões**) *f* allusion *m* ♦ **fazer alusão a** faire allusion à.

alvejar [awve'ʒa(x)] *vt* viser; *(atirar)* tirer.

alvo ['awvu] *m* cible *f*.

alvorada [awvo'rada] *f* aube *f*.

alvoroço [awvo'rosu] *m* (*gritaria*) vacarme *m*; (*excitação*) agitation *f*.

amabilidade [amabili'dadʒi] *f* amabilité *f*.

amaciante [ama'sjãntʃi] *m* assouplissant *m*, assouplisseur *m*.

amador, ra [ama'do(x), ra] (*mpl* -**es**, *fpl* -**s**) *adj & mf* amateur.

amadurecer [amadure'se(x)] *vi* mûrir.

âmago ['amagu] *m* cœur *m* (*du problème*).

amainar [amaj'na(x)] ♦ *vt* amener (*voile*) ♦ *vi* se calmer (*tempête*).

amaldiçoar [amawdi'swa(x)] *vt* maudire.

amálgama [a'mawgama] *f* (*fig*) mélange *m*.

amalgamar [amawga'ma(x)] *vt* mélanger.

amamentar [amamẽn'ta(x)] *vt* allaiter.

amanhã [ama'ɲã] ♦ *adv* demain ♦ *m* ♦ **o amanhã** l'avenir *m*.

amanhecer [amaɲe'se(x)] ♦ *m* lever *m* du jour ♦ *v impess* ♦ **amanhece** le jour se lève.

amansar [amã'sa(x)] *vt* dompter.

amante [a'mãntʃi] ♦ *nmf* amant *m*, maîtresse *f* ♦ *adj* ♦ **amante de** amateur de.

amanteigado, da [amẽntej'gadu, da] *adj* (*queijo*) fait(e); (*molho*) au beurre.

amar [a'ma(x)] *vt* aimer.

amarelado, da [amare'ladu, da] *adj* jaunâtre.

amarelinha [amare'liɲa] *f* marelle *f*.

amarelo, la [ama'rɛlu, la] ♦ *adj* jaune ♦ *m* jaune *m*.

amargar [amax'ga(x)] *vi* avoir un goût amer.

amargo, ga [a'maxgu, ga] *adj* amer(ère).

amarrar [ama'xa(x)] *vt* (*barco*) amarrer; (*pessoa, animal*) s'attacher.

amarrotado, da [amaxo'tadu, da] *adj* froissé(e).

amarrotar [amaxo'ta(x)] *vt* froisser.

amassar [ama'sa(x)] *vt* (*farinha, pão*) pétrir; (*cimento*) malaxer; (*carro*) cabosser.

amável [a'mavew] (*pl* -**eis**) *adj* aimable.

Amazonas

Amazonas [ama'zonaʃ] *m* • o Amazonas l'Amazone *m*.
Amazônia [ama'zonja] *f* • a Amazônia l'Amazonie *f*.

ⓘ AMAZÔNIA

La région de l'Amazonie contient la plus grande forêt équatoriale du monde et s'étend sur une surface de près de cinq millions de kilomètres carrés. La forêt occupe un tiers du territoire brésilien, allant jusqu'au Pérou, en Colombie et au Venezuela. Malgré son indiscutable importance écologique et la richesse de sa faune et de sa flore, l'Amazonie est malheureusement menacée par des multinationales du bois et des minéraux.

âmbar ['ãba(x)] *m* ambre *m*.
ambição [ãbi'sãw] (*pl* -**ões**) *f* ambition *f*.
ambiental [ãbjẽn'taw] (*pl* -**ais**) *adj* environnemental(e).
ambientalista [ãbjẽnta'liʃta] *nmf* écologiste *mf*.
ambiente [ãm'bjẽntʃi] ◆ *adj* ambiant(e). ◆ *m* (*ar*) atmosphère *f*; (*meio social*) milieu *m*; (*atmosfera*) ambiance *f*.
ambiguidade [ãmbigwi'dadʒi] *f* ambiguité *f*.
ambíguo, gua [ãm'bigwu, gwa] *adj* ambigu(uë).

âmbito ['ãmbitu] *m* cadre *m* (*limites*).
ambos, bas [ã'mbuʃ, baʃ] ◆ *adj pl* les deux ◆ *pron* tous les deux (toutes les deux).
ambrosia [ãnbro'zia] *f* dessert à base d'œufs mélangés dans du lait sucré parfumé à la cannelle et aux clous de girofle.
ambulância [ãmbu'lãsja] *f* ambulance *f*.
ambulante [ãmbu'lãntʃi] *adj* ambulant(e).
ambulatório [ãmbula'tɔrju] *m* (*de hospital*) service *m* de consultations externes; (*de escola, fábrica*) infirmerie *f*.
ameaça [ame'asa] *f* menace *f* • **sob ameaça** sous la menace.
ameaçar [amea'sa(x)] *vt* menacer.
amedrontar [amedrõn'ta(x)] *vt* effrayer.
amêijoa [a'mejʒwa] *f* palourde *f*.
ameixa [a'mejʃa] *f* prune *f*.
amêndoa [a'mẽndwa] *f* amande *f* • **amêndoa amarga** amande amère.
amendoeira [amẽn'dwejra] *f* amandier *m*.
amendoim [amẽn'dwĩ] (*pl* -**ns**) *m* cacahuète *f* • **amendoim torrado** cacahuète grillée.
ameno, na [a'menu, na] *adj* agréable.
América [a'merika] *f* • **a América** l'Amérique *f* • **a América Central** l'Amérique centrale • **a América do Norte** l'Amérique du Nord • **a América do Sul**

l'Amérique du Sud • **a América Latina** l'Amérique latine.
americano, na [ameri'kanu, na] ◆ *adj* américain(e) ◆ *mf* Américain *m*, -e *f.*
ametista [ame'tʃista] *f* améthyste *f.*
amianto [a'mjãntu] *m* amiante *m.*
amido [a'midu] *m* amidon *m* • **amido de milho** amidon de maïs.
amigável [ami'gavɛw] (*pl* -eis) *adj* amiable.
amígdalas [a'migdalaʃ] *fpl* • **as amígdalas** les amygdales *fpl.*
amigdalite [amigda'litʃi] *f* amygdalite *f.*
amigo, ga [a'migu, ga] ◆ *adj* ami(e); (*gesto, palavra*) amical(e) ◆ *mf* ami *m*, -e *f.*
amistoso, osa [amiʃ'tozu, ɔza] *adj* amical(e).
amizade [ami'zadʒi] *f* amitié *f.*
amnésia [am'nɛzja] *f* amnésie *f.*
amolação [amola'sãw] (*pl* -ões) *f* (*maçada*) ennui *m* (*problème*).
amolar [amo'la(x)] *vt* (*afiar*) aiguiser; (*aborrecer*) ennuyer.
amolecer [amole'se(x)] *vt* amollir.
amoníaco [amo'niaku] *m* ammoniac *m.*
amontoar [amõn'twa(x)] *vt* (*papéis*) entasser; (*riquezas*) amasser; (*trabalho*) accumuler ◻ **amontoar-se** *vp* (*folhas*) s'amonceler; (*papéis*) s'entasser; (*trabalho*) s'accumuler.

amor [a'mo(x)] (*pl* -es) *m* amour *m* • **fazer amor** faire l'amour.
amora [a'mɔra] *f* mûre *f.*
amordaçar [amoxda'sa(x)] *vt* bâillonner.
amoroso, osa [amo'rozu, ɔza] *adj* (*carinhoso*) attachant(e); (*ligação, conquista*) amoureux(euse).
amor-perfeito [a,moxpex'fejtu] (*pl* **amores-perfeitos**) *m* (*flor*) pensée *f.*
amor-próprio [a,mox'prɔpriu] *m* amour-propre *m.*
amortecedor [amoxtese'do(x)] (*pl* -es) *m* amortisseur *m.*
amortização [amoxtiza'sãw] (*pl* -ões) *f* amortissement *m* (*en économie*).
amortizar [amoxti'za(x)] *vt* amortir (*en économie*).
amostra [a'mɔʃtra] *f* (*de produto*) échantillon *m*; (*prova*) preuve *f* • **amostra grátis** échantillon gratuit.
amparar [ãmpa'ra(x)] *vt* (*ao cair*) retenir; (*numa desgraça*) soutenir; (*os pobres*) aider.
amparo [ãm'paru] *m* soutien *m.*
ampliação [ãmplia'sãw] (*pl* -ões) *f* (*de fotografia*) agrandissement *m.*
ampliar [ãmpli'a(x)] *vt* (*fotografia*) agrandir.
amplificador [ãmplifika'do(x)] (*pl* -es) *m* (*de som*) amplificateur *m.*
amplificar [ãmplifi'ka(x)] *vt* (*som*) amplifier.

amplitude

amplitude [ãpli'tudʒi] *f* ampleur *f.*
amplo, pla ['ãmplu, pla] *adj (quarto, quintal)* grand(e); *(estrada, maioria)* large.
ampola [ãm'pola] *f* ampoule *f (médicament).*
amputar [ãmpu'ta(x)] *vt* amputer.
amuado, da [a'mwadu, da] *adj* boudeur(euse).
amuar [a'mwa(x)] *vi* bouder.
anã [a'nã] → **anão**.
anacronismo [anakro'niʒmu] *m* anachronisme *m.*
analfabetismo [anawfabe-'tʃiʒmu] *m* analphabétisme *m.*
analfabeto, ta [anawfa'bɛtu, ta] *adj & mf* analphabète.
analgésico [anaw'ʒɛziku] *m* analgésique *m.*
analisar [anali'za(x)] *vt (examinar)* analyser.
análise [a'nalizi] *f* analyse *f* • **fazer análises** faire des analyses • **em última análise** en dernière analyse.
analista [ana'liʃta] *nmf* analyste *mf.*
analogia [analo'ʒia] *f* analogie *f.*
ananás [ana'naʃ] *(pl* **-ases)** *m* ananas *m.*
anão, ã [a'nãw, a'nã] *(mpl* **-ões**, *fpl* **-s)** *mf* nain *m,* -e *f.*
anarquia [anax'kia] *f* anarchie *f.*
Anatel *f* [ana'tɛw] (Agência Nacional de Telecomunicações) Agence Nationale de Télécommunications brésilienne.

anatomia [anato'mia] *f* anatomie *f.*
anca ['ãŋka] *f* hanche *f.*
anchova [ãn'ʃova] *f* anchois *m inv.*
ancinho [ã'siɲu] *m* râteau *m.*
âncora ['ãŋkora] *f* ancre *f.*
andaime [ãn'dajmi] *m* échafaudage *m.*
andamento [ãnda'mẽntu] *m (rumo)* cours *m; (de conversa)* tour *m; (de acontecimento)* tournure *f; (velocidade)* allure *f; MÚS* andante *m* • **em andamento** *(em progresso)* en cours; *(trem)* en marche.
andar [ãn'da(x)] *(pl* **-es)** *m (de edifício)* étage *m; (maneira de caminhar)* démarche *f* • *vi (caminhar)* marcher; *(estar)* être • *vt (caminhar)* parcourir • **ele hoje anda triste** il est triste aujourd'hui • **ele anda por aí** il est quelque part par là • **andar de avião** voyager en avion • **andar de bicicleta** faire du vélo • **andar a cavalo** faire du cheval • **andar a pé** marcher • **o andar de baixo** l'étage du dessous • **o andar de cima** l'étage du dessus.
Andes ['ãndiʃ] *mpl* • **os Andes** les Andes *fpl.*
andorinha [ãndo'riɲa] *f (ave)* hirondelle *f.*
Andorra [ãn'doxa] *s* Andorre *f.*
anedota [ane'dɔta] *f (pequena história)* anecdote *f.*
anel [a'nɛw] *(pl* **-éis)** *m (com pedra)* bague *f; (sem pedra)* anneau *m; (de cabelo)* boucle *f.*

(de corrente) maillon *m* • **anel de noivado** bague de fiançailles.

anemia [ane'mia] *f* anémie *f.*

anestesia [aneʃte'zia] *f* anesthésie *f* • **anestesia geral** anesthésie générale • **anestesia local** anesthésie locale.

anestesiar [aneʃtezi'a(x)] *vt* anesthésier.

anexar [anek'sa(x)] *vt* mettre en annexe • **anexar a** joindre à • **anexar um arquivo** *INFORM* joindre un dossier.

anexo, xa [a'nɛksu, ksa] ◆ *adj* annexe ◆ *m* annexe *f;* *INFORM* pièce jointe *f.*

anfiteatro [ãfi'tʃjatru] *m* amphithéâtre *m.*

angariar [ãŋgari'a(x)] *vt (dinheiro)* collecter.

angina [ã'ʒina] *f* • **angina do peito** angine *f* de poitrine ❑ **anginas** *fpl* angine *f.*

anglicano, na [ãŋgli'kanu, na] *adj* anglican(e).

Angola [ãŋ'gɔla] *s* Angola *m.*

angolano, na [ãŋgo'lanu, na] ◆ *adj* angolais(e) ◆ *mf* Angolais *m, -e f.*

angra ['ãŋgra] *f* anse *f (baie).*

angu [ãŋ'gu] *m* ≃ polenta *f.*

ângulo ['ãŋgulu] *m* angle *m.*

angústia [ãŋ'guʃtʒja] *f* angoisse *f.*

animação [anima'sãw] *f* animation *f.*

animado, da [ani'madu, da] *adj* animé(e).

animador, ra [anima'do(x), ra] *(mpl* **-es***, fpl* **-s***) adj* encourageant(e).

animal [ani'maw] *(pl* **-ais***) m* animal *m* • **animal doméstico** animal domestique • **animal selvagem** animal sauvage.

animar [ani'ma(x)] *vt (alegrar, organizar)* animer; *(dar ânimo a)* encourager ❑ **animar-se** *vp (alegrar-se)* s'animer.

ânimo ['ãnimu] *m* courage *m.*

aniquilar [aniki'la(x)] *vt* anéantir.

anis [a'niʃ] *(pl* **-es***) m (licor)* anisette *f;* *(planta)* anis *m.*

anistia [aniʃ'tʃia] *f* amnistie *f.*

aniversário [anivex'sarju] *m* anniversaire *m* • **feliz aniversário!** bon anniversaire!

anjo ['ãʒu] *m* ange *m.*

ano ['ãnu] *m* année *f* • **quantos anos você tem?** quel âge astu? • **faço anos amanhã** demain, c'est mon anniversaire • **ano bissexto** année bissextile • **ano letivo** année scolaire • **ano após ano** d'année en année.

anoitecer [anojte'se(x)] ◆ *m* • **ao anoitecer** à la tombée de la nuit ◆ *v impess* • **anoitece** la nuit tombe.

anomalia [anoma'lia] *f* anomalie *f.*

ano-novo [ãnu'novu] *m* nouvel an *m.*

anoraque [ano'raki] *m* anorak *m.*

anorexia [anorɛk'sia] *f* anorexie *f.*

anormal [anox'maw] *(pl* **-ais***) adj & nmf* anormal(e).

anormalidade [anoxmali'dadʒi] *f* anormalité *f.*

anotação [anoˈtasãw] (*pl* -ões) *f* note *f (remarque)*.
anotar [anoˈta(x)] *vt* noter.
ânsia [ˈãsja] *f* anxiété *f*.
ansiar [ãˈsja(x)] □ **ansiar por** *vp* aspirer à.
ansiedade [ãsjeˈdadʒi] *f* anxiété *f*.
ansioso, osa [ãˈsjozu, ɔza] *adj* anxieux(euse) • **estar ansioso por fazer algo** avoir envie de faire qqch.
antebraço [ãtʃiˈbrasu] *m* avant-bras *m*.
antecedência [ãteseˈdẽsja] *f* antériorité *f* • **com antecedência** à l'avance.
antecedente [ãteseˈdẽtʃi] *adj* précédent(e) □ **antecedentes** *mpl* antécédents *mpl*.
antecipação [ãtesipaˈsãw] (*pl* -ões) *f* anticipation *f*.
antecipadamente [ãtesipadaˈmẽtʃi] *adv* à l'avance.
antecipar [ãtesiˈpa(x)] *vt* avancer □ **antecipar-se** *vp* prendre les devants.
antemão [ãteˈmãw] □ **de antemão** d'avance.
antena [ãˈtena] *f* antenne *f* • **antena parabólica** antenne parabolique.
anteontem [ãtʃiˈõtẽ] *adv* avant-hier.
antepassado [ãtʃipaˈsadu] *m* ancêtre *m*.
anterior [ãteriˈo(x)] (*pl* -es) *adj* précédent(e), d'avant • **anterior a** antérieur à.
antes [ˈãtʃis] *adv* avant; *(de preferência)* plutôt • **antes assim** c'est mieux ainsi • **antes de** avant de • **antes de mais (nada)** d'abord • **o quanto antes** dès que possible.
antever [ãteˈve(x)] *vt* prévoir.
antiaderente [ãtʃiadeˈrẽtʃi] *adj* antiadhésif(ive).
antibiótico [ãtʃiˈbjɔtʃiku] *m* antibiotique *m*.
anticaspa [ãtʃiˈkaʃpa] *adj inv* antipelliculaire.
anticoncepcional [ãtʃikõsepsjuˈnaw] (*pl* -ais) *adj* contraceptif(ive).
anticonceptivo [ãtʃikõsepˈtʃivu] *m* contraceptif *m*.
anticongelante [ãtʃikõʒeˈlãtʃi] ◆ *adj* antigivrant(e) ◆ *m* antigel *m*.
anticorpo [ãtʃiˈkoxpu] *m* anticorps *m*.
antidepressivo [ãtʃidepreˈsivu] *m* antidépresseur *m*.
antídoto [ãˈtʃidotu] *m* antidote *m*.
antigamente [ãtʃigaˈmẽtʃi] *adv* autrefois.
antigo, ga [ãˈtʃigu, ga] *adj* ancien(enne).
antiguidade [ãtʃigwiˈdadʒi] *f* ancienneté *f* • **a Antiguidade** l'Antiquité *f* □ **antiguidades**, *fpl* antiquités *fpl*.
antipatia [ãtʃipaˈtʃia] *f* antipathie *f*.
antipático, ca [ãtʃiˈpatʃiku, ka] *adj* antipathique.
antipatizar [ãtʃipatiˈza(x)] *vi* • **eu antipatizo com ele** il m'est antipathique.

antiquado, da [ãntʃi'kwadu, da] *adj (pessoa)* vieux jeu; *(objeto)* démodé(e); *(idéia)* dépassé(e).

antiquário [ãntʃi'kwarju] *m* antiquaire *m*.

antisséptico, ca [,ãntʃi'sεptʃiku] *adj* antiseptique.

antologia [ãntolo'ʒia] *f* anthologie *f*.

anual [a'nwaw] *(pl* **-ais)** *adj* annuel(elle).

anuir [a'nwi(x)] *vi* acquiescer.

anulação [anula'sãw] *(pl* **-ões)** *f* annulation *f*.

anular [anu'la(x)] ♦ *vt* annuler ♦ *m* annulaire *m*.

anunciar [anũ'sja(x)] *vt* annoncer; *(produto)* faire de la publicité pour.

anúncio [a'nũsju] *m (aviso)* annonce *f*; *(de produto)* publicité *f*.

ânus ['ãnuʃ] *m* anus *m*; *(fam)* cul *m*.

anzol [ã'zɔw] *(pl* **-óis)** *m* hameçon *m*.

ao [aw] = a + o → a.

aonde [a'õndʒi] *adv* où • **aonde quer que...** où que....

aos [awʃ] = a + os → a.

apagado, da [apa'gadu, da] *adj* éteint(e); *(escrita, pessoa)* effacé(e).

apagar [apa'ga(x)] *vt* éteindre; *(escrita, desenho)* effacer.

apaixonado, da [apajʃo'nadu, da] *adj (enamorado)* amoureux(euse); *(exaltado)* passionné(e) • **estar apaixonado por** être amoureux de.

apaixonante [apajʃo'nãntʃi] *adj* passionnant(e).

apaixonar [apajʃo'na(x)] *vt* passionner ❑ **apaixonar-se** *vp* tomber amoureux(euse) • **apaixonar-se por** tomber amoureux de.

apalermado, da [apalex'madu, da] *adj* abruti(e).

apalpar [apaw'pa(x)] *vt* tâter • **apalpar o terreno** tâter le terrain.

apanhar [apa'ɲa(x)] *vt (levantar do chão)* ramasser; *(agarrar, contrair)* attraper; *(surpreender, pescar)* prendre • **apanhar chuva** prendre la pluie • **apanhar sol** prendre le soleil.

aparador [apara'do(x)] *(pl* **-es)** *m* buffet *m*.

aparar [apa'ra(x)] *vt* retenir; *(barba)* tailler; *(sebe, lápis)* tailler.

aparecer [apare'se(x)] *vi (apresentar-se)* venir; *(surgir)* apparaître; *(algo perdido)* réapparaître.

aparelhagem [apare'ʎaʒẽ] *(pl* **-ns)** *f* • **aparelhagem (de som)** chaîne *f* (hi-fi).

aparelho [apa'reʎu] *m* appareil *m* • **aparelho digestivo** appareil digestif • **aparelho para os dentes** appareil dentaire.

aparência [apa'rẽsja] *f* apparence *f*.

aparentar [aparẽ'ta(x)] *vt* avoir l'air • **ele não aparenta ter a idade que tem** il ne fait pas son âge.

aparente [apa'rẽntʃi] *adj* apparent(e).

apartamento [apaxta'mẽntu] m appartement m.

apatia [apa'tʃia] f apathie f.

apavorado, da [apavo'radu, da] adj épouvanté(e).

apear-se [a'pjaxsi] vp • apear-se de (veículo) descendre de.

apelar [ape'la(x)] vi • apelar para jur faire appel en; (compreensão, bondade) faire appel à.

apelido [ape'lidu] m sobriquet m.

apelo [a'pelu] m appel m • fazer um apelo a faire un appel à.

apenas [a'penaʃ] ◆ adv (somente) juste ◆ conj (logo que) dès que.

apêndice [a'pẽndʒisi] m appendice m (organe).

apendicite [apẽndʒi'sitʃi] f appendicite f.

aperceber-se [apexse'bexsi] vp • aperceber-se de algo se rendre compte de qqch • aperceber-se de que se rendre compte que.

aperfeiçoamento [apexfejswa'mẽntu] m perfectionnement m.

aperfeiçoar [apexfejswa(x)] vt perfectionner.

aperitivo [aperi'tʃivu] m apéritif m.

apertado, da [apex'tadu, da] adj serré(e).

apertar [apex'ta(x)] vt (interruptor) appuyer sur; (casaco, vestido) fermer; (cordões) attacher; (comprimir) serrer.

aperto [a'pextu] m (de parafuso) serrage m; (aglomeração) foule f; (fig) (dificuldade) situation f difficile • aperto de mão poignée f de main.

apesar [ape'za(x)] ▫ **apesar de** prep bien que.

apetecer [apete'se(x)] vt avoir envie de • apetece-me um bolo j'ai envie d'un gâteau.

apetite [ape'tʃitʃi] m appétit m • bom apetite! bon appétit!

apetitoso, osa [apetʃi'tozu, ɔza] adj (gostoso) délicieux(euse); (tentador) appétissant(e).

apetrecho [ape'treʃu] m attirail m • apetrechos de pesca attirail de pêche.

apimentado, da [apimẽnta du, da] adj (com pimenta) poivré(e); (picante) relevé(e).

apinhado, da [api'ɲadu, da] adj • apinhado de bourré de.

apitar [api'ta(x)] vi (trem, árbitro) siffler.

apito [a'pitu] m sifflet m.

aplaudir [aplaw'di(x)] vt & vi applaudir.

aplauso [a'plawzu] m applaudissements mpl.

aplicação [aplika'sãw] (pl -ões) f application f.

aplicado, da [apli'kadu, da] adj appliqué(e).

aplicar [apli'ka(x)] vt appliquer; (curativo, injeção) administrer; faire.

aplicativo [aplika'tʃivu] m application f.

aplique [apli'ki] m moumoute f.

apoderar-se [apode'raxsi] □ **apoderar-se de** vp + prep s'emparer de.

apodrecer [apodre'se(x)] vt & vi pourrir.

apoiar [apo'ja(x)] vt soutenir; *(ideia)* défendre • **apoiar algo em algo** appuyer qqch sur qqch □ **apoiar-se** vp s'appuyer • **apoiar-se em** s'appuyer sur.

apoio [a'poju] m *(físico)* support m; *(verbal, econômico)* soutien m; *(de cadeira)* accoudoir m; *(para a cabeça)* appui-tête m; *(de escadas)* rampe f.

apólice [a'pɔlisi] f • **apólice (de seguro)** police f d'assurance.

apontador [apõnta'do(x)] *(pl -es)* m *(de lápis)* taille-crayon m.

apontamento [apõnta'mẽntu] m note f • **fazer apontamentos** prendre des notes.

apontar [apõn'ta(x)] vt *(arma)* pointer; *(com dedo, ponteiro)* montrer; *(tomar nota de)* noter; *(razões, argumentos)* avancer.

aporrinhação [apoxiɲa'sãw] *(pl -ões)* f *(fam)* (aborrecimento) • **é uma aporrinhação** c'est embêtant.

após [a'pɔjʃ] ♦ prep *(depois de)* après ♦ adv *(depois)* après.

aposentado, da [apozẽn'tadu, da] adj & mf retraité(e).

aposentadoria [apozẽntado'ria] f retraite f.

aposentar-se [apozẽn'taxsi] vp prendre sa retraite.

aposento [apo'zẽntu] m *(de casa)* chambre f; *(do Rei)* appartements mpl.

aposta [a'pɔʃta] f pari m.

apostar [apoʃ'ta(x)] vt parier.

apostila [apoʃ'tʃila] f *(em universidade)* polycopié m.

apóstrofo [a'pɔʃtrofu] m apostrophe f.

aprazível [apra'zivɛw] *(pl -eis)* adj plaisant(e).

apreciação [apresja'sãw] *(pl -ões)* f appréciation f.

apreciar [apresi'a(x)] vt *(avaliar)* estimer; *(observar)* observer; *(gostar)* apprécier.

apreender [apriẽn'de(x)] vt saisir.

apreensão [apriẽ'sãw] *(pl -ões)* f *(de bens, produtos)* saisie f; *(de novos conhecimentos)* acquisition f; *(preocupação)* appréhension f.

apreensivo, va [apriẽ'sivu, va] adj inquiet(ète).

aprender [aprẽn'de(x)] vt & vi apprendre • **aprender a fazer algo** apprendre à faire qqch.

aprendiz [aprẽn'dʒiʒ] *(pl -es)* m apprenti m.

aprendizagem [aprẽndʒi'zaʒẽ] f apprentissage m.

apresentação [aprezẽnta'sãw] *(pl -ões)* f présentation f.

apresentador, ra [aprezẽnta'do(x), ra] *(mpl -es, fpl -s)* mf présentateur m, -trice f.

apresentar [aprezẽn'ta(x)] vt présenter □ **apresentar-se** vp se présenter • **apresentar-se a alguém** se présenter à qqn.

apressado

apressado, da [apre'sadu, da] *adj (pessoa)* pressé(e); *(decisão)* hâtif(ive); *(conclusão)* hâtif(ive).
apressar-se [apre'saxsi] *vp* se presser.
aprofundar [aprofũn'da(x)] *vt* approfondir.
aprovação [aprova'sãw] *(pl -ões) f (consentimento)* approbation *f; (em exame)* réussite *f.*
aprovado, da [apro'vadu, da] *adj* ◆ **ser aprovado** EDUC être reçu.
aprovar [apro'va(x)] *vt (autorizar)* approuver; *(em exame)* recevoir.
aproveitador, ra [aprovejta'tʃe do(x), ra] *(mpl -es, fpl -s) ♦ adj (pej) (abusador)* profiteur(euse) ◆ *m/f* profiteur *m*, -euse *f.*
aproveitamento [aprovejta'mẽntu] *m* CULIN utilisation des restes; EDUC **ter bom/mau aproveitamento** bien/mal travailler (à l'école).
aproveitar [aprovej'ta(x)] *vt (ocasião, férias)* profiter de; *(utilizar)* se servir de ▫ **aproveitar-se de** *vp + prep (pej)* profiter de.
aproximadamente [aprosi,mada'mẽntʃi] *adv* à peu près.
aproximado, da [aprosi'madu, da] *adj* approximatif(ive).
aproximar [aprosi'ma(x)] *vt* rapprocher ▫ **aproximar-se** *vp* s'approcher ◆ **aproximar-se de** s'approcher de.
aptidão [aptʃi'dãw] *(pl -ões) f* aptitude *f.*
apto, ta ['aptu, ta] *adj* apte.

26

apto. *(abrev de* **apartamento)** appt.
apunhalar [apuɲa'la(x)] *vt* poignarder.
apuração [apura'sãw] *(pl -ões) f (em prova)* sélection *f; (de votos)* décompte *m.*
apurado, da [apu'radu, da] *adj* sélectionné(e).
apurar [apu'ra(x)] *vt (selecionar)* sélectionner; *(contas, fatos)* éplucher.
apuro [a'puru] *m (fig) (dificuldade)* problème *m* ◆ **estar em apuros** être dans le pétrin ◆ **meter-se em apuros** se mettre dans le pétrin.
aquarela [akwa'rɛla] *f* aquarelle *f.*
aquário [a'kwarju] *m* aquarium *m* ▫ **Aquário** *m* Verseau *m.*
aquático, ca [a'kwatʃiku, ka] *adj* aquatique.
aquecedor [akese'do(x)] *(pl -es) m* radiateur *m.*
aquecer [ake'se(x)] *vt & vi* réchauffer ◆ **aquecer-se** *vp* se réchauffer.
aquecimento [akesi'mẽntu] *m* chauffage *m* ◆ **aquecimento central** chauffage central.
aqueduto [ake'dutu] *m* aqueduc *m.*
àquela ['akɛla] = **a + aquela** → **aquele**.
aquele, aquela [a'keli, a'kɛla] ◆ *adj* ce(cette) ◆ *pron* celui(celle) ◆ **aquele que** celui qui ◆ **peça àquele homem/àquela mulher** demande à cet homme-là/cette femme-là.

àquele ['akeli] = a + aquele → aquele.

aqui [a'ki] *adv* ici • **até aqui** jusqu'ici • **logo aqui** juste ici • **por aqui** par ici.

aquilo [a'kilu] *pron* cela • aquilo que ce que.

àquilo ['akilu] = a + aquilo → aquilo.

aquisição [akizi'sãw] (*pl* -ões) *f* acquisition *f*.

ar [a(x)] (*pl* -es) *m* air *m* • **ter ar de** avoir l'air de • **ele tem ar de doente** il a l'air malade • **ar condicionado** air conditionné • **ao ar** en l'air • **ao ar livre** en plein air • **por ar** par la voie des airs ▫ **ares** *mpl* • **mudar de ares** changer d'air.

árabe ['arabi] ♦ *adj* arabe ♦ *nmf* Arabe *mf*.

aragem [a'raʒẽ] (*pl* -ns) *f* brise *f*.

arame [a'rami] *m* fil de fer • **arame farpado** fil de fer barbelé.

aranha [a'raɲa] *f* araignée *f*.

arara [a'rara] *f* ara *m*.

arbitragem [axbi'traʒẽ] (*pl* -ns) *f* arbitrage *m*.

arbitrar [axbi'tra(x)] *vt* arbitrer.

árbitro ['axbitru] *m* arbitre *m*.

arborizado, da [axbori'zadu, da] *adj (área)* boisé(e); *(rua, alameda)* bordé(e) d'arbres; *(jardim)* planté(e) d'arbres.

arbusto [ax'buʃtu] *m* arbuste *m*.

arca ['axka] *f* coffre *m*.

arcaico, ca [ax'kajku, ka] *adj* archaïque.

archote [ax'ʃɔti] *m* flambeau *m*.

arco ['axku] *m* arc *m*; *(brinquedo)* cerceau *m*.

arco-íris [ax'kwiriʃ] (*pl* **arco-íris**) *m* arc-en-ciel *m*.

ardência [ax'dẽsja] *f (paixão)* ardeur *m*; *(no estômago)* brûlure *f*.

ardente [ax'dẽtʃi] *adj* ardent(e).

arder [ax'de(x)] *vi* brûler.

ardor [ax'do(x)] (*pl* -es) *m (de pele)* brûlure *f*; *(de estômago)* brûlure *f* d'estomac; *(fig) (paixão)* ardeur *f*.

ardósia [ax'dɔzja] *f* ardoise *f*.

árduo, dua ['axdwu, dwa] *adj* ardu(e).

área ['arja] *f* zone *f*; *(fig) (campo de ação)* domaine *m* • **área de campismo** camping *m* • **área para piquenique** *aire f de repos aménagée pour pique-niquer* • **área de serviço** aire *f* de repos.

areal [a'rejw] (*pl* -ais) *m* grève *f (rivage)*.

areia [a'reja] *f* sable *m*.

arejar [are'ʒa(x)] ♦ *vt* aérer ♦ *vi* prendre l'air.

arena [a'rena] *f (de circo)* piste *f*; *(de praça de touros)* arène *f*.

arenoso, osa [are'nozu, ɔza] *adj* sablonneux(euse).

arenque [a'rẽŋki] *m* hareng *m*.

ares [ari∫] → **ar**.

Argentina [axʒẽn'tʃina] *f* • **a Argentina** l'Argentine *f*.

argila [ax'ʒila] *f* argile *f*.

argola [ax'gɔla] *f (anel)* anneau *m*; *(de porta)* heurtoir *m* ▫ **argolas** *fpl* anneaux *mpl*.

argumentação [axgumẽnta'sãw] (*pl* **-ões**) *f* argumentation *f*.

argumentar [axgumẽn'ta(x)] ◆ *vt* soutenir ◆ *vi* discuter.

argumento [axgu'mẽntu] *m* argument *m*; *(de filme)* scénario *m*.

ária ['arja] *f* aria *f*.

árido, da ['aridu, da] *adj* aride.

Áries ['arif] *m* Bélier *m*.

arma ['axma] *f* arme *f* • **arma branca** arme blanche • **arma de fogo** arme à feu.

armação [axma'sãw] (*pl* **-ões**) *f* armature *f*; *(de animal)* bois *mpl*; *(de óculos)* monture *f*.

armadilha [axma'diʎa] *f* piège *m*.

armado, da [az'madu, da] *adj* armé(e).

armadura [axma'dura] *f (de cavaleiro)* armure *f*; *(de edifício)* ossature *f*; *(em cimento)* armature *f*.

armamento [axma'mẽntu] *m* armement *m*.

armar [ax'ma(x)] *vt (munir de armas)* armer; *(tenda)* monter.

armário [ax'marju] *m* armoire *f*.

armazém [axma'zẽ] (*pl* **-ns**) *m (de mercadorias)* magasin *m*; *(de venda no varejo)* halle *f*.

aro ['aru] *m (de janela)* montant *m*; *(de roda)* jante *f*.

aroma [a'roma] *m* arôme *m* • **com aroma de** aromatisé à.

arpão [ax'pãw] (*pl* **-ões**) *m* harpon *m*.

arqueologia [axkjolo'ʒia] *f* archéologie *f*.

arquibancada [axkibãŋ'kada] *f (de estádio)* gradins *mpl*.

arquipélago [axki'pɛlagu] *m* archipel *m*.

> **ARQUIPÉLAGO DE FERNANDO DE NORONHA**

L'archipel de Fernando de Noronha est composé de 21 îles. La plus grande d'entre elles, du même nom, est la seule habitée par une population estimée à 2 500 habitants qui se concentre autour de la Vila dos Remédios. L'archipel a été transformé en parc national marin grâce à la grande diversité de sa faune et de sa flore. Dans ses eaux cristallines, vivent des dauphins, des requins et 15 espèces de coraux. L'entrée aux touristes est contrôlée et restreinte à certaines aires. Seuls les pêcheurs enregistrés à l'Institut brésilien de l'environnement (ibama) ont accès aux autres lieux.

arquiteto, ta [axki'tɛtu, ta] *mf* architecte *mf*.

arquitetura [axki'tɛtura] *f* architecture *f*.

arquivo [ax'kivu] *m (local)* archives *fpl*; *(móvel)* classeur *m* à tiroirs; *INFORM* fichier *m*.

arraial [axa'jaw] (pl **-ais**) m fête f foraine.

arrancar [axãŋ'ka(x)] ♦ vt arracher ♦ vi démarrer • **arrancar algo das mãos de alguém** arracher qqch des mains à qqn.

arranha-céu [a,xaɲa'sɛw] m gratte-ciel m inv.

arranhão [axa'ɲãw] (pl **-ões**) m (em pele) égratignure f; (em carro) éraflure f.

arranhar [axa'ɲa(x)] vt (pele) égratigner; (parede, carro) érafler; (fig) (instrumento) gratter; (fig) (língua) baragouiner ❑ **arranhar-se** vp s'égratigner.

arranhões → arranhão.

arranjar [axã'ʒa(x)] vt (quarto) ranger; (dinheiro) se procurer de.

arranque [a'xãŋki] m → **motor**.

arrasar [axa'za(x)] vt (destruir) ravager; (fig) (emocionalmente) anéantir.

arrastar [axaʃ'ta(x)] vt traîner.

arrecadar [axeka'da(x)] vt (objeto) ramasser; (dinheiro) ramasser.

arredondado, da [axedõn'ɐdadu, da] adj (forma) arrondi(e); (fig) (valor) rond(e).

arredondar [axedõn'da(x)] vt arrondir.

arredores [axe'dɔriʒ] mpl environs mpl.

arrefecer [axefe'se(x)] vi (tempo, ar) se rafraîchir; (fig) (entusiasmo) retomber.

arregaçar [axega'sa(x)] vt retrousser.

arreios [a'xejuʃ] mpl harnais m.

arremedar [axeme'da(x)] vt singer.

arremessar [axeme'sa(x)] vt lancer.

arrendamento [axẽndamẽntu] m location f.

arrendar [axẽn'da(x)] vt louer.

arrendatário, ria [axẽnda'ɐtarju, rja] m f locataire m f.

arrepender-se [axepẽn'dexsi] vp • **arrepender-se de (ter feito) algo** regretter (d'avoir fait) qqch.

arrepiar [axe'pja(x)] vt (pelo) hérisser ❑ **arrepiar-se** vp frissonner.

arrepio [axe'piu] m frisson m.

arriscado, da [axiʃ'kadu, da] adj (perigoso) risqué(e); (corajoso) audacieux(euse).

arriscar [axiʃ'ka(x)] vt (pôr em risco) risquer ❑ **arriscar-se** vp • **arriscar-se a** prendre le risque de, risquer de.

arroba [a'xoba] f INFORM arobase f.

arrogância [axo'gãsja] f arrogance f.

arrogante [axo'gãntʃi] adj arrogant(e).

arrombar [axõm'ba(x)] vt forcer (une porte).

arrotar [axo'ta(x)] vi roter; (bebê) faire un rot.

arroto [a'xotu] m rot m.

arroz [a'xoʒ] m riz m.

arroz-doce [axoʒ'dosi] m riz au lait.

arruaça [a'xwasa] f chahut m.

arruaceiro, ra [axwa'sejru, ra] m f chahuteur m, -euse f.

arrumado, da [axu'madu, da] *adj (pessoa)* ordonné(e); *(em ordem)* rangé(e); *(fig) (resolvido)* classé(e).
arrumar [axu'ma(x)] *vt* ranger.
arte ['axtʃi] *f* art *m* • **artes marciais** arts martiaux • **a sétima arte** le septième art.
artéria [ax'tɛrja] *f* artère *f.*
arterial [axte'rjaw] *(pl* **-ais)** *adj* → **pressão, tensão.**
artesanato [axteza'natu] *m* artisanat *m.*
articulação [axtʃikula'sãw] *(pl* **-ões)** *f* articulation *f.*
artificial [axtʃifi'sjaw] *(pl* **-ais)** *adj* artificiel(elle).
artigo [ax'tʃigu] *m* article *m* • **artigos a declarar** marchandises à déclarer • **artigos de primeira necessidade** articles de première nécessité • **artigo de fundo** article de fond.
artista [ax'tʃiʃta] *nmf* artiste *mf.*
artístico, ca [ax'tʃiʃtʃiku, ka] *adj* artistique.
artrite [ax'tritʃi] *f* arthrite *f.*
árvore ['axvori] *f* arbre *m.*
as [aʃ] → **a.**
ás ['ajʃ] *(pl* **ases)** *m* as *m* • **ser um ás** être un as.
às [aʒ] = **a + as** → **a.**
asa ['aza] *f (de ave, avião)* aile *f; (de utensílio)* anse *f.*
asa-delta [,aza'dɛwta] *(pl* **asas-delta)** *f* delta-plane *m.*
asco ['aʃku] *m* dégoût *m.*
ases → **ás.**
asfalto [aʃ'fawtu] *m* asphalte *m.*
asfixia [aʃfik'sia] *f* asphyxie *f.*

Ásia ['azja] *f* • **a Ásia** l'Asie *f.*
asiático, ca [a'zjatʃiku, ka] • *adj* asiatique • *mf* Asiatique *mf.*
asilo [a'zilu] *m* asile *m* • **asilo político** asile politique.
asma ['aʒma] *f* asthme *m.*
asmático, ca [aʒ'matʃiku, ka] *adj & m* asthmatique.
asneira [aʒ'nejra] *f (tolice)* ânerie *f; (obscenidade)* grossièreté *f.*
asno ['aʒnu] *m (burro)* âne *m* • *adj (fig) (estúpido)* bête.
aspargo [aʃ'paxgu] *m* asperge *f.*
aspecto [aʃ'pɛktu] *m* aspect *m.*
áspero, ra [aʃ'peru, ra] *adj (pele, superfície)* rugueux(euse); *(tecido)* rêche.
aspirador [aʃpira'do(x)] *(pl* **-es)** *m* aspirateur *m.*
aspirar [aʃpi'ra(x)] *vt* aspirer ❑ **aspirar a** *vp (desejar)* aspirer à.
aspirina® [aʃpi'rina] *f* aspirine *f* • **aspirina efervescente** aspirine effervescente.
asqueroso, osa [aʃke'rozu, ɔza] *adj* dégoûtant(e).
assado, da [a'sadu, da] • *CULIN* rôti(e); *(pele de bebê)* irrité(e) • *m (de carne)* rôti *m; (de peixe)* poisson *m* au four.
assadura [asa'dura] *f* grillade *f.*
assalariado, da [asala'rjadu, da] *mf* salarié *m, -e f.*
assaltante [asaw'tãntʃi] *nmf* cambrioleur *m.*
assaltar [asaw'ta(x)] *vt (pessoa, banco)* attaquer; *(casa)* cambrioler.

assalto [a'sawtu] *m (a pessoa, banco)* attaque *f; (a casa)* cambriolage *m; (em boxe)* round *m* • **assalto à mão armada** attaque *f* à main armée.

assar [a'sa(x)] *vt* rôtir.

assassinar [asasi'na(x)] *vt* assassiner.

assassínio [asa'sinju] *m* assassinat *m*.

assassino, na [asa'sinu, na] *m*, *f* assassin *m*.

assediar [ase'dʒja(x)] *vt* harceler.

assédio [a'sɛdʒju] *m* harcèlement *m* • **assédio sexual** harcèlement sexuel.

assegurar [asegu'ra(x)] *vt* assurer □ **assegurar-se** *vp* • **assegurar-se de que** s'assurer que.

asseio [a'seju] *m (limpeza)* propreté *f*.

assembleia [asẽ'bleja] *f* assemblée *f* • **assembleia geral** assemblée générale.

assemelhar-se [aseme'ʎaxsi] □ **assemelhar-se a** *vp + prep* ressembler à.

assento [a'sẽtu] *m* siège *m*.

assim [a'sĩ] *adv* & *conj* ainsi • **assim, sim!** là, oui! • **como assim?** comment ça? • **assim mesmo** comme ça • **assim assim** comme ci, comme ça • **assim que** dès que.

assimilar [asimi'la(x)] *vt* assimiler.

assinar [asi'na(x)] ♦ *vt* s'abonner à ♦ *vi* signer • **assinar o nome** signer.

assinatura [asina'tura] *f (nome escrito)* signature *f; (de revista)* abonnement *m*.

assistência [asif'tẽsja] *f* assistance *f* • **assistência médica** soins *mpl*.

assistir [asif'tʃi(x)] *vt* assister □ **assistir a** *vp* assister à.

assoalho [a'soaʎu] *m* parquet *m*.

assoar [asw'a(x)] *vt* moucher. □ **assoar-se** *vp* se moucher.

assobiar [asobi'a(x)] *vi* siffler.

assobio [aso'biu] *m (som)* sifflement *m; (apito)* sifflet *m*.

associação [asosja'sãw] *(pl -ões) f* association *f* • **associação de ideias** association d'idées.

assombrado, da [asõm'bradu, da] *adj* hanté(e).

assombro [a'sõmbru] *m* étonnement *m*.

assunto [a'sũntu] *m* sujet *m* • **assunto encerrado!** c'est une affaire classée!

assustador, ra [asuʃta'do(x), ra] *(mpl -es, fpl -s) adj* effrayant(e).

assustar [asuʃ'ta(x)] *vt* faire peur □ **assustar-se** *vp* avoir peur.

asterisco [aʃte'riʃku] *m* astérisque *m*.

astral [aʃ'traw] *(pl -ais) m (fam)* moral *m*.

astro [aʃtru] *m* astre *m*.

astrologia [aʃtrolo'ʒia] *f* astrologie *f*.

astronauta [aʃtro'nawta] *nmf* astronaute *mf*.

astronomia [aʃtronoˈmia] f astronomie f.

astúcia [aʃˈtusja] f astuce f.

atacadista [atakaˈdiʃta] nmf grossiste mf.

atacado [ataˈkadu] m • **por atacado** en gros.

atacante [ataˈkãtʃi] adj & nmf attaquant(e).

atacar [ataˈka(x)] vt attaquer.

atadura [ataˈdura] f bandage m.

atalho [aˈtaʎu] m raccourci m; INFORM raccourci m.

ataque [aˈtaki] m attaque f; *(de doença)* crise f • **ataque cardíaco** crise cardiaque.

atar [aˈta(x)] vt attacher; *(sapatos)* lacer.

atarracado, da [ataxaˈkadu, da] adj trapu(e).

até [aˈte] prep jusque • adv même • **vá até a igreja** va jusqu'à l'église • **até ao meio-dia** jusqu'à midi • **até agora** jusqu'à présent • **até amanhã!** à demain! • **até logo!** à tout à l'heure! • **até mais!** à plus tard! • **até que enfim!** enfin! • **até porque** pour la bonne raison que.

atear [ateˈa(x)] vt attiser • **atear o fogo a** mettre le feu à.

ateia [aˈteja] → **ateu**.

ateliê [ateˈlje] m atelier m.

atemorizar [atemoriˈza(x)] vt effrayer.

atenção [atẽˈsãw] *(pl* **-ões**) f attention f; *(cortesia)* attentions fpl • interj attention! • **chamar a atenção de alguém para algo** attirer l'attention de qqn sur qqch • **prestar atenção** être attentif.

atender [atẽˈde(x)] • vt *(telefone)* répondre à; *(em loja)* servir; *(em hospital)* s'occuper de • vi répondre.

atendimento [atẽdʒiˈmẽtu] m accueil m; *(em hospital)* prise f en charge.

atentado [atẽˈtadu] m attentat m.

atenuante [ateˈnwãtʃi] f circonstance f atténuante.

atenuar [ateˈnwa(x)] vt atténuer.

aterrar [ateˈxa(x)] • vi atterrir • vt épouvanter.

aterrissagem [atexiˈsaʒẽj] *(pl* **-ns)** f atterrissage m.

aterrissar [atexiˈsa(x)] vi atterrir.

aterro [aˈtexu] m remblai m.

aterrorizar [atexoriˈza(x)] vt terroriser.

atestado [ateʃˈtadu] m *(declaração escrita)* attestation f • **atestado médico** certificat m médical • **atestado de óbito** certificat m de décès.

ateu, ateia [aˈtew, aˈteja] m athée m.

atiçar [atʃiˈsa(x)] vt attiser.

atingir [atʃĩˈʒi(x)] vt atteindre; *(afetar)* toucher; *(compreender)* saisir; *(abranger)* concerner.

atirar [atʃiˈra(x)] • vt lancer • vi tirer.

atitude [atʃiˈtudʒi] f attitude f.

atividade [atʃiviˈdadʒi] f activité f; *(cultural)* animation f.

ativo, va [a'tivu, va] *adj* actif(ive).

Atlântico [at'lãntʃiku] *m* • **o Atlântico** l'Atlantique *m*.

atlas ['atlaʃ] *m inv* atlas *m*.

atleta [at'lɛta] *nmf* athlète *mf*.

atletismo [atle'tʃiʒmu] *m* athlétisme *m*.

atmosfera [atmoʃ'fɛra] *f* atmosphère *f*.

ato ['atu] *m* acte *m*.

atômico, ca [a'tomiku, ka] *adj* atomique.

ator, triz [a'to(x), a'triʒ] (*mpl -es, fpl -es*) *mf* acteur, *m*, -trice *f*.

atordoado, da [atox'dwadu, da] *adj* étourdi(e).

atores → **ator**.

atormentado, da [atoxmẽn'tadu, da] *adj* tourmenté(e).

atração [atra'sãw] (*pl -ões*) *f* (*de ímã*) attraction *f*; (*de local, espetáculo*) attrait *m*; (*fig*) (*simpatia*) attirance *f*.

atrações → **atração**.

atraente [atra'ẽntʃi] *adj* (*bonito*) attirant(e); (*agradável*) attrayant(e).

atraiçoar [atraj'swa(x)] *vt* trahir □ **atraiçoar-se** *vp* se trahir.

atrair [atra'i(x)] *vt* attirer.

atrapalhar [atrapa'ʎa(x)] *vt* (*confundir*) perturber; (*dificultar*) gêner □ **atrapalhar-se** *vp* ('em discurso*) se troubler; (*face ao perigo*) s'affoler.

atrás [a'trajʃ] *adv* derrière • **dias atrás** il y a quelques jours • **atrás de** (*no espaço*) derrière; (*no tempo*) après • **ficar de pé atrás** (*fig*) se tenir sur ses gardes.

atrasado, da [atra'zadu, da] *adj* arriéré(e); (*trem, ônibus*) en retard • **chegar atrasado** arriver en retard • **estar atrasado** être en retard.

atrasar [atra'za(x)] ◆ *vi* avoir du retard □ (*trabalho*) prendre du retard dans; (*fig*) (*prejudicar*) retarder □ **atrasar-se** *vp* être en retard.

atraso [a'trazu] *m* retard *m*.

atrativo, va [atra'tʃivu, va] *adj* (*pessoa*) séduisant(e); (*local*) attrayant(e) ◆ *m* (*encanto*) attrait *m*.

através [atra'vɛʃ] □ **através de** *prep* (*pelo meio de*) à travers; (*por meio de*) par.

atravessar [atrave'sa(x)] *vt* traverser; (*pôr ao través*) mettre en travers.

atrelado, da [atre'ladu, da] ◆ *adj* attelage *m*.

atrever-se [atre'vexsi] □ **atrever-se a** *vp + prep* oser.

atrevido, da [atre'vidu, da] *adj* (*audaz*) hardi(e); (*malcriado*) effronté(e).

atrevimento [atrevi'mẽntu] *m* effronterie *f*.

atribuir [atri'bwi(x)] *vt* attribuer.

atributo [atri'butu] *m* attribut *m*.

átrio ['atriu] *m* entrée *f*; (*de estação de metrô*) salle *f* des guichets.

atrito [a'tritu] *m* frottement *m* □ **atritos** *mpl* frictions *fpl*.

atriz [a'triʒ] → **ator**.

atropelamento [atropela'mẽntu] *m* • **houve um atropela-**

atropelar

mento na rua quelqu'un a été renversé par une voiture.
atropelar [atrope'la(x)] *vt* renverser.
attachment [a'taʃment] *m INFORM* fichier *m* joint.
atuação [atwa'sãw] (*pl* **-ões**) *f* (*procedimento*) action *f*; (*em espetáculo*) jeu *m*.
atual [a'twaw] (*pl* **-ais**) *adj* actuel(elle).
atualizar [atwali'za(x)] *vt* actualiser; *INFORM* mettre à jour.
atualmente [atwaw'mẽntʃi] *adv* actuellement.
atuar [atw'a(x)] *vi* (*agir*) agir; (*representar*) jouer.
atum [a'tũ] *m* thon *m*.
aturdido, da [atur'dʒidu, da] *adj* étourdi(e).
audácia [aw'dasja] *f* audace *f*.
audição [awdʒi'sãw] (*pl* **-ões**) *f* audition *f*.
audiência [aw'dʒjẽsja] *st jur* audience *f*.
audiovisual [,awdʒjovi'zwaw] (*pl* **-ais**) *adj* audiovisuel(elle).
auditório [awdʒi'tɔrju] *m* (*público ouvinte*) auditoire *m*; (*casa de espetáculos*) auditorium *m*.
auge ['awʒi] *m* (*de carreira*) sommet *m* • **no auge da festa** quand la fête battait son plein.
aula ['awla] *f* cours *m* (leçon).
aumentar [awmẽn'ta(x)] *vt & vi* augmenter.
aumento [aw'mẽntu] *m* (*de preço*) hausse *f*; (*de ordenado*) augmentation *f*; (*de trabalho*) surcroît *m*.
auréola [aw'rɛwla] *f* auréole *f*.

aurora [aw'rɔra] *f* aurore *f*
• **aurora boreal** aurore boréale.
ausência [aw'zẽsja] *f* absence *f*.
ausentar-se [awzẽn'taxsi] *vp* s'absenter.
ausente [aw'zẽntʃi] *adj* absent(e).
Austrália [awʃ'tralja] *f* • a Austrália l'Australie *f*.
australiano, na [awʃtra'ljãnu, na] ♦ *adj* australien(enne) ♦ *mf* Australien, -enne *f*.
Áustria ['awʃtria] *f* • a Áustria l'Autriche *f*.
austríaco, ca [awʃ'triaku, ka] ♦ *adj* autrichien(enne) ♦ *mf* Autrichien *m*, -enne *f*.
autenticação [awtẽntʃika'sãw] *f* authentification *f*.
autenticar [awtẽntʃi'ka(x)] *vt jur* (*documento, assinatura*) certifier.
autêntico, ca [aw'tẽntʃiku, ka] *adj* (*verdadeiro*) authentique; *jur* certifié(e).
autocolante [,awtoko'lãntʃi] ♦ *adj* autocollant(e) ♦ *m* autocollant *m*.
autocontrole [,awtokõn'troli] *m* maîtrise *f* de soi.
autódromo [aw'tɔdromu] *m* circuit *m* automobile.
autoescola [,awtoiʃ'kɔla] *f* auto-école *f*.
autoestima [,awtoeʃ'tʃima] *f* amour-propre *m*.
autoestrada [,awtoʃ'trada] *f* autoroute *f*.
autografar [awtogra'fa(x)] *vt* signer un autographe sur.

autógrafo [aw'tɔgrafu] *m* autographe *m*.

autolocadora [,awtoloka'dora] *f* agence *f* de location de véhicules.

automático, ca [awto'matʃiku, ka] *adj* automatique.

automatização [awtomatʃiza'sãw] (*pl* -**ões**) *f* automatisation *f*.

automobilismo [awtomobi'liʒmu] *m* sport *m* automobile.

automobilista [awtomobi'liʃta] *nmf* automobiliste *mf*.

automotriz [awtomo'triʃ] *f* autorail *m*.

automóvel [awto'mɔvɛw] (*pl* -**eis**) *m* automobile *f*.

autópsia [aw'tɔpsja] *f MED* autopsie *f*.

autor, ra [aw'to(x), ra] (*mpl* -**es**, *fpl* -**s**) *mf* auteur *m*.

autoridade [awtori'dadʒi] *f* autorité *f*.

autorização [awtoriza'sãw] (*pl* -**ões**) *f* autorisation *f*.

autorizar [awtori'za(x)] *vt* autoriser.

autorretrato [,awtoxe'tratu] *m* auto-portrait *m*.

autosserviço [,awtusex'visu] *m* self-service *m*.

auxiliar [awsili'a(x)] (*pl* -**es**) ♦ *adj* auxiliaire ♦ *nmf* auxiliaire *mf*; (*em hospital*) aide-soignant *m*, -e *f* ♦ *vt* aider.

auxílio [aw'silju] *m* aide *f*.

auxílio-desemprego [aw,siljudʒizẽn'pregu] (*pl* **auxílios-desemprego**) *m* allocation *f* chômage.

auxílio-doença [aw,silju-'dwẽnsa] (*pl* **auxílios-doença**) *m* assurance *f* maladie.

auxílio-enfermidade [aw,siljuẽnfexmi'dadʒi] (*pl* **auxílios-enfermidade**) *m* assurance *f* maladie.

Av. (*abrev de* **avenida**) av.

avalanche [ava'lãʃi] *f* avalanche *f*.

avaliação [avalja'sãw] (*pl* -**ões**) *f* évaluation *f*.

avaliar [ava'lja(x)] *vt* évaluer • **a avaliar por** *(a julgar por)* à en juger par.

avançado, da [avã'sadu, da] *adj* (*país*) en avance; (*método, sistema*) avancé(e); (*pessoa*) évolué(e).

avançar [avã'sa(x)] *vi* (*ir para a frente*) avancer; (*aproximar-se*) s'avancer.

avarento, ta [ava'rẽntu, ta] *adj* avare.

avaria [ava'ria] *f* panne *f*.

avariado, da [ava'rjadu, da] *adj* en panne.

ave ['avi] *f* oiseau *m*.

aveia [a'veja] *f* avoine *f*.

avelã [ave'lã] *f* noisette *f*.

avenca [a'vẽŋka] *f* cheveu-de-Vénus *m* (*fougère*).

avenida [ave'nida] *f* avenue *f*.

avental [avẽn'taw] (*pl* -**ais**) *m* tablier *m*.

aventura [avẽn'tura] *f* aventure *f* • **partir para a aventura** partir à l'aventure.

aventureiro, ra [avẽntu'rejru, ra] *mf* aventurier *m*, -ère *f*.

averiguação

averiguação [averigwa'sãw] (*pl* **-ões**) *f* (*investigação*) recherche *f*; (*inquérito policial*) enquête *f*.
averiguar [averi'gwa(x)] *vt* (*investigar*) enquêter sur; (*verdade*) vérifier.
avesso [a'vesu] ◆ *m* envers *m* ◆ *adj* • **avesso a** hostile à • **pelo avesso** à l'envers.
avestruz [aveʃ'truʃ] (*pl* **-es**) *f* autruche *f*.
avião [a'vjãw] (*pl* **-ões**) *m* avion *m* ◆ **por avião** par avion.
ávido, da ['avidu, da] *adj* • **ávido de** avide de.
aviões → **avião**.
avisar [avi'za(x)] *vt* avertir.
aviso [a'vizu] *m* (*sinal, letreiro*) écriteau *m*; (*advertência*) avertissement *m*; (*notificação*) avis *m* • **aviso de recepção** accusé *m* de réception • **aviso prévio** préavis *m*.
avistar [aviʃ'ta(x)] *vt* apercevoir.
avô, avó [a'vo, a'vɔ] *mf* grand-père *m*, grand-mère *f*.
avós [a'vɔʃ] *mpl* (*avô e avó*) grands-parents *mpl*.
avulso, sa [a'vuwsu, sa] ◆ *adj* détaché(e) ◆ *adv* en vrac.
axila [ak'sila] *f* aisselle *f*.
azálea → **azaleia**.
azaleia [aza'leja] *f* azalée *f*.
azar [a'za(x)] (*pl* **-es**) *m* (*falta de sorte*) malchance *f*; (*acaso*) hasard *m* • **estar com azar** ne pas avoir de chance • **por azar** par malchance.
azarado, da [aza'radu, da] *adj* malchanceux(euse).
azares → **azar**.

36

azedar [aze'da(x)] *vi* tourner (*lait*).
azedo, da [a'zedu, da] *adj* (*sopa*) aigre; (*laranja*) acide.
azeite [a'zejtʃi] *m* huile *f* d'olive.
azeitona [azej'tona] *f* olive *f* • **azeitonas pretas** olives noires • **azeitonas recheadas** olives farcies.
azevinho [aze'viɲu] *m* houx *m*.
azul [a'zuw] (*pl* **azuis**) ◆ *adj* bleu(e) ◆ *m* bleu *m*.
azul-claro, azul-clara [a'zuwklaru, ra] (*mpl* **azul-claros** *fpl* **azul-claras**) *adj* bleu clair *inv*.
azulejo [azu'leʒu] *m* carreau *m* de faïence.
azul-escuro, azul-escura [a'zuwiʃkuru, ra] (*mpl* **azul-escuros** *fpl* **azul-escuras**) *adj* bleu foncé *inv*.
azul-marinho [a,zuwma'riɲu] *adj inv* bleu marine.
azul-turquesa [a,zuwtux'keza] *adj inv* turquoise.

B

baba ['baba] *f* bave *f*.
babá [ba'ba] *f* nourrice *f*.
babar [ba'ba(x)] *vp* baver.
baby-sitter [,bejbi'site(x)] baby-sitter *f*.
bacalhau [baka'ʎaw] *m* morue *f* • **bacalhau assado** (na

brasa) morue grillée • **bacalhau à Brás** hachis de morue et de frites • **bacalhau à Gomes de Sá** hachis de morue, de pommes de terre à l'eau et d'œufs durs en rondelles • **bacalhau com creme** morue à la crème.

bacia [ba'sia] *f* bassin *m*; *(recipiente)* bassine *f*.
backup [ba'kapi] *(pl -s) m INFORM* sauvegarde *f*.
baço, ça ['basu, sa] *adj (metal)* terni(e); *(sem brilho)* mat(e) • **o vidro está baço** on ne voit pas à travers la vitre.
bacon ['bejkõ] *m* bacon *m*.
bactéria [bak'tɛrja] *f* bactérie *f*.
badejo [ba'deʒu] *m* merlan *m*.
badminton [bad'mĩntən] *m* badminton *m*.
bafo [bafu] *m* haleine *f*.
bafômetro [ba'fometru] *m* alcootest *m*.
baforada [bafo'rada] *f* bouffée *f*.
bagaço [ba'gasu] *m* marc *m* (de raisin).
bagageiro [baga'ʒejru] *m (estrutura)* porte-bagages *m inv*
bagagem [ba'gaʒẽ] *(pl -ns) f* bagage *m* • **depositar a bagagem** déposer les bagages • **despachar a bagagem** enregistrer les bagages.
bagatela [baga'tɛla] *f* bagatelle *f*.
bago ['bagu] *m* grain *m*.
bagunça [ba'gũsa] *f* pagaille *f*.
bagunçado, da [bagũn'sadu, da] *adj* bordélique.
bagunçar [bagũn'sa(x)] *vt* mettre en désordre.
Bahia [ba'ia] *f* Bahia.

> ### ⓘ BAHIA
>
> Bahia est le plus grand État de la région Nord-Est du Brésil et abrite une grande diversité d'attractions naturelles. Son littoral, le plus étendu du pays, est célèbre pour ses plages, comme celles de Porto Seguro, Trancoso et Praia do Forte. Dans le Parc national marin des Abrolhos, au sud de l'État, se concentre la plus grande variété de coraux du pays. Dans la région centrale, se détache la *Chapada de Diamantina*, avec ses innombrables cascades, grottes et cavernes. Salvador, la capitale, fortement influencée par la culture africaine transmise par les esclaves, est célèbre pour son architecture coloniale. On dit que cette ville abrite 365 églises, une pour chaque jour de l'année.

baía [ba'ia] *f* baie *f*.
bailado [baj'ladu] *m* ballet *m*.
bailarino, na [bajla'rinu, na] *mf* danseur *m*, -euse *f*.
baile ['bajli] *m* bal *m*.
bainha [ba'iɲa] *f (de calças, saia)* ourlet *m*; *(de espada)* fourreau *m*.

bairro

bairro ['bajxu] *m* quartier *m*.
baixa ['bajʃa] *f (de cidade)* ville *f* basse; *(médica)* congé *m* (de) maladie; *(de preço)* baisse *f*; *(durante os saldos)* réduction *f*.
baixar [baj'ʃa(x)] ◆ *vt* baisser • **baixar um arquivo** *INFORM* télécharger un fichier ◆ *vi* baisser.
baixo, xa ['bajʃu, ʃa] ◆ *adj* bas(basse); *(pessoa)* petit(e) ◆ *adv (falar, rir)* tout bas; *(relativo a posição)* bas ◆ *m (instrumento)* basse *f* ◆ *adv (falar, rir)* tout bas; *(pessoa, objeto)* plus petit; *(falar)* moins fort • **o mais baixo/a mais baixa** le plus petit/la plus petite; *(preço, valor)* le plus bas/la plus basse • **para baixo** en bas; *(mais abaixo)* plus bas • **por baixo de** sous.
bajulador, ra [baʒula'do(x), ra] *(mpl* **-es**, *fpl* **-s**) *adj* flatteur(euse).
bajular [baʒu'la(x)] *vt* flatter.
bala ['bala] *f (de arma)* balle *f*; *(doce)* bonbon *m* • **à prova de bala** pare-balles.
balança [ba'lɐ̃sa] *f* balance *f* ❏ **Balança** /Balance *f*.
balançar [balɐ̃'sa(x)] ◆ *vt* balancer ◆ *vi (balanço)* se balancer; *(barco)* tanguer.
balanço [ba'lɐ̃su] *m (de criança)* balançoire *f*; *(ação)* bilan *m*.
balão [ba'lɐ̃w] *(pl* **-ões**) *m (de borracha)* ballon *m*; *(de transporte)* ballon *m* dirigeable • **soprar no balão** *(fam)* souffler dans le ballon.
balbuciar [bawbu'sja(x)] *vt & vi* balbutier.

balbúrdia [baw'buxdʒja] *f (desordem)* bazar *m*; *(barulho)* vacarme *m*.
balcão [baw'kɐ̃w] *(pl* **-ões**) *m (de bar, loja)* comptoir *m*; *(de teatro, casa)* balcon *m* • **balcão nobre** *(de teatro)* loge *f* • **balcão simples** *(de teatro)* balcon *m*.
balde ['bawdʒi] *m* seau *m*.
baldeação [bawdʒja'sɐ̃w] *(pl* **-ões**) *f* correspondance *f* • **fazer baldeação** prendre une correspondance.
balé [ba'lɛ] *m* ballet *m*.
baleia [ba'leja] *f* baleine *f*.
baliza [ba'liza] *f* buts *mpl*.
balneário [baw'njarju] *m* station *f* balnéaire.
balões [ba'lõjʃ] → **balão**.
balofo, fa [ba'lofu, fa] ◆ *adj* bouffi(e) ◆ *mf* gros *m*, -**e** *f*.
bálsamo ['bawsamu] *m* baume *m*.
bambu [bɐ̃'bu] *m* bambou *m*.
banal [ba'naw] *(pl* **-ais**) *adj* banal(e).
banana [ba'nana] *f* banane *f*.
bananada [bana'nada] *f* pâte de fruit à la banane.
bananeira [bana'nejra] *f* bananier *m*.
banca ['bɐ̃ka] *f (de cozinha)* plan *m* de travail; *(de trabalho)* établi *m*; *(de mercado)* étal *m*; *FIN* banque *f* • **banca de jornais** kiosque *m* à journaux.
bancada [bɐ̃'kada] *f* paillasse *f*
bancário, ria [bɐ̃'karju, rja] ◆ *adj* bancaire ◆ *mf* employé *m*, -**e** *f* de banque.

banco ['bãŋku] m (de cozinha) tabouret m; (de carro) siège m; FIN banque f; • **banco de areia** banc m de sable • **banco de dados** banque de données • **banco de jardim** banc m.

banda ['bãda] f (lado) côté m; (margem) rive f; (filarmónica) fanfare f; (de rock) groupe m • **pôr de banda** (fig) mettre de côté • **à banda** de travers • **banda larga** INFORM large bande.

bandarilha [bãdaˈriʎa] f banderille f.

bandeira [bãˈdejra] f drapeau m (em transporte público) panonceau actionné par le chauffeur du bus pour indiquer la direction • **rir a bandeiras despregadas** rire à gorge déployée.

bandeirinha [bãdejˈriɲa] m juge m de touche.

bandeja [bãˈdeʒa] f plateau m.

bandejão [bãdeˈʒãw] m (pl -ões) f plateau-repas m.

bandido, da [bãˈdʒidu, da] m f bandit m.

bando ['bãdu] m (de aves) volée f; (de criminosos) bande f.

bandolim [bãdoˈlĩ] m (pl -ns) mandoline f.

bangalô [bãŋgaˈlo] m bungalow m.

banha ['baɲa] f • **banha (de porco)** saindoux m.

banheira [baˈɲejra] f baignoire f.

banheiro [baˈɲejru] m salle f de bains.

banhista [baˈɲista] nm f baigneur m, -euse f.

banho ['baɲu] m bain m • **tomar banho** prendre un bain • **tomar banho de sol** prendre un bain de soleil.

banho-maria [ˌbaɲumaˈria] m bain-marie m • **cozinhar em banho-maria** cuire au bain-marie.

banir [baˈni(x)] vt bannir m.

banjo ['bãʒu] m banjo m.

banner [ˈbanex] (pl **banners**) m INFORM bannière f.

banquete [bãŋˈketʃi] m banquet m.

bar ['ba(x)] (pl -es) m bar m.

baralhar [baraˈʎa(x)] vt (cartas de jogar) battre; (confundir) brouiller ▫ **baralhar-se** vp s'embrouiller.

baralho [baˈraʎu] m • **baralho (de cartas)** jeu m de cartes.

barão [baˈrãw] m (pl -ões) m baron m.

barata [baˈrata] f cafard m.

barato, ta [baˈratu, ta] ◆ pas cher(pas chère) ◆ adv (comprar) bon marché; (vender) à bas prix ◆ m (fam) • **foi o maior barato** ça a été super • **o mais barato** le moins cher.

barba ['baxba] f barbe f • **fazer a barba** se raser.

barbante [baxˈbãtʃi] m ficelle f.

barbatana [baxbaˈtana] f (de peixe) nageoire f.

barbeador [baxbjaˈdo(x)] (pl -es) m • **barbeador (elétrico)** rasoir m (électrique).

barbear-se

barbear-se [baxˈbjaxsi] *vp* se raser.
barbeiro [baxˈbejru] *m* coiffeur *m* pour hommes.
barca [ˈbaxka] *f* barque *f*; *(de travessia)* bac *m*.
barco [ˈbaxku] *m* bateau *m* • **barco a motor** bateau à moteur • **barco a remo** bateau à rames • **barco à vela** bateau à voile.
bares → **bar**.
barman [ˈbaxmɛ] *(pl -s) m* barman *m*.
barões [baˈrõjʃ] → **barão**.
baronesa [baroˈneza] *f* baronne *f*.
barra [ˈbaxa] *f* barre *f*; *(de rio)* embouchure *f*; *(fam) (situação)* galère *f*.
barraca [baˈxaka] *f (de feira)* baraque *f*; *(de campismo)* bungalow *m*.
barraco [baˈxaku] *m* taudis *m*.
barragem [baˈxaʒẽ] *(pl -ns) f* barrage *m*.
barranco [baˈxãŋku] *m* ravin *m*.
barreira [baˈxejra] *f (de rio, estrada)* bord *m*; *ESP* haie *f*; *(fig) (obstáculo)* embûche *f*.
barrento, ta [baˈxẽntu, ta] *adj* boueux(euse).
barrete [baˈxetʃi] *m* bonnet *m*.
barriga [baˈxiga] *f* ventre *m* • **barriga da perna** mollet *m* • **de barriga para cima** sur le dos • **de barriga para baixo** sur le ventre.
barril [baˈxiw] *(pl -is) m (de cerveja)* baril *m*; *(de vinho)* tonneau *m*.
barro [ˈbaxu] *m* terre *f* glaise.

40

barroco, ca [baˈxoku, ka] ◆ *adj* baroque ◆ *m* baroque *m*.
barulhento, ta [baruˈʎẽntu, ta] *adj* bruyant(e).
barulho [baˈruʎu] *m (ruído)* bruit *m*; *(confusão)* raffut *m*.
base [ˈbazi] *f (suporte)* base *f*; *(centro de operações)* base *f* (militaire); *(de maquiagem)* fond *m* de teint • **base em creme** fond *m* de teint • **base de dados** base de données.
básico, ca [ˈbaziku, ka] *adj (ensino)* obligatoire; *(produto)* de base; *(fundamental)* essentiel(elle).
basílica [baˈzilika] *f* basilique *f*.
basquete [baʃˈkɛtʃi] *m* basket-ball *m*.
basta [ˈbaʃta] *interj* ça suffit!
bastante [baʃˈtãntʃi] *adj & adv (muito)* beaucoup; *(suficiente)* assez • **tenho bastante frio** j'ai très froid • **bastantes vezes** souvent.
bastar [baʃˈta(x)] *vi* suffire.
bastidores [baʃtʃiˈdoreʃ] *mpl* coulisses *fpl*.
bata [ˈbata] *f* blouse *f*.
batalha [baˈtaʎa] *f* bataille *f* • **batalha naval** bataille navale.
batata [baˈtata] *f* pomme *f* de terre • **batatas assadas** pommes de terre rissolées • **batatas cozidas** pommes de terre bouillies • **batatas fritas** frites *fpl* • **batata palha** pommes *fpl* allumettes.
batata-doce [ba,tataˈdosi] *(pl* **batatas-doces***) f* patate douce *f*.

batedeira [bate'dejra] *f* • **batedeira (elétrica)** batteur *m* (électrique).
batelada [bate'lada] *f* batelée *f*, tripotée *f*.
batente [ba'tẽntʃi] *m (meia-porta)* battant *m*; *(aldraba)* heurtoir *m*.
bate-papo [,batʃi'papu] *(pl* **bate-papos***) m* causette *f*.
bater [ba'te(x)] *vt & vi* battre • **bater a** *(porta, janela)* frapper à • **bater com algo contra/em algo** frapper qqch contre/sur qqch • **bati com a cabeça na parede** je me suis cognée la tête contre le mur • **bater os dentes** claquer des dents • **bater em** *(agredir)* frapper; *(ir de encontro a)* rentrer dans • **bater à máquina** taper à la machine • **bater papo** discuter • **bater o pé** taper du pied • **bater com o pé** donner un coup de pied • **bater com a porta** claquer la porte • **bater as botas** *(fam)* casser sa pipe.
bateria [bate'ria] *f* batterie *f* • **bateria de cozinha** batterie de cuisine.
baterista [bate'riʃta] *nmf* batteur *m*, -euse *f*.
batida [ba'tʃida] *f (de veículo)* accident *m*; *(de polícia)* descente *f*; *(bebida)* **f** cocktail *f* à base d'eau-de-vie et de sucre de canne, aux fruits.
batismo [ba'tʃiʒmu] *m* baptême *m (cérémonie)*.
batizado [batʃi'zadu] *m* baptême *m (réception)*.

batom [ba'tõ] *(pl* **-ns***) m* rouge *m* à lèvres.
batucada [batu'kada] *f* genre de musique percussive traditionnelle du Brésil.
batucar [batu'ka(x)] *vi* produire des battements, en frappant de manière rythmée et répétée les tambours.
batuque [ba'tuki] *m* accompagnement de percussions dans la samba ou lors des cérémonies religieuses du candomblé.
baú [ba'u] *m* coffre *m*.
baunilha [baw'niʎa] *f* vanille *f*.
bazar [ba'za(x)] *(pl* **-es***) m* bazar *m*.
BCG *m* BCG *m*.
bê-á-bá [bea'ba] *m* B.A.-Ba *m*.
beata [bea'ta] *f (de cigarro)* mégot *m*.
bêbado, da ['bebadu, da] ◆ *adj* ivre ◆ *m*, *f* ivrogne *mf*.
bebê [be'be] *m* bébé *m* • **bebê a bordo** bébé à bord.
bebedeira [bebe'dejra] *f* ivresse *f* • **apanhar uma bebedeira** se soûler.
beber [be'be(x)] *vt & vi* boire.
bebida [be'bida] *f* boisson *f* • **bebida alcoólica** boisson alcoolisée.
beça ['bɛsa] □ **à beça** *adv (fam)* vachement.
beco ['beku] *m* ruelle *f* • **beco sem saída** impasse *f*.
bege ['bɛʒi] *adj* inv beige.
begônia [be'gonja] *f* bégognia *m*.
beija-flor [,bejʒa'flo(x)] *(pl* **beija-flores***) m* colibri *m*.
beijar [bej'ʒa(x)] *vt* embrasser □ **beijar-se** *vp* s'embrasser.

beijo ['bejʒu] m baiser m.
beira ['bejra] f bord m • **à beira de** au bord de.
beira-mar [,bejra'ma(x)] f bord m de mer • **à beira-mar** au bord de la mer.
beira-rio [,bejra'xiu] f *(pequeno)* au bord de la rivière; *(grande)* au bord du fleuve.
beisebol [bejze'bɔw] m base-ball m.
beldade [bew'dadʒi] f beauté f.
beleza [be'leza] f beauté f; *(festa)* merveille f; *(comida)* régal m • **que beleza!** que c'est beau!
belga ['bɛwga] ♦ adj belge ♦ nmf Belge mf.
Bélgica ['bɛwʒika] f • **a Bélgica** la Belgique.
beliche [be'liʃi] m *(cama)* lits mpl superposés; *(em trem)* couchette f.
beliscão [beliʃ'kãw] *(pl -ões)* m pincement m.
beliscar [beliʃ'ka(x)] vt pincer.
beliscões → **beliscão**.
belo, la ['bɛlu, la] adj beau(belle).
bem [bẽj] ♦ m bien m • **praticar o bem** faire le bien ♦ adv **1.** *(ger)* bien • **dormiu bem?** tu as bien dormi? • **fez bem!** tu as bien fait! • **sente-se bem?** tu te sens bien? • **estar bem** être bien; *(de saúde)* aller bien • **queria uma bebida bem gelada** je voudrais une boisson bien glacée • **quero um quarto bem quente** je veux un chambre bien chaude • **é um quarto bem grande** c'est une chambre bien grande • **é um lugar bem bonito** c'est un endroit bien beau • **foi bem ali** c'était bien là • **não é bem assim** ce n'est pas tout à fait ça • **não é bem aqui, é mais para baixo** ce n'est pas tout à fait ici, c'est un peu plus bas **2.** *(suficiente)* • **estar bem** suffire **3.** *(com cheirar, saber)* bon **4.** *(com passar)* bon(bonne) • **passem bem, meus senhores!** bonne continuation, messieurs! • **passou bem, senhor Costa?** comment allez-vous, monsieur Costa? **5.** *(em locuções)* • **por bem ou por mal** bon gré, mal gré • **eu bem que te avisei** je t'avais bien prévenu • **bem como** ainsi que • **bem feito!** bien fait! • **está bem!** ça suffit! • **muito bem!** très bien! • **ou bem... ou bem...** ou bien... ou bien... • **se bem que** bien que ♦ adj inv *(pej)* • **gente bem** des gens bien • **menino bem** fils à papa ♦ **bens** mpl biens mpl • **bens imóveis** ou **de raiz** biens immobiliers • **bens de consumo** biens de consommation.
bem-disposto, osta [bẽjdʒiʃ'poʃtu, ɔʃta] adj • **estar bem-disposto** être de bonne humeur.
bem-estar [bẽjʃ'ta(x)] m bien-être m.

bem-vindo, da [bẽj'vĩndu, da] *adj* bienvenu(e).

bendizer [bẽndʒi'ze(x)] *vt* faire les louanges de.

beneficência [benefi'sẽsja] *f* bienfaisance *f.*

beneficiar [benefi'sja(x)] *vt* avantager.

benefício [bene'fisju] *m* avantage *m.*

benéfico, ca [be'nɛfiku, ka] *adj (vantajoso)* avantageux(euse); *(saudável)* bénéfique.

benevolência [benevu'lẽsja] *f* bienveillance *f.*

benévolo, la [be'nɛvolu, la] *adj* bénévole.

bengala [bẽ'gala] *f* canne *f.*

benigno, gna [be'nignu, na] *adj* bénin(igne).

benzer [bẽ'ze(x)] *vt* bénir ▫ **benzer-se** *vp* se signer.

berbigão [bexbi'gãw] *(pl* -**ões**) *m* coque *f.*

berço [bexsu] *m* berceau *m.*

beringela *f* = berinjela.

berinjela [berĩ'ʒɛla] *f* aubergine *f.*

berloque [bəx'lɔki] *m* breloque *f.*

bermuda *f* = bermudas.

bermudas [bex'mudaʃ] *fpl* bermuda *m.*

berrante [bex'ãntʃi] *adj* criard(e).

besouro [be'zoru] *m* hanneton *m.*

besta ['beʃta] *f* bête *f (de somme)* • **que besta!** quel idiot!

besteira [beʃ'tejra] *f (fam) (asneira)* bêtise *f; (insignificância)* broutille *f.*

bestial [beʃ'tjaw] *(pl* -**ais**) *adj* bestial(e).

besuntar [bezũn'ta(x)] *vt (untar)* enduire; *(sujar com gordura)* tacher de graisse • **besuntar algo com algo** enduire qqch de qqch.

beterraba [bete'xaba] *f* betterave *f.*

betoneira [beto'nejra] *f* bétonnière *f.*

bexiga [be'ʃiga] *f* vessie *f.*

bezerro, a [be'zexu] *mf* veau *m,* génisse *f.*

Bíblia ['biblja] *f* Bible *f.*

biblioteca [bibljo'tɛka] *f* bibliothèque *f* • **biblioteca itinerante** ≃ bibliobus *m.*

bibliotecário, ria [bibljote'karju, rja] *nmf* bibliothécaire *m.*

bica ['bika] *f (de água)* fontaine *f.*

bicar [bi'ka(x)] *vt & vi* picorer.

bicha ['biʃa] *f (fam)* pédé *m.*

bicho ['biʃu] *m* bestiole *f.*

bicho-da-seda [,biʃuda'seda] *m* ver à soie

bicicleta [bisi'klɛta] *f* bicyclette *f* • **andar de bicicleta** faire du vélo.

bico ['biku] *m* pointe *f; (de ave)* bec *m; (de sapato)* bout *m; (de fogão)* feu *m; (de mamadeira)* tétine *f.*

bidê [bi'de] *m* bidet *m.*

bife ['bifi] *m (de vaca)* bifteck *m.*

bifurcação [bifuxka'sãw] *(pl* -**ões**) *f* bifurcation *f.*

bigode [bi'gɔdʒi] *m* moustache *f.*

bijuteria

bijuteria [biʒute'ria] *f* bijou *f.*
bilhão [bi'ʎãw] (*pl* **-ões**) *num* (mil milhões) milliard *m.*
bilhar [bi'ʎa(x)] (*pl* **-es**) *m* billard *m.* • **jogar bilhar** jouer au billard.
bilhete [bi'ʎetʃi] *m* billet *m.*
bilheteria [biʎete'ria] *f* guichet *m.*
bilhões [bi'ʎõjʃ] → **bilhão**.
bilião [bi'ʎãw] (*pl* **-ões**) *num* (mil milhões) milliard *m.*
bilíngue [bi'lĩŋgwi] *adj* bilingue.
biliões → **bilião**.
bílis [biliʃ] *f* bile *f.*
bingo [bĩŋgu] *m* bingo *m.*
binóculo [bi'nɔkulu] *m* jumelles *fpl.*
biografia [bjogra'fia] *f* biographie *f.*
biologia [bjolo'ʒia] *f* biologie *f.*
biólogo, ga ['bjologu, ga] *mf* biologiste *mf.*
biombo ['bjõmbu] *m* paravent *m.*
biópsia ['bjɔp'sia] *f* biopsie *f.*
biqueira [bi'kejra] *f* pointe *f.*
biquíni [bi'kini] *m* bikini *m.*
birra ['bixa] *f* moue *f* • **fazer birra** bouder.
bis [biʃ] *interj* bis!
bisavô, vó [biza'vo, vɔ] *mf* arrière-grand-père *m*, arrière-grand-mère *f.*
bisavós [biza'vɔʃ] *mpl* (bisavô e bisavó) arrière-grands-parents *mpl.*
biscoito [biʃ'kojtu] *m* biscuit *m.*
bisnaga [biʒ'naga] *f* tube *m.*
bisneto, ta [biʒ'nɛtu, ta] *mf* arrière-petit-fils *m*, arrière-petite-fille *f.*

44

bispo ['biʃpu] *m* évêque *m.*
bissexto [bi'sejʃtu, ta] *adj* → **ano**.
bisteca [biʃ'tɛka] *f* biftek *m.*
bisturi [biʃtu'ri] *m* bistouri *m.*
bit ['bitʃi] *m* bit *m.*
bizarro, a [bi'zaxu, a] *adj* bizarre.
blasfemar [blaʃfe'ma(x)] *vi* blasphémer.
blasfêmia [blaʃ'femja] *f* blasphème *m.*
blazer ['blɛjzɛ(x)] (*pl* **-rs**) *m* blazer *m.*
bloco ['blɔku] *m* bloc *m*; (de apontamentos, notas) bloc-notes *m*; (de apartamentos) immeuble *m.*
bloquear [blo'kja(x)] *vt* bloquer.
blusa ['bluza] *f* chemisier *m.*
blusão [blu'zãw] (*pl* **-ões**) *m* blouson *m.*
boa¹ ['boa] → **bom**.
boa² ['boa] *f* boa *m.*
boa-noite [,boa'nojtʃi] ◆ *interj* bonne nuit ! ◆ *f* • **dar as boa-noite** souhaiter bonne nuit.
boas-entradas [,boaʃ,ẽn'tradaʃ] *interj* bonne année!
boas-festas [,boaʒ'fɛʃtaʃ] *fpl* • **desejar boas-festas** adresser ses vœux.
boas-noites [,boaʒ'nojtaʃ] *fpl* • **dar as boas-noites** dire bonsoir.
boas-vindas [,boaʒ'vĩndaʃ] *fpl* • **dar as boas-vindas a alguém** souhaiter la bienvenue à qqn.
boa-tarde [,boa'taxdʒi] *interj* bonne après-midi!
boate ['bwatʃi] *f* boîte *f* (de nuit).

boato ['bwatu] m bruit m (rumeur).
bobagem [bo'baʒẽ] (pl **-ns**) f (tolice) bêtise f.
bobina [bo'bina] f bobine f.
bobo, ba ['bobu, ba] adj idiot(e).
boca ['boka] f (de pessoa) bouche f; (de animal) gueule f; (de túnel) entrée f; (de rua, caminho) début m; (de rio) embouchure f; (de forno, fogão) feu m.
bocado [bo'kadu] m bout m.
bocal [bo'kaw] (pl **-ais**) m embouchure f (d'instrument).
bocejar [bose'ʒa(x)] vi bâiller.
bochecha [bu'ʃeʃa] f joue f.
bochechar [boʃe'ʃa(x)] vi se gargariser.
boda ['boda] f (de casamento) mariage m (réception); • **bodas de ouro** noces fpl d'or • **bodas de prata** noces fpl d'argent.
bode ['bɔdʒi] m bouc m • **bode expiatório** bouc émissaire m.
bofetada [bofe'tada] f gifle f.
boi [boj] m bœuf m.
boia ['bɔja] f (de natação, barco) bouée f; (de pesca, carburador) flotteur m.
boiada [bo'jada] f troupeau m de bœufs.
boiar [bo'ja(x)] vi faire la planche.
boina ['bɔjna] f casquette f (basca) béret m.
bola¹ ['bɔla] f • **bola de carne** pain à la viande.
bola² ['bɔla] f (de tênis) balle f; (de futebol, rúgbi) ballon m; (de bilhar) boule f (de sabão) bulle

f • **não estar bom da bola** (fam) ne pas tourner rond.
bolacha [bo'laʃa] f biscuit m • **bolacha de água e sal** biscuit salé.
boleia [bo'leja] f (do motorista) cabine f; (parte traseira) plateforme f.
boletim [bole'tʃĩ] (pl **-ns**) m (de notícias) bulletin m (d'informations); (revista) bulletin m • **boletim meteorológico** bulletin météorologique.
bolha [boʎa] f (em pele) ampoule f; (em líquido) bulle f.
bolinho [bo'liɲu] m petit gâteau m • **bolinho de arroz** croquette à base de riz, fromage, œufs • **bolinho de bacalhau** croquette f de morue • **bolinho de carne** boulette f de viande
Bolívia [bo'livja] f • **a Bolívia** la Bolivie.
bolo ['bolu] m gâteau m • **bolo inglês** cake m • **bolo rei** ≃ galette f des Rois.
bolo-podre [ˌbolu'podri] (pl **bolos-podres**) m gâteau au tapioca fait à base de farine de manioc ou de blé.
bolor [bo'lo(x)] m moisissure f.
bolota [bo'lɔta] f gland m.
bolsa ['bowsa] f (para dinheiro) bourse f; (mala) sac m (à main) • **bolsa de água quente** bouillotte f • **bolsa de estudos** bourse d'études • **bolsa de valores** bourse de valeurs.
bolso ['bowsu] m poche f.
bom, boa ['bõ, 'boa] (mpl **bons** fpl **boas**) adj bon(bonne).

bomba 46

(*gesto, tempo*) beau(belle) ◆ **o doente já está bom** le malade est guéri ◆ **é bom para a saúde** c'est bon pour la santé ◆ **sapatos bons para dançar** des chaussures bien pour danser ◆ **seria bom se você pudesse ficar** ce serait bien si tu pouvais rester ◆ **tudo bom?** ça va?
bomba [ˈbõba] *f (de ar)* pompe *f*; *(de água)* pompe *f* (à eau); *(explosivo)* bombe *f* ◆ **bomba atômica** bombe atomique ◆ **bomba de gasolina** pompe à essence.
bombardear [bõmbaxˈdʒja(x)] *vt* bombarder.
bombeiro [bõmˈbejru] *m* pompier *m* ◆ **os bombeiros** les pompiers.
bombo [ˈbõmbu] *m* grosse caisse *f*.
bombom [bõmˈbõ] (*pl* -**ns**) *m* bonbon *m*.
bondade [bõnˈdadʒi] *f* bonté *f*.
bonde [ˈbõndʒi] *m* tramway *m* ◆ **andar de bonde** prendre le tramway.
bondoso, osa [bõnˈdozu, ɔza] *adj* bon(bonne).
boné [bɔˈnɛ] *m* casquette *f*.
boneca [boˈnɛka] *f* poupée *f* ◆ **boneca de trapos** poupée de chiffon.
boneco [boˈnɛku] *m (brinquedo)* jouet *m*; *(desenho)* dessin *m* ◆ **boneco de neve** bonhomme *m* de neige.
bonito, ta [boˈnitu, ta] ◆ *adj* beau(belle); *(objeto, mulher)* joli(e); *(momento)* bon(bonne) ◆ *m* thon *m*.
bons [ˈbõʃ] → **bom**.
bônus [ˈbonuʃ] *m inv (de empresa)* prime *f*; *(de loja)* cadeau *m*.
bookmark [ˈbukmark] *m* signet *m*.
boot [ˈbuti] (*pl* **boots**) *m INFORM (inicialização)* réinitialisation *f* ◆ **dar boot** réinitialiser.
borboleta [boxboˈleta] *f* papillon *m*.
borbulhar [boxbuˈʎa(x)] *vi (líquido)* pétiller.
borda [ˈbɔxda] *f* bord *m* ◆ **o copo está cheio até a borda** le verre est plein jusqu'au bord.
bordado, da [boxˈdadu, da] ◆ *adj* brodé(e) ◆ *m* broderie *f*.
bordar [boxˈda(x)] *vt* & *vi* broder.
bordel [boxˈdɛw] (*pl* -**éis**) *m* maison *f* close.
bordo [ˈbɔxdu] *m* bord *m* ◆ **a bordo** à bord.
borra [ˈbɔxa] *f (de café)* marc *m*; *(de vinho)* lie *f*.
borracha [boˈxaʃa] *f (caucho)* caoutchouc *m*; *(de apagar)* gomme *f*.
borracheiro [boxaˈʃejru] *m* garagiste spécialisé dans la réparation de pneus.
borrão [boˈxãw] (*pl* -**ões**) *m* tache *f*.
borrasca [boˈxaʃka] *f* bourrasque *f*.
borrego, ga [boˈxegu, ga] *mf* agneau *m*.
borrifar [boxiˈfa(x)] *vt* ◆ **borrifar algo com algo** asperger qqch de qqch.

borrões [boˈxõjʃ] → **borrão**.
bosque [ˈbɔʃki] m bois m.
bossa [ˈbɔsa] f bosse f • **bossa nova** bossa nova f.

ⓘ BOSSA NOVA

La *Bossa Nova*, courant musical né à la fin des années 1950, est le résultat de la fusion du jazz et de la samba. Son rythme syncopé est devenu célèbre grâce aux compositeurs João Gilberto et Tom Jobim. Le succès de la chanson "Garota de Ipanema" fut si grand que Frank Sinatra lui-même enregistra sa propre version, favorisant sa diffusion à travers le monde entier.

---

bota [ˈbɔta] f (calçado) bottine f; (de cano alto) botte f.
botânica [boˈtãnika] f (ciência) botanique f, → **botânico**.
botânico, ca [boˈtãniku, ka] ◆ mf botaniste mf ◆ adj → **jardim**.
botão [boˈtãw] (pl **-ões**) m bouton m • **botão de punho** bouton de manchette.
botar [boˈta(x)] vt botar banca (fam) miser le gros lot.
bote [ˈbɔtʃi] m canot m • **bote salva-vidas** canot de sauvetage.
boteco [boˈtɛku] m bistrot m.
botequim [botʃiˈkĩ] (pl **-ns**) m bistrot m.

botijão [botʃiˈʒãw] (pl **-ões**) m • **botijão de gás** bonbonne f de gaz.
botões [boˈtõjʃ] → **botão**.
boxe [ˈbɔksi] m boxe f.
bps [bepeˈesi] (abrev de bit por segundo) INFORM bit par seconde m.
braçadeira [brasaˈdejra] f (de cano, mangueira) collier m de serrage; (de cortina) embrasse f.
bracelete [braseˈletʃi] m & f bracelet m.
braço [ˈbrasu] m (de pessoa, rio, mar) bras m; (de árvore) branche f; (de viola, violino, violoncelo) manche m • **ver-se** ou **estar a braços com** se trouver ou être aux prises avec • **de braço dado** bras dessus, bras dessous.
bradar [braˈda(x)] ◆ vt crier ◆ vi hurler.
braguilha [braˈgiʎa] f braguette f.
branco, ca [ˈbrãŋku, ka] ◆ adj blanc(blanche) ◆ m Blanc m, Blanche f ◆ m blanc m • **em branco** en blanc.
brandir [brãnˈdi(x)] vt brandir.
brando, da [ˈbrãndu, da] adj conciliant(e) • **em fogo brando** cuire à feu doux.
brasa [ˈbraza] f braise f.
brasão [braˈzãw] (pl **-ões**) m blason m.
Brasil [braˈziw] m • **o Brasil** le Brésil.
brasileiro, ra [braziˈlejru, ra] ◆ adj brésilien(enne) ◆ mf Brésilien m, -enne f.

Brasília

Brasília [bra'zilja] s Brasília.

BRASÍLIA

En plus d'être la capitale du Brésil, Brasília constitue un véritable chef-d'œuvre d'architecture moderne. Inaugurée en 1960, la ville est située juste au centre géographique du pays. Ses principaux bâtiments, tels que la cathédrale, le Congrès national ou le Palais présidentiel sont l'œuvre de l'architecte Oscar Niemeyer. Le siège du gouvernement se situe au *Palácio do Planalto*, près des tours jumelles du Congrès national. La ville s'organise autour de deux grands axes perpendiculaires et ses rues, ses avenues ont été entièrement planifiées.

brasões [braˈzõʃ] → brasão.
bravio, via [bra'viu, via] *adj (terreno)* en friche; *(terra)* en jachère; *(animal)* farouche.
bravo, va ['bravu, va] ◆ *adj (pessoa)* vaillant(e); *(animal)* sauvage; *(mar)* démonté(e); *(fig) (furioso)* furieux(euse) ◆ *interj* bravo!
brejo ['breʒu] *m* marais *m*.
breve ['brɛvi] *adj* bref(ève)
• **em breve** bientôt • **até breve!** à bientôt!

brevemente [ˌbrɛviˈmẽntʃi] *adv* bientôt.
briga ['briga] *f* bagarre *f*.
brigada [bri'gada] *f (militar)* brigade *f*; *(de trabalhadores)* équipe *f*.
brilhante [briˈʎãntʃi] ◆ *adj* brillant(e) ◆ *m* brillant *m*.
brilhar [briˈʎa(x)] *vi* briller.
brilho ['briʎu] *m* éclat *m*.
brincadeira [brĩkaˈdejra] *f (jogo)* jeu *m*; *(gracejo)* blague *f*.
brincalhão, lhona [brĩkaˈʎãw, ɔna] *(mpl* **-ões**, *fpl* **-s**) *adj & mf* blagueur(euse).
brincar [brĩˈka(x)] *vi (criança)* jouer; *(gracejar)* plaisanter.
brinco ['brĩku] *m* boucle *f* d'oreille.
brincos-de-princesa [ˌbrĩŋkuʒdeprĩˈseza] *mpl* fuchsia *m*.
brindar [brĩˈda(x)] ◆ *vt* offrir ◆ *vi* porter un toast • **brindar à saúde de alguém** boire à la santé de qqn.
brinde ['brĩdʒi] *m* cadeau *m*
• **fazer um brinde** porter un toast.
brinquedo [brĩˈkedu] *m* jouet *m*.
brisa ['briza] *f* brise *f*.
britânico, ca [briˈtaniku, ka] ◆ *adj* britannique ◆ *mf* Britannique *mf*.
broa ['broa] *f* pain *m* de maïs.
broca ['brɔka] *f* fraise *f (outil)*.
brocha ['brɔʃa] *f* brosse *f* de peintre.
broche ['brɔʃi] *m* broche *f*.
brochura [broˈʃura] *f* brochure *f*.

brócolis ['brɔkoliʃ] *mpl* brocoli *m.*

bronca ['brõŋka] *f (fam) (confusão)* histoire *f; (repreensão)* leçon *f.*

bronquite [brõŋ'kitʃi] *f* bronchite *f.*

bronze ['brõzi] *m* bronze *m.*

bronzeado, da [brõ'zeadu, da]
♦ *adj* bronzé(e) ♦ *m* bronzage *m.*

bronzeador [brõzea'do(x)] *(pl -es) m* crème *f* solaire.

bronzear-se [brõ'zjaxsi] *vp* bronzer.

brotar [bro'ta(x)] *vi (água)* jaillir; *(flor, planta)* pousser.

broto ['brotu] *m (fam & fig) (jovem)* adolescent *m.*

browser ['bräwze(x)] *m INFORM* navigateur *m.*

bruços ['brusuʃ] *mpl* **• de bruços** sur le ventre.

bruma ['bruma] *f* brume *f.*

brusco, ca ['bruʃku, ka] *adj* brusque.

brushing ['braʃĩŋ] *m* brushing *m.*

brutal [bru'taw] *(pl -ais) adj* brutal(e).

bruto, ta ['brutu, ta] *adj* brut(e); *(estúpido)* abruti(e) **• em bruto** brut(e).

bruxa ['bruʃa] *f* sorcière *f.*

bucho ['buʃu] *m* panse *f* de porc farcie.

búfalo ['bufalu] *m* buffle *m.*

bufê [bu'fe] *m* buffet *m; (de teatro)* buvette *f.*

buffer ['bufe(x)] *(pl **buffers**) m INFORM* mémoire *f* tampon.

bug ['bugi] *(pl **bugs**) m INFORM* bogue *f.*

bugigangas [buʒi'gaŋgaʃ] *fpl* bricoles *fpl.*

bujão [bu'ʒãw] *m (de gás)* bonbonne *f.*

bula ['bula] *f (de medicamento)* notice *f; (papal)* bulle *f.*

bulbo ['buwbu] *m* bulbe *m.*

buldôzer [buw'doze(x)] *(pl -es) m* bulldozer *m.*

bule ['buli] *m (para chá)* théière *f; (para café)* cafetière *f.*

Bulgária [buw'garja] *f* **• a Bulgária** la Bulgarie.

búlgaro, ra ['buwgaru, ra]
♦ *adj* bulgare ♦ *m* Bulgare *mf*
♦ *m (língua)* bulgare *m.*

bumba meu boi ['bẽmba-mew'boj] *m* Bumba meu boi *m.*

ⓘ BUMBA MEU BOI

Sorte de représentation dramatique dansée où l'on célèbre la mort et la résurrection d'un bœuf, cette fête populaire est considérée dans certaines régions du Brésil comme l'une des expressions culturelles les plus importantes du pays. Peuplée de personnages humains, d'animaux et d'êtres fantastiques, elle se déroule entre Noël et la fête des Rois et dans les États du Nord du Brésil, pendant la Saint-Jean.

bunda ['bũnda] *f (fam)* fesses *fpl.*

buraco [bu'raku] *m* trou *m.*

burla ['burla] *f* escroquerie *f.*

burocracia [burɔkra'sia] f bureaucratie f.

burro, a ['buxu, a] ♦ mf âne m, ânesse f ♦ adj âne.

busca [buʃka] f recherche f • **em busca de** à la recherche de.

buscador [buʃka'do(x)] m INFORM moteur m de recherche.

buscar [buʃ'ka(x)] vt chercher • **ir buscar alguém** aller chercher.

bússola ['busola] f boussole f.

bustiê [buʃ'tʃie] m bustier m.

busto ['buʃtu] m buste m.

butique [bu'tʃiki] f boutique f.

buzina [bu'zina] f klaxon m.

buzinar [buzi'na(x)] vi klaxonner.

búzio ['buzju] m bulot m.

C

cá ['ka] adv ici • **andar de cá para lá** faire les cent pas.

cabana [ka'bana] f cabane f.

cabeça [ka'besa] f tête f; (fig) (dirigente) chef m • **por cabeça** par personne • **à cabeça de** à la tête de • **de cabeça para baixo** sens dessus dessous • **não ter pés nem cabeça** n'avoir ni queue ni tête • **perder a cabeça** perdre la tête.

cabeçada [kabe'sada] f (pancada) coup m de tête; (em futebol) tête f.

cabeçalho [kabe'saʎu] m chapeau m (dans un journal).

cabeceira [kabe'sejra] f (de cama) chevet m; (de mesa) bout m.

cabeçudo, da [kabe'sudu, da] adj têtu(e).

cabeleira [kabe'lejra] f (verdadeira) chevelure f; (postiça) perruque f.

cabeleireiro, ra [kabelej'rejru, ra] ♦ mf coiffeur m, -euse f ♦ m salon de coiffure • **ir ao cabeleireiro** aller chez le coiffeur.

cabelo [ka'belu] m cheveu m • **o cabelo** les cheveux • **ir cortar o cabelo** aller se faire couper les cheveux.

caber [ka'be(x)] vi tenir • **a mala não cabe no armário** la valise ne rentre pas dans l'armoire • **não cabe mais ninguém** il n'y a plus de place ❑ **caber a** vp • **cabe a mim fazer esse trabalho** c'est à moi de faire ce travail.

cabide [ka'bidʒi] m portemanteau m.

cabidela [kabi'dɛla] f poulet cuit dans son sang.

cabine [ka'bini] f cabine f; (de avião) cabine de pilotage.

cabisbaixo, xa [kabiʒ'bajʃu, ʃa] adj (fig) abattu(e).

cabo ['kabu] m (de utensílio) manche m; (de terra) cap m; (de eletricidade) câble m; (de corda grossa) corde f; (de exército) caporal m • **até ao cabo** jusqu'au bout • **ao cabo de** au bout de

• **dar cabo de algo** (fam) mettre qqch en l'air.
Cabo Verde [,kabu'vexdʒi] s Cap-Vert m.
cabo-verdiano, na [,kabuvex'dʒianu, na] ♦ adj cap-verdien(enne) ♦ mf Cap-Verdien m, -enne f.
cabra ['kabra] f chèvre f.
cabrito [ka'britu] m chevreau m • **cabrito assado** chevreau rôti.
caça ['kasa] ♦ f (ação) chasse f; (animal caçado) gibier m ♦ avion m de chasse • **caça submarina** pêche f sous-marine.
caçador, ra [kasa'do(x), ra] (mpl -es, fpl -s) mf chasseur m, -euse f.
cação [ka'sãw] m roussette f.
caçar [ka'sa(x)] vt chasser.
caçarola [kasa'rɔla] f (de barro) marmite f; (tacho) casserole f.
cacau [ka'kaw] m cacao m.
cacetada [kase'tada] f coup m de bâton.
cacete [ka'setʃi] m (pau) trique f.
cachaça [ka'ʃasa] f eau-de-vie de canne à sucre.

CACHAÇA

La *cachaça*, probablement la plus célèbre boisson brésilienne, est une eau-de-vie de canne à sucre, limpide et à haute teneur en alcool. On l'utilise dans la composition de plusieurs cocktails, tels que la *caipirinha* (préparée avec du sucre et de la glace pilée) et la *batida* (mélange à base de cachaça, de sucre ou de lait concentré et de jus de fruit). Selon la tradition populaire, lorsque l'on boit la *cachaça* pure, il est de bonne augure d'en verser quelques gouttes sur le sol pour attirer la chance. Certaines *cachaças* possèdent des noms pittoresques, tels que *Levanta-Defunto* (Réveil-défunt), *Mata-Sogra* (Tue-Belle-mère) et *Xixi-do-Diabo* (Pipi-du-Diable).

---

cachê [ka'ʃe] m cachet m.
cachecol [kaʃe'kɔw] (pl **-óis**) m écharpe f.
cachimbo [ka'ʃĩmbu] m pipe f.
cacho ['kaʃu] m (de uvas) grappe f; (de flores) gerbe f; (de cabelo) mèche f; (de banana) régime m.
cachorro [ka'ʃoxu] m chien m.
cachorro-quente [ka,ʃoxu'kẽntʃi] m hot-dog m.
cacto ['ka(k)tu] m cactus m.
cada ['kada] adj chaque; (com regularidade) tous (toutes les) • **cada dois dias** tous les deux jours • **uma pessoa em cada dez** une personne sur dix • **cada qual** chacun(e) • **cada um/uma** chacun/chacune • **uma/de cada vez** un/une à la fois • **cada vez mais** de plus en plus • **cada vez que** chaque fois que

cadarço

• **cada um por si** chacun pour soi.
cadarço [ka'daxsu] *m* lacet *m*.
cadastro [ka'daʃtru] *m* cadastre *m*.
cadáver [ka'dave(x)] (*pl* **-es**) *m* cadavre *m*.
cadê [ka'de] *adv* (*fam*)
• **cadê...?** où est passé...?
cadeado [ka'dʒjadu] *m* cadenas *m*.
cadeia [ka'deja] *f* (*prisão*) prison *f*; (*fila*) chaîne *f*.
cadeira [ka'dejra] *f* (*assento*) chaise *f*; (*disciplina*) chaire *f*
• **cadeira de rodas** fauteuil *m* roulant.
cadela [ka'dɛla] *f* chienne *f*.
cadência [ka'dẽsja] *f* cadence *f*.
caderneta [kadex'neta] *f* carnet *m* • **caderneta de poupança** caisse *f* d'épargne.
caderno [ka'dɛrnu] *m* cahier *m*.
caducar [kadu'ka(x)] *vi* (*passaporte, visto*) être périmé(e); (*prazo*) expirer.
caduco, ca [ka'duku, ka] *adj* gâteux(euse).
cães ['kãjʃ] → **cão**.
café [ka'fɛ] *m* café *m* • **café forte** café serré • **café fraco** café allongé • **café com leite** café au lait • **café moído** café moulu • **café solúvel** café soluble.
café da manhã [kafɛ'damaˌɲã] *m* petit déjeuner *m*.
cafeína [kafe'ina] *f* caféine *f*.
cafeteira [kafe'tejra] *f* cafetière *f*.
cafezinho [kafe'ziɲu] *m* express *m*.

cágado ['kagadu] *m* tortue *f*.
cagar ['kaga(x)] ◆ *vi* (*vulg*) chier ◆ *vt* (*fam*) dégueulasser.
caiar [ka'ja(x)] *vt* blanchir à la chaux.
caibo ['kajbu] → **caber**.
cãibra ['kãjmbra] *f* crampe *f*.
caipira [kaj'pira] ◆ *adj* plouc ◆ *nmf* péquenaud *m*, -e *f*.
caipirinha [kajpi'riɲa] *f* boisson à base d'alcool de canne à sucre et de citron.
cair [ka'i(x)] *vi* (*objeto, pessoa*) tomber; (*roupa*) aller; (*água, luz*) tomber • **cair bem** plaire • **cair mal** ne pas plaire; (*comida*) ne pas digérer • **cair na realidade** se rendre à l'évidence • **cair em si** reprendre ses esprits • **nessa eu não caio!** on ne m'y prendra pas!
cais ['kajʃ] *m inv* quai *m* • **cais de embarque** quai d'embarquement.
caixa ['kajʃa] ◆ *f* caisse *f*; (*de papel*) boîte *f*; (*de arma*) chargeur *m* ◆ *nmf* caissier *m*, -ère *f*
• **caixa de câmbio** boîte de vitesses • **caixa craniana** boîte crânienne • **caixa de coleta** boîte *f* aux lettres • **caixa do correio** boîte aux lettres • **caixa de diálogo** boîte de dialogue • **caixa eletrônico** caisse automatique • **caixa de fósforos** boîte d'allumettes • **caixa de pagamento** caisse • **caixa postal** boîte postale • **caixa registradora** caisse (enregistreuse) • **caixa torácica** cage *f* thoracique.

caixão [kaj'ʃãw] (*pl* -ões) *m* cercueil *m*.
caixeiro [kaj'ʃejru] *m* • **caixeiro-viajante** représentant *m* (de commerce).
caixilho [kaj'ʃiʎu] *m* cadre *m*.
caixões [kaj'ʃõjʃ] → **caixão**.
caixote [kaj'ʃɔtʃi] *m* caisse *f*.
caju [ka'ʒu] *m* noix *f* de cajou.
cal ['kaw] *f* chaux *f*.
calado, da [ka'ladu, da] *adj* silencieux(euse) • **fique calado!** tais-toi!
calafrio [kala'friw] *m* frisson *m*.
calamidade [kalami'dadʒi] *f* calamité *f*.
calão [ka'lãw] *m* argot *m*.
calar-se [ka'laxsi] *vp* se taire • **cale-se!** tais-toi!
Calç. (*abrev de* **Calçada**) rue *f*.
calça ['kawsa] *f* pantalon *m*.
calçada [kaw'sada] *f* (*rua calcetada*) rue *f* pavée.
calçadeira [kawsa'dejra] *f* chausse-pied *m*.
calçado, da [kaw'sadu, da] ♦ *adj* (*pessoa*) chaussé(e); (*rua*) pavé(e) ♦ *m* chaussure *f*.
calcanhar [kawka'ɲa(x)] (*pl* -es) *m* talon *m*.
calção [kaw'sãw] (*pl* -ões) *m* short *m* • **calção de banho** maillot *m* de bain.
calcar [kaw'ka(x)] *vt* (*pisar*) piétiner, tasser.
calçar [kaw'sa(x)] *vt* (*sapatos*) mettre; (*meias, luvas*) enfiler; (*rua, passeio*) paver • **que número você calça?** quelle est ta pointure? • **calço 37** je chausse du 37.

calcário [kaw'karju] *m* calcaire *m*.
calcinha [kaw'siɲa] *f* culotte *f*.
cálcio ['kawsju] *m* calcium *m*.
calço [kaw'su] *m* (*cunha*) cale *f* • **calço de freio** plaquette *f* (de frein).
calções [kal'sõjʃ] → **calção**.
calculadora [kawkula'dora] *f* machine *f* à calculer • **calculadora de bolso** calculette *f*.
calcular [kawku'la(x)] *vt* (*número, valor*) calculer; (*conjecturar*) supposer.
cálculo ['kawkulu] *m* calcul *m* • **pelos meus cálculos** d'après mes calculs.
calda ['kawda] *f* sirop *m*.
caldeira [kaw'dejra] *f* chaudière *f*.
caldeirada [kawdej'rada] *f* ≃ bouillabaisse *f*.
caldo ['kawdu] *m* bouillon *m*; (*suco de fruto, planta*) jus *m* • **caldo de cana** sirop *m* de canne à sucre • **caldo verde** soupe *f* au chou.
calendário [kalẽn'darju] *m* calendrier *m*.
calhamaço [kaʎa'masu] *m* (*fam*) pavé *m* (*livre*).
calhar [ka'ʎa(x)] *vi* • **calhou viajarmos juntos** il se trouve que nous avons voyagé ensemble • **calhar bem/mal** tomber bien/mal • **se calhar** si ça se trouve • **vir a calhar** tomber à pic.
calhau [ka'ʎaw] *m* grosse pierre *f*.
calibragem [kali'braʒẽ] (*pl* -ns) *f* équilibrage *m* des roues.

calibre

calibre [ka'libri] m calibre m; (fig) envergure f.
cálice ['kalisi] m (sagrado) calice m; (copo) verre m à pied.
calista [ka'liʃta] nmf pédicure mf.
calma ['kawma] ♦ f calme m ♦ interj du calme! • **ter calma** être calme.
calmante [kaw'mãntʃi] ♦ m calmant m ♦ adj calmant(e).
calmo, ma ['kawmu, ma] adj calme.
calo [kalu] m (de pé) cor m; (de mão) durillon m.
calor [ka'lo(x)] m chaleur f • **estar com calor** avoir chaud.
caloria [kalo'ria] f calorie f.
calorífero, ra [kalu'riferu, ra] ♦ adj calorifère ♦ m calorifère m.
calouro, ra [ka'loru, ra] m/f bizut m.
calúnia [ka'lunja] f calomnie f.
calvo, va ['kawvu, va] adj chauve.
cama ['kama] f lit m • **cama de bebê** berceau m • **cama de casal** lit double.
camada [ka'mada] f couche f; • **a camada de ozônio** la couche d'ozone.
camaleão [kama'ljãw] (pl -ões) m caméléon m.
câmara ['kãmara] f • **câmara de ar** chambre f à air • **câmara escura** chambre f noire • **câmara fotográfica** appareil m photo • **câmara digital** appareil m photo numérique • **câmara municipal** municipalité f; (edifício) mairie f • **câmara de vídeo** Camescope® m.
camarada [kama'rada] nmf camarade mf.
camarão [kama'rãw] (pl -ões) m crevette f.
camarim [kama'rĩ] (pl -ns) m loge f.
camarões → **camarão**.
camarote [kama'rɔtʃi] m (de navio) cabine f; (de teatro) loge f.
cambalear [kãmba'lja(x)] vi tituber.
cambalhota [kãmba'ʎɔta] f (intencional) galipette f; (reviravolta) bouleversement m • **dar uma cambalhota** faire des galipettes.
câmbio ['kãmbju] m change m; (de veículo) vitesse f.
cambista ['kãmbiʃta] nmf (de dinheiro) échangeur
cambraia [kãm'braja] f batiste f.
camelo [ka'melu] m (animal) chameau m.
camelô [kame'lo] m camelot m.
caminhada [kami'ɲada] f (caminho percorrido) • **fazer uma caminhada** marcher.
caminhão [kami'ɲãw] (pl -ões) m (viatura) camion m.
caminhar [kami'ɲa(x)] vi (andar) marcher.
caminho [ka'miɲu] m chemin m • **a caminho** en route • **a caminho de** en route pour • **de caminho** (seguidamente) dans la foulée; (ao mesmo tempo) au passage • **pelo caminho** en chemin.

caminhoneiro, ra [kamiɲo'nejru, ra] *mf* camionneur *m*, -euse *f.*

caminhonete [kamjɲo'nɛtʃi] *f* camionnette *f*; *(para passageiros)* car *m.*

camisa [ka'miza] *f* chemise *f*; • **camisa de força** *f* camisole *f* de force • **camisa de vênus** *f* préservatif *m.*

camiseta [kami'zeta] *f* chemisette *f.*

camisinha [kami'ziɲa] *f (fam)* capote *f* (anglaise).

camisola [kami'zɔla] *f* chemise *f* de nuit.

camomila [kamo'mila] *f* camomille *f.*

campainha [kãmpa'iɲa] *f* (de porta, alarme) sonnette *f*; *(sino pequeno)* clochette *f.*

campanário [kãmpa'narju] *m* clocher *m.*

campanha [kãm'paɲa] *f* campagne *f* • **campanha eleitoral** campagne électorale.

campeão, ã [kãm'pjãw, pjã] (*mpl* **-ões**, *fpl* **-s**) *mf* champion *m*, -onne *f.*

campeonato [kãmpjo'natu] *m* championnat *m.*

campestre [kãm'pɛʃtri] *adj (cenário)* champêtre; *(flor)* des champs; *(vida)* à la campagne.

camping [kãm'pĩŋ] *m* camping *m.*

campista [kãm'piʃta] *nmf* campeur *m*, -euse *f.*

campo ['kãmpu] *m (zona rural)* campagne *f*; *(de esporte)* terrain *m*; *(terreno, domínio)* champ *m* • **campo de futebol** terrain de football • **campo de golfe** terrain de golf • **campo de tiro** champ de tir.

camponês, esa ['kãnpo'neʃ, eza] (*mpl* **-eses**, *fpl* **-s**) *mf* paysan *m*, -anne *f.*

camuflagem [kamu'flaʒẽ] (*pl* **-ns**) *f* camouflage *m.*

camuflar [kamu'fla(x)] *vt* camoufler.

camurça [ka'muxsa] *f* daim *m.*

cana ['kana] *f* canne *f.*

Canadá [kana'da] *m* • **o Canadá** le Canada.

cana-de-açúcar [ˌkãnadʒja'suka(x)] (*pl* **canas-de-açúcar**) *f* canne *f* à sucre.

canadense [kana'dẽsi] ♦ *adj* canadien(enne) ♦ *mf* Canadien *m*, -enne *f.*

canal [ka'naw] (*pl* **-ais**) *m* canal *m*; *(de televisão)* chaîne *f* • **o Canal da Mancha** la Manche.

canalha [ka'naʎa] *nmf* canaille *f.*

canalização [kanaliza'sãw] (*pl* **-ões**) *f* canalisation *f.*

canalizar [kanali'za(x)] *vt* canaliser.

canapé [kana'pɛ] *m (sofá)* canapé *m (siège)*; *(aperitivo)* canapé *m (apéritif)*.

canário [ka'narju] *m* canari *m.*

canastra [ka'naʃtra] *f* corbeille *f.*

canção [kã'sãw] (*pl* **-ões**) *f* chanson *f.*

cancela [kã'sɛla] *f (de casa, jardim)* grille *f*; *(de passagem de nível)* barrière *f.*

cancelamento [kãsela'mẽntu] *m* annulation *f*.
cancelar [kãse'la(x)] *vt* annuler.
câncer ['kãse(x)] (*pl* **-es**) *m* cancer *m* ▫ **Câncer** *m* (*signo do Zodíaco*) Cancer *m*.
cancerígeno, na [kãse'riʒenu, na] *adj* cancérigène.
canções [kãn'sõjʃ] → **canção**.
candeeiro [kẽn'djejru] *m* lustre *m*; *(de mesa)* lampe *f* • **candeeiro a petróleo** lampe à pétrole.
candelabro [kãnde'labru] *m* candélabre *m*.
candidato, ta [kãndʒi'datu, ta] *mf* candidat *m*, -e *f* • **ser candidato a algo** être candidat à qqch.
candomblé [kãndõm'blɛ] *m* candomblé *m*, *culte d'origine africaine, surtout pratiqué dans la région de Bahia au Brésil.*

ⓘ CANDOMBLÉ

Le candomblé est une religion hybride, dérivée d'une fusion entre le catholicisme portugais et les rites africains parvenus au Brésil par l'intermédiaire des esclaves. Les divinités du candomblé sont appelées *orixás* et chacune d'entre elles a son équivalent parmi les saints catholiques. Ainsi, *Ogum* correspond à saint Georges, *Oxalá* à Jésus et *Iemanjá*, la déesse de la mer, à la Vierge Marie. Les rituels sont pratiqués dans les *terreiros*. Lors des cérémonies du candomblé, les *orixás* se manifestent par la possession d'un corps en transe (généralement celui d'une femme), au son des *atabaques*, joués par les hommes.

---

caneca [ka'nɛka] *f* chope *f*.
canela [ka'nɛla] *f* (*condimento*) cannelle *f*; *(da perna)* tibia *m*.
caneta [ka'neta] *f* stylo *m* • **caneta hidrográfica** stylo feutre.
caneta-tinteiro [ka,netatʃĩn'tejru] (*pl* **canetas-tinteiros**) *f* stylo-plume *f*.
canga ['kãnga] *f (de praia)* couverture de plage *f*.
canguru [kãngu'ru] *m* kangourou *m*.
canhão [ka'ɲãw] (*pl* **-ões**) *m* canon *m (arme)*.
canhoto, ota [ka'ɲotu, ɔta] ◆ *adj* & *mf* gaucher(ère) ◆ *m (de formulário)* partie *f* détachable.
canibal [kani'baw] (*pl* **-ais**) *nmf* cannibale *mf*.
caniço [ka'nisu] *m* jonc *m*.
canil [ka'niw] (*pl* **-is**) *m* chenil *m*.
caninha [ka'niɲa] *f* tafia *m* eau-de-vie de canne à sucre.
canis → **canil**.
canivete [kani'vetʃi] *m* canif *m*.
canja ['kãʒa] *f* • **canja (de galinha)** bouillon *m* de poule *f* • **é canja!** c'est du gâteau!
cano ['kanu] *m (de água, gás)* conduite *f*; *(de arma)* canon *m*; *(de bota)* tige *f* • **cano de es-**

capamento pot *m* d'échappement • **cano de esgoto** conduite d'égout.

canoa [ka'noa] *f* canot *m*.
canoagem [ka'nwaʒẽ] *f* canoë *m* • **fazer canoagem** faire du canoë.
cansaço [kã'sasu] *m* fatigue *f*.
cansado, da [kã'sadu, da] *adj* • **estar cansado** être fatigué.
cansar [kã'sa(x)] *vt* fatiguer ❏ **cansar-se** *vp* se fatiguer.
cansativo, va [kãsa'tʃivu, va] *adj* fatigant(e).
cantar [kã'ta(x)] *vt & vi* chanter.
cantarolar [kãntaro'la(x)] *vt & vi* chantonner.
cantiga [kãn'tʃiga] *f* chanson *f*.
cantil [kãn'tʃiw] (*pl* -**is**) *m* gourde *f*.
cantina [kãn'tʃina] *f* cantine *f*.
cantis → **cantil**.
canto ['kãntu] *m* (*esquina*) coin *m*; (*forma de cantar*) chant *m*.
cantor, ra [kãn'to(x), ra] (*mpl* -**es**, *fpl* -**s**) *mf* chanteur *m*, -euse *f*.
canudinho [kanu'dipu] *f* paille *f*.
canudo [ka'nudu] *m* (*tubo*) tuyau *m*; (*para beber*) paille *f*; (*fam*) (*diploma de curso*) parchemin *m*.
cão ['kãw] (*pl* **cães**) *m* chien *m* • **cão de guarda** chien de garde.
caos ['kawʃ] *m* chaos *m*.
caótico, ca [ka'ɔtiku, ka] *adj* chaotique.
capa ['kapa] *f* (*peça de vestuário*) cape *f*; (*de livro, caderno*) couverture *f*; (*dossiê escolar*) classeur *m*; (*de plástico*) pochette *f* • **capa impermeável** cape imperméable.
capacete [kapa'setʃi] *m* (*de proteção*) casque *m*.
capacidade [kapasi'dadʒi] *f* capacité *f*.
capar [ka'pa(x)] *vt* châtrer.
capaz [ka'paʃ] (*pl* -**es**) *adj* capable • **ser capaz de fazer algo** être capable de faire qqch • **é capaz de chover** il se peut qu'il pleuve • **sou capaz de não sair hoje** aujourd'hui, il se peut que je ne sorte pas.
capela [ka'pɛla] *f* chapelle *f*.
capitã → **capitão**.
capitães → **capitão**.
capital [kapi'taw] (*pl* -**ais**) *f* ◆ *f* capitale *f* ◆ *m* capital *m*.
capitalismo [kapita'liʒmu] *m* capitalisme *m*.
capitalista [kapita'liʃta] *adj & nmf* capitaliste.
capitão, ã [kapi'tãw, tã] (*mpl* -**ães**, *fpl* -**s**) *mf* capitaine *m*.
capítulo [ka'pitulu] *m* chapitre *m*.
capô [ka'po] *m* capot *m*.
capoeira [ka'pwejra] *f* (*prática desportiva*) combat-danse *f* de Bahia; (*para galinhas*) poulailler *m*.

ⓘ CAPOEIRA

La *capoeira*, est un mélange de lutte corporelle, de danse, de sport, de fut créée au Brésil par les esclaves africains qui, interdits de pratiquer leurs luttes traditionnelles convertirent cette activité en danse, pour maintenir vivante leur culture. La *capoeira* se pratique à deux : les capœiristes simulent un combat au centre d'un cercle (la *roda*) formé par les autres participants qui jouent du *berimbau*, instrument à une seule corde. Salvador de Bahia est la capitale de la *capoeira*.

capota [ka'pɔta] *f (de carro)* capote *f.*
capotar [kapo'ta(x)] *vi* se renverser *(une voiture).*
capote [ka'pɔti] *m* houppelande *f.*
cappuccino [kapu'tʃinu] *m* cappuccino *m.*
capricho [ka'priʃu] *m* caprice *m.*
Capricórnio [kapri'kɔrnju] *m* Capricorne *m.*
cápsula ['kapsula] *f* capsule *f.*
captar [kap'ta(x)] *vt* capter.
capuz [ka'puʃ] *(pl -es) m* capuche *f.*
caqui [ka'ki] *m* kaki *m (fruit).*
cáqui ['kaki] *m* kaki *m (couleur).*
cara ['kara] ◆ *f (de pessoa)* visage *m; (aspecto)* air *m* ◆ *m (fam)* type *m* • **cara ou coroa?** pile ou face? • **cara a cara** face à face • **dar de cara com** *(fig)* tomber sur • **não vou** **com a cara dele** il ne me revient pas • **ter cara de poucos amigos** avoir une sale tête.
carabina [kara'bina] *f* carabine *f.*
caracol [kara'kɔw] *(pl -óis) m (animal)* escargot *m; (de cabelo)* boucle *f.*
característica [kara(k)te'riʃtʃika] *f* caractéristique *f.*
característico, ca [kara(k)te'riʃtʃiku, ka] *adj* caractéristique.
carambola [karãm'bɔla] *f* carambole *f (fruit).*
caramelo [kara'mɛlu] *m* caramel *m.*
caranguejo [karãŋ'geʒu] *m* crabe *m.*
caranguejo-aranha [karãŋ'geʒu'arãɲa] *m* araignée *f* de mer.
carapau [kara'paw] *m* chinchard *m* • **carapaus assados** chinchards grillés • **carapaus à escabeche** chinchards à l'escabèche.
caratê [kara'te] *m* = **karatê**.
caráter [ka'ratɛ(x)] *(pl* carateres) *m* caractère *m.*
caravana [kara'vana] *f (de pessoas)* caravane *f.*
carbonizado, da [kaxboni'zadu, da] *adj* carbonisé(e).
carbono [kax'bonu] *m* carbone *m.*
carburador [kaxbura'do(x)] *(pl -es) m* carburateur *m.*
cardápio [kax'dapju] *m* menu *m* • **cardápio turístico** menu touristique.

cardíaco, ca [kax'dʒiaku, ka] adj cardiaque.

cardo ['kaxdu] m chardon m.

cardume [kax'dumi] m banc m de poissons.

careca [ka'rɛka] ♦ adj (pessoa) chauve; (pneu) lisse ♦ f calvitie f.

carecer [kare'se(x)] ▫ **carecer de** vp manquer de; (precisar de) avoir besoin de.

carência [ka'rẽsja] f (falta) carence f; (necessidade) manque m.

careta [ka'rɛta] f grimace f • **fazer caretas** faire des grimaces.

carga ['kaxga] f charge f; (de veículo) cargaison f • **carga máxima** charge maximum.

cargo ['kaxgu] m (função) poste m; (responsabilidade) charge f • **estar/deixar a cargo de** être/laisser à la charge de • **ter a cargo** avoir à charge.

cariado, da [ka'rjadu, da] adj carié(e).

caricatura [karika'tura] f caricature f.

carícia [ka'risja] f caresse f.

caridade [kari'dadʒi] f charité f.

cárie ['kari] f carie f.

carimbar [karĩm'ba(x)] vt tamponner (un passeport).

carimbo [ka'rĩmbu] m tampon m.

carinho [ka'riɲu] m tendresse f.

carioca [ka'rjɔka] nmf Carioca mf.

carisma [ka'riʒma] m charisme m.

carnal [kax'naw] (pl **-ais**) adj charnel(elle).

Carnaval [kaxna'vaw] m carnaval m.

ⓘ CARNAVAL

Le carnaval est célébré au Brésil pendant les quatre jours qui précèdent le mercredi des Cendres. Les riches et les pauvres se réunissent dans les rues pour célébrer le carnaval. Bien qu'il soit fêté à travers tout le Brésil, les défilés de Rio et de Salvador sont les plus connus. Le carnaval de Rio est célèbre pour sa compétition entre les différentes écoles de samba, tandis qu'à Salvador la fête est animée par les nombreux *blocos* qui, suivis du peuple, parcourent les quartiers de la ville, derrière les *Trios Elétricos*.

carne ['kaxni] f (tecido muscular) chair f; (de comer) viande f • **carne de cordeiro** agneau m • **carne fria** viande froide • **em carne e osso** en chair et en os • **carne moída** viande hachée • **carne de porco** viande de porc • **carne de vaca** viande de bœuf.

carnê [kax'ne] m carnet m.

carneiro [kax'nejru] m (animal) bélier m; (carne) mouton m ▫ **Carneiro** m Bélier m.

carnudo 60

carnudo, da [kax'nudu, da] *adj* charnu(e).
caro, ra ['karu, ra] *adj* cher(ère).
carochinha [karɔ'ʃiɲa] f → **história**.
caroço [ka'rosu] m *(de fruto)* noyau m; *(em corpo)* kyste m.
carona [ka'rona] f auto-stop m • **pegar uma carona** être pris en stop • **dar uma carona** prendre en stop; *(suj: um conhecido)* raccompagner • **pedir carona** faire du stop.
carpete [kax'pɛtʃi] f moquette f.
carpinteiro [kaxpĩ'tejru] m charpentier m.
carrapato [kaxa'patu] m tique f.
carregado, da [kaxe'gadu, da] *adj* chargé(e); *(cor)* foncé(e); *(tempo)* lourd(e).
carregador [kaxega'do(x)] *(pl* -es*)* m porteur m.
carregar [kaxe'ga(x)] ♦ *vt* charger; *(transportar)* porter ♦ *vi (pesar)* peser; *(fazer pressão em)* appuyer • **carregar em algo** appuyer sur qqch.
carreira [ka'xejra] f *(profissão)* carrière f; *(fileira)* rangée f; *(pequena corrida)* course f.
carrinho [ka'xiɲu] m • **carrinho bate-bate** autos fpl tamponneuses • **carrinho de bebê** landau m • **carrinho de supermercado** chariot m.
carro ['kaxu] m voiture f • **carro alegórico** char m *(de Carnaval)* • **carro de aluguel** voiture f de location • **carro de corrida** voiture f de course • **carro de praça** taxi m.
carroça [ka'xɔsa] f charrette f.
carroceria [kaxose'ria] f carrosserie f.
carrossel [kaxɔ'sɛw] *(pl* -éis*)* m manège m.
carruagem [ka'xwaʒẽ] *(pl* -ns*)* f carrosse m.
carta ['kaxta] f *(epístola)* lettre f; *(mapa)* carte f; *(de baralho)* carte f (à jouer); *(em restaurante)* menu m • **carta de apresentação** lettre de motivation • **carta (de motorista)** permis m de conduire • **carta registrada** lettre recommandée.
cartão [kax'tãw] *(pl* -ões*)* m carte f; *(papelão)* carton m • **cartão bancário** carte bancaire • **cartão de crédito** carte de crédit • **cartão de embarque/desembarque** carte d'embarquement/de débarquement • **cartão de visita** carte de visite • **cartão jovem** carte jeune • **cartão telefônico** carte téléphonique.
cartão-postal [kax,tãwpoʃ'taw] *(pl* **cartões-postais***)* m carte-postale f.
cartaz [kax'taʃ] *(pl* -es*)* m *(de publicidade)* affiche f.
carteira [kax'tejra] f *(de dinheiro)* portefeuille m; *(bolsa de senhora)* sac m à main; *(de sala de aula)* pupitre m; *(de identificação, profissional)* carte f • **carteira de identidade** carte d'identité • **carteira de motorista** permis m de conduire.

carteiro [kax'tejru] m facteur m.

cárter ['kaxter] (pl **-es**) m carter m.

cartões → cartão.

cartolina [kaxto'lina] f bristol m.

cartório [kax'tɔrju] m étude f (de notaire) • **Cartório Notarial** Étude f.

cartucho [kax'tuʃu] m (para mercadoria) cornet m; (munição) cartouche f; (embrulho) paquet m.

caruru [kaxu'ru] m CULIN gombos et crevettes sautées à la sauce piquante.

carvalho [kax'vaʎu] m chêne m.

carvão [kax'vãw] m charbon m • **carvão vegetal** charbon de bois.

casa ['kaza] f maison f; (de botão) boutonnière f • **casa de câmbio** bureau m de change • **casa de fado** restaurant où l'on écoute du fado • **casa de frios** charcuterie f • **casa de saúde** maison de santé • **casa lotérica** ≃ la Française des Jeux • **faça como se estivesse em sua casa!** faites comme chez vous!

casaco [ka'zaku] m veste f • **casaco comprido** manteau m • **casaco de malha** gilet m.

casado, da [ka'zadu, da] adj marié(e).

casal [ka'zaw] (pl **-ais**) m (macho e fêmea) couple m.

casamento [kaza'mẽntu] m mariage m.

casar [ka'za(x)] ◆ vt marier ◆ vi se marier □ **casar-se** vp se marier.

casca ['kaʃka] f (de fruto) peau f; (de árvore, laranja) écorce f; (de ovo) coquille f; (de cebola) pelure f; (de ervilha, feijão-verde) cosse f.

cascalho [kaʃ'kaʎu] m gravier m.

cascata [kaʃ'kata] f cascade f.

cascavel [kaʃka'vɛw] (pl **-éis**) m serpent m à sonnette.

casco ['kaʃku] m (de vinho) fût m; (de navio) coque f; (de animal) sabot m.

caseiro, ra [ka'zejru, ra] ◆ adj (doce, comida, pão) (fait) maison; (pessoa) casanier(ère) ◆ mf métayer m, -ère f.

caso ['kazu] ◆ m (circunstância) cas m; (acontecimento) affaire f ◆ conj • **no caso de ou caso** ... • **em caso de emergência**... en cas d'urgence... • **em caso de incêndio**... en cas d'incendie... • **em todo o caso** en tout cas • **em último caso** en dernier ressort • **não fazer caso de algo/alguém** ne pas faire cas de qqch/qqn.

caspa ['kaʃpa] f pellicule f.

casquinha [kaʃ'kiɲa] f (de prata, ouro) plaqué m; (de sorvete) cornet m.

cassete [ka'sɛtʃi] f (áudio) cassette f • **cassete (de vídeo)** cassette vidéo.

cassetete [kase'tɛtʃi] m matraque f.

cassino [ka'sinu] m casino m.

castanha [kaʃˈtaɲa] f (fruto do castanheiro) châtaigne f; (fruto do cajueiro) noix f de cajou • **castanhas assadas** marrons mpl chauds.

castanha-do-pará [-paˈra] (pl **castanhas-do-pará**) f noix f du Pará.

castanheira [kaʃtãˈɲejra] f châtaignier m.

castanheiro [kaʃtãˈɲejru] m châtaignier m.

castanho, nha [kaʃˈtaɲu, ɲa] ◆ adj (olhos, roupa) marron; (cabelo) châtain ◆ m (madeira) châtaignier m; (cor) marron m.

castelo [kaʃˈtɛlu] m château m.

castiçal [kaʃtʃiˈsaw] (pl **-ais**) m chandelier m.

castidade [kaʃtʃiˈdadʒi] f chasteté f.

castigar [kaʃtʃiˈga(x)] vt punir.

castigo [kaʃˈtʃigu] m (punição) punition f; (divino) châtiment m.

casto, ta [ˈkaʃtu, ta] adj chaste.

castor [kaʃˈto(x)] (pl **-es**) m castor m.

castrar [kaʃˈtra(x)] vt castrer.

casual [kaˈzwaw] (pl **-ais**) adj fortuit(e).

casualidade [kazwaliˈdadʒi] f hasard m • **por casualidade** par hasard.

casulo [kaˈzulu] m cocon m.

catacumbas [kataˈkũmbaʃ] fpl catacombes fpl.

catálogo [kaˈtalogu] m (de vendas, produtos) catalogue m; (de livros) catalogue m (de bibliothèque) • **catálogo (de telefones)** annuaire m (téléphonique).

catamarã [katamaˈrã] m catamaran m.

catarata [kataˈrata] f cataracte f • **as cataratas do Iguaçu** les chutes fpl d'Iguaçu.

> ### AS CATARATAS DO IGUAÇU
>
> Les cataractes d'Iguaçu, classées Patrimoine mondial naturel par l'Unesco depuis 1986, se situent à la frontière du Brésil, de l'Argentine et du Paraguay, et constituent un ensemble de 275 cascades d'une hauteur moyenne de 65 mètres. Pour apprécier de près ces chutes d'eau, les visiteurs doivent traverser un étroit pont en bois.

catarro [kaˈtaxu] m catarrhe m.

catástrofe [kaˈtaʃtrofi] f catastrophe f.

catatua [kataˈtua] f cacatoès m.

cata-vento [kataˈvẽntu] (pl **cata-ventos**) m girouette f.

catedral [kateˈdraw] (pl **-ais**) f cathédrale f.

categoria [kategoˈria] f (grupo, posição) catégorie f; (qualidade) classe f • **de categoria** de qualité.

cativar [katʃiˈva(x)] vt captiver.

cativeiro [katʃi'vejru] *m* • **em cativeiro** en captivité.
catolicismo [katoli'siʒmu] *m* catholicisme *m*.
católico, ca [ka'tɔliku, ka] *adj* & *mf* catholique.
catorze [ka'tɔxzi] *num* quatorze, → **seis**.
caução [kaw'sãw] (*pl* **-ões**) *f* caution *f*; • **pagar caução** payer une caution.
cauda ['kawda] *f* (*de animal*) queue *f*; (*de manto, vestido*) traîne *f*.
caudal [kaw'daw] (*pl* **-ais**) *m* débit *m*.
caule ['kawli] *m* tige *f*.
causa ['kawza] *f* cause *f*; *jur* (*ação judicial*) affaire *f* • **por causa de** à cause de.
causar [kaw'za(x)] *vt* causer • **causar danos** causer des dommages.
cautela [kaw'tɛla] *f* (*cuidado*) précaution *f*; • **ter cautela com** faire attention à • **com cautela** avec prudence • **por cautela** par prudence.
cauteloso, osa [kawte'lozu, ɔza] *adj* prudent(e).
cavala [ka'vala] *f* maquereau *m*.
cavalaria [kavala'ria] *f* cavalerie *f*.
cavaleiro [kava'lejru] *m* (*que monta a cavalo*) cavalier *m*; (*em tourada*) torero *m* à cheval; (*medieval*) chevalier *m*.
cavalete [kava'letʃi] *m* chevalet *m*.
cavalgar [kavaw'ga(x)] • *vt* chevaucher • *vt* (*égua, ginete*) chevaucher; (*obstáculo, barreira*) sauter.
cavalheiro [kava'ʎejru] *m* gentleman *m*.
cavalo [ka'valu] *m* (*animal*) cheval *m*; (*peça de xadrez*) cavalier • **cavalo de pau** (*brinquedo*) cheval bâton • **cavalo de Troia** cheval de Troie.
cavanhaque [kava'ɲaki] *m* bouc *m* (*barbe*).
cavaquinho [kava'kiɲu] *m* petite guitare *f*.
cavar [ka'va(x)] • *vt* bêcher • *vi* (*fam*) filer.
caveira [ka'vejra] *f* tête *f* de mort.
caverna [ka'vɛxna] *f* caverne *f*.
caviar [ka'vja(x)] *m* caviar *m*.
cavidade [kavi'dadʒi] *f* cavité *f*.
caxemira [kaʃe'mira] *f* cachemire *m*.
caxumba [ka'ʃũmba] *f* oreillons *mpl*.
c/c (*abrev de* **conta-corrente**) c.c.
CD [se'de] *m* (*abrev de* compact disc) CD *m*.
CD-i *m* (*abrev de* compact disc interativo) CD-I *m*.
CD-ROM *m* CD-ROM *m*.
CE *f* (*abrev de* Comunidade Europeia) CE *f*.
cear ['sea(x)] • *vi* souper • *vt* prendre au souper.
cebola [se'bola] *f* oignon *m*.
cebolinha [sebo'liɲa] *f* petit oignon *m*; ciboulette *f*.
ceder [se'de(x)] • *vt* céder • *vi* céder; (*chuva*) se calmer; (*vento*) tomber • **ceder a passagem** céder le passage.

cedilha

cedilha [se'diʎa] f cédille f.

cedo ['sedu] adv tôt; *(depressa)* vite • **muito cedo** très tôt • **desde cedo** depuis longtemps • **mais cedo ou mais tarde** tôt ou tard.

cedro ['sɛdru] m *(árvore)* cèdre m; *(madeira)* bois m de cèdre.

cegar [se'ga(x)] ◆ vt (suj: luz, raiva) aveugler; (suj: doença) rendre aveugle ◆ vi devenir aveugle.

cego, ga ['sɛgu, ga] ◆ adj (pessoa) aveugle; (faca) émoussé(e) ◆ mf aveugle mf • **às cegas** à l'aveuglette.

cegonha [se'goɲa] f cigogne f.

ceia ['seja] f souper m.

cela ['sɛla] f cellule f.

celebração [selebra'sãw] (pl -ões) f célébration f.

celebrar [sele'bra(x)] vt célébrer; (contrato) passer.

célebre ['sɛlebri] adj célèbre.

celebridade [selebri'dadʒi] f célébrité f.

celeiro [se'lejru] m grenier m (à grain).

celibatário, ria [seliba'tarju, rja] adj célibataire.

celibato [seli'batu] m célibat m.

celofane [selo'fãni] m Cellophane® f.

célula ['sɛlula] f ANAT cellule f.

celular [selu'la(x)] (pl -es) m téléphone m mobile.

cem [sẽ] num cent, → **seis**.

cemitério [semi'tɛrju] m cimetière m.

cena ['sena] f scène f • **estar em cena** être à l'affiche • **entrar em cena** entrer en scène.

cenário [se'narju] m *(de peça teatral, programa televisivo)* décor m; *(panorama)* cadre m.

cenoura [se'nora] f carotte f.

censo ['sẽsu] m recensement m.

censura [sẽ'sura] f censure f.

centavo [sẽ'tavu] m ≃ centime m.

centeio [sẽ'teju] m seigle m.

centelha [sẽ'teʎa] f étincelle f.

centena [sẽ'tena] f centaine f.

centenário [sẽte'narju] m centenaire m.

centésimo, ma [sẽ'tɛzimu, ma] num centième, → **sexto**.

centígrado [sẽ'tʃigradu] adj m → **grau**.

centímetro [sẽ'tʃimetru] m centimètre m.

cento ['sẽntu] m cent m inv • **por cento** pour cent.

centopeia [sẽnto'peja] f mille-pattes m.

central [sẽ'traw] (pl -ais) ◆ adj central(e); *(problema)* principal(e) ◆ f *(de eletricidade, energia atômica)* centrale f • **central elétrica** centrale électrique • **central nuclear** centrale nucléaire • **central telefônica** central m téléphonique.

centrar [sẽ'tra(x)] vt *(atenção)* fixer; *(esforço)* concentrer; *(texto, página)* centrer.

centro ['sẽntru] m centre m • **centro da cidade** centre-ville m • **centro comercial** centre

commercial • *centro de saúde* dispensaire m.
centroavante [,sẽntroa'vãntʃi] m avant-centre m.
CEP m (abrev de código de endereçamento postal) code m postal.
cera ['sera] f (de vela, chão) cire f; (de ouvido) cérumen m • **cera depilatória** cire dépilatoire.
cerâmica [se'rãmika] f céramique f.
ceramista [sera'miʃta] nmf céramiste mf.
cerca ['sexka] ♦ f clôture f ♦ adv • **cerca de** environ • **há cerca de uma semana** il y a environ une semaine.
cercar [sex'ka(x)] vt entourer.
cereal [se'real] (pl **-ais**) m céréale f.
cérebro ['sɛrebru] m cerveau m.
cereja [se'reʒa] f cerise f.
cerimônia [seri'monja] f cérémonie f.
cerrado, da [se'xadu, da] adj (nevoeiro) épais(aisse).
certeza [sex'teza] f certitude f • **dar a certeza** confirmer • **ter a certeza de que** être certain(e) que • **com certeza** certainement • **com certeza!** certainement!
certidão [sextʃi'dãw] (pl **-ões**) f acte m (document).
certificado [sextʃifi'kadu] m certificat m.
certificar-se [sextʃifi'kaxsi] vp s'assurer.
certo, ta ['sɛxtu, ta] ♦ adj (conta, resposta) bon(bonne); (horas)

juste; (resultado, vitória) sûr(e); (determinado) certain(e) ♦ adv correctement ♦ m • **o certo é que...** ce qui est sûr, c'est que... • **ao certo** (exatamente) au juste; (provavelmente) certainement • **dar certo** marcher • **não bater certo** (conta) ne pas tomber juste; (história) ne pas tenir debout.
cerveja [sex'veʒa] f bière f • **cerveja preta** bière brune.
cervejaria [sexveʒa'ria] f brasserie f.
cervical [sexvi'kaw] (pl **-ais**) adj cervical(e).
cessar [se'sa(x)] vi s'achever ♦ vt cesser.
cesta ['seʃta] f panier m.
cesto ['seʃtu] m corbeille f • **cesto de lixo** poubelle f • **cesto de papéis** corbeille à papier • **cesto de vime** panier m en osier.
cético, ca ['sɛtʃiku, ka] adj & mf sceptique.
cetim [se'tʃĩ] m satin m.
céu ['sɛw] m ciel m • **céu da boca** palais m • **a céu aberto** (fig) à ciel ouvert.
cevada [se'vada] f (planta) orge f.
chá [ʃa] m thé m • **chá dançante** thé dansant • **chá com limão** thé au citron • **chá de limão** thé au citron.
chacal [ʃa'kaw] (pl **-ais**) m chacal m.
chacota [ʃa'kɔta] f moquerie f.
chafariz [ʃafa'riʃ] (pl **-es**) m fontaine f publique.

chafurdar

chafurdar [ʃafux'da(x)] *vi* patauger.
chaga ['ʃaga] *f* plaie *f*.
chalé [ʃa'lɛ] *m* chalet *m*.
chaleira [ʃa'lejra] *f* bouilloire *f*.
chama ['ʃama] *f* flamme *f*.
chamada [ʃa'mada] *f (de telefone)* appel *m*; *(de exame)* session *f* • **fazer a chamada** faire l'appel • **chamada a cobrar** appel en PCV • **chamada interurbana** communication *f* interurbaine • **chamada local** communication *f* locale.
chamar [ʃa'ma(x)] *vt* appeler ◆ *vi* sonner ❑ **chamar-se** *vp* s'appeler • **como você se chama?** comment t'appelles-tu? • **chamo-me...** je m'appelle....
chaminé [ʃami'nɛ] *f (de casa, lareira)* cheminée *f*; *(de fogão)* conduit *m*; *(de candeeiro)* verre *m* de lampe.
champanhe [ʃãm'paɲi] *m* champagne *m*.
chamuscar [ʃamuʃ'ka(x)] *vt* flamber.
chance ['ʃãnsi] *f* occasion *f*.
chantagear [ʃãnta'ʒja(x)] *vt* faire du chantage à.
chantagem [ʃãn'taʒẽ] *(pl* -ns) *f* chantage *m*.
chantili [ʃãnti'li] *m* chantilly *m*.
chão ['ʃãw] *m* sol *m (terre)*.
chapa ['ʃapa] *f (metal)* tôle *f*; *(placa, matrícula)* plaque *f* d'immatriculation.
chapéu [ʃa'pɛw] *m (de homem, senhora)* chapeau *m* • **é de se tirar o chapéu** chapeau!

66

chapéu-coco [ʃa,pɛw'koku] *(pl* **chapéus-cocos**) *m* chapeau melon *m*.
charco ['ʃaxku] *m (poça de água)* flaque *f*; *(lamaçal)* bourbier *m*.
charcutaria [ʃaxkuta'ria] *f* charcuterie *f (produits)*.
charme ['ʃaxmi] *m* charme *m*.
charneca [ʃax'nɛka] *f* lande *f*.
charrete [ʃa'xɛtʃi] *f* charrette *f*.
charter ['ʃaxte(x)] *(pl* **-s**) *m* • **(voo) charter** (vol) charter *m*.
charuto [ʃa'rutu] *m* cigare *m*.
chassi [ʃa'si] *m* châssis *m*.
chat [ʃat] *m* chat *m*.
chatear [ʃa'tʃja(x)] *vt* embêter.
chatice [ʃa'tʃisi] *f (fam)* barbe *f* • **que chatice !** quelle barbe!
chato, ta ['ʃatu, ta] *adj (prato, pé)* plat(e); *(fam) (aborrecido)* casse-pieds *(inv)*.
chauvinista [ʃovi'niʃta] *nmf* chauvin *m, -e f*.
chave ['ʃavi] *f* clé *f* • **chave de fenda** tournevis *m* • **chave de ignição** clé de contact • **chave inglesa** clé anglaise.
chaveiro [ʃa'vejru] *m* porte-clés *m inv*.
chávena ['ʃavena] *f* tasse *f*.
check-in [tʃe'kin] *(pl* **check-ins**) *m* enregistrement des bagages • **fazer o check-in** enregistrer.
check-up [tʃe'kapi] *(pl* **check-ups**) *m* check-up *m inv*.
chefe, fa ['ʃɛfi] *mf* chef *m* • **chefe de estação** chef de gare.
chegada [ʃe'gada] *f* arrivée *f*.

chegado, da [ʃeˈgadu, da] *adj (amigo, parente)* proche.
chegar [ʃeˈga(x)] *vi (a lugar)* arriver; *(momento, altura, hora)* venir; *(ser suficiente)* suffire ◆ **chegar bem** être bien arrivé(e) ◆ **chegar ao fim** toucher à sa fin ☐ **chegar-se** *vp (aproximar-se)* s'approcher; *(afastar-se)* se pousser ◆ **chegar-se a** *(aproximar-se de)* s'approcher de.
cheia [ˈʃeja] *f* crue *f.*
cheio, cheia [ˈʃeju, ˈʃeja] *adj* plein(e) ◆ **cheio de** plein de ◆ **estou cheio** *(saciado)* je n'en peux plus; *(fig) (de situação, problema)* j'en ai assez.
cheirar [ʃejˈra(x)] *vt & vi* sentir ◆ **cheirar bem** sentir bon ◆ **cheirar mal** sentir mauvais.
cheiro [ˈʃejru] *m* odeur *f.*
cheiroso, osa [ʃejˈrozu, ɔza] *adj* odorant(e) ◆ **ser** *ou* **estar cheiroso** être parfumé.
cheiro-verde [ˌʃejuˈvexdʒi] *m* fines herbes *fpl.*
cheque [ˈʃɛki] *m (de banco)* chèque *m;* *(em xadrez)* échec *m* ◆ **cheque em branco** chèque en blanc ◆ **cheque sem fundos** *ou* **sem provisão** chèque sans provision ◆ **cheque pré-datado** chèque antidaté ◆ **cheque de viagem** chèque de voyage ◆ **cheque visado** chèque certifié.
cheque-mate [ˌʃɛkiˈmatʃi] *(pl* **cheque-mates)** *m* échec *m* et mat.
chiar [ʃiˈa(x)] *vi (porta, portão)* grincer; *(pneu)* crisser; *(rato, porco)* couiner.

chocolate

chiclete [ʃiˈklɛtʃi] *m* chewing-gum *m.*
chicória [ʃiˈkɔrja] *f* chicorée *f.*
chicote [ʃiˈkɔtʃi] *m* fouet *m.*
chifre [ˈʃifri] *m* corne *f.*
Chile [ˈʃili] *m* ◆ **o Chile** le Chili.
chimarrão [ʃimaˈxãw] *m* maté corsé sans sucre.
chimpanzé [ʃĩmpãˈze] *m* chimpanzé *m.*
China [ˈʃina] *f* ◆ **a China** la Chine.
chinelo [ʃiˈnɛlu] *m* mule *f* ◆ **chinelos (de quarto)** chaussons *mpl.*
chinês, esa [ʃiˈneʃ, eza] *(mpl* **-es,** *fpl* **-s)** ◆ *adj* chinois(e) ◆ *mf* Chinois *m,* -e *f* ◆ *m (língua)* chinois *m* ◆ **isso para mim é chinês** ça, pour moi, c'est du chinois.
chique [ˈʃiki] *adj* chic.
chiqueiro [ʃiˈkejru] *m* porcherie *f.*
chita [ˈʃita] *f* percale *f.*
chocalhar [ʃokaˈʎa(x)] ◆ *vt* agiter ◆ *vi* tinter.
chocalho [ʃoˈkaʎu] *m* sonnaille *f;* *(de bebê)* hochet *m.*
chocante [ʃoˈkãtʃi] *adj* choquant(e).
chocar [ʃoˈka(x)] ◆ *vi* se heurter; *(veículos)* se rentrer dedans; *(galinha)* couver ◆ *vt* choquer; *(fam) (doença)* couver ◆ **chocar com** heurter; *(veículo)* rentrer dans.
chocho, cha [ˈʃoʃu, ʃa] *adj* desséché(e).
chocolate [ʃokoˈlatʃi] *m* chocolat *m* ◆ **chocolate branco** chocolat blanc ◆ **chocolate ao**

chofer

leite chocolat au lait • **chocolate preto** ou **negro** chocolat noir • **chocolate em pó** chocolat en poudre.

chofer [ʃo'fɛ(x)] (pl **-es**) m chauffeur m.

chope ['ʃɔpi] m demi m (bière).

choque ['ʃɔki] m choc m.

choramingar [ʃoramĩŋ'ga(x)] vi pleurnicher.

chorão [ʃo'rãw] (pl **-ões**) m (árvore) saule m pleureur.

chorar [ʃo'ra(x)] vt & vi pleurer • **chorar de rir** pleurer de rire.

chorinho [ʃo'riɲu] m musique instrumentale née à Rio.

choro ['ʃoru] m pleurs mpl.

(i) CHORO

Le *choro* est un genre de musique populaire brésilienne, surgit vers 1870 à Rio de Janeiro, et constitué d'un mélange de valse, de polka et de rythmes africains, tels que le *batuque* et le *lundu*. Sa principale caractéristique est l'improvisation musicale, à base de guitares à six et sept cordes et de *cavaquinho*, une petite guitare à quatre cordes.

chorões → chorão.

choupana [ʃo'pana] f cabane f.

choupo ['ʃopu] m peuplier m.

chouriço [ʃo'risu] m chorizo m.

chover [ʃo've(x)] v impess pleuvoir • **chover a cântaros** pleuvoir des cordes.

chuchu [ʃu'ʃu] m cristophine f (légume tropical) • **pra chuchu** (fam) vachement.

chulé [ʃu'lɛ] m (fam) frometon m.

chulo ['ʃulu, la] adj vulgaire.

chumaço [ʃu'masu] m épaulette f.

chumbar [ʃũm'ba(x)] vt plomber.

chumbo ['ʃũmbu] m (material) plomb m.

chupar [ʃu'pa(x)] vt sucer.

chupeta [ʃu'peta] f tétine f.

churrascaria [ʃuxaʃka'ria] f grill m (restaurant).

churrasco [ʃu'xaʃku] m grillade f.

churrasquinho [ʃuxaʃ'kiɲu] m brochette f.

churro ['ʃuxu] m long beignet cylindrique.

chutar [ʃu'ta(x)] ♦ vt shooter dans ♦ vi shooter.

chuteira [ʃu'tejra] f chaussure f de football.

chuva ['ʃuva] f pluie f.

chuveiro [ʃu'vejru] m douche f.

chuviscar [ʃuviʃ'ka(x)] v impess pleuviner.

chuvoso, osa [ʃu'vozu, ɔza] adj pluvieux(euse).

Cia. (abrev de **companhia**) Cie.

cibercafé [sibex'kafe] m cybercafé m.

ciberespaço [ˌsibereʃ'pasu] m cyberespace m.

cibernética [sibex'netʃika] f cybernétique f.
cibernético, ca [sibex'netʃiku, ka] adj cybernétique.
cicatriz [sika'triʃ] (pl -es) f cicatrice f.
cicatrizar [sikatri'za(x)] vi (ferida) cicatriser.
cicatrizes → **cicatriz**.
cicerone [sise'roni] m guide m.
ciclismo [si'kliʒmu] m cyclisme m • **fazer ciclismo** faire du cyclisme.
ciclista [si'kliʃta] mf cycliste mf.
ciclo ['siklu] m cycle m.
ciclomotor [ˌsiklɔmɔ'tox] (pl -es) m cyclomoteur m.
ciclone [si'kloni] m cyclone m.
cidadã [sida'dã] → **cidadão**.
cidadania [sidada'nia] f citoyenneté f.
cidadão, dã [sida'dãw, dã] (mpl -ãos fpl -s) mf citoyen m, -enne f.
cidade [si'dadʒi] f ville f • **cidade universitária** cité f universitaire.
cieiro ['sjejru] m gerçure f.
ciência ['sjẽsja] f science f • **ciências físico-químicas** physique-chimie f • **ciências naturais** sciences naturelles • **ciências da Terra e da vida** sciences de la vie et de la Terre.
ciente ['sjẽntʃi] adj averti(e) • **estar ciente de** être au courant de.
científico, ca [sjẽn'tʃifiku, ka] adj scientifique.
cientista [sjẽn'tʃiʃta] nmf scientifique mf.

cifra ['sifra] f (número) chiffre m; (cômputo total) nombre m.
cigano, na [si'ganu, na] mf Gitan m, -e f.
cigarra [si'gaxa] f cigale f.
cigarreira [siga'xejra] f porte-cigarettes m inv.
cigarrilha [siga'xiʎa] f cigarillo m.
cigarro [si'gaxu] m cigarette f • **cigarros com filtro/sem filtro** cigarettes filtre/sans filtre • **cigarros fortes/suaves** cigarettes fortes/légères • **cigarros longos** cigarettes longues • **cigarros mentolados** cigarettes mentholées.
cilada [si'lada] f traquenard m • **cair na cilada** tomber dans un traquenard.
cilindro [si'lĩndru] m (forma geométrica) cylindre m; (rolo) rouleau m.
cílio ['silju] m cil m.
cima ['sima] f • **de cima** d'en haut; (vizinho) du dessus • **de cima a baixo** de haut en bas • **de cima de** • **saia de cima da mesa** descends de la table • **em cima** en haut • **em cima de** sur • **mais para cima** plus haut • **para cima de** (no espaço) sur; (quantidade) plus de • **por cima de** par-dessus.
cimeira [si'mejra] f sommet m.
cimentar [simẽn'ta(x)] vt cimenter.
cimento [si'mẽntu] m ciment m.
cimo ['simu] m haut m.
cinco ['sĩŋku] num cinq, → **seis**.

cineasta

cineasta [si'njaʃta] *nmf* cinéaste *mf.*
cinegrafista [si'njgrafiʃta] *nmf* cadreur *nm.*
cinema [si'nema] *m* cinéma *m.*
cinemateca [sinema'tɛka] *f* cinémathèque *f.*
cinematográfico, ca [sinemato'grafiku, ka] *adj* cinématographique.
cínico, ca ['siniku, ka] *adj* cynique.
cinismo [si'niʒmu] *m* cynisme *m.*
cinquenta [sĩŋ'kwẽnta] *num* cinquante, → **seis**.
cinta ['sĩnta] *f (de pessoa, vestido)* taille *f; (peça de vestuário)* gaine *f.*
cintilar [sĩntʃi'la(x)] *vi* scintiller.
cinto ['sĩntu] *m* ceinture *f* • **cinto de segurança** ceinture de sécurité.
cintura [sĩn'tura] *f* taille *f.*
cinturão [sĩntu'rãw] *m* ceinturon *m* • **cinturão industrial** zone *f* industrielle • **cinturão verde** ceinture *f* verte.
cinza ['sĩza] ♦ *f* cendre *f* ♦ *adj* gris(e) ♦ *m* gris *m* ▫ **cinzas** *fpl* cendres *fpl.*
cinzeiro [sĩ'zejru] *m* cendrier *m.*
cinzel [sĩ'zɛw] *(pl* **-éis)** *m* ciseau *m.*
cinzento, ta [sĩ'zẽntu, ta] ♦ *adj* gris(e) ♦ *m* gris *m.*
cio ['siu] *m* rut *m.*
cipreste [si'prɛʃtʃi] *m* cyprès *m.*
circo ['sixku] *m* cirque *m.*

70

circuito [six'kwitu] *m* circuit • **circuito elétrico** circuit électrique • **circuito turístico** circuit touristique.
circulação [sixkula'sãw] *f* circulation *f.*
circular [sixku'la(x)] *(pl* **-es)** ♦ *adj (redondo)* circulaire ♦ *f (carta, documento)* circulaire *f* ♦ *vi* circuler ♦ **circule pela direita** serrez à droite.
círculo ['sixkulu] *m* cercle *m* • **círculo polar** cercle polaire.
circunferência [sixkũfe'rẽsja] *f* circonférence *f.*
circunflexo [sixkũ'flɛksu] *adj m* → **acento**.
circunstância [sixkũʃ'tãsja] *f* circonstance *f* • **nessas circunstâncias** dans ces circonstances.
círio ['sirju] *m* cierge *m.*
cirurgia [sirux'ʒia] *f* chirurgie *f* • **cirurgia plástica** chirurgie plastique.
cirurgião, ã [sirux'ʒjãw, ʒjã] *(mpl* **-ões,** *fpl* **-s)** *mf* chirurgien *m,* -enne *f.*
cirúrgico, ca [si'ruxʒiku, ka] *adj* chirurgical(e).
cirurgiões → **cirurgião**.
cisco ['siʃku] *m* poussière *f (dans l'œil).*
cisma [si'ʒma] *f* fixation *f.*
cisne [si'ʒni] *m* cygne *m.*
cisterna [siʃ'tɛxna] *f* citerne *f.*
cistite [siʃ'tʃitʃi] *f* cystite *f.*
citação [sita'sãw] *(pl* **-ões)** *f* citation *f.*
citar [si'ta(x)] *vt* citer.
cítrico ['sitriku, ka] *adj* → **ácido**.

cítricos ['sitrikuʃ] *mpl* agrumes *mpl*.

ciúme ['sjumi] *m* jalousie *f*
• ter ciúme de alguém être jaloux de qqn.

ciumento, ta [sju'mẽntu, ta] *adj* jaloux(ouse).

cívico, ca ['siviku, ka] *adj* civique.

civil [si'viw] (*pl* -is) *adj* civil(e).

civilização [siviliza'sãw] (*pl* -ões) *f* civilisation *f*.

civilizar [sivili'za(x)] *vt* civiliser.

civis → civil.

cl (*abrev de* centilitro) cl.

clamar [kla'ma(x)] *vi* (protestar) réclamer; (bradar) crier.

clamor [kla'mo(x)] (*pl* -es) *m* clameur *f*.

clandestino, na [klãndeʃ'tʃinu, na] *adj & mf* clandestin(e).

claque ['klaki] *f* supporters *mpl*.

clara ['klara] *f* blanc *m* d'œuf.

caraboia [klara'bɔja] *f* œil *m* de bœuf.

clarão [kla'rãw] (*pl* -ões) *m* lueur *f*.

clarear [kla'rja(x)] *vi* s'éclaircir.

clarete [kla'reti] *f* clairette *f*.

clareza [kla'reza] *f* • falar com clareza parler clairement.

claridade [klari'dadʒi] *f* clarté *f*.

clarinete [klari'netʃi] *m* clarinette *f*.

claro, ra ['klaru, ra] ♦ *adj* clair(e) ♦ *adv* clairement
• claro que sim! bien sûr que oui! • é claro! c'est sûr!
• passar a noite em claro passer une nuit blanche.

clarões [kla'rõjʃ] → clarão.

classe ['klasi] *f* EDUC (*turma*) classe *f*; (*categoria*) catégorie *f*
• ter classe (*pessoa, carro*) avoir de la classe • de primeira/segunda classe première/deuxième classe • classe social classe sociale • classe turística classe loisirs.

clássico, ca ['klasiku, ka] *adj* classique.

classificação [klasifika'sãw] (*pl* -ões) *f* classement *m*.

classificado, da [klasifi'kadu, da] ♦ *adj* (*em exame, competição*) reçu(e) ♦ *m* (*em jornal*) classé(e) (*annonce classée*).

classificados [klasifi'kaduʃ] *mpl* petites *fpl* annonces.

classificar [klasifi'ka(x)] *vt* classer ❏ **classificar-se** *vp* se qualifier.

claustro ['klawʃtru] *m* cloître *m*.

cláusula ['klawzula] *f* clause *f*.

clave ['klavi] *f* clé *f* • clave de sol clé de sol.

clavícula [kla'vikula] *f* clavicule *f*.

clemência [kle'mẽnsja] *f* clémence *f*.

clero ['kleru] *m* clergé *m*.

cliché [kli'ʃe] *m* cliché *m*.

cliente [kli'ẽntʃi] *nmf* client *m*, -e *f*.

clientela [kliẽn'tɛla] *f* clientèle *f*.

clima ['klima] *m* climat *m*.

clímax ['klimaks] *m inv* apogée *f* • atingir o clímax (*carreira*)

atteindre son apogée; *(festa)* battre son plein.
clínica ['klinika] *f* clinique *f* • **clínica dentária** cabinet *m* dentaire • **clínica geral** médecine *f* générale.
clínico ['kliniku] *m* • **clínico (geral)** médecin *m* généraliste.
clipe ['klipi] *m* trombone *m*.
cloro ['kloru] *m* chlore *m*.
clube ['klubi] *m* club *m* • **clube de futebol** club de football.
cm *(abrev de* **centímetro)** cm.
coador [kwa'do(x)] *(pl* **-es)** *m (utensílio)* passoire *f*.
coagir [kwa'ʒi(x)] *vt (obrigar)* contraindre.
coagular [kwagu'la(x)] *vt & vi* coaguler.
coágulo ['kwagulu] *m* caillot *m*.
coalhada [kwa'ʎada] *f* lait *m* caillé.
coalhar [kwa'ʎa(x)] *vt & vi* cailler.
coar ['kwa(x)] *vt (líquido)* filtrer; *(leite)* passer.
cobaia [ko'baja] *f* cobaye *m*.
coberta [ko'bɛxta] *f (de cama)* couvre-lit *m*; *(de navio)* pont *m*.
coberto, ta [ko'bɛxtu, ta] ◆ *adj* couvert(e) ◆ *m* auvent *m* • **pôr a coberto** mettre à l'abri.
cobertor [kobex'to(x)] *(pl* **-es)** *m* couverture *f*.
cobertura [kobex'tura] *f* couverture *f*; *(apartamento)* appartement *m* avec terrasse au dernier étage d'un immeuble.
cobiça [ko'bisa] *f* convoitise *f*.
cobiçar [kobi'sa(x)] *vt* convoiter.
cobra ['kɔbra] *f* serpent *m*.

cobrador, ra [kobra'do(x)] *(mpl* **-es**, *fpl* **-s)** *mf* receveur *m*, -euse *f*.
cobrança [ko'brãsa] *f* recouvrement *m* • **enviar algo para cobrança** envoyer qqch contre remboursement.
cobrar [ko'bra(x)] *vt (dinheiro)* encaisser; *(impostos)* prélever; *(dívida)* recouvrer.
cobre ['kɔbri] *m* cuivre *m*.
cobrir [ko'bri(x)] *vt* couvrir.
cocada [ko'kada] *f* gâteau *m* à la noix de coco, ≃ congolais *m*.
coçado, da [ko'sadu, da] *adj* râpé(e).
cocaína [koka'ina] *f* cocaïne *f*.
coçar [ko'sa(x)] *vt* gratter
❑ **coçar-se** *vp* se gratter.
cóccix ['kɔksis] *m inv* coccyx *m*.
cócegas [ko'sigaʃ] *fpl* chatouilles *fpl* • **fazer cócegas** faire des chatouilles • **ter cócegas** être chatouilleux(euse).
coceira [ko'sejra] *f* démangeaison *f*.
coche [koʃi] *m* carrosse *m*.
cochichar [koʃi'ʃa(x)] *vt & vi* chuchoter.
cochilo [ko'ʃilu] *m* • **tirar um cochilo** faire un somme.
coco ['koku] *m* noix *f* de coco.
cocô [ko'ko] *m (fam)* caca *m*.
cócoras ['kɔkoraʃ] *fpl* • **de cócoras** accroupi(e) • **pôr-se de cócoras** s'accroupir.
côdea ['kodja] *f* croûte *f (de pain)*.
código ['kɔdʒigu] *m* code *m* • **código de barras** code-barres *m* • **código civil** code ci-

vil • **código postal** code postal • **código rodoviário** code de la route.

código-fonte [ˈkɔdʒiguˈfõntʃi] (*pl* **códigos-fonte**) *m INFORM* code source *m*.

codorna [koˈdɔxna] *f* caille *f*.

coelho [ˈkweʎu] *m* lapin *m* • **coelho à caçadora** lapin sauté au vin blanc et à la tomate.

coentro [koˈẽntru] *m* coriandre *f*.

coerência [koeˈrẽsja] *f* cohérence *f*.

coerente [koeˈrẽntʃi] *adj* cohérent(e).

cofre [ˈkɔfri] *m* coffre *m*.

cofre-forte [ˌkɔfriˈfɔxtʃi] (*pl* **cofres-fortes**) *m* coffre-fort *m*.

cogitar [koʒiˈta(x)] ♦ *vt* réfléchir à ♦ *vi* réfléchir.

cogumelo [koguˈmɛlu] *m* champignon *m* • **cogumelos salteados** champignons sautés à la poêle.

coice [ˈkojsi] *m* (de cavalo, burro) ruade *f*; (de arma) recul *m*.

coincidência [koĩsiˈdẽsja] *f* coïncidence *f* • **por coincidência** par coïncidence.

coincidir [kwĩsiˈdi(x)] *vi* coïncider ▫ **coincidir com** *vp* coïncider avec.

coisa [ˈkojza] *f* chose *f* • (desejar) **mais alguma coisa?** vous désirez autre chose? • **não ser grande coisa** ne pas valoir grand-chose • **alguma coisa** quelque chose • **coisa nenhuma** rien du tout • **coisa de** l'affaire de.

coitado, da [kojˈtadu, da] ♦ *adj* pauvre ♦ *interj* le pauvre!

cola [ˈkɔla] *f* colle *f*.

colaborar [kolaboˈra(x)] *vi* collaborer.

colapso [koˈlapsu] *m* collapsus *m*.

colar [koˈla(x)] (*pl* **-es**) ♦ *m* collier *m* ♦ *vt & vi* coller ▫ **colar de** *vp* copier sur.

colarinho [kolaˈriɲu] *m* col *m*.

colcha [ˈkowʃa] *f* dessus-de-lit *m inv*.

colchão [kowˈʃãw] (*pl* **-ões**) *m* matelas *m* • **colchão de molas** matelas à ressorts • **colchão de palha** paillasse *f*.

colcheia [kowˈʃeja] *f* croche *f*.

colchete [kowˈʃetʃi] *m* (de vestuário) crochet *m*; (de pressão) pression *f*; (sinal de pontuação) accolade *f*.

colchões [kowˈʃõjʃ] → **colchão**.

coleção [koleˈsãw] (*pl* **-ões**) *f* collection *f* • **coleção de selos** collection de timbres • **fazer coleção de** faire sa collection de.

colecionador, ra [kolesjonaˈdo(x), ra] (*mpl* **-es**, *fpl* **-s**) *mf* collectionneur *m*, -euse *f*.

colecionar [kolesjonaˈna(x)] *vt* collectionner.

coleções → **coleção**.

colega [koˈlɛga] *nmf* collègue *mf* • **colega de carteira** voisin *m*, -e *f* de table • **colega de trabalho** collègue de travail • **colega de turma** camarade *mf* de classe.

colégio [ko'lɛʒju] *m* collège *m* • **colégio interno** internat *m*.

coleira [ko'lejra] *f* collier *m*.

cólera ['kɔlera] *f (raiva)* colère *f*; MED choléra *m*.

colérico, ca [ko'leriku, ka] *adj* colérique.

colesterol [kolεʃte'rɔw] *m* cholestérol *m*.

coleta [ko'lεta] *f (de lixo, passageiros)* ramassage *m*.

colete [ko'letʃi] *m* gilet *m* • **colete salva-vidas** gilet de sauvetage.

coletivo, va [kole'tʃivu, va] *adj (decisão)* collectif(ive); *(transporte)* en commun.

colheita [ko'ʎejta] *f (de vinho, uvas)* cru *m*; *(de cereal)* récolte *f*.

colher¹ [ko'ʎe(x)] *vt* cueillir.

colher² [ko'ʎe(x)] *(pl* **-es)** *f (utensílio doméstico)* cuiller *f*; *(quantidade)* cuillerée *f* • **colher de café** cuiller à café • **colher de chá** *(utensílio)* petite cuiller; *(quantidade)* cuiller à café • **colher de pau** cuiller en bois • **colher de sopa** cuiller à soupe.

colibri [koli'bri] *m* colibri *m*.

cólica ['kɔlika] *f* colique *f*.

colidir [koli'dʒi(x)] *vi* se heurter • **colidir com** heurter.

coligação [koliga'sãw] *(pl* **-ões)** *f* coalition *f*.

colina [ko'lina] *f* colline *f*.

colírio [ko'lirju] *m* collyre *m*.

colisão [koli'zãw] *(pl* **-ões)** *f* collision *f*.

collant [ko'lã] *(pl* **-s)** *m* collant *m*.

colmeia [kow'meja] *f* ruche *f*.

colo ['kɔlu] *m* giron *m* • **no colo** dans les bras.

colocação [koloka'sãw] *(pl* **-ões)** *f (emprego)* affectation *f*.

colocar [kolo'ka(x)] *vt* poser; *(pôr num lugar)* mettre; *(empregar pessoa)* placer.

Colômbia [ko'lõmbja] *f* • **a Colômbia** la Colombie.

cólon ['kɔlõ] *m* côlon *m*.

colônia [ko'lonja] *f* colonie *f*; *(perfume)* eau *f* de Cologne • **colônia de férias** colonie de vacances.

coloquial [kolo'kjaw] *(pl* **-ais)** *adj* familier(ère).

colóquio [ko'lɔkju] *m* colloque *m*.

colorante [kolo'rãntʃi] *m* colorant *m*.

colorau [kolo'raw] *m* paprika *m*.

colorido, da [kolo'ridu, da] *adj* coloré(e).

colorir [kolo'ri(x)] *vt (dar cor a)* colorer; *(desenho, livro)* colorier.

coluna [ko'luna] *f* colonne *f*; • **coluna vertebral** colonne vertébrale.

com [kõ] *prep* avec • **estar com dor de cabeça** avoir mal à la tête • **estar com fome** avoir faim • **estar com pressa** être pressé(e).

coma ['koma] *m* & *f* coma *m*.

comadre [ko'madri] *f (urinol)* bassin *m (urinoir)*; *(madrinha)* commère *f*.

comandante [komãn'dãntʃi] *m* commandant *m*.

comandar [komãn'da(x)] *vt* commander.

comando [ko'mãndu] *m* commande *f*; *(de exército, navio)* commandement *m* • **estar no comando de algo** être aux commandes de qqch • **comando automático** ouverture des portes automatique • **comando manual das portas** ouverture manuelle des portes.

combate [kõm'batʃi] *m* combat *m*.

combater [kõmba'te(x)] *vi* combattre.

combinação [kõmbina'sãw] *(pl -ões) f* combinaison *f*; *(acordo)* arrangement *m*; *(plano)* plan *m*.

combinar [kõmbi'na(x)] *vt* (*unir, misturar*) combiner; *(planejar)* prévoir ◆ *vi (cores, roupas)* être assorti(e) • **está combinado!** c'est entendu! • **combinar com** être assorti à • **combinar algo com alguém** s'arranger avec qqn sur qqch.

comboio [kõn'boju] *m* convoi *m*.

combustível [kõnbuʃ'tʃivew] *(pl -eis) m* combustible *m*.

começar [kome'sa(x)] *vt & vi* commencer • **começar a fazer algo** commencer à faire qqch • **começar de** commencer (en partant) de • **começar por** commencer par • **começar por fazer algo** commencer par faire qqch • **para começar** pour commencer.

começo [ko'mesu] *m* début *m*.

comédia [ko'mɛdʒja] *f* comédie *f*.

comediante [kome'dʒjãntʃi] *nmf* comédien *m*, -enne *f*.

comemorar [komemo'ra(x)] *vt* commémorer.

comentar [komẽn'ta(x)] *vt* dire; *(analisar)* commenter.

comentário [komẽn'tarju] *m* commentaire *m*.

comentarista [komẽta'riʃta] *nmf* commentateur *m*, -trice *f* • **comentarista esportivo** commentateur sportif.

comer [ko'me(x)] *(pl -es)* ◆ *m (alimento)* nourriture *f*; *(refeição)* repas *m* ◆ *vt (alimento)* manger; *(em xadrez, damas)* souffler ◆ *vi (alimentar-se)* manger.

comercial [komexsi'aw] *(pl -ais) adj* commercial(e).

comercialização [komexsjaliza'sãw] *f* commercialisation *f*.

comercializar [komexsjali'za(x)] *vt* commercialiser.

comerciante [komex'sjãntʃi] *nmf* commerçant *m*, -e *f*.

comércio [ko'mɛxsju] *m* commerce *m*.

comeres → **comer**.

comestível [komeʃ'tʃivew] *(pl -eis) adj* comestible *m*.

cometer [kome'te(x)] *vt* commettre.

comichão [komi'ʃãw] *(pl -ões) f* démangeaison *f*.

comício [ko'misju] *m* meeting *m*.

cômico, ca ['komiku, ka] *adj* comique.

comida [ko'mida] *f (alimento)* nourriture *f*; *(refeição)* repas *m*

comida para bebê aliments *mpl* pour bébés • **comida congelada** produits *mpl* surgelés.

comigo [ko'migu] *pron* avec moi.

comilão, lona [komi'lãw, lona] (*mpl* **-ões**, *fpl* **-s**) *mf (fam)* goinfre *m*.

cominho [ko'miɲu] *mpl* cumin *m*.

comissão [komi'sãw] (*pl* **-ões**) *f* commission *f*.

comissario [komi'sarju] *m (de polícia)* commissaire *m*; *(de navio)* commissaire *m* de la Marine • **comissário de bordo** steward *m*.

comissões → comissão.

comitê [komi'te] *m* comité *m*.

como ['komu] ♦ *adv* **1.** *(ger)* comme • **como quem não quer nada** mine de rien • **como se de nada fosse** comme si de rien n'était • **como ele é inteligente!** comme il est intelligent! • **como é difícil arranjar lugar para estacionar!** comme il est difficile de trouver une place pour stationner! • **como você se engana!** comme tu te trompes! • **como o tempo passa depressa!** que le temps passe vite! **2.** *(de que maneira)* comment • **como?** comment? • **como vai?** comment vas-tu? • **como se nada estivesse acontecendo** comme si de rien n'était • **fiz como você** j'ai fait comme toi ♦ *conj* comme • **é bonita como a mãe** elle est jolie comme sa mère • **é tão alto como o irmão** il est aussi grand que son frère • **como queira!** comme tu veux! • **seja como for** n'importe comment • **as cidades grandes como Paris...** les grandes villes comme Paris... • **como entrada quero uma sopa** je veux une soupe en entrée • **que tem como sobremesa?** qu'avez-vous en dessert? • **como pai tenho uma opinião diferente** en tant que père, j'ai un avis différent • **como estávamos atrasados fomos de táxi** comme nous étions en retard, nous avons pris un taxi • **como não atendiam pensamos que não estavam** comme ils ne répondaient pas, nous avons pensé qu'ils n'étaient pas là • **como deve ser** comme il se doit.

comoção [komo'sãw] (*pl* **-ões**) *f* émoi *m*.

cômoda ['komoda] *f* commode *f*.

comodidade [komodʒi'dadʒi] *f* commodité *f*.

comodismo [komo'dʒiʒmu] *m* • **ele age por comodismo** il ne fait que ce qui l'arrange.

comodista [komo'dʒiʃta] *nmf* • **é um comodista** il ne fait que ce qui l'arrange.

cômodo, da ['komodu, da] *adj* confortable.

comovedor, ra [komove'e do(x), ra] (*mpl* **-es**, *fpl* **-s**) *adj* émouvant(e).

comovente [komo'vẽtʃi] *adj* émouvant(e).
comover [komo've(x)] *vt* émouvoir □ **comover-se** *vp* s'émouvoir.
comovido, da [komo'vidu, da] *adj* ému(e).
compactador [kõmpakta'do(x)] *m INFORM* compresseur *m.*
compactar [kõmpzk'ta(x)] *vt INFORM* compactar arquivos compresser des fichiers.
compacto, ta [kõ'paktu, ta] ♦ *adj* compact(e); *(denso)* épais(aisse) ♦ *m (CD)* CompactDisc *m; (disco de vinil)* microsillon *m.*
compaixão [kõnpaj'ʃãw] *f* compassion *f.*
companheiro, ra [kõmpa'ɲejru, ra] *mf* compagnon *m*, compagne *f; (de turma, carteira)* camarade *mf.*
companhia [kõmpa'ɲia] *f* compagnie *f; (de teatro, circo)* troupe *f* • **fazer companhia a alguém** tenir compagnie à qqn • **companhia de aviação** compagnie aérienne • **companhia de navegação** compagnie maritime • **companhia de seguros** compagnie d'assurance • **em companhia de alguém** en compagnie de qqn.
comparação [kõmpara'sãw] *(pl* **-ões)** *f* comparaison *f* • **não ter comparação com** être sans comparaison avec • **em comparação com** par rapport à.
comparar [kõmpa'ra(x)] *vt* comparer • **comparar algo a** *ou* **com algo** comparer qqch à *ou* avec qqch.
comparecer [kõmpare'se(x)] *vi* venir; *(perante o juiz)* comparaître • **comparecer a algo** assister à qqch.
compartilhar [kõmpaxtʃi-'ʎa(x)] *vt* • **compartilhar algo com alguém** partager qqch avec qqn.
compartimento [kõmpaxtʃi'mẽntu] *m (de vagão)* compartiment *m; (de casa)* pièce *f.*
compartir [kõmpax'tʃi(x)] *vt* répartir.
compasso [kõm'pasu] *m (objeto)* compas *m; MÚS* mesure *f.*
compatível [kõmpa'tʃivew] *(pl* **-eis)** *adj* compatível **(com)** compatible (avec).
compatriota [kõmpatrj'ɔta] *nmf* compatriote *m.*
compensação [kõmpẽsa'sãw] *(pl* **-ões)** *f (vantagem)* compensation *f; (indenização)* dédommagement *m.*
compensar [kõmpẽ'sa(x)] *vt (indenizar)* dédommager; *(recompensar)* récompenser • **o jogo não compensa o esforço** le jeu n'en vaut pas la chandelle.
competência [kõmpe'tẽsja] *f (aptidão)* compétence *f; (responsabilidade)* compétences *fpl.*
competente [kõmpe'tẽntʃi] *adj* compétent(e).
competição [kõmpetʃi'sãw] *(pl* **-ões)** *f* concurrence *f; (esportiva)* compétition *f.*
competir [kõmpe'tʃi(x)] *vi (em competição esportiva)* être en

competitivo

compétition; *(economicamente)* se faire concurrence ◆ **competir com** *(pessoas)* rivaliser avec; *(empresas)* être en concurrence avec.

competitivo, va [kõmpetʃi'tʃivu, va] *adj (preço)* compétitif(ive).

compilar [kõmpi'la(x)] *vt* compiler.

complacente [kõnpla'sẽntʃi] *adj* complaisant(e).

complementar [kõmplemẽn'ta(x)] *(pl* -es*) adj* complémentaire.

complemento [kõmple'mẽntu] *m* complément *m*.

completamente [kõm,pleta'mẽntʃi] *adv* complètement.

completar [kõmple'ta(x)] *vt (preencher)* compléter; *(terminar)* finir.

completo, ta [kõm'plɛtu, ta] *adj* complet(ète); *(terminado)* fini(e) ◆ **completo** complet.

complexo, xa [kõm'plɛksu, ksa] ◆ *adj* complexe ◆ *m (turístico, industrial, etc.)* complexe *m*.

complicação [kõmplika'sãw] *(pl* -ões*) f* complication *f*.

complicado, da [kõmpli'kadu, da] *adj* compliqué(e).

complicar [kõmpli'ka(x)] *vt* compliquer ☐ **complicar-se** *vp* se compliquer.

componente [kõnpo'nẽntʃi] ◆ *m* composant *m* ◆ *f* composante *f*.

compor [kõm'po(x)] *vt* composer; *(consertar)* réparer; *(arrumar)* ranger ☐ **compor-se** *vp*

s'arranger ☐ **compor-se de** *vp + prep* se composer de.

comporta [kõn'pɔxta] *f* vanne *f*.

comportamento [kõmpoxta'mẽntu] *m* comportement *m*.

comportar [kõmpox'ta(x)] *vt (conter em si)* comporter; *(admitir)* permettre ☐ **comportar-se** *vp* bien se conduire.

composição [kõmpozi'sãw] *(pl* -ões*) f* composition *f*.

compositor, ra [kõmpozi'to(x), ra] *(mpl* -es, *fpl* -s*) mf* compositeur *m*, -trice *f*.

composto, osta [kõm'poʃtu, ɔʃta] ◆ *adj* composé(e) ◆ *m* composé *m* ◆ **ser composto de** être composé de.

compostura [kõmpoʃ'tura] *f* tenue *f (éducation)*.

compota [kõn'pɔta] *f* compote *f*.

compra ['kõmpra] *f* achat *m* ◆ **fazer compras** faire des courses ◆ **ir às compras** aller faire les courses.

comprar [kõm'pra(x)] *vt* acheter.

compreender [kõmprjẽn'de(x)] *vt* comprendre.

compreensão [kõmprjẽ'sãw] *f* compréhension *f*.

compreensivo, va [kõmprjẽ'sivu, va] *adj* compréhensif(ive).

compressa [kõm'prɛsa] *f* compresse *f* ◆ **compressa esterilizada** compresse stérile.

comprido, da [kõm'pridu, da] *adj* long(longue) ◆ **ao comprido** en long.

comprimento [kõpri'mẽntu] *m* longueur *f.*
comprimido, da [kõpri'midu, da] ◆ *adj (reduzido)* comprimé(e); *(apertado)* serré(e) ◆ *m* comprimé *m* • **comprimido para dormir** somnifère *m* • **comprimido para as dores** antalgique *m* • **comprimido para o enjoo** anti-nauséeux *m.*
comprimir [kõpri'mi(x)] *vt (apertar)* compresser; *(reduzir de volume)* comprimer.
comprometer [kõprome'te(x)] *vt* compromettre ❑ **comprometer-se** *vp* se compromettre • **comprometer-se a fazer algo** s'engager à faire qqch.
compromisso [kõpro'misu] *m (obrigação)* engagement *m*; *(acordo)* compromis *m* • **tenho um compromisso** je ne suis pas libre.
comprovação [kõprova'sãw] *(pl* -ões) *f (prova)* preuve *f*; *(confirmação)* confirmation *f.*
comprovante [kõpro'vãntʃi] *adj* & *m* probant(e).
comprovar [kõpro'va(x)] *vt (provar)* prouver; *(confirmar)* confirmer.
computador [kõputa'do(x)] *(pl* -es) *m* ordinateur *m* • **computador pessoal** PC *m.*
comum [ko'mũ] *(pl* -ns) *adj (frequente)* courant(e); *(vulgar)* ordinaire; *(partilhado)* commun(e).
comunhão [komu'nãw] *(pl* -ões) *f* RELIG communion *f*; *(em casamento)* • **comunhão (de bens)** communauté *f (de biens)* • **comunhão parcial de bens** communauté légale *ou* réduite aux acquêts.
comunicação [komunika'sãw] *(pl* -ões) *f* communication *f*; *(comunicado)* communiqué *m.*
comunicado [komuni'kadu] *m* communiqué *m.*
comunicar [komuni'ka(x)] *vt* & *vi* communiquer • **comunicar algo a alguém** communiquer qqch à qqn • **comunicar com** communiquer avec.
comunidade [komuni'dadʒi] *f (grupo de pessoas)* communauté *f*; *(local)* foyer *m* • **a Comunidade Europeia** la Communauté européenne.
comunismo [komu'niʒmu] *m* communisme *m.*
comunista [komu'niʃta] *adj* & *nmf* communiste.
comuns → **comum**.
comutar [komu'ta(x)] *vt (pena)* commuer.
conceber [kõse'be(x)] *vt* concevoir.
conceder [kõse'de(x)] *vt* accorder; *(prêmio)* décerner.
conceito [kõ'sejtu] *m* concept *m.*
conceituado, da [kõsej'twadu, da] *adj* reconnu(e).
concentração [kõsẽntra'sãw] *(pl* -ões) *f* concentration *f*; *(de pessoas)* tas *m.*
concentrado, da [kõsẽn'tradu, da] ◆ *adj* concentré(e) ◆ *m*

concentrar 80

• **concentrado de tomate** concentré m de tomate.
concentrar [kõsẽn'tra(x)] vt concentrer; *(atenção)* fixer ☐ **concentrar-se** vp se concentrer; *(agrupar-se)* se rassembler • **concentrar-se em algo** *(estudo, trabalho)* se concentrer sur qqch; *(lugar)* se regrouper sur.
concepção [kõsep'sãw] *(pl -ões)* f conception f.
concerto [kõ'sextu] m concert m.
concessão [kõse'sãw] *(pl -ões)* f *(de prêmio, bolsa)* attribution f; *(de desconto)* accord m; *(permissão)* autorisation f.
concessionária [kõsesjo'narja] m concessionnaire m • **concessionária de automóvel** concessionnaire automobile.
concessões → concessão.
concha ['kõʃa] f *(molusco)* coquillage m; *(de sopa)* louche f.
conciliação [kõsilja'sãw] *(pl -ões)* f conciliation f.
conciliar [kõsi'lja(x)] vt concilier • **conciliar o sono** trouver le sommeil.
concluir [kõklu'i(x)] vt conclure.
conclusão [kõklu'zãw] *(pl -ões)* f conclusion f • **em conclusão** pour conclure.
concordância [kõkox'dãsja] f concordance f • **em concordância** em con accord avec.
concordar [kõkox'da(x)] vi être d'accord • **concordar em fazer qqch** être d'accord pour faire qqch • **concordar com** être d'accord avec.
concorrência [kõŋko'xẽsja] f concurrence f.
concorrente [kõŋko'xẽntʃi] ♦ adj concurrent(e) ♦ nmf *(em concurso, competição)* concurrent m, -e f; *(em disputa)* adversaire m.
concorrer [kõŋko'xe(x)] vi concourir • **concorrer a algo** *(a emprego)* postuler à.
concretizar [kõŋkretʃi'za(x)] vt concrétiser.
concreto, ta [kõŋ'krɛtu, ta] ♦ adj concret(ète) ♦ m béton m.
concurso [kõŋ'kuxsu] m concours m; *(de televisão, rádio)* jeu m.
conde ['kõndʒi, dʒesa] m comte m.
condenação [kõndena'sãw] *(pl -ões)* f condamnation f.
condenar [kõnde'na(x)] vt condamner.
condensação [kõndẽsa'sãw] f condensation f.
condensado [kõndẽ'sadu] adj m → **leite**.
condensar [kõndẽ'sa(x)] vt condenser.
condescendência [kõndesẽn'dẽsja] f condescendance f.
condescendente [kõndesẽn'dẽntʃi] adj condescendant(e).
condescender [kõndesẽn'de(x)] vi • **condescender em fazer algo** condescendre à faire qqch.

condessa [kõn'desa] f comtesse f.

condição [kõndʒi'sãw] (pl -ões) f condition f • **estar em boas/más condições** être en bon/mauvais état.

condicionado, da [kõndʒisjo'nadu, da] adj conditionné(e).

condicionador [kõndʒisjo'nado(x)] (pl -es) m (de cabelo) après-shampooing m; (para roupa) assouplissant m.

condicional [kõndʒisjo'naw] m conditionnel m.

condicionar [kõndʒisjo'na(x)] vt conditionner.

condições → condição.

condimentar [kõndʒimẽn'ta(x)] vt assaisonner.

condimento [kõndʒi'mẽntu] m condiment m.

condizer [kõndʒi'ze(x)] vi être assorti(e) • **condizer com** être assorti à.

condolências [kõndo'lẽsjaʃ] fpl condoléances fpl • **as minhas condolências** toutes mes condoléances.

condomínio [kõndo'minju] m (em prédio) syndicat m des copropriétaires; (taxas) charges fpl.

condômino [kõn'dominu, na] m copropriétaire m.

condor [kõn'do(x)] (pl -es) m condor m.

condução [kõndu'sãw] f conduite f.

conduta [kõn'duta] f (comportamento) conduite f.

conduto [kõn'dutu] f (tubo, cano) conduit m • **conduto de gás** conduite de gaz • **conduto de lixo** vide-ordures m inv.

condutor, ra [kõndu'to(x), ra] (mpl -es, fpl -s) adj & mf conducteur(trice).

conduzir [kõndu'zi(x)] vt & vi conduire • **conduzir a** conduire à.

cone ['koni] m (forma geométrica) cône m.

conectar [konek'ta(x)] vt connecter □ **conectar-se** vp se connecter • **conectar-se a Internet** se connecter à Internet.

conexão [konek'sãw] (pl -ões) f connexion f; (de ônibus, trem, avião) correspondance f.

confecção [kõfɛk'sãw] (pl -ões) f (de peça de vestuário) confection f; (de prato culinário) préparation f.

confeccionar [kõfɛksjo'na(x)] vt (peça de vestuário) confectionner; (prato culinário) préparer.

confecções → confecção.

confeitaria [kõfejta'ria] f confiserie f; salon m de thé.

conferência [kõfe'rẽsja] f conférence f.

conferir [kõfe'ri(x)] ♦ vt vérifier ♦ vi coïncider.

confessar [kõfe'sa(x)] vt avouer □ **confessar-se** vp se confesser.

confessionário [kõfesjo'narju] m confessionnal m.

confiança [kõˈfjãsa] f confiance f; *(familiaridade)* familiarité f • **ter confiança em** avoir confiance en • **ele é de confiança** c'est quelqu'un de confiance.

confiar [kõfiˈa(x)] vt • **confiar algo/alguém a alguém** confier qqch/qqn à qqn ☐ **confiar em** vp *(pessoa)* avoir confiance en, faire confiance à; *(futuro)* avoir confiance en; *(resultados)* avoir confiance dans.

confidência [kõfiˈdẽsja] f confidence f.

confidencial [kõfidẽsˈjaw] *(pl* -ais*)* adj confidentiel(elle).

confirmação [kõfixmaˈsãw] *(pl* -ões*)* f confirmation f.

confirmar [kõfixˈma(x)] vt confirmer ☐ **confirmar-se** vp se confirmer.

confiscar [kõfiʃˈka(x)] vt confisquer.

confissão [kõfiˈsãw] *(pl* -ões*)* f confession f.

conflito [kõˈflitu] m conflit m; *(desavença)* démêlé m.

conformar-se [kõfoxˈmaxsi] vp se résigner • **conformar-se com** se résigner à.

conforme [kõˈfɔxmi] ♦ conj comme ♦ prep *(dependendo de como)* selon, d'après; *(de acordo com)* conformément à.

conformidade [kõfoxmiˈdadʒi] f conformité f • **em conformidade com** en conformité avec.

confortar [kõfoxˈta(x)] vt réconforter.

confortável [kõfoxˈtavew] *(pl* -eis*)* adj confortable.

conforto [kõˈfoxtu] m *(bem-estar)* confort m; *(consolo)* réconfort m.

confraternizar [kõfratexniˈza(x)] vi fraterniser • **confraternizar com** fraterniser avec.

confrontação [kõfrõtaˈsãw] *(pl* -ões*)* f confrontation f.

confrontar [kõfrõˈta(x)] vt *(enfrentar)* être confronté(e) à; *(comparar)* confronter ☐ **confrontar-se** vp se confronter • **confrontar-se com** se confronter à.

confronto [kõˈfrõtu] m *(encontro conflituoso)* affrontement m; *(comparação)* confrontation f.

confundir [kõfũˈdi(x)] vt confondre ☐ **confundir-se** vp se tromper • **confundir-se com** se confondre avec.

confusão [kõfuˈzãw] *(pl* -ões*)* f confusion f • **armar confusão** causer des problèmes • **fazer confusão** confondre.

confuso, sa [kõˈfuzu, za] adj confus(e).

confusões → confusão.

congelado, da [kõʒeˈladu, da] adj congelé(e).

congelador [kõʒelaˈdo(x)] *(pl* -es*)* m congélateur m.

congelar [kõʒeˈla(x)] vt & vi congeler.

congestão [kõʒeʃˈtãw] *(pl* -ões*)* f congestion f.

congestionado, da [kõʒeʃtjoˈnadu, da] adj congestionné(e).

congestionamento [kõʒestʃjona'mẽntu] *m (de trânsito)* encombrement *m*.

congestionar [kõʒestʃjo'na(x)] *vt (trânsito)* congestionner.

congestões → congestão.

congratular [kõŋgratu'la(x)] *vt* féliciter.

congresso [kõŋ'gresu] *m* congrès *m*.

conhaque [ko'ɲaki] *m* cognac *m*.

conhecedor, ra [koɲese'ɐdo(x), ra] *(mpl* -es, *fpl* -s) *mf* connaisseur *m*, -euse *f*.

conhecer [koɲe'se(x)] *vt* connaître; *(reconhecer)* reconnaître.

conhecido, da [koɲe'sidu, da] ♦ *adj* connu(e) ♦ *mf* connaissance *f*.

conhecimento [koɲesi'mẽntu] *m* connaissance *f* • **dar conhecimento de algo a alguém** faire part de qqch à qqn • **tomar conhecimento de algo** prendre connaissance de qqch • **é do conhecimento de todo mundo que...** il est connu que... ▫ **conhecimentos** *mpl (contatos)* relations *fpl*, *(cultura)* connaissances *fpl*.

conjugado [kõʒu'gadu] *m* studio *m*.

cônjuge [ˈkõʒuʒi] *nmf* conjoint *m*.

conjunção [kõʒũ'sãw] *(pl* -ões) *f* conjonction *f*.

conjuntiva [kõʒũn'tʃiva] *f* conjonctive *f*.

conjuntivite [kõʒũntʃi'vitʃi] *f* conjonctivite *f*.

conjunto [kõ'ʒũntu] *m* ensemble *m*; *(de rock)* groupe *m*; *(de copos, pratos)* service *m*.

conosco [ko'noʃku] *pron* avec nous.

conquanto [kõŋ'kwãntu] *conj* quoique.

conquista [kõŋ'kiʃta] *f* conquête *f*.

conquistar [kõŋkiʃ'ta(x)] *vt* conquérir; *(posição, trabalho)* obtenir.

consciência [kõʃ'sjẽsja] *f* conscience *f* • **ter consciência de algo** avoir conscience de qqch • **tomar consciência de algo** prendre conscience de qqch • **ter a consciência pesada** avoir mauvaise conscience.

consciente [kõʃ'sjẽntʃi] ♦ *adj* conscient(e) ♦ *m* • **o consciente** le conscient • **estar consciente de algo** être conscient de qqch.

consecutivo, va [kõseku'tʃivu, va] *adj* consécutif(ive).

conseguinte [kõse'gĩntʃi] ▫ **por conseguinte** *conj* par conséquent.

conseguir [kõse'gi(x)] *vt* obtenir • **conseguir fazer algo** réussir à faire qqch.

conselho [kõ'seʎu] *m* conseil *m* • **dar conselhos** donner des conseils.

consenso [kõ'sẽsu] *m* consensus *m*.

consentimento [kõsẽntʃi'mẽntu] *m* consentement *m*.

consentir

consentir [kõsẽn'ti(x)] *vt* consentir.

consequência [kõse'kwẽsja] *f* conséquence *f* • **em** *OU* **como consequência** par conséquent.

consertar [kõsex'ta(x)] *vt* réparer.

conserto [kõ'sextu] *m* réparation *f*.

conserva [kõ'sɛrva] *f* • **em conserva** en conserve.

conservação [kõsexva'sãw] *f* conservation *f*; *(da natureza, animais)* protection *f*.

conservante [kõser'vãtʃi] *m* conservateur *m*.

conservar [kõsex'va(x)] *vt (natureza, animais)* protéger; *(objeto, monumento, alimento)* conserver.

conservatório [kõsexva'tɔrju] *m* conservatoire *m*.

consideração [kõsidera'sãw] *(pl* -ões) *f* considération *f* • **levar algo em consideração** prendre qqch en considération.

considerar [kõside'ra(x)] *vt* considérer ▫ **considerar que** considérer que ▫ **considerar-se** *vp* se considérer comme.

considerável [kõside'ravew] *(pl* -eis) *adj* considérable.

consigo [kõ'sigu] *pron (com ele, ela)* avec lui(avec elle); *(com você)* avec toi; *(com eles, elas)* avec eux(avec elles) • *(consigo mesmo OU próprio) (com ele)* avec lui • **ter dinheiro consigo** avoir de l'argent sur soi • **ele traz uma arma consigo** il a une arme sur lui.

consistência [kõsiʃ'tẽsja] *f* consistance *f*.

consistente [kõsiʃ'tẽntʃi] *adj* consistant(e).

consistir [kõsiʃ'ti(x)] ▫ **consistir em** *vp (ser composto de)* consister en; *(basear-se em)* consister à.

consoante [kõ'swãntʃi] • *f* consonne *f* • *prep* selon.

consolar [kõso'la(x)] *vt* consoler ▫ **consolar-se** *vp* se régaler.

console [kõn'sɔli] *f* console *f*.

consomê [kõnso'me] *m* consommé *m*.

conspícuo, cua [kõnʃ'pikuw, kwa] *adj* manifeste.

conspiração [kõnʃpira'sãw] *(pl* -ões) *f* conspiration *f*.

constante [kõʃ'tãntʃi] *adj* constant(e).

constar [kõʃ'ta(x)] *v impess* • **constar que** dire que ▫ **constar de** *vp (consistir em)* consister en; *(figurar em)* figurer dans.

constatar [kõʃta'ta(x)] *v* • **constatar que** constater que.

consternado, da [kõʃter'nadu, da] *adj* consterné(e).

constipação [kõʃtʃipa'sãw] *(pl* -ões) *f (prisão de ventre)* constipation *f*.

constipado, da [kõʃtʃi'padu, da] *adj* • **estar constipado** être constipé(e).

constipar-se [kõʃtʃi'paxsi] *vp* se constiper.

constituição [kõʃtʃitwi'sãw] *(pl* -ões) *f* constitution *f*.

constituir [kõstʃi'twi(x)] vt constituer.

constranger [kõstrã'ʒe(x)] vt (obrigar) contraindre; (embaraçar) gêner • **constranger-se** vp se sentir gêné(e).

constrangimento [kõstrãʒi'mẽntu] m (obrigação) contrainte f; (embaraço) gêne f.

construção [kõstru'sãw] (pl -ões) f construction f.

construir [kõstru'i(x)] vt construire.

construtivo, va [kõstru'tivu, va] adj constructif(ive).

construtor [kõstru'to(x), ra] (pl -es) m constructeur m.

cônsul ['kõsuw] (pl -es) nmf consul m.

consulado [kõsu'ladu] m consulat m.

cônsules ['kõsulif] → **cônsul**.

consulta [kõ'suwta] f consultation f.

consultar [kõsuw'ta(x)] vt consulter.

consultoria [kõsuwto'ria] f cabinet m de conseil.

consultório [kõsuw'tɔrju] m cabinet m (de consultation).

consumidor, ra [kõsumi'do(x), ra] (mpl -es, fpl -s) m consommateur m, -trice f.

consumir [kõsu'mi(x)] ♦ vt consommer ♦ vi (gastar dinheiro) dépenser (de l'argent) ❏ **consumir-se** vp se tourmenter.

consumir [kõsu'mi(x)] ♦ vt (gastar) consommer; (destruir) consumer ♦ vi consommer.

consumo [kõ'sumu] m consommation f.

conta ['kõta] f (de restaurante, café) addition f; (de banco) compte m; (de colar) perle f • **a conta, por favor** l'addition, s'il vous plaît • **abrir uma conta** ouvrir un compte • **dar-se conta de** se rendre compte que • **fazer de conta que** faire comme si • **ter em conta** tenir compte de • **tomar conta de** surveiller • **conta bancária** compte bancaire • **por conta de** aux frais de • **vezes sem conta** à plusieurs reprises.

conta-corrente [kõtako'xẽntʃi] f compte f courant.

contabilidade [kõtabili'dadʒi] f comptabilité f.

contabilista [kõtabi'liʃta] comptable mf.

contador [kõta'do(x), ra] (pl -es) m (aparelho) compteur m; (profissional) comptable mf.

contagem [kõn'taʒẽ] (pl -ns) f (de gasto de água, de luz) relevé m; (de votos) dépouillement m.

contagiar [kõnta'ʒja(x)] vt contaminer.

contágio [kõn'taʒju] m contagion f.

contagioso, osa [kõnta'ʒjozu, ɔza] adj contagieux(euse).

conta-gotas [,kõnta'gotaʃ] m inv compte-gouttes m inv.

contaminação [kõntamina'sãw] (*pl* **-ões**) *f* contamination *f.*

contaminar [kõntami'na(x)] *vt* contaminer.

contar [kõn'ta(x)] ♦ *vt* compter; *(narrar, explicar)* raconter ♦ *vi* compter • **contar algo a alguém** raconter qqch à qqn • **contar fazer algo** compter faire qqch • **contar com** compter sur.

contatar [kõnta'ta(x)] *vt* contacter.

contato [kõn'tatu] *m* contact *m* • **entrar em contato com** prendre contact avec.

contêiner [kõn'tejne(x)] (*pl* **-es**) *m* container *m.*

contemplar [kõntẽm'pla(x)] *vt (paisagem, pintura)* contempler; *(ideia, possibilidade)* envisager • **contemplar alguém com algo** récompenser qqn de qqch.

contemporâneo, nea [kõntẽmpo'ranju, nja] *adj & mf* contemporain(e).

contentamento [kõntẽnta'mẽntu] *m* joie *f.*

contentar [kõntẽn'ta(x)] *vt* faire plaisir ❏ *vp* faire plaisir à ❏ **contentar-se com** *vp + prep* se contenter de.

contente [kõn'tẽntʃi] *adj* content(e).

conter [kõn'te(x)] *vt* contenir ❏ **conter-se** *vp* se retenir.

conterrâneo, nea [kõnte'xãnju, nja] *mf* concitoyen *m*, -enne *f.*

contestação [kõnteʃta'sãw] (*pl* **-ões**) *f (resposta)* réponse *f; (polêmica)* contestation *f.*

contestar [kõnteʃ'ta(x)] *vt (replicar)* répondre; *jur* contester.

conteúdo [kõn'tʃudu] *m (de recipiente)* contenu *m; (de carta, texto)* teneur *f.*

contexto [kõn'teʃtu] *m* contexte *m.*

contigo [kõn'tigu] *pron* avec toi.

continente [kõntʃi'nẽntʃi] *m* continent *m.*

continuação [kõntʃinwa'sãw] (*pl* **-ões**) *f* suite *f.*

continuamente [kõn,tʃinwa'mẽntʃi] *adv* continuellement.

continuar [kõntʃi'nwa(x)] *vt & vi* continuer • **continuar a fazer algo** continuer à faire qqch • **continuar com algo** continuer qqch.

contínuo, nua [kõn'tʃinwu, nwa] ♦ *adj (sem interrupção)* continu(e); *(repetido)* continuel(elle) ♦ *mf=* appariteur *m.*

conto ['kõntu] *m* conte *m* • **conto do vigário** escroquerie *f* • **passar o conto do vigário** duper • **cair no conto do vigário** tomber dans le panneau.

contornar [kõntox'na(x)] *vt* contourner.

contra ['kõntra] ♦ *prep* contre ♦ *m* • **pesar** *ou* **ver os prós e os**

contras peser le pour et le contre.

contra-ataque [ˌkõntra'taki] (*pl* **contra-ataques**) *m* contre-attaque *f.*

contrabaixo [ˌkõntra'bajʃu] *m* contrebasse *f.*

contrabando [ˌkõntra'bãndu] *m* (*de mercadorias*) contrebande *f*; (*mercadoria*) produit *m* de contrebande.

contracepção [ˌkõntrasep'sãw] *f* contraception *f.*

contraceptivo, va [ˌkõntrasep'tʃivu, va] ◆ *adj* contraceptif(ive) ◆ *m* contraceptif *m.*

contradição [ˌkõntradʒi'sãw] (*pl* **-ões**) *f* contradiction *f.*

contradizer [ˌkõntradʒi'ze(x)] *vt* contredire.

contrafilé [kõntrafi'lɛ] *m* faux-filet *m.*

contraindicação [ˌkõntraĩndʒika'sãw] *f* contre-indication *f.*

contrair [kõntra'i(x)] *vt* contracter; (*vício, hábito*) prendre • **contrair matrimônio** se marier.

contramão [ˌkõntra'mãw] *m* sens *m* inverse • **ir na contramão** rouler en sens inverse.

contrapartida [ˌkõntrapar'tʃida] *f* contrepartie *f* • **em contrapartida** en contrepartie.

contrariar [kõntrari'a(x)] *vt* (*contradizer*) contredire; (*aborrecer*) contrarier.

contrariedade [kõntrarje'dadʒi] *f* contrariété *f.*

contrário, ria [kõn'trarju, rja]
◆ *adj* (*oposto*) contraire; (*adversário*) adverse ◆ *m* • **o contrário** le contraire • **ser contrário a algo** être opposé à qqch • **do contrário** sinon • **muito pelo contrário** bien au contraire • **em sentido contrário** en sens inverse.

contrassenso [ˌkõntra'sẽsu] (*pl* **contrassensos**) *m* (*absurdo*) non-sens *m*; (*em tradução*) contresens *m.*

contrastar [kõntraʃ'ta(x)] ◆ *vt* mettre en contraste ◆ *vi* contraster • **contrastar com** contraster avec.

contraste [kõn'traʃtʃi] *m* contraste *m* • **em contraste com** en contraste avec.

contratar [kõntra'ta(x)] *vt* (*pessoa*) engager; (*serviço*) passer un contrat pour.

contratempo [ˌkõntra'tẽmpu] *m* contretemps *m.*

contrato [kõn'tratu] *m* contrat *m.*

contribuinte [kõntri'bwĩntʃi] *nmf* contribuable *mf.*

contribuir [kõntri'bwi(x)] *vi* apporter (une contribution) • **contribuir para algo** contribuer à qqch • **contribuir com dinheiro (para)** participer financièrement (à).

controlar [kõntro'la(x)] *vt* contrôler ▫ **controlar-se** *vp* se contrôler.

controle [kõn'trɔli] *m* contrôle *m*; (*comando*) com-

controvérsia

mande f • **controle remoto** télécommande f.
controvérsia [kõntro'vɛrsja] f controverse f.
controverso, sa [kõntro'vɛrsu, sa] adj controversé(e).
contudo [kõn'tudu] conj cependant.
contusão [kõntu'zãw] (pl -ões) f contusion f.
convalescença [kõvaleʃ'sẽsa] f convalescence f.
convenção [kõvẽ'sãw] (pl -ões) f convention f.
convencer [kõvẽ'se(x)] vt convaincre • **convencer alguém a fazer algo** convaincre qqn de faire qqch • **convencer alguém de algo** convaincre qqn de qqch ▫ **convencer-se** vp être convaincu(e) • **convencer-se de que** être convaincu que.
convencido, da [kõvẽ'sidu, da] adj prétentieux(euse).
convencional [kõvẽsjo'naw] (pl -ais) adj (pessoa) conventionnel(le); (regra, atitude, sinal) conventionnel(elle).
convenções → convenção.
conveniente [kõve'njẽntʃi] adj (hora, momento) opportun(e) • **é conveniente ir à reunião** il vaut mieux aller à la réunion.
convento [kõ'vẽntu] m couvent m.
conversa [kõ'vɛxsa] f conversation f • **conversa fiada** parlote f • **não ir na conversa** ne pas marcher (dans la combine).

conversar [kõvex'sa(x)] vi discuter • **conversar com** discuter avec.
conversível [kõvex'sivew] (pl -eis) m décapotable f.
converter [kõvex'te(x)] vt • converter algo em convertir qqch en • **converter alguém em algo** faire de qqn qqch ▫ **converter-se** vp se convertir • **converter-se a** se convertir à • **converter-se em** devenir.
convés [kõ'vɛʃ] (pl -eses) m pont m supérieur.
convidado, da [kõvi'dadu, da] adj & m/f invité(e).
convidar [kõvi'da(x)] vt inviter.
convir [kõ'vi(x)] vi convenir; (admitir) reconnaître • **convém analisar a situação** il serait bon d'analyser la situation.
convite [kõ'vitʃi] m invitation f.
convivência [kõvi'vẽsja] f (vida em comum) cohabitation f; (familiaridade) convivialité f.
conviver [kõvi've(x)] ▫ **conviver com** vp (ter convivência com) vivre avec; (amigos, colegas) fréquenter.
convívio [kõ'vivju] m (convivência) convivialité f.
convocar [kõvo'ka(x)] vt convoquer • **convocar alguém para algo** convoquer qqn à qqch.
convosco [kõn'voʃku] pron avec vous.

convulsão [kõvuw'sāw] (*pl -ões*) *f (física)* convulsion *f; (social)* agitation *f.*

cookie ['kɔki] (*pl cookies*) *f INFORM* cookie *m.*

cooperação [kwopera'sāw] (*pl -ões*) *f* coopération *f.*

cooperar [kwope'ra(x)] *vi* coopérer.

cooperativa [kwopera'tiva] *f* coopérative *f.*

coordenar [kwordʒe'na(x)] *vt* coordonner.

copa ['kɔpa] *f (divisão de casa)* office *m; (de árvore)* cime *f; (de chapéu)* calotte *f; (torneio esportivo)* coupe *f* ❏ **copas** *fpl (naipe de cartas)* cœur *m.*

cópia ['kɔpja] *f* copie *f.*

copiar [ko'pja(x)] *vt & vi* copier.

copo ['kɔpu] *m* verre *m* • **tomar** *ou* **beber um copo** prendre *ou* boire un verre.

coqueiro [ko'kejru] *m* cocotier *m.*

coquetel [koke'tɛw] (*pl -éis*) *m* cocktail *m.*

cor¹ [kɔ(x)] ❏ **de cor** *adv* • **aprender/saber algo de cor** apprendre/savoir qqch par cœur • **saber algo de cor e salteado** savoir qqch sur le bout des doigts.

cor² ['ko(x)] (*pl -es*) *f* couleur *f* • **mudar de cor** changer de couleur • **perder a cor** déteindre • **de cor** de couleur *(personne).*

coração [kora'sāw] (*pl -ões*) *m* cœur *m* • **ter bom coração** avoir bon cœur.

corado, da [ko'radu, da] *adj* doré(e) • **ficar corado** *(pessoa)* rougir.

coragem [ko'raʒẽ] ❏ *f* courage *m* ❏ *interj* bon courage!

corais → **coral**.

corajoso, osa [kora'ʒozu, ɔza] *adj* courageux(euse).

coral [ko'raw] (*pl -ais*) *m (organismo)* chorale *f; (substância)* corail *m.*

corante [ko'rãntʃi] *m* colorant *m* • **sem corantes nem conservantes** sans colorant ni conservateur.

corar [ko'ra(x)] ❏ *vi (ruborizar-se)* rougir ❏ *vt (frango, assado etc.)* faire dorer.

Corcovado [koxko'vadu] *m* • **o Corcovado** le Corcovado.

ⓘ CORCOVADO

Du sommet du mont du Corcovado, s'élève le monument au Christ Rédempteur qui, les bras ouverts, embrasse la ville de Rio de Janeiro. Construite en béton armé et revêtu de stéatite, la statue, de trente mètres de haut, fut offerte par les Français aux *Cariocas* en commémoration de l'indépendance du Brésil. De cet endroit pittoresque, se dessine le magnifique paysage de la "Ville Merveilleuse".

corda ['kɔrda] f corde f; *(de relógio, brinquedo)* ressort m • **corda de pular** corde à sauter • **cordas vocais** cordes vocales • **dar corda a** remonter.

cordão [kor'dãw] *(pl* **-ões)** *m (de sapatos)* lacet m; *(joia)* chaîne f • **cordão umbilical** cordon m ombilical.

cordeiro [kor'dejru] m agneau m.

cordel [kor'dɛw] *(pl* **-éis)** m ficelle f.

cor-de-rosa [ˌkordʒi'xɔza] *adj inv* rose.

cordial [kor'dʒjaw] *(pl* **-ais)** *adj* cordial(e).

cordilheira [kordʒi'ʎejra] f cordillère f.

cordões → **cordão**.

cores → **cor**.

coreto [ko'retu] m kiosque m.

corinto [ko'rĩntu] m raisin m de Corinthe.

córnea ['kɔxnja] f cornée f.

corneta [kox'neta] f cornet m (à pistons).

cornflakes® [kɔrn'flejks] *mpl* corn flakes *mpl.*

coro ['koru] m chœur m • **em coro** en chœur.

coroa [ko'roa] f couronne f.

corpo ['kɔxpu] m corps m.

corporal [koxpo'raw] *(pl* **-ais)** *adj* → **odor.**

correção [koxe'sãw] *(pl* **-ões)** f correction f.

correções → **correção**.

corredor, ra [koxe'do(x), ra] *(mpl* **-es**, *fpl* **-s)** ◆ *mf* coureur m, -euse f ◆ m couloir m.

correia [ko'xeja] f courroie f • **correia da ventoinha** courroie f du ventilateur.

correio [ko'xeju] m poste f; *(pessoa)* facteur m; *(correspondência)* courrier m • **correio eletrônico** courrier électronique • **correio expresso** courrier express • **pelo correio** par courrier, par la poste.

corrente [ko'xẽntʃi] ◆ *adj* courant(e) ◆ f courant m; *(de ar)* courant m d'air; *(de metal, de bicicleta)* chaîne f • **estar ao corrente de algo** être au courant de qqch • **pôr alguém ao corrente de algo** mettre qqn au courant de qqch • **corrente alternada** courant alternatif.

correr [ko'xe(x)] ◆ *vi* courir; *(água, lágrimas, rio)* couler; *(tempo)* s'écouler ◆ *vt* courir • **correr as cortinas** tirer les rideaux • **correr com alguém** mettre qqn à la porte • **fazer algo correndo** faire qqch en vitesse.

correspondência [koxeʃpõn'dẽsja] f correspondance f.

correspondente [koxeʃpõn'dẽntʃi] *adj & nmf* correspondant(e).

corresponder [koxeʃpõn'de(x)] *vi (equivaler)* correspondre; *(retribuir)* remercier • **corresponder a** correspondre à □ **corresponder-**

se vp correspondre • **corresponder-se com alguém** correspondre avec qqn.

corretamente [ko'xɛtɐ'mẽtʃi] adv correctement.

correto, ta [ko'xɛtu, ta] adj correct(e).

corretor, ra [koxe'to(x), ra] (mpl -es, fpl -s) mf courtier m, -ère f.

corrida [ko'xida] f (de velocidade, táxi) course f; (tourada) corrida f • **corrida de automóveis** course automobile • **corrida de cavalos** course de chevaux • **de corrida** (à pressa) à toute vitesse; (por alto) à la va-vite.

corrigir [koxi'ʒi(x)] vt corriger ▫ **corrigir-se** vp se corriger.

corrimão [koxi'mãw] (pl -s ou -ões) m (de escada) rampe f; (de varanda) balustrade f.

corrimento [koxi'mẽtu] m (de vagina) pertes fpl.

corrimões → corrimão.

corroborar [koxobo'ra(x)] vt corroborer.

corromper [koxõm'pe(x)] vt corrompre.

corrupção [koxup'sãw] (pl -ões) f corruption f • **corrupção de menores** détournement m de mineur.

corrupto, ta [ko'xuptu, ta] adj corrompu(e).

cortar [kox'ta(x)] ♦ vt couper; (rua, estrada) barrer ♦ vi couper • **cortar relações (com alguém)** couper les ponts (avec qqn) ▫ **cortar-se** vp se couper.

corte ['kɔxtʃi] m coupure f; (redução) réduction f • **corte de cabelo** coupe f de cheveux.

cortejar [koxte'ʒa(x)] vt courtiser.

cortejo [kox'teʒu] m cortège m • **cortejo fúnebre** cortège funèbre.

cortesia [koxte'zia] f courtoisie f.

cortiça [kox'tʃisa] f liège m.

cortiço [kox'tʃisu] m ruche f.

cortina [kox'tʃina] f rideau m.

cortinado [koxtʃi'nadu] m rideau m.

coruja [ko'ruʒa] f chouette f.

corvina [kox'vina] f sciène f (poisson).

corvo ['koxvu] m corbeau m.

cós ['kɔʃ] m inv ceinture f.

coser [ko'ze(x)] vt & vi coudre.

cosmético, ca [koʒ'mɛtʃiku, ka] adj cosmétique m.

cosmopolita [koʒmopo'lita] adj cosmopolite.

costa ['kɔʃta] f (junto ao mar) côte f; (de montanha) pente f • **dar à costa** accoster ▫ **costas** fpl (de pessoa, mão) dos m; (de cadeira) dossier m.

costela [koʃ'tɛla] f côte f.

costeleta [koʃte'leta] f côtelette f.

costumar [koʃtu'ma(x)] vt • **costumar fazer algo** avoir l'habitude de faire qqch • **costuma chover no inverno** en général, il pleut en hiver.

costume [koʃ'tumi] m (hábito) habitude f; (uso social) coutume f • **como de costume**

comme d'habitude • **por costume** par habitude.
costura [koʃ'tura] f couture f; (de operação cirúrgica) cicatrice f.
costurar [koʃtu'ra(x)] vt coudre.
cotação [kota'sãw] (pl **-ões**) f (de mercadoria, moeda, título) cours m; (atividade na Bolsa) cotation f.
cotidiano [kotʃi'dʒjanu] ◆ adj quotidien(enne) ◆ m quotidien m.
cotonete [koto'nɛʃi] m Coton-Tige® m.
cotovelada [kotove'lada] f coup m de coude.
cotovelo [koto'velu] m coude m.
cotovia [koto'via] f alouette f.
coube ['kobi] → **caber**.
couchette [ko'ʃɛtʃi] f couchette f.
couraça [ko'rasa] f (de tartaruga, cágado) carapace f.
couro ['koru] m cuir m • **couro cabeludo** cuir chevelu.
couve ['kovi] f chou m • **couve à mineira** chou en lanière frit à l'ail • **couve roxa** chou rouge.
couve-de-bruxelas [ˌkovedebru'ʃɛlaʃ] (pl **couves-de-bruxelas**) f chou m de Bruxelles.
couve-flor [ˌkove'flo(x)] (pl **couves-flores**) f chou-fleur m.
couve-galega [ˌkovega'lega] (pl **couves-galegas**) f chou m cavalier.
couvert [ku'vɛ(x)] m hors-d'œuvre m inv.
cova ['kɔva] f trou m; (sepultura) fosse f.

covarde [ko'vaxdʒi] ◆ adj lâche ◆ nmf lâche mf.
covardia [kovax'dʒia] f lâcheté f.
coveiro [ko'vejru] m fossoyeur m.
coxa ['koʃa] f cuisse f • **coxa de galinha** cuisse de poulet.
coxia [ko'ʃia] f (em casa de espetáculos) allée f; (cavalariça) box m.
coxo, xa ['koʃu, ʃa] adj boiteux(euse).
cozer [ko'ze(x)] vt cuire.
cozido, da [ko'zidu, da] ◆ adj cuit(e) ◆ m • **cozido à portuguesa** sorte de pot-au-feu.
cozinha [ko'ziɲa] f cuisine f.
cozinhar [kozi'ɲa(x)] ◆ vt cuisiner ◆ vi cuisiner, faire la cuisine.
cozinheiro, ra [kozi'ɲejru, ra] mf cuisinier m, -ère f.
crachá [kra'ʃa] m badge m.
crack ['kraki] m crack m.
cracker ['krake(x)] (pl **crackers**) m INFORM mordu de l'informatique m, pirate informatique m.
crânio ['kranju] m crâne m.
craque ['kraki] nmf (fam) bête f.
cratera [kra'tɛra] f cratère m.
cravar [kra'va(x)] vt (unhas, dentes) planter; • **cravar os olhos em** fixer son regard sur.
cravo ['kravu] m (flor) œillet m; (em pele) comédon m.
cravo-da-índia [ˌkravuda'ĩndʒia] m clou m de girofle.
creche ['krɛʃi] f crèche f.
credencial [kredẽn'sjaw] (pl **-ais**) f accréditation f.

crediário [kre'dʒjarju] m paiement m à crédit.

crédito ['krɛdʒitu] m crédit m • **compra/venda a crédito** achat/vente à crédit.

credor, ra [kre'do(x), ra] (*mpl* -es, *fpl* -s) *mf* créancier m, -ère f.

crédulo, la ['krɛdulu, la] *adj* crédule.

cremar [kre'ma(x)] *vt* incinérer.

crematório [krema'tɔrju] m crématorium m.

creme ['krɛmi] m crème f • **creme de barbear** crème à raser • **creme hidratante** crème hydratante • **creme de leite** crème • **creme de leite fresco** crème fraîche • **creme de limpeza** lait m démaquillant • **creme de noite** crème de nuit • **creme rinse** après-shampooing m *inv*.

cremoso, osa [kre'mozu, ɔza] *adj* crémeux(euse).

crença ['krẽsa] *f* croyance f.

crendice [krẽ'dʒisi] *f* croyance f absurde.

crente ['krẽtʃi] *nmf* croyant m, -e f.

crepe ['krɛpi] m CULIN crêpe f; (*tecido*) crêpe m.

crepúsculo [kre'puʃkulu] m crépuscule m.

crer ['krɛ(x)] *vt* croire ◆ *vi* croire, croire • **é de crer que** il se peut que • **ver para crer** voir pour croire.

crescente [kre'sẽtʃi] m (*fase da Lua*) croissant m.

crescer [kre'se(x)] *vi* (*plantas*) pousser; (*pessoas*) grandir; (*su-bir*) augmenter; (*aumentar*) monter.

crespo, pa ['krɛʃpu, pa] *adj* (*cabelo*) crépu(e); (*rugoso*) rêche.

cretino, na [kre'tʃinu, na] *mf* crétin m, -e f.

cria ['krja] *f* petit m (*d'un animal*).

criado, da [kri'adu, da] *mf* valet m, bonne f • **os criados** les domestiques • **criado de quarto** valet de chambre.

criador, ra [krja'do(x), ra] (*mpl* -es, *fpl* -s) *mf* (*inventor*) créateur m, -trice f; (*de animais*) éleveur m, -euse f.

criança [kri'ãsa] *f* enfant *mf* • **criança de colo** enfant en bas âge • **em criança, eu...** (*na infância*) quand j'étais petit, je... • **ser uma criança** se conduire comme un enfant.

criar [kri'a(x)] ◆ *vt* élever; (*inventar*) créer ◆ *vi* s'infecter ❏ **criar-se** *vp* (*produzir-se*) se former; (*fundar-se*) se créer; (*crescer*) grandir.

criatividade [krjatʃivi'dadʒi] *f* créativité f.

criativo, va [krja'tʃivu, va] *adj* créatif(ive).

criatura [krja'tura] *f* créature f.

crime ['krimi] m crime m.

criminalidade [kriminali'dadʒi] *f* criminalité f.

criminoso, osa [krimi'nozu, ɔza] *mf* criminel m, -elle f.

crina ['krina] *f* crinière f.

criptografar [kriptɔgra'fa(x)] *vt INFORM* crypter.

criptografia

criptografia [kriptogra'fia] f INFORM cryptage m.
crisântemo [kri'zãntemu] m chrysanthème m.
crise ['krizi] f crise f.
crista ['kriʃta] f crête f • **estar na crista da onda** être dans le vent.
cristã → cristão.
cristal [kriʃ'taw] (pl **-ais**) m cristal m.
cristaleira [kriʃta'lejra] f vitrine f (meuble).
cristão, ã [kriʃ'tãw, ã] adj & mf chrétien/enne.
critério [kri'tɛrju] m critère m.
crítica ['kritika] f critique f.
criticar [kriti'ka(x)] vt critiquer.
crivo ['krivu] m (de farinha, areia etc.) crible m; (de regador) pomme f d'arrosoir.
crocante [kro'kãntʃi] adj croustillant(e).
crochê [kro'ʃe] m crochet m (tricot).
crocodilo [kroko'dilu] m crocodile m.
cromo ['kromu] m (estampa) image f; (elemento) chrome m.
crônica ['kronika] f chronique f.
crônico, ca ['kroniku, ka] adj (doença) chronique.
cronológico, ca [krono'lɔʒiku, ka] adj chronologique.
cronometrar [kronome'tra(x)] vt chronométrer.
cronômetro [kro'nometru] m chronomètre m.
croquete [kro'kɛtʃi] f croquette f.

crosta ['krɔʃta] f (de ferida) croûte f; (da Terra) écorce f.
cru, crua ['kru, 'krua] adj cru(e).
crucial [kru'sjaw] (pl **-ais**) adj crucial(e).
crucifixo [krusi'fiksu] m crucifix m.
cruel [kru'ɛw] (pl **-éis**) adj cruel(elle).
cruz [kruʃ] (pl **-es**) f croix f • **a Cruz Vermelha** la Croix-Rouge.
cruzamento [kruza'mẽntu] m croisement m; (na cidade) carrefour m.
cruzar [kru'za(x)] vt traverser; (pernas, braços) croiser • **cruzar com alguém** croiser qqn ▫ **cruzar-se** vp se croiser.
cruzeiro [kru'zejru] m (de navio) croisière f; (antiga unidade monetária) cruzeiro m.
cu ['ku] m (vulg) cul m.
cuba-libre [ˌkuba'libri] f rhum-Coca m.
cúbico, ca ['kubiku, ka] adj (metro) cube; (raiz, forma) cubique.
cubículo [ku'bikulu] m réduit m.
cubo ['kubu] m cube m • **cubo de gelo** glaçon m.
cuco ['kuku] m coucou m.
cueca ['kwɛka] f slip m.
cuidado, da [kui'dadu, da] adj soigné(e) ♦ m attention f ♦ interj attention! • **ter cuidado** faire attention • **aos cuidados de alguém** à l'attention de qqn; (responsabilidade) confié à qqn • **com cuidado** en faisant attention; (conduzir) prudem-

ment; *(trabalhar)* soigneusement.
cuidar [kui'da(x)] □ **cuidar de** *vp* prendre soin de □ **cuidar-se** *vp* prendre soin de soi.
cujo, ja ['kuʒu, ʒa] *pron* dont • **o livro cuja capa...** le livre dont la couverture....
culinária [kuli'narja] *f* art *m* culinaire.
culminar [kuwmi'na(x)] □ **culminar em** *vp* être couronné(e) par.
culpa ['kuwpa] *f* faute *f* • **ter culpa de qqch** être coupable de qqch • **tenho a culpa** c'est de ma faute • **por culpa de** à cause de.
culpado, da [kuw'padu, da] *adj* coupable.
cultivar [kuwti'va(x)] *vt* cultiver □ **cultivar-se** *vp* se cultiver.
culto, ta ['kuwtu, ta] ◆ *adj* cultivé(e) ◆ *m* culte *m*.
cultura [kuw'tura] *f* culture *f*.
cultural [kuwtu'raw] *(pl* -ais*) adj* culturel(elle).
culturismo [kuwtu'riʒmu] *m* body-building *m*.
cume ['kumi] *m* sommet *m*.
cúmplice ['kũnplisi] *nmf* complice *mf*.
cumplicidade [kũmplisi'dadʒi] *f* complicité *f*.
cumprimentar [kũmprimẽn'ta(x)] *vt* saluer.
cumprimento [kũmpri'mẽntu] *m* salut *m* □ **cumprimentos** *mpl* salutations *fpl* • **com os melhores cumprimentos** *(em*

curinga

carta) sincères salutations • **apresentar cumprimentos a alguém** présenter ses respects à qqn.
cumprir [kũm'pri(x)] ◆ *vt (tarefa, missão)* accomplir; *(ordem)* exécuter; *(promessa)* tenir; *(pena)* purger; *(lei)* respecter ◆ *v impess/v impers* • **cumpre-lhe fazer as contas** c'est à lui de faire les comptes.
cúmulo ['kumulu] *m* comble *m* • **é o cúmulo!** c'est le comble! • **para cúmulo** qui plus est.
cunha ['kuɲa] *f* coin *m*.
cunhado, da [ku'ɲadu, da] *mf* beau-frère *m*, belle-sœur *f*.
cunhar [ku'ɲa(x)] *vt* frapper *(la monnaie)*.
cupom [ku'põ] *(pl* -ns*) m (de compra)* bon *m* d'achat; *(de ação, obrigação)* coupon *m*.
cúpula ['kupula] *f (de abóbada)* coupole *f*; *(telhado)* dôme *m*.
cura ['kura] *f (de doença)* guérison *f*; *(de queijo)* affinage *m*; *(pelo fumo)* fumage *m*; *(no sal)* salage *m*; *(pelo calor)* séchage *m*.
curar [ku'ra(x)] ◆ *vt (doença, ferida)* guérir; *(queijo)* affiner; *(secar)* faire sécher; *(fumar)* fumer; *(salgar)* saler ◆ *vi* guérir □ **curar-se** *vp* guérir.
curativo [kura'tʃivu] *m* pansement *m* • **curativo adesivo** pansement adhésif.
curinga [ku'rĩŋga] *m (de jogo de cartas)* joker *m*; *(em futebol)* polyvalent *m* • **(caractere) curinga** *INFORM* caractère *m* générique.

curiosidade [kurjozi'dadʒi] f curiosité f.

curioso, osa [ku'rjozu, ɔza] adj & mf curieux(euse).

curral [ku'xaw] (pl **-ais**) m étable f.

currículo [ku'xikulu] m CV m.

curriculum vitae [ku,xiku'lũn'vitaj] m curriculum m vitae.

curso ['kursu] m (de especialização, universidade etc.) cours m ; (alunos de um curso) promotion f ; (de rio) cours m • **ter um curso de** avoir un diplôme de qqch • **curso intensivo** stage m intensif • **curso superior** études fpl supérieures • **em curso** en cours.

cursor [kux'so(x)] (pl **-es**) m curseur m.

curta-metragem [,kuxtame'traʒẽ] (pl **curtas-metragens**) m court-métrage m.

curtido, da [kux'tʃidu, da] adj (fam) tanné(ée).

curtir [kux'ti(x)] ◆ vt (peles, couros) tanner ; (fam) (gostar) s'éclater ◆ vi (fam) s'éclater.

curto, ta ['kuxtu, ta] adj court(e) • **a curto prazo** à court terme.

curto-circuito [,kuxtusix'kujtu] (pl **curtos-circuitos**) m court-circuit m.

curva ['kuxva] f (de estrada, caminho) virage m ; (de corpo) forme f, rondeur f.

curvar [kux'va(x)] vt courber ; (flexionar) plier ▫ **curvar-se** vp se courber ; (fig) s'incliner.

cuscuz [kuʃ'kuʃ] m (tipo de massa alimentícia) semoule f ; (prato árabe) couscous m ; (prato brasileiro) gâteau salé à la farine de maïs cuit à la vapeur.

cuspe ['kuʃpi] m salive f.

cuspir [kuʃ'pi(x)] vt & vi cracher.

custa ['kuʃta] ▫ **à custa de** prep (de sacrifícios) au prix de ; (do Estado) aux frais de ▫ **custas** fpl frais mpl.

custar [kuʃ'ta(x)] vt coûter • **custa muito a fazer** c'est très pénible à faire • **quanto custa? **combien ça coûte? • **custe o que custar** coûte que coûte.

custo ['kuʃtu] m coût m ; (fig) peine f • **custo de vida** coût de la vie • **a custo** avec peine.

cutia [ku'tʃia] f agouti m.

cutícula [ku'tʃikula] f cuticule f.

c.v. m (abrev de **curriculum vitae**) CV m.

D

da [da] = **de** + **a** → **de**.
dá ['da] → **dar**.
dádiva ['dadiva] f don m.
dado, da ['dadu, da] ◆ adj (sociável) ouvert(e) ; (determinado) donné(e) ◆ m donnée f ; (de jogar) dé m • **dado que** étant donné que ▫ **dados** mpl (jo-

go) dés *mpl*, *INFORM* données *fpl*
• **jogar dados** jouer aux dés.
daí [da'i] *adv* 1. = **de** + **aí** 2.
• **daí em** *ou* **por diante** depuis
• **saia daí!** sors de là! • **daí a um mês/ano** un mois/an après
• **e daí? et alors?**

dali [da'li] *adv* 1. (*de* + *ali*) de là-bas 2. • **dali a uma semana** une semaine plus tard • **dali em** *ou* **por diante** depuis.

daltônico, ca [daw'toniku, ka] *adj* & *mf* daltonien(enne).

dama ['dama] *f* dame *f* • **dama de honra** demoiselle *f* d'honneur ▫ **damas** *fpl* dames *fpl*
• **jogar damas** jouer aux dames.

damasco [da'maʃku] *m* abricot *m*.

dança ['dãsa] *f* danse *f*
• **danças folclóricas** danses folkloriques.

dançar [dã'sa(x)] *vt* & *vi* danser.

danceteria [dãsete'ria] *f* dancing *m*.

danificar [danifi'ka(x)] *vt* endommager.

dano ['danu] *m* dommage *m*.

dantes ['dãnteʃ] *adv* autrefois.

dão ['dãw] → **dar**.

daquela [da'kεla] = **de** + **aquela** → **aquele**.

daquele [da'keli] = **de** + **aquele** → **aquele**.

daqui [da'ki] *adv* 1. (*de* + *aqui*) d'ici 2. • **daqui a um ano/mês** d'ici un an/mois • **daqui a pouco** d'ici peu • **daqui em** *ou*

por diante à partir de maintenant, dorénavant.

daquilo [da'kilu] = **de** + **aquilo** → **aquilo**.

dar [da(x)] ◆ *vt* 1. (*ger*) donner
• **dar algo a alguém** donner qqch à qqn • **ela dá aulas numa escola** elle donne des cours dans une école • **dar prazer/pena/medo** faire plaisir/de la peine/peur • **isto vai dar muito que fazer** ça va donner beaucoup de travail • **o passeio me deu fome** la promenade m'a donné faim • **ele dá muitos problemas** il pose beaucoup de problèmes • **ainda não deu sinal de vida** il n'a pas encore donné signe de vie • **ele começa a dar sinais de cansaço** il commence à donner des signes de fatigue • **dar um berro** pousser un cri • **dar um pontapé em alguém** donner un coup de pied à qqn • **dar um passeio** faire une promenade • **dar uma festa** faire une fête • **dar um empurrão em alguém** bousculer qqn 2. (*lucros, ganhos*) rapporter 3. (*dizer*) dire
• **ele me deu boa noite** il m'a dit bonsoir ◆ *vi* 1. (*horas*) sonner • **já deram as cinco** cinq heures ont déjà sonné 2. (*condizer*) • **dar com** aller avec • **as cores não dão umas com as outras** les couleurs ne vont pas ensemble 3. (*proporcionar*)
• **dar de beber a** donner à boire à • **dar de comer a** don-

dardo

ner à manger 4. *(em locuções)* • **dá igual** *ou* **no mesmo** c'est du pareil au même • **dá no mesmo se ele viu ou não** qu'il l'ait vu ou pas, ça n'a aucune importance • **dar-se ares de importante** faire l'important • **dar com a língua nos dentes** *(desvendar segredo)* ne pas savoir tenir sa langue; *(falar)* bavarder • **dar de si** *(roupa)* se détendre; *(sapatos)* s'élargir; *(terreno)* céder • **dar nas vistas** se faire remarquer ▫ **dar com** *vp (encontrar, descobrir)* trouver • **nunca darei com o lugar** je ne trouverai jamais l'endroit ▫ **dar em** *vp (resultar)* se terminer; *(tornar-se)* devenir ▫ **dar para** *vp (servir para, ser útil para)* servir à; *(suj: varanda, janela)* donner sur; *(ser suficiente para)* (y) avoir assez de; *(ser possível)* pouvoir • **o pão não dá para todos** il n'y a pas assez de pain pour tout le monde • **não vai dar para eu chegar na hora** je ne pourrai pas être à l'heure ▫ **dar por** *vp (aperceber-se de)* s'apercevoir • **dei por mim a gritar** je me suis surpris à crier • **não dei por nada** je ne m'en suis pas rendu compte ▫ **dar-se** *vp* • **dar-se bem/mal com algo** aimer/ne pas aimer qqch • **dar-se bem/mal com alguém** s'entendre bien/mal avec qqn • **dar-se por vencido** se considérer comme vaincu.

dardo ['daxdu] *m* javelot *m* ▫ **dardos** *mpl* fléchettes *fpl* • **jogar dardos** jouer aux fléchettes.

das [daʃ] = **de + as** → **de**.

DAT *(abrev de* **digital audio tape)** *f* lecteur audio digital *m*.

data ['data] *f* date *f* • **data de nascimento** date de naissance.

datilografar [datʃilogra'fa(x)] *vt* dactylographier.

datilógrafo, fa [datʃi'lɔgrafu, fa] *mf* dactylo *mf*.

d.C. *(abrev de* **depois de Cristo)** apr.J-C.

de [dʒi] *prep* **1.** *(ger)* de • **o carro daquele rapaz** la voiture de ce garçon • **a recepção do hotel** la réception de l'hôtel • **a casa é dela** la maison est à elle • **um copo de água** un verre d'eau • **fale-me de você** parle-moi de toi • **um livro de inglês** un livre d'anglais • **os passageiros do avião** les passagers de l'avion • **um produto do Brasil** un produit du Brésil • **sou do Porto** je suis de Porto • **chegamos de madrugada** nous sommes arrivés de bonne heure • **partimos às três da tarde** nous sommes partis à trois heures de l'après-midi • **trabalho das nove às cinco** je travaille de neuf heures à cinq heures • **chorar de alegria** pleurer de joie • **morrer de frio** mourir de froid • **cheio de gente** plein de monde • **digno de atenção** digne d'attention

• **lindo de morrer** beau à en mourir • **difícil de esquecer** difficile à oublier • **o melhor de todos** le meilleur de tous • **um destes dias volto ou o** un de ces jours, je reviendrai • **um desses hotéis serve** l'un de ces hôtels fera l'affaire • **uma daquelas cadeiras é para mim** l'une de ces chaises est pour moi • **um filme de Walter Salles** un film de Walter Salles • **o último livro de Saramago** le dernier livre de Saramago **2.** *(indica matéria)* en • **um relógio de ouro** une montre en or • **um bolinho de bacalhau** une croquette de morue , **um bolo de chocolate** un gâteau au chocolat **3.** *(usado em descrições, determinações)* en • **o senhor de preto** le monsieur en noir • **um pulôver de manga curta** un pull à manches courtes • **uma nota de dez euros** un billet de dix euros **4.** *(indica uso)* à • **uma máquina de calcular** une machine à calculer • **a sala de espera** la salle d'attente • **a porta de entrada** la porte d'entrée **5.** *(indica modo)* en • **viajou de jipe** il a voyagé en Jeep • **deitou-se de lado** il s'est couché sur le côté • **está tudo de pernas para o ar** tout est sens dessus dessous • **morreu de repente** il est mort subitement **6.** *(introduz complemento direto)* • **desconfiar de alguém** se méfier de qqn • **gostar de algo/alguém** aimer qqch/qqn • **tenho de ir às compras** je dois aller faire des courses **7.** *(em superlativos)* • **é mais rápido do que este** il est plus rapide que celui-ci **8.** *(indica série)* tout(toute) • **de dois em dois dias** tous les deux jours • **de quinze em quinze minutos** toutes les quinze minutes • **de três em três metros** tous les trois mètres.

debaixo [de'bajʃu] *adv* dessous • **debaixo de** sous.

debate [de'batʃi] *m* débat *m.*

debater [deba'te(x)] *vt* débattre ❑ **debater-se** *vp* se débattre.

débil ['dɛbiw] *(pl* -**beis)** ♦ *adj* faible ♦ *nmf* • **débil mental** débile *mf* mental, -e *f.*

debitar [debi'ta(x)] *vt* débiter.

débito ['dɛbitu] *m* débit *m.*

debruçar-se [debru'saxsi] *vp* se pencher • **debruçar-se sobre algo** se pencher sur qqch.

década ['dɛkada] *f* décennie *f* • **na década de oitenta/noventa** dans les années quatre-vingts/quatre-vingt-dix.

decadência [deka'dẽsja] *f* décadence *f.*

decadente [deka'dẽtʃi] *adj* décadent(e).

decapitar [dekapi'ta(x)] *vt* décapiter.

decência [de'sẽsja] *f* décence *f.*

decente [de'sẽtʃi] *adj* décent(e).

decepar [dese'pa(x)] *vt* tronquer.

decepção [dese'sãw] *(pl* -**ões)** *f* déception *f.*

decidido 100

decidido, da [desiˈdʒidu, da] *adj* décidé(e).

decidir [desiˈdʒi(x)] *vt* décider • **decidir fazer algo** décider de faire qqch ▫ **decidir-se** *vp* se décider • **decidir-se a fazer algo** se décider à faire qqch.

decifrar [desiˈfra(x)] *vt* déchiffrer.

decimal [desiˈmaw] (*pl* **-ais**) *adj* décimal(e).

décimo, ma [ˈdɛsimu, ma] ◆ *num* dixième ◆ *m* dixième billet d'une série de 10 grâce auquel on peut gagner le dixième du gros lot, → **sexto**.

decisão [desiˈzãw] (*pl* **-ões**) *f* décision *f.*

declamar [deklaˈma(x)] ◆ *vt* réciter ◆ *vi* déclamer.

declaração [deklaraˈsãw] (*pl* **-ões**) *f* déclaration *f.*

declarar [deklaˈra(x)] *vt* déclarer ◆ **nada a declarar** rien à déclarer ▫ **declarar-se** *vp* se déclarer.

declínio [deˈklinju] *m* déclin *m.*

declive [deˈklivi] *m* pente *f.*

decolagem [dekoˈlaʒẽ] (*pl* **-ns**) *f* décollage *m.*

decolar [dekoˈla(x)] *vt* & *vi* décoller.

decomposição [dekõpoziˈsãw] (*pl* **-ões**) *f* décomposition *f.*

decoração [dekoraˈsãw] (*pl* **-ões**) *f* décoration *f.*

decorar [dekoˈra(x)] *vt* (*ornamentar*) décorer; (*memorizar*) apprendre par cœur.

decorativo, va [dekoraˈtʃivu, va] *adj* décoratif(ive).

decorrente [dekoˈxẽtʃi] *adj* • **decorrente de** qui résulte de.

decotado, da [dekoˈtadu, da] *adj* décolleté(ée).

decote [deˈkɔtʃi] *m* décolleté *m* • **decote em bico** *ou* **em V** col *m* en V • **decote redondo** col rond.

decrescer [dekreˈse(x)] *vi* décroître.

decretar [dekreˈta(x)] *vt* décréter.

decreto [deˈkretu] *m* décret *m.*

decreto-lei [de,kretuˈlej] (*pl* **decretos-lei**) *m* ordonnance *f.*

decurso [deˈkursu] *m* • **no decurso de** au cours de.

dedal [deˈdaw] (*pl* **-ais**) *m* dé *m* à coudre.

dedão [deˈdãw] (*pl* **-ões**) *m* gros orteil *m.*

dedicação [dedʒikaˈsãw] (*pl* **-ões**) *f* dévouement *m.*

dedicar [dedʒiˈka(x)] *vt* (*livro, música, obra*) dédier; (*tempo, atenção, energias*) consacrer ▫ **dedicar-se a** *vp* + *prep* se consacrer à.

dedo [ˈdedu] *m* doigt *m*; (*do pé*) doigt *m* de pied • **levantar o dedo no ar** lever le doigt.

dedões [deˈdõjʃ] → **dedão**.

dedução [deduˈsãw] (*pl* **-ões**) *f* déduction *f.*

deduzir [deduˈzi(x)] *vt* déduire.

default [deˈfawtʃ] (*pl* **-s**) *m* INFORM par défaut *m.*

defeito [deˈfejtu] *m* défaut *m.*

deixar

defeituoso, osa [defejˈtwozu, ɔza] *adj (produto)* défectueux(euse).

defender [defẽnˈde(x)] *vt* défendre ▫ **defender-se** *vp* se défendre ◆ **defender-se de** se défendre de.

defensor, ra [defẽˈso(x), ra] *(mpl -es, fpl -s) mf* défenseur *m*.

deferimento [deferiˈmẽntu] *m* autorisation ◆ **pede deferimento** *formule utilisée à la fin d'une demande administrative*.

defesa [deˈfeza] *f* défense *f*; *(de tese)* soutenance *f*.

deficiência [defiˈsjɛ̃sja] *f (de máquina)* défaillance *f*; *(de vitaminas, renal)* déficience *f*; *(física)* handicap *m*.

deficiente [defiˈsjẽntʃi] ◆ *adj (máquina)* défaillant(e); *(pessoa)* handicapé(e) ◆ *nmf* handicapé *m*, -e *f* ◆ **deficiente físico** handicapé physique ◆ **deficiente mental** handicapé mental ◆ **deficiente motor** handicapé moteur.

déficit [ˈdefisitʃ] *m* déficit *m*.

definição [definiˈsãw] *(pl -ões) f* définition *f*.

definir [defiˈni(x)] *vt* définir ▫ **definir-se** *vp* se définir.

definitivamente [definiˌtʃivaˈmẽntʃi] *adv (para sempre)* définitivement; *(sem dúvida)* décidément.

definitivo, va [definiˈtʃivu, va] *adj* définitif(ive).

deformação [defoxmaˈsãw] *pl -ões) f* déformation *f* ◆ **deformação profissional** déformation professionnelle.

deformar [defoxˈma(x)] *vt* déformer.

defrontar [defrõnˈta(x)] *vt* affronter ▫ **defrontar-se** *vp (deparar-se)* se mettre en face de, être vis à vis.

defronte [deˈfrõntʃi] *adv* en face ◆ **defronte de** en face de.

defumado, da [defuˈmadu, da] *adj* fumé(e).

defumar [defuˈma(x)] *vt* fumer.

degelo [deˈʒelu] *m* dégel *m*.

degolar [degoˈla(x)] *vt* égorger.

degradante [degraˈdãntʃi] *adj* dégradant(e).

degradar [degraˈda(x)] *vt* avilir ▫ **degradar-se** *vp (danificar-se)* se dégrader; *(aviltar-se)* s'avilir.

degrau [deˈgraw] *m* marche *f*.

degustação [deguʃtaˈsãw] *f* dégustation *f*.

degustar [deguʃˈta(x)] *vt* déguster.

dei [ˈdej] → **dar**.

deitar [dejˈta(x)] ◆ *vt (estender)* étendre; *(pessoa)* allonger; *(para dormir)* coucher; *(verter)* fuir; *(lançar)* lancer; *(líquido)* verser; *(sal)* mettre ◆ *vi (na cama)* se coucher ▫ **deitar-se** *vp (na cama)* se coucher; *(no chão)* s'allonger.

deixa [ˈdejʃa] *f* réplique *f*.

deixar [dejˈʃa(x)] ◆ *vt* laisser; *(casa, mulher)* quitter; *(estudos)* arrêter; *(esperar)* attendre

dela

• **deixar algo por fazer** ne pas faire qqch • **deixar algo para** (adiar) remettre qqch à; (guardar) garder qqch pour • **deixar algo de lado** laisser qqch de côté • **deixar alguém/algo em paz** laisser qqn/qqch tranquille • **deixar alguém para trás** devancer qqn • **deixar algo para trás** laisser qqch de côté ◆ vi • **deixar de fazer algo** arrêter de faire qqch • **não deixar de fazer algo** ne pas oublier de faire qqch • **deixar alguém fazer algo** laisser qqn faire qqch • **deixar cair** laisser tomber ☐ **deixar-se** vp • deixar-se fazer algo se laisser • **deixar-se levar por** (emoção) se laisser aller à; (enganar) se faire avoir par.
dela ['dɛla] = **de + ela** → **de**.
dele ['deli] = **de + ele** → **de**.
delegacia [delega'sia] f ≃ commissariat m (de police).
delegado, da [dele'gadu, da] mf (de polícia) commissaire m, f; (de turma) délégué m, -e f; (de país, governo, instituição) représentant m, -e f.
deleitar [delej'ta(x)] vt apprécier ☐ **deleitar-se com** vp + prep (com comida) se délecter de; (com música) prendre du plaisir à.
deles ['deliʃ] = **de + eles** → **de**.
delgado, da [dɛw'gadu, da] adj mince.
deliberação [delibera'sãw] (pl -ões) f délibération f.

deliberar [delibe'ra(x)] ◆ vt délibérer ◆ vi délibérer.
delicadeza [delika'deza] f délicatesse f.
delícia [de'lisja] f délice m.
delicioso, osa [deli'sjozu, ɔza] adj délicieux(euse).
delinear [deli'nja(x)] vt ébaucher.
delinquência [delĩŋ'kwẽsja] f délinquance f • **delinquência juvenil** délinquance juvénile.
delinquente [delĩŋ'kwẽntʃi] nmf délinquant m, -e f.
delirante [deli'rãntʃi] adj (fig) délirant(e).
delirar [deli'ra(x)] vi délirer.
delírio [de'lirju] m délire m.
delito [de'litu] m délit m.
demais [de'majʃ] ◆ adv trop ◆ pron • **os/as demais** les autres • **isto já é demais!** trop, c'est trop! • **ser demais** être super.
demasia [dema'zia] ☐ **em demasia** adv trop.
demasiado, da [dema'zjadu, da] ◆ adj trop de ◆ adv trop • **demasiados livros** trop de livres • **demasiada comida** trop à manger.
demência [de'mẽsja] f démence f.
demente [de'mẽntʃi] adj & nmf dément(e).
demissão [demi'sãw] (pl -ões) f démission f • **pedir demissão** donner sa démission.
demitir [demi'tʃi(x)] vt mettre ☐ **demitir-se** vp de se démissionner.
democracia [demokra'sia] f démocratie f.

democrata [demo'krata] *adj & nmf* démocrate.

democrático, ca [demo'kratʃiku, ka] *adj* démocratique.

demolição [demoli'sāw] (*pl* -ões) *f* démolition *f.*

demolir [demo'li(x)] *vt* démolir.

demônio [de'monju] *m* démon *m.*

demonstração [demõʃtra'sāw] (*pl* -ões) *f* (*exposição*) démonstration *f*; (*prova*) preuve *f*; (*manifestação*) manifestation *f.*

demonstrar [demõʃ'tra(x)] *vt* (*explicar*) montrer; (*provar*) démontrer; (*revelar*) faire preuve de.

demora [de'mɔra] *f* retard *m* • **sem demora** tout de suite.

demorado, da [demo'radu, da] *adj* (*viagem*) long(longue); (*lento*) lent(e).

demorar [demo'ra(x)] ◆ *vi* (*levar tempo*) durer; (*tardar*) tarder; (*ocupar*) prendre du temps ◆ *vt* (*atrasar*) retenir ▫ **demorar-se** *vp* (*atrasar-se*) s'attarder; (*levar tempo*) mettre longtemps; (*ficar*) rester • **você vai demorar muito?** tu en as pour longtemps? • **não vou demorar** je ne serai pas long.

dendê [dēn'de] *m* huile *f* de palme.

denegrir [dene'gri(x)] *vt* (*fig*) dénigrer.

dengo ['dẽgu] *m* coquetterie *f.*

dengue ['dẽgi] *f* dengue *f* • **dengue hemorrágica** dengue hémorragique.

denominação [denomina'sāw] (*pl* -ões) *f* (*designação*) dénomination *f*; (*para vinho*) appellation *f.*

denotar [deno'ta(x)] *vt* témoigner de.

densidade [dēsi'dadʒi] *f* densité *f.*

denso, sa ['dēsu, sa] *adj* dense.

dentada [dēn'tada] *f* • **dar uma dentada** croquer; (*em pessoa*) mordre *f.*

dentadura [dēnta'dura] *f* (*natural*) dentition *f*; (*postiça*) dentier *m.*

dente ['dēntʃi] *m* dent *f*; (*de elefante, elefante-marinho*) défense *f* • **dente de alho** gousse *f* d'ail • **dentes postiços** dentier *m* • **dente do siso** dent de sagesse.

dentifrício [dētʃi'frisju] *m* dentifrice *m.*

dentista [dēn'tʃiʃta] *nmf* dentiste *mf.*

dentre ['dẽntri] = **de** + **entre** → **entre**.

dentro ['dẽntru] *adv* dedans, à l'intérieur • **dentro de algo** dans qqch • **aí dentro** là-dedans • **dentro em pouco** ou **em breve** d'ici peu • **por dentro** à l'intérieur • **lavar o carro por dentro** laver l'intérieur de la voiture • **por dentro de casa** par la maison • **estar por dentro de algo** s'y connaître en qqch.

denúncia [de'nũsja] f dénonciation f; *(de roubo)* déclaration f.

denunciar [denũ'sja(x)] vt dénoncer; *(roubo)* déclarer.

deparar [depa'ra(x)] □ **deparar com** vp rencontrer □ **deparar-se com** vp + prep se trouver face à.

departamento [departa'mẽntu] m département m.

dependência [depẽn'dẽsja] f dépendance f.

dependente [depẽn'dẽntʃi] adj dépendant(e).

depender [depẽn'de(x)] vi • depende... ça dépend... □ **depender de** vp + prep dépendre de; *(de circunstâncias, tempo)* dépendre de.

depilar [depi'la(x)] vt épiler.

depilatório, ria [depila'tɔrju, rja] ◆ adj dépilatoire ◆ m dépilatoire m.

depoimento [depoj'mẽntu] m déposition f.

depois [de'pojʃ] adv après • depois de après • depois se vê! on verra plus tard! • e depois? et alors? • deixar algo para depois remettre qqch à plus tard • ficar para depois laisser pour plus tard • dias depois quelques jours après • semanas/anos depois des semaines/des années après • depois de amanhã après-demain • logo depois tout de suite après • depois que depuis que.

depor [de'po(x)] ◆ vi faire une déposition ◆ vt démettre.

depositar [depozi'ta(x)] vt déposer • depositar confiança em alguém placer sa confiance en qqn □ **depositar-se** vp se déposer.

depósito [de'pɔzitu] m dépôt m; *(reservatório)* réservoir m • depósito de bagagens consigne f automatique • depósito a prazo dépôt à terme.

depravação [deprava'sãw] *(pl -ões)* f dépravation f.

depreciação [depresja'sãw] *(pl -ões)* f dépréciation f.

depressa [de'prɛsa] ◆ adv vite ◆ interj vite! • é preciso andar depressa com isso il faut faire vite.

depressão [depre'sãw] *(pl -ões)* f dépression f • depressão econômica crise f économique.

deprimente [depri'mẽntʃi] adj déprimant(e).

deprimir [depri'mi(x)] vt déprimer.

deputado, da [depu'tadu, da] mf député m, -e f.

deriva [de'riva] f • andar à deriva aller à la dérive.

derivar [deri'va(x)] vi dériver □ **derivar de** vp dériver de.

dermatologista [dermatolo'ʒiʃta] nmf dermatologue mf.

derramamento [dexama'mẽntu] m *(de líquido)* déversement m; *(de lágrimas, sangue)* effusion f.

derramar [dexa'ma(x)] *vt (líquido)* renverser; *(lágrimas, sangue)* verser; *(farinha, feijão, batatas)* répandre.

derrame [dɛ'xami] *m* hémorragie *f* cérébrale.

derrapagem [dexa'paʒẽ] *(pl* **-ns***) f* dérapage *m.*

derrapar [dexa'pa(x)] *vi* déraper.

derreter [dexe'te(x)] *vt* faire fondre □ **derreter-se** *vp* fondre.

derrota [de'xɔta] *f* défaite *f.*

derrotar [dexo'ta(x)] *vt (vencer)* battre; MIL vaincre.

derrubar [dexu'ba(x)] *vt* renverser.

desabafar [dʒizaba'fa(x)] *vi* se confier.

desabamento [dʒizaba-'mẽntu] *m (de terra)* glissement *m;* (de pedras) éboulis *m;* (de edifício) effondrement *m.*

desabar [dʒiza'ba(x)] *vi* s'effondrer.

desabitado, da [dʒizabi'tadu, da] *adj (edifício)* inhabité(e); *(região)* dépeuplé(e).

desabotoar [dʒizabo'twa(x)] *vt* déboutonner.

desabrigado, da [dʒizabri-'gadu, da] *adj (sem casa, lar)* sans abri; *(local)* inabrité(e), exposé(e).

desabrochar [dʒizabro'ʃa(x)] *vi* éclore.

desacompanhado, da [dʒizakõmpa'ɲadu, da] *adj* seul(e).

desaconselhar [dʒizakõse-'ʎa(x)] *vt* • **desaconselhar algo (a alguém)** déconseiller qqch (à qqn).

desaconselhável [dʒizakõse'ʎavew] *(pl* **-eis***) adj* déconseillé(e).

desacordado, da [dʒizakor'dadu, da] *adj* inconscient(e).

desacostumado, da [dʒizakoʃtu'madu, da] *adj* • **estar desacostumado de fazer algo** perdre l'habitude de faire qqch.

desacreditar [dʒizakredi'ta(x)] *vt* discréditer □ **desacreditar-se** *vp* se discréditer.

desafinado, da [dʒizafi'nadu, da] *adj (instrumento musical)* désaccordé(e); *(voz)* faux (fausse).

desafinar [dʒizafi'na(x)] *vi (pessoa)* chanter faux; *(instrumento)* sonner faux.

desafio [dʒiza'fiu] *m* défi *m.*

desafortunado, da [dʒizafoxtu'nadu, da] *adj* malheureux(euse).

desagradar [dʒizagra'da(x)] □ **desagradar a** *vp* déplaire à.

desaguar [dʒiza'gwa(x)] *vi* • **desaguar em** se jeter dans.

desajeitado, da [dʒizaʒej'tadu, da] *adj* maladroit(e).

desalinhado, da [dʒizali'ɲadu, da] *adj (pessoa)* négligé(e); *(em desordem)* désordonné(e).

desalinho [dʒiza'liɲu] *m (em forma de vestir)* négligence *f;* (desordem) désordre *m* • **em desalinho** en désordre.

desalojar [dʒizalo'ʒa(x)] *vt* déloger.

desamarrar

desamarrar [dʒizama'xa(x)] *vt* détacher.

desamparado, da [dezãmpa'radu, da] *adj* délaissé(e).

desamparar [dʒizãmpa'ra(x)] *vt* délaisser.

desanimado, da [dʒizani'madu, da] *adj* découragé(e).

desanimar [dʒizani'ma(x)] ♦ *vt* décourager ♦ *vi* se décourager ▫ **desanimar-se** *vp* se décourager.

desânimo [dʒi'zanimu] *m* découragement *m*.

desanuviar [dʒizanu'vja(x)] *vi (céu)* se dégager; *(fig) (espairecer)* se changer les idées • **desanuviar o espírito** *(fig)* s'aérer l'esprit.

desaparafusar [dʒizaparafu'za(x)] *vt* dévisser.

desaparecer [dʒizapare'se(x)] *vi* disparaître.

desaparecido, da [dʒizapare'sidu, da] *adj & mf* disparu(e).

desaparecimento [dʒizaparesi'mẽntu] *m* disparition *f*.

despertar [dʒizaper'ta(x)] *vt (cinto, sapatos)* desserrer; *(casaco)* déboutonner; *(nó)* dénouer.

desapontado, da [dʒizapõn'tadu, da] *adj* déçu(e).

desapontamento [dʒizapõnta'mẽntu] *m* déception *f*.

desapontar [dʒizapõn'ta(x)] *vt* décevoir.

desarmamento [dʒizaxma'mẽntu] *m* désarmement *m*.

desarmar [dʒizax'ma(x)] *vt* désarmer; *(barraca, cama, estante)* démonter.

desarranjado, da [dʒizaxã'ʒadu, da] *adj (desordenado)* désordonné(e); *(transtornado)* dérangé(e).

desarranjar [dʒizaxã'ʒa(x)] *vt* déranger.

desarrumado, da [dʒizaxu'madu, da] *adj (pessoa)* désordonné(e); *(em desordem)* dérangé(e).

desarrumar [dʒizaxu'ma(x)] *vt* déranger.

desarticulado, da [dʒizaxtʃiku'ladu, da] *adj* démis(e).

desassossego [dʒizaso'segu] *m (inquietação)* tourment *m*; *(perturbação)* trouble *m*.

desastrado, da [dʒizaʃ'tradu, da] *adj* gauche.

desastre [dʒi'zaʃtri] *m (de automóvel)* accident *m*; *(desgraça)* malheur *m*.

desatar [dʒiza'ta(x)] ♦ *vt* défaire ♦ *vi* • **desatar a fazer algo** se mettre à faire qqch.

desatento, ta [dʒiza'tẽntu, ta] *adj* inattentif(ive).

desatino [dʒiza'tʃinu] *m (fam)* poisse *f*.

desatualizado, da [dʒizatwali'zadu, da] *adj* dépassé(e).

desavença [dʒiza'vẽsa] *f* dispute *f*.

desavergonhado, da [dʒizavexgo'nadu, da] *adj & mf* effronté(e).

desbaratar [dʒiʒbara'ta(x)] *vt* gaspiller.

desbastar [dʒiʒbaʃ'ta(x)] *vt (cabelo)* désépaissir.

desbotado, da [dʒiʒboˈtadu, da] *adj* défraîchi(e).

desbotar [dʒiʒboˈta(x)] ♦ *vt* faire déteindre ♦ *vi* déteindre.

desbravar [dʒiʒbraˈva(x)] *vt* défricher.

descabido, da [dʒiʃkaˈbidu, da] *adj* déplacé(e).

descafeinado, da [dʒiʃkafejˈnadu, da] *adj* décaféiné(e).

descalçar [dʒiʃkawˈsa(x)] *vt* déchausser.

descalço, ça [dʒiʃˈkawsu, sa] ♦ *pp* → **descalçar** ♦ *adj* nu-pieds, pieds nus.

descampado, da [dʒiʃkãmˈpadu, da] ♦ *adj* découvert(e) ♦ *m* terrain *m* vague.

descansado, da [dʒiʃkãˈsadu, da] *adj* tranquille • **fique descansado!** sois tranquille! • **dormir descansado** dormir sur ses deux oreilles.

descansar [dʒiʃkãˈsa(x)] *vi* se reposer.

descanso [dʒiʃˈkãsu] *m* repos *m*; dessous-de-plat *m inv*.

descarado, da [dʒiʃkaˈradu, da] *adj* effronté(e).

descaramento [dʒiʃkaraˈmẽntu] *m* effronterie *f*.

descarga [dʒiʃˈkaxga] *f* (de vaso sanitário) chasse *f* d'eau; (descarregamento) déchargement *m*; (de arma) décharge *f* • **dar a descarga** tirer la chasse • **descarga elétrica** décharge électrique.

descarregar [dʒiʃkaxeˈga(x)] *vt* décharger ❏ **descarregar-se** *vp* se décharger.

descarrilamento [dʒiʃkaxilaˈmẽntu] *m* déraillement *m*.

descarrilar [dʒiʃkaxiˈla(x)] *vi* dérailler.

descartar-se [dʒiʃkaxˈtasi] ❏ **descartar-se de** *vp + prep* se débarrasser de.

descartável [dʒiʃkaxˈtavew] (*pl* **-eis**) *adj* jetable.

descascar [dʒiʃkaʃˈka(x)] *vt* éplucher.

descendência [desẽnˈdẽsja] *f* descendance *f*.

descendente [desẽnˈdẽntʃi] *nmf* descendant *m*, -e *f*.

descender [desẽnˈde(x)] ❏ **descender de** *vp* descendre de.

descentralizar [dʒiʃsẽntraliˈza(x)] *vt* décentraliser.

descer [deˈse(x)] ♦ *vt* (escadas, rua, montanha) descendre; (persianas, cortinas) baisser ♦ *vi* (temperatura) baisser; (de cavalo, carro, ônibus) descendre • **descer de** descendre de.

descida [deˈsida] *f* descente *f*; (de preço, valor) baisse *f* • **descida perigosa** descente dangereuse.

descoberta [dʒiʃkoˈbexta] *f* découverte *f*.

descobrimento [dʒiʃkobriˈmẽntu] *m* découverte *f* • **os Descobrimentos** les grandes découvertes.

ⓘ **OS GRANDES DESCOBRIMENTOS**

La période dorée de l'histoire portugaise commen-

descobrir

ça en 1415 avec la conquête de Ceuta, au nord de l'Afrique. En 1487, Bartholomé Dias fut à la tête de l'expédition européenne qui doubla, avec succès, le cap de Bonne Espérance et, quelques années plus tard, les caravelles portugaises furent les premières européennes à atteindre les Indes (Vasco da Gama, en 1497) et le Brésil (Pedro Álvares Cabral, en 1500). Grâce aux connaissances maritimes et à l'audace des Portugais, on cartographia, pour la première fois, les océans et on établit des relations commerciales avec le Nouveau monde.

---

descobrir [dʒiʃkoˈbri(x)] *vt* découvrir; *(achar)* trouver.
descolar [deʃkuˈlar] *vt & vi* décoller.
descoloração [dʒiʃkoloraˈsãw] *(pl -ões)* *f* décoloration *f.*
descompor [dʒiʃkõmˈpo(x)] *vt* réprimander.
descompostura [dʒiʃkõmpoʃˈtura] *f* réprimande *f* • **passar uma descompostura em alguém** tirer les oreilles à qqn.
descomunal [dʒiʃkomuˈnaw] *(pl -ais)* *adj* immense.
desconcentrar [dʒiʃkõsẽnˈtra(x)] *vt* déconcentrer.
desconectar [dʒiʃkõˈekta(x)] *vt* débrancher.

desconfiar [dʒiʃkõfiˈa(x)] *vt* • **desconfiar que** *(suspeitar que)* douter que ❏ **desconfiar de** *vp (não ter confiança em)* se méfier de; *(suspeitar de)* douter de.
desconfortável [dʒiʃkõforˈtavew] *(pl -eis)* *adj* inconfortable.
desconforto [dʒiʃkõˈfortu] *m* inconfort *m.*
descongelar [dʒiʃkõʒeˈla(x)] *vt* décongeler.
desconhecer [dʒiʃkoɲeˈse(x)] *vt* ignorer.
desconhecido, da [dʒiʃkoɲeˈsidu, da] *adj & mf* inconnu(e).
desconsolado, da [dʒiʃkõsoˈladu, da] *adj* morose; *(fam)* fade.
descontar [dʒiʃkõnˈta(x)] *vt (deduzir)* décompter; *(cheque, letra)* escompter.
descontentamento [dʒiʃkõntẽntaˈmẽntu] *m* mécontentement *m.*
desconto [dʒiʃˈkõntu] *m (dedução)* décompte *m;* *(para aposentadoria)* cotisation *f.*
descontraído, da [dʒiʃkõntraˈidu, da] *adj* détendu(e).
descontrair [dʒiʃkõntraˈi(x)] *vt* détendre ❏ **descontrair-se** *vp* se détendre.
descontrolado, da [dʒiʃkõntroˈladu, da] *adj (agitado)* déchaîné(e); *(furioso)* hors-de-soi; *(máquina)* déréglé(e).
descontrolar-se [dʒiʃkõntruˈlaxsi] *vp* s'emporter.

desconversar [dʒiʃkõvex'-sa(x)] *vi* détourner la conversation.

descortinar [dʒiʃkoxtʃi'na(x)] *vt* distinguer.

descoser [dʒiʃko'ze(x)] *vt* découdre □ **descoser-se** *vp* se découdre.

descrever [dʒiʃkre've(x)] *vt* décrire.

descrição [dʒiʃkri'sãw] (*pl* -ões) *f* description *f*.

descuidado, da [dʒiʃkuj'dadu, da] *adj* négligé(e).

descuidar [dʒiʃkui'da(x)] *vt* négliger □ **descuidar-se** *vp* (*distrair-se*) ne pas faire attention; (*esquecer-se de*) oublier.

descuido [dʒiʃ'kuidu] *m* moment *m* d'inattention.

desculpa [dʒiʃ'kuwpa] *f* excuse *f* • **pedir desculpa a alguém de** *ou* **por algo** s'excuser auprès de qqn de qqch.

desculpar [dʒiʃkuw'pa(x)] *vt* excuser • **desculpe, pode dizer-me as horas?** excusez-moi, pouvez-vous me donner l'heure? □ **desculpar-se** *vp* s'excuser • **desculpar-se com** prétexter.

desde ['dezdʒi] *prep* de; (*relativamente a tempo*) depuis • **desde que** (*a partir do momento em que*) depuis que; (*se*) à condition que.

desdém [deʒ'dẽ] *m* dédain *m*.

desdenhar [deʒde'ɲa(x)] ◆ *vt* dédaigner ◆ *vi* • **desdenhar de algo** critiquer qqch.

desdentado, da [dʒiʒdẽn'tadu, da] *adj* édenté(e).

desdizer [dʒiʒdʒi'ze(x)] *vt* contredire □ **desdizer-se** *vp* se dédire.

desdobrar [dʒiʒdo'bra(x)] *vt* (*jornal, roupa, tecido*) déplier; (*subdividir*) dédoubler.

desejar [deze'ʒa(x)] *vt* désirer; (*ansiar*) souhaiter • **o que é que você deseja?** que désires-tu? • **você deseja mais alguma coisa?** tu désires autre chose? • **desejo-lhe boa sorte!** je te souhaite bonne chance!

desejo [de'zeʒu] *m* (*vontade*) envie *f*; (*anseio*) souhait *m*; (*apetite sexual*) désir *m*.

deselegante [dʒizele'gãntʃi] *adj* (*comportamento*) inélégant(e); (*pessoa*) grossier(ère).

desembaciar [dʒizẽmba'sja(x)] *vt* (*vidro*) désembuer; (*óculos*) nettoyer.

desembaraçado, da [dʒizẽmbara'sadu, da] *adj* (*expedito*) efficace.

desembaraçar [dʒizẽmbara'sa(x)] *vt* (*cabelo*) démêler □ **desembaraçar-se** *vp* se dépêcher • **desembaraçar-se de algo** se débarrasser de qqch.

desembaraço [dʒizẽmba'rasu] *m* aisance *f*.

desembarcar [dʒizẽmbax'ka(x)] *vt* e *vi* débarquer.

desembarque [dʒizẽm'baxki] *m* (*de carga, passageiros*) débarquement *m*; (*de estação, aero-*

desembocar

porto) arrivées fpl ◆ **desembarque** arrivées.
desembocar [dʒizẽmbo'ka(x)] vi ◆ **desembocar em** (rua, caminho) déboucher sur; (rio) se jeter dans.
desembolsar [dʒizẽmbow'sa(x)] vt (fam) débourser.
desembrulhar [dʒizẽmbru'ʎa(x)] vt déballer.
desempatar [dezẽmpa'ta(x)] vt départager.
desempenhar [dʒizẽmpe'ɲa(x)] vt (trabalho, tarefa) accomplir; (função) remplir; (papel em peça, filme) jouer.
desempenho [dʒizẽm'peɲu] m (de função, obrigação, trabalho) accomplissement m; (de pessoa em filme, peça) jeu m; (de máquina) fonctionnement m.
desemperrar [dʒizẽmpe'xa(x)] vt débloquer.
desempregado, da [dʒizẽmpre'gadu, da] mf chômeur m, -euse f ◆ **estar desempregado** être au chômage.
desemprego [dʒizẽm'pregu] m chômage m.
desencadear [dʒizẽŋka'dʒja(x)] vt déclencher ▫ **desencadear-se** vp se déchaîner.
desencaixar [dʒizẽŋkaj'ʃa(x)] vt retirer ▫ **desencaixar-se** vp se déboîter.
desencaixotar [dʒizẽŋkajʃo'ta(x)] vt dépaqueter.
desencantar [dʒizẽŋkãn'ta(x)] vt (fig) (achar) dénicher; (desiludir) décevoir.

desencontrar-se [dʒizẽŋkõn'traxsi] vp se manquer.
desencorajar [dʒizẽŋkora'ʒa(x)] vt décourager.
desencostar [dʒizẽŋkoʃ'ta(x)] vt écarter ▫ **desencostar-se** vp ◆ **desencostar-se de** s'écarter de.
desenferrujar [dʒizẽfexu'ʒa(x)] vt (tirar a ferrugem de) dérouiller; (fig) (desentorpecer) dégourdir; (fig) (língua) délier.
desenfreado, da [dʒizẽfre'adu, da] adj effréné(e).
desenganado, da [dʒizẽga'nadu, da] adj (doente) détrompé(e).
desenganar [dʒizẽga'na(x)] vt (doente) enlever tout espoir de guérison à; (tirar ilusões a) détromper, ouvrir les yeux à.
desengano [dʒizẽ'ganu] m (sair do engano) désabusement m; (falta de esperança) désillusion f.
desengonçado, da [dʒizẽgõ'sadu, da] adj (pessoa) dégingandé(e); (desarticulado) disloqué(e).
desenhar [deze'ɲa(x)] vt dessiner ▫ **desenhar-se** vp se dessiner.
desenho [de'zeɲu] m dessin m ◆ **desenhos animados** dessins animés.
desenlace [dʒizẽ'lasi] m dénouement m.
desenrolar [dʒizẽxo'la(x)] vt dérouler ▫ **desenrolar-se** vp se dérouler.

desentendido, da [dʒizẽntẽn'dʒidu, da] adj • **fazer-se de desentendido** faire celui qui ne comprend pas.

desenterrar [dʒizẽnte'xa(x)] vt déterrer.

desentupir [dʒizẽntu'pi(x)] vt déboucher.

desenvolver [dʒizẽvow've(x)] vt (país, economia) développer; (esforço, capacidades) déployer ▫ **desenvolver-se** vp se développer.

desenvolvido, da [dʒizẽvow'vidu, da] adj développé(e).

desenvolvimento [dʒizẽvowvi'mẽntu] m développement m.

desequilibrar-se [dʒizekili'braxsi] vp perdre l'équilibre.

deserto, ta [de'zɛxtu, ta] ◆ adj (despovoado) désert(e) ◆ m désert m.

desesperado, da [dʒizeʃpe'radu, da] adj désespéré(e).

desesperar [dʒizeʃpe'ra(x)] vt (encolerizar) exaspérer; (levar ao desespero) désespérer.

desfalecer [dʒiʃfale'se(x)] vi défaillir.

desfavorável [dʒiʃfavo'ravɛw] (pl -eis) adj défavorable.

desfazer [dʒiʃfa'ze(x)] vt défaire; (dúvida, engano) dissiper; (contrato, noivado) rompre; (reduzir a polpa) écraser ▫ **desfazer-se** vp se défaire • **desfazer-se em** (em pedaços) se casser en; (em desculpas) se confondre en ▫ **desfazer-se de** vp + prep se débarrasser de.

desfecho [dʒiʃ'feʃu] m issue f.

desfeita [dʒiʃ'fejta] f offense f.

desfeito, ta [dʒiʃ'fejtu, ta] adj défait(e); (em polpa) écrasé(e); (fig) (pessoa) décomposé(e); (fig) (amassado) cabossé(e).

desfiar [dʒiʃ'fja(x)] vt (bacalhau) effeuiller ▫ **desfiar-se** vp s'effilocher.

desfigurar [dʒiʃfigu'ra(x)] vt (feições de pessoa) défigurer; (fig) (verdade) déformer.

desfiladeiro [dʒiʃfila'dejru] m défilé m.

desfilar [dʒiʃfi'la(x)] vi défiler.

desfile [dʒiʃ'fili] m défilé m • **desfile de modas** défilé de mode.

desforra [dʒiʃ'fɔxa] f revanche f.

desfrutar [dʒiʃfru'ta(x)] ▫ **desfrutar de** vp (possuir) disposer de; (tirar proveito de) jouir de.

desgastante [dʒiʒgaʃ'tãntʃi] adj épuisant(e).

desgastar [dʒiʒgaʃ'ta(x)] vt (fig) (cansar) épuiser; (gastar) user ▫ **desgastar-se** vp s'user.

desgostar [dʒiʒgoʃ'ta(x)] vt décevoir ▫ **desgostar a** déplaire à • **não desgostar de** aimer bien ▫ **desgostar-se com** vp + prep ne pas plaire à • **desgostei-me com o que ele fez** ce qu'il a fait ne m'a pas plu.

desgosto [dʒiʒ'goʃtu] m (infelicidade) chagrin m; (mágoa) peine f.

desgraça

desgraça [dʒiʒ'grasa] f malheur m.
desgrenhado, da [dʒiʒgre'ɲadu, da] adj ébouriffé(e).
desidratação [deʒizidrata'sãw] (pl **-ões**) f déshydratation f.
desidratado, da [dʒizidra'tadu, da] adj déshydraté(e).
desidratar [dʒizidra'ta(x)] vt déshydrater ▫ **desidratar-se** vp se déshydrater.
design [dʒi'zajni] m design m.
designação [dʒizigna'sw] (pl **-ões**) f désignation f.
designar [dezig'na(x)] vt désigner.
designer [dʒi'zajne(x)] nmf designer m.
desiludir [dʒizilu'di(x)] vt décevoir ▫ **desiludir-se com** vp + prep être déçu(e) de.
desilusão [dʒizilu'zãw] (pl **-ões**) f désillusion f.
desimpedido, da [dʒizĩpe'dʒidu, da] adj libre.
desimpedir [dʒizĩpe'dʒi(x)] vt dégager.
desinchar [dʒizĩ'ʃa(x)] vi dégonfler.
desinfetante [dʒizĩfe'tãntʃi] ◆ adj désinfectant(e) ◆ m désinfectant m.
desinfetar [dʒizĩfe'ta(x)] vt désinfecter.
desinibido, da [dʒizini'bidu, da] adj sans complexes.
desintegrar-se
[dʒizĩnte'graxsi] vp se désintégrer.

desinteressado, da [dʒizĩntere'sadu, da] adj désintéressé(e).
desinteressar-se [dʒizĩntere'saxsi] ▫ **desinteressar-se de** vp + prep se désintéresser de.
desinteresse [dʒizĩnte'resi] m (falta de interesse) indifférence f; (abnegação) désintérêt m; (pelo dinheiro) désintéressement m.
desistência [deziʃ'tẽsja] f (de reserva, de voo) annulation f; (de corrida) désistement m.
desistir [deziʃ'tʃi(x)] vi renoncer • **desistir de algo** annuler qqch • **desistir de fazer algo** arrêter de faire qqch • **desistir de estudar** abandonner les études.
desleal [dʒiʒ'ljaw] (pl **-ais**) adj déloyal(e).
desleixado, da [dʒiʒlej'ʃadu, da] adj négligé(e).
desleixo [dʒiʒ'lejʃu] m négligence f.
desligado, da [dʒiʒli'gadu, da] adj (da corrente) débranché(e); (apagado) éteint(e); (pessoa) distrait(e).
desligar [dʒiʒli'ga(x)] vt (telefone) raccrocher; (da corrente) débrancher; (apagar) éteindre.
deslizar [dʒiʒli'za(x)] vi glisser.
deslize [dʒiʒ'lizi] m (fig) maladresse f.
deslocado, da [dʒiʒlo'kadu, da] adj (perna, pulso, osso) démis(e); (desambientado) décalé(e).

deslocar [dʒiʒlo'ka(x)] *vt (membro)* se démettre ☐ **deslocar-se** *vp (suj: membro)* se démettre • **deslocar-se a** se rendre à • **deslocar-se com** se déplacer avec • **deslocar-se de** se déplacer en.

deslumbrante [dʒiʒlũm-'brãntʃi] *adj* éblouissant(e).

deslumbrar [dʒiʒlũm'bra(x)] *vt* éblouir.

desmaiado, da [dʒiʒma'jadu, da] *adj (desfalecido)* évanoui(e); *(desbotado)* passé(e).

desmaiar [dʒiʒma'ja(x)] *vi* s'évanouir.

desmaio [dʒiʒ'maju] *m* évanouissement *m*.

desmamar [dʒiʒma'ma(x)] *vt* sevrer.

desmancha-prazeres [dʒiʒ,mãʃapra'zeriʃ] *nmf inv* rabat-joie *m inv*.

desmanchar [dʒiʒmã'ʃa(x)] *vt (desmontar)* défaire; *(máquina)* démonter; *(suéter)* détricoter; *(bainha)* découdre; *(penteado)* décoiffer; *(casamento, noivado)* rompre ☐ **desmanchar-se** *vp (multidão)* se disperser; *(mecanismo)* se démonter.

desmarcar [dʒiʒmax'ka(x)] *vt (consulta, reserva)* annuler; *(encontro)* décommander.

desmedido, da [dʒiʒme-'dʒidu, da] *adj* démesuré(e).

desmentido [dʒiʒmẽn'tidu] *m* démenti *m*.

desmentir [dʒiʒmẽn'tʃi(x)] *vt (negar)* démentir; *(contradizer)* infirmer.

desmesurado, da [dʒiʒmezu'radu, da] *adj* démesuré(e).

desmontar [dʒiʒmõn'ta(x)] *vt* démonter; *(fig)* dénouer ☐ **desmontar de** *vp* descendre de.

desmoralizar [dʒiʒmorali'za(x)] *vt* démoraliser.

desmoronamento [dʒiʒmorona'mẽntu] *m (de terra)* éboulement *m*; *(de casa)* écroulement *m*.

desmoronar [dʒiʒmoro'na(x)] *vt* démolir ☐ **desmoronar-se** *vp* s'écrouler.

desnatado, da [dʒiʒna'tadu, da] *adj m* → **leite**.

desnecessário, ria [dʒiʒnese'sarju, rja] *adj (dispensável)* superflu(e); *(inútil)* inutile.

desnível [dʒiʒ'nivew] *(pl -eis) m (de terreno)* dénivellation *f*; *(de valor)* écart *m*; *(cultural, social)* différence *f*.

desobedecer [dʒizobede-'se(x)] ☐ **desobedecer a** *vp (pai, mãe, superior)* désobéir à; *(leis, regras, ordens)* enfreindre.

desobediência [dʒizobe-'dʒjẽsja] *f (a pai, mãe, superior)* désobéissance *f*; *(a leis, regras, ordens)* infraction *f*.

desobediente [dʒizobe-'dʒjẽntʃi] *adj* désobéissant(e).

desobstruir [dʒizobʃtru'i(x)] *vt (desimpedir)* dégager; *(cano)* déboucher.

desocupado, da [dʒizoku-'padu, da] *adj* inoccupé(e).

desocupar [dʒizoku'pa(x)] *vt* libérer.

desodorante

desodorante [dʒizodo'rãtʃi] *m* déodorant *m*.

desodorizador [dʒizodori'zado(x)] (*pl* **-es**) *m* parfum *m* d'ambiance; *(vaporizador)* désodorisant *m*.

desodorizante [dʒizodori'zãntʃi] *adj* déodorant(e).

desonesto, ta [dʒizo'nɛʃtu, ta] *adj* malhonnête.

desordem [dʒi'zɔxdẽ] *f* désordre *m* • **em desordem** en désordre.

desorganizado, da [dʒizoxgani'zadu, da] *adj (pessoa)* désordonné(e); *(papéis, quarto)* en désordre; *(serviço)* désorganisé(e).

desorientação [dʒizorjẽnta'sãw] *f* désorientation *f*.

desorientado, da [dʒizorjẽn'tadu, da] *adj (sem saber a direção)* perdu(e); *(desnorteado)* désorienté(e).

despachar [dʒiʃpa'ʃa(x)] *vt* expédier ▫ **despachar-se** *vp* se dépêcher.

despedida [dʒiʃpe'dʒida] *f* adieux *mpl* • **é a hora da despedida** c'est le moment de dire au revoir.

despedir [dʒiʃpe'dʒi(x)] *vt* renvoyer ▫ **despedir-se** *vp (dizer adeus)* dire au revoir; *(demitir-se)* démissionner.

despejar [dʒiʃpe'ʒa(x)] *vt (de casa, apartamento)* expulser; *(líquido, lixo)* vider.

despejo [dʒiʃ'peʒu] *m (de apartamento, casa)* expulsion *f*.

despensa [dʒiʃ'pẽnsa] *f* office *m*; *(pequena)* cagibi *m*.

despenteado, da [dʒiʃpẽn'tʒjadu, da] *adj* décoiffé(e).

despentear [dʒiʃpẽn'tʒja(x)] *vt* décoiffer ▫ **despentear-se** *vp* se décoiffer.

despercebido, da [dʒiʃpexse'bidu, da] *adj* inaperçu(e) • **passar despercebido** passer inaperçu.

desperdiçar [dʒiʃpexdʒi'sa(x)] *vt* gaspiller; *(oportunidade)* rater; *(talento)* gâcher; *(tempo)* perdre; *(saúde)* user.

desperdício [dʒiʃpex'dʒisju] *m* gaspillage *m*; *(de oportunidade, talento)* gâchis *m*; *(de tempo)* perte *f* ▫ **desperdícios** *mpl* déchets *mpl*.

despertador [dʒiʃpexta'do(x)] (*pl* **-es**) *m* réveil *m*.

despertar [dʒiʃpex'ta(x)] ♦ *vt (acordar)* réveiller; *(fig) (estimular)* éveiller; *(fig) (dar origem a)* déclencher ♦ *vi* se réveiller.

despesa [dʒiʃ'peza] *f* dépense *f* ▫ **despesas** *fpl (de empresa, organismo)* dépenses *fpl*; *(de deslocamento)* frais *mpl*.

despido, da [dʒiʃ'pidu, da] *adj (nu)* nu(e).

despir [dʒiʃ'pi(x)] *vt* déshabiller ▫ **despir-se** *vp* se déshabiller.

desportista [dʒiʃpur'tiʃta] *nmf* sportif *m*, -ive *f*.

despregar [dʒiʃpre'ga(x)] *vt* arracher ▫ **despregar-se** *vp* tomber.

desprender [dʒiʃprẽn'de(x)] *vt* détacher ▫ **desprender-se** *vp* se détacher.

despreocupado, da [dʒiʃpreoku'padu, da] *adj* détendu(e).

desprevenido, da [dʒiʃpreve'nidu, da] *adj* pris(e) au dépourvu.

desprezar [dʒiʃpre'za(x)] *vt* mépriser.

desproporcionado, da [dʒiʃpropoxsjo'nadu, da] *adj* disproportionné(e).

desqualificar [dʒiʃkwalifi'ka(x)] *vt* disqualifier.

desquitado, da [dʒiʃki'tadu, da] *adj* séparé(e).

dessa ['dɛsa] = **de** + **essa** → **de**.

desse ['desi] = **de** + **esse** → **de**.

desta ['dɛʃta] = **de** + **esta** → **de**.

destacar [dʒiʃta'ka(x)] *vt (separar)* détacher; *(enfatizar)* souligner ▫ **destacar-se** *vp (distinguir-se)* ressortir; *(pessoa)* se distinguer.

destacável [dʒiʃta'kavɛw] (*pl* **-eis**) *adj* détachable.

destapar [dʒiʃta'pa(x)] *vt (frasco)* ouvrir; *(pescoço, panela)* découvrir.

destaque [dʒiʃ'taki] *m (ênfase)* importance *f* • **de destaque** marquant(e).

deste ['deʃtʃi] = **de** + **este** → **de**.

destemido, da [dʒiʃte'midu, da] *adj* intrépide.

destilada [dʒiʃtʃi'lada] *adj f* → **água**.

destilar [dʒiʃtʃi'la(x)] *vt* distiller.

destinar [deʃtʃi'na(x)] *vt* • **destinar dinheiro para** mettre de l'argent de côté pour • **destinar algo para** garder qqch pour ▫ **destinar-se a** *vp + prep (ter por fim)* être destiné(e) à; *(ser endereçado a)* s'adresser à.

destinatário, ria [deʃtʃina'tarju, rja] *mf* destinataire *mf*.

destino [deʃ'tʃinu] *m (de viagem)* destination *f*; *(fim)* but *m* • **o destino** le destin • **com destino a** à destination de.

destituir [deʃtʃitwi(x)] *vt* destituer.

destrancar [dʒiʃtrãŋ'ka(x)] *vt* ouvrir.

destreza [deʃ'treza] *f* adresse *f*.

destro, tra ['dɛʃtru, tra] *adj* adroit(e); *(que usa a mão direita)* droitier(ère).

destroço [dʒiʃ'trɔsu] *m (de naufrágio)* débris *mpl*; *(de edifício)* gravats *mpl*.

destruição [dʒiʃtrui'sãw] *f* destruction *f*.

destruir [dʒiʃtru'i(x)] *vt* détruire.

desuso [dʒi'zuzu] *m* • **em desuso** vieilli(e).

desvalorização [dʒiʒvaloriza'sãw] (*pl* **-ões**) *f* dévalorisation *f*.

desvalorizar [dʒiʒvalori'za(x)] *vt* dévaluer ▫ **desvalorizar-se** *vp* se dévaluer.

desvantagem [dʒiʒvãn'taʒẽ] (*pl* **-ns**) *f* désavantage *m*.

desviar [dʒiʒ'vja(x)] vt dévier; *(dinheiro)* détourner ▫
desviar-se vp *(afastar-se do caminho)* faire un détour • **desviar-se de** *(perigo)* éviter; *(assunto)* s'écarter de.
desvio [dʒiʒ'viu] m *(estrada secundária)* déviation f; *(de caminho)* détour m; *(de dinheiro)* détournement m.
detalhe [de'taʎi] m détail m.
detectar [dete'ta(x)] vt détecter.
detector [dete'to(x)] *(pl -es)* m détecteur m • **detector de incêndio** détecteur d'incendie.
detenção [detẽ'sãw] *(pl -ões)* f détention f.
deter [de'te(x)] vt *(parar, prender)* arrêter; *(conter)* retenir ▫ **deter-se** vp *(parar)* s'arrêter; *(conter-se)* se retenir.
detergente [detex'ʒẽntʃi] m *(para louça)* liquide m vaisselle; *(para roupa)* lessive f.
deterioração [deterjora'sãw] f détérioration f.
deteriorar [deterjo'ra(x)] vt détériorer ▫ **deteriorar-se** vp se détériorer.
determinação [determina'sãw] *(pl -ões)* f détermination f; *(resolução)* résolution f; *(ordem)* ordre m.
determinar [determi'na(x)] vt *(calcular)* déterminer; *(decidir)* décider; *(ordenar)* ordonner.
detestar [deteʃ'ta(x)] vt détester.

116

detrás [de'trajʃ] adv derrière • **detrás de** derrière • **por detrás de** derrière.
detrito [de'tritu] m *(lixo, restos, resíduos)* détritus mpl; *(de comida)* restes mpl, reliefs mpl ▫ **detritos** fpl *(de edifício)* gravats mpl; *(lixo)* déchets mpl.
deturpar [detux'pa(x)] vt déformer.
deu [dew] → **dar**.
deus, sa ['dewʃ, za] *(mpl -es, fpl -s)* mf dieu m, déesse f ▫ **Deus** m Dieu m.
devagar [dʒiva'ga(x)] adv lentement.
dever [de've(x)] *(pl -es)* ♦ m devoir m ♦ vt • **dever algo a alguém** devoir qqch à qqn • **dever fazer algo** devoir faire qqch • **você deve escovar os dentes** tu dois te brosser les dents • **ele deve estar atrasado** il doit être en retard • **dever de casa** *(na escola)* devoirs mpl • **dever cívico** devoir civique.
devidamente [de,vida'mẽntʃi] adv dûment.
devido, da [de'vidu, da] adj dû(due) • **devido a** à cause de.
devolução [devulu'sãw] *(pl -ões)* f *(de dinheiro)* remboursement m; *(de cheque)* refus m; *(de compra)* reprise f; *(de produto, objeto perdido, emprestado)* retour m.
devolver [devow've(x)] vt *(dinheiro)* rembourser; *(cheque)* refuser; *(produto)* retourner;

(compra) reprendre; (objeto perdido, emprestado) rendre.
devorar [devo'ra(x)] vt dévorer.
dez [dɛʒ] num dix, → **seis**.
dezembro [de'zẽmbru] m décembre m, → **setembro**.
dezena [de'zena] f dizaine f.
dezenove [dezɪ'nɔvi] num dix-neuf, → **seis**.
dezesseis [dezɪ'sejʃ] num seize, → **seis**.
dezessete [dezɪ'sɛtʃi] num dix-sept, → **seis**.
dezoito [de'zojtu] num dix-huit, → **seis**.
DF (abrev de **Distrito Federal**) DF.
dia ['dʒia] m jour m • **bom dia! bonjour!** • **do dia** du jour • **durante o dia** pendant la journée • **estar em dia** être à jour • **já é de dia** il fait jour • **qualquer dia** un de ces jours • **no dia seguinte** le lendemain • **no dia vinte** le vingt • **nos nossos dias** de nos jours • **por dia** par jour • **pôr algo em dia** (atualizar) mettre qqch à jour; (em conversa) faire le point sur qqch • **pôr-se em dia** se mettre à jour • **todos os dias** tous les jours • **um dia destes** un de ces jours • **dia de anos** anniversaire m • **o dia a dia** le quotidien • **dia de folga** jour de congé • **dia da mentira** 1er avril • **dia santo** jour saint • **dia de semana** jour de la semaine • **dia de Todos os Santos** Toussaint f • **dia útil** jour ouvrable.
diabetes [dʒia'bɛtʃiʃ] f inv diabète m.
diabético, ca [dʒia'bɛtʃiku, ka] adj & mf diabétique.
diabo ['dʒiabu] m diable m • **por que diabos?** (fam) pourquoi donc?
diafragma [dʒia'fragma] m diaphragme m; (contraceptivo) stérilet m.
diagnóstico [dʒiag'nɔʃtʃiku] m diagnostic m.
dialeto [dʒia'lɛtu] m dialecte m.
dialogar [dʒialo'ga(x)] vi dialoguer.
diálogo ['dʒialogu] m dialogue m.
diamante [dʒia'mãntʃi] m diamant m.
diâmetro ['dʒiametru] m diamètre m.
diante [dʒi'ãntʃi] □ **diante de** prep (à frente de em tempo) avant; (à frente de em espaço) devant; (perante) face à.
dianteira [dʒiãn'tejra] f avant m • **tomar a dianteira** prendre de l'avance; (antecipar-se) prendre les devants.
diapositivo [dʒiapozi'tʃivu] m diapositive f.
diária ['dʒiarja] f (de hotel) prix d'une nuit d'hôtel.
diariamente [,dʒiarja'mẽntʃi] adv tous les jours.
diário, ria ['dʒiarju, rja] ♦ adj quotidien(enne) ♦ m journal m (intime).
diarreia [dʒia'xeja] f diarrhée f.

dica ['dʒika] f (fam) piste f.
dicionário [dʒisjo'narju] m dictionnaire m • **dicionário de bolso** dictionnaire de poche.
didático, ca [dʒi'datʃiku, ka] adj didactique.
diesel ['dʒizew] adj inv (motor) diesel • **óleo diesel** gazole f.
dieta [dʒjɛta] f régime m.
dietético, ca [dʒje'tɛtʃiku, ka] adj diététique.
difamar [dʒifa'ma(x)] vt diffamer.
diferença [dʒife'resa] f différence f.
diferenciar [dʒiferẽ'sja(x)] vt différencier.
diferente [dʒife'rẽtʃi] adj différent(e).
difícil [dʒi'fisiw] (pl -ceis) adj difficile.
dificuldade [dʒifikuw'dadʒi] f difficulté f.
dificultar [dʒifikuw'ta(x)] vt rendre difficile.
difundir [dʒifũn'dʒi(x)] vt diffuser.
difusão [dʒifu'zãw] f diffusion f.
digerir [dʒiʒe'ri(x)] vt digérer.
digestão [dʒiʒeʃ'tãw] f digestion f.
digestivo, va [dʒiʒeʃ'tʃivu, va] ◆ adj digestif(ive) ◆ m digestif m.
digital [dʒiʒi'taw] (pl -ais) adj digital(e), numérique.
digitar [dʒiʒi'ta(x)] vt (palavra) taper; (número) composer.
dígito ['dʒiʒitu] m chiffre m.
dignidade [dʒigni'dadʒi] f dignité f.

dilatar [dila'ta(x)] vt (metal) dilater; (prazo) prolonger ☐ **dilatar-se** vp se dilater.
dilema [dʒi'lema] m dilemme m.
diluir [dʒi'lwi(x)] vt diluer.
dimensão [dʒimẽ'sãw] (pl -ões) f dimension f.
diminuir [dʒimi'nwi(x)] ◆ vi diminuer ◆ vt (preço, som) baisser; (velocidade, despesas) réduire.
diminutivo [dʒiminu'tʃivu] m diminutif m.
Dinamarca [dʒina'maxka] f • **a Dinamarca** le Danemark.
dinamarquês, esa [dʒinamax'keʃ, eza] (mpl -eses, fpl -s) ◆ adj danois(e) ◆ m Danois m, -e f ◆ m (língua) danois m.
dinâmico, ca [dʒi'namiku, ka] adj dynamique.
dinamismo [dʒina'miʒmu] m (fig) dynamisme.
dinamite [dʒina'mitʃi] f dynamite f.
dínamo ['dʒinamu] m dynamo f.
dinastia [dʒinaʃ'tʃia] f dynastie f.
dinheiro [dʒi'nejru] m argent m • **ter dinheiro** avoir de l'argent • **dinheiro miúdo** monnaie f • **dinheiro trocado** monnaie f.
dinossauro [dʒino'sawru] m dinosaure m.
diploma [dʒi'ploma] m diplôme m.
dique ['dʒiki] m digue f.
direção [dʒire'sãw] (pl -ões) f direction f.
direções → direção.

direita [dʒi'rejta] f • **a direita** la droite • **à direita** à droite • **virar à direita** tourner à droite • **pela direita** à droite • **ser de direita** être de droite.

direito, ta [dʒi'rejtu, ta] ◆ adj droit(e) ◆ m droit m ◆ adv correctement • **pôr-se direito** se tenir droit • **os direitos humanos** les droits de l'homme.

direto, ta [dʒi'rɛtu, ta] ◆ adj direct(e) ◆ adv • **ir direto a** aller droit à.

diretor, ra [dʒire'to(x), ra] (mpl -es, fpl -s) mf directeur m, -trice f.

diretório [dʒire'tɔriuw] m 1. (conselho) directoire m • **diretório acadêmico** conseil académique m 2. INFORM répertoire m • **diretório raiz** répertoire racine.

dirigente [dʒiri'ʒẽntʃi] mf dirigeant m, -e f.

dirigir [dʒiri'ʒi(x)] ◆ vt diriger; (veículo) conduire ◆ vi conduire • **dirigir algo a alguém** adresser qqch à qqn • **dirigir algo para** diriger qqch vers ▫ **dirigir-se** vp + prep (falar diretamente com) s'adresser à; (para) se diriger vers • **dirigir-se para** se diriger vers • **este aviso dirige-se a todos os usuários** avis à tous les usagers.

dirigível [diri'ʒivew] (pl -eis) m dirigeable m.

discar [dʒiʃ'ka(x)] ◆ vt composer (un número) ◆ vi faire le número.

disciplina [dʒisi'plina] f EDUC matière f; (ordem e respeito) discipline f.

disc-jóquei [dʒiʃk'ʒɔkej] (pl **disc-jóqueis**) mmf disc-jockey mf.

disco ['dʒiʃku] m disque m; (de telefone) cadran m • **discos de algodão** disques démaquillants • **disco compacto** CompactDisc® m • **disco rígido** disque dur • **disco voador** soucoupe f volante.

discordar [dʒiʃkox'da(x)] vi ne pas être d'accord • **discordar de alguém em algo** ne pas être d'accord avec qqn sur qqch.

discórdia [dʒiʃ'kɔrdʒia] f (desarmonia) discorde f.

discoteca [dʒiʃko'tɛka] f discothèque f.

discreto, ta [dʒiʃ'krɛtu, ta] adj discret(ète).

discriminação [dʒiʃkrimina-'sãw] f discrimination f.

discriminar [dʒiʃkrimi'na(x)] vt (distinguir) différencier, faire une discrimination entre; (detalhar) détailler.

discurso [dʒiʃ'kuxsu] m discours m • **discurso direto/indireto** discours direct/indirect.

discussão [dʒiʃku'sãw] (pl -ões) f (debate) discussion f; (briga) dispute f.

discutir [dʒiʃku'ti(x)] ◆ vt discuter de ◆ vi se disputer.

disenteria [dʒizẽnte'ria] f dysenterie f.

disfarçar [dʒiʃfax'sa(x)] ◆ vt (encobrir) masquer; (medo) cacher ◆ vi faire comme si de rien

disfarce n'était • isso, disfarce! c'est ça, fait l'innocent ❑ **disfarçar-se** *vp* se déguiser • **disfarçar-se de** se déguiser en.

disfarce [dʒiʃ'faxsi] *m* déguisement *m*.

dislexia [dʒiʒ'lɛk'sia] *f* dyslexie *f*.

disléxico, ca [dʒiʒ'lɛksiku, ka] *adj & m,f* dyslexique.

disparador [dʒiʃpara'do(x)] (*pl* -**es**) *m* (*de máquina fotográfica*) déclencheur *m*; (*de arma*) gâchette *f*.

disparar [dʒiʃpa'ra(x)] ◆ *vt* tirer ◆ *vi* (*arma*) tirer; (*máquina fotográfica*) déclencher.

disparatado, da [dʒiʃpara'tadu, da] *adj* insensé(e).

disparate [dʒiʃpa'ratʃi] *m* bêtise *f*.

dispensar [dʒiʃpẽ'sa(x)] *vt* se passer de • **dispensar alguém de algo** dispenser qqn de qqch • **dispensar algo a alguém** donner qqch à qqn; (*emprestar*) prêter qqch à qqn.

dispersar [dʒiʃper'sa(x)] ◆ *vt* disperser ◆ *vi* se disperser ❑ **dispersar-se** *vp* se disperser.

disperso, sa [dʒiʃ'pɛrsu, sa] *pp* → **dispersar**.

disponível [dʒiʃpo'nivew] (*pl* -**eis**) *adj* disponible.

dispor [dʒiʃ'po(x)] *vt* dispor-se ❑ **dispor de** *vp* disposer de; (*de posição, influência*) jouir de ❑ **dispor-se a** *vp + prep* se proposer de.

dispositivo [dʒiʃpozi'tʃivu] *m* dispositif *m*.

disposto, osta [dʒiʃ'poʃtu, ɔʃta] *adj* prêt(e) • **estar disposto a fazer algo** être prêt à faire qqch • **bem disposto** de bonne humeur • **mal disposto** (*de mau humor*) de mauvaise humeur; (*mal do estômago*) indisposé.

disputa [dʒiʃ'puta] *f* (*competição*) lutte *f*; (*discussão*) dispute *f*.

disputar [dʒiʃpu'ta(x)] *vt* disputer.

disquete [dʒiʃ'kɛtʃi] *f* disquette *f*.

dissimular [dʒisimu'la(x)] *vt* dissimuler.

dissipar [dʒisi'pa(x)] *vt* dissiper ❑ **dissipar-se** *vp* se dissiper.

disso ['dʒisu] = **de** + **isso** → **isso**.

dissolver [dʒisow've(x)] *vt* dissoudre ❑ **dissolver-se** *vp* se dissoudre.

dissuadir [dʒiswa'di(x)] *vt* dissuader.

distância [dʒiʃ'tãsja] *f* distance *f* • **a que distância fica?** est-ce que c'est loin?; (*cidade*) c'est à combien de kilomètres? • **fica a um quilômetro de distância** c'est à un km.

distanciar [dʒiʃtãsi'a(x)] *vt* (*separar*) éloigner; (*por intervalos*) espacer ❑ **distanciar-se** *vp* s'éloigner • **distanciar-se de** (*afastar-se de*) s'éloigner de; (*pelotão*) se détacher de; (*diferenciar-se de*) être éloigné de.

distante [dʒiʃ'tãntʃi] *adj* (*local*) éloigné(e); (*tempo*) reculé(e); (*pessoa*) distant(e).

dividir

distinção [dʒiʃtī'sãw] (*pl -ões*) *f* distinction *f*; *(em exame, estudos)* mention *f*.

distinguir [dʒiʃtīŋ'gi(x)] *vt* distinguer ☐ **distinguir-se** *vp* se distinguer.

distinto, ta [dʒiʃ'tʃintu, ta] *adj* distinct(e); *(pessoa)* distingué(e).

disto ['dʒiʃtu] = de + isto → isto.

distorção [dʒiʃtox'sãw] (*pl -ões*) *f (de imagem, som)* distorsion *f*; *(de verdade)* déformation *f*.

distração [dʒiʃtra'sãw] (*pl -ões*) *f* distraction *f*.

distrações → distração.

distraído, da [dʒiʃtra'idu, da] *adj* distrait(e).

distrair [dʒiʃtra'i(x)] *vt* distraire ☐ **distrair-se** *vp (divertir-se)* se distraire; *(descuidar-se)* se laisser distraire.

distribuição [dʒiʃtribwi'sãw] (*pl -ões*) *f* distribution *f*.

distribuidor, ra [dʒiʃtribwi'do(x), ra] (*mpl -es, fpl -s*) ♦ *mf* distributeur *m*, -trice *f* ♦ *m* distributeur *m*.

distrito [dʒiʃ'tritu] *m* district *m* • **Distrito Federal** nom donné à Brasilia, capitale administrative du Brésil.

distúrbio [dʒiʃ'tuxbju] *m* trouble *m*.

ditado [dʒi'tadu] *m (de texto, frase)* dictée *f*; *(provérbio)* dicton *m*.

ditador, ra [dʒita'do(x), ra] (*mpl -es, fpl -s*) *mf* dictateur *m*.

ditadura [dʒita'dura] *f* dictature *f*.

ditafone® [dʒita'fɔni] *m* dictaphone *m*.

ditar [dʒi'ta(x)] *vt* dicter.

dito, ta ['dʒitu, ta] *pp* → **dizer**.

ditongo [dʒi'tõŋgu] *m* diphtongue *f*.

diurno, na [dʒi'juxnu, na] *adj* pendant la journée.

divã [dʒi'vã] *m* divan *m*.

divagar [dʒiva'ga(x)] *vi (afastar-se do assunto)* faire des digressions; *(devanear)* divaguer; *(caminhar ao acaso)* errer.

diversão [dʒivex'sãw] (*pl -ões*) *f (distração)* distraction *f*; *(em parque)* attraction *f*.

diverso, sa [dʒi'vɛxsu, sa] *adj* différent(e) ☐ **diversos, sas** *adj pl (vários)* divers(e); *(muitos)* plusieurs.

diversões → diversão.

divertido, da [dʒivex'tʃidu, da] *adj* drôle.

divertimento [dʒivextʃi'mẽntu] *m* divertissement *m*.

divertir [dʒivex'tʃi(x)] *vt* amuser ☐ **divertir-se** *vp* s'amuser.

dívida ['dʒivida] *f* dette *f*.

dividendo [dʒivi'dẽndu] *m* dividendes *mpl*.

dividendos [dʒivi'dẽnduʃ] *mpl* dividendes *mpl*.

dividir [dʒivi'di(x)] ♦ *vt* diviser; *(repartir)* partager ♦ *vi* diviser ☐ **dividir-se** *vp (separar-se)* se séparer; *(ramificar-se)* se diviser.

divino

divino, na [dʒi'vinu, na] *adj* divin(e); *(sublime)* exquis(e).
divisão [dʒivi'zãw] *(pl* **-ões)** *f* division *f*; *(de casa)* pièce *f*; *(de comida, bens, trabalho)* partage *m*.
divisas [dʒi'vizaʃ] *fpl* devises *fpl*.
divisões → **divisão**.
divorciado, da [dʒivox'sjadu, da] *adj* divorcé(e).
divorciar-se [dʒivox'sjaxsi] *vp* divorcer • **divorciar-se de alguém** divorcer de qqn.
divórcio [dʒi'vɔxsju] *m* divorce *m*.
divulgar [dʒivuw'ga(x)] *vt* (*informação, ideia*) divulguer; *(produto, serviço)* promouvoir.
dizer [dʒi'ze(x)] *vt* dire • **dizer algo a alguém** dire qqch à qqn • **dizer a alguém que** dire à qqn de • **eu lhe disse que se calasse** je lui ai dit de se taire • **como se diz...?** comment dit-on...?
DJ [di'ʒej] *nmf (abrev de discjóquei)* DJ.
do [du] = **de + o** → **o**.
doação [dwa'sãw] *(pl* **-ões)** *f* donation *f*.
doar [dwa(x)] *vt* faire don de.
dobra [ˈdɔbra] *f* pli *m*.
dobrada [do'brada] *f* tripes *fpl*.
dobradiça [dobra'disa] *f* charnière *f*.
dobrado, da [do'bradu, da] *adj (papel, peça de roupa)* plié(e).
dobrar [do'bra(x)] ◆ *vt* plier; *(costas)* courber ◆ *vi* doubler • **dobrar a esquina** tourner au coin de la rue ◻ **dobrar-se** *vp* se courber.
dobro ['dobru] *m* • **o dobro** le double.
doca ['dɔka] *f* dock *m*.
doce ['dosi] ◆ *adj (bebida, comida)* sucré(e); *(pessoa)* doux(douce) ◆ *m* sucrerie *f* • **doce de ovos** crème riche en jaune d'œuf.
dóceis → **dócil**.
docente [do'sẽntʃi] *adj & nmf* enseignant(e).
doceria [dose'serja] *f* pâtisserie *f*.
dócil ['dɔsiw] *(pl* **-ceis)** *adj (animal)* docile; *(pessoa)* facile.
documentação [dokumẽnta'sãw] *f (documentos)* documentation *f*; *(de pessoa)* papiers *mpl*.
documentário [dokumẽn'tarju] *m* documentaire *m*.
documento [doku'mẽntu] *m (de identificação)* papier *m*; *(testemunho escrito)* document *m*.
doçura [do'sura] *f (fig)* douceur *f*.
doença ['dwẽsa] *f* maladie *f* • **doença venérea** maladie vénérienne.
doente ['dwẽntʃi] *adj & nmf* malade • **doente mental** malade mental.
doentio, tia [dwẽn'tʃiu, tʃia] *adj (lugar, atmosfera)* malsain(e); *(pessoa)* maladif(ive).
doer ['dwe(x)] *vi* faire mal.
doido, da ['dojdu, da] *adj & nmf* fou(folle) • **ser doido por** être fou de • **doido varrido** fou à lier.

dois, duas ['dojʃ, 'duaʃ] *num* deux • **dois a dois** deux par deux → **seis**.

dólar ['dɔla(x)] (*pl* **-es**) *m* dollar *m*.

doleiro [do'lejru] *m* revendeur de dollars au marché noir.

dolorido, da [dolo'ridu, da] *adj* courbattu(e).

doloroso, osa [dolo'rozu, ɔza] *adj* douloureux(euse).

dom [dõ] (*pl* **-ns**) *m* don *m* (qualité).

domador, ra [doma'do(x), ra] (*mpl* **-es**, *fpl* **-s**) *mf* dompteur *m*, -euse *f*.

doméstica [do'mɛʃtʃika] *f* employée *f* de maison.

domesticado, da [domeʃ-tʃi'kadu, da] *adj* apprivoisé(e).

domesticar [domeʃtʃi'ka(x)] *vt* apprivoiser.

doméstico, ca [do'mɛʃtʃiku, ka] *adj* domestique; (*tarefa*) ménager(ère).

domicílio [domi'silju] *m* domicile *m*.

dominar [domi'na(x)] *vt* maîtriser; (*país*) dominer ❏ **dominar-se** *vp* se maîtriser.

domingo [do'mĩngu] *m* dimanche *m*, → **sexta-feira**.

domínio [do'minju] *m* **1.** (*dominação*) • **domínio (sobre)** domination *f* **2.** (*posse*) pouvoir *m* **3.** (*território*) domaine *m* **4.** (*controle*) commandement *m* **5.** (*conhecimento*) maîtrise *f* **6.** *INFORM* domaine *m*.

dominó [dɔmi'nɔ] *m* domino *m* • **jogar dominó** jouer aux dominos.

dona ['dona] *f* • **dona Isabel X** Madame X → **dono**.

dona de casa ['donadʒi'kaza] *f* maîtresse *f* de maison.

donde ['dõde] *adv* = **de + onde**; (*de que lugar*) d'où.

dono, na ['donu, na] *mf* propriétaire *mf*; (*de cão*) maître *m*, -esse *f*.

dons → **dom**.

dopar [do'pa(x)] *vt* doper.

dor [do(x)] (*pl* **-es**) *f* douleur *f* • **dor de barriga** mal *m* de ventre • **dor de cabeça** mal *m* de tête • **estou com dor de cabeça** j'ai mal à la tête • **dor nas costas** mal *m* au dos • **dor de dentes** mal *m* de dents • **dor de estômago** douleur *f* d'estomac • **dor de garganta** mal *m* de gorge • **ter dor de ouvidos** avoir mal aux oreilles.

dor de cotovelo [do(x)dʒkoto've-lu] *f* (*fig*) jalousie *f*.

dormente [dor'mẽntʃi] *adj* engourdi(e).

dormir [dor'mi(x)] *vi* dormir.

dormitório [dormi'tɔrju] *m* dortoir *m*.

dosagem [du'zaʒaj] (*pl* **-ns**) *f* dose *f*; (*operação*) dosage *m*.

dose ['dɔzi] *f* dose *f*.

dossiê [do'sje] *m* dossier *m* • **dossier (escolar)** classeur *m*.

dotado, da [do'tadu, da] *adj* doué(e).

dou [do] → **dar**.

dourado, da [do'radu, da] *adj* doré(e).

doutor, ra [do'to(x), ra] (*mpl -es, fpl -s*) *mf (pessoa doutorada)* docteur *m; (médico)* docteur *m.*

Doutor, ra [do'to(x), ra] *mf (forma de tratamento)* Docteur *m.*

doutrina [do'trina] *f* doctrine *f.*

download [dawn'lowdʒi] (*pl* **downloads**) *m* INFORM téléchargement *m* • **fazer (um) download** télécharger.

doze ['dozi] *núm* douze, → **seis**.

Dr. (*abrev de* **Doutor**) *titre donné à tous les licenciés* • **Dr. João X** Monsieur X.

Dra. (*abrev de* **Doutora**) *titre donné à toutes les licenciées* • **Dra. Isabel X** Madame X.

dragão [dra'gãw] (*pl -ões*) *m* dragon *m.*

dragar [dra'ga(x)] *vt* draguer *(une rivière).*

drágea ['draʒja] *f* dragée *f.*

dragões [dra'gõjʃ] → **dragão**.

drama ['drama] *m* drame *m.*

dramatizar [dramatʃi'za(x)] *vt* faire un drame de.

dramaturgo, ga [drama'turgu, ga] *mf* dramaturge *mf.*

drástico, ca ['draʃtʃiku, ka] *adj (solução)* radical(e); *(medida)* draconien(enne).

drenar [dre'na(x)] *vt* drainer.

dreno ['drenu] *m* drain *m.*

driblar [dri'bla(x)] *vt & vi* dribbler.

drinque ['drĩŋki] *m* drink *m.*

drive ['drajvi] (*pl -s*) *m* INFORM unité de disque *f.*

driver ['drajve(x)] (*pl -s*) *m* INFORM pilote *m*, gestionnaire de périphérique *m* • **driver de vídeo** driver du magnétoscope *m* • **driver de impressora** pilote de l'imprimante *m.*

droga ['drɔga] ♦ *f* drogue *f*; *(coisa de má qualidade)* cochonnerie *f* ♦ *interj* • **que droga!** mince!

drogado, da [dro'gadu, da] *mf* drogué *m*, -e *f.*

drogar [dro'ga(x)] *vt* droguer ❑ **drogar-se** *vp* se droguer.

drogaria [droga'ria] *f* droguerie *f.*

dto. (*abrev de* **direito**) dte.

duas ['duaʃ] → **dois**.

dublado, da [du'bladu, da] *adj (filme, programa de TV)* doublé(e).

dublar [du'blax] *vt (filme, programa de TV)* doubler.

ducha ['duʃa] *f* douche *f* • **tomar uma ducha** prendre une douche.

duende ['dwẽndi] *m* lutin *m.*

dum= de + um → **um**.

duma= de + uma → **uma**.

dumas= de + umas → **umas**.

duna ['duna] *f* dune *f.*

duns= de + uns → **uns**.

dupla ['dupla] *f (par)* couple *m; (em esporte)* double *m.*

dúplex ['dupleks] *m inv* duplex *m.*

duplicado [dupli'kadu] *m* double *m.*

duplicar [dupli'ka(x)] *vt & vi* doubler.

duplo, pla ['duplu, pla] ♦ *adj* double ♦ *m* • **o duplo** le double.

duração [dura'sãw] f durée f.
duradouro, ra [dura'doru, ra] adj durable.
durante [du'rãntʃi] prep pendant.
durar [du'ra(x)] vi durer.
durex [du'rɛks] adj → **fita**.
dureza [du'reza] f dureté f.
durmo ['durmu] → **dormir**.
duro, ra ['duru, ra] adj dur(e).
dúvida ['duvida] f doute m
• **estar em dúvida** se demander • **pôr em dúvida** mettre en doute • **sem dúvida!** bien sûr!
• **tirar dúvidas** expliquer.
duvidoso, osa [duvi'dozu, ɔza] adj louche; (oferta) douteux(euse).
duzentos, tas [du'zẽntuʃ, taʃ] num deux cents, → **seis**.
dúzia ['duzja] f douzaine f
• **uma dúzia de ovos** une douzaine d'œufs • **vender à dúzia** vendre à la douzaine
• **meia dúzia** une demi-douzaine.

E

e [i] conj et.
E (abrev de **Este**) E.
é [ɛ] → **ser**.
ébano ['ɛbanu] m (árvore) ébénier m; (madeira) ébène f.
ébrio, a ['ɛbriu, a] adj ivre.

ebulição [ibuli'sãw] f ébullition f.
echarpe [e'ʃaxpi] f écharpe f.
eclipse [e'klipsi] m éclipse f.
eco ['ɛku] m écho m.
ecoar [e'kwa(x)] vi résonner.
ecografia [ekogra'fia] f échographie f.
ecologia [ekolo'ʒia] f écologie f.
ecológico, ca [eko'lɔʒiku, ka] adj écologique.
economia [ekono'mia] f économie f □ **economias** fpl économies fpl.
econômico, ca [eko'nomiku, ka] adj économique; (pessoa) économe.
economista [ekono'miʃta] nmf économiste m.
economizar [ekonomi'za(x)] vt & vi économiser.
ecoturismo [ekotu'riʒmu] m écotourisme m.
ECT f (abrev de **Empresa Brasiliera de Correios e Telégrafos**) = La Poste.
eczema [ek'zema] m eczéma m.
edição [edʒi'sãw] f (pl -ões) f édition f.
edifício [edʒi'fisju] m immeuble m.
edifício-garagem [edʒifisjuga'raʒẽ] (pl **edifícios-garagens**) m parking m.
editar [edʒi'ta(x)] vt éditer.
editor, ra [edʒi'to(x), ra] (mpl -**es**, fpl -**s**) mf éditeur m, -trice f.
editora [edʒi'tora] f maison f d'édition, → **editor**.
editores → **editor**.

edredom [edre'dõ] (*pl* **-ns**) *m* édredon *m; (espesso)* couette *f.*
educação [eduka'sãw] *f* éducation *f.*
educado, da [edu'kadu, da] *adj* bien élevé(e).
educar [edu'ka(x)] *vt* éduquer.
efeito [e'fejtu] *m* effet *m* • **com efeito** en effet • **sem efeito** sans effet; *(contrato)* non avenu.
efervescente [eferve'sẽntʃi] *adj* → **aspirina**.
efetivamente [efɛ,tʃiva'mẽntʃi] *adv* effectivement.
efetivo, va [efe'tʃivu, va] ◆ *adj (real)* effectif(ive); *(funcionário, empregado)* titulaire ◆ *m (categoria de professor)* professeur *m* titulaire.
efetuar [efe'twa(x)] *vt* effectuer.
eficácia [efi'kasja] *f* efficacité *f.*
eficaz [efi'kaʃ] *(pl* **-es)** *adj* efficace.
eficiência [efi'sjẽsja] *f* efficacité *f.*
eficiente [efi'sjẽntʃi] *adj* efficace.
efusivo, va [efu'zivu, va] *adj* expansif(ive).
egoísmo [e'gwiʒmu] *m* égoïsme *m.*
egoísta [e'gwiʃta] *adj* & *nmf* égoïste.
égua ['ɛgwa] *f* jument *f.*
eis ['ejʃ] *adv* voilà • **eis senão quando** et voilà que.
eixo ['ejʃu] *m (de roda)* essieu *m; (de máquina)* axe *m.*
ejaculação [eʒakula'sãw] *(pl* **-ões)** *f* éjaculation *f.*

ejacular [eʒaku'la(x)] *vt* & *vi* éjaculer.
ela ['ɛla] → **ele**.
elaboração [elabora'sãw] *f* élaboration *f.*
elaborar [elabo'ra(x)] *vt* élaborer; *(plano, teoria)* établir.
elasticidade [elaʃtisi'dadʒi] *f* élasticité *f.*
elástico, ca [e'laʃtʃiku, ka] ◆ *adj* élastique ◆ *m* élastique *m.*
ele, ela ['eli] *pron* il(elle); *(com preposição)* lui(elle) • **é ele/ela** c'est lui/elle • **e ele/ela?** et lui/elle? • **ele mesmo** *ou* **próprio/ela mesma** *ou* **própria** lui-même/elle-même • **para eles/elas** pour eux/elles.
elefante [ele'f?ãntʃi] *m* éléphant *m.*
elegância [ele'gãsja] *f* élégance *f.*
elegante [ele'gãntʃi] *adj (esbelto)* mince; *(distinto)* élégant(e).
eleger [ele'ʒe(x)] *vt (deputado, diretor)* élire; *(sistema, método, manual)* choisir.
eleição [elej'sãw] *(pl* **-ões)** *f (de deputado, diretor)* élection *f; (sistema, método, manual)* choix *m* ▫ **eleições** *fpl.*
eleito, ta [e'lejtu, ta] ◆ *pp* → **eleger** ◆ *adj* élu(e).
eleitor, ra [elej'to(x), ra] *(mpl* **-es,** *fpl* **-s)** *mf* électeur *m,* -trice *f.*
elementar [elemẽn'ta(x)] *(pl* **-es)** *adj* élémentaire.
elemento [ele'mẽntu] *m* élément *m; (de equipe, grupo)* membre *m* ▫ **elementos** *mpl* éléments *mpl.*

eletricidade [eletrisi'dadʒi] f électricité f.
eletricista [eletri'siʃta] nmf électricien m, -enne f.
elétrico, ca [e'lɛtriku, ka] adj électrique.
eletrizar [eletri'za(x)] vt (fig) (público) chauffer.
eletrodoméstico [e,letrodo-'mɛʃtʃiku] m électroménager m.
eletrônica [ele'troniká] f électronique f.
eletrônico, ca [ele'troniku, ka] adj électronique.
elevação [eleva'sãw] (pl -ões) f hauteur f (en géographie).
elevado, da [ele'vadu, da] adj élevé(e).
elevador [eleva'do(x)] (pl -es) m ascenseur m.
elevar [ele'va(x)] vt élever; (preço, imposto) augmenter ☐ **elevar-se** vp s'élever • **elevar-se nos ares** s'envoler.
eliminar [elimi'na(x)] vt éliminer; (possibilidade, hipótese) écarter.
elite [e'litʃi] f élite f.
elo ['ɛlu] m chaînon m • **elo de ligação** (fig) lien m.
elogiar [elo'ʒja(x)] vt faire l'éloge de.
elogio [elo'ʒiu] m éloge m.
eloquência [elo'kwẽsja] f éloquence f.
eloquente [elo'kwẽtʃi] adj éloquent(e).
em [ẽ] prep 1. (no interior de) dans • **vivo no norte** je vis dans le nord • **os papéis estão naquela gaveta** les papiers sont dans ce tiroir • **a chave está na fechadura** la clé est dans la serrure • **fica no nordeste** c'est au nord-est • **estou na cama** je suis au lit 2. (em certo ponto de) dans • **na rua** dans la rue • **em casa** à la maison • **no trabalho** au travail • **em minha casa** chez moi • **fica na saída do teatro** c'est à la sortie du théâtre 3. (sobre) sur • **coloque uma jarra nesta mesa** mets un vase sur cette table • **a chave está na porta** la clé est sur la porte • **ponha isso no chão** mets cela par terre 4. (relativo à cidade, país) à • **em Londres/Paris** à Londres/Paris • **no Brasil** au Brésil • **nos Estados Unidos** aux États-Unis • **em Portugal/França** au Portugal/en France 5. (indica tempo) en; (dia) le; (época) à • **ele nasceu em 1970/num sábado** il est né en 1970/un samedi • **no dia 25** le 25 • **saio de férias no verão/Natal** je pars en vacances en été/à Noël • **estou de volta numa semana** je suis de retour dans une semaine • **leio muito nas férias** je lis beaucoup pendant les vacances • **nos nossos dias** de nos jours 6. (indica modo) en • **paguei em euros** j'ai payé en euros • **respondi-lhe em português** je lui ai répondu en portugais • **ele respondeu-me num tom muito seco** il m'a répondu d'un ton très sec • **em voz baixa** à voix basse • **sardinha grelhada na**

emagrecer

brasa sardine grillée sur la braise **7.** *(indica assunto)* en • **é um perito em economia** c'est un expert en économie • **nisso de computadores, é o melhor em matéria d'ordinateurs, c'est le meilleur** • **sou licenciada em Letras/Direito** je suis licenciée ès lettres/en droit • **doutorado em Medicina** docteur en médecine **8.** *(indica estado)* en • **não descer com o trem em movimento** ne pas descendre du train en marche **9.** *(introduz complemento)* en • **cair em desuso** tomber en désuétude • **não pense nele** ne pense pas à lui.

emagrecer [emagre'se(x)] *vi* maigrir.

e-mail ['imejw] *m* e-mail *m*, courriel *m*.

emancipado, da [emãsi'padu, da] *adj* émancipé(e).

emaranhado, da [emara'ɲadu, da] *adj (cabelo, fios)* emmêlé(e); *(vegetação)* enchevêtré(e).

embaçado, da [ẽba'sadu, da] *adj* embué(e).

embaçar [ẽmba'sa(x)] *vt (lentes)* embuer; *(ofuscar)* offusquer.

embaciado, da [ẽba'sjadu, da] *adj* embué(e).

embaciar [ẽmba'sja(x)] *vt* embuer.

embaixada [ẽmbaj'ʃada] *f* ambassade *f*.

embaixador, ra [ẽmbajʃa'do(x), ra] *(mpl* **-es***, fpl* **-s***) mf* ambassadeur *m*, -drice *f*.

embaixatriz [ẽmbajʃa'triʃ] *(pl* **-es***) f* ambassadrice *f*.

embaixo [ẽm'bajʃu] *adv (em espaço)* en bas; *(em lista)* en dernier • **embaixo de** sous.

embalagem [ẽmba'laʒẽ] *(pl* **-ns***) f* emballage *m*.

embalar [ẽmba'la(x)] *vt (produto)* emballer; *(bebê)* bercer.

embaraçar [ẽmbara'sa(x)] *vt* gêner ▫ **embaraçar-se** *vp* être gêné(e).

embaraço [ẽmba'rasu] *m* gêne *f*.

embarcação [ẽmbaxka'sãw] *(pl* **-ões***) f* embarcation *f*.

embarcar [ẽmbax'ka(x)] *vi* embarquer • **embarcar em** *(navio, avião)* embarquer à bord de; *(trem)* monter dans; *(aventura, negócio)* s'embarquer dans.

embarque [ẽm'baxki] *m* embarquement *m* • **zona/local de embarque** zone/salle d'embarquement.

embebedar-se [ẽmbebe'daxsi] *vp* se saoûler.

embeber [ẽmbe'be(x)] *vt* imbiber • **embeber algo em algo** imbiber qqch de qqch.

embelezar [ẽmbele'za(x)] *vt* embellir.

emblema [ẽm'blema] *m* emblème *m*.

embora [ẽm'bɔra] ♦ *conj* que ♦ *adv* **ir embora** s'en aller • **ir-se embora** s'en aller • **ele foi-se embora** il s'en est parti.

emboscada [ēnboʃ'kada] f embuscade f.

Embratur [ēmbra'tu(x)] f (abrev de **Empresa Brasileira de Turismo**) Office du tourisme brésilien.

embreagem [ēmbre'aʒē] (pl -ns) f embrayage m.

embriagar-se [ēmbria'gaxsi] vp se saoûler.

embrulhar [ēmbru'ʎa(x)] vt (presente, produto) emballer; (agasalhar) couvrir; (misturar) emmêler.

embrulho [ēm'bruʎu] m paquet m.

embutido, da [ēmbu'tʃidu, da] adj encastré(e) □ **embutidos** fpl charcuterie f.

emendar [emēn'da(x)] vt corriger □ **emendar-se** vp se corriger.

emergência [emex'ʒẽsja] f urgence f □ **Emergências** fpl urgences fpl.

emigração [emigra'sãw] f émigration f.

emigrante [emi'grãntʃi] nmf émigrant m, -e f.

emigrar [emi'gra(x)] vi émigrer • **emigrar para** émigrer en.

emissão [emi'sãw] (pl -ões) f émission f.

emissor, ra [emi'so(x), ra] (mpl -es, fpl -s) ◆ adj émetteur(trice) ◆ m émetteur m.

emissora [emi'sora] f station f de radio et de télévision.

emissores → **emissor**.

emitir [emi'tʃi(x)] vt émettre.

emoção [emo'sãw] (pl -ões) f émotion f.

emoldurar [emowdu'ra(x)] vt encadrer.

emoticon [emotʃi'cõn] f émoticône f.

emotivo, va [emo'tʃivu, va] adj émotif(ive).

empacotar [ēmpako'ta(x)] vt emballer.

empada [ēm'pada] f pâté en croûte farci aux cœurs de palmier, crevettes, poulet etc. • **empada de galinha** pâté en croûte au poulet.

empadão [ēnpa'dãw] (pl -ões) m gros pâté en croûte farci aux cœurs de palmier, crevettes etc..

empadinha [ēmpa'dʒina] f 1. = empada 2. • **empadinha de camarão** petit pâté en croûte farci aux crevettes • **empadinha de palmito** petit pâté en croûte farci aux cœurs de palmier • **empadinha de queijo** petit pâté en croûte farci au fromage.

empadões → **empadão**.

empalhar [ēmpa'ʎa(x)] vt empailler.

empanturrar [ēmpãntu'xa(x)] vt • **empanturrar alguém com algo** gaver qqn de qqch □ **empanturrar-se** vp se gaver.

empatar [ēmpa'ta(x)] ◆ vi être à égalité ◆ vt (estorvar) gêner; (dinheiro) immobiliser.

empate [ēm'patʃi] m match m nul • **empate de dois** deux partout.

empenado, da [ẽpe'nadu, da] *adj (porta)* qui a joué; *(roda)* voilé(e).

empenhar [ẽpe'ɲa(x)] *vt* mettre en gage ▫ **empenhar-se** *vp (esforçar-se)* se mettre en quatre; *(endividar-se)* s'endetter • **empenhar-se em algo** s'investir dans qqch.

empestar [ẽpeʃ'ta(x)] *vt* empester.

empilhar [ẽpi'ʎa(x)] *vt* empiler.

empinar-se [ẽpi'naxsi] *vp* se cabrer.

emplastro [ẽ'plaʃtru] *m* emplâtre *f*.

empobrecer [ẽpobre'se(x)] ◆ *vt* appauvrir ◆ *vi* s'appauvrir.

empolgante [ẽpow'gãntʃi] *adj* prenant(e).

empreender [ẽpriẽ'de(x)] *vt* entreprendre.

empreendimento [ẽmpriẽdʒi'mẽntu] *m* entreprise *f*.

empregado, da [ẽpre'gadu, da] *m, f (em casa)* employé *m*, -e *f* de maison; *(em restaurante)* serveur *m*, -euse *f*; *(em empresa)* employé *m*, -e *f* • **empregado de balcão** vendeur *m (au comptoir)* • **empregado de bar** serveur • **empregado doméstico** domestique *m*.

empregar [ẽpre'ga(x)] *vt* employer ▫ **empregar-se** *vp (arranjar emprego)* trouver un emploi; *(utilizar-se)* s'employer.

emprego [ẽ'pregu] *m* emploi *m* • **o emprego** l'emploi.

empregue [ẽ'prɛgi] *pp* → **empregar**.

empresa [ẽ'preza] *f* entreprise *f*.

emprestado, da [ẽpreʃ'tadu, da] *adj* prêté(e) • **pedir algo emprestado** emprunter qqch.

emprestar [ẽpreʃ'ta(x)] *vt* • **emprestar algo a alguém** prêter qqch à qqn.

empréstimo [ẽ'preʃtʃimu] *m* prêt *m* • **fazer um empréstimo** *(cliente)* faire un emprunt; *(banco)* faire un prêt.

empunhar [ẽpu'ɲa(x)] *vt* empoigner.

empurrão [ẽpu'xãw] *(pl* -ões*) m* coup *m* • **dar um empurrão** pousser.

empurrar [ẽpu'xa(x)] *vt* pousser • **empurre** poussez.

empurrões → **empurrão**.

encabeçar [ẽŋkabe'sa(x)] *vt* être à la tête de.

encadernação [ẽŋkadexna'sãw] *(pl* -ões*) f* reliure *f*.

encaixar [ẽŋkaj'ʃa(x)] *vt (meter num encaixe)* s'emboîter; *(fig) (meter na cabeça)* se mettre dans la tête ▫ **encaixar-se** *vp (em encaixe)* s'emboîter; *(enquadrar-se)* s'intégrer.

encaixe [ẽŋ'kajʃi] *m* jointure *f*.

encaixotar [ẽŋkajʃo'ta(x)] *vt* emballer.

encalhar [ẽŋka'ʎa(x)] ◆ *vi* faire échouer ◆ *vi* s'échouer.

encaminhar [ẽŋkami'ɲa(x)] *vt (fig)* guider • **encaminhar algo/alguém para** orienter qqch/qqn vers • **encaminhar-se pe**

dido para alguém faire parvenir une demande à qqn ❏ **encaminhar-se para** vp + prep se diriger vers.

encanador, ra [ēŋkana'ka do(x), ra] (mpl **-es**, fpl **-s**) mf plombier m.

encanamento [ēŋkana'mēntu] m tuyauterie f.

encantador, ra [ēŋkānta-do(x), ra] (mpl **-es**, fpl **-s**) adj charmant(e).

encantar [ēŋkān'ta(x)] vt enchanter.

encaracolado, da [ēŋkara-koˈladu, da] adj bouclé(e).

encarar [ēŋkaˈra(x)] vt (pessoa) dévisager; (problema, situação, possibilidade) affronter ❏ **encarar com** vp tomber sur.

encardido, da [ēŋkarˈdʒidu, da] adj jauni(e).

encarnado, da [ēŋkaxˈnadu, da] adj rouge.

encarregado, da [ēŋkaxeˈgadu, da] mf responsable mf.

encarregar [ēŋkaxeˈga(x)] vt • **encarregar alguém de fazer algo** charger qqn de faire qqch.

encarte [ēˈŋkaxtʃi] m (de revista, jornal) supplément m.

encenação [ēsenaˈsãw] (pl **-ões**) f mise f en scène.

encenar [ēseˈna(x)] vt mettre en scène.

encerar [ēseˈra(x)] vt cirer.

encerrado, da [ēseˈxadu, da] adj clos(e).

encerramento [ēsexaˈmēntu] m (de concerto, espetáculo) clôture f.

encerrar [ēseˈxa(x)] vt clore.

encharcar [ēʃaxˈka(x)] vt inonder ❏ **encharcar-se** vp (espaço) s'inonder; (pessoa) se tremper.

enchente [ēˈʃēntʃi] f inondation f; (de rio) crue f; (de gente, coisas) flot m.

enchova [ēnˈʃova] f tassergal m (poisson).

encoberto, ta [ēŋkoˈbɛxtu, ta] adj (céu, tempo) couvert(e); (oculto) caché(e).

encolher [ēŋkoˈʎe(x)] ◆ vt (ombros) hausser; (pernas) plier; (barriga) rentrer ◆ vi (roupa) rétrécir ❏ **encolher-se** vp (retrair-se) être intimidé(e); (para fazer algo) n'pas oser • **encolher-se no seu canto** rester dans son coin.

encomenda [ēŋkoˈmēnda] f commande f • **encomenda postal** colis m postal.

encomendar [ēŋkomēnˈda(x)] vt commander • **encomendar algo a alguém** commander qqch à qqn.

encontrar [ēŋkōnˈtra(x)] vt (objeto procurado) trouver; (pessoa por acaso) rencontrer ❏ **encontrar-se** vp se retrouver • **encontrar-se com alguém** rencontrer qqn.

encontro [ēŋˈkōntru] m (esportivo) rencontre f; (compromisso) rendez-vous m.

encorajar [ēŋkoraˈʒa(x)] vt encourager.

encorpado

encorpado, da [ẽŋkor'padu, da] *adj (pessoa)* corpulent(e); *(vinho)* corsé(e).

encosta [ẽŋ'kɔʃta] *f* versant *m*.

encostar [ẽŋkoʃ'ta(x)] *vt (cabeça)* appuyer; *(carro)* ranger; *(porta)* pousser • **encostar algo em algo** adosser qqch contre qqch ▫ **encostar-se** *vp* • **encostar-se a** s'adosser à.

encosto [ẽŋ'koʃtu] *m* dossier *m*.

encruzilhada [ẽŋkruzi'ʎada] *f* carrefour *m*.

endereço [ẽnde'resu] *m* adresse *f* • **endereço eletrônico** adresse électronique.

endireitar [ẽndirej'ta(x)] *vt* redresser; *(pernas)* déplier; *(objeto caído)* relever ▫ **endireitar-se** *vp* se redresser.

endívia [ẽn'divja] *f* endive *f*.

endoidecer [ẽndojde'se(x)] ♦ *vt* rendre fou(folle) ♦ *vi* devenir fou(folle).

endossar [ẽndo'sa(x)] *vt* endosser.

endurecer [ẽndure'se(x)] *vt & vi* durcir.

energia [enex'ʒia] *f* énergie *f* • **energia eólica** énergie éolienne • **energia nuclear** énergie nucléaire • **energia solar** énergie solaire.

enevoado, da [ene'vwadu, da] *adj* nuageux(euse).

enfarte [ẽ'faxtʃi] *m* infarctus *m*.

ênfase [ẽfazi] *f* emphase *f*.

enfatizar [ẽfatʃi'za(x)] *vt* souligner.

132

enfeitar [ẽfej'ta(x)] *vt* agrémenter, parer, embellir ▫ **enfeitar-se** *vp* se parer.

enfeitiçar [ẽfejtʃi'sa(x)] *vt* ensorceler.

enfermagem [ẽfex'maʒẽ] *f* • **ela fez um curso de enfermagem** elle a fait des études d'infirmière.

enfermaria [ẽfexma'ria] *f* infirmerie *f*.

enfermeiro, ra [ẽfex'mejru, ra] *mf* infirmier *m*, -ère *f*.

enferrujar [ẽfexu'ʒa(x)] *vt & vi* rouiller.

enfiar [ẽ'fja(x)] *vt (peça de vestuário)* passer • **enfiar algo em algo** enfiler ▫ **enfiar-se** *vp* s'engager.

enfim [ẽ'fĩ] *adv (finalmente)* enfin; *(em conclusão)* finalement.

enforcar [ẽfox'ka(x)] *vt* pendre ▫ **enforcar-se** *vp* se pendre.

enfraquecer [ẽfrake'se(x)] ♦ *vt* affaiblir ♦ *vi* s'affaiblir.

enfrentar [ẽfrẽn'ta(x)] *vt* affronter.

enfurecer [ẽfure'se(x)] *vt* mettre en colère ▫ **enfurecer-se** *vp* se mettre en colère.

enganado, da [ẽŋga'nadu, da] *adj* • **estar enganado** se tromper • **ser enganado** être trompé.

enganar [ẽŋga'na(x)] *vt* tromper ▫ **enganar-se** *vp* se tromper • **enganar-se em algo** se tromper de qqch.

engano [ẽŋ'ganu] *m* erreur *f*.

engarrafado, da [ẽgaxa'fadu, da] *adj (líquido)* en bouteille; *(trânsito)* embouteillé(e).

engarrafamento [ẽgaxafa'mẽntu] *m (de líquido)* mise *f* en bouteille; *(de trânsito)* embouteillage *m*.

engasgar-se [ẽgaʒ'gaxsi] *vp (ao comer, beber)* s'étrangler; *(ao falar)* bafouiller.

engenharia [ẽʒeɲa'ria] *f* ingénierie *f*.

engenheiro, ra [ẽʒe'ɲejru, ra] *mf* ingénieur *m*.

engenhoso, osa [ẽʒe'ɲozu, ɔza] *adj* ingénieux(euse).

engessar [ẽʒe'sa(x)] *vt* plâtrer.

englobar [ẽnglo'ba(x)] *vt* englober.

engodo [ẽ'godu] *m* appât *m*.

engolir [ẽngo'li(x)] *vt* avaler.

engomar [ẽngo'ma(x)] *vt* repasser.

engordar [ẽngor'da(x)] ◆ *vi (pessoa)* grossir; *(alimento)* faire grossir ◆ *vt* engraisser.

engordurado, da [ẽngordu'radu, da] *adj* gras(grasse).

engraçado, da [ẽngra'sadu, da] *adj* drôle.

engravidar [ẽngravi'da(x)] ◆ *vi* tomber enceinte ◆ *vt* mettre enceinte.

engraxar [ẽngra'ʃa(x)] *vt (calçado)* cirer.

engraxate [ẽngra'ʃatʃi] *m* cireur *m* de chaussures.

engrenagem [ẽngre'naʒẽ] *(pl -ns) f* engrenage *m*.

engrossar [ẽngro'sa(x)] ◆ *vt (sopa)* épaissir; *(molho)* lier ◆ *vi* épaissir.

enguia [ẽ'gia] *f* anguille *f*.

enguiçar [ẽngi'sa(x)] *vi* tomber en panne.

enigma [e'nigma] *m* énigme *f*.

enjoado, da [ẽ'ʒwadu, da] *adj* qui a mal au cœur.

enjoar [ẽ'ʒwa(x)] ◆ *vi (em avião, ônibus)* avoir mal au cœur; *(em barco)* avoir le mal de mer ◆ *vt (comida)* écœurer.

enjoo [ẽ'ʒou] *m* nausée *f*; *(em barco)* mal *m* de mer.

enlatado, da [ẽla'tadu, da] *adj (comida)* en boîte; *(cultura, filme)* se dit des séries télévisées et de la culture d'importation de bas étage ▫ **enlatados** *mpl* conserves *fpl*.

enlouquecer [ẽloke'se(x)] ◆ *vt* rendre fou(folle) ◆ *vi* devenir fou(folle).

enorme [e'nɔrmi] *adj* énorme.

enquanto [ẽŋ'kwantu] *conj* pendant que ● **enquanto (que)** tandis que ● **por enquanto** pour l'instant.

enraivecer [ẽxajve'se(x)] *vt* enrager.

enraivecido, da [ẽxajve'sidu, da] *adj* enragé(e).

enredo [ẽ'xedu] *m* intrigue *f*.

enriquecer [ẽxike'se(x)] ◆ *vt (tornar rico)* enrichir; *(melhorar)* améliorer ◆ *vi* s'enrichir.

enrolar [ẽxo'la(x)] *vt* rouler; *(cabelo)* mettre en plis.

enroscar [ẽxoʃ'ka(x)] *vt* visser ▫ **enroscar-se** *vp (cobra,*

enrugar 134

gato, cão) se mettre en boule; (*enrodilhar-se*) se recroqueviller.

enrugar [ẽxoˈga(x)] ◆ *vt* (*roupa, papel*) chiffonner; (*pele*) rider ◆ *vi* se rider.

ensaiar [ẽsaˈja(x)] *vt* (*peça, dança*) répéter; (*sistema*) essayer.

ensaio [ẽˈsaju] *m* essai *m*; (*de peça, dança*) répétition *f*.

enseada [ẽˈsjada] *f* anse *f* (*baie*).

ensinamento [ẽsinaˈmẽtu] *m* enseignement *m*.

ensinar [ẽsiˈna(x)] *vt* (*em escola, universidade*) enseigner; (*caminho, direção*) indiquer • **ensinar alguém a fazer algo** apprendre à qqn à faire qqch • **ensinar algo a alguém** apprendre qqch à qqn.

ensino [ẽˈsinu] *m* enseignement *m*.

ensolarado, da [ẽsolaˈradu, da] *adj* ensoleillé(e).

ensopado [ẽsoˈpadu] *m* ragoût *m*.

ensopar [ẽsoˈpa(x)] *vt* tremper ◆ **ensopar-se** *vp* se tremper.

ensurdecedor, ra [ẽsurdeseˈdo(x), ra] (*mpl* **-es**, *fpl* **-s**) *adj* assourdissant(e).

ensurdecer [ẽsurdeˈse(x)] ◆ *vt* assourdir ◆ *vi* devenir sourd(e).

entalar [ẽntaˈla(x)] *vt* (*dedo, pé*) se pincer.

entanto [ẽnˈtãntu] ☐ **no entanto** *conj* cependant.

então [ẽnˈtãw] ◆ *adv* (*naquele tempo*) à l'époque; (*nesse caso*) alors ◆ *interj* alors! • **desde então** depuis.

entardecer [ẽtaxdʒiˈse(x)] ◆ *vi* se faire tard ◆ *m* • **ao entardecer** à la tombée du jour.

enteado, da [ẽnˈtʒjadu, da] *mf* beau-fils *m*, belle-fille *f*.

entender [ẽntẽnˈde(x)] ◆ *vt* (*perceber*) comprendre; (*ser da opinião que*) penser; (*ouvir*) entendre ◆ *vi* comprendre • **dar a entender que** faire comprendre que ☐ **entender de** *vp* (*ter experiência em*) s'y connaître en ☐ **entender-se** *vp* (*chegar a acordo*) s'entendre • **entender-se com alguém** s'entendre avec qqn • **entender-se com algo** se débrouiller avec qqch.

enternecedor, ra [ẽnterneseˈdo(x), ra] (*mpl* **-es**, *fpl* **-s**) *adj* attendrissant(e).

enternecer [ẽnterneˈse(x)] *vt* attendrir.

enterrar [ẽnteˈxa(x)] *vt* enterrer ☐ **enterrar-se** *vp* s'enfoncer.

enterro [ẽnˈtexu] *m* enterrement *m*.

entoação [ẽntwaˈsãw] (*pl* **-ões**) *f* intonation *f*.

entonação [ẽntonaˈsãw] (*pl* **-ões**) *f* intonation *f*.

entornar [ẽntorˈna(x)] *vt* renverser.

entorse [ẽnˈtɔxsi] *f* entorse *f*.

entortar [ẽntorˈta(x)] *vt* tordre

entrada [ẽn'trada] f entrée f; *(ingresso para espetáculo)* place f; *(pagamento inicial)* acompte m, arrhes fpl ♦ **boas entradas!** bonne année! ♦ **entrada** entrée ♦ **entrada livre** entrée libre ♦ **entrada proibida** entrée interdite ♦ **como entrada, o que deseja?** que désirez-vous en entrée?

entranha [ẽn'traɲa] f entrailles fpl ♦ **não ter entranhas** être insensible.

entrar [ẽn'tra(x)] vi rentrer ♦ **entrar em algo** entrer dans qqch; *(no carro)* monter dans qqch; *(participar de)* participer à qqch; *(ingressar em)* rentrer dans qqch ♦ **entrar com algo** donner qqch ♦ **entro em férias amanhã** je suis en vacances à partir de demain.

entre ['ẽntri] prep entre; *(no meio de muitos)* parmi; *(reciprocidade)* la nous tous ♦ **aqui entre nós** entre nous ♦ **entre si** entre eux ♦ **entre os franceses** chez les Français.

entreaberto, ta [,ẽntria'bɛxtu, ta] adj entrouvert(e).

entrecosto [ẽntri'koʃtu] m entrecôte f.

entrega [ẽn'trega] f *(de encomenda, mercadoria, carta)* livraison f; *(rendição)* reddition f; *(de prêmio, nota)* remise f ♦ **entrega em domicílio** livraison à domicile.

entregar [ẽntre'ga(x)] vt ♦ **entregar algo a alguém** remettre qqch à qqn; *(encomenda)* livrer qqch à qqn □ **entregar-se** vp se rendre ♦ **entregar-se a** *(abandonar-se a)* se livrer à; *(dedicar-se a)* se consacrer à.

entrelinha [ẽntre'liɲa] f interligne m.

entretanto [ẽntri'tãntu] ♦ adv entre-temps ♦ conj cependant.

entreter [ẽntre'te(x)] vt distraire □ **entreter-se** vp *(divertir-se)* se distraire; *(ocupar-se)* s'occuper.

entrevado, da [ẽn'trevadu, da] adj paralysé(e).

entrevista [ẽntre'viʃta] f *(conversa)* entretien m; *(na imprensa)* interview f.

entrevistador, ra [ẽntre'viʃtadox, ra] *(mpl* -es, *fpl* -s) mf interviewer m.

entristecer [ẽntriʃte'se(x)] ♦ vt attrister ♦ vi s'attrister.

entroncamento [ẽntrõŋka'mẽntu] m *(de vias férreas)* poste m d'aiguillage; *(de estrada)* embranchement m.

Entrudo [ẽn'trudu] m ♦ **o Entrudo** Mardi m gras.

entupido, da [ẽntu'pidu, da] adj bouché(e).

entupir [ẽntu'pi(x)] vt boucher □ **entupir-se** vp se boucher.

entusiasmar [ẽntuzjaʒ'ma(x)] vt enthousiasmer □ **entusiasmar-se** vp s'enthousiasmer.

entusiasmo [ẽntu'zjaʒmu] m enthousiasme m.

entusiasta [ẽntuˈzjaʃta] *adj* enthousiaste • **ser entusiasta de algo** être un passionné de qqch.
enumeração [inumeraˈsãw] (*pl* -ões) *f* énumération *f.*
enumerar [inumeˈra(x)] *vt* énumérer.
enunciado [enũˈsjadu, da] *m* énoncé *m.*
enunciar [enũˈsja(x)] *vt* énoncer.
envelhecer [ẽveʎeˈse(x)] *vt & vi* vieillir.
envelope [ẽveˈlɔpi] *m* enveloppe *f.*
envenenamento [ẽvenenaˈmẽntu] *m* empoisonnement *m.*
envenenar [ẽveneˈna(x)] *vt* empoisonner □ **envenenar-se** *vp* s'empoisonner.
enveredar [ẽvereˈda(x)] □ **enveredar por** *vp* (*caminho*) prendre; (*fig*) (*estudos*) opter pour.
envergonhado, da [ẽvergoˈɲadu, da] *adj* honteux • **ficar envergonhado** avoir honte.
envergonhar [ẽvergoˈɲa(x)] *vt* faire honte à □ **envergonhar-se** *vp* (*ter vergonha*) avoir honte; (*intimidar-se*) être intimidé(e).
envernizar [ẽverniˈza(x)] *vt* vernir.
enviar [ẽˈvja(x)] *vt* envoyer.
envidraçado, da [ẽvidraˈsadu, da] *adj* vitré(e).
envio [ẽˈviu] *m* envoi *m.*
enviuvar [ẽvjuˈva(x)] *vi* devenir veuf(veuve).

envolver [ẽvowˈve(x)] *vt* (*incluir*) englober; (*embrulhar*) envelopper; (*misturar*) mélanger; (*rodear*) entourer □ **envolver-se em** *vp + prep* être mêlé(e) à.
enxada [ẽˈʃada] *f* pioche *f.*
enxaguar [ẽʃaˈgwa(x)] *vt* rincer.
enxame [ẽˈʃami] *m* essaim *m.*
enxaqueca [ẽʃaˈkeka] *f* migraine *f.*
enxergar [ẽʃexˈga(x)] *vt* (*descortinar*) entrevoir; (*avistar*) apercevoir □ **enxergar-se** *vp* (*julgar-se*) se croire.
enxerto [ẽˈʃextu] *m* greffe *f.*
enxofre [ẽˈʃofri] *m* soufre *m.*
enxotar [ẽʃoˈta(x)] *vt* chasser (faire fuir).
enxugar [ẽʃuˈga(x)] ◆ *vt* (*roupa*) faire sécher; (*mãos*) se sécher ◆ *vi* sécher.
enxurrada [ẽʃuˈxada] *f* torrent *m.*
enxuto, ta [ẽˈʃutu, ta] *adj* sec(sèche).
enzima [ẽˈzima] *f* enzyme *m.*
eólica [eˈɔlika] *adj f* → **energia.**
epicentro [epiˈsẽntru] *m* épicentre *m.*
epidemia [epideˈmia] *f* épidémie *f.*
epilepsia [epilepˈsia] *f* épilepsie *f.*
epílogo [eˈpilugu] *m* épilogue *m.*
episódio [epiˈzɔdju] *m* épisode *m.*
epitáfio [epiˈtafju] *m* épitaphe *f.*
época [ˈɛpoka] *f* époque *f.*

equação [ekwa'sãw] (*pl* -ões) *f* équation *f.*

Equador [ekwa'do(x)] *m* • o Equador l'Équateur *m.*

equilibrar [ekili'bra(x)] *vt* équilibrer □ **equilibrar-se** *vp* s'équilibrer.

equilíbrio [eki'libriu] *m* équilibre *m.*

equipamento [ekipa'mẽntu] *m* équipement *m.*

equipar [eki'pa(x)] *vt* équiper □ **equipar-se** *vp ESP* s'équiper.

equiparar [ekipa'ra(x)] *vt* comparer □ **equiparar-se** *vp* • equiparar-se a se comparer à.

equipe [e'kipi] *f (em esporte)* équipe *f.*

equitação [ekita'sãw] *f* équitation *f.*

equivalente [ekiva'lẽntʃi] ◆ *adj* équivalent(e) ◆ *m* • o equivalente l'équivalent.

equivocar-se [ekivo'kaxsi] *vp* se tromper.

equívoco [e'kivoku] *m* erreur *f.*

era¹ ['ɛra] *f* ère *f.*

era² ['ɛra] → **ser**.

ereto, ta [e'rɛtu, ta] *adj (em pé)* dressé(e); *(direito)* raide.

erguer [ex'ge(x)] *vt* lever □ **erguer-se** *vp (pessoa)* se lever; *(edifício)* se dresser.

eriçado, da [eri'sadu, da] *adj (pelo)* hérissé(e); *(cabelo)* emmêlé e).

erigir [eri'ʒi(x)] *vt* ériger.

ermida [ex'mida] *f* petite église *f.*

erosão [ero'zãw] *f* érosion *f.*

erótico, ca [i'rɔtiku, ka] *adj* érotique.

erotismo [ero'tiʒmu] *m* érotisme *m.*

erradicar [exadʒi'ka(x)] *vt* éradiquer.

errado, da [e'xadu, da] *adj (conta)* faux(fausse); *(decisão, estrada)* mauvais(e); *(raciocínio)* erroné(e).

errar [e'xa(x)] ◆ *vt (em contas)* se tromper dans; *(no caminho)* se tromper de ◆ *vi (vaguear)* faire une erreur; *(vaguear)* errer.

erro ['exu] *m (engano)* erreur *f*; *(ortográfico)* faute *f.*

errôneo, nea [e'xonju, nja] *adj* erroné(e).

erudição [erudʒi'sãw] *f* érudition *f.*

erudito, ta [eru'dʒitu, ta] *adj* érudit(e).

erupção [erup'sãw] (*pl* -ões) *f* éruption *f.*

erva ['exva] *f* herbe *f.*

erva-cidreira [ˌexva'sidrejra] *f* mélisse *f.*

erva-doce [ˌexva'dɔsi] *f (para peixe)* fenouil *m*; *(para bolos)* anis *m.*

erva-mate [ˌexva'matʃi] *f* maté *m.*

ervanário [exva'narju] *m* herboriste *m.*

ervilha [ex'viʎa] *f* petit pois *m.*

ervilha-de-cheiro [ex,viʎade'ʒeju] *f* pois *m* de senteur.

és → **ser**.

esbaforido, da [iʒbafu'ridu, da] *adj* essoufflé(e).

esbanjar

esbanjar [iʒbã'ʒa(x)] vt (dinheiro) gaspiller.

esbarrar [iʒba'xa(x)] vi • **esbarrar com** (chocar com) se heurter à; (deparar-se com) se trouver face à • **esbarrar em algo** (chocar com algo) heurter qqch; (deparar-se com) affronter.

esbelto, ta [iʒ'bɛwtu, ta] adj svelte.

esboço [iʒ'bosu] m esquisse f.

esbofetear [iʒbufe'tja(x)] vt gifler.

esburacar [iʒbura'ka(x)] vt trouer; (parede, rua) faire des trous dans ▫ **esburacar-se** vp se remplir de trous.

escabeche [iʃka'bɛʃi] m escabèche f.

escada [iʃ'kada] f (de casa, edifício etc.) escalier m; (portátil) échelle f • **escada em caracol** escalier en colimaçon • **escada rolante** escalator m.

escala [iʃ'kala] f échelle f; (de avião, navio) escale f; MÚS gamme f • **fazer escala** faire escale • **em grande escala** à grande échelle.

escalada [iʃka'lada] f escalade f.

escalão [iʃka'lãw] (pl -ões) m échelon m.

escalar [iʃka'la(x)] vt escalader.

escaldar [iʃkaw'da(x)] ◆ vt blanchir ◆ vi brûler ▫ **escaldar-se** vp se brûler.

escalões → escalão.

escalope [iʃka'lɔpi] m escalope f.

138

escama [iʃ'kama] f écaille f.

escamar [iʃka'ma(x)] vt écailler.

escandalizar [iʃkãndali'za(x)] ◆ vt scandaliser ◆ vi choquer ▫ **escandalizar-se** vp être scandalisé-e.

escândalo [iʃ'kãndalu] m scandale m.

escanear [iʃka'nea(x)] vt INFORM scanner.

escangalhar [iʃkãnga'ʎa(x)] vt (desmanchar) démonter ▫ **escangalhar-se** vp s'écrouler.

escaninho [iʃka'niɲu] m casier m.

escanteio [iʃkãn'teju] m corner m.

escapamento [iʃkapa'mẽntu] m pot m d'échappement.

escapar [iʃka'pa(x)] vi (prisioneiro) s'échapper; (gás, água) fuir • **escapar a** échapper à • **escapar de** vp (escoar-se) fuir; (fugir) s'échapper.

escapulir vi fuir ▫ **escapulir-se** vp (fugir) s'échapper; (de um aborrecimento) se défiler.

escaravelho [iʃkara'veʎu] m scarabée m.

escarlate [eʃkar'latʃi] adj écarlate.

escarlatina [iʃkaxla'tʃina] f scarlatine f.

escárnio [iʃ'karnju] m raillerie f.

escarpado, da [iʃkar'padu, da] adj escarpé-e.

escarrar [iʃka'xa(x)] vi cracher.

escassez [iʃka'seʒ] f pénurie f.

escrevinhar

escasso, a [iʃ'kasu, a] *adj (pouco)* rare; *(produção, recursos)* limité(e).

escavação [iʃkava'sãw] *(pl -ões)* f fouilles fpl.

escavar [iʃka'va(x)] vt creuser.

esclarecer [iʃklare'se(x)] vt *(pessoa)* comprendre, éclairer; *(mistério)* éclaircir; *(ponto)* clarifier.

esclarecimento [iʃklaresi'mẽntu] m *(informação)* renseignement m; *(explicação)* éclaircissement m.

escoar [iʃkw'a(x)] vt *(líquido)* faire couler; *(produtos)* écouler □ **escoar-se** vp s'écouler.

escocês, esa [iʃko'seʒ, eza] *(mpl -eses, fpl -s)* ◆ *adj* écossais(e) ◆ *mf* écossais m, -e f.

Escócia [iʃ'kɔsja] f • **a Escócia** l'Écosse f.

escola [iʃ'kɔla] f école f • **escola politécnica** école supérieure d'enseignement technique • **escola primária** école primaire • **escola pública** école publique • **escola de samba** école de samba • **escola secundária** lycée m.

escolar [iʃko'la(x)] *(pl -es)* adj scolaire.

escolha [iʃ'koʎa] f choix m • **à escolha** au choix.

escolher [iʃko'ʎe(x)] vt & vi choisir.

escombros [iʃ'kõmbruʃ] mpl décombres mpl.

esconder [iʃkõn'de(x)] vt cacher □ **esconder-se** vp se cacher.

esconderijo [iʃkõnde'riʒu] m cachette f.

escondidas [iʃkõn'dʒidaʃ] □ **às escondidas** adv en cachette.

escondido, da [iʃkõn'dʒidu, da] adj caché(e).

escorar [iʃko'ra(x)] vt étayer.

escorpião [iʃkox'pjãw] *(pl -ões)* m scorpion m □ **Escorpião** m Scorpion m.

escorregadio, dia [iʃkoxega'dʒiu, dʒia] adj glissant(e).

escorregador [iʃkoxega'do(x)] m toboggan m.

escorregar [iʃkoxe'ga(x)] vi glisser.

escorrer [iʃko'xe(x)] ◆ vt égoutter ◆ vi goutter.

escoteiro, ra [iʃko'tejru, ra] mf scout m, -e f.

escotilha [iʃko'tiʎa] f écoutille f.

escova [iʃ'kova] f brosse f • **escova de dentes** brosse à dents • **escova de unhas** brosse à ongles.

escovar [iʃko'va(x)] vt brosser • **escovar os dentes** brosser les dents.

escravatura [iʃkrava'tura] f esclavage m.

escravidão [iʃkravi'dãw] f esclavage m.

escravo, va [iʃ'kravu, va] mf esclave mf.

escrever [iʃkre've(x)] vt & vi écrire • **escrever à máquina** taper à la machine □ **escrever-se** vp s'écrire.

escrevinhar [iʃkrevi'ɲa(x)] vt griffonner.

escrita [iʃ'krita] f (caligrafia) écriture f.

escrito, ta [iʃ'kritu, ta] ♦ pp → **escrever** ♦ adj écrit(e) • **por escrito** par écrit.

escritor, ra [iʃkri'to(x), ra] (mpl -es, fpl -s) m, f écrivain m.

escritório [iʃkri'tɔrju] m bureau m; (de advogado) cabinet m.

escritura [iʃkri'tura] f acte m (notarié).

escrivaninha [iʃkriva'niɲa] f secrétaire m.

escrúpulo [iʃ'krupulu] m scrupule m • **não ter escrúpulos** ne pas avoir de scrupules.

escudo [iʃ'kudu] m (unidade monetária) escudo m; (arma) bouclier m.

esculpir [iʃkuw'pi(x)] vt sculpter.

escultor, ra [iʃkuw'to(x), ra] (mpl -es, fpl -s) m, f sculpteur m, -trice f.

escultura [iʃkuw'tura] f sculpture f.

escuras [iʃ'kuraʃ] □ **às escuras** adv dans le noir.

escurecer [iʃkure'se(x)] ♦ vi (céu) s'assombrir; (noite) tomber ♦ vt (cor) foncer; (quarto) faire le noir dans • **começa a escurecer** il commence à faire nuit.

escuridão [iʃkuri'dãw] f obscurité f.

escuro, ra [iʃ'kuru, ra] ♦ adj sombre; (cor) foncé(e); (sem luz) obscur(e) ♦ m obscurité f • **ficar no escuro** (fig) ne rien comprendre.

escutar [iʃku'ta(x)] vt écouter.

esfaquear [iʃfa'kja(x)] vt donner un coup de couteau à.

esfarelar [iʃfare'la(x)] vt émietter □ **esfarelar-se** vp s'émietter.

esfarrapado, da [iʃfaxa'padu, da] adj déchiré(e) • **desculpa esfarrapada** excuse bidon.

esfera [iʃ'fɛra] f sphère f.

esférico, ca [iʃ'fɛriku, ka] adj sphérique.

esferográfica [iʃfero'grafika] f stylo m à bille, stylo-bille m.

esfoladela [iʃfola'dɛla] f écorchure f.

esfolar [iʃfo'la(x)] vt écorcher.

esfomeado, da [iʃfo'mjadu, da] adj affamé(e).

esforçado, da [iʃfox'sadu, da] adj travailleur(euse).

esforçar-se [iʃfox'saxsi] vp faire des efforts.

esfregão [iʃfre'gãw] (pl -ões) m (de louça) tampon m à récurer.

esfregar [iʃfre'ga(x)] vt frotter; (louça) récurer.

esfregões → **esfregão**.

esfriar [iʃfri'a(x)] vi refroidir; (tempo) se refroidir.

esfuziante [iʃfu'zjãntʃi] adj débordant(e).

esganar [iʒga'na(x)] vt étrangler.

esganiçado, da [iʒgani'sadu, da] adj (voz) perçant(e); (som) strident(e).

esgotado, da [iʒgo'tadu, da] adj épuisé(e).

esgotamento [iʒgota'mẽntu] m épuisement m.

esgotar [iʒgo'ta(x)] *vt* épuiser ❏ **esgotar-se** *vp (produto)* être épuisé(e); *(extenuar-se)* s'épuiser.

esgoto [iʒ'gotu] *m* égout *m*.

esgrima [iʒ'grima] *f* escrime *f*.

esgueirar-se [iʒgej'raxsi] *vp (partir)* s'éclipser; *(de um aborrecimento)* se défiler.

esguichar [iʒgi'ʃa(x)] ◆ *vt* asperger de ◆ *vi* gicler.

esguicho [iʒ'giʃu] *m (jato de água)* jet *m* d'eau; *(repuxo)* fontaine *f*; *(de mangueira)* jet *m*.

esguio, guia [iʒ'giu, gia] *adj* élancé(e).

eslavo, va [iʒ'lavu, va] ◆ *adj* slave ◆ *mf* Slave *mf*.

esmagador, ra [iʒmaga'do(x), ra] *(mpl* -es, *fpl* -s*) adj* écrasant(e).

esmagar [iʒma'ga(x)] *vt* écraser.

esmalte [iʒ'mawtʃi] *m* émail *m*.

esmeralda [iʒme'rawda] *f* émeraude *f*.

esmerar-se [iʒme'raxsi] *vp* s'appliquer.

esmigalhar [iʒmiga'ʎa(x)] *vt (pão, broa, bolo)* émietter; *(vidro, porcelana)* briser ❏ **esmigalhar-se** *vp (pão, broa, bolo)* s'émietter; *(vidro, porcelana)* se briser.

esmola [iʒ'mɔla] *f* aumône *f*.

esmurrar [iʒmu'xa(x)] *vt* donner des coups de poing à; *(fam)* esquinter.

espaçar [iʃpa'sa(x)] *vt* espacer.

espacial [iʃpa'sjaw] *(pl* -ais*) adj* spatial(e).

espaço [iʃ'pasu] *m* espace *m* • **o espaço** l'espace • **há espaço para muitas pessoas** il y a beaucoup de place.

espaçoso, osa [iʃpa'sozu, ɔza] *adj* spacieux(euse).

espada [iʃ'pada] *f* épée *f* ❏ **espadas** *fpl* pique *m*.

espadarte [iʃpa'daxtʃi] *m* espadon *m*.

espaguete [iʃpa'getʃi] *m* spaghetti *m*.

espairecer [iʃpajre'se(x)] *vi* se changer les idées.

espalhar [iʃpa'ʎa(x)] *vt (dispersar)* éparpiller; *(notícia)* répandre; *(boato)* faire courir; *(massa, manteiga)* étaler ❏ **espalhar-se** *vp (dispersar-se)* s'éparpiller; *(fam) (estatelar-se)* s'étaler; *(notícia)* se répandre; *(boato)* courir.

espanador [iʃpana'do(x)] *(pl* -es*) m* plumeau *m (à poussière)*.

espancar [iʃpāŋ'ka(x)] *vt* rouer de coups.

Espanha [iʃ'paɲa] *f* • **a Espanha** l'Espagne *f*.

espanhol, la [iʃpa'ɲɔw] *(mpl* -óis *fpl* -s*)* ◆ *adj* espagnol(e) ◆ *mf* Espagnol *m*, -e *f* ◆ *m (língua)* espagnol *m*.

espantalho [iʃpān'taʎu] *m* épouvantail *m*.

espantar [iʃpān'ta(x)] *vt (causar espanto)* étonner; *(afugentar)* faire fuir; *(fig) (perturbar o sono)* faire perdre; *(perturbar o sono)* lutter contre ❏ **espantar-se** *vp (admirar-se)* s'étonner; *(fugir)* fuir.

espanto [iʃ'pãntu] *m (admiração)* étonnement *m; (susto)* frayeur *f.*

esparadrapo [iʃpara'drapu] *m* sparadrap *m.*

espartilho [iʃpax'tiʎu] *m* corset *m.*

espasmo [iʃ'paʒmu] *m* spasme *m.*

espátula [iʃ'patula] *f* spatule *f.*

especial [iʃpe'sjaw] (*pl* **-ais**) *adj (interesse, sabor, cor)* particulier(ère); *(edição, enviado, efeito)* spécial(e); *(pessoa, obra de arte)* extraordinaire • **em especial** en particulier, particulièrement.

especialidade [iʃpesjali'dadʒi] *f* spécialité *f.*

especialista [iʃpesja'liʃta] *adj* & *nmf* spécialiste.

especiarias [iʃpesja'riaʃ] *fpl* épices *fpl.*

espécie [iʃ'pɛsji] *f* espèce *f* • **a espécie humana** l'espèce humaine • **uma espécie de** une espèce de.

especificar [iʃpesifi'ka(x)] *vt (explicar)* spécifier; *(ponto)* préciser.

espécime [iʃ'pɛsimi] *m* spécimen *m.*

espectador, ra [iʃpɛɾkta'do(x), ra] (*mpl* **-es**, *fpl* **-s**) *mf* spectateur *m*, -trice *f.*

espectro [iʃ'pɛktru] *m* spectre *m.*

especulação [iʃpekula'sau] (*pl* **-ões**) *f* spéculation *f.*

especular [iʃpeku'la(x)] *vi* spéculer • **especular sobre** spéculer sur.

espelho [iʃ'peʎu] *m* glace *f*, miroir *m* • **espelho retrovisor** rétroviseur *m.*

espera [iʃ'pɛra] *f* attente *f* • **estar à espera de algo** s'attendre à qqch • **estar à espera de alguém** attendre qqn.

esperança [iʃpe'rãsa] *f (confiança)* espoir *m;* *(expectativa)* espérance *f.*

esperar [iʃpe'ra(x)] *vt (aguardar)* attendre; *(ter esperança em)* espérer ◆ *vi* attendre • **como era de esperar** comme il fallait s'y attendre • **esperar que** espérer que • **fazer alguém esperar** faire attendre qqn • **ir esperar alguém** aller attendre qqn.

esperma [iʃ'pɛxma] *m* sperme *m.*

espertalhão, lhona [iʃpɛxta'ʎãw, ʎona] (*mpl* **-ões**, *fpl* **-s**) *mf* malin *m*, -igne *f.*

esperteza [iʃpex'teza] *f* ruse *f.*

esperto, ta [iʃ'pɛxtu, ta] *adj (astuto)* rusé(e); *(ativo)* éveillé(e).

espesso, a [iʃ'pesu, a] *adj* épais(aisse).

espessura [iʃpe'sura] *f* épaisseur *f.*

espetacular [iʃpetaku'la(x)] (*pl* **-es**) *adj* spectaculaire.

espetáculo [iʃpe'takulu] *m* spectacle *m* • **espetáculo de luzes e som** spectacle son et lumière • **espetáculo de variedades** spectacle de variétés.

143 esquadra

espetar [iʃpe'ta(x)] *vt* enfoncer ☐ **espetar-se** *vp* se piquer.

espeto [iʃ'petu] *m* (de ferro) broche *f*; (de pau) pieu *m*; (comida) brochette *f*.

espevitado, da [iʃpevi'tadu, da] *adj* vif(vive).

espezinhar [iʃpezi'ɲa(x)] *vt* piétiner.

espia [iʃ'pia] *f* hauban *m*.

espião, piã [iʃ'pjãw, pjã] *m* (*mpl* -ões, *fpl* -s) *mf* espion *m*, -onne *f*.

espiar [iʃ'pja(x)] *vt* épier.

espiga [iʃ'piga] *f* épi *m*.

espinafre [iʃpi'nafri] *m* épinard *m*.

espingarda [iʃpĩŋ'garda] *m* fusil *m*.

espinha [iʃ'piɲa] *f* (de pele) bouton *m*; (de pessoa) dos *m*; (de peixe) arête *f* • **espinha dorsal** colonne *f* vértébrale.

espinho [iʃ'piɲu] *m* (de rosa, silva) épine *f*; (de porco-espinho) piquant *m*.

espiões → **espião**.

espiral [iʃpi'raw] (*pl* -ais) *f* spirale *f* • **em espiral** en spirale.

espírito [iʃ'piritu] *m* esprit *m*.

espiritual [iʃpiri'twaw] (*pl* -ais) *adj* spirituel(elle).

espirrar [iʃpi'xa(x)] *vi* (dar espirros) éternuer; (esguichar) gicler.

esplanada [iʃpla'nada] *f* esplanade *f*.

esplêndido, da [iʃ'plẽndidu, da] *adj* splendide.

esplendor [iʃplẽn'do(x)] *m* splendeur *f*.

espoleta [iʃpo'leta] *f* amorce *f* (d'explosif).

esponja [iʃ'põʒa] *f* éponge *f* • **passar uma esponja sobre algo** (*fig*) passer l'éponge sur qqch.

espontaneidade [iʃpõntanei'dadʒi] *f* spontanéité *f*.

espontâneo, nea [iʃpõn'tanju, nja] *adj* spontané(e).

espora [iʃ'pora] *f* éperon *m*.

esporádico, ca [iʃpo'radʒiku, ka] *adj* sporadique.

esporte [iʃ'pɔxtʃi] *m* sport *m*.

esportista [iʃpox'tʃiʃta] *nmf* sportif *m*, -ive *f*.

esportivo, va [iʃpox'tʃivu, va] *adj & adj* sportif(ive).

esposo, sa [iʃ'pozu, za] *mf* époux *m*, épouse *f*.

espreguiçar-se [iʃpregi'saxsi] *vp* s'étirer.

espreita [iʃ'prejta] ☐ **à espreita** *adv* aux aguets.

espreitar [iʃprej'ta(x)] *vt* (espiar) épier; (presa) guetter.

espremedor [iʃpreme'do(x)] (*pl* -es) *m* (de limão, laranja) presse-citron *m*.

espremer [iʃpre'me(x)] *vt* presser.

espuma [iʃ'puma] *f* (de mar) écume *f*; (de sabão, banho) mousse *f*.

espumante [iʃpu'mãntʃi] ◆ *adj* (*vinho*) mousseux(euse) ◆ *m* mousseux *m*.

espumoso, osa [iʃpu'mozu, za] *adj & m* = **espumante**.

esq. (*abrev de* **esquerdo**) gauche.

esquadra [eʃ'kwadra] *f* flotte *f*.

esquadro [iʃ'kwadru] m équerre f.

esquecer [iʃke'se(x)] vt oublier ▫ **esquecer-se** vp oublier • **esquecer-se de algo/fazer algo** oublier qqch/de faire qqch.

esquecido, da [iʃke'sidu, da] adj & m f étourdi(e).

esquecimento [iʃkesi'mẽntu] m oubli m.

esqueleto [iʃke'letu] m (de pessoa, animal) squelette m; (armação) ossature f.

esquema [iʃ'kema] m (diagrama) schéma m; (sistema) moyen m.

esquentar [iʃkẽn'ta(x)] vt chauffer.

esquerda [iʃ'kexda] f • **a esquerda** la gauche • **à esquerda** à gauche • **virar à esquerda** tourner à gauche • **pela esquerda** à gauche • **ser de esquerda** être de gauche.

esquerdo, da [iʃ'kexdu, da] adj gauche.

esqui [iʃ'ki] m ski m • **esqui aquático** ski nautique.

esquiar [iʃki'a(x)] vi skier.

esquilo [iʃ'kilu] m écureuil m.

esquina [iʃ'kina] f coin m • **fazer esquina (com)** faire l'angle (avec).

esquisito, ta [iʃki'zitu, ta] adj (estranho) bizarre.

esquivar-se [iʃki'vaxsi] vp s'esquiver • **esquivar-se de fazer algo** s'arranger pour ne pas faire qqch.

esquivo, va [iʃ'kivu, va] adj farouche.

essa → **esse**.

esse, essa ['esi, 'ɛsa] ♦ adj ce(cette) ♦ pron celui-là(celle-là) • **essa é boa!** elle est bien bonne celle-là! • **só faltava mais essa!** il ne manquait plus que ça!

essência [e'sẽsja] f essence f.

essencial [esẽ'sjaw] (pl **-ais**) ♦ adj essentiel(elle) ♦ m • **o essencial** l'essentiel m.

esses → **esse**.

esta ['ɛʃta] → **este**¹.

está [iʃ'ta] → **estar**.

estabelecer [iʃtabele'se(x)] vt fixer ▫ **estabelecer-se** vp s'installer.

estabelecimento [iʃtabelesi'mẽntu] m établissement m • **estabelecimento de ensino** établissement m (scolaire).

estabilidade [iʃtabili'dadʒi] f stabilité f.

estabilizador [iʃtabiliza'do(x)] (pl **-es**) m • **estabilizador (de corrente)** stabilisateur m de courant.

estábulo [iʃ'tabulu] m étable f.

estaca [iʃ'taka] f piquet m.

estação [iʃta'sãw] (pl **-ões**) f (de trem, ônibus) gare f; (do ano, turismo, vendas) saison f • **estação de águas** cure f thermale; (cidade) station f thermale.

estacionamento [iʃtasjona'mẽntu] m (ato) stationnement m; (lugar) place f • **estacionamento privado** parking privé

◆ **estacionamento proibido** défense de stationner.
estacionar [iʃtasjo'na(x)] ◆ *vt* garer ◆ *vi* se garer; *(inflação)* stagner.
estações → **estação**.
estada [iʃ'tada] *f* séjour *m (temps passé)*.
estadia [iʃta'dʒia] *f* séjour *m (temps passé)*.
estádio [iʃ'tadʒju] *m (de futebol, atletismo)* stade *m*; *(fase)* période *f*.
estadista [iʃta'dʒiʃta] *nmf* homme *m* d'État.
estado [iʃ'tadu] *m* état *m* • **em bom/mau estado** en bon/mauvais état • **estado civil** situation f de famille • **estado físico** état de santé ❑ **Estado** *m* • **o Estado** l'État *m* • **os Estados Unidos** les États-Unis *mpl*.
estalagem [iʃta'laʒẽ] *(pl* **-ns**) *f* hôtel-restaurant *m*.
estalar [iʃta'la(x)] ◆ *vi (porcelana, vidro, barro)* se fendre; *(osso, lenha)* craquer; *(fogo)* crépiter ◆ *vt* • **estalar a língua** faire claquer sa langue • **estalar os dedos** claquer des doigts.
estalido [iʃta'lidu] *m (estalo agudo)* claquement *m*; *(crepitação)* crépitement *m*.
estalo [iʃ'talu] *m* craquement *m*; *(fam)* baffe *f*.
estampado, da [iʃtãm'padu, da] *adj* imprimé(e).
estancar [iʃtãŋ'ka(x)] ◆ *vt (líquido)* étancher ◆ *vi (sangue)* arrêter de couler.

estância [iʃ'tãsja] *f (fazenda)* grande exploitation agricole • **estância hidromineral** station *f* thermale • **estância termal** station *f* thermale.
estande [iʃ'tãdʒi] *m (em exposições)* stand *m*.
estanho [iʃ'taɲu] *m* étain *m*.
estante [iʃ'tãtʃi] *f* étagère *f*.
estão [iʃ'tãw] → **estar**.
estapafúrdio, dia [iʃtapa'furdʒju, dʒja] *adj (excêntrico)* extravagant(e); *(esquisito)* biscornu(e).
estar [iʃ'ta(x)] *vi* **1.** *(ger)* être; *(em casa)* être là • **ele estará lá na hora certa** il sera là à l'heure • **estarei no emprego às dez** je serai au bureau à dix heures • **o João não está** João n'est pas là • **não estou para ninguém** je n'y suis pour personne • **está avariado** il est en panne • **estar bem/mal de saúde** être en bonne/mauvaise santé • **está muito calor/frio** il fait très chaud/froid • **como está?** comment vas-tu? • **estou com fome/medo/febre** j'ai faim/peur/de la fièvre • **ele estará de férias por duas semanas** il sera en vacances pendant deux semaines • **estive em casa toda a tarde** je suis resté chez moi tout l'après-midi • **estive à espera uma hora** j'ai attendu pendant une heure *2. (em locuções)* • **está certo!** c'est ça! • **está bem!** d'accord! ❑ **estar a** *vp* • **a gasolina está a 1 €** o litro

estardalhaço

l'essence est à 1 euro le litre • **estou trabalhando** je travaille • **estar de licença/férias** être en congé de maladie/en vacances • **estar de barriga** être enceinte • **estar de calças** être en pantalon • **estar de vigia** monter la garde ❏ **estar para** vp être sur le point de • **ele está para chegar** il est sur le point d'arriver • **estou para sair** je suis sur le point de sortir • **não estou para brincadeiras** je ne suis pas d'humeur à plaisanter • **estava para telefonar para você, mas esqueci-me** je comptais te téléphoner mais j'ai oublié ❏ **estar perante** vp être face à ❏ **estar por** vp (apoiar) être pour; (por realizar) • **a cama está por fazer** le lit n'est pas fait ❏ **estar sem** vp ne pas avoir.

estardalhaço [iʃtaxdaˈʎasu] m tapage m.

estarrecer [iʃtaxeˈse(x)] vt terrifier.

estatal [iʃtaˈtaw] (pl **-ais**) adj d'État.

estático, ca [iʃtaˈtʃiku, ka] adj (imóvel) statique.

estátua [iʃˈtatwa] f statue f.

estatura [iʃtaˈtura] f (tamanho de pessoa) stature f; (valor) envergure f.

estatuto [iʃtaˈtutu] m statut m.

este¹, esta [ˈeʃtʃi, ˈeʃta] ♦ adj ce(tte) ♦ pron celui-ci(celle-ci) • **este mês/ano** ce mois-ci/cette année.

este² [ˈɛʃtʃi] m Est m • **a este** à l'est • **a este de** à l'est de • **no este** à l'est.

esteira [iʃˈtejra] f natte f • **esteira rolante** tapis roulant.

estender [iʃtẽnˈde(x)] vt (braços, pernas) tendre; (jornal) ouvrir; (peça de roupa) étendre; (prazo, estadia) prolonger ❏ **estender-se** vp s'étendre.

estenografia [iʃtenograˈfia] f sténo f.

estepe [iʃˈtɛpi] f (em geografia) steppe f; (pneu) pneu m de rechange.

estéreis → **estéril**.

estereofônico, ca [iʃterjoˈfoniku, ka] adj stéréophonique.

estéril [iʃˈtɛriw] (pl **-reis**) adj stérile.

esterilizar [iʃteriliˈza(x)] vt (desinfetar) stériliser.

estes → **este**.

estética [iʃˈtɛtika] f esthétique f.

estetoscópio [iʃtetoʃˈkɔpju] m stéthoscope m.

esteve [iʃˈtevi] → **estar**.

estiar [iʃˈtʃja(x)] vi (parar de chover) arrêter de pleuvoir; (tempo) se lever.

estibordo [iʃtʃiˈbɔxdu] m tribord m.

esticar [iʃtʃiˈka(x)] vt (braço, perna) étendre; (elástico, corda, fio) tendre • **ir esticar as pernas** se dégourdir les jambes ❏ **esticar-se** vp s'étirer.

estigma [iʃˈtʃigma] m stigmate m.

estilhaçar [iʃtiʎa'sa(x)] vt briser ☐ **estilhaçar-se** vp se briser.

estilhaço [iʃtʃi'ʎasu] m éclat m.

estilo [iʃ'tʃilu] m style m.

estima [iʃ'tʃima] f estime f.

estimar [iʃtʃi'ma(x)] vt estimer.

estimativa [iʃʃtʃima'tʃiva] f estimation f.

estimulante [iʃtʃimu'lãntʃi] ◆ adj (incentivador) encourageant(e); (excitante) stimulant(e) ◆ m stimulant m.

estimular [iʃtʃimu'la(x)] vt stimuler.

estipular [eʃtipu'la(x)] vt (determinar) fixer; (sui: lei) stipuler.

estivador, ra [iʃtʃiva'do(x), ra] (mpl -es, fpl -s) m f arrimeur m.

estive [iʃ'tʃivi] → **estar**.

estofo [iʃ'tofu] m rembourrage m.

estojo [iʃ'toʒu] m étui m. • **estojo (de lápis)** trousse f • **estojo de primeiros-socorros** trousse de secours.

estômago [iʃ'tomagu] m estomac m.

estontear [iʃtõn'tja(x)] vt tourner la tête.

estoque [iʃ'tɔki] m stock m.

estore [iʃ'tɔri] m store m.

estorninho [iʃtox'niɲu] m étourneau m.

estou [iʃ'to] → **estar**.

estourado, da [iʃto'radu, da] adj (fam) crevé(e).

estourar [iʃto'ra(x)] ◆ vt (balão, bola) crever; (fam) (gastar) claquer ◆ vi (balão, bola, pneu) crever; (bomba, explosivo) éclater.

estouro [iʃ'toru] m (de bola, balão, pneu) éclatement m; (detonação) détonation f.

estrábico, ca [iʃ'trabiku, ka] adj • **ser estrábico** loucher.

estrabismo [iʃtra'biʒmu] m strabisme m.

estrada [iʃ'trada] f route f • **estrada de ferro** chemin m de fer • **estrada secundária** route secondaire.

estrado [iʃ'tradu] m estrade f.

estragado, da [iʃtra'gadu, da] adj (leite) tourné(e); (carne) avarié(e); (iogurte) périmé(e); (fruta) gâté(e); (aparelho, máquina) abîmé(e).

estragão [iʃtra'gãw] m estragon m.

estragar [iʃtra'ga(x)] vt (aparelho, máquina) abîmer; (desperdiçar) gâcher ☐ **estragar-se** vp (comida) se gâter; (leite) tourner.

estrangeiro, ra [iʃtrã'ʒejru, ra] ◆ adj & mf étranger(ère) ◆ m • **o estrangeiro** l'étranger m • **no estrangeiro** à l'étranger.

estrangular [iʃtrãŋgu'la(x)] vt étrangler.

estranhar [iʃtra'ɲa(x)] vt sentir la différence de.

estranho, nha [iʃ'traɲu, ɲa] ◆ adj étrange ◆ mf étranger m, -ère f (un inconnu).

estratégia [iʃtra'tɛʒja] f stratégie f.

estrear [iʃtre'a(x)] vt étrenner ◆ vi • **a peça estreia no sábado**

estreia [iʃˈtrɐja] f (de ator) premier rôle m; (de peça teatral, filme) première f.

estreitar [iʃtrejˈta(x)] ◆ vt (roupa) faire rétrécir ◆ vi rétrécir.

estreito, ta [iʃˈtrejtu, ta] ◆ adj étroit(e); (roupa) serré(e) ◆ m détroit m.

estrela [iʃˈtrela] f étoile f; (de cinema, teatro) star f • **estrela cadente** étoile filante • **ver estrelas** voir trente-six chandelles.

estremecer [iʃtremeˈse(x)] ◆ vt faire trembler ◆ vi (tremer) trembler; (assustar-se) frémir.

estresse [iʃˈtrɛsi] m stress m.

estria [iʃˈtria] f (em quadris) vergeture f; (em superfície) strie f.

estribo [iʃˈtribu] m étrier m.

estridente [iʃtriˈdẽntʃi] adj strident(e).

estrofe [iʃˈtrɔfi] f strophe f.

estrondo [iʃˈtrõndu] m fracas m.

estropiar [iʃtroˈpja(x)] vt estropier.

estrume [iʃˈtrumi] m fumier m.

estrutura [iʃtruˈtura] f structure f.

estuário [iʃˈtwarju] m estuaire m.

estudante [iʃtuˈdãntʃi] nmf étudiant m, -e f.

estudar [iʃtuˈda(x)] vt & vi étudier.

estúdio [iʃˈtudʒju] m studio m; (de pintor, escultor, arquiteto) atelier m.

estudioso, osa [iʃtuˈdʒjozu, ɔza] adj studieux(euse).

estudo [iʃˈtudu] m • **os estudos** les études fpl; (análise) étude f • **em estudo** à l'étude.

estufa [iʃˈtufa] f (de jardim) serre f; (de fogão) chauffe-assiettes m inv; (tipo de fogão) poêle m.

estupefação [iʃtupefaˈsãw] f stupéfaction f.

estupefaciente [iʃtupefaˈsjẽnti] m stupéfiant m.

estupefato, ta [iʃtupeˈfatu, ta] adj stupéfait(e).

estupendo, da [iʃtuˈpẽndu, da] adj (extraordinário) formidable; (ótimo) parfait(e).

estupidez [iʃtupiˈdeʃ] f stupidité f.

estúpido, da [iʃˈtupidu, da] mf idiot m, -e f.

estupro [iʃˈtupru] m stupre m.

estuque [iʃˈtuki] m stuc m.

esvaziar [iʒvaˈzja(x)] vt vider.

esvoaçar [iʒvwaˈsa(x)] vi (ave) voltiger.

etapa [iˈtapa] f étape f; (de doença, estudo) stade m • **fazer algo por etapas** faire qqch par étapes.

éter [ˈɛte(x)] m éther m.

eternidade [etexniˈdadʒi] f éternité f • **demorar uma eternidade** durer une éternité • **esperar uma eternidade** attendre une éternité.

eterno, na [eˈtɛxnu, na] adj éternel(elle).

Ethernet [etexˈneti] f INFORM Ethernet®.

ética [ˈɛtʃika] f éthique f.

ético, ca [ˈɛtʃiku, ka] adj éthique.

etílico [i'tiliku] *adj m* → **álcool**.
etiqueta [etʃi'keta] *f (social)* bienséance *f*; *(rótulo)* étiquette *f*.
étnico, ca ['ɛtniku, ka] *adj* ethnique.
eu ['ew] *pron (sujeito)* je; *(complemento)* moi ◆ **sou eu** c'est moi ● **e eu?** et moi? ● **eu mesmo** *ou* **próprio** moi-même.
E.U.A. *(abrev de Estados Unidos da América) mpl* USA *mpl*.
eucalipto [ewka'liptu] *m* eucalyptus *m*.
eufemismo [ewfe'miʒmu] *m* euphémisme *m*.
euforia [ewfo'ria] *f* euphorie *f*.
Eurocheque® [ewrɔ'ʃɛki] *m* eurochèque *m*.
Europa [ew'rɔpa] *f* ● **a Europa** l'Europe *f*.
europeu, peia [ewru'pew, peja] ◆ *adj* européen(enne) ◆ *mf* Européen *m*, -enne *f*.
evacuação [evakwa'sãw] *(pl -ões) f* évacuation *f*.
evacuar [eva'kwa(x)] *vt* évacuer.
evadir-se [eva'dixsi] *vp* s'évader.
Evangelho [evã'ʒeʎu] *m* ● **o Evangelho** l'Évangile *m*.
evaporar [evapo'ra(x)] □ **evaporar-se** *vp (líquido)* s'évaporer; *(fig) (desaparecer)* disparaître.
evasão [eva'zãw] *(pl -ões) f* évasion *f*; *(evasiva)* détour *m*.
evasiva [eva'ziva] *f* échappatoire *f*.
evasivo, va [eva'zivu, va] *adj* évasif(ive).

evasões → **evasão**.
evento [e'vẽntu] *m* événement *m*.
eventual [evẽn'twaw] *(pl -ais) adj* éventuel(elle).
evidência [evi'dẽsja] *f* évidence *f*.
evidenciar [evidẽ'sja(x)] *vt* mettre en évidence □ **evidenciar-se** *vp (tornar-se claro)* être évident(e); *(destacar-se)* se distinguer.
evidente [evi'dẽntʃi] *adj* évident(e) ● **como é evidente** évidemment.
evitar [evi'ta(x)] *vt* éviter ● **evitar que algo aconteça** éviter que qqch n'arrive.
evocar [evo'ka(x)] *vt* évoquer.
evolução [evolu'sãw] *f* évolution *f*.
evoluir [evo'lwi(x)] *vi* évoluer.
exagerar [ezaʒe'ra(x)] *vt* exagérer.
exagero [eza'ʒeru] *m* exagération *f* ● **sem exagero** sans exagérer ● **é um exagero!** c'est exagéré!
exalar [eza'la(x)] *vt* exhaler.
exaltado, da [ezaw'tadu, da] *adj* en colère.
exaltar [ezaw'ta(x)] *vt (elogiar)* faire l'éloge de; *(irritar)* énerver □ **exaltar-se** *vp* s'emporter.
exame [e'zami] *m* examen *m*.
examinar [ezami'na(x)] *vt* examiner.
exatamente [e,zata'mẽntʃi] *adv* exactement ◆ *interj* tout à fait!

exatidão [ezatʃi'dãw] f exactitude f • **com exatidão** avec précision.

exato, ta [e'zatu, ta] adj précis(e); (correto) exact(e).

exaustão [ezawʃ'tãw] f épuisement m.

exausto, ta [e'zawʃtu, ta] adj épuisé(e).

exaustor [ezawʃ'to(x)] (pl -es) m hotte f (de cuisine).

exceção [eʃse'sãw] (pl -ões) f exception f • **à** ou **com a exceção de** à l'exception de • **sem exceção** sans exception.

exceções → exceção.

excedente [ese'dẽntʃi] m excédent m.

exceder [ese'de(x)] vt dépasser ▫ **exceder-se** vp (exagerar) exagérer; (enfurecer-se) s'emporter • **exceder-se no sal** mettre trop de sel • **exceder-se na bebida** boire trop.

excelente [ese'lẽntʃi] adj excellent(e).

excelentíssimo, ma [eselẽn'tʃisimu, ma] adj titre d'honneur donné aux professeurs universitaires, députés, gouverneurs etc.

excêntrico, ca [e'sẽntriku, ka] adj excentrique.

excepcional [esepsju'naw] (pl -ais) adj exceptionnel(elle).

excerto [e'sextu] m extrait m.

excessivo, va [ese'sivu, va] adj excessif(ive).

excesso [e'sesu] m excès m • **em excesso** trop • **excesso de peso** (relativo a bagagem) surcharge f; (relativo a pessoa) excès de poids • **excesso de velocidade** excès de vitesse.

exceto [e'setu] prep excepté • **todos os dias exceto aos domingos** tous les jours sauf les dimanches.

excitação [esita'sãw] f excitation f.

excitado, da [esi'tadu, da] adj excité(e).

excitante [esi'tãntʃi] adj excitant(e).

exclamação [iʃklama'sãw] (pl -ões) f exclamation f.

exclamar [iʃkla'ma(x)] vi s'exclamer, s'écrier.

excluir [iʃklu'i(x)] vt exclure.

exclusividade [iʃkluzivi'dadʒi] f exclusivité f • **ter a exclusividade de** avoir l'exclusivité de.

exclusivo, va [iʃklu'zivu, va] adj exclusif(ive).

excursão [iʃkux'sãw] (pl -ões) f excursion f.

execução [ezeku'sãw] f (de objeto) fabrication f; (de trabalho, plano, projeto) exécution f; (de prato culinário) confection f • **pôr algo em execução** mettre qqch à exécution.

executar [ezeku'ta(x)] vt exécuter; (música, cena teatral) interpréter.

executivo, va [ezeku'tʃivu, va] mf cadre mf.

exemplar [ezẽm'pla(x)] (pl -es) ◆ adj exemplaire ◆ m (de espécie, raça) spécimen m; (de planta) variété f; (de livro, revis-

ta) exemplaire *m*; *(de coleção)* pièce *f*.
exemplo [e'zẽmplu] *m* exemple *m* • **por exemplo** par exemple • **a título de exemplo** à titre d'exemple.
exercer [ezex'se(x)] *vt* exercer.
exercício [ezex'sisju] *m* exercice *m*.
exercitar [ezexsi'ta(x)] *vt (cão)* dresser; *(pernas, braços)* faire bouger ❏ **exercitar-se** *vp (fazer exercício físico)* faire de l'exercice; *(esportista)* s'entraîner; *(pianista)* s'exercer.
exército [e'zexsitu] *m* armée *f*.
exibição [ezebi'sãw] *(pl* -ões) *f* représentation *f*; *(de quadros, esculturas)* exposition *f*; *(ostentação)* spectacle *m*.
exibir [ezi'bi(x)] *vt (filme)* projeter; *(peça teatral)* représenter; *(quadro, escultura)* exposer; *(dotes, capacidades)* montrer ❏ **exibir-se** *vp* s'exhiber.
exigência [ezi'ʒẽsja] *f* exigence *f*.
exigir [ezi'ʒi(x)] *vt* exiger.
existência [eziʃ'tẽsja] *f* existence *f*.
existir [eziʃ'ti(x)] *vi* exister.
êxito ['ezitu] *m* succès *m* • **ter êxito** avoir du succès.
Exma. *(abrev de* excelentíssima) • **Exma. Senhora Diretora** Madame la Directrice.
Exmo. *(abrev de* excelentíssimo) • **Exmo. Senhor Diretor** Monsieur le Directeur.

exorcismo [ezox'siʒmu] *m* exorcisme *m*.
exorcista [ezox'siʃta] *nmf* exorciste *m*.
exortação [ezoxta'sãw] *(pl* -ões) *f* exhortation *f*.
exótico, ca [e'zɔtʃiku, ka] *adj* exotique.
expansão [iʃpã'sãw] *(pl* -ões) *f (progresso)* expansion *f*; *(alegria)* débordement *m*; *(alargamento)* extension *f*.
expansivo, va [iʃpã'sivu, va] *adj* expansif(ive).
expansões → expansão.
expectativa [iʃpekta'tʃiva] *f* expectative *f* • **estar/ficar na expectativa** être dans l'expectative.
expediente [iʃpe'dʒjẽtʃi] *m (de repartição, estabelecimento comercial)* service *m*; *(correspondência)* correspondance *f*.
expedir [iʃpe'dʒi(x)] *vt* expédier.
expelir [iʃpe'li(x)] *vt (alguém)* expulser, chasser; *(algo)* jeter, lancer.
experiência [iʃpe'rjẽsja] *f* expérience *f* • **com experiência** expérimenté(e).
experiente [iʃpe'rjẽtʃi] *adj* expérimenté(e).
experimentar [iʃperimẽ'ta(x)] *vt* essayer; *(comida, bebida)* goûter; *(emoção)* connaître; *(sensação)* avoir.
expirar [iʃpi'ra(x)] *vt & vi* expirer.
explicação [iʃplika'sãw] *(pl* -ões) *f* explication *f*.

explicar

explicar [iʃpli'ka(x)] vt expliquer ▫ **explicar-se** vp s'expliquer.
explícito, ta [iʃ'plisitu, ta] adj explicite.
explodir [iʃplo'di(x)] vi exploser.
exploração [iʃplora'sãw] f exploitation f; (investigação) exploration f.
explorar [iʃplo'ra(x)] vt (investigar) explorer; (abusar de) exploiter.
explosão [iʃplo'zãw] (pl -ões) f explosion f.
expor [iʃ'po(x)] vt exposer ▫ **expor-se** a vp + prep s'exposer à.
exportação [iʃpoxta'sãw] (pl -ões) f exportation f.
exportar [iʃpox'ta(x)] vt exporter.
exposição [iʃpozi'sãw] (pl -ões) f exposition f • **em exposição** en exposition.
exposto, ta [iʃ'poʃtu, ta] adj exposé(e).
expressão [iʃpre'sãw] (pl -ões) f expression f • **expressão escrita/oral** expression écrite/orale.
expressar [iʃpre'sa(x)] vt exprimer ▫ **expressar-se** vp s'exprimer.
expressivo, va [iʃpre'sivu, va] adj expressif(ive).
expresso, a [iʃ'prɛsu, a] ◆ adj (correio) express; (ordem) formel(elle); (vontade, desejo, ideia) exprimé(e) ◆ m (trem) express m; (ônibus) autobus m direct.

152

expressões → **expressão**.
exprimir [iʃpri'mi(x)] vt exprimer ▫ **exprimir-se** vp s'exprimer.
expropriar [iʃprupri'a(x)] vt exproprier.
expulsar [iʃpuw'sa(x)] vt expulser.
expulso, sa [iʃ'puwsu, sa] ◆ pp → **expulsar** ◆ adj expulsé(e).
extensão [iʃtẽ'sãw] f (dimensão espacial) étendue f; (dimensão temporal) durée f; (aumento espacial) agrandissement m; (aumento temporal) prolongation f; (elétrica) rallonge f.
extenso, sa [iʃ'tẽsu, sa] adj long(longue); (área) étendu(e) • **escrever algo por extenso** écrire qqch en toutes lettres.
extensões → **extensão**.
extenuado, da [iʃte'nwadu, da] adj exténué(e).
extenuante [iʃte'nwãntʃi] adj exténuant(e).
exterior [iʃte'rjo(x)] (pl -es) ◆ adj extérieur(e) ◆ m (parte exterior) extérieur m; (aparência) dehors mpl • **o exterior** l'étranger m.
externo, na [iʃ'tɛxnu, na] adj extérieur(e).
extinção [iʃtĩ'sãw] f disparition f • **em via de extinção** en voie de disparition.
extinguir [iʃtĩ'gi(x)] vt (fogo) éteindre; (lei, norma) abolir ▫ **extinguir-se** vp (apagar-se) s'éteindre; (desaparecer) disparaître.

facilidade

extinto, ta [iʃ'tʃĩtu, ta] ♦ pp → **extinguir** ♦ adj (fogo) éteint(e); (norma, lei) aboli(e); (espécie animal, vegetal) disparu(e).

extintor [iʃtʃĩ'to(x)] (pl -es) m extincteur m.

extra ['ejʃtra] ♦ adj supplémentaire ♦ pref extra ♦ m (em despesa) extra m; (em emprego) prime f.

extração [iʃtra'sãw] (pl -ões) f extraction f; (de loteria) tirage m au sort.

extrações → extração.

extraditar [iʃtradʒi'ta(x)] vt extrader.

extrair [iʃtra'i(x)] vt extraire; (dente) arracher; (órgão) retirer; (número de loteria) tirer au sort • **extrair algo de algo** tirer qqch de qqch.

extraordinário, ria [iʃtraordʒi'narju, rja] adj extraordinaire.

extrato [iʃ'tratu] m extrait m; (de conta bancária) relevé m.

extravagância [iʃtrava'gãnsja] f (capricho) lubie f.

extraviado, da [iʃtra'vjadu, da] adj égaré(e).

extraviar [iʃtravi'a(x)] vt égarer □ **extraviar-se** vp s'égarer.

extremidade [iʃtremi'dadʒi] f extrémité f.

extremo, ma [iʃ'tremu, ma] ♦ adj extrême ♦ m extrême m • **de um extremo ao outro** d'un bout à l'autre • **chegar aos extremos de** en arriver à.

extrovertido, da [iʃtrovex'tʃidu, da] adj extraverti(e).

exuberante [ezube'rãntʃi] adj exubérant(e); (roupa) excentrique.

exumar [ezu'ma(x)] vt exhumer.

ex-voto [ɛks'vɔtu] m ex-voto m inv.

F

fábrica ['fabrika] f usine f.

fabricante [fabri'kãntʃi] m fabricant m.

fabricar [fabri'ka(x)] vt fabriquer.

fabrico [fa'briku] m fabrication f.

fabuloso, osa [fabu'lozu, ɔza] adj fabuleux(euse).

faca ['faka] f couteau m.

face ['fasi] f (rosto) visage m; (de poliedro) face f; (superfície) surface f • **fazer face a** faire face à • **em face** en face • **em face de** face à • **face a face** face à face • **à face da Terra** à la surface de la terre.

fáceis ['fasejʃ] → fácil.

fachada [fa'ʃada] f façade f.

fácil ['fasiw] (pl -ceis) adj facile.

facilidade [fasili'dadʒi] f facilité f • **com facilidade** facilement.

facilitar

facilitar [fasili'ta(x)] *vt (tornar fácil)* faciliter; *(tornar possível)* rendre possible.
faço ['fasu] → **fazer**.
factual [fak'twaw] *(pl -ais) adj* factuel(elle).
faculdade [fakuw'dadʒi] *f* faculté *f.*
facultativo, va [fakuwta'tʃivu, va] *adj* facultatif(ive).
fada ['fada] *f* fée *f.*
fadiga [fa'dʒiga] *f* fatigue *f.*
fadista [fa'diʃta] *nmf* chanteur *m*, -euse *f* de fado.
fado ['fadu] *m (música)* fado *m; (destino)* destin *m.*
fagulha [fa'guʎa] *f* étincelle *f.*
faia ['faja] *f* hêtre *m.*
faiança [fa'jãsa] *f* faïence *f.*
faisão [faj'zãw] *(pl -ões) m* faisan *m.*
faísca [fa'iʃka] *f (de metal, fogo)* étincelle *f; (raio)* foudre *f.*
faisões → **faisão**.
faixa ['fajʃa] *f (em estrada)* voie *f; (para cintura)* ceinture *f (en tissu); (ligadura)* bandage *m; (de cadeira)* tranche *f* • **faixa (de pedestres)** passage *m* clouté • **faixa de rolamento** chaussée *f.*
fala ['fala] *f (dom de falar)* parole *f; (em teatro)* réplique *f* • **ser de poucas falas** ne pas être très bavard.
falador, ra [fala'do(x), dejra] *(mpl -es, fpl -s) adj & mf* bavard(e).
falar [fa'la(x)] ♦ *vi* parler ♦ *vt (língua)* parler; *(dizer)* dire • **falar com alguém** parler à qqn • **falar de** parler de • **para**

falar a verdade à vrai dire • **sem falar em** sans parler de • **falar claro** parler clairement • **falar a sério** parler sérieusement • **falar pelos cotovelos** avoir la langue bien pendue.
falcão [faw'kãw] *(pl -ões) m* faucon *m.*
falecer [fale'se(x)] *vi* décéder.
falecido, da [fale'sidu, da] *mf* défunt *m*, -e *f.*
falecimento [falesi'mẽntu] *m* décès *m.*
falência [fa'lẽsja] *f* faillite *f* • **ir à falência** faire faillite.
falha ['faʎa] *f (lacuna)* manque *m; (de luz)* coupure *f; (de terreno)* faille *f; (em sistema, programa)* défaillance *f.*
falhar [fa'ʎa(x)] ♦ *vt (tentativa, tiro)* rater; *(encontro)* manquer ♦ *vi (não acertar)* rater son coup; *(errar)* se tromper; *(máquina)* ne plus marcher; *(freios)* lâcher; *(motor)* avoir des ratés.
falido, da [fa'lidu, da] *adj* • **ele está falido** il a fait faillite.
falir [fa'li(x)] *vi* faire faillite.
falsário, ria [faw'sarju, rja] *mf* faussaire *mf.*
falsidade [fawsi'dadʒi] *f* fausseté *f.*
falsificar [fawsifi'ka(x)] *vt* falsifier.
falso, sa ['fawsu, sa] ♦ *adj* faux(fausse) ♦ *adv (jurar)* faire un faux serment.
falta ['fawta] *f* faute *f; (carência)* manque *m; (de assistência, pontualidade)* absence *f; (infração)* infraction *f* • **falta de ape-**

tite manque d'appétit • **falta de ar** manque d'air • **falta de atenção** inattention • *f* • **fazer falta** manquer • **ter falta de algo** avoir besoin de qqch • ele me faz falta il me manque • sinto falta da minha família ma famille me manque • à falta de melhor faute de mieux • **fazer algo sem falta** faire qqch sans faute • **por falta de** faute de.

faltar [faw'ta(x)] *vi (não haver)* manquer; *(estar ausente)* être absent(e) • **falta muito para as férias** les vacances sont encore loin • **falta pouco para o trem chegar** le train va bientôt arriver • **faltam 5 km para chegar lá** il reste 5 km à faire • era só o que faltava! il ne manquait plus que ça! • **faltar às aulas** manquer la classe • **faltar ao emprego** ne pas aller travailler.

fama ['fama] *f (reputação)* réputation *f*; *(notoriedade)* célébrité *f* • **ter fama de** avoir la réputation de.

família [fa'milja] *f* famille *f* • **em família** en famille.

familiar [famili'a(x)] *(pl* -**es***)* ◆ *adj* familial(e); *(conhecido)* familier(ère) ◆ *m* membre *m* de la famille.

faminto, ta [fa'mĩntu, ta] *adj* affamé(e).

famoso, osa [fa'mozu, ɔza] *adj* célèbre.

fanático, ca [fa'nat∫iku, ka] *adj & mf* fanatique.

fantasia [fãnta'zia] *f* fantaisie *f*; *(disfarce)* déguisement *m*.

fantasiar [fãntazi'a(x)] *vi* rêver □ **fantasiar-se** *vp* se déguiser • **fantasiar-se de** se déguiser en.

fantasma [fãn'taʒma] *m* fantôme *m*.

fantástico, ca [fãn'ta∫t∫iku, ka] ◆ *adj* fantastique ◆ *interj* fantastique!

fantoche [fãn'tɔ∫i] *m* marionnette *f*.

farda ['faxda] *f* uniforme *m*.

farei ['fa'rej] → **fazer**.

farelo [fa'rɛlu] *m* son *m* *(céréale)*.

faringe [fa'rĩʒi] *f* pharynx *m*.

faringite [farĩ'ʒit∫i] *f* pharyngite *f*.

farinha [fa'riɲa] *f* farine *f* • **farinha de centeio** farine de seigle • **farinha integral** farine complète • **farinha de milho** farine de maïs • **farinha de rosca** chapelure *f* • **farinha de trigo** farine de blé.

farmacêutico, ca [faxma'sewtiku, ka] ◆ *adj* pharmaceutique ◆ *mf* pharmacien *m*, -enne *f*.

farmácia [fax'masja] *f* pharmacie *f*.

faro ['faru] *m* flair *m*.

farofa [fa'rɔfa] *f* farine de manioc grillée ou cuite dans du beurre, souvent mélangée avec des œufs, des olives et de la viande.

farol [fa'rɔw] *(pl* -**óis***)* *m* phare *m* • **farol alto** feux *mpl* de route

farpa 156

- **farol baixo** feux mpl de croisement.
farpa ['faxpa] f (de agulha) pointe f; (em tourada) banderille f; (em pele) écharde f.
farpado [fax'padu, da] adj m → arame.
farra ['faxa] f (fam) (divertimento) foire f.
farrapo [fa'xapu] m chiffon m.
farsa ['faxsa] f farce f.
fartar-se [fax'taxsi] vp (cansar-se) se lasser • **fartar-se de** (comida) se gaver de; (trabalho) en avoir assez de.
farto, ta ['faxtu, ta] adj rassasié(e) • **estar farto de** en avoir assez de.
fartura [fax'tura] f abondance f.
fascículo [fa'sikulu] m fascicule m.
fascinante [fasi'nãntʃi] adj fascinant(e).
fascinar [fasi'na(x)] vt fasciner.
fascismo [fa'siʒmu] m fascisme m.
fascista [fa'siʃta] adj & nmf fasciste.
fase ['fazi] f phase f.
fastidioso, osa [faʃtʃi'dʒjozu, ɔza] adj fastidieux(euse).
fatal [fa'taw] (pl **-ais**) adj fatal(e).
fatalidade [fatali'dadʒi] f fatalité f.
fatia [fa'tʃia] f tranche f.
fatigante [fati'gãntʃi] adj fatigant(e).
fatigar [fati'ga(x)] vt fatiguer, lasser, se donner du mal.

fato ['fatu] m fait m • **ser fato consumado** être un fait accompli • **de fato** effectivement • **pelo fato de** du fait que.
fator [fa'to(x)] (pl **-es**) m facteur m.
fatura [fa'tura] f facture f.
fauna ['fawna] f faune f.
fava ['fava] f fève f.
favela [fa'vɛla] f bidonville m.

ⓘ FAVELAS

Les *favelas* sont des quartiers populaires construits anarchiquement, et exposés de manière très bucolique sur les cartes postales de photos souvenirs. Construites en divers matériaux de récupération, les maisons s'étendent sur des kilomètres et des kilomètres, représentant un portrait vivant de la pauvreté qui domine la vie de tant de Brésiliens. Dans certaines de ces *favelas*, vivent des milliers de personnes, privées pour la plupart de systèmes du tout-à-l'égout, d'eau potable et de sécurité sociale.

---

favor [fa'vo(x)] (pl **-es**) m service m; (do público) faveur f • **favor fechar a porta** prière de fermer la porte • **faça o favor de entrar** entrez, je vous en prie • **fazer um favor a alguém** rendre service à qqn • **estar a**

ou em favor de être en faveur de; *(partidário de)* être pour • **por favor** s'il vous plaît.

favorável [favo'ravew] *(pl -eis)* adj *(resposta)* favorable; *(tempo)* propice.

favores → favor.

favorito, ta [favo'ritu, ta] adj favori(ite).

fax ['faksi] *(pl -es)* m fax m • **enviar** *ou* **mandar um fax** envoyer un fax.

fax-modem [,faksi'modẽ] *(pl -dens)* m fax-modem m.

faz [faʃ] → fazer.

fazenda [fa'zẽnda] f *(quinta)* exploitation f agricole; *(tecido)* tissu m.

fazendeiro, ra [fazẽn'dejru, ra] mf exploitant m, -e f agricole.

fazer [fa'ze(x)] ◊ vt **1.** *(ger)* faire • **fazer barulho** faire du bruit • **fazer uma pergunta** poser une question • **fazer planos/um vestido** faire des projets/une robe • **vamos fazer uma festa** nous allons faire une fête • **fazer o papel de** jouer le rôle de • **você devia fazer mais exercício** tu devrais faire plus d'exercice • **fazer alguém rir/chorar** faire rire/pleurer qqn **2.** *(transformar)* mettre, rendre • **fazer algo em pedaços** mettre qqch en pièces • **fazer alguém feliz** rendre qqn heureux **3.** *(anos)* • **faço anos amanhã** demain, c'est mon anniversaire • **fazemos cinco anos de casados** ça fait cinq ans que nous sommes mariés ◊ vi **1.** *(aparentar)* • **fazer como se** faire comme si **2.** *(causar)* • **fazer bem/mal a algo/alguém** faire du bien/du mal à qqch/qqn **3.** *(obrigar)* • **fazer (com) que** ◊ v impess/v impers **1.** *(exprime tempo)* • **faz frio/calor** il fait froid/chaud **2.** *(exprime tempo)* • **faz um ano que não o vejo** ça fait un an que je ne le vois pas • **faz tempo que estou à espera** ça fait longtemps que j'attends • **ele partiu faz três meses** ça fait trois mois qu'il est parti **3.** *(importar)* • **não faz mal se está quebrado** ça ne fait rien si c'est cassé • **não se preocupe, não faz mal!** ne t'inquiète pas, ça ne fait rien! • **tanto faz** peu importe ◻ **fazer-se** *vp* se faire ◻ **fazer-se com** se faire avec ◻ **fazer-se de** *vp + prep* faire • **fazer-se de tolo/esperto** faire l'idiot/le malin • **fazer-se de desentendido** faire semblant de ne pas comprendre.

fé [fɛ] /foi f • **de boa/má fé** de bonne/mauvaise foi.

febre [ˈfɛbri] f fièvre f • **febre do feno** rhume m des foins.

fechado, da [feˈʃadu, da] adj fermé(e); *(negócio)* conclu(e) ◆ **fechado para balanço** fermé pour cause d'inventaire • **fechado para férias** fermeture annuelle • **fechado para obras** fermé pour travaux.

fechadura [feʃaˈdura] f serrure f.

fechar [fe'ʃa(x)] ◆ vt fermer; *(negócio)* conclure ◆ vi *(ferida)* se cicatriser; *(estabelecimento)* fermer • **fechar algo à chave** fermer qqch à clef ▫ **fechar-se** vp *(encerrar-se)* s'enfermer; *(calar-se)* se fermer.

fecho ['feʃu] m *(de porta)* loquet m; *(de mala)* fermeture f; *(de janela)* poignée f; *(de colar)* fermoir m; *(de peça de vestuário)* • **fecho (ecler)** fermeture f Éclair®; *(de espetáculo, acontecimento)* fin f.

fécula ['fɛkula] f fécule f • **fécula de batata** fécule de pomme de terre.

fecundar [fekũn'da(x)] vt féconder.

feder [fe'de(x)] vi empester.

federação [federa'sãw] (pl **-ões**) f fédération f.

fedor [fe'do(x)] m puanteur f.

feijão [fej'ʒãw] (pl **-ões**) m haricot m.

feijão-fradinho [fejʒãwfra'dʒiɲu] (pl **feijões-fradinhos**) m dolic m sorte de haricot blanc.

feijão-mulatinho [fej,ʒãwmula'tiɲu] (pl **feijões-mulatinhos**) m sorte de haricot rouge.

feijão-preto [fejʒãw'pretu] (pl **feijões-pretos**) m haricot m noir.

feijão-tropeiro [fejʒãwtro'pejru] (pl **feijões-tropeiros**) m plat de haricots noirs accompagné de farine de manioc et morceaux de lards frits.

feijão-verde [fejʒãw'vexdʒi] (pl **feijões-verdes**) m haricot m vert.

feijoada [fej'ʒwada] f plat de haricots noirs servi avec du chou en lamelles, du porc et de la farine de manioc.

ⓘ FEIJOADA

En plus d'être un plat traditionnel, la *feijoada* brésilienne, du moins sa consommation, représente un véritable événement social. Préparée avec des haricots noirs, de la viande séchée et salée de porc et de bœuf, elle est servie avec divers accompagnements, tels que : un plat de riz blanc, un plat de chou vert cuit et finement coupé, des oranges pelées et coupées en tranches et de la *farofa* (farine de manioc torréfiée). On mange la *feijoada* surtout les samedis. Le repas, qui dure presque toute la journée, est copieusement arrosé de bière et de *caipirinha*, de préférence au son de la *samba*. Le Portugal possède sa propre *feijoada*, préparée avec des haricots blancs, de la viande de porc, du chorizo, du chou, des carottes, et servie avec un accompagnement de riz.

feijões → feijão.

feio, feia ['feju, 'feja] adj (rosto, forma, objeto) laid(e); (atitude, comportamento) vilain(e); (situação, caso, problema) sale.

feira ['fejra] f (de gado) foire f; (de automóvel, livro) salon m • **feira popular** fête f foraine.

feitiçaria [fejtisa'ria] f sorcellerie f.

feiticeiro, ra [fejtʃi'sejru] mf sorcier m, -ère f.

feitiço [fej'tʃisu] m sort m • **lançar um feitiço** jeter un sort.

feitio [fej'tʃiu] m (carácter) caractère m; (de peça de vestuário) modèle m.

feito, ta ['fejtu, ta] ◆ pp → **fazer** ◆ adj fait(e) ◆ m exploit m • **está um homem feito** c'est devenu un homme • **feito à mão** fait à la main • **feito sob medida** fait sur mesure • **feito de fato à base de** • **dito e feito** aussitôt dit, aussitôt fait.

feixe ['fejʃi] m (de palha) botte f; (de lenha) fagot m; (de luz) faisceau m.

fel [fɛw] m (bile) bile f; (sabor amargo) goût m amer.

felicidade [felisi'dadʒi] f (contentamento) bonheur m; (boa sorte) chance f • **felicidades!** bonne chance!; (para os noivos) nous nos vœux de bonheur!

felicitar [felisi'ta(x)] vt féliciter • **felicitar alguém por algo** féliciter qqn pour qqch.

felino, na [fe'linu, na] adj félin(e) ◻ **felinos** mpl félins mpl.

feliz [fe'liʒ] (pl -es) adj heureux(euse); (bem executado) réussi(e) • **feliz ano-novo!** bonne année! • **feliz Natal!** joyeux Noël! • **feliz Páscoa!** joyeuses Pâques!

felizmente [feliʒ'mẽntʃi] adv heureusement.

felpudo, da [fɛw'pudu, da] adj (toalha) moelleux(euse); (tapete, cão) à poils longs.

feltro ['fewtru] m feutre m.

fêmea ['femja] f femelle f; (objeto) prise f femelle.

feminino, na [femi'ninu, na] ◆ adj féminin(e) ◆ m féminin m.

feminismo [feme'niʒmu] m féminisme m.

feminista [femi'niʃta] nmf féministe mf.

fenda ['fẽnda] f (em terra, chão) crevasse f; (em parede) fente f.

fender [fẽn'de(x)] vt fendre ◻ **fender-se** vp se fendre.

feno ['fenu] m foin m.

fenomenal [fenome'naw] (pl -ais) adj phénoménal(e).

fenômeno [fe'nomenu] m phénomène m.

fera [fɛra] f fauve m.

feriado [fe'rjadu] m jour m férié • **feriado nacional** fête f nationale.

férias ['fɛrjaʃ] fpl vacances fpl • **ir/estar de** ou **em férias** partir/être en vacances.

ferida [fe'rida] f blessure f, → **ferido**.

ferido, da [fe'ridu, da] adj & mf blessé(e).

ferimento [feri'mẽntu] m blessure f.

ferir [fe'ri(x)] vt blesser ❑ **ferir-se** vp se blesser.
fermentar [fexmẽn'ta(x)] vi fermenter.
fermento [fex'mẽntu] m levain m • **fermento em pó** levure f.
feroz [fe'rɔʃ] (pl -es) adj féroce.
ferradura [fexa'dura] f (de cavalo) fer m à cheval.
ferragens [fexa'ʒẽʃ] fpl → **loja**.
ferramenta [fexa'mẽnta] f outil m; (conjunto de instrumentos) outils mpl.
ferrão [fe'xãw] (pl **-ões**) m dard m.
ferreiro [fe'xejru] m forgeron m.
ferro [‘fɛxu] m (de passar roupa) fer m à repasser; (metal) fer m.
ferrões [fe'xõjʃ] → **ferrão**.
ferrolho [fe'xoʎu] m verrou m.
ferro-velho [ˌfɛxu'vɛʎu] (pl **ferros-velhos**) m ferrailleur m.
ferrovia [fexo'via] f chemin m de fer.
ferrugem [fe'xuʒẽ] f rouille f.
ferryboat [ˌfɛxi'bout] (pl **ferryboats**) m ferry-boat m.
fértil [‘fɛxtiw] (pl **-teis**) adj fertile.
fertilidade [fextʃili'dadʒi] f fertilité f.
fertilizante [fextʃili'zãntʃi] m engrais m.
ferver [fex've(x)] ♦ vt faire bouillir ♦ vi bouillir.
fervor [fex'vo(x)] m ferveur f.
fervura [fex'vura] f ébullition f • **até levantar fervura** jusqu'à ébullition.

festa [‘fɛʃta] f fête f • **Boas festas!** joyeuses fêtes! • **festas juninas** fêtes religieuses célébrées au mois de juin (Saint-Antoine, Saint-Jean, Saint-Pierre) ❑ **festas** fpl caresses fpl • **fazer festas a** caresser.

ⓘ FESTAS JUNINAS

Les fêtes de Juin furent introduites au Brésil par les Portugais, notamment la célébration de la Saint-Antoine, le 13 juin, qui est l'une des plus anciennes et des plus populaires. Traditionnellement, les fêtes commencent le 12 juin, à la veille de la Saint-Antoine et se prolongent jusqu'à la fin du mois, avec la célébration de la Saint-Pierre, le 29 juin. Lors de ces fêtes, on allume d'immenses feux de bois, on organise des bals traditionnels, on participe aux feux d'artifice et on sert des plats régionaux, accompagnés de boissons typiques.

festejar [feʃte'ʒa(x)] vt fêter.
festim [feʃ'tʃĩ] (pl **-ns**) m festin m.
festival [feʃtʃi'vaw] (pl **-ais**) m festival m.
fétido, da [‘fɛtʃidu, da] adj fétide.
feto [‘fɛtu] m (planta) fougère f; (embrião) fœtus m.

fevereiro [feve'reiru] *m* février *m*, → **setembro**.

fez [fɛʒ] → **fazer**.

fezes ['fɛzif] *fpl* selles *fpl*.

fiação [fja'sãw] (*pl* **-ões**) *f* filature *f*.

fiado ['fjadu] *adv* ◆ **vender fiado** vendre à crédit ◆ **comprar fiado** acheter à crédit.

fiambre ['fjãbri] *m* jambon *m* blanc.

fiar [fi'a(x)] ◆ *vt* filer ◆ *vi* faire crédit ❏ **fiar-se em** *vp + prep* se fier à.

fiasco ['fjaʃku] *m* fiasco *m*.

fibra ['fibra] *f* fibre *f*; (*fig*) (*coragem*) cran *m* ◆ **fibra (acrílica)** fibre acrylique ◆ **fibra óptica** fibre optique.

ficar [fi'ka(x)] *vi* rester; (*estar situado*) être; (*tornar-se*) devenir ◆ **ficou corado** il est devenu tout rouge ◆ **ficou triste com a notícia** la nouvelle l'a rendu triste ◆ **ficou surpreendido** il a été surpris ◆ **ficar bem/mal** (*maneiras*) être bien/mal; (*roupa*) aller bien/mal ◆ **ficar lendo** lire ◆ **ficar trabalhando** travailler ◆ **ficar com algo** (*adquirir*) prendre qqch; (*guardar*) garder qqch ◆ **ficar de fazer algo** devoir faire qqch ◆ **ficar por** (*limitar-se a*) se contenter de ◆ **eu fico por aqui** j'en reste là ◆ **ficar em primeiro lugar** arriver en premier ◆ **ficar sem algo** perdre qqch.

ficção [fik'sãw] *f* fiction *f*.

ficha ['fiʃa] *f* fiche *f*.

fichário [fi'ʃarju] *m* fichier *m*.

fictício, cia [fik'tʃisju, sja] *adj* fictif(ive).

fidelidade [fideli'dadʒi] *f* fidélité *f* ◆ **fidelidade (conjugal)** fidélité.

fiel ['fjew] (*pl* **-éis**) *adj* & *m* fidèle.

figa ['figaʃ] *f* amulette *f* (*en forme de main*) ◆ **fazer figas** croiser les doigts.

fígado ['figadu] *m* foie *m*.

figo ['figu] *m* figue *f* ◆ **figos secos** figues sèches.

figueira [fi'gejra] *f* figuier *m*.

figura [fi'gura] *f* (*forma exterior*) silhouette *f*; (*desenho, imagem*) figure *f* ◆ **fazer boa/má figura** bien/mal s'en sortir.

figurante [figu'rãntʃi] *nmf* figurant *m*, -e *f*.

figurar [figu'ra(x)] ❏ **figurar em** *vp* (*em filme, peça teatral*) être figurant(e) dans; (*em livro, dicionário*) figurer dans; (*em lista*) figurer sur.

figurino [figu'rinu] *m* magazine *m* de mode.

fila ['fila] *f* file *f*; (*de pessoas*) queue *f* ◆ **em fila (indiana)** en file indienne.

filarmônica [filax'monika] *f* orchestre *m* philharmonique.

filatelia [filate'lia] *f* philatélie *f*.

filé [fi'lɛ] *m* (*de peixe*) filet *m*; (*de carne*) steack *m*.

fileira [fi'lejra] *f* rangée *f*.

filho, lha ['fiʎu, ʎa] *mf* fils *m*, fille *f* ◆ **os filhos** les enfants ◆ **filho da puta** les enfants (*vulg*) fils *m* de pute.

filhote

filhote [fiˈʎotʃi] m petit m (d'un animal).
filial [fiˈljaw] (pl **-ais**) f filiale f.
filigrana [filiˈgrana] f filigrane f.
filmadora [fiwmaˈdɔra] f • **filmadora (de vídeo)** Caméscope® m.
filmar [fiwˈma(x)] vt filmer.
filme [ˈfiwmi] m (de cinema) film m ; (de máquina fotográfica) pellicule f • **filme aderente** film adhésif.
filosofia [filozoˈfia] f philosophie f.
filósofo, fa [fiˈlɔzofu, fa] mf philosophe mf.
filtrar [fiwˈtra(x)] vt filtrer.
filtro [ˈfiwtru] m filtre m.
fim [fĩ] (pl **-ns**) m (de filme, ação) fin f ; (de estrada) bout m ; (objetivo) but m • **ter por fim** avoir pour but • **ter um fim em vista** avoir un objectif en vue • **o fim de semana** week-end m • **o fim do mundo** le bout du monde ; RELIG la fin du monde • **a fim de** afin de • **no fim** finalement compte fait • **ao fim e ao cabo** tout compte fait • **está a fim de ir ao cinema?** ça te dit d'aller au cinéma?
Finados [fiˈnaduʃ] mpl • **os Finados** le Jour des Morts.
final [fiˈnaw] (pl **-ais**) ◆ adj final(e) ; (esforço) ultime ◆ m fin f ◆ f finale f.
finalidade [finaliˈdadʒi] f (objetivo) but m ; (de máquina) fonction f.
finalista [finaˈliʃta] mf finaliste mf.

finanças [fiˈnãsaʃ] fpl finances fpl.
fingir [fĩˈʒi(x)] vt faire semblant de.
finlandês, esa [fĩnlãnˈdejʃ, eza] (mpl **-eses**, fpl **-s**) ◆ adj finlandais(e) ◆ mf Finlandais m, -e f ◆ m (língua) finnois m.
Finlândia [fĩnˈlãndʒja] f • **a Finlândia** la Finlande.
fino, na [ˈfinu, na] adj fin(e); (roupa de verão) léger(ère); (roupa, hotel, restaurante) raffiné(e); (educado) distingué(e).
fins [fĩʃ] → **fim**.
fio [ˈfiu] m fil m ; (de líquido) filet m • **fio dental** fil dentaire • **perder o fio da meada** perdre le fil.
fios de ovos [ˈfiuʃdeˈɔvuʃ] mpl jaune d'œuf servant à décorer les pâtisseries.
firewall [ˈfajexˈuɔw] (pl **firewalls**) m INFORM pare-feu m.
firma [ˈfixma] f société f.
firme [ˈfixmi] adj (estável) stable; (sólido) solide; (fixo) ferme.
firmeza [fixˈmeza] f fermeté f ; (estabilidade) stabilité f ; (solidez) solidité f.
fiscal [fiʃˈkaw] (pl **-ais**) ◆ adj fiscal(e) ◆ nmf contrôleur m, -euse f ; (da Receita) inspecteur m, -trice f des impôts • **fiscal aduaneiro** douanier m.
fisco [ˈfiʃku] m fisc m.
fisgada [fiʒˈgada] f douleur f aiguë
física [ˈfizika] f physique f, → **físico**.

físico, ca ['fiziku, ka] ♦ *adj* physique ♦ *m* physique *m* ♦ *mf* physicien *m*, -enne *f*.

fisionomia [fizjono'mia] *f* physionomie *f*.

fisioterapia [,fizjotera'pia] *f* physiothérapie *f*.

fita ['fita] *f (tira de tecido)* ruban *m*; *(fingimento)* feinte *f*; *(filme)* film *m* • **fita adesiva** ruban adhésif • **fita (de cabelo)** ruban *m* • **fita durex®** Scotch® *m* • **fita isolante** ruban isolant • **fita (para máquina de escrever)** ruban • **fita métrica** mètre *m (de couturière)* • **fita de vídeo** cassette *f* vidéo • **fazer fita** faire semblant.

fitar [fi'ta(x)] *vt* regarder fixement.

fivela [fi'vɛla] *f* boucle *f*.

fixador [fiksa'do(x)] *(pl* -es*)* m fixateur *m*.

fixar [fik'sa(x)] *vt (tornar fixo)* fixer; *(aprender de cor)* retenir ▫ **fixar-se** *vp* se fixer.

fixo, xa ['fiksu, ksa] *adj* fixe.

fiz [fiʒ] → **fazer**.

flagrante [fla'grãntʃi] *adj* flagrant(e) • **pegar em flagrante** prendre en flagrant délit.

flamingo [fla'mĩngu] *m* flamant *m*.

flanco ['flãŋku] *m* flanc *m*.

flanela [fla'nɛla] *f* flanelle *f*.

flash ['flaʃi] *m* flash *m*.

flauta ['flawta] *f* flûte *f* • **flauta de bisel** flûte à bec • **flauta de Pã** flûte de Pan.

flecha ['flɛʃa] *f* flèche *f*.

fleuma ['flewma] *f* flegme *m*.

flexível [flɛk'sivɛw] *(pl* -eis*) adj (maleável)* flexible; *(plástico, pessoa)* souple.

fliper ['flipe(x)] *m* flipper *m*.

fliperama [flipe'rama] *m* flipper *m*.

floco ['floku] *m* touffe *f* • **floco de neve** flocon de neige • **flocos de aveia** flocons d'avoine • **flocos de milho** flocons de maïs.

flor [flo(x)] *(pl* -es*) f* fleur *f* • **em flor** en fleur • **à flor da pele** à fleur de peau • **na flor da idade** dans la fleur de l'âge.

floresta [flo'rɛʃta] *f* forêt *f*.

florido, da [flo'ridu, da] *adj (árvores, campos, jardins)* fleuri(e); *(tecido, papel)* à fleurs.

florista [flo'riʃta] *nmf* fleuriste *mf*.

fluência [flu'ẽsja] *f* aisance *f*.

fluentemente [fluẽntʃi'mẽntʃi] *adv* couramment.

fluido, da ['fluidu, da] ♦ *adj* fluide ♦ *m* fluide *m*.

fluminense [flumi'nẽsi] *adj* de l'État de Rio de Janeiro.

flúor ['fluɔx] *m* fluor *m*.

fluorescente [flureʃ'sẽntʃi] *adj* fluorescent(e).

flutuante [flu'twãntʃi] *adj (objeto)* flottant(e); *(preço, inflação)* fluctuant(e).

flutuar [flu'twa(x)] *vi* flotter.

fluvial [flu'vjaw] *(pl* -ais*) adj* fluvial(e).

fluxo ['fluksu] *m* flux *m*; *(de imigração, emigração)* vague *f*.

fobia [fo'bia] *f* phobie *f*.

focinho [fo'sinu] m (de animal) museau m; (de porco) groin m.

foco ['fɔku] m foyer m; (de atenção) centre m; (lâmpada) spot m.

foder [fo'de(x)] vt (vulg) baiser ▫ **foder-se** vp ◆ **foda-se!** (vulg) putain! ◆ **vá se foder!** (vulg) vas te faire foutre!

fofo, fa ['fofu, fa] adj (tecido, material) doux(douce); (colchão) douillet(ette); (bolo) mœlleux(euse); (bibelô) mignon(onne).

fofoca [fo'fɔka] f ragots mpl.

fogão [fo'gãw] (pl -ões) m cuisinière f.

foge ['fɔʒi] → fugir.

fogem ['fɔʒẽ] → fugir.

fogo ['fogu] m feu m ◆ **fogo de artifício** feu d'artifice ◆ **fogo posto** incendie m d'origine criminelle.

fogões [fo'gõjʃ] → fogão.

fogueira [fo'gejra] f feu m.

foguete [fo'getʃi] m (espacial) fusée f.

foi ['foj] → ser, ir.

foice ['fojsi] f faucille f.

folclore [fow'klɔri] m folklore m.

folclórico, ca [fow'klɔriku, ka] adj folklorique.

fôlego ['folegu] m souffle m ◆ **tomar fôlego** prendre son souffle.

folga ['fowga] f (de trabalho) coupure f; (espaço livre) jeu m ◆ **estar de folga** être en congé.

folha ['foʎa] f (de planta, árvore) feuille f; (de jornal, livro, revista) page f; (de serra, serrote) lame f ◆ **folha de alumínio** feuille d'aluminium ◆ **folha de flandres** fer-blanc m ◆ **folha pautada** feuille de papier rayé ◆ **folha lisa** feuille blanche ◆ **folha quadriculada** feuille quadrillée ◆ **folha (de papel)** feuille (de papier).

folhado, da [fu'ʎadu, da] ◆ adj feuilleté(e) ◆ m feuilleté m.

folhagem [fo'ʎaʒẽ] f feuillage f.

folhear [fo'ʎja(x)] vt feuilleter.

folheto [fo'ʎetu] m prospectus m; (livro) brochure f.

folia [fo'lia] f fête f.

folião, ona [fo'ʎãw, ɔna] (mpl -ões, fpl -s) mf fêtard m, -e f.

fome ['fɔmi] f faim f ◆ **passar fome** connaître la faim.

fone ['fɔni] m écouteur m ◆ **fone de ouvido** casque m.

fonética [fo'netʃika] f phonétique f.

fonte ['fõtʃi] f (chafariz) fontaine f; (de cabeça) tempe f; (fig) (de texto, trabalho, informação) source f.

fora ['fɔra] ◆ adv (no exterior) dehors; (no estrangeiro) à l'étranger ◆ prep (exceto) excepté; (além de) en dehors de ◆ interj dehors! ◆ **amanhã vou estar fora** demain, je ne serai pas là ◆ **estar/ficar fora de si** être hors de soi ◆ **ficar de fora de** ne pas prendre part à ◆ **fora de série** hors du commun ◆ **fora** (no exterior) dehors; (no estrangeiro) à l'étranger ◆ **dar um**

fora em alguém (*fam*) envoyer promener qqn.
foram [fo'rãw] → **ser, ir**.
força ['fɔxsa] *f* force *f* • **forças armadas** forces armées • **força de gravidade** force de pesanteur • **força de vontade** volonté *f* • **à força** par la force • **de força maior** de force majeure • **por força** à tout prix.
forçar [fox'sa(x)] *vt* forcer.
forjar [fox'ʒa(x)] *vt* contrefaire.
forma¹ [ˈfɔxma] *f* forme *f*; (*maneira*) façon *f* • **de forma que** si bien que • **de qualquer forma** de toute façon • **em forma de** en forme de • **estar em forma** être en forme.
forma² [ˈfɔxma] *f* (*de bolos*) moule *m*; (*de sapatos*) forme *f*.
formação [foxma'sãw] (*pl* -ões) *f* formation *f*.
formal [fox'maw] (*pl* -ais) *adj* (*cerimonioso*) solennel(elle); (*categórico*) formel(elle); (*sério*) sérieux(euse); (*linguagem*) soutenu(e).
formalidade [foxmali'dadʒi] *f* formalité *f*.
formar [fox'ma(x)] *vt* former □ **formar-se** *vp* terminer ses études (à l'université) • **formar-se em** être diplômé en.
formatar [foxma'ta(x)] *vt* formater.
formidável [foxmi'davew] (*pl* -eis) *adj* formidable.
formiga [fox'miga] *f* fourmi *f*.
formoso, osa [fox'mozu, ɔza] *adj* beau(belle).

fórmula [ˈfɔxmula] *f* formule *f* ❑ **Fórmula 1** *f ESP* Formule 1.
formular [foxmu'la(x)] *vt* formuler.
formulário [foxmu'larju] *m* formulaire *m*.
fornecedor, ra [foxnese'do(x), ra] (*mpl* -es, *fpl* -s) *mf* fournisseur *m*, -se *f*.
fornecer [foxne'se(x)] *vt* fournir • **fornecer algo a alguém** fournir qqch à qqn ❑ **fornecer-se** *vp* s'approvisionner.
fornecimento [foxnesi'mẽntu] *m* approvisionnement *m*.
forno ['foxnu] *m* four *m*.
forquilha [fox'kiʎa] *f* fourche *f*.
forrar [fo'xa(x)] *vt* (*peça de vestuário*) doubler; (*livro*) couvrir; (*gaveta*) recouvrir.
forró [fo'xɔ] *m* bal *m* populaire.
fortalecer [foxtale'se(x)] *vt* fortifier.
fortaleza [foxta'leza] *f* forteresse *f*.
forte [ˈfɔxtʃi] ♦ *adj* fort(e); (*corda*) solide; (*comida*) lourd(e) ♦ *m* fort *m* • **essa é forte!** elle est bien bonne!
fortuna [fox'tuna] *f* (*riqueza*) fortune *f*.
fósforo [ˈfɔʃforu] *m* allumette *f*.
fossa [ˈfɔsa] *f* fosse *f* • **estar na fossa** (*fig*) avoir le moral à zéro.
fóssil [ˈfɔsiw] (*pl* -eis) *m* fossile *m*.
fosso ['fosu] *m* fossé *m*.
foste ['foʃtʃi] → **ser, ir**.
foto [ˈfɔtu] *f* photo *f*.

fotocópia

fotocópia [foto'kɔpja] f photocopie f.
fotografar [fotogra'fa(x)] vt photographier.
fotografia [fotogra'fia] f photographie f. • **fotografia 3 X 4** photo f d'identité.
fotógrafo, fa [fo'tɔgrafu, fa] mf photographe mf.
fotômetro [fo'tometru] m posemètre m.
foz [fɔʃ] f embouchure f.
fração [fra'sãw] (pl **-ões**) f fraction f.
fracasso [fra'kasu] m échec m.
fraco, ca ['fraku, ka] adj faible; (pessoa) chétif(ive); (corda) fin(e); (chuva) fin(e); (bebida) léger(ère); (qualidade) mauvais(e) • **ter um fraco por** (fig) (paixão) avoir un faible pour.
frações → **fração**.
frade ['fradʒi] m frère m.
frágil ['fraʒiw] (pl **-geis**) adj fragile.
fragmento [frag'mẽntu] m (pedaço) fragment m; (de obra literária, manuscrito) extrait m.
fragrância [fra'grãsja] f senteur f.
fralda ['frawda] f couche f. • **fraldas descartáveis** couches-culottes fpl.
framboesa [frãm'bweza] f framboise f.
França ['frãsa] f • **a França** la France.
francamente [,frãŋka'mẽntʃi] • adv franchement • interj franchement!
francês, esa [frã'seʃ, eza] (mpl **-eses**, fpl **-s**) • adj fran-

çais(e) • mf Français m, -e f • m (língua) français m.
franco, ca ['frãŋku, ka] adj (sincero) franc(franche) • **para ser franco** pour être franc.
frango ['frãŋgu] m (ave) poulet m; (fam) (em futebol) but m facile • **frango assado** poulet rôti.
franja ['frãʒa] f frange f.
franqueza [frãŋ'keza] f franchise f. • **com franqueza** franchement.
franquia [frãŋ'kia] f affranchissement m.
franzino, na [frã'zinu, na] adj chétif(ive).
fraqueza [fra'keza] f faiblesse f; (fome) faim f; (cansaço) coup m de barre.
frasco ['fraʃku] m flacon m.
frase ['frazi] f phrase f.
fratura [fra'tura] f fracture f.
fraude ['frawdʒi] f fraude f.
frear [fre'a(x)] vt freiner.
freeware [fri'wari] (pl **freewares**) m INFORM logiciel gratuit m.
freezer ['frizex] (pl **-s**) m (de geladeira) freezer m; (congelador) congélateur m.
freguês, esa [fre'geʃ, eza] (mpl **-eses**, fpl **-s**) mf client m, -e f.
freio ['fraju] m (de veículo) frein m; (de cavalo) mors m • **freio de mão** frein à main.
freixo ['frajʃu] m frêne m.
frenético, ca [fre'nɛtʃiku, ka] adj frénétique.
frente ['frẽntʃi] f (parte dianteira) devant m; (de veículo) front

m; (em meteorologia) front *m* • **dar de frente sur** fazer tomber sur • **fazer frente** (a um problema) faire face à; (a uma pessoa) tenir tête • **ir para a frente com** faire avancer • **frente fria/quente** front froid/chaud • **à frente** en tête • **à frente de** (no espaço) devant; (no tempo) avant • **de frente** (olhar) en face; (foto) de face; (encontro) nez à nez • **em frente** en face • **em frente de** en face de • **em frente a** en face de • **frente a frente** face à face.

frequência [fre'kwẽsja] *f* fréquence *f* • **com frequência** fréquemment.

frequentar [frekwẽn'ta(x)] *vt* fréquenter; (curso) assister à.

frequentemente [fre,kwẽntʃi'mẽntʃi] *adv* fréquemment.

frescão [freʃ'kãw] (*pl* **-ões**) *m* autocar *m* climatisé.

fresco, ca ['freʃku, ka] *adj* frais(fraîche) ♦ *m* fresque *f.*

frescobol [freʃko'bɔw] *m* tennis *m* de plage.

frescões [freʃ'kõjʃ] → **frescão.**

frescura [freʃ'kura] *f* fraîcheur *f.*

fressura [fre'sura] *f* abats *mpl.*

frete ['frɛtʃi] *m* fret *m*; (fam) corvée *f.*

frevo ['frevu] *m* musique et danse du Carnaval de Pernambouc.

friagem ['frjaʒẽ] *f inv* froidure *f.*

fricção [frik'sãw] (*pl* **-ões**) *f* (esfregação) friction *f*; (atrito) frottement *m.*

frieira [fri'ejra] *f* engelure *f.*

frieza [fri'eza] *f* froideur *f.*

frigideira [friʒi'dejra] *f* poêle *f* (à frire).

frigorífico [frigo'rifiku] *m* réfrigérateur *m.*

frio, fria ['friu, 'fria] ♦ *adj* froid(e) ♦ *m* froid *m* • **estar frio** faire froid • **ter frio** avoir froid • **um frio de rachar** (fam) un froid de canard □ **frios** *mpl* (carnes frias) charcuterie *f.*

frisar [fri'za(x)] *vt* (cabelo) friser; (fig) (enfatizar) souligner.

fritar [fri'ta(x)] *vt* frire.

frito, ta ['fritu, ta] *adj* frit(e) • **estar frito** (fam) être dans de beaux draps.

fritura [fri'tura] *f* friture *f.*

fronha ['froɲa] *f* taie *f* d'oreiller.

fronte ['frõtʃi] *f* (testa) front *m.*

fronteira [frõn'tejra] *f* frontière *f* • **além-fronteiras** au-delà des frontières.

frota ['frɔta] *f* (de navios, aviões) flotte *f*; (de veículos) parc *m.*

frustrado, da [fruʃ'tradu, da] *adj* (pessoa) frustré(e); (tentativa) avorté(e).

frustrante [fruʃ'trãntʃi] *adj* frustrant(e).

fruta ['fruta] *f* fruit *m* • **fruta em calda** fruits au sirop • **fruta da época** fruits de saison.

fruta-do-conde [ˌfrutadu'kõndʒi] (*pl* **frutas-do-conde**) *f* anone *f.*

frutaria [fruta'rja] *f* • **ir à frutaria** aller chez le marchand de fruits.
fruto ['frutu] *m* fruit *m* • **frutos secos** fruits secs.
FTP (*abrev de* File Transmission Protocol) *m* FTP *m* (*protocole de transfert de fichiers*) *m*.
fubá [fu'ba] *m* farine de maïs ou de riz.
fuga ['fuga] *f* fuite *f* • **pôr-se em fuga** prendre la fuite • **em fuga** en fuite.
fugir [fu'ʒi(x)] *vi* fuir • **fugir de fazer algo** éviter de faire qqch • **fugir de alguém** échapper à qqn • **fugir a algo** (*pergunta*) éluder qqch • **fugir de** s'enfuir de.
fugitivo, va [fuʒi'tʃivu, va] *adj & mf* fugitif(ive).
fui [fuï] → **ser, ir**.
fulano, na [fu'lanu, na] *mf* Untel *m*, Unetelle *f*.
fuligem [fu'liʒē] *f* suie *f*.
fulo, la [fu'lu, la] *adj* (*fam*) furax • **ficar fulo da vida** être en pétard.
fumaça [fu'masa] *f* fumée *f* épaisse.
fumante [fu'mãntʃi] *nmf* fumeur *m*, -euse *f*.
fumar [fu'ma(x)] *vt & vi* fumer.
fumo ['fumu] *m* fumée *f*.
função [fũ'sãw] (*pl* **-ões**) *f* fonction *f* • **exercer a função de** exercer la fonction de • **função pública** fonction publique.
funcho [fũʃu] *m* fenouil *m*.
funcionamento [fũsjona'mẽntu] *m* (*de máquina*) fonctionnement *m*; (*de estabelecimento*) ouverture *f* • **em funcionamento** en marche.
funcionar [fũsjo'na(x)] *vi* (*máquina*) fonctionner; (*estabelecimento*) ouvrir • **funcionar a pilhas** fonctionner à piles.
funcionário, ria [fũsjo'narju, rja] *mf* employé *m*, -e *f* • **funcionário público** fonctionnaire *m*.
funções [fũ'sõjʃ] → **função**.
fundação [fũda'sãw] (*pl* **-ões**) *f* (*instituição*) fondation *f*; (*alicerce*) fondations *fpl*.
fundamental [fũdamẽn'taw] (*pl* **-ais**) *adj* fondamental(e).
fundamento [fũda'mẽntu] *m* (*motivo*) motif *m*; (*justificação*) fondement *m* • **sem fundamento** sans fondement.
fundar [fũ'da(x)] *vt* fonder • **fundar algo em algo** fonder qqch sur qqch.
fundido, da [fũ'dʒidu, da] *adj* fondu(e).
fundir [fũ'dʒi(x)] *vt* (*metal*) fondre; (*empresas*) fusionner ❏ **fundir-se** *vp* fondre; (*lâmpada*) griller.
fundo, da [fũndu, da] ◆ *adj* profond(e) ◆ *m* (*de rio, piscina, poço*) fond *m*; (*em economia*) fonds *m* • **ir ao fundo da questão** aller au fond du problème • **sem fundo** sans fond.
fúnebre ['funebri] *adj* funèbre.
funeral [fune'raw] (*pl* **-ais**) *m* funérailles *fpl*.

fungo [ˈfũŋgu] m (em pele, mucosa) champignon m; (organismo vegetal) moisissure f.

funil [fuˈniw] (pl **-is**) m entonnoir m.

funileiro [funiˈlejru] m carrossier m.

furacão [furaˈkãw] (pl **-ões**) m ouragan m.

furadeira [furaˈdejra] f perceuse f.

furado, da [fuˈradu, da] adj (pneu) crevé(e); (saco, orelha) percé(e).

furador [furaˈdo(x)] (pl **-es**) m perforeuse f.

furar [fuˈra(x)] vt (folha) perforer; (pneu) crever; (saco, orelhas) percer • **furar a fila** resquiller.

furgão [fuxˈgãw] (pl **-ões**) m fourgon m.

fúria [ˈfurja] f fureur f.

furo [ˈfuru] m (em pneu) crevaison f; (em saco, orelha) trou m.

furtar [fuxˈta(x)] vt voler □ **furtar-se** a vp + prep se dérober à.

furúnculo [fuˈrũŋkulu] m furoncle m.

fusão [fuˈzãw] (pl **-ões**) f fusion f.

fusíveis mpl plombs mpl.

fusível [fuˈzivɛw] (pl **-eis**) m fusible m.

fuso [ˈfuzu] m • **fuso horário** fuseau m horaire.

fusões [fuˈzõjʃ] → **fusão**.

futebol [futʃiˈbɔw] m football m.

fútil [ˈfutʃiw] (pl **-teis**) adj futile; (vão) vain(e).

futilidade [futʃiliˈdadʒi] f futilité f; (inutilidade) inutilité f.

futuro, ra [fuˈturu, ra] ♦ adj futur(e) ♦ m futur m; (perspectivas) avenir m • **de futuro** dorénavant • **no futuro** à l'avenir • **para o futuro** pour plus tard • **ter futuro** avoir de l'avenir.

fuzil [fuˈziw] (pl **-is**) m fusil m.

fuzileiro [fuziˈlejru] m fusilier m.

fuzis → **fuzil**.

G

g (abrev de grama) g.

gabar [gaˈba(x)] vt vanter □ **gabar-se** vp • **gabar-se de algo** se vanter de qqch.

gabardina [gabaxˈdʒina] f gabardine f.

gabinete [gabiˈnetʃi] m (compartimento) bureau m; (escritório) cabinet m.

gado [ˈgadu] m bétail m.

gaélico [gaˈɛliku] m gaélique m.

gafanhoto [gafaˈɲotu] m sauterelle f.

gafe [ˈgafi] f gaffe f.

gagueira [gaˈgejra] f bégaiement m.

gaguejar [gageˈʒa(x)] vi bégayer.

gaguez [gaˈgeʃ] f bégaiement m.

gaiato, ta [gaˈjatu, ta] mf gamin m, -e f.

gaiola

gaiola [ga'jɔla] f cage f (à oiseaux).
gaita ['gajta] f pipeau m.
gaita-de-foles [,gajtadʒi-'fɔliʃ] (pl **gaitas-de-foles**) f cornemuse f.
gaivota [gaj'vɔta] f (ave) mouette f.
gala ['gala] f gala m.
galáxia [ga'laksja] f galaxie f.
galera [ga'lɛra] f (fam) compagnie f.
galeria [gale'rja] f galerie f; (local para compras) galerie marchande • **galeria de arte** galerie d'art.
galês, esa [ga'leʃ, eza] (mpl **-eses**, fpl **-s**) ♦ adj gallois(e) ♦ mf Gallois m, -e f ♦ m (língua) gallois m.
galeto [ga'letu] m coquelet m.
galgo ['gawgu] m lévrier m.
galheteiro [gaʎe'tejru] m huilier m.
galho ['gaʎu] m (de árvore) branche f; (de veado) corne f.
galinha [ga'liɲa] f poule f.
galinheiro [gali'ɲejru] m poulailler m.
galo ['galu] m coq m; (fam) bosse f.
galocha [ga'lɔʃa] f botte m en caoutchouc
galopar [galo'pa(x)] vi galoper.
gama ['gama] f gamme f.
gambá [gãn'ba] m opossum m (animal).
gamela [ga'mɛla] f (de porcos) auge f.
gamo ['gamu] m daim m.

170

gana ['gana] f (fome) fringale f; (ódio) rage f; (desejo) envie f • **ter gana de** avoir envie de.
ganância [ga'nãnsja] f cupidité f.
gancho ['gãʃu] m (peça curva) crochet m.
gangorra [gãn'goxa] f balançoire f.
gangrena [gãn'grena] f gangrène f.
gangue ['gãngi] f (fam) bande f (de copains).
ganhar [ga'ɲa(x)] ♦ vt gagner; (peso, velocidade) prendre; (prêmio) remporter; (bolsa) recevoir ♦ vi gagner • **ganhar de alguém** battre qqn • **ganhar com algo** y gagner • **isso vai fazer com que ele ganhe juízo** cela va lui mettre du plomb dans la cervelle • **ganhar respeito** respecter • **ganhar a vida** ou **o pão** gagner sa vie.
ganho ['gaɲu] m gain m.
ganir [ga'ni(x)] vi glapir.
ganso ['gãsu] m (fêmea) oie f; (macho) jars m.
garagem [ga'raʒẽ] (pl **-ns**) f garage m.
garanhão [gara'ɲãw] (pl **-ões**) m étalon m.
garantia [garãn'tʃia] f garantie f.
garantir [garãn'tʃi(x)] vt garantir • **garantir que** assurer que.
garça ['gaxsa] f héron m.

garçom [gax'sõ] (*pl* **-ns**) *m* serveur *m*.
garçonete [garso'nɛtʃi] *f* serveuse *f*.
garçons → garçom.
garfo ['gaxfu] *m* (*utensílio*) fourchette *f*; (*de bicicleta*) fourche *f* • **ser um bom garfo** avoir un bon coup de fourchette.
gargalhada [gaxga'ʎada] *f* éclat *m* de rire • **dar uma gargalhada** éclater de rire.
gargalo [gax'galu] *m* goulot *m*.
garganta [gax'gãta] *f* gorge *f*.
gargarejar [gaxgare'ʒa(x)] *vi* se gargariser.
gari [ga'ri] *m/f* balayeur *m*, -se *f*.
garoto, ta [ga'rotu, ta] *mf* (*criança*) gamin *m*, -e *f*; (*namorado*) petit ami *m*, petite amie *f*.
garoupa [ga'ropa] *f* mérou *m*.
garra ['gaxa] *f* (*de animal*) griffe *f*; (*fig*) (*talento, tenacidade*) trempe *f* • **ter garra** en vouloir.
garrafa [ga'xafa] *f* bouteille *f* • **garrafa térmica** Thermos® *m*.
garrafão [gaxa'fãw, õjʃ] (*pl* **-ões**) *m* bonbonne *f*.
garrote [ga'xɔtʃi] *m* garrot *m*.
garupa [ga'rupa] *f* croupe *f*.
gás [gajʃ] (*pl* **gases**) *m* gaz *m* • **gás butano** gaz butane *m* • **gás lacrimogêneo** gaz lacrymogène □ **gases** *fpl* gaz *mpl*.
gaseificada [gazejfi'kada] *adj f* → **água**.
gases → gás.
gasolina [gazo'lina] *f* essence *f* • **gasolina sem chumbo** essence sans plomb • **gasolina super** super *m*.

gasosa [ga'zɔza] *f* limonade *f*.
gastar [gaʃ'ta(x)] *vt* consumer; (*dinheiro*) dépenser; (*tempo*) mettre; (*produto*) utiliser; (*sola de sapato*) user □ **gastar-se** *vp* s'user.
gasto, ta ['gaʃtu, ta] ♦ *pp* → **gastar** ♦ *adj* (*dinheiro*) dépensé(e); (*calças, sapatos*) usé(e); (*água, eletricidade*) consommé(e) ♦ *m* dépense *f*.
gástrico, ca ['gaʃtriku, ka] *adj* gastrique.
gastrite [gaʃ'tritʃi] *f* gastrite *f*.
gastrônomo, ma [gaʃ'tronomu, ma] *mf* gastronome *mf*.
gateway [gejtʃi'wej] (*pl* **gateways**) *m INFORM* passerelle *f*.
gatilho [ga'tʃiʎu] *m* gâchette *f*.
gatinhar *vi* marcher à quatre pattes.
gato, ta ['gatu, ta] *mf* chat *m*, chatte *f*; (*fam*) beau mec *m*, belle nana *f*.
gatuno, na [ga'tunu, na] *mf* voleur *m*, -euse *f*.
gaveta [ga'veta] *f* tiroir *m*.
gaze [gazi] *f* gaze *f*.
gazela [ga'zɛla] *f* gazelle *f*.
gazeta [ga'zeta] *f* gazette *f*.
geada ['ʒjada] *f* (*camada*) givre *m*; (*baixa de temperatura*) gel *m*.
geladeira [ʒela'dejra] *f* réfrigérateur *m*.
gelado, da [ʒe'ladu, da] *adj* (*mãos, pés*) gelé(e); (*sobremesa*) glacé(e) • **gelada ou natural?** tu désires de l'eau glacée ou pas?
gelar [ʒe'la(x)] *vt & vi* geler.
gelatina [ʒela'tʃina] *f* gélatine *f*.

geleia [ʒe'leja] f gelée f.

gelo ['ʒelu] m glace f; (de bebida) glaçon m; (da água) gel m; (na estrada) verglas m • **de gelo** de glace • **quebrar o gelo** (fig) briser la glace.

gema ['ʒema] f jaune m d'œuf • **de gema** de souche.

gêmeo, mea ['ʒemju, mja] ◆ adj jumeau(elle) ◆ m/f **os gêmeos** les jumeaux • **o meu irmão gêmeo** mon frère jumeau ▫ **Gêmeos** m inv Gémeaux mpl.

gemer [ʒe'me(x)] vi gémir.

gemido [ʒe'midu] m gémissement m.

gene ['ʒɛni] m gène.

genebra [ʒe'nɛbra] f liqueur f de genièvre.

general [gene'raw] (pl **-ais**) m général m.

generalizar [generali'za(x)] vt & vi généraliser ▫ **generalizar-se** vp se généraliser.

gênero ['ʒeneru] m genre m • **o gênero humano** le genre humain ▫ **gêneros** mpl denrées fpl • **gêneros alimentícios** denrées alimentaires.

generosidade [ʒenerozi'dadʒi] f générosité f.

generoso, osa [ʒene'rozu, ɔza] adj généreux(euse).

genética [ʒe'nɛtʃika] f génétique f.

gengibre [ʒẽ'ʒibri] m gingembre m.

gengiva [ʒẽ'ʒiva] f gencive f.

genial [ʒe'njaw] (pl **-ais**) adj génial(e).

gênio ['ʒenju] m (pessoa) génie m; (irascibilidade) caractère m • **ter mau gênio** avoir mauvais caractère.

genital [ʒeni'taw] (pl **-ais**) adj génital(e).

genro ['ʒẽxu] m gendre m.

gente ['ʒẽtʃi] f gens mpl; (fam) (família) famille f • **a gente vai comer** on va manger • **toda a gente** tout le monde ▫ **gentes** fpl • **as gentes** les habitants mpl.

gentil [ʒẽ'tʃiw] (pl **-is**) adj gentil(ille).

genuíno, na [ʒe'nwinu, na] adj véritable.

geografia [ʒjogra'fia] f géographie f.

geologia [ʒjolo'ʒia] f géologie f.

geometria [ʒjome'tria] f géométrie f • **geometria descritiva** géométrie descriptive.

geração [ʒera'sãw] (pl **-ões**) f génération f.

gerador [ʒera'do(x)] (pl **-es**) m générateur m.

geral [ʒe'raw] (pl **-ais**) ◆ adj général(e) ◆ f places les moins chères, = poulailler m • **de um modo geral** en général • **em geral** en général • **no geral** en général.

geralmente [ʒeraw'mẽtʃi] adv généralement.

gerânio [ʒe'rãnju] m géranium m.

gerar [ʒe'ra(x)] vt engendrer.

gerência [ʒe'rẽsja] f gérance f.

gerente [ʒeˈrẽntʃi] nmf gérant m, -e f.

gerir [ʒeˈri(x)] vt gérer.

germe [ˈʒɛxmi] m germe m.

gesso [ˈʒesu] m plâtre m.

gesticular [ʒeʃtikuˈla(x)] vi gesticuler.

gesto [ˈʒɛʃtu] m geste m.

gibi [ʒiˈbi] m BD f.

gigabyte [giga'bajtʃi] (pl **-s**) m INFORM gigaoctet m.

gigante [ʒiˈgãntʃi] ♦ adj géant(e) ♦ m géant m.

gigolô [ʒigoˈlo] m (fam) maquereau m.

gilete [ʒiˈlɛti] f rasoir m (jetable).

gim [ʒĩ] (pl **-ns**) m gin m.

gim-tônica [ʒĩˈtonika] m gin m tonic.

ginásio [ʒiˈnazju] m gymnase m.

ginasta [ʒiˈnaʃta] nmf gymnaste mf.

ginástica [ʒiˈnaʃtʃika] f gymnastique f ♦ **fazer ginástica** faire de la gymnastique.

gincana [ʒĩŋˈkana] f gymkhana f.

ginecologia [ˌʒinekoloˈʒia] f gynécologie f.

ginecologista [ˌʒinekuluˈʒiʃta] nmf gynécologue mf.

ginja [ˈʒiʒa] f griotte f.

ginjinha [ʒiˈʒiɲa] f kirsch m.

gins → **gim**.

girafa [ʒiˈrafa] f girafe f.

girar [ʒiˈra(x)] vt & vi tourner.

girassol [ˌʒiraˈsɔw] (pl **-óis**) m tournesol m.

gíria [ˈʒirja] f (calão) argot m; (médica, acadêmica) jargon m.

giro, ra [ˈʒiru] m (passeio) tour m.

giz [ʒiʒ] m craie f.

glacial [glaˈsjaw] (pl **-ais**) adj glacial(e).

gladíolo [glaˈdʒjulu] m glaïeul m.

glândula [ˈglãndula] f glande f.

glaucoma [glawˈkoma] m glaucome m.

glicerina [gliseˈrina] f glycérine f.

global [gloˈbaw] (pl **-ais**) adj global(e).

globo [ˈglobu] m globe m.

glóbulo [ˈglobulu] m globule m.

glória [ˈglɔrja] f gloire f.

glossário [gloˈsarju] m glossaire m.

glutão, tona [gluˈtãw, tona] (mpl **-ões**, fpl **-s**) mf glouton m, -onne f.

goela [ˈgwela] f gosier m.

goiaba [goˈjaba] f goyave f.

goiabada [gojaˈbada] f pâte de fruit à la goyave.

gol [ˈgow] (pl **-s**) m but m.

gola [ˈgɔla] f col m.

gole [ˈgɔli] m gorgée f.

goleiro [goˈlejru] m gardien de but.

golfe [ˈgowfi] m golf m.

golfinho [gowˈfiɲu] m dauphin m.

golfo [ˈgowfu] m golfe m.

golpe [ˈgowpi] m coup m; (incisão) coupure f; (ferimento) blessure f ♦ **golpe de Estado** coup d'État ♦ **golpe de mestre** coup de maître.

gols → **gol**.

goma ['goma] f (de certos vegetais) gomme f; (para roupa) amidon m.

gomo ['gomu] m quartier m.

gôndola ['gõdula] f gondole f.

gongo ['gõgu] m gong m.

gordo, da ['gordu, da] adj (pessoa, animal) gros(grosse); (substância, alimento) gras(grasse).

gordura [gox'dura] f graisse f.

gorduroso, osa [goxdu'rozu, ɔza] adj gras(grasse).

gorila [go'rila] m gorille m.

gorjeta [gox'ʒeta] f pourboire m.

gorro ['goxu] m bonnet m.

gostar [guʃ'ta(x)] ◊ **gostar de** vp aimer • **gostar de fazer algo** aimer faire qqch.

gosto ['goʃtu] m (sabor) goût m; (apreciação) plaisir m • **com todo o gosto!** avec plaisir! • **gosto não se discute** des goûts et des couleurs, on ne discute pas • **muito gosto em conhecê-lo** enchanté de faire votre connaissance • **dar gosto ver** faire plaisir à • **fazer gosto em** être heureux de • **ter gosto de** avoir un goût de • **tomar gosto por algo** prendre goût à qqch • **bom/mau gosto** bon/mauvais goût.

gota ['gota] f goutte f • **gotas para os olhos** gouttes pour les yeux • **gotas para o nariz** gouttes pour le nez • **gota a gota** goutte à goutte.

goteira [go'tejra] f (cano) gouttière f; (fenda) fuite f.

gotejar [gote'ʒa(x)] vi goutter.

governo [go'vexnu] m gouvernement m.

gozar [go'za(x)] ◊ vt profiter de ◊ vi • **está gozando?** (fam) tu veux rire? • **gozar com** (fam) se moquer de • **gozar de** jouir de, bénéficier de.

Grã-Bretanha [ˌgrãmbre'taɲa] f • **a Grã-Bretanha** la Grande-Bretagne.

graça ['grasa] f (gracejo) plaisanterie f; (humor) humour m; (elegância, atratividade) grâce f • **achar graça** trouver drôle • **deixar sem graça** décontenancer • **ter graça** être drôle • **graças a** grâce à • **de graça** gratuitement.

gracejar [grase'ʒa(x)] vi plaisanter.

gracejo [gra'seʒu] m plaisanterie f.

gracioso, osa [grasi'ozu, ɔza] adj gracieux(euse).

grade ['gradʒi] f (vedação) grille f; (de televisão, rádio) grille f de programmes; • **estar atrás das grades** être derrière les barreaux.

graduação [gradwa'sãw] (pl -ões) f graduation f; (em universidade) diplôme de fin d'études universitaires, = licence f; (de bebida) degré m.

graduado, da [gra'dwadu, da] ◊ adj gradué(e) ◊ mf diplômé m, -e f; MIL gradé m.

gradual [gra'dwaw] (pl -ais) adj graduel(elle).

graduar-se [gra'dwaxsi] vp obtenir un diplôme universitaire.

grafia [gra'fia] f (maneira de escrever) écriture f; (ortografia) graphie f.
gráfico ['grafiku, ka] m graphique m.
gralha ['graʎa] f (ave) corneille f; (erro tipográfico) coquille f.
grama¹ ['grama] m gramme m.
grama² ['grama] f gazon m.
gramado [gra'madu] m pelouse f.
gramar [gra'ma(x)] vt (fam) (aguentar) encaisser.
gramática [gra'matʃika] f grammaire f.
gramofone [gramo'fɔni] m phonographe m.
grampeador [grãmpja'do(x)] (pl -es) m agrafeuse f.
grampear [grãm'pja(x)] vt (folhas, papéis) agrafer; (telefone) mettre sur écoute.
grampo ['grãmpu] m (de cabelo) épingle f à cheveux; (para grampeador) agrafe f.
granada [gra'nada] f grenade f (arme).
grande ['grãdʒi] adj grand(e).
granito [gra'nitu] m granite m.
granizo [gra'nizu] m grêle f.
granulado, da [granu'ladu, da] adj granulé(e).
grão ['grãw] m (de arroz, trigo, cevada, café) grain m.
grão-de-bico [,grãwdʒi'biku] m pois m chiche.
grapefruit [,greip'frutʃi] f pamplemousse f.
grasnar [graʒ'na(x)] vi (corvo) croasser; (ganso) cacarder; (pato) cancaner.

graxa

gratidão [gratʃi'dãw] f gratitude f.
gratificação [gratʃifika'sãw] (pl -ões) f (gorjeta) gratification f; (remuneração) prime f.
gratificante [gratʃifi'kãntʃi] adj gratifiant(e).
gratificar [gratʃifi'ka(x)] vt gratifier.
gratinado, da [gratʃi'nadu, da] adj gratiné(e).
gratinar [gratʃi'na(x)] vi gratiner.
grátis ['gratʃiʃ] ♦ adv gratuitement ♦ adj inv gratuit(e).
grato, ta ['gratu, ta] adj reconnaissant(e).
grau ['graw] m (medida) degré m; (título acadêmico) titre m • **primeiro/segundo grau** premier/deuxième cycle • **graus centígrados** degrés centigrades.
gravação [grava'sãw] (pl -ões) f enregistrement m.
gravador [grava'do(x)] (pl -es) m magnétophone m.
gravar [gra'va(x)] vt (música, conversa) enregistrer; (em metal, joia) graver.
gravata [gra'vata] f cravate f.
gravata-borboleta [gra,vataboxbo'leta] (pl gravatas-borboletas) f nœud-papillon m.
grave ['gravi] adj grave.
grávida ['gravida] adj f enceinte.
gravidade [gravi'dadʒi] f gravité f.
gravidez [gravi'deʒ] f grossesse f.
gravura [gra'vura] f gravure f.
graxa ['graʃa] f cirage m.

Grécia

Grécia ['grɛsjɐ] f • **a Grécia** la Grèce.

grego, ga ['grɛgu, 'ga] ◆ adj grec(grecque) ◆ mf Grec m, Grecque f • m (língua) grec m.

grelha ['grɛʎɐ] f (de fogão, assar) grille f.

grelhado, da [grɛ'ʎadu, da] ◆ adj grillé(e) ◆ m grillade f.

grelhar [grɛ'ʎa(x)] vt griller.

grená [grɛ'na] adj grenat (inv).

greta ['grɛta] f fissure f □ **gretas** fpl gerçures fpl.

gretado, da [grɛ'tadu, da] adj gercé(e).

greve ['grɛvi] f grève f • **fazer greve** faire la grève • **em greve** en grève • **greve de fome** grève de la faim.

grid ['grid] m grille m • **grid de largada** grille de départ.

grilo ['grilu] m grillon m.

grinalda [gri'nawda] f guirlande f.

gripe ['gripi] f grippe f.

grisalho, lha [gri'zaʎu, ʎa] adj grisonnant(e).

gritar [gri'ta(x)] vt & vi crier • **gritar com alguém** crier sur qqn.

grito ['gritu] m cri m.

groselha [gro'zɛʎa] f groseille f.

grosseiro, ra [gro'sejru, ra] adj grossier(ère).

grosso, ossa ['grosu, osa] adj épais(aisse); (livro, voz) gros(grosse); (mal-educado) grossier(ère).

grotesco, ca [gro'teʃku, ka] adj grotesque.

grua ['grua] f grue f.

176

grunhido [gru'nidu] m grognement m.

grunhir [gru'ɲi(x)] vi grogner.

grupo ['grupu] m groupe m • **em grupo** en groupe • **grupo de discussão** groupe de discussion • **grupo sanguíneo** groupe sanguin • **grupos de risco** population f à risque.

gruta ['gruta] f grotte f.

guache [gwaʃi] m gouache f.

guaraná [gwara'na] m guaraná m • **guaraná natural** guaraná naturel • **guaraná em pó** guaraná en poudre.

guarda ['gwaxda] ◆ nmf agent m de police **guarda fluvial** garde-pêche m ◆ f garde f.

guarda-chuva [ˌgwaxda'ʃuva] (pl **guarda-chuvas**) m parapluie m.

guarda-costas [ˌgwaxda'kɔʃtaʃ] nmf inv garde m du corps.

guarda-florestal [ˌgwaxdaflorɛʃ'taw] (pl **guardas-florestais**) nmf garde m forestier.

guarda-louça [ˌgwaxda'losa] (pl **guarda-louças**) m buffet m.

guardanapo [gwaxda'napu] m serviette f (de table) • **guardanapos de papel** serviettes en papier.

guarda-noturno [ˌgwaxdano'tuxnu] (pl **guardas-noturnos**) m gardien m de nuit.

guardar [gwax'da(x)] vt garder; (em algum lugar, reservar) conserver; (roupa) rentrer; (vigiar) surveiller □ **guardar-se** vp s'abstenir, se garder de.

guarda-roupa [ˌgwaxda'xopa] *m* (*pl* **guarda-roupas**) *m* (*móvel*) penderie *f*; (*de peça teatral, filme*) costumes *mpl*.

guarda-sol [ˌgwaxda'sɔw] (*pl* **guarda-sóis**) *m* parasol *m*.

guarnecido, da [gwaxne'sidu, da] *adj* garni(e).

guarnição [gwaxni'sãw] (*pl* -ões) *f* garniture *f*.

Guatemala [gwate'mala] *f* ◆ **a Guatemala** le Guatemala.

gude ['gudʒi] *m* jeu d'enfant qui se joue avec des billes.

guelra ['gewxa] *f* ◆ **as guelras** les branchies *fpl*.

guerra ['gexa] *f* guerre *f* ◆ **fazer guerra a** faire la guerre à ◆ **em pé de guerra** sur le pied de guerre.

guia ['gia] ◆ *nmf* guide *mf* ◆ *m* guide *m* ◆ **guia intérprete** guide *mf* interprète ◆ **guia turístico** guide *m*.

guiar ['gja(x)] ◆ *vt* guider; (*automóvel, ônibus*) conduire ◆ *vi* conduire.

guichê [gi'ʃe] *m* guichet *m*.

guidom [gi'dõ] (*pl* -**ns**) *m* (*de bicicleta*) guidon *m*.

guilhotina [giʎo'tʃina] *f* guillotine *f*.

guincho ['gĩʃu] *m* (*som*) couinement *m*; (*máquina*) treuil *m*.

guindaste [gĩn'daʃtʃi] *m* grue *f*.

Guiné-Bissau [giˌnebi'sau] *f* ◆ **a Guiné-Bissau** la Guinée-Bissau.

guineense [gi'njẽsi] ◆ *adj* guinéen(enne) ◆ *nmf* Guinéen *m*, -enne *f*.

guisado, da [gi'zadu, da] ◆ *adj* mijoté(e) ◆ *m* ragoût *m*.

guisar [gi'za(x)] *vt* faire mijoter.

guitarra [gi'taxa] *f* guitare *f* ◆ **guitarra portuguesa** guitare de fado.

guitarrista [gitaˈxiʃta] *nmf* guitariste *m*.

gula ['gula] *f* gourmandise *f*.

guloseima [guloˈzejma] *f* friandise *f*.

guloso, osa [gu'lozu, ɔza] *adj* & *nmf* gourmand(e).

gume ['gumi] *m* tranchant *m*.

guri, ria [gu'ri, ria] *nmf* enfant *mf*.

H

h (*abrev de* **hora**) h.

há [a] → **haver**.

hábil ['abiw] (*pl* -**beis**) *adj* habile.

habilidade [abili'dadʒi] *f* habileté *f* □ **habilidades** *fpl* tours *mpl*.

habilitação [abilita'sãw] *f* aptitude *f* □ **habilitações** *fpl* diplômes *mpl*.

habitação [abita'sãw] (*pl* -ões) *f* habitation *f*.

habitante [abi'tãntʃi] *nmf* habitant *m*, -e *f*.

habitar [abi'ta(x)] *vt* & *vi* habiter ◆ **habitar em** habiter à ◆ **habito na rua Brasil** j'habite rue Brasil.

hábito [ˈabitu] *m* habitude *f*; *(de religioso)* habit *m* • **como de hábito** comme d'habitude • **ter o hábito de fazer algo** avoir l'habitude de faire qqch • **por hábito** par habitude.

habitual [abiˈtwaw] *(pl* **-ais***) adj* habituel(elle).

habitualmente [abitwawˈmẽntʃi] *adv* habituellement.

habituar [abiˈtwa(x)] *vt* • **habituar alguém a algo/a fazer algo** habituer qqn à qqch/à faire qqch ▫ **habituar-se** *vp* s'habituer • **habituar-se a** s'habituer à.

hacker [xakε(x), ʃ] *(pl* **-s***) m INFORM* pirate informatique *m*.

hálito [ˈalitu] *m* haleine *f* • **mau hálito** mauvaise haleine.

hall [ˈɔw] *m (de casa)* entrée *f*; *(de teatro, hotel)* hall *m* • **hall (de entrada)** hall (d'entrée).

haltere [awˈtεra] *m* haltère *f*.

halterofilia [awtεrɔfiˈlja] *f* haltérophilie *f*.

hambúrguer [ãˈbuxgε(x)] *(pl* **-es***) m* steack *m* haché; *(sanduíche)* hamburger *m*.

hangar [ãŋˈga(x)] *(pl* **-es***) m* hangar *m*.

hardware [axˈdwεri] *m* matériel *m*.

harmonia [axmoˈnia] *f* harmonie *f*.

harmônica [axˈmonika] *f* harmonica *m*.

harpa [ˈaxpa] *f* harpe *f*.

haste [ˈaʃtʃi] *f (de bandeira)* hampe *f*.

haver [aˈve(x)] ◆ *v aux* **1.** *(antes de verbos transitivos)* avoir • **como ele não havia comido estava com fome** comme il n'avait pas mangé, il avait faim • **havíamos reservado antes** nous avions réservé avant **2.** *(antes de verbos de movimento, estado ou permanência)* être • **ele havia chegado há pouco** il était arrivé depuis peu ◆ *v impess/v impers* **1.** *(ger)* y avoir • **há um café muito bom ao fim da rua** il y a un très bon café au bout de la rue • **não há ninguém na rua** il n'y a personne dans la rue • **não há correio amanhã** il n'y a pas de courrier demain **2.** *(exprime tempo)* faire • **estou à espera há dez minutos** ça fait dix minutes que j'attends • **há séculos que não vou lá** ça fait des siècles que je n'y vais pas • **havia três dias que não o via** ça faisait trois jours que je ne le voyais pas **3.** *(exprime obrigação)* • **há que fazer algo** il faut faire qqch **4.** *(em locuções)* • **haja o que houver** quoiqu'il arrive • **não há de quê!** il n'y a pas de quoi ▫ **haver-se com** *vp + prep* • **haver-se com alguém** avoir affaire à qqn ▫ **haver de** *vp* • **ele havia de ter chegado mais cedo** il aurait dû arriver plus tôt • **um dia, hei de ir ao Brasil** un jour, j'irai au Brésil ▫ **haveres** *mpl (pertences)* affaires *fpl*; *(bens)* biens *mpl*.

haxixe [a'ʃiʃi] m haschich m.
HD (*abrev de* **Hard Disk**) m disque dur m.
hectare [ɛk'tari] m hectare m.
hélice ['elisi] f hélice f.
helicóptero [eli'kɔpteru] m hélicoptère m.
hélio ['elju] m hélium m.
hematoma [ema'toma] m hématome m.
hemofílico, ca [ɛmo'filiku, ka] mf hémophile mf.
hemorragia [emoxa'ʒia] f hémorragie f. • **hemorragia cerebral** hémorragie cérébrale • **hemorragia nasal** saignement m de nez.
hemorroidas [emo'xɔidaʃ] fpl hémorroïdes fpl.
hepatite [epa'tʃitʃi] f hépatite f.
hera ['ɛra] f lierre m.
herança [e'rãsa] f héritage m.
herbicida [exbi'sida] m désherbant m.
herdar [ex'da(x)] vt hériter de.
herdeiro, ra [ex'dejru, ra] mf héritier m, -ère f.
hermético, ca [ex'mɛtʃiku, ka] adj hermétique.
hérnia ['ɛxnja] f hernie f.
herói [e'rɔi] m héros m.
heroína [e'rwina] f héroïne f.
hesitação [ezita'sãw] (*pl* -ões) f hésitation f.
hesitar [ezi'ta(x)] vi hésiter.
heterossexual [eterosɛk'swaw] (*pl* -ais) adj & nmf hétérosexuel(elle).
hibernar [ibex'na(x)] vi hiberner.
híbrido, da ['ibridu, da] adj hybride.

hipnotismo

hidrante [i'drãntʃi] f bouche f d'incendie.
hidratante [idra'tãntʃi] adj hydratant(e).
hidroavião [ˌidroa'vjãw] (*pl* -ões) m hydravion m.
hidrófilo [i'drɔfilu] adj m hydrophile.
hidrogênio [idro'ʒenju] m hydrogène m.
hierarquia [jerar'kia] f hiérarchie f.
hífen ['ifen] (*pl* -es) m tiret m.
hifenização [ifeniza'sãw] f césure f.
hi-fi [aj'faj] m (*abrev de* high-fidelity) hi-fi f.
higiene [i'ʒjeni] f hygiène f.
hilariante [ila'rjãntʃi] adj hilarant(e).
hino ['inu] m hymne m.
hiperdocumento [ˌipexdoku'mẽntu] m hypertexte m.
hiperlynk [ipex'linki] m *INFORM* hyperlien m.
hipermercado [ˌipexmex'kadu] m hypermarché m.
hipermídia [ˌipex'midʒja] f hypermédia m.
hipertensão [ˌipextẽ'sãw] f hypertension f.
hipertexto [ipex'tejʃtu] m *INFORM* hypertexte m.
hípico, ca ['ipiku, ka] adj hippique.
hipismo [i'piʒmu] m hippisme m.
hipnotismo [ipnɔ'tʃiʒmu] m hypnotisme m.

hipocondríaco, ca [,ipokõn'e driaku, ka] *mf* hypocondriaque *m*.

hipocrisia [ipokri'zia] *f* hypocrisie *f*.

hipócrita [i'pɔkrita] *nmf* hypocrite *mf*.

hipódromo [i'pɔdrumu] *m* hippodrome *m*.

hipopótamo [ipɔ'pɔtamu] *m* hippopotame *m*.

hipoteca [ipɔ'tɛka] *f* hypothèque *f*.

hipótese [i'pɔtezi] *f (suposição)* hypothèse *f*; *(possibilidade)* chance *f* • **em hipótese alguma** en aucun cas • **na melhor das hipóteses** dans le meilleur des cas • **por hipótese** par exemple.

histeria [iʃte'ria] *f* hystérie *f*.

histérico, ca [iʃ'tɛriku, ka] *adj* hystérique.

história [iʃ'tɔrja] *f* histoire *f* • **história da arte** histoire de l'Art • **história da carochinha** histoire à dormir debout • **história em quadrinhos** bande *f* dessinée.

hit ['iti] *m* INFORM occurrence *f*.

hobby ['ɔbi] *m (pl* **hobbies***) m* hobby *m*.

hodômetro [o'dʒometru] *m inv* compteur *m*, odomètre *m*.

hoje ['oʒi] *adv* aujourd'hui • **hoje em dia** à l'heure actuelle • **até hoje** jusqu'à présent • **de hoje** d'aujourd'hui • **de hoje a oito/quinze dias** d'ici huit/quinze jours • **de hoje em diante** dorénavant • **por hoje** aujourd'hui.

Holanda [o'lãnda] *f* • **a Holanda** la Hollande.

holandês, esa [olãn'deʃ, eza] *(mpl* **-eses**, *fpl* **-s)** ♦ *adj* hollandais(e) ♦ *mf* Hollandais *m*, -e *f*.

holofote [olo'fɔtʃi] *m* projecteur *m*.

home banking ['xomibãnkĩn] *m* INFORM banque *f* à domicile *f*.

homem ['ɔmẽ] *(pl* **-ns***) m* homme *m* ▫ **Homem** *m* • **o Homem** l'Homme ♦ **homens** messieurs.

homenagear [omena'ʒja(x)] *vt* rendre hommage à.

homenagem [ome'naʒẽ] *(pl -***ns***) f* hommage *m*.

homens → **homem**.

homicida [omi'sida] *nmf* meurtrier *m*, -ière *f*.

homicídio [omi'sidʒju] *m* homicide *m* • **homicídio involuntário** homicide involontaire.

homossexual [omossek-'swaw] *(pl* **-ais***) adj & nmf* homosexuel(elle).

honestidade [oneʃtʃi'dadʒi] *f* honnêteté *f*.

honesto, ta [o'nɛʃtu, ta] *adj* honnête.

honorário [ono'rarju] *adj* honoraire ▫ **honorários** *mpl* honoraires *mpl*.

honra ['õxa] *f* honneur *m* • **ter a honra de fazer algo** avoir l'honneur de faire qqch • **em honra de** en l'honneur de.

honrado, da [õ'xadu, da] *adj* honnête.

honrar [õ'xa(x)] *vt (dívida)* honorer □ **honrar-se de** *vp + prep* avoir l'honneur de.
honroso, osa [õ'xozu, ɔza] *adj* honorable.
hóquei ['ɔkej] *m* hockey *m* • **hóquei em patins** hockey sur patins • **hóquei sobre o gelo** hockey sur glace.
hora ['ɔra] *f* heure *f* • **meia hora** demi-heure • **que horas são?** quelle heure est-il? • **a que horas é...?** à quelle heure est...? • **são horas de...** il est l'heure de... • **está na hora de...** il est temps de... • **na hora H** à l'heure H • **horas extras** heures supplémentaires • **hora de pico** heure de pointe • **horas vagas** temps *m* libre • **hora a hora** à toute heure • **de hora em hora** toutes les heures • **horas e horas** des heures et des heures • **em cima da hora** juste; *(na hora certa)* pile • **na última hora** au dernier moment.
horário [o'rarju] *m* horaire *m* • **horário de atendimento** heures *fpl* d'ouverture • **horário de funcionamento** heures *fpl* d'ouverture • **horário nobre** heures *fpl* de grande écoute.
horizontal [orizõn'taw] *(pl -ais)* adj horizontal(e).
horizonte [ori'zõntʃi] *m* horizon *m*.
horóscopo [o'rɔʃkopu] *m* horoscope *m*.

horrendo, da [o'xẽndu, da] *adj* affreux(euse).
horripilante [oxipi'lãntʃi] *adj* terrifiant(e).
horrível [o'xivew] *(pl -eis) adj* horrible.
horror [o'xo(x)] *(pl -es) m* horreur *f* • **que horror!** quelle horreur! • **ter horror a algo** avoir horreur de qqch • **um horror de un tas de** • **dizer horrores de alguém** raconter des horreurs sur qqn.
horta ['ɔxta] *f* potager *m*.
hortaliça [oxta'lisa] *f* légumes *mpl* (verts).
hortelã [oxte'lã] *f* menthe *f*.
hortelã-pimenta [oxte,lãpi'mẽnta] *f* menthe *f* poivrée.
hortênsia [ox'tẽnsja] *f* hortensia *m*.
horticultor, ra [oxtʃikuw'to(x), ra] *(mpl -es, fpl -s) mf* horticulteur *m*, -trice *f*.
hortigranjeiros [oxtʃigrãn'ʒeiruʃ] *mpl* produits horticoles et de l'élevage.
hospedagem [oʃpe'daʒẽ] *f* hébergement *m*.
hospedar [oʃpe'da(x)] *vt* héberger, accueillir □ **hospedar-se em** *vp + prep* descendre (chez qqn ou à l'hôtel).
hóspede ['ɔʃpedʒi] *mf* hôte *m*.
hospício [oʃ'pisju] *m* hospice *m*.
hospital [oʃpi'taw] *(pl -ais) m* hôpital *m*.
hospitaleiro, ra [oʃpita'lejru, ra] *adj* hospitalier(ère).
hospitalidade [oʃpitali'dadʒi] *f* hospitalité *f*.

host 182

host ['xoʃtʃi] *m INFORM* hébergeur *m*.

hostil [oʃ'tiw] (*pl* **-is**) *adj* hostile.

hotel [o'tɛw] (*pl* **-éis**) *m* hôtel *m*.

houve ['ovi] → **haver**.

hovercraft [,ovɛx'kraftʃi] *m* hovercraft *m*.

HTML (*abrev de* **Hypertext Markup Language**) *m* HTML *m* (*langage de description de pages Internet*).

HTTP (*abrev de* **Hypertext Transfer Protocol**) *m* HTTP *m*.

humanidade [umani'dadʒi] *f* humanité *f* • **a humanidade** l'humanité.

humanitário, ria [umanitar'ju, rja] *adj* humanitaire.

humano, na [u'manu, na]
◆ *adj* humain(e) ◆ *m* humain *m*.

humildade [umiw'dadʒi] *f* humilité *f*.

humilde [u'miwdʒi] *adj* humble.

humilhação [umiʎa'sãw] (*pl* **-ões**) *f* humiliation *f*.

humilhante [umi'ʎãntʃi] *adj* humiliant(e).

humilhar [umi'ʎa(x)] *vt* humilier □ **humilhar-se** *vp* s'humilier.

humor [u'mo(x)] *m* humour *m*
• **estar de bom/mau humor** être de bonne/mauvaise humeur.

humorista [umo'riʃta] *nmf* humoriste *mf*.

húngaro, ra ['ũŋgaru, ra]
◆ *adj* hongrois(e) ◆ *mf* Hongrois *m*, -e *f* ◆ *m* (*língua*) hongrois *m*.

Hungria [ũŋ'gria] *f* • **a Hungria** la Hongrie.

hurra ['uxa] *interj* hourra!

ia ['ia] → **ir**.

iate ['jatʃi] *m* yacht *m*.

Ibama [i'bama] *m* (*abrev de* **Instituto Brasileiro do Meio Ambiente e dos Recursos Naturais Renováveis**) *organisme brésilien pour la défense de l'environnement*, ≃ SNPN.

ibérico, ca [i'bɛriku, ka] *adj* ibérique.

ibero-americano, na [i,bɛxwamexi'kanu, na] ◆ *adj* latino-américain(e) ◆ *mf* Latino-Américain *m*, -e *f*.

içar [i'sa(x)] *vt* hisser.

ICM/S *m* (*abrev de* **Imposto sobre a Circulação de Mercadorias e Serviços**) ≃ TVA *f*.

ícone ['ikoni] *m* icône *f*.

icterícia [ikte'risja] *f* jaunisse *f*.

ida ['ida] *f* (*partida*) allée *f*; (*jornada*) voyage *m*.

idade [i'dadʒi] *f* âge *m* • **de idade** âgé(e).

ideal [i'dʒjaw] (*pl* **-ais**) ◆ *adj* idéal(e) ◆ *m* idéal *m*.

idealista [idʒja'liʃta] *adj & nmf* idéaliste.

ideia [i'dʒeja] *f* idée *f* • **que ideia!** quelle idée! • **mudar**

ideia changer d'avis • **não fazer ideia** n'en avoir aucune idée.
idêntico, ca [i'dʒẽtʃiku, ka] *adj* identique.
identidade [idʒẽtʃi'dadʒi] *f* identité *f.*
identificação [idʒẽtʃifika'sãw] *f* identification *f.*
identificar [idʒẽtʃifi'ka(x)] *vt* identifier ▫ **identificar-se** *vp* s'identifier.
ideologia [idʒolo'ʒia] *f* idéologie *f.*
idílico, ca [i'dʒiliku, ka] *adj* idyllique.
idioma [i'dʒjoma] *m* langue *f.*
idiota [i'dʒjɔta] *adj & nmf* idiot(e).
ídolo ['idulu] *m* idole *f.*
idôneo, nea [i'donju, nja] *adj* de confiance.
idoso, osa [i'dozu, ɔza] ♦ *adj* âgé(e) ♦ *mf* personne *f* âgée • **os idosos** les personnes âgées.
Iemanjá [jemã'ʒa] *f déesse de la mer du candomblé.*
igarapé [igara'pɛ] *m* bras *m* de rivière.
ignição [igni'sãw] *f* contact *m* (allumage).
ignorado, da [igno'radu, da] *adj* ignoré(e).
ignorância [igno'rãsja] *f* ignorance *f.*
ignorante [igno'rãtʃi] *nmf* ignorant *m*, -e *f.*
ignorar [igno'ra(x)]' *vt* • **ignorar algo** ignorer qqch • **ignorar alguém** ignorer qqn.

igreja [i'greʒa] *f* église *f.*
igual [i'gwaw] (*pl* -**ais**) ♦ *adj (quantidade, preço, proporção)* égal(e); *(idêntico)* identique; *(parecido)* pareil(eille) ♦ *m* égal *m* • **igual a** pareil à • **sem igual** sans pareil.
igualar [igwa'la(x)] *vt (a alguém)* égaler; *(um terreno)* égaliser ▫ **igualar-se** *vp* se valoir • **os candidatos igualam-se** les candidats se valent • **igualar-se a** égaler.
igualdade [igwaw'dadʒi] *f* égalité *f.*
igualmente [igwaw'mẽtʃi] ♦ *adv* également ♦ *interj* vous de même!
ilegal [ile'gaw] (*pl* -**ais**) *adj* illégal(e).
ilegalidade [ilegali'dadʒi] *f* illégalité *f.*
ilegítimo, ma [ile'ʒitʃimu, ma] *adj* illégitime.
ilegível [ile'ʒivew] (*pl* -**eis**) *adj* illisible.
ileso, sa [i'lezu, za] *adj* indemne • **sair ileso de um acidente** sortir indemne d'un accident.
ilha [i'ʎa] *f* île *f.*
ilícito, ta [i'lisitu, ta] *adj* illicite.
ilimitado, da [ilemi'tadu, da] *adj* illimité(e).
Ilma.= Ilustríssima.
Ilmo.= Ilustríssimo.
ilógico, ca [i'lɔʒiku, ka] *adj* illogique.
iludir [ilu'di(x)] *vt* tromper ▫ **iludir-se** *vp* se faire des illusions.

iluminação

iluminação [ilumina'sãw] f éclairage m.
iluminado, da [ilumi'nadu, da] adj (rua) éclairé(e); (árvore de Natal) illuminé(e).
iluminar [ilumi'na(x)] vt (sala, rua) éclairer; (monumento) illuminer.
ilusão [ilu'zãw] (pl -ões) f illusion f. • **não ter ilusões** ne pas se faire d'illusions • **perder as ilusões** perdre ses illusions.
ilustração [iluʃtra'sãw] (pl -ões) f illustration f.
ilustrado, da [iluʃ'tradu, da] adj illustré(e).
ilustrar [iluʃ'tra(x)] vt (exemplificar) illustrer.
ilustre [i'luʃtri] adj illustre.
ilustríssimo, ma [iluʃ'trisimu, ma] adj (para senhores) Monsieur; (para senhoras) Madame.
imã [i'mã] m ímã m.
ímã [i'mã] m aimant m.
imaculado, da [imaku'ladu, da] adj immaculé(e).
imagem [i'maʒẽ] (pl -ns) f image f.
imaginação [imaʒina'sãw] f imagination f.
imaginar [imaʒi'na(x)] vt imaginer □ **imaginar-se** vp s'imaginer.
imaginativo, va [imaʒina'tʃivu, va] adj imaginatif(ive).
imame [i'mami] m imam m.
imaturo, ra [ima'turu, ra] adj immature.
imbatível [ĩmba'tʃivew] (pl -eis) adj imbattable.

184

imbecil [ĩnbe'siw] (pl -is) adj & nmf imbécile.
imediações [imedʒja'sõiʃ] fpl alentours mpl • **nas imediações de** aux alentours de.
imediatamente [ime,dʒjata'mẽntʃi] adv immédiatement.
imediato, ta [ime'dʒjatu, ta] adj immédiat(e) • **de imediato** (imediatamente) immédiatement; (neste momento) dans l'immédiat.
imenso, sa [i'mẽsu, sa] ♦ adj immense ♦ adv énormément.
imergir [imex'ʒi(x)] vt immerger.
imigração [imigra'sãw] f immigration f.
imigrante [imi'grãntʃi] nmf immigrant m, -e f.
imigrar [imi'gra(x)] vi immigrer.
iminente [imi'nẽntʃi] adj imminent(e).
imitação [imita'sãw] (pl -ões) f imitation f.
imitar [imi'ta(x)] vt imiter.
imobiliária [imobi'ljarja] f (vendedor) agence f immobilière; (construtor) promoteur m.
imobilizar [imobili'za(x)] vt immobiliser □ **imobilizar-se** vp s'immobiliser.
imoral [imo'raw] (pl -ais) adj immoral(e).
imóvel [i'mɔvɛw] (pl -eis) ♦ adj (parado) immobile; (bem) immobilier(ère) ♦ m (prédio) immeuble m; (valor) bien m immobilier.

impaciência [ĩmpa'sjẽsja] *f* impatience *f.*
impaciente [ĩmpa'sjẽntʃi] *adj* impatient(e).
impacto [ĩm'paktu] *m* impact *m.*
ímpar ['ĩmpa(x)] (*pl* **-es**) *adj (número)* impair(e); *(objeto, ação)* unique.
imparcial [ĩmpax'sjaw] (*pl* **-ais**) *adj* imparcial(e).
impasse [ĩm'pasi] *m* impasse *f.*
impecável [ĩmpe'kavɛw] (*pl* **-eis**) *adj* impeccable.
impedido, da [ĩmpe'dʒidu, da] *adj (caminho, estrada)* coupé(e).
impedimento [ĩmpedʒi'mẽntu] *m* empêchement *m.*
impedir [ĩmpe'dʒi(x)] *vt* couper • **impedir alguém de fazer algo** empêcher qqn de faire qqch.
impelir [ĩmpe'li(x)] *vt* pousser.
impenetrável [ĩmpene'travɛw] (*pl* **-eis**) *adj* impénétrable.
impensável [ĩmpẽ'savɛw] (*pl* **-eis**) *adj* impensable.
imperador [ĩmpera'do(x)] (*pl* **-es**) *m* empereur *m.*
imperativo, va [ĩmpera'tʃivu, va] ◆ *adj* impératif(ive) ◆ *m* impératif *m.*
imperatriz [ĩmpera'triʃ] (*pl* **-es**) *f* impératrice *f.*
imperdoável [ĩmpex'dwavɛw] (*pl* **-eis**) *adj* impardonnable.
imperfeição [ĩmpexfej'sãw] (*pl* **-ões**) *f (defeito)* imperfection *f.*

impor

imperfeito, ta [ĩmpex'fejtu, ta] ◆ *adj* imparfait(e) ◆ *m* imparfait *m.*
imperial [ĩmpe'rjaw] (*pl* **-ais**) *adj* impérial(e).
impermeável [ĩmpex'mjavɛw] (*pl* **-eis**) *adj & m* imperméable.
impertinente [ĩmpextʃi'nẽntʃi] *adj* impertinent(e).
imperturbável [ĩmpextux'bavɛw] (*pl* **-eis**) *adj* imperturbable.
impessoal [ĩmpe'swaw] (*pl* **-ais**) *adj* impersonnel(elle).
impetuoso, osa [ĩmpe'twozu, ɔza] *adj* impétueux(euse).
impiedade [ĩnpje'dadʒi] *f* impiété *f.*
implacável [ĩmpla'kavɛw] (*pl* **-eis**) *adj* implacable.
implantação [ĩmplãnta'sãw] *f* implantation *f.*
implementar [ĩmplemẽn'ta(x)] *vt (lei)* mettre en application; *(regime, sistema)* mettre en place.
implicar [ĩmpli'ka(x)] *vt* impliquer ▫ **implicar com** *vp* titiller.
implícito, ta [ĩm'plisitu, ta] *adj* implicite.
implorar [ĩmplo'ra(x)] *vt* implorer.
imponente [ĩmpo'nẽntʃi] *adj* imposant(e).
impopular [ĩmpopu'la(x)] (*pl* **-es**) *adj* impopulaire.
impor [ĩm'po(x)] *vt* imposer ▫ **impor-se** *vp* s'imposer • **impor algo a alguém** imposer qqch à qqn.

importação

importação [ĩmpoxta'sãw] (*pl* -ões) *f* importation *f*.
importado, da [ĩmpox'tadu, da] *adj* importé(e).
importância [ĩmpox'tãsja] *f* importance *f*.
importante [ĩmpox'tãntʃi] ◆ *adj* important(e) ◆ *m* ◆ **o importante é...** l'important c'est....
importar [ĩmpox'ta(x)] ◆ *vt* (*mercadoria, produto*) importer; (*ideia*) prendre ◆ *vi* avoir de l'importance ❏ **importar-se** *vp* ◆ **importa-se de...** ça ne vous dérange pas de... ◆ **não importa** ça n'a pas d'importance ◆ **não me importa** ça m'est égal ◆ **pouco importa** peu importe.
imposição [ĩmpozi'sãw] (*pl* -ões) *f* imposition *f*.
impossibilitar [ĩmposibilita(x)] *vt* rendre impossible.
impossível [ĩmpo'sivew] (*pl* -eis) ◆ *adj* impossible ◆ *m* ◆ **o impossível** l'impossible *m* ◆ **querer o impossível** vouloir l'impossible.
imposto [ĩm'poʃtu] *m* impôt *m* ◆ **imposto de renda** impôt sur le revenu ◆ **imposto sobre o valor agregado** taxe *f* sur la valeur ajoutée.
impostor, ra [ĩmpoʃ'to(x), ra] (*mpl* -es, *fpl* -s) *mf* imposteur *m*.
impotente [ĩmpo'tẽntʃi] *adj* impuissant(e).
impraticável [ĩmpratʃi'kavew] (*pl* -eis) *adj* (*estrada, caminho*) impraticable.

186

impreciso, sa [ĩmpre'sizu, za] *adj* imprécis(e).
impregnar [ĩmpreg'na(x)] *vt* imprégner ❏ **impregnar-se de** *vp* + *prep* s'imprégner de.
imprensa [ĩm'prẽsa] *f* presse *f*.
imprescindível [ĩpresĩn'dʒivew] (*pl* -eis) *adj* indispensable.
impressão [ĩmpre'sãw] (*pl* -ões) *f* impression *f* ◆ **ter a impressão de que** avoir l'impression que ◆ **impressão digital** empreinte *f* digitale ◆ **causar boa impressão** faire bonne impression.
impressionante [ĩmpresjunãntʃi] *adj* impressionnant(e).
impressionar [ĩmpresjuna(x)] *vt* impressionner.
impresso, sa [ĩm'presu, a] ◆ *adj* imprimé(e) ◆ *m* formulaire *m*.
impressões → **impressão**.
impressora [ĩmpre'sora] *f* imprimante *f*.
imprestável [ĩpreʃ'tavew] (*pl* -eis) *adj* (*não prestativo*) désobligeant(e); (*inútil*) inutilisable.
imprevisível [ĩmprevi'zivew] (*pl* -eis) *adj* imprévisible.
imprevisto, ta [ĩmpre'viʃtu, ta] ◆ *adj* imprévu(e) ◆ *m* imprévu *m*.
imprimir [ĩmpri'mi(x)] *vt* imprimer.
impróprio, pria [ĩm'prɔprju, prja] *adj* ◆ **impróprio para beber** non potable ◆ **impróprio para comer** impropre à la consommation ◆ **impróprio para morar** insalubre.

improvável [impro'vavεw] (*pl* **-eis**) *adj* improbable.

improvisar [improvi'za(x)] *vt* & *vi* improviser.

improviso [impro'vizu] *m* improvisation *f* • **de improviso** à l'improviste.

imprudente [impru'dẽtʃi] *adj* imprudent(e).

impulsionar [impuwsju'na(x)] *vt* stimuler.

impulsivo, va [impuw'sivu, va] *adj* impulsif(ive).

impulso [ĩm'puwsu] *m (incitamento)* impulsion *f*.

impune [ĩ'puni] *adj* impuni(e).

impureza [ĩmpu'reza] *f* impureté *f*.

impuro, ra [ĩm'puru, ra] *adj* impur(e).

imundície [ĩmũn'dʒisji] *f (sujidade)* crasse *f; (lixo)* immondices *fpl*.

imune [i'muni] *adj* • **imune a** *(à doença)* immunisé(e) contre; *(a ataques)* insensible à.

inábil [i'nabiw] (*pl* **-beis**) *adj* malhabile.

inabitado, da [inabi'tadu, da] *adj* inhabité(e).

inacabado, da [inaka'badu, da] *adj* inachevé(e).

inaceitável [inasej'tavεw] (*pl* **-eis**) *adj* inacceptable.

inacessível [inase'sivew] (*pl* **-eis**) *adj* inaccessible.

inacreditável [inakredʒi'tavεw] (*pl* **-eis**) *adj* incroyable.

inadequado, da [inade'kwadu, da] *adj* inadéquat(e).

inadiável [ina'dʒjavεw] (*pl* **-eis**) *adj (problema)* urgent(e); *(encontro, reunião)* qui ne peut être reporté(e).

inadvertido, da [inadvert'ʃidu, da] *adj* involontaire.

inalador [inala'do(x)] (*pl* **-es**) *m* inhalateur *m*.

inalar [ina'la(x)] *vt* inhaler.

inalcançável [inawkã'savεw] (*pl* **-eis**) *adj* inaccessible.

inanimado, da [inani'madu, da] *adj* inanimé(e).

inaptidão [inaptʃi'dãw] *f* inaptitude *f*.

inapto, ta [i'naptu, ta] *adj* inapte.

inarticulado, da [inaxtʃiku'εladu, da] *adj* inarticulé(e).

inatingível [inatʃĩ'ʒivεw] (*pl* **-eis**) *adj* inaccessible.

inatividade [inatʃivi'dadʒi] *f* inactivité *f*.

inativo, va [ina'tʃivu, va] *adj (máquina)* à l'arrêt; *(vulcão)* éteint(e); *(pessoa)* inactif(ive).

inato, ta [i'natu, ta] *adj* inné(e).

inauguração [inawgura'sãw] (*pl* **-ões**) *f* inauguration *f*.

inaugurar [inawgu'ra(x)] *vt* inaugurer.

incansável [ĩkã'savεw] (*pl* **-eis**) *adj* infatigable.

incapacidade [ĩŋkapasi'dadʒi] *f* incapacité *f*.

incapaz [ĩka'paʃ] (*pl* **-es**) *adj* incapable.

incendiar [ĩsẽn'dʒja(x)] *vt* mettre le feu à ◻ **incendiar-se** *vp* prendre feu.

incêndio [ĩ'sẽndʒju] m incendie m.

incenso [ĩn'sẽnsu] m encens m.

incentivar [ĩsẽtʒi'va(x)] vt encourager.

incentivo [ĩsẽn'tʒivu] m encouragement m; *(dinheiro)* prime f.

incerteza [ĩsex'teza] f incertitude f ◆ **ficar na incerteza** être perplexe.

incerto, ta [ĩ'sɛxtu, ta] adj incertain(e).

incesto [ĩn'sɛʃtu] m inceste m.

inchação [ĩnʃa'sãw] f = **inchaço**.

inchaço [ĩ'ʃasu] m boursouflure f.

inchado, da [ĩ'ʃadu, da] adj *(tumefato)* enflé(e); *(fig) (envaidecido)* infatué(e).

inchar [ĩ'ʃa(x)] vi enfler.

incidência [ĩsi'dẽnsja] f incidence f.

incidente [ĩsi'dẽntʃi] m incident m.

incineração [ĩsinera'sãw] (pl -ões) f incinération f.

incisivo, va [ĩsi'zivu, va] ◆ adj incisif(ive) ◆ m incisive f.

incitar [ĩsi'ta(x)] vt inciter.

inclemente [ĩŋkle'mẽntʃi] adj sévère.

inclinação [ĩŋklina'sãw] (pl -ões) f *(de objeto, linha, edifício)* inclinaison f; *(fig) (propensão)* inclination f, penchant m.

inclinado, da [ĩŋkli'nadu, da] adj incliné(e).

inclinar [ĩŋkli'na(x)] vt incliner ❑ **inclinar-se** vp s'incliner.

incluir [ĩŋklu'i(x)] vt include; *(conter)* comprendre.

inclusive [ĩŋklu'zivɛ] adv y compris.

incoerente [ĩŋkwe'rẽntʃi] adj incohérent(e).

incógnita [ĩŋ'kɔgnita] f inconnue f.

incógnito, ta [ĩŋ'kɔgnitu, ta] adj inconnu(e).

incolor [ĩŋko'lo(x)] (pl -es) adj incolore.

incomodar [ĩŋkomo'da(x)] vt *(importunar)* déranger; *(afligir)* affecter ◆ **não incomodar** ne pas déranger ❑ **incomodar-se** vp s'inquiéter ◆ **incomoda-se se eu fumar?** cela vous dérange si je fume?

incômodo, da [ĩŋ'komodu, da] ◆ adj pas confortable ◆ m dérangement m.

incomparável [ĩŋkõmpa'ravew] (pl -eis) adj incomparable.

incompatível [ĩŋkõmpa'tʃivew] (pl -eis) adj incompatible.

incompetente [ĩŋkõmpe'tẽntʃi] adj & nmf incompétent(e).

incompleto, ta [ŋkõm'plɛtu, ta] adj incomplet(ète).

incomum [ĩŋko'mũ] (pl -ns) adj hors du commun.

incomunicável [ĩŋkomuni'kavew] (pl -eis) adj *(isolado)* injoignable; *(bens)* intransmissible.

incomuns → **incomum**.

inconcebível [ĩŋkõse'bivew] (pl -eis) adj inconcevable.

189

incondicional [ĩŋkõndʒisjo'naw] (pl -**ais**) adj (proposta, contrato) sans condition; (apoio, rendição, partidário) inconditionnel(elle).

inconfidência [ĩŋkõfi'dẽsja] f indiscrétion f, infidélité f.

inconfidente [ĩŋkõfi'dẽtʃi] adj indiscret(te), infidèle.

inconformado, da [ĩŋkõfox'madu, da] adj ♦ **estar inconformado** ne pas se faire à l'idée de.

inconfundível [ĩŋkõfũn'dʒivew] (pl -**eis**) adj (voz, cheiro) caractéristique; (casa, rua) facilement repérable.

inconsciência [ĩŋkõʃ'sjẽsja] f inconscience f.

inconsciente [ĩŋkõʃ'sjẽtʃi] ♦ adj inconscient(e) ♦ m inconscient m.

incontestável [ĩŋkõnteʃ'tavew] (pl -**eis**) adj incontestable.

inconveniência [ĩŋkõve'njẽsja] f (problema, desvantagem) inconvénient m; (grosseria) grossièreté f.

inconveniente [ĩŋkõve'njẽntʃi] ♦ adj (grosseiro) grossier(ère); (assunto) déplacé(e) ♦ m inconvénient m ♦ **não ver inconveniente em** ne pas voir d'inconvénient à ce que.

incorporar [ĩŋkoxpo'ra(x)] vt (unir) ajouter; (juntar) incorporer.

incorreto, ta [ĩŋko'xetu, ta] adj incorrect(e).

incorrigível [ĩŋkoxi'ʒivew] (pl -**eis**) adj incorrigible.

incrédulo, la [ĩŋ'kredulu, la] adj incrédule.

indenização

incrível [ĩŋ'krivew] (pl -**eis**) adj incroyable; (pessoa) étonnant(e); (lugar, espetáculo, paisagem) fantastique.

incubadora [ĩŋkuba'dora] f couveuse f.

inculto, ta [ĩŋ'kuwtu, ta] adj inculte.

incumbir [ĩŋkũm'bi(x)] vt charger, confier ♦ **incumbir alguém de fazer algo** charger qqn de faire qqch □ **incumbir a** vp ♦ **incumbir a alguém fazer algo** être à qqn de faire qqch □ **incumbir-se de** vp + prep ♦ **incumbir-se de fazer algo** se charger de faire qqch.

incurável [ĩŋku'ravew] (pl -**eis**) adj incurable.

indagar [ĩnda'ga(x)] vi rechercher.

indecente [ĩnde'sẽtʃi] adj indécent(e).

indecisão [ĩndesi'zãw] (pl -**ões**) f indécision f.

indeciso, sa [ĩnde'sizu, za] adj indécis(e) ♦ **estar indeciso** hésiter.

indecisões → **indecisão**.

indecoroso, osa [ĩndeku'rozo, ɔza] adj indécent(e).

indefeso, sa [ĩnde'fezu, za] adj sans défense.

indefinido, da [ĩndefi'nidu, da] adj (prazo) indéterminé(e); GRAM indéfini(e).

indelicado, da [ĩndeli'kadu, da] adj impoli(e).

indenização [ĩndeniza'sãw] (pl -**ões**) f indemnisation f; (pagamento) indemnité f

indenizar 190

• **indenização por perdas e danos** dommages et intérêts.
indenizar [ĩdeni'zar] vt indemniser.
independência [ĩdepẽn'dẽsja] f indépendance f.
independente [ĩdepẽn'dẽtʃi] adj indépendant(e).
independentemente [ĩdepẽn,dẽtʃi'mẽtʃi] □ **independentemente de** prep indépendamment de.
indescritível [ĩdeʃkri'tʃivew] (pl **-eis**) adj indescriptible.
indesejável [ĩdeze'ʒavew] (pl **-eis**) adj (pessoa) indésirable; (situação) gênant(e).
indestrutível [ĩdeʃtru'tʃivew] (pl **-eis**) adj (construção) indestructible; (fig) (argumento) irréfutable.
indeterminado, da [ĩdetexmi'nadu, da] adj indéterminé(e).
indevido, da [ĩde'vidu, da] adj (comportamento) déplacé(e); (hora) indu(e).
Índia ['ĩdʒja] f • **a Índia** l'Inde f.
indiano, na [ĩ'dʒjanu, na] ◆ adj indien(enne) ◆ mf Indien m, -enne f (d'Inde).
indicação [ĩdʒika'sãw] (pl **-ões**) f indication f.
indicador [ĩdʒika'do(x)] (pl **-es**) m (dedo) index m; (de temperatura, hodômetro) indicateur m.
indicar [ĩdʒi'ka(x)] vt indiquer.

indicativo, va [ĩdʒika'tʃivu, va] ◆ adj indicatif(ive) ◆ m indicatif m.
índice ['ĩdʒisi] m (em livro) table f des matières; (por ordem alfabética, dedo) index m; (nível) indice m • **índice de inflação** taux m d'inflation.
indício [ĩ'dʒisju] m indice m, indication f.
indiferença [ĩdʒife'rẽsa] f indifférence f.
indiferente [ĩdʒife'rẽtʃi] adj indifférent(e) • **é-me indiferente** ça m'est égal.
indígena [ĩ'dʒiʒena] adj & nmf indigène.
indigestão [ĩdʒiʒeʃ'tãw] f indigestion f.
indigesto, ta [ĩdʒi'ʒɛʃtu, ta] adj indigeste.
indignação [ĩdʒigna'sãw] (pl **-ões**) f indignation f.
indigno, gna [ĩ'dʒignu, gna] adj indigne.
índio, dia ['ĩdʒju, dʒja] ◆ adj indien(enne) ◆ mf Indien m, -enne f (d'Amérique).
indireta [ĩdʒi'rɛta] f (fig) sous-entendu m • **soltar uma indireta** (criticar) lancer une pique; (insinuar) faire une allusion.
indireto, ta [ĩdʒi'rɛtu, ta] adj indirect(e).
indisciplinado, da [ĩdʒiʃipli'nadu, da] adj indiscipliné(e).
indiscreto, ta [ĩdʒiʃ'krɛtu, ta] adj indiscret(ète).
indiscutível [ĩdʒiʃku'tʃivew] (pl **-eis**) adj indiscutable.

indispensável [ĩdʒiʃpē'savew] (pl -**eis**) ♦ adj indispensable ♦ m ● **o indispensável** l'indispensable m.
indisposição [ĩdʒiʃpozi'sãw] (pl -**ões**) f malaise m.
indisposto, osta [ĩdʒiʃ'poʃtu, ɔʃta] adj indisposé(e).
indistinto, ta [ĩdʒiʃ'tʃĩntu, ta] adj indistinct(e).
individual [ĩdʒivi'dwaw] (pl -**ais**) adj individuel(elle).
indivíduo [ĩde'vidwu] m (pessoa) individu m ; (fam) (homem) type m.
índole ['ĩndoli] f nature f (caractère).
indolência [ĩndo'lēnsja] f indolence f.
indolente [ĩndo'lēntʃi] adj indolent(e).
indolor [ĩndo'lo(x)] (pl -**es**) adj indolore.
Indonésia [ĩndo'nɛzja] f ● **a Indonésia** l'Indonésie f.
indulgência [ĩnduw'ʒēsja] f indulgence f.
indulgente [ĩnduw'ʒēntʃi] adj indulgent(e).
indumentária [ĩndumēn'tarja] f (pej) accoutrement m.
indústria [ĩn'duʃtria] f industrie f.
induzir [ĩndu'zi(x)] vt ● **induzir alguém a fazer algo** pousser qqn à faire qqch ● **induzir alguém em erro** induire qqn en erreur.
inédito, ta [i'nɛdʒitu, ta] adj (filme, peça de teatro, livro) inédit(e); (acontecimento) inouï(e).

infectado

ineficaz [inefi'kaʃ] (pl -**es**) adj inefficace.
inegável [ine'gavew] (pl -**eis**) adj indéniable.
inércia [i'nɛxsja] f inertie f.
inerte [i'nɛxtʃi] adj inerte.
inesgotável [ineʒgo'tavew] (pl -**eis**) adj inépuisable.
inesperado, da [ineʃpe'radu, da] adj inattendu(e).
inesquecível [ineʃke'sivew] (pl -**eis**) adj inoubliable.
inestimável [ineʃtʃi'mavew] (pl -**eis**) adj inestimable.
inevitável [inevi'tavew] (pl -**eis**) adj inévitable.
inexequível [ineze'kwivew] (pl -**eis**) adj irréalisable.
inexistência [ineziʃ'tēsja] f inexistence f.
inexperiência [ineʃpe'rjēsja] f inexpérience f, manque m d'expérience.
inexperiente [ineʃpe'rjēntʃi] adj (sem experiência) inexpérimenté(e); (fig) (inocente) novice.
infalível [ĩfa'livew] (pl -**eis**) adj (método, sistema, plano) infaillible; (inevitável) garanti(e).
infâmia [ĩ'famja] f calomnie f.
infância [ĩ'fãsja] f enfance f.
infantil [ĩfãn'tiw] (pl -**is**) adj (literatura, programa) pour enfants; (pej) (imaturo) infantile; (jogo, linguagem) enfantin(e).
infecção [ĩfe'sãw] (pl -**ões**) f infection f.
infeccioso, osa [ĩfɛ'sjozu, ɔza] adj infectieux(euse).
infecções → **infecção**.
infectado, da [ĩfe'tadu, da] adj infecté(e).

infectar

infectar [ĩfe'ta(x)] *vt* infecter.
infelicidade [ĩfelisi'dadʒi] *f* malheur *m* ♦ **mas que infelicidade!** quel malheur! ♦ **tive a infelicidade de** j'ai eu le malheur de.
infeliz [ĩfe'liʒ] (*pl* -es) *adj & nmf* malheureux(euse) ♦ **ser infeliz** être malheureux.
infelizmente [ĩfeliʒ'mẽntʃi] *adv* malheureusement.
inferior [ĩfe'rjo(x)] (*pl* -es) *adj* inférieur(e) ♦ **um número inferior de** moins de ♦ **piso** *ou* **andar inferior** étage du dessous.
inferno [ĩ'fɛxnu] *m* ♦ **o inferno** l'enfer *m* ♦ **isto é um inferno!** c'est l'enfer! ♦ **vá para o inferno!** (*fam*) allez au diable!
infertilidade [ĩfextʃili'dadʒi] *f* infertilité *f*.
infestar [ĩfeʃ'ta(x)] *vt* infester.
infiel [ĩ'fjɛw] (*pl* -éis) *adj* infidèle.
infiltrar-se [ĩfiw'traxsi] *vp* s'infiltrer.
ínfimo, ma ['ĩfimu, ma] *adj* (muito pequeno) infime; (*fig*) (reles, sem importância) misérable.
infindável [ĩfĩn'davew] (*pl* -eis) *adj* interminable.
infinidade [ĩfini'dadʒi] *f* infinité *f*.
infinitivo [ĩfini'tʃivu] *m* infinitif *m*.
infinito, ta [ĩfi'nitu, ta] ♦ *adj* infini(e) ♦ *m* infini *m*.
inflação [ĩfla'sãw] *f* inflation *f*.
inflamação [ĩflama'sãw] (*pl* -ões) *f* inflammation *f*.

192

inflamado, da [ĩfla'madu, da] *adj* enflammé(e).
inflamar [ĩfla'ma(x)] *vt* enflammer.
inflamável [ĩfla'mavew] (*pl* -eis) *adj* inflammable ♦ **inflamável** inflammable.
inflável [ĩ'flavew] (*pl* -eis) *adj* gonflable.
inflexível [ĩflɛk'sivew] (*pl* -eis) *adj* inflexible.
influência [ĩflu'ẽsja] *f* influence *f* ♦ **ter influência** avoir de l'influence.
influente [ĩflu'ẽntʃi] *adj* influent(e).
influir [ĩflu'i(x)] □ **influir em** *vp* influer sur.
informação [ĩfoxma'sãw] (*pl* -ões) *f* information *f* □ **informações** *fpl* renseignements *mpl* ♦ **informações** informations.
informal [ĩfox'maw] (*pl* -ais) *adj* (*linguagem*) courant(e); (*roupa*) décontracté(e).
informar [ĩfox'ma(x)] *vt* informer ♦ **informar alguém de** *ou* **sobre algo** informer qqn de *ou* au sujet de qqch □ **informar-se** *vp* s'informer ♦ **informar-se sobre** se renseigner sur.
informática [ĩfox'matʃika] *f* informatique *f*.
informativo, va [ĩfoxma'tʃivu, va] *adj* d'information.
informatizar [ĩfurmatʃi'za(x)] *vt* informatiser.
infortúnio [ĩnfox'tunju] *m* malheur *m*.

infração [ĩfra'sāw] (*pl* -ões) *f* infraction *f*.

infrações → infração.

infrator, ra [ĩfra'to(x), ra] (*mpl* -es, *fpl* -s) *mf* contrevenant *m*, -e *f*.

infravermelho, lha [ĩfravex'veʎu, ʎa] *adj* infrarouge.

infringir [ĩfrĩ'ʒir] *vt* enfreindre.

infrutífero, ra [ĩfru'tʃifero, ra] *adj* infructueux(euse).

infundado, da [ĩfũn'dadu, da] *adj* infondé(e).

ingenuidade [ĩʒenwi'dadʒi] *f* naïveté *f*.

ingênuo, nua [ĩ'ʒenwu, nwa] *adj* & *mf* naïf(naïve).

ingerir [ĩʒe'ri(x)] *vt* absorber.

Inglaterra [ĩŋgla'texa] *f* • **a Inglaterra** l'Angleterre *f*.

inglês, esa [ĩŋ'gleʃ, eza] (*mpl* -eses, *fpl* -s) ◆ *adj* anglais(e) ◆ *mf* Anglais *m*, -e *f* ◆ *m* (*língua*) anglais *m* • **para inglês ver** en mettre plein la vue.

ingratidão [ĩŋgratʃi'dāw] *f* ingratitude *f*.

ingrato, ta [ĩŋ'gratu, ta] *adj* ingrat(e).

ingrediente [ĩŋgre'dʒjẽntʃi] *m* ingrédient *m*.

íngreme [ĩŋgremi] *adj* (*rua, encosta*) escarpé(e); (*escadas*) raide.

ingresso [ĩŋ'gresu] *m* entrée *f*; (*admissão*) admission *f*.

inhame [i'ɲami] *m* igname *f*.

inibição [inibi'sāw] (*pl* -ões) *f* timidité *f*.

inibido, da [ini'bidu, da] *adj* timide.

inicial [ini'sjaw] (*pl* -ais) ◆ *adj* initial(e) ◆ *f* initiale *f*.

iniciar [ini'sja(x)] *vt* commencer • **iniciar alguém em algo** initier qqn à qqch ❑ **iniciar-se** *vp* commencer • **iniciar-se em** débuter dans.

iniciativa [inisja'tʃiva] *f* initiative *f* • **ter iniciativa** avoir de l'initiative.

início [i'nisju] *m* début *m* • **no início** au début • **desde o início** depuis le début.

inimigo, ga [ini'migu, ga] *adj* & *mf* ennemi(e).

ininterruptamente [inĩnte,xupta'mẽntʃi] *adv* sans arrêt.

injeção [ĩʒe'sãw] (*pl* -ões) *f* MED piqûre *f* • **dar uma injeção** faire une piqûre.

injeções → injeção.

injetar [ĩʒe'ta(x)] *vt* injecter ❑ **injetar-se** *vp* (*fam*) se piquer.

injúria [ĩ'ʒurja] *f* injure *f*.

injuriar [ĩʒu'rja(x)] *vt* injurier.

injustiça [ĩʒuʃ'tʃisa] *f* injustice *f*.

injusto, ta [ĩ'ʒuʃtu, ta] *adj* injuste.

inocência [ino'sẽsja] *f* innocence *f*.

inocentar [inosẽn'ta(x)] *vt* • **inocentar alguém (de algo)** innocenter qqn (de qqch).

inocente [ino'sẽntʃi] *adj* innocent(e) • **ser** *ou* **estar inocente** être innocent.

inoculação [inɔkula'sãw] (*pl* -ões) *f* inoculation *f*.

inócuo

inócuo, cua [i'nɔkwu, kwa] *adj* inoffensif(ive).

inofensivo, va [inofẽ'sivu, va] *adj* inoffensif(ive).

inoportuno, na [inopox'tunu, na] *adj* inopportun(e).

inovação [inova'sãw] (*pl* **-ões**) *f* innovation *f*.

inox [i'nɔksi] *m* Inox® *m*.

inoxidável [inoksi'davɛw] (*pl* **-eis**) *adj* inoxydable.

inquérito [ĩŋ'kɛritu] *m* enquête *f*.

inquietação [ĩŋkjeta'sãw] *f* (*agitação*) agitation *f*; (*preocupação*) inquiétude *f*.

inquietante [ĩŋkje'tãntʃi] *adj* inquiétant(e).

inquilino, na [ĩŋki'linu, na] *m/f* locataire *mf*.

insaciável [ĩnsa'sjavɛw] (*pl* **-eis**) *adj* insatiable.

insalubre [ĩnsa'lubri] *adj* insalubre.

insanidade [ĩnsani'dadʒi] *f* insanité *f* (*mentale*).

insatisfação [ĩnsatʃiʃfa'sãw] (*pl* **-ões**) *f* insatisfaction *f*.

insatisfatório, ria [ĩnsatʃiʃfa'tɔrju, rja] *adj* insatisfaisant(e).

insatisfeito, ta [ĩnsatʃiʃ'fejtu, ta] *adj* insatisfait(e).

inscrever [ĩʃkre've(x)] *vt* inscrire • **inscrever alguém em algo** inscrire qqn à qqch ❏ **inscrever-se** *vp* • **inscrever-se em** s'inscrire à.

inscrição [ĩʃkri'sãw] (*pl* **-ões**) *f* inscription *f*.

insegurança [ĩsegu'rãsa] *f* insécurité *f*.

inseguro, ra [ĩse'guru, ra] *adj* dangereux(euse) • **ele é inseguro** il n'est pas sûr de lui.

inseminação [ĩnsemina'sãw] (*pl* **-ões**) *f* • **inseminação (artificial)** insémination *f* (artificielle).

insensato, ta [ĩsẽ'satu, ta] *adj* (*pessoa*) pas raisonnable; (*decisão, comportamento*) insensé(e).

insensibilidade [ĩsẽsibili'dadʒi] *f* insensibilité *f*.

insensível [ĩsẽ'sivɛw] (*pl* **-eis**) *adj* (*pessoa*) insensible; (*dedos*) engourdi(e).

inseparável [ĩsepa'ravɛw] (*pl* **-eis**) *adj* inséparable.

inserir [ĩse'ri(x)] *vt* (*colocar*) introduire; *INFORM* (*disquete*) insérer ❏ **inserir-se em** *vp* + *prep* s'intégrer à.

inseticida [ĩsetʃi'sida] *m* insecticide *m*.

inseto [ĩ'sɛtu] *m* insecte *m*.

insidioso, osa [ĩsi'dʒjozu, ɔza] *adj* (*pessoa*) sournois(e); (*comportamento, resposta*) insidieux(euse).

insígnia [ĩ'signja] *f* insigne *f*.

insignificante [ĩsignifi'kãntʃi] *adj* insignifiant(e).

insincero, ra [ĩnsĩ'sɛru, ra] *adj* hypocrite.

insinuar [ĩsi'nwa(x)] *vt* insinuer ❏ **insinuar-se** *vp* s'insinuer.

insípido, da [ĩ'sipidu, da] *adj* insipide.

insistência [ĩsiʃ'tẽsja] *f* insistance *f*.

insistente [ĩsiʃ'tẽtʃi] *adj* insistant(e).

insistir [ĩsiʃ'ti(x)] *vi* insister • insistir com alguém insister auprès de qqn • insistir em fazer algo insister pour faire qqch.

insociável [ĩnso'sjavew] (*pl* -eis) *adj* peu sociable.

insolação [ĩsola'sãw] (*pl* -ões) *f* insolation *f*.

insolente [ĩso'lẽtʃi] *adj & nmf* insolent(e).

insólito, ta [ĩ'sɔlitu, ta] *adj* (*acontecimento*) insolite; (*pessoa*) original(e).

insônia [ĩ'sonja] *f* insomnie *f*.

insosso, a [ĩ'sosu, a] *adj* fade.

inspeção [ĩʃpe'sãw] (*pl* -ões) *f* (*vistoria*) inspection *f*; (*de carro*) contrôle *m* technique.

inspecionar [ĩʃpesjo'na(x)] *vt* (*revistar*) inspecter.

inspeções → inspeção.

inspetor, ra [ĩʃpe'to(x), ra] (*mpl* -es, *fpl* -s) *mf* inspecteur *m*, -trice *f*.

inspiração [ĩʃpira'sãw] (*pl* -ões) *f* inspiration *f*.

inspirador, ra [ĩʃpira'do(x), ra] (*mpl* -es, *fpl* -s) *adj* inspirateur(trice).

inspirar [ĩʃpi'ra(x)] *vt* inspirer.

instabilidade [ĩʃtabili'dadʒi] *f* instabilité *f*.

instalação [ĩʃtala'sãw] (*pl* -ões) *f* installation *f* • **instalação elétrica** installation électrique ▫ **instalações** *fpl* locaux *mpl*.

instalar [ĩʃta'la(x)] *vt* installer ▫ **instalar-se** *vp* s'installer.

instantâneo, nea [ĩʃtãn'tanju, nja] ♦ *adj* instantané(e) ♦ *m* cliché *m*.

instante [ĩʃ'tãntʃi] *m* instant *m* • **um instante!** un instant! • **dentro de instantes** dans un instant • **de um instante para o outro** d'un seul coup • **neste instante** aussitôt • **num instante** en un instant • **por instantes** par moments • **a todo instante** à tout instant.

instintivo, va [ĩʃtʃĩn'tʃivu, va] *adj* instinctif(ive).

instinto [ĩʃ'tʃĩntu] *m* instinct *m*.

instituição [ĩʃtʃitwi'sãw] (*pl* -ões) *f* institution *f*.

instituto [ĩʃtʃi'tutu] *m* institut *m* • **instituto de beleza** institut de beauté • **instituto de línguas** école *f* de langues.

instrução [ĩʃtru'sãw] (*pl* -ões) *f* instruction *f* ▫ **instruções** *fpl* instructions *fpl* • **instruções** mode d'emploi.

instruir [ĩʃtru'i(x)] *vt* instruire.

instrumental [ĩʃtrumẽn'taw] (*pl* -ais) *adj* instrumental(e).

instrumento [ĩʃtru'mẽntu] *m* instrument *m*.

instrutivo, va [ĩʃtru'tʃivu, va] *adj* instructif(ive).

instrutor, ra [ĩʃtru'to(x), ra] (*mpl* -es, *fpl* -s) *mf* (*de tropa*) instructeur *m*; (*de condução*) moniteur *m*, -trice *f* d'auto-école.

insubordinação [ĩsubox-dʒina'sãw] (*pl* -ões) *f* (*mau com-*

portamento) indiscipline *f;* (*rebelião*) insubordination *f.*
insubstituível [ĩsubʃtʃi'tuivew] (*pl* **-eis**) *adj* irremplaçable.
insucesso [ĩsu'sɛsu] *m* échec *m* • **insucesso escolar** échec scolaire.
insuficiência [ĩsufi'sjẽsja] *f* insuffisance *f* • **insuficiência cardíaca** insuffisance cardiaque.
insuficiente [ĩsufi'sjẽtʃi] ♦ *adj* insuffisant(e) ♦ *m EDUC* mention *f* insuffisant.
insuflável [ĩsu'flavew] (*pl* **-eis**) *adj* gonflable.
insulina [ĩsu'lina] *f* insuline *f.*
insultar [ĩsuw'ta(x)] *vt* insulter.
insuperável [ĩsupe'ravɛw] (*pl* **-eis**) *adj* insurmontable.
insuportável [ĩsupox'tavɛw] (*pl* **-eis**) *adj* insupportable.
intato, ta [ĩn'tatu, ta] *adj* intact(e).
íntegra ['ĩtegra] *f* • **na íntegra** intégralement.
integral [ĩnte'graw] (*pl* **-ais**) *adj (total)* intégral(e); (*pão, arroz*) complet(ète).
integrar [ĩnte'gra(x)] *vt* intégrer ▫ **integrar-se** *vp* s'intégrer.
integridade [ĩntegri'dadʒi] *f* intégrité *f.*
íntegro, gra ['ĩtegru, gra] *adj* intègre.
inteiramente [ĩn,tejra'mẽntʃi] *adv* entièrement.
inteirar-se [ĩntej'raxsi] ▫ **inteirar-se de** *vp + prep (informar-se de)* se renseigner sur; (*descobrir*) apprendre.

inteiro, ra [ĩn'tejru, ra] *adj* entier(ère) • **o bolo inteiro** tout le gâteau • **a cidade inteira** toute la ville.
intelectual [ĩntelek'twaw] (*pl* **-ais**) *adj & nmf* intellectuel(elle).
inteligência [ĩnteli'ʒẽsja] *f* intelligence *f.*
inteligente [ĩnteli'ʒẽntʃi] *adj* intelligent(e).
intenção [ĩntẽ'sãw] (*pl* **-ões**) *f* intention *f* • **ter intenção de fazer algo** avoir l'intention de faire qqch • **ter segundas intenções** avoir des arrière-pensées • **sem intenção** sans le faire exprès • **com a** *ou* **na melhor das intenções** avec les meilleures intentions.
intensidade [ĩntẽsi'dadʒi] *f* intensité *f.*
intensivo, va [ĩntẽ'sivu, va] *adj* intensif(ive).
intenso, sa [ĩn'tẽsu, sa] *adj* intense.
interativo, va [ĩntera'tʃivu, va] *adj* interactif(ive).
intercâmbio [,ĩnter'kãmbju] *m* échange *m.*
interceder [ĩntexse'de(x)] *vi* • **interceder por alguém** intercéder en faveur de qqn.
interceptar [ĩntexsep'ta(x)] *vt* intercepter.
interdição [ĩntexdʒi'sãw] (*pl* **-ões**) *f* interdiction *f.*
interditar [ĩntexdʒi'ta(x)] *vt* interdire.
interessado, da [ĩntere'sadu, da] *adj* intéressé(e).

interessante [ĩntere'sãntʃi] *adj* intéressant(e).

interessar [ĩntere'sa(x)] *vt* être intéressant(e) ◆ **interessar a alguém** intéresser qqn ▫ **interessar-se por** *vp + prep* s'intéresser à.

interesse [ĩnte'resi] *m* intérêt *m* • **no interesse de** dans l'intérêt de • **por interesse** par intérêt • **sem interesse** sans intérêt.

interface [,ĩntex'fasi] *f* interface *f*.

interferência [ĩntexfe'rẽsja] *f* interférence *f* ▫ **interferências** *fpl* interférences *fpl*.

interferir [ĩntexfe'ri(x)] : **interferir em** *vp* intervenir dans.

interfone [,ĩntex'fɔni] *m* Interphone® *m*.

interior [ĩnte'rjo(x)] (*pl* **-es**) ◆ *adj* (*porta*) intérieur(e); (*quarto*) aveugle ◆ *m* intérieur *m*.

interjeição [ĩntexʒej'sãw] (*pl* **-ões**) *f* interjection *f*.

interlocutor, ra [ĩnteɾlokuˈtoɾ, ɾa] (*mpl* **-es**, *fpl* **-s**) *mf* interlocuteur *m*, -trice *f*.

interlúdio [ĩntex'ludʒju] *m* interlude *m*; (*pausa*) intermède *m*.

intermediário, ria [ĩnteɾmeˈdʒjaɾju, ɾja] *mf* intermédiaire *mf*.

intermédio [ĩnter'medʒu] *m* • **por intermédio de** par l'intermédiaire de.

interminável [ĩntexmi'navew] (*pl* **-eis**) *adj* interminable.

intermitente [ĩntexmi'tẽntʃi] *adj* intermittent(e).

internacional [ĩntexnasju'naw] (*pl* **-ais**) *adj* international(e).

internar [ĩntex'na(x)] *vt MED* hospitaliser; (*doentes mentais*) interner.

internato [ĩntex'natu] *m* internat *m*.

Internet [ĩntex'netʃi] *f* • **na Internet** sur Internet.

interno, na [ĩn'texnu, na] *adj* interne.

interpretação [ĩntexpreta'sãw] (*pl* **-ões**) *f* interprétation *f*.

interpretar [ĩntexpre'ta(x)] *vt* interpréter.

intérprete [ĩn'texpretʃi] *nmf* interprète *mf*.

interrogação [ĩntexoga'sãw] (*pl* **-ões**) *f* interrogation *f*; (*pergunta*) question *f*; (*interrogatório*) interrogatoire *m*.

interrogar [ĩntexo'ga(x)] *vt* interroger.

interrupção [ĩntexup'sãw] (*pl* **-ões**) *f* interruption *f* • **sem interrupção** sans interruption.

interruptor [ĩntexup'to(x)] (*pl* **-es**) *m* interrupteur *m*.

interurbano, na [,ĩntexux'ɐ̃banu, na] *adj* interurbain(e).

intervalo [ĩntex'valu] *m* (*de espetáculo*) entracte *m*; (*de programa*) pause *f*; (*de aula*) récréation *f*; (*em universidade*) interclasse *m*.

intervenção [ĩntexvẽ'sãw] (*pl* **-ões**) *f* intervention *f* • **inter-**

venção cirúrgica intervention chirurgicale.
intervir [ĩtex'vi(x)] *vi (participar)* participer; *(interferir)* intervenir • **intervir em** *(interferir em)* intervenir dans; *(participar em)* participer à.
intestino [ĩteʃ'tʃinu] *m* intestin *m* • **intestino delgado** intestin grêle • **intestino grosso** gros intestin.
intimar [ĩtʃi'ma(x)] *vt* • **intimar a comparecer** appeler à comparaître • **intimar alguém a fazer algo** intimer à qqn de faire qqch.
intimidação [ĩtʃimida'sãw] *(pl -ões) f* intimidation *f*.
intimidade [ĩtʃimi'dadʒi] *f* intimité *f*.
intimidar [ĩtʃimi'da(x)] *vt* intimider ▫ **intimidar-se** *vp* être intimidé(e).
íntimo, ma ['ĩtʃimu, ma] ◆ *adj* intime ◆ *m* for m intérieur • **ser íntimo de alguém** être un intime de qqn • **no íntimo** au fond.
intolerância [ĩtole'rãsja] *f* intolérance *f*.
intolerante [ĩtole'rãtʃi] *adj (pessoa)* intolérant(e); *(lei, atitude)* intransigeant(e).
intoxicação [ĩtoksika'sãw] *(pl -ões) f* intoxication *f* • **intoxicação alimentar** intoxication alimentaire.
Intranet [ĩtra'netʃi] *m* Intranet *m*.
intransigente [ĩtrãzi'ʒẽntʃi] *adj* intransigeant(e).
intransitável [ĩtrãzi'tavɛw] *(pl -eis) adj* impraticable.
intransitivo [ĩtrãzi'tʃivu, va] *adj* intransitif.
intransponível [ĩtrãʃpo'nivew] *(pl -eis) adj (rio, obstáculo)* infranchissable; *(problema)* insurmontable.
intratável [ĩtra'tavɛw] *(pl -eis) adj* impossible.
intravenoso, osa [ĩtrave'nozu, ɔza] *adj* intraveineux(euse).
intrépido, da [ĩn'trɛpidu, da] *adj* intrépide.
intriga [ĩn'triga] *f* intrigue *f*.
intrigante [ĩtri'gãtʃi] *adj* intrigant(e).
introdução [ĩtrodu'sãw] *(pl -ões) f* introduction *f*; *(de dados)* saisie *f*; *(de tema)* présentation *f*.
introduzir [ĩtrodu'zi(x)] *vt (inserir)* introduire; *(dados)* saisir.
intrometer-se [ĩtrome'texsi] ▫ **intrometer-se em** *vp + prep* se mêler de.
intrometido, da [ĩtrome'tʃidu, da] *adj* indiscret(ète).
intromissão [ĩtromi'sãw] *(pl -ões) f* intrusion *f*.
introvertido, da [ĩtrovex'tʃidu, da] *adj* renfermé(e).
intruso, sa [ĩn'truzu, za] *adj* intrus *m*, -e *f*.
intuição [ĩtwi'sãw] *(pl -ões) f* intuition *f* • **por intuição** par intuition.
intuito [ĩn'twitu] *m* objectif *m* • **com o intuito de fazer algo** dans le but de.

inumano, na [inu'manu, na] *adj* inhumain(e).

inúmero, ra [i'numeru, ra] *adj* • inúmeras vezes nombreuses fois.

inundação [inũnda'sãw] (*pl* -ões) *f* inondation *f.*

inundar [inũn'da(x)] *vt* inonder.

inútil [i'nutʃiw] (*pl* -teis) *adj* inutile.

inutilmente [i,nutʃiw'mẽntʃi] *adv* inutilement.

invadir [ĩva'di(x)] *vt* envahir.

invalidez [ĩvali'deʒ] *f* invalidité *f.*

inválido, da [ĩ'validu, da] *adj* & *mf* invalide.

invariável [ĩvarj'avew] (*pl* -eis) *adj* invariable.

invasão [ĩva'zãw] (*pl* -ões) *f* invasion *f;* (*de privacidade*) atteinte *f.*

inveja [ĩ'veʒa] *f* envie *f* • **ter inveja de alguém** envier qqn.

invejar [ĩve'ʒa(x)] *vt* envier.

invejoso, osa [ĩve'ʒozu, ɔza] *adj* envieux(euse).

invenção [ĩvẽ'sãw] (*pl* -ões) *f* invention *f.*

inventar [ĩvẽn'ta(x)] *vt* inventer.

inventário [ĩvẽn'tarju] *m* inventaire *m.*

inventor, ra [ĩvẽn'to(x), ra] (*mpl* -es, *fpl* -s) *mf* inventeur *m,* -trice *f.*

inverno [ĩ'vɛxnu] *m* hiver *m* • **no inverno** en hiver.

inverossímil [ĩvero'simiw] (*pl* -meis) *adj* invraisemblable.

inversão [ĩvex'sãw] (*pl* -ões) *f* (*troca*) inversion *f;* (*mudança*) changement *m.*

inverso, sa [ĩ'vɛxsu, sa] ◆ *adj* inverse ◆ *m* • **o inverso** l'inverse *m.*

inversões → **inversão**.

inverter [ĩvex'te(x)] *vt* (*ordem, posição*) inverser; (*sentido, marcha*) changer de.

invés [ĩ'vɛʃ] *m* • **ao invés de** au lieu de.

investida [ĩveʃ'tʃida] *f* (*de tropa, touro*) charge *f;* (*tentativa*) essai *m.*

investigação [ĩveʃtʃiga'sãw] (*pl* -ões) *f* (*policial*) enquête *f;* (*científica*) recherche *f.*

investigar [ĩveʃtʃi'ga(x)] *vt* (*acontecimento, crime*) enquêter sur; (*cientificamente*) faire des recherches sur.

investimento [ĩveʃtʃi'mẽntu] *m* investissement *m* • **um mau investimento** un mauvais placement.

investir [ĩveʃ'tʃi(x)] *vt* & *vi* investir • **investir em algo** investir dans qqch.

inviável [ĩn'vjavew] (*pl* -eis) *adj* infaisable.

invisível [ivi'zivew] (*pl* -eis) *adj* invisible.

invocar [ĩvo'ka(x)] *vt* invoquer.

invólucro [ĩ'vɔlukru] *m* enveloppe *f.*

involuntário, ria [ĩvolũn'tarju, rja] *adj* involontaire.

iodo ['jodu] *m* iode *m.*

ioga

ioga ['jɔga] f & m yoga m.
iogurte [ju'guxtʃi] m yaourt m.
ioiô [jo'jo] (pl **ioiôs**) m yo-yo m inv.
ipê [i'pe] m arbre tropical à fleurs jaunes, roses, lilas ou blanches.
ir [i(x)] vi **1.** (ger) aller • fomos de ônibus nous sommes allés en autocar • iremos a pé nous irons à pied • vamos on y va • ele nunca vai às reuniões il ne va jamais aux réunions • você não vai à aula? tu ne vas pas en cours? • como vai? comment vas-tu? • isto não vai nada bem ça ne va pas du tout • vou falar com ele je vais lui parler • não vou fazer nada je ne vais rien faire • você vai gostar tu vas aimer **2.** (funcionar) marcher **3.** (exprime duração gradual) • vou andando j'y vais • vou tentando, algum dia consigo j'essaie et un jour je réussirai **4.** (em locuções) • ir ao chão tomber • ir à morrendo il a failli mourir • quem vai ao ar perde o lugar qui va à la chasse perd sa place □ **ir a** vp aller v • vou ao cinema je vais au cinéma □ **ir de** vp **1.** (ir disfarçado) être en • ir de branco/calças être en blanc/en pantalon **2.** (partir de) partir en • vou de férias/viagem je pars en vacances/en voyage □ **ir por** vp prendre • vá pela esquerda/pelas escadas prends à gauche/les escaliers □ **ir-se** vp s'en aller • **ir-se abaixo** se laisser aller • **ir-se embora** s'en aller • vamo-nos embora allons-nous en.
ira ['ira] f colère f.
irascível [iraʃ'sivew] (pl **-eis**) adj irascible.
íris ['iriʃ] f inv iris m.
Irlanda [ix'lãda] f • a Irlanda l'Irlande • a Irlanda do Norte l'Irlande du Nord.
irlandês, esa [ixlãn'deʃ, eza] (mpl **-eses**, fpl **-s**) ◇ adj irlandais(e) ◇ m/f Irlandais m, -e f ◇ m (língua) irlandais m.
irmã [ix'mã] f (freira) sœur f, → irmão.
irmão, ã [ix'mãw, mã] m/f frère m, sœur f.
ironia [iro'nia] f ironie f.
irra ['ixa] interj nom d'un chien!
irracional [ixasjo'naw] (pl **-ais**) adj irrationnel(elle).
irradiação [ixadʒja'sãw] (pl **-ões**) f irradiation f.
irradiar [ixa'dʒja(x)] vt émettre • irradiar luz rayonner.
irreal [i'xjew] (pl **-ais**) adj irréel(elle).
irreconciliável [ixekõsi'ljavew] (pl **-eis**) adj irréconciliable.
irreconhecível [ixekoɲe'sivew] (pl **-eis**) adj méconnaissable.
irrecuperável [ixekupe'ravew] (pl **-eis**) adj irrécupérable; (doente, viciado) irrécupérable.

irregular [ixegu'la(x)] (*pl* **-es**) *adj* irrégulier(ère); *(horário)* variable.

irrelevante [ixele'vãntʃi] *adj* non pertinent(e).

irremediável [ixeme'dʒjavew] (*pl* **-eis**) *adj* irrémédiable.

irreprimível [ixepri'mivew] (*pl* **-eis**) *adj (desejo)* irrépressible; *(alegria)* débordant(e).

irrequieto, ta [ixe'kjetu, ta] *adj (criança)* turbulent(e).

irresistível [ixezi'stʃivew] (*pl* **-eis**) *adj* irrésistible.

irresponsável [ixespõ'savew] (*pl* **-eis**) *adj* irresponsable.

irrigação [ixiga'sãw] (*pl* **-ões**) *f (de terreno)* irrigation *f*.

irrisório, ria [ixi'zɔrju, rja] *adj* dérisoire.

irritação [ixita'sãw] (*pl* **-ões**) *f* irritation *f* • **irritação de pele** *ou* **cutânea** irritation cutanée.

irritante [ixi'tãntʃi] *adj* agaçant(e).

irritar [ixi'ta(x)] *vt (chatear)* agacer; *(pele, garganta, nariz etc.)* irriter ❏ **irritar-se** *vp* s'énerver.

isca ['iʃka] *f* appât *m* ❏ **iscas** *fpl* émincé *m* • **isca (de fígado)** émincé de foie frit à la poêle.

isenção [izẽn'sãw] (*pl* **-ões**) *f* exonération *f*.

isento, ta [i'zẽntu, ta] *adj* exonéré(e) • **isento de** *(de imposto)* exonéré de; *(de taxas)* dispensé de.

isolado, da [izo'ladu, da] *adj* isolé(e); *(pessoa)* seul(e).

isolamento [izola'mẽntu] *m* isolement *m*.

isolar [izo'la(x)] *vt* isoler.

isopor® [izo'pɔx] *m* polystyrène *m*.

isqueiro [iʃ'kejru] *m (de cigarro)* briquet *m*.

isso ['isu] ♦ *pron* ça, cela ♦ *interj* voilà! • **como vai isso?** comment ça va? • **isso não!** ça non! • **isso de cette histoire de** • **nem por isso** pas tellement • **não gosto disso** je n'aime pas ça • **não mexa nisso** laisse ça tranquille • **para isso** pour cela • **por isso** pour ça • **por isso mesmo** c'est pour ça que....

istmo ['iʃtʃimu] *m* isthme *m*.

isto ['iʃtu] *pron* ceci • **disto não quero** je ne veux pas de ça • **isto é** c'est-à-dire • **isto de cette histoire de** • **isto é que é!** ça c'est bien! • **escreva nisto** ecris là-dessus.

Itália [i'talja] *f* • **a Itália** l'Italie *f*.

italiano, na [ita'ljanu, na] ♦ *adj* italien(enne) ♦ *mf* Italien *m*, -enne *f* ♦ *m (língua)* italien *m*.

itálico [i'taliku] *m* italique *m* • **em itálico** en italique.

itinerário [itʃine'rarju] *m* itinéraire *m* • **itinerário turístico** circuit *m* touristique

iúca ['juka] *f* yucca *m*.

Iugoslávia [iwgo'ʒlavja] *f* • **a Iugoslávia** la Yougoslavie.

J

já ['ʒa] *adv* tout de suite • **já!** à tout de suite! • **é para já!** oui, tout de suite! • **desde já** par avance • **já acabei** j'ai fini • **já agora** tant qu'à faire • **já era o caso do passé!** já **esteve em Lisboa?** tu es déjà allé à Lisbonne? • **já foi a Lisboa?** tu es déjà allé à Lisbonne • **já não sei o que fazer** je ne sais plus quoi faire • **já não há quartos** il n'y a plus de chambres • **já que** puisque • **já mentir, isso ele não faz** mentir, ça, il ne le fait pas.
jabuti [ʒabu'tʃi] *m* tortue *f* géante.
jabuticaba [ʒabutʃi'kaba] *f* baie *f* (du myrte).
jacarandá [ʒakarãn'da] *m* jacaranda *m*.
jacaré [ʒaka'rɛ] *m* caïman *m*.
jacinto [ʒa'sĩntu] *m* jacinthe *f*.
Jacuzzi® [ʒaku'zi] *m* Jacuzzi® *m*.
jade ['ʒadʒi] *m* jade *m*.
jaguar [ʒa'gwa(x)] (*pl* **-es**) *m* jaguar *m*.
jamais [ʒa'majʃ] *adv* jamais.
janeiro [ʒa'nejru] *m* janvier *m*, → **setembro**.
janela [ʒa'nɛla] *f* fenêtre *f*.
jangada [ʒãŋ'gada] *f* radeau *m*.
jantar [ʒãn'ta(x)] (*pl* **-es**) • *m* dîner • *vi* dîner • *vt* manger (au dîner).
jante ['ʒɛ̃ntʃi] *f* jante *f*.
Japão [ʒa'pãw] *m* • **o Japão** le Japon.
japonês, esa [ʒapo'neʃ, eza] (*mpl* **-eses**, *fpl* **-s**) • *adj* japonais(e) • *mf* Japonais *m*, -e *f* • *m* (língua) japonais *m*.
jaqueta [ʒa'keta] *f* veste *f*.
jararaca [ʒara'raka] *f* serpent venimeux.
jardim [ʒax'dʒĩ] (*pl* **-ns**) *m* jardin *m* • **jardim botânico** jardin botanique • **jardim de infância** école *f* maternelle • **jardim zoológico** zoo *m*.
jardineira [ʒaxdʒi'nejra] *f* (prato) jardinière *f* de légumes; (roupa) salopette *f*, → **jardineiro**.
jardineiro, ra [ʒaxdʒi'nejru, ra] *mf* jardinier *m*, -ère *f*.
jardins → **jardim**.
jarra ['ʒaxa] *f* (para flores) vase *m*; (para vinho) pichet *m*.
jarrão [ʒa'xãw] (*pl* **-ões**) *m* vase *m*.
jarro ['ʒaxu] *m* (para bebida) pichet *m*; (flor) arum *m*.
jarrões → **jarrão**.
jasmim [ʒaʒ'mĩ] (*pl* **-ns**) *m* jasmin *m*.
jato ['ʒatu] *m* jet *m*.
jaula ['ʒawla] *f* cage *f*.
Java ['ʒava] *s INFORM* Java *m*, Java®.
javali [ʒava'li] *m* sanglier *m*.
jazer [ʒa'ze(x)] *vi* gésir • **jaz ci-gît**.
jazigo [ʒa'zigu] *m* caveau *m*.
jazz ['ʒajʃ] *m* jazz *m*.
jeans ['dʒiniʃ] • *mpl* jean *m*, *inv* jean *m*.

jeito ['ʒejtu] m (modo) façon f; (comportemento) comportement m • **com jeito** délicatement; (agir) avec tact • **dar um jeito no pé** se tordre la cheville • **dar um jeito em algo** arranger qqch • **sem jeito** déconcerté • **ter jeito para algo** avoir un don pour qqch • **ter falta de jeito para algo** ne pas être doué pour qqch • **de jeito nenhum!** sûrement pas! • **tomar jeito** s'assagir.

jejum [ʒe'ʒũ] (pl -ns) m jeûne m • **em jejum** à jeun.

jesuíta [ʒe'zwita] m jésuite m.

jet ski [dʒɛt'ski] m scooter m des mers.

jibóia [ʒi'bɔja] f boa m.

jipe ['ʒipi] f Jeep® f.

joalheria [ʒwaʎe'ria] f bijouterie f.

joanete [ʒwa'netʃi] m oignon m (sur le pied).

joaninha [ʒwa'niɲa] f coccinelle f.

joelheira [ʒwe'ʎeira] f genouillère f.

joelho ['ʒweʎu] m genou m • **de joelhos** à genoux.

jogada [ʒo'gada] f coup m; (em futebol, basquetebol) action f.

jogar [ʒo'ga(x)] ◆ vi jouer ◆ vt (futebol, tênis, jogo de azar) jouer à; (arriscar no jogo) miser; (atirar) lancer • **jogar cartas** jouer aux cartes • **jogar bola** jouer au ballon • **jogar fora** jeter □ **jogar-se a** vp + prep se jeter sur • **jogou-se no chão** il s'est jeté par terre.

jogo ['ʒogu] (pl **jogos**) m (de xadrez) partie f; (de futebol, rúgbi, tênis) match m; (de cama, mesa) parure f; (jogos de azar) jeu m • **os Jogos Olímpicos** les jeux Olympiques • **jogo da velha** morpion m • **jogo do bicho** loterie clandestine dont les derniers chiffres correspondent à des animaux.

jóia ['ʒɔja] f (brincos, anel) bijou m; (pagamento) droit m d'entrée.

jóquei ['ʒɔkej] m jockey m.

jornada [ʒox'nada] f (caminhada) excursion f; (ciclo de conferências) journée f.

jornal [ʒox'naw] (pl -ais) m journal m.

jornaleiro, ra [ʒoxna'lejru, ra] ◆ mf (vendedor) vendeur m, -euse f de journaux ◆ m (local de venda) kiosque m à journaux.

jornalista [ʒoxna'liʃta] nmf journaliste m.

jorrar [ʒo'xa(x)] vi jaillir.

jovem ['ʒɔvẽ] (pl -ns) adj & nmf jeune.

jovial [ʒo'vjaw] (pl -ais) adj jovial(e).

joystick [ʒɔj'ʃtʃik] (pl **joysticks**) m INFORM joystick m, manette de jeu f.

juba ['ʒuba] f crinière f.

judaico, ca [ʒu'dajku, ka] adj juif(ive).

judeu, dia [ʒu'dew, dʒia] mf Juif m, -ive f.

judicial [ʒudʃi'sjaw] (pl -ais) adj judiciaire.

judiciário, ria [ʒudʒi'sjarju, rja] *adj* judiciaire ◆ **o poder judiciário** le pouvoir judiciaire.

judô [ʒu'do] *m* judo *m*.

juiz, juíza [ʒu'iʃ, ʒu'iza] (*mpl* **-es**, *fpl* **-s**) *mf* juge *m*.

juizado [ʒui'zadu, da] *m* charge de juge *f* ◆ **Juizado de Menores** Tribunal des mineurs.

juízo ['ʒwizu] ◆ *m* jugement *m* ◆ *interj* fais attention! ◆ **perder o juízo** perdre la tête ◆ **ter juízo** être raisonnable.

jujuba [ʒu'ʒuba] *f* pâte *f* de fruit.

julgamento [ʒuwga'mẽntu] *m* (*ato*) jugement *m*; (*audiência em tribunal*) procès *m*.

julgar [ʒuw'ga(x)] *vt* juger; (*achar, opinar*) croire ❏ **julgar-se** *vp* ◆ **ele julga-se o maior** il se croit le meilleur.

julho ['ʒuʎu] *m* juillet *m*, → **setembro**.

juliana [ʒu'ljana] *f* julienne *f*.

jumento [ʒu'mẽntu] *m* âne *m*.

junco ['ʒũŋku] *m* jonc *m*.

junho ['ʒuɲu] *m* juin *m*, → **setembro**.

júnior ['ʒunjɔ(x)] (*pl* **juniores**) ◆ *adj* cadet(ette) ◆ *nmf* junior *mf*.

junta ['ʒũnta] *f* joint *m*.

juntamente [,ʒũnta'mẽntʃi] ❏ **juntamente com** *prep* avec.

juntar [ʒũn'ta(x)] *vt* (*reunir*) rassembler; (*dinheiro*) mettre de côté; (*adicionar*) ajouter ❏ **juntar-se** *vp* (*reunir-se*) se rassembler; (*amigar-se*) vivre ensemble.

junto, ta ['ʒũntu, ta] ◆ *pp* → **juntar** ◆ *adj* & *adv* ensemble ◆ **com as mãos juntas** les mains jointes ◆ **junto com** avec.

jura ['ʒura] *f* ◆ **fazer uma jura** jurer.

juramento [ʒura'mẽntu] *m* serment *m*.

jurar [ʒu'ra(x)] *vt* & *vi* jurer.

júri ['ʒuri] *m* jury *m*.

jurídico, ca [ʒu'ridʒiku, ka] *adj* juridique.

juros ['ʒuruʃ] *mpl* intérêts *mpl*.

justeza [ʒuʃ'teza] *f* (*precisão*) justesse *f*; (*imparcialidade*) justice *f*.

justiça [ʒuʃ'tʃisa] *f* justice *f*.

justificação [ʒuʃtʃifika'sãw] (*pl* **-ões**) *f* (*razão*) justification *f*; (*declaração escrita*) attestation *f*.

justificar [ʒuʃtʃifi'ka(x)] *vt* justifier ❏ **justificar-se** *vp* se justifier.

justificativa [ʒuʃtʃifika'tʃiva] *f* excuse *f*.

justo, ta ['ʒuʃtu, ta] *adj* juste; (*cingido*) serré(e).

juvenil [ʒuve'niw] (*pl* **-is**) *adj* (*moda, centro, literatura*) pour les jeunes; (*delinquente, comportamento*) juvénile.

juventude [ʒuvẽn'tudʒi] *f* (*época*) jeunesse *f*; (*jovens*) jeunes *mpl*.

K

karaokê [karao'ke] *m* karaoké *m*.
karatê [kaxa'tɛ] *m* karaté *m*.
kart ['kaxtʃi] *m* kart *m*.
karting ['kaxtʃĩŋ] *m* karting *m*.
ketchup [ke'tʃupi] *m* ketchup *m*.
kg (*abrev de* **quilograma**) kg.
kit ['kitʃi] *m* kit *m*.
kitchenette [kitʃe'nɛtʃi] *f* kitchenette *f*.
kiwi ['kiwi] *m* kiwi *m*.
km (*abrev de* **quilômetro**) km.
km/h (*abrev de* **quilômetro por hora**) km/h.
KO (*abrev de* **knock-out**) K-O.

L

-la [la] *pron* (ela) la; (você) te.
lá [la] *adv* là-bas • **lá está ele chorando outra vez** te voilà qui pleure à nouveau • **para lá de** au-delà de • **quero lá saber** ça m'est bien égal • **sei lá!** je n'en sais rien! • **vá lá!** allez!
lã [lã] *f (de ovelha)* laine *f*.
labareda [laba'reda] *f* flamme *f*.
lábio ['labju] *m* lèvre *f*.
labirinto [labi'rĩntu] *m* labyrinthe *m*.
laboratório [labora'tɔrju] *m* laboratoire *m*.
laca ['laka] *f* laque *f*.
laço ['lasu] *m* nœud *m*; *(de parentesco, amizade)* lien *m*.
lacônico, ca [la'koniku, ka] *adj* laconique.
lacrar [la'kra(x)] *vt* cacheter.
lacrimogêneo [lakrimo'ʒenju, nja] *adj m →* **gás**.
lácteo, tea ['laktju, tja] *adj (produto)* laitier(ère).
lacuna [la'kuna] *f* lacune *f*.
ladeira [la'dejra] *f* côte *f*.
lado ['ladu] *m* côté *m* • **andar de um lado para o outro** faire les cent pas • **ao lado de** à côté de • **deixar** OU **pôr de lado** laisser OU mettre de côté • **lado a lado** côte à côte • **de lado** *(foto)* de profil; *(deitar-se)* sur le côté • **de lado a lado** de long en large • **de um lado para o outro** de droite à gauche • **em qualquer lado** partout • **por todo(s) o(s) lado(s)** partout • **por um lado... por outro lado...** d'une part... d'autre part... • **o lado fraco** le point faible • **o vizinho do lado** le voisin d'à côté.
ladrão, ladra [la'drãw, 'ladra] (*mpl* -ões, *fpl* -s) *mf* voleur *m*, -euse *f*.
ladrilho [la'driʎu] *m* carreau *m*.
ladrões [la'drõjʃ] *→* **ladrão**.
lagarta [la'gaxta] *f* chenille *f*.
lagartixa [lagax'tʃiʃa] *f* lézard *m*.
lagarto [la'gaxtu] *m* lézard *m*.

lago ['lagu] m (natural) lac m; (de jardim) bassin m.

lagoa [la'goa] f lagon m.

lagosta [la'goʃta] f langouste f.

lagostim [laguʃ'tʃĩ] (pl -ns) m langoustine f; (de rio) écrevisse f.

lágrima ['lagrima] f larme f.

laje ['laʒi] f (de pavimento) dalle f; (de construção) revêtement m.

lama ['lama] f boue f.

lamacento, ta [lama'sẽntu, ta] adj boueux(euse).

lambada [lãn'bada] f (dança) lambada f; (bofetada) claque f.

lamber [lãm'be(x)] vt lécher • **lamber tudo** tout avaler ❏ **lamber-se** vp se lécher.

lamentar [lamẽn'ta(x)] vt regretter ❏ **lamentar-se** vp se lamenter.

lamentável [lamẽn'tavɛw] (pl -eis) adj regrettable.

lâmina ['lamina] f lame f • **lâmina de barbear** lame de rasoir.

lâmpada ['lãmpada] f ampoule f.

lampião [lãm'pjãw] (pl -ões) m lanterne f; (de rua) réverbère m.

lampreia [lãn'preja] f lamproie f.

LAN (abrev de Local Area Network) f réseau local m.

lança ['lãsa] f lance f.

lançar [lã'sa(x)] vt lancer ❏ **lançar-se** vp • **lançar-se a** (à água) se jeter à; (à comida) se jeter sur • **lançar-se sobre** se jeter sur.

lance ['lãsi] m lancer m; (em licitação) offre f • **lance de escadas** volée f.

lancha ['lãʃa] f (a remo) barque f; (a motor) hors-bord m inv.

lanchar [lã'ʃa(x)] vi goûter.

lanche ['lãʃi] m goûter m.

lanchonete [lãʃo'nɛtʃi] f fast-food m.

lancinante [lãsi'nãntʃi] adj lancinant(e).

lânguido, da [lã'gidu, da] adj (voluptuoso) langoureux(euse).

lantejoula [lãnte'ʒola] f paillette f.

lanterna [lãn'tɛxna] f (de mão) lanterne f • **lanterna de bolso** lampe f de poche; (de veículo) feu m arrière.

lapela [la'pɛla] f revers m (de veste).

lápide ['lapidʒi] f (em monumento, estátua) plaque f; (em túmulo) pierre f tombale.

lápis ['lapiʃ] m inv crayon m • **lápis de cor** crayon de couleur • **lápis de cera** pastel m • **lápis para os olhos** crayon pour les yeux.

lapiseira [lapi'zejra] f porte-mine m.

lapso ['lapsu] m (de tempo) laps m; (esquecimento) trou m de mémoire • **por lapso** par mégarde.

laptop ['lapitopi] (pl **laptops**) m (comput) ordinateur portable m.

laquê [la'ke] m laque f.

lar ['la(x)] (pl **-es**) m foyer m
• **lar (de idosos)** maison f de retraite.
laranja [la'rãʒa] f orange f.
laranjada [larãn'ʒada] f orangeade f.
laranjeira [larãn'ʒejra] f oranger m.
lareira [la'rejra] f cheminée f.
lares → **lar**.
largada [lax'gada] f départ m.
largar [lax'ga(x)] vt lâcher; (tinta) déteindre; (pelo) perdre; (velas) larguer; (abandonar) laisser.
largo, ga ['laxgu, ga] ♦ adj (roupa, estrada) large; (quarto, cama) grand(e) m (praça) place f
• **por largos dias/meses/anos** pour plusieurs jours/mois/années.
largura [lax'gura] f largeur f
• **ter 3 metros de largura** faire 3 mètres de large.
laringe [la'rĩnʒi] f larynx m.
larva ['laxva] f larve f.
-las [laʃ] pron pl (elas) les; (vocês) vous.
lasanha [la'zaɲa] f lasagnes fpl.
lasca ['laʃka] f éclat m.
laser ['lejzɛ(x)] (pl **-es**) m laser m.
lástima [laʃtima] f (pena) dommage m; (miséria) misère f.
lastimável [laʃti'mavɛw] (pl **-eis**) adj (acontecimento, situação) regrettable; (erro) fâcheux(euse); (estado) piteux(euse).
lata ['lata] f (material) métal m; (objeto) boîte f • **lata de conserva** boîte de conserve • **lata de lixo** poubelle f.

latão [la'tãw] (pl **-ões**) m (metal) laiton m; (vasilha) bidon m.
latejar [late'ʒa(x)] vi palpiter.
latente [la'tẽntʃi] adj latent(e).
lateral [late'raw] (pl **-ais**) adj latéral(e).
laticínios [latʃi'sinjuʃ] mpl produits mpl laitiers.
latido [la'tʃidu] m aboiement m.
latifúndio [latʃi'fũndʒju] m latifundium m grand domaine agricole.
latim [la'tʃĩ] m latin m.
latino, na [la'tʃinu, na] adj latin(e).
latino-americano, na [la,tʃinwameri'kanu, na] adj latino-américain(e) ♦ m f Latino-Américain m, -e f.
latir [la'tʃi(x)] vi aboyer.
latitude [latʃi'tudʒi] f latitude f.
latões → **latão**.
lava ['lava] f lave f.
lavabo [la'vabu] m (lavatório) lavabo m; (banheiro) toilettes fpl.
lavagante [lava'gãntʃi] m homard m.
lavagem [la'vaʒẽ] (pl **-ns**) f lavage m • **lavagem automática** lavage automatique • **lavagem a seco** nettoyage m à sec
• **lavagem cerebral** lavage m de cerveau.
lava-louça [,lava'losa] (pl **lava-louças**) m lave-vaisselle f inv.
lavanda [la'vãnda] f lavande f.
lavanderia [lavãnde'ria] f pressing m • **lavanderia automática** laverie f automatique
• **lavanderia a seco** pressing.

lavar

lavar [la'va(x)] *vt* laver • **lavar a louça** faire la vaisselle • **lavar a roupa** laver le linge ▫ **lavar-se** *vp* se laver.

lavatório [lava'tɔrju] *m* lavabo *m*.

lavável [la'vavɛw] (*pl* **-eis**) *adj* lavable.

lavrador, ra [lavra'do(x), ra] (*mpl* **-es**, *fpl* **-s**) *mf* paysan *m*, -anne *f*.

laxante [la'ʃɑ̃ntʃi] ◆ *adj* laxatif(ive) ◆ *m* laxatif *m*.

lazer [la'zɛ(x)] *m* loisirs *mpl*.

lê ['le] → **ler**.

leal [le'aw] (*pl* **-ais**) *adj* (*pessoa*) loyal(e); (*animal*) fidèle.

leão [le'ãw] (*pl* **-ões**) *m* lion *m* ▫ **Leão** *m* Lion *m*.

lebre ['lɛbri] *f* lièvre *m* • **comer gato por lebre** se faire avoir.

lecionar [lesjo'na(x)] *vt & vi* enseigner.

leem [leẽ] → **ler**.

legal [le'gaw] (*pl* **-ais**) *adj* (*segundo a lei*) légal(e); (*fam*) sympa.

legalidade [legali'dadʒi] *f* légalité *f*.

legalizar [legali'za(x)] *vt* (*atividade*) légaliser; (*documento, assinatura*) certifier conforme.

legenda [le'ʒẽnda] *f* légende *f* ▫ **legendas** *fpl* sous-titres *mpl*.

legislação [leʒiʒla'sãw] *f* législation *f*.

legitimar [leʒitʃi'ma(x)] *vt* légitimer; (*atividade*) légaliser.

legítimo, ma [le'ʒitʃimu, ma] *adj* légitime; (*autêntico*) authentique.

legível [le'ʒivew] (*pl* **-eis**) *adj* lisible.

légua ['lɛgwa] *f* lieue *f* • **ficar a léguas de distância de** être très loin de.

legume [le'gume] *m* légume *m*.

lei ['lej] *f* loi *f* • **a lei do menor esforço** la loi du moindre effort • **segundo a lei** d'après la loi.

leilão [lej'lãw] (*pl* **-ões**) *m* vente *f* aux enchères.

leio ['leju] → **ler**.

leitão [lej'tãw] (*pl* **-ões**) *m* cochon *m* de lait.

leite ['lejtʃi] *m* lait *m* • **leite achocolatado** lait chocolaté • **leite condensado** lait concentré • **leite em pó** lait en poudre • **leite gordo/meio gordo/magro** lait entier/demi-écrémé/écrémé • **leite pasteurizado** lait pasteurisé • **leite ultrapasteurizado** lait UHT • **leite de coco** lait de coco • **leite integral/desnatado/semidesnatado** lait entier/écrémé/demi-écrémé.

leiteira [lej'tejra] *f* pot *m* à lait.

leiteiro, ra [lej'tejru, ra] *m* laitier *m*, -ère *f*.

leiteria [lejte'ria] *f* crémerie *f*.

leito ['lejtu] *m* lit *m*.

leitões → **leitão**.

leitor, ra [lej'to(x), ra] (*mpl* **-es**, *fpl* **-s**) *m* lecteur *m*, -trice *f* ◆ *m* (*aparelho*) lecteur *m*.

leitura [lej'tura] *f* lecture *f*.

lema ['lema] *m* devise *f*.

lembrança [lẽm'brãsa] *f* souvenir *m* • **dê lembranças mi-**

lembrar [lēm'bra(x)] *vt (recordar)* se souvenir de; *(assemelhar-se a)* rappeler • **lembrar algo a alguém** rappeler qqch à qqn • **lembrar alguém de fazer algo** rappeler à qqn de faire qqch ▫ **lembrar-se** *vp* se souvenir • **lembrar-se de** se souvenir de • **lembrar-se de fazer algo** penser à faire qqch.

leme ['lɛmi] *m* gouvernail *m*.

lenço ['lẽsu] *m* mouchoir *m* • **lenço de cabeça** foulard *m* • **lenço de papel** mouchoir en papier • **lenço (de pescoço)** écharpe *f*.

lençol [lē'sɔw] *(pl* **-óis)** *m (de cama)* drap *m*; *(de água, petróleo)* nappe *f*.

lenha ['leɲa] *f* bois *m*.

lente ['lẽntʃi] *f (de câmara de filmar)* objectif *m*; *(de óculos)* verre *m* • **lentes de contato** lentilles *fpl* de contact • **lentes de contato rígidas/gelatinosas** lentilles dures/souples.

lentidão [lēntʃi'dãw] *f* lenteur *f*.

lentilha [lēn'tʃiʎa] *f* lentille *f (légumes)*.

lento, ta ['lẽntu, ta] *adj* lent(e).

leoa [le'oa] *f* lionne *f*.

leões [le'õjʃ] → **leão**.

leopardo [leo'paxdu] *m* léopard *m*.

lepra ['lɛpra] *f* lèpre *f*.

leque ['lɛki] *m* éventail *m*.

ler ['le(x)] *vt* & *vi* lire.

lesão [le'zãw] *(pl* **-ões)** *f (ferida, contusão)* lésion *f*; *(prejuízo)* dommage *m*; *(de direito)* atteinte *f*.

lesar [le'za(x)] *vt (ferir)* blesser; *(prejudicar)* porter préjudice à.

lésbica ['lɛʒbika] *f* lesbienne *f*.

lesma ['lɛʒma] *f (animal)* limace *f*; *(fig) (pessoa lenta)* traînard *m, -e f*.

lesões → **lesão**.

leste ['lɛʃtʃi] *m* est *m* • **a leste (de)** à l'est (de) • **no leste** à l'est • **os países do leste** les pays de l'Est.

letal [le'taw] *(pl* **-ais)** *adj* mortel(elle).

letivo, va [le'tʃivu, va] *adj (ano)* scolaire; *(horas)* de cours.

letra ['lɛtra] *f (do alfabeto)* lettre *f*; *(maneira de escrever)* écriture *f*; *(título de crédito)* traite *f*; *(de canção)* paroles *fpl* • **letra maiúscula** majuscule *f* • **letra de imprensa** caractères *mpl* d'imprimerie • **letra de forma** caractères *mpl* d'imprimerie ▫ **letras** *fpl EDUC* lettres *fpl*.

letreiro [le'trejru] *m (aviso)* écriteau *m*; *(de loja)* enseigne *f*.

leu ['lew] → **ler**.

léu ['lɛu] *m* • **ao léu** nu(e).

leucemia [lewse'mia] *f* leucémie *f*.

levantamento [levãnta'mẽntu] *m (de preços)* relevé *m*; *(de peso)* lever *m*; *(de dinheiro)* retrait *m*; *(de cheque)* encaissement *m*.

levantar [levãn'ta(x)] *vt (erguer)* lever; *(peso)* soulever

levar 210

• **levantar dinheiro** retirer de l'argent • **levantar um cheque** encaisser un chèque • **levantar voo** décoller ▫ **levantar-se** *vp* se lever.

levar [le'va(x)] *vt (peso, roupa)* porter; *(transportar)* transporter; *(acompanhar)* emmener; *(dar)* apporter; *(utilizar, cobrar)* prendre; *(poder conter)* contenir; *(fam) (porrada, bofetada)* prendre • **levar alguém a fazer algo** conduire à qqn à faire qqch • **levar a cabo algo** mener à bien qqch • **levar a mal algo** mal prendre qqch • **levar tempo** prendre du temps • **ele levou muito tempo para se decidir** il a mis longtemps à se décider • **deixar-se levar** se faire avoir.

leve ['lɛvi] *adj* léger(ère).

leviandade [levjãn'dadʒi] *f* imprudence *f.*

leviano, na [le'vjanu, na] *adj (pessoa)* léger(ère); *(ato)* inconsidéré(e).

léxico ['lɛksiku] *m* lexique *m.*

Lgo. *(abrev de largo)* pl.

lha [ʎa] = lhe + a → **lhe**.

lhas = lhe + as → **lhe**.

lhe [ʎi] *pron (ele, ela)* lui; *(você)* te • **a folha?** já lha dei na feuille? je la lui ai déjà donnée • **a roupa?** ela deu-lha as vêtements? elle les lui a donnés • **o livro?** já lho dei te livre? je le lui ai déjà donné • **o presente?** ela deu-lho te cadeau? elle te l'a donné • **os bilhetes?** já lhos dei les

billets? je les lui ai déjà donnés • **os jornais?** dei-lhos há pouco les journaux? je les lui ai donnés il n'y a pas longtemps • **as maçãs?** já lhas dei les pommes? je les lui ai déjà données.

lhes [ʎeʃ] *pron pl (eles, elas)* leur; *(vocês)* vous.

lho [ʎu] = lhe + o ou lhes + o → **lhe**.

lho(s) = lhe(s) + o → **lhe**.

lhos = lhe +os ou lhes + os → **lhe**.

li ['li] → **ler**.

libélula [li'bɛlula] *f* libellule *f.*

liberação [libera'sãw] *f* libération *f.*

liberal [libe'raw] *(pl* **-ais**) *adj & nmf* libéral(e).

liberalização [libexaliza'sãw] *f* libéralisation *f.*

liberar [libe'ra(x)] *vt* libérer; *(consumo)* légaliser.

liberdade [libex'dadʒi] *f* liberté *f* • **pôr em liberdade** mettre en liberté • **tomar a liberdade de fazer algo** prendre la liberté de faire qqch.

libertar [libex'ta(x)] *vt* libérer.

liberto, ta [li'bɛxtu, ta] *pp* → **libertar**.

libra ['libra] *f* livre *f* ▫ **Libra** *f* Balance *f.*

lição [li'sãw] *(pl* **-ões**) *f* leçon *f* • **dar uma lição em alguém** donner une leçon à qqn • **servir de lição** servir de leçon.

licença [li'sẽsa] *f* autorisation *f* • **com licença** pardon.

licença-maternidade [li'sẽsamatεxni'dadʒi] f congé m de maternité.

licenciado, da [lisẽ'sjadu, da] mf licencié m, -e f • **licenciado pela Universidade de São Paulo** diplômé m de l'Université de São Paulo.

licenciatura [lisẽsja'tura] f ≃ licence f.

liceu [li'seu] m lycée m.

lições [li'sõjʃ] → **lição**.

licor [li'ko(x)] (pl -es) m liqueur f.

lidar [li'da(x)] □ **lidar com** vp (tratar com) avoir affaire à; (conviver com) côtoyer; (produtos, máquina) manipuler • **não sei lidar com ele** je ne sais pas m'y prendre avec lui.

líder [ˈlidɛ(x)] (pl -es) nmf leader m.

lido, da [ˈlidu, da] pp → **ler**.

liga [ˈliga] f (associação) ligue f; (de meias) jarretière f.

ligação [liga'sãw] (pl -ões) f (de amor, amizade) liaison f; (telefónica) ligne f; (de ônibus, trem, avião) correspondance f.

ligado, da [li'gadu, da] adj (luz, televisão) allumé(e); (na tomada) branché(e).

ligadura [liga'dura] f bandage m.

ligamento [liga'mẽntu] m ligament m.

ligar [li'ga(x)] ◆ vt (ferida) panser; (luz, televisão) allumer; (em tomada) brancher ◆ vi (telefonar) appeler • **ligar para** appeler • **não li-**

---

limpador

gue que ele é doido! ne fais pas attention, il est fou!

ligeiro, ra [li'ʒejru, ra] adj léger(ère).

lilás [li'laʃ] (pl -ases) ◆ m lilas m ◆ adj parme.

lima [ˈlima] f lime f.

limão [li'mãw] (pl -ões) m citron m vert.

limão-galego [li,mãwga'legu] (pl limões-galegos) m citron m.

limiar [limi'a(x)] m seuil m • **no limiar de algo** à l'aube de qqch.

limitação [limita'sãw] (pl -ões) f (de desemprego, natalidade) limitation f; (de direitos, movimentos) entrave f; (de terreno) délimitation f □ **limitações** fpl limites fpl • **ter algumas limitações** être un peu limité.

limitar [limi'ta(x)] vt (despesas) limiter; (terreno) délimiter; (movimento) entraver □ **limitar-se** vp + prep se borner à.

limite [li'mitʃi] m limite f • **limite de velocidade** limitation f de vitesse • **sem limites** sans limite • **passar dos limites** (fig) dépasser les bornes.

limo [ˈlimu] m limon m.

limoeiro [li'mwejru] m citronnier m.

limões [li'mõjʃ] → **limão**.

limonada [limo'nada] f citronnade f.

limpador [lĩmpa'do(x)] (pl -es) m • **limpador de para-brisa** essuie-glace m.

limpar [lĩ'pa(x)] *vt* nettoyer; *(pratos)* essuyer; *(boca, mãos)* s'essuyer; *(fam) (roubar)* dévaliser • **limpar o pó** enlever la poussière.

limpa-vidros [,lĩmpa'vidruʃ] *m inv (instrumento)* raclette *f; (detergente)* produit *m* pour les vitres; *(para carro)* lave-glace *m*.

limpeza [lĩ'peza] *f (ação)* nettoyage *m; (qualidade)* propreté *f* • **fazer a limpeza** faire le ménage.

limpo, pa ['lĩmpu, pa] ◆ *pp* → **limpar** ◆ *adj (sem sujidade)* propre; *(céu)* dégagé(e) • **estar** OU **ficar limpo** *(fam)* être fauché • **tirar algo a limpo** tirer qqch au clair.

limusine [limu'zini] *f* limousine *f*.

lince ['lĩsi] *m* lynx *m*.

lindo, da [lĩ'ĩndu, da] *adj (pessoa, local)* beau(belle).

lingerie [lãʒe'xi] *f* lingerie *f*.

lingote [lĩ'gɔtʃi] *m* lingot *m*.

língua ['lĩgwa] *f* langue *f* • **bater com a língua nos dentes** *(fam)* vendre la mèche • **dar à língua** *(fam)* ne pas tenir sa langue; *(falar)* papoter • **dobrar a língua** faire attention à ce que l'on dit • **ter algo na ponta da língua** avoir qqch sur le bout de la langue.

linguado [lĩ'gwadu] *m* sole *f*.

linguagem [lĩ'gwaʒẽ] *(pl -ns) f* langage *m*.

linguarudo, da [lĩgwa'rudu, da] *adj* • **ser linguarudo** ne pas savoir tenir sa langue.

lingueta [lĩ'gweta] *f* pêne *m*.

linguiça [lĩ'gwisa] *f* saucisse piquante.

linha ['liɲa] *f* **1.** *(fio) (ger)* fil *m* • **linha jovem** ligne jeune • **manter a linha** garder la ligne • **em linha** aligné(e) **2.** INFORM **linha de comando** listage • **linha dedicada** ligne dédiée.

linho ['liɲu] *m* lin *m*.

link ['lĩŋki] *(pl* **links**) *m* INFORM lien *m*.

linóleo [li'nɔlju] *m* linoléum *m*.

liquidação [likida'sãw] *(pl -ões)* f règlement *m* • **liquidação total** liquidation *f* totale.

liquidar [liki'da(x)] *vt (dívida)* régler; *(mercadoria)* liquider; *(matar)* éliminer.

liquidificador [likwidʒifika'do(x)] *(pl* **-es**) *m* centrifugeuse *f*.

líquido, da ['likidu, da] ◆ *adj* liquide; COM net(nette) ◆ *m* liquide *m*.

lírio ['lirju] *m* lys *m*.

Lisboa [liʒ'boa] *s* Lisbonne.

lisboeta [liʒ'bweta] ◆ *adj* lisbonnais(e) ◆ *nmf* Lisbonnais *m*, *-e f*.

liso, sa ['lizu, za] *adj (superfície)* lisse; *(cabelo)* raide; *(folha)* blanc(blanche) • **estar/ficar liso** *(fam)* être fauché.

lista ['liʃta] *f (de compras, tarefas)* liste *f* • **lista de preços** tarifs *mpl* • **lista de discussão** liste de discussion • **lista telefônica** annuaire *m*.

listra ['liʃtra] *f* rayure *f*.

literal [lite'raw] *(pl -ais)* adj littéral(e).

literário, ria [lite'rarju, rja] *adj* littéraire.

literatura [litera'tura] *f* littérature *f* • **literatura de cordel** *littérature de colportage au nord est du Brésil.*

litígio [li'tiʒju] *m* litige *m.*

litogravura [,litogra'vura] *f* lithographie *f.*

litoral [lito'raw] (*pl* **-ais**) ♦ *adj* littoral(e) ♦ *m* • **o litoral** le littoral.

litro ['litru] *m* litre *m.*

lívido, da ['lividu, da] *adj* livide.

livrar [li'vra(x)] ▫ **livrar-se de** *vp + prep* se débarrasser de.

livraria [livra'ria] *f* librairie *f.*

livre ['livri] *adj* libre ♦ **livre** libre.

livro ['livru] *m* livre *m* • **livro de bolso** livre de poche.

lixa ['liʃa] *f* papier *m* de verre • **lixa de unhas** lime *f* à ongles.

lixeira [li'ʃejra] *f* décharge *f* (à ordures).

lixo ['liʃu] *m* ordures *fpl.*

-lo [lu] *pron* (*ele*) le; (*você*) te.

lobo ['lobu] *m* loup *m.*

lóbulo ['lɔbulu] *m* lobe *m.*

local [lo'kaw] (*pl* **-ais**) ♦ *m* endroit *m* ♦ *adj* local(e).

localidade [lokali'dadʒi] *f* localité *f.*

localização [lokaliza'sãw] (*pl* **-ões**) *f* localisation *f*; (*de empresa*) emplacement *m.*

loção [lo'sãw] (*pl* **-ões**) *f* lotion *f* • **loção capilar** lotion capillaire • **loção pós-barba** lotion *f* après-rasage.

locatário, ria [loka'tarju, rja] *mf* locataire *mf.*

loções → **loção**.

locomotiva [lokomo'tʃiva] *f* locomotive *f.*

locução [loku'sãw] (*pl* **-ões**) *f* (*de filme, programa*) commentaire *m*; GRAM locution *f.*

locutor, ra [loku'to(x), ra] (*mpl* **-es**, *fpl* **-s**) *mf* (*de televisão*) présentateur *m*, -trice *f*; (*de rádio*) animateur *m*, -trice *f.*

lodo ['lodu] *m* vase *f.*

lógica ['lɔʒika] *f* logique *f.*

logo ['lɔgu] *adv* (*imediatamente*) tout de suite; (*em breve, mais tarde*) tout à l'heure • **logo em seguida** juste après • **logo que** dès que • **logo agora que** juste au moment où.

logotipo [logo'tʃipu] *m* logo *m.*

loja ['lɔʒa] *f* magasin *m* • **loja de artigos esportivos** magasin de sport • **loja de artigos fotográficos** magasin de photographie • **loja de brinquedos** magasin de jouets • **loja de ferragens** quincaillerie *f* • **loja de lembranças** boutique *f* de souvenirs • **loja de produtos dietéticos** magasin de produits diététiques.

lombada [lõm'bada] *f* tranche *f* (*de livro*); (*de rua*) dos *m* d'âne.

lombinho [lõm'biɲu] *m* filet *m* mignon.

lombo ['lõmbu] *m* longe *f* • **lombo assado** longe de porc grillée.

lombriga [lõm'briga] *f* ver *m.*

Iona **214**

Iona ['lona] f toile f.
Londres ['lõdriʃ] s Londres.
londrino, na ['lõnˈdrinu, na] ♦ adj londonien(enne) ♦ mf Londonien m, -enne f.
longa-metragem [ˌlõŋgameˈtraʒɛ] (pl **longas-metragens**) f long-métrage m.
longe ['lõʒi] adv loin • **longe disso!** bien au contraire! • **ao longe** au loin • **de longe** de loin • **de longe em longe** de temps en temps • **ir longe demais** aller trop loin.
longitude [lõʒiˈtudʒi] f longitude f.
longo, ga ['lõŋgu, ga] adj long(longue) • **ao longo dos tempos** au fil des temps • **ao longo de** le long de.
lontra ['lõntra] f loutre f.
loop ['lupi] (pl **loops**) m INFORM boucle f.
-los [luʃ] pron pl (eles) les; (vocês) vous.
losango [loˈzãŋgu] m losange m.
lotação [lotaˈsãw] (pl **-ões**) f (de cinema, teatro) capacité f; (de ônibus) nombre m de places ♦ **lotação esgotada** complet.
lote ['lɔtʃi] m (de terreno) lot m.; (de prédios) bâtiment m.
loteria [loteˈria] f 1. loterie f 2. • **loteria esportiva** loto m sportif.
loto ['lɔtu] m loto m.
louça ['losa] f (pratos, xícaras, pires) vaisselle f; (porcelana) porcelaine f.
louco, ca ['loku, ka] adj & mf fou(folle) • **estar/ficar louco de alegria** être fou de joie • **ser louco por** être fou de; (comida) raffoler de.
loucura [loˈkura] f folie f.
louro, ra ['loru, ra] ♦ adj blond(e) ♦ m laurier m.
louva-a-deus [ˌlovaˈdewʃ] f inv mante f religieuse.
louvar [loˈva(x)] vt chanter les louanges de.
louvável [loˈvavɛw] (pl **-eis**) adj louable.
LP m (abrev de **long-play**) 33 tours m.
Lt. (abrev de **Lote**) bat.
Ltda. (abrev de **limitada**) SARL f.
lua ['lua] f lune f • **estar de lua** être de mauvaise humeur • **lua de mel** f lune f de miel • **viver no mundo da lua** être dans la lune.
luar ['lwa(x)] m clair m de lune.
lubrificante [lubrifiˈkãntʃi] m lubrifiant m.
lubrificar [lubrifiˈka(x)] vt lubrifier.
lucidez [lusiˈdeʃ] f lucidité f.
lúcido, da ['lusidu, da] adj lucide.
lúcio ['lusju] m brochet m.
lucrar [luˈkra(x)] □ **lucrar com** vp gagner • **o que é que você lucra com isso?** qu'est-ce que tu y gagnes?.
lucrativo, va [lukraˈtʃivu, va] adj (negócio, investimento) qui rapporte; (fim) lucratif(ive).
lucro ['lukru] m bénéfice m • **lucros e perdas** profits et pertes.

lúdico, ca ['ludʒiku, ka] *adj* ludique.

lugar [lu'ga(x)] (*pl* **-es**) *m* (espaço, assento) place *f*; (sítio) endroit *m* • **em primeiro lugar** (em esporte) à la première place; (antes) d'abord • **ter lugar** avoir lieu • **em lugar de** au lieu de • **dar o lugar a alguém** céder sa place à qqn • **tomar o lugar de alguém** prendre la place de qqn.

lugar-comum [lu,gaxku'mũ] (*pl* **lugares-comuns**) *m* lieu *m* commun.

lugares → lugar.

lúgubre ['lugubri] *adj* lugubre.

lula ['lula] *f* calamar *m* • **lulas grelhadas** calamars grillés.

lume ['lumi] *m* (chama) feu *m*; (fogueira) feu *m* de cheminée.

luminária [lumi'narja] *f* lampe *f* • **luminária de mesa** lampe *f* • **luminária de pé** lampadaire *m*.

luminosidade [luminozi'dadʒi] *f* lumière *f*.

luminoso, osa [lumi'nozu, ɔza] *adj* lumineux(euse).

lunar [lu'na(x)] (*pl* **-es**) *adj* lunaire.

lunático, ca [lu'natʃiku, ka] *mf* désaxé *m*, -e *f*.

luneta [lu'neta] *f* lunette *f*.

lupa ['lupa] *f* loupe *f*.

lustre ['luʃtri] *m* lustre *m* • **dar lustre a algo** faire briller qqch.

luta ['luta] *f* lutte *f*.

lutar [lu'ta(x)] *vi* lutter • **lutar contra** se battre avec • **lutar por** se battre pour.

luto ['lutu] *m* deuil *m* • **estar de luto** être en deuil.

luva ['luva] *f* (roupa) gant *m*.

Luxemburgo [luʃẽn'buxgu] *m* • **o Luxemburgo** le Luxembourg.

luxo ['luʃu] *m* luxe *m* • **de luxo** de luxe.

luxuoso, osa [lu'ʃwozu, ɔza] *adj* luxueux(euse).

luxúria [lu'ʃurja] *f* luxure *f*.

luxuriante [luʃu'rjãntʃi] *adj* luxuriant(e).

luz ['luʃ] (*pl* **-es**) *f* (de sol, lâmpada, fogo) lumière *f*; (de carro) phare *m*; (de casa) électricité *f*; (de rua) éclairage *m* • **luz do sol** lumière du soleil • **dar à luz** accoucher • **luzes de alerta** feux *mpl* de détresse • **luzes de presença** veilleuses *fpl*.

luzir [lu'zi(x)] *vi* luire.

lycra® ['likra] *f* Lycra® *m*.

M

ma [ma] = me + a → me.

má [ma] → mau.

maca ['maka] *f* brancard *m*.

maçã [ma'sã] *f* pomme *f*; (do rosto) pommette *f* • **maçã assada** pomme au four.

macabro, **bra** [ma'kabru, bra] *adj* macabre.
macacão [maka'kãw] (*pl -ões*) *m (roupa)* bleu de travail; *(calças)* salopette *f.*
macaco, ca [ma'kaku, ka] ♦ *mf* singe *m* ♦ *m* cric *m.*
macacões → macacão.
maçaneta [masa'neta] *f* poignée *f (de porte).*
maçante [ma'sãntʃi] *adj* pénible, ennuyeux.
maçapão [masa'pãw] *m* massepain *m.*
maçarico [masa'riku] *m* chalumeau *m.*
maçaroca [masa'rɔka] *f* épi *m* de maïs.
macarrão [maka'xãw] *m (tipo de massa)* macaronis *mpl; (massa)* nouilles *fpl.*
Macau [ma'kaw] *s* Macao.
macedônia [mase'dɔnja] *f* macédoine *f* de légumes • **macedônia (de frutas)** salade *f* de fruits.
macete [ma'setʃi] *m* maillet *m.*
machado [ma'ʃadu] *m* hache *f.*
machismo [ma'ʃiʒmu] *m* machisme *m.*
machista [ma'ʃista] *adj & m* machiste.
macho ['maʃu] *adj & m* mâle • **um homem macho** un homme, un vrai.
machucado, da [maʃu'kadu, da] *adj* blessé(e).
machucar [maʃu'kax] *vt* blesser ▫ **machucar-se** *vp* se blesser.
maciço, ça [ma'sisu, sa] *adj* massif(ive).

macieira [ma'sjejra] *f* pommier *m.*
macio, cia [ma'siu, sia] *adj* doux(douce).
maço ['masu] *m* maillet *m* • **maço (de cigarros)** paquet *m* de cigarettes • **maço de folhas** *m* de feuilles.
macro ['makru] *f INFORM* macro *f.*
macumba [ma'kũmba] *f* macumba *f* culte proche du vaudou pratiqué au Brésil.
madeira [ma'dejra] ♦ *f* bois *m* ♦ *m (vinho)* madère *m* • **Madeira** *f* • **a Madeira** Madère *f.*
madeirense [madej'rẽsi] ♦ *adj* de Madère ♦ *nmf* Madérien *m,* -enne *f.*
madeixa [ma'dejʃa] *f* mèche *f.*
madrasta [ma'draʃta] *f* belle-mère *f.*
madrepérola [,madre'pɛrola] *f* nacre *f.*
madressilva [,madre'siwva] *f* chèvrefeuille *m.*
madrinha [ma'driɲa] *f (de batismo)* marraine *f.*
madrugada [madru'gada] *f (alvorada)* aube *f; (manhã)* matin *m* • **uma da madrugada** une heure du matin • **de madrugada** *(fig)* très tôt.
madrugar [madru'ga(x)] *vi* se lever de bonne heure.
maduro, ra [ma'duru, ra] *adj* mûr(e); *(vinho)* fait avec du raisin arrivé à maturité par opposition au vin vert.
mãe ['mãj] *f* mère *f.*
maestro [ma'ɛstru] *m* chef *m* d'orchestre.
magia [ma'ʒia] *f* magie *f.*

mágico, ca ['maʒiku, ka] ♦ *adj* magique ♦ *mf* magicien *m*, -enne *f*.

magistrado, da [maʒiʃ'tradu, da] *mf* magistrat *m*.

magnético, ca [mag'nɛtʃiku, ka] *adj* magnétique.

magnífico, ca [mag'nifiku, ka] *adj* magnifique.

magnitude [magni'tudʒi] *f* grandeur *f*.

magnólia [mag'nɔlja] *f* magnolia *m*.

mago, ga ['magu, ga] *mf* magicien *m*, -enne *f*.

mágoa ['magwa] *f* peine *f*.

magoado, da [ma'gwadu, da] *adj* blessé(e) • **ficou magoado** ça lui a fait de la peine.

magoar [ma'gwa(x)] *vt* • **magoar alguém** *(fisicamente)* blesser qqn; *(moralmente)* faire de la peine à qqn ▫ **magoar-se** *vp* se blesser.

magro, gra ['magru, gra] *adj (pessoa, animal)* maigre; *(leite)* écrémé(e).

mail [mejo] *(pl* **mails)** *m* INFORM mail *m*, courrier électronique *m*.

mainframe [mej'frejmi] *m* INFORM ordinateur *m* centrale.

maio ['maju] *m* mai *m*, → **setembro**.

maiô [ma'jo] *m (de ginástica)* justaucorps *m*; *(de banho)* maillot *m* de bain.

maionese [majo'nɛzi] *f* mayonnaise *f*.

maior [ma'jɔ(x)] *(pl* **-es)** ♦ *adj* plus grand(e) ♦ *mmf* • **o/a maior** le plus grand/la plus grande • **em maior número** plus nombreux(euses) • **ser maior de idade** être majeur(e) • **a maior parte de** la plupart.

maioria [majo'ria] *f* majorité *f* • **a maioria de** la plupart de.

maioridade [majori'dadʒi] *f* majorité *f (âge)*.

mais ['majʃ] ♦ *adv* **1.** *(em comparações)* plus • **a Ana é mais alta/bonita** Ana est plus grande/jolie • **mais... do que...** plus... que... • **ela tem um ano a mais do que eu** elle a un an de plus que moi • **a mais** de ou en trop **2.** *(como superlativo)* • **o/a mais** le/la plus • **o mais inteligente/engraçado** le plus intelligent/drôle **3.** *(indica adição)* encore • **quero mais pão** je veux encore du pain • **não quero mais nada** je ne veux plus rien **4.** *(indica intensidade)* • **que dia mais bonito!** quelle belle journée! • **que lugar mais feio!** quel endroit horrible! **5.** *(indica preferência)* • **mais vale não ir** il vaut mieux ne pas y aller • **mais vale que você fique em casa** il vaut mieux que tu restes à la maison **6.** *(em locuções)* • **de mais a mais** en plus • **mais ou menos** plus ou moins; *(de saúde)* comme ci, comme ça • **por mais que** avoir beau • **por mais esperto que seja, não consegue fazê-lo** il a beau être adroit, il n'arrive pas à le faire • **sem mais nem menos** comme ça, sans raison • **uma**

maître

vez mais, mais uma vez une fois de plus • **cada vez mais** de plus en plus • **e que mais, minha senhora?** et avec ça, madame? ◆ *adj inv* **1.** *(em comparações)* plus • **eles têm mais dinheiro** ils ont plus d'argent • **está mais calor hoje** il fait plus chaud aujourd'hui **2.** *(como superlativo)* le plus de • **a pessoa que mais discos vendeu** la personne qui a vendu le plus de disques • **os que têm mais dinheiro** ceux qui ont le plus d'argent • **quanto mais cedo melhor** le plus tôt sera le mieux • **o mais tardar** au plus tard **3.** *(indica adição)* encore • **mais água, por favor** encore de l'eau, s'il vous plaît • **mais alguma coisa?** vous désirez autre chose? • **tenho mais três dias de férias** il me reste encore trois jours de vacances ◆ *conj* • **vamos eu mais o seu pai** nous y allons, ton père et moi ◆ *prep (indica soma)* plus • **dois mais dois, quatro** deux plus deux, quatre.

maître [mɛtʀ] *m* maître *m* d'hôtel.

major [ma'ʒɔ(x)] *(pl* **-es***) m* commandant *m*.

mal ['maw] *(pl* **-es***)* ◆ *m* mal *m* ◆ *adv* mal ◆ *conj (assim que)* dès que • **mal cheguei, telefonei logo** dès que je suis arrivé, j'ai téléphoné • **fazer mal** *(a pessoa)* faire du mal • **não faz mal** ça n'est pas grave • **cheirar mal** sentir mauvais • **ouvir/ver mal** entendre/voir mal • **o mal** le mal.

mala ['mala] *f (de mão)* sac *m*; *(de roupa)* valise *f* • **mala do carro** coffre *m* • **mala de viagem** valise *f* • **fazer as malas** faire ses bagages.

malabarismo [malaba'riʒmu] *m* • **fazer malabarismos** jongler.

malabarista [malaba'riʃta] *nmf* jongleur *m*, -euse *f*.

mal-acabado, da [ˌmawaka'badu, da] *adj* bâclé(e); *(pessoa)* mal fait(e).

malagueta [mala'geta] *f* piment *m*.

malandro, dra [ma'lãndru, dra] ◆ *adj (preguiçoso)* paresseux(euse); *(matreiro)* fripon(onne) ◆ *mf* canaille *f*.

malária [ma'larja] *f* malaria *f*.

malcriado, da [mawkri'adu, da] *adj* mal élevé(e).

maldade [maw'dadʒi] *f* méchanceté *f*.

maldição [mawdʒi'sãw] *(pl* **-ões***) f* malédiction *f*.

maldito, ta [maw'dʒitu, ta] *adj* maudit(e).

maldizer [mawdʒi'ze(x)] *vt (amaldiçoar)* maudire; *(dizer mal de)* dire du mal de.

maldoso, osa [maw'dozu, ɔza] *adj* méchant(e).

mal-educado, da [ˌmaleduˈkadu, da] *adj* mal élevé(e).

malefício [male'fisju] *m* maléfice *m*.

mal-entendido [,malĩntẽn'dʒidu] (*pl* **mal-entendidos**) *m* malentendu *m*.

males ['malif] → **mal**.

mal-estar [malef'ta(x)] (*pl* **mal-estares**) *m* malaise *m*.

maleta [ma'leta] *f* mallette *f*.

malfeitor, ra [mawfej'to(x), ra] (*mpl* **-es**, *fpl* **-s**) *mf* malfaiteur *m*.

malha ['maʎa] *f* (*tecido*) jersey *m*; (*em meia, camisola, rede*) maille *f*; (*mancha em animal*) tache *f*.

malhado, da [ma'ʎadu, da] *adj* tacheté(e).

malhar [ma'ʎa(x)] ◆ *vt* battre ◆ *vi* (*fam*) se casser la figure.

mal-humorado, da [malumo'radu, da] *adj* de mauvaise humeur.

malícia [ma'lisja] *f* malice *f*.

maligno, gna [ma'lignu, gna] *adj* malin(igne).

malmequer [mawmi'kɛ(x)] (*pl* **-es**) *m* marguerite *f*.

malpassado, da [mawpa'sadu, da] *adj* (*bife, carne*) saignant(e).

malta ['mawta] *f* (*fam*) bande *f* (*de copains*).

maltratar [mawtra'ta(x)] *vt* (*bater em*) maltraiter; (*descuidar, estragar*) abîmer.

maluco, ca [ma'luku, ka] *adj & mf* fou(folle).

malva ['mawva] *f* mauve *f*.

malvadez [mawva'deʃ] *f* cruauté *f*.

malvado, da [maw'vadu, da] *adj* méchant(e).

mama ['mama] *f* sein *m*.

mamadeira [mama'deira] *f* biberon *m*.

mamãe [mã'mãj] (*pl* **-ães**) *f* (*fam*) m'man *f*.

mamão [ma'mãw] (*pl* **-ões**) *m* papaye *f*.

mamar [ma'ma(x)] ◆ *vi* téter ◆ *vt* • **dar de mamar** (*amamentar*) donner à téter; (*com mamadeira*) donner le biberon.

mamífero [ma'miferu] *m* mammifère *m*.

mamilo [ma'milu] *m* mamelon *m*.

maminha [ma'miɲa] *f* ≃ filet *m*.

mamões → **mamão**.

manada [ma'nada] *f* troupeau *m*.

mancar [mãŋ'ka(x)] *vi* boiter.

mancha ['mãʃa] *f* tache *f*.

Mancha ['mãʃa] *f* • **o canal da Mancha** la Manche.

manchar [mã'ʃa(x)] *vt* tacher.

manchete [mã'ʃetʃi] *f* manchette *f* (*d'un journal*).

manco, ca ['mãŋku, ka] *adj* boiteux(euse).

mandar [mãn'da(x)] ◆ *vi* commander ◆ *vt* envoyer • **mandar alguém fazer algo** envoyer qqn faire qqch • **mandar fazer algo** faire faire qqch • **mandar alguém passear** (*fam*) envoyer qqn promener • **mandar vir** (*encomendar*) commander • **mandar à merda** (*vulg*) envoyer chier • **mandar em** (*empresa*) diriger; (*casa*) commander, faire la loi.

mandioca [mãn'dʒjɔka] f manioc m ♦ **(farinha de) mandioca** tapioca m.

maneira [ma'nejra] f manière f. ♦ **de uma maneira geral** d'une manière générale ♦ **à maneira de** comme ♦ **de maneira alguma** *ou* **nenhuma** pas du tout ♦ **de maneira que** si bien que ♦ **de qualquer maneira** de toute façon ♦ **desta maneira** comme ça ♦ **de todas as maneiras** sous toutes ses formes ♦ **de tal maneira... que** tellement... que ♦ **de uma maneira ou de outra** d'une manière ou d'une autre ☐ **maneiras** fpl ♦ **ter maneiras** savoir se tenir.

manejar [mane'ʒa(x)] vt manier.

manejável [mane'ʒavɛw] (pl **-eis**) adj maniable.

manequim [mane'kĩ] (pl **-ns**) ♦ m (em vitrine) mannequin m ♦ nmf (pessoa) mannequin m.

maneta [ma'neta] adj manchot(e).

manga ['mãŋga] f (de peça de vestuário) manche f; (fruto) mangue f ♦ **em mangas de camisa** en manches de chemise.

mangueira [mãŋ'gejra] f (para regar, lavar) tuyau m d'arrosage; (árvore) manguier m.

manha ['maɲa] f ruse f.

manhã ['maɲã] f matin m; (período) matinée f ♦ **de manhã** de bonne heure ♦ **toda a manhã** toute la matinée.

mania [ma'nia] f manie f.

manicômio [mani'komju] m asile m.

manicure [mani'kuri] f manucure f.

manifestação [manifeʃta'sãw] (pl **-ões**) f manifestation f.

manifestar [manifeʃ'ta(x)] vt manifester ☐ **manifestar-se** vp (protestar) manifester; (pronunciar-se) s'exprimer.

manipular [manipu'la(x)] vt manipuler.

manivela [mani'vɛla] f manivelle f.

manjericão [mãʒeri'kãw] m basilic m.

manobra [ma'nɔbra] f manœuvre f.

mansão [mã'sãw] (pl **-ões**) f villa f.

mansidão [mãsi'dãw] f douceur f.

manso, sa ['mãsu, sa] adj (animal) docile; (mar) calme.

mansões → **mansão**.

manta ['mãnta] f couverture f (de lit).

manteiga [mãn'tejga] f beurre m ♦ **manteiga de cacau** beurre de cacao.

manteigueira [mãntej'gejra] f beurrier m.

manter [mãn'te(x)] vt entretenir; (conservar) conserver; (palavra, conversa) tenir ☐ **manter-se em** vp + prep (em local) rester à ♦ **manter-se em forma** rester en.

manual [ma'nwaw] (pl **-ais**) adj manuel(elle) ♦ m manuel m ♦ **manual (escolar)** manuel scolaire.

manuscrito, ta [manuʃ'kritu, ta] ♦ *adj* manuscrit(e) ♦ *m* manuscrit *m*.

manusear [manu'zea(x)] *vt* manier.

manutenção [manutẽ'sãw] *f* entretien *m (de la maison).*

mão ['mãw] *f ANAT* main *f*; *(de estrada)* sens *m* • **apertar a mão** serrer la main • **dar a mão a alguém** donner la main à qqn; *(fig)* aider qqn • **de mãos dadas** main dans la main • **à mão** à la main • **dar uma mão a alguém** donner un coup de main à qqn • **estar à mão** être tout près • **mão de obra** main-d'œuvre *f* • **ter algo à mão** avoir qqch sous la main.

mapa ['mapa] *m* carte *f* • **mapa das estradas** carte routière.

mapa-múndi [ˌmapa'mũndʒi] *(pl* **mapas-múndi**) *m* mappemonde *f*.

maquete [ma'ketʃi] *f* maquette *f*.

maquiagem [maki'aʒẽj] *(pl* **-ns**) *f* maquillage *m*.

maquiar [ma'kja(x)] *vt* maquiller ❑ **maquiar-se** *vp* se maquiller.

maquilagem [maki'laʒẽj] *(pl* **-ns**) *f* maquillage *m*.

máquina ['makina] *f* machine *f* • **máquina de barbear** rasoir *m* électrique • **máquina de busca** moteur de recherche • **máquina de costura** machine à coudre • **máquina de escrever** machine à écrire • **máquina de filmar** caméra *f* • **máquina fotográfica** appareil *m* photo • **máquina de lavar** *(roupa)* lave-linge *m inv*; *(louça)* lave-vaisselle *m inv*.

maquinaria [makina'ria] *f* machinerie *f*.

mar ['ma(x)] *(pl* **-es**) *m* mer *f* • **por mar** par bateau.

maracujá [maraku'ʒa] *m* fruit *m* de la passion.

maravilha [mara'viʎa] *f* merveille *f* • **que maravilha!** quelle merveille! • **fazer maravilhas** faire des merveilles • **dizer maravilhas de** dire des merveilles de • **correr às mil maravilhas** se dérouler à merveille.

maravilhoso, osa [maravi'ʎozu, ɔza] *adj* merveilleux(euse).

marca ['maxka] *f* marque *f*; *(vestígio)* trace *f* • **marca registrada** nom *m* déposé • **de marca** de marque.

marcação [maxka'sãw] *(pl* **-ões**) *f (de consulta)* rendez-vous *m*; *(de lugar)* réservation *f*.

marcar [max'ka(x)] *vt (consulta)* prendre; *(lugar)* réserver; *(hora)* fixer; *ESP* marquer • **marcar encontro** fixer un rendez-vous • **marcar uma hora** prendre rendez-vous.

marcha ['maxʃa] *f (desfile)* marche *f*; • **marcha a ré** marche arrière.

marchar [max'ʃa(x)] *vi (pessoa)* marcher; *(tropa)* marcher au pas.

marcial [maxsi'aw] (*pl* **-ais**) *adj* martial(e).

marco ['maxku] *m (em estrada, caminho)* borne *f*; *(moeda)* mark *m*.

março ['marsu] *m* mars *m*, → setembro.

maré [ma'rɛ] *f* marée *f* • **estar em maré de sorte** avoir la chance avec soi • **maré alta** marée haute • **maré baixa** marée basse.

maremoto [mare'mɔtu] *m* raz-de-marée *m*.

mares → **mar**.

marfim [max'fī] *m* ivoire *m*.

margarida [maxga'rida] *f* marguerite *f*.

margarina [maxga'rina] *f* margarine *f*.

margem ['max3ē] (*pl* **-ns**) *f (de rio)* rive *f*; *(em texto, livro, documento)* marge *f* • **à margem** en marge • **pôr à margem** (*fig*) mettre à l'écart • **pôr-se à margem** se tenir à l'écart.

marginal [max3i'naw] (*pl* **-ais**) *nmf* marginal *m*, -e *f*.

marido [ma'ridu] *m* mari *m*.

marimbondo [marīm'bōndu] *m* guêpe *f*.

marina [ma'rina] *f* marina *f*.

marinada [mari'nada] *f* marinade *f*.

marinado, da [mari'nadu, da] *adj* mariné(ée).

marinar [mari'nax] *vt* mariner.

marinha [ma'rina] *f* marine *f*.

marinheiro, ra [marī'nejru, ra] *mf* marin *m*.

marionete [marjo'nɛtʃi] *f* marionnette *f*.

mariposa [mari'pɔza] *f* papillon *m* (*nage*).

marisco [ma'riʃku] *m* fruits *mpl* de mer.

marítimo, ma [ma'ritʃimu, ma] *adj* maritime.

marketing ['maxketʃīŋ] *m* marketing *m*.

marmelada [maxme'lada] *f* pâte *f* de coing.

marmeleiro [maxme'lejru] *m* cognassier *m*.

marmelo [max'mɛlu] *m* coing *m*.

mármore ['maxmori] *m* marbre *m*.

marquise [max'kizi] *f* véranda *f*.

marreco, ca [ma'xɛku] *adj* bossu(e).

Marrocos [ma'xɔkuʃ] *s* Maroc *m*.

marrom [ma'xō] (*pl* **-ns**) *adj* marron.

marroquinaria [maxokina'rja] *f* maroquinerie *f*.

martelar [maxte'la(x)] *vt* marteler.

martelo [max'tɛlu] *m* marteau *m*.

mártir ['maxti(x)] (*pl* **-es**) *nmf* martyr *m*, -e *f*.

marzipã [maxzi'pã] *m* massepain *m*.

mas¹ [maʃ] = **me + as** → **me**.

mas² [ma(j)ʃ] ♦ *conj* mais ♦ *m* • **nem mas nem meio mas!** il n'y a pas de mais qui tienne!

mascar [maʃ'ka(x)] *vt* mâcher.

máscara ['maʃkara] *f* masque *m*.

mascarar-se [maʃka'raxsi] *vp* se déguiser.
mascavo [maʃ'kavu] *adj m* → açúcar.
mascote [maʃ'kɔtʃi] *f* mascotte *f.*
masculino, na [maʃku'linu, na] *adj* masculin(e).
masoquista [mazu'kiʃta] *adj & nmf* masochiste.
massa ['masa] *f (espaguete, lasanha)* pâtes *fpl; (de bolo, pão)* pâte *f;* • **massa folhada** pâte feuilletée • **massa para modelar** pâte *f* à modeler • **em massa** *(fig)* en masse.
massacre [ma'sakri] *m* massacre *m.*
massagear [masa'ʒea(x)] *vt* masser.
massagem [ma'saʒẽ] *(pl* **-ns)** *f* massage *m.*
massagista [masa'ʒiʃta] *nmf* masseur *m,* -euse *f.*
mastigar [maʃtʃi'ga(x)] *vt* mâcher.
mastro ['maʃtru] *m* mât *m.*
masturbar-se [maʃtux'baxsi] *vp* se masturber.
mata ['mata] *f* bois *m.*
mata-borrão [,matabo'xãw] *(pl* **mata-borrões)** *m* buvard *m.*
matadouro [mata'doru] *m* abattoir *m.*
matar [ma'ta(x)] *vt (pessoa, animal)* tuer; *(sede)* désaltérer; *(fome)* rassasier ❏ **matar-se** *vp* se tuer • **matar-se de fazer algo** se démener pour faire qqch • **matar-se de trabalhar** se tuer au travail.

mata-ratos [,mata'xatuʃ] *m inv* mort-aux-rats *f inv.*
mate ['matʃi] ◆ *m* maté *m (sorte de thé)* ◆ *adj* mat(e).
matemática [mate'matʃika] *f* mathématiques *fpl.*
matéria [ma'tɛrja] *f* matière *f* • **em matéria de** en matière de.
material [materi'aw] *(pl* **-ais)** ◆ *adj (bens)* matériel(elle) ◆ *m* matériel *m* • **material escolar** fournitures *fpl* scolaires.
matéria-prima [ma,tɛrja'prima] *(pl* **matérias-primas)** *f* matière *f* première.
maternidade [matexni'dadʒi] *f (hospital)* maternité *f.*
matinê [matʃi'ne] *f* matinée *f (de spectacle).*
matizado, da [matʃi'zadu, da] *adj* nuancé(e).
mato ['matu] *m (tipo de vegetação)* lande *f; (bosque)* bois *m.*
matrícula [ma'trikula] *f (de carro)* immatriculation *f; (em escola, universidade)* inscription *f.*
matrimônio [matri'monju] *m* mariage *m.*
matriz [ma'triʃ] *(pl* **-es)** *f (igreja)* église *f* paroissiale; *(de foto, tipografia)* film *m.*
maturidade [maturi'dadʒi] *f* maturité *f.*
matuto, ta [ma'tutu, ta] *adj* provincial(e).
mau, má ['maw, 'ma] *adj* mauvais(e); *(malvado)* méchant(e) • **nada mau!** pas mal!
mausoléu [mawzo'lɛu] *m* mausolée *m.*
maus-tratos [mawʃ'tratuʃ] *mpl* mauvais traitements *mpl.*

maxilar

maxilar [maksi'la(x)] (*pl* **-es**) *m* maxillaire *m*.

máximo, ma ['masimu, ma] ♦ *adj* (*velocidade, pena, pontuação*) maximum ; (*temperatura*) maximal(e) ♦ *m* • **o máximo** le maximum • **no máximo** tout au plus • **ao máximo** à fond.

maxi-single [,maksi'sĩŋgwe] (*pl* **maxi-singles**) *m* maxi-single *m*.

me [mi] *pron* (*complemento direto*) me; (*complemento indireto*) moi, me • **dê-me o livro** donne-moi le livre • **não me fale** ne me parle pas; (*reflexivo*) me • **você me enganou!** tu m'as trompé! • **vou-me embora** je m'en vais.

meados ['mjaduʃ] *mpl* • **em meados de dezembro** à la mi-décembre.

mecânica [me'kanika] *f* mécanique *f*, → **mecânico**.

mecânico, ca [me'kaniku, ka] ♦ *adj* mécanique ♦ *mf* mécanicien *m*, -enne *f*.

mecanismo [meka'nizmu] *m* mécanisme *m*.

mecha [mɛʃa] *f* mèche *f* (*de bougie*).

meço [mɛsu] → **medir**.

medalha [me'daʎa] *f* médaille *f*.

média [mɛdʒja] *f* **1.** moyenne *f* • **andar à média de 150 km/h** faire du 150 km/h en moyenne • **em média** en moyenne • **ter média de** avoir une moyenne de **2.** (*café*) café au lait servi dans une tasse.

mediano, na [me'dʒjanu, na] *adj* moyen(enne).

mediante [me'dʒjãntʃi] *prep* (*a troco de*) moyennant; (*consoante*) selon.

medicação [medʒika'sãw] (*pl* **-ões**) *f* traitement *m*.

medicamento [medʒika'mẽntu] *m* médicament *m*.

medicina [medʒi'sina] *f* médecine *f*.

médico, ca [mɛdʒiku, ka] *mf* médecin *m* • **médico de clínica geral** médecin généraliste.

medida [me'dʒida] *f* mesure *f* • **sob medida** sur mesure • **em certa medida** en quelque sorte • **na medida do possível** dans la mesure du possible • **à medida que** au fur et à mesure que • **não ser de meias medidas** ne pas y aller par quatre chemins • **tomar medidas** prendre des mesures.

medieval [medʒje'vaw] (*pl* **-ais**) *adj* médiéval(e).

médio, dia [mɛdʒju, dja] ♦ *adj* moyen(enne) ♦ *m* (*dedo*) majeur *m*.

medíocre [me'dʒjɔkri] *adj* médiocre.

medir [me'dʒi(x)] *vt* mesurer; (*temperatura*) prendre • **quanto você mede?** combien est-ce que tu mesures?

meditar [medʒi'ta(x)] *vi* méditer • **meditar sobre algo** méditer sur qqch.

Mediterrâneo [medʒite'xanju] *m* **o (mar) Mediterrâneo** la (mer) Méditerranée.

medo ['medu] *m* peur *f* • **ter medo** avoir peur • **ter medo de** avoir peur de • **com medo** avec crainte • **sem medo** sans crainte.

medonho, nha [me'doɲu, ɲa] *adj* épouvantable.

medroso, osa [me'drozu, ɔza] *adj* peureux(euse).

medula [me'dula] *f* moelle *f*.

medusa [me'duza] *f* méduse *f*.

megabyte [mɛga'bajtʃi] *m* mégaoctet *m*.

meia ['meja] *f (seis)* six.

meia-calça [,meja'kawsa] *(pl* **meias-calças)** *f* collants *mpl*.

meia-idade [,mejej'dadʒi] *f* • **de meia-idade** d'âge mûr.

meia-luz [,meja'luʃ] *(pl* **meias-luzes)** *f* demi-jour *m*.

meia-noite [,meja'nojtʃi] *f* minuit *m*.

meias ['mejaʃ] *fpl* chaussettes *fpl*; *(collants)* collants *mpl*; *(com ligas)* bas *mpl* • **meias de lycra** collants en Lycra • **meias soquetes** chaussettes *fpl*.

meigo, ga ['mejgu, ga] *adj (pessoa)* doux(douce); *(animal)* affectueux(euse).

meio, meia ['meju, 'meja] *adj* demi-, mi- • *m (modo, recurso)* moyen *m*; *(social, profissional)* milieu *m* • **meio ambiente** environnement *m* • **meio cheio** à moitié plein • **a meias** moitié-moitié • **fiz o trabalho a meias com ele** j'ai partagé le travail avec lui • **meia-entrada** billet *m* demi-tarif • **meia pensão** demi-pension *f* • **a meia-voz** à mi-voix • **no meio de** *(de duas coisas)* entre; *(de várias coisas)* parmi; *(de rua, mesa, multidão)* au milieu de.

meio-dia [,meju'dʒia] *m* midi *m*.

meios [,mejuʃ] *mpl* moyens *mpl*, ressources *fpl*.

meio-seco [,meju'seku] *adj m (vinho)* demi-sec.

mel [mɛw] *m* miel *m*.

melaço [me'lasu] *m* mélasse *f*.

melado, da [me'ladu, da] *adj* poisseux(euse).

melancia [melã'sia] *f* pastèque *f*.

melancolia [melãŋko'lia] *f* mélancolie *f*.

melancólico, ca [melãŋ'kɔliku, ka] *adj* mélancolique.

melão [me'lãw] *(pl* **-ões)** *m* melon *m*.

melhor [me'ʎɔ(x)] *(pl* **-es)** • *adj* meilleur(e) • *adv* mieux • *nmf* • **o melhor** le mieux • **o/a melhor** le meilleur/la meilleure • **ou melhor** ou plutôt • **tanto melhor!** tant mieux! • **estar melhor** aller mieux • **ser do melhor que há** être ce qu'il y a de mieux • **cada vez melhor** de mieux en mieux • **correr pelo melhor** se passer pour le mieux • **ir desta para melhor** *(fam)* passer l'arme à gauche • **quem é que escreve melhor?** qui écrit le mieux?

melhorar [meʎo'ra(x)] ♦ *vt (comportamento)* améliorer; *(conhecimentos)* perfectionner ♦ *vi (doente)* aller mieux; *(tempo, clima)* s'améliorer.

melhores → **melhor**.

melindrar [melĩn'dra(x)] *vt* offenser.

melindroso, osa [melĩn'drozu, ɔza] *adj (pessoa)* susceptible; *(assunto, questão, problema)* délicat(e); *(saúde)* fragile.

melodia [melo'dʒia] *f* mélodie *f.*

melodrama [melo'drama] *m* mélodrame *m.*

melodramático, ca [melodrama'tʃiku, ka] *adj* mélodramatique.

melões → **melão**.

melro ['mɛwxu] *m* merle *m.*

membro [mẽmbru] *m* membre *m.*

memorando [memo'rãndu] *m* note *f.*

memória [me'mɔrja] *f* mémoire *f* • **de memória** par cœur.

memorizar [memori'za(x)] *vt* mémoriser.

mencionar [mẽsjo'na(x)] *vt* mentionner.

mendigar [mẽndʒi'ga(x)] *vi* mendier.

mendigo, ga [mẽn'dʒigu, ga] *mf* mendiant *m*, -e *f.*

meningite [menĩn'ʒitʃi] *f* méningite *f.*

menino, na [me'ninu, na] *mf* petit garçon *m*, -e fille *f.*

menopausa [meno'pawza] *f* ménopause *f.*

menor [me'nɔ(x)] *(pl -es) adj (em tamanho)* plus petit(e); *(em número)* inférieur(e); *(mínimo, em importância)* moindre ♦ *nmf* mineur *m*, -e *f* • **ser menor de idade** être mineur • **não faço** *ou* **tenho a menor ideia** je n'en ai pas la moindre idée • **o/a menor** le plus petit/la plus petite; *(em quantidade)* le/la moins; *(em importância)* le/la moindre.

menos ['menuʃ] ♦ *adv* **1.** (ger) moins • **você está menos gordo** tu es moins gros • **menos... do que...** moins... que... • **a menos de** moins de • **deram-me dinheiro a menos** ils m'ont donné de l'argent en moins **2.** *(como superlativo)* • **o/a menos** le/la moins • **o menos interessante/caro** le moins intéressant/cher **3.** *(em locuções)* • **a menos que** à moins que • **ao menos, pelo menos** au moins • **isso é de menos** c'est le moins grave • **pouco menos de** un peu moins de ♦ *adj inv* **1.** *(em comparações)* moins de • **eles têm menos posses** ils ont moins de moyens • **está menos frio do que ontem** il fait moins froid qu'hier **2.** *(como superlativo)* le moins de • **as que comeram menos bolos** celles qui ont mangé le moins de gâteaux • **os que têm menos dinheiro** ceux qui ont le moins d'argent ♦ *prep* **1.** *(exceto)* sauf • **todos gostaram menos ele** ils ont tous aimé, sauf lui • **tudo menos isso** tout sauf ça **2.** *(indica subtração)* moins • **três menos dois é igual a um** trois moins deux égale un.

menosprezar [menuʃpre'za(x)] *vt* mépriser.

mensageiro, ra [mẽsa'ʒejru, ra] *mf* messager *m*, -ère *f*.

mensagem [mẽsa'ʒẽ] *(pl* -ns) *f* message *m*.

mensal [mẽ'saw] *(pl* -ais) *adj* mensuel(elle).

mensalidade [mẽsali'dadʒi] *f* mensualité *f* • **mensalidade escolar** frais scolaires mensuels.

mensalmente [mẽsaw'mẽntʃi] *adv* par mois.

menstruação [mẽʃtrua'sãw] *f* menstruation *f*.

mentalidade [mẽntali'dadʒi] *f* mentalité *f*.

mente [mẽntʃi] *f* esprit *m* • **ter em mente fazer algo** avoir l'intention de faire qqch.

mentir [mẽn'ti(x)] *vi* mentir.

mentira [mẽn'tira] *f* mensonge *m* ◆ *interj* c'est faux! • **parece mentira!** c'est incroyable!

mentiroso, osa [mẽntʃi'rozu, ɔza] *mf* menteur *m*, -euse *f*.

mentol [mẽn'tɔw] *m* menthol *m*.

menu [me'nu] *m* menu *m*.

mercado [mex'kadu] *m* marché *m* • **mercado municipal** marché municipal • **mercado negro** marché noir ▫ **Mercado** *m* • **o Mercado Único** le Marché unique.

mercadoria [mexkado'ria] *f* marchandise *f*.

mercearia [mexsja'ria] *f* épicerie *f*.

Mercosul [mexko'suw] *m* (*abrev de* **Mercado Comum do Sul**) Mercosur *m*, marché commum d'Amérique du sud.

mercúrio [mex'kurju] *m* mercure *m*.

mercurocromo [mexkurɔ'krɔmu] *m* Mercurochrome® *m*.

merda ['mɛxda] ◆ *f* (*vulg*) merde *f* ◆ *interj* (*vulg*) merde!

merecer [mere'se(x)] *vt* mériter.

merecido, da [mere'sidu, da] *adj* mérité(e).

merenda [me'rẽnda] *f* goûter *m*.

merengue [me'rẽngi] *m* meringue *f*.

mergulhador, ra [mexguʎa'do(x), ra] (*mpl* -es, *fpl* -s) *mf* plongeur *m*, -euse *f*.

mergulhar [mexgu'ʎa(x)] ◆ *vi* plonger ◆ *vt* • **mergulhar algo em algo** plonger qqch dans qqch.

mergulho [mex'guʎu] *m* plongeon *m* • **dar um mergulho** plonger.

meridiano [meri'dʒjanu] *m* méridien *m*.

meridional [meridʒjo'naw] (*pl* -ais) *adj* méridional(e).

mérito ['mɛritu] *m* mérite *m* • **por mérito próprio** par mon/ton/son mérite.

mês ['meʃ] (*pl* **meses**) *m* mois *m* • **todos os meses** tous les

mois • (de) mês a mês tous les mois • por mês par mois.
mesa ['meza] *f* table *f* • **estar à mesa** être à table.
mesada [me'zada] *f* argent *m* de poche *(du mois).*
mesa de cabeceira [,mezadʒikabi'sejra] *(pl* **mesas de cabeceira)** *f* table *f* de nuit.
mescla ['mɛʃkla] *f* mélange *m*.
mesclar [meʃ'kla(x)] *vt* mélanger.
meses → **mês**.
meseta [me'zeta] *f* plateau *m (en géographie).*
mesmo, ma ['meʒmu, ma] ◆ *adj* même ◆ *adv* (até, exatamente) même; (para enfatizar) tout à fait ◆ *pron* • **o mesmo/a mesma** le/la même • **foi ele mesmo que o disse** il l'a dit lui-même • **esta mesma pessoa** cette personne là • **isso mesmo!** tout à fait! • **valer o mesmo que** valoir autant que • **mesmo assim** quand même • **mesmo que** même si • **mesmo se** même si • **nem mesmo** même pas • **nem mesmo ele conseguiu** même lui, il n'a pas réussi • **ser o mesmo que** revenir à • **só mesmo** n'y a que.
mesquinho, nha [meʃ'kiɲu, ɲa] *adj* mesquin(e).
mesquita [meʃ'kita] *f* mosquée *f*.
mestiço, ça [meʃ'tʃisu, sa] *adj* & *mf* métis(isse).

mestre [mɛʃtri] *m (perito)* maître *m;* EDUC *(com mestrado)* diplômé universitaire qui a soutenu un mémoire.
mestre de cerimônias [,mɛʃtridʒiseri'mõɲaʃ] *(pl* **mestres de cerimônias)** *m (em espetáculos)* animateur *m; (em festa)* maître *m* de cérémonie; *(em recepções oficiais)* chef *m* du protocole.
mestre-sala [,mɛʃtri'sala] *(pl* **mestres-salas)** *m* partenaire de la *"porta-bandeira"* (porte-drapeau) lors de défilés des écoles de samba.
meta [mɛta] *f (em corrida)* ligne *f* d'arrivée; *(objetivo)* but *m*.
metabolismo [metabo'liʒmu] *m* métabolisme *m*.
metade [me'tadʒi] *f* moitié *f* • **metade do preço** moitié prix • **fazer algo na metade do tempo** mettre moitié moins de temps pour faire qqch • **fazer as coisas pela metade** faire les choses à moitié.
metáfora [me'tafora] *f* métaphore *f*.
metal [me'taw] *(pl* **-ais)** *m* métal *m*.
metálico, ca [me'taliku, ka] *adj* métallique.
metalurgia [metalux'ʒia] *f* métallurgie *f*.
meteorito [metjo'ritu] *m* météorite *m*.
meteoro [me'tjoru] *m* météore *m*.

meteorologia [meteorolo-'ʒia] *f (ciência)* météorologie *f; (em televisão)* météo *f.*

meter [me'te(x)] *vt* mettre • meter algo/alguém em algo mettre qqch/qqn dans qqch • **meter medo** faire peur • **meter pena** faire de la peine • **meter raiva** énerver ▫ **meter-se** *vp* se mêler de • meter-se na vida dos outros se mêler des affaires des autres • meter-se onde não se é chamado se mêler de ce qui ne nous regarde pas • meter-se com alguém embêter qqn • meter-se em algo *(envolver-se em)* se lancer dans qqch; *(intrometer-se em)* se mêler de qqch.

meticuloso, osa [metʃiku'lozu, ɔza] *adj* méticuleux(euse).

metódico, ca [me'tɔdʒiku, ka] *adj (pessoa)* méthodique; *(descrição)* rigoureux(euse).

método ['mɛtodu] *m* méthode *f* • com/sem método avec/sans méthode.

metralhadora [metraʎa'dora] *f* mitrailleuse *f.*

métrico, ca [mɛtriku, ka] *adj* métrique.

metro [mɛtru] *m* mètre *m.*

metrô [me'tro] *m* métro *m.*

metropolitano [metropoli'tãnu, na] *m* métro *m.*

meu, minha ['mew, 'miɲa] ♦ *adj* mon(ma) ♦ *pron* • o meu/a minha le mien/la mienne • isto é meu c'est à moi • um amigo meu un de mes amis • os meus *(a minha família)* les miens.

mexer [me'ʃe(x)] ♦ *vt (corpo)* bouger; *CULIN* remuer ♦ *vi* bouger • mexer em algo fouiller dans qqch ▫ **mexer-se** *vp (despachar-se)* s'activer; *(mover-se)* bouger • **mexa-se!** dépêche-toi!

mexerica [meʃe'rika] *f* clémentine *f.*

mexerico [meʃe'riku] *m* commérages *mpl.*

México [mɛʃiku] *m* • o México le Mexique.

mexido, da [me'ʃidu, da] *adj (música)* entraînant(e); *(ovo)* brouillé(e).

mexilhão [meʃiˈʎãw] *(pl -ões) m* moule *f.*

mg *(abrev de* miligrama*)* mg.

miar ['mja(x)] *vi* miauler.

micro ['mikru] *m* ordinateur *m.*

micróbio [mi'krɔbju] *m* microbe *m.*

microcomputador [mikrokɔmputa'do(x)] *m* micro-ordinateur *m.*

microfone [mikro'fɔni] *m* micro *m.*

micro-ondas [mikro'õndaʃ] *m inv* micro-ondes *m inv.*

microscópio [mikroʃ'kɔpju] *m* microscope *m.*

migalha [mi'gaʎa] *f* miette *f.*

migração [migra'sãw] *(pl -ões) f* migration *f.*

mijar [mi'ʒa(x)] *vi (fam)* pisser.

mil ['miw] *num* mille • três mil trois mille • mil novecentos e

milagre

noventa e sete mille neuf cent quatre-vingt-dix-sept → **seis**.
milagre [mi'lagri] *m* miracle *m*.
milênio [mi'lenju] *m* millénaire *m*.
mil-folhas [miw'foʎaʃ] *m inv* mille-feuille *m*.
milha ['miʎa] *f (terrestre)* mile *m*; *(marítima)* mille *m*.
milhão [mi'ʎãw] *(pl* **-ões**) *num* million *m* • **um milhão de pessoas** un million de personnes → **seis**.
milhar [mi'ʎa(x)] *(pl* **-es**) *num* millier *m* • **um milhar de pessoas** un millier de personnes → **seis**.
milho ['miʎu] *m* maïs *m*.
milhões → **milhão**.
miligrama [mili'grãma] *m* milligramme *m*.
mililitro [mili'litru] *m* millilitre *m*.
milímetro [mi'limetru] *m* millimètre *m*.
milionário, ria [miljo'narju, rja] *mf* millionnaire *m*.
militante [mili'tãntʃi] *nmf* militant *m*, -e *f*.
milk-shake [mili'tãntʃi] *m* milk-shake *m*.
mim [mĩ] *pron (complemento direto)* moi, me • **a mim, você não mente** moi, tu ne me mens pas; *(reflexivo)* moi • **por mim** quant à moi.
mimado, da [mi'madu, da] *adj* gâté(e).
mimar [mi'ma(x)] *vt (criança)* gâter.

mímica ['mimika] *f (arte)* mime *m*; *(expressão)* mimique *f*.
mimo ['mimu] *m* câlin *m* • **fazer mimos em alguém** gâter qqn • **ser um mimo** être adorable.
mina ['mina] *f* mine *f*.
mindinho [mĩn'dʒiɲu] *m* auriculaire *m*.
mineiro, ra [mi'nejru, ra] *mf* mineur *m*.
mineral [mine'raw] *(pl* **-ais**) *m* minéral *m*.
minério [mi'nɛrju] *m* minerai *m*.
minha ['miɲa] → **meu**.
minhoca [mi'ɲɔka] *f* ver *m* de terre.
miniatura [minja'tura] *f* miniature *f* • **em miniatura** en miniature.
mínimo, ma ['minimu, ma] ◆ *adj (velocidade, pena)* minimum; *(temperatura)* minimal(e) ◆ *m* • **o mínimo** le minimum • **não fazer a mínima ideia** ne pas avoir la moindre idée • **no mínimo** au minimum • **pôr no mínimo** mettre au minimum.
minissaia [ˌmini'saja] *f* minijupe *f*.
ministério [miniʃ'tɛrju] *m* ministère *m*.
ministro, tra [mi'niʃtru, tra] *mf* ministre *m*.
minoria [mino'ria] *f* minorité *f* • **estar em minoria** être en minorité.
minúscula [mi'nuʃkula] *f* minuscule *f* • **em minúsculas** en minuscules.

minúsculo, la [mi'nuʃkulu, la] *adj* minuscule.

minuto [mi'nutu] *m* minute *f* • **só um minuto!** une (petite) minute! • **contar os minutos** chronométrer; *(fig)* trouver le temps long • **dentro de poucos minutos** dans quelques minutes • **em poucos minutos** en quelques minutes.

miolo [mi'olu] *m* mie *f* ❑ **miolos** *mpl* cervelle *f* • **derreter os miolos de alguém** *(fam)* faire tourner qqn en bourrique • **ter miolos** *(fam)* en avoir dans le crâne.

míope ['mjupi] *adj* myope.

miopia [mju'pia] *f* myopie *f*.

miosótis [mjɔ'zɔtiʃ] *m inv* myosotis *m*.

miragem [mi'raʒē] *(pl* **-ns)** *f* mirage *m*.

mirante [mi'rãntʃi] *m* belvédère *m*.

mirar [mi'ra(x)] *vt (observar)* regarder ❑ **mirar-se** *vp + prep (em espelho, água)* se regarder.

miscelânea [miʃse'lanja] *f* mélange *m*; *(fig)* désordre *m*.

mise-en-plis ['mizēnpli] *nmf* mise *f* en plis • **fazer uma mise-en-plis** se faire faire une mise en plis.

miserável [mize'ravew] *(pl* **-eis)** *adj* misérable.

miséria [mi'zɛrja] *f (pobreza)* misère *f*; *(desgraça)* malheur *m*.

misericórdia [mizeri'kɔrdja] *f* pitié *f* • **pedir misericórdia** demander miséricorde.

missa ['misa] *f* messe *f*.

missão [mi'sãw] *(pl* **-ões)** *f* mission *f*.

míssil ['misiw] *(pl* **-eis)** *m* missile *m*.

missionário, ria [misjo'narju, rja] *mf* missionnaire *mf*.

missões → **missão**.

mistério [miʃ'tɛrju] *m* mystère *m*.

misterioso, osa [miʃte'trjozu, ɔza] *adj* mystérieux(euse).

misto, ta ['miʃtu, ta] *adj* mixte.

mistura [miʃ'tura] *f* mélange *m*.

misturar [miʃtu'ra(x)] *vt* mélanger; *(fig)* confondre.

mito ['mitu] *m* mythe *m*.

miúdo, da [mi'udu, da] *adj* petit(e) ❑ **miúdos** *mpl* • **miúdos de galinha** abats *mpl* de poulet • **trocar em miúdos** expliquer en détail.

ml *(abrev de* mililitro*)* ml.

mm *(abrev de* milímetro*)* mm.

mo [mu] = **me** + **o** → **me**.

mobília [mo'bilja] *f* meubles *mpl*.

mobiliário [mobi'ljarju] *m* mobilier *m*.

moça ['mosa] *f* fille *f*.

moçambicano, na [mosãmbi'kanu, na] ♦ *adj* mozambicain(e) ♦ *mf* Mozambicain *m*, *-e f*.

Moçambique [mosãm'biki] *s* Mozambique *m*.

mocassim [moka'sĩ] *(pl* **-ns)** *m* mocassin *m*.

mocassins [moka'sĩʃ] *mpl* mocassins *mpl*.

mochila [mo'ʃila] *f* sac *m* à dos.

mocho ['moʃu] *m* hibou *m*.

mocidade [mosi'dadʒi] *f* jeunesse *f*.

moço, ça ['mosu, sa] *adj & mf* jeune • **moço de recados** coursier *m*.

mocotó [moko'tɔ] *m* pied de veau.

moda [mɔda] *f* mode *f* • **à moda de** à la (mode de) • **estar fora de moda** être démodé(e) • **estar na moda** être à la mode • **passar de moda** ne plus être à la mode.

modalidade [modali'dadʒi] *f (de esporte)* discipline *f*; *(de pagamento)* modalité *f*.

modelo [mo'delu] *m (fotográfico)* mannequin *m*; *(para pintor, de carro)* modèle *m*; *(de roupa)* patron *m* • **servir de modelo** servir de modèle • **tomar por modelo** prendre pour modèle.

modem [mɔdɛm] *m* modem *m*.

moderado, da [mode'radu, da] *adj* modéré(e).

moderar [mode'ra(x)] *vt* modérer.

modernizar [modexni'za(x)] *vt* moderniser.

moderno, na [mo'dɛxnu, na] *adj* moderne; *(roupa)* à la mode.

modéstia [mo'dɛʃtja] *f* modestie *f* • **modéstia à parte** sans vouloir me vanter.

modesto, ta [mo'dɛʃtu, ta] *adj* modeste.

modificar [modʒifi'ka(x)] *vt* modifier ◻ **modificar-se** *vp* changer.

modo [mɔdu] *m* manière *f*; *(de verbo)* mode *m* • **com bons/maus modos** avec de bonnes/de mauvaises manières • **ter modos** savoir se tenir • **de certo modo** d'une certaine manière • **de modo nenhum!** sûrement pas! • **de modo que** si bien que • **de qualquer modo** de toute façon • **de tal modo que** tellement...que ◆ **modo de usar** mode d'emploi.

módulo [mɔdulu] *m* module *m*.

moeda ['mwɛda] *f (de metal)* pièce *f*; *(em geral)* monnaie *f* • **moeda estrangeira** monnaie étrangère.

ⓘ MOEDA

Depuis 1994 le réal est la monnaie brésilienne. Les monnaies antérieures, le cruzado novo, le cruzeiro, le cruzeiro réal ont été dévorées par une monstrueuse hyperinflation. Vers la fin des années 1980, la monnaie brésilienne subissait des dévaluations de pratiquement 90% par mois. L'introduction du réal fait partie d'un ensemble de mesures mises en œuvre par le gouvernement pour assurer la stabilité économique du Brésil.

moela ['mwɛla] *f* gésier *m*.

moer ['mwe(x)] *vt* moudre.

mofo ['mofu] *m* moisi *m (odeur).*

mogno [mɔgnu] *m* acajou *m.*

moído, da [mw'idu, da] *adj* moulu(e) • **estar moído** *(fam)* être crevé • **ter o corpo moído** être plein de courbatures.

moinho [mw'iɲu] *m* moulin *m* • **moinho de café** moulin à café • **moinho de vento** moulin à vent.

mola [mɔla] *f (em colchão, sofá)* ressort *m.*

molar [mo'la(x)] *(pl -es) m* molaire *f.*

moldar [mow'da(x)] *vt* mouler.

moldura [mow'dura] *f* cadre *m.*

mole [mɔli] *adj* mou(molle).

molécula [mu'lɛkula] *f* molécule *f.*

molestar [moleʃ'ta(x)] *vt* malmener.

molhar [mo'ʎa(x)] *vt* mouiller ▫ **molhar-se** *vp* se mouiller.

molheira [mo'ʎejra] *f* saucière *f.*

molho¹ ['moʎu] *m* sauce *f* • **molho de tomate** sauce tomate • **pôr de molho** *(bacalhau)* dessaler; *(roupa)* faire tremper.

molho² [mɔʎu] *m (de palha)* botte *f*; *(de lenha)* fagot *m* • **molho de chaves** trousseau *m* de clés.

molinete [moli'netʃi] *m (de vara de pesca)* moulinet *m.*

momentaneamente [momẽn,tanja'mẽntʃi] *adv* pendant un moment.

momento [mo'mẽntu] *m* moment *m* • **um momento!** un moment! • **a qualquer momento** à n'importe quel moment, à tout moment • **até o momento** jusqu'à présent • **de momento** pour le moment • **dentro de momentos** dans quelques instants • **de um momento para o outro** d'un moment à l'autre • **em dado momento** à un moment donné • **há momentos** il y a quelques instants • **neste momento** en ce moment • **por momentos** par moments; *(momentaneamente)* un moment.

monarca [mo'naxka] *nmf* monarque *m.*

monarquia [monax'kia] *f* monarchie *f.*

monge ['mõʒi] *m* moine *m.*

monitor, ra [moni'to(x), ra] *(mpl -es, fpl -s)* ♦ *mf* moniteur *m*, -trice *f* ♦ *m (de computador)* moniteur *m.*

monopólio [mono'pɔlju] *m (de venda, negócio)* monopole *m*; *(jogo)* Monopoly® *m.*

monossílabo [mono'silabu] *m* monosyllabe *m.*

monotonia [monoto'nia] *f* monotonie *f.*

monótono, na [mo'nɔtonu, na] *adj (pessoa)* ennuyeux(euse); *(vida, trabalho)* monotone.

monstro ['mõʃtru] *m* monstre *m.*

montagem [mõn'taʒẽ] *(pl -ns)* montage *m.*

montanha [mõn'taɲa] *f* montagne *f.*

montanha-russa [mõn̦taɲa'Ruza] f montagnes fpl russes.

montanhismo [mõntaˈɲiʒmu] m alpinisme m.

montanhoso, osa [mõntaˈɲozu, ɔza] adj montagneux(euse).

montante [mõnˈtãntʃi] ♦ ◆ montant m ♦ famont m.

montar [mõnˈta(x)] ♦ vt monter ♦ vi faire du cheval
• **montar a cavalo** monter à cheval.

monte [ˈmõntʃi] m mont m
• **montes de** (fam) des tas de
• **aos montes** (fam) en pagaille
• **um monte de coisas** (fam) un tas de choses.

monumental [monumẽnˈtaw] (pl -ais) adj monumental(e).

monumento [monuˈmẽntu] m monument m • **monumento comemorativo** monument commémoratif.

moqueca [moˈkɛka] f mijoté de poisson ou de fruits de mer au lait de coco.

morada [moˈxada] f demeure f.

moradia [moraˈdʒia] f maison f.

morador, ra [moraˈdo(x), ra] (mpl -es, fpl -s) mf habitant m, -e f.

moral [moˈraw] (pl -ais) ♦ adj moral(e) ♦ ◆ moral m ♦ f morale f.

morango [moˈrãŋgu] m fraise f.

morar [moˈra(x)] vi habiter.

mórbido, da [ˈmɔxbidu, da] adj (pessoa) maladif(ive); (história, atmosfera) morbide.

morcego [moxˈsegu] m chauve-souris f inv.

morcela [moxˈsɛla] f boudin m noir.

mordaça [moxˈdasa] f (em pessoa) bâillon m; (em animal) muselière f.

morder [moxˈde(x)] vt mordre
• **morder a língua** se mordre la langue.

mordida [moxˈdida] f (de inseto) piqûre f; (de cão, gato) morsure f.

mordomo [moxˈdomu] m majordome m.

moreno, na [moˈrenu, na] adj (tez) mat(e); (pele) bronzé(e); (pessoa) brun(e).

morfina [moxˈfina] f morphine f.

moribundo, da [moriˈbũndu, da] adj moribond(e).

morno, na [ˈmoxnu, na] adj tiède.

morrer [moˈxe(x)] vi (pessoa, animal, planta) mourir; (fogo, luz) s'éteindre; (motor) être mort(e) • **estou morrendo de fome** je meurs de faim • **ser de morrer de rir** (fam) être à mourir de rire.

morro [ˈmoxu] m (monte) butte f; (favela) bidonville m.

mortadela [moxtaˈdɛla] f mortadelle f.

mortal [moxˈtaw] (pl -ais) adj & nmf mortel(elle).

mortalha [moxˈtaʎa] f (de cadáver) linceul m; (papel para cigarro) papier m à cigarette.

mortalidade [moxtali'dadʒi] f mortalité f ◆ **mortalidade infantil** mortalité infantile.

morte [mɔxtʃi] f mort f. ◆ **pensar na morte da bezerra** bayer aux corneilles ◆ **ser de morte** (fam) avoir un caractère difficile.

mortífero, ra [mox'tʃiferu, ra] adj mortel(elle).

morto, ta [moxtu, ta] ◆ pp → **matar** ◆ adj & mf mort(e) ◆ **estar morto** être mort ◆ **estar morto de vontade de fazer algo** mourir d'envie de faire qqch ◆ **ser morto** être tué ◆ **estar morto de cansaço/de fome/de sono** être mort de fatigue/de faim/de sommeil.

mos [mɔʃ] = me + os → **me**.

mosaico [mo'zajku] m mosaïque f.

mosca [mɔʃka] f mouche f ◆ **acertar na mosca** mettre dans le mille.

moscatel [moʃka'tɛw] (pl -**éis**) m muscat m.

mosquiteiro [muʃki'tejru] m moustiquaire f.

mosquito [moʃ'kitu] m moustique m.

mostarda [moʃ'taxda] f moutarde f.

mosteiro [moʃ'tejru] m monastère m.

mostrador [moʃtra'do(x)] (pl -**es**) m cadran m.

mostrar [moʃ'tra(x)] vt montrer; (indicar) indiquer; (provar, demonstrar) faire preuve de; (exibir) exposer ◆ **mostrar algo a alguém** montrer qqch à qqn ◆ **mostrar interesse em fazer algo** être intéressé par qqch ◆ **mostrar interesse por algo** montrer de l'intérêt pour qqch ▫ **mostrar-se** vp se montrer.

mostruário [moʃ'trwarju] m (de vendedor) présentoir m; (de cores) nuancier m.

mote [mɔtʃi] m devise f.

motel [mo'tɛw] (pl -**éis**) m motel m.

motim [mo'tʃĩ] (pl -**ns**) m (rebelião) émeute f; MIL mutinerie f.

motivar [motʃi'va(x)] vt (interesse) susciter; (confusão, mudança) provoquer; (aluno) motiver.

motivo [mo'tʃivu] m motif m ◆ **por motivo de** en raison de ◆ **por motivo de doença** pour raison de santé ◆ **sem motivo** sans raison.

moto [mɔtu] f moto f.

motocicleta [ˌmotosi'klɛta] f motocyclette f.

motocross [ˌmoto'krɔʃi] m motocross m.

motor [mo'to(x)] (pl -**es**) m moteur m ◆ **motor de arranque** démarreur m ◆ **motor de busca** moteur de recherche m.

motorista [moto'riʃta] nmf (privado) chauffeur m; (de ônibus) conducteur m, -trice f.

motosserra [moto'sɛxa] f tronçonneuse f.

mourisco, ca [mo'riʃku, ka] adj mauresque.

Mouros ['moruʃ] mpl ◆ **os Mouros** les Maures mpl.

movediço, ça [move'dʒisu, sa] *adj* mouvant(e).

móvel [mɔvew] (*pl* **-eis**) ◆ *adj* mobile ◆ *m (mesa, armário, cama)* meuble *m* □ **móveis** *mpl* meubles *mpl*.

mover [mɔ've(x)] *vt* bouger; *(campanha)* lancer □ **mover-se** *vp* bouger.

movimentado, da [movimẽn'tadu, da] *adj (local, estrada)* fréquenté(e); *(rua)* animé(e).

movimento [movi'mẽntu] *m (gesto)* mouvement *m*; *(em rua)* animation *f*; *(em estabelecimento)* fréquentation *f* ◆ **o movimento da loja hoje foi excelente** il y a eu beaucoup de monde aujourd'hui au magasin • **em movimento** en mouvement.

MPB *(abrev de* **Música Popular Brasileira)** *f* genre musical regroupant toutes les musiques populaires du Brésil.

muco ['muku] *m* mucus *m*.

mudança [mu'dãsa] *f (modificação)* changement *m*; *(de casa)* déménagement *m*; *(de marcha)* changement *m* de vitesse.

mudar [mu'da(x)] *vt & vi* changer □ **mudar de** *vp* changer de □ **mudar-se** *vp* déménager • **mudar de casa** déménager • **mudar de roupa** se changer • **mudar-se para** aller habiter à.

mudez [mu'deʒ] *f* mutité *f*.

mudo, da ['mudu, da] *adj* muet(ette) • **ficar mudo** *(fig)* rester muet.

muito, ta ['muĩntu, ta] ◆ *adj* beaucoup de ◆ *pron & adv* beaucoup • **tenho muito sono!** j'ai très sommeil! • **bem bem!** très bien! • **muito antes** bien avant • **por muito que** avoir beau • **por muito que lho repita, ele não compreende** j'ai beau le lui répéter, il ne comprend pas • **quando muito** tout au plus • **querer muito a alguém** aimer beaucoup qqn.

mula ['mula] *f* mule *f*.

mulato, ta [mu'latu, ta] *adj & mf* mulâtre.

muleta [mu'leta] *f* béquille *f*.

mulher [muʎe(x)] (*pl* **-es**) *f* femme *f*.

multa ['muwta] *f* amende *f*; *(a um motorista)* contravention *f* • **levar** *ou* **receber uma multa** avoir une amende; *(um motorista)* avoir une contravention.

multar [muw'ta(x)] *vt* condamner à une amende.

multidão [muwti'dãw] (*pl* **-ões**) *f (de pessoas)* foule *f*; *(de coisas)* multitude *f*.

multinacional [muwtʃinasjuˈnaw] (*pl* **-ais**) *f* multinationale *f*.

multiplicar [muwtʃipliˈka(x)] *vt & vi* multiplier • **multiplicar por** multiplier par □ **multiplicar-se** *vp* se multiplier.

múltiplo, pla ['muwtʃiplu, pla] ◆ *adj* multiple ◆ *m* multiple *m*.

multiprocessamento [muwtʃiprosesa'mẽntu] *m INFORM* multitraitement *m*.

multitarefa [muwtʃitax'efa, rja] *f INFORM* multitâche *f.*
multiusuário [muwtʃiuz'arju] *adj INFORM* multiutilisateur.
múmia ['mumja] *f* momie *f.*
mundial [mũn'dʒjaw] (*pl* -ais)
◆ *adj* mondial(e) ◆ *m* coupe *f* du monde.
mundo [mũndu] *m* monde *m.* • **não é nada do outro mundo** ça n'a rien d'extraordinaire • **o outro mundo** l'autre monde • **por nada deste mundo** pour rien au monde • **é o fim do mundo** c'est la fin des haricots • **todo o mundo** tout le monde • **viver no mundo da lua** être dans la lune.
munição [muni'sãw] (*pl* -ões) *f* munition *f.*
municipal [munisi'paw] (*pl* -ais) *adj* municipal(e).
município [muni'sipju] *m* municipalité *f.*
munições → munição.
munir [mu'ni(x)] *vt* • **munir alguém de algo** munir qqn de qqch ▫ **munir-se de** *vp + prep* • **munir-se de algo** se munir de qqch.
mural [mu'raw] (*pl* -ais) *m* peinture *f* murale.
muralha [mu'raʎa] *f* muraille *f.*
murchar [mux'ʃa(x)] *vi* se faner.
murcho, cha ['muxʃu, ʃa] *adj* fané(e); (*fig*) mort(e).
murmurar [muxmu'ra(x)] *vt* murmurer.
murmúrio [mux'murju] *m* murmure *m.*

muro ['muru] *m* mur *m* (*extérieur*).
murro ['muxu] *m* coup *m* de poing • **dar um murro em alguém** donner un coup de poing à qqn • **ele deu um murro na mesa** il a tapé du poing sur la table.
murta ['muxta] *f* myrte *m.*
musa ['muza] *f* muse *f.*
musculação [muʃkula'sãw] *f* musculation *f.*
músculo ['muʃkulu] *m* muscle *m.*
musculoso, osa [muʃku'lozu, ɔza] *adj* musclé(e).
museu [mu'zew] *m* musée *m.*
musgo ['muʒgu] *m* mousse *f* (*plante*).
música ['muzika] *f* musique *f* • **música de câmara** musique de chambre • **música clássica** musique classique • **música folclórica** musique folklorique • **música ligeira** musique légère • **música pop** musique pop • **música sinfônica** musique symphonique.
musical [muzi'kaw] (*pl* -ais) *adj* musical(e).
músico ['muziku, ka] *m* musicien *m*, -enne *f.*
musse ['musi] *f* mousse *f* • **musse de chocolate** mousse au chocolat.
mútuo, tua ['mutwu, twa] *adj* (*sentimentos*) mutuel(elle); (*gostos*) commun(e) • **de mútuo acordo** d'un commun accord.

N

N (abrev de *Norte*) N.
n° [nu] (abrev de *número*) n°.
na [na] = **em** + **a** → **em**.
-na [na] *pron* (ela) la; (você) te.
nabo ['nabu] *m* navet *m*; (fig) balourd *m*.
nação [na'sãw] (*pl* -ões) *f* nation *f*.
nacional [nasjo'naw] (*pl* -ais) *adj* national(e).
nacionalidade [nasjonali'dadʒi] *f* nationalité *f*.
nacionalismo [nasjona'liʒmu] *m* nationalisme *m*.
nações [na'sõjʃ] → **nação**.
nada ['nada] ♦ *pron* rien ♦ *adv* du tout • **não gosto nada disto** ça ne me plaît pas du tout • **de nada!** de rien! • **nada de novo** rien de neuf • **nada disso!** pas question! • **não dar por nada** ne pas se rendre compte • **ou tudo ou nada** tout ou rien • **antes de mais nada** tout d'abord • **é uma coisa de nada** ce n'est rien • **não prestar** *OU* **servir para nada** ne servir à rien • **não servir de nada fazer algo** ne servir à rien de faire qqch.
nadador, ra [nada'do(x), ra] (*mpl* -es, *fpl* -s) *mf* nageur *m*, -euse *f*.
nadar [na'da(x)] *vi* nager • **nadar em** (fig) nager dans.

---

nádega ['nadega] *f*(*fam*) fesse *f*, fessier *m*.
nado ['nadu] *m* (estilo) nage *f* • **nado borboleta** la nage papillon • **a nado** à la nage • **nado de costas** la nage dos • **nado livre** nage libre.
naipe ['najpi] *m* couleur *f* (*des cartes à jouer*).
namorado, da [namo'radu, da] *mf* (petit) copain *m*, petite copine *f*.
não [nãw] *adv* non • **não é?** n'est-ce pas? • **não fumante** non-fumeur *m*, -euse *f* • **pois não?** n'est-ce pas? • **não só... como também...** non seulement... mais aussi... • **pelo sim, pelo não** au cas où.
napa ['napa] *f* skaï *m*.
naquela [na'kɛla] = **em** + **aquela** → **em**.
naquele [na'keli] = **em** + **aquele** → **em**.
naquilo [na'kilu] = **em** + **aquilo** → **em**.
narciso [nax'sizu] *m* narcisse *m*.
narcótico [nax'kɔtʃiku] *m* narcotique *m*.
narina [na'rina] *f* narine *f*.
nariz [na'riʃ] (*pl* -es) *m* nez *m* • **meter o nariz em tudo** fourrer son nez partout • **torcer o nariz a (algo)** (fig) faire la fine bouche (devant qqch).
narração [naxa'sãw] (*pl* -ões) *f* (ato) narration *f*; (conto, história) récit *m*.
narrar [na'xa(x)] *vt* raconter.
narrativa [naxa'tʃiva] *f* récit *m*.
nas [naʃ] = **em** + **as** → **em**.

-nas [naʃ] *pron pl (elas)* les; *(vocês)* vous.
nascença [naʃ'sẽsa] *f* naissance *f* • **de nascença** de naissance.
nascente [naʃ'sẽntʃi] *f* source *f*.
nascer [naʃ'se(x)] ♦ *vi (pessoa, animal)* naître; *(planta)* pousser; *(sol)* se lever ♦ *m* lever *m* • **nascer para ser algo** être fait pour qqch.
nascimento [naʃsi'mẽntu] *m* naissance *f*.
nata ['nata] *f* crème *f*.
natação [nata'sãw] *f* natation *f*.
natal [na'taw] *(pl* **-ais**) *adj* natal(e) ▫ **Natal** *m* Noël *m* • **Feliz Natal!** joyeux Noël!
nativo, va [na'tʃivu, va] *adj & mf* natif(ive) • **nativo de** originaire de.
natural [natu'raw] *(pl* **-ais**) *adj* naturel(elle) • **ao natural** au naturel • **como é natural** naturellement • **é natural que** c'est normal que • **nada mais natural que** rien d'étonnant à ce que • **ser natural de** être né à.
naturalidade [naturali'dadʒi] *f (simplicidade)* naturel *m*; *(origem)* origine *f*.
naturalmente [naturaw'mẽntʃi] ♦ *adv* naturellement ♦ *interj* évidemment!
natureza [natu'reza] *f* nature *f* • **da mesma natureza** de même nature • **por natureza** par nature ▫ **Natureza** *f* • **a Natureza** la nature.
natureza-morta [natu,reza-'mɔxta] *f* nature *f* morte.

nau ['naw] *f* vaisseau *m*.
naufragar [nawfra'ga(x)] *vi* faire naufrage.
naufrágio [naw'fraʒju] *m* naufrage *m*.
náusea ['nawzea] *f* nausée *f* • **dar náuseas** donner la nausée.
náutico, ca ['nawtʃiku, ka] *adj* nautique.
navalha [na'vaʎa] *f* couteau *m*.
nave ['navi] *f* nef *f* • **nave espacial** vaisseau *m* spatial.
navegação [navega'sãw] *f* navigation *f*.
navegador, ra [navega'do(x)] *m* navigateur *m*, -trice *f*.
navegar [nave'ga(x)] ♦ *vt* piloter ♦ *vi* naviguer • **navegar na Internet** naviguer *ou* surfer sur Internet.
navio [na'viu] *m* navire *m*.
NB *(abrev de* **Note Bem)** NB.
NE *(abrev de* **Nordeste)** N-E.
neblina [ne'blina] *f* brume *f*.
necessário, ria [nese'sarju, rja] ♦ *adj* nécessaire ♦ *m* • **o necessário** le nécessaire • **é necessário...** il faut... • **quando necessário** s'il le faut • **se necessário** si nécessaire.
necessidade [nesesi'dadʒi] *f* besoin *m* • **de primeira necessidade** de première nécessité • **sem necessidade** pour rien • **ter necessidade de fazer algo** avoir besoin de faire qqch • **fazer uma necessidade** *(fam)* faire ses besoins.
necessitar [nesesi'ta(x)] *vt* avoir besoin de ▫ **necessitar de** *vp* avoir besoin de.

necrotério [nekro'tɛrju] *m* morgue *f.*

néctar ['nɛkta(x)] (*pl* **-es**) *m* nectar *m.*

nefasto, ta [ne'faʃtu, ta] *adj* néfaste.

negar [ne'ga(x)] *vt* nier; *(acesso)* refuser ❑ **negar-se** *vp* • **negar-se algo** se refuser qqch • **negar-se a fazer algo** se refuser à faire qqch.

negativa [nega'tiva] *f* • **responder com uma negativa** répondre par la négative.

negativo, va [nega'tʃivu, va] ◆ *adj* négatif(ive); *(temperatura)* en dessous de zéro ◆ *m* négatif *m.*

negligência [negli'ʒẽnsja] *f* négligence *f.*

negligente [negli'ʒẽntʃi] *adj* négligent(e).

negociação [negosja'sãw] (*pl* -ões) *f* négociation *f.*

negociar [negosi'a(x)] ◆ *vt* négocier ◆ *vi* négocier; COM faire des affaires.

negócio [ne'gɔsju] *m* affaire *f* • **fazer negócios com alguém** faire des affaires avec qqn • **negócio da China** affaire en or.

negro, gra [ˈnegru, gra] ◆ *adj* noir(e); *(nublado, difícil)* sombre ◆ *m/f* Noir *m,* -e *f.*

nela ['nɛla] = em + ela; → em.

nele ['neli] = em + ele; → em.

nem [nẽ] ◆ *conj* non plus ◆ *adv* même pas • **nem ele sabe** il ne le sait pas non plus • **ele estava tão doente que nem veio** il était tellement malade qu'il n'est même pas venu • **nem por isso** pas tellement • **nem que** même si • **nem sempre** pas toujours • **nem tudo está incluído** tout n'est pas compris • **nem mais!** tout à fait! • **nem... nem...** ni... ni... • **nem um nem outro** ni l'un ni l'autre • **nem pense!** *(fam)* tu peux toujours courir!

nenhum, ma [ne'ɲũ, ma] (*mpl* -ns, *fpl* -s) *adj & pron* aucun(aucune) • **não tive nenhum problema** je n'ai eu aucun problème • **não quero nenhuma bebida** je ne veux rien boire • **nenhum de** aucun de • **nenhum dos dois** aucun des deux.

neozelandês, esa [nɛuzelãndeʃ, eza] (*mpl* -eses, *fpl* -s) ◆ *adj* néo-zélandais(e) ◆ *m/f* Néo-Zélandis *m,* -e *f.*

nervo ['nɛxvu] *m* nerf *m* ❑ **nervos** *mpl* *(fam)* nerfs *mpl.*

nervosismo [nɛxvo'ziʒmu] *m* nervosité *f.*

nêspera ['neʃpera] *f* nèfle *f.*

nessa ['nɛsa] = em + essa; → em.

nesse ['nesi] = em + esse; → em.

nesta ['nɛʃta] = em + esta; → em.

neste ['neʃtʃi] = em + este; → em.

net [nɛtʃi] *f INFORM* le Net *m.*

netiqueta [netʃi'keta] *f* nétiquette *f.*

neto, ta ['nεtu, ta] *mf* petit-fils *m*, petite-fille *f.*
neurose [new'rɔzi] *f* névrose *f.*
neutralidade [newtrali'dadʒi] *f* neutralité *f.*
neutralizar [newtrali'za(x)] *vt* neutraliser.
neutro, tra ['newtru, tra] *adj* neutre.
nevar [ne'va(x)] *v impess* neiger • **está nevando** il neige.
neve ['nεvi] *f* neige *f.*
névoa ['nεvwa] *f* brume *f.*
nevoeiro [ne'vwejru] *m* brouillard *m.*
newsgroups [nuʃ'grupʃ] *mpl* forum de discussion *m.*
Nicarágua [nika'ragwa] *f* • a **Nicarágua** le Nicaragua.
nick ['niki] (*abrev de* **nickname**) *m INFORM* pseudonyme *m.*
nicotina [niko'tʃina] *f* nicotine *f.*
ninguém [nĩŋ'gãj] *pron* personne • **ninguém sabe** personne ne le sait • **não há ninguém (em casa)** il n'y a personne (à la maison) • **não vi ninguém** je n'ai vu personne.
ninho ['niɲu] *m* nid *m.*
níquel ['nikew] (*pl* -eis) *m* nickel *m.*
nissei [ni'sej] *nmf* Brésilien *m*, -enne *f* de parents japonais.
nisso ['nisu] = **em** + **isso**; → **em**.
nisto ['niʃtu] = **em** + **isto**; → **em**.
nitidez [nitʃi'deʃ] *f* (de imagem, visão) netteté *f*; (de ideias, raciocínio) clarté *f.*
nítido, da ['nitʃidu, da] *adj* (imagem, visão) net(nette); (ideia) clair(e).
nitrato [ni'tratu] *m* nitrate *m* • **nitrato de prata** nitrate d'argent.
nível ['nivew] (*pl* -eis) *m* niveau *m*; (qualidade) gamme *f* • **ao nível de** au niveau de • **de alto/baixo nível** haut/bas de gamme • **nível de vida** niveau de vie.
no [nu] = **em** + **o**; → **em**.
-no [nu] *pron* (ele) le; (você) te.
NO (*abrev de* **Noroeste**) N.-O.
nó [nɔ] *m* nœud *m*; (em dedo) articulation *f* • **dar um nó** faire un nœud.
nobre ['nɔbri] *adj* noble.
noção [no'sãw] (*pl* -ões) *f* notion *f.*
nocivo, va [no'sivu, va] *adj* nocif(ive).
noções → **noção**.
nódoa ['nɔdwa] *f* tache *f.*
nogueira [no'gejra] *f* noyer *m.*
noite ['nojtʃi] *f* nuit *f*; (início da noite) soir *m* • **à noite** le soir • **boa noite!** bonsoir!; (antes de ir dormir) bonne nuit! • **esta noite** cette nuit; (no início da noite) ce soir • **dia e noite** jour et nuit • **por noite** la nuit • **uma noite por outra** de temps en temps • **da noite para o dia** du jour au lendemain.
noivado [noj'vadu] *m* fiançailles *fpl.*
noivo, va ['nojvu, va] *mf* fiancé *m*, -e *f* • **estar noivo de al-**

nojento

guém être fiancé à qqn □ **noivos** *mpl* mariés *mpl* • **eles estão noivos** ils sont fiancés.
nojento, ta [noˈʒẽtu, ta] *adj* dégoûtant(e).
nojo [ˈnoʒu] *m* dégoût *m* • **dar nojo** dégoûter • **ter** *ou* **sentir nojo de** être dégoûté de.
nome [ˈnomi] *m* nom *m* • **nome de batismo** prénom *m* • **nome completo** nom et prénoms • **nome próprio** nom propre • **em nome de** au nom de.
nomeação [nomjaˈsãw] (*pl* -ões) *f* nomination *f.*
nomeadamente [nu‚mjadaˈmẽtʃi] *adv* notamment.
nomear [nomiˈa(x)] *vt* nommer; *(para prêmio)* sélectionner.
nonagésimo, ma [nonaˈʒɛzimu, ma] *num* quatre-vingt-dixième, → **sexto**.
nono, na [ˈnonu, na] *num* neuvième, → **sexto**.
nora [ˈnɔra] *f (familiar)* belle-fille *f; (para água)* noria *f.*
nordeste [noxˈdɛʃtʃi] *m* nord-est *m* • **no nordeste** au nord-est.
nordestino, na [noxdeʃˈtʃinu, na] ♦ *adj* du Nord-est ♦ *mf* habitant du Nord-est
norma [ˈnɔxma] *f* norme *f* • **por norma** en règle générale.
normal [noxˈmaw] (*pl* -ais) *adj* normal(e).
normalmente [noxmawˈmẽtʃi] *adv* normalement.
noroeste [noˈrwɛʃtʃi] *m* nord-ouest *m* • **no noroeste** au nord-ouest.

242

norte [ˈnɔxtʃi] ♦ *adj* du nord ♦ *m* nord *m* • **a norte** au nord • **a norte de** au nord du • **no norte** au nord.
norte-americano, na [‚nɔxtʒiameriˈkanu, na] ♦ *adj* américain(e) ♦ *mf* Américain *m*, -e *f.*
Noruega [noˈrwɛga] *f* • **a Noruega** la Norvège.
norueguês, esa [norweˈgeʃ, eza] (*mpl* -eses, *fpl* -s) ♦ *adj* norvégien(enne) ♦ *mf* Norvégien *m*, -enne *f* ♦ *m (língua)* norvégien *m.*
nos¹ [nuʃ] = **em** + **os**; → **em**.
nos² [nuʃ] *pron pl* nous • **ele nos pagou** il nous a payés • **ela nos falou** elle nous a parlé • **deu-nos muito que fazer** il nous a donné beaucoup de travail • **ele nos chateou muito** il nous a beaucoup embêtés • **vamo-nos embora** allons-y • **odiamo-nos** nous nous détestons • **nos beijamos** nous nous sommes embrassés • **assim não nos roubam o carro** ainsi on ne nous volera pas la voiture.
-nos [nuʃ] *pron pl (eles)* les; *(vocês)* vous.
nós [nɔʃ] *pron* nous • **somos nós** c'est nous • **e nós?** et nous? • **nós mesmos** *ou* **próprios** nous-mêmes • **para nós** d'après nous • **por nós** quant à nous.
nosso, a [ˈnosu, a] ♦ *adj* notre ♦ *pron* • **o nosso/a nossa** le/la nôtre • **isto é nosso** c'est à nous • **um amigo nosso** un de

nos amis • **os nossos** *(a nossa família)* les nôtres.
nostalgia [noʃtaw'ʒia] *f* nostalgie *f.*
nostálgico, ca [noʃ'tawʒiku, ka] *adj* nostalgique.
nota ['nɔta] *f* note *f; (moeda)* billet *m* • **tomar nota de algo** prendre note de qqch.
notário, ria [no'tarju, rja] *mf* notaire *m.*
notável [no'tavɛw] *(pl* **-eis)** *adj* notable.
notebook ['nɔtʃibuki] *m INFORM* notebook *m.*
notícia [no'tʃisja] *f* nouvelle *f* ❑ **notícias** *fpl* informations *fpl.*
noticiário [notʃi'sjarju] *m* journal *m.*
notificar [notʃifi'ka(x)] *vt* notifier.
notório, ria [no'tɔrju, rja] *adj* notoire.
noturno, na [no'tuxnu, na] *adj (atividade)* de nuit; *(animal)* nocturne.
nova ['nɔva] *f* nouvelle *f.*
Nova Iorque *s* New-York.
novamente [ˌnɔva'mẽntʃi] *adv* de nouveau.
novato, ta [no'vatu, ta] *mf* novice *mf.*
Nova Zelândia [ˌnɔvaze'lãndʒja] *f* • **a Nova Zelândia** la Nouvelle-Zélande.
nove ['nɔvi] *num* neuf, → **seis.**
novecentos, tas [nɔve'sẽntuʃ, taʃ] *num* neuf cents, → **seis.**
novela [no'vɛla] *f (em televisão)* feuilleton *m; (livro)* nouvelle *f.*
novelo [no'velu] *m* pelote *f.*
novembro [no'vẽmbru] *m* novembre *m,* → **setembro.**
noventa [no'vẽnta] *num* quatre-vingt-dix, → **seis.**
novidade [novi'dadʒi] *f* nouveauté *f; (notícia)* nouvelle *f.*
novilho [no'viʎu, ʎa] *m* veau *m.*
novo, nova ['novu, 'nɔva] *adj (jovem)* jeune; *(recente)* nouveau(elle); *(não estreado)* neuf(ve) • **novo em folha** tout neuf.
noz [nɔʃ] *(pl* **-es)** *f* noix *f.*
noz-moscada [ˌnɔʒmoʃ'kada] *f* noix *f* muscade.
nu, nua ['nu, 'nua] *adj* nu(e) • **nu em pelo** tout nu.
nublado, da [nu'bladu, da] *adj* nuageux(euse).
nuca ['nuka] *f* nuque *f.*
nuclear [nukle'a(x)] *(pl* **-es)** *adj* nucléaire.
núcleo ['nukliu] *m* noyau *m.*
nudez [nu'deʒ] *f* nudité *f.*
nudista [nu'dʒiʃta] *nmf* nudiste *mf.*
nulo, la ['nulu, la] *adj* nul(nulle).
num [nũ] = **em** + **um**; → **em.**
numa ['numa] = **em** + **uma**, → **em.**
numeral [nume'raw] *(pl* **-ais)** *m* numéral *m.*
numerar [nume'ra(x)] *vt* numéroter.
numerário [nume'rarju] *m* numéraire *m.*
número ['numeru] *m* numéro *m; (de sapatos)* pointure *f; (peça de vestuário)* taille *f;* (quanti-

dade) nombre m • **número de código** numéro de code • **número de contribuinte** numéro d'identification fiscale • **número de passaporte** numéro de passeport • **número de telefone** numéro de téléphone.

numeroso, osa [nume'rozu, ɔza] *adj* nombreux(euse).

numismática [numiʒ'matika] *f* numismatique *f.*

nunca ['nũŋka] *adv* jamais • **mais do que nunca** plus que jamais • **nunca mais** plus jamais • **nunca se sabe** on ne sait jamais • **nunca na vida** jamais de la vie.

nuns [nũʃ] = em + uns; → **em**.

núpcias ['nupsjaʃ] *fpl* noces *fpl.*

nutrição [nutri'sãw] *f* nutrition *f.*

nutrir [nu'tri(x)] *vt* (fig) nourrir.

nutritivo, va [nutri'tʃivu, va] *adj* nutritif(ive).

nuvem ['nuvẽ] (*pl* -**ns**) *f* nuage *m.*

NW (*abrev de* Noroeste) N-O.

O

o, a [u, a] (*mpl* **os** *fpl* **as**) ◆ *art* **1.** (*ger*) le(la) • **o hotel** l'hôtel • **os alunos** les élèves • **a aluna** l'élève • **a casa** la maison • **o amor** l'amour • **os nervos** les nerfs • **a vida** la vie • **o belo** le beau • **o melhor/pior** le meilleur/pire • **o possível** le possible • **o Brasil** le Brésil • **a Inglaterra** l'Angleterre • **os Pireneus** les Pyrénées • **quebrou o nariz** il s'est cassé le nez • **tenho os pés frios** j'ai les pieds gelés • **os ovos estão a 3€ a dúzia** les œufs sont à 3 euros la douzaine • **o 21 de abril** le 21 avril **2.** (*com nome de pessoa*) • **o Paulo** Paulo • **a Helena** Helena • **o Sr. Costa** M. Costa ◆ *pron* **1.** (*ger*) le(la) • **deixei-a ali** je l'ai laissée là • **ela o amava muito** elle l'aimait beaucoup • **não os vi** je ne les ai pas vus • **o quarto, reservei-o com antecedência** la chambre, je l'ai réservée d'avance • **os papéis, não consigo achá-los** les papiers, je n'arrive pas à les trouver • **as minhas botas, você vai estragá-las** mes bottes, tu vas les abîmer **2.** (*você, vocês*) te, vous • **eu o chamei, mas você não ouviu** je t'ai appelé, mais tu n'as pas entendu • **prazer em vê-los, meninos** je suis ravi de vous voir, les enfants **3.** (*em locuções*) • **o/a de** celui/celle de • **é o carro do Paulo** c'est la voiture de Paulo • **o dele** le sien • **a dela** la sienne • **são os deles** ce sont les siens • **quero o azul** je veux celui en bleu • **o/a que vejo** celui/celle que je vois • **os/as que comeram**

ceux/celles qui ont mangé • **o que é que você está fazendo?** qu'est-ce que tu fais? • **o que é que se passa?** qu'est-ce qui se passe • **o quê?** quoi? • **era o que eu pensava** c'est bien ce que je pensais.

O (abrev de **Oeste**) O.

oásis [ɔ'azif] m inv oasis f.

oba ['oba] interj oh là là!

obedecer [obede'se(x)] vi obéir • **obedecer a** obéir à.

obediente [obe'dʒjẽntʃi] adj obéissant(e).

obesidade [obezi'dadʒi] f obésité f.

obeso, sa [o'bezu, za] adj obèse.

obg. (abrev de **obrigado**) merci.

óbito ['ɔbitu] m décès m.

obituário [obitw'arju] m notice f nécrologique.

objeção [obʒe'sãw] (pl **-ões**) f objection f.

objetiva [obʒe'tʃiva] f objectif m.

objetivo, va [obʒe'tʃivu, va] adj objectif(ive) ♦ m objectif m.

objeto [ob'ʒetu] m objet m.

oboé [o'bwɛ] m hautbois m.

obra ['ɔbra] f œuvre f • **obra de arte** œuvre d'art ▫ **obras** fpl travaux mpl ♦ **em obras** en travaux.

obra-prima [,ɔbra'prima] (pl **obras-primas**) f chef m d'œuvre.

obrar [o'bra(x)] vi (defecar) aller à la selle.

obrigação [obriga'sãw] (pl **-ões**) f obligation f.

obrigado [obri'gadu, da] interj merci! • **muito obrigado!** merci beaucoup!

obrigar [obri'ga(x)] vt • **obrigar alguém a fazer algo** obliger qqn à faire qqch.

obrigatório, ria [obriga'tɔrju, rja] adj obligatoire.

obs. (abrev de **observações**) obs.

obsceno, na [obʃ'senu, na] adj obscène.

observação [obsexva'sãw] (pl **-ões**) f (de pessoa, animal, evento) observation f; (reparo) remarque f; (de lei, regra) respect m ▫ **observações** fpl remarques fpl.

observador, ra [obsexva'ɐdo(x), ra] (mpl **-es**, fpl **-s**) mf observateur m, -trice f.

observar [obsex'va(x)] vt observer; (dizer) faire remarquer.

observatório [obsexva'tɔrju] m observatoire m.

obsessão [obse'sãw] (pl **-ões**) f obsession f.

obsoleto, ta [obso'letu, ta] adj obsolète.

obstáculo [obʃ'takulu] m obstacle m.

obstetra [obʃ'tɛtra] nmf obstétricien m, -enne f.

obstinado, da [obʃtʃi'nadu, da] adj obstiné(e).

obstrução [obʃtru'sãw] (pl **-ões**) f obstruction f.

obter [ob'te(x)] vt obtenir.

obturação [obtura'sãw] (pl **-ões**) f obturation f.

obturador [obtura'do(x)] (pl **-es**) m obturateur m.

óbvio, via ['ɔbvju, vja] *adj* évident(e) • **como é óbvio** évidemment.

ocasião [oka'zjãw] (*pl* -ões) *f (momento determinado)* fois *f; (oportunidade)* occasion *f* • **nessa ocasião** à cette occasion • **por ocasião de** au moment de.

Oceania [osjã'nia] *f* • **a Oceania** l'Océanie *f*.

oceano [ose'ãno] *m* océan *m*.

ocidental [osidẽn'taw] (*pl* -ais) *adj* occidental(e) ▫ **ocidentais** *mpl* • **os ocidentais** les Occidentaux *mpl*.

ocidente [osi'dẽntʃi] *m* occident *m* ▫ **Ocidente** *m* • **o Ocidente** l'Occident.

ócio ['ɔsju] *m* loisir *m*.

oco, oca ['oku, 'ɔka] *adj* creux(euse).

ocorrência [oko'xẽsja] *f (acontecimento)* événement *m; (incidente)* incident *m* • **constatar a ocorrência de fatos estranhos** constater des choses bizarres se produisent.

ocorrer [oko'xe(x)] *vi* **1.** *(ger)* arriver **2.** *(acontecimento)* survenir **3.** *(ajudar)* subvenir, pourvoir (aux besoins).

octogésimo, ma [okto'ʒɛzimu, ma] *num* quatre-vingtième, → **sexto**.

oculista [oku'liʃta] *nmf (médico)* occuliste *mf; (fabricante)* opticien *m*, -enne *f*.

óculos ['ɔkuluʃ] *mpl* lunettes *fpl* • **óculos de sol** lunettes de soleil.

ocultar [okuw'ta(x)] *vt* cacher ▫ **ocultar-se** *vp* se cacher.

oculto, ta [o'kuwtu, ta] *pp* → **ocultar**.

ocupação [okupa'sãw] (*pl* -ões) *f* occupation *f*.

ocupado, da [oku'padu, da] *adj* occupé(e) ♦ **ocupado** occupé.

ocupar [oku'pa(x)] *vt* occuper; *(tempo, espaço)* prendre ▫ **ocupar-se** *vp* s'occuper • **ocupar-se fazendo algo** s'occuper en faisant qqch • **ocupar-se de** s'occuper de.

odiar [o'dʒja(x)] *vt* haïr.

ódio ['ɔdʒju] *m* haine *f*.

odor [o'do(x)] (*pl* -**es**) *m* odeur *f* • **odor corporal** odeur corporelle.

oeste ['wɛʃtʃi] *m* ouest *m* • **a oeste** à l'ouest • **a oeste de** à l'ouest de • **no oeste** à l'ouest.

ofegante [ofe'gãntʃi] *adj* haletant(e).

ofegar [ofe'ga(x)] *vi* haleter.

ofender [ofẽn'de(x)] *vt* blesser, offenser ▫ **ofender-se** *vp* se vexer • **ofender-se com algo** se vexer de qqch.

oferecer [ofere'se(x)] *vt* • **oferecer algo a alguém** offrir qqch à qqn ▫ **oferecer-se** *vp* + *prep* • **oferecer-se para fazer algo** se proposer de faire qqch.

oferta [o'fɛxta] *f* offre *f; (presente)* cadeau *m*.

off-line ['ɔflajni] *adv* INFORM mode autonome/manuel *m*, déconnecté, indisponible.

oficial [ofisi'aw] (*pl* **-ais**) ◆ *adj* officiel(elle) ◆ *nmf* officier *m.*

oficina [ofi'sina] *f* garage *m.*

ofício [o'fisju] *m* (*profissão*) métier *m*; (*carta oficial*) dépêche *f.*

oftalmologista [oftawmolo'ʒiʃta] *nmf* ophtalmologiste *mf.*

ofuscar [ofuʃ'ka(x)] *vt* éblouir.

oi ['oj] *interj* salut!

oitavo, va [oj'tavu, va] *num* huitième, → **sexto.**

oitenta [oj'tẽnta] *num* quatre-vingt, → **seis.**

oito ['ojtu] *num* huit • **nem oito nem oitenta!** il ne faut pas exagérer!, → **seis.**

oitocentos, tas [ojto'sẽntuʃ, taʃ] *num* huit cents, → **seis.**

OK [ɔ'kaj] *interj* OK!

olá [o'la] *interj* salut!

olaria [ola'ria] *f* poterie *f.*

oleado [o'ljadu] *m* linoléum *m.*

olear [o'lja(x)] *vt* huiler.

óleo ['ɔlju] *m* huile *f* • **óleo de bronzear** huile solaire • **óleo de girassol** huile de tournesol • **óleo de soja** huile de soja • **óleo vegetal** huile végétale.

oleoduto [oljo'dutu] *m* oléoduc *m.*

oleoso, osa [oli'ozu, ɔza] *adj* gras(grasse).

olfato [ow'fatu] *m* odorat *m.*

olhadela [oʎa'dɛla] *f* coup *m* d'œil • **dar uma olhadela em algo** jeter un coup d'œil à qqch.

olhar [o'ʎa(x)] ◆ *vt* & *vi* regarder ◆ *m* regard *m* • **olhar para** regarder vers • **olhar por** s'occuper de.

olheiras [o'ʎejraʃ] *fpl* cernes *mpl.*

olho ['oʎu] (*pl* **olhos**) *m* œil *m.* • **olho mágico** œilleton *m.* • **a olho nu** à l'œil nu • **a olhos vistos** à vue d'œil • **aos olhos de** aux yeux de • **cravar os olhos em** fixer les yeux sur • **custar os olhos da cara** coûter les yeux de la tête • **não pregar olho** ne pas fermer l'œil (*de la nuit*) • **olho de sogra** pruneau fourré à la crème fraîche et à la noix de coco • **ver com bons/maus olhos** voir d'un bon/mauvais œil.

olímpico, ca [o'līmpiku, ka] *adj* olympique.

oliveira [oli'vejra] *f* olivier *m.*

olmo ['owmu] *m* orme *m.*

ombro ['õmbru] *m* épaule *f* • **levantar os ombros** hausser les épaules.

omelete [ome'lɛtʃi] *f* omelette *f.*

omissão [omi'sãw] (*pl* **-ões**) *f* omission *f.*

omitir [omi'ti(x)] *vt* omettre.

omoplata [omo'plata] *f* omoplate *f.*

onça ['õsa] *f* (*animal*) jaguar *m*; (*medida*) once *f.*

onda ['õnda] *f* vague *f*; (*de rádio*) onde *f*; (*de cabelo*) ondulation *f* • **onda média** ondes moyennes • **onda longa/curta** grandes/petites ondes • **fazer onda** (*fam*) faire des histoires • **ir na onda** se faire avoir.

onde ['õndʒi] *adv* où • **por onde** par où.

ondulado

ondulado, da [õdu'ladu, da] *adj* ondulé(e).
oneroso, osa [one'rozu, ɔza] *adj* onéreux(euse).
ONG *f* (*abrev de* **Organização Não Governamental**) ONG *f.*
ônibus ['onibuʃ] *m inv* autobus *m* • **pegar o ônibus** prendre le bus/le car.
onipotente [ˌɔnipo'tẽntʃi] *adj* omnipotent(e).
ônix ['oniks] *m* onyx *m.*
on-line ['õnlajni] *adv INFORM* en ligne, connecté.
ontem [õtẽ] *adv* hier • **antes de ontem** avant-hier.
ONU ['ɔnu] *f* (*abrev de* **Organização das Nações Unidas**) ONU *f.*
onze ['õzi] *num* onze *m,* → **seis**.
opaco, ca [o'paku, ka] *adj* opaque.
opala [o'pala] *f* opale *f.*
opção [op'sãw] (*pl* **-ões**) *f* option *f.*
ópera ['ɔpera] *f* opéra *m.*
operação [opera'sãw] (*pl* **-ões**) *f* opération *f.*
operador, ra [opera'do(x), ra] (*mpl* **-es**, *fpl* **-s**) *mf* • **operador de computadores** personne qui maîtrise les logiciels informatiques.
operar [ope'ra(x)] *vt & vi* opérer ❑ **operar-se** *vp* se produire.
operário, ria [ope'rarju, rja] *mf* ouvrier *m,* -ère *f.*
opereta [ope'reta] *f* opérette *f.*
opinar [opi'na(x)] ◆ *vt* estimer ◆ *vi* donner son avis.
opinião [opi'njãw] (*pl* **-ões**) *f* opinion *f* • **na minha opinião** à mon avis • **na opinião de se-** lon • **ser da opinião que** être d'avis que • **a opinião pública** l'opinion publique.
ópio ['ɔpju] *m* opium *m.*
oponente [opo'nẽntʃi] *nmf* opposant *m,* -e *f.*
opor-se [o'poxsi] *vp* s'opposer • **opor-se a s'opposer à.**
oportunidade [opoxtuni'dadʒi] *f* occasion *f.*
oportuno, na [opox'tunu, na] *adj* opportun(e).
oposição [opozi'sãw] *f* opposition *f* • **a oposição** l'opposition.
oposto, osta [o'poʃtu, ɔʃta] ◆ *adj* opposé(e) ◆ *m* • **o oposto** l'opposé • **oposto a** opposé à.
opressão [opre'sãw] (*pl* **-ões**) *f* oppression *f.*
opressivo, va [opre'sivu, va] *adj* (*atmosfera*) oppressant(e); (*sistema, regime*) oppressif(ive).
opressões → **opressão**.
oprimir [opri'mi(x)] *vt* opprimer.
optar [op'ta(x)] *vi* opter • **optar por algo** opter pour qqch • **optar por fazer algo** choisir de faire qqch.
ora ['ɔra] ◆ *interj* voyons! ◆ *conj* bon ◆ *adv* • **por ora** pour l'instant • **ora essa!** ça alors! • **ora sim..., ora não...** un coup oui..., un coup non....
oração [ora'sãw] (*pl* **-ões**) *f* (*prece*) prière *f;* (*frase*) proposition *f.*
orador, ra [ora'do(x), ra] (*mpl* **-es**, *fpl* **-s**) *m* orateur *m,* -trice *f.*
oral [o'raw] (*pl* **-ais**) ◆ *adj* oral(e) ◆ *f* oral *m.*

orangotango [orãŋgu'tãŋgu] *m* orang-outan *m*.

orar [o'ra(x)] *vi (discursar)* faire un discours; *(rezar)* prier.

órbita ['ɔxbita] *f* orbite *f*.

orçamento [oxsa'mẽntu] *m* budget *m*.

ordem ['ɔxdẽ] *(pl -ns) f* ordre *m* • **sempre às ordens!** à votre service! • **até nova ordem** jusqu'à nouvel ordre • **de tal ordem que** si important que • **pôr algo em ordem** mettre qqch en ordre • **por ordem** par ordre • **por ordem de alguém** sur ordre de qqn.

ordenado [oxde'nadu] *m* salaire *m*.

ordenhar [oxde'ɲa(x)] *vt* traire.

ordens → ordem.

ordinário, ria [oxdʒi'narju, rja] *adj (grosseiro)* vulgaire.

orégano [o'reganu] *m* origan *m*.

orelha [o'reʎa] *fANAT* oreille *f*.

orelheira [ore'ʎejra] *f* oreilles *fpl* de porc.

orfanato [oxfa'natu] *m* orphelinat *m*.

órfão, ã ['ɔxfãw, fã] *mf* orphelin *m*, -e *f*. **orfeão** [ox'fjãw] *(pl -ões) m* chorale *f*.

orgânico, ca [ox'ganiku, ka] *adj* organique.

organismo [oxga'niʒmu] *m* organisme *m*.

organização [oxganiza'sãw] *(pl -ões) f* organisation *f*.

órgão ['ɔxgãw] *m* organe *m*; *(instrumento musical)* orgue *m*

• **órgãos genitais** *OU* **sexuais** organes génitaux *OU* sexuels.

orgasmo [ox'gaʒmu] *m* orgasme *m*.

orgia [ox'ʒia] *f* orgie *f*.

orgulhar-se [oxgu'ʎaxsi] □ **orgulhar-se de** *vp + prep* être fier(ère) de.

orgulho [ox'guʎu] *m (soberba)* orgueil *m*; *(satisfação)* fierté *f*.

orientação [orjẽnta'sãw] *(pl -ões) f* orientation *f* • **orientação escolar** orientation • **orientação profissional** orientation professionnelle.

oriental [orjẽn'taw] *(pl -ais) adj* oriental(e) □ **orientais** *mpl* • **os orientais** les Orientaux *mpl*.

orientar [orjẽn'ta(x)] *vt* orienter □ **orientar-se por** *vp + prep* suivre.

oriente [o'rjẽntʃi] *m* orient *m* □ **Oriente** *m* • **o Oriente** l'Orient *m*.

orifício [ori'fisju] *m* orifice *m*.

origem [o'riʒẽ] *(pl -ns) f* origine *f*.

original [oriʒi'naw] *(pl -ais)* ♦ *adj* original(e); *(inicial)* originel(elle) ♦ *m* original *m*.

originar [oriʒi'na(x)] *vt* être à l'origine de □ **originar-se** *vp* survenir.

oriundo, da [ori'ũndu, da] *adj* • **oriundo de** originaire de.

orixá [ori'ʃa] *nmf divinité f du culte afro-brésilien du candomblé*.

ornamentar [oxnamẽn'ta(x)] *vt* orner.

ornamento [oxna'mẽntu] *m* ornement *m*.

ornitologia

ornitologia [ɔxnitolo'ʒia] f ornithologie f.
orquestra [ox'kɛʃtra] f orchestre m.
orquídea [ox'kidʒja] f orchidée f.
ortografia [oxtogra'fia] f orthographe f.
ortopedia [oxtope'dʒja] f orthopédie f.
ortopédico, ca [oxto'pɛdʒiku, ka] adj orthopédique.
ortopedista [oxtope'dʒiʃta] nmf orthopédiste mf.
orvalho [ox'vaʎu] m rosée f.
os [uʃ] → **o**.
oscilação [oʃsila'sãw] (pl -ões) f oscillation f.
oscilar [oʃsi'la(x)] vi osciller • **oscilar entre** osciller entre.
osso ['osu] m os m.
ostensivamente [oʃtẽ,siva'mẽntʃi] adv ostensiblement.
ostensivo, va [oʃtẽn'sivu, va] adj ostentatoire.
ostentar [oʃtẽn'ta(x)] vt arborer.
ostra ['oʃtra] f huitre f.
Otan [o'ta] f (abrev de Organização do Tratado do Atlântico Norte) OTAN f.
otimismo [otʃi'miʒmu] m optimisme m.
ótimo, ma ['ɔtʃimu, ma] ♦ adj très bon(bonne) ♦ interj super!
otorrinolaringologista [,oto,xinola,rĩŋgolo'ʒiʃta] nmf oto-rhino-laryngologiste mf, ORL mf.
ou [o] conj ou • **ou... ou...** ou... ou....
ouço ['osu] → **ouvir**.

ouriço [o'risu] m (castanha) bogue f.
ouriço-cacheiro [o,risuka'ʃejru] (pl ouriços-cacheiros) m hérisson m.
ouriço-do-mar [o,risudu'ma(x)] (pl ouriços-do-mar) m oursin m.
ourives [o'riviʃ] nmf inv bijoutier m, -ère f.
ourivesaria [oriveza'ria] f orfèvrerie f.
ouro ['oru] m or m • **de ouro** en or • **ouro de lei** or dont le titre est garanti par la loi ☐ **ouros** mpl (naipe) carreau m.
Ouro Preto [,oxu'pretu] s Ouro Preto ville du Minas Gerais au Brésil.

ⓘ OURO PRETO

L'apogée de la ville d'Ouro Preto remonte au XVIIIe siècle, époque où elle était la ville la plus prospère du Brésil, grâce aux mines d'or de la région du Minas Gerais. Classée Patrimoine culturel de l'humanité par l'UNESCO, ses rues, ses églises et ses chaussées en stéatite ont été conservées telles qu'elles étaient à l'époque de la fièvre de l'or. Ouro Preto est aussi le berceau d'un style architectural connu sous le nom de *Barroco Mineiro* (Baroque de Minas Gerais), dont le plus illustre représentant est le sculpteur Aleijadinho.

---

ousadia [oza'dʒia] f audace f.
ousar [o'za(x)] vt oser.
outdoor [awt'dɔr] m *(propaganda)* panneau m publicitaire; *(cartaz)* affiche f.
outono [o'tonu] m automne m.
outro, tra [otru, tra] adj & pron un autre(une autre) • **dê-me outro** donne-m'en un autre • **o outro/a outra** l'autre • **outro dia** *(mais tarde)* un autre jour • **no outro dia** *(no dia seguinte)* le lendemain; *(relativo a dia passado)* l'autre jour • **um ou outro** l'un ou l'autre • **um após o outro** l'un après l'autre.
outubro [o'tubru] m octobre m, → **setembro**.
ouve ['ovi] → **ouvir**.
ouvido [o'vidu] m oreille f • **dar ouvidos a alguém** écouter qqn • **ser duro de ouvido** être dur d'oreille • **ser todo ouvidos** être tout ouïe • **ter bom ouvido** avoir l'ouïe fine • **tocar de ouvido** jouer d'oreille.
ouvinte [o'vĩntʃi] nmf auditeur m, -trice f.
ouvir [o'vi(x)] vt & vi entendre • **estar ouvindo** écouter.
ovação [ova'sãw] *(pl* -ões) f ovation f.
oval [o'vaw] *(pl* -ais) adj oval(e).
ovário [o'varju] m ovaire m.

ovelha [o'veʎa] f brebis f • **ovelha negra** brebis galeuse.
óvni ['ɔvni] *(abrev de* Objeto Voador Não Identificado) m OVNI m.
ovo ['ovu] *(pl* ovos) m œuf m • **ovo cozido** œuf dur • **ovo estrelado** œuf sur le plat • **ovos mexidos** œufs brouillés • **ovos de Páscoa** œufs de Pâques • **ovo poché** œuf poché.
óvulo ['ɔvulu] m ovule m.
oxigênio [oksi'ʒenju] m oxygène m.
ozônio [o'zonju] m ozone m.

P

p. *(abrev de* página) p.
pá ['pa] f pelle f.
pacato, ta [pa'katu, ta] adj *(pessoa)* calme; *(lugar)* paisible.
paciência [pasi'ẽsja] f patience f • **perder a paciência** perdre patience • **ter paciência** être patient.
paciente [pa'sjẽntʃi] adj & nmf patient(e).
pacífico, ca [pa'sifiku, ka] adj pacifique ☐ **Pacífico** m • **o Pacífico** le Pacifique.
pacifista [pasi'fiʃta] nmf pacifiste mf.
paço [pasu] m palais m.
paçoca [pa'sɔka] f *(prato)* mélange de viande et de farine de

pacote   **252**

manioc en friture; *(doce)* gâteau à base de cacahouète pilée.

pacote [pa'kɔtʃi] *m* paquet *m;* *(em turismo)* forfait *m* • **pacote de açúcar** paquet de sucre.

padaria [pada'ria] *f* boulangerie *f.*

padecer [pade'se(x)] □ **padecer de** *vp* souffrir de.

padeiro, ra [pa'dejru, ra] *m,f* boulanger *m,* -ère *f.*

padrão [pa'drãw] *(pl* -ões*)* *m* *(de produto)* norme *f;* *(de tecido)* patron *m.*

padrasto [pa'draʃtu] *m* beau-père *m.*

padre ['padri] *m* prêtre *m.*

padrinho [pa'driɲu] *m* parrain *m.*

padrões [pa'drõjʃ] → **padrão**.

pães ['pãjʃ] → **pão**.

pág. *(abrev de página)* p.

pagamento [paga'mẽntu] *m* paiement *m* • **pagamento em dinheiro/numerário** paiement en espèces/numéraire • **pagamento em prestações** OU **a crédito** paiement à crédit • **pagamento à vista** paiement comptant.

pagar [pa'ga(x)] *vt* payer □ **pagar a** *vp* • **pagar algo a alguém** payer qqch à qqn • **pagar por** payer pour.

página ['paʒina] *f* page *f* • **páginas amarelas** pages jaunes • **página web** page web • **a páginas tantas** à un moment donné.

pago, ga ['pagu, ga] *pp* → **pagar**.

pagode [pa'gɔdʒi] *m* une variante de la samba, née à Rio, qui utilise une petite guitare à quatre cordes *(cavaquinho)* et le banjo, et dont les paroles des chansons sont pour la plupart en argot et au ton très populaire.

págs. *(abrev de páginas)* pp.

pai ['paj] *m* père *m* □ **pais** *mpl* parents *mpl* • **pai de santo** prêtre *m* du culte afro-brésilien du candomblé

painel [paj'nɛw] *(pl* -éis*)* *m* tableau *m;* *(de veículo)* tableau *m* de bord • **painel solar** panneau *m* solaire.

paio ['paju] *m* saucisson *m.*

pais ['pajʃ] → **pai**.

país [pa'iʃ] *(pl* -es*)* *m* pays *m.*

paisagem [pi'zaʒẽj] *(pl* -ns*)* *f* paysage *m.*

País de Gales [pa,iʒdʒi'galiʃ] *m* • **o País de Gales** le pays de Galles.

países → **país**.

paixão [paj'ʃãw] *(pl* -ões*)* *f* passion *f.*

pajé [pa'ʒɛ] *m* chef spirituel indien à la fois prêtre, guérisseur, prophète et sorcier.

palacete [pala'setʃi] *m* petit palais *m.*

palácio [pa'lasju] *m* palais *m* • **Palácio da Justiça** palais de justice.

paladar [pala'da(x)] *(pl* -es*)* *m* *(sabor)* goût *m;* *(função sensorial)* palais *m.*

palafita [pala'fita] *f* maison *f* sur pilotis.

palavra [pa'lavra] ♦ *f (vocábulo)* mot *m;* *(promessa)* parole *f* • **in-**

pano

ter*je* te le jure! • **dar a palavra a alguém** donner la parole à qqn • **não ser de meias palavras** ne pas mâcher ses mots • **palavras cruzadas** mots *mpl* croisés.

palavrão [pala'vrãw] (*pl* **-ões**) *m* gros mot *m*.

palavrões → **palavrão**.

palco ['pawku] *m* scène *f*.

palerma [pa'lɛrma] *nmf* abruti *m*, -e *f*.

palestra [pa'lɛʃtra] *f* discours *m*.

paleta [pa'leta] *f* palette *f*.

paletó [pale'tɔ] *m* veste *f*.

palha ['paʎa] *f* paille *f*.

palhaço [pa'ʎasu] *m* clown *m*.

palhinha [pa'ʎiɲa] *f* (*palha*) brin *m* de paille.

pálido, da ['palidu, da] *adj* pâle.

paliteiro [pali'tejru] *m* porte-cure-dents *m*.

palito [pa'litu] *m* (*de fósforo*) allumette *f*; (*de dente*) curedents *m inv*.

palma ['pawma] *f* paume *f* □ **palmas** *fpl* applaudissements *mpl* • **bater palmas** applaudir • **uma salva de palmas** une salve d'applaudissements.

palmeira [paw'mejra] *f* palmier *m*.

palmito [paw'mitu] *m* cœur *m* de palmier.

palmo ['pawmu] *m* empan *m* • **palmo a palmo** peu à peu.

palmtop ['pawmtopi] (*pl* **palmtops**) *m INFORM* ordinateur de poche *m*, palm *m*.

Palops ['palopʃ] *mpl* (*abrev de Países Africanos de Língua Oficial Portuguesa*) pays africains dont la langue officielle est le portugais.

palpável [paw'pavɛw] (*pl* **-eis**) *adj* palpable.

pálpebra ['pawpebra] *f* paupière *f*.

palpitação [pawpita'sãw] (*pl* **-ões**) *f* palpitation *f*.

palpitar [pawpi'ta(x)] ♦ *vi* palpiter.

palpite [paw'pitʃi] *m* intuition *f*.

paludismo [palu'dʒiʒmu] *m* paludisme *m*.

pamonha [pa'moɲa] *f* gâteau de maïs au lait de coco cuit dans des feuilles de maïs.

panado, da [pa'nadu, da] *adj* pané(e).

Panamá [pana'ma] *m* • **o Panamá** le Panama.

pancada [pãŋ'kada] *f* coup *m* • **pancada de chuva** averse *f*.

pâncreas ['pãŋkrjaʃ] *m inv* pancréas *m*.

panda ['pãnda] *m* panda *m*.

pandeiro [pãn'dejru] *m* tambourin *m*.

pandemônio [pãnde'monju] *m* cohue *f*.

pane ['pani] *f* panne *f*.

panela [pa'nɛla] *f* casserole *f* • **panela de pressão** Cocote-Minute® *f*.

panfleto [pã'fletu] *m* tract *m*.

pânico ['pãniku] *m* panique *f* • **entrar em pânico** paniquer.

pano ['pãnu] *m* (*de cozinha*) torchon *m*; (*para o pó*) chiffon *m*; (*em teatro*) rideau *m* • **pano de fundo** toile *f* de fond.

panorama [pano'rama] *m* panorama *m*.

panqueca [pãŋ'keka] *f* crêpe *m*.

pantanal [pãnta'naw] (*pl* **-ais**) *m* marécages *mpl* ▫ **Pantanal** *m* • **o Pantanal** *zone marécageuse du Mato Grosso au Brésil*.

pântano ['pãntanu] *m* marécage *m*.

pantera [pãn'tɛra] *f* panthère *f*.

pantomima [pãnto'mima] *f* pantomime *f*.

pantufas [pãn'tufaʃ] *fpl* pantoufles *fpl*.

pão ['pãw] (*pl* **pães**) *m* pain *m* • **pão de centeio** pain de seigle • **pão de forma** pain de mie • **pão de ló** quatre-quarts *m* • **pão integral** pain complet • **pão de leite** pain au lait • **o Pão de Açúcar** le Pain de sucre.

ⓘ PÃO DE AÇÚCAR

Situé à l'embouchure de la baie de Guanabara, *o Pão de Açúcar* (le pain de sucre) est l'une des innombrables beautés naturelles de la ville de Rio de Janeiro. Les touristes peuvent atteindre son sommet en prenant le téléphérique, qui gravit les 395 mètres de hauteur, et d'où ils peuvent contempler la vue indescriptible de la ville de Rio de Janeiro, comprenant entre autres la baie de Botafogo, la plage du Leme et l'océan. Le nom du mont est dû à son aspect semblable aux moules en forme de cône, utilisés lors du raffinage de la canne à sucre et l'extraction du jus de canne.

papa ['papa] ♦ *f* bouillie *f* ♦ *m* pape *m*.

papagaio [papa'gaju] *m* (*ave*) perroquet *m*; (*brinquedo*) cerf-volant *m*.

papel [pa'pɛw] (*pl* **-éis**) *m* papier *m* • **papel A4** papier (format) A4 • **papel (de) alumínio** papier aluminium • **papel de carta** papier à lettres • **papel canson** papier canson • **papel de embrulho** papier kraft • **papel higiênico** papier hygiénique • **papel de máquina** papier machine • **papel de parede** papier peint • **papel reciclado** papier recyclé • **papel vegetal** papier-calque.

papelão [pape'lãw] *m* carton *m*.

papelaria [papela'ria] *f* papeterie *f*.

papel-carbono [pa,pewkax-'bonu] *m* papier *m* carbone.

papo ['papu] *m* (*de ave*) jabot *m*; (*conversa*) conversation *f* • **papo de anjo** *petit gâteau recouvert de sucre* • **levar** OU **bater um papo** discuter.

papo-furado [,papufu'xadu] *m* (*fam*) bobards *mpl*.

papoula [pa'pola] *f* coquelicot *m*, pavot *m*.

paquerar [pake'ra(x)] *vt & vi* draguer.

paquete [pa'ketʃi] *m* paquebot *m*.

par ['pa(x)] (*pl* -**es**) ◆ *adj* pair(e) ◆ *m* (*de sapatos, calças, luvas, meias*) paire *f*; (*casal*) couple *m* • **aberto de par em par** grand ouvert • **em pares** par deux • **estar a par de algo** être au courant de qqch • **a par** ensemble • **a par e passo** de très près.

para ['para] *prep* **1.** (*ger*) pour • **esta água não é boa para beber** cette eau n'est pas potable • **isto é para comer esta noite** ceci est à manger ce soir • **para que serve isto?** à quoi ça sert? • **um telefonema para o senhor** on vous demande au téléphone • **cheguei mais cedo para arranjar lugar** je suis arrivé plus tôt pour trouver une place • **era só para agradar você** c'était seulement pour te faire plaisir • **é caro demais para as minhas posses** c'est trop cher pour moi • **para o que come, está magro** pour ce qu'il mange, il est maigre • **para ele, você está errado** pour lui, tu as tort • **para mim, está muito bom** pour moi, c'est très bon **2.** (*indica direção*) • **ele apontou para cima** il a pointé son doigt vers le haut • **ele seguiu para o aeroporto** il a continué vers l'aéroport • **vá para casa** va à la maison • **olhei para ele** je l'ai regardé • **chegue-se para o lado** mets-toi sur le côté **3.** (*relativo a tempo*) • **para amanhã** pour demain • **de uma hora para a outra** d'une heure à l'autre • **estará pronto para a semana/o ano** ce sera prêt la semaine/l'année prochaine • **são quinze para as três** il est trois heures moins le quart **4.** (*exprime a iminência*) • **estar para fazer algo** être sur le point de faire qqch • **o trem está para sair** le train est sur le point de partir • **a comida está para ser servida** le repas est prêt • **ele está para chegar** il est sur le point d'arriver **5.** (*em locuções*) • **para com** envers • **para mais de** plus de • **para que** pour que • **é para já!** tout de suite!

parabéns [para'bẽʃ] ◆ *mpl* félicitations *fpl* ◆ *interj* félicitations! • **dar os parabéns a alguém** féliciter qqn • **estar de parabéns** mériter les félicitations.

parabólica [para'bɔlika] *f* antenne *f* parabolique.

para-brisa [,para'briza] (*pl* **para-brisas**) *m* pare-brise *m*.

para-choque [,para'ʃɔki] (*pl* **para-choques**) *m inv* pare-chocs *m inv*.

parada [pa'rada] *f* (*de jogo*) mise *f*; (*militar*) parade *f*; (*de ônibus*) arrêt *m* de bus.

paradeiro [para'dejru] *m* • **não sei do paradeiro dele** j'ignore où il se trouve.

parado, da [pa'radu, da] *adj (imóvel)* arrêté(e); *(sem vida)* mort(e).
paradoxo [para'dɔksu] *m* paradoxe *m*.
parafina [para'fina] *f* paraffine *f*.
parafrasear [parafra'zja(x)] *vt* paraphraser.
parafuso [para'fuzu] *m* vis *f*.
parágrafo [pa'ragrafu] *m* paragraphe *m*.
Paraguai [para'gwaj] *m* • **o Paraguai** le Paraguay.
paraíso [para'izu] *m* paradis *m*.
para-lama [,para'lama] *m* garde-boue *m inv*.
paralelo, la [para'lɛlu, la] ◆ *adj* parallèle ◆ *m* parallèle *m* • **sem paralelo** sans pareil.
paralisar [parali'za(x)] *vt* paralyser.
paralisia [parali'zia] *f* paralysie *f*.
paralítico, ca [para'litiku, ka] *mf* paralysé *m*, -e *f*, paralytique *mf*.
paranoico, ca [para'nɔiku, ka] *mf* paranoïaque *mf*.
parapeito [para'pejtu] *m* rebord *m* de fenêtre.
parapente [para'pẽntʃi] *m* parapente *m*.
paraquedas [,para'kɛdaʃ] *m inv* parachute *m*.
paraquedista [,parake'dʒiʃta] *mf* parachutiste *mf*.
parar [pa'ra(x)] ◆ *vt* arrêter ◆ *vi* s'arrêter ◆ **pare, olhe, escute** un train peut en cacher un autre • **parar de fazer algo** arrêter de faire qqch • **ir parar em** aller atterrir à • **sem parar** sans arrêt.
para-raios [,para'xajuʃ] *m inv* paratonnerre *m*.
parasita [para'zita] *m* parasite *m*.
Paraty [para'tʃi] *m* Paraty *m*.

ⓘ PARATY

Ville historique située sur la côte Sud de Rio de Janeiro, Paraty est l'une des rares villes qui conservent encore son architecture d'origine. Durant la période coloniale elle devint le second port le plus important du pays, servant de plate-forme pour l'or en provenance de Minas Gerais et à destination du Portugal puis pour le café provenant des *fazendas* paulistes. Avec l'ouverture de la route Rio-Santos, vers la fin des années 1970, Paraty connaît un nouvel essor, grâce au tourisme. Possédant une merveilleuse richesse architecturale, de magnifiques paysages et plus de 300 plages aux alentours, Paraty occupe une place privilégiée dans le tourisme brésilien.

parceiro, ra [pax'sejru, ra] *mf* partenaire *mf*; *(em negócio)* associé *m*, -e *f*.

parcela [pax'sɛla] *f (de soma)* nombre *m*; *(fragmento)* parcelle *f*.

parceria [paxse'ria] *f* partenariat *m*.

parcial [par'sjaw] *(pl* **-ais**) *adj (não completo)* partiel(elle); *(faccioso)* partial(e).

pardal [pax'daw] *(pl* **-ais**) *m* moineau *m*.

pardo, da ['paxdu, da] *adj* gris(e).

parecer [pare'se(x)] ♦ *m* avis *m* ♦ *vi* ressembler à ♦ *v impess* • **parece que** on dirait que • **ao que parece** à ce qu'il paraît • **parece-me que** il me semble que • **o que te parece?** qu'en penses-tu? • **parecer-se com** ressembler à • **parecer-se com alguém** ressembler à qqn.

parecido, da [pare'sidu, da] *adj* ressemblant(e).

paredão [pare'dãw] *(pl* **-ões**) *m* grand mur *m*.

parede [pa'redʒi] *f* mur *m*.

paredões → **paredão**.

parente, ta [pa'rẽtʃi, ta] *mf* parent *m*, -e *f* • **parente próximo** proche parent.

parêntese [pa'rẽtezi] *m* parenthèse *f*.

pares → **par**.

pargo ['pargu] *m* pagre *m*.

parir [pa'ri(x)] *vt & vi* mettre bas.

parlamentar [paxlamẽ'ta(x)] *(pl* **-es**) ♦ *adj* parlementaire ♦ *nmf* parlementaire *mf*.

parlamento [paxla'mẽtu] *m* parlement *m*.

paróquia [pa'rɔkja] *f* paroisse *f*.

parque ['paxki] *m* parc *m* • **parque de diversões** parc d'attractions • **parque industrial** parc industriel • **parque nacional** parc national • **parque natural** parc naturel.

parquímetro [pax'kimetru] *m* parcmètre *m*.

parte ['paxtʃi] *f* partie *f*; *(fração, quinhão)* part *f* • **dar parte de** informer de • **fazer parte de** faire partie de • **pôr a parte** délaisser • **tomar parte de** prendre part à • **noutra parte** ailleurs • **por toda parte** partout • **da parte de** de la part de • **de parte a parte** des deux côtés • **em parte** en partie.

parteira [pax'tejra] *f* sage-femme *f*.

participação [paxtʃisipa'sãw] *(pl* **-ões**) *f* participation *f*; *(comunicado, aviso)* faire-part *m*.

participante [paxtʃisi'pãtʃi] *nmf* participant *m*, -e *f*.

participar [paxtʃisi'pa(x)] *vt* • **participar algo a alguém** *(informar)* faire part de qqch à qqn; *(comunicar)* informer qqn de qqch • **participar de algo** participer à qqch.

particípio [paxtʃi'sipju] *m* participe *m* • **particípio passado/**

particular 258

presente participe passé/présent.
particular [paxtʃiku'la(x)] (pl -es) adj (individual) particulier(ère); (privado) privé(e).
partida [pax'tʃida] f (saída) départ m; (em esporte) partie f; (brincadeira) tour m • **estou de partida** je vais partir.
partidário, ria [partʃi'darju, rja] mf partisan m.
partido, da [pax'tʃidu, da] ◆ adj cassé(e) ◆ m parti m • **partido (político)** parti (politique).
partilhar [paxtʃi'ʎa(x)] vt partager.
partir [pax'tʃi(x)] ◆ vt (quebrar) casser ◆ vi partir • **partir de** partir de • **partir para** partir pour • **a partir de** à partir de
☐ **partir-se** vp se casser.
parto ['paxtu] m accouchement m.
parvo, va ['parvu, va] mf imbécile m f.
Páscoa ['paʃkwa] f Pâques f • **feliz Páscoa!** joyeuses Pâques!
pasmado, da [paʒ'madu, da] adj ébahi(e).
passa ['pasa] f raisin m sec.
passadeira [pasa'dejra] f (tapete) tapis m.
passado, da [pa'sadu, da] ◆ adj (tempo, época etc.) passé(e); (ano, mês) dernier(ère) ◆ m passé m • **mal/bem passado** saignant/bien cuit.
passageiro, ra [pasa'ʒejru, ra] adj & mf passager(ère).

passagem [pa'saʒẽ] (pl -ns) f passage m; (de avião, trem) billet m • **passagem de ano** nouvel an m • **passagem de ida** aller m • **passagem de ida e volta** aller-retour m • **passagem de nível** passage à niveau • **passagem subterrânea** passage souterrain.
passaporte [pasa'pɔrtʃi] m passeport m.
passar [pa'sa(x)] ◆ vt 1. (ger.) passer • **passar algo pela água** passer qqch sous l'eau • **ele passou a mão pelo pelo do cão** il a passé la main sur le poil du chien • **ela passou o creme bronzeador nos braços** elle a passé de la crème solaire sur ses bras • **passe tudo pelo coador** tu passes tout à la passoire • **você me passa o sal?** tu me passes le sel? • **passei um ano em Portugal** j'ai passé un an au Portugal • **deixar passar** laisser passer 2. (a ferro) • **passar algo (a ferro), passar (a ferro) algo** repasser qqch • **já passou a roupa?** as-tu déjà repassé le linge? 3. (mudar) • **passar algo para o outro lado** mettre qqch de l'autre côté 4. (ultrapassar) dépasser 5. (em escola, universidade) réussir ◆ vi 1. (ger.) passer • **o (ônibus) 7 não passa por aqui** le 7 ne passe pas par ici • **já passam dez minutos da hora** il a dix minutes de retard • **o tempo passa muito depressa** le temps passe très vite • **o e-**

rão já passou l'été est déjà fini • a dor já passou la douleur est passée • ele passou para a segunda série il est passé en CE1 • passe para a primeira passe en première • passar a passer à • passemos a outra coisa passons à autre chose 2. *(em locuções)* • passar bem/mal aller bien/mal • passar bem/mal a noite passer une bonne/mauvaise nuit • como tem passado? comment allez-vous? • passar (bem) sem se passer de • passe bem! bonne continuation! • não passar de n'être que • não passar sem ne pas se passer de • o que passou, passou ce qui est fait est fait ◻ **passar-se** *vp (acontecer)* se passer • o que é que se passa? qu'est-ce qui se passe? ◻ **passar por** *vp (ser considerado como)* passer pour; *(fig)* (atravessar) passer par • **fazer-se passar por** se faire passer pour.

passarela [pasa'rɛla] *f (de rua, estrada)* passerelle *f;* (para desfile de moda) podium *m*.

pássaro ['pasaru] *m* oiseau *m*.

passatempo [,pasa'tẽpu] *m* passe-temps *m inv.*

passe ['pasi] *m* = carte *f* orange.

passear [pa'sja(x)] ♦ *vt* promener ♦ *vi* se promener.

passeata [pa'sjata] *f (passeio)* balade *f;* (marcha de protesto) manifestation *f.*

passeio [pa'seju] *m (em rua)* trottoir *m;* (caminhada) promenade *f.*

passe-vite [,pasi'vitʃi] *(pl* **passe-vites**) *m* moulin *m* à légumes.

passional [pasjo'naw] *(pl* **-ais)** *adj* passionnel(elle).

passista [pa'siʃta] *nmf* danseur d'une école de samba.

passível [pa'sivew] *(pl* **-eis)** *adj* • passível de passible de.

passivo, va [pa'sivu, va] ♦ *adj* passif(ive) ♦ *m* passif *m.*

passo ['pasu] *m* pas *m;* *(de obra literária)* passage *m* • **ceder o passo a alguém** laisser passer qqn • **dar o primeiro passo** faire le premier pas • **a dois passos (de)** à deux pas (de) • **a passo au pas** • **ao passo que** tandis que • **passo a passo** pas à pas.

password ['paʃwodʒi] *m* mot de passe *m.*

pasta ['paʃta] *f (bolsa)* serviette *f;* (de executivo) mallette *f;* (escolar) cartable *m;* (capa para papéis) chemise *f;* (de ministro) portefeuille *m;* (massa) pâte *f* • **pasta de dentes** dentifrice *m.*

pastar [paʃ'ta(x)] *vi* paître.

pastel [paʃ'tɛw] *(pl* **-éis)** *m* pâtisserie salée ou sucrée, faite de pâte à base de farine, œufs, eau-de-vie, pliée en deux et fourrée de viande hachée, fromage, pomme etc., frite ou cuite au four.

pastelaria [paʃtela'ria] *f* magasin où l'on fabrique et où l'on vend des pastéis.

pasteurizado, da [paʃteuri'zadu, da] *adj* pasteurisé(e).
pastilha [paʃ'tiʎa] *f* pastille *f*
• **pastilha para a garganta** pastille pour la gorge • **pastilha para a tosse** pastille pour la toux.
pasto ['paʃtu] *m* pâturage *m*.
pastor, ra [paʃ'to(x), ra] (*mpl* **-es**, *fpl* **-s**) *mf* berger *m*, -ère *f*
♦ *m* pasteur *m*.
pata ['pata] *f* patte *f*.
patamar [pata'ma(x)] (*pl* **-es**) *m* palier *m*.
patê [pa'te] *m* pâté *m*.
patente [pa'tẽntʃi] ♦ *adj (visível)* patent(e) ♦ *f (de máquina, invento)* brevet *m*; *(de militar)* grade *m*.
paternal [patex'naw] (*pl* **-ais**) *adj* paternel(elle).
pateta [pa'tɛta] *nmf* niais *m*, -e *f*.
patético, ca [pa'tɛtiku, ka] *adj* pathétique.
patife [pa'tʃifi] *m* fripouille *f*.
patim [pa'tʃĩ] (*pl* **-ns**) *m* patin *m*.
patinação [patʃina'sãw] *f* patinage *m* • **patinação artística** patinage artistique • **patinação no gelo** patin *m* à glace.
patinar [patʃi'na(x)] *vi* patiner.
patinete [patʃi'netʃi] *m (de criança)* trottinette *f*.
patins → **patim**.
pátio ['patʃju] *m* cour *f*.
pato ['patu] *m* canard *m*.
patologia [patolo'ʒja] *f* pathologie *f*.
patológico, ca [pato'lɔʒiku, ka] *adj* pathologique.

patrão, troa [pa'trãw, troa] (*mpl* **-ões**, *fpl* **-s**) *mf* patron *m*, -onne *f*.
pátria ['patria] *f* patrie *f*.
patrimônio [patri'monju] *m* patrimoine *m*.
patriota [patri'ɔta] *nmf* patriote *m*.
patroa [pa'troa] → **patrão**.
patrocinador, ra [patrosina'do(x), ra] (*mpl* **-es**, *fpl* **-s**) *mf* sponsor *m*.
patrocinar [patrosi'na(x)] *vt* sponsoriser.
patrões [pa'trõjʃ] → **patrão**.
patrulha [pa'truʎa] *f* patrouille *f*.
pau ['paw] *m* bâton *m* ❑ **paus** *mpl (naipe de cartas)* trèfle *m*; *(fam) (reais)* réaux *mpl*, = balles *fpl*.
paulista [paw'liʃta] *nmf* Pauliste *mf*.
pausa ['pawza] *f* pause *f*.
pauta ['pawta] *f (de música)* portée *f*.
pavão [pa'vãw] (*pl* **-ões**) *m* paon *m*.
pavê [pa've] *m* ≃ charlotte *f* au chocolat.
pavilhão [pavi'ʎãw] (*pl* **-ões**) *m* pavillon *m*.
pavimentar [pavimẽn'ta(x)] *vt* paver.
pavimento [pavi'mẽntu] *m (de estrada, rua)* revêtement *m*; *(andar de edifício)* étage *m*.
pavões [pa'võjʃ] → **pavão**.
pavor [pa'vo(x)] *m* épouvante *f*.
• **ter pavor de** être terrifié par.
paz ['paʃ] (*pl* **-es**) *f* paix *f*.
• **deixar alguém/algo em paz** laisser qqn/qqch tranquille

- **fazer as pazes** faire la paix
- **que descanse em paz** qu'il repose en paix.

PC m (abrev de Personal Computer) PC m.

Pça. (abrev de praça) pl.

pé ['pɛ] m pied m; (em vinho) dépôt m • **andar na ponta dos pés** marcher sur la pointe des pieds • **pôr-se em pé** se lever • **ter/não ter pé** avoir/ne pas avoir pied • **pé de cabra** pied-de-biche • **pé de moleque** sorte de nougat avec des cacahouètes entières • **pé de porco** pied de porc • **a pé** à pied • **ao pé de** près de • **em** OU **de pé** debout • **em pé de igualdade** à égalité.

peão ['pjãw] (pl **-ões**) m (em xadrez) pion m.

peça ['pɛsa] f pièce f.

pecado [pe'kadu] m péché m.

pechincha [pe'ʃĩʃa] f (bonne) affaire f.

peço ['pɛsu] → **pedir**.

peculiar [pekuli'a(x)] (pl **-es**) adj spécial(e).

pedaço [pe'dasu] m morceau m; (de tempo) bout m.

pedágio [pe'daʒju] m péage m.

pedal [pe'daw] (pl **-ais**) m pédale f.

pede [pɛdʒi] → **pedir**.

pedestal [pedeʃ'taw] (pl **-ais**) m piédestal m.

pedestre [pe'dɛʃtri] ◆ m piéton m ◆ adj piéton(onne).

pediatra [pe'dʒjatra] nmf pédiatre mf.

pediatria [pedʒja'tria] f pédiatrie f.

pedicure [pedʒi'kuri] nmf pédicure m.

pedido [pe'dʒidu] m (solicitação) demande f; (em restaurante) commande f • **a pedido de alguém** à la demande de qqn.

pedinte [pe'dʒĩtʃi] nmf mendiant m, -e f.

pedir [pe'dʒi(x)] ◆ vt (em restaurante, bar) commander; (preço) demander ◆ vi mendier • **pedir algo a alguém** demander qqch à qqn • **pedir a alguém que faça algo** demander à qqn de faire qqch • **pedir algo emprestado a alguém** emprunter qqch (à qqn).

pedra ['pɛdra] f (calhau) pierre f; (de dominó) domino m; (em rim, bexiga, fígado) calcul m; (lápide) pierre f tombale; (granizo) grêlon m; (de isqueiro) pierre f • **pedra (preciosa)** pierre (cieuse).

pedra-pomes [,pɛdra'pɔmeʃ] (pl **pedras-pomes**) f pierre ponce.

pedra-sabão [,pɛdrasa'bãw] (pl **pedras-sabão**) f pierre savon f.

pedreiro [pe'drejru] m maçon m.

pegada [pe'gada] f trace f de pas.

pegado, da [pe'gadu, da] adj (colado) collé(e); (contíguo) attenant(e).

pegajoso, osa [pega'ʒozu, ɔza] adj collant(e).

pegar

pegar [pe'ga(x)] ◆ vt *(hábito, mania, doença)* prendre (une habitude), attraper (une maladie); *(apanhar, moda)* ramasser; *(transporte público)* prendre ◆ vi *(motor)* démarrer; *(ideia)* saisir; *(moda)* suivre; *(planta)* croître • **o carro não quer pegar** la voiture ne marche pas • **pegar algo** attraper qqch • **pegar fogo em algo** mettre le feu à qqch • **pegar no sono** s'endormir ▫ **pegar-se** *vp* se coller, s'attacher.

peito ['pejtu] *m (seio)* sein *m*; *(zona do tronco)* poitrine *f*; *(de camisa, blusa)* devant *m*.

peitoril [pejto'riw] *(pl -is) m* rebord *m (de fenêtre)*.

peixada [pej'ʃada] *f* ragout *m* de poisson

peixaria [pejʃa'ria] *f* poissonnerie *f*.

peixe ['pejʃi] *m* poisson *m* • **peixe congelado** poisson surgelé ▫ **Peixes** *m inv* Poissons *mpl*.

peixe-agulha [,pejʃe'guʎa] *m* aiguille *f* de mer.

peixe-espada [,pejʃeʃ'pada] *m* coutelas *m (poisson)*; *(prateado)* sabre *m* d'argent *(poisson)*.

pejorativo, va [peʒora'tʃivu, va] *adj* péjoratif(ive).

pela ['pela] = **por + a**; → **por**.

pelado, da [pe'ladu, da] *adj (fam) (nu)* tout nu(toute nue).

pele ['pɛli] *f* peau *f*; *(couro)* cuir *m*.

pelica [pe'lika] *f* chevreau *m* (cuir).

pelicano [peli'kanu] *m* pélican *m*.

película [pe'likula] *f* pellicule *f* (film).

pelo ['pelu] = **por + o**; → **por**.

pelo ['pelu] *m* poil *m*.

Pelourinho [pelo'riɲu] *m* • **o Pelourinho (de Salvador)** *le Pilori de Salvador.*

ⓘ **PELOURINHO**

Anciennement, place centrale de la vieille ville où se tenait le commerce des esclaves africains, où ils étaient humiliés et suppliciés, le Pelourinho de Salvador, la capitale de l'État de Bahia, est aujourd'hui le centre culturel, politique et religieux de la ville. Classé Patrimoine culturel de l'humanité par l'Unesco, son architecture représente un véritable témoignage de la période coloniale, avec ses églises, ses forts et ses quelque 350 maisons anciennes. Le Pelo, comme il est familièrement appelé, est la scène d'événements les plus divers, depuis les manifestations politiques jusqu'aux rencontres des *sociedades carnavalescas* (sociétés carnavalesques) afro-brésiliennes comme *l'Olodum* et *l'Ilê Aiyê*.

pelúcia [pe'lusja] *m* peluche *f.*
peludo, da [pe'ludu, da] *adj* poilu(e).
pélvis ['pɛwviʃ] *m inv* & *f inv* bassin *m.*
pena ['pena] *f (de ave, escrever)* plume *f*; *(dó, castigo)* peine *f*
• **que pena!** quel dommage!
• **cumprir pena** purger une peine • **dar pena** faire de la peine • **ter pena de alguém** avoir pitié de qqn • **ter pena de fazer algo** regretter de faire qqch • **valer a pena** valoir la peine • **pena capital** peine capitale • **pena de morte** peine de mort.
penalidade [penali'dadʒi] *f* pénalité *f.*
pênalti ['penawtʃi] *m* penalty *m.*
pendente [pẽn'dẽntʃi] ◆ *adj* pendant(e). ◆ *m* pendentif *m.*
pendurar [pẽndu'ra(x)] *vt* accrocher • **pendurar algo em algo** accrocher qqch à qqch □ **pendurar-se em** *vp* + *prep* se pendre à.
penduricalho [pẽnduri'kaʎu] *m* breloque *f*, pendentif *m.*
penedo [pe'nedu] *m* rocher *m.*
peneira [pe'nejra] *f* tamis *m.*
penetrante [pene'trãntʃi] *adj (fig)* pénétrant(e).
penetrar [pene'tra(x)] □ **penetrar em** *v* + *prep* pénétrer dans.
penhasco [pe'ɲaʃku] *m* rocher *m.*
penicilina [penisi'lina] *f* pénicilline *f.*
penico [pe'niku] *m* pot *m* de chambre.

península [pe'nĩsula] *f* péninsule *f.*
pênis ['peniʃ] *m inv* pénis *m.*
penitência [peni'tẽsja] *f* pénitence *f.*
penitenciária [penitẽ'sjarja] *f* prison *f.*
penoso, osa [pe'nozu, ɔza] *adj* pénible.
pensamento [pẽsa'mẽntu] *m* pensée *f.*
pensão [pẽ'sãw] *(pl* **-ões)** *f* pension *f.* • **pensão alimentícia** pension alimentaire • **pensão completa** pension complète • **pensão residencial** pension de famille.
pensar [pẽ'sa(x)] *vt & vi* penser • **pensar em** penser à • **pensar que** penser que • **nem pensar!** pas question!
pensionista [pẽsjo'niʃta] *nmf* retraité(e) *m, -e f.*
pensões → pensão.
pente ['pẽntʃi] *m* peigne *m.*
penteado [pẽntʃi'adu] *m* coiffure *f.*
Pentecostes [pẽnte'kɔʃtʃiʃ] *m* Pentecôte *f.*
penugem [pe'nuʒẽ] *f* duvet *m.*
penúltimo, ma [pe'nuwtʃimu, ma] *adj* avant-dernier(ère).
penumbra [pe'nũmbra] *f* pénombre *f.*
penúria [pe'nurja] *f* misère *f.*
peões ['pjõjʃ] → **peão**.
pepino [pe'pinu] *m* concombre *m.*
pequeno, na [pe'kenu, na] *adj* petit(e).
pera ['pera] *f* poire *f*; *(barba)* bouc *m.*

perante [pe'rãntʃi] *prep* devant.

perceber [pexse'be(x)] *vt* comprendre.

percentagem [pexsẽn'taʒẽ] (*pl* **-ns**) *f* pourcentage *m*.

percevejo [pexse'veʒu] *m* punaise *f* (*animal*).

perco [pexku] → **perder**.

percorrer [pexko'xe(x)] *vt* parcourir • **percorrer algo com os olhos** parcourir qqch des yeux.

percurso [pex'kuxsu] *m* parcours *m*.

percussão [pexku'sãw] *f* percussion *f*.

perda ['pexda] *f* perte *f*.

perdão [pex'dãw] ♦ *m* pardon *m* ♦ *interj* pardon! • **pedir perdão** demander pardon.

perde [pɛxdʒi] → **perder**.

perder [pex'de(x)] ♦ *vt* perdre; (*trem, ônibus*) rater ♦ *vi* (*em competição*) perdre • **perder a cabeça** perdre la tête • **perder os sentidos** perdre connaissance • **perder alguém de vista** perdre qqn de vue ▫ **perder-se** *vp* se perdre.

perdição [pexdʒi'sãw] *f* (*ruína*) perte *f*; (*desonra*) perdition *f*.

perdido, da [pex'dʒidu, da] *adj* perdu(e) • **achados e perdidos** objets trouvés • **ser perdido por** (*fam*) être fou de.

perdiz [pex'dʒiʃ] (*pl* **-es**) *f* perdrix *f*.

perdoar [pex'dwa(x)] *vt* pardonner.

perdurar [pexdu'ra(x)] *vi* perdurer.

perecível [pere'sivɛw] (*pl* **-eis**) *adj* périssable.

peregrinação [peregrina'sãw] (*pl* **-ões**) *f* pèlerinage *m*.

peregrino, na [pere'grinu, na] *mf* pèlerin *m*.

pereira [pe'rejra] *f* poirier *m*.

peremptório, ria [perẽnp'tɔrju, rja] *adj* péremptoire.

perene [pe'rɛni] *adj* (*perpétuo*) perpétuel(elle); (*folhagem*) persistant(e).

perfeição [pexfej'sãw] *f* perfection *f*.

perfeitamente [pex,fejta'mẽntʃi] ♦ *adv* parfaitement ♦ *interj* parfaitement!

perfeito, ta [pex'fejtu, ta] *adj* parfait(e).

pérfido, da ['pɛxfidu, da] *adj* perfide.

perfil [pex'fiw] (*pl* **-is**) *m* profil *m* • **de perfil** de profil.

perfumaria [pexfuma'ria] *f* parfumerie *f*.

perfume [pex'fumi] *m* parfum *m*.

perfurar [pexfu'ra(x)] *vt* perforer.

pergaminho [pexga'miɲu] *m* parchemin *m*.

pergunta [pex'gũnta] *f* question *f*.

perguntar [pexgũn'ta(x)] ♦ *vt* demander ♦ *vi* • **perguntar por alguém** demander qqn; (*informar-se*) demander des nouvelles de qqn • **perguntar sobre algo** s'informer de qqch

• **perguntar** algo a alguém demander qqch à qqn.
perícia [pe'risja] f *(exame)* maîtrise f; *(destreza)* adresse f, habileté f.
periferia [perife'rja] f périphérie f.
perigo [pe'rigu] m danger m ◆ **perigo de incêndio** risque d'incendie ◆ **perigo de morte** danger de mort ◆ **perigo de queda de materiais** risque de chute de matériaux.
perigoso, osa [peri'gozu, ɔza] adj dangereux(euse).
perímetro [pe'rimetru] m périmètre m.
periódico, ca [pe'rjɔdiku, ka] adj périodique.
período [pe'riudu] m *(espaço de tempo)* période f; *(de ano escolar)* semestre m; *(fam) (menstruação)* règles fpl ◆ **período de funcionamento** heures d'ouverture.
periquito [peri'kitu] m perruche f.
perito, ta [pe'ritu, ta] mf expert m ◆ adj expert(e) ◆ **ser perito em algo** être expert en qqch.
permanecer [pexmane'se(x)] vi rester □ **permanecer em** vp rester □ **permanecer por** vp rester à.
permanência [pexma'nẽsja] f *(estada)* séjour m; *(de problema, situação)* permanence f.
permanente [pexma'nẽntʃi] adj permanent(e) ◆ f permanente f.

perseverante

permissão [pexmi'sãw] f permission f ◆ **pedir permissão para fazer algo** demander la permission de faire qqch.
permitir [pexmi'ti(x)] vt permettre.
perna ['pɛxna] f *(de pessoa)* jambe f; *(de animal, ave)* patte f; CULIN *(de cordeiro)* gigot m; *(de cadeira, mesa)* pied m; *(de letra)* jambage m.
pernil [pex'niw] *(pl -is)* m jambonneau m.
pernilongo [pexni'lõngu] m *(mosquito)* moustique m.
pernis → **pernil**.
pernoite [per'noitʃi] m ◆ **pernoite com café da manhã** nuit avec petit-déjeuner compris.
pêro ['peru] m *(variedade de maçã)* pomme f.
pérola ['pɛrola] f perle f.
perpendicular [pexpẽndʒiku'la(x)] *(pl -es)* adj perpendiculaire.
perpetrar [pexpe'tra(x)] vt perpétrer.
perpetuar [pexpetw'a(x)] vt perpétuer □ **perpetuar-se** vp se perpétuer.
perplexidade [pexpleksi'dadʒi] f perplexité f.
perplexo, xa [pex'plɛksu, -ksa] adj perplexe.
perseguição [pexsegi'sãw] *(pl -ões)* f *(de animal, ave)* poursuite f; *(de polícia)* poursuite f.
perseguir [pexse'gi(x)] vt poursuivre.
perseverante [pexseve'rãntʃi] adj persévérant(e).

perseverar [pexseve'ra(x)] *vi* persévérer.

persiana [pex'sjana] *f* volet *m* roulant.

persistente [pexsiʃ'tẽntʃi] *adj (perseverante)* persévérant(e); *(duradouro)* persistant(e).

personagem [pexso'naʒẽ] *(pl* -ns) *m* & *f* personnage *m*.

personalidade [pexsonali'dadʒi] *f* personnalité *f*.

perspectiva [pexʃpɛ'tʃiva] *f* perspective *f*.

perspicácia [pexʃpi'kasja] *f* perspicacité *f*.

perspicaz [pexʃpi'kaʃ] *(pl* -es) *adj* perspicace.

persuadir [pexswa'di(x)] *vt*
• persuadir alguém de algo persuader qqn de qqch
• persuadir alguém a fazer algo persuader qqn de faire qqch ❑ **persuadir-se** *vp* se persuader.

persuasão [pexswa'zãw] *f* persuasion *f*.

persuasivo, va [pexswa'zivu, va] *adj* persuasif(ive).

pertencente [pextẽ'sẽntʃi] *adj*
• pertencente a *(que pertence a)* appartenant à; *(relativo a)* relevant de.

pertencer [pextẽ'se(x)] ❑ **pertencer a** *vp (ser propriedade de)* appartenir à; *(clube, partido)* faire partie de.

perto ['pextu] *adj* & *adv* près
• perto de *(relativo a tempo)* vers; *(relativo a espaço)* près de; *(relativo a quantidade)* environ
• ao *ou* de perto de près.

perturbar [pextux'ba(x)] *vt* perturber.

peru [pe'ru] *m* dindon *m*; CULIN dinde *f*.

Peru [pe'ru] *m* • o Peru le Pérou.

peruca [pe'ruka] *f* perruque *f*.

perverso, sa [pex'vɛrsu, sa] *adj* pervers(e) *(cruel)*.

perverter [pexver'te(x)] *vt* pervertir.

pervertido, da [pexvex'tʃidu, da] *adj* pervers(e) *(malade)*.

pesadelo [peza'delu] *m* cauchemar *m*.

pesado, da [pe'zadu, da] *adj* lourd(e); *(trabalho)* dur(e).

pêsames ['pezamiʃ] *mpl* condoléances *fpl* • os meus pêsames toutes mes condoléances.

pesar [pe'za(x)] *vt* & *vi* peser.

pesca ['pɛʃka] *f* pêche *f*
• pesca com linha pêche à la ligne.

pescada [peʃ'kada] *f* colin *m*.

pescadinha [peʃka'dʒiɲa] *f* merlu *m*.

pescador, ra [peʃka'do(x), ra] *(mpl* -es, *fpl* -s) *mf* pêcheur *m*, -euse *f*.

pescar [peʃ'ka(x)] *vt* & *vi* pêcher.

pescoço [peʃ'kosu] *m* cou *m*.

peso ['pezu] *m* poids *m* • peso bruto poids brut • peso líquido poids net.

pesquisa [peʃ'kiza] *f* recherche *f*.

pêssego ['pesegu] *m* pêche *f*.

pessegueiro [pese'gejru] *m* pêcher *m*.

pessimista [pesi'miʃta] *nmf* pessimiste *mf.*

péssimo, ma ['pɛsimu, ma] *adj* très mauvais(e).

pessoa [pe'soa] *f* personne *f* • **em pessoa** en personne.

pessoal [pe'swaw] (*pl* **-ais**) ♦ *adj* personnel(elle) ♦ *m* personnel *m.*

pestana [peʃ'tana] *f* cil *m.*

pestanejar [peʃtane'ʒa(x)] *vi* cligner des yeux.

peste ['pɛʃtʃi] *f* peste *f.*

pesticida [peʃtʃi'sida] *m* pesticide *m.*

pétala ['pɛtala] *f* pétale *m.*

peteca [pe'tɛka] *f* volant *m (de badminton).*

petição [petʃi'sãw] (*pl* **-ões**) *f* pétition *f.*

petinga [pe'tĩŋga] *f* sardine *f.*

petiscar [petʃiʃ'ka(x)] ♦ *vt* goûter ♦ *vi* grignoter • **quem não arrisca não petisca** qui ne tente rien n'a rien.

petisco [pe'tʃiʃku] *m (iguaria)* délice *m; (acepipe)* amuse-gueule *m.*

petit-pois [petʃi'pwa] *mpl* petits pois *mpl.*

petrificar [petrifi'ka(x)] *vt* pétrifier.

petroleiro [petro'lejru] *m* pétrolier *m.*

petróleo [pe'trɔlju] *m* pétrole *m.*

petulância [petu'lãnsja] *f (insolência)* effronterie *f; (vaidade)* arrogance *f.*

petulante [petu'lãntʃi] *adj (insolente)* effronté(e); *(vaidoso)* arrogant(e).

pia ['pia] *f* évier *m* • **pia batismal** fonts *mpl* baptismaux.

piada ['pjada] *f* plaisanterie *f.*

pianista [pja'niʃta] *nmf* pianiste *mf.*

piano [pi'ãnu] *m* piano *m.*

pião ['pjãw] (*pl* **-ões**) *m* toupie *f.*

piar ['pja(x)] *vi* piailler.

picada [pi'kada] *f (de ave)* coup *m* de bec; *(de inseto)* piqûre *f.*

picadinho [pika'dʒiɲu] *m* plat de viande hachée.

picado, da [pi'kadu, da] ♦ *adj (carne, cebola, salsa)* haché(e); *(furado)* percé(e) ♦ *m (guisado)* hachis de viande ou de poisson.

picanha [pi'kaɲa] *f* rumpsteck *m.*

picante [pi'kãntʃi] *adj (apimentado)* piquant(e); *(fig) (malicioso)* grivois(e).

pica-pau [,pika'paw] (*pl* **pica-paus**) *m* pivert *m.*

picar [pi'ka(x)] ♦ *vt (com alfinete, agulha)* piquer; *(carne, cebola)* hacher; *(fam) (provocar)* lancer des piques à ♦ *vi (peixe)* mordre ☐ **picar-se** *vp* se piquer; *(fam)* se piquer *(se droguer).*

picareta [pika'reta] *f* pioche *f.*

picles ['pikleʃ] *m inv* pickles *mpl.*

pico ['piku] *m (montanha)* pic *m; (espinho)* piquant *m.*

picolé [piko'lɛ] *m* bâtonnet *m* de glace.

picotado, da [piko'tadu, da] ♦ *adj* prédécoupé(e) ♦ *m* pointillé *m.*

picotar [piko'ta(x)] *vt* picoter, poinçonner *(un ticket).*

piedade [pje'dadʒi] f pitié f ● **ter piedade de alguém** avoir pitié de qqn.

pifar [pi'fa(x)] vi (fam) (estragar-se) péter.

pigmento [pig'mẽntu] m pigment m.

pijama [pi'ʒama] m pyjama m.

pilantra [pi'lãntra] nmf crapule f.

pilar [pi'la(x)] (pl -es) m pilier m.

pilha ['piʎa] f pile f ● **uma pilha de nervos** une boule de nerfs ● **pilhas de** (fam) des tas de.

pilhar [pi'ʎa(x)] vt piller.

pilotar [pilo'ta(x)] vt piloter.

piloto [pi'lotu] m pilote m.

pílula ['pilula] f pilule f.

pimenta [pi'mẽnta] f piment m.

pimenta-do-reino [pi,mẽnta du'xejnu] f poivre m.

pimentão [pimẽn'tãw] m poivron m.

pimentão-doce [pimẽntãw'dosi] m piment m doux.

pinça ['pĩsa] f pince f.

píncaro ['pĩŋkaru] m (de montanha) sommet m.

pincel [pĩ'sɛw] (pl -éis) m pinceau m.

pinga ['pĩŋga] f (gota) goutte f; (fam) (aguardente) gnôle f.

pingado, da [pĩ'gadu, da] adj (café) au lait; (arroz) aux haricots.

pingar [pĩŋ'ga(x)] vi goutter.

pingente [pĩ'ʒẽntʃi] m pendentif m.

pingo ['pĩŋgu] m (gota) goutte f.

pingue-pongue [,pĩŋgi'põŋgi] m ping-pong m.

pinguim [pĩŋ'gwĩ] (pl -ns) m pinguoin m.

pinha ['pina] f pomme f de pin.

pinhal [pi'naw] (pl -ais) m pinède f.

pinhão [pi'nãw] (pl -ões) m pignon m.

pinheiro [pi'nejru] m pin m.

pinho ['pinu] m pin m (bois).

pinhões → pinhão.

pinta ['pĩnta] f (mancha) tache f; (na pele) grain m de beauté; (fam) (aparência) air m ● **ter pinta de** (fam) avoir l'air de.

pintado, da [pĩn'tadu, da] adj peint(e) ● **pintado de fresco** peinture fraîche ● **pintado à mão** peint à la main.

pintar [pĩn'ta(x)] ◆ vt (quadro, parede) peindre; (olhos, rosto) se maquiller; (desenho, boneco) colorier ◆ vi (artista, pintor) peindre; (criança) colorier; (fam) (problema, oportunidade) se présenter; (fam) (pessoa) se pointer ☐ **pintar-se** vp se maquiller.

pintarroxo [pĩnta'xoʃu] m rouge-gorge m.

pintassilgo [pĩnta'siwgu] m chardonneret m.

pinto ['pĩntu] m poussin m.

pintor, ra [pĩn'to(x), ra] (mpl -es, fpl -s) mf peintre m.

pintura [pĩn'tura] f (arte) peinture f; (quadro) tableau m.

piões ['pjõjʃ] → pião.

piolho ['pjoʎu] m pou m.

pior ['pjɔ(x)] (pl-es) ◆ adj pire ◆ adv plus mal ◆ m ● **o pior é** le pire ● **o/a pior** le/la pire ● **ser o que há de pior** être ce qu'il y a de pire • **cada vez pior** de pire en pire.

piorar [pjo'ra(x)] ♦ *vi (doente, situação)* empirer; *(clima, tempo)* se détériorer ♦ *vt* aggraver.

piores → **pior**.

pipa ['pipa] *f (de vinho)* tonneau *m*; *(papagaio de papel)* cerf-volant *m*.

pipoca [pi'pɔka] *f* pop corn *m*.

pipoqueiro, ra [pipo'kejru, ra] *mf* vendeur *m*, -euse *f* de pop-corn.

piquenique [ˌpike'niki] *m* pique-nique *m*.

pirâmide [pi'ramidʒi] *f* pyramide *f*.

piranha [pi'raɲa] *f* piranha *f*.

pirão [pi'rãw] *m* bouillie *f* de manioc.

pirata [pi'rata] *m* pirate *m*.

piratear [pira'tea(x)] *vt* pirater • **piratear um programa** pirater un programme.

Pireneus [pire'newʃ] *mpl* • **os Pireneus** les Pyrénées *fpl*.

pires ['pirif] *m inv* soucoupe *f*.

pirex® ['piɾɛks] *m* Pyrex® *m*.

pirilampo [piri'lãmpu] *m* ver *m* luisant.

pirueta [pi'rweta] *f* pirouette *f*.

pirulito [piru'litu] *m* sucette *f*.

pisar [pi'za(x)] *vt (com pé)* marcher sur; *(contundir)* meurtrir.

pisca-pisca [ˌpiʃka'piʃka] *(pl* **pisca-piscas**) *m* clignotant *m*.

piscar [piʃ'ka(x)] ♦ *vt* cligner ♦ *vi* clignoter.

piscina [piʃ'sina] *f* piscine *f* • **piscina ao ar livre** piscine

découverte • **piscina coberta** piscine couverte.

piso ['pizu] *m* chaussée *f* • **piso escorregadio** chaussée glissante • **piso irregular** chaussée déformée.

pista ['piʃta] *f* piste *f* • **pista de rodagem = faixa de rodagem** ; → **faixa**.

pistache [piʃ'taʃi] *m* pistache *f*.

pistola [piʃ'tɔla] *f* pistolet *m*.

pistom [piʃ'tõ] *(pl* **-ões)** *m* piston *m*.

pitada [pi'tada] *f* pincée *f*.

pitanga [pi'tãŋga] *f* cerise *f* de Cayenne.

pitoresco, ca [pito'reʃku, ka] *adj* pittoresque.

pivete [pi'vetʃi] *m (criança atrevida)* vaurien *m*.

pixel [pik'sew] *m* pixel *m*.

pixote [pi'ʃɔtʃi] *m* gosse *m*.

pizza ['piza] *f* pizza *f* • **pizza de aliche** pizza aux anchois.

pizzaria [piza'ria] *f* pizzeria *f*.

placa ['plaka] *f* **1.** *(ger)* plaque *f* **2.** *(lâmina)* lame *f* **3.** *(aviso)* panneau *m* • **placa de sinalização** panneau de signalisation *m* **4.** *(de automóvel)* plaque *f* • **placa fria** fausse plaque **5.** *INFORM* carte *f* • **placa de vídeo** carte vidéo *f* **6.** *(na pele)* plaques (dermatologie) *fpl*.

plágio ['plaʒju] *m* plagiat *m*.

planador [plana'do(x)] *(pl* -**es**) *m* planeur *m*.

planalto [pla'nawtu] *m* plateau *m*.

planejamento [planeʒa'mẽntu] *m* planning *m*

planejar

- **planejamento familiar** planning familial.

planejar [plane'ʒa(x)] vt planifier • **planejar fazer algo** projeter de faire qqch.

planeta [pla'neta] m planète f.

planetário [plane'tarju] m planétarium m.

planície [pla'nisji] f plaine f.

plano, na ['planu, na] ♦ adj plat(e) ♦ m plan m.

planta ['plãnta] f plante f; *(de cidade, casa)* plan m.

plantão [plãn'tãw] m garde f • **estar de plantão** être de garde.

plantar [plãn'ta(x)] vt planter.

plástica ['plaʃtika] f chirurgie f esthétique.

plástico ['plaʃtiku] m plastique m.

plastilina [plaʃtʃi'lina] f pâte à modeler.

plataforma [plata'fɔxma] f *(estação de trem, metrô)* quai m.

plátano ['platanu] m platane m.

plateia [pla'teja] f parterre m.

platina [pla'tʃina] f platine f.

platinados [platʃi'naduʃ] mpl vis fpl platinées.

plausível [plaw'zivɛw] (pl -eis) adj *(possível)* probable; *(crível)* plausible.

plebiscito [plebiʃ'situ] m référendum m.

plenamente [,plena'mẽntʃi] adv totalement.

pleno, na ['plenu, na] adj total(e) m • **em pleno dia** en plein jour • **em pleno inverno** en plein hiver.

plug-in ['plugĩn] m INFORM branché.

plural [plu'raw] (pl -ais) m pluriel m.

plutônio [plu'tonju] m plutonium m.

pneu ['pnew] m pneu m • **pneu sobressalente** roue f de secours.

pneumonia [pnewmo'nia] f pneumonie f.

pó ['pɔ] m *(poeira)* poussière f; *(substância pulverizada)* poudre f; • **pó de arroz** m poudre f de riz.

pobre ['pɔbri] adj & nmf pauvre.

pobreza [po'breza] f pauvreté f.

poça ['posa] f flaque f.

poção [po'sãw] (pl -ões) f potion f.

pocilga [po'siwga] f porcherie f.

poço ['posu] m puits m.

poções → **poção**.

podar [po'da(x)] vt tailler.

pode [pɔdʒi] → **poder**.

pôde [podʒi] → **poder**.

poder [po'de(x)] (pl -es) ♦ m pouvoir • **o poder** le pouvoir • **estar no poder** être au pouvoir • **poder de compra** pouvoir d'achat • **está em meu poder** il est en mon pouvoir • **ter em seu poder algo** avoir qqch en sa possession ♦ v aux • **poder fazer algo** faire qqch • **você podia tê-lo feito antes** tu aurais pu le faire avant • **posso ajudar?** je peux vous aider? • **posso fazê-lo** je peux le faire • **não**

posso mais! je n'en peux plus! • **não posso fazer nada!** je ne peux rien faire! • **posso fumar?** je peux fumer? • **não pode estacionar aqui** vous ne pouvez pas stationner ici • **não pude sair ontem** je n'ai pas pu sortir hier • **não podemos abandoná-lo** nous ne pouvons pas l'abandonner • **você pode fazer várias coisas** tu peux faire plusieurs choses • **você pode ter vindo de trem** tu aurais pu venir en train • **não pode ser!** ce n'est pas possible! • **você podia ter-nos avisado!** tu aurais pu nous prévenir! • **pudera!** évidemment! ◆ *v impess (ser possível)* • **pode ser que chova** il se peut qu'il pleuve • **pode não ser verdade** se peut ce qu'il ne soit pas vrai • **pode acontecer a qualquer um** ça peut arriver à n'importe qui ◆ **poder com** *vp (suportar)* supporter; *(rival, adversário)* venir à bout de • **você não pode com tanto peso** tu ne peux pas porter ça.
poderoso, osa [pode'rozu, ɔza] *adj* puissant(e).
podre [podri] *adj* pourri(e).
põe [põi] → **pôr**.
poeira ['pwejra] *f* poussière *f*.
poema ['pwema] *m* poème *m*.
poesia [pwe'zia] *f* poésie *f*.
poeta ['pwɛta] *m* poète *m*.
poetisa [pwe'tiza] *f* poétesse *f*.
pois [pojʃ] ◆ *conj (porque)* car; *(então)* alors ◆ *interj* • **pois sim!**

non! • **pois não?** oui? • **pois bem.**
polegar [pole'ga(x)] *(pl* -**es***)* *m* pouce *m*.
polêmica [po'lemika] *f* polémique *f*.
pólen ['pɔlɛn] *m* pollen *m*.
polícia [po'lisja] ◆ *f* police *f* ◆ *nmf* policier *m*.
policial [polisi'aw] *(pl* -**ais***)* *nmf* policier *m*.
policiamento [polisja'mẽntu] *m* surveillance *f*; vigilance *f*.
polido, da [po'lidu, da] *adj* poli(e).
poliestireno [poljeʃtʃi'renu] *m* polystyrène *m*.
polir [po'li(x)] *vt* polir.
politécnico, ca [poli'tɛknikɔ, ka] *adj* d'enseignement technique supérieur.
política [po'litʃika] *f* politique *f* • **política externa** politique extérieure.
político, ca [po'litʃiku, ka] ◆ *mf* homme *m* politique ◆ *adj* politique.
polo ['polu] ◆ *m* pôle *m*; *(esporte)* polo *m* • **polo aquático** waterpolo *m*.
Polônia [po'lonja] *f* Pologne *f*.
polpa ['powpa] *f* pulpe *f*.
poltrona [pow'trona] *f* fauteuil *m*.
poluição [polwi'sãw] *f* pollution *f*.
poluído, da [pu'lwidu, da] *adj* pollué(e).
poluir [polw'i(x)] *vt* polluer.
polvo ['powvu] *m* poulpe *m*.
pólvora ['pɔwvura] *f* poudre *f*.

pomada

pomada [po'mada] *f* pommade *f* • **pomada antisséptica** pommade antiseptique.

pomar [po'ma(x)] (*pl* **-es**) *m* verger *m*.

pombo, ba ['põmbu, ba] *mf* pigeon *m*, colombe *f* • **pomba da paz** colombe de la paix.

pomo [,pomu] *m* pomme *f* • **pomo de Adão** pomme d'Adam.

pomposo, osa [põm'pozu, ɔza] *adj* pompeux(euse).

ponderação [põndera'sãw] *f* pondération *f*.

ponderado, da [põnde'radu, da] *adj* pondéré(e).

ponderar [põnde'ra(x)] *vt* pondérer.

pônei ['ponei] *m* poney *m*.

ponho ['poɲu] → **pôr**.

ponta ['põnta] *f* bout *m*; *(de vara, lápis)* pointe *f*; *(de superfície)* extrémité *f* • **ter algo na ponta da língua** avoir qqch sur le bout de la langue.

pontada [põn'tada] *f* point *m* de côté.

pontapé [põnta'pɛ] *m* coup *m* de pied • **pontapé livre** coup *m* franc • **pontapé de saída** coup *m* d'envoi.

pontaria [põnta'ria] *f* • **fazer pontaria** viser • **ter pontaria** bien viser.

ponte ['põntʃi] *f* pont *m*.

ponteiro [põn'tejru] *m* (*de relógio*) aiguille *f*.

pontiagudo, da [põntʃja'gudu, da] *adj* pointu(e).

272

ponto ['põntu] *m* point *m*; *(parada de transporte coletivo)* arrêt *m*; *(de açúcar)* caramélisation *f* • **às 9 em ponto** à neuf heures pile • **estar a ponto de fazer algo** être sur le point de faire qqch • **até certo ponto** dans une certaine mesure • **ponto por ponto** point par point • **dois pontos** deux points • **ponto cardeal** point cardinal • **ponto de encontro** point de rencontre • **ponto de exclamação** point d'exclamation • **ponto final** point final • **ponto de interrogação** point d'interrogation • **ponto morto** point mort • **ponto negro** point noir • **ponto de ônibus** arrêt d'autobus • **ponto de partida** point de départ • **ponto de táxi** station *f* de taxi • **ponto de vista** point de vue • **ponto e vírgula** point-virgule.

pontuação [põntwa'sãw] (*pl* **-ões**) *f* (*em gramática*) ponctuation *f*; *(em competição)* nombre *m* de points; *(em teste, exame)* barème *m*.

pontual [põn'twaw] (*pl* **-ais**) *adj* (*pessoa*) ponctuel(elle); *(trem, ônibus)* à l'heure.

pontuar [põn'twa(x)] ◆ *vt* (*texto*) ponctuer; *(exame, teste)* noter ◆ *vi* noter.

POP (*abrev de* Post Office Protocol) *m* POP.

popa ['popa] *f* poupe *f*.

popeline [pope'linu] *f* popeline *f*.

população [popula'sãw] f population f.

popular [popu'la(x)] (pl **-es**) adj populaire.

póquer ['pɔke(x)] m poker m.

por [po(x)] prep 1. (indica causa) à cause de • **foi por sua causa** c'était à cause de toi • **por falta de meios** faute de moyens • **por hábito/rotina** par habitude/routine • **ele partiu por não ser forte** il est parti parce qu'il n'était pas assez fort 2. (indica meio, modo, agente) • **foi feito por mim** ça a été fait par moi • **por correio/avião/fax** par courrier/avion/fax • **por escrito** par écrit 3. (relativo a lugar) • **entramos no Brasil por Salvador** nous sommes entrés au Brésil par Salvador • **ele está por aí** il est là • **por onde você vai?** par où passes-tu? • **vamos por aqui** passons par ici 4. (indica objetivo) pour • **lutar por algo** lutter pour qqch 5. (relativo a tempo) pour • **ele partiu por duas semanas** il est parti pour deux semaines • **partiu pela manhã** il est parti le matin 6. (relativo a troca) contre • **troquei o carro velho por um novo** j'ai échangé la vieille voiture contre une neuve; (relativo a preço) pour • **paguei por este casaco apenas 30 euros** je n'ai payé que 30 euros pour cette veste 7. (indica distribuição) • **são 150€ por dia/mês** ça fait 150 euros par jour/mois • **por pessoa** par personne • **por cento** pour cent • **por hora** à l'heure • **ganhamos por dois a um** nous avons gagné deux à un 8. (em locuções) • **por que (é que)...?** pourquoi (est-ce que)...? • **por mim, tudo bem!** pour ma part, c'est d'accord!

pôr ['po(x)] ♦ vt mettre; (defeitos) trouver; (suj: ave) pondre • **pôr algo em funcionamento** mettre qqch en marche • **pôr algo mais baixo/alto** baisser/monter le son de qqch • **pôr algo em algo** mettre qqch dans qqch • **pôr a mesa** mettre la table ♦ vi pondre ⬜ **pôr-se** vp (ficar) se mettre; (sol) se coucher • **pôr-se a fazer algo** se mettre à faire qqch • **pôr-se de pé** se mettre debout ♦ nm **pôr do sol** coucher m du soleil.

porca ['pɔxka] f (peça) écrou m; (animal) truie f.

porção [pox'sãw] (pl **-ões**) portion f.

porcaria [poxka'ria] ♦ f (sujidade) saleté f; (algo malfeito) cochonnerie f; (algo sem valor) camelote f ♦ interj • **que porcaria!** mince!

porcelana [poxse'lana] f porcelaine f.

porco ['poxku] m (animal) cochon m; (carne) porc m.

porções [pox'sõjʃ] → **porção**.

porco-espinho [,poxkuiʃ'piɲu] (pl **porcos-espinhos**) m porc-épic m.

porém [po'rẽj] *conj* cependant.

pormenor [poxme'nɔ(x)] (*pl -es*) *m* détail *m* • **em pormenor** en détail.

pornografia [poxnogra'fja] *f* pornographie *f*.

poro ['pɔru] *m* pore *m*.

porque ['poxki] *conj* parce que, car.

porquinho-da-índia [pox,kiɲuda'ĩdʒja] (*pl* **porquinhos-da-índia**) *m* cochon *m* d'Inde.

porra ['poxa] *interj* mince alors!

porta ['poxta] *f* (de casa, armário etc.) porte *f*; (de carro) portière *f* • **porta automática** porte automatique • **porta com controle remoto** porte à ouverture automatique • **porta corrediça** porte coulissante • **porta giratória** porte à tambour • **porta paralela** INFORM port *m* parallèle • **porta serial** INFORM port *m* série.

porta-aviões [,poxta'vjõiʃ] *m inv* porte-avions *m inv*.

porta-bagagem [,poxtaba'gaʒẽ] (*pl* **porta-bagagens**) *m* porte-bagages *m*.

porta-bandeira [,poxtabãn'dejra] (*pl* **porta-bandeiras**) *nmf* personne qui porte le drapeau de l'école de samba à laquelle elle appartient lors du défilé du Carnaval *m*.

porta-chaves [,poxta'ʃaveʃ] *m inv* porte-clés *m inv*.

portador, ra [poxta'do(x), ra] (*mpl* **-es**, *fpl* **-s**) *mf* porteur *m* • **ao portador** au porteur.

porta-joias [,poxta'ʒojaʃ] *m inv* coffret *m* à bijoux.

portal [pox'taw] (*pl* **-ais**) *m* **1.** (pórtico) portique *m* **2.** INFORM portail *m*.

porta-lápis [,poxta'lapiʃ] *m inv* trousse *f*.

porta-luvas [,poxta'luvaʃ] *m inv* boîte *f* à gants.

porta-malas [,poxta'malaʃ] *m inv* porte-bagages *f*.

porta-moedas [,poxta'mwedaʃ] *m inv* porte-monnaie *m inv*.

portanto [pox'tãntu] *conj* donc.

portão [pox'tãw] (*pl* **-ões**) *m* portail *m*.

portaria [poxta'ria] *f* (de edifício) accueil *m*; (diploma legal) arrêté *m*.

portátil [pox'tatfiw] (*pl* **-eis**) *adj* portable.

porta-voz [,poxta'vɔjʃ] (*pl* **porta-vozes**) *nmf* porte-parole *m*.

porte ['pɔrtʃi] *m* port *m* • **porte pago** port payé.

porteiro, ra [pox'tejru, ra] *mf* (de edifício) gardien *m*, -enne *f*; (de hotel) portier *m*.

pórtico ['pɔxtʃiku] *m* (em edifício) porche *m*.

porto ['poxtu] *m* port *m* ❑ **Porto** *m* • **o Porto** Porto.

portões [pox'tõjʃ] → **portão**.

portuense [pox'twẽʃi] ◆ *adj* de Porto ◆ *nmf* habitant *m*, -e *f* de Porto.

Portugal [poxtu'gal] s Portugal m.

português, esa [poxtu'geʃ, eza] (mpl **-eses**, fpl **-s**) ♦ adj portugais(e) ♦ m/f Portugais m, -e f ♦ m (língua) portugais m • **a portuguesa** à la portugaise.

porventura [poxvẽn'tura] adv par hasard • **se porventura** si par hasard.

pôs [pojʃ] → **pôr**.

posar [po'za(x)] vi poser.

posição [pozi'sãw] (pl **-ões**) f position f.

positivo, va [pozi'tʃivu, va] ♦ adj positif(ive) ♦ m positif m.

posologia [pozolo'ʒia] f posologie f.

posse [pɔsi] f possession f • **estar em posse de** être en possession de □ **posses** fpl • **ter posses** avoir de la fortune.

possessão [pose'sãw] (pl **-ões**) f possession f.

possessivo, va [pose'sivu, va] adj possessif(ive).

possessões → **possessão**.

possibilidade [posibili'dadʒi] f possibilité f.

possibilitar [posibili'ta(x)] vt rendre possible.

possível [po'sivew] (pl **-eis**) ♦ adj possible ♦ m • **fazer o possível (por fazer algo)** faire son possible (pour faire qqch) • **não é possível!** c'est pas vrai! • **logo que possível** dès que possible • **o mais cedo possível** le plus tôt possible • **o máximo possível** le plus possible • **se possível** si possible.

posso ['pɔsu] → **poder**.

possuir [posw'i(x)] vt posséder.

posta ['pɔʃta] f tranche f.

postal [poʃ'taw] (pl **-ais**) m carte f postale.

posta-restante [,pɔʃtaxeʃ'tãntʃi] (pl **postas-restantes**) f poste f restante.

poste ['pɔʃtʃi] m poteau m.

pôster ['pɔʃte(x)] (pl **-es**) m poster m.

posteridade [poʃteri'dadʒi] f postérité f.

posterior [poʃte'rjo(x)] (pl **-es**) adj postérieur(e).

posteriormente [poʃterjor'mẽntʃi] adv (mais tarde) postérieurement.

postiço, ça [poʃ'tʃisu, sa] adj faux(fausse).

postigo [poʃ'tʃigu] m judas m (de porte).

posto ['pɔʃtu] m poste m; (de saúde) centre m • **posto de gasolina** station-service f • **posto médico** infirmerie f.

póstumo, ma ['pɔʃtumu, ma] adj posthume.

postura [poʃ'tura] f position f.

potável [po'tavew] adj → **água**.

pote ['pɔtʃi] m pot m.

potência [pu'tẽsja] f puissance f.

potencial [potẽn'sjaw] (pl **-ais**) ♦ adj potentiel(elle) ♦ m potentiel m.

potente [po'tẽntʃi] adj puissant(e).

potro ['pɔtru] m poulain m.

pouco, ca ['poku, ka] ♦ *adj* peu de ♦ *adv & pron* peu ♦ *m*
• **um pouco** un peu • **um pouco de** un peu de • **um pouco mais de** un peu plus de • **custar pouco** ne pas coûter cher • **custar pouco a fazer** être facile à faire • **ficar a poucos passos de** être à quelques pas de • **pouco amável/inteligente** peu aimable/intelligent • **daí a pouco** peu après • **daqui a pouco** sous peu • **falta pouco para** c'est bientôt • **há pouco** il y a peu de temps • **pouco a pouco** peu à peu • **por pouco** de peu • **fazer pouco de** se moquer de.
poupança [po'pãsa] *f* épargne *f*.
poupar [po'pa(x)] ♦ *vt* économiser; *(dinheiro)* épargner; *(esforço)* ménager ♦ *vi* économiser.
pouquinho [po'kiɲu] ♦ *m* petit peu *m* • **só um pouquinho** juste un petit peu • **um pouquinho de** un petit peu de.
pousada [po'zada] *f* auberge *f*.
pousar [po'za(x)] ♦ *vt* poser ♦ *vi (avião)* atterrir; *(ave)* se poser.
povo ['povu] *m* peuple *m*.
povoação [povwa'sãw] *(pl -ões)* /hameau *m*.
povoar [po'vwa(x)] *vt* peupler.
pp. *(abrev de páginas)* pp.
praça ['prasa] *f* place *f*; *(mercado)* marché *m* • **praça de touros** arènes *fpl*.
prado ['pradu] *m* pré *m*.
praga ['praga] *f (doença)* épidémie *f*; *(de insetos)* invasion *f*; *(palavrão)* juron *m*; *(maldição)* sort *m*.
pragmático, ca [prag'matʃiku, ka] *adj* pragmatique.
praia ['praja] *f* plage *f* • **praia de nudistas** plage de nudistes.
prancha ['prãʃa] *f* planche *f* • **prancha de saltos** plongeoir *m* • **prancha de surf** surf *m*.
pranto ['prãtu] *m* chagrin *m*.
prata ['prata] *f* argent *m* • **de** *ou* **em prata** en argent.
prateado, da [pra'tʃjadu, da] *adj* argenté(e).
prateleira [prate'lejra] *f* étagère *f*.
prática ['pratʃika] *f* pratique *f* • **na prática** en *ou* dans la pratique • **pôr algo em prática** mettre qqch en pratique • **ter prática** avoir de l'expérience.
praticante [pratʃi'kãtʃi] ♦ *adj* pratiquant(e) ♦ *nmf* • **é um praticante de judô** il pratique le judo.
praticar [pratʃi'ka(x)] ♦ *vt* pratiquer ♦ *vi* s'exercer.
praticável [pratʃi'kavew] *(pl -eis)* *adj (ação)* réalisable; *(estrada)* praticable.
prático, ca ['pratʃiku, ka] *adj* pratique.
prato ['pratu] *m (louça)* assiette *f*; *(refeição)* plat *m* • **prato de sopa** *(utensílio)* assiette à soupe; *(comida)* soupe *f* • **prato fundo** assiette creuse • **prato raso** assiette plate • **prato da casa** spécialité de la maison • **prato do dia** plat du jour • **pôr tudo em pratos limpos** ti-

rer les choses au clair □ **pratos** *mpl MÚS* cymbales *fpl.*

praxe ['praʃi] *f (costume)* coutume *f*; *(acadêmica)* traditions *fpl* • **ser de praxe** être d'usage.

prazer [pra'ze(x)] *(pl -es) m* plaisir *m* • **muito prazer!** enchanté! • **prazer em conhecê-lo!** enchanté de faire votre connaissance! • **o prazer é (todo) meu!** moi de même! • **com prazer** avec plaisir • **por prazer** pour le plaisir.

prazo ['prazu] *m* délai *m* • **prazo de validade** date limite de validité • **a curto/longo/médio prazo** à court/long/moyen terme.

precário, ria [pre'karju, rja] *adj* précaire.

precaução [prekaw'sãw] *(pl -ões) f* précaution *f* • **por precaução** par précaution.

precaver-se [preka'vexsi] *vp* se prémunir • **precaver-se contra** se prémunir contre.

precavido, da [preka'vidu, da] *adj* prévoyant(e).

prece ['prɛsi] *f* prière *f*.

precedência [prese'dẽsja] *f* avance *f* • **ter precedência sobre** précéder.

preceder [prese'de(x)] *vt* précéder.

precioso, osa [pre'sjozu, ɔza] *adj* précieux(euse).

precipício [presi'pisju] *m* précipice *m*.

precipitação [presipita'sãw] *(pl -ões) f (pressa)* précipitation *f*; *(chuva)* précipitations *fpl*.

precipitar-se [presipi'taxsi] *vp* se précipiter.

precisamente [pre,siza'mẽtʃi] *adv* précisément.

precisão [presi'zãw] *f* précision *f* • **com precisão** avec précision.

precisar [presi'za(x)] *vt* préciser • **precisar fazer algo** avoir besoin de faire qqch □ **precisar de** *vp* avoir besoin de.

preciso, sa [pre'sizu, za] *adj* précis(e) • **ser preciso** être précis • **é preciso fazer algo** il faut faire qqch.

preço ['presu] *m* prix *m* • **preço de ocasião** prix promotionnel • **preço reduzido** prix réduit • **a preço de saldo** soldé.

precoce [pre'kɔsi] *adj (criança)* précoce; *(decisão)* prématuré(e).

preconcebido, da [prekõnse'bidu, da] *adj* préconçu(e).

preconceito [prekõ'sejtu] *m* préjugé *m*.

precursor, ra [prekux'so(x), ra] *(mpl -es, fpl -s)* ◆ *mf* précurseur *m* ◆ *adj* précurseur.

predador, ra [preda'do(x), ra] *(mpl -es, fpl -s) adj* prédateur(trice).

predecessor, ra [predese'so(x), ra] *(mpl -es, fpl -s) mf* prédécesseur *m*.

predileção [predʒile'sãw] *(pl -ões) f* prédilection *f* • **predileção por** avoir une prédilection pour.

predileções → **predileção**.

predileto, ta [predʒi'lɛtu, ta] *adj* préféré(e).
prédio ['prɛdʒju] *m* bâtiment *m* • **prédio de apartamentos** immeuble *m*.
predominante [predomi'nãntʃi] *adj* prédominant(e).
predominar [predomi'na(x)] *vi* prédominer.
preencher [priẽ'ʃe(x)] *vt* remplir.
pré-fabricado, da [ˌprɛfabri'kadu, da] *adj* préfabriqué(e).
prefácio [pre'fasju] *m* préface *f*.
prefeito, ta [pre'fejtu, ta] *mf* maire *m*.
prefeitura [prefej'tura] *f* mairie *f*.
preferência [prefe'rẽsja] *f* préférence *f* • **dar preferência a** donner la préférence à • **ter preferência por** préférer • **de preferência** de préférence.
preferido, da [prefe'ridu, da] *adj* préféré(e).
preferir [prefe'ri(x)] *vt* préférer • **preferir fazer algo** préférer faire qqch • **preferir que** préférer que.
prefixo [pre'fiksu] *m* préfixe *m*.
prega ['prɛga] *f* pli *m*.
pregador [prega'do(x)] *m* (*de roupa*) pince *f* à linge.
pregar¹ [pre'ga(x)] *vt* (*prego*) clouer; (*botões*) coudre.
pregar² [pre'ga(x)] *vt* prêcher.
prego ['prɛgu] *m* clou *m*.
preguiça [pre'gisa] *f* paresse *f*.
pré-histórico, ca [prɛiʃ'tɔriku, ka] *adj* préhistorique.

278

prejudicar [preʒudʒi'ka(x)] *vt* (*pessoa*) porter préjudice a; (*carreira, relação, saúde*) nuire à.
prejudicial [preʒudʒi'sjaw] (*pl* **-ais**) *adj* • **prejudicial para** préjudiciable à.
prejuízo [pre'ʒwizu] *m* (*dano*) dégât *m*; (*em negócio*) préjudice *m* • **em prejuízo de** au détriment de • **sem prejuízo de** sans préjudice de.
prematuro, ra [prema'turu, ra] *adj* prématuré(e).
premiado, da [premi'adu, da] *adj* primé(e).
premiar [premi'a(x)] *vt* primer.
prêmio ['prɛmju] *m* prix *m*; (*em seguros*) prime *f* • **grande prêmio** (*em Fórmula 1*) grand prix.
premonição [premuni'sãw] (*pl* **-ões**) *f* prémonition *f*.
pré-natal [ˌprɛna'taw] (*pl* **-ais**) *adj* prénatal.
prenda ['prẽda] *f* cadeau *m*.
prendado, da [prẽ'dadu, da] *adj* qui a toutes les qualités.
prender [prẽ'de(x)] *vt* (*pessoa*) arrêter; (*meter na prisão*) emprisonner; (*atar*) attacher ❏ **prender-se** *vp* se prendre.
prenome [pre'nɔmi] *m* prénom *m*.
prenunciar [prenũsi'a(x)] *vt* (*laisser*) présager.
preocupação [preokupa'sãw] (*pl* **-ões**) *f* souci *m*.
preocupado, da [prioku'padu, da] *adj* préoccupé(e).

preocupar [preoku'pa(x)] *vt* préoccuper ☐ **preocupar-se** *vp* se faire du souci • preocupar-se com se préoccuper de.

preparação [prepara'sãw] (*pl* -ões) *f* préparation *f.*

preparado, da [prepa'radu, da] ♦ *adj* prêt(e) ♦ *m* préparation *f.*

preparar [prepa'ra(x)] *vt* préparer ☐ **preparar-se** *vp* se préparer • preparar-se para algo se préparer à qqch.

preposição [prepozi'sãw] (*pl* -ões) *f* préposition *f.*

prepotente [prepo'tẽntʃi] *adj* autoritaire.

presença [prezẽs'ja(x)] *f* présence *f* • **na presença de** en présence de • **presença de espírito** présence d'esprit.

presenciar [prezẽ'sja(x)] *vt (acontecimento)* assister à; *(crime)* être témoin de.

presente [pre'zẽntʃi] ♦ *adj* présent(e) ♦ *m (prenda)* cadeau *m;* GRAM présent *m.*

preservação [prezexva'sãw] (*pl* -ões) *f* préservation *f.*

preservar [prezex'va(x)] *vt* préserver.

preservativo [prezexva'tʃivu] *m* préservatif *m.*

presidência [prezi'dẽsja] *f* présidence *f.*

presidente [prezi'dẽntʃi] *nmf (de associação)* président *m; (de empresa)* P-DG *m* • **Presidente da República** président de la République.

presidir [prezi'dʒi(x)] *vi* • presidir a algo présider à qqch.

presilha [pre'ziʎa] *f* passant *m (de ceinture).*

preso, sa ['prezu, za] ♦ *pp* → **prender** ♦ *adj (atado)* attaché(e); *(capturado)* prisonnier(ère); *(que não se move)* coincé(e) ♦ *mf* prisonnier *m,* -ère *f.*

pressa ['presa] *f* hâte *f* • **estar com pressa** être pressé • **estar sem pressa** ne pas être pressé • **ter pressa** être pressé • **às pressas** en vitesse.

presságio [pre'saʒju] *m* présage *m.*

pressão [pre'sãw] (*pl* -ões) *f* pression *f* • **pressão arterial alta/baixa** hypertension *f*/hypotension *f* • **pressão atmosférica** pression atmosphérique • **pressão dos pneus** pression des pneus • **estar sob pressão** être sous pression.

pressentimento [presẽntʃi'mẽntu] *m* pressentiment *m.*

pressentir [presẽn'tʃi(x)] *vt* pressentir.

pressionar [presjo'na(x)] *vt (botão)* presser; *(pessoa)* faire pression sur.

pressões [pre'sõjʃ] → **pressão.**

pressupor [presu'po(x)] *vt* présupposer.

prestação [preʃta'sãw] (*pl* -ões) *f (de serviço)* prestation *f; (de pagamento)* versement *m*

prestar

- **pagar em prestações** payer à crédit.
prestar [preʃ'ta(x)] ◆ vt (ajuda) donner; (serviço, contas) rendre; (atenção) prêter ◆ vi servir • **não prestar para nada** ne servir à rien • **não prestar** (comida) ne pas être bon ▫ **prestar-se** vp + prep se prêter à.
prestativo, va [preʃta'tʃivu, va] adj serviable.
prestes ['prɛʃtʃiʃ] adj • **estar prestes a fazer algo** être sur le point de faire qqch.
prestidigitador, ra [preʃtʃidʒiʒita'do(x), ra] (mpl **-es**, fpl **-s**) mf prestidigitateur m, -trice f.
prestígio [preʃ'tʃiʒju] m prestige m.
presumir [prezu'mi(x)] vt présumer.
presunçoso, osa [prezũ'sozu, ɔza] adj présomptueux(euse).
presunto [pre'zũntu] m jambon m.
prêt-à-porter [prɛtapox'te] m inv (vestuário) prêt-à-porter m.
pretender [pretẽn'de(x)] vt avoir l'intention de • **pretender fazer algo** avoir l'intention de faire qqch.
pretensão [pretẽ'sãw] (pl **-ões**) f souhait m ▫ **pretensões** fpl prétention f.
pretérito [pre'tɛritu] m passé m • **pretérito perfeito** (simples) passé simple • **pretérito imperfeito** (simples) imparfait m.
pretexto [pre'teʃtu] m prétexte m • **sob pretexto algum** sous aucun prétexte • **a** OU **com o pretexto de** sous prétexte de.
preto, ta ['pretu, ta] ◆ adj (cor) noir(e); (pej) (de raça negra) nègre ◆ m noir m ◆ mf (pej) nègre m, négresse f • **pôr o preto no branco** mettre noir sur blanc.
prevalecer [prevale'se(x)] vi prévaloir.
prevenção [prevẽ'sãw] (pl **-ões**) f (de doença, acidente) prévention f; (aviso) avertissement m • **por prevenção** à titre préventif.
prevenido, da [preve'nidu, da] adj prévoyant(e) • **estar prevenido** être prévoyant.
prevenir [preve'ni(x)] vt prévenir • **prevenir alguém de algo** prévenir qqn de qqch.
preventivo, va [prevẽn'tʃivu, va] adj préventif(ive).
prever [pre've(x)] vt prévoir.
previamente [,prɛvja'mẽntʃi] adv préalablement.
previdência [previ'dẽnsja] f • **a Previdência Social** la sécurité sociale.
prévio, via ['prɛvju, vja] adj préalable.
previsão [previ'zãw] (pl **-ões**) f (de futuro) prédiction f; (conjectura) prévision f • **previsão do tempo** prévision du temps.
previsível [previ'zivew] (pl **-eis**) adj prévisible.
previsões → **previsão**.

previsto, ta [preˈviʃtu, ta] *adj* prévu(e) • **como previsto** comme prévu.
prezado, da [preˈzadu, da] *adj* cher(chère) • **prezado...** *(em carta)* cher....
prima → **primo**.
primário, ria [priˈmarju, rja] *adj* primaire.
primavera [primaˈvera] *f (estação)* printemps *m*; *(flor)* primevère *f*.
primeira [priˈmejra] *f* première *f*, → **primeiro**.
primeiro, ra [priˈmejru, ra] ◆ *adj & num* premier(ère); *(chegar)* en premier (ère) ◆ *adv* d'abord ◆ *mf* • **o primeiro/a primeira da turma** le premier/la première de la classe • **de primeira** du premier coup • **à primeira vista** à première vue • **de primeira** de premier ordre • **em primeiro lugar** d'abord • **primeiros socorros** premiers secours • **primeiro que tudo** avant tout → **sexto**.
primeiro-ministro, primeira-ministra [pri,mejruniˈniʃtru, pri,mejraniˈniʃtra] *(mpl* **primeiros-ministros** *fpl* **primeiras-ministras)** *mf* Premier Ministre *m*.
primitivo, va [primiˈtʃivu, va] *adj* primitif(ive).
primo, ma [ˈprimu, ma] *mf* cousin *m*, -e *f*.
primogênito, ta [primoˈʒenitu, ta] *mf* aîné *m*, -e *f*.
princesa [prĩˈseza] *f* princesse *f*.

principal [prĩsiˈpaw] *(pl* **-ais)** *adj* principal(e).
principalmente [prĩsipaw-ˈmẽntʃi] *adv* principalement.
príncipe [ˈprĩsipi] *m* prince *m*.
principiante [prĩsipiˈãntʃi] *nmf* débutant *m*, -e *f*.
principiar [prĩsipiˈa(x)] ◆ *vt* commencer ◆ *vi* débuter.
princípio [prĩˈsipju] *m* début *m*; *(moral)* principe *m* • **partir do princípio** partir du principe • **a princípio** au début • **desde o princípio** depuis le début • **em princípio** en principe • **por princípio** par principe.
prioridade [prjoriˈdadʒi] *f* priorité *f* • **prioridade de passagem** priorité.
prisão [priˈzãw] *(pl* **-ões)** *f (ato)* emprisonnement *m*; *(local)* prison *f* • **prisão de ventre** constipation *f*.
privação [privaˈsãw] *(pl* **-ões)** *f* privation *f* □ **privações** *fpl* privations *fpl*.
privacidade [privasiˈdadʒi] *f* vie *f* privée.
privações → **privação**.
privada [priˈvada] *f* toilettes *mpl*.
privado, da [priˈvadu, da] *adj* privé(e).
privar [priˈva(x)] *vt* • **privar alguém de algo** priver qqn de qqch □ **privar-se de** *vp + prep* • **privar-se de algo** se priver de qqch.
privativo, va [privaˈtʃivu, va] *adj* privatif(ive).
privilegiado, da [priviˈleʒjadu, da] *adj* privilégié(e).

privilegiar [privileʒi'a(x)] *vt* privilégier.
privilégio [privi'lɛʒju] *m* privilège *m*.
proa ['proa] *f* proue *f*.
probabilidade [probabili'daʒi] *f* probabilité *f*.
problema [pro'blema] *m* problème *m* • **ter problemas com** avoir des problèmes avec.
procedente [prose'dẽtʃi] *adj* • **procedente de** en provenance de.
proceder [prose'de(x)] *vi* céder • **proceder com** procéder avec.
processador [prosesa'do(x)] (*pl* **-es**) *m* • **processador de texto** traitement *m* de texte.
processamento [prosesa'mẽtu] *m* traitement *m*.
processar [prose'sa(x)] *vt* JUR faire un procès à; INFORM traiter.
processo [pro'sesu] *m* (sistema) processus *m*; (método) procédé *m*; JUR procès *m*.
procissão [prosi'sãw] (*pl* **-ões**) *f* procession *f*.
proclamar [prokla'ma(x)] *vt* proclamer.
procura [pro'kura] *f* (busca) recherche *f*; COM demande *f* • **andar à procura de** chercher.
procurador, ra [prokura'do(x), ra] (*mpl* **-es**, *fpl* **-s**) *mf* fondé *m* de pouvoir • **procurador da República** procureur *m* de la République.
procurar [proku'ra(x)] *vt* chercher • **procurar fazer algo** s'efforcer de faire qqch.

prodígio [pro'dʒiʒju] *m* prodige *m*.
produção [prudu'sãw] (*pl* **-ões**) *f* production *f*.
produtividade [produtʃivi'daʒi] *f* productivité *f*.
produtivo, va [produ'tʃivu, va] *adj* productif(ive).
produto [pro'dutu] *m* produit *m* • **produto alimentar** produit alimentaire • **produto de limpeza** produit ménager • **produto natural** produit naturel.
produtor, ra [produ'to(x), ra] (*mpl* **-es**, *fpl* **-s**) *mf* producteur *m*, -trice *f*.
produzir [produ'zi(x)] *vt* produire.
proeminente [proimi'nẽtʃi] *adj* (saliente) proéminent(e); (figura) éminent(e); (aspecto) important(e); (papel) de premier plan.
proeza [pro'eza] *f* prouesse *f*.
profanar [profa'na(x)] *vt* profaner.
profecia [profe'sia] *f* prophétie *f*.
proferir [profe'ri(x)] *vt* proférer; (sentença) rendre.
professor, ra [profe'so(x), ra] (*mpl* **-es**, *fpl* **-s**) *mf* professeur *m*.
profeta [pro'fɛta] *m* prophète *m*.
profetisa [profe'tʃiza] *f* prophétesse *f*.
profilático, ca [profi'latiku, ka] *adj* prophylactique.
profissão [profi'sãw] (*pl* **-ões**) *f* profession *f*.

profissional [profisjo'naw] (*pl -ais*) *adj & nmf* professionnel(elle).

profissões → profissão.

profundidade [profũdʒi'dadʒi] *f* profondeur *f* • **ter três metros de profundidade** avoir trois mètres de profondeur.

profundo, da [pro'fũdu, da] *adj* profond(e).

prognóstico [prog'nɔʃtʃiku] *m* pronostic *m*.

programa [pro'grama] *m* programme *m*; *(de televisão, rádio)* émission *f*.

programação [programa'sãw] (*pl -ões*) *f* (*em televisão, rádio*) programme *m*; INFORM programmation *f*.

progredir [progre'di(x)] *vi* progresser • **progredir em** progresser en.

progresso [pro'gresu] *m* progrès *m* • **fazer progressos** faire des progrès.

proibição [proibi'sãw] (*pl -ões*) *f* interdiction *f*.

proibido, da [proi'bidu, da] *adj* interdit(e) ♦ **proibida a entrada** entrée interdite ♦ **é proibido afixar anúncios** défense d'afficher ♦ **proibido estacionar** stationnement interdit ♦ **proibido fumar** interdit de fumer ♦ **proibido para menores de 18** interdit aux moins de 18 ans.

proibir [proi'bi(x)] *vt* interdire • **proibir alguém de fazer algo** interdire *OU* défendre à qqn de faire qqch.

projeção [proʒe'sãw] (*pl -ões*) *f* projection *f*.

projeções → projeção.

projétil [pro'ʒɛtfiw] (*pl -teis*) *m* projectile *m*.

projeto [pro'ʒetu] *m* projet *m*.

projetor [proʒe'to(x)] (*pl -es*) *m* projecteur *m*.

proliferar [prolife'ra(x)] *vi* proliférer.

prólogo ['prɔlogu] *m* prologue *m*.

prolongado, da [prolõŋ'gadu, da] *adj* prolongé(e).

prolongar [prolõŋ'ga(x)] *vt* prolonger ▫ **prolongar-se** *vp* se prolonger.

promessa [pro'mɛsa] *f* promesse *f*.

prometer [prome'te(x)] *vt* promettre • **prometer algo a alguém** promettre qqch à qqn • **prometer fazer algo** promettre de faire qqch • **prometer que** promettre que.

promíscuo, cua [pro'miʃkwu, kwa] *adj* aux mœurs légères.

promissor, ra [promi'so(x), ra] (*mpl -es, fpl -es*) *adj* (*pessoa*) qui promet; *(futuro)* prometteur(euse).

promoção [promo'sãw] (*pl -ões*) *f* promotion *f* • **em promoção** en promotion.

promontório [promõn'torju] *m* promontoire *m*.

promover

promover [promo've(x)] *vt* promouvoir.

pronome [pro'nomi] *m* pronom *m*.

prontidão [prõtʃi'dãw] *f* • **estar de prontidão** être sur ses gardes.

pronto, ta ['prõntu, ta] ◆ *adj* prêt(e) ◆ *interj* ça y est! • **estar pronto** être prêt • **estar pronto para fazer algo** être prêt à faire qqch • **pronto, pronto!** bon!, bon!

pronto-socorro [ˌprõntuso'koxu] *m* ≃ SAMU *m*.

pronúncia [pro'nũsja] *f* prononciation *f*.

pronunciar [pronũsi'a(x)] *vt* prononcer ❏ **pronunciar-se** *vp* se prononcer.

propaganda [propa'gãnda] *f (de produto)* publicité *f*; *POL* propagande *f*.

propensão [propẽn'sãw] *(pl -ões) f* propension *f*.

propina [pro'pina] *f* gratification *f*.

propor [pro'po(x)] *vt* proposer.

proporção [propor'sãw] *(pl -ões) f* proportion *f* • **em proporção** en proportion ❏ **proporções** *fpl* proportions *fpl*.

proporcional [propoxsjo'naw] *(pl -ais) adj* proportionnel(elle) • **proporcional a** proportionnel à.

propósito [pro'pɔzitu] *m* propos *m* • **com o propósito de** dans le but de • **a propósito** à propos • **de propósito** exprès.

propriedade [proprie'dadʒi] *f* propriété *f* • **propriedade privada** propriété privée.

proprietário, ria [proprie'tarju, rja] *mf* propriétaire *mf*.

próprio, pria ['prɔpriu, pria] *adj (carro, casa)* personnel(elle); *(hora, momento)* bon(bonne); *(característico)* propre ◆ *m* • **em presença do próprio** en présence de l'intéressé • **próprio para** adapté à • **eu próprio** moi-même • **o próprio presidente** le président lui-même • **é o próprio** c'est lui-même.

prosa ['prɔza] *f* prose *f*.

prospecto [proʃ'pɛ(k)tu] *m* prospectus *m*.

prosperar [proʃpe'ra(x)] *vi* prospérer.

prosperidade [proʃperi'dadʒi] *f* prospérité *f*.

prosseguir [prose'gi(x)] ◆ *vt* poursuivre ◆ *vi* continuer • **prosseguir com algo** poursuivre qqch.

prostituta [proʃtʃi'tuta] *f* prostituée *f*.

protagonista [protago'niʃta] *nmf (em filme, livro)* héros *m*, héroïne *f*; *(em acontecimento)* protagoniste *mf*.

proteção [prote'sãw] *(pl -ões) f* protection *f*.

proteções → proteção.

proteger [prote'ʒe(x)] *vt* protéger.

proteína [prote'ina] *f* protéine *f*.

prótese ['prɔtezi] f prothèse f • **prótese dentária** prothèse dentaire.

protestante [proteʃ'tɑ̃ntʃi] adj & nmf protestant(e).

protestar [proteʃ'ta(x)] vi protester • **protestar contra** protester contre.

protesto [pro'tɛʃtu] m protestation f.

protetor, ra [prote'to(x), ra] (mpl -es, fpl -s) ◆ mf protecteur m, -trice f ◆ m (de sapato) fer m • **protetor (solar)** crème f solaire.

protocolo [proto'kɔlu] m 1. (ger) protocole m • **quebrar o protocolo** rompre le protocole 2. (registro) inscription f 3. (recibo) enregistrement m 4. (setor) consignation f 5. INFORM protocole m.

protuberância [protube'rɑ̃nsja] f protubérance f.

prova ['prɔva] f preuve f • **prova final** examen m de fin d'année • **à prova de** à l'épreuve de • **dar provas de** faire preuve de • **pôr à prova** mettre à l'épreuve • **prestar provas** passer des examens.

provar [pro'va(x)] vt (fato) prouver; (comida) goûter; (roupa) essayer.

provável [pro'vavɛw] (pl -eis) adj probable • **pouco provável** peu probable.

provedor, ra [prove'do(x), ra] m fournisseur m • **provedor de acesso** INFORM fournisseur d'accès à Internet m, FAI.

proveito [pro'vejtu] m profit m • **bom proveito!** bon appétit! • **em proveito de** au profit de • **tirar proveito de algo** tirer profit de qqch.

proveniente [provenj'ẽntʃi] adj • **proveniente de** provenant de.

provérbio [pro'vɛxbju] m proverbe m.

prover-se [pro'vexsi] □ **prover-se de** vp + prep (abastecer-se de) s'approvisionner en; (munir-se de) se munir de.

proveta [pro'veta] f éprouvette f.

providência [provi'dẽsja] f disposition f • **tomar providências** prendre des dispositions.

providenciar [providẽsj'a(x)] ◆ vt pourvoir ◆ vi • **providenciar para que** prendre des dispositions pour que.

província [pro'vĩsja] f province f.

provisório, ria [provi'zɔrju, rja] adj provisoire.

provocador, ra [provoka'ɐdo(x), ra] (mpl -es, fpl -s) adj provocateur(trice).

provocante [provo'kɑ̃ntʃi] adj provocant(e).

provocar [provo'ka(x)] vt provoquer.

provolone [provo'loni] m provolone m fromage italien au lait de vache.

proximidade [prosimi'dadʒi] f proximité f □ **proximida-**

próximo 286

des *fpl* • **nas proximidades de** aux alentours de.

próximo, ma ['prɔsimu, ma] ◆ *adj (em espaço, tempo, intimidade)* proche; *(seguinte)* prochain(e) ◆ *pron* • **o próximo/a próxima** le prochain/la prochaine • **até à próxima!** à la prochaine! • **nos próximos dias/meses** les jours/les mois prochains • **próximo de** proche de.

proxy ['prɔfi] *(pl* **proxies**) *m* INFORM serveur proxy *m*.

prudência [pru'dẽsja] *f* prudence *f*.

prudente [pru'dẽtfi] *adj* prudent(e).

prurido [pru'ridu] *m* démangeaison *f*.

P.S. *(abrev de* Post Scriptum) PS *m*.

pseudônimo [psew'donimu] *m* pseudonyme *m*.

psicanálise [psika'nalizi] *f* psychanalyse *f*.

psicanalista [psikana'liʃta] *nmf* psychanalyste *mf*.

psicologia [psikolo'ʒia] *f* psychologie *f*.

psicológico, ca [psiko'lɔʒiku, ka] *adj* psychologique.

psicólogo, ga [psi'kɔlogu, ga] *mf* psychologue *mf*.

psiquiatra [psi'kjatra] *nmf* psychiatre *mf*.

psiu [psiw] *interj* chut!

puberdade [puber'dadʒi] *f* puberté *f*.

publicação [publika'sãw] *(pl* **-ões**) *f* publication *f*.

publicar [publi'ka(x)] *vt* publier.

publicidade [publisi'dadʒi] *f* publicité *f*.

público, ca ['publiku, ka] ◆ *adj* public(ique) • *m* public *m* • **o público em geral** le grand public • **tornar público algo** rendre qqch public • **em público** en public.

pude ['pudʒi] → **poder**.

pudim [pu'dʒĩ] *(pl* **-ns**) *m* flan *m* • **pudim de leite** pouding au lait concentré.

puf [pufi] *interj* pff!

pugilismo [puʒi'liʒmu] *m* boxe *f*.

puído, da ['pwidu, da] *adj* usé(e).

pular [pu'la(x)] *vt* & *vi* sauter.

pulga ['puwga] *f* puce *f*.

pulmão [puw'mãw] *(pl* **-ões**) *m* poumon *m*.

pulo ['pulu] *m* saut *m* • **dar pulos** sauter • **dar um pulo a** *ou* **até** faire un saut à.

pulôver [pu'love(x)] *(pl* **-es**) *m* pull-over *m*.

pulsação [puwsa'sãw] *(pl* **-ões**) *f* pulsation *f*.

pulseira [puw'sejra] *f* bracelet *m*.

pulso ['puwsu] *m* pouls *m*; *(punho)* poignet *m* • **medir** *ou* **tomar o pulso de alguém** prendre le pouls à qqn; *(de chamada telefônica)* unité *f*.

pulverizar [puwveri'za(x)] *vt* pulvériser.

punha ['puɲa] → **pôr**.

punhado [pu'ɲadu] *m* • **um punhado de** une poignée de.

punhal [pu'naw] (*pl* **-ais**) *m* poignard *m.*

punho ['puɲu] *m* poignet *m; (mão fechada)* poing *m; (de arma, faca)* manche *m.*

punição [puni'sāw] (*pl* **-ões**) *f* punition *f.*

punir [pu'ni(x)] *vt* punir.

pupila [pu'pila] *f* pupille *f.*

purê [pu're] *m* purée *f* • **purê (de batata)** purée (de pommes de terre).

pureza [pu'reza] *f* pureté *f.*

purgante [pux'gāntʃi] *m* purgatif *m.*

purificador, ra [purifika'ɐdo(x), ra] (*mpl* **-es**, *fpl* **-s**) ◆ *adj* purificateur(trice) ◆ *m* • **purificador de ar** désodorisant *m.*

purificar [purifi'ka(x)] *vt* purifier.

puritano, na [puri'tanu, na] *adj* puritain(e).

puro, ra ['puru, ra] *adj* pur(e) • **pura lã** pure laine • **a pura verdade** la pure vérité • **pura e simplesmente** purement et simplement.

puro-sangue [,puru'sāŋgi] *m inv* pur-sang *m inv.*

púrpura ['puxpura] *f (tecido)* pourpre *f; (cor)* pourpre *m.*

pus¹ ['puʃ, 'puʒ] *m* pus *m.*

pus² ['puʃ] → **pôr.**

puta ['puta] *f(vulg)* putain *f.*

puxador [puʃa'do(x)] (*pl* **-es**) *m* poignée *f* • **puxador de samba-enredo** chanteur qui rappelle aux danseurs de son école de samba, les paroles de la samba-thème chantée tout au long du Carnaval.

puxão [pu'ʃãw] (*pl* **-ões**) *m* • **dar um puxão a algo** tirer qqch.

puxar [pu'ʃa(x)] ◆ *vt (cabelo, cordel)* tirer; *(banco, cadeira)* prendre ◆ *vi* • **puxar de algo** sortir qqch • **puxe** tirez • **puxar o saco de alguém** *(fam)* lécher les bottes à qqn.

puxões [pu'ʃõjʃ] → **puxão.**

Q

Q.I. *m* (*abrev de* **quociente de inteligência**) QI *m.*

quadra ['kwadra] *f (em poesia)* quatrain *m* • **quadra de jogos** aire *f* de jeux • **quadra de tênis/squash** terrain *m* de tennis/squash.

quadrado, da [kwa'dradu, da] ◆ *adj* carré(e) ◆ *m* carré *m.*

quadragésimo, ma [kwadra'ʒɛzimu, ma] *num* quarantième, → **sexto.**

quadril [kwa'driw] (*pl* **-is**) *m* hanche *f.*

quadro ['kwadru] *m* tableau *m.*

quadro-negro [,kwadru'negru] (*pl* **quadros-negros**) *m* tableau *m* (à l'école).

quaisquer → **qualquer.**

qual ['kwaw] (*pl* **-ais**) ◆ *adj* quel(quelle) ◆ *conj (fml) (como)* comme ◆ *interj* comment?

qualidade

◆ *pron (em interrogativa)* quel(quelle) • **o/a qual** *(sujeito)* lequel(laquelle) • **comprou um carro, o qual é muito rápido** il a acheté une voiture qui va très vite • **é o livro do qual lhe falei** *(complemento)* c'est le livre dont je t'ai parlé • **o amigo com o qual falava** l'ami auquel je parlais • **cada qual** chacun(chacune) • **cada qual por si** chacun pour soi • **qual deles?** lequel? • **qual nada! mais non!**

qualidade [kwali'dadʒi] *f* qualité *f*; *(espécie)* type *m* • **na qualidade de** en qualité de, en tant que.

qualificação [kwalifika'sãw] *(pl* -ões) *f* qualification *f*.

qualificado, da [kwalifi'kadu, da] *adj* qualifié(e).

qualquer [kwaw'kɛ(x)] *(pl* **quaisquer)** ◆ *adj* n'importe quel(n'importe quelle) ◆ *pron* n'importe lequel(n'importe laquelle) • **está em qualquer lugar** c'est quelque part • **qualquer um deles** n'importe lequel d'entre eux • **qualquer um** OU **pessoa** n'importe qui • **a qualquer momento** n'importe quand.

quando ['kwãndu] ◆ *adv* quand ◆ *conj (no momento, época em que)* quand; *(apesar de que)* alors que; *(ao passo que)* tandis que • **de quando em quando** de temps en temps • **desde quando** depuis quand • **quando quer que** quand • **quando mais**

288

não seja au moins • **quando muito** tout au plus.

quanta → quanto.

quantia [kwãn'tʃia] *f* montant *m*.

quantidade [kwãntʃi'dadʒi] *f* quantité *f* • **em quantidade** en quantité.

quanto, ta ['kwãntu, ta] ◆ *adj* **1.** *(em interrogativas)* combien de • **quanto tempo temos?** combien de temps avons-nous? • **quanto tempo temos de esperar?** combien de temps devons-nous attendre? • **quantas vezes você veio aqui?** combien de fois es-tu venu ici? **2.** *(em exclamações)* que de • **quanto dinheiro!** que d'argent! • **quantos erros!** que d'erreurs! **3.** *(compara quantidades)* • **tanto... quanto...** autant... que... **4.** *(em locuções)* • **uns quantos/umas quantas** quelques ◆ *pron* **1.** *(em interrogativas)* combien • **quanto custam?** combien coûtent-ils? • **quanto quer?** combien veux-tu? • **quantos quer?** combien en veux-tu? **2.** *(relativo a pessoas)* • **agradeceu a todos quantos o ajudaram** il a remercié tous ceux qui l'ont aidé **3.** *(tudo o que)* tout ce que • **coma quanto/quantos você quiser** mange tout ce/tous ceux que tu veux • **tudo quanto ele disse é verdade** tout ce qu'il a dit est vrai **4.** *(compara quantidades)* • **quanto mais se tem, mais se**

quer plus on en a, plus on en veut **5.** *(em locuções)* • **quanto a** quant à • **o quanto antes** dès que possible • **quantos mais melhor** plus on est, mieux c'est • **quanto mais não seja** au moins • **uns quantos** quelques-uns.

quarenta [kwaˈrẽntɐ] *num* quarante, → **seis**.

quarentena [kwarẽˈtenɐ] *f* quarantaine *f*.

Quaresma [kwaˈrɛʒmɐ] *f* carême *m*.

quarta [ˈkwartɐ] ♦ *f* quatrième *f* • *num* → **quarto**.

quarta-feira [ˌkwaxtɐˈfejrɐ] (*pl* **quartas-feiras**) *f* mercredi *m*, → **sexta-feira**.

quarteirão [kwaxtejˈrãw] (*pl* **-ões**) *m* (*quantidade*) quart *m* d'un cent; (*área*) pâté *m* de maisons.

quartel [kwaxˈtɛw] (*pl* **-éis**) *m* caserne *f*.

quarteto [kwaxˈtetu] *m* (*em música*) quatuor *m*; (*de jazz*) quartette *m*.

quarto, ta [ˈkwaxtu, tɐ] ♦ *num* quatrième ♦ *m* (*divisão de casa*) chambre *f*; (*parte*) quart *m* • **quarto para alugar** chambre à louer • **quarto de casal** chambre double • **quarto com duas camas** chambre à deux lits • **quarto de hora** quart d'heure • **quarto de quilo** demi-livre *f* → **sexto**.

quartzo [ˈkwaxtsu] *m* quartz *m*.

quase [ˈkwazi] *adv* presque • **quase nada** presque rien • **quase nunca** presque jamais • **quase quase** presque • **ele quase caiu** il a failli tomber • **quase sempre** presque toujours.

quatro [ˈkwatru] *num* quatre, → **seis**.

quatrocentos, tas [ˌkwatroˈsẽntuʃ, taʃ] *num* quatre cents, → **seis**.

que [ki] ♦ *adj inv* quel(quelle) • **que dia é hoje?** quel jour sommes-nous? • **que horas são?** quelle heure est-il? • **mas que belo dia!** mais quelle belle journée! • **que fome!** quelle faim! • **que maravilha!** quelle merveille! • **que bonito!** que c'est beau! ♦ *pron* **1.** (*ger*) **que é isso?** qu'est-ce que c'est que ça? • **que você quer?** que veux-tu? • **que vai comer?** que vas-tu manger? • **que diz a isto?** qu'est-ce que tu en dis? • **o bolo que comi era ótimo** le gâteau que j'ai mangé était très bon • **o homem que conheci** l'homme que j'ai connu **2.** (*uso relativo: sujeito*) qui • **o homem que corre** l'homme qui court ♦ *conj* **1.** (*ger*) que • **confessou que me tinha enganado** il a avoué qu'il m'avait trompé • **pediu-me tanto que acabei por lho dar** il me l'a tellement demandé que j'ai fini par le lui donner • **há horas que estou à espera** ça fait des heures que j'attends • **há muito que não vou lá** ça fait longtemps que je n'y vais pas

quê

• espero que você se divirta j'espère que tu t'amuses • quero que você o faça je veux que tu le fasses • **que seja feliz!** tous mes vœux de bonheur! **2.** *(em comparações)* • **(do) que que** • é mais caro (do) que o outro c'est plus cher que l'autre **3.** *(exprime causa)* • leve o guarda-chuva está chovendo prends ton parapluie, il pleut • **vá depressa que está atrasado** vas vite, tu es en retard **4.** *(em locuções)* • **que nem** comme.

quê ['ke] ◆ *interj* quoi! ◆ *pron (interrogativo)* quoi ◆ *m (algo)* • **um quê** quelque chose • **um quê de** un soupçon de • **um não sei quê** quelque chose • **sem quê nem para quê** sans raison • **não tem de quê!** il n'y a pas de quoi!

quebra-cabeça [,kɛbraka'besa] *m* casse-tête *m inv*.

quebrado, da [ke'bradu, da] *adj* cassé(e).

quebra-mar [,kɛbra'ma(x)] *(pl* **quebra-mares***) m* brise-lames *m inv*.

quebra-nozes [,kɛbra'nɔzif] *m inv* casse-noix *m inv*.

quebrar [ke'bra(x)] *vt* casser ◆ **quebrar em caso de emergência** briser en cas d'urgence • **quebrar a cara** *(fig)* casser la figure ❑ **quebrar-se** *vp* se casser.

queda ['kɛda] *f* chute *f* • **ter queda para** *(fig)* avoir un penchant pour.

290

queijo ['kejʒu] *m* fromage *m* • **queijo curado** fromage affiné • **queijo de cabra** fromage de chèvre • **queijo estepe** fromage au lait de vache légèrement piquant • **queijo fresco** fromage frais • **queijo meia cura** fromage semi-affiné • **queijo de minhas, queijo minas** *fromage maigre typique du Brésil* • **queijo de ovelha** fromage de brebis • **queijo prato** fromage à pâte cuite • **queijo ralado** fromage râpé.

queimado, da [kej'madu, da] *adj* brûlé(e); *(pelo sol)* bronzé(e).

queimadura [kejma'dura] *f* brûlure *f* • **queimadura solar** coup *m* de soleil.

queimar [kej'ma(x)] *vt* brûler *(pele)* bronzer ❑ **queimar-se** *vp* se brûler; *(com sol)* bronzer.

queima-roupa [,kejma'xopa] *f* • **à queima-roupa** à bout portant.

queixa ['kejʃa] *f* plainte • **apresentar queixa** déposer une plainte • **fazer queixa de alguém a alguém** se plaindre de qqn à qqn.

queixar-se [kej'faxsi] *vp* s plaindre • **queixar-se a alguém** se plaindre à qqn • **queixar-s de** se plaindre de.

queixo ['kejʃu] *m* menton • **bater o queixo** claquer de dents.

queixoso, osa [kej'ʃozu, ɔza *mf* plaignant *m*, -e *f*.

quem ['kẽj] *pron* qui • **quem diria!** qui l'aurait dit! • **que**

é? qui est-ce? • **quem fala?** qui est à l'appareil? • **quem me dera...** si seulement... • **quem quer que** quiconque • **seja quem for** qui que ce soit.

quentão [kẽn'tãw] *m* eau-de-vie de canne à sucre, servie chaude avec de la cannelle et du gingembre, notamment pendant les fêtes de juin.

quente ['kẽntʃi] *adj* chaud(e).

quentinha [kẽn'tʃiɲa] *f* snack *m* (emballage alimentaire conservant la chaleur).

quentões → quentão.

queque ['kɛki] *m* cake *m*.

quer [kɛ(x)] *conj* • **quer... quer...** que... que... • **quem quer que seja** qui que ce soit • **onde quer que seja** où que ce soit • **o que quer que seja** quoi que ce soit.

querer [ke're(x)] *vt* vouloir • **como quiser!** comme tu veux! • **por favor, queria...** s'il vous plaît, je voudrais... • **sem querer** sans le faire exprès • **querer muito a alguém** aimer beaucoup qqn • **querer bem a alguém** aimer bien qqn • **querer mal a alguém** en vouloir à qqn • **querer dizer** vouloir dire ❑ **querer-se** *vp* s'aimer • **querer-se muito** s'adorer.

querido, da [ke'ridu, da] *adj* chéri(e); *(em carta)* cher(chère).

quermesse [kex'mɛsi] *f* kermesse *f*.

querosene [kero'zɛni] *m* kérozène *m*.

questão [keʃ'tãw] *(pl* -ões) *f* question *f*; *(conflito)* histoire *f* • **há questão de 2 minutos** il y a tout juste 2 minutes • **fazer questão de (fazer algo)** tenir (à faire qqch) • **pôr algo em questão** mettre qqch en question • **ser uma questão de** être question de • **em questão** en question.

quiabo [kj'abu] *m* gombo *m* (plante potagère tropicale).

quibe ['kibi] *m* boulette de blé concassé, viande hachée crue, épices, noix de pin, oignons.

quiçá [ki'sa] *adv* peut-être.

quieto, ta [kj'etu, ta] *adj* tranquille • **ficar quieto** ne pas bouger.

quietude [kje'tudʒi] *f* quiétude *f*.

quilate [ki'latʃi] *m* carat *m*.

quilo ['kilu] *m* kilo *m* • **por quilo** au kilo.

quilometragem [kilome'traʒẽ] *(pl* -ns) *f* kilométrage *m*.

quilômetro [ki'lometru] *m* kilomètre *m*.

química ['kimika] *f* chimie *f*, → **químico**.

químico, ca ['kimiku, ka] *mf* chimiste *mf*.

quindim [kĩn'dʒĩ] *(pl* -ns) *m* gâteau à le jaune d'œuf et la noix de coco.

quinhão [ki'ɲãw] *(pl* -ões) *m* part *f*.

quinhentos, tas [ki'ɲẽntuʃ, taʃ] *num* cinq cents, → **seis**.

quinhões [ki'ɲõjʃ] → **quinhão**.

quinquagésimo

quinquagésimo, ma [kwiŋkwa'ʒɛzimu, ma] *num* cinquantième, → **sexto**.

quinquilharias [kĩŋkiʎa-'riaʃ] *fpl* quincaillerie *f*.

quinta ['kĩnta] ◆ *f* ferme *f* ◆ *num* → **quinto**.

quinta-feira [,kĩnta'fejra] (*pl* **quintas-feiras**) *f* jeudi *m*, → **sexta-feira**.

quintal [kĩn'taw] (*pl* **-ais**) *m* (*terreno*) jardin *m* potager.

quinteto [kĩn'tetu] *m* quintette *m*; (*de jazz*) quintet *m*.

quinto, ta ['kĩntu, ta] *num* cinquième, → **sexto**.

quinze ['kizi] *num* quinze • **quinze dias** quinze jours.

quinzena [kĩ'zena] *f* quinzaine *f*.

quiosque ['kjɔʃki] *m* kiosque *m*.

quis ['kiʃ] → **querer**.

quisto ['kiʃtu] *m* kyste *m*.

quitanda [ki'tãnda] *f* épicerie *f*.

quite ['kitʃi] *adj* • **estar quite (com alguém)** être quitte (avec qqn).

quitinete ['kitʃinetʃi] *f* kitchenette *f*.

quociente [kwo'sjẽntʃi] *m* quotient *m*.

quota ['kwɔta] *f* (*parte*) quota *m*; (*de clube*) cotisation *f*.

R

R. (*abrev de* rua) R.

rã ['xã] *f* grenouille *f*.

rabada [xa'bada] *f* queue de poisson *f*, culotte de bœuf, selle de mouton *f* (*boucherie*).

rabanada [xaba'nada] *f* pain perdu *m* (*dessert*), coup de queue *m* (*bousculade*) • **rabanada de vento** rafale de vent.

rabanete [xaba'netʃi] *m* radis *m*.

rabeca [xa'bɛka] *f* rebec *m*.

rabino, na [xa'binu] ◆ *adj* espiègle ◆ *m* rabbin *m*.

rabiscar [xabiʃ'ka(x)] *vt & vi* griffonner.

rabisco [xa'biʃku] *m* griffonnage *m*.

rabo ['xabu] *m* queue *f*; (*fam*) derrière *m* • **rabo de cavalo** catogan *m*; • **rabo de galo** cocktail d'eau-de-vie de canne à sucre et de vermouth.

rabugento, ta [xabu'ʒẽntuta] *adj* bougon(onne).

raça ['xasa] *f* race *f* • **de raça** de race.

ração [xa'sãw] (*pl* **-ões**) *f* ration *f*.

rachadura [xaʃa'dura] *f* fente *f*; (*em parede, muro*) fissure *f*.

rachar [xa'ʃa(x)] *vt* fendre.

raciocínio [xasjo'sinju] *m* raisonnement *m*.

racional [xasjo'naw] (*pl* **-ais** *adj* rationnel(elle).

racismo [xa'siʒmu] *m* racisme *m*.
rações → ração.
radar [xa'da(x)] (*pl* -es) *m* radar *m*.
radiação [xadʒja'sãw] (*pl* -ões) *f* radiation *f*.
radiador [xadʒja'do(x)] (*pl* -es) *m* radiateur *m*.
radiante [xadʒi'ãntʃi] *adj* radieux(euse).
radical [xadʒi'kaw] (*pl* -ais) *adj* radical(e).
rádio ['xadʒju] ♦ *m* (*telefonia*) radio *f* ♦ *f* (*emissora*) radio *f*.
radioativo, va [ˌxadʒjoa'tʃivu, va] *adj* radioactif(ive).
radiodespertador [ˌxadʒjodiʃpexta'do(x)] (*pl* -es) *m* radio-réveil *m*.
radiodifusão [xadʒodʒifu'zãw] *f* radiodiffusion *f*.
radiografia [ˌxadʒjogra'fia] *f* radiographie *f*.
radiorrelógio [ˌxadʒjoxe'lɔʒju] *m* radio-réveil *m*.
radiotáxi [ˌxadʒjo'taksi] *m* radio-taxi *m*.
ráfia ['xafja] *f* raphia *m*.
rafting ['xaftĩŋ] *m* rafting *m*.
raia ['xaja] *f* raie *f* (*poisson*).
rainha [xa'iɲa] *f* reine *f*.
raio ['xaju] *m* rayon *m*; (*relâmpago*) foudre *f* • **raios X** rayons X.
raiva ['xajva] *f* rage *f* • **ter raiva de alguém** haïr qqn.
raivoso, osa [xaj'vozu, ɔza] *adj* enragé(e).
raiz [xa'iʃ] (*pl* -es) *f* **1.** (*ger*) racine *f* • **cortar o mal pela raiz** (*fig*) couper le mal à la racine • **criar raízes** (*fig*) prendre racine, s'enraciner • **raiz quadrada** racine carrée *f* **2.** (*origem*) les racines *fpl*, origines *fpl*.
rajada [xa'ʒada] *f* rafale *f*.
ralador [xala'do(x)] (*pl* -es) *m* râpe *f*.
ralar [xa'la(x)] *vt* râper ▫ **ralar-se** *vp* (*fig*) s'en faire • **não me ralo com isso** je ne m'en fais pas.
ralé [xa'lɛ] *f* engeance *f*.
ralhar [xa'ʎa(x)] *vi* râler • **ralhar com alguém** gronder qqn.
rali [xa'li] *m* rallye *m*.
ralo, la ['xalu, la] ♦ *adj* (*café*) léger(ère); (*sopa*) liquide ♦ *m* (*de banheira, lavatório*) bonde *f* • **ter o cabelo ralo** ne pas avoir beaucoup de cheveux.
RAM (*abrev de* Random Access Memory) *f* RAM *f*.
rama ['xama] *f* branche *f*.
ramalhete [xama'ʎetʃi] *m* bouquet *m*.
ramificar [xamifi'ka(x)] *vt* développer ▫ **ramificar-se** *vp* se développer.
ramo ['xamu] *m* branche *f* • **mudar de ramo** se reconvertir.
rampa ['xãmpa] *f* rampe *f*.
rancho ['xɛ̃nʃu] *m* (*de pessoas*) tas *m* • **rancho folclórico** groupe *m* folklorique.
ranço ['xãnsu] *m* rance *m*.
rancor [xãŋ'ko(x)] (*pl* -es) *m* rancœur *f*.
rancoroso, osa [xãŋko'rozu, ɔza] *adj* rancunier(ère).
rançoso, osa [xã'sozu, ɔza] *adj* rance.

ranhura [xa'ɲura] f (em madeira, parede) rainure f; (em telefone público) fente f (pour insérer la monnaie).

rapar [xa'pa(x)] vt raser; (raspar) racler.

rapaz [xa'paʒ] (pl -es) m garçon m.

rapé [xa'pɛ] m tabac m à priser.

rapidez [xapi'deʃ] f rapidité f.

rápido, da ['xapidu, da] ♦ adj rapide ♦ adv vite.

raposa [xa'poza] f renard m.

rapsódia [xap'sɔdʒja] f rapsodie f.

raptar [xap'ta(x)] vt enlever.

rapto ['xaptu] m enlèvement m.

raquete [xa'kɛtʃi] f raquette f.

raquítico, ca [xa'kitʃiku, ka] adj & mf rachitique.

raramente [,xara'mẽntʃi] adv rarement.

rarefeito, ta [xare'fejtu, ta] adj raréfié(e).

raridade [xari'dadʒi] f rareté f.

raro, ra ['xaru, ra] adj rare; (pouco espesso) liquide • **raras vezes** rarement.

rascunhar [xaʃkuˈɲa(x)] vt griffonner.

rascunho [xaʃ'kuɲu] m brouillon m.

rasgado, da [xaʒ'gadu, da] adj (tecido, folha) déchiré(e); (sorriso) grand(e).

rasgão [xaʒ'gãw] (pl -ões) m (em tecido, folha) déchirure f; (em pele) entaille f.

rasgar [xaʒ'ga(x)] vt déchirer.
  □ **rasgar-se** vp se déchirer.

rasgões [xaʒ'gõjʃ] → **rasgão**.

raso, sa ['xazu, za] adj plat(e); (cheio até à borda) ras(e); (superfície) plan(e).

raspa ['xaʃpa] f zeste m.

raspar [xaʃ'pa(x)] vt râper.

rasteira [xaʃ'tejra] f croche-pied m • **passar uma rasteira em alguém** faire un croche-pied à qqn.

rasteiro, ra [xaʃ'tejru, ra] adj rampant(e).

rastejante [xaʃte'ʒãntʃi] adj rampant(e).

rastejar [xaʃte'ʒa(x)] vi ramper.

rastro [xaʃtru] m trace f.

ratazana [xata'zana] f rat m.

raticida [xatʃi'sida] m inv mort-aux-rats f inv.

rato ['xatu] m souris f.

ravina [xa'vina] f ravin m.

razão [xa'zãw] (pl -ões) f raison f • **dar razão a alguém** donner raison à qqn • **não ter razão de ser** n'avoir aucune raison d'être • **ter razão** avoir raison • **com razão** à raison • **sem razão** sans raison.

razoável [xa'zwavew] (pl -eis) adj raisonnable.

ré ['xɛ] f poupe f, → **réu**.

reabastecer [xjabaʃte'se(x)] vt réapprovisionner • **reabastecer de gasolina** faire le plein
  □ **reabastecer-se** vp se réapprovisionner.

reação [xea'sãw] (pl -ões) f réaction f.

reacionário, ria [xeasjo'narju, rja] adj réactionnaire.

reações → **reação**.

reagir [xea'ʒi(x)] vi réagir • **reagir a algo** réagir à qqch.

real ['xeaw] (pl -**ais**) ♦ adj (verdadeiro) réel(elle); (relativo a rei, realeza) royal(e) ♦ m réal m.

realçar [xeaw'sa(x)] vt (cor, traço) rehausser; (fato, ideia) souligner.

realejo [xea'leʒu] m orgue m de Barbarie.

realeza [xea'leza] f royauté f.

realidade [xeali'dadʒi] f réalité f • **na realidade** en réalité • **realidade virtual** réalité virtuelle.

realista [xea'liʃta] nmf réaliste mf.

realização [xealiza'sãw] (pl -**ões**) f réalisation f.

realizador, ra [xealiza'do(x), a] (mpl -**es**, fpl -**s**) mf réalisateur m, -trice f.

realizar [xeali'za(x)] vt réaliser ❏ **realizar-se** vp (espetáculo) avoir lieu; (sonho, desejo) se réaliser.

realmente [xeaw'mẽntʃi] adv réellement • **ele é realmente estúpido!** il est vraiment bête!

reanimar [xeani'ma(x)] vt MED réanimer; (depois de desmaio) ranimer.

reatar [xea'ta(x)] vt (conversa) reprendre; (amizade) renouer.

reaver [xea've(x)] vt récupérer.

reavivar [xeavi'va(x)] vt (memória) rafraîchir; (fogo) raviver.

rebaixar [xebaj'ʃa(x)] vt rabaisser ❏ **rebaixar-se** vp se rabaisser.

rebanho [xe'baɲu] m troupeau m.

rebelde [xe'bɛwdʒi] nmf rebelle mf.

rebelião [xebelj'ãw] f rébellion f.

rebentar [xebẽn'ta(x)] ♦ vi (bomba) sauter; (balão) éclater ♦ vt faire sauter • **rebentar com algo** détruire qqch.

rebocador [xeboka'do(x)] (pl -**es**) m remorqueur m.

rebocar [xebo'ka(x)] vt remorquer.

rebolar [xebo'la(x)] vi rouler.

rebuliço [xebu'lisu] m pagaille f.

recado [xe'kadu] m message m • **dar um recado a alguém** transmettre un message à qqn • **deixar recado** laisser un message.

recaída [xeka'ida] f rechute f • **ter uma recaída** faire une rechute.

recair [xeka'i(x)] vi • **recair em algo** retomber dans qqch • **recair sobre** retomber sur.

recanto [xe'kãntu] m recoin m.

recapitular [xekapitu'la(x)] vt récapituler; (aula) réviser.

recatado, da [xeka'tadu, da] adj discret(ète).

recauchutar [xekawʃu'ta(x)] vt rechaper.

recear [xese'a(x)] vt craindre.

receber [xese'be(x)] vt & vi recevoir.

receio [xe'seju] m crainte f.

receita [xe'sejta] f recette f; (de médico) ordonnance f.

receitar [xesej'ta(x)] vt prescrire.

recém-casado, da [xe,sẽka-'zadu, da] *mf* jeune marié *m*, -e *f*.
recém-chegado, da [xe,-sẽʃe'gadu, da] *adj* qui vient d'arriver.
recém-nascido, da [xe,sẽnaʃ'sidu, da] *adj & mf* nouveau-né(e).
recente [xe'sẽntʃi] *adj* récent(e).
receoso, osa [xese'ozu, ɔza] *adj* craintif(ive).
recepção [xesep'sãw] (*pl* -ões) *f* réception *f*.
recepcionista [xesepsjo'niʃta] *nmf* réceptionniste *mf*.
recepções → **recepção**.
receptivo, va [xesep'tʃivu, va] *adj* réceptif(ive) • **mostrar-se receptivo a** se montrer réceptif à.
receptor [xesep'to(x)] (*pl* -es) *m* récepteur *m*.
recessão [xese'sãw] (*pl* -ões) *f* récession *f*.
recheado, da [xe'ʃjadu, da] *adj (bolo, bombom)* fourré(e); *(peru)* farci(e).
rechear [xe'ʃja(x)] *vt (bolo)* fourrer; *(peru)* farcir.
recheio [xe'ʃeju] *m (de bolo, pastel)* garniture *f*; *(de peru, vegetal etc.)* farce *f*.
rechonchudo, da [xeʃõn'ʃudu, da] *adj* potelé(e).
recibo [xe'sibu] *m* reçu *m*.
reciclagem [xesi'klaʒẽntʃi] *f* recyclage *m*.
reciclar [xesi'kla(x)] *vt* recycler.
reciclável [xesi'klavɛw] (*pl* -eis) *adj* recyclable.

recife [xe'sifi] *m* récif *m*.
recinto [xe'sĩntu] *m* enceinte *f*.
recipiente [xesipj'ẽntʃi] *m* récipient *m*.
recíproco, ca [xe'siproku, ka] *adj* réciproque.
recital [xesi'taw] (*pl* -ais) *m* récital *m*.
recitar [xesi'ta(x)] ◆ *vt* réciter ◆ *vi* réciter un poème.
reclamação [xeklama'sãw] (*pl* -ões) *f* réclamation *f*.
reclamar [xekla'ma(x)] *vi* faire une réclamation.
reclame [xe'klãmi] *m* publicité *f*.
recobrar [xeko'bra(x)] *vt (forças)* reprendre; *(razão)* recouvrer.
recolha [xə'koʎa] *f* récolte *f*.
recolher [xeko'ʎe(x)] *vt* ramasser; *(informações, dados, dinheiro)* recueillir; *(abrigar)* rentrer.
recolhimento [xekoʎi'mẽntu] *m* recueillement *m*.
recomeçar [xekome'sa(x)] *vt* recommencer.
recomendação [xekomẽnda'sãw] (*pl* -ões) *f* recommandation *f*. ◆ **recomendações** *fpl* • **recomendações à sua mãe** mes respects à votre mère!
recomendar [xekomẽn'da(x)] *vt* recommander *(conseiller)*.
recomendável [xekomẽn'davɛw] (*pl* -eis) *adj* conseillé(e) • **pouco recomendável** déconseillé.
recompensa [xekõm'pẽsa] *f* récompense *f*.

recompor [xekõm'po(x)] vt arranger ❑ **recompor-se** vp se remettre.

reconciliação [xekõsilja'sãw] (pl -ões) f réconciliation f.

reconhecer [xekoɲe'se(x)] vt reconnaître; (documento, assinatura) certifier.

reconhecimento [xekoɲesi'mẽntu] m reconnaissance f; (de documento, assinatura) certification f.

reconstituir [xekõʃti'twi(x)] vt reconstituer.

recordação [xekorda'sãw] (pl -ões) f souvenir m.

recordar [xekor'da(x)] vt rappeler ❑ **recordar-se** vp se rappeler, se souvenir • **recordar-se de algo** se rappeler qqch, se souvenir de qqch.

recorrer [xeko'xe(x)] vi faire appel • **recorrer a** avoir recours à.

recortar [xekor'ta(x)] vt découper.

recreio [xe'kreju] m (tempo) récréation f; (local) cour f de récréation.

recriar [xekri'a(x)] vt reconstituer.

recriminar [xekrimi'na(x)] vt reprocher.

recruta [xe'kruta] ♦ m appelé m ♦ f classes fpl.

recuar [xe'kwa(x)] vt & vi reculer.

recuperação [xekupera'sãw] f récupération f.

recuperar [xekupe'ra(x)] vt récupérer ❑ **recuperar-se** vp (de choque) se remettre; (de doença) récupérer.

recurso [xe'kuxsu] sm jur appel m; (meio) moyen m • **em último recurso** en dernier recours ❑ **recursos** mpl ressources fpl.

recusa [xe'kuza] f refus m.

redator, ra [xeda'to(x), ra] (mpl -es, fpl -s) mf rédacteur m, -trice f.

rede ['xedʒi] f réseau m; (de pesca, cabelo) filet m; (de vedação) grillage m; (para dormir) hamac m • **rede de estradas** réseau routier.

rédea ['xedʒja] f frêne f.

redigir [xedi'ʒi(x)] vt rédiger.

redobrar [xedo'bra(x)] vt (esforço, atenção) redoubler.

redondamente [xe,dõnda'mẽntʃi] adv (enganar-se) carrément.

redondo, da [xe'dõndu, da] adj rond(e).

redor [xe'do(x)] m • **em** ou **ao redor (de)** autour (de).

redução [xedu'sãw] (pl -ões) f réduction f.

redundância [xedũn'dãnsja] f redondance f.

reduzido, da [xedu'zidu, da] adj réduit(e).

reduzir [xedu'zi(x)] vt réduire.

reembolsar [xjẽmbow'sa(x)] vt rembourser.

reembolso [xjẽm'bowsu] m remboursement m.

reencontro

reencontro [xjēŋ'kõntru] m retrouvailles fpl.
refazer [xefa'ze(x)] vt refaire □ **refazer-se** vp (de susto, acidente) se remettre; (recuperar forças) récupérer.
refeição [xefej'sāw] (pl **-ões**) f repas m • **às refeições** pendant les repas • **refeição leve** repas léger.
refeitório [xefej'tɔrju] m réfectoire m.
refém [xe'fē] (pl **-ns**) nmf otage m.
referência [xefe'rēsja] f référence f • **fazer referência a** faire référence à □ **referências** fpl références fpl.
referendo [xefe'rēndu] m référendum m.
referente [xefe'rēntʃi] adj • **referente a** concernant.
referir [xefe'ri(x)] vt faire référence à □ **referir-se a** vp + prep se référer à • **no que se refere a** en ce qui concerne.
refinado, da [xefi'nadu, da] adj raffiné(e).
refinaria [xefina'ria] f raffinerie f.
refletir [xefle'tʃi(x)] ♦ vt réfléchir, refléter ♦ vi réfléchir • **refletir sobre algo** réfléchir à qqch □ **refletir-se em** vp + prep se refléter dans.
refletor [xefle'to(x)] (pl **-es**) m catadioptre m.
reflexão [xeflek'sāw] (pl **-ões**) f réflexion f.
reflexo [xe'flɛksu] m reflet m; (reação) réflexe m.

298

reflexões → reflexão.
refogado, da [xefo'gadu, da] ♦ adj mijoté(e) ♦ m (molho) sauce à l'oignon et à la tomate; (guisado) ragoût m.
refogar [xefo'ga(x)] vt faire mijoter; (cebola) faire revenir.
reforçado, da [xefor'sadu, da] adj (esforço, energia) accru(e); (objeto, substância) renforcé(e).
reforçar [xefox'sa(x)] vt renforcer.
reforma [xe'fɔxma] f (de pessoa) retraite f; (de sistema) réforme f; (de casa, edifício) rénovation f.
reformado, da [xefox'madu, da] mf retraité m, -e f.
refrão [xe'frāw] (pl **-ões**) m refrain m.
refratário, ria [xefra'tarju, rja] adj réfractaire.
refrear [xefri'a(x)] vt réfréner □ **refrear-se** vp se refréner.
refrescante [xefreʃ'kāntʃi] adj rafraîchissant(e).
refrescar [xefreʃ'ka(x)] vt rafraîchir • **refrescar as ideias** reprendre ses esprits • **refrescar a memória de alguém** rafraîchir les idées à qqn □ **refrescar-se** vp se rafraîchir.
refresco [xe'freʃku] m rafraîchissement m (boisson).
refrigerante [xefriʒe'rāntʃi] m boisson f non alcoolisée.
refrões [xe'frōjʃ] → refrão.
refugiado, da [xefu'ʒjadu, da] mf réfugié m, -e f.
refugiar-se [xefu'ʒj'axsi] vp • **refugiar-se em** vp + prep (asilar-

se em) se réfugier à; *(abrigar-se, esconder-se em)* se réfugier dans.

refúgio [xeˈfuʒju] *m* refuge *m*.

refugo [xeˈfugu] *m* rebut *m*.

refutar [xefuˈta(x)] *vt* réfuter.

rega [ˈxega] *f* arrosage *m*.

regaço [xeˈgasu] *m* giron *m*.

regador [xegaˈdo(x)] *(pl* **-es)** *m* arrosoir *m*.

regalia [xegaˈlia] *f* privilège *m*, faveur *f*.

regar [xeˈga(x)] *vt* arroser.

regata [xeˈgata] *f* régate *f*.

regenerar-se [xeʒeneˈraxsi] *vp* s'améliorer.

reger [xeˈʒe(x)] *vt (orquestra, banda)* diriger.

região [xeˈʒjãw] *(pl* **-ões)** *f* région *f* • **região demarcada** = vin *m* de pays.

regime [xeˈʒimi] *m* régime *m*.

regiões [xeˈʒjõjʃ] → **região**.

regional [xeʒjoˈnaw] *(pl* **-ais)** *adj* régional(e).

registrado, da [xeʒiʃˈtradu, da] *adj* recommandé(e).

registrar [xeʒiʃˈtra(x)] *vt* enregistrer; *(escrever)* noter; *(criança, morte, casamento)* déclarer; *(carta, encomenda)* envoyer en recommandé.

registro [xeˈʒiʃtru] *m* registre *m*; *(de nascimento, casamento, morte)* déclaration *f*; *(repartição)* bureau *m*; *(de carta, encomenda)* envoi *m* en recommandé • **Registro Civil** bureau *m* de l'état civil • **Registro de Imóveis** = conservation *f* des hypothèques.

relação

regra [ˈxegra] *f* règle *f* • **não fugir à regra** ne pas échapper à la règle • **regra geral** en règle générale • **em regra** en règle générale • **por regra** par principe.

regressar [xegreˈsa(x)] *vi* rentrer • **regressar a** rentrer à.

regresso [xeˈgresu] *m* retour *m* • **estar de regresso** être de retour.

régua [ˈxɛgwa] *f* règle *f (pour mesurer)*.

regulamento [xegulaˈmẽntu] *m* règlement *m*.

regular [xeguˈla(x)] *(pl* **-es)** ♦ *adj* régulier(ère); *(tamanho, qualidade)* moyen(enne); *(habitual)* habituel(elle) ♦ *vt (regulamentar)* réglementer; *(mecanismo)* régler.

rei [ˈxej] *m* roi *m*.

reinado [xejˈnadu] *m* règne *m*.

reinar [xejˈna(x)] *vi* régner; *(fam)* blaguer.

Reino Unido [ˌxejnuˈnidu] *m* • **o Reino Unido** le Royaume-Uni.

reivindicação [xejvĩndʒikaˈsãw] *(pl* **-ões)** *f* revendication *f*.

reivindicar [xejvĩndiˈka(x)] *vt* revendiquer.

rejeição [xeʒejˈsãw] *(pl* **-ões)** *f* rejet *m*.

rejeitar [xeʒejˈta(x)] *vt* rejeter.

relação [xelaˈsãw] *(pl* **-ões)** *f* relation *f*, rapport *m* • **com** OU **em relação a** en ce qui concerne ❏ **relações** *fpl* relations *fpl* sexuelles • **ter relações com alguém** fréquenter

qqn • **relações públicas** relations fpl publiques.
relâmpago [xe'lãmpagu] m éclair m.
relatar [xela'ta(x)] vt (acontecimento) raconter.
relativo, va [xela'tʃivu, va] adj relatif(ive) • **relativo a** concernant.
relatório [xela'tɔrju] m rapport m.
relaxado, da [xela'ʃadu, da] adj détendu(e).
relaxante [xela'ʃãntʃi] ♦ adj relaxant(e) ♦ m tranquillisant m.
relaxar [xela'ʃa(x)] vt décontracter ▫ **relaxar-se** vp se détendre.
relembrar [xelẽm'bra(x)] vt rappeler • **relembrar-se de algo** se rappeler qqch.
relevo [xe'levu] m relief m; (realce) importance f • **dar relevo a algo** mettre qqch en relief.
religião [xeliʒi'ãw] (pl -ões) f religion f.
relíquia [xe'likja] f (coisa preciosa) relique f.
relógio [xe'lɔʒju] m (de parede) horloge f; (de mesa) pendule f; (de pulso) montre f • **relógio de cuco** coucou m • **relógio de sol** cadran m solaire.
relojoaria [xeluʒwa'rja] f horlogerie f.
relutância [xelu'tãsja] f (reticência) réticence f; (oposição) résistance f.
reluzente [xelu'zẽntʃi] adj reluisant(e).

relva ['xɛwva] f gazon m.
relvado [xɛw'vadu] m pelouse f.
remar [xe'ma(x)] vi ramer.
rematar [xema'ta(x)] vt conclure.
remediar [xeme'dʒja(x)] vt remédier à.
remédio [xe'mɛdʒju] m médicament m • **não ter remédio** (fig) ne pas avoir de solution.
remendar [xemẽn'da(x)] vt (pneu) réparer; (peça de vestuário) raccommoder; (com remendo) rapiécer.
remendo [xe'mẽndu] m (em pneu) Rustine® f; (de peça de vestuário) pièce f.
remessa [xe'mɛsa] f envoi m.
remetente [xeme'tẽntʃi] nmf expéditeur m, -trice f.
remeter [xeme'te(x)] vt (expedir) envoyer; (dirigir) adresser; (fazer referência a) renvoyer.
remexer [xeme'ʃe(x)] vt fouiller dans.
remo ['xemu] m rame f.
remoção [xemo'sãw] (pl -ões) f retrait m; (de feridos) transport m; (de lixo) enlèvement m • **remoção de manchas** détachage m.
remorso [xe'mɔxsu] m remords m.
remoto [xe'mɔtu] adj lointain(e).
remover [xemo've(x)] vt (lixo) enlever; (feridos) transporter; (quisto, pedra) retirer; (obstáculo) surmonter • **remover manchas** détacher.

repórter

remuneração [xemunera'sãw] (*pl* -ões) *f* (*salário*) rémunération *f*; (*pagamento*) récompense *f*.
renascer [xenaʃ'se(x)] *vi* renaître.
Renascimento [xenaʃsi'mẽtu] *m* • **o Renascimento** la Renaissance.
renda ['xẽda] *f* (*de casa, apartamento*) loyer *m*; (*crochê*) crochet *m*; (*de vestido, blusa etc.*) dentelle *f*; (*rendimento*) revenu *m* • **fazer renda** faire du crochet • **renda nacional** revenus *mpl* de l'État.
renegar [xene'ga(x)] *vt* renier.
renovação [xenova'sãw] (*pl* -ões) *f* (*substituição*) renouvellement *m*; (*reforma*) rénovation *f*.
renovar [xeno'va(x)] *vt* (*consertar*) rénover; (*substituir*) renouveler; (*fortalecer*) se renouveler.
rentabilidade [xẽtabili'daʒi] *f* rentabilité *f*.
rentável [xẽ'tavew] (*pl* -eis) *adj* (*lucrativo*) rentable.
renúncia [xe'nũsja] *f* (*rejeição*) renoncement *m*; (*a cargo, pretensão*) renonciation *f*.
renunciar [xenũ'sja(x)] *vt* renoncer à.
reparação [xepara'sãw] (*pl* -ões) *f* réparation *f*.
reparar [xepa'ra(x)] *vt* réparer ▫ **reparar em** *vp* remarquer.
repartição [xepaxtʃi'sãw] (*pl* -ões) *f* répartition *f*; (*local*) service *m*.
repartir [xepax'tʃi(x)] *vt* répartir • **repartir algo com alguém** partager qqch avec qqn

• **repartir algo em algo** répartir qqch en qqch.
repelente [xepe'lẽtʃi] ♦ *adj* repoussant(e) ♦ *m* • **repelente (de insetos)** anti-moustiques *m inv*.
repente [xe'pẽtʃi] *m* accès *m* • **de repente** soudain.
repentino, na [xepẽn'tʃinu, na] *adj* soudain(e); (*momentâneo*) bref(brève).
repercussão [xepexku'sãw] (*pl* -ões) *f* répercussion *f*.
repertório [xepex'tɔrju] *m* répertoire *m*.
repetição [xepetʃi'sãw] (*pl* -ões) *f* répétition *f*.
repetidamente
[xepe,tʃida'mẽtʃi] *adv* à plusieurs reprises.
repetido, da [xepe'tʃidu, da] *adj* répété(e).
repetir [xepe'tʃi(x)] *vt* répéter; (*ano escolar, disciplina*) redoubler; (*prato, refeição*) reprendre de ▫ **repetir-se** *vp* se répéter.
replay [xi'plej] *m* reprise *f* d'une séquence.
replicar [xepli'ka(x)] *vt* • **replicar que** répliquer que.
repolho [xe'poʎu] *m* chou *m* pommé.
repor [xe'po(x)] *vt* (*verdade*) rétablir; (*dinheiro*) restituer • **repor algo no lugar** remettre qqch en place.
reportagem [xepox'taʒẽ] (*pl* -ns) *f* reportage *m*.
repórter [xe'pɔxte(x)] (*pl* -es) *nmf* reporter *m*.

reposteiro [xepuʃ'tejru] m rideau m.
repousar [xepo'za(x)] vt & vi se reposer.
repreender [xepriẽn'de(x)] vt rappeler à l'ordre.
represa [xe'preza] f écluse f.
represália [xepre'zalja] f représailles fpl.
representação [xeprezẽnta'sãw] (pl -ões) f représentation f.
representante [xeprezẽn'tãntʃi] nmf représentant m, -e f • representante oficial représentant officiel.
representar [xeprezẽn'ta(x)] ♦ vt représenter; (espetáculo) jouer ♦ vi jouer.
repressão [xepre'sãw] (pl -ões) f répression f.
reprimir [xepri'mi(x)] vt réprimer.
reprise [xe'prizi] f reprise f.
reprodução [xeprodu'sãw] (pl -ões) f reproduction f.
reproduzir [xeprodu'zi(x)] vt (evento) restituer; (quadro, escultura) reproduire ▫ **reproduzir-se** vp se reproduire.
reprovar [xepro'va(x)] vt (atitude, comportamento) réprouver; (lei, projeto) rejeter; (aluno) refuser.
réptil ['xɛptiw] (pl -teis) m reptile m.
república [xe'publika] f (sistema político) république f; (de estudantes) résidence f.
repudiar [xepudʒj'a(x)] vt rejeter.
repugnância [xepug'nãsja] f répugnance f.

302

repugnante [xepug'nãntʃi] adj (asqueroso) répugnant(e); (indigno) odieux(euse).
repulsa [xe'puwsa] f répulsion f.
repulsivo [xepuw'sivu, va] adj repoussant(e).
reputação [xeputa'sãw] (pl -ões) f réputation f.
requeijão [xekej'ʒãw] (pl -ões) m fromage m frais.
requerer [xeke're(x)] vt (precisar de) requérir; (por requerimento) solliciter.
requerimento [xekeri'mẽntu] m requête f.
requintado, da [xekĩn'tadu, da] adj raffiné(e).
requinte [xe'kĩntʃi] m raffinement m.
requisito [xeki'zitu] m condition f requise.
rescindir [xeʃsĩn'di(x)] vt (contrato) résilier.
resenha [xe'zaɲa] f compte m rendu • fazer uma resenha de algo passer qqch en revue.
reserva [xe'zɛxva] f réserve f; (de quarto, lugar, passagem) réservation f; (de vinho) millésime m • reserva de caça réserve de chasse • reserva natural réserve naturelle.

ⓘ **RESERVAS INDÍGENAS**

De nos jours, il existe à peu près 560 zones indigènes situées dans les régions Nord et Centre-Ouest du

Brésil, s'étendant sur 9,8% de la superficie totale du pays. La multiplication des ravages et des invasions a entraîné la destruction et la contamination des ressources naturelles de ces réserves. Aujourd'hui, les principaux sujets de discussion portent sur l'exploitation du bois, l'extraction de minerais et la possession de la terre. Selon le ministère de la Santé brésilien, 60% de la population indigène vit dans les régions où l'hépatite B, la fièvre jaune et la tuberculose sont des maladies endémiques.

---

reservado, da [xezex'vadu, da] *adj* réservé(e); *(intimo)* tranquille.

reservar [xezex'va(x)] *vt* réserver.

resfriado [xeʃfri'adu] *m* rhume *m*.

resgate [xeʒ'gatʃi] *m* rançon *f*.

resguardar [xeʒgwax'da(x)] *vt* protéger ▫ **resguardar-se** *vp* se protéger.

residência [xezi'dẽsja] *f (particular)* résidence *f*; *(académica)* ≃ résidence *f* universitaire.

residencial [xezidẽ'sjaw] *(pl* -ais) *adj* résidentiel(ielle).

residir [xezi'dʒi(x)] ▫ **residir em** *vp (morar em)* résider à ou en; *(consistir em)* résider dans.

resíduo [xe'zidwu] *m* résidu *m*.

resplandecente

resignação [xezigna'sãw] *f (paciência)* résignation *f*.

resignar-se [xezig'naxsi] *vp* se résigner.

resina [xe'zina] *f* résine *f*.

resistência [xeziʃ'tẽsja] *f* résistance *f*.

resistente [xeziʃ'tẽtʃi] *adj* résistant(e).

resistir [xeziʃ'tʃi(x)] *vi* résister • **resistir a algo** résister à qqch.

resmungar [xeʒmũŋ'ga(x)] *vt & vi* marmonner.

resolução [xezolu'sãw] *(pl* -ões) *f* résolution *f*.

resolver [xezow've(x)] *vt* résoudre • **resolver fazer algo** résoudre de faire qqch ▫ **resolver-se** *vp* • **resolver-se a** se résoudre à.

respeitar [xeʃpej'ta(x)] *vt* respecter ▫ **respeitar a** *vp* • **no que respeita a** en ce qui concerne.

respeitável [xeʃpej'tavew] *(pl* -eis) *adj* respectable.

respeito [xeʃ'pejtu] *m* respect *m* • **tudo o que diz respeito a** tout ce qui concerne • **ter respeito por** avoir du respect pour • **a respeito de** ou **com respeito a** en ce qui concerne, au sujet de.

respiração [xeʃpira'sãw] *f* respiration *f*.

respirar [xeʃpi'ra(x)] *vt & vi* respirer.

resplandecente [xeʃplãnde'sẽtʃi] *adj* resplendissant(e).

responder

responder [xeʃpõn'de(x)] ♦ *vt* répondre ♦ *vi* répondre; *(ira tribunal)* comparaître • **responder a** répondre à • **responder torto** répondre avec insolence ❑ **responder por** *vp* répondre de.

responsabilidade [xeʃpõsabili'dadʒi] *f* responsabilité *f* • **responsabilidade civil** responsabilité civile.

responsabilizar [xeʃpõsabili'za(x)] *vt* • **responsabilizar alguém/algo por algo** rendre qqn/qqch responsable de qqch ❑ **responsabilizar-se por** *vp + prep* assumer la responsabilité de.

responsável [xeʃpõ'savew] *(pl -eis) adj & nmf* responsable • **responsável por** responsable de.

resposta [xeʃ'pɔʃta] *f* réponse *f*.

resquício [xeʃ'kisju] *m* fond *m*.

ressabiado, da [xesa'bjadu, da] *adj (desconfiado)* méfiant(e); *(ressentido)* déçu(e).

ressaca [xe'saka] *f (de bebedeira)* gueule *f* de bois.

ressaltar [xesaw'ta(x)] ♦ *vt* faire ressortir ♦ *vi* ressortir.

ressentimento [xesẽntʃi'mẽntu] *m* ressentiment *m*.

ressentir-se [xesẽn'tixsi] *vp se* vexer • **ressentir-se de algo** se ressentir de qqch.

ressurgimento [xesuxʒi'mẽntu] *m* résurgence *f*.

ressuscitar [xesuʃsi'ta(x)] *vt & vi* ressusciter.

restabelecer [xeʃtabele'se(x)] *vt* rétablir ❑ **restabelecer-se** *vp (recuperar saúde)* se rétablir; *(de susto)* se remettre.

restar [xeʃ'ta(x)] *vi* rester.

restauração [xeʃtawra'sãw] *(pl -ões) f (de edifício)* restauration *f*; *(de forças, energia)* reprise *f*.

restaurante [xeʃtaw'rãntʃi] *m* restaurant *m* • **restaurante panorâmico** restaurant panoramique.

restaurar [xeʃtaw'ra(x)] *vt (edifício, regime político)* restaurer; *(ordem)* rétablir.

restinga [xeʃ'tĩŋga] *f* banc *m* de sable.

restituir [xeʃtʃi'twi(x)] *vt* restituer.

resto ['xɛʃtu] *m* reste *m* ❑ **restos** *mpl* restes *mpl* • **restos mortais** dépouille *f* mortelle.

resultado [xezuw'tadu] *m* résultat *m*.

resultar [xezuw'ta(x)] *vi* résulter • **resultar de algo** venir de qqch • **resultar em algo** aboutir à qqch.

resumir [xezu'mi(x)] *vt* résumer ❑ **resumir-se a** *vp + prep* se résumer à.

resumo [xe'zumu] *m* résumé *m* • **em resumo** en résumé.

reta ['xɛta] *f (linha)* droite *f*; *(em estrada)* ligne *f* droite.

retaguarda [xɛta'gwarda] *f* arrière *m* • **na retaguarda** à l'arrière.

retalho [xe'taʎu] *m* coupon *m*.

retaliação [xetalja'sãw] *(pl -ões) f* riposte *f*.

retaliar [xeta'lja(x)] ♦ *vt* faire payer ♦ *vi* riposter.

retângulo [xe'tãngulu] *m* rectangle *m*.

retardar [xetax'da(x)] *vt* retarder.

reter [xe'te(x)] *vt* retenir; *(suspeito, criminoso)* arrêter.

reticente [xetʃi'sẽntʃi] *adj* réticent(e).

retina [xe'tʃina] *f* rétine *f*.

retirada [xetʃi'rada] *f (debandada)* débandade *f*; MIL retraite *f*.

retirar [xetʃi'ra(x)] *vt* retirer ▫ **retirar-se** *vp* se retirer • **retirar-se de algo** se retirer de qqch.

reto, ta ['xɛtu, ta] ♦ *adj* droit(e) ♦ *m* rectum *m*.

retorcido, da [xetox'sidu, da] *adj* tordu(e).

retórica [xɛ'tɔrika] *f* rhétorique *f*.

retornar [xetox'na(x)] *vi* revenir • **retornar a** retourner à.

retraído, da [xetra'idu, da] *adj* réservé(e).

retrato [xe'tratu] *m (fotografia)* photographie *f*; *(pintura, desenho)* portrait *m*.

retribuir [xetri'bwi(x)] *vt* rendre.

retroceder [xetrose'de(x)] *vi* reculer.

retrógrado, da [xe'trɔgradu, da] *adj* rétrograde.

retrovisor [xetrovi'zo(x)] *(pl* -es*)* *m* rétroviseur *m*.

réu, ré ['xɛu, 'xɛ] *mf* accusé *m*, -e *f*.

reumatismo [xewma'tʃiʒmu] *m* rhumatisme *m*.

reunião [xju'njãw] *(pl* -ões*)* *f* réunion *f*.

reunir [xju'ni(x)] *vt* réunir ▫ **reunir-se** *vp* se réunir.

réveillon [xeve'jõ] *m* réveillon *m*.

revelação [xevela'sãw] *(pl* -ões*)* *f* révélation *f*; *(de fotografia)* développement *m*.

revelar [xeve'la(x)] *vt* révéler; *(fotografia)* développer ▫ **revelar-se** *vp* se révéler.

revendedor, ra [xevẽnde'e do(x), ra] *(mpl* -es*, fpl* -s*)* *mf* vendeur *m*, -euse *f*.

rever [xe've(x)] *vt* revoir.

reverso [xe'vɛrsu] *m* revers *m*.

revés [xe'vɛʃ] *(pl* -eses*)* *m* revers *m*.

revestir [xeveʃ'tʃi(x)] *vt* recouvrir.

revezar-se [xeve'zaxsi] *vp* se relayer.

revirado, da [xevi'radu, da] *adj* retourné(e); *(casa, gaveta)* sens dessus dessous.

reviravolta [xe,vira'vɔwta] *f (com carro, moto)* demi-tour *m*; *(pirueta)* tour *m*; *(fig) (em situação)* revirement *m*.

revisão [xevi'zãw] *(pl* -ões*)* *f* révision *f*.

revisor, ra [xevi'zo(x), ra] *(mpl* -es*, fpl* -s*)* *mf (de texto, provas tipográficas)* réviseur *m*, -euse *f*.

revista [xe'viʃta] *f* revue *f* • **revista feminina** magazine *m*

revolta

féminin • **revista em quadrinhos** bande f dessinée.
revolta [xe'vowta] f révolte f.
revoltar-se [xevow'taxsi] vp se révolter • **revoltar-se com algo** se révolter contre qqch.
revolução [xevolu'sãw] (pl -ões) f révolution f.
revolver [xevow've(x)] vt remuer.
revólver [xe'vɔwve(x)] (pl -es) m revolver m.
rezar [xe'za(x)] ♦ vi prier ♦ vt (missa, oração) dire.
ri ['xi] → **rir**.
ria ['xja] f ria f.
riacho ['xjaʃu] m ruisseau m.
ribeira [xi'bejra] f rivière f.
ribeirão [xibej'rãw] (pl -ões) m ruisseau m.
ribeirinho, nha [xibej'riɲu, ɲa] adj de rivière.
ribeiro [xi'bejru] m = **ribeira**.
ribeirões → **ribeirão**.
rico, ca ['xiku, ka] adj riche • **rico em** riche en.
ricota [xi'kɔta] f ricotta f.
ridicularizar [xidʒikulari'za(x)] vt ridiculiser.
ridículo, la [xi'dʒikulu, la] ♦ adj ridicule ♦ m ridicule m.
rido ['xidu] pp → **rir**.
rifa ['xifa] f (sorteio) tombola f; (bilhete) billet m de tombola.
rigidez [xiʒi'deʒ] f rigidité f; (de músculos) raideur f.
rigor [xi'go(x)] (pl -es) m rigueur f.
rijo, ja ['xiʒu, ʒa] adj dur(e); (forte) vigoureux(euse); (material) rigide.

rim ['xĩ] (pl -ns) m rein m □ **rins** mpl reins mpl.
rima ['xima] f (de verso) rime f; (de papéis, revistas) pile f □ **rimas** fpl (em poema) rimes fpl.
rímel® ['ximew] (pl -eis) m mascara m.
ringue ['xĩŋgi] m ring m.
rinoceronte [xinose'rõntʃi] m rhinocéros m.
rinque ['xĩŋki] m patinoire f.
rins [xĩnʃ] → **rim**.
rio ['xju] m (que deságua no mar) fleuve m; (que deságua em rio) rivière f • **rio abaixo/acima** en aval/amont.

ⓘ **O RIO SÃO FRANCISCO**

C'est sous le nom de *Velho Chico* (le vieux Chico) qu'est communément appelé le fleuve São Francisco. Plus grand fleuve entièrement brésilien, il prend sa source dans l'État de Minas Gerais et traverse les États de Bahia, de Pernambuco, d'Alagoas et de Sergipe, sur un parcours long de 3 160 kilomètres. Fondamental pour l'économie de la région, il traverse le territoire semi-aride du Nord-Est, permettant aussi bien la pratique de l'agriculture sur ses rives que l'irrigation artificielle des régions plus éloignées. Son potentiel hydroélectrique est exploité par les usines de Paulo Afonso et de Sobradinho dans l'État de Bahia, de Moxotó et de Xingó dans l'État d'Alagoas et de Três Marias dans l'État de Minas Gerais.

rio ['xju] → **rir**.
Rio de Janeiro [ˌxjudʒiʒa'neiru] *m* • **o Rio de Janeiro** Rio de Janeiro.
riqueza [xi'keza] *f* richesse *f*.
rir ['xi(x)] *vi* rire • **desatar a rir** éclater de rire • **rir a bandeiras despregadas** rire à gorge déployée.
ris [xiʃ] → **rir**.
risada [xi'zada] *f* éclat *m* de rire.
risca ['xiʃka] *f* rayure *f*; *(em cabelo)* raie *f* • **risca no meio/de lado** raie au milieu/sur le côté • **à risca** à la lettre.
riscar [xiʃ'ka(x)] *vt (frase, folha)* barrer; *(parede, carro, móvel)* rayer.
risco ['xiʃku] *m (traço)* trait *m*; *(perigo)* risque *m* • **correr o risco de** courir le risque de • **pôr em risco** mettre en danger; *(projeto)* compromettre • **risco de vida** danger *m* de mort.
riso ['xizu] *m* rire *m* • **riso amarelo** rire jaune.
risoto [xi'zotu] *m* risotto *m*.
ríspido, da ['xiʃpidu, da] *adj* revêche.
rissole ['xisoli] *m* beignet *m* à la viande ou au poisson.
ritmo ['xitʒimu] *m* rythme *m*.

ritual [xi'twaw] *(pl -ais) m* rituel *m*.
riu ['xiu] → **rir**.
rival [xi'vaw] *(pl -ais) nmf* rival *m*, -e *f*.
rivalidade [xivali'dadʒi] *f* rivalité *f*.
robalo [xu'balu] *m* bar *m*.
robô [rɔ'bo] *m* robot *m*.
robusto, ta [xo'buʃtu, ta] *adj* robuste.
roça ['xɔsa] *f* champ *m*.
rocambole [xokãn'bɔli] *m* gâteau roulé salé ou sucré.
roçar [xu'sa(x)] *vt* effleurer.
rocha ['xɔʃa] *f* roche *f*.
rochedo [xo'ʃedu] *m* rocher *m*.
rock ['xɔki] *m* rock *m*.
roda ['xɔda] *f (de carro, bicicleta)* roue *f*; *(de saia, vestido)* ampleur *f*; *(de pessoas)* ronde *f* • **à roda de** environ.
rodada [xo'dada] *f (de bebidas)* tournée *f*.
rodagem [xo'daʒẽ] *f* → **faixa**.
roda-gigante [xodaʒi'gãntʃi] *(pl* rodas-gigantes*) f* grande roue *f*.
rodapé [xoda'pɛ] *m* tour de lit *m*, soubassement *m*, plinthe *f (bricolage)* • **nota de rodapé** note en pied de page *f*.
rodar [xo'da(x)] ◆ *vt* faire tourner ◆ *vi* tourner.
rodear [xode'a(x)] *vt* entourer ▫ **rodear-se** *vp + prep* s'entourer de.
rodela [xo'dɛla] *f* rondelle *f*.
rodízio [xo'dʒiʒju] *m* restaurant où les grillades sont servies à volonté.

rododendro [xodo'dʒẽndru] *m* rhododendron *m*.

rodopiar [xodo'pjar] *vi* tournoyer.

rodovia [xodo'via] *f* autoroute *f* • **rodovia com pedágio** autoroute à péage.

rodoviária [xodovj'arja] *f* gare *f* routière.

roer ['xwe(x)] *vt (com dentes)* ronger; *(com atrito)* user.

rola ['xola] *f* tourterelle *f*.

rolar [xo'la(x)] *vi* rouler • **rolar no chão** se rouler par terre • **rolar de rir** se tordre de rire • **rolar na lama** se rouler dans la boue.

roleta [xo'leta] *f* roulette *f*.

roleta-russa [xo'leta'xusa] *f* roulette *f* russe.

rolha ['xoʎa] *f* bouchon *m* • **rolha de cortiça** bouchon en liège.

rolo ['xolu] *m (fotográfico)* pellicule *f*; *(de cabelo)* bigoudi *m*; *(de pintar)* rouleau *m* • **rolo de massa** rouleau à pâtisserie.

ROM *(abrev de* Read Only Memory*) f* ROM *f*.

romã [xo'mã] *f* grenade *f (fruit)*.

romance [xo'mãsi] *m* roman *m* • **romance cor-de-rosa** roman à l'eau de rose • **romance policial** roman policier.

romântico, ca [xo'mãntʃiku, ka] *adj* romantique.

romaria [xoma'ria] *f* pèlerinage *m*.

rombo ['xõnbu] *m (fig)* trou *m*, enfoncement *m*, perte *f*, détournement (de fonds), dommage *(dégâts)*.

romper [xõm'pe(x)] *vt* trouver
☐ **romper-se** *vp* se déchirer
☐ **romper com** *vp* rompre avec.

ronda ['xõnda] *f* ronde *f* • **fazer a ronda** faire la ronde.

rosa ['xɔza] *f* rose *f* • **a vida não é um mar de rosas** tout n'est pas rose.

rosário [xo'zarju] *m* rosaire *m*.

rosbife [xoʒ'bifi] *m* rosbif *m*.

rosca ['xoʃka] *f (de garrafa, tampa, parafuso)* filet *m*; CULIN brioche en forme de couronne.

rosé [xo'zɛ] *m* rosé *m*.

roseira [xo'zejra] *f* rosier *m*.

rosnar [xoʒ'na(x)] *vi* grogner.

rosto ['xoʃtu] *m* visage *m*.

rota ['xɔta] *f* route *f*.

rotativo, va [xota'tʃivu, va] *adj* rotatif(ive).

roteador, ra [rotea'do(x), ra] *m* INFORM routeur *m*.

roteiro [xo'tejru] *m* circuit *m*; *(de filme)* scénario *m*.

rotina [xo'tʃina] *f* routine *f*.

roto, ta ['xotu, ta] ◆ *pp* → **romper** ◆ *adj (sapato, roupa)* troué(e); *(cano)* percé(e).

rótula ['xɔtula] *f* rotule *f*.

rotular [xotu'la(x)] *vt* étiqueter.

rótulo ['xɔtulu] *m* étiquette *f*.

rotunda [xo'tũnda] *f* rond-point *m*.

roubar [xo'ba(x)] *vt & vi* voler • **roubar algo de alguém** voler qqch à qqn.

roubo ['xobu] *m* vol *m*.

rouco, ca ['xoku, ka] *adj* rauque • **estar rouco** être enroué.

roupa ['xopa] *f (vestuário)* vêtement *m*; *(de cama)* linge *m* • **roupa íntima** sous-vêtements *mpl.*

roupão [xo'pãw] *(pl* -ões) *m* robe *f* de chambre.

rouxinol [xoʃi'nɔw] *(pl* -óis) *m* rossignol *m.*

roxo, xa ['xoʃu, ʃa] *adj* violet(ette).

rua ['xua] • *f* rue *f* • *interj* dehors! • **rua abaixo/acima** en descendant/en montant la rue.

rubéola [xu'bɛula] *f* rubéole *f.*

rubi [xu'bi] *m* rubis *m.*

rubor [xu'bo(x)] *(pl* -es) *m* rougeur *f.*

ruborizar-se [xubori'zaxsi] *vp* rougir.

rubrica [xu'brika] *f* signature *f.*

ruço, ça ['xusu, sa] *adj* gris(e).

rúcula ['xukula] *f* roquette *f (salade).*

rude ['xudʒi] *adj* grossier(ère).

ruela ['xwɛla] *f* ruelle *f.*

ruga ['xuga] *f (em pele)* ride *f*; *(em tecido)* pli *m.*

rugby ['xugbi] *m* rugby *m.*

rugido [xu'ʒidu] *m* rugissement *m.*

rugir [xu'ʒi(x)] *vi* rugir.

ruído ['xwidu] *m* bruit *m.*

ruim [xuĩ] *(pl* -ns) *adj* mauvais(e).

ruínas ['xwinaʃ] *fpl* ruines *fpl.*

ruins [xu'ĩnʃ] → **ruim.**

ruivo, va ['xuivu, va] *adj* roux(rousse).

rum [xũ] *m* rhum *m.*

rumar [xu'ma(x)] □ **rumar a** *vp* mettre le cap sur.

rumba ['xũmba] *f* rumba *f.*

rumo ['xumu] *m (direção)* direction *f; (de coisas)* tournure *f.*

rumor [xu'mo(x)] *(pl* -es) *m (boato)* rumeur *f.*

ruptura [xup'tura] *f* rupture *f.*

rural [xu'raw] *(pl* -ais) *adj* rural(e).

rush ['xãʃi] *m* heure *f* de pointe.

Rússia ['xusja] *f* • **a Rússia** la Russie.

russo, a ['xusu, sa] • *adj* russe • *mf* Russe *mf* • *m (língua)* russe *m.*

rústico, ca ['xuʃtʃiku, ka] *adj* rustique.

S

S.A. *(abrev de* **Sociedade Anônima)** SA *f.*

sábado ['sabadu] *m* samedi *m*, → **sexta-feira.**

sabão [sa'bãw] *(pl* -ões) *m* savon *m.*

sabedoria [sabedo'ria] *f* sagesse *f.*

saber [sa'be(x)] • *m* savoir *m* • *vt & vi* savoir • **saber fazer algo** savoir faire qqch • **fazer saber** faire savoir • **não quero saber** je ne veux pas le savoir • **não saber nada** ne rien savoir • **sem saber** sans le savoir • **saber a** avoir un goût de

sabiá

- **saber bem/mal** avoir bon/mauvais goût ▫ **saber de** *vp (entender de)* s'y connaître en; *(ter conhecimento de)* connaître
- **vir a saber de algo** apprendre qqch.
sabiá [sa'bja] *f* grive *f*.
sabões [sa'bõjʃ] → **sabão**.
sabonete [sabo'netʃi] *m* savonnette *f*.
saboneteira [sabone'tʃejra] *f* porte-savon *m*.
sabor [sa'bo(x)] *(pl* -es) *m (gosto)* goût *m*.
saborear [saborj'a(x)] *vt* savourer; *(provar)* déguster.
sabores → **sabor**.
sabotagem [sabo'taʒẽ] *(pl* -ns) *f* sabotage *m*.
sabotar [sabo'ta(x)] *vt* saboter.
sabugueiro [sabu'gejru] *m* sureau *m*.
saca ['saka] *f* sac *m*.
sacar [sa'ka(x)] *vt (fam)* piger.
sacarina [saka'rina] *f* saccharine *f*.
saca-rolhas [,saka'xoʎaʃ] *m inv* tire-bouchon *m*.
sacarose [saka'rɔzi] *f* saccharose *m*.
sacerdote [sasex'dɔtʃi] *m* prêtre *m*.
sachê [sa'ʃe] *m* sachet *m*.
sacho ['saʃu] *m* sarcloir *m*.
saciar [sasj'a(x)] *vt (fome)* assouvir; *(sede)* étancher *t* ▫ **saciar-se** *vp* se rassasier.
saco ['saku] *m* sac *m*. • **saco de dormir** sac de couchage • **saco de lixo** sac poubelle • **saco de plástico** sac en plastique • **saco de viagem** sac de voyage.
sacola [sa'kɔla] *f* sac *m*.
sacramento [sakra'mẽntu] *m* sacrement *m* ▫ **sacramentos** *mpl* sacrements *mpl*.
sacrificar [sakrifi'ka(x)] *vt* sacrifier ▫ **sacrificar-se** *vp*
- **sacrificar-se por alguém** se sacrifier pour qqn.
sacrilégio [sakri'lɛʒju] *m* sacrilège *m*.
sacristia [sakriʃ'tʃia] *f* sacristie *f*.
sacro, cra ['sakru, kra] *adj* sacré(e).
sacudir [saku'dʒi(x)] *vt* secouer; *(rabo, cabeça)* remuer.
sádico, ca ['sadʒiku, ka] *mf* sadique *mf*.
sadio, dia [sa'dʒiu, dʒia] *adj* sain(e).
saem ['sajẽ] → **sair**.
safio [sa'fju] *m* congre *m*.
safira [sa'fira] *f* saphir *m*.
Sagitário [saʒi'tarju] *m* Sagittaire *m*.
sagrado, da [sa'gradu, da] *adj* sacré(e).
saguão [sa'gwãw] *(pl* -ões) *m* cour *f*.
sai ['saj] → **sair**.
saí [sa'i] → **sair**.
saia ['saja] *f* jupe *f*.
saia-calça [,saja'kawsa] *(pl* **saias-calças)** *f* jupe-culotte *f*.
saída [sa'ida] *f (de lugar)* sortie *f*; *(de ônibus, trem)* départ *m*; *(de problema, situação)* issue *f*; *(profissional)* débouché *m* ▫ **saída de emergência** sortie de secours, issue de secours • **dar**

uma saída sortir • estar de saída être sur le point de partir • ter saída se vendre bien.

saio ['saju] → **sair**.

sair [sa'i(x)] *vi* sortir; *(partir)* partir; *(custar)* revenir • sair de sortir de ❏ **sair-se** *vp* • sair-se bem/mal bien/mal s'en sortir.

saiu [sa'iu] → **sair**.

sal ['saw] (*pl* **sais**) *m* sel *m* • sem sal sans sel • sal comum *ou* marinho sel de mer • sal de fruta bicarbonate *m* • sal grosso gros sel ❏ **sais** *mpl (de cheirar, banho)* sels *mpl*.

sala ['sala] *f (de casa)* salon *m*; *(qualquer divisão)* salle *f* • sala de bingo salle de bingo • sala de espera salle d'attente • sala de estar salon • sala de jantar salle à manger • sala de jogos salle de jeux.

salada [sa'lada] *f* salade *f* • salada de alface salade verte • salada de frutas salade de fruits • salada mista salade mixte • salada russa salade russe • salada de tomate salade de tomates.

saladeira [sala'dʒejra] *f* saladier *m*.

salamandra [sala'mãndra] *f* salamandre *f*.

salame [sa'lami] *m* sorte de saucisson.

salão [sa'lãw] (*pl* **-ões**) *m* salon *m*; *(de bailes)* salle *f* • salão de beleza salon de beauté • salão de chá salon de thé • salão de festas salle des fêtes.

salário [sa'larju] *m* salaire *m* • salário mínimo salaire minimum.

salário-família [sa,larjufa'milja] (*pl* **salários-família**) *m* allocations *fpl* familiales.

saldar [saw'da(x)] *vt* solder.

saldo ['sawdu] *m* solde *m* • em saldo en solde ❏ **saldos** *mpl* soldes *mpl*.

salgadinhos [sawga'dʒiɲuʃ] *mpl* petits gâteaux salés, olives, chorizo etc. servis en apéritif.

salgado, da [saw'gadu, da] *adj* salé(e).

salgueiro [saw'gejru] *m* saule *m*.

salientar [saljẽn'ta(x)] *vt* souligner ❏ **salientar-se** *vp* ressortir.

saliente [sa'ljẽntʃi] *adj* saillant(e).

saliva [sa'liva] *f* salive *f*.

salmão [saw'mãw] *m* saumon *m* • salmão defumado saumon fumé.

salmonela [sawmo'nɛla] *f* salmonelle *f*.

salmonete [sawmo'netʃi] *m* rouget *m*.

salmoura [saw'mora] *f* saumure *f*.

salões [sa'lõjʃ] → **salão**.

salpicão [sawpi'kãw] (*pl* **-ões**) *m (prato)* plat froid à base de poulet, de porc et de jambon coupés en fines lamelles macérées dans la sauce.

salpicar [sawpi'ka(x)] *vt (com água)* éclabousser; *(com açúcar)* saupoudrer.

salpicões *f* → **salpicão**.

salsa ['sawsa] *f* persil *m* • **salsa picada** une persillade.

salsicha [saw'siʃa] *f* saucisse *f.*

salsicharia [sawsiʃa'ria] *f* charcuterie *f.*

saltar [saw'ta(x)] *vt & vi* sauter • **saltar à vista** OU **aos olhos** sauter aux yeux.

salteado, da [sawte'adu, da] *adj (interpolado)* dans le désordre; CULIN sauté(e).

salto ['sawtu] *m* saut *m; (de calçado)* talon *m* • **dar um salto a** faire un saut à • **salto alto** talon haut • **salto baixo** OU **raso** talon plat • **salto em altura** saut en hauteur • **salto em distância** saut en longueur • **salto com vara** saut à la perche.

salto-mortal ['sawtu'mox'taw] *m* saut *m* périlleux.

salutar [salu'ta(x)] *(pl* -**es***) adj* salutaire.

salva ['sawva] *f (planta)* sauge *f.; (bandeja)* plateau *m* • **salva de palmas** salve *f* d'applaudissements.

salvação [sawva'sãw] *f* salut *m.*

salvaguardar [ˌsawvagwax'da(x)] *vt* sauvegarder.

salvamento [sawva'mẽntu] *m* sauvetage *m.*

salvar [saw'va(x)] *vt* INFORM • **salvar um arquivo** sauvegarder un fichier.

salvar [saw'va(x)] *vt* sauver ❏ **salvar-se** *vp (escapar)* s'échapper.

salvar [saw'va(x)] *vt* sauver • **salvar as aparências** sauver les apparences ❏ **salvar-se** *vp* • **salvar-se de** réchapper de.

salva-vidas [ˌsawva'vidaʃ] *m inv (embarcação)* canot *m* de sauvetage.

salvo, va ['sawvu, va] ◆ *pp* → **salvar** ◆ *adj* sauf(sauve) ◆ *prep* sauf • **estar a salvo** être en sûreté • **pôr-se a salvo** se sauver • **salvo erro** sauf erreur • **salvo se** sauf si.

samba ['sãmba] *m* samba *f.*

ⓘ SAMBA

La *samba* est un genre musical et une danse d'origine afro-brésilienne. De rythme syncopé, elle est jouée à l'aide de percussions, d'une guitare et d'un *cavaquinho*. Les paroles des chansons, en général, portent sur la vie urbaine ou sur l'amour. Bien qu'il y ait plusieurs types de *samba*, comme la romantique *samba-chanson* et le populaire *pagode*, la plus connue est, sans doute, la *samba-enredo* qui est dansée par les écoles de *samba* pendant les défilés du carnaval.

samba-canção [ˌsãnbakãn'sãw] *(pl* **sambas-canções***) m (tipo de samba)* samba lente et sentimental; *(fam) (cueca)* caleçon *m.*

sambar [sãn'ba(x)] *vi* danser la samba.

sambista [sãn'biʃta] nmf danseur m, -euse f de samba.

sambódromo [sãn'bɔdromu] m enceinte dans laquelle défilent les écoles de samba pendant le Carnaval au Brésil.

sanatório [sana'tɔrju] m sanatorium m.

sanção [sã'sãw] (pl -ões) f sanction f.

sandália [sãn'dalja] f sandale f.

sanduíche [sãndw'iʃi] f inv sandwich m.

sanfona [sã'fona] f accordéon m.

sangrar [sãŋ'gra(x)] vi saigner.

sangria [sãŋ'gria] f sangria f.

sangue ['sãŋgi] m sang m.

sangue-frio [ˌsãŋgi'friu] m sang-froid m.

sanguessuga [ˌsãŋgi'suga] f sangsue f.

sanguíneo [sãŋ'gwinju] adj adj → vaso.

sanidade [sani'dadʒi] f (higiene) hygiène f; (mental) santé f.

sanitário, ria [sani'tarju, rja]
♦ adj sanitaire ♦ m toilettes fpl, WC mpl.

santo, ta ['sãntu, ta] mf saint m, -e f ● **o Santo Padre** le Saint-Père.

santuário [sãntw'arju] m sanctuaire m.

são[1] ['sãw] → ser.

são[2] [' sãw, 'sã] adj sain(e)
● são e salvo sain et sauf.

São [sãw] m = Santo.

São Paulo [ˌsãw'pawlu] s São Paulo.

São Tomé e Príncipe [sãwto,mei'prĩsipi] s São Tomé et Príncipe.

sapataria [sapata'ria] f magasin m de chaussures.

sapateado [sapa't ʒjadu] m claquettes fpl.

sapateira [sapa'tejra] f tourteau m, → sapateiro.

sapateiro, ra [sapa'tejru, ra] mf cordonnier m.

sapatilhas [sapa'tiʎaʃ] fpl (de bailarinos) chaussons mpl.

sapato [sa'patu] m chaussure f
● **sapatos de salto alto** chaussures à talon.

sapê [sa'pe] m = chaume m.

sapo ['sapu] m crapaud m.

saque ['saki] m (de dinheiro) traite f; ESP défaite f; (roubo) pillage m.

saquinho [sa'kiɲu] m ● **saquinho de chá** sachet m de thé.

sarampo [sa'rãmpu] m rougeole f.

sarapatel [sarapa'tɛw] (pl -éis) m plat à base de sang et de foie de porc, tomates, piments, oignon.

sarar [sa'ra(x)] vt & vi guérir.

sarcasmo [sax'kaʒmu] m sarcasme m.

sarda ['saxda] f tâche f de rousseur.

sardinha [sax'dʒiɲa] f (peixe) sardine f; (jogo) jeu qui consiste à taper sur les mains de son adversaire avant qu'il ne les retire ● **sardinha assada** sardine grillée.

sargento [sax'ʒẽntu] m sergent m.

sarja ['saxʒa] f serge m.
sarjeta [sax'ʒeta] f caniveau m.
sarro ['saxu] m tartre m.
satélite [sa'tɛlitʃi] m satellite m.
sátira ['satʃira] f satire f.
satisfação [satʃiʃfa'sãw] (pl -ões) f (contentamento) satisfaction ▸ **não dar satisfações a ninguém** ne rendre de comptes à personne ▸ **pedir satisfações a alguém** demander des comptes à qqn.
satisfatório, ria [satʃiʃfa'tɔrju, rja] adj satisfaisant(e).
satisfazer [satʃiʃfa'ze(x)] vt & vi satisfaire □ **satisfazer-se com** vp + prep se satisfaire de.
satisfeito, ta [satʃiʃ'fejtu, ta] adj satisfait(e) ▸ **dar-se por satisfeito** s'estimer heureux.
saudação [sawda'sãw] (pl -ões) f salutation f.
saudade [saw'dadʒi] f vague m à l'âme ▸ **tenho saudades da família** la famille me manque ▸ **deixar saudade** regretter ▸ **matar saudade** se rattraper ▸ **morro de saudade da comida da minha mãe** la cuisine de ma mère me manque terriblement.
saudar [saw'da(x)] vt saluer.
saudável [saw'davɛw] (pl -eis) adj sain(e).
saúde [sa'udʒi] ◆ f santé f ◆ interj tchin(-tchin)!
sauna ['sawna] f sauna m.
saveiro [sa'vejru] m bateau m de pêche.
sável ['savɛw] m alose f (poisson).

saxofone [sakso'fɔni] m saxophone m.
scanner [iʃka'nɛ(x)] (pl **scanners**) m INFORM scanner m.
scooter ['skutɛ(x)] (pl **-es**) m scooter m.
script [iʃkriptʃi] (pl **scripts**) m INFORM script m.
s.d. (abrev de sem data) sans date.
se [si] ◆ pron **1.** (uso reflexivo referindo-se a ele, ela, eles, elas) se; (você) te; (vocês) vous ▸ **ele não se enganou** il ne s'est pas trompé ▸ **eles se perderam** ils se sont perdus ▸ **vocês se perderam** vous vous êtes perdus **2.** (uso recíproco referindo-se a eles, elas) se; (vocês) vous ▸ **amam-se** ils s'aiment ▸ **escrevem-se regularmente** ils s'écrivent régulièrement **3.** (com sujeito indeterminado) on ▸ **vive-se melhor no campo** on vit mieux à la campagne ▸ **aluga-se quarto** chambre à louer ◆ conj **1.** (ger) si ▸ **se tiver tempo, escrevo** si j'ai du temps, j'écrirai ▸ **se está com fome, coma alguma coisa** si tu as faim, mange qqch ▸ **se um é feio, o outro ainda é pior** si l'un est affreux, l'autre est encore pire ▸ **que tal se tirássemos umas férias?** et si nous prenions des vacances? ▸ **se pelo menos não chovesse** si au moins il ne pleuvait pas ▸ **avisem-me se vierem** prévenez-moi si vous venez ▸ **perguntei-lhe se gostou do

lui ai demandé si ça lui a plu 2. *(em locuções)* • **se bem que** bien que.

sé ['sɛ] f cathédrale f.
sebe ['sɛbi] f haie f • **sebe viva** haie vive.
sebento, ta [se'bẽntu, ta] *adj* crasseux(euse).
sebo ['sebu] m sébum m.
seca ['seka] f sécheresse f.
secador [seka'do(x)] *(pl -es)* m *(de cabelo)* sèche-cheveux m *inv.*
secadora [seka'dora] f • **secadora de roupas** sèche-linge m *inv.*
seção [se'sãw] *(pl -ões)* f *(repartição pública)* service m; *(de loja)* rayon m • **a seção de perdidos e achados** les objets trouvés.
secar [se'ka(x)] ◆ *vt* faire sécher ◆ *vi* sécher; *(rio, poço, lago)* assécher • **vou secar o cabelo** je vais me sécher les cheveux.
seco, ca ['seku, ka] ◆ *pp* → **secar** ◆ *adj* sec(sèche).
secretaria [sekre'tria] f secrétariat m • **secretaria de Estado** secrétariat d'État.
secretária [sekre'tarja] f bureau m • **secretária eletrônica** répondeur m automatique → **secretário**.
secretário, ria [sekre'tarju, rja] *mf* secrétaire *mf* • **secretário de Estado** secrétaire d'État.
secreto, ta [se'krɛtu, ta] *adj* secret(ète).
sectário, ria [sɛk'tarju, rja] *adj* sectaire.

secular [seku'la(x)] *(pl -es)* *adj* séculaire.
século ['sɛkulu] m siècle m.
secundário, ria [sekũn'darju, rja] *adj* secondaire.
seda ['seda] f soie f.
sedativo [seda'tʃivu] m sédatif m.
sede¹ ['sɛdʒi] f *(de empresa)* siège m social; *(de organização)* siège m.
sede² ['sedʒi] f soif f • **matar a sede** étancher sa soif • **ter sede de** avoir soif de.
sedimento [sedʒi'mẽntu] m sédiment m.
sedoso, osa [se'dozu, ɔza] *adj* soyeux(euse).
sedução [sedu'sãw] *(pl -ões)* f séduction f.
sedutor, ra [sedu'to(x), ra] *(mpl -es, fpl -s)* *adj* séduisant(e).
seduzir [sedu'zi(x)] *vt* séduire.
segmento [sɛg'mẽntu] m segment m.
segredo [se'gredu] m secret m.
segregar [segre'ga(x)] *vt (pôr de lado)* mettre à l'écart, isoler; *(secreção)* sécréter ❏ **segregar-se** *vp* s'isoler.
seguida [se'gida] f • **em seguida** ensuite.
seguidamente [se,gida'mẽntʃi] *adv (sem interrupção)* d'affilée; *(em seguida)* ensuite.
seguido, da [se'gidu, da] *adj* suivi(e) • **seguido de** suivi de.
seguinte [se'gĩntʃi] ◆ *adj* suivant(e) ◆ *nmf* • **o/a seguinte** le suivant/la suivante • **o dia se-**

seguir

guinte le lendemain. • **o mês seguinte** le mois d'après.

seguir [se'gi(x)] ♦ vt suivre; *(carreira, profissão)* faire ♦ vi continuer • **seguir com algo para a frente** mener qqch à bien • **seguir para** continuer vers • **siga pela esquerda/direita** prends à gauche/à droite • **a seguir** ensuite.

segunda [se'gũnda] f deuxième f *(vitesse)*.

segunda-feira [se,gũnda'fejra] *(pl* **segundas-feiras**) f lundi m, → **sexta-feira**.

segundo, da [se'gũndu, da] ♦ num second(e) ♦ m seconde f ♦ prep d'après ♦ adv deuxièmement • **de segunda mão** d'occasion → **sexto**.

seguramente [se,gura'mẽntʃi] adv sûrement.

segurança [segu'rãsa] f sécurité f; *(certeza)* assurance f • **com segurança** avec assurance • **em segurança** en sécurité.

segurar [segu'ra(x)] vt *(coisa)* tenir; *(pessoa)* retenir.

seguridade [se,guri'dadʒi] f • **a Seguridade Social** la sécurité sociale.

seguro, ra [se'guru, ra] ♦ adj *(sem riscos, firme)* sûr(e); *(preso)* attaché(e); *(a salvo)* en sûreté; *(garantido)* assuré(e) ♦ m assurance f • **estar seguro** *(estar a salvo)* être en sécurité; *(ter certeza)* être sûr • **pôr no seguro** assurer • **ser seguro de si** être sûr de soi • **seguro contra terceiros** assurance au tiers

• **seguro contra todos os riscos** assurance tous risques • **seguro de viagem** assurance voyage • **seguro de vida** assurance vie.

seguro-saúde [se,gurusa'udʒi] *(pl* **seguros-saúde**) m assurance f maladie.

sei ['sej] → **saber**.

seio ['saju] m sein m.

seis ['sejʃ] ♦ adj num, pron num & m six; *(dia)* le six ♦ mpl six ♦ fpl • **às seis** à six heures • **ele tem seis anos** il a six ans • **eles eram seis** ils étaient six • **são seis horas** il est six heures • **seis de janeiro** le six janvier • **página seis** page six • **trinta e seis** trente-six • **o seis de copas** le six de cœur • **seis em seis dias** tous les six jours • **empataram em seis a seis** (ils ont fait) six partout • **seis a zero** six à zéro.

seiscentos, tas [sejʃ'sẽntuʃ, taʃ] num six cents, → **seis**.

seita ['sejta] f secte f.

seiva ['sejva] f sève f.

seixo ['sejʃu] m caillou m.

sela ['sɛla] f selle f.

selar [se'la(x)] vt seller; *(carta, subscrito)* cacheter.

seleção [sele'sãw] f *(escolha)* sélection f; *(em esporte)* équipe f nationale.

selecionar [selesjo'na(x)] vt sélectionner.

seleto, ta [se'lɛtu, ta] adj chic *(inv)*.

self-service [sɛwf'sɛrvis] *(pl* **self-services**) m self-service m.

selim [se'lĩ] (*pl* **-ns**) *m* selle *f.*
selo ['selu] *m* timbre *m* • **selo de garantia** label *m* (de qualité).
selva ['sewva] *f* jungle *f.*
selvagem [sew'vaʒẽ] (*pl* **-ns**) *adj & nmf* sauvage.
sem [sẽ] *prep* sans • **estar sem água/gasolina** ne plus avoir d'eau/d'essence • **estar sem fazer nada** ne rien avoir à faire • **sem que** sans que • **sem mais nem menos** comme ça, sans raison • **sem teto** *nmf inv* sans-abri *mf inv* • **um sem-fim de** une infinité de.
semáforo [se'maforu] *m* feu rouge *m.*
semana [se'mana] *f* semaine *f* • **de semana em semana** de semaine en semaine • **por semana** par semaine, hebdomadaire ▫ **Semana Santa** la Semaine Sainte.
semanada [sema'nada] *f* argent *m* de poche.
semanal [sema'naw] (*pl* **-ais**) *adj* hebdomadaire.
semblante [sẽn'blãntʃi] *m* air *m (apparence).*
semear [se'mja(x)] *vt* semer.
semelhança [seme'ʎãsa] *f* ressemblance *f* • **à semelhança de** de la même manière que.
semelhante [seme'ʎãntʃi] *adj* semblable • **semelhante a** semblable à.
sêmen ['semɛn] *m* sperme *m.*
semente [se'mẽntʃi] *f* graine *f,* semence *f.*

semestral [semeʃ'traw] (*pl* **-ais**) *adj* semestriel(elle).
semestre [se'mɛʃtri] *m* semestre *m.*
seminário [semi'narju] *m* séminaire *m.*
sêmola ['semola] *f* semoule *f.*
semolina [semo'lina] *f* farine *f* de semoule.
sempre ['sẽmpri] *adv* (*o tempo todo*) toujours; *(afinal)* finalement • **o mesmo de sempre** comme d'habitude • **como sempre** comme toujours • **para sempre** pour toujours • **sempre que** chaque fois que.
sempre-viva [ˌsẽmpri'viva] (*pl* **sempre-vivas**) *f* immortelle *f.*
sem-vergonha [sãjvex'goɲa] *nmf inv* sans-gêne *mf inv.*
sena ['sena] *f* six *m (de carreau, trèfle, pique, cœur).*
senado [se'nadu] *m* sénat *m.*
senão [se'nãw] *conj* sinon.
senha ['seɲa] *f* ticket *m* • **senha de saída** contremarque *f.*
senhor, ra [se'ɲo(x), ra] (*mpl* **-es**, *fpl* **-s**) *mf* monsieur *m,* madame *f* • **senhoras mins.**
senhorio, ria [seɲo'riu, ria] *mf* propriétaire *mf.*
senil [se'niw] (*pl* **-is**) *adj* sénile.
sensação [sẽsa'sãw] (*pl* **-ões**) *f* sensation *f* • **causar sensação** faire sensation.
sensacional [sẽsasjo'naw] (*pl* **-ais**) *adj* sensationnel(elle).
sensações → **sensação**.
sensato, ta [sẽ'satu, ta] *adj* sensé(e).

sensível [sẽ'sivɛw] (*pl* **-eis**) *adj* sensible.

senso ['sẽsu] *m* sens *m* • **bom senso** bon sens • **senso comum** sens commun • **senso prático** sens pratique.

sensual [sẽ'swaw] (*pl* **-ais**) *adj* sensuel(elle).

sentado, da [sẽn'tadu, da] *adj* assis(e).

sentar-se [sẽn'taxsi] *vp* s'asseoir.

sentença [sẽn'tẽsa] *f* sentence *f.*

sentido, da [sẽn'tʃidu, da] ◆ *adj (melindrado)* vexé(e); *(magoado)* blessé(e) ◆ *m* sens *m* • **fazer sentido** avoir un sens • **em certo sentido** dans un sens • **sentido proibido** sens interdit • **sentido único** sens unique.

sentimental [sẽntʃimẽn'taw] (*pl* **-ais**) *adj* sentimental(e).

sentimento [sẽntʃi'mẽntu] *m* sentiment *m* • **os meus sentimentos!** toutes mes condoléances!

sentinela [sẽntʃi'nɛla] *nmf* sentinelle *f* • **estar de sentinela** faire le guet.

sentir [sẽn'tʃi(x)] *vt* • **sinto frio** j'ai froid • **sentir raiva** être en colère • **sinto muito!** je suis désolé! • **sinto falta dele** il me manque • **sentir vontade de fazer algo** avoir envie de faire qqch ❏ **sentir-se** *vp* se sentir • **sinto-me mal** je me sens mal.

separação [separa'sãw] (*pl* **-ões**) *f* séparation *f.*

separado, da [sepa'radu, da] *adj* séparé(e) • **em separado** séparément.

separar [sepa'ra(x)] *vt* séparer ❏ **separar-se** *vp* se séparer.

septuagésimo, ma [seεptwaˈʒɛzimu, ma] *num* soixante-dixième, → **sexto**.

sepultar [sepuw'ta(x)] *vt* enterrer.

sepultura [sepuw'tura] *f (cova)* sépulture *f; (túmulo)* tombe *f.*

sequência [se'kwẽsja] *f* suite *f.*

sequer [se'kɛ(x)] *adv* • **nem sequer** même pas • **ele nem sequer protestou** il n'a même pas protesté.

sequestrador, ra [sekweʃtra'do(x), ra] (*mpl* **-res**, *fpl* **-s**) *nmf* ravisseur *m*, -euse *f.*

sequestrar [sekweʃ'tra(x)] *vt (raptar)* enlever; *(fechar)* séquestrer.

sequestro [se'kwɛʃtru] *m* séquestre *m.*

sequoia [se'kwɔja] *f* séquoia *m.*

ser ['se(x)] (*pl* **-es**) ◆ *m (criatura)* être *m* • **o ser humano** l'être humain ◆ *vi* **1.** *(ger)* être • **é demasiado longo** c'est trop long • **são bonitos** ils sont beaux • **sou médico** je suis médecin • **ele é do Brasil** il est du Brésil • **é no Porto** c'est à Porto • **sou brasileira** je suis brésilienne • **quanto é?** c'est combien? • **são sessenta euros** soixante euros • **hoje é sexta** aujourd'hui, on est vendredi • **que horas são?** quelle heure est-il? • **são seis horas** il six heures • **é do Paulo** c'est à Paulo • **este carro é seu?** cette voiture est à toi? • **os livros eram meus** les livres étaient à moi **2.** *(em locuções)* • **a não ser que** à moins que • **que foi?** qu'y a-t-il? • **ou seja** c'est-à-dire • **será que...?** est-ce que...? ◆ *v aux* être • **foi visto à saída do cinema** il a été vu à la sortie du cinéma ◆ *v impess* être • **é de dia/noite** il fait jour/nuit • **é tarde/cedo** il est tard/tôt • **é difícil de dizer** c'est difficile à dire • **é fácil de ver** c'est facile à voir □ **ser de** *vp (matéria)* être en; *(ser adepto de)* être pour □ **ser para** *vp (servir para, ser adequado para)* servir à • **isto não é para comer agora** ce n'est pas pour manger maintenant.

serão [se'rãw] *(pl -ões)* m veillée f • **fazer serão** veiller.

serões → **serão**.

sereia [se'reja] f sirène f.

serenar [sere'na(x)] ◆ *vt* apaiser ◆ *vi* s'apaiser; *(vento)* se calmer.

serenata [sere'nata] f sérénade f.

seres = **ser**.

seresta [se'rɛʃta] f = **serenata**.

seriado [se'rjadu] m série f télévisée.

série ['sɛrji] f série f; *(de bilhetes de metrô)* carnet m • **uma série de** une série de.

seriedade [serje'dadʒi] f sérieux m.

seringa [se'rĩga] f seringue f.

seringueira [serĩ'gejra] f hévéa m.

sério, ria ['sɛrju, rja] ◆ *adj* sérieux(euse) ◆ *adv* **a sério?** sérieusement! • **levar** OU **tomar a sério** prendre au sérieux.

sermão [sex'mãw] *(pl -ões)* m sermon m.

serões → **serão**.

serpente [sex'pẽtʃi] f serpent m.

serpentina [serpẽ'tʃina] f serpentin m.

serra ['sɛxa] f *(instrumento)* scie f; *(em geografia)* montagne f.

serralheiro [sexa'ʎejru] m serrurier m.

serrar [se'xa(x)] *vt* scier.

sertanejo, ja [sexta'neʒu, ʒa] *adj* du sertão.

sertão [sex'tãw] m sertão m.

servente [sex'vẽtʃi] m *(de pedreiro)* apprenti m maçon.

serventia [sexvẽ'tʃia] f *(préstimo)* utilité f; *(de casa, edifício, terreno)* chemin m d'accès.

serviço [sex'visu] m service m; *(trabalho)* travail m • **fora de serviço** hors service ◆ **serviço incluído** service compris • **serviço cívico** service civil • **os serviços** les services *(secteur tertiaire)*.

servidor, ra [sex'vido(x), ra] nmf *(funcionário)* fonctionnaire m • **servidor público** fonctionnaire public m.

servidor [sex'vido(x)] m INFORM serveur m.

servil

servil [sex'viw] (*pl* **-is**) *adj* servile.

servir [sex'vi(x)] ♦ *vt* servir ♦ *vi* servir; *(roupa, calçado)* aller • **em que posso servi-lo?** en quoi puis-je vous être utile? • **servir de algo** servir de qqch ▫ **servir-se** *vp* se servir **servir-se de** *vp* + *prep* se servir de.

servis → servil.

sessão [se'sãw] (*pl* **-ões**) *f* séance *f*; *(de debate político, científico)* session *f*.

sessenta [se'sẽta] *num* soixante, → **seis**.

sessões [se'sõjʃ] → sessão.

sesta ['sɛʃta] *f* sieste *f*.

seta ['sɛta] *f* flèche *f*.

sete ['sɛtʃi] *num* sept, → **seis**.

setecentos, tas [sɛte'sẽntuʃ, taʃ] *num* sept cents, → **seis**.

setembro [se'tẽmbru] *m* septembre *m* • **durante o mês de setembro** au mois de septembre • **em setembro** en septembre • **em meados de setembro** à la mi-septembre • **este mês de setembro** le mois de septembre • **em setembro passado** en septembre dernier • **no próximo mês de setembro** en septembre prochain • **no princípio/fim de setembro** début/fin septembre • **o primeiro de setembro** le 1er septembre.

setenta [se'tẽnta] *num* soixante-dix, → **seis**.

sétimo, ma ['sɛtʃimu, ma] *num* septième, → **sexto**.

320

setor [se'to(x)] (*pl* **-es**) *m* (*ramo de atividade*) secteur *m*; (*seção de empresa*) service *m*.

seu, sua ['sew, 'sua] (*dele, dela*) *adj* **1.** (*dele, dela, de coisa, animal*) son(sa) **2.** (*do senhor, da senhora*) votre **3.** (*de vocês*) votre **3.** (*de você*) ton(ta) **4.** (*deles, delas*) leur ♦ *pron* • **o seu a sua** (*dele, dela*) le sien(la sienne); (*de você*) le tien(la tienne); (*do senhor, da senhora*) le vôtre(la vôtre); (*deles, delas*) le leur(la leur) • **isto é seu?** (*dele*) c'est à lui?; (*dela*) c'est à elle?; (*deles, delas*) c'est à eux/à elles?; (*de você*) c'est à toi?; (*do senhor, da senhora*) c'est à vous? • **um amigo seu** (*dele, dela*) un de ses amis; (*deles, delas*) un de leurs amis; (*de você*) un de tes amis; (*do senhor, da senhora*) un de vos amis • **os seus** (*a família de cada um*) les siens ♦ *mf* **1.** (*pej*) (*forma de tratamento*) espèce *f* de • **seu estúpido!** espèce d'imbécile! • **seus irresponsáveis!** bande d'irresponsables! **2.** (*com malícia*) • **seu malandrinho!** petit vaurien! • **sua danadinha!** petite coquine!

severidade [severi'dadʒi] *f* sévérité *f*.

severo, ra [se'vɛru, ra] *adj* sévère.

sexagésimo, ma [sɛksa'ʒɛzimu, ma] *num* soixantième, → **sexto**.

sexo ['sɛksu] *m* sexe *m*.

sexta-feira [,sejʃta'fejra] (*pl* **sextas-feiras**) *f* vendredi

321

- **às sextas-feiras** les vendredis • **até sexta-feira** à vendredi ! **ela vem sexta-feira** elle vient vendredi • **esta sexta-feira** *(próxima)* ce vendredi-ci, vendredi prochain; *(passada)* vendredi dernier • **hoje é sexta-feira** aujourd'hui nous sommes vendredi • **todas as sextas-feiras** tous les vendredis • **sexta-feira de manhã/à tarde/à noite** vendredi matin/après-midi/soir • **sexta-feira 13 de junho** vendredi 13 juin • **sexta-feira passada** vendredi dernier • **sexta-feira que vem** vendredi prochain ▫ **Sexta-Feira Santa** *f* vendredi saint.

sexto, ta [sejʃtu, ta] ♦ *adj num & pron* sixième ♦ *m* sixième *m*, *f* • **o sexto/a sexta** le/la sixième • **chegar em sexto** arriver sixième • **capítulo sexto** chapitre six • **em sexto lugar** en sixième • **no sexto dia** le sixième jour • **a sexta parte** le sixième.

sexual [sɛk'swaw] *(pl* -ais*)* adj sexuel(elle).

sexualidade [sekswali'dadʒi] *f* sexualité *f.*

sexy ['sɛksi] adj sexy.

shareware [ʃari'wari] *(pl* -shareware*) m INFORM* logiciel contributif *m.*

shopping ['ʃɔpiŋ] *m* centre *m* commercial.

short ['ʃɔxtʃi] *m* short *m.*

show ['ʃow] *m* spectacle *m.*

si ['si] *pron (ele, coisa, animal)* lui; *(ela)* elle; *(eles, elas)* eux/elles; *(impessoal)* soi; • **falar para si parlar tout seul** • **estar fora de si** être hors de soi • **voltar a si** revenir à soi • **cheio de si** imbu de sa personne • **em si** en soi • **entre si** entre eux/elles • **para si** pour lui/elle/eux/elles • **por si só** *(sem ajuda)* tout seul(toute seule); *(isoladamente)* en soi • **si mesmo** *ou* **próprio** lui-même • **si mesma** elle-même • **si mesmos** eux-mêmes.

siderurgia [si'derur'ʒia] *f* sidérurgie *f.*

sido ['sidu] *pp* → **ser**.

sidra ['sidra] *f* cidre *m.*

sífilis ['sifiliʃ] *f* syphilis *f.*

sigilo [si'ʒilu] *m* secret *m.*

sigla ['sigla] *f* sigle *m.*

significado [signifi'kadu] *m* signification *f.*

significar [signifi'ka(x)] *vt* signifier.

significativo, va [signifika'tʃivu, va] *adj* significatif(ive); *(quantidade)* important(e).

signo ['signu] *m* signe *m.*

sigo ['sigu] → **seguir**.

sílaba ['silaba] *f* syllabe *f.*

silenciar [silẽ'sja(x)] *vt (pessoa)* faire taire; *(detalhe, assunto)* passer sous silence.

silêncio [si'lẽsju] ♦ *m* silence *m* ♦ *interj* silence!

silencioso, osa [silẽ'sjozu, ɔza] adj silencieux(euse).

silhueta [si'ʎweta] *f* silhouette *f.*

silicone [sili'koni] *m* silicone *m.*

silvestre [siw'vɛʃtri] *adj* sauvage.

sim ['sĩ] *adv* oui • **penso que sim** oui, je pense • **pelo sim pelo não** au cas où.

símbolo ['sĩmbolu] *m* symbole *m.*

simetria [sime'tria] *f* symétrie *f.*

similar [simi'la(x)] (*pl* **-es**) *adj* similaire.

simpatia [sĩmpa'tʃia] *f* sympathie *f.*

simpático, ca [sĩm'patʃiku, ka] *adj* sympathique.

simpatizante [sĩmpatʃi'zãntʃi] *adj* sympathisant(e).

simpatizar [sĩmpatʃi'za(x)] ❏ **simpatizar com** *vp* trouver sympathique.

simples ['sĩmpleʃ] *adj inv* simple; *(bebida)* nature.

simplicidade [sĩmplisi'dadʒi] *f* simplicité *f.*

simplificar [sĩmplifi'ka(x)] *vt* simplifier.

simular [simu'la(x)] *vt* simuler.

simultaneamente [simuw,tanja'mẽntʃi] *adv* simultanément.

simultâneo, nea [simuw'tanju, nja] *adj* simultané(e) • **em simultâneo** en simultané.

sinagoga [sina'gɔga] *f* synagogue *f.*

sinal [si'naw] (*pl* **-ais**) *m (símbolo, marca)* signe *m; (indicação)* signal *m; (em pele)* grain *m* de beauté; *(dinheiro)* acompte *m; (de trânsito)* panneau *m* • **dar sinal de si** reprendre connaissance; *(de notícias)* donner signe de vie • **em sinal de** en signe de • **nem sinal** aucune nouvelle • **sinal de alarme** signal d'alarme • **dar sinal de ocupado** sonner occupé.

sinalização [sinaliza'sãw] *f* signalisation *f.*

sinceridade [sĩseri'dadʒi] *f* sincérité *f.*

sincero, ra [sĩ'sɛru, ra] *adj* sincère.

sindicato [sĩndʒi'katu] *m* syndicat *m.*

síndico ['sĩndʒiku, ka] *m* syndic *m.*

síndrome ['sĩndromi] *f* syndrome *m.*

sinfonia [sĩfo'nia] *f* symphonie *f.*

sinfônica [sĩ'fonika] *adj f* → **música**.

singelo, la [sĩ'ʒɛlu, la] *adj* simple *(modeste)*.

singular [sĩŋgu'la(x)] (*pl* **-es**) ◆ *adj (único)* particulier(ère); *(extraordinário)* singulier(ère); *GRAM* singulier ◆ *m* singulier *m.*

sino ['sinu] *m* cloche *f.*

sinônimo [si'nonimu] *m* synonyme *m.*

sintaxe [sĩn'tasi] *f* syntaxe *f.*

síntese ['sĩntezi] *f (resumo)* synthèse *f.*

sintético, ca [sĩn'tɛtiku, ka] *adj* synthétique.

sintoma [sĩn'toma] *m* symptôme *m.*

sintonizar [sĩntoni'za(x)] *vt* syntoniser.

sinuca [si'nuka] *f* snooker *m*, billard *m* américain.

sinuoso, osa [si'nwozu, ɔza] *adj* sinueux(euse).

sirene [si'rɛni] *f* sirène *f (alarme)*.

siri [si'ri] *m* petit crabe *m*.

sirvo ['sixvu] → **servir**.

sísmico [si'ʒmiku, ka] *adj m* → **abalo**.

siso ['sizu] *m* sagesse *f.*

sistema [siʃ'tema] *m* système *m* • **sistema métrico** système métrique • **sistema nervoso** système nerveux.

ⓘ SISTEMA EDUCATIVO DO BRASIL

Le système d'accès à l'université au Brésil, redouté par tous les élèves, comprend une série de concours auxquels les candidats doivent se soumettre. Selon l'orientation choisie, il peut y avoir près de cinq épreuves dont la finalité est l'évaluation des connaissances acquises par les élèves tout au long de leur parcours dans le secondaire.

sistemático, ca [siʃte'matʃiku, ka] *adj* systématique.

sisudo, da [si'zudu, da] *adj* sérieux(euse).

site ['sajtʃi] *(pl* **sites)** *m* INFORM site *m.*

sítio ['sitʃju] *m* **1.** *(propriedade)* propriété agricole *f* **2.** MIL siège *m* • **estado de sítio** état de siège • **em estado de sítio** en état de siège.

situação [sitwa'sãw] *(pl* **-ões)** *f* situation *f.*

situado, da [si'twadu, da] *adj* • **bem/mal situado** bien/mal situé • **situado em** situé dans • **situado em Lisboa** situé à Lisbonne • **situado ao norte/oeste** situé au nord/à l'ouest.

situar [si'twa(x)] *vt* situer ▫ **situar-se** *vp* se situer.

s/l = **sobreloja**.

slide [iʒ'lajdʒi] *m* diapositive *f.*

slogan [iʒ'lɔgãn] *m* slogan *m.*

smoking ['smɔkĩŋ] *m* smoking *m.*

snack-bar [snɛk'ba(x)] *(pl* **snack-bares)** *m* snack-bar *m.*

snooker ['snukɛ(x)] *m* snooker *m*, billard *m* américain.

SO *(abrev de* **Sudoeste)** S-O.

só ['sɔ] ◆ *adj* seul(e) ◆ *adv* seulement • **é só pedir!** il suffit de demander! • **a sós** en tête à tête • **não só... como também...** non seulement... mais aussi... • **só que** seulement.

soalho ['swaʎu] *m* plancher *m.*

soar ['swa(x)] *vt* & *vi* sonner • **soar bem/mal** sonner juste/faux.

sob ['sobi] *prep* sous.

sobe ['sɔbi] → **subir**.

soberania [sobera'nia] *f* souveraineté *f.*

soberano, na [sobe'ranu, na] *adj* souverain(e).

soberbo, ba [su'bexbu, ba] *adj (suntuoso)* superbe.

sobrado [so'bradu] *m (soalho)* plancher *m*.

sobrancelha [sobrã'seʎa] *f* sourcil *m*.

sobrar [so'bra(x)] *vi* rester.

sobre ['sobri] *prep (em cima de, acerca de)* sur; *(por cima de)* au-dessus de.

sobreaviso [sobrea'vizu] *m* • estar OU ficar de sobreaviso être sur le qui-vive.

sobrecarga [sobre'kaxga] *f* surcharge *f*.

sobrecarregar [sobrekaxe-'ga(x)] *vt* • sobrecarregar alguém com algo surcharger qqn de qqch.

sobreloja [sobre'lɔʒa] *f* entresol *m*.

sobremesa [sobre'meza] *f* dessert *m*.

sobrenatural [ˌsobrenatu'raw] *(pl -ais) adj* surnaturel(elle).

sobrenome [sobri'nomi] *m* nom *m* de famille.

sobrepor [sobre'po(x)] *vt* • sobrepor algo a algo superposer qqch à qqch; *(fig) (preferir)* faire passer qqch avant qqch ▫ **sobrepor-se** *vp* se superposer.

sobrescrito [sobreʃ'kritu] *m* enveloppe *f*.

sobressair [sobresa'i(x)] *vi* ressortir.

sobressaltar [sobresaw'ta(x)] *vt* faire peur ▫ **sobressaltar-se** *vp* sursauter.

sobressalto [sobre'sawtu] *m (susto)* sursaut *m*; *(inquietação)* inquiétude *f*.

sobretaxa [ˌsobre'taʃa] *f* surtaxe *f*.

sobretudo [sobre'tudu] ◆ *m* pardessus *m* ◆ *adv* surtout.

sobrevivência [sobrevi'vẽsja] *f* survie *f*; *(de tradição)* survivance *f*.

sobrevivente [sobrevi'vẽntʃi] *nmf* survivant *m*, -e *f*.

sobreviver [sobrevi've(x)] *vi* survivre.

sobriedade [sobrie'dadʒi] *f* sobriété *f*.

sobrinho, nha [so'briɲu, ɲa] *mf* neveu *m*, nièce *f*.

sóbrio, bria ['sɔbriu, bria] *adj* sobre.

social [so'sjaw] *(pl -ais) adj* social(e).

socialismo [sosja'liʒmu] *m* socialisme *m*.

socialista [sosja'liʃta] *adj & nmf* socialiste.

sociedade [sosje'dadʒi] *f* société *f*.

sócio, cia ['sɔsju, sja] *mf* associé *m*, -e *f*.

sociologia [sosjolo'ʒia] *f* sociologie *f*.

sociólogo, ga [so'sjɔlogu, ga] *mf* sociologue *mf*.

soco ['soku] *m* coup *m* de poing.

socorrer [soko'xe(x)] *vt* secourir ▫ **socorrer-se** *de vp + prep (recorrer a)* recourir à.

socorrismo [soko'xiʒmu] *m* secourisme *m*.
socorro [so'koxu] ◆ *m* secours *m* ◆ *interj* au secours!
• **pedir socorro** appeler à l'aide.
soda ['sɔda] *f* (bicarbonato de sódio) soude *f*; (bebida) soda *m*.
sofá [so'fa] *m* canapé *m*.
sofá-cama [so,fa'kama] *m* canapé-lit *m*.
sofisticado, da [sofiʃtʃi'kadu, da] *adj* sophistiqué(e).
sofrer [so'fre(x)] ◆ *vt* (acidente) être victime de; (revés) essuyer; (abalo, susto, decepção) avoir; (perda, humilhação) subir ◆ *vi* souffrir.
sofrimento [sofri'mẽntu] *m* souffrance *f*.
software [sɔf'twɛri] *m* logiciel *m*.
sogro, sogra [sogru, sogra] *mf* beau-père *m*, belle-mère *f*.
soirée [swa'ɾe] *f* soirée *f*.
sóis [sɔjʃ] → **sol**.
soja ['sɔʒa] *f* soja *m*.
sol ['sɔw] (*pl* **sóis**) *m* (astro) soleil *m*.
sola ['sɔla] *f* semelle *f*.
solar [so'la(x)] (*pl* **-es**) ◆ *adj* solaire ◆ *m* manoir *m*.
soldado [sow'dadu] *m* soldat *m*.
soleira [so'lejra] *f* seuil *m*.
solene [so'lɛni] *adj* solennel(elle).
soletrar [sole'tra(x)] *vt* épeler.
solha ['sʎa] *f* limande *f*.
solicitar [solisi'ta(x)] *vt* solliciter.
solícito, ta [so'lisitu, ta] *adj* prévenant(e).

solidão [soli'dãw] *f* solitude *f*.
solidariedade [solidarje'dadʒi] *f* solidarité *f*.
solidário, ria [soli'darju, rja] *adj* solidaire • **ser solidário com** être solidaire de.
sólido, da ['sɔlidu, da] *adj* solide.
solista [so'liʃta] *nmf* soliste *mf*.
solitário, ria [soli'tarju, rja] ◆ *adj* solitaire ◆ *m* (para flores) soliflore *m*; (joia) solitaire *m*.
solo ['sɔlu] *m* sol *m*; *MÚS* solo *m*.
soltar [sow'ta(x)] *vt* (desprender, desatar) détacher; (grito, gargalhada) pousser; (de prisão) relâcher; (de gaiola) lâcher ▫ **soltar-se** *vp* se détacher.
solteiro, ra [sow'tejru, ra] *adj* célibataire.
solto, ta ['sowtu, ta] ◆ *pp* →
soltar ◆ *adj* (livre) détaché(e); (animal) en liberté; (sozinho) à l'unité.
solução [solu'sãw] (*pl* **-ões**) *f* solution *f*.
soluçar [solu'sa(x)] *vi* (ter soluços) avoir le hoquet; (chorar) sangloter.
solucionar [solusjo'na(x)] *vt* (problema) résoudre.
soluço [su'lusu] *m* (contração) hoquet *m*; (choro) sanglot *m*.
soluções → **solução**.
solúvel [so'luvɛw] (*pl* **-eis**) *adj* soluble.
som ['sõ] (*pl* **-ns**) *m* son *m* • **ao som de** au son de.
soma ['soma] *f* somme *f*.
somar [so'ma(x)] *vt* additionner.

sombra ['sõmbra] *f (de pessoa, árvore)* ombre *f*; *(cosmético)* ombre *f (à paupières)* • **à** OU **na sombra** à l'ombre • **sem sombra de dúvida** sans l'ombre d'un doute.

sombrio, bria [sõm'briu, 'bria] *adj* sombre.

somente [sɔ'mẽntʃi] *adv* seulement.

sonâmbulo, la [so'nãmbulu, la] *mf* somnambule *mf*.

sonda ['sõnda] *f* MED sonde *f* • **sonda espacial** sonde spatiale.

sondagem [sõn'daʒẽ] *(pl -ns) f* sondage *m*.

soneca [so'nɛka] *f* somme *m*.

soneto [so'netu] *m* sonnet *m*.

sonhador, ra [soɲa'do(x), ra] *(mpl -es, fpl -s) mf* rêveur *m*, -euse *f*.

sonhar [so'ɲa(x)] *vi* rêver • **sonhar acordado** rêver debout • **sonhar com** rêver de.

sonho ['soɲu] *m* rêve *m* • **de sonho** de rêve ▫ **sonhos** *mpl* ≃ pets-de-nonne *mpl*.

sonífero [so'niferu] *m* somnifère *m*.

sono ['sonu] *m* sommeil *m* • **estar caindo de sono** tomber de sommeil • **pegar no sono** s'endormir • **ter sono** avoir sommeil • **sono pesado** sommeil profond.

sonolento, ta [sono'lẽntu, ta] *adj* somnolent(e).

sonoro, ra [so'nɔru, ra] *adj* sonore.

sons [sõʃ] → **som**.

sonso, sa ['sõsu, sa] *adj* sournois(e).

sopa ['sopa] *f* soupe *f* • **sopa de hortaliça** OU **de legumes** soupe *f* de légumes • **sopa de frutos do mar** velouté de fruits de mer.

soporífero [sopo'riferu, ra] *m* soporifique *m*.

soprar [so'pra(x)] *vt* & *vi* souffler.

soquete [so'ketʃi] *m* douille *f*.

sórdido, da ['sɔrdʒidu, da] *adj* sordide.

soro ['soru] *m* MED sérum *m*; *(de leite)* petit-lait *m* • **soro fisiológico** sérum physiologique.

soronegativo, va [soronega'tʃivu, va] *adj* séronégatif(tive).

soropositivo, va [soropozi'tʃivu, va] *adj* séropositif(tive).

sorridente [soxi'dẽntʃi] *adj* souriant(e).

sorrir [so'xi(x)] *vi* sourire.

sorriso [so'xizu] *m* sourire *m*.

sorte ['sɔxtʃi] *f (acaso, destino)* sort *m*; *(fortuna)* chance *f*; *(em tourada)* feinte *f* • **boa sorte!** bonne chance! • **dar sorte** porter chance • **estar com sorte** avoir de la chance • **ter sorte** avoir de la chance • **tirar a sorte grande** gagner • **a sorte grande** le gros lot • **à sorte** au sort • **com sorte** avec de la chance • **por sorte** par chance.

sortear [sox'tea(x)] *vt* tirer au sort.

sorteio [sox'teju] *m* tirage *m* au sort.

sortido, da [sox'tʃidu, da] ♦ *adj* assorti(e) ♦ *m* assortiment *m.*

sortudo, da [sox'tudu, da] *mf (fam)* veinard *m,* -e *f.*

sorvete [sox'vetʃi] *m* glace *f.*

sorveteria [soxvete'ria] *f* • **ir à sorveteria** aller chez le marchand de glaces.

SOS *m (abrev de* Save our Souls*)* SOS *m.*

sósia ['sɔzja] *nmf* sosie *m.*

sossegado, da [sose'gadu, da] *adj* calme.

sossego [so'segu] *m* calme *m* • **deixar em sossego** laisser tranquille.

sótão ['sɔtãw] *m* grenier *m.*

sotaque [so'taki] *m* accent *m.*

sotavento [sota'věntu] *m* côté *m* sous le vent.

soterrar [sote'xa(x)] *vt* ensevelir.

sou [so] → ser.

soube ['sobi] → saber.

sova ['sova] *f* • **dar uma sova** rouer de coups.

sovaco [so'vaku] *m* aisselle *f.*

sovina [so'vina] *adj* pingre.

sozinho, nha [sɔ'ziɲu, ɲa] *adj (sem companhia, ajuda)* seul(e); *(falar, rir)* tout seul(toute seule).

spam [ispãm] *(pl* spams*) m IN-FORM* spam *m, (Québec)* pourriel *m.*

spray [iʃ'prej] *m* spray *m.*

squash [iʃ'kwaʃ] *m* squash *m.*

Sr. *(abrev de* senhor*)* M.

Sra. *(abrev de* senhora*)* Mme.

sua → seu.

suar [sw'a(x)] *vi* suer.

suástica ['swaʃtʃika] *f* croix *f* gammée.

suave [sw'avi] *adj* doux(douce); *(vento, sabor, cheiro, dor)* léger(ère); *(voz)* suave.

suavidade [swavi'dadʒi] *f* douceur *f.*

suavizar [swavi'za(x)] ♦ *vt (pele, sabor)* adoucir; *(dor)* soulager ♦ *vi (vento, chuva)* se calmer.

subalimentação [subalimẽnta'sãw] *f* sous-alimentation *f.*

subalimentado, da [subalimẽn'tadu, da] *adj* sous-alimenté(e).

subalterno, na [subaw'texnu, na] *adj & mf* subalterne.

subconsciente [subkõʃ'sjẽntʃi] *m* subconscient *m.*

subdesenvolvido, da [subdezẽvow'vidu, da] *adj* sous-développé(e).

subdesenvolvimento [subdezẽvowvi'mẽntu] *m* sous-développement *m.*

subentendido, da [subẽntẽn'dʒidu, da] ♦ *adj* sous-entendu(e) ♦ *m* sous-entendu *m.*

subida [su'bida] *f* montée *f; (de preços)* hausse *f.*

subir [su'bi(x)] ♦ *vt* 1. *(galgar)* grimper 2. *(ir para cima, percorrer)* monter 3. *(escalar)* escalader, gravir 4. *(aumentar)* augmenter 5. *(ascender)* remonter 6. *(voz)* hausser ♦ *vi* 1. *(ger)* monter • **subir a/até** grimper jusqu'à • **subir em** *(árvore)* grimper; *(telhado, cadeira)* grimper à • **subir por** monter

súbito

par • **subir à cabeça** (fig) porter/monter à la tête **2.** (ascender) (balão, neblina, fumaça) monter; (elevador, teleférico) monter; (em ônibus) prendre (le bus) **3.** (socialmente) s'élever • **subir a aller jusqu'à** • **subir na vida** évoluer dans la vie **4.** (aumentar) augmenter.

súbito, ta [ˈsubitu, ta] *adj* subit(e) • **de súbito** subitement.

subjetivo, va [subʒeˈtʃivu, va] *adj* subjectif(ive).

subjugar [subʒuˈga(x)] *vt* subjuguer; (inimigo) dominer ❑ **subjugar-se** *vp + prep* se soumettre à.

subjuntivo [subʒõnˈtʃivu] *m* subjonctif *m*.

sublime [suˈblimi] *adj* sublime.

sublinhar [subliˈɲa(x)] *vt* souligner.

sublocar [subloˈka(x)] *vt* sous-louer.

submarino [submaˈrinu] *m* sous-marin *m*.

submergir [submexˈʒi(x)] *vt* submerger.

submeter [submeˈte(x)] *vt* • **submeter algo/alguém a** soumettre qqch/qqn à ❑ **submeter-se a** *vp + prep* se soumettre à.

submisso, a [subˈmisu, a] *adj* soumis(e).

subnutrido, da [subnuˈtridu, da] *adj* sous-alimenté(e).

subornar [suboxˈna(x)] *vt* soudoyer.

suborno [suˈboxnu] *m (de testemunhas)* subornation *f*; *(de outras pessoas)* captation *f*.

subsídio [subˈsidʒu] *m* subvention *f*; *(de desemprego)* allocation *f*.

subsistência [subsiʃˈtẽsja] *f* subsistance *f*.

subsistir [subsiʃˈti(x)] *vi* subsister.

subsolo [subˈsɔlu] *m* sous-sol *m*.

substância [subʃˈtãsja] *f* substance *f*.

substantivo [subʃtãnˈtʒivu] *m* substantif *m*.

substituir [subʃtʃiˈtwi(x)] *vt* remplacer.

substituto, ta [subʃtʃiˈtutu, ta] *m f* remplaçant *m*, -e *f*.

subterrâneo, nea [subteˈxãnju, nja] *adj* souterrain(e).

subtrair [subtraˈi(x)] *vt* soustraire.

suburbano, na [subuxˈbanu, na] *adj* de banlieue.

subúrbio [suˈbuxbju] *m* banlieue *f*.

subversivo, va [subvexˈsivu, va] *adj* subversif(ive).

sucata [suˈkata] *f* ferraille *f*.

sucção [sukˈsãw] *f* succion *f*.

suceder [suseˈde(x)] *vi* arriver ❑ **suceder-se** *vp* se succéder ❑ **suceder a** *vp (em cargo)* succéder à.

sucedido, da [suseˈdʒidu, da] ◆ *adj* survenu(e) ◆ *m* • **o sucedido** ce qui s'est passé • **ser bem/mal sucedido** bien/mal se passer.

sucessão [suse'sãw] (*pl* -ões) *f* (*de acontecimentos*) suite *f*; (*em cargo*) succession *f*.

sucessivo, va [suse'sivu, va] *adj* successif(ive).

sucesso [su'sɛsu] *m* succès *m* • **fazer sucesso** avoir du succès.

sucessões → sucessão.

sucinto, ta [su'sĩntu, ta] *adj* succinct(e).

suco ['suku] *m* jus *m*.

suculento, ta [suku'lẽntu, ta] *adj* succulent(e).

sucumbir [sukũm'bi(x)] *vi* (*morrer*) succomber; (*desmoronar*) céder • **sucumbir a** (*ceder*) succomber à.

sucursal [sukux'saw] (*pl* -ais) *f* succursale *f*.

sudeste [su'dɛʃtʃi] *m* sud-est *m* • **no sudeste** dans le sud-est.

súdito, ta ['sudʒitu, ta] *mf* sujet *m*.

sudoeste [su'dwɛʃtʃi] *m* sud-ouest *m* • **no sudoeste** dans le sud-ouest.

sueca ['sweka] *f* = belote *f*, → sueco.

Suécia ['swɛsja] *f* • **a Suécia** la Suède.

sueco, ca ['sweku, ka] ◆ *adj* suédois(e) ◆ *mf* Suédois *m*, -e *f* ◆ *m* (*língua*) suédois *m*.

suéter [swete(x)] (*pl* -es) *m* & *f* pull *m*.

suficiente [sufi'sjẽntʃi] ◆ *adj* suffisant(e) ◆ *m* mention *f* passable • **tenho água suficiente** j'ai assez d'eau.

sufixo [su'fiksu] *m* suffixe *m*.

suflê [su'fle] *m* soufflé *m*.

sufocante [sufo'kãntʃi] *adj* suffocant(e).

sufocar [sufo'ka(x)] *vt* & *vi* suffoquer.

sugar [su'ga(x)] *vt* sucer.

sugerir [suʒe'ri(x)] *vt* suggérer.

sugestão [suʒeʃ'tãw] (*pl* -ões) *f* suggestion *f*.

sugestivo, va [suʒeʃ'tʃivu, va] *adj* suggestif(ive).

sugestões → sugestão.

Suíça ['swisa] *f* • **a Suíça** la Suisse.

suíças ['swisaʃ] *fpl* favoris *mpl*, pattes *fpl*.

suicidar-se [swisi'daxsi] *vp* se suicider.

suicídio [swi'sidʒju] *m* suicide *m*.

suíço, ça ['swisu, sa] ◆ *adj* suisse ◆ *mf* Suisse *mf*.

suíte ['switʃi] *f* suite *f*.

sujar [su'ʒa(x)] *vt* salir ❑ **sujar-se** *vp* se salir.

sujeitar [suʒej'ta(x)] *vt* • **sujeitar algo/alguém a algo** soumettre qqch/qqn à qqch ❑ **sujeitar-se a** *vp* + *prep* se soumettre à.

sujeito, ta [su'ʒejtu, ta] ◆ *mf* (*fam*) type *m*, bonne femme *f* ◆ *m* sujet *m* • **sujeito a guincho** passible d'enlèvement • **sujeito a** sujet à • **se continuar assim, estará sujeito a levar uma bofetada** si tu continues comme ça, tu vas recevoir une gifle.

sujo, ja ['suʒu, ʒa] *adj* sale; (*negócio*) malhonnête.

sul ['suw] *m* sud *m* • **ao sul au sud** • **ao sul de** au sud de • **no sul** dans le sud.

sulfamida [suwfa'midʒa] *f* sulfamide *m*.

suma ['suma] *f* • **em suma** en somme.

sumário, ria [su'marju, rja] ◆ *adj* sommaire ◆ *m* sommaire *m*.

sumo ['sumu, ma] *m* jus *m*.

sundae ['sändej] *m* coupe *f* glacée.

sunga ['sũŋga] *f* slip *m* de bain.

suor [sw'ɔ(x)] (*pl* **-es**) *m* sueur *f* • **suores frios** sueurs froides.

superar [supe'ra(x)] *vt (obstáculo, dificuldade)* surmonter; *(inimigo, rival)* surpasser.

superficial [supexfisj'aw] (*pl* **-ais**) *adj* superficiel(elle).

superfície [supex'fisji] *f* surface *f*; *(extensão)* superficie *f* • **à superfície** à la surface.

supérfluo, flua [su'pεxflu, fla] *adj* superflu(e).

superior [supe'rjo(x)] (*pl* **-es**) ◆ *adj* supérieur(e) ◆ *m* supérieur *m* • **piso** OU **andar superior** étage du dessus • **mostrar-se superior** se donner des airs.

superioridade [superjori'dadʒi] *f* supériorité *f*.

superlativo [supexla'tʃivu] *m* superlatif *m*.

superlotado, da [ˌsupexlo'tadu, da] *adj (sala)* comble; *(metrô)* bondé(e).

supermercado [ˌsupexmex'kadu] *m* supermarché *m*.

superstição [supexʃtʃi'sãw] (*pl* **-ões**) *f* superstition *f*.

supersticioso, osa [supexʃtʃi'sjozu, ɔza] *adj* superstitieux(euse).

superstições → **superstição**.

supervisão [ˌsupexvi'zãw] *f* supervision *f*.

supervisionar [supexvizjo'na(x)] *vt (pessoa)* diriger; *(trabalho)* superviser.

suplemento [suple'mẽntu] *m* supplément *m*.

suplente [su'plẽntʃi] ◆ *adj (pessoa)* suppléant(e) ◆ *nmf* remplaçant *m*, -e *f*.

súplica [su'plika] *f* supplication *f*.

suplicar [supli'ka(x)] *vt* supplier • **suplicar a alguém que faça algo** supplier qqn de faire qqch.

suplício [su'plisju] *m* supplice *m*.

supor [su'po(x)] *vt* supposer ❏ **supor-se** *vp* s'imaginer.

suportar [supox'ta(x)] *vt* supporter.

suporte [su'pɔxtʃi] *m* support *m*.

suposição [supozi'sãw] (*pl* **-ões**) *f* supposition *f*.

supositório [supozi'tɔrju] *m* suppositoire *m*.

suposto, osta [su'poʃtu, ɔʃta] *adj (hipotético)* supposé(e); *(alegado)* présumé(e); *(falso)* prétendu(e) • **é suposto (que)** on suppose (que).

supremo, ma [su'premu, ma] *adj* suprême ❏ **Supremo** *m* • **o Supremo (Tribunal de Justiça)** = la Cour de cassation.

supressão [supre'sãw] (*pl* -ões) *f* suppression *f.*
suprimir [supri'mi(x)] *vt* supprimer.
surdez [sux'deʒ] *f* surdité *f.*
surdina [sux'dʒina] *f* • **em surdina** en sourdine.
surdo, da ['suxdu, da] ◆ *adj* sourd(e) ◆ *mf* sourd *m*, -e *f* • **fazer-se de surdo** faire la sourde oreille.
surfar [sux'fa(x)] *vi* surfer.
surfe ['suxfi] *m* surf *m* • **fazer surfe** faire du surf.
surfista [sux'fiʃta] *nmf* surfeur *m*, -euse *f.*
surgir [sux'ʒi(x)] *vi* surgir.
surpreendente [suxpriẽn'dẽntʃi] *adj* surprenant(e).
surpreender [suxpriẽn'de(x)] *vt* surprendre ▫ **surpreender-se** *vp* être surpris(e).
surpresa [sux'preza] *f* surprise *f* • **fazer uma surpresa a alguém** faire une surprise à qqn • **de surpresa** par surprise.
surpreso, sa [sux'prezu, za] *adj* surpris(e).
surra ['suxa] *f* raclée *f*, rossée *f* • **dar uma surra em alguém** (*fam*) filer une raclée à qqn • **levar uma surra de alguém** (*fam*) se prendre une raclée.
surtir [sux'ti(x)] *vt* produire, obtenir • **surtir efeito** faire son effet.
surto ['suxtu] *m* éclosion *f.*

suscetível [suʃse'tivɛw] (*pl* -eis) *adj* susceptible • **suscetível de** susceptible de.
suscitar [suʃsi'ta(x)] *vt* susciter.
suspeita [suʃ'pejta] *f* soupçon *m* • **lançar suspeitas sobre alguém** faire peser des soupçons sur qqn → **suspeito**.
suspeito, ta [suʃ'pejtu, ta] *adj & mf* suspect(e).
suspender [suʃpẽn'de(x)] *vt* suspendre; (*aluno, trabalhador*) renvoyer.
suspensão [suʃpẽ'sãw] (*pl* -ões) *f* (*de veículo*) suspension *f*; (*de escola*) renvoi *m*.
suspense [suʃ'pẽsi] *m* suspense *m.*
suspensões → **suspensão**.
suspensórios [suʃpẽn'sɔrjuʃ] *mpl* bretelles *fpl.*
suspirar [suʃpi'ra(x)] *vi* soupirer • **suspirar por** se languir de.
suspiro [suʃ'piru] *m* (*de cansaço, prazer*) soupir *m*; (*doce*) meringue *f.*
sussurrar [susu'xa(x)] *vt & vi* chuchoter.
sussurro [su'suxu] *m* chuchotement *m.*
sustentar [suʃtẽn'ta(x)] *vt* soutenir; (*manter*) entretenir; (*alimentar*) nourrir.
suster [suʃ'te(x)] *vt* retenir.
susto ['suʃtu] *m* peur *f* • **levar um susto** avoir peur • **pregar um susto em alguém** faire peur à qqn.
sutiã [su'tʃjã] *m* soutien-gorge *m.*

sutil

sutil [su'tʃiw] (*pl* **-is**) *adj* subtil(e).
SW (*abrev de* **Sudoeste**) S-O.

T

ta [ta] = te + a; → **te**.
-ta → **-to**.
tabacaria [tabaka'ria] *f* bureau *m* de tabac.
tabaco [ta'baku] *m* tabac *m*.
tabela [ta'bɛla] *f* tableau *m*; *(de horários)* panneau *m* horaire; *(de preços)* tarif *m*.
taberna [ta'bɛxna] *f* bistrot *m*.
tablete [ta'blɛtʃi] *m* & *f* • **tablete de chocolate** tablette *f* (de chocolat).
tabu [ta'bu] ♦ *adj* tabou(e) ♦ *m* tabou *m*.
tábua ['tabwa] *f* planche *f* • **tábua de passar roupa** planche à repasser.
tabuleiro [tabu'lejru] *m (para comida)* plateau *m*; *(de damas)* damier *m*; *(de xadrez)* échiquier *m*; *(de ponte)* tablier *m*.
tabuleta [tabu'leta] *f (em porta)* plaque *f*; *(em estabelecimento)* enseigne *f*; *(em estrada)* panneau *m*.
TAC *m* (*abrev de* **Tomografia Axial Computorizada**) scanner *m*.
taça ['tasa] *f* coupe *f*.
tacada [ta'kada] *f* coup *m*.
tacho ['taʃu] *m* casserole *f*.

taco ['taku] *m (de bilhar)* queue *f*; *(de golfe)* club *m*; *(de chão)* latte *f*.
tacões → **tacão**.
tagarela [taga'rɛla] *adj* & *nmf* bavard(e).
tainha [ta'iɲa] *f* mulet *m (poisson)*.
tal ['taw] (*pl* **tais**) ♦ *adj* tel(telle) ♦ *pron* • **o/a tal** celui-là /celle-là • **que tal?** alors? • **um tal senhor...** un certain *ou* un tel • **que tal um passeio?** que dirais-tu d'une promenade? • **na rua tal** dans telle rue • **como tal** alors • **para tal** pour cela • **tal coisa** une chose pareille • **tal como** comme • **tal e qual** comme.
tala ['tala] *f* attelle *f*.
talão [ta'lãw] (*pl* **-ões**) *m* talon *m* • **talão de cheques** carnet *m* de chèques.
talco [ta'wku] *m* talc *m*.
talento [ta'lẽntu] *m* talent *m*.
talhar [ta'ʎa(x)] *vt* tailler ❑ **talhar-se** *vp* cailler.
talharim [taʎa'rĩ] (*pl* **-ns**) *m* tagliatelle *f*.
talher [ta'ʎɛ(x)] (*pl* **-es**) *m* couverts *mpl*.
talho ['taʎu] *m* taille *f*.
talo ['talu] *m (de flor)* tige *f*; *(de legume)* trognon *m*.
talões → **talão**.
talvez [taw'veʒ] *adv* peut-être • **talvez sim, talvez não** peut-être bien que oui, peut-être bien que non.
tamanco [ta'mãŋku] *m* sabot *m*.

tamanho, nha [ta'maɲu, ɲa] ♦ *adj* pareil(eille) ♦ *m* taille *f.*
tamanho-família [ta‚mãɲufa'milja] *adj inv* familial(e).
tâmara ['tamaɾa] *f* datte *f.*
tamarindo [tama'ɾĩndu] *m (árvore)* tamarinier *m; (fruto)* tamarin *m.*
também [tãm'bẽ] *adv* aussi • **eu também não gosto disso** je n'aime pas ça non plus.
tambor [tãm'bo(x)] *(pl* -es) *m* tambour *m.*
tamboril [tãmbo'ɾiw] *(pl* -is) *m (peixe)* baudroie *f; MÚS* tambourin *m.*
tamborim [tãmbo'ɾĩ] *(pl* -ns) *m* tambourim *m.*
tamboris → tamboril.
Tâmisa ['tamiza] *m* • **o Tâmisa** la Tamise.
tampa ['tãmpa] *f* couvercle *m.*
tampão [tãm'pãw] *(pl* -ões) *m* tampon *m.*
tampo ['tãmpu] *m (de mesa)* plateau *m; (de vaso sanitário)* abattant *m.*
tampões → tampão.
tampouco [tãm'poku] *adv* non plus.
tanga ['tãŋga] *f* string *m.*
tangerina [tãʒe'ɾina] *f* clémentine *f.*
tanque ['tãŋki] *m* réservoir *m; (para lavar roupa)* lavoir *m; (para peixes)* bassin *m; (veículo militar)* tank *m* • **tanque de gasolina** réservoir *m.*
tanto, ta ['tãntu, ta] ♦ *adj* **1.** *(exprime grande quantidade)* tant de • **tanto dinheiro** tant d'argent • **tanta gente** tant de monde • **esperei tanto tempo** j'ai attendu si longtemps • **tanto... que...** tellement... que... **2.** *(indica quantidade indeterminada)* tant • **de tantos em tantos dias** tous les tels jours • **tantos outros** tant d'autres • **é tanto por dia** c'est tant par jour • **são umas tantas vezes ao dia** ce sera tant de fois par jour **3.** *(em comparações)* • **tanto... como...** autant de... que... • **eles têm tanta sorte como você** ils ont autant de chance que toi • **tanto um como o outro** l'un comme l'autre ♦ *adv* **1.** *(exprime grande quantidade)* autant, tant • **quero-te tanto** je t'aime tant • **não quero tanto** je n'en veux pas tant **2.** *(em comparações)* autant que • **ele sabe tanto quanto eu** il sait autant que moi **3.** *(em locuções)* • **é um tanto caro** c'est un peu cher • **de tanto fazer algo** à force de faire qqch • **tanto faz!** c'est du pareil au même! • **tanto pior/melhor** tant pis/tant mieux • **tanto quanto** autant que • **um tanto** un peu • **um tanto quanto** un tant soit peu • **tanto que** tant et si bien que • **comi tanto que fiquei mal-disposto** j'ai tellement mangé que je me suis trouvé mal ♦ *pron* **1.** *(indica grande quantidade)* autant • **ele não tem tantos** il n'en a pas autant **2.** *(indica igual quantidade)* autant • **havia muita gente ali, aqui não era**

tão 334

tanta là-bas, il y avait du monde, ici il n'y en avait pas autant **3.** *(indica quantidade indeterminada)* • quero pêssegos, uns tantos verdes e uns tantos maduros je veux des pêches, quelques vertes et quelques mûres • uns tantos aqui, uns tantos ali quelques-uns ici, quelques-uns là-bas • a tantas do mês passado le tant du mois dernier • suponhamos que vêm tantos supposons qu'il en vienne tant **4.** *(em locuções)* • às tantas tout d'un coup • às tantas da noite tard dans la nuit • para tanto pour cela.

tão [tãw] *adv* si • **tão... como...** aussi... que... • **tão... que...** si... que....

tapa [ˈtapa] *m* claque f.

tapar [taˈpa(x)] *vt* couvrir; *(garrafa, frasco, caixa)* fermer; *(buraco)* boucher; *(boca, ouvidos, nariz)* se boucher.

tapeçaria [tapesaˈria] f tapisserie f.

tapete [taˈpetʃi] *m* tapis *m*.

tardar [taxˈda(x)] *vi* tarder • **tardar a** *ou* **em fazer algo** tarder à faire qqch • **não tardar** ne pas tarder • **o mais tardar** au plus tard.

tarde [ˈtaxdʒi] ◆ f *(até o crepúsculo)* après-midi *f m*; *(depois do crepúsculo)* soir *m* ◆ *adv* tard • **à tarde** l'après-midi • **boa tarde!** *(até o crepúsculo)* bonjour!; *(depois do crepúsculo)* bonsoir! • **fazer-se tarde** se faire tard • **ser tarde** être tard • **mas**

tarde plus tard • **nunca é tarde demais** il n'est jamais trop tard.

tardinha [taxˈdʒiɲa] f tombée f du jour.

tardio, dia [taxˈdʒiu, ˈdʒia] *adj* tardif(ive).

tarefa [taˈrefa] f tâche f.

tarifa [taˈrifa] f tarif *m*.

tartaruga [taxtaˈruga] f tortue f.

tática [ˈtatʃika] f tactique f.

tático, ca [ˈtatʃiku, ka] *adj* tactique.

tato [ˈtatu] *m (sentido)* toucher *m*; *(fig) (cuidado, habilidade)* tact *m* • **ter tato** *(fig)* avoir du tact.

tatuagem [taˈtwaʒẽ] *(pl* **-ns***)* f tatouage *m*.

tauromaquia [tawroˈmakja] f tauromachie f.

taxa [ˈtaʃa] f *(imposto)* taxe f; *(percentagem)* taux *m* • **taxa de câmbio** taux de change • **taxa de juros** taux d'intérêt.

tax-free [taksˈfri] *adj inv* détaxé.

táxi [ˈtaksi] *m* taxi *m*.

taxímetro [takˈsimetru] *m* compteur *m* de taxi.

tchau [ˈtʃaw] *interj* tchao!

te [tʃi] *pron* te • **lembra-te!** rappelle-toi! • **os óculos? já tos dei ou não?** les lunettes? je te les ai déjà données ou pas?

tear [teˈa(x)] *m (pl* **-es***)* métier *m* à tisser.

teatral [teaˈtraw] *(pl* **-ais***)* *adj* théâtral(e).

teatro [ˈteatru] *m* théâtre *m* • **teatro de fantoches** théâtre de marionnettes, guignol *m*

• **teatro de variedades** music-hall *m*.
tecelagem [tese'laʒẽ] (*pl* -ns) *f* tissage *m*.
tecer [te'se(x)] *vt* tisser.
tecido [te'sidu] *m* tissu *m*.
tecla ['tɛkla] *f* touche *f*.
teclado [tɛ'kladu] *m* clavier *m*.
teclar ['tɛkla(x)] ◆ *vt* pianoter sur le clavier ◆ *vi INFORM* **teclar (com alguém)** chatter, papoter • **você quer teclar?** veux-tu chatter?
técnica ['tɛknika] *f* technique *f*, → **técnico**.
técnico, ca ['tɛkniku, ka] ◆ *adj* technique ◆ *mf* technicien *m*, -enne *f*.
tecnologia [tɛknolo'ʒia] *f* technologie *f* • **Tecnologias da Informação** technologies *fpl* de l'information.
tecnológico, ca [tɛkno'lɔʒiku, ka] *adj* technologique.
teco-teco [ˌtɛku'tɛku] *m* avion *m* monomoteur.
tédio ['tɛdʒju] *m* ennui *m*.
teia ['teja] *f (de aranha)* toile *f*.
teimar [tej'ma(x)] *vi* s'entêter • **teimar em** s'entêter à.
teimosia [tejmo'zia] *f* entêtement *m*.
teimoso, osa [tej'mozu, ɔza] *adj* têtu(e).
Tejo ['tɛʒu] *m* • **o (rio) Tejo** le Tage.
tel. [tɛl] *(abrev de telefone)* tel.
tela ['tɛla] *f (tecido)* toile *f*; *(de cinema, televisão)* écran *m*.
telecomandado, da [tɛlekomãn'dadu, da] *adj* télécommandé(e).

telecomunicações [tɛlekomunika'sõjʃ] *fpl* télécoms *fpl*.
teleconferência [tɛlekõfe-'rẽsja] *f (telecomunicações)* téléconference *f*.
teleférico [tɛle'fɛriku] *m* téléphérique *m*.
telefonar [telefo'na(x)] *vi* téléphoner • **telefonar para alguém** téléphoner à qqn • **telefonar para o Brasil** téléphoner au Brésil.
telefone [tele'fɔni] *m* téléphone *m* • **telefone celular** téléphone mobile • **telefone público** téléphone public.
telefonema [telefo'nema] *m* coup *m* de téléphone • **fazer um telefonema** passer un coup de téléphone.
telefônico, ca [tele'foniku, ka] *adj* téléphonique.
telefonista [telefo'niʃta] *nmf* standardiste *mf*.
telegrafar [telegra'fa(x)] *vt* télégraphier.
telegrama [tele'grama] *m* télégramme *m* • **telegrama fonado** télégramme téléphoné.
telejornal [ˌtɛleʒox'naw] *(pl* -ais) *m* journal *m* télévisé.
telenovela [ˌtɛleno'vɛla] *f* feuilleton *m* télévisé.
teleobjetiva [tɛleobʒe'tʃiva] *f* téléobjectif *m*.
telepatia [telepa'tʃia] *f* télépathie *f*.
telescópio [teleʃ'kɔpju] *m* télescope *m*.
telesqui [ˌteleʃ'ki] *m* téléski *m*.

televisão [televi'zãw] (*pl -ões*) *f* télévision *f* • **televisão em cores** télévision couleur • **televisão em preto e branco** télévision noir et blanc • **televisão a cabo** télévision par câble • **televisão por satélite** télévision par satellite.

televisor [televi'zo(x)] (*pl -es*) *m* téléviseur *m*.

telex [tɛ'lɛks] (*pl -es*) *m* télex *m inv*.

telha ['teʎa] *f* tuile *f*.

telhado [te'ʎadu] *m* toit *m*.

telnet [tel'netʃi] (*pl* **telnets**) *f* INFORM telnet *m*.

tem [tẽ] → **ter**.

têm [tajẽ] → **ter**.

tema ['tema] *m (de poesia, texto)* thème *m; (de discussão)* sujet *m*.

temer [te'me(x)] *vt* craindre • **temer que** craindre que.

temido, da [te'midu, da] *adj* redouté(e).

temível [te'mivɛw] (*pl -eis*) *adj* redoutable.

temor [te'mo(x)] (*pl -es*) *m* crainte *f*.

temperado, da [tẽmpe'radu, da] *adj (comida)* assaisonné(e); *(clima)* tempéré(e).

temperamento [tẽmpera'mẽntu] *m* tempérament *m*.

temperar [tẽmpe'ra(x)] *vt* assaisonner.

temperatura [tẽmpera'tura] *f* température *f*.

tempero [tẽm'peru] *m* assaisonnement *m*.

tempestade [tẽmpeʃ'tadʒi] *f* tempête *f* • **fazer uma tempes**-**tade num copo de água** faire une montagne de qqch.

templo ['tẽmplu] *m* temple *m*.

tempo ['tẽmpu] *m* temps *m* • **chegar a tempo de** arriver à temps pour • **ganhar tempo** gagner du temps • **não ter tempo para** ne pas avoir le temps de • **passar o tempo a fazer algo** passer son temps à faire qqch • **por tempo indefinido** *OU* **indeterminado** pour une durée indéterminée • **poupar tempo** gagner du temps • **recuperar o tempo perdido** rattraper le temps perdu • **é tempo de** il est temps de • **em tempo integral** à plein temps • **tempos livres** loisirs *mpl* • **antes do tempo** avant terme • **ao mesmo tempo** en même temps • **dentro de pouco tempo** dans peu de temps • **de tempos em tempos** de temps en temps • **nos últimos tempos** ces derniers temps • **por algum tempo** pendant un certain temps • **no tempo em que...** depuis le temps que....

têmpora ['tẽmpora] *f* tempe *f*.

temporada [tẽmpo'rada] *f* saison *f* • **passar uma temporada em** passer quelque temps à.

temporal [tẽmpo'raw] (*pl -ais*) *m* tempête *f*.

temporário, ria [tẽmpu'rarju, rja] *adj* temporaire.

tencionar [tẽsjo'na(x)] • **tencionar fazer algo** avoir l'intention de faire qqch.

tenda ['tẽda] f (para acampar) tente f; (em mercado) étal m.

tendão [tẽn'dãw] (pl -ões) m tendon m.

tendência [tẽn'dẽsja] f tendance f • ter tendência para avoir tendance à.

tendões → tendão.

tenente [te'nẽntʃi] nmf lieutenant m.

tenho ['taɲu] → ter.

tênis ['tenif] ♦ m inv tennis m • tênis de mesa tennis de table ♦ mpl (sapatos) tennis mpl.

tenro, ra ['tẽxu, xa] adj tendre • de tenra idade en bas âge.

tensão [tẽ'sãw] (pl -ões) f tension f • tensão arterial alta/baixa hypertension f/hypotension f artérielle.

tenso, sa ['tẽsu, sa] adj tendu(e).

tensões → tensão.

tentação [tẽnta'sãw] (pl -ões) f tentation f.

tentáculo [tẽn'takulu] m tentacule m.

tentador, ra [tẽnta'do(x), ra] (mpl -es, fpl -s) adj (comida, objeto) tentant(e); (pessoa) tentateur(trice).

tentar [tẽn'ta(x)] ♦ vt tenter ♦ vi essayer • tentar fazer algo essayer de faire qqch.

tentativa [tẽnta'tʃiva] f tentative f • à primeira tentativa du premier coup • na tentativa de fazer algo dans le but de faire qqch.

tênue ['tenwi] adj (cheiro, sabor) léger(ère); (cor) pâle.

teologia [teolo'ʒia] f théologie f.

teor ['teo(x)] m (de álcool, gordura etc.) teneur f; (de conversa, filme, livro) sujet m.

teoria [teo'ria] f théorie f • em teoria en théorie.

teoricamente [,tjɔrika'mẽntʃi] adv théoriquement.

tépido, da ['tɛpidu, da] adj tiède.

ter ['te(x)] ♦ vt 1. (ger) avoir • a casa tem dois quartos la maison a deux chambres • ela tem os olhos verdes elle a les yeux verts • tenho muito dinheiro j'ai beaucoup d'argent • ter saúde/juízo être en bonne santé/être prudent • a sala tem quatro metros de largura la salle a quatre mètres de large • quantos anos você tem? quel âge as-tu? • tenho dez anos j'ai dix ans • tenho dor de dentes/cabeça j'ai mal aux dents/à la tête • tenho febre j'ai de la fièvre • ter sarampo/varicela avoir la rougeole/la varicelle • tenho frio/calor j'ai froid/chaud • tenho sede/fome j'ai soif/faim • tenho medo j'ai peur • ter amor/ódio a alguém avoir de l'amour/de la haine pour qqn • ter carinho/afeição por alguém avoir de la tendresse/de l'affection pour qqn • esta caixa tem apenas tem três bolos il n'y a que trois gâteaux dans cette boîte • esta garrafa tem um litro de água il y a un litre

terabyte

d'eau dans cette bouteille • **eles têm muitos problemas econômicos** ils ont beaucoup de problèmes financiers • **tivemos uma grande discussão** nous avons eu une grande discussion • **não tenho aulas hoje** je n'ai pas cours aujourd'hui • **tenho um encontro** j'ai un rendez-vous • **ele tinha uma reunião, mas não foi** il avait une réunion, mais il n'y est pas allé • **tenho certeza de que está certo** je suis certain que c'est bien • **tenho a impressão de que vai chover** j'ai l'impression qu'il va pleuvoir • **pode ter certeza de que vou** tu peux être sûr que j'y vais • **têm o carro mal estacionado** votre voiture est mal garée • **tem alguém à porta** il y a qqn à la porte • **ela teve uma menina** elle a eu une petite fille **2.** *(para desejar)* • **tenha umas boas férias!** bonnes vacances! • **tenham um bom dia!** bonne journée! **3.** *(em locuções)* • **ter a** *(desembocar)* aller à • **ir ter com alguém** aller rejoindre qqn ◆ *v aux* **1.** *(haver) auxiliar* • **eles tinham partido o vidro** ils avaient brisé la vitre • **tinha alugado a casa** il avait loué la maison • **tinha chovido e a estrada estava molhada** il avait plu et la route était mouillée **2.** *(exprime obrigação)* devoir • **ter de** *OU* **que fazer algo** devoir faire qqch • **temos que estar lá às oito** nous devons y être à huit heures • **tenho muito que fazer** j'ai beaucoup à faire.

terabyte [tɛxa'bajtʃi] *(pl* **terabytes)** *m* téraoctet *m.*

terapeuta [tera'pewta] *nmf* thérapeute *mf.*

terapêutico, ca [terapewtʃiku, ka] *adj* thérapeutique.

terapia [tera'pia] *f* thérapie *f.*

terça-feira [ˌtexsa'fejra] *(pl* **terças-feiras)** *f* mardi *m* • **Terça-feira de Carnaval** mardi gras → **sexta-feira**.

terceira [tex'sejra] *f* troisième *f* (vitesse).

terceiro, ra [tex'sejru, ra] *num* troisième • **a terceira idade** le troisième âge → **sexto**.

terço ['texsu] *m (parte)* tiers *m*; *(rosário)* chapelet *m* • **rezar o terço** dire le chapelet.

terçol [tex'sɔw] *(pl* **-óis)** *m* MED orgelet *m*, *(fam)* compère-loriot *m.*

terebintina [terebĩn'tʃina] *f* térébenthine *f.*

termas ['tɛxmaʃ] *fpl* thermes *mpl.*

térmico, ca [tex'miku, ka] *adj* thermique • **garrafa térmica** une thermos.

terminal [texmi'naw] *(pl* **-ais)** ◆ *adj* terminal(e) ◆ *m (de transportes)* terminus *m*; INFORM terminal *m* • **terminal rodoviário** gare *f* routière • **terminal ferroviário** gare *f* ferroviaire • **terminal aéreo** aérogare *f.*

terminar [texmi'na(x)] *vt & vi* terminer • **terminar por fazer**

algo finir par faire qqch • **terminar em algo** se terminer en qqch.

termo ['tɛxmu] *m* terme *m*; • **pôr termo a** mettre un terme à.

termômetro [ter'mometru] *m* thermomètre *m*.

termostato [tɛxmoʃ'tatu] *m* thermostat *m*.

terno, na ['tɛxnu, na] ◆ *adj* tendre ◆ *m (de homem)* costume *m*.

ternura [tex'nura] *f* tendresse *f*.

terra ['tɛxa] *f* terre *f*, pays *m*; *(localidade)* endroit *m* • **a Terra** la Terre • **terra a terra** terre à terre • **cair por terra** tomber à l'eau • **ficar em terra** rater *(son train, son avion etc)* • **por terra** par voie terrestre.

terraço [te'xasu] *m* terrasse *f*.

terreiro [te'xejru] *m* terrain *m*.

terremoto [texe'mɔtu] *m* tremblement *m* de terre.

terreno, na [te'xenu, na] ◆ *adj* terrestre ◆ *m* terrain *m*.

térreo, ea ['tɛxju, ja] *adj (andar, piso)* au rez-de-chaussée; *(casa)* de plain-pied.

terrestre [te'xɛʃtri] ◆ *adj* terrestre ◆ *nmf* terrien *m*, -enne *f*.

terrina [te'xina] *f* soupière *f*.

território [texi'tɔrju] *m* territoire *m*.

terrível [te'xivew] *(pl* **-eis)** *adj* terrible.

terror [te'xo(x)] *(pl* **-es)** *m* terreur *f*.

tese ['tɛzi] *f* thèse *f*.

tesoura [te'zora] *f* ciseaux *mpl* • **tesoura de unhas** ciseaux à ongles.

tesouro [te'zoru] *m* trésor *m*.

testa ['tɛʃta] *f* front *m*.

testamento [teʃta'mẽntu] *m* testament *m*.

testar [teʃ'ta(x)] *vt (experimentar)* essayer; *(pôr à prova)* tester.

teste ['tɛʃtʃi] *m (de máquina, carro)* essai *m*; *(de gravidez, seleção)* test *m*; *EDUC* contrôle *m* • **teste de dosagem alcoólica** Alcotest®.

testemunha [teʃte'muɲa] *f* témoin *m* • **testemunha ocular** témoin oculaire.

testemunho [teʃte'muɲu] *smjur* témoignage *m*; *ESP* témoin *m*.

testículo [teʃ'tʃikulu] *m* testicule *m*.

tétano ['tɛtanu] *m* tétanos *m*.

teto ['tɛtu] *m* plafond *m*.

tétrico, ca ['tɛtriku, ka] *adj* lugubre.

teu, tua ['tew, 'tua] ◆ *adj* ton(ta) ◆ *pron* • **o teu/a tua** le tien/la tienne • **isto é teu** c'est à toi • **um amigo teu** un de tes amis • **os teus** *(a tua família)* les tiens.

teve ['tevi] → **ter**.

têxtil ['tejʃtʃiw] *(pl* **-teis)** *m* textile *m*.

texto ['tejʃtu] *m* texte *m*.

textura [tejʃ'tura] *f* texture *f*.

texugo [te'ʃugu] *m* blaireau *m (animal)*.

tez ['tɛʃ] *f* teint *m*.

ti ['tʃi] *pron* toi • **ti mesmo** OU **próprio** toi-même.

tia ['tʃia] → **tio**.

tigela

tigela [tʃi'ʒɛla] f bol m • **de meia-tigela** (fig) minable.
tigelada [tiʒe'lada] f (de sopa, doce etc.) bol m.
tigre ['tʃigri] m tigre m.
tijolo [tʃi'ʒolu] m brique f.
til [tiw] (pl **tis**) m tilde m.
tília ['tilja] m tilleul m.
time ['tʃimi] m équipe f.
timidez [tʃimi'deʃ] f timidité f.
tímido, da ['tʃimidu, da] adj timide.
timoneiro [tʃimo'nejru, ra] m (em barco) timonier m; (em expedição) capitaine m.
Timor [ti'mo(x)] s Timor m.
tímpano ['tʃĩmpanu] m tympan m.
tina ['tʃina] f baquet m.
tingido, da [tʃĩ'ʒidu, da] adj déteint(e).
tingir [tʃĩ'ʒi(x)] vt teindre.
tinha ['tʃiɲa] → **ter**.
tinir [tʃi'ni(x)] vi (sino, campainha) tinter; (ouvidos) bourdonner.
tinta ['tʃĩnta] f (para escrever) encre f; (para pintar) peinture f; (para tingir) teinture f • **tinta fresca** peinture fraîche.
tinteiro [tʃĩ'tejru] m encrier m.
tinto ['tʃĩntu] adj m → **vinho**.
tintura [tʃĩ'tura] f • **tintura de iodo** teinture f d'iode.
tinturaria [tʃĩntura'ria] f teinturerie f.
tio, tia ['tʃiu, 'tʃia] mf oncle m, tante f.
típico, ca ['tʃipiku, ka] adj typique • **ser típico de** être typique de.

340

tipo, pa ['tʃipu, pa] • mf (fam) (pessoa) type m, bonne femme f • m type m.
tipografia [tʃipogra'fia] f imprimerie f.
tíquete [tʃi'ketʃi] m ticket m.
tíquete-refeição ['tʃiketʃixefej'sãw] (pl **tíquetes-refeição**) m ticket-restaurant m.
tiracolo [tʃira'kolu] m • **a tiracolo** en bandoulière.
tiragem [tʃi'raʒẽ] (pl **-ns**) f (de jornal, livro, revista) tirage m.
tira-manchas [,tʃira'mɛ'ʃaʃ] m inv détachant m.
tirania [tʃira'nia] f tyrannie f.
tirar [tʃi'ra(x)] vt enlever; (férias, fotografia) prendre • **tirar algo de alguém** prendre qqch à qqn • **tirar manchas de uma camisa** détacher une chemise • **tirar à sorte** tirer au sort • **tirar a mesa** débarrasser la table.
tirinhas [tʃi'riɲaʃ] fpl petites bandes fpl • **cortar papel em tirinhas** découper des bandes de papier.
tiritar [tʃiri'ta(x)] vi grelotter.
tiro ['tʃiru] m (de arma) tir m; (disparo) coup m de feu • **tiro ao alvo** tir à la cible • **tiro aos pratos e pombos** ball-trap m.
tiroteio [tʃiro'teju] m fusillade f.
tis → **til**.
título ['tʃitulu] m titre m.
tive ['tʃivi] → **ter**.
to [tu] = **te + o**; → **te**.
-to → **te**.
toalete [twa'letʃi] • m (banheiro) toilettes fpl; (roupa) tenue f

tonelada

♦ f • **fazer a toalete** faire sa toilette.
toalha ['twaʎa] f serviette f • **toalha de banho** serviette de bain • **toalha de mesa** nappe f.
tobogã [tɔbɔ'gã] m luge f.
toca ['tɔka] f (de coelho, raposa) terrier m.
toca-discos [,tɔka'dʒiʃkuʃ] m inv tourne-disque m.
toca-fitas [,tɔka'fitaʃ] m inv magnétophone m.
tocar [to'ka(x)] ♦ vt (instrumento) jouer ♦ vi (campainha, sino, telefone) sonner; MÚS jouer; • **toca a trabalhar!** au travail! • **quando tocar a minha vez** quand ce sera mon tour • **tocar de leve** effleurer • **tocar a sua vez** être son tour • **tocar na ferida** touché au vif ❏ **tocar em** vp (em pessoa, objeto) toucher qqn/qqch; (em assunto) aborder ❏ **tocar a** vp • **no que me toca** en ce qui me concerne ❏ **tocar para** vp (telefonar) appeler au téléphone.
tocha ['tɔʃa] f torche f.
toda → **todo**.
todavia [toda'via] adv & conj cependant.
todo, da ['todu, da] ♦ adj tout(toute) ♦ m tout m • **em toda parte** partout • **todas as coisas que** tout ce qui • **todo o dia/mês** toute la journée/tout le mois • **todos os dias/meses** tous les jours/les mois • **todo mundo** tout le monde • **todos nós** nous tous • **ao todo** en

tout • **de todo** pas du tout • **no todo** dans l'ensemble ❏ **todos, das** pron pl tous(toutes).
Todos os Santos [,todozuʃ e 'sãntuʃ] s → **dia**.
toldo ['towdu] m bâche f; (de loja, varanda) store m.
tolerância [tole'rãsja] f tolérance f.
tolerar [tole'ra(x)] vt tolérer.
tolice [to'lisi] f bêtise f.
tolo, la ['tolu, la] adj bête.
tom ['tõ] (pl **-ns**) m ton m • **em tom de** sur le ton de • **ser de bom-tom** être de bon ton.
tomada [to'mada] f prise f • **tomada de posse** investiture f.
tomar [to'ma(x)] vt prendre • **tome! tiens!** • **vamos tomar um café!** allons prendre un café! • **vamos tomar um copo!** allons prendre un verre! • **tomar ar** prendre l'air • **tomar o café da manhã** prendre le petit déjeuner • **tomar posse** entrer en fonction.
tomara [to'mara] interj • **tomara eu!** j'aimerais bien!
tomate [to'matʃi] m tomate f • **tomate pelado** tomate pelée.
tombar [tõm'ba(x)] ♦ vt renverser ♦ vi tomber.
tombo ['tõmbu] m chute f • **levar um tombo** faire une chute.
tomilho [to'miʎu] m thym m.
tonalidade [tonali'dadʒi] f tonalité f.
tonel [to'nɛw] (pl **-éis**) m tonneau m.
tonelada [tone'lada] f tonne f.

tônica ['tonika] f • **pôr a tônica em** mettre l'accent sur.

tônico, ca ['toniku, ka] ◆ adj GRAM tonique, accentué(e); (fortificante) tonique ◆ m (medicamento) tonifiant m.

toninha [to'niɲa] f marsouin m.

tons [tõʃ] → **tom**.

tonto, ta ['tõntu, ta] adj (com tonturas) étourdi(e); (tolo) bête.

tontura [tõn'tura] f vertige m.

topázio [to'pazju] m topaze f.

tópico [ɔpiku] m (assunto) sujet m; (aspectos) point m.

topless [tɔpi'lɛʃ] m topless • **fazer topless** faire du monokini.

topo ['topu] m (de montanha) sommet m; (de rua, pilha) haut m • **topo de linha** haut de gamme.

toque ['tɔki] m (contato) coup m; (som) coup m de sonnette • **o toque (da campainha)** la sonnette.

tórax ['tɔraks] m thorax m.

torcedor, ra [toxse'do(x), ra] (mpl -es, fpl -s) m f supporter m.

torcer [tox'se(x)] vt (entortar) tordre; (pé, tornozelo) se tordre; (espremer) essorer ❑ **torcer-se** vp se tordre • **torcer por** vp soutenir.

torcicolo [toxsi'kɔlu] m torticolis m.

torcida [tox'sida] f (pavio) mèche f; (de futebol) supporters mpl.

torcido, da [tox'sidu, da] adj (torto) tordu(e).

tormenta [tox'mẽnta] f tourmente f.

tormento [tox'mẽntu] m (sofrimento, dor) supplice m; (desgosto) tourment m.

tornado [tox'nadu] m tornade f.

tornar [tox'na(x)] vt rendre ❑ **tornar-se** vp devenir ❑ **tornar a** vp • **tornar a fazer algo** refaire qqch • **tornar a ver** revoir • **tornar a sair** ressortir • **tornar atrás** revenir sur ses pas • **tornar algo em algo** transformer qqch en qqch.

torneio [tox'neju] m tournoi m.

torneira [tox'nejra] f robinet m.

torno ['toxnu] m • **em torno de** autour de.

tornozelo [toxno'zelu] m cheville f.

torpedo [tox'pedu] m torpille f.

torrada [to'xada] f toast m.

torradeira [toxa'dejra] f grille-pain m.

torrão [to'xãw] (pl -ões) m motte f • **torrão de açúcar** morceau m de sucre.

torrar [to'xa(x)] vt griller.

torre ['toxi] f tour f.

torrente [to'xẽntʃi] f torrent m.

torresmo [to'xeʒmu] m morceau m de lard frit.

tórrido, da ['tɔxidu, da] adj torride.

torrões → **torrão**.

torta ['tɔrta] f (doce) tarte f.

torto, torta ['toxtu, 'tɔxta] adj tordu(e) • **a torto e a direito** à tort et à travers.

tortura [tox'tura] f torture f.

tos [tuʃ] = te + os; → **te**.

-tos → **te**.

tosse ['tɔsi] f toux f • **tosse convulsa** coqueluche f.

tossir [to'si(x)] vi tousser.
tostado, da [toʃ'tadu, da] adj grillé(e).
tostão [toʃ'tãw] (pl **-ões**) m ancienne pièce de 100 centimes ◆ **não valer um tostão furado** ne pas valoir un sou.
total [to'taw] (pl **-ais**) ◆ adj total(e) ◆ m total m ◆ **no total** au total.
totalidade [tutali'dadʒi] f totalité f ◆ **na totalidade** en entier.
totalmente [totaw'mẽntʃi] adv totalement.
totó [to'tɔ] m baby-foot m inv.
touca ['toka] f bonnet m ◆ **touca de banho** bonnet de bain.
toucador [toka'do(x)] (pl **-es**) m coiffeuse f.
toucinho [to'siɲu] m lard m ◆ **toucinho defumado** poitrine fumée ◆ **toucinho do céu** crème riche en jaunes d'œufs.
toupeira [to'pejra] f taupe f.
tourada [to'rada] f corrida f.
toureiro, ra [to'rejru, ra] m torero m.
touro ['toru] m taureau m ▫ **Touro** m Taureau m.
tóxico, ca ['tɔksiku, ka] adj toxique.
toxina [tok'sina] f toxine f.
Tr = **travessa**.
trabalhador, ra [trabaʎa'do(x), ra] (mpl **-es**, fpl **-s**) adj & mf travailleur(euse).
trabalhar [traba'ʎa(x)] vt & vi travailler.
trabalho [tra'baʎu] m travail m ◆ **trabalho de casa** devoirs mpl ◆ **trabalhos manuais** travaux manuels ◆ **trabalho de parto** travail.
traça ['trasa] f mite f.
tração [tra'sãw] f traction f.
traçar [tra'sa(x)] vt tracer.
traço ['trasu] m trait m; (vestígio) trace f.
tradição [tradʒi'sãw] (pl **-ões**) f tradition f.
tradicional [tradʒisjo'naw] (pl **-ais**) adj traditionnel(elle).
tradições → **tradição**.
tradução [tradu'sãw] (pl **-ões**) f traduction f.
tradutor, ra [tradu'to(x), ra] (mpl **-es**, fpl **-s**) mf traducteur m, -trice f.
traduzir [tradu'zi(x)] vt & vi traduire.
tráfego ['trafegu] m trafic m.
traficante [trafi'kãntʃi] nmf trafiquant m, -e f.
traficar [trafi'ka(x)] vt faire du trafic de.
tráfico ['trafiku] m trafic m.
tragar [tra'ga(x)] vt (fumaça) inhaler; (bebida) avaler d'une seule gorgée.
tragédia [tra'ʒɛdʒja] f tragédie f.
trágico, ca ['traʒiku, ka] adj tragique.
trago ['tragu] → **trazer**.
trago [tragu] m gorgée f.
traição [traj'sãw] (pl **-ões**) f trahison f ◆ **à traição** en traître.
traidor, ra [traj'do(x), ra] (mpl **-es**, fpl **-s**) mf traître m, -esse f.
traineira [traj'nejra] f chalutier m.

traje ['traʒi] *m* costume *m* • **traje de luzes** habit *m* de lumière • **traje de noite** tenue *f* de soirée • **traje típico** costume traditionnel • **trajes menores** dessous *mpl.*

trajeto [tra'ʒɛtu] *m* trajet *m.*

trajetória [traʒe'tɔrja] *f* trajectoire *f.*

tralha ['traʎa] *f (fam)* bazar *m.*

trama ['trama] *f (de fios)* trame *f*; *(de livro, filme)* intrigue *f.*

tramar [tra'ma(x)] *vt* • **tramar algo** *(fam)* manigancer qqch.

trâmite ['tramitʃi] *m* voie *f.*

trampolim [trãpo'lĩ] *(pl* **-ns***) m* tremplin *m.*

tranca ['trãka] *f* verrou *m.*

trança ['trãsa] *f* tresse *f.*

trancar [trã'ka(x)] *vt* bien fermer.

tranquilidade [trãkwili'dadʒi] *f* tranquillité *f.*

tranquilizante [trãkwili'zãtʃi] ◆ *adj* rassurant(e) ◆ *m* tranquillisant *m.*

tranquilo, la [trã'kwilu, la] *adj* tranquille.

transação [trãza'sãw] *(pl* **-ões***) f* transaction *f.*

transar [trã'za(x)] *vt (fam)* manigancer □ **transar com** *vp (fam)* coucher avec.

transatlântico, ca [trãzat'lãntʃiku, ka] ◆ *adj* transatlantique ◆ *m* transatlantique *m.*

transbordar [trãʒbox'da(x)] *vi* déborder.

transbordo [trãʒ'boxdu] *m* correspondance *f* • **fazer transbordo** changer.

transe ['trãzi] *m* transe *f.*

transeunte [trã'zeũntʃi] *nmf* passant *m,* -e *f.*

transferência [trãʃfe'rẽsja] *f (de escola, país)* changement *m*; *(de dinheiro)* virement *m.*

transferir [trãʃfe'ri(x)] *vt (pessoa)* muter; *(dinheiro)* virer.

transformador [trãʃfoxma'do(x), ra] *(pl* **-es***) m* transformateur *m.*

transformar [trãʃfox'ma(x)] *vt* transformer.

transfusão [trãʃfu'zãw] *(pl* **-ões***) f* • **transfusão de sangue** transfusion *f* sanguine.

transgredir [trãʒgre'di(x)] *vt* transgresser.

transgressão [trãʒgre'sãw] *(pl* **-ões***) f* transgression *f.*

transição [trãzi'sãw] *(pl* **-ões***) f* transition *f.*

transistor [trãzi'sto(x)] *(pl* **-res***) m* transistor *m.*

transitar [trãzi'ta(x)] *vi* circuler • **transitar para** passer par.

transitivo, va [trãzi'tʃivu, va] *adj* transitif(ive).

trânsito ['trãzitu] *m* circulation *f* • **trânsito congestionado** ralentissements *mpl* • **trânsito proibido** circulation interdite • **trânsito nos dois sentidos** circulation à double sens.

transmissão [trãʒmi'sãw] *(pl* **-ões***) f* transmission *f.*

transmitir [trãʒmi'tʃi(x)] ◆ *vt* transmettre; *(suj: rádio, TV)* diffuser ◆ *vi (rádio, TV)* émettre.

transparência [trãʃpa'rẽsja] *f* transparence *f.*

transparente [trãʃpa'rẽntʃi] *adj* transparent(e).

transpiração [trãʃpira'sãw] *f* transpiration *f*.

transpirar [trãʃpi'ra(x)] *vi* transpirer.

transplantar [trãʃplãn'ta(x)] *vt* transplanter.

transplante [trãʃ'plãntʃi] *m (de planta, árvore)* transplantation *f*; *(de órgão)* greffe *f*.

transportar [trãʃpox'ta(x)] *vt* transporter.

transporte [trãʃ'pɔxtʃi] *m* transport *m* • **transporte coletivo** transports en commun • **transportes públicos** transports publics.

transtornar [trãʃtox'na(x)] *vt (chocar)* bouleverser; *(incomodar)* déranger; *(reunião, rotina)* perturber.

transtorno [trãʃ'toxnu] *m* dérangement *m* • **causar transtorno** déranger.

trapalhão, lhona [trapa'ʎãw, ʎona] *(mpl* -**ões**, *fpl* -**s**) *mf* personne *f* brouillonne.

trapézio [tra'pɛzju] *m* trapèze *m*.

trapezista [trape'ziʃta] *nmf* trapéziste *mf*.

trapo ['trapu] *m (pano velho)* chiffon *m*; *(roupa velha)* fripe *f*.

trarei [tra'rej] → **trazer**.

trás [trajʃ] • *interj* patatras! • *prep & adv* • **andar para trás** reculer • **deixar para trás** *(local)* quitter; *(pessoa)* dépasser • **por trás de** derrière • **de trás** derrière • **para trás** en arrière.

traseira [tra'zejra] *f* arrière *m*.

traseiro, ra [tra'zejru, ra] • *adj* arrière • *m* derrière *m (fesses)*.

tratado, da [tra'tadu, da] • *adj* traité(e); *(terreno)* entretenu(e) • *m* traité *m*.

tratamento [trata'mẽntu] *m* traitement *m*; *(de terreno)* entretien *m*.

tratar [tra'ta(x)] *vt (curar)* traiter, soigner; *(desinfetar)* traiter ❑ **tratar de** *vp (encarregar-se de)* s'occuper de; *(assunto, negócio, tarefa)* traiter ❑ **tratar-se de** *vp* + *prep* s'agir de • **trata-se de** il s'agit de • **tratar alguém bem/mal** bien/mal traiter qqn.

trator [tra'to(x)] *(pl* -**es**) *m* tracteur *m*.

trauma ['trawma] *m* traumatisme *m*.

Trav. = **travessa**.

travão [tra'vãw] *(pl* -**ões**) *m* frein *m*.

travar [tra'va(x)] • *vt (combate, luta)* livrer • *vi* freiner • **travar conhecimento** faire connaissance.

trave ['travi] *f* poutre *f*.

travessa [tra'vesa] *f (rua)* passage *m*; *(peça de louça)* plat *m*; *(para cabelo)* peigne *m*.

travessão [trave'sãw] *(pl* -**ões**) *m (sinal gráfico)* tiret *m*.

travesseiro [trave'sejru] *m (de cama)* oreiller *m*.

travessia [trave'sia] *f* traversée *f*.

travesso, a [tra'vesu, a] *adj (criança)* espiègle; *(comportamento)* turbulent(e).

travessões

travessões → travessão.
travões → travão.
traz [traʒ] → trazer.
trazer [tra'ze(x)] vt (vir acompanhado de) amener; (carregar) apporter; (vestir) porter; (problemas) causer; (consequências) avoir • **trazer à memória** rappeler.
trégua ['tregwa] f trêve f.
treinador, ra [trejna'do(x), ra] (mpl **-es**, fpl **-s**) mf entraîneur m, -euse f.
treinar [trej'na(x)] vt (esportista) entraîner; (língua) pratiquer ▫ **treinar-se** vp s'entraîner.
treino ['trejnu] m entraînement m.
trela ['trɛla] f laisse f.
trem [trẽ] (pl **-ns**) m train m
• **pegar o trem** prendre le train • **perder o trem** rater le train • **trem direto** train direct • **trem expresso** train express • **trem de pouso** train d'atterrissage • **de trem** en train.
tremendo, da [tre'mẽndu, da] adj (horrível) terrible; (enorme) épouvantable; (formidável) formidable.
tremer [tre'me(x)] vi trembler.
tremoços [tre'mɔsuʃ] mpl graines fpl de lupin.
tremor [tre'mo(x)] (pl **-es**) m tremblement m • **tremor de terra** tremblement de terre.
trêmulo, la ['tremulu, la] adj (mãos, pernas, voz) tremblant(e); (luz) vacillant(e).
trenó [tre'nɔ] m (grande) traîneau m; (pequeno) luge f.

346

trens → trem.
trepadeira [trepa'dejra] f plante f grimpante.
trepar [tre'pa(x)] ♦ vt gravir ♦ vi grimper • **trepar a** ou **em** grimper à • **trepar para** grimper sur.
três [treʃ] num trois, → seis.
tretas ['tretaʃ] fpl balivernes fpl.
trevas ['trɛvaʃ] fpl ténèbres fpl.
trevo ['trevu] m trèfle m.
treze ['trezi] num treize, → seis.
trezentos, tas [tre'zẽntuʃ, taʃ] num trois cents, → seis.
triângulo [tri'ãŋgulu] m triangle m.
tribo ['tribu] f tribu f.
tribuna [tri'buna] f (de estádio) tribune f.
tribunal [tribu'naw] (pl **-ais**) m tribunal m • **o Supremo Tribunal** la Cour de cassation.
triciclo [tri'siklu] m tricycle m.
tricô [tri'ko] m tricot m.
tricotar [triko'ta(x)] vt tricoter.
trigésimo, ma [tri'ʒɛzimu, ma] num trentième, → **sexto**.
trigo ['trigu] m blé m.
trilha ['triʎa] f (carril) rail m; (caminho) sentier m • **trilha sonora** bande f sonore.
trilho ['triʎu] m (de trem) rail m; (caminho) sentier m.
trimestral [trimeʃ'traw] (pl **-ais**) adj trimestriel(elle).
trimestre [tri'mɛʃtri] m trimestre m.
trincar [trĩŋ'ka(x)] vt (com dentes) croquer.
trincha ['trĩʃa] f (pincel) pinceau m.

trincheira [trĩˈʃejrɐ] f (em praça de touros) barrière f; (escavação) tranchée f.

trinco [ˈtrĩŋku] m loquet m • **fechar com trinco** fermer.

trinta [ˈtrĩta] num trente, → seis.

trio [ˈtriu] m trio m • **trio elétrico** véhicule équipé d'une sono qui diffuse de la musique dans les rues pendant le Carnaval.

tripa [ˈtripa] f boyaux mpl.

tripé [triˈpɛ] m trépied m.

triplicar [tripliˈka(x)] vt tripler.

tripulação [tripulaˈsãw] (pl **-ões**) f équipage m.

tripular [tripuˈla(x)] vt piloter.

triste [ˈtriʃtʃi] adj triste.

tristeza [triʃˈteza] f tristesse f • **que tristeza!** c'est triste!

triunfar [triũˈfa(x)] vi triompher.

triunfo [triˈũfu] m triomphe m.

trivial [triˈvjaw] (pl **-ais**) adj banal(e).

triz [triʃ] m • **por um triz** de justesse.

troca [ˈtrɔka] f échange m • **em troca** en échange • **em troca de** en échange de.

troça [ˈtrɔsa] f moquerie f.

trocado, da [troˈkadu, da] adj mauvais(e) ▫ **trocado** m monnaie f • **temos os lugares trocados** nous avons inversé nos places.

trocar [troˈka(x)] vt (objeto, produto) échanger; (dinheiro) faire la monnaie de; (ideias) échanger; (confundir) mélanger ▫ **trocar de** vp changer de ▫ **trocar-se** vp se changer • **trocar dinheiro** faire de la monnaie.

troco [ˈtroku] m monnaie f; (fig) (resposta) réponse f • **dar o troco** (responder) relever • **a troco de** en échange de.

troféu [troˈfɛu] m trophée m.

tromba [ˈtrõba] f (de elefante) trompe f; (de água) trombe f.

trombadinha [trõbaˈdʒina] nmf pickpocket m.

trombeta [trõˈbeta] f clairon m.

trombone [trõˈboni] m trombone m • **trombone de varas** trombone à coulisse.

trompa [ˈtrõpa] f cor m.

trompete [trõˈpɛtʃi] m trompette f.

tronco [ˈtrõŋku] m tronc m.

trono [ˈtronu] m trône m.

tropa [ˈtrɔpa] f armée f.

tropeçar [tropeˈsa(x)] vi trébucher • **tropeçar em algo** trébucher sur qqch.

tropical [tropiˈkaw] (pl **-ais**) adj tropical(e).

tropicalismo [tropikaˈliʒmu] m mouvement culturel brésilien.

ⓘ TROPICALISMO

Le *Tropicalismo* (Tropicalisme) est un mouvement culturel apparu au Brésil à la fin des années 1960 qui, avec une grande audace, irrévérence et improvisation, bouleversa la musique populaire brésilienne de l'époque. Ayant à sa tête les musiciens de l'État de Bahia, Caetano Veloso et Gilberto Gil, ce mouvement s'est basé sur la contre-culture en favorisant la fusion d'éléments étrangers dans la culture brésilienne afin de créer un nouveau produit artistique qui suscita la polémique.

---

trópico ['trɔpiku] *m* tropique *m.*
trotar [tro'ta(x)] *vi* trotter.
trouxa ['trɔʃa] *f* balluchon *m.*
trouxe ['trosi] → **trazer**.
trovão [tro'vãw] (*pl* **-ões**) *m* tonnerre *m.*
trovejar [trove'ʒa(x)] *v impess* • **está trovejando** il tonne.
trovoada [trovv'ada] *f* orage *m.*
trovões [tro'võjʃ] → **trovão**.
trucidar [trusi'da(x)] *vt* massacrer.
trufas ['trufaʃ] *fpl* truffes *fpl.*
trunfo ['trũfu] *m* atout *m.*
truque ['truki] *m* tour *m.*
truta ['truta] *f* truite *f.*
T-shirt [ti'ʃertʃi] *f* tee-shirt *m.*
tu ['tu] *pron (fam)* tu • **tu mesmo** *ou* **próprio** toi-même.
tua ['tua] → **teu**.
tuba ['tuba] *f* tuba *m.*
tubarão [tuba'rãw] (*pl* **-ões**) *m* requin *m.*
tuberculose [tubɛxku'lɔzi] *f* tuberculose *f.*
tubo ['tubu] *m (cano)* tuyau *m;* *(de comprimidos)* tube *m* • **tubo de ensaio** tube à essai.
tudo ['tudu] *pron inv* tout • **estar por tudo** être prêt à tout • **antes de tudo** avant tout • **apesar de tudo** malgré tout • **por tudo e por nada** pour un oui ou pour un non • **dar tudo por tudo** donner le tout pour le tout.
tulipa [tu'lipa] *f* tulipe *f.*
tumba ['tũba] *f* tombe *f.*
tumor [tu'mo(x)] (*pl* **-es**) *m* tumeur *f* • **tumor maligno/benigno** tumeur maligne/bénigne.
túmulo ['tumulu] *m* tombeau *m.*
tumulto [tu'muwtu] *m (alvoroço)* tumulte *m;* *(revolta)* trouble *m.*
túnel ['tunɛw] (*pl* **-eis**) *m* tunnel *m.*
túnica ['tunika] *f* tunique *f.*
turbina [tux'bina] *f* turbine *f.*
turbulência [turbu'lẽsja] *f (em voo)* turbulences *fpl.*
turco, ca ['tuxku, ka] ◆ *adj* turc(turque) ◆ *mf* Turc *m,* Turque *f* ◆ *m (língua)* turc *m;* *(tecido)* éponge *f.*
turfe ['tuxfi] *m (hipódromo)* hippodrome *m;* *(hipismo)* courses *fpl* hippiques.
turismo [tu'riʒmu] *m* tourisme *m.*
turista [tu'riʃta] *nmf* touriste *mf.*
turístico, ca [tu'riʃtʃiku, ka] *adj (local, cardápio)* touristique; *(classe)* loisirs.
turma ['tuxma] *f (em escola)* classe *f;* *(fam) (amigos)* bande *f* (de copains).
turnê ['tuxne] *f* tournée *f.*
turno ['tuxnu] *m* équipe *f* • **trabalhar por turnos** faire un roulement • **por seu turno** à son tour.

349

turquesa [tux'keza] f turquoise f.
Turquia [tux'kia] f • **a Turquia** la Turquie.
tutano [tu'tãnu] m moëlle f.
tutela [tu'tɛla] f tutelle f.
tutor, ra [tu'to(x), ra] (mpl **-es**, fpl **-s**) mf tuteur m, -trice f.
tutu [tu'tu] m • **tutu** à la mineira pâte de haricots épaissie à la farine de manioc mélangée à de la viande de porc.
TV [te' ve] f (abrev de televisão) TV.
tweed ['twidʒi] m tweed m.

U

UE f (abrev de União Europeia) UE f.
UEM f (abrev de União Econômica e Monetária) union économique monétaire.
uísque ['wiski] m whisky m.
uivar [ui'va(x)] vi hurler (chien).
úlcera ['uwsera] f ulcère m.
ultimamente [,uwtʃima'mẽntʃi] adv dernièrement.
ultimato [uwtʃi'matu] m ultimatum m.
último, ma ['uwtʃimu, ma] ◆ adj dernier(ère) ◆ mf • **o último/a última** le dernier/la dernière • **por último** enfin.
ultraleve [,uwtra'lɛvi] m ULM m.

um

ultramar [,uwtra'ma(x)] m • **o ultramar** les pays mpl d'outre-mer.
ultramarino, na [,uwtrama'ɐrinu, na] adj d'outre-mer.
ultrapassado, da [,uwtrapa'ɐsadu, da] adj dépassé(e).
ultrapassagem [,uwtrapa'saʒẽ] (pl **-ns**) f dépassement m.
ultrapassar [,uwtrapa'sa(x)] vt dépasser; (carro) doubler.
ultravioleta [,uwtravjo'leta] adj inv ultraviolet(ette).
um, uma [ũ, 'uma] (mpl **uns** fpl **-s**) ◆ art un(une) • **um homem** un homme • **uma mulher** une femme • **uma mala une valise** ◆ adj 1. (ger) un(une) • **um dia voltarei** un jour, je reviendrai • **comprei uns livros** j'ai acheté quelques livres • **vou uns dias de férias** je pars quelques jours en vacances • **um destes dias** un de ces jours • **trinta e um dias** trente et un jours • **um litro/metro/quilo** un litre/mètre/kilo 2. (aproximadamente) environ • **estavam lá umas cinquenta pessoas** il y avait environ cinquante personnes • **esperei uns dez minutos** j'ai attendu une dizaine de minutes 3. (para enfatizar) un/une de ces • **aqui está um frio/calor!** il fait un de ces froids/une de ces chaleurs! • **estou com uma sede!** j'ai une de ces soifs! ◆ pron (indefinido) un(une) • **só não gosto de um/de uma** il n'y en a qu'un/qu'une que je n'aime

pas ◆ **dê-me um** donne-m'en un ◆ **quero mais uma** j'en veux encore une ◆ **um a um, um por um** un à un, un par un ◆ **um deles** l'un d'entre eux ◆ **uns e outros** les uns et les autres → **seis**.

umbanda [ũn'bãnda] *f* culte afro-brésilien dérivé du candomblé.

umbigo [ũm'bigu] *m* nombril *m*.

umbral [ũn'braw] (*pl* **-ais**) *m* (*ombreira*) montant *m*; (*soleira*) seuil *m*.

umidade [umi'dadʒi] *f* humidité *f*.

úmido, da ['umidu, da] *adj* humide.

unanimidade [unanemi'dadʒi] *f* unanimité *f* ◆ **por unanimidade** à l'unanimité.

UNE *f* (*abrev de* **União Nacional dos Estudantes**) *syndicat étudiant brésilien.*

Unesco [u'nɛʃku] *f* Unesco *f*.

unha [ũna] *f* ongle *m*.

união [u'njãw] (*pl* **-ões**) *f* union *f* ◆ **a União Europeia** l'Union Européenne.

unicamente [ˌunika'mẽntʃi] *adv* uniquement ◆ **unicamente para adultos** réservé aux adultes.

único, ca ['uniku, ka] ◆ *adj* unique; (*um só*) seul(e) ◆ *mf* ◆ **o único/a única** le seul/la seule.

unidade [uni'dadʒi] *f* unité *f*.

unido, da [u'nidu, da] *adj* uni(e) ◆ **eles são muito unidos** ils sont très liés.

unificar [unifi'ka(x)] *vt* unifier.

uniforme [uni'fɔxmi] *adj & m* uniforme.

uniões → **união**.

unir [u'ni(x)] *vt* unir; (*colar*) joindre ◆ **unir o útil ao agradável** joindre l'utile à l'agréable ❏ **unir-se** *vp* s'unir ◆ **unir-se contra** s'allier contre.

unissex [uni'sɛks] *adj inv* unisexe.

unitário, ria [uni'tarju, rja] *adj* unitaire.

universal [univex'saw] (*pl* **-ais**) *adj* universel(elle).

universidade [univexsi'dadʒi] *f* université *f*.

universo [uni'vɛxsu] *m* univers *m*.

uns [ũʃ] → **um**.

untar [ũn'ta(x)] *vt* untar com óleo huiler ◆ **untar com manteiga** beurrer.

update ['apdejtʃi] *m INFORM* mise à jour *f*.

upgrade ['apgrɛdʒi] *m INFORM* ◆ **fazer um upgrade** augmenter la capacité, mettre à niveau.

upload ['aplodʒi] *m INFORM* ◆ **fazer um upload** télécharger.

urânio [u'ranju] *m* uranium *m*.

urbano, na [ux'banu, na] *adj* urbain(e).

urgência [ux'ʒẽsja] *f* urgence *f* ◆ **com urgência** d'urgence.

urgente [ux'ʒẽntʃi] *adj* urgent(e).

urgentemente [uxˌʒẽntʃi'mẽntʃi] *adv* d'urgence.

urina [u'rina] *f* urine *f*.

urinol [uri'nɔw] (*pl* **-óis**) *m* urinoir *m*.

URL (*abrev de* Universal Resources Locator) *f* URL *f*.

urna ['uxna] *f (de voto)* urne *f*.

urrar [u'xa(x)] *vi* hurler.

urso ['uxsu] *m* ours *m* • **urso de pelúcia** ours en peluche.

urso-pardo ['uxsu'paxdu] *m* ours *m* brun.

urso-polar ['uxsupola(x)] *m* ours *m* polaire.

urticária [uxti'kaɾja] *f* urticaire *f*.

urtiga [ux'tʃiga] *f* ortie *f*.

Uruguai [uru'gwaj] *m* • **o Uruguai** l'Uruguay *m*.

urze ['uxzi] *f* bruyère *f*.

usado, da [u'zadu, da] *adj (de segunda mão)* d'occasion; *(método, sistema)* utilisé(e); *(gasto)* usé(e).

usar [u'za(x)] *vt (utilizar)* utiliser, se servir de; *(vestir, calçar)* porter ❑ **usar de** *vp* faire preuve de ❑ **usar-se** *vp* se porter.

username [uzex'nejmi] *(pl* **usernames)** *m INFORM* nom d'utilisateur *m*.

usina [u'zina] *f* usine *f* • **usina de açúcar** sucrerie *f* • **usina hidr(o)elétrica** centrale *f* hydro-électrique • **usina nuclear** centrale *f* nucléaire.

uso ['uzu] *m* usage *m* • **uso externo** usage externe • **fazer uso de** utiliser; *(de influência, talento)* faire usage de • **para uso próprio** à usage personnel.

usual [uzw'aw] *(pl* **-ais)** *adj* usuel(elle).

usuário, a [u'zwaɾju, a] *mf* usager *m*.

usufruir [uzufru'i(x)] ❑ **usufruir de** *vp (possuir)* jouir de; *(tirar proveito de)* profiter de.

usurpar [uzur'pa(x)] *vt* usurper.

úteis ['utejʃ] → **útil**.

utensílio [utẽ'silju] *m* ustensile *m*.

útero ['uteru] *m* utérus *m*.

útil ['utʃiw] *(pl* **úteis)** *adj* utile; *(dia)* ouvrable.

utilidade [utʃili'dadʒi] *f* utilité *f* • **qual é a utilidade disso?** à quoi ça sert?

utilização [utʃiliza'sãw] *(pl* **-ões)** *f* utilisation *f*.

utilizar [utʃili'za(x)] *vt* utiliser.

utopia [uto'pia] *f* utopie *f*.

U.V. (*abrev de* ultravioleta) UV *mpl*.

uva ['uva] *f* grain *m* de raisin • **uvas** raisin *m*.

V

V. (*abrev de* vide) voir.

vá ['va] → **ir**.

vã [vã] → **vão**.

vaca ['vaka] *f (animal)* vache *f*; *(carne)* bœuf *m*.

vacilar [vasi'la(x)] *vi (hesitar)* hésiter.

vacina [va'sina] *f* vaccin *m*.

vacinação [vasina'sãw] *f* vaccination *f*.

vácuo ['vakwu] *m* vide *m*.

vadio, dia [va'dʒiu, 'dʒia] *adj (pessoa)* vagabond(e); *(cão)* errant(e).

vaga ['vaga] *f (em emprego)* poste *m* vacant; *(onda)* vague *f* • **uma vaga de** une vague de.

vagabundo, da [vaga'būndu, da] *mf* vagabond *m*, -e *f*.

vaga-lume [,vaga'lumi] *(pl* **vaga-lumes)** *m* ver *m* luisant.

vagão [va'gãw] *(pl* **-ões)** *m* wagon *m*.

vagão-leito [vagãw'lejtu] *(pl* **vagões-leito)** *m* wagon-lit *m*.

vagão-restaurante [va,gãwxeʃtaw'rãntʃi] *(pl* **vagões-restaurantes)** *m* wagon-restaurant *m*.

vagar [va'ga(x)] ♦ *vi* se libérer ♦ *m* • **ter vagar** avoir le temps.

vagaroso, osa [vaga'rozu, ɔza] *adj* lent(e).

vagem ['vaʒē] *(pl* **-ns)** *f* cosse *f*.

vagina [va'ʒina] *f* vagin *m*.

vago, ga ['vagu, ga] *adj (desocupado)* libre; *(indefinido)* vague.

vagões [va'gõjʃ] → **vagão**.

vai ['vaj] → **ir**.

vaia ['vaja] *f* huée *f*, moquerie *f*, raste *f*.

vaidade [vaj'dadʒi] *f* vanité *f*.

vaidoso, osa [vaj'dozu, ɔza] *adj* vaniteux(euse).

vais ['vajʃ] → **ir**.

vaivém [vaj'vē] *(pl* **-ns)** *m* va-et-vient *m inv*.

vala ['vala] *f (de irrigação)* rigole *f*; *(fosso)* fossé *m* • **vala comum** fosse *f* commune.

vale¹ ['vali] *m* vallée *f* • **vale postal** mandat *m* postal.

vale² ['vali] → **valer**.

valente [va'lēntʃi] *adj (corajoso)* courageux(euse); *(forte)* fort(e).

valer [va'le(x)] ♦ *vt* valoir ♦ *vi* être valable • **vale mais...** il vaut mieux... • **a valer** vraiment • **para valer** pour de bon ❑ **valer-se de** *vp* + *prep* se servir de.

valeta [va'leta] *f (de estrada)* fossé *m*; *(de rua)* caniveau *m*.

valete [va'letʃi] *m* valet *m*.

valeu [va'lew] → **valer**.

valho ['vaʎu] → **valer**.

validade [vali'dadʒi] *f* validité *f*.

validar [vali'da(x)] *vt (bilhete)* valider.

válido, da ['validu, da] *adj* valable • **válido até...** valable jusqu'à....

valioso, osa [valj'ozu, ɔza] *adj* • **ser valioso** avoir de la valeur.

valor [va'lo(x)] *(pl* **-es)** *m* valeur *f*; *(em exame, teste)* point *m* • **dar valor a** apprécier ❑ **valores** *mpl (bens, ações etc.)* valeurs *fpl*; *(de sociedade)* titres *mpl*.

valsa ['vawsa] *f* valse *f*.

válvula ['vawvula] *f (de coração)* valvule *f*; *(de motor)* soupape *f* • **válvula de segurança** soupape de sécurité.

vampiro [vãm'piru] *m* vampire *m*.

vandalismo [vãnda'liʒmu] *m* vandalisme *m*.

vândalo, la ['vãndalu, la] *mf* vandale *m*.

vangloriar-se [vãŋgloˈrjaxsi] *vp* se vanter • **vangloriar-se de** se vanter de.

vanguarda [vãŋˈgwaxda] *f* avant-garde *f* • **estar na vanguarda de** être en tête de.

vantagem [vãnˈtaʒẽ] (*pl* **-ns**) *f* avantage *m* • **que vantagem você tira disso?** qu'est-ce que tu y gagnes?

vantajoso, osa [vãntaˈʒozu, ɔza] *adj (útil)* bénéfique; *(lucrativo)* avantageux(euse) • **não é vantajoso para mim** ça ne m'arrange pas.

vão¹ [ˈvãw] → **ir**.

vão², vã [ˈvãw, vã] ◆ *adj* vain(e) ◆ *m* • **vão de escadas** dessous *m* d'escalier • **em vão** en vain. **vapor** [vaˈpo(x)] (*pl* **-es**) *m (de líquido)* vapeur *f*; *(tóxico)* émanation *f*.

vaporizador [vaporizaˈdo(x)] (*pl* **-es**) *m* vaporisateur *m*.

vara [ˈvara] *f (pau)* bâton *m* • **vara de pescar** canne *f* à pêche.

varal [vaˈraw] (*pl* **-ais**) *m* étendoir *f* (à linge).

varanda [vaˈrãnda] *f* balcon *m*.

varejeira [vareˈʒejra] *f* mouche *f* bleue.

varejo [vaˈreʒu] *m* vente *f* au détail.

variação [varjaˈsãw] (*pl* **-ões**) *f (alteração)* variation *f*; *(de preços)* différence *f*.

variado, da [vaˈrjadu, da] *adj* varié(e).

variar [vaˈrja(x)] *vt & vi* varier • **para variar** pour changer.

varicela [variˈsɛla] *f* varicelle *f*.

variedade [varjeˈdadʒi] *f* variété *f*.

varinha [vaˈriɲa] *f* • **varinha de condão** baguette *f* magique.

varíola [vaˈriola] *f* variole *f*.

vários, rias [ˈvarjuʃ, rjaʃ] *adj pl* plusieurs.

variz [vaˈriʃ] (*pl* **-es**) *f* varice *f*.

varredor, ra [vaxeˈdo(x), ra] (*mpl* **-es**, *fpl* **-s**) *mf* balayeur *m*, -euse *f*.

varrer [vaˈxe(x)] *vt* balayer • **varrer algo da memória** chasser qqch de sa mémoire.

vascular [vaʃkuˈla(x)] (*pl* **-es**) *adj* vasculaire.

vasculhar [vaʃkuˈʎa(x)] *vt* • **vasculhar (em)** fouiller (dans).

vaselina [vazeˈlina] *f* vaseline *f*.

vasilha [vaˈziʎa] *f* pot *m*.

vaso [ˈvazu] *m (para plantas)* pot *m (de flores)*; *(jarra)* cruche *f*; ANAT vaisseau *m* • **vaso sanitário** cuvette *f* des W-C • **vaso sanguíneo** vaisseau sanguin.

vassoura [vaˈsora] *f* balai *m*.

vasto, ta [ˈvaʃtu, ta] *adj* vaste.

vatapá [vataˈpa] *m* crevettes pilées et morceaux de poisson cuits dans de l'huile de palme et du lait de coco.

Vaticano [vatiˈkanu] *m* • **o Vaticano** le Vatican.

vazio, zia [vaˈziu, ˈzia] ◆ *adj* vide ◆ *m* vide • **vazio de** *(sentido)* vide de; *(interesse)* sans.

Vd. *(abrev de* **vide***)* voir.

vê [ˈve] → **ver**.

veado ['vjadu] *m* cerf *m*.
vedado, da [ve'dadu, da] *adj (edifício)* fermé(e); *(campo, local)* clôturé(e); *(recipiente)* étanche; *(interdito)* interdit(e).
vedar [ve'da(x)] *vt (edifício)* fermer; *(local)* clôturer; *(buraco)* boucher; *(recipiente)* fermer hermétiquement; *(acesso, passagem)* interdire.
veem ['veẽ] → **ver**.
vegetação [veʒeta'sãw] *f* végétation *f*.
vegetal [veʒe'taw] (*pl* -**ais**) *m* végétal *m*.
vegetariano, na [veʒeta'rjanu, na] *adj* & *mf* végétarien(enne).
veia ['veja] *f* veine *f*.
veículo [ve'ikulu] *m* véhicule *m* ◆ **veículo longo** véhicule long.
veio ['veju] → **vir**.
vejo ['veʒu] → **ver**.
vela ['vɛla] *f* bougie *f*; *(de barco)* voile *f*.
veleiro [ve'lejru] *m* voilier *m*.
velejar [vele'ʒa(x)] *vi* naviguer.
velhice [vɛ'ʎisi] *f* vieillesse *f*.
velho, lha ['vɛʎu, ʎa] *adj* & *mf* vieux(vieille).
velocidade [velosi'dadʒi] *f* vitesse *f*.
velocímetro [velo'simetru] *m* compteur *m* de vitesse.
velocípede [velo'sipedʒi] *m* cycle *m*.
velório [ve'lɔrju] *m* veillée *f* funèbre.
veloz [ve'lɔʃ] (*pl* -**es**) *adj* rapide.
veludo [ve'ludu] *m* velours *m*.
vem ['vãj] → **vir**.
vêm ['vãjãj] → **vir**.

vencedor, ra [vẽse'do(x), ra] (*mpl* -**es**, *fpl* -**s**) ◆ *mf* vainqueur *m* ◆ *adj* gagnant(e).
vencer [vẽ'se(x)] *vt (adversário)* vaincre; *(corrida, competição)* remporter; *(fig) (obstáculo, timidez, problema)* surmonter ◆ *vi (em competição)* gagner; *(prazo de pagamento)* arriver à échéance; *(contrato, documento)* expirer ◆ **deixar-se vencer por** céder à.
vencido, da [vẽ'sidu, da] *adj* vaincu(e) ◆ **dar-se por vencido** s'avouer vaincu.
vencimento [vẽsi'mẽntu] *m (ordenado)* salaire *m*; *(de prazo de pagamento)* échéance *f* ◆ **não dar vencimento a** ne pas suivre le rythme.
venda ['vẽnda] *f (de mercadorias)* vente *f*; *(mercearia)* épicerie *f*; *(para olhos)* bandeau *m* ◆ **pôr à venda** mettre en vente ◆ **venda pelo correio** vente par correspondance ◆ **venda por atacado/no varejo** vente en gros/au détail ◆ **venda pelo telefone** télévente *f*.
vendaval [vẽnda'vaw] (*pl* -**ais**) *m* vent *m* violent.
vendedor, ra [vẽnde'do(x), ra] (*mpl* -**es**, *fpl* -**s**) *mf* vendeur *m*, -euse *f*.
vender [vẽn'de(x)] *vt* vendre ❏ **vender-se** *vp* ◆ **vende-se** à vendre ◆ **vender à prestação** vendre à crédit ◆ **vender à vista** vendre au comptant.
veneno [ve'nenu] *m* poison *m*.
venenoso, osa [vene'nozu, ɔza] *adj (cogumelo)* véné-

neux(euse); *(serpente)* venimeux(euse).
venéreo, rea [ve'nɛrju, rja] *adj* vénérien(enne).
venezianas [vene'zjanaʃ] *fpl* persiennes *fpl*.
Venezuela [vene'zwɛla] *f* ♦ **a Venezuela** le Venezuela.
venho ['vaɲu] → **vir**.
vênia ['venja] *f (saudação)* révérence *f.*
vens ['vãjʃ] → **vir**.
ventania [vẽnta'nia] *f* gros vent *m.*
ventar [vẽn'ta(x)] *vi* venter.
ventilação [vẽntʃila'sãw] *f*; *(saída)* aération *f.*
ventilador [vẽntʃila'do(x)] *(pl* **-es)** *m* ventilateur *m.*
ventilar [vẽntʃi'la(x)] *vt* ventiler.
vento ['vẽntu] *m* vent *m.*
ventoinha [vẽn'twiɲa] *f (de ventilação)* ventilateur *m.*
ventre ['vẽntri] *m* ventre *m.*
ventrículo [vẽn'trikulu] *m* ventricule *m.*
ventríloquo, qua [vẽn'trilokwu, kwa] *mf* ventriloque *mf.*
ver ['ve(x)] ♦ *vt* voir; *(televisão, filme)* regarder ♦ *vi* voir ♦ **a meu ver** à mon avis ♦ **até mais ver!** à la prochaine! ♦ **vamos ver** on verra bien ♦ **estar vendo** voir ♦ **não estou vendo o que você quer dizer** je ne vois pas ce que tu veux dire ♦ **deixe-me ver...** fais-moi voir... ♦ **fazer ver a alguém que...** faire comprendre à qqn que... ♦ **não ter nada a ver com** n'avoir rien à voir avec.
veracidade [verasi'dadʒi] *f* véracité *f.*
veraneio [vera'neju] *m* villégiature *f* ♦ **cidade de veraneio** ville estivale *f.*
veranista [vera'niʃta] *nmf* estivant *m*, -e *f.*
verão [ve'rãw] *(pl* **-ões)** *m* été *m.*
verba ['vɛxba] *f* montant *m*, somme *f.*
verbal [vex'baw] *(pl* **-ais)** *adj* verbal(e).
verbo ['vɛxbu] *m* verbe *m.*
verdade [vex'dadʒi] *f* vérité *f* ♦ **dizer a verdade** dire la vérité ♦ **a verdade é que** à vrai dire ♦ **na verdade** à vrai dire.
verdadeiro, ra [vexda'dejru, ra] *adj (verídico)* vrai(e); *(genuíno)* véritable.
verde ['vexdʒi] ♦ *adj* vert(e) ♦ *m* vert *m.*
verdura [vex'dura] *f (vegetação)* verdure *f.*; *(hortaliça)* légumes *mpl* verts.
vereda [ve'reda] *f* sentier *m.*
veredicto [vere'dʒiktu] *m* verdict *m.*
verga ['vɛxga] *f* osier *m.*
vergonha [vex'goɲa] *f (timidez)* timidité *f.*; *(desonra)* honte *f* ♦ **ter vergonha** avoir honte; *(ser tímido)* être gêné ♦ **ter vergonha de alguém** avoir honte de qqn ♦ **não ter vergonha na cara** être sans gêne.
verificação [verifika'sãw] *(pl* **-ões)** *f* vérification *f.*

verificar [verifi'ka(x)] vt vérifier; *(constatar)* constater ❏

verificar-se vp *(realizar-se)* arriver; *(acontecer)* y avoir • verificou-se um acidente il y a eu un accident.

verme [v'ɛxmi] m ver m.

vermelho, lha [vex'meʎu, ʎa] ◆ adj rouge ◆ m rouge m.

vermute [vex'mutʃi] m vermouth m.

verniz [vex'niʃ] *(pl -es)* m *(para madeira)* vernis m; *(para unhas)* vernis m à ongles.

verões [ve'rõjʃ] → **verão**.

verossímil [vero'simiw] *(pl -meis)* adj vraisemblable.

verruga [ve'xuga] f verrue f.

versão [vex'sãw] *(pl -ões)* f *(de história, acontecimento)* version f.

versátil [vex'satʃiw] *(pl -teis)* adj polyvalent(e).

verso [v'ɛxsu] m *(de poema)* vers m; *(de folha de papel)* verso m.

versões [vex'sõjʃ] → **versão**.

vértebra [v'ɛxtebra] f vertèbre f.

vertical [vextʃi'kaw] *(pl -ais)* ◆ adj vertical(e) ◆ f verticale f • na vertical à la verticale.

vértice [v'ɛxtʃisi] m *(de ângulo)* sommet m.

vertigem [vex'tʃiʒẽ] *(pl -ns)* f vertige m.

vesgo, ga [v'eʒgu, ga] adj • ser vesgo loucher.

vesícula [ve'zikula] f • vesícula (biliar) vésicule f (biliaire).

vespa [v'eʃpa] f *(inseto)* guêpe f; *(motociclo)* scooter m.

véspera [v'eʃpera] f veille f • na véspera la veille • em vésperas de à la veille de.

vestiário [veʃ'tʃjarju] m vestiaire m.

vestibular [veʃtʃibu'la(x)] m concours d'entrée en faculté.

vestíbulo [veʃ'tʃibulu] m hall m.

vestido, da [veʃ'tʃidu, da] ◆ adj habillé(e) ◆ m robe f • vestido de habillé en.

vestígio [veʃ'tʃiʒju] m trace f.

vestir [veʃ'tʃi(x)] vt *(boneco, bebê, criança)* habiller; *(roupa)* porter; *(enfiar)* mettre ❏ **vestir-se** vp s'habiller • vestir-se de s'habiller en.

vestuário [veʃ'twarju] m vêtement m.

veterano, na [vete'ranu, na] mf vétéran m.

veterinário, ria [veteri'narju, rja] mf vétérinaire mf.

véu [v'ɛu] m voile m.

V.Exa. *(abrev de Vossa Excelência)* Cher Monsieur/ChèreMadame *(formule de politesse à l'écrit)*; Monsieur, Madame *(formule de politesse)*.

vexame [ve'ʃami] f honte f.

vez [v'eʃ] *(pl -es)* f *(ocasião)* fois f; *(turno)* tour m • perder a vez passer son tour • às vezes parfois • alguma vez você há aprender tu finiras par apprendre • de uma só vez en même temps; *(beber)* d'un trait • de uma vez por todas une fois pour toutes • de vez em quando de temps en temps • mais de uma vez plusieurs fois

vigia

• **muitas vezes** souvent • **em vez de** au lieu de; *(de pessoa)* à la place de • **outra vez** encore • **por vezes** parfois • **poucas vezes** rarement • **era uma vez...** il était une fois....

vi ['vi] → **ver**.

via ['via] *f* voie *f*; *(documento)* copie *f* • **a Via Láctea** la Voie lactée • **via férrea** voie ferrée • **por via aérea** par avion • **por via das dúvidas** au cas où • **por via de regra** normalement • **por via nasal** par voie nasale • **por via oral** par voie orale • **segunda via** duplicata *m* • **via pública** voie publique • **via rápida** *(em autoestrada)* file *f* de gauche; *(estrada)* voie express.

viaduto [via'dutu] *m* viaduc *m*.

viagem ['vjaʒẽ] *(pl* **-ns***) f* voyage *m* • **boa viagem!** bon voyage! • **viagem de negócios** voyage d'affaires.

viajante [vja'ʒãntʃi] *nmf* voyageur *m*, -euse *f*.

viajar [vja'ʒa(x)] *vi* voyager • **viajar de** voyager en • **viajar pela França/pelo Japão** voyager en France/au Japon.

viatura [vja'tura] *f* véhicule *m*.

viável ['vjavew] *(pl* **-eis***) adj (transitável)* praticable; *(exequível)* faisable.

víbora ['vibora] *f* vipère *f*.

vibração [vibra'sãw] *(pl* **-ões***) f* vibration *f*.

vibrar [vi'bra(x)] *vi* vibrer.

viciado, da [vi'sjadu, da] *adj* dépendant(e).

viciar [vi'sja(x)] *vt (adulterar)* falsifier; *(comunicar vício)* corrompre □ **viciar-se em** *vp + prep* être dépendant(e).

vício ['visju] *m* vice *m*.

vida ['vida] *f* vie *f* • **ganhar a vida** gagner sa vie • **perder a vida** perdre la vie • **tirar a vida a alguém** tuer qqn.

videira [vi'dejra] *f* vigne *f*.

vídeo ['vidʒju] *m (aparelho)* magnétoscope *m*; *(filme)* film *m* vídeo.

videocassete [,vidʒjuka'sɛtʃi] *f* cassette *f* vídeo.

videoclipe [,vidʒju'klipi] *m* vidéo-clip *m*.

videoclube [,vidʒjo'klubi] *m* vidéoclub *m*.

videoconferência [,vidʒjukõnfe'rẽnsja] *f (telecomunicaes)* vidéoconférence *f*.

videodisco [,vidʒju'diʃku] *m* vidéodisque *m*.

videogame [,vidʒjo'gejmi] *m* jeu *m* vídeo.

vidraça [vi'drasa] *f* vitre *f* • **com vidraça** vitré(e).

vidro ['vidru] *m (substância)* verre *m*; *(vidraça)* carreau *m*; *(de carro)* vitre *f*.

viela ['vjɛla] *f* ruelle *f*.

vieste [vi'ɛʃtʃi] → **vir**.

viga ['viga] *f* poutre *f*.

vigário [vi'garju] *m* vicaire *m*.

vigésimo, ma [vi'ʒɛzimu, ma] *num* vingtième, → **sexto**.

vigia [vi'ʒia] ◆ *f (vigilância)* surveillance *f*; *(janela)* hublot *m* ◆ *nmf* vigile *m*.

vigilância

vigilância [viʒi'lãsja] f (guarda) surveillance f; (atenção) vigilance f.

vigor [vi'go(x)] m vigueur f • **em vigor** en vigueur.

vil ['viw] (pl **vis**) adj (infame) abominable; (desprezível) ignoble.

vila ['vila] f (povoação) petite ville f; (habitação) villa f.

vilarejo [vila'reʒu] m hameau m.

vim ['vĩ] → **vir**.

vime ['vimi] m osier m.

vinagre [vi'nagri] m vinaigre m.

vinagrete [vina'gretʃi] f vinaigrette f.

vinco ['vĩku] m pli m.

vínculo ['vĩŋkulu] m lien m • vínculo empregatício contrat de travail m.

vinda ['vĩnda] f (regresso) retour m; (chegada) venue f • **à vinda** au retour.

vindima [vĩn'dʒima] f vendange f.

vindo, da ['vĩndu, da] pp → **vir**.

vingança [vĩŋ'gãsa] f vengeance f.

vingar [vĩŋ'ga(x)] ♦ vt venger ♦ vi (planta) pousser ❑ **vingar-se** vp se venger • **vingar-se de** se venger de.

vingativo, va [vĩŋga'tʃivu, va] adj rancunier(ère).

vinha¹ ['viɲa] f vigne f.

vinha² ['viɲa] → **vir**.

vinha-d'alhos [ˌviɲaˈdaʎuʃ] f marinade f.

vinheta [vi'ɲeta] f vignette f.

vinho ['viɲu] m vin m • **vinho branco/tinto** vin blanc/rouge

358

• **vinho da casa** vin de la maison • **vinho espumante** OU **espumoso** vin mousseux • **vinho a martelo** vin frelaté • **vinho de mesa** vin de table • **vinho moscatel** muscat m • **vinho do Porto** porto m • **vinho rosé** vin rosé • **vinho verde** vin blanc ou rouge légèrement pétillant fait alors que le raisin n'a pas atteint sa maturité.

vinicultor, ra [vinikuw'to(x), ra] (mpl **-es**, fpl **-s**) mf viticulteur m, -trice f.

vinil [vi'niw] m vinyle m.

vinte ['vĩntʃi] num vingt, → **seis**.

viola ['vjɔla] f guitare f (à dix cordes).

violação [vjola'sãw] (pl **-ões**) f violation f; (estupro) viol m.

violão [vjo'lãw] (pl **-ões**) m guitare f.

violar [vjo'la(x)] vt violer.

violência [vjo'lẽsja] f violence f.

violento, ta [vjo'lẽntu, ta] adj violent(e).

violeta [vjo'leta] ♦ f violette f. ♦ adj inv violet(ette).

violino [vjo'linu] m violon m.

violões → **violão**.

violoncelo [vjolõn'sɛlu] m violoncelle m.

vir ['vi(x)] vi **1.** (ger) venir • **veio ver-me** il est venu me voir • **venho amanhã** je viendrai demain • **vir de** venir de • **venho agora mesmo de lá** j'en viens à l'instant même **2.** (chegar) arriver • **veio atrasado/adiantado** il est arrivé en retard/en avance • **veio no trem das onze** il est arrivé par le train de onze heures **3.** *(surgir)* arriver, venir • **o carro veio não sei de onde** la voiture est arrivée de je ne sais où • **veio-me uma ideia** il m'est venu une idée **4.** *(a seguir no tempo)* • **a semana que vem** la semaine prochaine • **o ano/mês que vem** l'année prochaine/le mois prochain **5.** *(estar)* être • **está escrito em português** c'est écrit en portugais • **vinha embalado** c'était emballé **6.** *(regressar)* revenir • **ele vem amanhã** il revient demain • **hoje, venho mais tarde** aujourd'hui, je rentre plus tard • **venho de férias na próxima semana** je reviens de vacances la semaine prochaine **7.** *(em locuções)* • **que vem a ser isto?** qu'est-ce que c'est que ça? • **vir a ser** devenir • **vir abaixo** s'écrouler • **vir ao mundo** venir au monde • **vir a saber (de algo)** apprendre (qqch) • **vir sobre** *(arremeter contra)* venir sur • **vir a tempo de** arriver à temps pour.

virado, da [vi'radu, da] ♦ *adj* retourné(e); *(casa)* orienté(e) ♦ *m* • **virado à paulista** plat de São Paulo à base de haricots et de viande de porc • **virado para** tourné vers.

vira-lata [,vira'lata] *(pl* **vira-latas)** *m* bâtard *m (chien).*

virar [vi'ra(x)] ♦ *vt* renverser; *(cabeça)* tourner; *(objeto)* retourner; *(transformar-se em)* devenir ♦ *vi (mudar de direção)* tourner; *(mudar)* changer • **virar à direita/esquerda** tourner à droite/gauche • **virar o carro** faire demi-tour • **virar-se** *vp* se retourner • **virar-se contra alguém** se retourner contre qqn • **virar-se para** se tourner vers.

virgem [vix'ʒẽ] *(pl* **-ns)** ♦ *f* vierge *f* ♦ *adj* vierge □ **Virgem** *f* Vierge *f.*

vírgula ['vixgula] *f* virgule *f.*

viril [vi'riw] *(pl* **-is)** *adj* viril(e).

virilha [vi'riʎa] *f* aine *f.*

viris → **viril**.

virose [vi'rɔzi] *f* maladie *f* virale.

virtual [vix'twaw] *(pl* **-ais)** *adj* virtuel(elle).

virtude [vix'tudʒi] *f* vertu *f* • **em virtude de** en vertu de.

vírus ['viruʃ] *m inv* virus *m.*

vis [viʃ] → **vil**.

visão [vi'zãw] *(pl* **-ões)** *f (capacidade de ver)* vue *f; (ilusão)* vision *f.*

visar [vi'za(x)] *vt* viser; *(ter em vista)* avoir l'intention de.

vísceras ['viʃseraʃ] *fpl* viscères *fpl.*

viscoso, osa [viʃ'kozu, ɔza] *adj* visqueux(euse).

viseira [vi'zejra] *f* visière *f.*

visibilidade [vizibili'dadʒi] *f* visibilité *f.*

visita [vi'zita] *f* visite *f* • **fazer uma visita a alguém** rendre visite à qqn.

visitante [vizi'tãntʃi] *nmf* visiteur *m*, -euse *f*.
visitar [vizi'ta(x)] *vt (pessoa)* rendre visite à; *(local, país)* visiter.
visível [vi'zivew] *(pl* -eis*) adj* visible.
vislumbrar [viʒlũm'bra(x)] *vt* apercevoir.
visões [vi'zõjʃ] → **visão**.
visor [vi'zo(x)] *(pl* -es*) m* viseur *m*.
vista ['viʃta] *f* vue *f*; *(olho)* œil *m* • **até à vista!** au revoir! • **dar na vista** se faire remarquer • **ter algo em vista** avoir qqch en vue.
visto, ta ['viʃtu, ta] ◆ *pp* → **ver** ◆ *adj* vu(e) ◆ *m* visa *m* • **bem visto!** bien vu! • **pelo visto** apparemment • **visto que** vu que.
vistoso, osa [viʃ'tozu, ɔza] *adj* voyant(e).
visual [vi'zwaw] *(pl* -ais*) adj* visuel(elle).
vital [vi'taw] *(pl* -ais*) adj* vital(e).
vitamina [vita'mina] *f* vitamine *f*.
vitela [vi'tɛla] *f (animal)* génisse *f*; *(carne)* veau *m*.
vítima ['vitʃima] *f* victime *f*.
vitória [vi'tɔrja] *f* victoire *f*.
vitória-régia [vi,tɔrja'xɛʒja] *(pl* **vitórias-régias***) f* nénuphar *m* géant.
vitral [vi'traw] *(pl* -ais*) m* vitrail *m*.
vitrina [vi'trina] *f* vitrine *f*.
viu ['viu] → **ver**.
viúvo, va ['vjuvu, va] *mf* veuf *m*, veuve *f*.

vivacidade [vivasi'dadʒi] *f* vivacité *f*.
viveiro [vi'vejru] *m (de plantas)* pépinière *f*; *(de trutas)* vivier *m*.
vivência [vi'vẽnsja] *f* expérience *f*.
vivenda [vi'vẽnda] *f* maison *f (individuelle)*.
viver [vi've(x)] ◆ *vi (ter vida)* vivre; *(habitar)* habiter ◆ *vt* vivre • **viver com alguém** vivre avec qqn • **viver de algo** vivre de qqch • **viver em** vivre à.
víveres ['viverɪʃ] *mpl* vivres *mpl*.
vivo, va ['vivu, va] *adj* vif(vive); *(com vida)* vivant(e) • **ao vivo** live.
vizinhança [vizi'ɲãsa] *f* voisinage *m*.
vizinho, nha [vi'ziɲu, ɲa] *adj & mf* voisin(e).
voar ['vwa(x)] *vi* voler.
vocabulário [vokabu'larju] *m* vocabulaire *m*.
vocação [voka'sãw] *(pl* -ões*) f* vocation *f* • **ter vocação para** avoir la vocation de.
vocalista [voka'liʃta] *nmf* chanteur *m*, -euse *f (d'un groupe)*.
você [vo'se] *pron* tu ❑ **vocês** *pron pl* vous.
voga ['vɔga] *f* • **estar em voga** être en vogue.
vogal [vo'gaw] *(pl* -ais*)* ◆ *f* voyelle *f* ◆ *nmf* membre *m*.
volante [vo'lãntʃi] *m* volant *m (de véhicule)*.
volátil [vo'latʃiw] *(pl* -teis*) adj* volatil(e); *(fig)* versatile.
vôlei ['volei] *m* volley-ball *m*.

voleibol [,vɔlei'bɔw] m volley-ball m.

volta ['vɔwta] f tour m; *(regresso)* retour m; *(mudança)* tournant m ♦ **dar uma volta** faire un tour • **dar a volta em algo** faire le tour de qqch • **estar de volta** être de retour • **volta e meia** *(fig)* sans arrêt • **a toda a volta** tout autour • **por volta de** vers.

voltagem [vow'taʒẽ] f voltage m.

voltar [vow'ta(x)] ♦ vt retourner; *(cabeça, olhos, costas)* tourner ♦ vi *(regressar)* revenir; *(ir de novo)* retourner • **voltar a fazer algo** refaire qqch • **voltar a chover** recommencer à pleuvoir • **voltar atrás** *(retroceder)* revenir sur ses pas; *(no tempo)* revenir en arrière • **voltar para casa** rentrer à la maison ▫ **voltar-se** vp se retourner • **voltar-se para** se tourner vers.

volume [vo'lumi] m volume m; *(embrulho)* paquet m.

voluntário, ria [volũn'tarju, rja] mf volontaire mf.

volúpia [vo'lupja] f volupté f.

vomitado [vomi'tadu] m vomi m.

vomitar [vomi'ta(x)] vt & vi vomir • **sentir vontade de vomitar** avoir envie de vomir.

vômito ['vomitu] m *(contração)* vomissement m.

vontade [võn'tadʒi] f *(desejo)* envie f; *(determinação)* volonté f • **pôr-se à vontade** se mettre à l'aise • **ter vontade de fazer algo** avoir envie de faire qqch • **fazer as vontades a alguém** faire les quatre volontés de qqn • **com vontade ou sem ela** que tu le veuilles ou non • **contra a vontade** à contre cœur • **de livre vontade** de plein gré.

voo ['vou] m vol m • **voo charter** vol charter • **voo direto** vol direct • **voo doméstico** vol intérieur • **voo fretado** vol affrété • **voo livre** vol libre.

voraz [vo'raʃ] *(pl -es)* adj vorace.

vos [vuʃ] pron *(vocês)* vous.

vós ['vɔʃ] pron *(fml)* vous • **vós mesmos** OU **próprios** vous-mêmes.

votação [vota'sãw] *(pl -ões)* f *(ato)* vote m; *(resultado)* scrutin m • **por votação secreta** à bulletin secret.

votar [vo'ta(x)] vi voter • **votar em alguém** voter pour qqn.

voto ['vɔtu] m *(eleição)* vote m; *(resultado)* voix f ▫ **votos** mpl • **votos de** tous mes vœux de bonheur • **fazer votos que** souhaiter que.

vou ['vo] → **ir**.

voz ['vɔʃ] *(pl -es)* f voix f • **ter voz ativa em algo** avoir son mot à dire sur qqch • **em voz alta/baixa** à voix haute/basse.

vulcão [vuw'kãw] *(pl -ões)* m volcan m.

vulgar [vuw'ga(x)] *(pl -es)* adj *(frequente)* courant(e); *(comum)* banal(e); *(grosseiro)* vulgaire.

vulgaridade

vulgaridade [vuwgari'dadʒi] f *(banalidade)* banalité f; *(grosseria)* vulgarité f.
vulnerável [vuwne'ravɛw] *(pl* **-eis)** *adj* vulnérable.
vulto ['vuwtu] m *(figura indistinta)* silhouette f; *(pessoa importante)* figure f.

W

walkie-talkie [ˌwɔki'tɔki] *(pl* **walkie-talkies)** m talkie-walkie m.
WC m *(abrev de* water closet*)* W-C f.
web [web] f le Web.
webcam ['uɛbikã] *(pl* **webcams)** f INFORM webcam f.
webmail ['uɛbimejo] *(pl* **webmails)** m INFORM webmail m.
webmaster ['uɛbimaʃte(x)] *(pl* **webmasters)** nmf INFORM webmaster m.
website ['uɛbisitʃi] m INFORM website m.
windsurfe [wĩnd'suxfi] m windsurf® m, planche à voile f • **fazer windsurfe** faire du windsurf.
windsurfista [wĩndsux'fiʃta] nmf windsurfeur m, -euse f.
WWW *(abrev de* World Wide Web*)* f WWW m.

X

xadrez [ʃa'dreʃ] m *(jogo)* échecs mpl; *(fam) (cadeia)* taule f; *(saia, tecido)* à carreaux.
xale ['ʃali] m châle m.
xampu [ʃãm'pu] m shampoing m.
xarope [ʃa'rɔpi] m sirop m • **xarope para a tosse** sirop pour la toux.
xenofobia [ʃenofo'bia] f xénophobie f.
xenófobo, ba [ʃe'nɔfobu, ba] mf xénophobe mf.
xeque-mate [ˌʃɛki'matʃi] *(pl* **xeques-mates)** m échec m et mat.
xerez [ʃe'reʃ] m xérès m.
xerocar [ʃero'ka(x)] vt photocopier.
xerox® ['ʃerɔks] m inv *(fotocópia)* photocopie f; *(máquina)* photocopieuse f.
xícara ['ʃikara] f tasse f.
xicrinha [ʃi'kriɲa] f petite tasse f.
xilofone [ʃilo'fɔni] m xylophone m.
xilografia [ʃilogra'fia] f xylographie f.
xingar [ʃĩŋ'ga(x)] vt insulter.
xinxim [ʃĩn'ʃĩ] *(pl* **-ns)** m poulet à l'huile de palme et à la noix de cajou pilée.
xisto ['ʃiʃtu] m schiste m.
xixi [ʃi'ʃi] m *(fam)* pipi m • **fazer xixi** *(fam)* faire pipi.

Z

zagueiro [za'geiru] *m (em futebol)* arrière *m.*
Zaire ['zajri] *m* • **o Zaire** le Zaïre.
zanga ['zãŋga] *f* brouille *f.*
zangado, da [zãŋ'gadu, da] *adj* fâché(e).
zangão ['zãŋgãw] *(pl* **-ões)** *m* bourdon *m.*
zangar [zãŋ'ga(x)] *vt* énerver ❏ **zangar-se** *vp* se fâcher.
zangões [zãŋ'gõjʃ] → **zangão**.
zarpar [zax'pa(x)] *vi* lever l'ancre.
zebra ['zebra] *f* zèbre *m.*
zelador, ra [zela'do(x), ra] *(pl* **-es**, *fpl* **-s)** *mf (de edifício)* concierge *mf.*
zelar [ze'la(x)] ❏ **zelar por** *vp* veiller à.
zelo ['zelu] *m (dedicação)* soin *m; (com pessoa)* égard *m.*
zeloso, osa [ze'lozu, ɔza] *adj* appliqué(e).
zero ['zeru] *num* zéro • **partir do zero** recommencer à zéro • **ser um zero à esquerda** *(fam)* être nul • **estão seis graus abaixo de zero** il fait moins six → **seis**.
ziguezague [,zigi'zagi] *m* zigzag *m* • **andar aos ziguezagues** zigzaguer.
zinco ['zĩŋku] *m* zinc *m.*

zipar [zi'pa(x)] *vt INFORM* zipper.
zíper ['zipe(x)] *(pl* **-es)** *m* fermeture *f* Eclair®.
Zodíaco [zo'dʒiaku] *m* zodiaque *m.*
zoeira ['zwejra] *f* bourdonnement *m.*
zombar [zõm'ba(x)] *vi* se moquer • **zombar de** se moquer de.
zona ['zona] *f* zone *f; MED* zona *m* • **zona comercial** zone commerçante.
zonzo, za ['zõzu, za] *adj* étourdi(e).
zoo ['zou] *m* zoo *m.*
zoologia [zolo'ʒia] *f* zoologie *f.*
zoológico [zo'lɔʒiku, ka] *adj m* → **jardim**.
zumbido [zũn'bidu] *m* bourdonnement *m.*
zumbir [zũn'bi(x)] *vi* bourdonner.
zunzum [zũn'zũ] *(pl* **-ns)** *m (fig)* cancan *m.*
zurrar [zu'xa(x)] *vi* braire.

GUIDE DE CONVERSATION
GUIA DE CONVERSAÇÃO

Cumprimentos	Salutations
Bom dia.	Bonjour (utilizada para saudar alguém que se encontra pela primeira vez).
Boa tarde.	Bonjour (até o fim do dia).
Boa noite.	Bonsoir (a partir do começo da noite)./Bonne nuit (antes de dormir).
Olá!	Salut !
Oi!	Salut !
Como vai?	Comment vas-tu ?/Comment allez-vous ?
Tudo bem?	Ça va ?
Muito bem, obrigado(a).	Très bien, merci.
Bem, obrigado(a).	Bien, merci.
E o senhor/ a senhora/você?	Et toi ?/Et vous ?

Apresentar-se	Se présenter
Meu nome é Sérgio.	Je m'appelle Sérgio.
Eu sou brasileiro/brasileira.	Je suis brésilien/brésilienne.
Eu sou de Paris.	Je suis de Paris.

Apresentar alguém | Présenter quelqu'un

Este é o Sr. Silva.	C'est M. Silva.
Gostaria de apresentar o Sr. Silva.	Permettez-moi de vous présenter M. Silva.
Prazer em conhecê-lo.	Enchanté(e)/Ravi(e) de faire votre connaissance.
Como vai?	Comment vas-tu ?/Comment allez-vous ?
Bem-vindo(a).	Bienvenu(e)/Soyez le bienvenu/la bienvenue.

Despedir-se | Prendre congé

Tchau.	Salut.
Até logo.	Au revoir !
Até breve.	À bientôt.
Boa noite.	Bonne nuit.
Boa viagem!	Bon voyage !
Foi um prazer conhecê-lo.	Ravi(e) d'avoir fait votre connaissance.

Agradecendo | Remercier

(Muito) obrigado(a).	Merci (beaucoup).
Obrigado(a). Igualmente.	C'est moi qui te/vous remercie.
Obrigado(a) por sua ajuda.	Merci pour ton/votre aide.

Respondendo a agradecimentos

Não há de quê.

De nada.

Foi um prazer.

Répondre à des remerciements

Il n'y a pas de quoi.

De rien.

C'est un plaisir.

Desculpando-se

Com licença.

Sinto muito.

Desculpe.

Perdão.

Desculpe-me.

Desculpe-me pelo atraso/por incomodá-lo.

S'excuser

S'il vous plaît.

Désolé(e).

Pardon./Excuse-moi./Excusez-moi.

Pardon.

Excuse-moi./Excusez-moi.

Excuse-moi./Excusez-moi pour le retard./Excuse-moi de te déranger./ Excusez-moi de vous déranger.

Aceitando um pedido de desculpas

Não tem importância.

Tudo bem.

Não foi nada.

Accepter des excuses de quelqu'un

Ce n'est pas grave./Aucun problème.

Très bien.

Ce n'est rien.

Votos e cumprimentos | Vœux et salutations

Boa sorte!	Bonne chance !
Divirta-se!	Amuse-toi bien !/Amusez-vous bien !
Bom apetite!	Bon appétit !
Feliz aniversário!	Joyeux anniversaire !
Boa Páscoa.	Joyeuses Pâques !
Feliz Natal!	Joyeux Noël !
Feliz Ano Novo!	Bonne et heureuse année !
Tenha um bom fim de semana.	Bon week-end !
Boas férias!	Bonnes vacances !
Tenha um bom dia!	Bonne journée !/Je te/vous souhaite une bonne journée !

Como está o tempo? | Quel temps fait-il?

Está um dia lindo.	C'est une belle journée./Il fait beau.
Está um dia agradável.	C'est une journée agréable.
Está fazendo sol.	Il y a du soleil./Il fait beau.
Está chovendo.	Il pleut.
Está nublado.	C'est nuageux.
A previsão é de chuva para amanhã.	On annonce de la pluie pour demain.
Que tempo horrível!	Il fait un temps horrible !
Está (muito) quente/ frio.	Il fait (très) chaud/froid.

VII

Expressando preferências | Exprimer des préférences

Expressando preferências	Exprimer des préférences
Eu gosto (disso).	J'aime ça./Cela me plaît.
Eu não gosto (disso).	Je n'aime pas ça./Cela ne me plaît pas.
Você gostaria de beber/comer alguma coisa?	Est-ce que tu voudrais/vous voudriez boire/manger quelque chose ?
Sim, por favor.	Oui, s'il te plaît/s'il vous plaît.
Não, obrigado(a).	Non, merci.
Você gostaria de ir até o parque?	Est-ce que tu veux/vous voulez aller au parc ?
Sim, eu gostaria.	Oui, volontiers.

Usando o telefone | Au téléphone

Usando o telefone	Au téléphone
Alô.	Allo ?
Aqui é Ana Francino.	C'est Ana Francino.
Gostaria de falar com o Sr. López.	Je voudrais parler à M. Lopez.
Volto a ligar daqui a dez minutos.	Je le rappellerai dans dix minutes.
Posso deixar um recado?	Puis-je laisser un message ?
Desculpe, devo ter discado o número errado.	Excuse-moi./Excusez-moi. Je n'ai pas dû composer le bon numéro.
De onde falam?	C'est de la part de qui ?

Alugando um carro | Louer une voiture

Alugando um carro	Louer une voiture
Queria alugar um carro com ar condicionado.	Je voudrais louer une voiture avec climatisation.
Qual é o preço por dia?	C'est combien la journée ?
A quilometragem é ilimitada?	Le kilométrage est illimitée ?
Quanto custa o seguro total?	Que/(Quel) est le prix de l'assurance tous risques ?
Posso devolver o carro no aeroporto?	Est-ce que je peux laisser la voiture à l'aéroport ?

Pegando um táxi | Prendre un taxi

Pegando um táxi	Prendre un taxi
Você poderia chamar um táxi?	Est-ce que tu pourrais/vous pourriez m'appeler un taxi ?
Para a rodoviária/a estação/o aeroporto, por favor.	À la gare routière/à la gare/à l'aéroport, s'il vous plaît.
Pare aqui/no sinal/na esquina, por favor.	Arrêtez-vous ici/au feu/au coin de la rue, s'il vous plaît.
Você poderia me esperar?	Pourriez-vous m'attendre ?
Quanto é?	C'est combien ?
Gostaria de um recibo, por favor.	Je voudrais un reçu, s'il vous plaît.
Pode ficar com o troco.	Vous pouvez garder la monnaie.

IX

Tomando o ônibus/ trem

A que horas é o próximo ônibus para o Rio de Janeiro?

De que plataforma sai o trem?

Quanto custa uma passagem de ida e volta para Porto Alegre?

Com licença, este lugar está ocupado?

Prendre l'autobus/le train

À quelle heure est le prochain bus pour Rio de Janeiro ?

De quel quai part le train ?

C'est combien le billet aller-retour pour Porto Alegre ?

S'il vous plaît, cette place est-elle occupée ?

No aeroporto

Onde é o terminal 1/o portão número 2?

Onde é o check-in?

Gostaria de sentar no corredor/na janela.

A que horas é o embarque?

Perdi meu cartão de embarque.

Onde é o setor de bagagem?

A l'aéroport

Où est le terminal 1/la porte 2 ?

C'est où l'enregistrement (des bagages) ?

Je voudrais un siège côté couloir/hublot.

C'est à quelle heure l'embarquement ?

J'ai perdu ma carte d'embarquement.

Où est le secteur des bagages ?

Onde é?

Pode me mostrar no mapa onde nós estamos?

Onde é a rodoviária/o correio?

Por favor, como faço para chegar à Avenida Paulista?

É longe/perto?

Dá para ir a pé?

Où est?

Pourriez-vous m'indiquer où nous sommes sur la carte ?

Où est la gare routière/la poste ?

S'il vous plaît, comment faire pour arriver à l'avenue Paulista ?

C'est loin/près ?

C'est loin à pied ?

Circulando na cidade

Qual ônibus vai para o aeroporto?

Onde tomo o ônibus para a estação?

Quero uma passagem de ida/ida e volta para Manaus.

Pode me dizer onde devo descer?

Ponto de ônibus.

Circuler en ville

Quel autobus dois-je prendre pour aller à l'aéroport ?

Où est l'arrêt d'autobus pour aller à la gare ?

Je voudrais un billet aller/aller-retour pour Manaus.

Pourriez-vous m'indiquer où je dois descendre ?

Arrêt d'autobus.

No hotel

Queremos um quarto de casal/dois quartos de solteiro.

Quero um quarto por duas noites, por favor.

Fiz uma reserva em nome de Alves.

A chave do quarto 121, por favor.

A que horas é servido o café-da-manhã?

Pode me acordar às 7 horas da manhã?

À l'hôtel

Nous voulons une chambre double/deux chambres individuelles.

Je voudrais une chambre pour deux nuits, s'il vous plaît.

J'ai fait une réservation au nom de M. Alves.

La clé de la chambre numéro 121, s'il vous plaît.

À quelle heure est servi le petit-déjeuner ?

Pourriez-vous me réveiller à 7 heures du matin ?

Nas lojas

Quanto custa?

Queria comprar óculos de sol/roupas de banho.

Meu tamanho é 38.

Eu calço 36.

Posso experimentar?

Posso trocar?

Onde ficam os provadores?

Você tem um tamanho maior/menor?

Você tem isso em azul?

Tem cartões-postais/ guias da cidade?

Queria comprar um filme para minha máquina, por favor.

Dans les magasins

Combien ça coûte ?

Je voudrais acheter des lunettes de soleil/un maillot de bain, s'il vous plaît.

Je fais du 38.

Je fais du 36.

Je peux essayer ?

Est-ce que je pourrais l'échanger ?

Où sont les cabines d'essayage, s'il vous plaît ?

Avez-vous une taille plus grande/plus petite ?

Est-ce que vous l'avez en bleu ?

Avez-vous des cartes postales/des guides de la ville ?

Je voudrais acheter une pellicule pour mon appareil photo, s'il vous plaît.

Pedindo informações

A que horas o museu fecha?

Onde é a piscina pública mais próxima?

Pode me dizer onde é a igreja mais próxima?

Você sabe o horário das missas/dos cultos?

Há um cinema perto daqui?

Qual a distância daqui até a praia?

Demander des renseignements

À quelle heure ferme le musée ?

Où est la piscine publique la plus proche ?

Pourriez-vous me dire où est l'église la plus proche ?

Connaissez-vous l'horaire des messes ?

Y a-t-il un cinéma près d'ici ?

C'est loin d'ici la plage ?

Na lanchonete

Esta mesa/cadeira está livre?

Por favor!

Dois cafezinhos/cafés com leite, por favor.

Um suco de laranja/uma água mineral.

Pode trazer mais uma cerveja, por favor?

Onde é o banheiro?

Au café (bistrot)

Cette table/chaise est libre ?

S'il vous plaît !

Deux cafés/cafés au lait, s'il vous plaît.

Un jus d'orange/une bouteille d'eau minérale.

Pourriez-vous m'apporter une bière, s'il vous plaît ?

Où sont les toilettes, s'il vous plaît ?

No restaurante

Gostaria de reservar uma mesa para as 8 horas da noite.

Uma mesa para dois, por favor.

Pode trazer o cardápio/a carta de vinhos?

Você tem um menu para crianças/para vegetarianos?

Uma garrafa de vinho tinto/branco da casa, por favor.

Qual é a especialidade da casa?

O que tem de sobremesa?

A conta, por favor?

Au restaurant

Je voudrais réserver une table pour 20 heures ce soir, s'il vous plaît.

Une table pour deux personnes, s'il vous plaît.

Le menu/la carte des vins, s'il vous plaît.

Auriez-vous un menu enfants/végétarien ?

Une bouteille de vin rouge/de blanc maison, s'il vous plaît.

Quelle est la spécialité de la maison ?

Qu'est-ce qu'il y a comme dessert ?

L'addition, s'il vous plaît.

No banco

Gostaria de trocar cem euros em reais, por favor.

Em notas de valor pequeno, por favor.

Qual é o câmbio para o dólar?

Gostaria de trocar alguns cheques de viagem.

Onde há um caixa automático?

À la banque

Je voudrais échanger cent euros en réaux, s'il vous plaît.

En petites coupures, s'il vous plaît.

Quel est le taux de change du dollar ?

Je voudrais changer des chèques-voyage.

Où y a-t-il un distributeur automatique de billets ?

XIV

No correio

Quanto custa enviar uma carta/um cartão-postal para São Paulo?

Quero dez selos para o Brasil.

Gostaria de remeter este pacote registrado.

Quanto tempo leva para chegar lá?

À la poste

C'est combien pour envoyer une lettre/une carte postale à São Paulo ?

Je voudrais dix timbres pour le Brésil.

Je voudrais expédier ce colis en recommandé.

Combien de temps mettra ce colis ?

No consultório médico

Estou vomitando e com diarréia.

Estou com dor de garganta.
Estou com dor de estômago.
Meu filho está com tosse e febre.
Sou alérgico a penicilina.

Au cabinet médical

J'ai des vomissements et la diarrhée.

J'ai mal à la gorge.
J'ai mal à l'estomac.
Mon enfant tousse et a de la fièvre.
Je suis allergique à la pénicilline.

Na farmácia

Você tem alguma coisa para dor de cabeça/dor de garganta/diarréia?

Você tem analgésico/band-aid, por favor?

Poderia me indicar um médico?

Onde há um pronto-socorro?

À la pharmacie

Je voudrais un médicament contre les maux de tête/de gorge/contre la diarrhée, s'il vous plaît.

Auriez-vous des analgésiques/des pansements auto-adhésifs, s'il vous plaît ?

Pourriez-vous me recommander un médecin, s'il vous plaît ?

Où est l'hôpital, s'il vous plaît ?